Illustrierte Vor- und Frühgeschichte Europas

Illustrierte Vor- und Frühgeschichte Europas

Herausgegeben von Barry Cunliffe

Aus dem Englischen
von Klaus Binder und Jeremy Gaines

Campus Verlag
Frankfurt/New York

Die Originalausgabe »The Oxford Illustrated Prehistory of Europe«
erschien 1994 bei Oxford University Press, Oxford OX2 6DP

Redaktion:
Dr. Ulrich Zimmermann, Freiburg
Klaus-Peter Hühne, Frankfurt a. M.
Carmen Kölz, Freiburg

Wissenschaftliche Betreuung:
Dr. Ulrich Zimmermann, Freiburg

Die Deutsche Bibliothek – CIP-Einheitsaufnahme

Illustrierte Vor- und Frühgeschichte Europas / hrsg. von
Barry Cunliffe. Aus dem Engl. von Klaus Binder und Jeremy Gaines.
- Frankfurt/Main ; New York : Campus Verlag, 1996
Einheitssacht.: The Oxford illustrated prehistory of Europe <dt.>

NE: Cunliffe, Barry [Hrsg.]; EST

Sonderausgabe 2000
Parkland Verlag, Köln
ISBN 3-88059-979-3

Typographie & Herstellung: Julia Walch, Bad Soden
Printed in Indonesia

INHALT

DANK

Herausgeber und Autoren möchten den vielen Kollegen danken, die uns mit ihren Hinweisen sehr geholfen haben, die uns Abbildungen zur Verfügung stellten und unsere Manuskripte kritisch kommentierten. Unser besonderer Dank gilt Sandra Assersohn, denn sie hat die Halbtonphotographien aus allen Ecken Europas zusammengetragen. Steven Mithen bedankt sich bei Dr. Peter Rowley-Conwy, Dr. Chris Scarre, Dr. Bill Finlayson und Dr. Petra Day, die alle verschiedene Fassungen seines Manuskriptes (oder Teile davon) gelesen haben. Clive Gamble möchte Dr. Nick Ashton vom British Museum in London ausdrücklich erwähnen, der ihm bei der Auswahl der Photographien zu seinem Beitrag geholfen hat. Timothy Taylor dankt den Kollegen und Gelehrten aus Osteuropa, deren Arbeiten seine Darstellungen möglich machten, sowie – in Großbritannien – den Kolleginnen und Kollegen Anders Bergquist, Ralph und Barbara Hoddinort, Rachel Pilkington und Sarah Wright. Und zum Schluß hat der Herausgeber Lynda Smithson zu danken, die auf allen Stufen der Fertigstellung dieses Bandes unerläßliche Hilfe leistete.

EINLEITUNG

Barry Cunliffe

Europa – ein Kaleidoskop von eng benachbarten Teilregionen und mikroklimatischen Zonen – bietet seinen Bewohnern schon auf den ersten Blick eine verblüffende Vielzahl einladender Nischen zur Besiedlung. Und wie bei einem Kaleidoskop gibt es verscheidene Betrachtungsmöglichkeiten: Aus einem Blickwinkel sieht Europa einfach wie eine von vielen an das Mittelmeer angrenzenden Landmassen aus; und aus einem anderen scheint es kaum mehr zu sein als der westliche Ausläufer der weiten Ebenen Asiens, dessen Südseite von einer bergigen Region gesäumt wird, die als Fortsetzung des gewaltigen Himalayagebirgszugs nur wie ein schwacher Abklatsch davon wirkt. Jedoch mit Blick auf die Weltgeschichte, liegt Europa im Zentrum des Geschehens – und zwar als Schauplatz der Entwicklung und Entfaltung abendländischer Kultur.

Wie ist es dazu gekommen? Oder genauer: Welche Prozesse haben zur Besiedlung dieser vielfältigen Landschaft geführt; wie wurden Ressourcen genutzt und verteilt; und schließlich, wie entwickelte sich das Frühmittelalter zu einer sozial und politisch so komplexen Epoche? – das sind die Themen dieses Buches. Am Anfang steht Europa als eine kahle, vom Gletschereis zerklüftete Landschaft vor uns, am Ende in den Wirren der Völkerwanderungen, aus denen erst allmählich die Staatsgebilde des europäischen Frühmittelalters entstanden. Das Frühmittelalter brachte immer wieder Händler, Abenteurer und Seefahrer hervor, die große Teile der Erde erkunden, ausbeuten und für eine kurze Zeit kolonisieren sollten. So ist die Geschichte, die wir hier zu erzählen haben, in der Tat ein bedeutendes Kapitel der Weltgeschichte.

Es ist riskant und schwierig zugleich, der Frage nachzugehen, warum ausgerechnet die Meere und Länder Europas zur Schaubühne für derart spektakuläre Entwicklungen wurden. Es kann keine einfache Antwort geben, und dennoch muß man diese Frage stellen. Ein entscheidender Faktor ist die außergewöhnliche Vielfalt der europäischen Landschaften. Man kann sich auf den schneebedeckten Almen der Westalpen verlieren und schon nach ein paar Stunden Autofahrt in Nizza vor einem Lokal in der Sonne sitzen, die Düfte des Gemüsemarkts genießen und dabei Seeigel verspeisen. Oder man war eben noch in den bewaldeten Bergen der Sierra Morena mit ihren reichhaltigen Silbervorkommen, und eine halbe Stunde später fährt man bereits in der sengenden Hitze des Guadalquivir-Tals an endlosen Olivenhainen vorbei. Die Landschaften

Europas bilden ein interessantes Nebeneinander ganz unterschiedlicher Lebensräume. Sie haben alle jeweils ihre eigenen Ressourcen, und doch waren sie so eng miteinander verbunden, daß sich selbst dann, wenn die einzelnen Siedlungsgemeinschaften landschaftlich isoliert waren, ganze Handelsnetze entwickelt haben. Als die Bevölkerung wuchs und die Landschaften langsam dichter besiedelt wurden, entwickelte sich dieser Handelsaustausch kontinuierlich weiter.

Von übergreifender Bedeutung für die vielen regional gegliederten Lebensräume ist jedoch die große Trennlinie zwischen dem Mittelmeerraum und dem europäischen Binnenland mit seinem gemäßigten Klima. Der Mittelmeerraum ist weit mehr als nur eine Ansammlung ineinander übergehender Wasserflächen, er ist vielmehr eine vielfach gegliederte Küstenlandschaft, ein äußerst vielfältig gestalteter Lebensraum aus Inseln, Landzungen, Meeresarmen, Ebenen und Mündungsgebieten, die alle mit ein und demselben Meer verbunden und von ihrer Umgebung her geeignet sind, ohne Schwierigkeiten Oliven, Wein und Weizen anzubauen und gleichzeitig auf den Nachbarhügeln Schafe und Ziegen zu züchten. Im östlichen Teil dieses Raums, entlang der Ägäis und ihren Randgebieten, sind erstmals Nahrungsmittel produzierende Wirtschaftsmethoden angewendet worden; und dort kam es bereits im 3. Jahrtausend v. Chr. zu großen kulturellen und politischen Fortschritten, die dann zur ersten europäischen Hochkultur, der minoisch-mykenischen, geführt haben. Um 1200 v. Chr. erreichte diese Entwicklung ihren Endpunkt, und nach einer Zeit sozialer Unruhen, die man als das Dunkle Zeitalter Griechenlands bezeichnet, bildeten sich allmählich neue Machtzentren heraus. Auf dem griechischen Festland und im ägäischen Raum entlang der kleinasiatischen Küste entstand im 8. Jahrhundert v. Chr. die griechische Kultur mit der für sie typischen Zersplitterung in sogenannte Stadtstaaten; und im Laufe der nächsten zweihundert Jahre verbreitete sich diese Poliskultur vom Schwarzen Meer bis zum westlichen Mittelmeerraum und wurde selbst an weit entfernten Küstenstrichen mit landschaftlich ähnlicher Struktur heimisch. Zur gleichen Zeit hatte man in den Städten der phönizischen Levante schon begonnen, die Erzvorkommen des westlichen Mittelmeerraums auszubeuten.

Diese Metallgewinnung in Verbindung mit den entsprechenden Handelssystemen regte die einheimischen Völker Italiens und Spaniens, die Etrusker und Iberer, an, eine eigene Kultur zu entwickeln. Als im 4. Jahrhundert v. Chr. die griechische Welt allmählich zerfiel, entwickelte sich der westliche Mittelmeerraum zum Zentrum wirtschaftlicher Macht und technischer Entwicklungen. So stieg Rom zur Weltmacht auf und beherrschte nicht nur die Küsten des Mittelmeers, sondern auch große Teile des übrigen Europa.

Vielleicht sollte man die Geschichte noch ein wenig über den zeitlichen Rahmen dieses Bandes hinaus verfolgen. Nach dem Zerfall des Römischen Reiches und den folgenden dunklen Jahrhunderten trat der Mittelmeerraum noch einmal ins Licht der Geschichte, und zwar als die italienischen Küstenstädte, vor allem Venedig, Genua und Pisa, begannen, sich als Seemächte zu etablieren und tatsächlich auch einigen Erfolg hatten. Doch war der Mittelmeerraum um 1500 n. Chr. einfach zu eng geworden, um diesen aufstrebenden Staaten in der sich herausbildenden, neuen Weltordnung eine ausreichende Machtgrundlage bieten zu können. Reich und mächtig wurden nun Länder mit direktem Zugang zum Atlantik, nämlich zuerst Portugal und Spanien, dann England, Frankreich und Holland – Nationen, die bereit waren, die Weltmeere zu befahren, um in Übersee neue Ressourcen zu gewinnen.

Man würde Europas Vor- und Frühgeschichte falsch verstehen, wenn man den Mittelmeerraum und seine vielfältigen Kulturen als ein in sich abgeschlossenes Ganzes betrachten wollte. Die Welt des Mittelmeers war zu jeder Zeit Teil eines viel größeren Ganzen, das auch das übrige Europa, den Vorderen Orient und sogar die weiten Ebenen Rußlands einschloß.

Die aufeinanderfolgenden Hochkulturen des Vorderen Orients und Ägyptens haben meist nur indirekten Einfluß auf die europäische Welt ausgeübt, und zwar über ein Netz von Küstenstädten, das sich von Alexandria im Süden bis nach Antiochia im Norden erstreckte. Manche, besonders die phönizischen Städte Tyros und Sidon, dienten den Zwischenhändlern als Handelsstützpunkte. Von hier aus wurden Rohmaterialien vom Mittelmeerraum nach Osten transportiert – im Tausch für verschiedene Luxusgüter. Nur gelegentlich versuchten Völker des Vorderen Orients nach Westen zu ziehen, so z. B. die Perser, die im späten 6. Jahrhundert v. Chr. tief in griechisches Gebiet eindrangen. Dennoch kamen entscheidende Einflüsse und Anstöße, die in Europa zu Innovation und Wandel führten, aus den Hochkulturen des Vorderen Orients.

Nördlich des Kaukasus war die Lage etwas anders. Eine endlos weite Steppe, von China bis nach Europa reichend, bietet den nötigen Raum für ständige Wanderungsbewegungen. Die mächtigen Ströme Wolga, Don, Dnjepr, Bug, Dnjestr und die Unterläufe der Donau durchziehen dieses Gebiet mit den Grassteppen im Süden und der Tundra im Norden. Durch diese Weiten zogen noch namenlose Gruppen von Reiter- und Hirtenvölkern, die erst später in verschiedenen historischen Texten Kimmerier, Skythen, Sarmaten, Alanen, Hunnen, Magyaren, Bulgaren und Mongolen genannt werden. Auch sie haben die Kulturen Europas beeinflußt, als sie durch den Donaukorridor zogen oder nach Norden um die Karpaten herum in die Ebenen Nordeuropas abgedrängt wurden. Intensität und Art dieses Einflusses, besonders in vorgeschichtlicher Zeit, bieten reichlich Stoff für Kontroversen; aber niemand wird leugnen, daß diese Steppenvölker für die entstehende europäische Kultur wichtig waren.

Damit haben wir die langgestreckte, ringsum von Meeren umgebene Halbinsel, die wir samt den ihr vorgelagerten Inseln heute Europa nennen, einmal umrundet. Europa ist über die Steppen Rußlands mit Asien verbunden, grenzt im Süden an das warme, freundliche und seiner Entwicklung förderliche Mittelmeer und im Westen und Norden an den rauhen, stürmischen und endlosen Atlantik. Diese Halbinsel durchziehen trennende Gebirgszüge und verbindende Flußsysteme. Es stehen Gebiete mit alten, harten und oft unfruchtbaren, aber metallhaltigen Felsformationen im Wechsel mit geologisch jüngeren, fruchtbaren Schwemmlandebenen. Wein und Öl gelangten von der sonnigen Südseite der Halbinsel zu den Waldbewohnern im Norden, Bernstein und Pelze kamen auf dem umgekehrten Wege nach Süden und fanden bei den Bewohnern der Mittelmeerküsten stets Bewunderung. Immer wieder stößt man auf diese Vielfalt und unzähligen Kontraste.

Warum also nahm die Entwicklung Europas gerade einen solchen Verlauf und keinen anderen? Liegt die Antwort nicht einfach im Zusammenspiel seiner Vielfalt? In den reichen Erzvorkommen, den völlig unterschiedlichen, aber sich gegenseitig ergänzenden Lebensräumen, den große Anforderungen stellenden Klimazonen, Hindernissen und Verbindungen und vor allem in dem nie abreißenden Austausch innerhalb seines Völkergemischs, das sich auf dem engen Raum der Halbinsel ausbreiten muß?

Heute, kurz vor der Wende zum 2. Jahrtausend hat Europa ein bislang ungeahntes Maß an politischer Einheit erreicht, die Grenzen verlieren zunehmend an Bedeutung. So haben wir ganz neue Möglichkeiten, diese geographische, ethnische und kulturelle Vielfalt, die immer schon das Wesen Europas ausgemacht hat, wahrzunehmen, zu pflegen und auch schätzen zu lernen. Dieses Buch wird hoffentlich zum Verständnis des Ursprungs dieser Vielfältigkeit beitragen.

I

DIE BESIEDLUNG EUROPAS: 700 000–40 000 JAHRE VOR HEUTE*

CLIVE GAMBLE

HÖHLENMENSCHEN

Im Jahr 1905, vierzig Jahre nachdem John Lubbock in seinem richtungweisenden Buch *Pre-Historic Times* den Begriff »Paläolithikum« zum ersten Mal benutzt hatte, um die älteste Epoche der Steinzeit zu kennzeichnen, feierte Henry Knipe die damaligen Errungenschaften der Vorgeschichtswissenschaft in einem illustrierten Gedicht mit dem Titel *Vom Urnebel zum Menschen*. Zu einem eigens dafür in Auftrag gegebenen Gemälde, das die ersten Menschen zeigte, verfaßte er folgende Zeilen:

> Nun ist sie da, die große Kraft, erfinderisch der Geist,
> Bereit, das Leben umzubilden durch und durch.
> Die Kraft der Tat, über die das tier'sche Leben nicht verfügt,
> Sie zeigt sich jetzt und immer mehr in diesem Abendland.
> Denn hierher kam die letzte Schöpfung der Natur,
> Glanz und Krönung ihres Wirkens hier auf Erden.
> Der Urmensch hat die Bühne jetzt betreten –
> Kurz, mit plumpen Knochen, behaart, mit wildem Blick.
> Der Schädel eines Affen, aber dennoch stolz
> Und eine Geisteskraft, die niedern Wesen niemals zu Gebote steht.

Mit seiner Darstellung dieser Szenen aus dem primitiven Leben hat Knipe treffend beschrieben, welche Richtung die Vorgeschichtsforschung im 19. Jahrhundert verfolgte; sie wollte als Wissenschaft das Gesetz des Fortschritts darlegen und beweisen. Die Entwicklung seiner geistigen Fähigkeiten sollte es sein, die dem Menschen den Platz an der Spitze der Schöpfung sicherte. In der imperialistischen Welt der Jahrhundertwende diente diese vermeintliche Überlegenheit den Menschen des Abendlands als ausreichende Erklärung für die »Natürlichkeit« der politischen und sozialen Realität und Weltordnung.

Auch mehr als achtzig Jahre später stoßen wir auf solche Vorstellungen über den Fortschritt und die animalische Natur unserer Vorfahren. »Neandertaler« ist kein Kosewort, und oft genug fühlt man sich berechtigt, von Steinwerkzeugen auf die primitiven Fähigkeiten derjenigen zu schließen, die sie immer noch benutzen. Technik gilt als

Darstellung von Menschen im Altpaläolithikum; 1905 in Auftrag gegeben, von Bucknall angefertigt und seitdem oft kopiert.

das einzig gültige Maß für Fortschritt. Noch immer werden unsere Vorfahren als behaarte, fast nackte und mit Keulen fuchtelnde Naturkinder dargestellt. Das 1905 von Bucknall geschaffene Gemälde zeigt eine solche Ansammlung von diskriminierenden Symbolen und Attributen, für die es aber von archäologischer Seite keine Beweise gibt. Dennoch scheinen auch wir noch immer darauf zu warten, die erste altsteinzeitliche Holzkeule und einen Lendenschurz aus Fell zu finden.

Ich erwähne diese Bilder und die Motive, die ursprünglich hinter der Beschäftigung mit Vorgeschichte standen, mit gutem Grund: Jene Vorstellungen von den »Höhlenmenschen« sind auch für uns noch immer so präsent, daß moderne Ansätze, die sich auf archäologische Befunde und nicht auf unsere Phantasien stützen, allzu leicht abgetan werden. Bevor wir detaillierter auf über 700 000 Jahre europäischer Vorgeschichte eingehen, kann es also nichts schaden, kurz innezuhalten und zu fragen, woher diese Vorstellungen stammen und welches Bedürfnis sie erfüllt haben oder noch erfüllen. Die Ursprünge liegen sicher auch in den Denkstrukturen der damaligen Kolonialmächte, die in Übersee mit Eingeborenen in Berührung kamen, sie klassifizierten und beherrschten. Die Gelehrten des 18. Jahrhunderts sahen in vielen Völkern der Welt nur

Beispiele für eine noch lebendige Vorgeschichte. 1762 hat Adam Smith ein Stufensystem entwickelt, das im folgenden Jahrhundert von Archäologen übernommen wurde, um Steinartefakte, Gefäße und Bronzeobjekte in eine Reihung zu bringen, die einer Entwicklung entsprach: »Es gibt vier eindeutige Stufen, die die Menschheit durchwandert: 1. das Zeitalter der Jäger; 2. das Zeitalter der Hirten; 3. das Zeitalter des Ackerbaus und 4. das Zeitalter des Handels.« Geographische Entlegenheit wurde, aus Pariser oder Londoner Perspektive, unmittelbar als zeitliche Entfernung interpretiert. Und die Jäger und Sammler lebten ja tatsächlich am äußersten Rand der zivilisierten Welt: in Alaska, Feuerland, Tasmanien und am Kap der Guten Goffnung. Sie gebrauchten Werkzeuge aus Stein und wurden von John Lubbock und anderen oft herangezogen, um Vorstellungen von der europäischen Vorgeschichte zu veranschaulichen.

Die Hintergründe für einen zweiten Aspekt dieser Betrachtungsweise sind nicht eindeutig zu klären; er reicht jedoch weit zurück in die abendländische Geschichte. Es geht um den Unterschied zwischen zivilisierten und unzivilisierten Menschen, der bereits in der Antike gemacht und im Mittelalter übernommen wurde. Plinius bot eine lange Liste sagenhafter und ungeheuerlicher Rassen und Völker, die am Ende der Welt gelebt haben sollen. Eines dieser Völker, die Blemmyer, sind in unserem Zusammenhang von besonderer Bedeutung. Sie sollen die Wüsten Libyens bewohnt haben: Menschen, deren Gesicht sich mitten auf der Brust befand. Sie tauchen wieder auf in dem weitgehend fiktiven, aber sehr populären Bericht *Die Reisen des Ritters John Mande-*

Mittelalterliche Darstellung eines Blemmyer. Hier liegen die Ursprünge für spätere Vorstellungen vom Aussehen der Neandertaler.

ville durch das Gelobte Land, der 1356 erschienen ist. Darin erfahren wir, daß auf den Andamanen eine große Zahl verschiedener Völker leben, darunter solche, »die häßlich sind, ohne Köpfe, mit Augen in jeder Schulter; ihre Münder sind rund wie ein Pferdefuß und befinden sich in der Mitte ihrer Brustkörbe«. Die Blemmyer wurden häufig in mittelalterlichen Handschriften als nackte, keulenschwingende und im Urwald lebende Wesen abgebildet, so daß aufgrund dieser Attribute keine Zweifel über ihren unterentwickelten Status aufkommen konnten. Sie haben die Menschen des Mittelalters stark beeindruckt, noch Shakespeare läßt Othello berichten:

> Da erzählte ich
> Auch die Geschichte aller meiner Reisen.
> Von riesigen Höhlen und öden Wüsten mußt ich
> Berichten, rauhen Steinbrüchen, Felsen, Bergen
> Mit Gipfeln, die bis an den Himmel ragten,
> Und von den Kannibalen, die einander
> Auffressen, den Anthropophagen, und von
> Männern, denen die Köpfe unterhalb
> Der Schultern wachsen. All dem zuzuhören
> War Desdemona stets voll Interesse.
> (Othello, I/3; Übers. Erich Fried)

Wenn man daneben den Zusammenhang mit den weit zurückreichenden volkskundlich belegten Vorstellungen von den »Wilden« berücksichtigt – dem Ursprung der Yetis, Almas und anderer Fabelwesen, die die Randbezirke unserer »zivilisierten« Welt bewohnen sollen –, dann weiß man, woher die ersten Illustratoren wie Bucknall oder Knight die Anregungen für die Darstellung der ersten Europäer bezogen. Ihre Gemälde haben nur wenig mit wissenschaftlichen Ergebnissen zu tun, obwohl die Maler von führenden Forschern wie Duckworth, Smith Woodward und Osborn beraten wurden. Aber sie bezogen viel aus den mittelalterlichen Wissenstraditionen, mit denen die industrielle und wissenschaftlich-technische Revolution doch aufgeräumt haben wollte. Die Begründung der Vorgeschichte als eigenständige Wissenschaft im 19. Jahrhundert ging ironischerweise mit der neuerlichen Belebung ausgerechnet jener Traditionen des Menschheits- und Weltverständnisses einher, die man mit Hilfe der Wissenschaft eigentlich ins Reich des Aberglaubens verbannen wollte.

Daher ist Charles Knights Zeichnung, die 1915 als Frontispiz in C. R. Osborns *Men of the Old Stone Age* erschien, von großem Interesse. Zehn Jahre war es her, daß Bucknall sein Gemälde geschaffen hatte, und in dieser Zeit waren in Europa einige äußerst bedeutsame menschliche Leitfossilien bekannt geworden. Am wichtigsten war das fast komplette Skelett eines männlichen Neandertalers, das drei Kirchenmänner im August 1908 in der kleinen Höhle von La Chapelle-aux-Saints in der Corrèze in Frankreich geborgen hatten. Abbé Breuil, der spätere Wortführer der Altsteinzeitforscher, schlug vor, das Skelett zur Analyse an Marcellin Boule im Museum für Naturgeschichte in Paris zu schicken. Dieser Ratschlag erging nicht ohne Hintergedanken: Breuil wollte nicht, daß dieses wichtige Fossil der antikirchlich eingestellten, damals von Gabriel de Mortillet an der Ecole d'Anthropologie angeführten Forschergruppe in die Hände fiel. Denn diese plädierte dafür, daß man die damals bekannten, oft fragmentarisch erhaltenen Re-

Eine klassische Darstellung der Neandertaler, von Charles R. Knight (1915) nach den Anweisungen des amerikanischen Paläontologen Henry Fairfield Osborn gemalt. Diese eindrucksvolle und oft kopierte Darstellung bekräftigte die damalige Meinung in der Wissenschaft, daß der Neandertaler kein Vorfahre des Menschen sein kann. Hier kommen Motive zur Anwendung, die man damals benutzt hat, um Geächtete, Wilde und andere Wesen außerhalb der Zivilisation darzustellen. Der damalige Forschungsstand wurde dagegen nicht berücksichtigt.

likte von Neandertalern zu den Vorfahren der Menschheit zählen müsse. Genau das wollte Boule verhindern und veröffentlichte zwischen 1911 und 1913 einen sehr detaillierten Bericht, mit dem er anatomische Beweise dafür liefern wollte, daß die Neandertaler nicht zur menschlichen Stammesgeschichte gehören könnten. Knights Bild unterstützt diese Interpretation, die für viele Jahre Lehrmeinung war, indem er lang bewährte Attribute einsetzte, um zu zeigen, daß den Neandertalern jegliche Zivilisation fehlte. Beispielsweise läßt Boule die Neandertaler in gebückter Haltung laufen, und Knight gibt eben dies getreulich wieder und macht so in gewisser Weise auch Blemmyer aus ihnen, deren Gesicht nach unten zum Brustkorb hin verrutscht ist.

Auch das Jahr, in dem das Bild erschien, ist von Belang. Boule hat die Neandertaler während des psychologischen Vorspiels zum Ersten Weltkrieg aus der menschlichen Ahnengalerie vertrieben, als der Glaube an den geistigen und moralischen Fortschritt erschüttert war. Knights Bild ist daher auch ein Versuch, an der Leugnung des Undenkbaren festzuhalten, obwohl das aktuelle Geschehen doch dafür sprach, daß diejenigen, die sich an diesem menschenverachtenden Krieg beteiligten, durchaus auch primitive Wesenszüge haben mußten. 1925 erklärte Hendrik Van Loon dann einer neuen Generation:

Wir modernen Männer und Frauen sind überhaupt nicht »modern«. Im Gegenteil. Wir gehören zu den letzten Generationen der Höhlenbewohner. Die Fundamente für ein neues Zeitalter wurden gerade gestern erst gelegt. Der Mensch hat seine Chance, sich zivilisatorisch zu entwickeln, erst erhalten, als er mutig anfing, alles zu hinterfragen und »Wissen und Verständnis« zur Lebensgrundlage zu machen, auf der sich eine verständigere und vernünftigere Gesellschaft errichten ließe. Der Große Krieg, das waren lediglich die »Geburtswehen« dieser neuen Welt.

DIE ANFÄNGE DER VORGESCHICHTE ALS WISSENSCHAFT

Ironischerweise waren es gerade die Schlachtfelder an der Somme, in denen siebzig Jahre zuvor Boucher de Perthes und dann 1859 Sir John Evans und Joseph Prestwich Beweise für das hohe Alter der Menschheitsgeschichte fanden. Sie konnten nämlich nachweisen, daß in einigen geologischen Aufschlüssen neben den Knochen längst ausgestorbener Tierarten Werkzeuge aus Stein eingebettet waren. Viele Jahre lang ist man den Thesen von Boucher de Perthes mit Skepsis und seinen Artefaktzeichnungen mit Hohn begegnet.

Heute wissen wir, daß sie einigermaßen genau waren. Man muß sie nur mit systematischen Darstellungen vergleichen, die uns die Hauptcharakteristika der Steintechnologie und ihre Hilfsmittel, z. B. Kernsteine mit Negativen von Abschlägen, Schlagsteine und Retuschen an Abschlägen, aufzeigen. Zwischen Boucher de Perthes und dem englischen Altertumsforscher William Stukely besteht eine interessante Parallele. So wie letzterer, der im 18. Jahrhundert nicht nur die archäologische Feldforschung begründete, sondern sich auch mit den keltischen Druiden beschäftigte, konnte sich auch de Perthes einen Platz am Rande der anerkannten Wissenschaft sichern. Einerseits gelangte er zu bemerkenswerten Einsichten über die Stratigraphie und die Artefakte aus den Kiesgruben bei Abbeville und Amiens und fertigte auch viele Zeichnungen von Steinskulpturen an. Andererseits hat sich aber die Anerkennung seiner wissenschaftlichen Beobachtungen verzögert, weil er in einigen natürlichen Kieselsteinen die Köpfe von Vögeln und Menschen zu erblicken glaubte und diese Interpretation mit großer Vehemenz verteidigte.

De Perthes begegnete man mit Skepsis, John Frere wurde dagegen einfach ignoriert. 1797 schrieb er an die Londoner Gesellschaft für Altertumsforschung, die dann im Jahre 1800 seinen kurzen Bericht über Steinwerkzeuge aus Hoxne in der Grafschaft Suffolk veröffentlichte. Heute würde man sie als Faustkeile des Acheuléen bezeichnen, große, beidseitig (bifaciell) bearbeitete Werkzeuge in verschiedenen Größen, Formen und Verarbeitungsstadien. Die von Frere gezeichneten Exemplare sind besonders gut gearbeitet und sehr spitz zugeschlagen.

Bereits 1872 hatte man in den Flußterrassen Nordwesteuropas und in den Höhlen Süd- und Mitteleuropas so viele Entdeckungen gemacht, daß Gabriel de Mortillet das von Lubbock bereits als Epoche definierte Paläolithikum in verschiedene Phasen unterteilen konnte. Er orientierte sich dabei an den unterschiedlichen Formen der jeweils vorherrschenden Steinwerkzeuge. Deren Zeitstellung ließ sich an typologischen Entwicklungen der Objekte selbst und Epochen festmachen, konnte aber auch durch die Tierknochen bestimmt werden, die in den gleichen Schichten wie die Steinartefakte gefunden wurden. De Mortillet unterschied hauptsächlich zwischen dem Acheuléen und dem Moustérien. Weiterhin gliederte er eine Phase mit ersten Knochenartefakten aus,

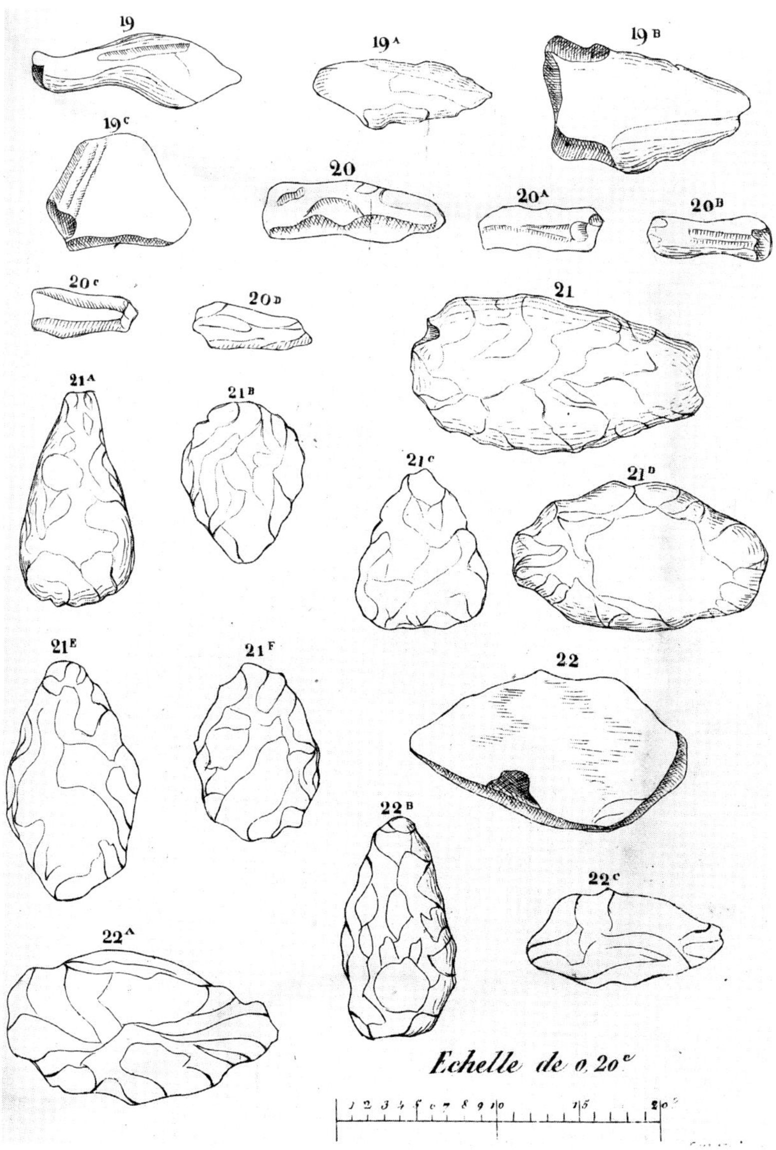

Steinwerkzeuge aus Abbeville an der Somme, gezeichnet von Boucher de Perthes (1847). Diese Werkzeuge würde man heute in das Altpaläolithikum datieren.

John Freres Zeichnung eines Faustkeils aus Hoxne. In seiner Beschreibung (1800) merkt er an: »Die Lage, in der man diese Waffen entdeckte, könnte Anlaß sein, sie einer sehr entlegenen Epoche zuzuordnen, einer, die sogar vor der jetzigen Welt liegt.«

die wir heute als Jungpaläolithikum bezeichnen. Die genaue Anzahl und zeitliche Abfolge dieser Perioden wurde allmählich deutlicher, als immer mehr Stratigraphien in den Höhlen Südwestfrankreichs bekannt wurden. Das veranlaßte Breuil 1912 dazu, eine grundsätzlich neue Einteilung des Jungpaläolithikums vorzuschlagen.

Bis dahin hatte man sich auf eine Dreiteilung geeinigt: *Das Altpaläolithikum* war vor allem durch die Faustkeile des Acheuléen charakterisiert, die man an den Flußterrassen bei London und Paris fand. Kennzeichen des *Mittelpaläolithikums* bzw. Moustérien bildeten Abschläge, Geschoßspitzen und Schaber, wie sie in Höhlen und unter den Abris der Dordogne, in Süddeutschland und Osteuropa zu finden waren. *Das Jungpaläo-*

Levallois-Kern (links) und typischer Levallois-Abschlag (rechts). Den übriggebliebenen Kern nennt man auch »Schildkern«.

lithikum war hauptsächlich durch die Kunst definiert, und zwar durch verzierte Knochen und Artefakte aus Elfenbein sowie durch die sensationellen Höhlenmalereien im nordspanischen Kantabrien, in den Pyrenäen und im südwestfranzösischen Périgord.

Während der nächsten fünfzig Jahre entstanden in ganz Europa um dieses zeitliche Grundschema herum zahlreiche weitere, aber nur regional gültige Einteilungen. Die typologische Untersuchung der Steinartefakte wurde zum Hauptgegenstand der Forschung, und hier war François Bordes zweifellos einer der führenden Wissenschaftler: Er entwickelte 1953 eine Methode, um die Steinobjekte aus sicher definierten stratigraphischen Schichten zu klassifizieren. Dazu benutzte er eine Typenliste, die beispielsweise für das Mittelpaläolithikum 63 häufig auftretende Abschlaggeräte und 21 Faustkeil-Typen auswies. Das Repertoire dieser Abschlaggeräte reichte von Schabern bis zu den sogenannten Handspitzen, auch Moustérienspitzen genannt; dazu kamen einige typologisch weniger eindeutige Formen, wie Werkzeuge mit gezähnten Schneiden, sogenannte »denticulés«. Man konnte die Typen zählen und die Fundkomplexe durch Verhältniszahlen miteinander vergleichen. Bordes, der die Abschlagtechnik selbst meisterhaft beherrschte, widmete einen Teil seiner Analysen den Techniken der Feuersteinbearbeitung. Er konnte daher Herstellungsverfahren wie die Amboß- oder Levalloistechnik unterscheiden und so mehrere Verhältniswerte miteinander in Beziehung bringen. Die seit dem Mittelpaläolithikum aufkommende Levalloistechnik hat bei weitem nichts mehr mit dem bloßen Aufeinanderschlagen von Steinen gemeinsam. Mit ihr las-

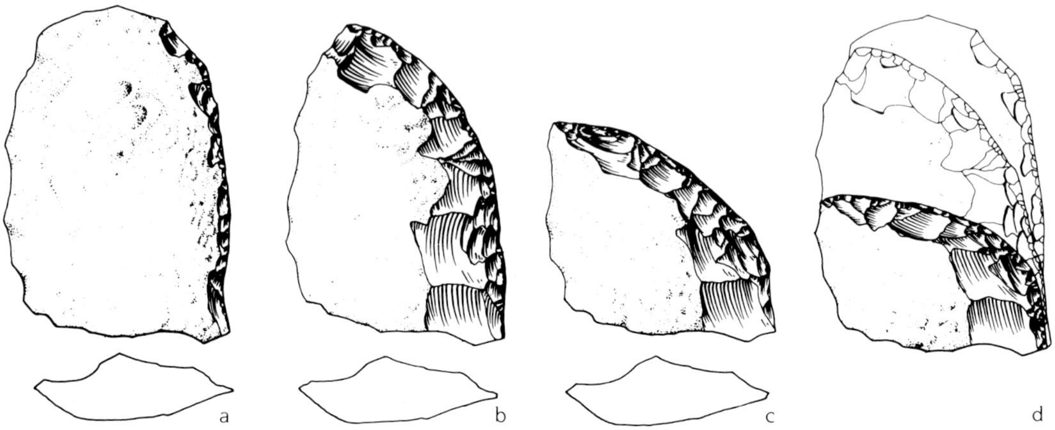

Wiederholte Retuschierung eines Artefakts im Experiment. Deutlich wird, wie sich die Schneide von einer geraden über eine konvexe zur transversalen Kante verändert. Die »Biographie« des Artefaktes wird in *(d)* zusammenfassend dargestellt.

sen sich vielmehr von einem Feuersteinkern sehr gezielt Abschläge und Klingen von vorherbestimmter Größe gewinnen. Sie können dreieckig, länglich oder auch gedrungen geformt sein; entscheidend ist aber, daß sie keine Zufallsprodukte mehr sind. Benannt ist diese Technik nach dem Pariser Vorort Levallois-Perret, wo in den Schotterterrassen des Seinetals erstmals solche Artefakte entdeckt wurden.

Bordes' Typologie hatte großen Einfluß und wurde auch auf das Jungpaläolithikum übertragen. Noch heute ist sie die Standardnorm, an der sich wissenschaftliche Berichte und Darstellungen über alt- und mittelpaläolitisches Fundmaterial orientieren. Dennoch wird sie mittlerweile in zweierlei Hinsicht kritisiert: Zum einen neigt man heute dazu, die angewandte Technik und weniger die Typologie des Artefakts zur Grundlage der Klassifizierung und Datierung zu machen. Diese Neuausrichtung wird durch die experimentelle Archäologie und die Analyse von Gebrauchsspuren an Steinwerkzeugen gestützt. Hierbei untersucht man die Kanten der Werkzeuge auf Beschädigungen und mikroskopisch kleine Sekundärretuschen, die durch Gebrauch entstehen. Mit leistungsstarken Mikroskopen können auch Gebrauchsspuren identifiziert werden, die praktisch einer »Politur« der Ränder gleichkommen, nicht unähnlich dem sogenannten Sichelglanz im Neolithikum. Diese Analysen haben gezeigt, daß viele Abschläge und Absplisse, die Bordes als Abfall klassifiziert hätte, tatsächlich aber zum Schneiden von Fleisch, zur Holzbearbeitung und zum Zerteilen von Pflanzen verwendet worden sind. Die vorrangige Beschäftigung mit retuschierten Werkzeugen hat daher zu viel Gewicht auf solche Artefakte gelegt, die *wir* für die eigentlichen Endprodukte hielten.

Überraschende Ergebnisse kann die Rekonstruktion der »Biographie«, d.h. Angaben über Herstellung und unterschiedliche Verwendung eines Steinwerkzeugs, liefern. Kürzlich hat H. Dibble nachgewiesen, daß ein Feuersteinschaber, wenn er im Laufe seines Gebrauchs nachgeschärft wurde, nacheinander drei verschiedenen Bordesschen Typen zuzuordnen wäre. An die Stelle des statischen Bildes formaler Gebrauchstypen, die einem paläolithischen Werkzeugmacher als feste »Modelle« vorschweben mochten, setzt Dibble ein dynamisches Modell des Werkzeuggebrauchs und der Technologie. Bordes hatte etliche hundert Fundkomplexe mit Steinartefakten aus dem Mittelpaläolithikum untersucht, und diese Analysen haben lediglich den Nachweis erbracht, daß das Verhältnis der Typen zueinander und die Häufigkeit technischer Merkmale fünf Hauptgruppen erkennen lassen. Und er hatte auch eine recht schlichte Erklärung dafür

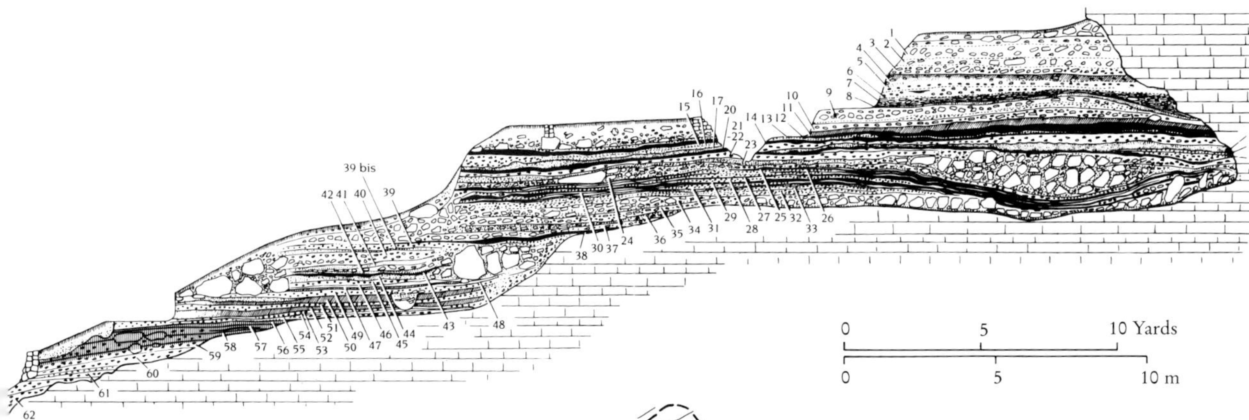

oben Stratigraphie der Höhle von Combe-Grenal aus dem Alt- und Mittelpaläolithikum.

rechts Verhaltensmuster paläolithischer und rezenter Jäger-Sammler-Gruppen im Vergleich. Alle berühmten paläolithischen Fundstätten, die angeblich von unterschiedlichen Neandertaler-Stämmen genutzt wurden, passen leicht in das Gebiet, das von neun arktischen bzw. von einer Kalahari-Familie genutzt wurde.

Lagerplätze einer G/wi san Familie in einem Zeitraum von 11 Monaten.

Lagerplätze von neun Nunamiut-Familien in einem Zeitraum von fünf Jahren.

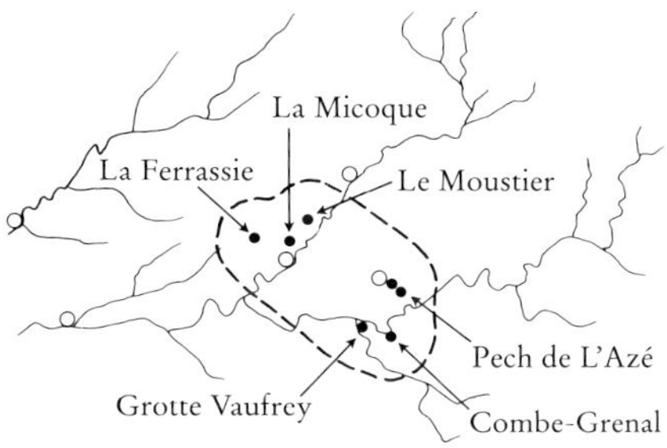

0 20 40 Meilen
0 20 40 60 km

Dordogne, Frankreich

GLEICHER MASSSTAB FÜR ALLE DARGESTELLTEN REGIONEN

anzubieten. Die fünf unterschiedlichen, aber an mehreren Plätzen nachzuweisenden Zusammensetzungen könnten nur den fünf Kulturgruppen entsprechen, die wiederum fünf Neandertalerstämme repräsentierten. Nun gibt es an einer Fundstätte wie unter dem Abri von Combe-Grenal mehr als 55 mittelpaläolitische Kulturschichten, in denen alle fünf Gruppen anzutreffen sind. Bordes hat diesen Befund mit dem Hinweis abgetan, an Orten wie diesem hätten sich die Neandertaler im Konkurrenzkampf um die beste Wohnlage im paläolithischen Périgord gegenseitig verdrängt.

Aber es gibt noch einen zweiten Kritikpunkt an der typologischen Vorgehensweise von Bordes. 1966 hatte das Ehepaar Binford darauf hingewiesen, daß die Höhlen und Abris zu einem umfassenderen Besiedlungssystem gehört haben müssen. Während Bordes der Ansicht war, daß sie über Jahrtausende hinweg kontinuierlich von Menschen bewohnt gewesen seien, gehen sie davon aus, daß die Menschen des Paläolithikums mobil sein mußten, wenn sie überleben wollten. Nach den Binfords sind sie im Rhythmus der Jahreszeiten in einer bestimmten Region umhergezogen und haben die Nahrungsquellen genutzt, wie sie sich im Jahreszyklus boten. Die je nach Jahreszeit unterschiedlichen lebenswichtigen Nahrungsmittel oder Rohstoffe erfordern zur Beschaffung und Weiterverarbeitung verschiedene Werkzeugsätze. Wenn also Werkzeuge in den Fundkomplexen in unterschiedlicher Verteilung vorliegen, dann muß dies mit der Überlebensstrategie in einer bestimmten Region in Zusammenhang gebracht werden; keinesfalls können sie als Fundniederschlag unterschiedlicher Kulturkreise gedeutet werden. Man hat diese Vorstellungen inzwischen weiterentwickelt, und Dibble hat gezeigt, daß man archäologisch gar keine festen oder typischen Zusammensetzungen mit bestimmten Werkzeugtypen, etwa in Form eines »Werkzeugkastens«, nachweisen kann. Dies verhindern schon die multifunktionalen Verwendungsmöglichkeiten von paläolithischem Werkzeug. Ferner sind die Siedlungsformen mobiler Menschengruppen viel komplexer, als man bislang annahm. Dennoch liegt die Bedeutung der Binfordschen Analyse darin, daß sie den Blick auf den Raum lenkt und die Beziehungen zwischen einzelnen Siedlungsplätzen ins Spiel bringt, die sich aus der Anpassung an unterschiedliche Umweltbedingungen und aus der Überlebensstrategie ergeben haben.

C. Gamble hat vorgeschlagen, daß man paläolithische Funde am besten vor dem Hintergrund zusammenhängender Regionen interpretieren kann; Regionen, in denen sich – ganz unabhängig vom Klima – die ökologischen Bedingungen entsprechend den Hauptregionen Europas unterschieden haben müssen. Diese Bedingungen hängen vom Breiten- und Längengrad und vom Höhenrelief ab. In ihrer Gesamtheit bestimmen sie die Verbreitung, Zusammensetzung und Menge pflanzlicher und tierischer Nahrungsquellen und legen damit auch die jeweils entscheidenden Ressourcen fest. Die Menschen werden die einzelnen Regionen also sehr unterschiedlich genutzt haben. Und das wiederum müßte durch Häufigkeit und Menge der Ressourcen und durch den siedlungsgeschichtlichen Verlauf im archäologischen Gesamtbefund einer Landschaft erkennbar sein. Hier werden wichtige Entwicklungen in Theorie und Methodik der prähistorischen Forschung deutlich. Denn anstatt technologische Fortschritte zu untersuchen, erforschen die Prähistoriker heute das sich verändernde Überlebensverhalten vergangener Epochen anhand der unterschiedlichen Verteilung überlieferter Relikte und Spuren.

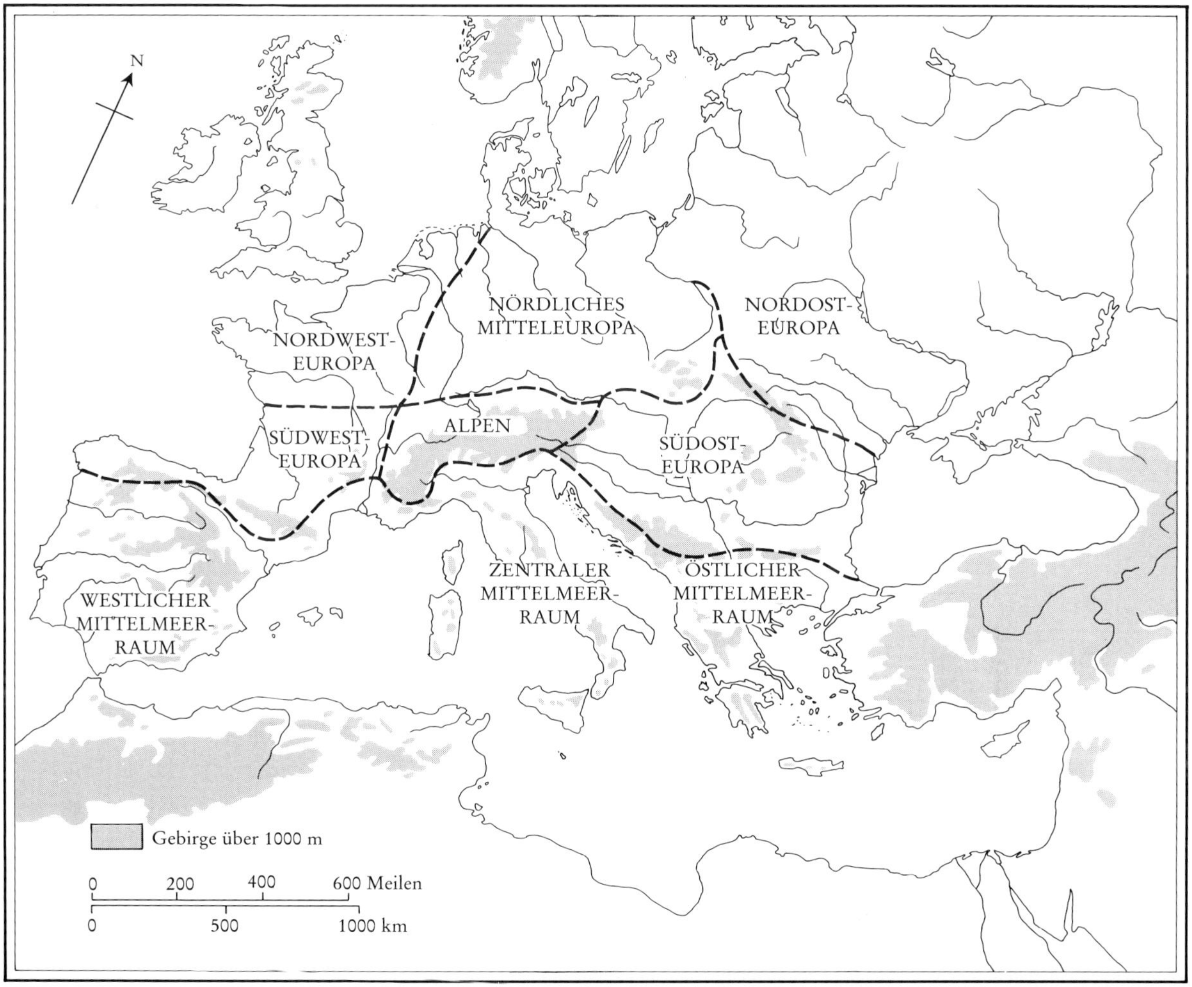

Die Regionen des paläolithischen Europa. Die Unterteilung beruht auf wesentlichen regionalen Unterschieden im Nahrungsangebot und in den klimatischen Bedingungen während des Paläolithikums. Diese werden an unterschiedlichen archäologischen Fund- und Befundspektren deutlich.

DAS KLIMA DER EISZEIT

Das auf räumlich-regionale Zusammenhänge bezogene Modell geht davon aus, daß Veränderungen im menschlichen Verhalten auf sich verschlechternde Lebensbedingungen und damit knapper werdende Ressourcen in Nord- und Osteuropa zurückzuführen sind. Um das Bild zu vervollständigen, sind zusätzlich die klimatischen Bedingungen der Eiszeit einzubeziehen.

Inzwischen können wir das Schema der vier Kaltphasen des Pleistozäns leider nicht mehr anwenden, das Penck und Brückner 1909 aufgrund ihrer Studien in der Voralpenregion aufgestellt hatten. Lange Zeit bot es relative Datierungsmöglichkeiten, aber es hat sich herausgestellt, daß es den tatsächlichen eiszeitlichen Verhältnissen und Klimaveränderungen nicht entspricht. Das heute akzeptierte Modell vom Ablauf der Eiszeit wird nicht aus Analysen von Moränen, dem jeweiligen Stand des Meeresspiegels oder von erodierten und akkumulierten Flußterrassen gewonnen, sondern aus Sedimentschichten vom Meeresgrund. Diese Sedimente enthalten Skelette von winzigen Meereslebewesen, den Foraminifera, die sich an der Wasseroberfläche aufhielten. Ihre Skelette bestehen aus Kalziumkarbonat, das Sauerstoffisotopen aus dem Salzwasser aufnimmt. Dieser sogenannte Schwamm-Effekt ist zur Untersuchung von Anzahl und Zyklen der Vereisungsperioden sehr dienlich gewesen; denn die Konzentrationen von zwei dieser Isotopen sind dafür besonders aufschlußreich, nämlich die der Sauerstoffisotopen ^{16}O und ^{18}O. (Die Zahlen beziehen sich auf das unterschiedliche Atomgewicht der Isotopen.) Wenn man nun untersucht, in welchem Verhältnis zueinander diese Isotopen in die Skelette eingebaut wurden, gewinnt man einen Schlüssel zur Dechiffrierung der Chronologie des Pleistozäns.

Während einer Kaltphase, in der Eisdecken Skandinavien und Großbritannien überzogen und sich Gletscher von den Alpen, Karpaten und Pyrenäen in die Ebenen herunterschoben, wurde dem Meer Wasser entzogen und damit auch die leichteren ^{16}O-Isotopen, so daß das Meerwasser in der Zeit, in der die Meere sich zurückzogen, von seiner Isotopenzusammensetzung her schwerer war. Als der Meeresspiegel bei ca. 150 Metern unter dem heutigen Niveau seinen Tiefststand erreicht hatte, fielen die Kontinentalsockel trocken, es entstand eine Landverbindung zwischen England und Frankreich, und die nördliche Adria verwandelte sich in eine große Ebene. Wenn sich zwischen den Kaltphasen (Glazialen) das Klima wieder erwärmte und die Vereisung zurückging (die Interglaziale), stieg in den Meeren der Anteil an leichten ^{16}O-Isotopen wieder an. Diese Schwankungen macht man sich zunutze, indem man in Bohrproben aus Tiefseesedimenten in bestimmten Abständen das Verhältnis von ^{16}O- und ^{18}O-Isotopen bestimmt, die so gewonnenen Werte gegen die Tiefe aufträgt und eine Kurve erhält, an der sich der Wechsel von größer und kleiner werdenden Meeren, also von Warm- und Kaltzeiten (Interglazialen und Glazialen) deutlich ablesen läßt. Diese Zyklen von Erwärmung und erneuter Vereisung bilden eine *kontinuierliche* Reihe. Hierauf bezieht sich die heutige Pleistozängliederung – und nicht mehr auf Beobachtungen aus den *diskontinuierlichen* Stratigraphien auf dem Festland, die aus verschiedenen Befunden zusammengestellt werden müssen.

Nun fehlt aber noch die genaue »Eichung« dieses neuen Tiefsee-Eiszeit-Kalenders, der zu diesem Zweck auf ein anderes Fix-Datum bezogen werden muß. Dies gelang dadurch, daß man die magnetische Umkehrung des Nord- und Südpols (vorher befanden sie sich in genau umgekehrter Position) in diesem Kalender orten konnte: Bei einer Tiefe von 1200 Zentimetern zeigen die Sedimente der Bohrprobe V28-238 diese Verschiebung an. Sie ist auch in Felsproben festgestellt worden und konnte mit Hilfe der Kalium-Argon-Methode auf die Zeit vor etwa 730 000 Jahren datiert werden. (Das radioaktive ^{40}Kalium-Isotop zerfällt mit bekannter Halbwertszeit in das ^{40}Argon-Isotop; aus dem Verhältnis beider Isotopen in einer Probe kann deren Alter bestimmt werden.) Dieses Datum entspricht der sogenannten Brunhes/Matuyama-Grenze und gilt auch als Grenze zwischen Unter- und Mittelpleistozän; diese Grenze ist ein wichtiges Datum in der Vorgeschichte Europas.

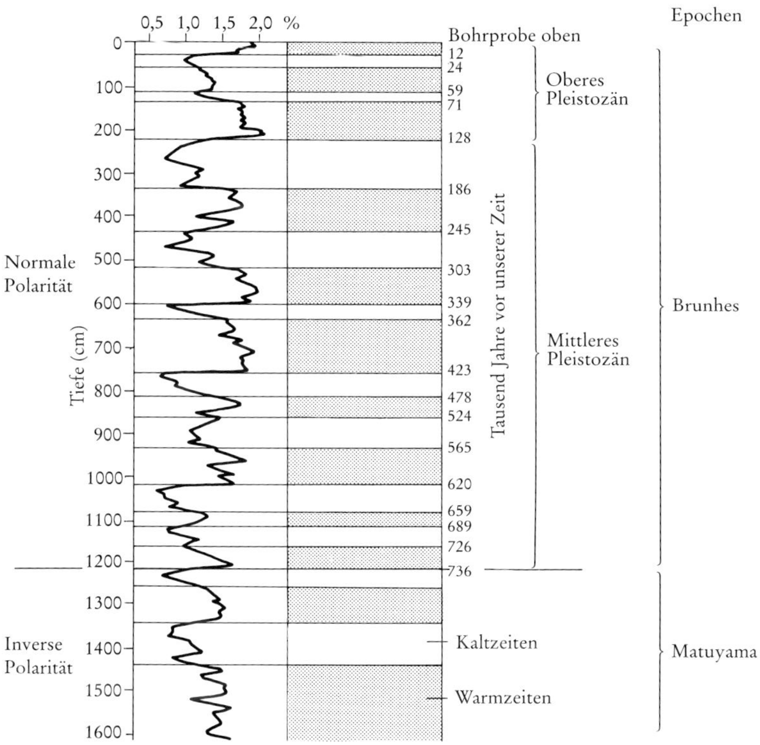

Die klimatischen Verhältnisse in den letzten 730 000 Jahren der Eiszeit, wie sie der Bohrkern V28–238 der Tiefseebohrung vom Solomon-Plateau zeigt.

Weil man dieses Datum sowohl in Felsproben als auch in Tiefseesedimenten bestimmen konnte, läßt sich jeder eiszeitliche Zyklus datieren und in seiner Dauer bestimmen; man kann quasi Bohrtiefe in absolutes Alter umrechnen. Während der letzten 730 000 Jahre hat es acht Zyklen mit Kalt- und Warmzeiten gegeben. Ursprünglich währte jeder Zyklus 70 000 Jahre, doch seit 450 000 Jahren sind die Zyklen länger geworden; die letzten vier dauerten jeweils 100 000 Jahre und könnten die Besiedlung Europas dadurch entscheidend beeinflußt haben.

Für den letzten Zyklus verfügen wir über die meisten Kenntnisse zu Landschaft, Tier- und Pflanzenwelt, und bei seiner Unterteilung zeigt sich, daß die Extreme der warmen, waldreichen Interglaziale und der trockenen, kalten Glaziale verhältnismäßig kurz waren. Wenn wir das als grobes Schema auch für die früheren Zyklen annehmen, dann wird deutlich, daß in mehr als der halben Dauer der Warm-Kalt-Phasen weder völlige Vereisung noch vollständige Eisfreiheit und Bewaldung vorherrschten, daß die klimatischen Verhältnisse während dieser langen Zeit irgendwo zwischen diesen Extremen lagen. Und auch diese »Zwischenzeiten« hatten kein stabiles Klima, sondern es kam zu Schwankungen. Es gab Perioden mit lichten Wäldern, denen dann wieder Perioden mit offenen, gletscherfreien Tundra-Landschaften folgten. In beiden hätten Herdentiere überleben können. Doch zu Zeiten der offenen Steppen- bzw. Tundralandschaften gab es neben den Bison-, Wildpferd-, Rotwild- und Rentierherden auch Mammuts, Wollnashörner, Riesenhirsche, Moschus- und Auerochsen. In manchen Gebieten

Die Klimaverhältnisse in den letzten 250 000 Jahren. Die Isotopenkurve zeigt die raschen Wechsel zwischen hohem und niedrigem Meeresspiegel bzw. kleinen und großen Eiskappen. Außerdem erkennt man, wie kurz und extrem sich Phase 5 e des letzten Interglazials im Vergleich zur Stufe 7, der vorletzten Warmzeit, darstellt.

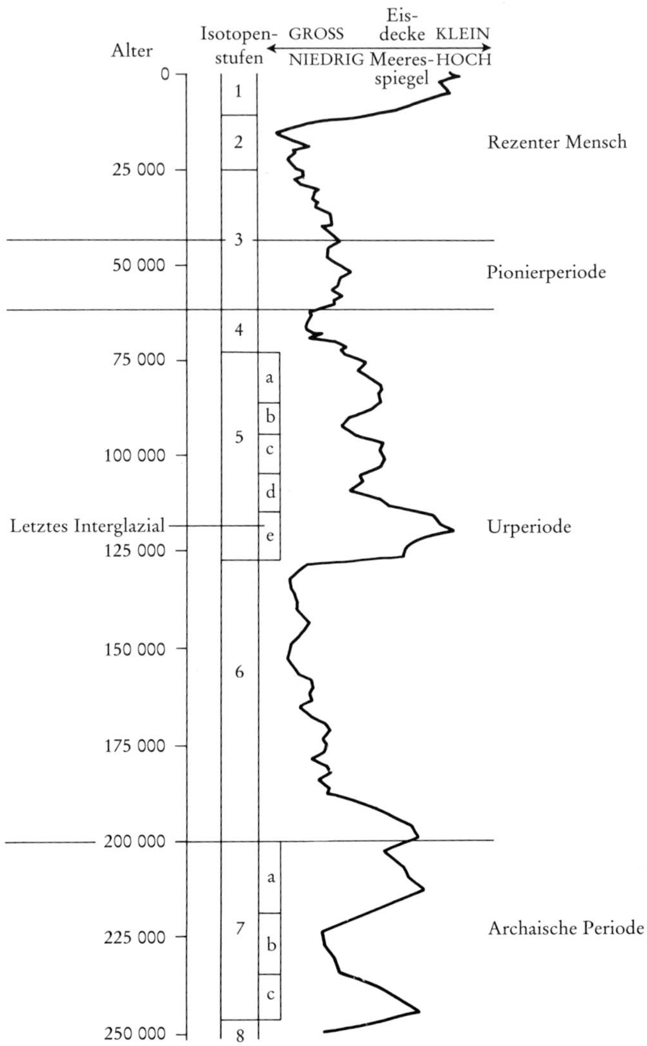

gab es Steinböcke, Gemsen und Wildschafe. Auch in Rudeln lebende Fleischfresser wie Löwen, Hyänen und Wölfe waren ebenso zahlreich wie die riesigen, Kälte adaptierten Höhlenbären.

Während der letzten Warmzeit, die vor 130 000 Jahren begann, war die Fauna ganz anders zusammengesetzt als zu Zeiten von Tundra-Landschaften, in denen riesige Tierherden ein reichliches Nahrungsangebot bereitstellten. Nun findet man auch Waldnashörner und -elefanten, Nilpferde und Riesenhirsche. Während der maximalen Vereisung, zuletzt vor 18 000 Jahren, verknappten sich die Ressourcen in den eher kontinentalklimatisch geprägten Landschaften und besonders in Mitteleuropa, das zwischen zwei riesigen Gletschern eingezwängt war.

Wenn wir diese Erkenntnisse über das Pleistozän zusammenfassen, dann können wir die Kälte nicht mehr als den alles einschränkenden Faktor für die ersten Menschen in

Europa betrachten. Dem komplexer gewordenen Bild mit sich immer wieder verändernden Landschaften entspricht die Vorstellung von Menschengruppen, die zwischen den verschiedenen Regionen Europas mit ihren unterschiedlichen Klimaverhältnissen in dauernder Bewegung hin- und herpendeln. Wenn man den Schlüssel zur Besiedlung Europas durch den Menschen sucht, muß man sich mit Lebenswelten auseinandersetzen, die immer nur saisonal genutzt wurden. Das gilt insbesondere für Nordeuropa.

DIE ERSTEN MENSCHEN

Es ist noch immer weitgehend unbekannt, wann genau der europäische Kontinent besiedelt wurde. Von manchen Artefakten aus dem Mittelmeerraum wird behauptet, daß sie zwischen 1 und 1,8 Millionen Jahre alt seien. Damit sind vor allem einige Steinartefakte aus der Höhle von Vallonnet in der Nähe von Nizza und aus Chillac in der Auvergne gemeint. Die Funde ähneln typologisch den Steinwerkzeugen aus der Olduvai-Schlucht in Ostafrika. Es handelt sich um sehr einfache Abschläge und um einige zu Schneidwerkzeugen zugerichtete Flußkiesel, um sogenannte Pebble-Tools. Relikte von Hominiden wurden bei diesen Artefakten nicht gefunden. Das Alter dieser Werkzeuge ist wichtig, denn in den letzten Jahren konnte das Auftauchen des *Homo erectus* außerhalb Afrikas, nämlich in China und Java, auf die Zeit vor etwa einer Million Jahren datiert werden. Das viel höher angesetzte Alter der Artefakte aus Europa paßt nicht in dieses Muster. Sicher ist aber, daß man solchen Pebble-Tools und einfachen Abschlägen nicht nur deshalb ein hohes Alter zusprechen kann, weil sie so primitiv aussehen; derart schlichte Vorstellungen vom technischen Fortschritt halten einer Überprüfung nicht länger stand. Ein guter Grund, solche Vorstellungen aufzugeben, ist das ostafrikanische Acheuléen mit seinen Faustkeilen und Spitzgeräten aus großen Abschlägen. Sie wurden mit absoluten Meßmethoden auf ein Alter von 1,6 Millionen Jahren datiert. Wenn man diese Artefakte im Vergleich mit den Pebble-Tools und Abschlägen aus Olduvai als fortgeschritten ansieht, wie kann man dann jüngeres Material, wenn es in Europa gefunden wurde, allein aufgrund seiner Morphologie datieren?

Der Ort mit den ältesten Funden in Europa, der eine große Menge von Artefakten geliefert hat und der inzwischen sicher datiert werden konnte, ist Isernia La Pineta südöstlich von Rom. Dieser Fundplatz hat deshalb eine solche Bedeutung gewonnen, weil er stratigraphisch direkt unter einer vulkanisch gebildeten Schicht liegt. Glücklicherweise beinhaltet diese Schicht auch die sogenannte Brunhes/Matuyama-Grenze, deren Alter von mindestens 730 000 Jahren inzwischen durch die Kalium-Argon-Methode bestätigt werden konnte. In den Flußsedimenten von Isernia La Pineta finden sich zusätzlich zahlreiche Fauna-Reste, hauptsächlich Knochen vom ausgestorbenen Bison. Mit diesen Knochen sind Tausende von Abschlägen und Pebble-Tools vergesellschaftet. Es gibt dort aber leider keine frühmenschlichen Reste. Trotzdem läßt dieser Fundkomplex, der etwa zeitgleich mit den Funden aus Java und China ist, vermuten, daß die ersten Menschen aus Ostafrika kommend diesen Teil des Mittelmeerraums wohl vor 1 000 000 bis 700 000 Jahren erreicht hatten. Der Fundplatz von Soleihac, am Ufer eines Sees in der Auvergne, wo einige Abschläge und Pebble-Tools auf ein Alter von 900 000 Jahren datiert wurden, vermittelt einen Eindruck von dem fragmentarischen Zustand dieser ältesten Fundplätze Europas.

Bedenkt man aber die Gesamtdauer der menschlichen Evolution, dann scheint es gar nicht so aufregend lange zurückzuliegen. Die ältesten Hominidenfunde Afrikas stammen aus der Zeit vor etwa 4 Millionen Jahren, und genetische Untersuchungen deuten darauf hin, daß es etwa eine Million Jahre vorher zu einer evolutionsgeschichtlichen Trennung zwischen Schimpansen und Hominiden gekommen ist. Vor 4 Millionen Jahren haben sich also Hominiden in Ost- und Südafrika ausgebreitet. Dieser Vorgang dauerte etwa zwei Millionen Jahre. Zu diesen frühen Menschen gehört auch der »Affenmensch« des Südens, der Australopithecus, der aufgrund morphologischer Merkmale in drei Hauptgruppen gegliedert ist. Den weitverbreiteten *Australopithecus africanus* betrachtet man heute als Urfossil eines grazilen Typs, der zum *Homo habilis* führt und dann, vor etwa 1,6 Millionen Jahren, weiter zum *Homo erectus*. Der stämmiger gebaute *Australopithecus robustus* lebte nur bis vor etwa 1,3 oder 1,1 Millionen Jahren. Der *Homo erectus*, dessen Gehirnvolumen bereits im unteren Variationsbereich des modernen Menschen liegt, der, wie aus dem vor kurzem entdeckten Skelett eines 12jährigen Individuums aus Kenia geschlossen werden kann, eine Körpergröße von immerhin 1,68 Meter hatte, und der zudem über eine entwickelte Steintechnologie nach Art des Acheuléen verfügte – dieser Urmensch brauchte etwa 500 000 Jahre, um aus den afrikanischen Savannen südlich der Sahara in den mediterranen Raum zu gelangen. Daraus kann man nur schließen, daß lange Beine, große Köpfe und technische Fertigkeiten nicht den entscheidenden Anstoß zur Verbreitung dieser Urmenschen gaben.

Heute neigen manche Forscher dazu, diesen langen Zeitraum durch Hinweise aus dem erwähnten Tiefsee-Kalender zu erklären. Paläontologen haben darauf verwiesen, daß in der menschlichen und tierischen Fossilgeschichte Entwicklungssprünge festzustellen seien, die mit den ersten nicht sehr ausgeprägten Kaltzeiten vor 2,5 Millionen Jahren zusammenfallen. Ein anderer auf die Ausbreitung wirkender Impuls scheint mit der Verlängerung der Klimazyklen vor 900 000 Jahren in Beziehung zu stehen. Diese Überlegungen weisen den Lebensräumen eine für das Tempo der Evolution und Ausbreitung der Arten sehr bestimmende Rolle zu. Aber wenn eine solche Beziehung als kausal angesehen werden soll, müssen wir nachweisen, daß es eine zeitliche Verzögerung zwischen dem Beginn der veränderten Klimazyklen und -verhältnisse und den folgenden biologischen Entwicklungen oder Verhaltensänderungen gab.

Im Gegensatz zu dieser deterministischen Interpretation steht die Vorstellung, daß der *Homo erectus*, der doch so lange in Afrika verharrte, sich in dieser Zeit die Voraussetzungen für eine solche Wanderung selbst schuf. Möglich wäre, daß er südlich der Sahara blieb, weil es ihm mit seinen Verhaltensweisen oder aus anderen Gründen nicht möglich war, in die Gebiete nördlich der tropischen Savannen, die arm an Ressourcen waren, vorzudringen und sie zu durchqueren. Es scheint aber plausibler, daß sie nicht passiv abwarteten, bis freundlichere Lebensräume sie nach Norden gelangen ließen, sondern sich statt dessen durch Veränderung ihrer Überlebensstrategien die Möglichkeiten zur Ausbreitung nach Norden schufen. Dazu gehörte unzweifelhaft auch eine

Vergrößerung der sozialen Gruppen, was wiederum zur Intensivierung von Interaktion und Kommunikation führte. Und auch dazu, daß es die Gruppen verkraften konnten, wenn sich in Zeiten von vorübergehend verschlechterten Lebensbedingungen Individuen oder kleinere Gruppen über längere Zeiträume von der Hauptgruppe trennten und eigene Wege gingen.

FOSSILGESCHICHTE

Die ältesten menschlichen Bewohner Europas kennt man nur durch ihre Artefakte. Die ersten Beweise, von denen man mit einiger Sicherheit auch auf ihr Aussehen schließen kann, sind etwa 300 000 Jahre jünger als die Funde von Isernia La Pineta im Mittelmeerraum. Wie C. Stringer nachweisen konnte, hatten die Früheuropäer damals schon ihre eigene regionale Evolution durchgemacht. Darum betrachtet man die Fossilien aus Steinheim und Bilzingsleben, aus Petralona in Griechenland und aus Swanscombe in England nicht mehr als Relikte vom *Homo erectus,* sondern als solche einer neuen Gattung: des *Homo sapiens.* Zu den wesentlichen Entwicklungen gehörte nicht nur die Vergrößerung des Kopfes und damit des Gehirns, sondern auch die Verringerung der Zahnanzahl. Die Schädel sind aber immer noch sehr massig, mit dicker Schädeldecke und stark ausgeprägten Augenwülsten. Über Knochenbau und Skelettformen weiß man wenig. Die fossilen Schädel, deren Alter nicht genauer zu bestimmen ist, die aber aus der Zeit vor 400 000 bis 200 000 Jahren stammen, werden als »archaische« *Homo sapiens* bzw. als *Homo präsapiens* bezeichnet, um sie von späteren Entwicklungen in Europa und von dem früheren afrikanischen *Homo erectus* zu unterscheiden, von dem sie jedoch abstammen sollen. Nur ein Fund aus Europa wird allgemein dem *Homo erectus* zugeordnet, und manche Forscher gehen, obwohl der Nachweis einer absoluten Datierung nicht erbracht werden konnte, davon aus, daß er vielleicht sogar 600 000 Jahre alt ist. Bei diesem Fund handelt es sich um den starken Unterkieferknochen, der 1907 in einer Kiesgrube bei Mauer in der Nähe von Heidelberg entdeckt wurde.

Dieser Einzelfund hat schon immer viele Rätsel aufgegeben. H. G. Wells meinte bereits 1929 zu diesem Fund:

> Er plagt die menschliche Wißbegier wie kaum ein anderes Objekt auf der Welt. Ihn betrachten heißt gleichsam durch ein mangelhaftes Fernrohr in die Vergangenheit schauen und einen nebelhaften und aufreizenden Schimmer von jenem Wesen zu erhaschen, das durch die öde Wildnis wandelt, auf Bäume klettert, um dem Säbeltiger auszuweichen, und in den Wäldern das wollige Rhinozeros belauert. Doch ehe wir das Ungeheur scharf ins Auge fassen können, verschwindet es. (*Die Geschichte unserer Welt,* Zürich 1975)

Hier erwachen die Yeti, Alma und Bigfoot zum Leben. Aber solche phantastischen Vorstellungen entbehren genauso jeglicher Grundlage wie der Glaube an die Blemmyer, die behaarten »Wilden«, oder an die Piltdown-Fälschung. Mit letzterer wollte ein pfiffiger Engländer kurz vor dem Ersten Weltkrieg dem massigen, zähneknirschenden Deutschen aus Mauer einen Urengländer mit großem Hirn entgegenstellen. Aber auch die Legende vom Piltdown-Mann fiel wie ein Kartenhaus in sich zusammen; 1953 konnten J. S. Weiner, K. P. Oakley und W. E. Le Gros Clark diesen »Urmenschen« als plumpe Fälschung enttarnen, dessen angebliche Relikte Teile von Schädelknochen eines mittelalterlichen Menschen und ein abgeschliffener und künstlich patinierter Unterkiefer eines jungen Orang-Utan waren. Damit steht fest, daß der Unterkiefer aus Mauer an der Elsenz seit fast 90 Jahren das älteste menschliche Fossil Europas ist.

Verglichen mit den vielen Fossilien, die in den letzten dreißig Jahren in Höhlen und Freilandstationen Afrikas gefunden wurden, sind entsprechende Funde aus Europa sehr selten. Erst für den Zeitraum vor etwa 200 000 Jahren ändert sich das, für die Zeit, in der sich jener archaische *Homo sapiens* in Richtung auf den *Homo sapiens neanderthalensis,* den bekanntesten fossilen Hominiden Europas, weiterentwickelte. Man ist allgemein der Ansicht, die Neandertaler aus Europa und dem ostmediterranen Raum seien direkte Nachfahren der archaischen Europäer des Mittelpleistozäns. Spätere Funde des archaischen *Homo sapiens* aus der Höhle von Arago in Südfrankreich und aus Pontnewydd in Nordwales zeigen mit bereits neandertaloidem Gesichtsschädel und verdickten Zahnwurzeln Ansätze der weiteren Entwicklung, die bei späteren Populationen auftauchen. Aber die Neandertaler haben immer noch sehr massige Schädel, denen jetzt Skelettfunde entsprechen, die auf eine kräftige und sehr muskulöse Statur hinweisen.

Größere Schädel bedeuten größere Gehirnvolumina. Mit durchschnittlich 1600 Kubikzentimetern liegen sie bereits am oberen Ende des Spektrums rezenter Menschen. Zum Teil läßt sich diese Größe auf biologische Anpassung an klimatische Bedingungen zurückführen, denn auch heute steigt die Schädelgröße mit der Entfernung vom Äquator. Solche Variationen haben offensichtlich etwas mit Mechanismen zu tun, die den Stoffwechselaufwand zur Regulierung der Temperatur eines so wichtigen Organs wie des Gehirns minimieren sollen. Der lange niedrige Schädel des Neandertalers endet in einer sogenannten Hinterhauptrundung, während der vorspringende Gesichtsschädel geprägt wird durch mächtige Augenwülste und einen ausgeprägten Kiefer mit fliehendem Kinn und großen Zähnen. Eine relativ große Nase erwärmte die Atemluft und bewirkte so vermutlich einen Schutz der inneren Organe vor Unterkühlung. Es gibt eine beträchtliche Anzahl von Neandertaler-Funden. Bemerkenswert ist, daß die meisten aus der Zeit nach dem letzten Interglazial stammen, aus einer Zeit, in der die Erhaltungsbedingungen in den Höhlen und unter den Abris Südwesteuropas besonders gut waren. Daß auch vollständige Skelette gefunden wurden, bedeutet, daß man versuchen kann, aus ihrer Analyse auch Aufschlüsse über die Lebensweise der Neandertaler zu gewinnen.

Die Skelette weisen auf einen kurzen und gedrungenen Körperbau. Männer waren durchschnittlich 1,65 Meter groß und hatten breite Schultern, Frauen waren dagegen etwa zehn Zentimeter kleiner. Die körperlichen Geschlechterunterschiede waren weniger ausgeprägt als bei früheren Hominiden, etwa beim chinesischen *Homo erectus.* Männer wie Frauen zeigen einen robusten Körperbau mit charakteristisch kurzen Beinen und einem langen Oberkörper. Beim anatomisch modernen Menschen sind die Frauen graziler gebaut als die Männer. Geht man von rezenten Menschentypen aus, dann sind die Proportionen von Gliedmaßen und Rumpf wohl als Anpassungen an den Kältestreß zu erklären, die sich im Laufe der Zeit vollzogen. Diese Menschen haben

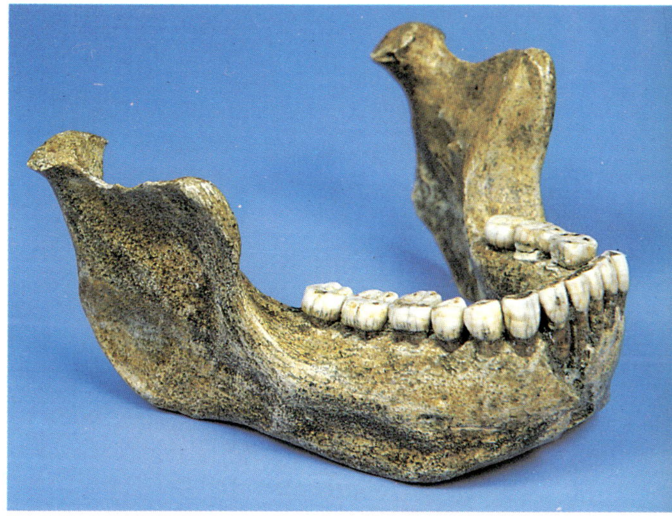

oben Unterkiefer des *Homo erectus* aus Heidelberg.

links Rekonstruktion eines Neandertalers, von Burian. Diese Darstellung beruht mehr auf mittelalterlichen Phantasien über wilde Männer als auf archäologischen Funden.

unten Schädel eines Neandertalers aus der Grotta Guattari, Italien. Die Entdeckung dieses Schädels in einer Höhle, deren Eingang durch einen Erdrutsch in prähistorischer Zeit verschüttet worden war, führte zu Theorien über Schädelkulte, Kannibalismus und andere Riten der Neandertaler. Auffallend sind die starken Überaugenwülste und Backenknochen sowie der ausgeprägte Hinterkopf – die Merkmale des *Homo neanderthalensis*.

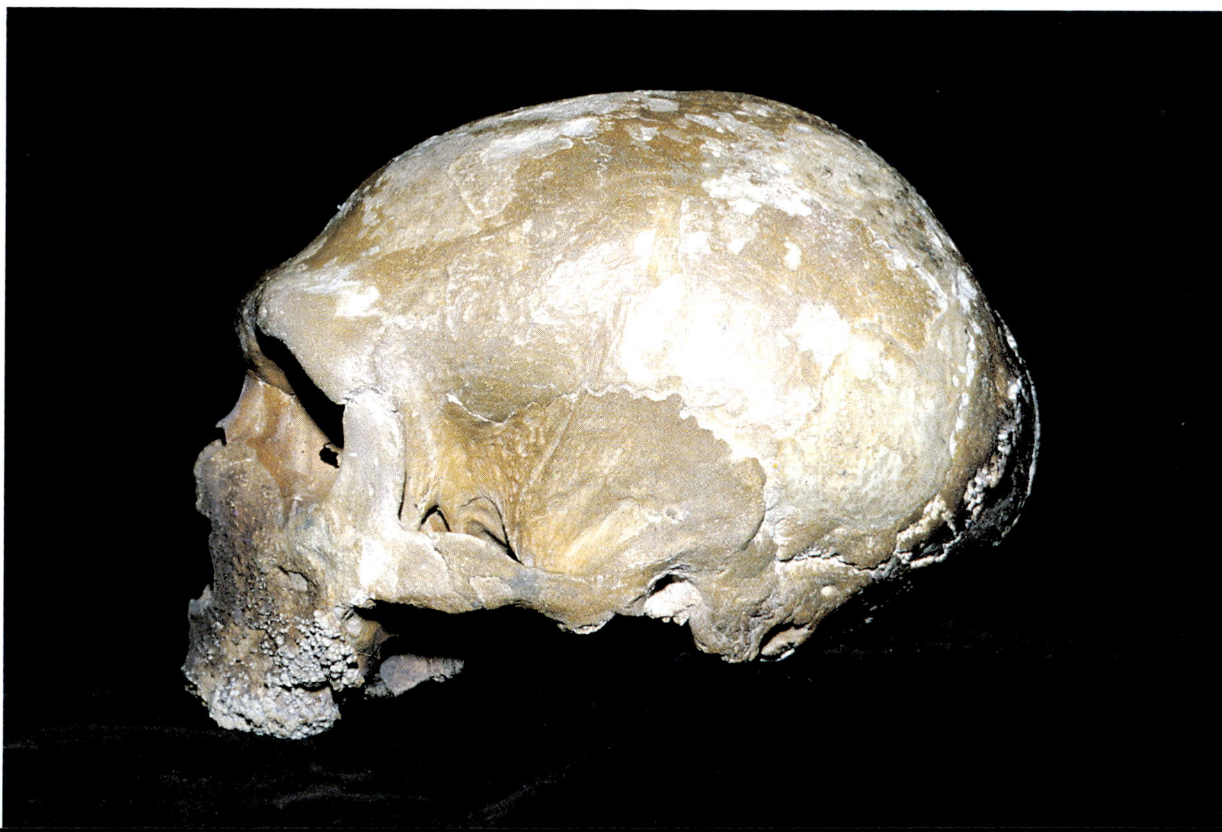

möglicherweise auch die Fähigkeit entwickelt, über längere Zeiträume fasten zu können. Die Körpergröße, auf die das Skelett verweist, war eine Möglichkeit, mit den jahreszeitlichen Schwankungen des Nahrungsmittelangebots, insbesondere mit den versiegenden Ressourcen im Winter, fertigwerden zu können. Die Neandertaler werden von den körpereigenen Fettreserven gezehrt haben, die sie sich in den üppigeren Jahreszeiten zugelegt hatten. Noch waren kaum andere Möglichkeiten der »Vorratswirtschaft« entwickelt.

So gesehen wäre es angebracht, Gesichtsform und Körperbau des Neandertalers nicht allein dem Einfluß der Kälte zuzuschreiben, sondern eher als eine Anpassung an den jahreszeitlichen Rhythmus zu interpretieren, dessen Einfluß die Neandertaler um so mehr unterlagen, je mehr sie sich nach Norden ausbreiteten. Anscheinend waren sie sehr gut in der Lage, mit vielfältigen klimatischen Verhältnissen fertig zu werden. Doch zeigt die Besiedlungsgeschichte in einigen Regionen Nord- und Südeuropas, daß die Bevölkerungsdichte entsprechend den Klimazyklen zu- und abnahm. Während der wärmsten Phasen des letzten Interglazials und in den extremen Kälteperioden waren manche Gegenden Westeuropas völlig unbesiedelt. Die Klimaverhältnisse schwankten hier zwischen kalt und trocken-gemäßigt; und als Schlüsselfaktor muß man wohl entweder das Gleichgewicht zwischen Wald und offenem Grasland ansehen, in dem riesige Tierherden lebten und damit als Nahrungsquellen genutzt werden konnten, oder die Verknappung solcher Ressourcen, wenn sich die Pflanzenwelt zusammen mit den Klimaverhältnissen im Periglazial veränderten.

Die Skelette dieser Menschen zeigen, wie hart und kräftezehrend die Sicherung des Lebensunterhalts in einer solchen Umwelt gewesen sein muß. E. Trinkaus hat nachgewiesen, daß einige der Neandertaler-Skelette aus der Shanidar Höhle im Irak geheilte Frakturen an Schulter oder Arm aufweisen. Davon ausgehend hat V. Geist ein Bild der Neandertaler entworfen, das zeigt, wie sie als Jäger mit ihren kurzen Lanzen große Tiere aus nächster Nähe zu töten versuchten.

Diese Jagdwaffen waren mit dreieckigen Steinspitzen versehen. Mit großer Kraft geworfen, konnten sie bei Bisons, Pferden und Hirschen tödliche Verwundungen verursachen. Geist glaubt auch, daß die Neandertaler fähig gewesen sein könnten, sich mit ihren kräftigen Händen im zotteligen Wollfell der Mammuts festzukrallen, während sie versuchten, ihre Beute zu töten. Das erscheint nicht sehr überzeugend, doch die Neandertaler-Skelette zeigen eindeutig Spuren eines kämpferischen Lebens, und zwar die Skelette von Männern wie von Frauen. Es scheint ohne weiteres möglich zu sein, daß beide Geschlechter sich selbst mit Nahrung versorgten und daß es weitgehend getrennte »Subsistenzgruppen« gegeben hat.

Der Höhlenfundplatz La Cotte befindet sich in den Granitfelsen einer Landspitze in der Bucht von St. Brelade auf der Insel Jersey im Ärmelkanal. Hier stellt sich die Frage, ob Mammute und Nashörner vor 180 000 Jahren bewußt über diese Klippen getrieben wurden.

Steinspitzen, die wahrscheinlich ehemals geschäftet waren. Solche Spitzen konnte mit der Levalloistechnik und anderen Abschlagtechniken hergestellt werden.

MATERIELLE KULTUR UND VERHALTENSMUSTER

Was können wir den archäologischen Funden noch über die Art und Lebensweise der Früheuropäer entnehmen? Wie haben sie ihre materielle Kultur, ihre technischen Mittel genutzt, um zu überleben, und inwieweit ähnelte ihr Verhalten dem unsrigen? Wenn wir diese Fragen beantworten wollen, müssen wir zuerst klären, ob unsere Vorstellungen von der zeitlichen Dimension des archäologischen Fundmaterials und seiner Interpretation richtig sind. Wir wissen, daß die Knochenfunde der späten europäischen Hominiden, die meist aus der Zeit nach dem letzten Interglazial stammen, mehrere Schlüsse zulassen. Daß man diese Funde aus Höhlen oder von Freilandplätzen überhaupt chronologisch einordnen kann, und zwar in den Zeitraum zwischen 120 000 und 40 000 Jahren vor heute, ist erst dank der großen Fortschritte in der Thermolumineszenz-Datierung von ausgeglühtem Feuerstein und von feuerbeeinflußten Sedimenten möglich. Daneben läßt sich mit Hilfe der zahlreichen mittelpaläolithischen Fundkomplexe eine vorläufige Chronologie erstellen, die bis in die Zeit vor 250 000 Jahren zurückreicht und damit auch einige Funde vom archaischen *Homo sapiens* mit erfaßt.

Durch diese verbesserte Chronologie wird nun nach und nach deutlich, daß es in dem langen Zeitraum zwischen 730 000 und 40 000 Jahren vor heute zu weitreichenden Veränderungen gekommen ist. Selbst wenn sich Schädelformen und Gerätetypen in ihrer Form nur unmerklich gewandelt haben, war dies keine Zeit der Stagnation. Die wichtigen Phasen dieser Chronologie liegen um 200 000 Jahre vor heute, als das Mittelpaläolithikum bereits bestand, und nach dem letzten Interglazial, zwischen 60 000 und 40 000 Jahren vor heute, als entscheidende Veränderungen einsetzten, die auf unterschiedliche Weise, wenn auch nicht überall in Europa, Entwicklungen des Jungpaläolithikums vorzeichneten (siehe 2. Kapitel).

Das Problem liegt darin, von Steinartefakten und aufgeschlagenen Tierknochen ausgehend auf das Verhalten der Menschen schließen zu müssen. Unterscheiden sich frühere Verhaltensmuster tatsächlich von denen jüngerer Zeiten, und wenn ja, auf welche Weise? Nur weil die frühen Menschen Werkzeuge aus Stein herstellten, müssen sie ja nicht völlig anders gedacht haben. Man muß die Erhaltungsbedingungen und die Einflüsse, denen die Relikte in den Jahrtausenden nach ihrer Einsedimentierung ausgesetzt waren, bedenken.

Es besteht durchaus die Möglichkeit, daß diese frühen Menschen zwar das Potential besaßen, sich in technischer Hinsicht ähnlich wie die Menschen des späteren Jungpaläolithikums zu verhalten (also auf eine Art, die den meisten Archäologen zufolge den Verhaltensmustern des modernen Menschen weitgehend ähneln); diese Fähigkeiten sind aber aus irgendwelchen Gründen nicht genutzt und entfaltet worden. Damit wären sie dem rezenten Menschen nicht unterlegen oder unähnlich gewesen; jedenfalls geht es hier nicht um Unterschiede wie diejenigen zwischen Schimpansen und rezenten Menschen. Vielmehr waren diese Populationen allein schon dadurch sehr »modern«, daß sie sich in wesentlichen Merkmalen je nach lokalen oder regionalen Entwicklungen und Verhältnissen voneinander unterschieden. Ganz sicher waren sie insgesamt sehr erfolgreich; andernfalls hätten sie im pleistozänen Europa nicht so lange überleben können.

All diese Fragen, ausgehend von der Untersuchung von Funden, die auf den ersten Blick nicht sonderlich viel herzugeben scheinen, beantworten zu müssen, ist die Herausforderung, der sich ein Archäologe bei der Erforschung des Paläolithikums gegenüber sieht. Er hat nur einen Weg, um zu tragfähigen Anworten zu gelangen: Er muß sich, wenn es um die Darstellung der geistigen Fähigkeiten und Entwicklungsmöglichkeiten der frühen Menschen geht, weniger auf den Vergleich von Stein- oder Knochenartefakten konzentrieren, als vielmehr darauf, entsprechende Methoden zu entwickeln, die eine Analyse der Organisationsformen dieser prähistorischen Gesellschaften ermöglichen. Alles, was man soziales Verhalten nennen bzw. als Wirtschafts- und Überlebensstrategie charakterisieren könnte, bleibt dem Archäologen zunächst natürlich verborgen. So sehr man sie hin und her wenden mag, so genau man sie vielleicht datieren kann: Steine erzählen keine Geschichte. Um Verhalten zu rekonstruieren, muß man die Funde in einen Zusammenhang stellen, in dem sie interpretierbar werden. Und dafür muß man auf die zweite Dimension in der Archäologie eingehen: auf den Raum.

FOSSILE MENSCHEN IN RAUM UND ZEIT

Beginnen wir mit den Funden von Lagerplätzen aus drei Perioden, die ich der Einfachheit halber als »archaische Periode«, als »Urperiode« und als »Pionierperiode« bezeichne.

730 000–200 000:	archaische Periode,
	z. B. Swanscombe, Petralona, Steinheim, Arago
200 000–60 000:	Urperiode (frühe Neandertaler),
	z. B. Pontnewydd, La Cotte, La Chaise,
60 3000–40 3000:	Pionierperiode (späte Neandertaler),
	z. B. Saint-Césaire, Le Moustier, Molodóva.

Die räumliche Verteilung der Artefakte aus Stein und Knochen in den Sedimenten birgt viele Informationen darüber, wie diese Fundplätze entstanden sind und damit auch über Vielfalt und Komplexität früherer Verhaltensstrukturen. An den gut erhaltenen mittelpleistozänen Fundstätten der archaischen Periode fällt auf, daß hier sämtliche Merkmale fehlen, die normalerweise einen paläolithischen Lagerplatz charakterisieren. Es gibt keine Feuerstellen, keine Pfostenlöcher für Zeltkonstruktionen, keine deutlich abgegrenzten Bereiche für Abfälle aus Feuerstein und Tierknochen. In ganz Europa, an Plätzen wie Vertésszöllös in Ungarn, Terra Amata in Südfrankreich und Hoxne in England, gibt es Belege für Feuer: durchgeglühte Steine und Holzkohle; aber nichts weist schlüssig auf Feuerstellen, Hütten oder irgendeine funktionale Aufteilung des Wohnbereichs hin, die normalerweise dort entstehen, wo sich Menschen über längere Zeit an einer Stelle aufhalten. Man findet an diesen Plätzen lediglich eine ziemlich lockere Streuung von unbearbeiteten Kernsteinen, Abschlägen und Tierknochen. Einige Knochen sind aufgeschlagen und zeigen Schnittspuren von Steinwerkzeugen. Es bereitet daher Schwierigkeiten, in der Streuung des Materials klare Muster oder Strukturen zu erkennen; nicht selten steht man sogar vor der Frage, wo sich der eigentliche Lagerplatz befunden haben könnte.

Man kann das nicht allein mit dem schlechten Erhaltungszustand der Fundstellen erklären, denn selbst wenn sie sehr alt sind, gehören sie doch zu den am besten erhaltenen aus der gesamten europäischen Vorgeschichte. In Swanscombe, in der Themse-Niederung gelegen, sowie in den marinen Sanden von Boxgrove an der englischen Südküste ist der Erhaltungsgrad sogar ganz außergewöhnlich gut. Die feinkörnigen Sedimente haben die Funde höchstens um wenige Millimeter umgelagert, wie in Swanscombe zu sehen ist: Dort sind in der Fundschicht sogar die Trittspuren einer ausgestorbenen Hirschart erhalten.

Im Vergleich zu den meist erodierten Fundschichten neolithischer oder eisenzeitlicher Fundplätze, wo oft nur Gräben und verfüllte Abfallgruben erhalten sind, bilden mittelpleistozäne Fundplätze aufgrund ihrer guten Konservierung wahre Fundgruben für Archäologen. Hätte es also Zelte, Windschirme oder Hütten gegeben, dann wäre die Wahrscheinlichkeit, ihre Spuren in Form von Pfostenlöchern, Vertiefungen oder gar Gruben zu entdecken, sehr hoch.

An den meisten Fundorten können wir aus den Relikten, die genau da liegen blieben, wo sie vor 500 000 bis 200 000 Jahren fallengelassen wurden, nur ableiten, daß Flint und anderes Gestein bearbeitet wurde, daß Tierkörper ausgenommen und zerteilt wurden, daß das Fleisch von den Knochen gelöst und das Mark aus ihnen herausgeholt wurde. Das heutige Interesse an der Steintechnologie hat zu Versuchen geführt, die schrittweise Zerkleinerung von Kernsteinen und die Herstellung der Artefakte zu rekonstruieren. Bei diesem Steinzeitpuzzle ist man auf verschiedene Stadien der Bearbeitung und Nutzung der Abschläge gestoßen: die Auswahl einer Flintknolle, die erste grobe Bearbeitung, die Produktion von Abschlägen, die zweiseitige Ausarbeitung eines Werkzeugs z. B. zum Faustkeil, die Anwendung der Abschlagwerkzeuge und ihre »Entsorgung« durch Wegwerfen – all das geschah in einem relativ kleinen Umkreis. In Boxgrove gibt es Hinweise, daß man die Feuersteinknollen aus dem Hangschutt der Steilküste aussammelte und sie direkt vor Ort grob zurechtschlug. Diese Brocken wurden dann etwa 500 Meter weiter zu der heutigen Fundstelle geschleppt, wo sie weiter zerkleinert, dann benutzt und schließlich weggeworfen wurden. Daraus geht wohl hervor, daß das ganze Geschehen ein Ablauf von Minuten, bestenfalls Stunden gewesen sein kann. Langfristig geplante Aktivitäten, in deren Verlauf Steinwerkzeuge benutzt wurden, gehörten in der archaischen Periode offenbar nicht zum menschlichen Ver-

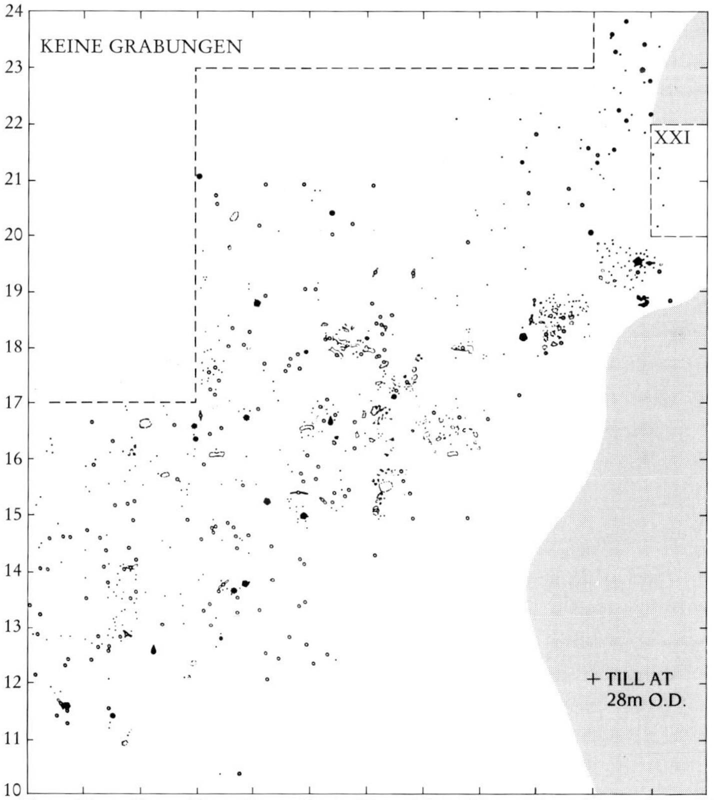

Grabungsplan von Hoxne, Suffolk, England. Diese detaillierte Dokumentation der Lage von Tierknochen und Steinartefakten zeigt, daß auch gut erhaltene Lagerplätze aus dieser Zeit keine regelmäßigen Strukturen aufweisen müssen.

haltensmuster. Die Rohmaterialien stammen immer aus dem unmittelbaren Umfeld. Üblich sind Entfernungen von 10 bis 15 Kilometern, und das entspräche den Wanderungen zur täglichen Nahrungssuche. In einem außergewöhnlichen Fall sind 100 Kilometer zurückgelegt worden, um geeignetes Flintmaterial zu bekommen. Daher finden wir, daß in allen Regionen, in denen es keinen feinkörnigen Stein gab, aus dem man, wie aus Feuerstein oder Hornstein, geplant Abschläge und messerscharfe Kanten herstellen konnte, Steine aus grobkörnigem Basalt oder Quarzit benutzt wurden.

In der Urperiode (gegen Ende des Mittelpleistozäns) ändert sich dieses Verhaltensmuster allmählich. Nun finden sich Hinweise darauf, daß Rohmaterialien von den geologischen Aufschlüssen über viel größere Distanzen an andere Plätze transportiert wurden. Absolut gesehen, handelt es sich dabei noch immer nicht um bedeutende Strecken, meist liegen die Entferungen zwischen 80 und 150 Kilometern (die weiteste Distanz sind hier 300 Kilometer), aber es geht eben auch nicht mehr nur um die Minuten oder Stunden, die wir von den archaischen Fundorten kennen. Außerdem verändert sich die Struktur der Lagerplätze. In Lazaret, einer Höhle bei Nizza, fand man an der Seitenwand der Höhle kurz hinter dem Eingang zwei klar umrissene Feuerstellen. Rund herum lagen die zu erwartenden Abfälle, darunter Abschläge und Tierknochen. Sie bildeten halbkreisförmige Ringe. Der Ausgräber hat daraus geschlossen, daß in der Höhle ein Zelt aus Tierhäuten gestanden haben könnte, an dessen Wand sich der Abfall sammelte. Wahrscheinlicher ist jedoch, daß die Menschen einfach in einem Kreis um die Feuerstellen gesessen, gearbeitet und gegessen haben.

Solche Fundverteilungen sind unter Abris nicht zu finden. In der Fundschicht VIII der Grotte Vaufrey in der Dordogne, die mindestens 120 000 Jahre alt ist, gab es keine Feuerstellen. Das hat offenbar zu einer sehr gleichmäßigen Verteilung des Feuersteinmaterials geführt. In einer detaillierten Analyse hat J. Simek nachgewiesen, daß die Zusammensetzung der Gerätetypen und ihre Verteilung auf ein unspezifisches und räumlich nicht fixiertes Verhalten hindeuten. Auf dieser Grundlage läßt sich also nur schwer behaupten, daß sich die Menschen wegen eines bestimmten Vorhabens an diesen Ort begeben hätten, etwa um auf Pferdejagd zu gehen. Sie haben sich offenbar mit dem begnügt, was sie bei ihrer Ankunft vor Ort fanden.

Die Struktur der meisten Fundorte dieser Periode unterscheidet sich kaum von denen der archaischen Periode. Offenbar hat man in Höhlen und unter Abris mehr Werkzeuge gebraucht, zumindest sind mehr erhalten; es zeigt sich hier, wie auch schon durch die langen Transportwege, daß sich Lebensraum und -grundlage erheblich erweitert haben. Der Fundort La Cotte auf der Insel Jersey ist ein gutes Beispiel für diese neue Situation. In den Steinspalten fand man zahlreiche Ablagerungen, und die ältesten wurden mit der Thermolumineszenzmethode auf ein Alter von 238 000 (±35 000) Jahre datiert. Damit gehören die Schichten C und D in das Interglazial, Stufe 7, und nach meiner Periodisierung an das Ende der archaischen Periode. In dieser Zeit zeigen die Funde aus den Sedimentschichten keine auffälligen Veränderungen in Steintechnik und Materialverteilung. Erst aus der nächsten Isotopenstufe, in der Stufe 6, also vor ca. 180 000 Jahren, sind unter einem schützenden Felsüberhang in den Schichten 3 und 6 zwei außergewöhnliche Ansammlungen von Tierknochen gefunden worden. Sie bestehen aus einer ganz bestimmten Auswahl von Mammut- und Wollnashornknochen. Am häu-

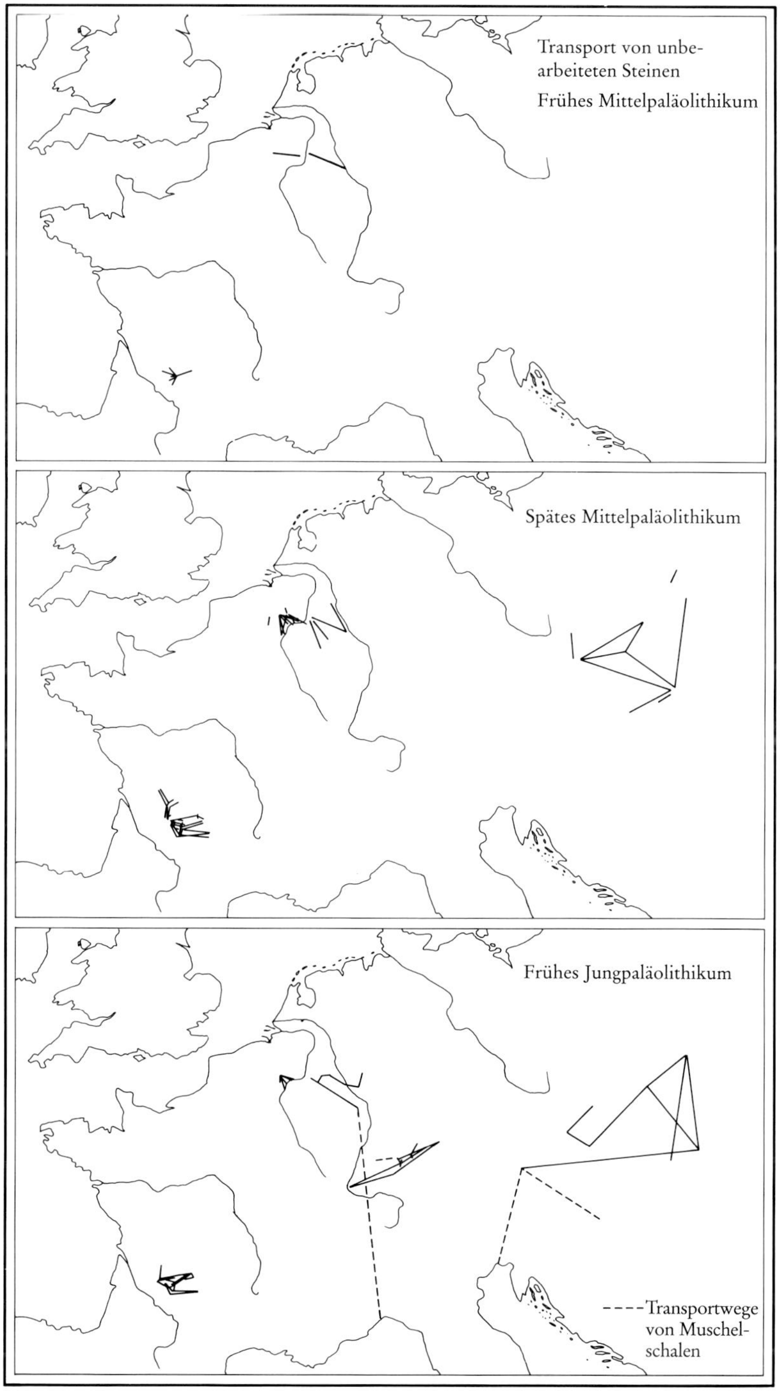

Räumliche Ausdehnung früher Tauschbeziehungen. Erst im Jungpaläolithikum, als sich ein reger Handel mit Muscheln, Bernstein und anderen Dingen entwickelte, werden auch die Entfernungen, über die hinweg man sich mit Rohmaterialien versorgte, deutlich größer.

figsten vertreten sind Schädel, Schulterblätter und Beckenknochen von Mammuts, allerdings unterscheiden sich die beiden Ansammlungen stark in ihrer Zusammensetzung. Man nimmt an, daß kleine Herden dieser Tiere über die nahegelegenen Klippen gehetzt und die Knochen der verendeten Tiere dann an den heutigen Fundort geschleppt wurden. Als dieser Ort von den Menschen der Urperiode bewohnt war, muß er im trockengefallenen Flachland zwischen Jersey und Frankreich eine weithin sichtbare Erhebung gewesen sein.

Die Bedeutung dieser Knochenansammlungen ist noch unklar – wenn sie Vorratslager darstellten, warum wurden sie dann aufgegeben? Ähnliche Befunde sind aus der archaischen Periode jedenfalls nicht bekannt. Ab etwa 200 000 vor heute, finden sich auch häufiger Hinweise auf raffiniertere Steintechnologien. Einerseits stößt man auf die Levalloistechnik, zum anderen ging man, wie die jüngeren Schichten in La Cotte eindeutig zeigen, mit den Rohmaterialien ökonomischer um. Eine detaillierte Untersuchung der Abschläge zeigt, daß es üblich war, stumpf gewordene Steinwerkzeuge durch erneutes Bearbeiten nachzuschärfen. Diese Technik findet man am häufgsten in den Fundkomplexen der Isotopstufe 6 in La Cotte, und sie wird um so häufiger ange-

Eine der Knochensetzungen von La Cotte. Deutlich erkennbar sind die Mammutschädel vor der Felswand.

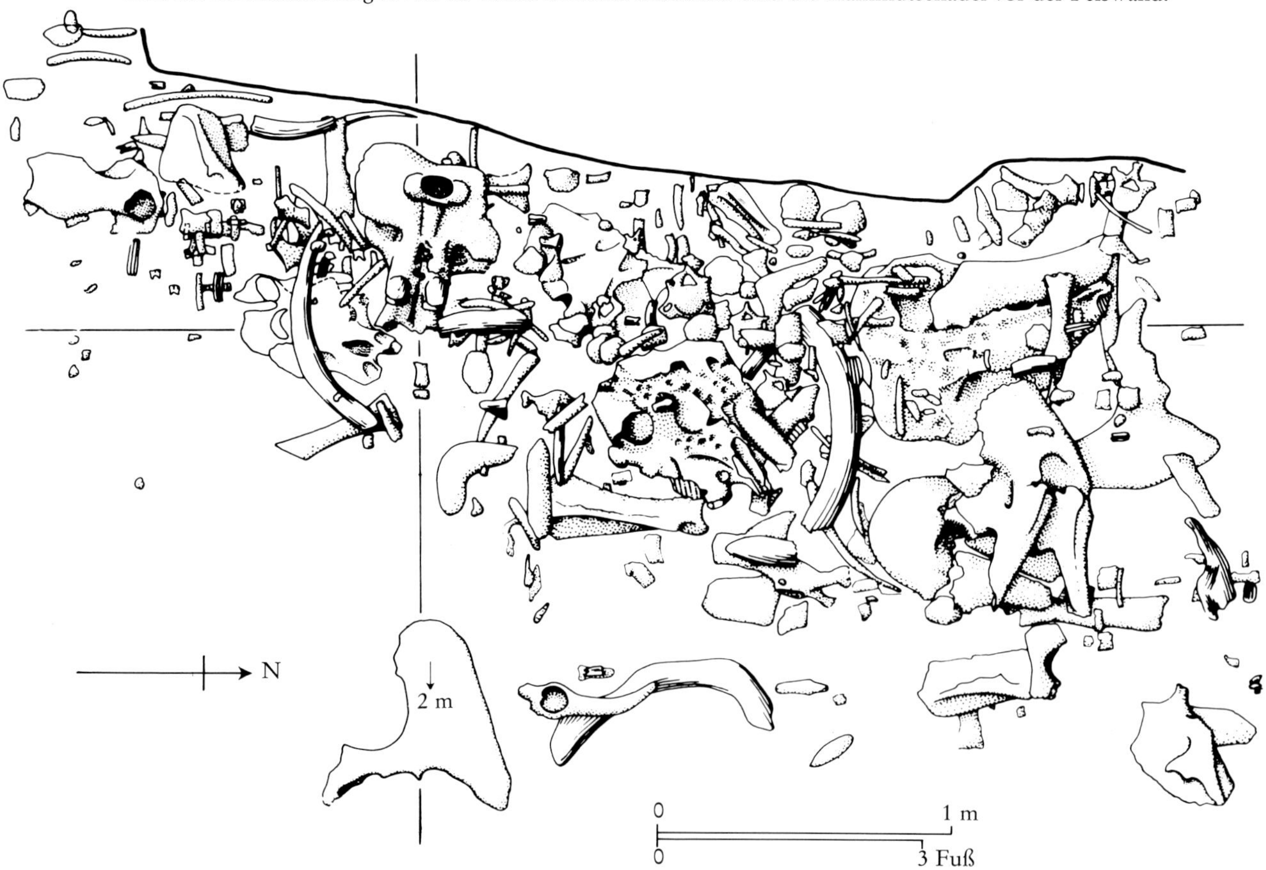

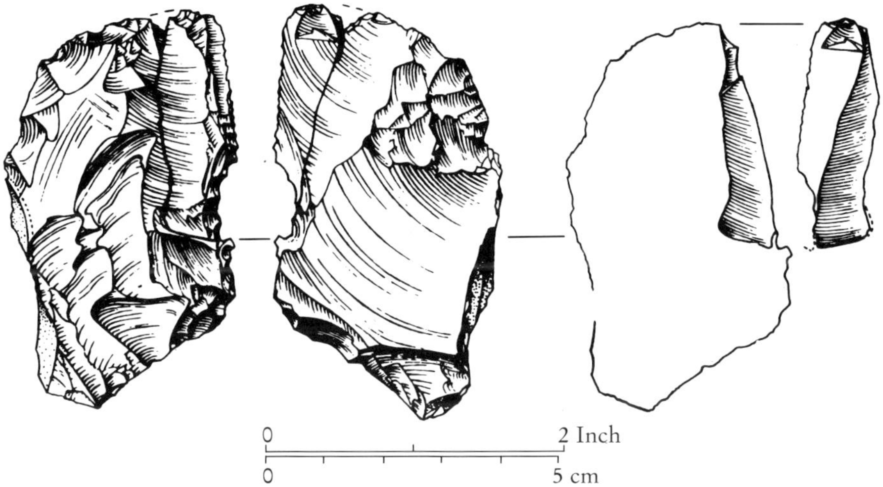

Beispiel, wie sich Werkzeug und Abschlag wieder zusammenfügen lassen. Der Abschlag entstand, als die Schneide des Werkzeugs nachgeschärft wurde. Aus der Höhle von La Cotte.

wandt, je mehr die Anzahl der Flintartefakte im Verhältnis zu solchen aus grobem Felsgestein zurückgeht. Gleichzeitig mit derart ökonomischen Verhaltensweisen trifft man auch auf die ersten Steinwerkzeuge mit einer »Biographie«: auf die bereits erwähnten, sich wandelnden Nutzungen von Geräten.

Ich habe die zeitlich anschließende Phase als »Pionierperiode« bezeichnet, weil nun die Lagerplätze doch mehr dem zu ähneln beginnen, was *wir* uns unter Lagerstätten vorstellen. Auch andere Aspekte der Technologie sind jetzt vergleichbar mit dem, was wir in Verbindung mit den rezenten Menschen des Jungpaläolithikums gefunden haben (siehe 2. Kapitel). Aus dieser Zeit sind die ersten sorgfältig gebauten Feuerstellen bekannt: z. B. von den Freilandplätzen Vilas Ruivas in Portugal oder Molodóva am Ufer des Dnjestr in der Ukraine. Hier sind mehrere ehemalige Oberflächen ausgegraben worden, und man hat Anordnungen von Mammutschädeln und Rentiergeweihen freigelegt, die als Reste von Hüttenfundamenten gedeutet werden können. Vorsichtigere Interpretationen gehen von Windschirmen mit Feuerstellen aus, die unmittelbar neben oder direkt in diesen aufgeschichteten Wänden angelegt wurden. Beides scheint möglich; wichtig ist aber, daß diese Wohnanlagen gegenüber älteren Befunden so etwas wie einen Quantensprung darstellen.

Erwartungsgemäß mehren sich jetzt auch die Zeichen für weiträumige Verbindungen und Wanderungsbewegungen, wie sie der Transport von Rohmaterialien belegt. Die zurückgelegten Entfernungen sind zu Beginn der letzten Eiszeit in den kontinentalen Regionen Europas viel größer als in den Klimazonen des Südwestens, wo es weniger extreme jahreszeitliche Schwankungen gab. Solche Unterschiede werden verständlich, wenn man den Einfluß regional unterschiedlicher Rohstoffangebote auf das menschliche Verhalten berücksichtigt. In den verschiedenen Landschaften Europas mußte man auf der Suche nach Wild unterschiedlich weit umherziehen. Solche Unterschiede bieten einen fruchtbaren Ansatz zur Interpretation paläolithischer Befunde.

Haus oder Windschirm? Dieser Befund aus Molodóva I in der Ukraine gehört zu den frühesten Nachweisen für planvoll errichtete Bauten.

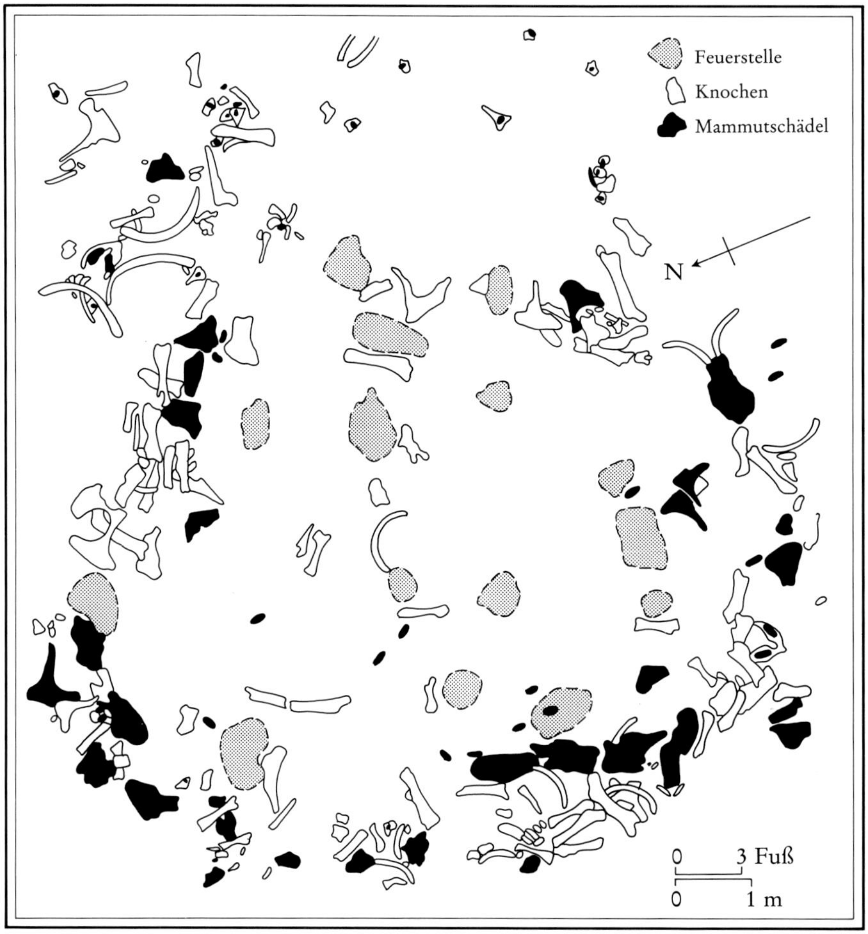

So kann man die Anzahl und die Größe der Lagerplätze überregional miteinander in Beziehung setzen. Auffällige Unterschiede zwischen dem Norden und dem Süden zeigt ein Vergleich der Fundmengen aus der Urperiode und der Pionierperiode. Im Norden sind große Fundmengen genauso selten wie mehrschichtige Fundplätze, so daß man recht große Flächen ausgraben muß, bis genügend Artefakte (mindestens 100) für repräsentative Aussagen zum Typenspektrum vorliegen. Die Ausgrabungen in Kents Cavern in England, in der Bockstein-Höhle in Süddeutschland oder der Kůlna-Höhle im mährischen Karstgestein zeigen, daß diese Plätze während der Eiszeit nur selten und von kleinen Gruppen besiedelt waren. Das sollte nicht überraschen, denn die Auswirkungen des kontinuierlichen Wechsels von zwischeneiszeitlichen zu eiszeitlichen Klimaverhältnissen waren in den nördlichen und kontinentaleren Regionen stärker. Hier waren die Faktoren, die den Tierbestand und dessen Größe beeinflußt haben, sehr wirksam, z. B. die Mächtigkeit der Schneedecke über der Grasnarbe oder die Auswirkungen der warmzeitlichen Wiederbewaldung für so wichtige Jagdtiere in der Tundra, wie Bison, Pferd und Rotwild.

Die Höhlen und Abris in südlichen Regionen und im Mittelmeerraum erzählen dagegen eine völlig andere Geschichte. Hier häufen sich Beispiele von Fundplätzen mit mehreren Kulturschichten, von denen jede oft mehr als 100 retuschierte Artefakte beinhaltet. Gleichzeitig gibt es häufiger große Fundkomplexe mit einer sehr großen Anzahl bearbeiteter Werkzeuge und Abschläge. Schließlich ist die Größe der Ausgrabungsfläche oft kleiner, was wiederum die größere Dichte der in den Sedimenten vorhandenen Artefakte widerspiegelt. Und wenn man diese Befunde vergleicht, dann läßt sich daraus eigentlich nur schließen, daß die Landschaften Südeuropas und des Mittelmeerraums über längere Zeiträume des Pleistozäns hinweg mehr oder weniger kontinuierlich bevölkert waren.

Die »Biographie« einzelner Steinwerkzeuge ist in der Pionierperiode sehr ausgeprägt, obwohl dies die Fundkomplexe des Moustérien aus der Zeit nach dem letzten Interglazial generell charakterisiert. Als Neuerung tauchen aber jetzt erstmalig ganz spezifische, retuschierte Projektspitzen auf, die es vorher mit Ausnahme der weit verbreiteten, dreieckigen Levalloisspitzen und der retuschierten Moustérienspitzen, sogenannte Handspitzen, nicht gab. Dieser neue Gerätetyp, die Blattspitzen, ist von 60 000 bis 40 000 vor heute in vielen Teilen Europas verbreitet. Diese blattförmigen Spitzen sind mit Abschlagtechniken hergestellt worden, die für das Mittelpaläolithikum typisch waren; andere Abschlaggeräte und retuschierte Stücke können dem Moustérien zugeordnet werden. Die bekanntesten Exemplare stammen aus den Kalksteinhöhlen von Mauern und Urspring in der Schwäbischen Alb. Es sind kleine Komplexe, die z. B. in Mauern aus 113 retuschierten Spitzen (Schicht F) bestehen, von denen, wie P. Allsworth-Jones nachgewiesen hat, fast die Hälfte blattförmig sind. Die Verbreitung ähnlicher Formen ist sowohl geographisch als auch chronologisch stark eingegrenzt.

Das Interesse an diesen Artefakten rührt daher, daß einigermaßen ähnliche Formen, die vor knapp 40 000 Jahren entstanden sind, auch im frühesten Jungpaläolithikum gefunden wurden: in Kents Cavern, in Jerzmanowiska in Südpolen und in Istállóskö im ungarischen Bükk-Gebirge. Dies sind eher Klingen- als Abschlagindustrien, und aufgefundene Knochenartefakte, dabei auch Projektilspitzen, legen nahe, daß wir es hier mit einem Traditionswechsel in der Steintechnologie zu tun haben. Auch diese Fundkomplexe sind nicht sehr umfangreich und regional unterschiedlich, und so läßt sich vermuten, daß die Organisation ihrer Herstellung und Nutzung wohl ähnlich gewesen ist.

Auffällige Artefakte, die man mit dem aus der Geologie stammenden Terminus als »Leittypen« bezeichnet, sind ein bemerkenswertes Kennzeichen des Jungpaläolithikums. Mit Hilfe solcher Leittypen können Archäologen undatiertes Fundmaterial und sogar Funde, deren genauer Fundort unbekannt ist, einzelnen Kulturen, z. B. dem Magdalénien oder dem Aurignacien, zuordnen. In der archaischen und der Urperiode wäre das nicht möglich. Zwar gab es auch in diesen Perioden typische Artefakte, etwa die 21 verschiedenen Faustkeiltypen oder die unterschiedlichen Feuersteinschaber. Aber sie hätten zu jedem beliebigen Zeitpunkt während jener Epochen und an jedem beliebigen Ort Europas produziert sein können. Der Fundort Grotte Vaufrey bietet in Schicht VIII ein schönes Beispiel für einen Fundkomplex mit typischen Moustérien-Artefakten, die vor der absoluten Datierung durch die Thermolumineszenz-Methode

Faustkeil oder Messer aus einer späten Phase des Mittelpaläolithikums.

auf die Zeit nach dem letzten Interglazial datiert worden wäre. Heute wissen wir, daß die Schicht VIII der Isotopen-Stufe 6 zuzurechnen ist und damit ein weit höheres Alter hat. Längere Zeit lieferten einige der retuschierten Endschaber aus High Lodge in Südengland Stoff für Debatten über das Alter dieses Fundortes, denn sie wirkten wie Artefakte des Mittelpaläolithikums. Inzwischen hat man den Fundplatz auf ein Alter von mindestens 500 000 Jahren datieren können.

Aber die blattförmigen Spitzen sind nicht die einzigen Leittypen der Pionierperiode. P. Mellars hat als erster gegen Bordes und das Ehepaar Binford geltend gemacht, daß es in Stratigraphien wie denen von Combe-Grenal möglich war, eine chronologische Abfolge von einigen der fünf Varianten, die Bordes als zeitgleich definiert hatte, festzustellen. Insbesondere tauchte das Moustérien der Acheuléen-Tradition, das in der A- und der B-Variante vorkommt, immer erst in den stratigraphisch jüngeren Schichten auf. Die ältere A-Variante ist charakterisiert durch einen dreieckigen, sehr sorgfältig gearbeiteten Faustkeiltyp (siehe 2. Kapitel). Von allen Faustkeiltypen kann nur dieser als Leittyp gelten und zu Datierungszwecken herangezogen werden.

Diese Charakteristika der Pionierperiode zeigen also bereits Bezüge zu den Flintindustrien des Jungpaläolithikums. Wie wir sehen werden, handelt es sich dabei noch nicht um ein modernes Verhalten, doch ist es schon signifikant anders als in der archaischen Periode und der Urperiode. Letztere unterscheiden sich voneinander wiederum aufgrund spezifischer Abschlagindustrien, die Bordes zuerst gesehen hat. Diese Differenzierung setzt vor etwa 200 000 Jahren ein und wurde von G. Bosinski als Beginn der Entwicklung kulturellen Verhaltens beschrieben. In China und Afrika ist sie noch stärker erkennbar; für diese Gebiete hat Clark nachgewiesen – als Merkmal des Mittelpaläolithikums –, daß es in den Fundkomplexen wiederkehrende Artefaktgruppen gibt, die manchmal auch regionale Fundverdichtungen zeigen. Gleichzeitig mit diesen Änderungen läßt sich archäologisch auch eine deutliche Ausweitung der Fundverbreitung in Europa ausmachen. Bosinski weist auch darauf hin, daß gerade zu dieser Zeit die unwirtliche nordeuropäische Tiefebene an Orten wie Salzgitter-Lebenstedt, südostlich von Hannover, zum ersten Mal besiedelt wurde. Allerdings beschränkt sich diese erste Besiedlung im Flachland auf die westlichen Ausläufer der großen nord- und osteuropäischen Tiefebene. Erst in der Pionierperiode werden auch die Weiten der Ukraine und Rußlands besiedelt, nachweisbar etwa in Chotýlevo an der Desna in der Nähe von Brjansk. Dort wurden viele zweiseitig bearbeitete, in Levalloistechnik gefertigte Spitzen gefunden. Die Funde von Blattspitzen in Hochlagen des Nordens und Südostens sind möglicherweise auch als Hinweise zu deuten, daß man, als um die Mitte des Glazialzyklus das Nahrungsangebot knapper wurde, auch in Gebiete vorstieß, die zuvor gemieden worden waren. Aus diesen Gründen habe ich den interessanten Zeitraum zwischen 60 000 und 40 000 vor heute als Pionierperiode bezeichnet.

Aus dieser Zeit stammt auch eine ganze Reihe vollständiger Neandertaler-Skelette. Bei vielen ist die Datierung leider äußerst ungewiß; nur in Le Moustier, wo die zwei Skelette offenbar aus Schicht J stammen, hat man kürzlich ihr Alter mit der Thermolumineszenzmethode auf 40 300 (± 2 600) Jahre vor heute bestimmen können. Das Kebara-Skelett aus Israel konnte mit derselben Methode an den Beginn der Pionierperiode, nämlich auf eine Zeit vor 60 000 Jahren, datiert werden. Es gibt Hinweise, daß die vollständig erhaltenen Skelette aus La Ferrassie und La Chapelle-aux-Saints aus derselben Zeit stammen könnten. Und wenn sie doch älter sein sollten, dann sicher nicht älter als 70 000 Jahre, wie P. Mellars kürzlich dargelegt hat.

Möglicherweise sind diese vollständigen Skelette ein charakteristisches Merkmal der Pionierperiode – eine faszinierende Vorstellung, denn damit stößt man auf die Frage, ob es sich hier um Gräber oder um zufällige Erhaltung handelt. Für die Interpretation als Gräber spricht, daß die Körper in ausgehobenen Gruben lagen und manchmal durch Steine und andere große Gegenstände geschützt waren. Die Leichname sind in unterschiedlichen Positionen beigesetzt worden, man kann hier nicht von einer Regelhaftigkeit ausgehen. In La Ferrassie allerdings fällt auf, daß mehrere Skelette in derselben Schicht liegen und diese in bestimmter Lage zueinander angeordnet sind. Ob bei diesen Skeletten gefundene Werkzeuge und Knochen tatsächlich als Grabbeigaben gedeutet werden können, ist schwer zu beurteilen, weil solche Objekte generell zu den

Funden derjenigen Schichten gehören, in denen sich auch die Toten befinden. In der Erde um die Neandertaler von Shanidar im Irak hat man Pollen gefunden und daraus geschlossen, um die Leichen herum hätten Blumen gelegen. Aber mit solchen Schlüssen muß man vorsichtig sein, denn es ist nachgewiesen, daß Pollen durch die Sedimente fallen können, also möglicherweise auch erst später zu diesem Skelett hinzugekommen sind.

Die Einwände gegen die Deutung dieser Befunde als Gräber beziehen sich zum einen auf deren Alter (wenn auch die Thermolumineszenzmethode weiterhin nur sehr schmale Zeitfenster öffnet) und zum anderen auf die Lage der Fundorte. Die meisten europäischen Neandertaler-Skelette stammen aus dem Südwesten Europas. Ausnahmen bilden nur die Höhlen von Spy in Belgien und der erste »Neandertaler«, der 1856 in einer Höhle im Neandertal bei Düsseldorf-Mettmann gefunden wurde. Überall sonst sind die Relikte von Neandertalern nur fragmentarisch erhalten, so beispielsweise in der Hortus-Höhle und in dem Abri von Krapina im Mittelmeerraum. Die auffällig häufige Fragmentierung der Skelette ist sogar oft als Indiz für Kannibalismus gewertet worden; es scheint jedoch plausibler, daß Raubtiere wie Hyänen, Leoparden oder Wölfe, die ebenfalls diese Höhlen aufsuchten, die Schädel und Langknochen beschädigt haben. Bemerkenswert bei den Befunden aus dem Südwesten ist die Tatsache, daß man unter den Felsdächern, unter denen die kompletten Neandertaler-Skelette ausgegraben wurden, Knochen solcher Raubtiere wiederum nur äußerst selten fand. Vielleicht hat das mildere Meeresklima dazu geführt, daß die Raubtiere nicht unter Felsdächern Unterschlupf suchen mußten, weswegen dann auch die Wahrscheinlichkeit, daß die Leichen von Tieren ausgegraben wurden, wenn die Gruppen weiterzogen, viel geringer war. Auch die Höhlen in Israel und im Nahen Osten, aus denen vollständig erhaltene Skelette geborgen werden konnten, enthielten nur wenige Raubtierknochen.

Ein weiteres Argument gegen die Deutung dieser Skelette als Gräber wird aus dem Umstand abgeleitet, daß bis heute entsprechende Befunde von offenen, nicht durch Felsen geschützten Lagerplätzen fehlen. Aber es gibt, wie im nächsten Kapitel beschrieben, Gräber aus dem Jungpaläolithikum. Das beginnt vor etwa 40 000 Jahren in den offenen Siedlungen in Sunghir bei Moskau und in Dolní Věstonice bei Brünn. Sie stammen aus einer Zeit, in der es dort in den weiten Ebenen viele Raubtiere gab, doch wurden die Toten in sorgfältig ausgehobenen Grabgruben mit Erfolg gegen Aasfresser geschützt.

All diese Funde bewertend komme ich zu dem Schluß, daß die Gräber von Neandertalern durch glückliche Zufälle unversehrt blieben, und zwar an geschützten Stellen, die in Regionen lagen, deren günstiges Klima dafür sorgte, daß Raubtiere so lange nicht auf die Leichen stießen, bis diese als Skelette erhalten bleiben konnten. Wir wissen nicht, aus welchen Gründen diese Leichen »begraben« wurden. Wahrscheinlich jedoch wird es sich eher um Leichenbeseitigung gehandelt haben als um wirkliche Bestattungen, die bestimmten Vorstellungen entsprachen: etwa dem Wunsch, den Körper zu erhalten, oder dem Glauben an ein Weiterleben, die oft mit diesen Funden in Verbindung gebracht werden. Natürlich haben die vollständigen Neandertaler-Skelette, als sie zu Beginn des 20. Jahrhunderts in flachen Gruben entdeckt wurden, an die abendländischen Begräbnistraditionen erinnert. Nur sollte man nicht vergessen, daß dieselben Archäologen sich mit ihren Interpretationen auch an anderen, nicht-abendländischen Traditionen orientierten. So gelangten sie, vom Gebrauch von Steinwerkzeugen ausgehend, zu der Behauptung, die Ureinwohner Australiens seien das Äquivalent, wenn nicht sogar lebende Vertreter des Menschentypus, der das europäische Moustérien geprägt hatte. Als es jedoch um die Frage der Bestattungen im Paläolithikum ging, bezog man sich nicht auf die vielen unterschiedlichen Weisen, in denen die Ureinwohner Australiens ihre Toten begraben.

Diese wenigen paläolithischen Gräber führen uns generell zu der Frage nach den religiösen Vorstellungen und zu der Frage, ob es dergleichen vor dem modernen Verhalten im Jungpaläolithikum überhaupt gegeben hat. Diese Debatte kann eigentlich nur vor dem Hintergrund der Pionierperiode geführt werden, weil es in dieser Zeit, wie gezeigt, mit entwickelten Austauschsystemen für Rohmaterialien und den Leittypen erste Hinweise auf ein Verhalten gab, das sich dann im Jungpaläolithikum richtig entfalten sollte. Wenn man zeigen könnte, daß es zeitgleich auch religiöse Vorstellungen gab, dann erschiene diese Periode als eine Phase des Übergangs zu den späteren Entwicklungen des Jungpaläolithikums, und Vorstellungen von außereuropäischen Einflüssen während des Mittelpaläolithikums müßten aufgegeben werden.

Sieht man von den Gräbern ab, dann beruht die These, daß es religiöse Vorstellungen gegeben hat, auf drei verschiedenen archäologischen Beweisen: auf Artefakten aus organischem Material, auf Knochensetzungen an Freilandplätzen und in Höhlen sowie auf der einheitlichen Formgebung von Steinwerkzeugen. Das erste Glied dieser Beweiskette besteht aus einer heterogenen Sammlung von Funden aus Orten, die räumlich und zeitlich weit auseinander liegen. Es handelt sich um durchbohrte Fußknochen von Rentieren, Tierrippen mit einfachen Ritzungen, Muscheln und ein poliertes Plättchen aus Mammutzahn, das aus dem ungarischen Fundort Tata stammt. In fast allen Fällen können diese Lochungen und Ritzungen, wie I. Davidson und W. Noble dargelegt haben, durch Raubtiere oder im Boden durch Baumwurzeln bewirkt worden sein.

Auch das Zerlegen der Jagdbeute mit Steinwerkzeugen kann Spuren hinterlassen, die regelmäßig wirken und die dennoch keine Markierungen symbolischer Bedeutung darstellen. Das polierte Zahnplättchen aus Tata ist das einzige Objekt, das ernsthaft analysiert werden müßte – vor allem, weil eine funktionale Deutung des Fundstückes nicht möglich ist. Andererseits ist es gerade wegen seiner Einzigartigkeit so schwer zu interpretieren. Kann man also wirklich aus einem einzigen Objekt ein Argument dafür entwickeln, daß es Verhaltensweisen gegeben habe, die religiös motiviert waren?

Der Hinweis auf angebliche Knochensetzungen läßt sich noch leichter abtun. In Torralba in Spanien, einem Fundplatz aus der archaischen Periode, fand man aufgereihte Elefantenknochen und dachte zunächst, dies sei das Ergebnis bewußter Handlungen. Aber der rund erodierte Zustand der Funde ließ später doch eher vermuten, daß die Strömung eines Flusses ihre »bewußte« Anordnung bewirkt hatte. Auch die oft zitierten Anhäufungen mit Schädelknochen von Höhlenbären, die in einigen Höhlen hoch in den Schweizer Bergen gefunden wurden, kann man getrost übergehen. Tiefe Höhlen dienten Bären oft als Unterschlupf für den Winterschlaf, und viele wundervolle Knochenansammlungen sind dort zu finden, weil die Bären die Reste vorheriger Bewohner, die im Schlaf gestorben waren, einfach beiseite schoben. Auch wenn Neandertaler, wie sie in jenen steinernen Küchenschränken Bärenschädel arrangieren, eines der schönsten und auch hartnäckigsten Bilder aus dem paläolithischen Leben darstellen – es gibt leider keine Beweise dafür. Es handelt sich eher um einen jener »Küchenschränke« in der archäologischen Forschung, die sich bei ihrer Öffnung als leer erwiesen.

Als drittes Glied in der Beweiskette für frühe religiöse Vorstellungen gelten die Steinwerkzeuge mit ihren wenigen, immer wiederkehrenden Formen. Oakley hat darauf hingewiesen, daß der Feuerstein mancher Faustkeile Muscheleinschlüsse aufweist, die durch vorsichtiges Bearbeiten freigelegt worden seien. Der Respekt vor solchen schönen Gegenständen bzw. das Festhalten an Vorstellungen von einem »Musterbuch« für Faustkeile werden manchmal als gewichtige Argumente für das Vorhandensein symbolisch vermittelter Ideen ins Feld geführt.

Aber wir sollten daran erinnern, daß wir Menschen zu den Primaten gehören und mit der besonderen Fähigkeit der Imitation ausgestattet sind: Wir lernen vieles durch Imitieren dessen, was wir sehen, und nicht dadurch, daß wir Anweisungen befolgen. Solches »Nachäffen« würde ausreichen, um Steinwerkzeug nachzubilden, und Artefakte, die in Höhlen und an Rastplätzen entlang von Flüssen zurückgeblieben waren, an denen neue Gruppen auf ihren Wanderungen rasteten, hätten gut als Muster dienen können.

Die von François Bordes favorisierte Vorstellung, jede seiner fünf Neandertalerstämme habe seine Steinwerkzeuge in festen Stückzahlen und Verhältniswerten hergestellt, weil die Stämme ihre jeweilige ethnische Identität in Stein ausdrücken wollten, erscheint somit als überflüssige Übertragung moderner Vorurteile – wie beispielsweise dem Engländer mit Schirm und Melone oder dem Franzosen mit einem Baguette – in die Vergangenheit.

Entsprechend der Argumente von I. Davidson und W. Noble, sollte man es dabei bewenden lassen, die frühen Menschen in Europa als Hominiden zu betrachten, die ihr Überleben durch den Gebrauch von Werkzeugen erleichtert haben. Damit werden sie bewußt noch nicht als solche Menschen angesehen, die über eine bestimmte materielle »Kultur« verfügten und die ihre Werkzeuge, Kleidung, Ornamente und so weiter auch dazu nutzten, Information zu kodifizieren und weiterzugeben. Dies wäre nur dann der Fall, wenn es eine ganze Reihe von allseits anerkannten und durch religiöse Vorstellungen abgesicherten Übereinkünfte und Verhaltensregeln gegeben hätte. Ich erkenne aber nicht, daß die Fähigkeit dazu vor dem Jungpaläolithikum gegeben war, denn in der Pionierperiode findet man keine entsprechenden Objekte, keine durchbohrten Zähne oder Muscheln, keine Artefakte, die, auf dem Körper getragen oder auf die Kleidung aufgenäht, hätten zur Schau gestellt werden können. Solche Objekte gibt es generell erst seit etwa 40 000 Jahren; ihr Auftauchen markiert das, was J. Pfeiffer einst eine kreative Explosion nannte. Erst seit dieser Zeit liefern Artefakte durch symbolische Details zusätzliche Informationen. Und zu eben dieser Zeit treten erstmals auch Kunstobjekte in Erscheinung: kleine plastische Darstellungen, geschnitzte Amulette und Ritzmuster auf Kalksteinblöcken (siehe 2. Kapitel).

WIE HABEN SIE ÜBERLEBT?

Damit bin ich wieder bei den Mythen und Geschichten angelangt, die sich um die erste Besiedlung und die Urbevölkerung Europas ranken. Darum möchte ich nun eine allgemeine Interpretation dieser 700 000 Jahre geben und untersuchen, wie man eine Antwort auf die oben erwähnte Frage finden kann, ob sich nämlich das Verhalten dieser Menschen von unserem unterschied. Eindeutig, so scheint mir, muß man diese Frage für den gesamten zeitlichen Rahmen mit Ja beantworten, auch wenn sich bedeutsame Wandlungen vollzogen haben. Die Frage nach der Sprachfähigkeit und den geistigen Fähigkeiten wird im nächsten Kapitel erörtert. Die Schlußfolgerung aber, diese frühen Menschen hätten noch nicht über eine artikulierte Sprache bzw. überhaupt noch nicht über Sprache, so wie wir sie kennen, verfügt, ist naheliegend und weitverbreitet. Wäre dem so, dann wäre dieser Mangel natürlich ein ernsthaftes Handikap für die Gesellschaften und ihr Überleben. Aber könnte uns das nicht auch bei der Erklärung des archäologischen Gesamtbefundes der frühen Besiedlung Europas helfen, von dem ich ausgegangen bin?

Sprache ist Kultur, denn zur Sprache gehören die Möglichkeiten, abstrakte Gedankengänge zu formulieren sowie durch Erinnerung und voraussehende Planung die geistigen Dimensionen zu erweitern. Vergangenes und Zukünftiges sprachlich darstellen zu können, hat sicherlich große Auswirkungen auf die Möglichkeiten der sozialen Organisation von Menschen, ihr Überleben und ihre Siedlungsformen. Es geht nicht nur darum, daß es ohne Sprache keine Kunst geben könnte und daß sich die Formen der Feuersteinwerkzeuge ohne sprachliche Tradition stets nur wiederholen würden. Man muß das Fehlen von Sprache auch in Beziehung setzen zu jenen unsichtbaren Organisationssystemen, die der Archäologe erforschen möchte.

Das könnte zu einer sehr subjektiven Interpretation der Vergangenheit führen, indem man versucht, »primitiv zu denken«, um auf diesem Weg zu einer Vorstellung davon zu gelangen, wie das Leben denn aussähe ohne eines der Schlüsselelemente im Verhalten des rezenten Menschen. Wir müssen uns vor einer Betrachtungsweise hüten, die H. G. Wells 1921 vertrat, als er das Schicksal der Neandertaler für das allgemeine Bewußtsein in einer berühmten Kurzgeschichte beschrieb: »Jenes grausame Volk, das wir nie werden verstehen können. Wir können uns mit unserem so ganz anders gearteten Bewußtsein gar nicht vorstellen, welche eigenartigen Ideen in jenen verquer funktionierenden Hirnen einander jagten. Mit dem gleichen Erfolg könnten wir versuchen zu träumen und zu fühlen, wie ein Gorilla träumt und fühlt.« Um solchen Fehleinschätzungen zu entgehen, werde ich mich auf Fragen der Überlebensstrategien und der Ausdehnung des menschlichen Lebensraumes konzentrieren.

Während der archaischen Periode konnten die Menschen in Europa nur überleben, wenn sie die Schwierigkeiten der Klimaschwankungen bewältigten. Man hat ihr Überleben seit langem nur mit der Jagd auf Großtiere zusammengebracht, und viele Bilder zeigen, wie Mammuts zu Tode gesteinigt werden oder wie ein Bison mit Keulenhieben niedergestreckt wird. Zweifelsohne haben die archaischen Menschen Tiere getötet, auch wenn solche Großtaten angesichts drei Tonnen schwerer Dickhäuter oder eines Bisons, der mit einer Tonne Lebendgewicht herangestürmt kam, eher unwahrscheinlich sind.

Aber damit haben wir das Wichtigste schon übersehen. Bei der Jagd, ob nun einer allein oder viele gemeinsam jagen gehen, ob die Jagd großen, mittelgroßen oder kleinen Wildtieren gilt – es geht dabei nicht nur ums Töten. Das Töten der Beute ist vielleicht das spektakulärste Geschehen und das, was in jeder Gesellschaft, in der Menschen jagen, am meisten Prestige mit sich bringt. Man braucht dazu gewisse Fähigkeiten, und es ist nicht ungefährlich, aber das Töten der Tiere ist eigentlich das einfachste im ganzen Vorgang des Jagens, ganz gleich ob man mit einer Lanze, mit Pfeil und Bogen, mit Fallen oder dadurch tötet, daß man die Tiere über eine Klippe hetzt, von der sie in den Tod stürzen. Viel komplizierter aber ist es, die Beteiligten so zu organisieren, daß sie zur richtigen Zeit mit der richtigen Ausrüstung an der richtigen Stelle sind, um eine mehr als wahrscheinliche Aussicht auf Erfolg zu haben. Bei sich verändernden Umweltbedingungen, wenn die Anzahl der Tiere und ihre Wanderzüge schlechter voraussagbar werden, das Jagdwild also nicht mehr in unbegrenzten Mengen vorhanden ist, erhöhen sich auch die Anforderungen an die Jäger. Unter solchen Umständen ist die Erfolgsaussicht »mehr als wahrscheinlich« nicht genug. Nichts darf dem Zufall überlassen werden, denn das zöge Hunger oder den Hungertod der ganzen Gruppe nach sich. Man darf nicht vergessen, daß es im Europa des Pleistozän auch alternative pflanzliche Nahrung nicht in üppiger Fülle gab: nur wenige Nüsse und Beeren waren vorhanden, mit denen eine verpaßte Jagdchance oder eine unerwartet dünne Jagdsaison hätten ausgeglichen werden können.

Heutige Jäger- und Sammlerkulturen nehmen solche Herausforderungen der Umwelt an, und das haben die Gruppen des Paläolithikums vor 40 000 Jahren auch getan. Umweltbedingungen wirken selektiv auf Verhaltensmuster und Lösungsansätze. So wird die Technik verbessert, um drohende Mißerfolge zu minimieren, und durch Bündnisse, Verwandtschaft, Besuche und Feste werden soziale Netze aufgebaut, so daß es in Notfällen so etwas wie regionale »Rückversicherungen« gibt, die man einlösen kann: d.h. die Hilfe von Nachbarn. Solche Formen einer Vorratswirtschaft durch soziale Netze sind sehr häufig, und sie ermöglichen unter anderem das Überleben unter harten klimatischen Bedingungen. Und neben der Verteilung des Risikos über die ganze Region gibt es lokale Lösungsmöglichkeiten: nämlich Nahrungsmittelspeicher zu einer bestimmten Jahreszeit anzulegen und deren Inhalt so zu verteilen, daß man in mageren Zeiten überleben kann. Ein solches geographisch kleinräumiges Überlebensverhalten müßte im archäologischen Befund erkennbar sein. Kennzeichen wären langandauernd genutzte, aber doch wechselnde Lagerplätze, weil im Verlauf der pleistozänen Klimazyklen die jahreszeitlichen Klimaschwankungen und die Verknappung des Nahrungsangebotes zunahmen. Während der archaischen Periode und der Urperiode zeigen aber die Wanderbewegungen der Menschen zwischen verschiedenen Regionen – dies besonders im Norden –, daß es solche Überlebensstrategien noch nicht gab. Diese Einschätzung wird zudem gestützt durch die noch fehlende Kunst und durch die noch seltenen, leichten und geschäfteten Kompositgeräte, die erst im Jungpaläolithikum üblich werden.

Aber wie haben diese Menschen dann tatsächlich überleben können? Unter den archaischen Bevölkerungen gab es zweifelsohne in den acht europäischen Regionen, die besiedelt waren (der Nordosten blieb unbesiedelt), Unterschiede im Hinblick auf die

Größe der jeweiligen sozialen Gruppierungen. Eine Möglichkeit, die Frage nach dem Überleben dieser Gruppen zu beantworten, ist die Untersuchung der natürlichen Determinanten, mit denen sie konfrontiert wurden. Sie mußten z. B. planen, wovon sie sich ernähren wollten, wenn die Landschaft im Winter für fünf bis sechs Monate unwegsam wurde und die großen Bison-, Pferd- und Rentierherden auf ihren Wanderungen gewaltige Entfernungen zurücklegten, um eben diesem Nahrungsproblem auszuweichen. Die Wanderbewegungen der Tiere waren wohl zu weiträumig, als daß die Menschen in der archaischen Periode ihnen hätten folgen können, und es gibt keine Artefakte, die darauf hindeuten, daß sie auch nur über einfachste Transportmittel verfügt hätten. Vorratshaltung von Nahrungsmitteln wäre die Antwort, aber es gibt keine archäologischen Hinweise auf soziale Netze und auf deren Planung. Als Möglichkeit ist in Betracht zu ziehen, daß diese Gruppen, anstatt zu jagen, nach Kadavern gesucht haben, die entweder den Witterungsbedingungen zum Opfer gefallen sind oder von Raubtieren getötet wurden, bevor diese selbst die Winterlandschaften verließen. Die große Zahl an Raubtieren in den Grassteppen der mittleren Breitengrade würde praktisch überall ein Nahrungsangebot für die Menschen liefern, allerdings mit einer gewissen Konzentration entlang der Flüsse und um Seen, denn hier wurden die meisten Kadaver gefunden. Gefrorene Kadaver von Mammuts und anderen Tieren des Pleistozäns in Sibirien und im Yukon lassen erkennen, daß die natürliche Tiefkühltruhe sehr wirksam war, selbst wenn das aufgetaute Fleisch und Knochenmark vielleicht nicht unbedingt unseren Vorstellungen von einem Filet mignon entsprechen würde. Aber hier geht es ums Überleben und nicht um Feinschmeckerei. Ganze oder verteilte Kadaver zu finden, die lebensnotwendige Fettvorräte boten, könnte die wichtigste Nahrungsmittelreserve zur Überbrückung der Wintermonate gewesen sein, bis die großen Herden von ihren Winterweiden zurückkehrten und die Menschen sie wieder bejagen oder im Bereich dieser Herden nach Nahrung suchen konnten. Denn auch während der Sommermonate kann es sinnvoller gewesen sein, nach bereits toten oder verletzten Großtieren mit ihren immensen Fett- und Markreserven zu suchen, als kraftvolle, gesunde Exemplare zu bejagen.

Die Strategie, über den Winter zu kommen, wurde durch zwei Faktoren erleichtert. Der erste war wohl die Gruppengröße, denn es wird entscheidend gewesen sein, daß möglichst viele Individuen die Umgebung nach Kadavern absuchen konnten. Lokale Gruppen bestanden vielleicht aus bis zu 150 Menschen, die untereinander in regelmäßiger Verbindung standen und in denen sich auch die Partner zur Fortpflanzung fanden. Diese sozialen Gruppierungen mußten sehr mobil sein, sie brauchten aber vermutlich keine ausgeklügelten Methoden zur Identifikation der Mitglieder. Niemand wird sich etwa für besondere Jagdzüge über längere Zeit, für mehrere Wochen oder gar Monate aus der Gruppe entfernt haben. Diese Gruppen, deren Mitglieder sich von Angesicht zu Angesicht kannten, brauchten weder Sprache noch den symbolischen Gehalt von Artefakten, um ihre zwischenmenschlichen Beziehungen zu organisieren. Daß man planen und entscheiden mußte, daß man sich in Erinnerung und Erzählung auf Vergangenheit oder Gegenwart bezog, hatte mehr mit der Entwicklung von Beziehungen innerhalb der Gesellschaft und weniger mit den Bedingungen von Nahrungssuche und Überleben in unfreundlichen Klimaverhältnissen zu tun.

Der zweite Faktor war das Feuer. Am Feuer konnten sich die Menschen nicht nur wärmen, sondern es half auch, die Tierkadaver aufzutauen. Man konnte dies dadurch beschleunigen, daß man sie möglichst zu einer Höhle schleppte, in der man leichter höhere Umgebungstemperaturen erreichte. Für die Suche nach toten Tieren brauchte man nur eine minimale Ausrüstung, und was zu einer Jahreszeit als Lanze diente, z. B. die von Clacton, konnte auch als Sonde beim Durchsuchen von Schneebänken und Eis benutzt werden. Beide Aspekte, die Gruppengröße und das Feuer, öffneten den Menschen eine ökologische Nische, die anderen Fleischfressern versperrt blieb. Aber sie blieben trotzdem von vielen Umweltfaktoren abhängig, z. B. vom Reichtum der Tierherden, von den Entfernungen, die die Tiere zurücklegten, von den Temperaturen und davon, wie hoch der Schnee lag. Und so wie diese Faktoren in ständigem Fluß waren und von Jahr zu Jahr und natürlich auch in den sehr viel längeren Klimazyklen des Pleistozäns variierten, so waren mal diese, mal jene Landschaften einer Region geeigneter für eine Besiedelung, weil sich das Risiko, in einer bestimmten Gegend die Nahrungsbedürfnisse nicht befriedigen zu können, veränderte. Um auf diese Weise zu überleben, brauchte es nicht sehr viele Fertigkeiten oder viel Wissen. So konnte man in jedem Tal leben, mußte also nur von einem Tal zum anderen ziehen, so wie die Situation es erforderte. Trotzdem mögen sich im Verlauf der vielen Tausend Jahre einige Täler als besonders günstig erwiesen haben, und aus diesem Grund sind die archäologischen Funde nicht gleichmäßig verteilt.

Diese Überlebensstrategie wird sich in Europa wohl erst im Laufe einer sehr langen Besiedlungsgeschichte entwickelt haben. Die ältesten Hinweise auf eine sicherlich nur saisonale Präsenz von Menschen stammen aus der Zeit um 500 000 vor heute, z. B. an Plätzen wie Westbury, Boxgrove, High Lodge und in Stránska Skála in der ehemaligen Tschechoslowakei. Möglicherweise hat dies mit der Verlängerung der pleistozänen Klimazyklen zu tun, die nun jeweils 100 000 Jahre dauerten, wodurch auch Perioden von trocken/kalten Klimabedingungen mit offenen Landschaften zahlreicher und länger wurden, in denen die Herden am größten waren. Unter solchen Bedingungen war auch die skizzierte Überlebensstrategie sehr erfolgversprechend. Anzunehmen ist weiterhin, daß die älteren Besiedlungsphasen im Mittelmeerraum sowohl mit der saisonalen Verfolgung der Tierherden über kurze Entfernungen in Zusammenhang zu sehen sind als auch mit einer intensiven Nutzung des pflanzlichen Nahrungsangebots.

Auf diese Weise werden auch die Menschen der Urperiode ihren Lebensraum vergrößert haben und in einige Regionen der nordeuropäischen Ebene hineingezogen sein. Weitere Entfernungen, die zur Beschaffung von Rohstoffen zurückgelegt wurden, deuten darauf hin, daß die Gruppen nun auch größere Gebiete nach Nahrungsmitteln ab-

Spitze eines einfachen, möglicherweise dennoch multifunktionalen Gerätes aus Eibenholz; Clacton, England.

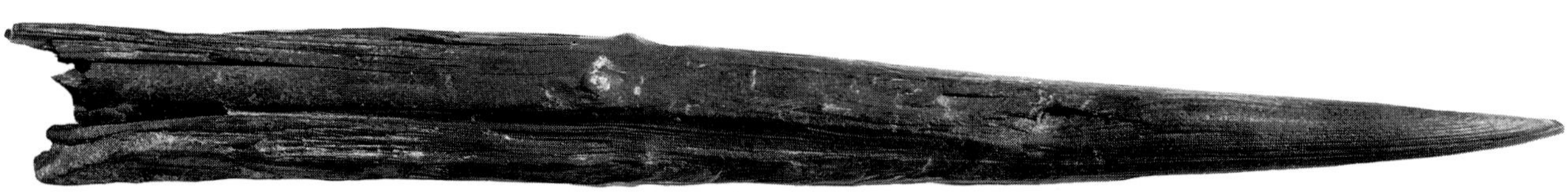

suchten. Das ergab sich aus den Lebensumständen in diesen offenen Landschaften. Die Nahrungssuche spielte weiterhin eine wichtige Rolle, und vielleicht wurde die Höhle von La Cotte tatsächlich als willkommene Entfrostungskammer genutzt. Andererseits haben Untersuchungen von Tierknochen von Combe-Grenal und von La Quina deutlich gezeigt, daß dort Pferde und Bison direkt getötet wurden. Daß Fleisch gelagert wurde, ist zwar schwer nachzuweisen. Dennoch neige ich sehr zu der Annahme, daß an einigen Plätzen, wenn es gelungen war, Tiere zu töten, auch Vorratslager angelegt worden sind; allerdings fehlen weiterhin Belege für soziale Netze, die ein solches Verhalten regional getragen haben könnten. Das Töten von Tieren aus nächster Nähe scheint durchaus möglich gewesen zu sein, und aller Wahrscheinlichkeit nach waren Frauen wie Männer an solchen Jagden beteiligt. Die Menschen handelten wohl weitgehend selbstverantwortlich; beide Geschlechter verfügten jedenfalls über enorme physische Kraft und über einen robusten Körperbau.

Wie eingeschränkt die Überlebensstrategien der Menschen der Urperiode waren, läßt sich wohl am besten an Beispielen aus der regionalen Besiedlungsgeschichte ablesen. So tauchen die Gruppen während des letzten Interglazials nicht in England auf, obwohl es dort zu dieser Zeit viele Waldelefanten, Nashörner, Flußpferde und Bisonherden gab; zudem waren die reichen Nahrungsmittelreserven der Eichenmischwälder vorhanden. Aber trotz des Großwilds und des warmen Klimas lebten dort keine »Großwildjäger«. Der einzige Grund dafür könnte sein, daß eben dies gar nicht ihre Überlebensstrategie war. Anders ausgedrückt: Sie waren von ihrer sozialen Organisation her nicht in der Lage, diese großen, weit verstreut in den Wäldern der gemäßigten Klimazonen lebenden Tiere zu bejagen. Dies hätte intensiverer Planung bedurft, um die Risiken kalkulierbar zu machen, und sicher hätten sich die Gruppen auch für längere Zeit aufteilen müssen. Das aber hätte die Grundlage ihres gesellschaftlichen Zusammenhalts nachhaltig gestört, der auf Kontakt von Angesicht zu Angesicht beruhte. Eine ähnliche Situation wird von Hoffecker für die Ebenen Rußlands angenommen, als diese ebenfalls nicht besiedelt waren.

Tatsache ist aber auch, daß Populationen, die während der gemäßigten Stufen 5 a–d in den Ebenen des Nordostens und des Nordwestens wiederaufgetaucht waren, sich zurückzogen, als es während der frühen Phasen der letzten Kälteperiode (Stufe 4) zu starken Gletscherbildungen kam. Das wird eine natürliche Reaktion auf sich allmählich verknappende Nahrungsmittelreserven gewesen sein. Die Reaktion auf Temperaturänderungen, ob nach oben oder auch nach unten, wäre im Jungpaläolithikum genau gegenteilig ausgefallen; die Besiedelung hätte sich verdichtet. Die Menschen der Urperiode dagegen verließen die Gegend einfach.

Erst in der Pionierperiode gibt es Hinweise darauf, daß die Menschen anders reagierten. Das Fundmaterial der wenigen Fundplätze mit Blattspitzen, läßt erkennen, daß in den unwirtlichen Gegenden Nord-, Mittel und Osteuropas größere soziale Netze entstanden sind. Nun jagten die Gruppen in den Bergen und mußten sich dazu auch häufiger für längere Zeiten aufteilen. Die sozialen Netze, die dies ermöglichten, setzen eine höhere Planungs- und Gruppenbildungsfähigkeit voraus. In der Folge vergrößerten sich ihre Lebensräume, woraus sich wiederum die Notwendigkeit ergab, Kontakte mit fremden Menschengruppen aufzunehmen und den Umgang mit ihnen zu regeln.

Ob solche Entwicklungen daher rührten, daß sich anderswo in Europa bereits andere Verhaltensmuster zur Lösung solcher Probleme herausgebildet hatten, und die Menschen der Pionierperiode deren latentes Potential erkannt haben, oder ob die Artefakte und die Organisationssysteme, von denen diese Objekte künden, ausnahmslos von neuen Populationen produziert wurden, die ihr Leben auf der Grundlage neuartiger Verhaltensmuster organisierten, ist eine Frage, die im nächsten Kapitel zu beantworten sein wird.

*In der Darstellung von Epochen, die weiter als 10 000 Jahre zurückliegen, ist es üblich, Daten, die mit der Radiokarbon-Methode bestimmt wurden, nicht als Daten »v. Chr.«, sondern als »vor heute« anzugeben, wobei das Jahr 1950 n. Chr. den Bezugspunkt bildet. Bei diesen Angaben ist zu berücksichtigen, daß Radiokarbon-Datierungen auf einen Zeitraum von 10 000 Jahren bezogen um ±1 000 Jahre abweichen können; bei 30 000 Jahren wären das ±3 000 Jahre. Alle Daten in den folgenden drei Kapiteln, die die Zeit bis vor 10 000 Jahren behandeln, beruhen, wenn nicht anders angegeben, auf Radiokarbon-Datierungen. Zur Frage archäologischer Datierungen: J. Aitken, *Science-based Dating in Archaeology*, London 1990.

2

DIE REVOLUTION IM JUNGPALÄOLITHIKUM

Paul Mellars

In den Zeitraum vor etwa 35 000–40 000 Jahren fällt einer der entscheidenden Wendepunkte der europäischen Vorgeschichte. Zwei bedeutsame Vorgänge sind es, die sich in dieser Zeit verfolgen lassen und die auf die eine oder andere Weise den Weg für die gesamte weitere Entwicklung der menschlichen Gesellschaft in Europa vorzeichnen. Zum einen erlebte diese Periode die im weitesten Sinne des Wortes gemeinte Ablösung der frühen »archaischen« oder Neandertalergruppen durch Menschen, die uns, unter biologischen Gesichtspunkten betrachtet, offenbar fast vollständig glichen. Und zum anderen lassen die archäologischen Befunde aus dieser Zeit auf vielfältige Veränderungen in der Lebens- und Wirtschaftsweise der Menschen schließen. In ihrer Gesamtheit kennzeichnen sie den Übergang von der mittleren Altsteinzeit zum Jungpaläolithikum. Die Frage, inwieweit diese beiden Vorgänge in einem direkten Verhältnis von Ursache und Wirkung standen, wird uns auf weitere höchst interessante Probleme führen. Zweifellos jedoch läßt das archäologische Fundmaterial Veränderungen sowohl in der Anatomie des Menschen als auch seiner Verhaltensweisen erkennen. Das Zusammentreffen dieser Entwicklungen im Jungpaläolithikum gehört in der europäischen Vorgeschichte sicherlich zu den bedeutendsten Ereignissen seit der beginnenden Besiedlung Europas vor fast einer Million Jahren.

DIE UMWELTBEDINGUNGEN

Am auffälligsten an diesem Übergang ist wohl, daß er nicht in Zeiten drastischer Veränderungen von Klima und Umwelt stattfand, wie sie für die lange Epoche des Pleistozän kennzeichnend waren, sondern in einer Zeit mit relativ stabilen Lebensbedingungen. In den nördlichen und mittleren Teilen Europas herrschte ein eiszeitlich rauhes Klima, wahrscheinlich dem vergleichbar, das heute Regionen wie Südalaska oder Nordskandinavien prägt. Man nimmt an, daß die durchschnittliche Jahrestemperatur in den Phasen der stärksten Vereisung (vor etwa 18 000 bis 20 000 Jahren) in fast ganz Europa um mindestens 10° Celsius unter dem heutigen Niveau gelegen hat. Damals

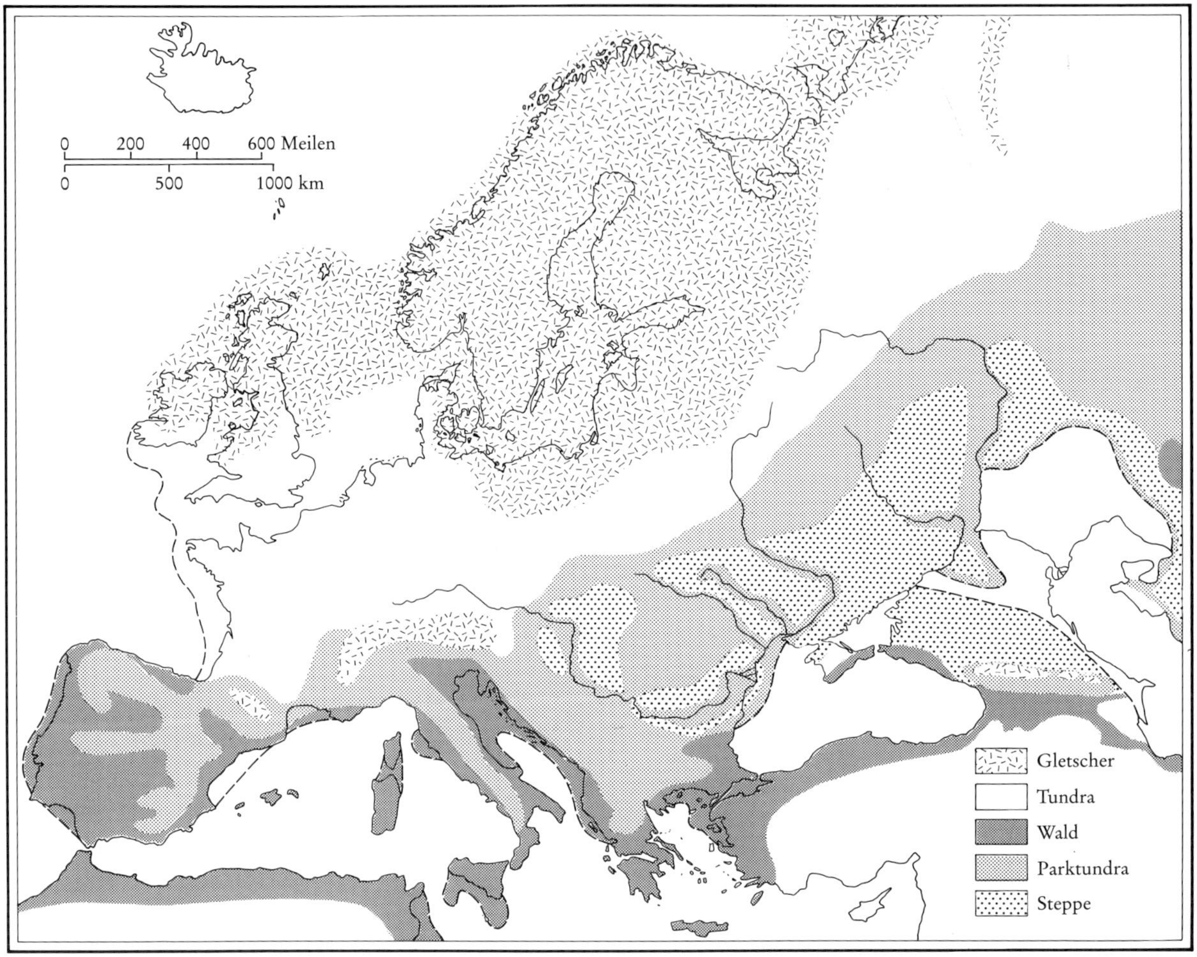

Europa zur Zeit des Maximums der letzten Vereisung (vor etwa 18 000–20 000 Jahren); die Karte zeigt die Lage der Eisdecken und der wichtigsten Vegetationszonen. Gestrichelt ist die Küstenlinie bei gesunkenem Meeresspiegel während der letzten Eiszeit dargestellt.

müssen extrem kalte Meeresströmungen von den Polarregionen des Nordatlantiks an der europäischen Atlantikküste entlang bis nach Nordspanien gezogen sein. Im Zusammenwirken mit den entsprechenden Luftbewegungen haben diese Ströme den meisten Gebieten Europas ein ausgeprägt kontinentales Klima gebracht: mit größeren Temperaturunterschieden zwischen den Sommer- und den Wintermonaten als heute. Auch wenn es im eiszeitlichen Europa Sommer gegeben haben mag, in denen die Temperaturen sich nicht allzu stark von den heutigen unterschieden haben, so waren die Winter doch bitterkalt; die Temperaturen konnten in manchen Gebieten wochenlang unter minus 10° Celsius fallen. Auch starke Schneefälle, die während der Wintermonate Wanderungen und Jagdzüge erschwerten oder verhinderten, gehörten unausweichlich zu diesen langen Eiszeitwintern. Unter solchen Bedingungen wuchsen die Gletscher der größeren Gebirgsregionen Europas (der Berge Skandinaviens, des schottischen

Hochlands und, in begrenzterem Maß, der Alpen und der Pyrenäen) rasch und schoben kompakte Eisdecken über weite Gebiete des nördlichen und mittleren Europa, erstreckten sich von Norden bis zum Breitengrad der englischen Midlands, im Süden von den Alpengipfeln bis hinunter ins Alpenvorland.

Die Lebensbedingungen der Menschen in den eisfreien Gebieten Europas waren also zumindest während der Wintermonate alles andere als angenehm, doch brachte dieses Klima in anderer Hinsicht auch wesentliche Erleichterungen mit sich. Als unmittelbare Folge verschwand der für Europa typische Baumbewuchs, ausgenommen von diesem »Waldsterben« blieben nur die südlichsten Regionen. Das eiszeitliche Klima begünstigte die Entstehung weiter, offener Landstriche, in denen sich Gräser, Moose und andere niedrige Gewächse ausbreiteten. So mögen im Winterhalbjahr starke Schneefälle die Bewegungsfreiheit und die Jagdaktivitäten der Menschen eingeschränkt haben, sie hatten jedoch nicht auch noch mit dem undurchdringlich dichten Wald zu kämpfen, der erst später wieder, ab dem Mesolithikum, landschaftsprägend wurde (siehe 3. Kapitel).

Das Entstehen dieser offenen, baumlosen Umwelt hatte für die Subsistenz der jungpaläolithischen Menschen aber eine noch weiterreichende Bedeutung. Die extrem artenreichen, fruchtbaren Tundren sowie Steppengebiete, die sich über Ost-, Mittel- und Westeuropa erstreckten, boten zahlreichen, der Kälte angepaßten Herdentieren wie Rentier, Wildpferd und Wisent, aber auch den größeren Dickhäutern wie Mammut und Wollnashorn ideale Lebensbedingungen. Es wäre zweifellos übertrieben, sich die Steppen und Tundren des endeiszeitlichen Europa als eine Art Serengeti-Wildpark vorzustellen, doch völlig absurd wäre ein solcher Vergleich nicht. Die Herden waren riesig, konnten aus mehreren hundert, wenn nicht tausend Tieren bestehen, und man weiß, daß sie auf immer denselben Wanderrouten und zu einigermaßen sicher voraussagbaren Zeiten zwischen ihren Sommer- und Winterweiden hin- und herzogen. Die Menschen des Jungpaläolithikums müssen diese jahreszeitlichen Wanderbewegungen erkannt haben, denn sie haben ihre Lager oft unmittelbar an diesen Wanderrouten errichtet, sie konnten also den Zug der Herden beobachten und den Tieren den Weg versperren. Und so haben die insgesamt wohl doch positiven Umweltbedingungen des Jungpaläolithikums in einigen der ökologisch begünstigteren Regionen Europas (wie z. B. in Südwestfrankreich und in Nordwestspanien, in den lößbedeckten Ebenen Österreichs, der ehemaligen Tschechoslowakei und der Ukraine) offenbar zu einer Besiedlungsdichte geführt, die nicht sehr viel geringer gewesen sein dürfte als zu der Zeit, in der sich in den gleichen Regionen die ersten bäuerlichen Gemeinschaften entwickelt haben.

Eine weitere direkte Folge der eiszeitlichen Klimaverhältnisse war eine beträchtliche Senkung des Meeresspiegels. Aus der geschätzten Gesamtausdehnung und Mächtigkeit der Eisdecken läßt sich errechnen, daß der Meeresspiegel während des Maximums der letzten Vereisung, also vor etwa 18 000 Jahren, weltweit um mindestens einhundert Meter gefallen sein muß. Ähnliche Zahlen ergeben sich, wenn man von der Verteilung der Sauerstoff-Isotopen ^{16}O und ^{18}O im Meerwasser ausgeht. Bestimmen läßt sich diese anhand der Skelette von Foraminifera und anderen kleinen Meeresorganismen, die in Tiefseesedimenten abgelagert wurden. Solche Analysen zeigen, daß zur Zeit der stärksten

Vereisung genau diejenige Menge von »leichtem« Meerwasser, das sich aus ^{16}O, dem leichteren Sauerstoff-Isotop, zusammensetzt, aus den Weltmeeren verschwunden ist, die der Absenkung des Meeresspiegels entspricht. Die Meeresregression hatte natürlich ganz entscheidende Auswirkungen auf die Küstenmorphologie Europas. An den meisten Stellen verbreiterten sich Küstenebenen, immerhin um zwanzig bis fünfzig Kilometer. In einigen Küstenregionen jedoch, nämlich dort, wo die Meere sehr flach waren, kam es zu tiefgreifenderen Veränderungen. Das gilt vor allem für Nordeuropa, wo mit der größten Absenkung des Meeresspiegels weite Flächen des heutigen Ärmelkanals und des Nordseebeckens trockenfielen. England war also mit dem europäischen Festland verbunden. Erst lange nach dem Ende der Eiszeit, vermutlich vor 6 000 –8 000 Jahren, erfolgte durch den Meeresspiegelanstieg die endgültige Trennung der Britischen Inseln vom europäischen Festland. Während der längsten Zeit, in der diese Landverbindung bestand, werden die meisten der nördlichen Randgebiete Europas (England eingeschlossen) viel zu kahl und zu unwirtlich gewesen sein, als daß Jägergruppen dort dauerhaft oder auch nur zeitweise hätten leben können. Allerdings ist erwiesen, daß während der ein oder zwei kurzen Interstadiale des Jungpaläolithikums Gruppen bis nach Südengland vorgedrungen sind, so etwa während der »Arcy«-Warmzeit vor 30 000 Jahren und sicherlich auch während der Endstadien der Vereisung vor 12 000–13 000 Jahren. Kurze Episoden, doch sie lassen keinen Zweifel daran, daß sich jungpaläolithische Jäger und Sammler, wenn vorübergehende Klimaverbesserungen die Erweiterung ihres Lebensraumes erlaubten, solche ökologischen »Nischen« sehr wohl nutzbar machen konnten. Auch das werden wir noch genauer betrachten.

DER VERLAUF DES WANDELS

Man mag die vielfältigen Änderungen der Lebens- und Wirtschaftsweise, die für jungpaläolithische Jäger und Sammler in Europa charakteristisch sind, in ihrer Bedeutung verschieden einschätzen, über das Ausmaß dieser Veränderungen jedoch wird es kaum Zweifel geben. Und das gilt auch für die Deutlichkeit, mit der sich diese Veränderungen in den archäologischen Funden und Befunden widerspiegeln. Erst im nächsten Abschnitt wollen wir der Frage nachgehen, was diese Verhaltensänderungen ausgelöst haben könnte und ob sie möglicherweise mit der Einwanderung eines neuen Menschentypus nach Europa zusammenhängen. Bevor wir uns dieser höchst strittigen Frage zuwenden, sollten wir uns zunächst eine genauere Vorstellung über die Aussagefähigkeit der archäologischen Funde und Befunde verschaffen. Welche Muster lassen sie erkennen und wie können sie uns Auskunft geben über grundlegende Veränderungen, die sich in Technologie, Wirtschaftsweise und sozialer Organisation der jungpaläolithischen Menschen vollzogen haben. Das läßt sich hier jedoch nur in einigen wesentlichen Aspekten darstellen.

Beginnen wir mit einigen grundlegenden Veränderungen in der Herstellung von Steinwerkzeugen, die wir während dieser Epoche feststellen können. Sie sind auf verschiedene Weisen beschrieben worden, aber schon immer galten sie als das wichtigste

Unterscheidungsmerkmal zwischen dem Jungpaläolithikum und den vorangehenden Epochen der älteren und mittleren Altsteinzeit. Aber so eindeutig, wie dies in älteren Lehrbüchern und Diskussionen nahegelegt wird, lassen sich die Steinschlagtechniken gar nicht unterscheiden. Selbst wenn die breiten, schweren Abschläge des Alt- und Mittelpaläolithikums vorwiegend mit Levalloistechniken und verwandten Methoden hergestellt wurden, weiß man heute, daß zumindest einige Gruppen des Mittelpaläolithikums bereits überraschend raffinierte Techniken zur Herstellung viel dünnerer, eher länglicher und sehr gleichmäßiger »Klingen«-Formen entwickelt hatten. Es entstanden schlanke, spitz zulaufende Abschläge, die aus speziell vorbereiteten, konischen oder bauchig-tonnenförmigen Kernsteinen angefertigt wurden. Die auffälligste Veränderung im Jungpaläolithikum ist also die plötzliche *geographische Verbreitung* dieser neuen Klingenformen, die nun in der Steinwerkzeugherstellung dominieren – zumindest dort, wo sich Feuerstein oder anderes Rohmaterial von ausreichender Qualität für eine dieser recht anspruchsvollen Abschlagtechniken finden ließen. Man hat verschiedene Erklärungen für die Entwicklung neuer Produktionstechniken vorgeschlagen, angefangen von der simplen Notwendigkeit, mit dem örtlich verfügbaren Rohmaterial ökonomischer umzugehen, bis hin zu der funktionalen Überlegung, daß neue Werkzeugtypen, etwa geschäftete Klingen oder Schaber und Projektilspitzen, die Produktion länglicher und gleichmäßiger Abschläge erforderlich machten. Welche Erklärung nun plausibler erscheinen mag, fest steht in jedem Fall, daß sich diese neuen Klingenformen sehr plötzlich in großen Gebieten Eurasiens durchsetzten und daß ihre Herstellung einen Umfang annahm, der für die früheren Epochen des Paläolithikums nicht nachzuweisen ist.

Die Steintechnologie wurde also variantenreicher, und es zeigen sich häufiger Innovationen: Das kann man als den wesentlichsten Wandel betrachten. Die jungpaläolithischen Jäger und Sammler schufen ein Repertoire an Werkzeugen, das viel breiter und formenreicher war als das früherer Zeiten. Das Typenspektrum reicht von den neuen Klingen zum Schaben von Fellen (die sogenannten Endschaber) über Klingen, die speziell für die Bearbeitung von Knochen und Geweih geschaffen wurden (vor allem Hohlmeißel und Stichel), bis hin zu einer Vielzahl verschiedener Messer und Bohrer und zu den vielgestaltigen Lanzenspitzen und anderen Jagdwaffen. Sie alle lassen sich seit Beginn des Jungpaläolithikums nachweisen. Vieles an dieser diversifizierten Werkzeugproduktion spiegelt zweifellos eine ebenfalls beträchtliche Erweiterung des Spektrums anderer, mit diesen Werkzeugen zusammenhängender Techniken wider, die sehr wahrscheinlich gleich zu Beginn des Jungpaläolithikums einsetzte – z. B. die kunstvollere Bearbeitung von Knochen und Geweihstangen, der vermehrte Gebrauch von Geräten aus Holz, aufwendiger hergestellte Fellkleidung und neue Methoden der Jagd. Doch scheint ebenso eindeutig, daß nicht *alles* mit derart naheliegenden wirtschaftlichen oder funktionalen Gründen erklärt werden kann. In der letzten Zeit haben einige Wissenschaftler den Arbeitsaufwand hervorgehoben, den viele Artefakte des Jungpaläolithikums zeigen, und dies als Hinweis auf eine ziemlich weit vorangeschrittene Standardisierung und auf eine vorweg konzipierte Formgebung interpretiert – beides konnte in diesem Umfang für die vorangegangenen Perioden nicht dokumentiert werden. Es scheint, als hätten die Steinwerkzeuge des Jungpaläolithikums durch ihre *Form* zu-

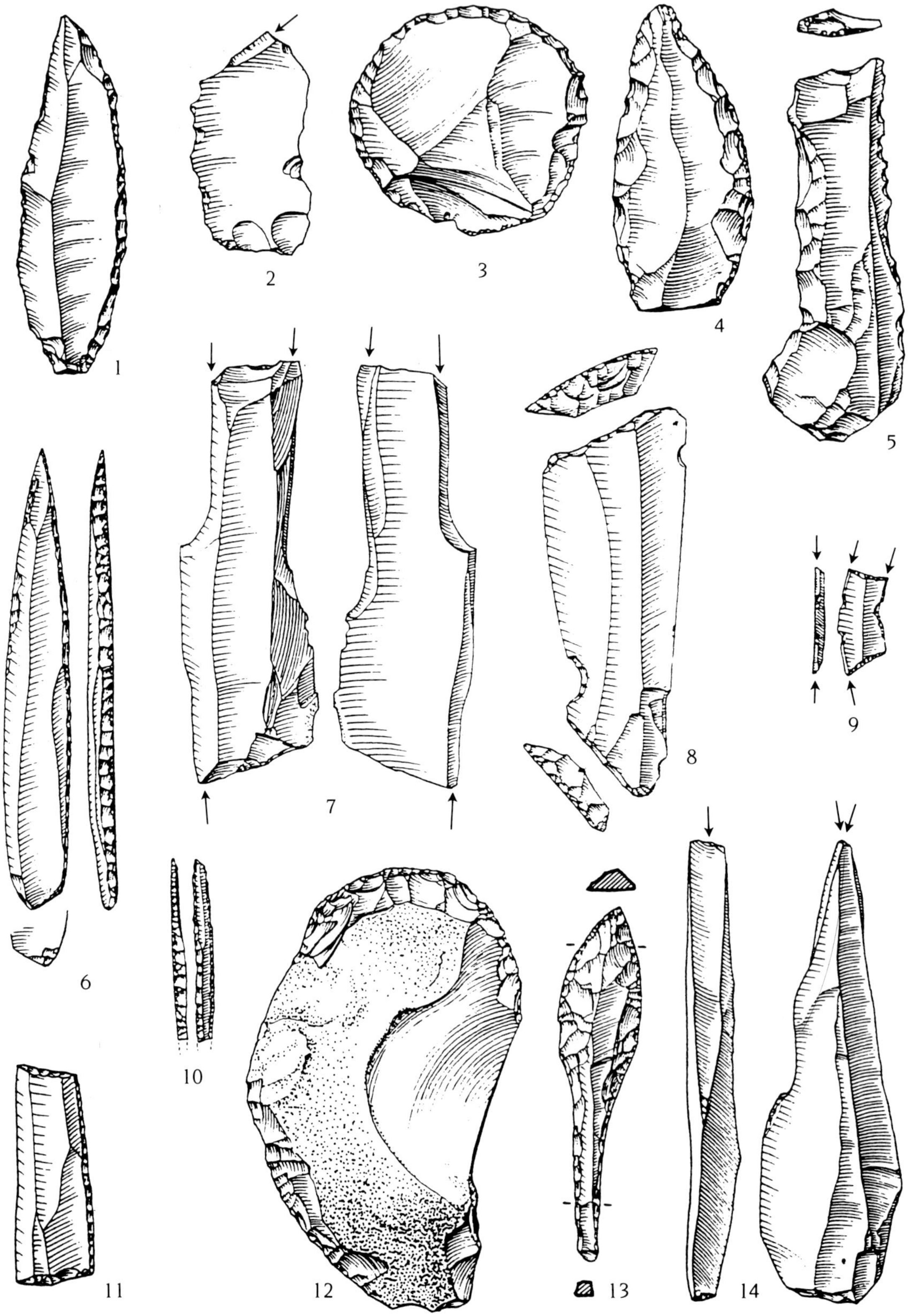
1
2
3
4
5
6
7
8
9
10
11
12
13
14

sätzlich Symbolcharakter gewonnen, dessen Bedeutung den Menschen, die sie bestellten, bekannt und wichtig war. Eine der spannendsten Hypothesen in diesem Zusammenhang ist, daß dies die Herausbildung höher entwickelter Formen *sprachlicher Kommunikation* anzeigen könnte. Die Entwicklung der Sprache in den jungpaläolithischen Gruppen könnte zur Folge gehabt haben, daß die Formen der Steinwerkzeuge (und wohl auch der meisten anderen Artefakte) einigen klar definierten »Vorstellungsbildern« entsprechen mußten, die vermutlich ihrerseits mit den sprachlichen und begrifflichen Bezeichnungen der Artefakte selbst verbunden waren. Eine weitere, die erste keineswegs ausschließende Interpretation wäre, daß die unterschiedlichen Typen von Steinwerkzeugen nun auf irgend eine Weise als Symbole für die soziale und ethnische Aufgliederung der Menschengruppen im Jungpaläolithikum fungierten. Eine attraktive These; denn mit ihr ließe sich erklären, warum die in den verschiedenen Regionen Europas gefundenen Werkzeugformen so überraschend vielfältig sind, und vielleicht auch, warum es im Verlauf des Jungpaläolithikums so auffällig häufig und rasch zu Formvariationen kam. Ob diese Interpretation nun zutreffend ist oder nicht, fest steht, daß die jungpaläolithische Herstellung von Steinwerkzeugen mit ihrem weiten Formenspektrum einen Grad von Dynamik und Kreativität verrät, der sich deutlich von den weit einheitlicheren und chronologisch langlebigen Formen und Techniken abhebt, die für die langen Zeiträume des Alt- und Mittelpaläolithikums kennzeichnend sind.

Alles, was sich charakterisierend zur jungpaläolithischen Steintechnologie sagen läßt, zeigt sich, und vielleicht noch ausgeprägter, in den Artefakten aus Knochen, Geweih und Elfenbein. Hier scheinen sich Einfallsreichtum und Erfindergeist der Menschen dieser Epoche am deutlichsten zu manifestieren. Wie C. Gamble im vorangegangenen Kapitel gezeigt hat, haben auch Gruppen des Mittelpaläolithikums gelegentlich Bruchstücke von Knochen und Geweihen für die unterschiedlichsten Zwecke benutzt und manchmal haben sie auch deren Form bewußt verändert – z. B. spitze Knochenenden zusätzlich geschliffen, um sie als Ahle zu benutzen, oder gelegentlich auch dicke Knochenstücke gespalten, um so einfache Nachbildungen von steinernen Seitenschabern oder sogar Faustkeilen zu erhalten. Was aber im Alt- und Mittelpaläolithikum bezeichnenderweise *fehlt*, ist die praktische Umsetzung der Erkenntnis, daß Knochen, Geweih und Elfenbein als »formbare« Materialien genutzt, also geschnitzt und in eine Vielzahl unterschiedlicher und bewußt hergestellter Formen gebracht werden können. Es läßt sich dokumentieren, daß die verschiedenen Techniken, um Knochen, Geweih und Elfenbein zu bearbeiten, sich in Europa von den frühesten Schichten des Jungpaläolithikums an sprunghaft entwickelt haben. Dies zeigt sich wohl am auffälligsten in der großen Vielfalt von Ahlen, Nadeln, Knochenröhren, Knochenringen und durchbohrten Tierzähnen, die in einer Höhle bei Arcy-sur-Cure in Zentralfrankreich in den Châtelperronien-Schichten (etwa 33 000–34 000 Jahre alt) gefunden wurden, und an den noch feiner bearbeiteten und geformten Lanzenspitzen aus Knochen und Elfenbein so-

Beispiele neuer Leittypen, meist aus sehr langen Klingen gefertigt, die für die frühen Phasen des Jungpaläolithikums in Europa charakteristisch sind. Nummer »3« und »12« sind Endschaber, »2, 7, 9 und 14« sind Stichel. Bei den übrigen handelt es sich wahrscheinlich um Projektilspitzen oder um Bruchstücke von Messerklingen.

wie durchbohrten Geweihstangen von Fundplätzen des frühen Aurignacien. Wie bei den Steinwerkzeugen können wir auch hier erkennen, daß großer Wert auf formähnliche Endprodukte gelegt wurde. Und man sieht, daß auch die Form einzelner Artefakte aus Knochen und Geweih mehrfach und zu verschiedenen Zeitpunkten des Jungpaläolithikums verändert worden sind. Die Bearbeitung von Knochen, Geweih und El-

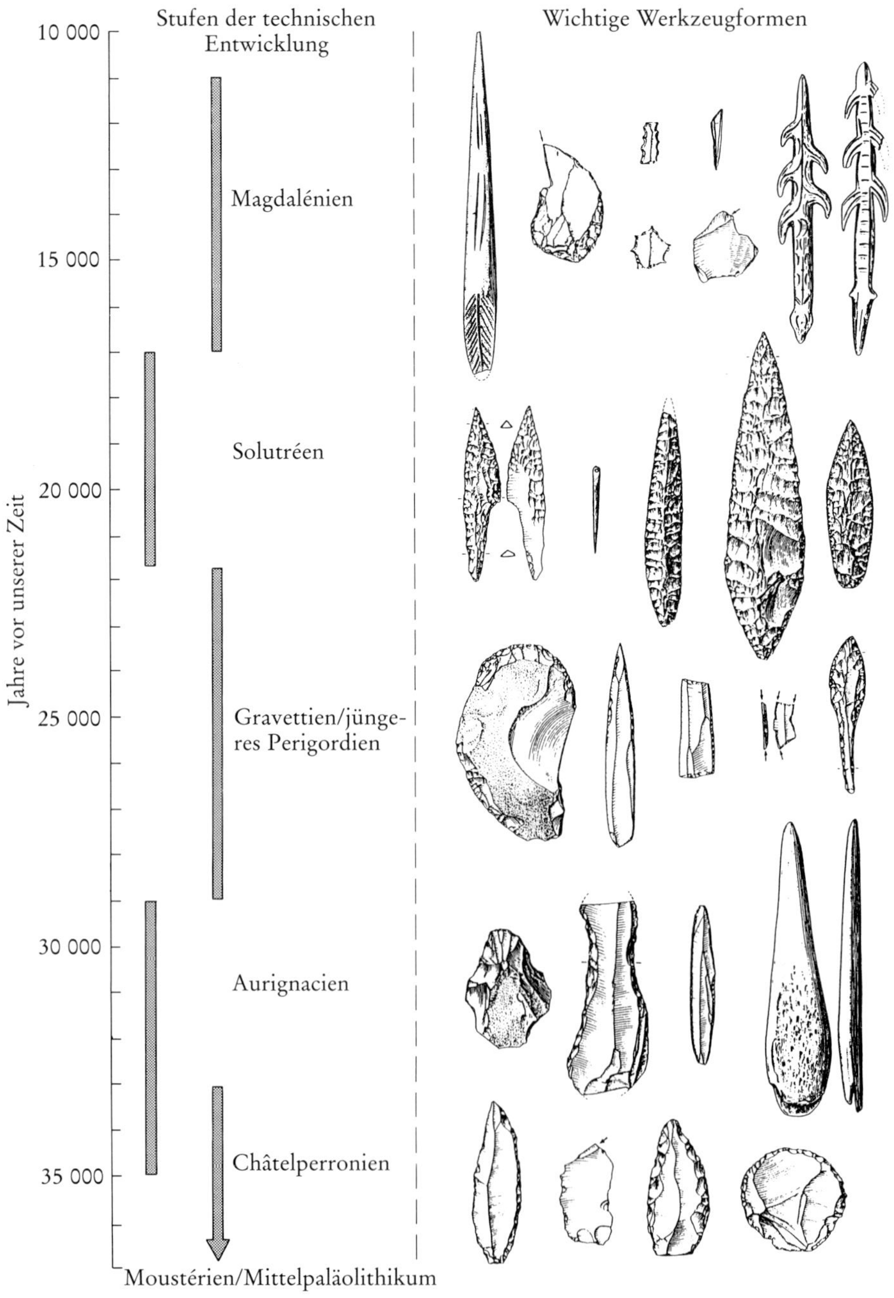

Wichtigste Phasen der Steintechnologie im westeuropäischen Jungpaläolithikum, dargestellt anhand wichtiger Leittypen. Die hier abgebildete Reihe basiert auf Funden der ›klassischen‹ Region Südwestfrankreich und weicht in einigen Punkten von denen anderer europäischer Regionen ab.

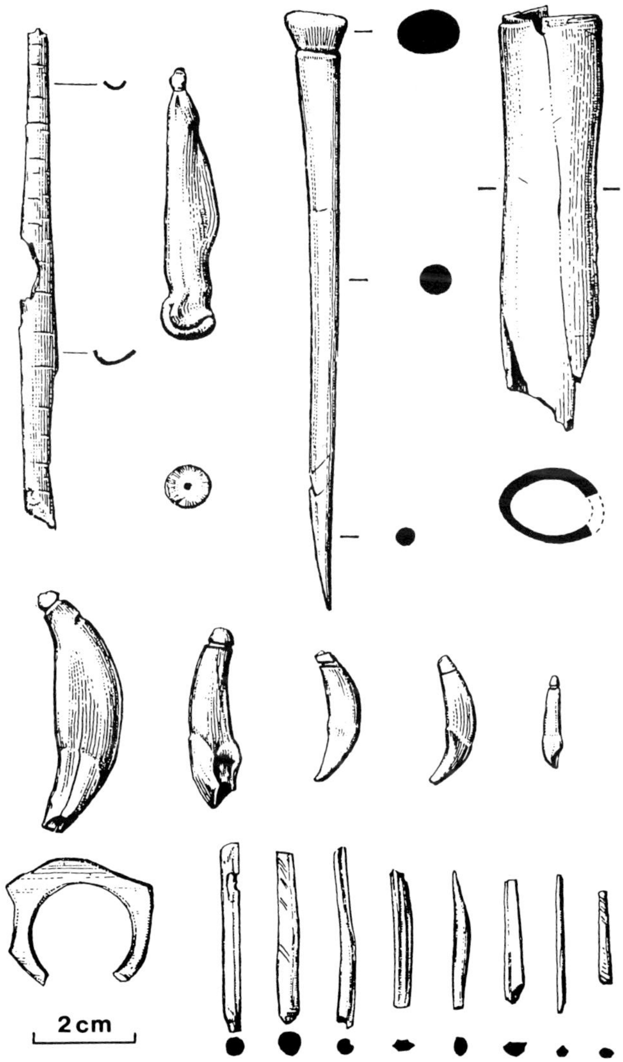

Knochengeräte und Tierzahnanhänger des älteren Jungpaläolithikums (Châtelperronien) bei Arcy-sur-Cure, Frankreich; etwa 33 000–34 000 Jahre vor heute.

fenbein spiegelt die Vielfalt von Techniken wider, die man damals bereits meisterhaft beherrschte, angefangen bei der sogenannten Spantechnik, durch die man aus Langknochen oder Geweihstangen langschmale Späne herausarbeiten konnte, über das Zersägen von Werkstücken bis zum Schleifen und Polieren der Oberflächen, womit sich saubere und gleichmäßige Formen erzielen ließen. Für wie bedeutend man die nur mit wenigen Funden nachgewiesene Bearbeitung von Knochen im Mittelpaläolithikum halten mag, von einem wirklichen Durchbruch hinsichtlich der Vielfalt und Komplexität des technischen Könnens wird man erst bei den Gruppen des Jungpaläolithikums sprechen können.

Auf die Frage der ästhetischen oder künstlerischen Kreativität der Menschen während der ausgehenden Altsteinzeit kommen wir in einem späteren Abschnitt dieses Kapitels noch ausführlicher zu sprechen. Hier sei nur darauf hingewiesen, daß sich

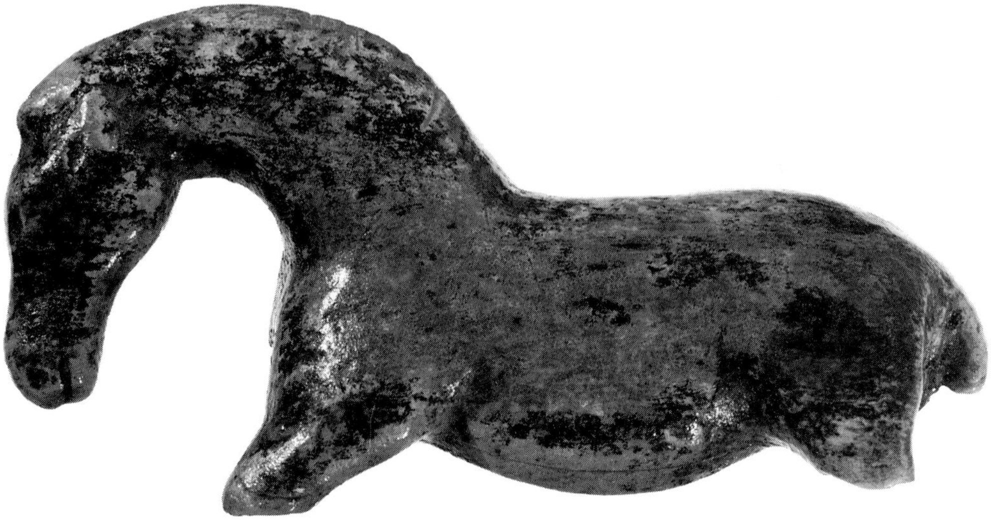

oben Aus Mammut-Elfenbein geschnitzte Pferdefigur aus dem frühen Jungpaläolithikum (Aurignacien) der Vogelherd-Höhle in Süddeutschland; etwa 30 000–34 000 Jahre vor heute.

links Figur eines Mannes mit Löwenkopf (Länge 280 mm), aus Mammut-Elfenbein aus den älteren Aurignacien-Schichten der Hohlenstein-Stadel-Höhle, Süddeutschland; etwa 30 000–34 000 Jahre vor heute.

Gegenüberliegende Seite:
oben links Stark stilisierte weibliche Venusfigur aus Mammut-Elfenbein, aus den Gravettien-Schichten von Lespuge, Dép. Haute Garonne, Südfrankreich; etwa 25 000 Jahre alt.

oben rechts Offensichtlich zweigeschlechtliche Venusfigur aus durchscheinendem Kalkspat, aus dem jüngeren Périgordien vom Abri du Facteur, Tursac, Südfrankreich; etwa 25 000 Jahre alt.

unten Bison, der sich die Flanke leckt; Knochenschnitzerei aus den spätmagdalénienzeitlichen Schichten unter dem Abri von La Madeleine, Südwestfrankreich; etwa 14 000 Jahre alt.

Kunstobjekte und verzierte Artefakte keinesfalls nur in den jüngeren Schichten des Jungpaläolithikums häufen, selbst wenn einige der eindrucksvolleren Zeugnisse dieser Kreativität, z. B. die Höhlenmalerei in Lascaux oder Altamira, aus der Zeit der letzten großen Vereisung stammen, also etwa 15 000–20 000 Jahre alt sind. Aber wie Randall White, Joachim Hahn und andere Prähistoriker bereits gezeigt haben, gab es bereits zu Beginn des Jungpaläolithikums in Mittel- und Westeuropa wahrhafte Kunstwerke. Belege dafür sind die aus Mammutstoßzähnen geschnitzten Tierstatuetten, die man in den frühen Aurignacien-Schichten der Vogelherd-Höhle in Süddeutschland gefunden hat; die außergewöhnliche Männerfigur mit Löwenkopf aus der nahegelegenen Hohlenstein-Stadel-Höhle, einige stark stilisierte Darstellungen von Tieren und die Vulva-Symbole aus den frühen Aurignacien-Fundstellen in Südfrankreich. Alle diese Formen künstlerischen Ausdrucks konnten inzwischen datiert werden: Sie sind mindestens 30 000–32 000, einige sogar etwa 35 000 Jahre alt.

Man mag diese Artefakte, von einem künstlerischen Standpunkt aus betrachtet, für nicht sonderlich beeindruckend halten. Bedeutsam ist jedoch, daß sie und kleinere verzierte Schmuckobjekte zu Beginn des Jungpaläolithikums in Europa plötzlich weit verbreitet waren. Meist handelt es sich um Raubtierzähne (hauptsächlich von Fuchs, Bär und Wolf), die durchbohrt wurden und als Anhänger dienten. Einige gut dokumentierte Beispiele solcher Zahnanhänger stammen aus Frankreich und aus Nordspanien; sie lagen in Schichten, deren Alter auf mindestens 33 000–35 000 Jahre, in Bulgarien (Bacho Kiro-Höhle) sogar auf 40 000 Jahre bestimmt wurde.

Wirklich auffällig wird die weite Verbreitung dieser persönlichen Schmuckstücke jedoch erst im weiteren Verlauf des Jungpaläolithikums, vor etwa 30 000–34 000 Jahren. In den ältesten Aurignacien-Schichten der Abri-Fundstellen von Blanchard, La Souquette und Castanet im Tal von Castelmerl in der Dordogne gibt es, wie Randall White zeigen konnte, Hinweise auf Werkstätten zur Herstellung ganz unterschiedlich geformter Perlen und Anhänger.

Diese Artefakte setzten eine komplizierte Folge von Bearbeitungsschritten voraus: Große Mengen von Elfenbeinstücken, die für die Weiterverarbeitung bereits verbreitet waren, mußten entsprechend dem gewünschten Endprodukt durchbohrt, gespalten und graviert werden. In einigen Fällen sind auch Perlen mit verschiedenen Methoden so geformt und verziert worden, daß sie bestimmten Meeresmuscheln ähnelten. White schätzt, daß allein in den beiden Fundstellen Castanet und La Souquette über 500 derart sorgfältig angefertigte Anhänger hervorgebracht wurden; ähnliche und etwa gleich alte Werkstätten lassen sich offenbar auch in einigen der belgischen und süd-

oben Eine der mehrfach bemalten Wände der Höhle von Lascaux, an der – sich gegenseitig überlappend – Wildrinder, Pferde und Hirsche zu sehen sind. Gemalt mit rotem Ocker und schwarzem Mangandioxid; etwa 17 000 Jahre alt. Die Gesamtlänge dieser Wand beträgt über vier Meter.

unten Vermutlich eine Jagdszene mit einem verwundeten Bison, aus der Höhle von Lascaux, Südwestfrankreich; etwa 17 000 Jahre alt. Es handelt sich um eines der wenigen Beispiele für die Darstellung einer menschlichen Gestalt in der Höhlenkunst des Jungpaläolithikums. Aufbau und Komposition der Szene erlauben auch eine rituelle oder symbolische Deutung, die möglicherweise nur locker mit dem Motiv der Jagd in dem Bild verknüpft ist.

Elfenbein-Perle, wahrscheinlich so verziert, daß sie einer Meeresmuschel ähnlich sieht; aus den frühen Aurignacien-Schichten von La Souquette (Abri), Südwestfrankreich; etwa 32 000–34 000 Jahre alt.

deutschen Aurignacien-Fundstellen nachweisen. Dagegen hat man bis heute noch keine überzeugenden Spuren von Kunst- oder Schmuckobjekten aus der Zeit des Alt- und Mittelpaläolithikums in Europa gefunden – möglicherweise mit Ausnahme der unvollständig eingravierten Kreuzform auf der Schale eines fossilen Nummuliten (einer großen Foraminiferenart), die in Tata (Ungarn) gefunden wurde, und jener offenbar durchbohrten Knochen von Wolf und Schwan aus der Bocksteinschmiede, einer Höhle in Süddeutschland.

Insgesamt belegt das archäologische Fundmaterial zweifelsfrei, daß es in weiten Teilen Europas während der Anfänge des Jungpaläolithikums – mit Sicherheit vor mehr als über 30 000 Jahren und in manchen Fällen vielleicht sogar vor 38 000–40 000 Jahren – ein breites Spektrum völlig neuartiger, in gewissem Sinn »revolutionär« neuer Formen des menschlichen Verhaltens und Wirkens gegeben haben muß. Ob ähnliche Neuerungen auch in anderen Bereichen nachgewiesen werden können, etwa in der Intensität, mit der Tierpopulationen ausgebeutet wurden, oder in der Bevölkerungsdichte oder der Sozialstruktur innerhalb der jungpaläolithischen Gruppen, wird an späterer Stelle zu klären sein. Aber schon die bis hierher angeführten Aspekte machen deutlich, daß die Übergangszeit vom Mittel- zum Jungpaläolithikum in der Tat einen wichtigen Wendepunkt in der kulturellen Entwicklung darstellt. Er ist vermutlich nicht weniger bedeutsam als die Fortschritte während der sogenannten Neolithischen Revolution oder während des Entstehens der frühen metallverarbeitenden Kulturen.

Nun erhebt sich allerdings noch einmal die entscheidende Frage nach Ursprung und Auslöser dieser Entwicklungen und nach den Gründen für ihre offenbar äußerst rasche Verbreitung über weite Gebiete des europäischen Kontinents hinweg. Wie wir im folgenden noch sehen werden, ist dies zur Zeit das entscheidende und unter Wissenschaftlern meist diskutierte Problem, das aber gelöst werden muß, wenn man die gesamte Entwicklung des Menschen über die riesige Zeitspanne des Eiszeitalters hinweg verstehen will.

DIE FRAGE NACH DER HERKUNFT

Wer erklären will, wie die Kultur des Jungpaläolithikums entstanden ist, muß zunächst zwei grundlegende Fragen diskutieren: Erstens: In welchem demographischen Kontext hat dieser Übergang stattgefunden? Anders gefragt: Müssen wir uns die Verhaltensänderungen und archäologisch dokumentierten Entwicklungen, die insgesamt den Übergang vom Mittel- zum Jungpaläolithikum ausmachen, als allmählichen Entwicklungsprozeß lokaler Populationen vorstellen oder handelt es sich dabei um einen viel dramatischeren Prozeß der Bevölkerungsverdrängung, ausgelöst von außereuropäischen Menschen, die Europa innerhalb relativ kurzer Zeit besiedelten? Und unabhängig von der Alternative Bevölkerungsverdrängung oder Bevölkerungskontinuität muß die zweite Frage lauten: Können wir erklären, wie es zu den vielen kulturellen Neuerungen kam, die die archäologischen Funde und Befunde aus dem Jungpaläolithikum eindeutig belegen?

Beide Fragen führen zu einer ganzen Reihe weiterer, ebenfalls höchst strittiger Punkte, die die Forschungen zum europäischen Paläolithikum lange dominiert haben. Zu Beginn des 20. Jahrhunderts wurde für Mittel- und Westeuropa die These einer Bevölkerungsverdrängung favorisiert. Daneben wurden jedoch immer wieder auch kritische Stimmen laut, die das »Kolonisations-Szenario« verwarfen. Vor allem Anthropologen meldeten sich zu Wort, die sich den Verlauf der biologischen und kulturellen Entwicklung viel eher als langsam fortschreitenden Entwicklungsprozeß im Zusammenhang einer nicht wechselnden Bevölkerung Mitteleuropas vorstellen können.

Diese wissenschaftliche Kontroverse ist nicht abgeschlossen, und die Debatte wird noch immer lebhaft geführt. Doch scheinen mehrere neue Funde die These der Bevölkerungsverdrängung zu untermauern. In diesem Zusammenhang sind vor allem drei Entdeckungen von Bedeutung. Zunächst wurde in Saint-Césaire, einer Grabungsstätte in Westfrankreich, ein höchst typisches Neandertaler-Skelett entdeckt, das überraschenderweise in Châtelperronien-Schichten lag und – absolut chronologisch datiert – nur 35 000 Jahre alt ist. Die archäologischen Zusammenhänge dieses Fundes haben einige sehr interessante Fragen aufgeworfen, auf die wir im folgenden noch zurückkommen werden.

Zunächst steht außer Zweifel, daß dieses Skelett kaum mehr als 3–4 000 Jahre älter sein kann als andere typische Cro-Magnon-Skelette, die bereits der Gattung *Homo sapiens sapiens* angehören. Vom anatomischen Aufbau her sind diese Skelette mit denen aus dem späten Jungpaläolithikum und sogar mit den modernen Jetztmenschen in Europa identisch. Vertreter der »Verdrängungs-These« sehen sich durch diesen Fund bestätigt: Sie verweisen auf die kurze Zeitspanne, die für die *Entwicklung* von Populationen des Neandertalers (Saint-Césaire-Typus) zu einem anatomisch »modernen« Menschentyp gar nicht ausgereicht haben könne.

Die zweite entscheidende Entdeckung hängt mit der erst kürzlich gelungenen Datierung einer Reihe von anatomisch ebenfalls »modernen« Skeletten aus den Fundstätten Skhul und Qafzeh in Israel zusammen. Sie stammen aus der erstaunlich frühen Epoche vor etwa 90 000–100 000 Jahren. Diese Funde, die nicht weit entfernt von Europas Grenzen gemacht wurden, zeigen, daß dort, und zwar bereits *lange vor* dessen ge-

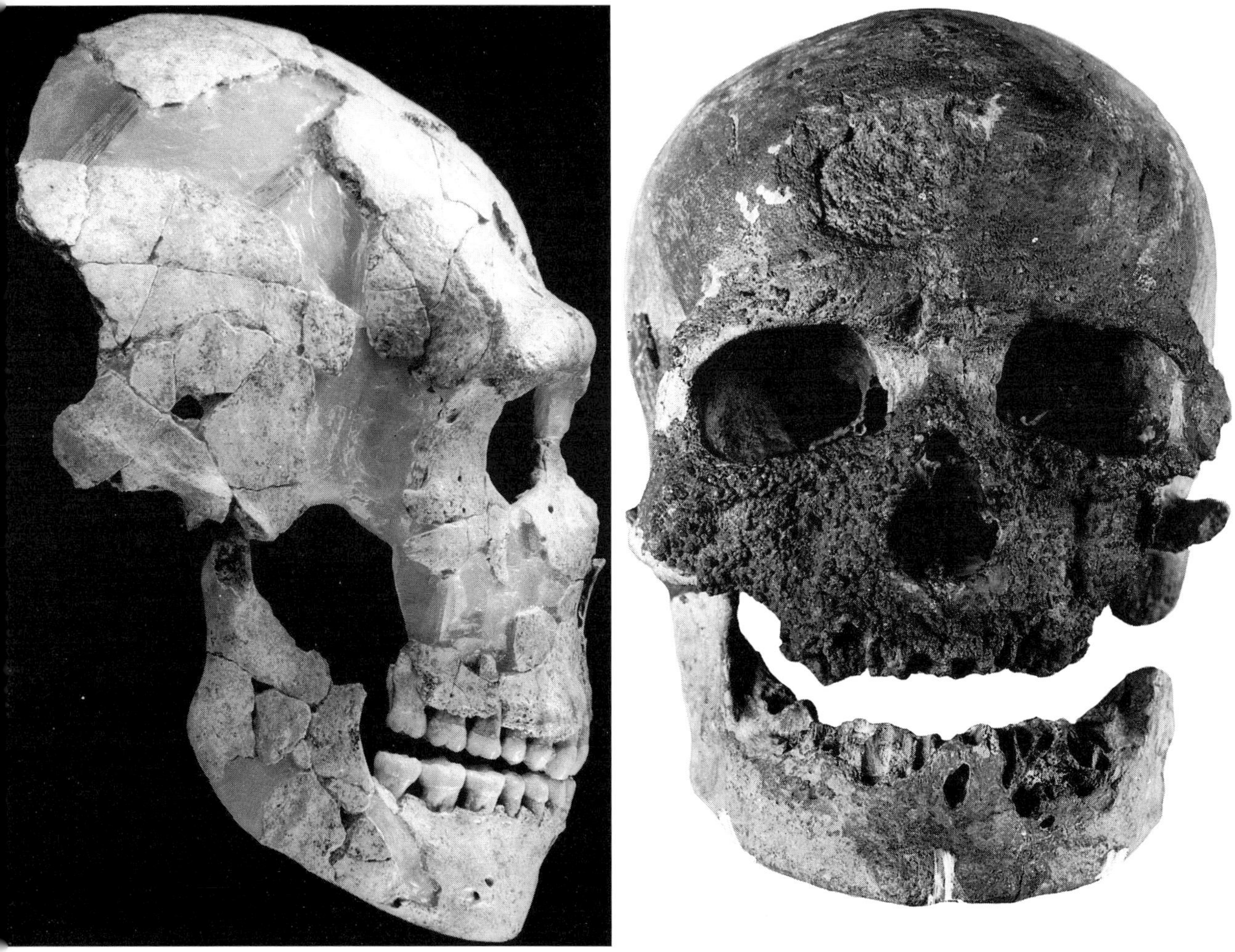

links Schädel des Neandertal-Typs aus den Châtelperronien-Schichten bei Saint-Césaire, Südwestfrankreich; etwa 35 000 Jahre alt. Dies ist wahrscheinlich der jüngste Neandertalerschädel, der bislang in Europa gefunden wurde. Vermutlich gab es zu dieser Zeit in Südwestfrankreich bereits auch erste anatomisch moderne Menschen, z. B. den Cro-Magnon-Typ.

rechts Menschlicher Schädel aus dem Abri von Cro-Magnon, Südwestfrankreich; etwa 30 000 Jahre alt. Der Schädel ist robuster gebaut als der des jetztzeitlichen Europäers, entspricht aber sonst der typischen jetztzeitlichen anatomischen Form.

legentlichem Auftauchen in vielen Teilen Europas, offenbar ein anatomisch betrachtet weitgehend jetztzeitlicher Menschentyp entstanden ist.

Drittens schließlich lassen jüngste Entdeckungen der Molekularbiologie, insbesondere Analysen des Aufbaus der DNS in den Mitochondrien von heutigen Menschen, den Schluß zu, daß sich alle heute auf der Erde lebenden Menschen mit größter Wahrscheinlichkeit aus einem gemeinsamen Vorfahren entwickelt haben und daß dies innerhalb der letzten 200 000 Jahre geschehen sein muß. Folgt man diesen Forschungsergebnissen, muß man davon ausgehen, daß die älteren »archaischen« Populationen in Europa (*Homo erectus* und Neandertaler) evolutionsgeschichtlich betrachtet nichts oder nur wenig zum Jungpaläolithikum und damit zum anatomisch modernen Menschen in Europa beigetragen haben.

Diese Überlegungen werden noch heftig diskutiert, und natürlich versucht man, sie mit anderen biologischen und anatomischen Forschungsergebnissen zu widerlegen. Mein Eindruck ist jedoch, daß das Szenario eines relativ raschen Bevölkerungswechsels nicht nur mit dem archäologischen Befund aus den meisten Regionen Europas übereinstimmt; es würde darüber hinaus auch helfen, einige der Phänomene dieser Funde zu erklären, die sich mit der Vorstellung eines einfachen, im großen und ganzen linearen Ablaufs der evolutionären Entwicklung im Übergang vom Mittel- zum Jungpaläolithikum schon immer nur schwer vereinbaren ließen. Ich denke dabei z. B. an die bemerkenswerte Gleichförmigkeit der Steintechnologie, die sich zu Beginn des Jungpaläolithikums zwischen dem südlichen Israel und der Nordwestküste Spaniens nach-

Verbreitung der frühen Flintindustrien des Jungpaläolithikums; etwa 30 000–40 000 vor heute. Während das Aurignacien über die meisten Regionen in Ost-, West- und Mitteleuropa verbreitet war, beschränken sich das Châtelperronien, das Uluzien und das Szeletien auf viel kleinere Gebiete. Sie repräsentieren vermutlich überlebende Populationen aus dem Mittelpaläolithikum oder Neandertaler-Gruppen.

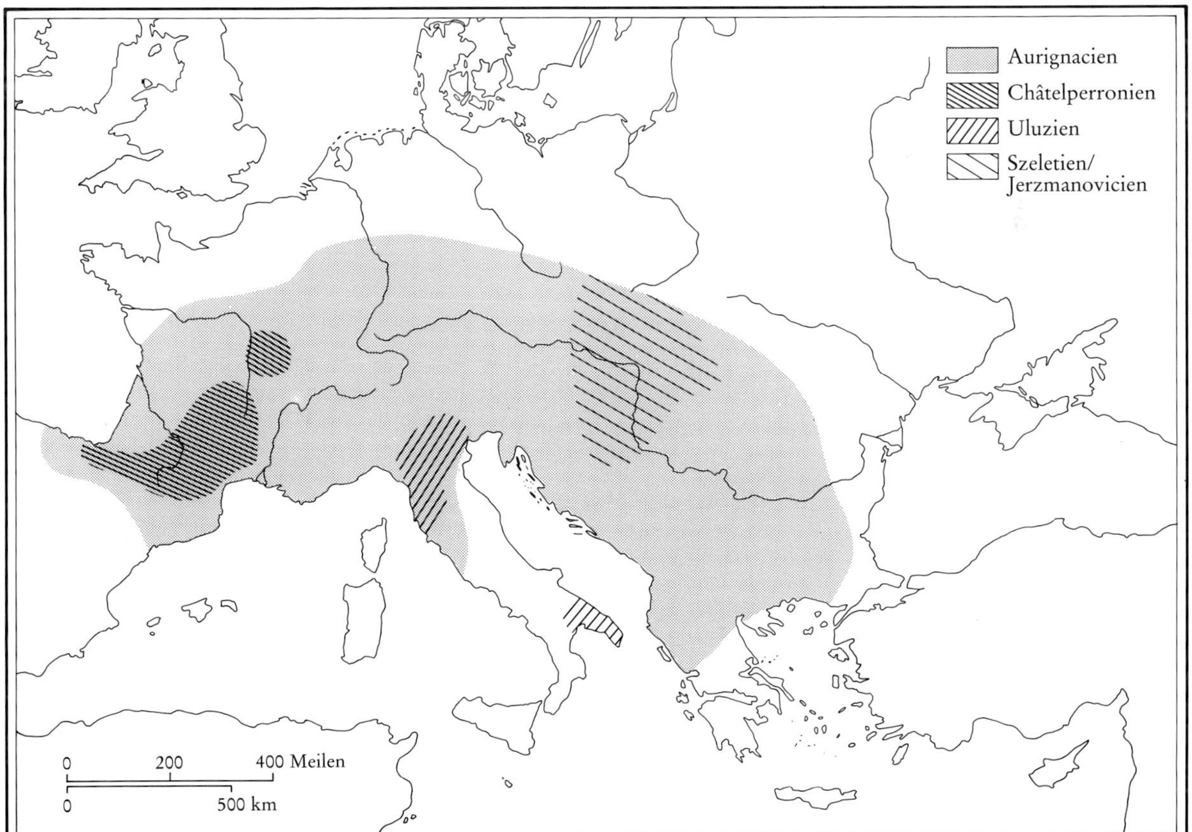

weisen läßt. Dieses sogenannte Aurignacien-Phänomen beinhaltet ein höchst charakteristisches und zeitgleiches Repertoire nicht nur von Steinwerkzeugen (vor allem einige Schabertypen, kleine und große Messerklingen mit Endretuschen), sondern von ebenso charakteristischen Geräten aus Knochen und Elfenbein (vor allem die Knochenspitzen mit gespaltener Basis), die in beiden Regionen gefunden wurden. Daß sich solch uniforme Steinindustrien über mindestens 4 000 Kilometer hinweg verbreitet haben, konnte durch die Hypothese eigenständiger Entwicklungen in den verschiedensten Regionen Eurasiens noch nie befriedigend erklärt werden. Aber es ließe sich recht gut mit der Vorstellung in Einklang bringen, daß sich neue Populationen rasch über diese Regionen hinweg ausgebreitet haben. Und die Einwanderungsthese würde noch gestützt durch die Tatsache, daß Aurignacien-Funde regelmäßig mit den ältesten, gut dokumentierten Funden von anatomisch jetztzeitlichen Menschentypen gefunden wurden (z. B. in Mladeč in der früheren Tschechoslowakei, in der Vogelherd-Höhle in Deutschland sowie in Cro-Magnon und Les Rois in Frankreich). Ein weiteres Argument wäre die noch ausgeprägtere Verbindung der Aurignacien-Industrien mit dem ersten Auftauchen eindeutig jungpaläolithischer Handwerkstechniken, mit aufwendig gearbeiteten Knochengeräten, den ältesten Knochen- und Zahnanhängern und ersten ausgereiften, künstlerischen Darstellungen. Daß typische Aurignacien-Industrien in Südosteuropa nur wenig früher als in Westeuropa auftauchen, scheint diese These noch zusätzlich zu untermauern. In jedem Fall haben neuere ^{14}C-Beschleunigerdaten klar gezeigt, daß die voll ausgereiften Aurignacien-Technologien zwischen dem nördlichen Libanon und der kantabrischen Küste vor mindestens 35 000–40 000 Jahren angewandt wurden.

Wie aber sind diese sich ausbreitenden »modernen« Gruppen den lokalen archaischen Neandertaler-Populationen in den verschiedenen Regionen Europas begegnet? Welcher Kontakt hat zwischen den so unterschiedlichen Menschengruppen stattgefunden? Das ist die wohl spannendste Frage, auf die das Szenario der raschen demographischen Ausbreitung der *Homo sapiens sapiens*-Populationen führt. Wenn es zu einem direkten Wettstreit zwischen Neandertalern und Menschen des Cro-Magnon-Typs gekommen sein sollte, dann muß dieser nicht unbedingt zu dramatischen Zuspitzungen und Konflikten geführt haben. Auf der Basis mehrerer Experimente mit Simulationen und Modellrechnungen zur Bevölkerungsdynamik konnte man vor kurzem nachweisen, daß bereits ein einfaches Ungleichgewicht in der Geburten- und Sterberate ohne weiteres zu einem Prozeß der völligen Verdrängung einer Bevölkerungsgruppe durch die andere geführt haben könnte. Dies ist auch innerhalb der relativ kurzen Zeitspanne von nicht mehr als vielleicht tausend Jahren möglich. Gehen wir weiterhin davon aus, daß die in relativ kleinen, sehr mobilen Gruppen zusammenlebenden Populationen der Neandertaler nur recht dünn über fast ganz Europa verstreut waren, so könnte man sich leicht vorstellen, daß diese schließlich auch ohne bewaffnete Auseinandersetzungen, unter Umständen sogar überhaupt ohne direkte Konflikte mit den Neuankömmlingen verdrängt wurden.

Interessanterweise ergeben sich aus dem archäologischen Befund einige Hinweise dafür, daß beide Populationen nebeneinander existiert haben, daß es vielleicht sogar zum Austausch zwischen ihnen gekommen ist. Wie bereits angeführt, wissen wir inzwischen sicher, daß einige Neandertaler-Gruppen in Teilen Westeuropas bis vor mindestens 35 000 Jahren überlebt haben, anscheinend neben den ältesten anatomisch modernen Cro-Magnon-Menschen. Das ergibt sich am deutlichsten aus der Datierung des Neandertaler-Skeletts von Saint-Césaire. Bei einer Anzahl weiterer Fundstellen läßt sich ein direktes Nebeneinander von frühen Aurignacien-Industrien und solchen des sogenannten Châtelperronien-Typs (Industrien also, die zumindest in Saint-Césaire mit einem Neandertaler-Skelett assoziiert sind) ablesen.

Man ist sich heute weitgehend darüber einig, daß die Funde des Châtelperronien tatsächlich Gerätschaften der letzten Neandertaler-Populationen in Frankreich waren, deren Steintechnologie sich dort bis zu dem ausgehenden Moustérien zurückverfolgen läßt. Trotz der offensichtlichen Assoziationen mit Neandertaler-Populationen und trotz ihrer Ursprünge im Mittelpaläolithikum gibt es ebenso klare Beweise dafür, daß die Châtelperronien-Menschen bereits begonnen haben, sich einige sehr spezifische Techniken des Jungpaläolithikums anzueignen. Hierzu gehören die typische Klingentechnik, einige spezialisierte Steinwerkzeuge, selten auch einfach geformte Knochen- und Horngeräte sowie durchbohrte Tierzahnanhänger. Für unseren Zusammenhang ist bedeutsam, daß alles, was für eine Zugehörigkeit der Châtelperronien-Kultur zum Jungpaläolithikum spricht, nachweislich zu einem relativ späten Zeitpunkt (wahrscheinlich vor etwa 35 000 Jahren) ausgebildet wurde, also eindeutig *nach* dem ersten Auftauchen von typischen Funden des Aurignacien in Westeuropa. Wenn diese Châtelperronien-Industrien also jungpaläolithische Merkmale aufweisen, dann liegt der Schluß nahe, daß dies eine direkte oder indirekte Folge von Kontakten und Akkulturationsprozessen zwischen den letzten Neandertaler-Populationen und den ersten Gruppen des anatomisch »modernen« Menschen gewesen sein muß.

Ähnliche Muster von Kontakt und Akkulturation zwischen den letzten Neandertalern und den ersten jetztzeitlichen Populationen lassen sich auch in einigen anderen Teilen Europas erkennen – so z. B. bei der Entstehung des jungpaläolithischen Szeletienkomplexes in Ungarn und verwandter »Blattspitzen«-Kulturen in Mitteleuropa; in bestimmten Industrien in der ehemaligen Tschechoslowakei und in Italien. Allen gemeinsam ist die auch für die französische Châtelperronien-Industrie typische Mischung von Techniken, die teils dem Mittel-, teils dem Jungpaläolithikum zugeordnet werden müssen. Zudem scheinen diese Kulturen bezeichnenderweise alle in etwa zeitgleich mit dem frühen Aurignacien und in den gleichen, zumindest aber in benachbarten Gebieten verbreitet gewesen zu sein.

Leider war keiner der Fundkomplexe eindeutig mit menschlichen Skelettfunden vergesellschaftet. So konnte nur für die Châtelperronien-Menschen nachgewiesen werden, daß deren offenbar »akkulturierte« Produktionsweisen tatsächlich das Produkt von Neandertaler-Populationen waren. Dennoch erlaubt der Gesamtbefund die Vermutung, daß es zu Beginn des Jungpaläolithikums sowohl Neandertaler als auch anatomisch moderne Menschen nebeneinander gab und daß es zwischen beiden Populationen zu Kontakten gekommen ist. Das läßt darauf schließen, daß der Prozeß einer möglichen Verdrängung der einen Population durch eine andere auch nicht so dramatisch, plötzlich oder möglicherweise auch gewalttätig abgelaufen sein muß, wie einige ältere Autoren nahelegen wollten.

Aber auch damit ist das Rätsel des Ursprungs noch nicht gelöst. Ob Verdrängung oder Interaktion: Die Frage, wann genau, wo und vor allem wie die Charakteristika des Jungpaläolithikums entstanden sein könnten, bleibt bestehen. Immerhin gibt es aber eindeutige Beweise dafür, daß viele der für das Jungpaläolithikum typischen technischen Fertigkeiten in verschiedenen Regionen Vorderasiens und Afrikas bereits vor 45 000–50 000 Jahren entwickelt waren, also mindestens 5 000, wenn nicht sogar 10 000 Jahre bevor sie dann plötzlich fast überall in Europa auftauchen. Die Belege dafür liefern die Stratigraphien von Ksâr'Akil und von Boker Tachtit im Vorderen Orient und die Stratigraphien der Fundstellen von Klasies River Mouth und Border Cave in Südafrika. Was aber dort den Wandel letztendlich ausgelöst hat, ist bislang ungeklärt, obwohl unterschiedlichste Erklärungsmodelle vorgestellt wurden.

Einige Prähistoriker sehen diese Entwicklungen als Folge von lokalen Klima- und Umweltveränderungen an, die bedeutungsvolle Verschiebungen in den sozialen und wirtschaftlichen Verhaltensweisen der Menschen auslösten. Andere Wissenschaftler dagegen glauben, daß es schlicht schwindende Rohstoffvorräte waren, die die Menschen zu ökonomischeren Verfahren im Umgang mit Flintknollen zwangen. Aber all das bleibt bloße Spekulation, denn keines der vorgelegten Modelle kann mit Hilfe der bislang zur Verfügung stehenden archäologischen Funde und Befunde zufriedenstellend überprüft werden.

Anregender scheint die Vorstellung, daß die Entstehung der jungpaläolithischen Kultur in irgendeiner Weise mit der Entwicklung einer viel komplexeren Struktur der Sprache verbunden sein müsse, die zu einem bestimmten Zeitpunkt der menschlichen Entwicklung relativ unvermittelt eingesetzt haben könnte. Ließen sich derartige Vermutungen tatsächlich erhärten, dann hätte man wohl auch die Möglichkeit, die meisten der einschneidenden kulturellen Entwicklungen in der Menschheitsgeschichte zu erklären. Man denke nur an sich ändernde Wirtschafts- und Sozialstrukturen, an den Symbolcharakter einiger Stein- und Knochenartefakte und schließlich auch an die frühen von Menschenhand geschaffenen Kunstwerke und Schmuckgegenstände. Sie könnten etwas mit Sprachentwicklung zu tun haben. Das Problem liegt natürlich darin, daß Sprache genau der Aspekt des menschlichen Verhaltens ist, der sich archäologisch am wenigsten »sichtbar« machen läßt.

Die immer wieder erörterte Vermutung, es gebe einen Zusammenhang zwischen der symbolischen Kunst des Jungpaläolithikums und der Sprachentwicklung, bleibt jedoch faszinierend. Immerhin könnte sie die plausibelste Erklärung für die einschneidenden Veränderungen in den technischen, wirtschaftlichen, sozialen und ästhetischen Dimensionen des menschlichen Verhaltens liefern, die sich in den archäologischen Befunden zum Übergang vom Mittel- zum Jungpaläolithikum zeigen. Trotzdem müssen solche Vermutungen hypothetisch bleiben; denn schlüssige Beweise geben die archäologischen Daten bislang nicht her.

WIRTSCHAFT UND GESELLSCHAFT IM JUNGPALÄOLITHIKUM

Ganz gleich, welche Auffassung man sich über die Ursprünge der jungpaläolithischen Jäger und Sammler zu eigen macht, einige ihrer charakteristischen Verhaltensmuster betreffen nicht nur technologische Aspekte, die im vorhergehenden Abschnitt besprochen wurden, sondern schließen auch die veränderten Überlebensstrategien und Sozialstrukturen mit ein. Von den hier hypothetisch als »jungpaläolithische Revolution« bezeichneten Veränderungen waren offensichtlich weit über das rein Technische und auch »Ästhetische« hinaus alle Bereiche der menschlichen Kultur und ihre Lebensweisen betroffen.

Was ihre rein wirtschaftliche Basis angeht, so waren die Menschengruppen des Jungpaläolithikums in Europa natürlich von denselben Nahrungsquellen abhängig wie ihre Vorgänger im Mittelpaläolithikum oder die Populationen der Neandertaler. Klima- und Umweltbedingungen unterschieden sich am Ende der Vereisungsperiode nicht wesentlich von denen zu Beginn der Eiszeit, und den Menschen boten sich hinsichtlich der verfügbaren Nahrungsquellen und ihrer Verbreitung vermutlich keine neuen wirtschaftlichen Möglichkeiten. Es gab aber, wie bereits erwähnt, ein reichliches Nahrungsangebot. Die Gruppen mußten nur gut organisiert und ausgerüstet sein, um diesen Reichtum zu nutzen. Die riesigen Rentierherden, die Wildpferde, Wisente und Mammuts, die über die offene Tundra und die versteppten Landschaften der mittleren Breitengrade Europas zogen, bildeten eine außerordentlich reiche und wahrscheinlich auch verläßliche Lebensgrundlage für solche jungpaläolithischen Gruppen, die es beherrschten, diesen Herden aufzulauern und Tiere zu erlegen. Und was vielleicht noch wesentlicher war: Um das Subsistenzpotential dieser Herden erfolgreich zu nutzen, waren für die Gemeinschaften der Jäger und Sammler Koordination, Integration und damit auch eine anerkannte Sozialordnung unumgänglich.

Gerade in der Koordination und Organisation ihrer Jagdaktivitäten müssen die jungpaläolithischen Gemeinschaften gegenüber dem Subsistenzverhalten der älteren Gruppen des Paläolithikums deutliche Fortschritte gemacht haben. Tatsächlich wird weiterhin diskutiert, inwieweit der Neandertaler in Europa tatsächlich als Jäger betrachtet werden kann. Vor allem Lewis Binford hat behauptet, daß die Neandertaler und auch ältere paläolithische Menschengruppen in erster Linie Aasverwerter gewesen sein könnten und sich hauptsächlich von Tierkadavern ernährten, die Fleischfresser wie Hyänen oder Wölfe getötet und liegengelassen hatten. Eine äußerst umstrittene Ansicht. Philip Chase und andere haben einleuchtende Argumente dagegen vorgebracht und darauf hingewiesen, daß die meisten Tierknochen aus mittelpaläolithischen Fundstellen aller Wahrscheinlichkeit nach von Beutetieren stammen, also erjagt worden sind. Die Jagdtechnik bestand vermutlich darin, daß man einige Tiere von der Herde abdrängte und über Klippen oder ähnliche natürliche Hindernisse hetzte. Aber trotzdem gibt es gewichtige Hinweise dafür, daß es den Jagdgruppen des Mittelpaläolithikums im allgemeinen an Organisation mangelte; auch ihre Techniken und Jagdstrategien waren offensichtlich weniger effizient und nicht so zielgerichtet wie die der jungpaläolithischen Jäger.

So ist es ein auffälliges Kennzeichen vieler Tierknochenbefunde aus jungpaläolithischen Fundstellen, daß sie meist nur von einer *einzigen* Tierart stammen. Alle Jäger sind darauf angewiesen, die sich bietenden Gelegenheiten des Nahrungserwerbs zu nutzen, und so wechselt die Tierart, der die hochspezialisierte Jagd in Europa galt, von Region zu Region. In den vorwiegend tundraartigen Landschaften Westeuropas war das Rentier hauptsächliches Jagdwild, in manchen Gegenden auch das Wildpferd. Weiter östlich, in Mittel- und Osteuropa, lag der Schwerpunkt der Jagd jedoch häufig auf anderen, der Steppe angepaßten Tierarten wie Wisent, Wildesel und Mammut. In den bewaldeteren Gegenden Südeuropas und des Mittelmeerraums konzentrierte man sich gewöhnlich auf Rotwild; in den Gebirgsregionen auf Arten wie Steinbock oder Gemse. Immer aber, das zeigen viele, wenn nicht alle Fundstellen, konzentrierte sich die Jagd auf eine einzige Wildart.

Diese hochgradig spezialisierten Jagdgewohnheiten lassen sich wohl in den zahlreichen Höhlen und unter den Felsdächern des Périgord in Südwestfrankreich am deutlichsten erkennen. An diesen Fundstellen ist es nicht ungewöhnlich, wenn die Tierknochen aus den jungpaläolithischen Schichten bis zu 90, in einigen Fällen sogar zu 99 Prozent von Rentieren stammen. Und dieses Übergewicht der Rentierknochen ist keineswegs, wie zuweilen behauptet wurde, auf die letzten Abschnitte des Jungpaläolithikums beschränkt; an einigen Fundstellen, etwa in Abri Pataud, La Gravette oder Le Piage, befanden sich große Mengen von Rentierknochen auch noch in Schichten des frühesten Aurignacien (32 000–35 000 vor heute). Zumindest für diese Region ist es daher zweifelsfrei belegt, daß sich Gruppen des Jungpaläolithikums beim Jagen viel ausschließlicher auf eine bestimmte Tierart konzentriert haben als dies in der mittleren Altsteinzeit der Fall war. Auch die Schichten des Moustérien können ein klares Übergewicht des Rens als Jagdtier zeigen, doch liegt der Anteil von Rentierknochen in den Fundkomplexen selten höher als 70–80 Prozent; zusätzlich finden sich immer die Knochen von anderen Tierarten (z. B. von Pferd, Wisent, Rotwild). Die mittelpaläolithischen Neandertaler bejagten daher ein größeres Spektrum von Wildarten und scheinen weitaus weniger »wählerisch« gewesen zu sein als die jungpaläolithischen Jäger und Sammler.

Dieser Wandel hin zu einer selektiveren und hochspezialisierten Jagdstrategie im Jungpaläolithikum zeigt sich beispielsweise auch in der Bevorzugung bestimmter Geländeformationen. Lagerplätze der jungpaläolithischen Jäger und Sammler finden sich oft in solchen Flußtälern, die dem Jagdwild als Wanderrouten dienten. In Südwestfrankreich waren es die Täler von Vézère und Dordogne, die diese Funktion vermutlich erfüllt und die jahreszeitlich bedingten Wanderungen der Herden zwischen den hochgelegenen Sommerweideflächen des Zentralmassivs und ihren tiefer gelegenen Winterweiden der Atlantikebene kanalisiert haben. Die dichte Konzentration jungpaläolithischer Fundstellen genau in diesen Gebieten zeigt deutlich, wie sehr sich die Jagd auf die Rentierherden spezialisiert hat. In Mittel- und Osteuropa zeigen sich derart auffällige Konzentrationen von Fundstellen im Rheintal, am Oberlauf der Donau bzw. an Don und Dnjestr in Südrußland. Dies macht deutlich, daß sich die Gruppen des Jungpaläolithikums auf ein bestimmtes Jagdwild spezialisiert haben und, was von noch größerer Bedeutung ist, daß diese Jäger ganz offensichtlich über die Fähigkeit verfügten, die Bewegungen der Herden entlang ihrer Hauptwanderrouten vorauszusagen. Mittelpaläolithische Fundplätze dagegen liegen in diesen Regionen weit verstreut und lassen keine Bevorzugung von bestimmten Geländestrukturen erkennen.

Die Fähigkeit der jungpaläolithischen Jäger und Sammler, die Bewegungen der Herden zuverlässig *vorauszusagen*, erklärt die Verbreitung der Jagdlager entlang der bekannten Hauptwanderrouten. Dies wiederum könnte sowohl Aufschlüsse über Kommunikationsstrukturen geben, die zwischen den sozialen Einheiten im Jungpaläolithikum bestanden, als auch über ihre detaillierten Kenntnisse der jahreszeitlich wechselnden ökologischen Bedingungen in ihrem Lebensraum. Man muß wohl davon ausgehen, daß solch hochentwickelte Jagdstrategien auch etwas von der inneren, der sozialen Ordnung dieser Gemeinschaften und darüber hinaus ihre Fähigkeit widerspiegelt, die Ausbeutung der wandernden Herden bereits auf weitgehend gemeinsame und koordinierte Weise zu organisieren. Diese Sozialstruktur der Gruppen zeigt sich wohl auch in der bemerkenswerten Größe einiger dieser jungpaläolithischen Lagerplätze, die eindeutig erkennen lassen, daß dort relativ große, aus mehreren Familien bestehende Gruppen gemeinsam gelebt haben müssen. Auch dafür lassen sich zahlreiche Beispiele anführen, angefangen bei Höhlenfundplätzen in Südfrankreich (z. B. Lauge-

Rekonstruktion einer jungpaläolithischen Hütte aus Mammutknochen; Mezhirich, Ukraine (etwa 14 000 Jahre alt).

rie-Haute, Abri Pataud, Laussel, La Madeleine) bis hin zu einigen der mindestens ebenso extensiv genutzten Freilandplätzen etwa in Pavlov und Dolní Věstonice in der ehemaligen Tschechoslowakei, in Willendorf in Österreich und im ukrainischen Kostenki. Allerdings ergibt sich bei diesen sehr weiträumigen Fundplätzen immer wieder die Frage nach der Zeitgleichheit der Befunde. Möglich ist immerhin, daß die Lagerplätze von mehreren kleinen Gruppen in kurzen zeitlichen Abständen nacheinander aufgesucht wurden und gewissermaßen als »Palimpseste« gelesen werden müssen. Wenn man jedoch den Grad der inneren Strukturierung und Organisation betrachtet, der in vielen dieser jungpaläolithischen Fundplätze ersichtlich wird, etwa die Verteilung der Feuerstellen, gepflasterte Bereiche, Vorratsgruben und in einigen Fällen eindeutig belegbare Hütten, so bleiben kaum noch Zweifel daran, daß diese Lagerplätze in vielen Fällen tatsächlich von relativ großen sozialen Einheiten bewohnt wurden, zu denen durchaus einige hundert Menschen gehört haben können. Doch selbst wenn man diese Frage offenläßt, unterscheiden sich diese Fundplätze in ihrer Struktur auf jeden Fall von denen des Mittelpaläolithikums der jeweils gleichen Regionen. In den zahlreichen Höhlen und Abri-Fundplätzen Südwesteuropas z. B. lassen sich derzeit kaum Siedlungsspuren nachweisen, die in Quantität und Qualität mit denen der jungpaläolithischen Plätze wie Laugerie Haute, Abri Pataud und La Madeleine vergleichbar wären. So wird im allgemeinen kaum mehr bestritten, daß die sozialen Einheiten im Jungpaläolithikum meist weitaus größer waren als die des Alt- und Mittelpaläolithikums derselben Regionen.

Einige der am vollständigsten dokumentierten Beispiele für solche relativ große und strukturierte Siedlungsplätze stammen nicht aus den Höhlen und Abris Westeuropas, sondern aus zahlreichen Freilandstationen in den Lößebenen Mittel- und Osteuropas, von Fundstellen wie Pavlov und Dolní Věstonice in der ehemaligen Tschechoslowakei oder Pushkari, Kostenki, Mezhirich und Mezin in der Ukraine. Diese Fundstätten liefern Nachweise für den Bau fester Behausungen. Entweder wurden größere Vertiefungen in den Untergrund gegraben, gewöhnlich mit einer großen Feuerstelle in der Mitte, oder man erkennt kreisförmige bis ovale Steinsetzungen oder Pfostenlöcher, welche offenbar als Unterbau für feste Hütten, Fellzelte oder ähnliche Behausungen dienten. An einigen Fundstellen in Osteuropa (z. B. in Mezhirich, Mezin und Pushkari) können diese »Fundamente« auch aus großen Ansammlungen von Mammutknochen bestehen, vor allem dort, wo es an Holz als Baustoff mangelte. Solche kreis- oder halbkreisförmigen Hüttengrundrisse können bis in die frühesten Schichten des Jungpaläolithikums zurückdatiert werden – so etwa die beiden kreisförmigen Strukturen aus Steinen und Mammutknochen, die in den Châtelperronien-Schichten bei Arcy-sur-Cure in Frankreich entdeckt wurden und die eindeutig 33 000–34 000 Jahre alt sind. In einigen jüngeren Gravettien-Siedlungen (etwa in Dolní Věstonice und Pavlov in der ehemaligen Tschechoslowakei oder in Vigne-Brune in Frankreich) scheint es klare Beweise dafür zu geben, daß die Hütten am gleichen Ort und zeitgleich auf unterschiedliche Weise gebaut worden sind, was man wohl als Hinweis darauf verstehen kann, daß dort mehrere Familieneinheiten zusammenlebten. In anderen Fällen, so in Pushkari oder in Kostenki I, sieht es so aus, als seien die Feuerstellen innerhalb einer einzigen Behausung linear hintereinander angeordnet gewesen. Darin könnte man die Bildung von

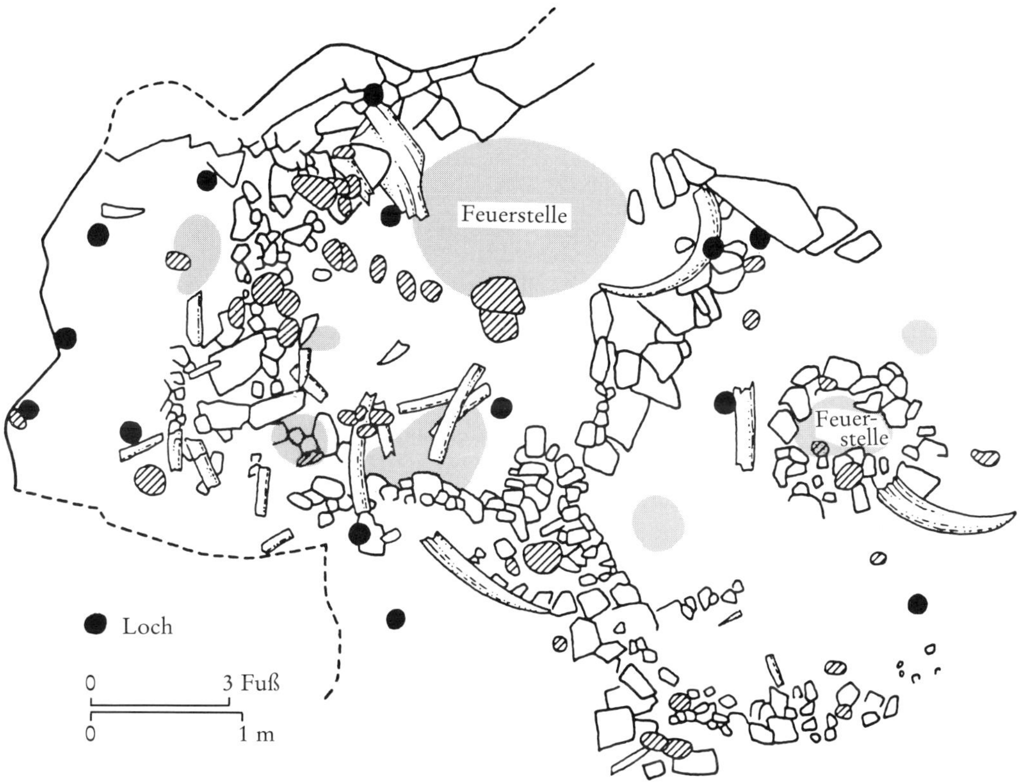

Kreisförmige Hüttenbauten aus Steinen und Mammutstoßzähnen; aus den ältesten Schichten des Jungpaläolithikums (Châtelperronien) in der Grotte du Renne, Arcy-sur-Cure, Zentralfrankreich (etwa 33 000–34 000 Jahre alt).

größeren Mehrfamilieneinheiten erkennen, die unter einem Dach zusammenlebten. Zusammengenommen ergeben solche Befunde, daß die Siedlungen und damit auch die soziale Ordnung der Menschen, die sie bewohnten, weitaus strukturierter gewesen sein müssen als alles, was die bislang untersuchten Fundplätze des Mittelpaläolithikums zu erkennen geben.

Schließlich gehört zu diesen Hinweisen auf Unterschiede in den wirtschaftlichen und sozialen Strukturen am Übergang vom Mittel- zum Jungpaläolithikum auch das beträchtliche Anwachsen der Bevölkerung, das etwa zur gleichen Zeit einsetzt. Auch hier müssen die archäologischen Befunde natürlich mit angemessener Vorsicht interpretiert werden, weil wir niemals ausschließen können, daß ältere Siedlungsspuren in größerem Umfang zerstört worden sind als jüngere. Doch selbst dann bleiben, setzt man die Gesamtzahl der Fundstellen aus dem Mittel- und aus dem Jungpaläolithikum zueinander in Beziehung, in zahlreichen Regionen deutliche Unterschiede bestehen. In der inzwischen gründlich erforschten Region Südwestfrankreichs ist es z. B. offensichtlich, daß es dort mindestens vier bis fünf mal so viele Höhlen- und Abri-Fundstellen gibt, die den Funden nach eindeutig im Jungpaläolithikum genutzt wurden, als solche aus dem vorausgehenden Mittelpaläolithikum. Diese Unterschiede erhalten zusätzliches Gewicht, wenn wir bedenken, daß das Jungpaläolithikum nicht einmal *halb* so lange dauerte wie das Mittelpaläolithikum. Dementsprechend ergibt sich ein Verhältnis von 1:10 zwischen beiden Epochen. Ähnliche Verhältniszahlen zwischen mittel- und jungpaläolithischen Fundstellen sind auch in Mitteleuropa, auf der Iberischen Halbinsel und in der Ukraine festgestellt worden. Zusammengenommen können diese Befunde wohl nur so verstanden werden, daß zahlreiche Regionen Europas im Jungpaläolithikum sehr viel dichter besiedelt waren und daß dieses Bevölkerungswachstum mehr oder weniger genau ab dem Übergang von der Mittleren zur Jüngeren Altsteinzeit begonnen hat.

Den archäologischen Funden läßt sich natürlich weitaus schwieriger entnehmen, inwieweit sich eine gestiegene Siedlungsdichte und eine Vergrößerung der einzelnen Gruppen auf andere Aspekte der gesellschaftlichen Organisation im Jungpaläolithikum ausgewirkt haben. Der Schluß wäre naheliegend, daß die Bildung relativ großer sozialer Einheiten einen komplexeren Grad an Differenzierung und Spezialisierung der ökonomischen oder sozialen Rollen ihrer Mitglieder gefördert, vielleicht sogar *notwendig* gemacht hat. So scheint es z. B. fast sicher, daß einige der kunstvollen und besonders beeindruckenden Höhlenmalereien das Werk spezialisierter Künstler gewesen sein müssen. Wahrscheinlich sind auch einige der höchst raffiniert gearbeiteten Stein- und Knochenartefakte, die in vielen der jungpaläolithischen Kulturen angetroffen werden, die Erzeugnisse hochspezialisierter Handwerker. Und ganz allgemein könnte man sagen, daß fast jedes gesellschaftliche System, in dem es regelhaft große und stabile soziale Einheiten gibt, eine Art von Gewaltenteilung oder Hierarchie benötigt, und sei es nur, um der Gesamtgruppe ein Mindestmaß an innerem Zusammenhalt zu verschaffen, was z. B. für die Organisation gemeinschaftlicher Jagdunternehmungen nötig war. Es liegt auch nahe, einige der mit Beigaben ausgestatteten Gräber, wie sie aus Dolní Věstonice in der ehemaligen Tschechoslowakei, aus Sungir in Rußland und aus Arene Candide in Italien überliefert sind, als direktes Spiegelbild von einer Art erhöhtem sozialen »Status« oder »Rang« zu deuten, wie er in der jungpaläolithischen Gesellschaft bestimmten Individuen zugesprochen wurde.

Weiterhin scheint es eindeutige Hinweise darauf zu geben, daß einige ökologisch attraktive Lebensräume derart dicht besiedelt waren, daß es zu Konflikten zwischen den einzelnen Gruppen gekommen ist. Mehrere Prähistoriker haben aufgezeigt, daß es unter den Bedingungen einer relativ hohen Bevölkerungsdichte unerläßlich geworden sein könnte, abgetrennte »soziale Territorien« zu erkennen und voneinander zu trennen, damit es zwischen den Bewohnern benachbarter Gebiete nicht immer wieder zu Konflikten um den Zugang zu bestimmten wirtschaftlichen Ressourcen wie Jagdwild oder Rohstoffvorräten kam. Die genaue Festlegung und Abgrenzung solcher »Gruppenterritorien« hat möglicherweise die Entwicklung spezifischer Verhaltensmuster gefördert, mit denen die einzelnen Gruppen ihre Identität gefunden und nach außen dargestellt haben. Dies könnte sich z. B. in einem gruppenspezifischen Kunst- oder Ornamentikstil der einzelnen Gemeinschaften, vielleicht sogar in besonders geformten Lanzenspitzen oder Flintklingen niedergeschlagen haben. Kurz, die Auswirkungen von Bevölkerungswachstum und genau abgegrenzten Jagdrevieren könnte somit und vielleicht zum ersten Mal in der Urgeschichte zur Ausprägung von »ethnischen« Gruppen geführt haben, die sich voneinander unterschieden und diese Unterschiede bewußt pflegten. Dieses Modell könnte das regional und chronologisch sehr unterschiedliche Fund- und Befundmaterial des gesamten Jungpaläolithikums in Europa erklären helfen.

Selbst wenn die Menschen des Jungpaläolithikums in vielen Gegenden in relativ isolierten territorialen und »ethnischen« Gruppen gelebt haben, so muß man sich doch fragen, ob diese Gruppen unter den recht harten und unberechenbaren ökologischen Bedingungen der letzten Vereisungsperiode tatsächlich völlig unabhängig voneinander agiert haben können. Immerhin ist bekannt, daß hochempfindliche Ökosysteme wie die periglazialen Tundren- und Steppengebiete von Natur aus instabil sind und daß sich ihre Entwicklung auch für kurze Zeiträume nicht voraussagen läßt. So kann es in der Verfügbarkeit und Menge bestimmter Nahrungsquellen leicht zu einschneidenden Veränderungen kommen, wenn man etwa an die sehr beweglichen Rentier- oder Wildpferdherden denkt.

Perioden mit außergewöhnlich starken oder zeitlich verschobenen Schneefällen, die Überweidung von Futterplätzen oder auch die vorübergehende Zerstörung ganzer Landstriche durch Flächenbrände können die Bewegungen und Wandergewohnheiten der einzelnen Tierherden ohne weiteres verändert haben. Für die spezialisierten Jäger und Sammler des Jungpaläolithikums hätte dies zwangsläufig katastrophale Folgen gehabt.

Wie C. Gamble und andere Prähistoriker zeigen konnten, muß es unter diesen Umständen für die Menschengruppen lebenswichtig gewesen sein, auch über weite Strecken hinweg einen gewissen Kontakt zueinander aufrecht zu erhalten, als eine Art Schutz in Zeiten mit unvorhergesehenem Nahrungsmangel. Möglicherweise bestanden solche überregionalen Kontakte aufgrund der intensiven und weitreichenden Handels- oder Tauschbeziehungen, die man heute für viele Gebiete des jungpaläolithischen Europa nachweisen kann. Bekannt ist, daß in West- wie auch in Mitteleuropa mehrere Arten von Meeresmuscheln über weite Gebiete hinweg gehandelt oder getauscht wurden, etwa von der Mittelmeerküste in die Périgord-Gegend (also über eine Entfernung von etwa 250 Kilometern) oder von der Schwarzmeerküste an den Oberlauf des Don (etwa 500 Kilometer).

Ähnliche Handelsverbindungen lassen sich aus der Verteilung bestimmter, qualitativ hochwertiger Feuersteine oder anderer Rohmaterialen ableiten, etwa zwischen dem Heilig-Kreuz-Gebirge in Südpolen und dem Westen der ehemaligen Tschechoslowakei oder zwischen dem Tal der Dordogne und den Pyrenäen. Solche überregionalen Tauschbeziehungen lassen sich für die meisten Abschnitte des Jungpaläolithikums und auch zurück bis in das Aurignacien nachweisen; Gamble weist jedoch auch daraufhin, daß sie vermutlich erst während der letzten großen Vereisung (vor 15 000–25 000 Jahren), also in einer Zeit mit erhöhtem Subsistenzrisiko, außerordentlich wichtig wurden.

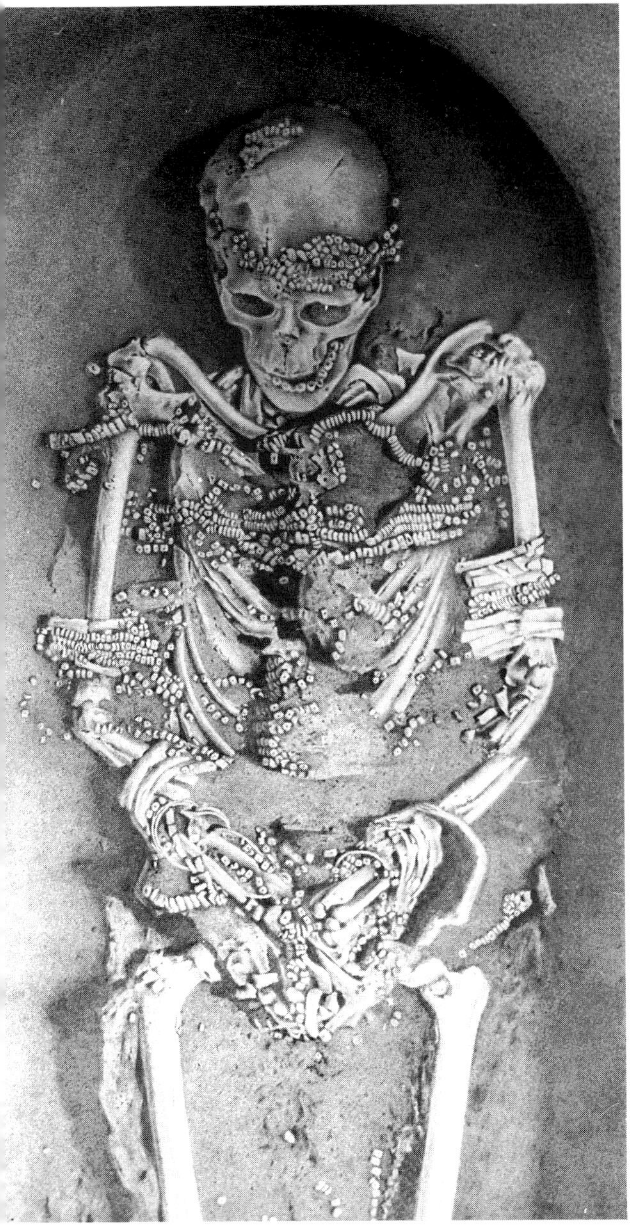
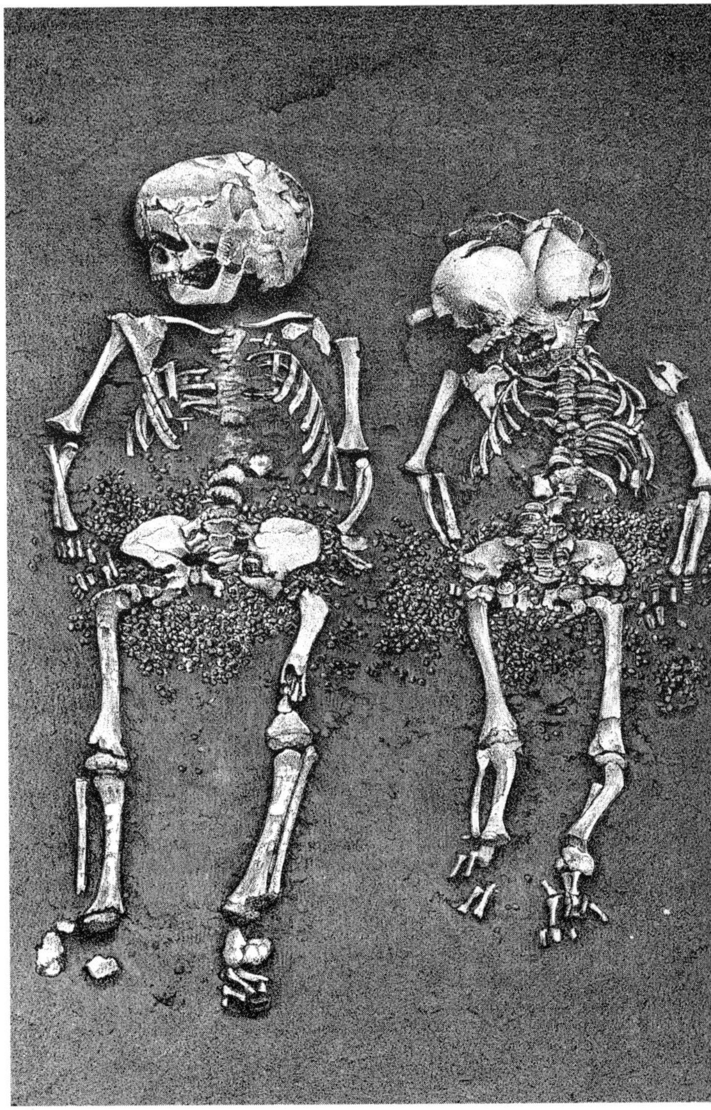
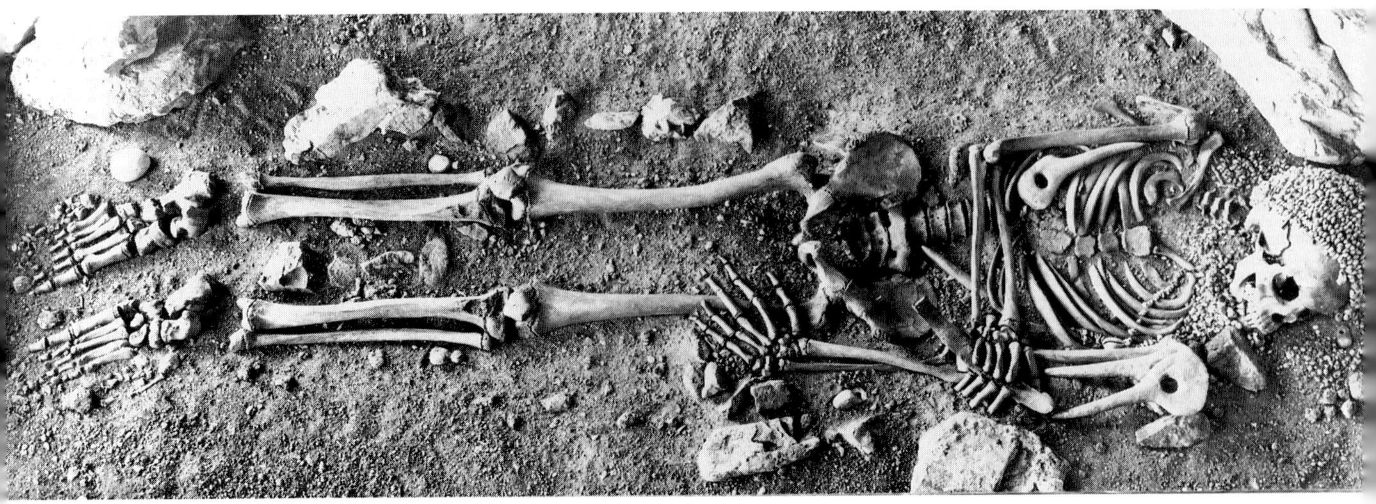

DIE KUNST IM JUNGPALÄOLITHIKUM

Wie weiter oben bereits angemerkt, legt die Kunst in vielerlei Hinsicht das bis heute beeindruckendste Zeugnis über die Kreativität und Schaffenskraft während des Jungpaläolithikums ab. Dies betrifft nicht nur das handwerkliche Können und das ästhetische Empfinden der Künstler, sondern auch deren Fähigkeit, hochkomplizierte, symbolische Inhalte in bemerkenswert vielfältiger Form darzustellen und zu vermitteln. So kann uns vielleicht die Kunst tiefere Einsichten in die geistige Vorstellungswelt und die gesellschaftlichen Verhältnisse im Jungpaläolithikum vermitteln, als wir sie aus den anderen archäologischen Funden und Befunden ableiten können.

Zu Beginn müssen wir eine wesentliche Unterscheidung treffen zwischen den beiden Kategorien »Wandkunst« (Malereien und Gravierungen auf Höhlenwänden) und »Gegenstandskunst« (Darstellungen auf kleinen Artefakten, die bei Siedlungsgrabungen gefunden werden). Das Studium solcher beweglichen Kunstwerke stellt uns vor weniger Probleme als das der Höhlenkunst, da die Objekte durch ihre Assoziation mit anderen archäologischen Funden recht genau datiert und direkt in den kulturellen Zusammenhang gestellt werden können, in dem sie geschaffen wurden. Auffällig ist, daß diese beweglichen Kunstobjekte in fast allen Phasen und Schichten der jungpaläolithischen Epoche zu finden sind. Das beginnt bereits vor etwa 30 000–35 000 Jahren, also mit einigen der ältesten Aurignacien-Schichten in Frankreich und anderen mitteleuropäischen Regionen. Die bemerkenswerten Tier- und Menschenstatuetten aus der Vogelherd-Höhle, dem Geissenklösterle bei Blaubeuren und aus dem Hohlenstein-Stadel im süddeutschen Lonetal sowie die einfacher gravierten Tiergestalten und Vulvasymbole aus einer Reihe von südwestfranzösischen Fundplätzen (z. B. La Ferrassie, Abri Blanchard, Abri Cellier) geben eindrucksvoll Zeugnis über diesen plötzlichen Beginn künstlerischer Kreativität; er fällt zeitlich offenbar eng mit dem ersten Auftauchen anatomisch moderner Menschen in Mittel- und Westeuropa zusammen.

Unterschiedlich ausgeprägte, in ihren Grundformen jedoch weitgehend ähnliche Werke der Gegenstandskunst findet man in fast allen Phasen des Jungpaläolithikums. Aus dem jüngeren Périgordien und dem Solutréen stammen vielfältige, eingravierte Tierumrisse (z. B. aus La Colombière und Parpalló), dazu einige tiefer eingeschnittene Niedrigrelief-Gravuren auf ähnlichen Stücken, z. B. aus den Solutréen-Schichten des Abris von Roc-de-Sers, Département Charente. Von Gravettien-Fundplätzen in Mit-

oben links Ein menschliches Skelett in einem Grab, aufwendig mit geschnitzten Elfenbeinperlen geschmückt, die wahrscheinlich ursprünglich an der Pelzkleidung befestigt waren; aus der Grabungsstätte Sungir bei Moskau; etwa 25 000 Jahre alt.

oben rechts Doppelbestattung zweier kleiner Kinder aus den oberen Schichten des Jungpaläolithikums in der »Grotte des Enfants«, nordwestliches Italien; etwa 20 000 Jahre alt. Den Bestatteten wurde eine große Anzahl von Meeresmuscheln beigegeben.

unten Grab aus dem Jungpaläolithikum der Höhle von Arene Candide, Norditalien; etwa 20 000–25 000 Jahre alt. Der Körper ist mit Meeresmuscheln geschmückt; auf und neben den Schultern liegen mehrere durchbohrte Geweihgeräte.

Tierfigur aus Rentiergeweih; aus den jüngeren Magdalénien-Schichten unter dem Abri von Laugerie-Basse, Südwestfrankreich; etwa 12 000–14 000 Jahre alt.

tel- und Osteuropa (Dolní Věstonice, Pavlov, Kostenki) besitzen wir – in Stein gehauen oder in Elfenbein geschnitzt, einige auch aus Ton modelliert und gebrannt – kleine Tierstatuetten, die stark an jene aus den älteren Aurignacien-Schichten der Vogelherd-Höhle oder dem Geissenklösterle erinnern. Sehr viele dieser beweglichen Kunstobjekte jedoch stammen aus der letzten Phase des Jungpaläolithikums und sind 12 000–15 000 Jahre alt. Vor allem aus jüngeren Magdalénien-Schichten an der südfranzösischen bzw. nordspanischen Atlantikküste und aus den zeitgleichen Fundplätzen in Süddeutschland liegen zahlreiche Kunstobjekte vor. Das Repertoire der Motive aus dem späten Magdalénien ist besonders eindrucksvoll und reicht von höchst naturalistischen Darstellungen von Rentier, Pferd, Steinbock und Mammut über ähnlich detaillierte Abbildungen von Fischen, Vögeln, Seehunden bis hin zu den allerdings sehr seltenen schematischen und einfach ausgeführten menschlichen Figuren. Die Tierdarstellungen können entweder auf Stein- oder Knochenstücken eingraviert sein oder sie wurden, was seltener ist, vollplastisch aus dem Rohstück herausgearbeitet. Tierdarstellungen finden sich auch auf größeren Knochen- und Geweihartefakten, etwa auf Speerschleudern oder durchbohrten Geweihstangen, den sogenannten Kommandostäben. Diese »naturalistischen« Darstellungen werden von einer großen Zahl schwer zu deutender »symbolischer« Motive begleitet, angefangen bei einfachen Schnittlinien entlang der Kanten der Knochenfragmente bis hin zu komplexen Arrangements von Punkten, Linien und Zickzackmustern. Eine der fesselndsten Interpretationen dieser Motive hat Alexander Marshack vorgestellt.

Er vermutet, daß einige dieser mehr oder weniger linearen Anordnungen von Kerben und Zacken auf Knochen- und Steinfragmenten eine Art Kalender-System darstellen könnten, das mit genau beobachteten Mondphasen in Zusammenhang steht. Deutungen wie diese müssen kontrovers bleiben, und sie sind an den Funden auch nicht ganz so leicht nachzuvollziehen, wie Marshack nahelegt. Dennoch ist die Vorstellung nicht völlig abwegig, daß sich jungpaläolithische Gruppen intensiv mit Mondphasen und anderen zyklischen Vorgängen ihrer Umwelt beschäftigt haben. Sie könnten, wie S. Mithen und andere Prähistoriker angedeutet haben, diese Kenntnisse über rhythmische Abläufe in Natur und Umwelt für die Planung ihrer verschiedenen, über das Jahr verteilten und wiederkehrenden Aktivitäten in der Subsistenzwirtschaft und im sozialen Bereich angewendet haben.

Zu den faszinierendsten Formen der jungpaläolithischen Gegenstandskunst gehören die sogenannten Venusfiguren, die, wie man inzwischen weiß, von Südrußland bis zu den Pyrenäen, also über ein erstaunlich großes Gebiet in Ost-, Mittel- und Westeuropa verbreitet waren. Diese kleinen Statuetten stellen recht gut entwickelte (manchmal fettleibige) Frauenkörper mit stark akzentuierten Geschlechtsmerkmalen dar, deren Köpfe, Arme und Füße dagegen meist nur angedeutet sind. Die Darstellungsweise dieser Figuren reicht von vergleichsweise naturalistischen Formen (etwa die Figuren aus Willendorf in Österreich und von Kostenki in der Ukraine) bis hin zu stark stilisierten Formen, die in einigen Fällen bisexuelle Ausprägungen haben könnten, wie z. B. die Statuette aus Tursac in Südwestfrankreich. Chronologisch betrachtet scheint die Herstellung der meisten, wenn nicht aller Figuren auf eine relativ kurze Zeitspanne vor etwa 25 000–23 000 Jahren begrenzt gewesen zu sein. Sie werden für gewöhnlich mit den Kulturen und Gruppen des jüngeren Périgordien oder des Gravettien in Verbindung gebracht. Es überrascht nicht, daß diese Figuren zu vielen phantasievollen Deutungen angeregt haben. Sie reichen von der möglicherweise matriarchalischen Gesellschaftsform im Jungpaläolithikum, bis hin zu der These, daß diese Figuren als Objekte von rituellen Tauschhandlungen zwischen solchen Gruppen gedient haben könnten, die aus unterschiedlichen wirtschaftlichen oder sonstigen Gründen auf überregionale Beziehungen und auf gegenseitige Hilfe angewiesen waren. Gamble z. B. sagt, daß die Figuren genau in den Zeiten am weitesten verbreitet gewesen seien, als Umwelt- und Lebensbedingungen in Europa sehr unsicher und völlig unkalkulierbar waren und darum überregionale Kontakte mit der Möglichkeit des Austauschs von Gütern eine Frage des Überlebens für bestimmte Menschengruppen gewesen seien.

Alle wesentlichen Fragen, auf die man bei der Deutung der Gegenstandskunst und ihren verschiedenen Formen stößt, werden noch strittiger, wenn man sich an die Deutung der sogenannten Wand- oder Höhlenkunst begibt. Ihre grundlegenden Merkmale sind heute gut dokumentiert. Dargestellt wurden meist Tiere, einerseits die wichtigsten Jagdtiere wie Ren, Rotwild, Pferd, Wisent, Bison, Steinbock und Mammut, andererseits und seltener auch einige Raubtiere wie Löwe, Bär und Wolf. Abbildungen des Menschen sind in der jungpaläolithischen Höhlenkunst kaum vertreten. Es gibt aber zwei rätselhafte Tier-Mensch-Darstellungen in der Les-Trois-Frères-Höhle und einige sehr schematische menschliche Darstellungen in Pech-Merle, Lascaux und Les Combarelles. Die meisten Kunstwerke finden sich tief im Inneren der Höhlen, oft in relativ unzugänglichen und engen Passagen mehr als einen Kilometer von den Höhleneingängen entfernt. Die Darstellungen können entweder aus Linien bestehen, die wohl mit Feuersteinklingen oder -sticheln in den Felsen geritzt wurden, oder es handelt sich um kunstvolle Malerei aus Eisenocker für eine Farbpalette von gelb bis tiefbraun oder, für das Schwarz, aus Mangandioxid; häufig sind beide Pigmente zusammen verwendet worden. Fast ausnahmslos werden die Tiere einzeln und in Seitenansicht dargestellt. Tiergruppen und zusammengesetzte Szenen fehlen dagegen. Seltene Ausnahmen bilden der Fries aus Pferdegravuren und eine Gruppe vermutlich schwimmender Rehe aus der Höhle von Lascaux. Neben den Tierfiguren finden sich häufig Darstellungen verschiedener stilisierter Zeichen wie Abdrücke menschlicher Hände und rein abstrakte

Gezähnte Knochenplatte aus den frühen Aurignacien-Schichten des Abris von Blanchard, Südwestfrankreich; etwa 32 000–34 000 Jahre alt. Die Punktreihe wurde von Alexander Marshack als eine Art »Mondkalender« interpretiert, der die verschiedenen Mondphasen während eines monatlichen Zyklus darstellt.

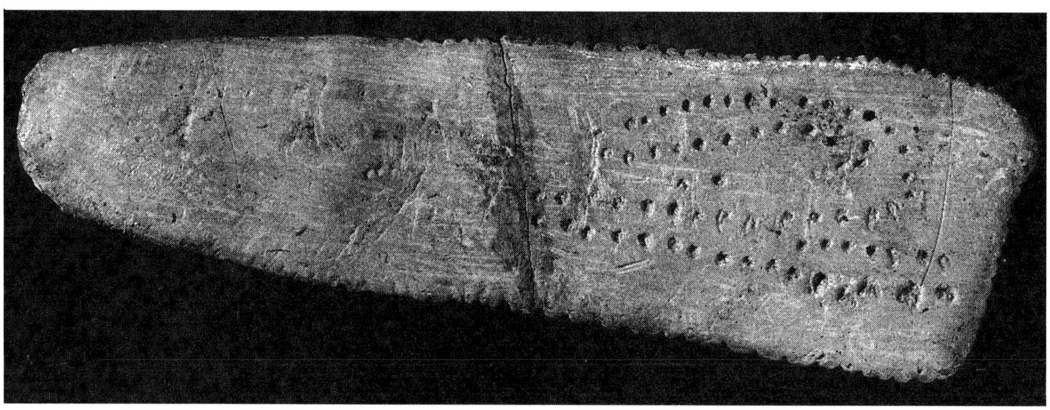

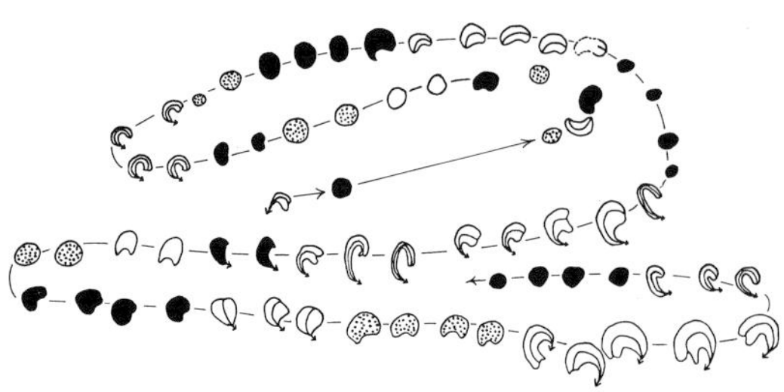

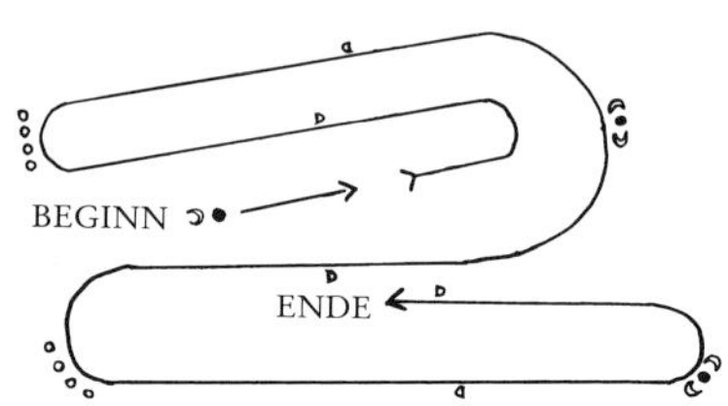

Symbole wie z. B. lineare Strichmuster, drei- oder rechteckige Dach- oder Rautenmuster und verschiedene Mäandermuster aus Punkten und Kreisen. Die Darstellungen sind an verschiedenen Stellen über die erreichbaren Wand- und Deckenflächen der Höhlen verteilt und wurden häufig über bereits bestehende, ältere Zeichnungen gemalt, so daß die Umrisse der einzelnen Figuren manchmal fast nicht mehr zu erkennen sind. In solchen Fällen kann man sich des Eindrucks kaum erwehren, daß die eigentliche Motivation, solche Kunstwerke zu schaffen, im ursprünglichen *Akt des Darstellens* von einzelnen Tieren lag und weniger in der Absicht, ein optisch eingängiges und künstlerisch durchdachtes Bildwerk zu malen.

Seit den ersten Entdeckungen von Höhlenmalerei in den siebziger Jahren des letzten Jahrhunderts haben mehrere Generationen von Altsteinzeit-Spezialisten versucht herauszufinden, welche tieferen Beweggründe zur Schaffung der Höhlenkunst geführt haben. Die ursprüngliche und recht eingängige Vermutung, es handele sich dabei lediglich um »l'art pour l'art«, geschaffen von Künstlern, die sich nicht um die tägliche Nahrungsbeschaffung kümmern mußten und darum Zeit und Muße hatten, ihren bildnerischen Neigungen nachzugehen, wurde von einigen typischen Besonderheiten der Höhlenkunst erschüttert; hier ist vor allem auf die Praxis des Übermalens zu verweisen, die verhindert hat, daß ein visueller Gesamteindruck entstehen konnte. Spätere Erklärungsversuche konzentrierten sich auf die Rolle, die die Kunstwerke als symbolische Darstellungen von Totems oder im Ahnenkult gespielt haben könnten. Recht plausibel erscheint die Möglichkeit, in der Malerei eine Art »Jagdzauber« zu sehen; Magie, mit deren Hilfe man sich einen Einfluß auf diejenigen Tierarten, die als wichtige Nahrungsquelle dienten, zu sichern suchte. Diese Deutung wird durch den Hinweis untermauert, daß viele der abgebildeten Tiere Wunden haben, die von Speeren herrühren; manche wurden sogar eher als Darstellungen von Kadavern und nicht von lebenden Wesen aufgefaßt. Neuere Interpretationen stützen sich auf strukturalistische Modelle in der Anthropologie und vertreten die These, daß das ganze Spektrum der altsteinzeitlichen Kunst einen grundlegenden »binären Gegensatz« in der jungpaläolithischen Gesellschaft widerspiegeln könnte, gebildet aus dem Gegensatz zwischen den männlichen und weiblichen Mitgliedern der Gesellschaft. Vor allem A. Leroi-Gourhan vertritt diese Auffassung, derzufolge alle wichtigen, von der Malerei dargestellten Tierarten als Symbole des »Männlichen« oder »Weiblichen« betrachtet werden können, die geschlechtsdifferenziert über die einzelnen Höhlenbereiche verteilt sind (die weiblichen Symbole befinden sich im Inneren, die männlichen in eher peripheren Bereichen) und oft in Verbindung mit den abstrakten, als männlich oder weiblich zu deutenden Zeichen aus verschiedenen Linien oder pfeilartigen Figuren (männlich) und breiteren rechteckigen oder Tectiform-Mustern (weiblich) stehen. Die neuesten Deutungen (von J. Pfeiffer, S. Mithen u. a.) sehen in der Höhlenkunst vor allem einen Träger von bestimmten Informationen über die Umwelt der jungpaläolithischen Gruppen. Die Malereien könnten z. B. jahreszeitliche Veränderungen im Verhalten der Herden, ihre Wanderungen und besonders typische Verhaltensmuster der Tiere darstellen und somit für die Vorbereitung der Jagd von Bedeutung gewesen sein. Eine eher phantasievolle Interpretation geht davon aus, daß ein Teil der Kunstwerke entoptische oder innere Bilder wiedergebe, die von den Künstlern unter Drogeneinfluß geschaffen worden seien.

Verbreitung von sogenannten Venusfiguren aus dem Gravettien bzw. dem jüngeren Périgordien in Europa vor etwa 27000–25 000 Jahren.

Betrachtet man all das, so läßt sich dreierlei festhalten. Erstens: Das Spektrum möglicher Hypothesen, die man anführen könnte, um »Bedeutung« oder sogar »sozialpsychologische« Motive der Höhlenkunst zu erklären, ist fast grenzenlos. Zweitens: Keine dieser Interpretationen läßt sich derzeit systematisch und in gründlicher und überprüfbarer Auseinandersetzung mit Details und Gesamtkontext der Höhlenmalerei überprüfen und bewerten. Drittens: In Anbetracht der enormen Bandbreite und der großen Verbreitung der Höhlenmalerei muß unweigerlich auch Raum für viele *zusätzliche* Interpretationen bleiben, die für verschiedene Zeiten und Räume der Welt des Jungpaläolithikums auch von unterschiedlicher Überzeugungskraft sein werden.

Die vielleicht produktivsten Ansätze zu Analyse und Deutung jungpaläolithischer Kunst entsprangen wohl nicht den Versuchen, die bewußte oder unbewußte Motivation, welche die Höhlenmalerei in all ihren Besonderheiten hervorbrachte, zu ergründen, sondern eher allgemeineren Studien zur Verbreitung der Malerei in den unterschiedlichen sozialen und wirtschaftlichen Zusammenhängen des jungpaläolithischen Europa. So kann man auf eine der auffälligsten Besonderheiten der Höhlenkunst hinweisen, nämlich auf ihre bemerkenswerte Konzentration in einigen eng begrenzten Regionen Europas, vor allem im Périgord und in angrenzenden Gebieten Südwestfrankreichs sowie in den benachbarten Pyrenäen und in Nordwestspanien. Bereits ein kur-

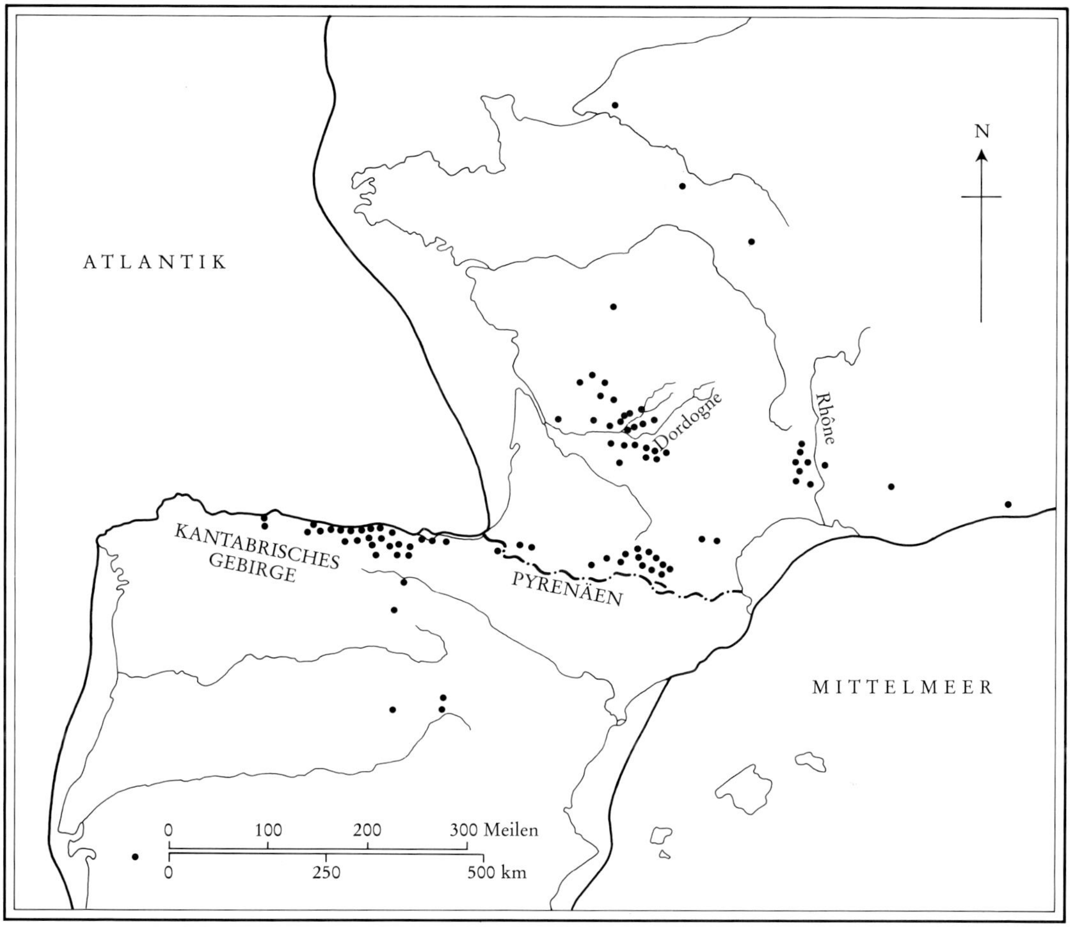

Verbreitung der Höhlen- und Abri-Kunst im westeuropäischen Jungpaläolithikum; zu erkennen ist die deutliche Konzentration in Südwestfrankreich, den Pyrenäen und in Nordwestspanien. Die dick ausgezogene Linie zeigt den Küstenverlauf während der letzten Vereisung.

zer Blick auf die Verteilungsmuster zeigt, daß über 90 Prozent der bekannten Malerei in Höhlen und unter Abris in diesen relativ eng beieinanderliegenden Gebieten Westeuropas zu finden sind. Natürlich kann man kaum erwarten, in Regionen wie den Lößebenen Mittel- und Osteuropas oder in ähnlichen Landschaften Nordwesteuropas auf Spuren von Höhlenmalerei zu stoßen. Aber es gäbe viele andere Regionen in Europa (z. B. Süddeutschland, auf dem Balkan und in Norditalien), wo es genügend Kalksteinhöhlen und Felsdächer gibt, in denen Malereien die Jahrtausende hätten überdauern können; dort aber hat man bislang vergeblich nach Spuren dieser Kunst gesucht. Das Phänomen der eindeutigen Konzentration von Höhlenkunst im Südwesten Mitteleuropas und das gleichzeitige, fast gänzliche Fehlen der Malerei in anderen Gegenden können nur mit den regional unterschiedlichen Verhaltensmustern und Wertvorstellungen im jungpaläolithischen Europa zusammenhängen.

Die meisten Forscher stimmen nun darin überein, daß die außergewöhnliche Konzentration von Höhlenmalerei mit der Besiedlungsdichte im Südwesten Mitteleuropas zusammenhängen muß. Dies wiederum kann nur mit den wirtschaftlichen und ökologischen Ressourcen dieser Regionen zu tun haben. Man geht davon aus, daß diese Gebiete innerhalb des endeiszeitlichen Europa die südlichsten Regionen mit offener Tundra oder Steppenlandschaft waren und daß hier auch die dichtesten Tierpopulationen gelebt haben müssen. Ein weiterer wesentlicher Faktor wird wohl der stark ausgeprägte Wandertrieb der Rentierherden gewesen sein, die gewungen waren, den großen, aus den Pyrenäen nach Norden bzw. aus dem Zentralmassiv nach Westen führenden Flußtälern zu folgen und deren Routen darum weitgehend sichere Voraussagen erlaubten. Das Zusammenspiel dieser Faktoren muß, so wird argumentiert, ideale Voraussetzungen für eine Ansammlung von zumindest in bestimmten Jahreszeiten relativ vielen und großen Menschengruppen geschaffen haben, die als spezialisierte Jäger von diesem reichen Bestand umherziehenden Jagdwilds lebten.

Weitere Überlegungen beziehen sich auf eine mehr und mehr differenzierte Sozialstruktur innerhalb der einzelnen Gruppen und auf deren Bestreben, sich gegeneinander abzugrenzen; beide Phänomene können als fast unausweichliche Folgen einer zunehmenden Bevölkerungsdichte angesehen werden. So könnte man auch die Höhlenmalerei als schlichte Reaktion auf die Zwänge ansehen, die sich aus dem Bevölkerungswachstum ergeben haben; sie könnte als rituelle Handlung für den sozialen Zusammenhalt der einzelnen Gruppen gedient haben. Darüber, *wie* die Malerei diese Aufgabe tatsächlich erfüllt hat, kann man nur spekulieren. Eine Möglichkeit wäre, daß einige der großen Kunstzentren wie Lascaux in Südwestfrankreich oder Altamira in Nordspanien auch rituelle Zentren gewesen sind, Schauplätze wichtiger Zeremonien während jährlich wiederkehrender Versammlungen. Eine weitere, vielleicht auch ergänzende Deutung wäre, daß die Beschäftigung mit der Malerei in den Händen bestimmter Häuptlinge oder religiöser Führer gelegen haben könnte, die die Kunstwerke und den Schaffensprozeß sowie die damit verbundenen Zeremonien hätten nutzen können, um ihre Stellung und Autorität in den Gesellschaften zu unterstreichen und zu legitimieren. Offensichtlich ist jedoch, daß die Höhlenmalerei nicht gleichmäßig über Europa verteilt ist, daß sie vielmehr in genau denjenigen Gebieten gehäuft auftritt, die nach dem archäologischen Gesamtbefund als Lebensraum für eine große Zahl sehr dicht mit- oder nebeneinander, vielleicht auch gegeneinander lebender Jäger- und Sammlergruppen dienten. Betrachtet man die Malerei unter diesen Gesichtspunkten, dann kann sie vielleicht auch wesentliche Einsichten in die je nach Region verschiedenen Lebensformen der jungpaläolithischen Gruppen vermitteln.

DAS ENDE DER EISZEIT

Das Ende des Paläolithikums kam recht plötzlich. Natürlich war der entscheidende Faktor dafür die rasche Klimaerwärmung, die das Ende der letzten Vereisung kennzeichnet und die die Umwelt der jungpaläolithischen Jäger und Sammler in Europa auf radikale und nicht umkehrbare Weise veränderte. Dieser Erwärmungsprozeß begann nachweisbar bereits vor rund 13 000 Jahren. Nach und nach schmolzen die Eisdecken ab, und weltweit stieg der Meeresspiegel wieder in dem Maße, in dem die riesigen, in den Gletschern gebundenen Wassermassen in die Meere zurückflossen. Von Süden nach Norden setzte eine flächige Wiederbewaldung in Europa ein. Zunächst verlief dies in relativ langsamen Prozessen. Als aber, vor etwa 10 000 Jahren, die endeiszeitliche Klimaverbesserung einen ersten Höhepunkt erreicht hatte, erfolgte die weitere Veränderung der Umweltbedingungen äußerst rasch. Üblicherweise gilt die Zeit um 8 000 v. Chr. als das Ende des Jungpaläolithikums und als Beginn des Mesolithikums.

Aus der Perspektive der damaligen Menschen betrachtet, war der bedeutendste Faktor zweifellos die Verwandlung der offenen Tundren und Steppen der mittleren und nördlichen Breitengrade Europas in dicht bewaldete Landschaften. Dies geschah in den einzelnen Regionen natürlich zu unterschiedlichen Zeitpunkten, im Süden früher, vor etwa 12 500 Jahren, und im Norden 2 500 Jahre später. Aber unabhängig vom Zeitpunkt hätten die Auswirkungen dieser ökologischen Wandlungsprozesse kaum schwerwiegender sein können. Allein schon für die Jagdzüge macht es einen grundsätzlichen Unterschied, ob sie im offenen Gelände zwischen den Vereisungszonen oder in einer dicht bewaldeten Landschaft stattfindet: Für die Jagd im Wald mußten die Jägergruppen ganz neue Strategien und Taktiken entwickeln. Noch nachhaltiger wirkte sich die Wiederbewaldung in den einzelnen Regionen auf die Menge und regionale Verbreitung der Tierpopulationen aus; es veränderte sich zudem das Wanderungsverhalten des Jagdwildes. Aus Studien über Tierpopulationen unter heutigen Umweltbedingungen weiß man, daß in offenen Landschaften drei- bis viermal so viel potentielles Jagdwild leben und überleben kann als in Waldgebieten. Ähnlich gravierend wirkt sich aus, daß Waldtiere natürlich kaum einem jahreszeitlich bedingten Wandertrieb unterliegen, sondern Einzelgänger sind oder allenfalls in kleinen Gruppen zusammenleben. So mußten die Menschen sich wahrscheinlich nicht nur in ihrer Lebensweise dem spürbar reduzierten Nahrungsangebot anpassen, sondern auch lernen, Tieren nachzustellen, die sich völlig anders verhielten als die eiszeitlichen Arten.

Für die Menschen ergaben sich zwei Möglichkeiten, adäquat auf die ökologischen Veränderungen zu reagieren. Die naheliegendste Antwort auf das Vordringen der Wälder war natürlich, nach Norden in die Landschaften auszuweichen, die das zurückweichende Eis bereits wieder freigegeben hatte. Für den Zeitraum vor etwa 13 000 Jahren läßt sich dieses Vordringen von Populationen nach Nordwesteuropa und bis nach Südengland und Südskandinavien genau verfolgen. Die im Pariser Becken (Pincevent, Etiolles, Marsangy, La Verberie) und in Norddeutschland (Meiendorf, Stellmoor) untersuchten Fundstellen dieser Zeit zeigen eindeutig, daß die Menschen hier einen Lebensraum vorfanden, der ihren Ansprüchen offensichtlich genügte und in dem sie zumindest eine Zeitlang weiterhin dieselben Tierarten, vor allem Ren und Wildpferd jagen konnten wie bisher. Auch wenn einige dieser Siedlungsplätze nur in den Sommermonaten aufgesucht wurden, ist anzunehmen, daß diese neu entstehenden Landschaften in Nordeuropa den Menschen extrem günstige Lebensbedingungen boten und ihnen nur minimale Anpassungen in ihrem wirtschaftlichen und sozialen Verhalten abverlangten.

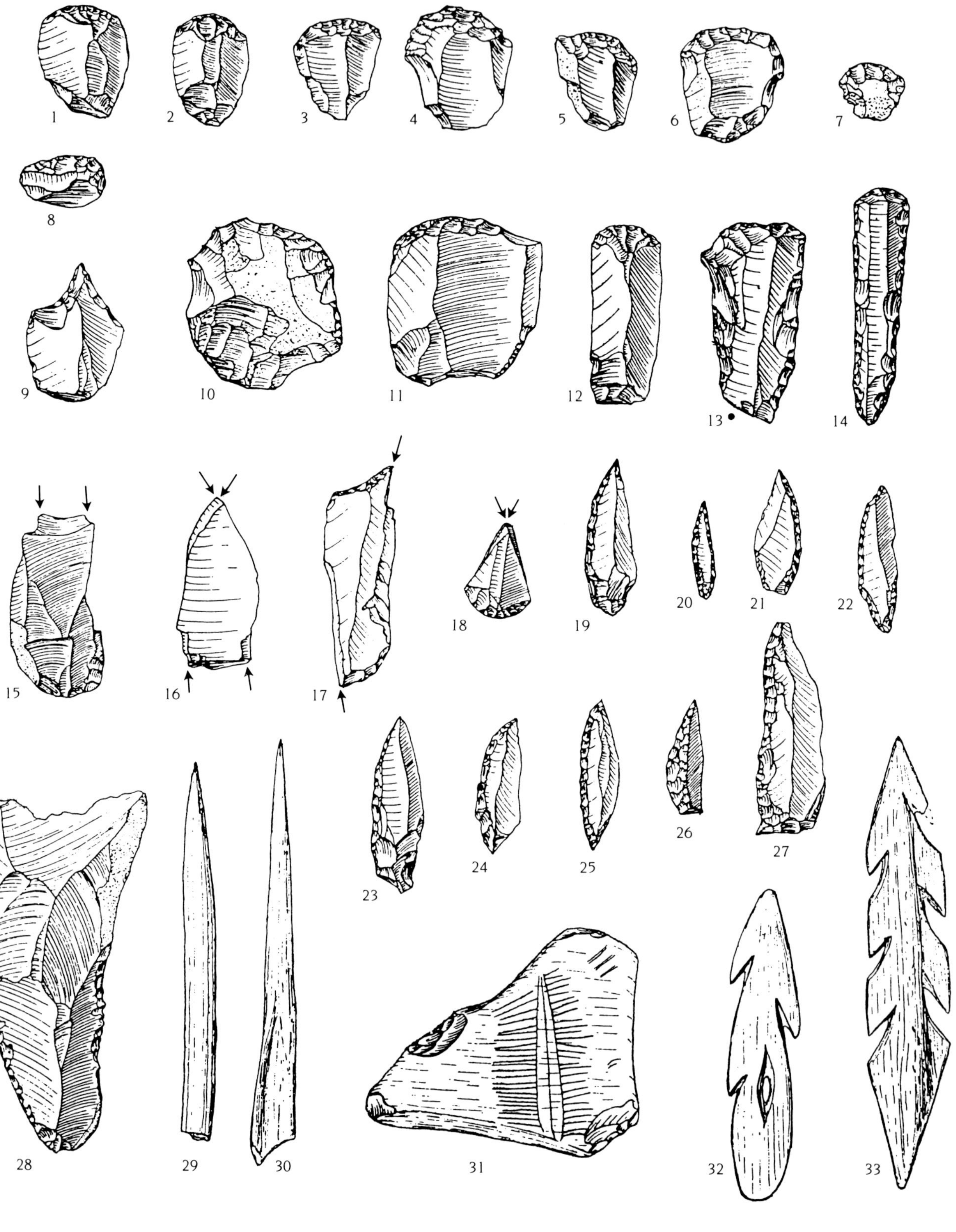
1
2
3
4
5
6
7
8
9
10
11
12
13
14
15
16
17
18
19
20
21
22
23
24
25
26
27
28
29
30
31
32
33

Die Menschen konnten natürlich auch in den zuvor bewohnten Regionen bleiben und ihre Verhaltensweisen und Lebensformen der neuen, zunehmend von Wald geprägten Umwelt anpassen. Eines der deutlichsten Beispiele für diese Entscheidung bietet die klassische Region Südwestfrankreichs in der Zeit des Übergangs von der Periode des Magdalénien zum Azilien, der inzwischen eindeutig auf die Zeit vor etwa 12 500 Jahren datiert werden konnte. Grundlage für die Erforschung dieses ökologischen Übergangs bildet die Zusammensetzung der Tierknochenbefunde aus archäologischen Grabungen. In einer bemerkenswert kurzen Zeitspanne wurde hier die stark vom Ren dominierte Tierwelt des Spätmagdalénien verdrängt und bestand nun vor allem aus Rotwild, Wildschwein, Auerochse und anderen Vertretern einer typischen Waldfauna. Fast gleichzeitig können wir eine drastische Verringerung der Siedlungsplätze von 70–80 Plätzen während des späten Magdalénien auf etwa 20–30 während des Azilien beobachten und dazu eine auffällige Verkleinerung der einzelnen Fundstellen nachweisen. Allein von daher kann kein Zweifel daran bestehen, daß die Bevölkerungzahl in diesen Regionen zum einen dramatisch abgenommen hat und daß zum anderen die verbliebenen Gruppen nun sehr viel kleinere und sehr viel weiter verstreut lebende soziale Einheiten bildeten.

Am auffälligsten jedoch zeigen sich diese Veränderungen in dem archäologischen Fundmaterial selbst. Verglichen mit dem Reichtum und der Vielfalt der Geräte und Artefakte, die aus den späten Schichten des Magdalénien geborgen wurde, sind die Artefakte in den Schichten des Azilien nicht nur viel einfacher und typologisch einheitlicher, sondern generell auch viel kleiner und weniger sorgfältig gearbeitet. Dies zeigt sich etwa in den mit zwei Widerhaken versehenen Harpunenspitzen aus dem Azilien, die in bezug auf ihre Größe, Formenvielfalt, Herstellungstechnik und Verzierung nicht annähernd an die beeindruckenden Beispiele aus dem späten Magdalénien heranreichen. Am frappierendsten an diesem Niedergang des Magdalénien ist jedoch das völlige Verschwinden der Kunst. Aus dem Azilien sind nur noch sehr wenige eingeritzte Darstellungen von Tiergestalten bekannt und dazu einige mit geometrischen Mustern rot bemalte Kiesel. Ihre Funktion ist ungeklärt. Trotz dieser radikalen Veränderungen im gesamten Spektrum der materiellen Kultur gibt es keine Hinweise auf einen Bevölkerungswechsel; man kann also davon ausgehen, daß die Azilien-Populationen in Südwestfrankreich direkt von den Menschen des Magdalénien abstammen.

Wie diese seltsamen Zusammenhänge zwischen den Veränderungen der Umwelt und der Lebens- und Wirtschaftsweise im Detail zu erklären sind, wird noch diskutiert. Deutlich erkennbar sind aber erstens eine sinkende Bevölkerungsdichte und zweitens die Verkleinerung der sozialen Einheiten. Darum erscheint die Annahme folgerichtig, daß unter diesen Bedingungen die meisten der grundlegenden gesellschaftlichen Mechanismen, die zuvor die Entwicklung aufwendiger Techniken, der Kunst und der mit ihr wahrscheinlich verbundenen zeremoniellen Aktivitäten getragen hatten, völlig verschwanden – und im Azilien durch viel einfachere und weniger differenzierte Formen

Azilienzeitliche Gerätetypen aus Stein, Knochen und Geweih; verschiedene Fundplätze in Südwestfrankreich (etwa 11 000–12 500 Jahre alt).

des Zusammenlebens ersetzt wurden. Welche Erklärung man auch immer heranzieht, an der Tragweite dieser Veränderungen kann es nach den archäologischen Befunden ebensowenig Zweifel geben wie an dem engen Zusammenhang zwischen dem Kulturwandel am Ende der Altsteinzeit und den gleichzeitigen Verschiebungen der lokalen Klima- und Umweltbedingungen. Dieses Phänomen kennzeichnet in ganz Europa das Ende des Jungpaläolithikums und den Beginn des Mesolithikums.

3

DAS MESOLITHIKUM

Steven J. Mithen

Als Mesolithikum bezeichnen wir den Zeitraum zwischen dem Ende der letzten Eiszeit und dem Entstehen einer vorwiegend landwirtschaftlich orientierten Wirtschaftsweise. Diese beiden Grenzlinien sind zeitlich nicht sehr scharf zu setzen. Die kurzen Warmphasen während des Spätglazials vor ca. 12000–13000 Jahren lösten in einer Art »Fehlstart« das sogenannte Periglazial aus, während dessen sich Jäger und Sammler den wärmeren Umweltbedingungen anpaßten. Und direkt danach mußten sie noch einmal mit einer letzten intensiven Kälteperiode fertig werden, bis dann schließlich wärmere Bedingungen einkehrten. Jede Grenzziehung zwischen Paläolithikum und Mesolithikum wird daher immer etwas Willkürliches behalten; meist geht man jedoch von einem Datum vor ca. 10000 Jahren aus. Das archäologische Fundmaterial aus dieser Zeit läßt keinen klaren Unterschied zwischen dem Verhalten von paläolithischen und mesolithischen Jägern und Sammlern erkennen, sondern eher einen Prozeß fortschreitender Verhaltensänderungen, der in der letzten Vereisungsphase einsetzte, als die Menschen auf ihrer Suche nach Nahrung immer wieder neue, sich verändernde Landschaften erkundeten und ausnutzten. Beide, die paläolithischen und dann auch die mesolithischen Gesellschaften, waren durch diesen dauernden Prozeß der Anpassung an die Umwelt gekennzeichnet. Darüber hinaus datiert man heute viele der traditionell als mesolithisch betrachteten Merkmale, so etwa die Herstellung von Mikrolithen oder die Ausnutzung der Ressourcen an den Küsten, in das Paläolithikum zurück.

Gleichermaßen unscharf ist der Übergang vom Mesolithikum zum Neolithikum. Die Verwendung von Keramik, die Seßhaftigkeit und komplexe gesellschaftliche Organisation wurden früher als Eigentümlichkeiten neolithischer Gesellschaften betrachtet. Heute weiß man jedoch, daß all dies bereits im späten Mesolithikum weit verbreitet war. Umgekehrt geht man inzwischen davon aus, daß auch die Subsistenz von vielen der frühen neolithischen Gruppen vor allem auf wildwachsenden oder wildlebenden Nahrungsquellen basierte und weniger auf Landwirtschaft und Viehzucht. Vielleicht sollte man die Menschen dieser Zeit noch gar nicht als Bauern, sondern als vielseitige Jäger und Sammler betrachten. Doch selbst wenn es unmöglich ist, Beginn und Ende dieser Epoche genau zu datieren, das Mesolithikum ist eine der wichtigsten Perioden in der europäischen Urgeschichte. Am Ende des Pleistozäns, vor 10000 Jahren, lebten

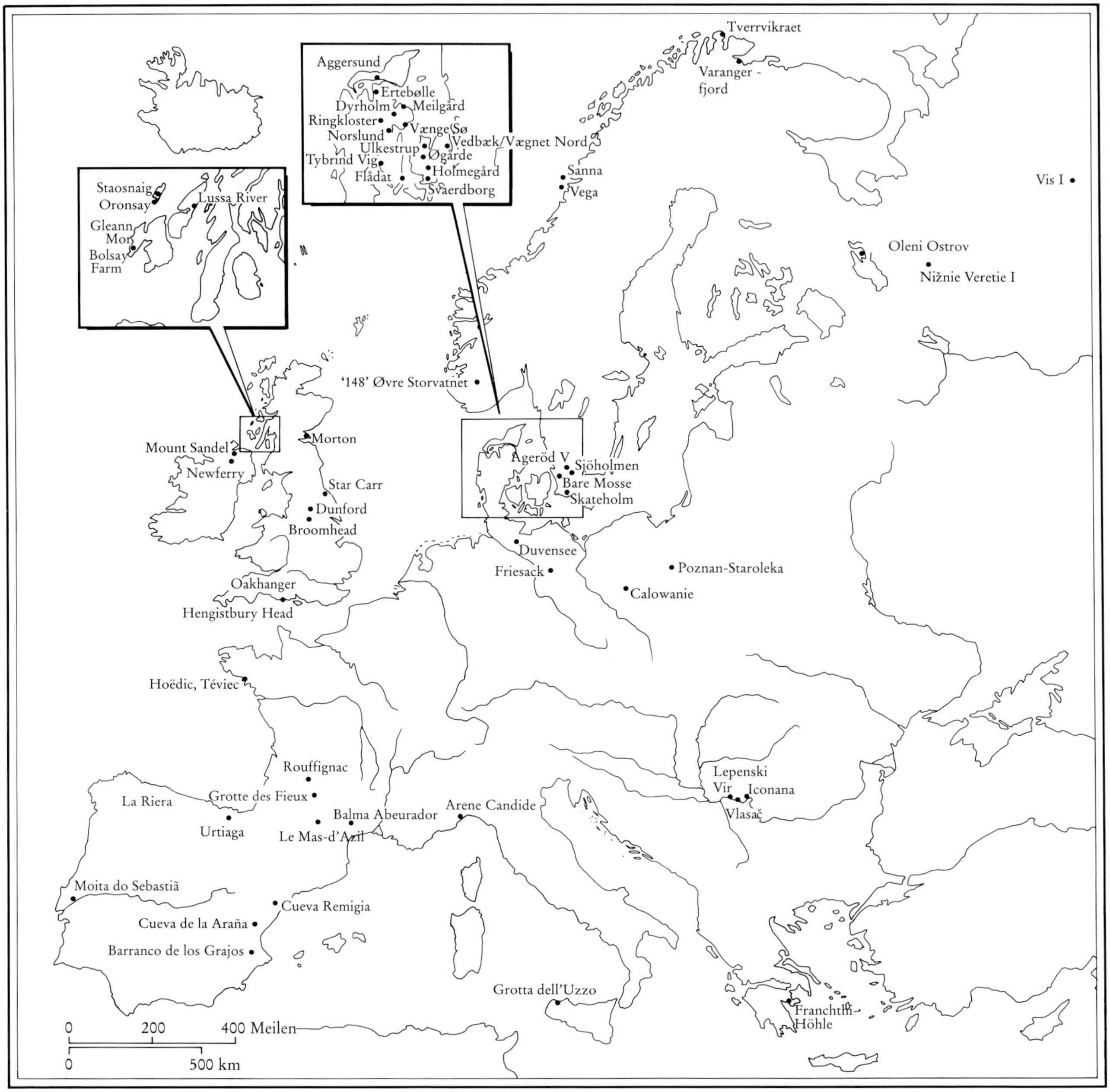

Die wichtigsten im Text erwähnten Fundplätze des Mesolithikums.

die Populationen auf eine Weise, die sich seit dem Auftauchen der ersten anatomisch modernen Menschen in Europa, etwa 30 000 Jahre vorher, nicht wesentlich verändert hatte. Sie lebten in egalitär organisierten Gesellschaften und sie waren in ihrer Lebensweise äußerst anpassungsfähig. Im Verlauf der folgenden 5 000 Jahre kam es zu drei irreversiblen Entwicklungen, die für die gesamte spätere Urgeschichte prägend sein sollten: es entstanden hierarchische Gesellschaftsstrukturen; die Menschen übernahmen landwirtschaftliche Wirtschaftsweisen; und sie griffen in die Natur ein und veränderten diese nachhaltig.

Dennoch würden wir das Mesolithikum unterschätzen, wenn wir es nur als Periode des Übergangs betrachteten und entsprechend erforschten. Viele seiner sozialen und technischen Kennzeichen lassen sich im Paläolithikum bzw. im Neolithikum finden, doch war deren besondere Konstellation und ihr Zusammenspiel im Mesolithikum einzigartig. Es ist ein Zeitraum bedeutender kultureller Errungenschaften in den Bereichen der Technik, der Subsistenzwirtschaft und der Kunst. Und tatsächlich wird das Mesolithikum oft als die Periode betrachtet, in der die Menschen die Auseinandersetzung mit der Umwelt bis an die Grenzen ihrer Möglichkeiten vorantrieben. So gesehen liefern die archäologischen Befunde ein wundervolles Zeugnis über die Fähigkeit der Menschen, sich in die Natur zu integrieren, ein Teil ihrer zu werden, anstatt sie nur auszubeuten.

Wir werden in diesem Kapitel die Epoche des Mesolithikums darstellen, indem wir uns auf Erkenntnisse von Fundplätzen zwischen Nordnorwegen und Südgriechenland stützen, und dabei versuchen, das Typische dieser Phase der europäischen Urgeschichte zu definieren. Wir werden darauf stoßen, daß es Ähnlichkeiten zwischen allen mesolithischen Gesellschaften gibt, die hauptsächlich in den Zwängen begründet sind, die die die vorrangig aneignende Wirtschaftsweise der Menschen nach sich zog. Unser Hauptaugenmerk werden wir jedoch auf die sozialen und wirtschaftlichen Unterschiede richten, die sich aus den doch sehr verschiedenen kulturellen Traditionen und Umweltbedingungen in Europa ergeben haben. So wollen wir unsere Nachforschungen mit einer kurzen Betrachtung der im Mesolithikum vorherrschenden Umweltbedingungen beginnen. Im Anschluß daran werden wir versuchen, ausgehend von den Artefakten, der Fauna und den Grabungsbefunden, Schritt für Schritt ein Bild von den Siedlungsformen und der Subsistenzwirtschaft zu entwerfen. Wir werden die Funde und Erkenntnisse, die uns Rückschlüsse auf die einzelnen Siedlungen erlauben, zusammenführen, um modellhaft den Zusammenhang von Siedlungsweise und Subsistenzwirtschaft im Mesolithikum herauszuarbeiten. Weiterhin wird es notwendig sein, einzelne Aspekte der Demographie, der gesellschaftlichen Struktur und der Kunst zu diskutieren, um schließlich eine Vorstellung vom kulturellen Wandlungsprozeß während dieser entscheidenden Phase in der europäischen Urgeschichte zu entwickeln.

DIE UMWELTBEDINGUNGEN

Die Vorgeschichte des Mesolithikums ist eng mit einer Reihe von Umweltveränderungen verknüpft, die auf das Ende der letzten Kaltzeit folgten. Mit der zunehmenden Erwärmung veränderte sich die Ausdehnung der Land- und Wassermassen sowie die Verbreitung von Pflanzen und Tieren. Die einschneidendsten und sehr gut erforschten Umweltveränderungen ereigneten sich in Nordeuropa, direkt dort, wo die Gletscher zurückwichen. In diesen Gebieten veränderten sich Erdoberfläche, Pflanzen- und Tierwelt mit einer zumindest für die geologische Zeitskala dramatischen Geschwindigkeit.

Ob sich die Menschen des Mesolithikums dieser Veränderungen bewußt waren oder nicht, bleibt offen. Es ist jedoch vorstellbar, daß es eine Art »kollektiver Erinnerung« an die Zeit weiträumiger Jagdgründe gab, die später vom Meer überflutet wurden.

DAS VERHÄLTNIS VON LAND UND WASSER In den nördlichen Regionen führten zwei Prozesse zur Veränderung von Form und Größe der Landmassen; einerseits gab es eine isostatische Anhebung derjenigen Landmassen, die zuvor vom Gewicht der Eismassen nach unten gedrückt worden waren, und andererseits das eustatische Ansteigen des Meeresspiegels infolge des aus den Gletschern zulaufenden Schmelzwassers. Isostatische Landgewinne beschränkten sich auf die Flächen, die zuvor unter den Eisdecken gelegen hatten. Sie waren aber im hohen Norden derart gravierend, daß heute nacheiszeitliche Küstenlinien zu erkennen sind, die mehr als 250 Meter über dem derzeitigen Meeresspiegel liegen. Diese Freigabe von Land verlief als langsamer und zeitlich verzögerter Prozeß; die Landmassen von Nordskandinavien heben sich noch heute. Der isostatische Ausgleich schuf in Skandinavien große Flächen, die dann von der sich ausbreitenden Vegetation und von den mesolithischen Jäger- und Sammlergruppen erobert werden konnten. Das entgegengesetzte eustatische Ansteigen des

Festland, Meer und Gletscherzonen in Nordeuropa, vor etwa 10 500 Jahren. England war noch durch eine Tiefebene mit dem Kontinent verbunden. Erst im Verlauf des Mesolithikums entstanden durch den ständigen Meeresspiegelanstieg der Ärmelkanal und die Nordsee.

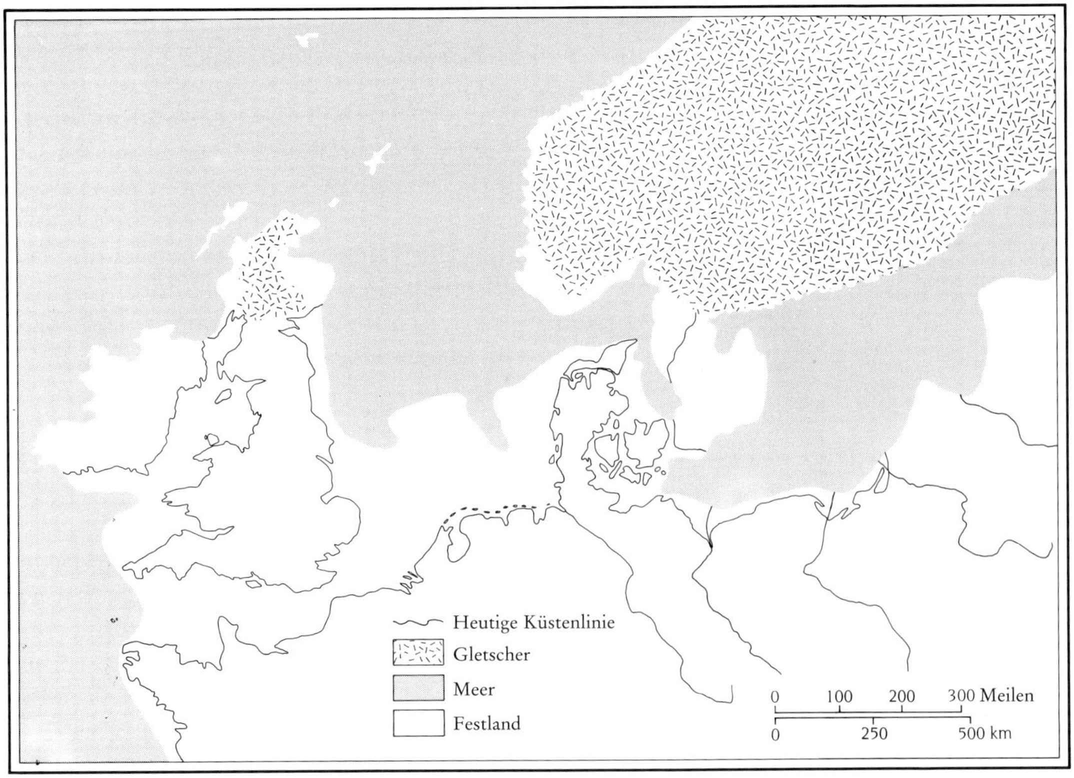

Meeresspiegels verlief dagegen relativ schnell und zog alle Landschaften in Mitleidenschaft. Es führte zur Überflutung eiszeitlicher und früher nacheiszeitlicher Küstenstreifen und in manchen Gegenden, wie z. B. in Südskandinavien, zum Verlust großer Landflächen und damit auch zur Verkleinerung der Jagdgebiete. England wurde vor etwa 8 500 Jahren endgültig vom Kontinent getrennt. Die Kombination dieser beiden Prozesse prägte zusammen mit unterschiedlichen Enteisungsgeschwindigkeiten die bemerkenswerte Vielfalt der spezifischen Küstenformen in Nordeuropa.

Betrachtet man den Bottnischen Meerbusen, kann man die Komplexität dieser Umweltveränderungen sehr gut nachvollziehen. Während der letzten Vereisung war dieses Gebiet ein vom Eis aufgestauter Binnensee, der sich über das heutige Südschweden, die Baltischen Inseln, nach Estland und Finnland erstreckte. Als sich das Eis zurückzog, drang Salzwasser, das auch Meereslebewesen mitbrachte, in dieses Becken ein. Der hier verspätet einsetzende Prozeß isostatischer Landhebung glich jedoch den eustatischen Meeresspiegelanstieg aus, und aufs neue entstand ein Süßwassersee, der sogenannte Ancylussee. Vor etwa 7 000 Jahren begann dann der Meeresspiegel wieder zu steigen, die Landbarriere im Südosten wurde erneut durchbrochen, und das Gebiet vom Meer zurückerobert: Das nacheiszeitliche, salzhaltige Litorinameer war entstanden.

VERÄNDERUNGEN DER VEGETATION Gleichzeitig mit diesen Veränderungen im Verhältnis von Land und Wasser erfolgte eine Verwandlung der offenen Tundra-Gebiete in bewaldete Landschaften. Pollenproben aus Nordeuropa weisen auf das Vordringen verschiedener Baumarten, das schließlich zum Entstehen dichter Wälder führte. Wir können aus den Pollenprofilen Linien gleicher Pollenkonzentrationen ablesen, die die Verbreitung einzelner Baumarten wie Linde und Eiche in Europa zeigen. Die Verbreitung und Aufeinanderfolge verschiedener Baumarten hing von einem komplizierten Wechselspiel verschiedener Faktoren ab: unter anderem von zunehmender Erwärmung, Bodenbildung, Ausbreitungsgeschwindigkeit einzelner Baumarten und Lage der vorherigen Rückzugsgebiete. Relikte von Käfern lassen erkennen, daß viele Gegenden bereits lange warm genug für einzelne Baumarten gewesen waren, bevor diese aus ihren Rückzugsgebieten in Süd- und Osteuropa wieder nach Norden vordrangen. Typisch für die früheste nacheiszeitliche Landschaft in Nordeuropa waren offene, mit niedrigen Krautgewächsen bedeckte Flächen, die auch einige kälteresistente Baumarten wie Birke, Espe, Weide und Wacholder zeigen. Mit ansteigenden Temperaturen drangen auch Kiefern und Haselsträucher vor, gefolgt von wärmeliebenden großblättrigen Arten, so daß schließlich der Mischwald des mittleren Postglazials, des sogenannten Atlantikums, entstand, der sich vorwiegend aus Eichen, Linden, Ulmen und bei feuchten Böden aus Erlen zusammensetzte. Infolge der steigenden Temperaturen und der zunehmenden Vegetation füllten sich auch die Seen mit organischen Ablagerungen. Dieser Prozeß setzte direkt nach der Eisschmelze ein, und viele flache Seen verlandeten im Verlauf des Mesolithikums vollständig.

In Südeuropa, weit entfernt von den ehemaligen Gletscherrandzonen, verliefen die Veränderungen der Pflanzenwelt weniger dramatisch. Hier waren es weniger die niedrigen Temperaturen als vielmehr die fehlende Feuchtigkeit, die die Ausbreitung der spätpleistozänen Vegetation einschränkte. In Südfrankreich und auf der Iberischen

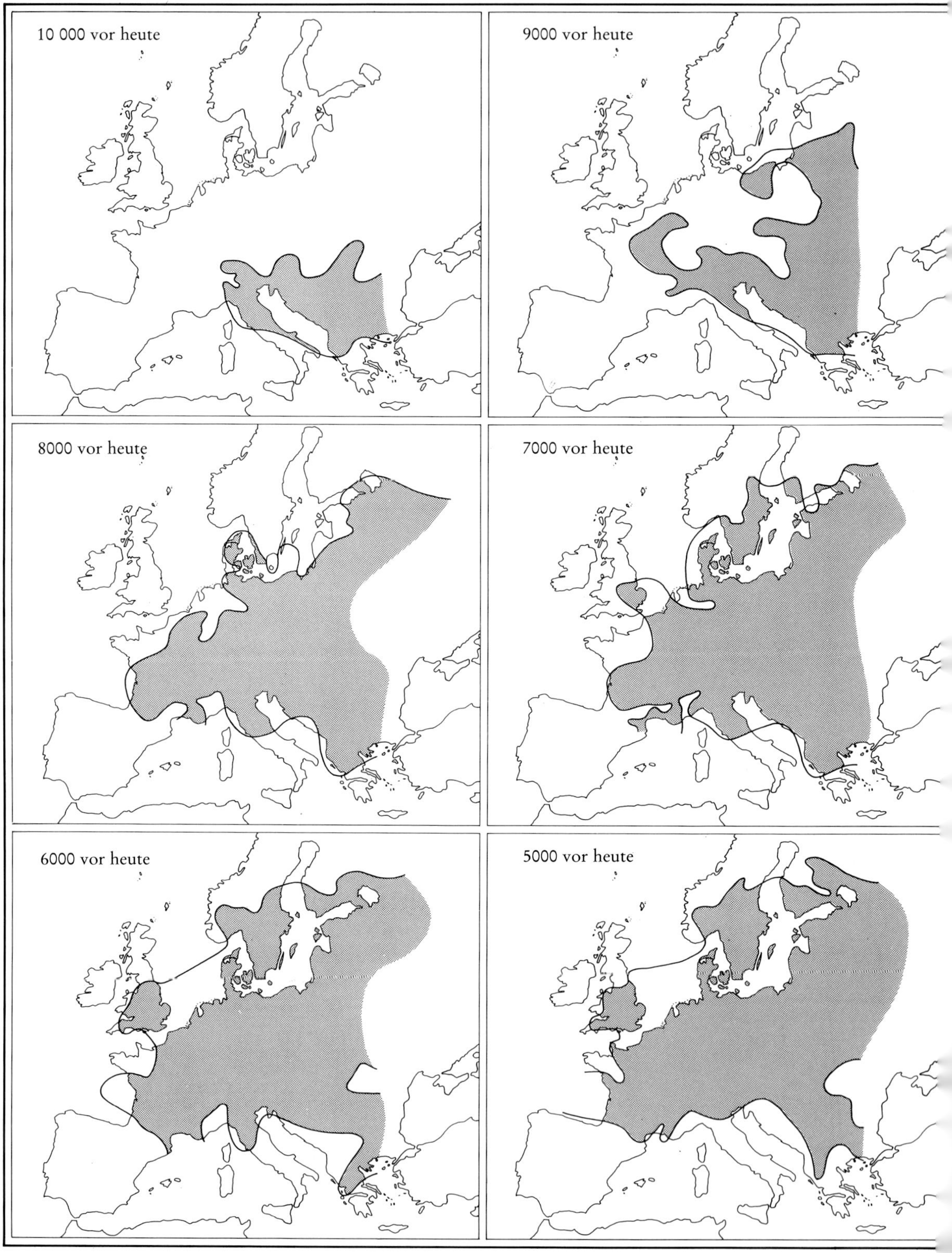
10 000 vor heute
9000 vor heute
8000 vor heute
7000 vor heute
6000 vor heute
5000 vor heute

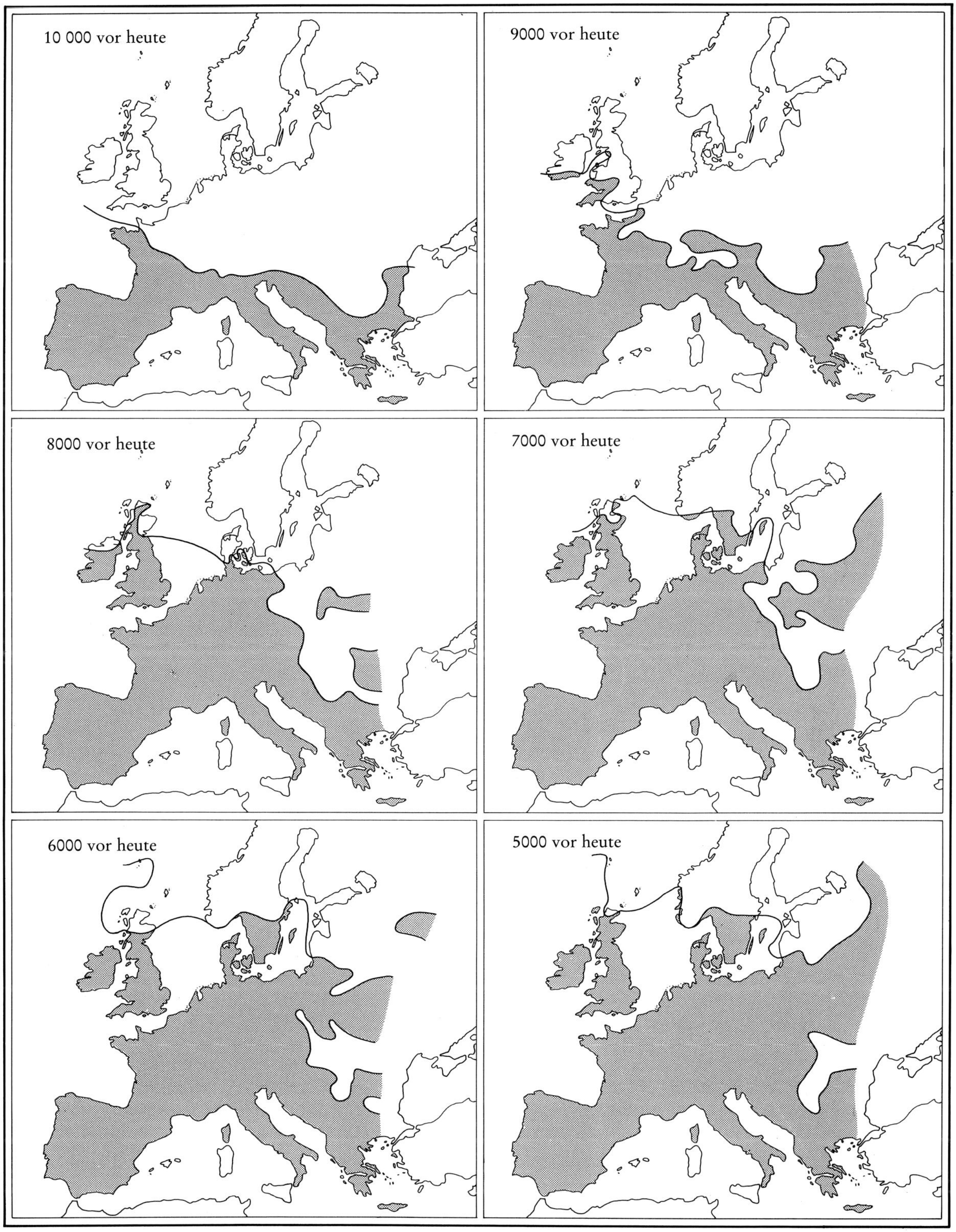

Mit sogenannten Isopollen-Karten läßt sich die Verbreitung einzelner Pflanzenarten in Europa darstellen. Die Karten zeigen (*linke Seite*) die Verbreitung der Linde (*Tilia*) und (*oben*) die Verbreitung der Eiche (*Quercus*) durch Kennzeichnung der Gebiete, in denen sie mindestens 1 bzw. 5 Prozent der gesamten Baum- bzw. Strauchpollen ausmachen.

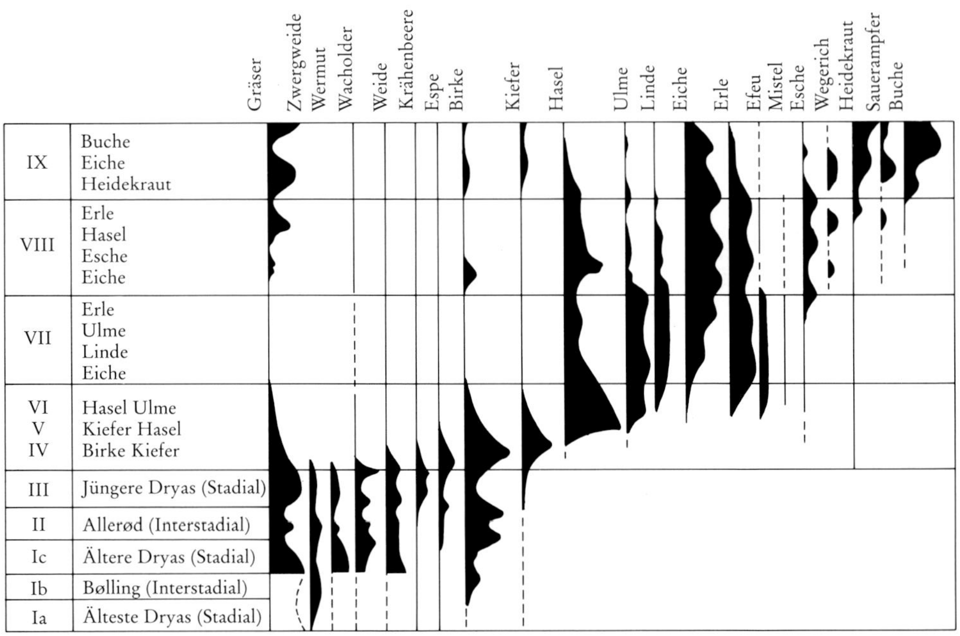

Die deutlichen Veränderungen der Vegetation während des Mesolithikums lassen sich anhand der Häufigkeit von Pollen in Sedimenten gut erkennen. Dieses Pollendiagramm aus Dänemark, das die Zeitspanne von 11 000 v. Chr. bis heute umfaßt, ist typisch für fast ganz Nordeuropa. Die römischen Zahlen links geben die Vegetationszonen an.

Halbinsel gab es gegen Ende des Pleistozäns spärlichen Bewuchs aus Kiefern und Wacholder. Im Lauf des frühen Postglazials verbreiteten sich Kiefern auch in höheren Lagen, während im Tiefland Laubwälder dominierten. Die Zusammensetzung der dortigen Eichenwälder hat sich offenbar von der in Nordeuropa unterschieden; im Mittelmeerraum wuchsen viel weniger Ulmen, Linden und Erlen. Im östlichen Mittelmeerraum gab es auf dem Höhepunkt der letzten Vereisung nur vereinzelte, verstreute Waldflächen inmitten einer vorwiegend steppenartigen Landschaft. Mit der Verbesserung des Klimas stellten sich zuerst Kiefern, dann Eichen ein und verbreiteten sich schnell. Weitere Temperaturanstiege und ergiebigere Niederschläge führten zur Verbreitung von Arten wie Birke und Hainbuche. In trockeneren Gebieten, wie etwa in Südgriechenland, hat es vermutlich nie bedeutende Baumbestände gegeben, und man beschreibt die Vegetationsform dort wohl am besten als offene Parklandschaft.

DIE NACHEISZEITLICHE FAUNA Nicht nur die Vegetation, auch die postglaziale Tierwelt unterscheidet sich deutlich von der der letzten Vereisungsperiode. Mehrere große Säugetierarten wie Wollhaarnashorn, Mammut und Riesenhirsch starben aus, die Rentierherden wurden in die nördlichsten Breitengrade abgedrängt. An die Stelle der großen wandernden Herden aus Rentieren und Pferden, die zuvor in der offenen Tundra gelebt hatten, trat nun ein artenreicheres Spektrum von Huftieren, die in kleineren Gruppen zusammenlebten und keine Wandergewohnheiten aufwiesen. Vorherrschend waren Rot- und Rehwild, Wildschweine, Auerochsen und Elche. Auch kleinere Säugetiere verbreiteten sich in vielen Arten und sehr zahlreich, vor allem in den dichten Wäldern des mittleren Postglazials. Wie die Vegetation war auch die Zusammensetzung der nacheiszeitlichen Fauna von einer Reihe klimatischer und ökologischer Faktoren abhängig, und das führte zu beträchtlichen regionalen Unterschieden in Europa. Aufgrund der andauernden klimatischen und vegetabilen Veränderungen und auch wegen der Aktivitäten der Menschen wandelte sich die Fauna während der Dauer des gesamten Mesolithikums. So scheinen z. B. Auerochsen und Elche während des späten Mesolithikums in Ostdänemark bereits ausgestorben zu sein, was vermutlich auch auf deren intensive Bejagung durch mesolithische Gruppen zurückzuführen ist. Es ist jedoch sehr schwierig, die natürliche Umgebung vergangener Zeiten detailliert zu rekonstruieren, da die Mehrzahl der Tier- und Pflanzenrelikte von archäologischen Fundplätzen stammen und so einen »kulturellen Filter« durchlaufen haben. Wenn in einem Lebensraum eine bestimmte Spezies fehlt, ist oft unklar, ob sie dort während des frühen Postglazials tatsächlich nicht vertreten war oder ob sie von den mesolithischen Jägern und Sammlern einfach nicht genutzt wurde.

In den Meeren war die Fauna während der Nacheiszeit viel artenreicher als im vorangegangenen Glazial. Das Spektrum der großen Meereswirbeltiere reichte von Walen und Haien bis hin zu Tümmlern und Delphinen. Eine ganze Reihe von Salzwasserfischen und Schalentieren waren den Menschen als Nahrungsquelle verfügbar. Viele dieser Arten zogen allerdings im Meer umher und waren daher nur zu bestimmten Jahreszeiten zu bejagen. Auch die Süßwasserlagunen, die Seen und Flüsse beherbergten bald eine große Vielfalt an tierischen Lebensformen; Wasservögel, aber auch viele Arten von Süßwasserfischen wie Hecht, Schleie und Brassen vermehrten sich rasch.

DIE ENTWICKLUNG DER LANDSCHAFT Obgleich es relativ einfach ist, die Veränderungen, die sich in Landschaft, Flora und Fauna vollzogen, getrennt zu behandeln, sollten wir nicht vergessen, daß alle drei Vorgänge in Wirklichkeit eng miteinander verbunden sind. Wir müssen daher die Veränderung der Umweltbedingungen zu Beginn und während des Postglazials ebenso betrachten wie den Prozeß der Landschaftsentwicklung. Dieser Vorgang läßt sich sehr gut anhand der Halbinsel Argolis nachvollziehen, dem östlichen Küstengebiet des südgriechischen Peloponnes. Das Gebiet wurde im späten Pleistozän und im Holozän von den Bewohnern der Franchthi-Höhle genutzt. Vor 20 000 Jahren erstreckte sich dort eine weite Küstenebene, und der Meeresspiegel lag mehr als 120 Meter tiefer als heute. Die Ebene war mit einer Steppenvegetation bedeckt, stellenweise mag es Baumwuchs gegeben haben, vor allem um Feuchtgebiete und Wasserlöcher herum. Große Herden von Pferden und – aller Wahrscheinlichkeit nach – von Paarhufern grasten dort. Als der Meeresspiegel anstieg, verkleinerten sich die Ebene und damit auch die Weideflächen, bis dann vor etwa 8 000 Jahren nur noch ein schmaler Streifen mit Sandstränden und Marschen übrigblieb. Und auch davon ist heute nichts mehr zu sehen; die Küstenlinie bilden heute Felsen und Geröll direkt unter steilen Klippen. Daraus ergibt sich aber, daß die Jäger und Sammler der Nacheiszeit ihre Überlebensstrategien ständig einer sich schnell verändernden Landschaft anpassen mußten.

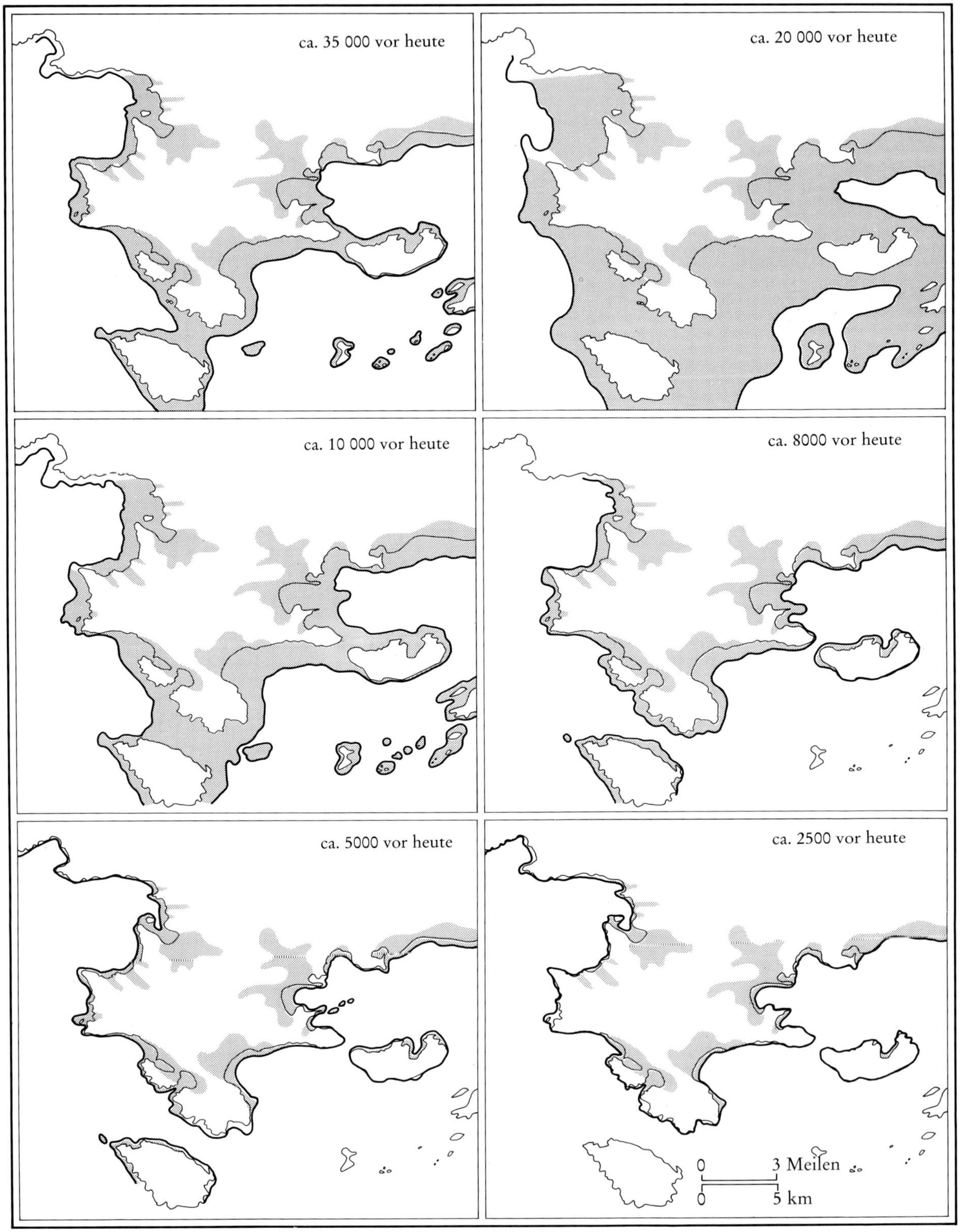

Die Entwicklung der Küstenlinien der südlichen Argolis (heute Golf von Nauplia) im späten Quartär verdeutlicht das sich verändernde Verhältnis zwischen Festlandflächen und Meer. Die schraffierten Gebiete sind Küstenebenen und niedrigere Täler.

UMWELTBEDINGUNGEN Die Veränderungen von Flora und Fauna zeigten sich nicht nur in Anzahl und Vielfalt der Arten. Die gesamte Struktur des nacheiszeitlichen Ökosystems war deutlich komplexer und weniger stabil als während des späten Glazials. Jede Spezies, auch der Mensch, ging viel mehr Verbindungen mit anderen Lebewesen ein als zuvor, sei es in Form von Jäger-Beute-Beziehungen, sei es im Kampf um Ressourcen. Die Ökosysteme reagierten empfindlicher auf periodische, aber nicht vorhersagbare Schwankungen in Zusammensetzung und Zahl der Arten. Die Umwelt war daher insgesamt durch deutliche jahreszeitliche Veränderungen von Vegetation und Tierwelt gekennzeichnet. Neben diesen periodischen Schwankungen waren auch ausgeprägte kleinräumige Unterschiede typisch für die nacheiszeitlichen Landschaften. Bestimmte Landstriche und Plätze innerhalb dieser Regionen waren reich an Ressourcen, vor allem die Flüsse, Seen und Küsten. Im Landesinneren gelegene Regionen boten dagegen insgesamt weniger Biomasse und weniger vielfältige Ressourcen. Diese zeitlichen und räumlichen Unterschiede und auch die Artenvielfalt und die Größe der Tierpopulationen müssen wir in unsere Betrachtungen mit einbeziehen, wenn wir die Lebensweise der Menschen im Mesolithikum verstehen wollen. Die Technik, mit der sich die Menschen die Umwelt zunutze machten, war darauf ausgerichtet, sich mit der Struktur und dem Nahrungsangebot dieser Umwelt auseinanderzusetzen.

DIE TECHNIK

Wie in älteren Zeitabschnitten dominieren auch im Mesolithikum Steinartefakte das archäologische Fundspektrum. Aus Feuerstein, der in den meisten Gegenden vorhanden war, wurden geschickt zurechtgeschlagene Pfeilspitzen und andere Geräte hergestellt. Die guten Erhaltungsbedingungen für organische Materialien in den Mooren Nordeuropas ermöglichen zudem einen Einblick in die vielfältige und hochentwickelte Verwendung von Geweih, Knochen und Holz. An einigen Fundplätzen blieben sogar Reste von Schutzhütten und Transportmitteln erhalten.

DIE VERWENDUNG VON FEUERSTEIN Aus dem Mesolithikum stammende Steinbrüche zur Feuersteingewinnung sind selten; in vielen Teilen Europas hat es vermutlich gar keine gegeben. Eine Ausnahme bilden die Steinbrüche an den Nordhängen des Heilig-Kreuz-Gebirges am Südrand der polnischen Tiefebene. Dort wurde ein hochwertiger, schokoladenbrauner Feuerstein abgebaut, den man über ein weites Gebiet hinweg wiederfindet, was vermutlich auf die Beweglichkeit der einzelnen Gemeinschaften zurückzuführen ist und weniger auf Handelsbeziehungen. In den meisten Gegenden aber genügten die Feuersteinvorkommen an der Erdoberfläche den Ansprüchen der Mesolithiker. Dies können primäre Lagerstätten gewesen sein, wie etwa im Kreidegebiet Südenglands, oder aber umgelagerte Vorkommen wie einzelne Flintknollen in eiszeitlichen Moränen oder Strandgeröll. Beide Lagerstättentypen könnten gezielt aufgesucht oder auch nebenbei, während anderer Aktivitäten, auf Jagdzügen etwa, ausgebeutet worden sein. Bekannt sind einige direkt neben den Flintvorkommen gelegene

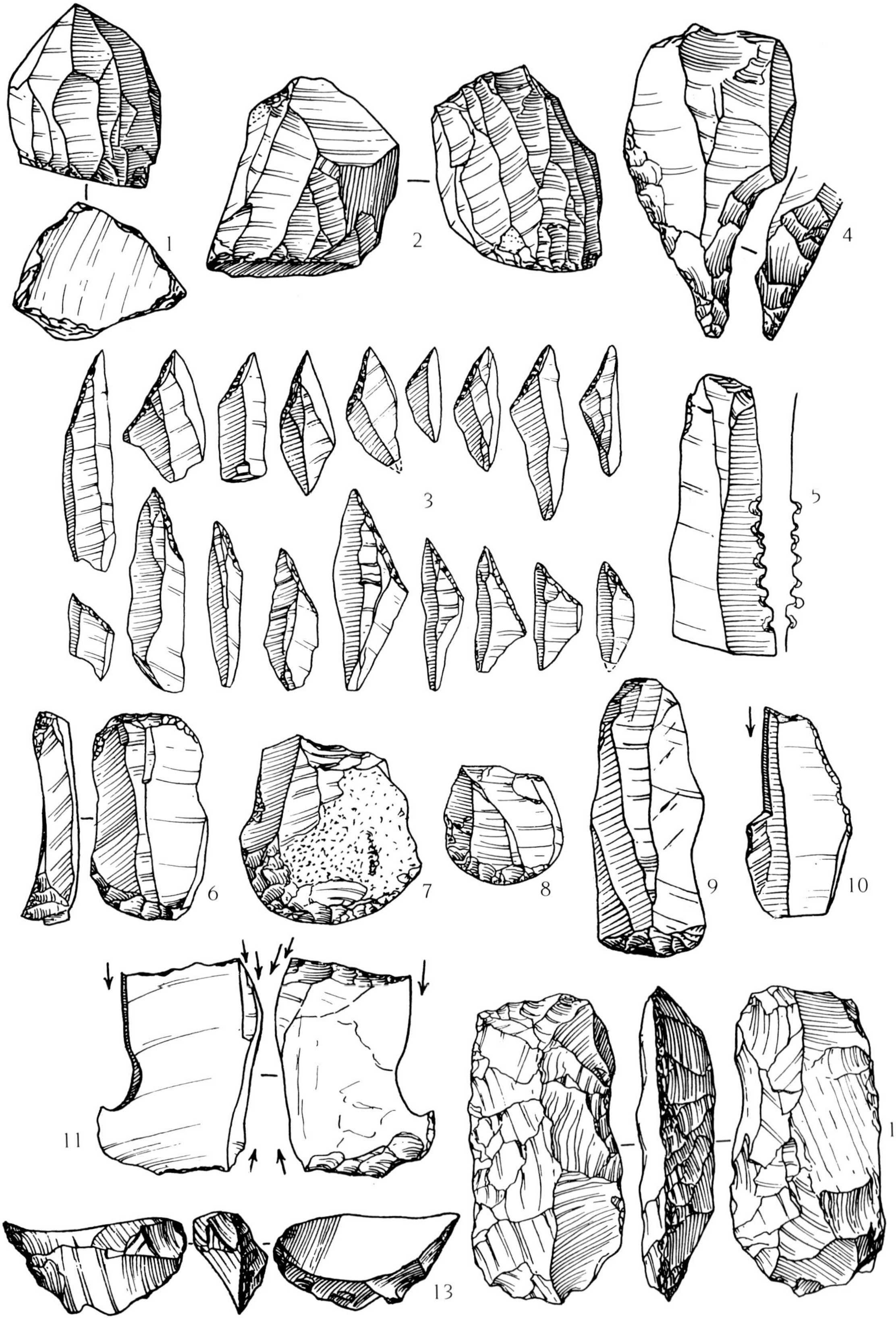
1
2
4
3
5
6
7
8
9
10
11
12
13

Werkstätten, z. B. bei Poznan-Staroleka in Polen neben einem großen Vorkommen von umgelagertem Flint. Das Fundmaterial setzt sich dort wie auch an vergleichbaren Plätzen aus zahlreichen Kernsteinen und Primärabschlägen zusammen, jedoch mit sehr wenigen retuschierten Werkzeugen. Feuerstein war nicht die einzige Gesteinsart, die im Mesolithikum benutzt wurde. Wo er nicht verfügbar war oder wenn er sich für spezielle Verwendungen nicht eignete, stand den Mesolithikern eine ganze Reihe anderer Gesteine zur Verfügung. Scharfkantige Abschläge für Kratzer oder Pfeilspitzen ließen sich aus Quarz und Quarzit ebenso gut wie aus Feuerstein herstellen. Grabungen in Gleann Mor, Staosnaig und in Lussa River auf den schottischen Hebriden weisen darauf hin, daß in mesolithischen Gerätespektren um so häufiger Quarzgeräte zu finden sind, je weiter entfernt die nächsten Feuersteinvorkommen waren. Schieferplatten z. B. lassen sich sehr gut spalten und polieren; in Nordskandinavien sind Schiefermesser wichtiger Bestandteil im mesolithischen Werkzeugkasten. Auch mit dem feinkörnigen Grünstein konnte man gute Abschläge erzielen, Gneis und einige andere Gesteinsarten dagegen mußten pickend bearbeitet werden, wenn man aus ihnen Artefakte wie Äxte und Querbeile herstellen wollte. Die Verwendung einer weiten Spanne örtlich vorkommender Rohmaterialien ist ein typisches Merkmal des Mesolithikums.

In bestimmten Gebieten Europas läßt sich beobachten, daß die verwendeten Rohstoffe wechselten, was auf bedeutende Veränderungen der sozio-ökonomischen Strukturen hindeuten könnte. So zeigt sich z. B. in Nordengland ein deutlicher Wechsel der verwendeten Rohmaterialien zwischen dem frühen und dem späten Mesolithikum, wobei die Grenze etwa im 9. Jahrtausend vor unserer Zeit zu ziehen sein dürfte. Zunächst wurden hier Werkzeuge aus hochwertigem weiß-grauen Feuerstein gefertigt. Im Laufe der Zeit wurde dieser dann durch verschiedene qualitativ schlechtere Hornsteinarten und durch lichtdurchlässigen Feuerstein ersetzt. Man könnte auf diese Gesteinsarten ausgewichen sein, weil man den, vielleicht aufgrund des Bevölkerungswachstums, gestiegenen Bedarf mit hochwertigem Feuerstein nicht mehr decken konnte oder weil die Lagerstätten aufgebraucht bzw. durch das Ansteigen des Meeresspiegels verlorengegangen waren. Genausogut könnte der Wechsel eine Veränderung in den Mobilitätsstrukturen widerspiegeln. Möglicherweise haben die Jäger und Sammler des späten Mesolithikums aufgrund ihrer Wirtschaftsweise nur noch kurze Entfernungen zurückgelegt und sich deshalb mit den örtlichen Rohstoffen zur Werkzeugherstellung begnügt, auch wenn diese von minderer Qualität waren. Ähnliche Gründe könnten für den Wechsel von Obsidian zu Quarz und Quarzit bei den mesolithischen Kulturen an der mittleren Donau vor 8000 Jahren verantwortlich sein.

Feuerstein war das wichtigste Rohmaterial im Mesolithikum, aus dem ein großes Spektrum von Steingeräten hergestellt wurde. Die einzelnen Gerätetypen unterscheiden sich von Fundplatz zu Fundplatz deutlich, abhängig von der Art des Feuersteins (Größe der Flintknollen, Körnung, Lagerstätte), den funktionalen Bedürfnissen bzw. von den an dem spezifischen Arbeitsplatz ausgeführten Tätigkeiten und nach dem kulturellen Kontext der Menschen, die die Geräte herstellten. Die abgebildeten Werkzeuge stammen aus Star Carr und stellen das typische Spektrum von Artefakten dar, das man an mesolithischen Fundplätzen findet. Nr. 1–2: Klingenkerne zur Herstellung der Abschläge,die später zu Werkeugen weiterbearbeitet wurden; Nr. 3: Mikrolithen, vermutlich Projektilspitzen; Nr. 4: Ahle; Nr. 5: gezähnte Klinge; Nr. 6–9: Schaber; Nr. 10–11: Stichel, vermutlich zur Bearbeitung von Stein oder Geweih; Nr. 12: ein Querbeil und Nr. 13: Schärfungsabschlag von einem Querbeil (Dechsel).

Viele mesolithische Feuersteinwerkzeuge waren aus kleinen Klingen gefertigt, die man von kegelförmigen Kernsteinen abschlug. Um von diesen oft sehr kleinen Kernsteinen Klingen abzuschlagen, war großes Geschick erforderlich. Wahrscheinlich benutzte man daher Halterungen aus Holz, in die man die Kernsteine bei der Gewinnung von Klingenabschlägen einklemmte. In einigen Gegenden, etwa in Skandinavien, wurden Kernsteine mit Handhaben versehen. Die derart vergrößerten Stücke konnten an einem Ende festgehalten werden, während von der anderen Seite Klingen abgespalten wurden. Die Klingentechnik war im Mesolithikum vorherrschend, auch wenn zum Fertigen von Abschlägen noch eine Reihe anderer Methoden angewandt wurden. In Gegenden, in denen die Feuersteinknollen klein oder von minderer Qualität waren, wurden die Kernsteine beidseitig bearbeitet, um dünne, rasiermesserscharfe Abschläge und Klingen zu erhalten.

Blattförmige Pfeilspitzen aus Schiefer; Mesolithikum, Finnland.

Bei sorgfältiger Untersuchung des lithischen Fundmaterials lassen sich reichhaltige und vielfältige Informationen über mesolithische Methoden der Steinbearbeitung gewinnen. Dies gilt besonders, wenn zur Analyse Abfallstücke und Gerät wieder zusammengesetzt werden und auf diesem Weg die »Biographien« von Kernsteinen rekonstruiert werden können. So wurden z. B. in Bare Mosse II, einem frühmesolithischen Fundplatz im südschwedischen Schonen immerhin 48 Prozent der 817 gefundenen Artefakte wieder zusammengesetzt und ergaben sieben Hauptgruppen aus unterschiedlichen Abschlags- und Klingenformen. Anhand dieser Gruppen können die einzelnen Bearbeitungsschritte an jedem Kern rekonstruiert werden. Zu diesen Arbeitsschritten zählen das Entfernen der Steinoberfläche und von Unregelmäßigkeiten, die Vorbereitung von Schlagflächen, das Abtrennen von Abschlägen und Klingen sowie deren Retuschierung zu Werkzeugen. Beim Wiederzusammensetzen der einzelnen Teile fehlten häufig Stükke, z. B. auch die Kernsteine; sie wurden vermutlich aufbewahrt und zu anderen Lagerplätzen mitgenommen. In Bare Mosse II kann man eine ganz spezifische Methode der Abschlagsgewinnung und der Werkzeugherstellung erkennen, mit der jeder Kern bearbeitet wurde. Dies verweist auf Grenzen, die das Rohmaterial der Bearbeitung setzte, auf gleichbleibende Funktionen der Werkzeuge und auf Traditionen der Werkzeugherstellung innerhalb der Gruppe. Es war weiterhin erkennbar, daß das lithische Abfallmaterial in einem bestimmten räumlichen Schema verteilt war. Das wiederum deutet darauf hin, daß die verschiedenen Schritte der Werkzeugproduktion an verschiedenen Stellen des Lagerplatzes durchgeführt wurden. Ganz allgemein hat die Analyse des Restmaterials zur Rekonstruktion der Steinbearbeitung und ihrer Methoden in den letzten Jahren immer größeren Raum in der mesolithischen Forschung gewonnen und damit die herkömmlichen und wohl überholten Typologiestudien verdrängt.

DIE MIKROLITHEN Oft wird das Mesolithikum direkt mit den Mikrolithen, mit der Verwendung von kleinen retuschierten Klingen oder Klingensegmenten assoziiert. Doch dies ist nicht immer so; einige Industrien des Mesolithikums, wie z. B. die spätmesolithische Larnian-Gruppe in Irland, stellten große, breite Klingen her, hier war das Mesolithikum also »makrolithisch«. Andere Funde zeigen, daß in einigen Industrien des Jungpaläolithikums, so z. B. im Magdalénien (vor ca. 17000–11000 Jahren), bereits Mikrolithen angefertigt wurden. Dennoch bleibt der Mikrolith charakteristisch für die Epoche des Mesolithikums.

Mikrolithen können die unterschiedlichsten Formen und Größen haben. Die Klassifizierung dieser Varianten und Typenbildung aufgrund von morphologischen Unterscheidungsmerkmalen war und bleibt eine der wichtigsten Aufgaben der Archäologen. Die Häufigkeit, mit der bestimmte Typen in den Fundkomplexen vertreten sind, dient zur Unterscheidung von Industrien und Kulturgruppen. Was diese zunächst nur archäologisch definierten Kulturgruppen im Mesolithikum tatsächlich charakterisiert, bleibt unklar, aber man geht meist von einer Art ethnischer Identität aus. Am besten läßt sich dieser typologische Ansatz in Südskandinavien veranschaulichen, wo aufgrund eines reichhaltigen archäologischen Fundmaterials, einer lang zurückreichenden Geschichte der Feldforschung und aufgrund einer sich in der Vergangenheit schnell verändernden Steintechnologie ein großes Spektrum typologisch unterschiedlicher Mikro-

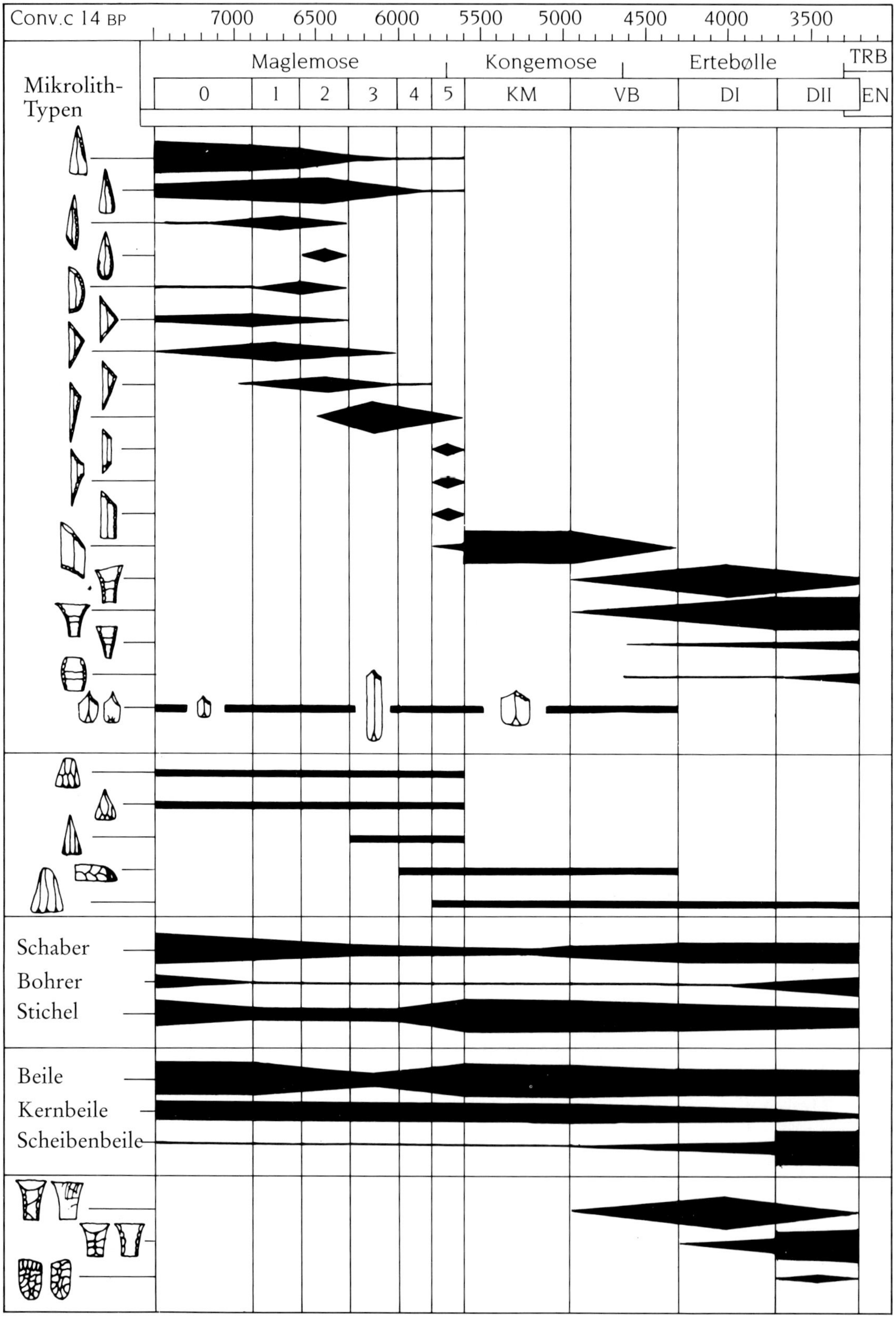

Conv.c 14 BP
7000
6500
6000
5500
5000
4500
4000
3500
Maglemose
Kongemose
Ertebølle
TRB
Mikrolith-Typen
0
1
2
3
4
5
KM
VB
DI
DII
EN
Schaber
Bohrer
Stichel
Beile
Kernbeile
Scheibenbeile

lithen zur Verfügung stehen. Bis 1973 war es gelungen, anhand dieser Mikrolithen und anderer Artefakte zehn mesolithische Phasen in der Steinbearbeitung zu unterteilen, die dann in drei Kulturen zusammengefaßt wurden: die Maglemose-Kultur (etwa 9 500–7 600 vor heute), die Kongemose-Kultur (etwa 7 600–6 500 vor heute) und die Ertebølle-Kultur (etwa 6 500–5 200 vor heute). In letzter Zeit wurden sogar noch feinere Unterteilungen vorgenommen; Befunde und Ergebnisse aus Ostdänemark wurden herangezogen, um die Kongemose- und die Ertebølle-Kulturen aufgrund von Veränderungen der Mikrolithen in fünf verschiedene Phasen einzuteilen. Auch für andere Teile Europas erarbeitete man ähnliche Kulturabfolgen; z. B. für Nordosteuropa, wo man das mesolithische Fundmaterial in ein kompliziertes System von Kulturen gruppierte, die sich über Zeit und Raum hinweg durch typische Artefakte voneinander unterscheiden.

Wenn wir von diesen regionalen Chronologien einmal absehen, können wir, auf der Grundlage von Mikrolithformen und Radiokarbon-Datierungen, in Europa drei Hauptphasen im Mesolithikum unterscheiden. Kennzeichen der ersten Phase sind schräg abgestumpfte Flintspitzen. Star Carr (bei Scarborough, Yorkshire) ist in England ein klassischer Fundplatz aus dieser Phase, die vor etwa 9 000 Jahren endete. Während der zweiten Phase ist eine immense Vergrößerung des mikrolithischen Formenspektrums erkennbar; da diese Mikrolithen aus kleineren Klingen hergestellt wurden, spricht man oft von den »Schmalklingen-« oder »geometrischen Industrien«. Sie umfassen eine ganze Reihe unterschiedlicher Formen wie schiefwinklige oder laufschmale Dreiecke und lanzettförmige Typen. Aus dem 10. Jahrtausend vor heute stammen

links Chronologische Abfolge von Mikrolithformen und anderer typischer Steingeräte, aus dem Mesolithikum in Dänemark.

unten Unterschiedliche Projektilspitzen aus den fünf Phasen des Spätmesolithikums in Nordostdänemark. (1) Villingebæk-Phase (frühe Kongemose); (2) Vedbæk-Phase (späte Kongemose); (3) Trylleskov-Phase (frühes Ertebølle); (4) Stationsvey-Phase (mittleres Ertebølle); (5) Ålekistebro-Phase (spätes Ertebølle).

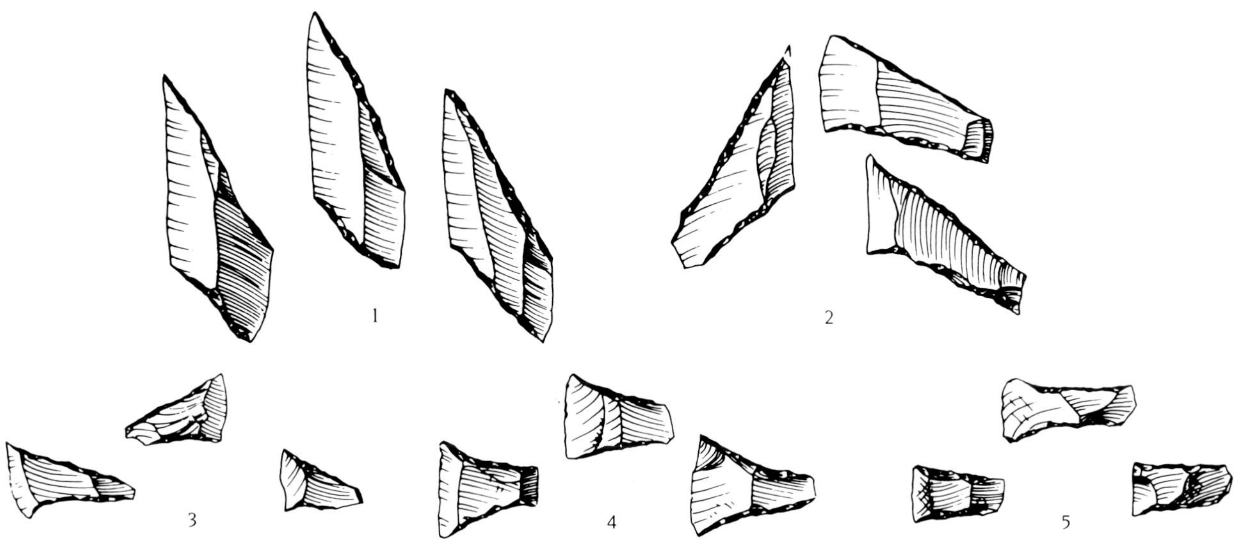

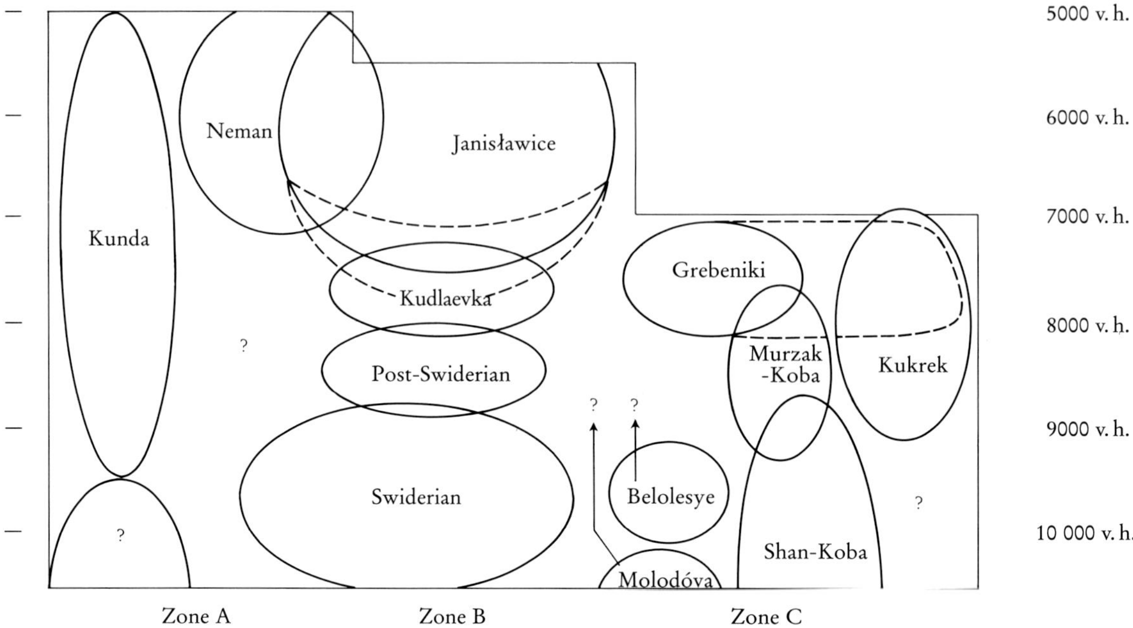

Die Industrien und Kulturen des Mesolithikums (und anderer Perioden) werden archäologisch bislang auf der Basis von Artefakttypologien und Fundvergesellschaftungen definiert. Die daraus resultierenden Zusammenhänge sind oft komplex: Das zeigen die hier dargestellten Kulturabfolgen aus dem westlichen Teil der osteuropäischen Tiefebene. Mindestens neun verschiedene typologische Einteilungen wurden für dieses Gebiet entwickelt. Die drei Zonen A–C beziehen sich auf die Untergliederung des Gebietes nach Breitengraden bzw. nach den Umweltbedingungen. Zone A: nördliche Tiefebenen und Seen; Zone B: zentrale Tiefebenen und Flußtäler; Zone C: die südliche Hoch-/Tiefland-Steppe. Was die damit dargestellten »kulturellen Unterschiede« in Raum und Zeit im einzelnen bedeuten, bleibt unklar.

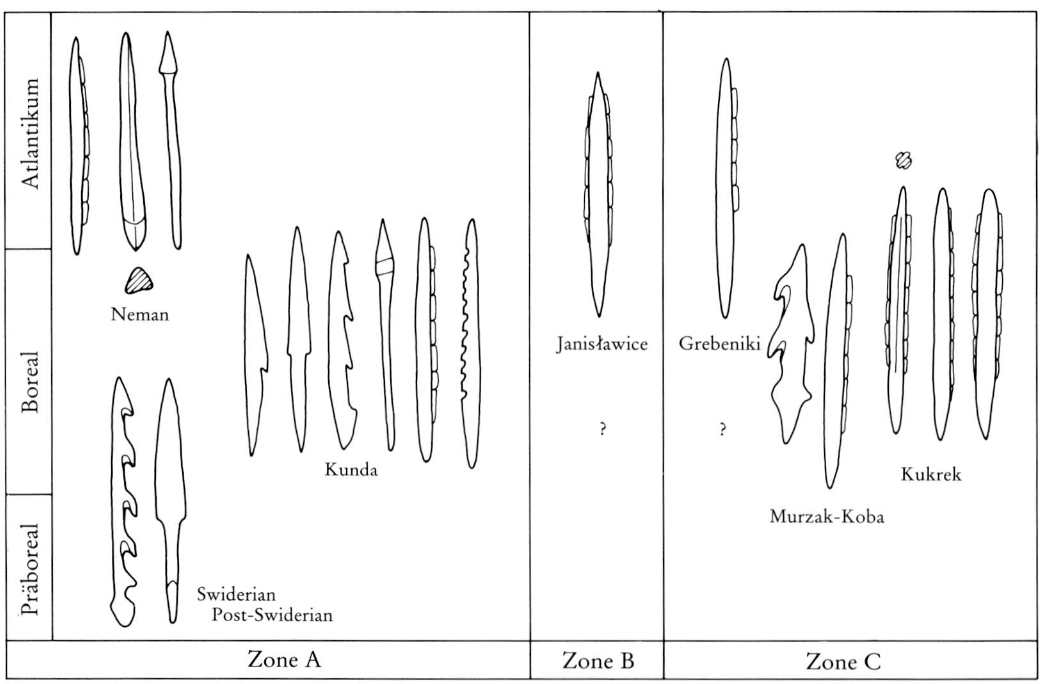

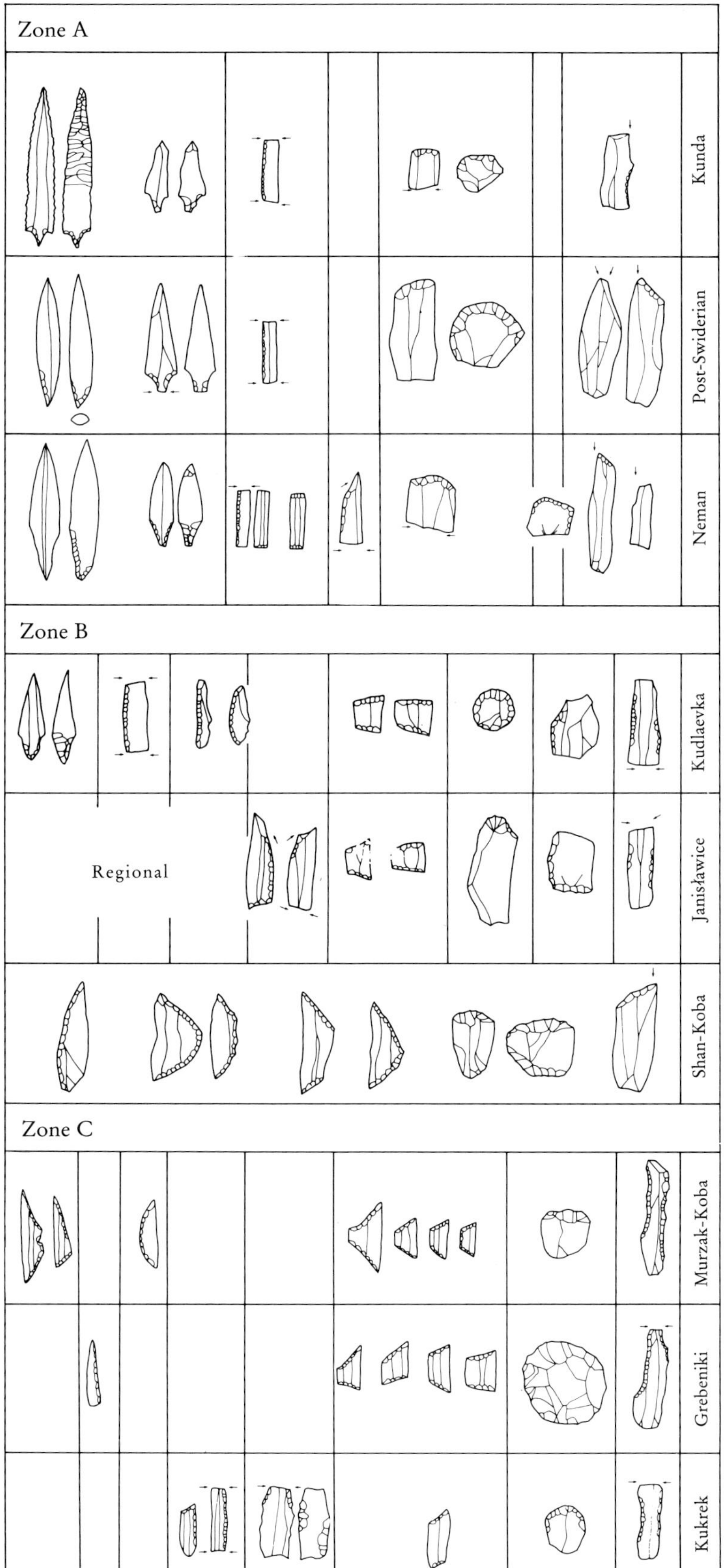
Zone A
Kunda
Post-Swiderian
Neman
Zone B
Kudlaevka
Regional
Janisławice
Shan-Koba
Zone C
Murzak-Koba
Grebeniki
Kukrek

die wohl frühesten Spuren dieser Industrien, die in Grotte des Fieux und in Rouffignac in Südfrankreich gefunden wurden. Etwa 1 500 Jahre später tauchen die gleichen Typen dann auch an anderen Orten in Frankreich sowie in Holland und England auf; weitere tausend Jahre später waren sie schließlich weit verbreitet. Diese Industrien währten etwa ein Jahrtausend lang und wurden dann von solchen abgelöst, deren Hauptmerkmale aus breiten Klingen hergestellte Mikrolithen in Rhombus- und Trapezform darstellen. Diese Industrien tauchen im gesamten europäischen Raum fast gleichzeitig auf, nur in England nicht, was mit dessen isolierter Lage zu tun haben könnte.

Bevor wir versuchen herauszufinden, aus welchem Grund sich die Mikrolithformen gewandelt haben, müssen wir wohl nach den Nutzungsmöglichkeiten für Mikrolithen fragen. Am wahrscheinlichsten ist wohl, daß es sich um standardisierte Teile für ein großes Spektrum von Geräten handelt, die aus mehreren Komponenten zusammengefügt waren (Kompositgeräte). Mikrolithen haben vermutlich vorrangig als Spitzen und Widerhaken von Jagdwaffen gedient. Dafür gibt es mehrere Beweise. Es wurden beispielsweise zahlreiche Pfeile gefunden, an deren hölzernem Schaft Mikrolithen mit Harz und Schnüren befestigt waren; andere Mikrolithen weisen charakteristische Bruchstellen auf, die von einem Aufprall auf Fleisch oder Knochen herrühren. Außerdem hat man auch zahlreiche Tierknochen – dazu auch einige menschliche Knochen – gefunden, in denen noch Mikrolithen steckten, die also vermutlich zum Tod geführt haben. Mikrolithen waren demnach Projektilspitzen, Teile von Waffen, die beim Aufprall auf weiches Gewebe entweder Muskeln und Arterien durchtrennten und dadurch starke Blutungen hervorrufen konnten oder aber Organe trafen und damit ganz schnell zum Tod führten.

Experimente mit nachgebauten Bögen und Pfeilen haben gezeigt, daß Mikrolithen eine gewaltige Durchschlagskraft entwickeln können. Solche Rekonstruktionen wurden möglich, nachdem man an Fundplätzen wie Ageröd V, Holmegård und Ringkloster (Dänemark) Bögen gefunden hatte. Alle waren sie aus Ulmenholz gefertigt und zwischen 150 und 190 Zentimeter lang. Drei Dinge machen eine Pfeilspitze besonders wirkungsvoll: ihr Durchdringungsvermögen, ihre Schärfe und damit die Fähigkeit, tiefe Schnitte zu verursachen, und ihre Symmetrie, die dem fliegenden Pfeil ein Maximum an Richtungsstabilität verleiht. Die Variationen der Mikrolithenform über Zeit und Raum hinweg könnten sehr wohl auf ein ständiges Zusammenspiel dieser Variablen hindeuten. Einige Forscher nehmen an, daß die trapez- und rhombenförmigen Mikrolithen aus breiten Flintklingen, wie sie z. B. für die Ertebølle-Kultur typisch sind, eine besonders effektive Kombination jener drei Variablen darstellen. Sie könnten die Jagd effizienter gemacht haben – ein möglicher Grund dafür, daß die Mikrolithen dieser Form so rasch in ganz Europa verwendet wurden.

Es muß jedoch betont werden, daß Mikrolithen auch in viele Geräte eingesetzt wurden, die nicht der Jagd dienten, vor allem in solche, mit denen Pflanzen und pflanzliche Stoffe bearbeitet wurden. Die große Anzahl von Mikrolithen auf den Fundplätzen könnte darauf hindeuten, daß sie in Geräten wie Raspeln als Schneiden fungierten. In Gleann Mor (Schottland) fand man Mikrolithen, die an der Spitze nicht die üblichen, längs verlaufenden Abnutzungsspuren aufwiesen, sondern kreisförmige Abriebspuren.

Solche Mikrolithen könnten als Bohrer, möglicherweise auch als Bohrmeißel verwendet worden sein. Kurz, einige der Variationen werden sich schlicht aus dem großen Spektrum von Aufgaben entwickelt haben, für die die Mikrolithen genutzt wurden. Genausogut aber könnten die Varianten nur geringe funktionale Bedeutung gehabt haben und viel stärker von anderen Faktoren abhängig gewesen sein. Die Form eines Mikrolithen könnte durchaus einen symbolischen Wert gehabt und durch seine Form signalisiert haben, daß er einem bestimmten Individuum oder einem Mitglied einer bestimmten Gruppe gehört. Eine solche Kennzeichnung könnte eine Rolle gespielt haben, um nach der Jagd anhand der sich in den Tierkörpern befindlichen Mikrolithen denjenigen zu identifizieren, der das Tier getötet hat.

WEITERE STEINARTEFAKTE Mikrolithen waren nur einer der vielen verschiedenen Typen von Steinartefakten, die während des Mesolithikums hergestellt wurden. Ebenso charakteristisch wie Mikrolithwerkzeuge sind Äxte und Quer- bzw. Scheibenbeile. Zu ihrer Herstellung nutzte man die Abschlagtechnik. Ein großer Abschlag oder eine Flintknolle wurde auf beiden Seiten durch grobe Abschläge vorbereitet und zugerichtet; danach löste man auf einer Seite einen Abschlag, und zwar durch einen Schlag, der diagonal oder schräg zur Achse des Stücks geführt wurde. So entstand eine scharfe Kante. Beim Schärfen der Beile entstanden weitere Abschläge. Diese Arbeitsschritte führten zu ganz typischen Abschlagkomplexen, die man an vielen mesolithischen Fundplätzen findet. Weitere charakteristische Steinartefakte aus dieser Zeit sind Schaber (retuschierte Abschläge oder Klingen in vielerlei Formen und Größen), Bohrer (Werkzeuge mit sich verjüngender, kräftiger Spitze) und Stichel (Geräte mit kleinen, meißelartigen Schneiden). Solche Artefakte finden sich in allen mesolithischen Fundkomplexen Europas, wobei es allerdings Unterschiede in Qualität und Standardisierung der Objekte gibt.

An einigen Fundplätzen wurden für das Mesolithikum recht ungewöhnliche Artefakte gefunden. Aus dem borealzeitlichen Platz von Nižnie Veretie I in Nordrußland, der in die Zeit zwischen 9050 und 8520 vor heute datiert, stammen z. B. fünf Hacken aus Feuerstein; sie haben breite Arbeitsschneiden, abgerundete Seiten und kurze Handhaben, deren Oberflächen ringsum durch sorgfältige Schrägretuschen bearbeitet sind. Ähnliche Geräte befinden sich in neolithischen Fundkomplexen aus Osteuropa und aus dem ostmediterranen Raum, wo sie vermutlich zur Bodenbearbeitung eingesetzt wurden. Die mesolithischen Hacken scheinen jedoch eine andere Funktion erfüllt zu haben; vielleicht waren es Nachbildungen von ähnlichen Artefakten aus Elchgeweih.

Auch die Funktion der fast überall auftauchenden, schlichten Feuersteinwerkzeuge ist nicht immer eindeutig zu bestimmen. Allerdings kann man sich nur schwer vorstellen, daß ein Gerät mit einer scharfen Spitze einem anderen Zweck dienen könnte als dem Bohren. Aber wir benutzen ja auch den Allerweltsbegriff »Schaber« für Abschläge oder Klingen, die auf eine bestimmte Weise retuschiert wurden und eine Vielzahl von Formen haben können, ohne daß wir sicher sind, ob diese Geräte wirklich zum Schaben und Kratzen verwendet wurden. Analysen der Abnutzungsspuren unter dem Mikroskop können Aufschlüsse darüber geben, zu welchen Arbeiten bestimmte Geräte eingesetzt wurden; doch sind auch diese Ergebnisse oft umstritten. Eine Analyse der

Feuersteingeräte von Star Carr (etwa 9 500 vor heute) hat gezeigt, daß es zwischen der Werkzeugform, dem Material, das mit diesem Gerät bearbeitet wurde, und dem Zweck, für den es benutzt wurde, nur sehr wenige eindeutige Relationen gibt. So wurden 56 von 374 Schabern aus Star Carr nach Gebrauchsspuren untersucht, und nur 36 (64 Prozent) wiesen solche Spuren auf, die man bestimmten Arbeitsvorgängen zurechnen konnte; in diesem Fall wurden sie 55 mal benutzt. Es handelt sich dabei hauptsächlich um Vorgänge des Schabens und Abhobelns, und zwar von Häuten (40 Prozent), Knochen (22 Prozent), Geweih (22 Prozent), Holz (13 Prozent) und Knochen oder Häute (rund 4 Prozent). Es fanden sich zusätzlich Hinweise auf einen gewissen Zusammenhang zwischen Form und Gestalt der Artefakte und dem Material, zu dessen Bearbeitung sie eingesetzt wurden. Die Geräte zur Geweihbearbeitung waren meist länger und runder geformt als die zur Bearbeitung von Knochen, Holz oder Häuten.

WERKZEUGE AUS HOLZ, GEWEIH UND KNOCHEN Moorfundplätze in Nordeuropa, in denen auch organisches Material erhalten blieb, zeigen, daß die Jäger und Sammler des Mesolithikums neben den Geräten aus Stein auch über Werkzeuge aus Geweih, Knochen und Holz verfügten. Man kann diese Artefakte in zwei Gruppen einteilen: in Gerätschaften, die in der Hand gehalten wurden, und in Konstruktionen wie Fallen, Reusen usw., die ohne Beisein des Menschen funktionierten. Zur ersten

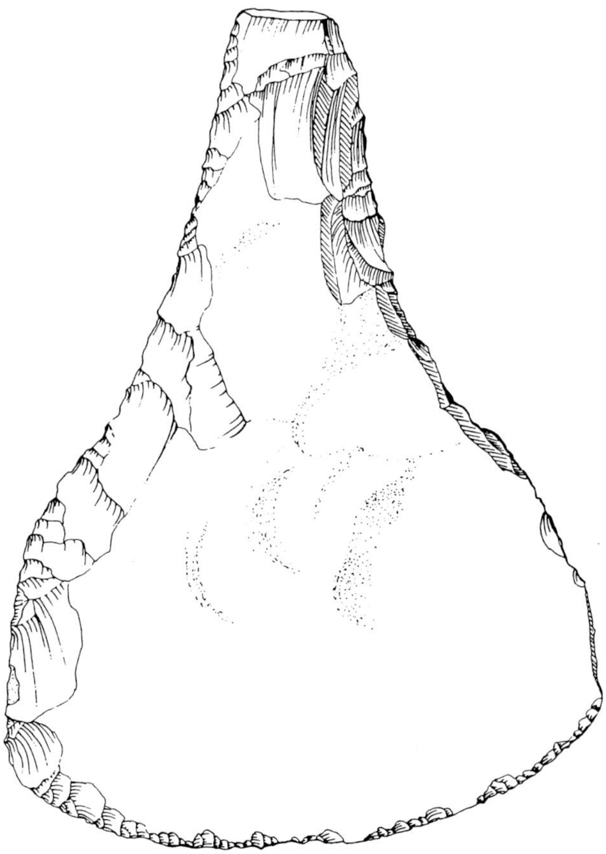

oben Feuerstein-Hacke aus Nižnie Veretie. Das Objekt mißt an der breitesten Stelle 17,5 cm.

rechts Während des Mesolithikums wurden sehr häufig organische Materialien zur Herstellung von Geräten verwendet. 1. Mit Widerhaken versehene Spitzen aus Star Carr, vermutlich für die Jagd großer Wildarten verwendet. Beide sind aus Hirschgeweih angefertigt; 28,7 und 31 cm lang. 2. Projektilspitze aus Knochen, in die Feuerstein-Mikrolithen eingesetzt sind; aus Südskandinavien; etwa 22 cm lang. 3. Hölzerne Pfeilspitze für die Jagd auf Vögel oder kleine Pelztiere, mesolithischer Fundplatz in Dänemark; noch 6 cm lang. 4. Bruchstück einer Hacke aus Star Carr, gefertigt aus dem unteren Teil eines Elchgeweihs. Die Arbeitskante wurde sorgfältig geformt, ist jedoch nicht scharf; 20,7 cm. 5. Angelhaken aus Knochen; mesolithische Fundplätze in Dänemark und Norddeutschland, Maßstab 2:3. 6. Messer/Dolche aus Elchknochen; aus Nižnie Veretie I. Es handelt sich vermutlich um persönliche Waffen, da sie in der Regel sehr sorgfältig gearbeitet und aufwendig verziert sind; etwa 24 und 34 cm lang. 7. Kleines gebogenes Holzobjekt aus Vis I. Die Funktion dieses und ähnlicher Objekte ist bislang nicht geklärt; sehr wahrscheinlich wurden sie zum Bohren oder zum Feuermachen verwendet wurden; etwa 25 cm lang. 8. Ein Behälter aus Birkenrinde aus Nižnie Veretie I; etwa 18 cm lang. Er wurde aus einem einzigen Rindenstreifen hergestellt, wobei die Seiten die Wände des Behälters bilden und die Enden den Deckel. In dem Behälter fand man achtzehn Steinkerne, neun Abschläge, ein Schaber und Geräte zur Herstellung von Klingen. 9. Fragmente eines Netzes aus Pflanzenfasern; aus Friesack.

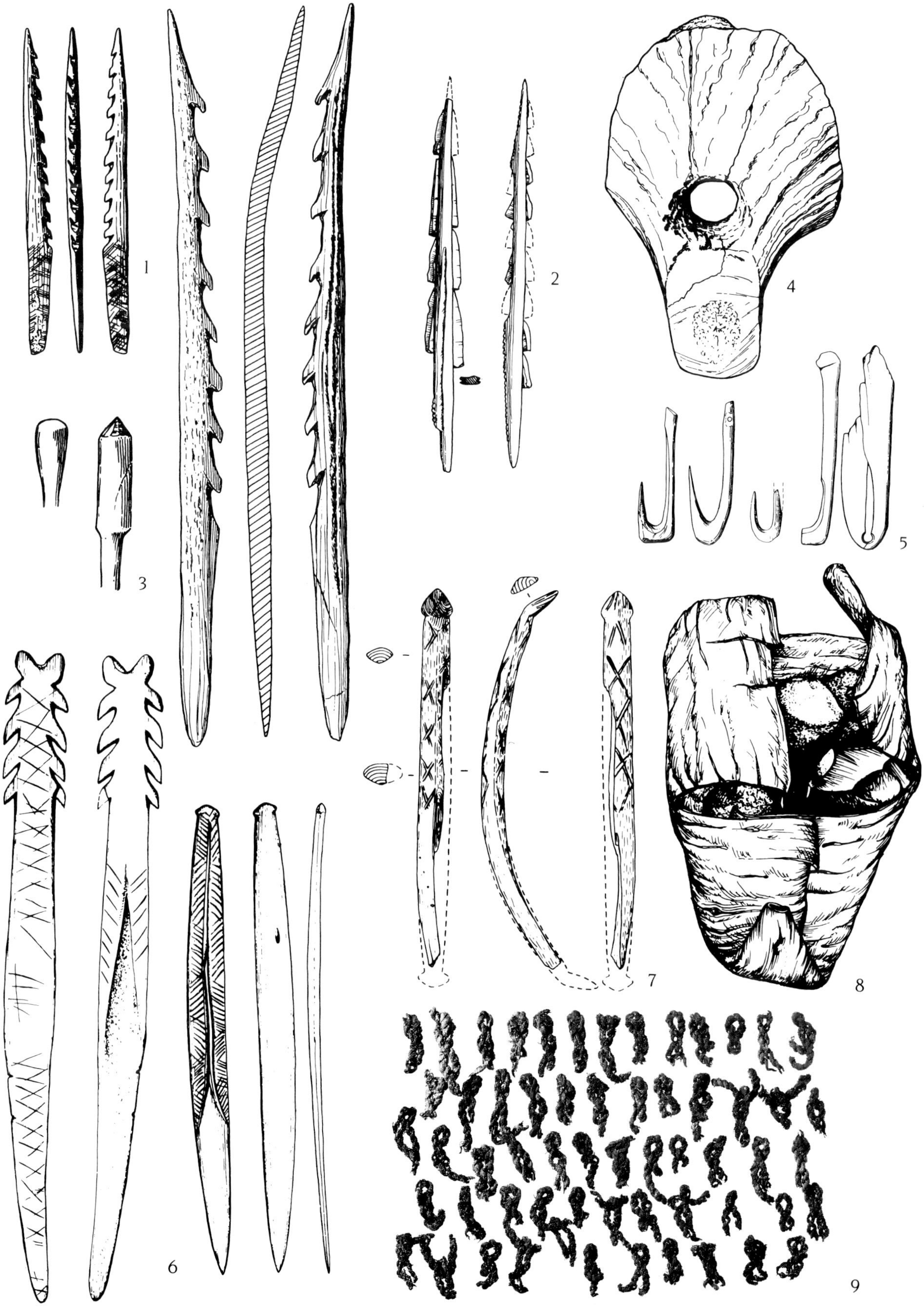
1
2
3
4
5
6
7
8
9

Gruppe gehören Pfeil- und Speerspitzen sowie Harpunen mit einem ungeheuren Formenreichtum. Die Pfeilschäfte wurden aus verschiedensten Hölzern gefertigt; sie trugen entweder Steinspitzen, die mit Baumharz angeklebt waren, oder zeigen abgestumpfte Spitzen, so daß das Gefieder von Vögeln bzw. der Pelz von Säugetieren nicht beschädigt wurde. Manchmal wurden die Mikrolithen auch an Knochen befestigt; dazu ritzte man schmale Furchen in das Material und befestigte die eingesetzten Mikrolithen mit Harz. Lange, schmale Geweihstücke wurden auf diese Weise zu verschieden geformten und mit Widerhaken bewehrten Spitzen verarbeitet. Die Widerhaken hatten verschiedene Größen und wurden in verschiedenen Abständen, entweder auf beiden oder nur auf einer Seite der Harpune angebracht. In ähnlicher Weise wie die Mikrolithen diente den Archäologen auch die Formenvielfalt der Harpunen, um Kulturunterschiede festzustellen.

Die Hacke stellt einen weiteren Gerätetyp dar, der entweder aus Hirsch- oder aus Elchgeweih hergestellt wurde. Im frühen Mesolithikum wurden zunächst die sich verzweigenden Sprossen von der Geweihschaufel entfernt und das Reststück schräg durchbohrt, so daß ein hölzerner Stiel eingesetzt werden konnte. Für eine andere aus Hirschgeweih hergestellte Form wurde ein Teil des Schaftes benutzt und der Stumpf der Mittelsprosse (der 3. Sprosse) so durchbohrt, daß er als Fassung für den Stiel diente. Hackenblätter wurden auch aus den Beinknochen von Auerochs und Elch hergestellt.

Für die andere, nicht direkt als »Hand«werkzeug fungierende Gruppe mit Geräten aus Knochen, Geweih und Holz, können am besten die geflochtenen Körbe stehen, die

Fragment eines Weidenkäfigs aus Ageröd V, vermutlich Teil einer Aal- oder Fischfalle; das größte (82 x 52 cm) von mehreren Exemplaren aus Ageröd V. Acht einzelne Reihen von Bindungen aus Kiefernwurzeln wurden verwendet, um mindestens 48 Kirschbaum- und Erlenäste miteinander zu verbinden. Diese sind während der Wintermonate geschnitten worden, als die Äste ein oder zwei Jahre alt waren.

Ertebølle-Gefäß aus Tybrind Vig. Auf der Innenseite fanden sich Spuren verkohlter Essensreste, die ein Radiokarbon-Datum von 5 640 vor heute ergaben. Das Gefäß ist etwa 30 cm hoch.

aller Wahrscheinlichkeit nach als Reusen für Aale und andere Fische gedient haben. Bisher sind bereits mehrere Exemplare solcher Körbe gefunden worden und sie zeugen alle von großem handwerklichen Geschick. Zur Herstellung von Rahmen und Geflecht dienten ganz verschiedene Rohmaterialien, z. B. Kirschzweige in den Funden aus Ageröd V oder in Nidløse Birkenzweige, die mit aufgefaserten Kiefernwurzeln verbunden wurden. Der Rahmen und das Geflecht eines Exemplars aus Magleby wurden aus Lindenholz gefertigt.

Während des Mesolithikums wurden pflanzliche Materialien offenbar für immer mehr Zwecke verwendet; für viele dieser Verwendungszwecke haben wir allerdings nur spärliche Hinweise. Der an der Westküste der dänischen Insel Fünen gelegene, heute überflutete Fundort Tybrind Vig aus der Ertebølle-Kultur liefert einige der besten Beweisstücke für den Einsatz von pflanzlichen Werkstoffen im Mesolithikum. Von dort stammen ein Angelhaken mit einem noch daran befestigten kurzen Stück Angelschnur und einige Stoffreste. Letztere sind aus zu einer Art Garn versponnenen Pflanzenfasern gewebt worden. In Friesack bei Potsdam stieß man auf Überreste eines Netzes aus dem frühen Boreal (9 050–8 800 vor heute). Es ist nicht geklärt, ob diese Netze zum Tragen von Lasten oder zum Fischen verwendet wurden.

KERAMIK Töpferei wurde lange Zeit als typische Entwicklung des Neolithikums betrachtet. In den letzten Jahren jedoch wurde immer deutlicher, daß viele Gemeinschaften des späten Mesolithikums Keramikgefäße hergestellt und verwendet haben. Die ältesten Beispiele stammen aus Südskandinavien und sind etwa 5 600 Jahre alt. Man führt diesen Fund oft als Argument dafür an, daß diese Gemeinschaften bereits teilweise oder vollständig seßhaft waren. Zur Ertebølle-Kultur Dänemarks gehören zwei Typen von Gefäßen: spitzbodige Krüge und ovale Schüsseln. Exemplare beider Typen wurden in Tybrind Vig geborgen; in einigen fanden sich verkohlte Nahrungsreste, die als ein Gemisch aus Gras und Fisch bestimmt werden konnten.

BEHAUSUNGEN An vielen mesolithischen Grabungsplätzen fand man kleine Pfostenlöcher, die auf ehemalige Wohnstrukturen hinweisen; das reicht von einfachen Windschirmen bis hin zu soliden Hütten. Kennzeichen der Windschutzbauten, die an fast allen Fundorten vorkommen, sind wenige, in gerader Linie oder im Bogen angeordnete Pfostenlöcher. So vermutet man, daß der Fundplatz in Morton in Schottland (etwa 6 700–6 300 vor heute) wiederholt, aber jeweils nur für kurze Zeit bewohnt war; hierauf deuten mehrere Reihen von Löchern für Pfosten- oder Stangen, die vermutlich ehemals recht primitive Windschirme trugen.

Unter dem riesigen Muschelhaufen von Moita do Sebastião im portugiesischen Muge-Tal stieß man auf eine größere Konstruktion aus der Zeit vor etwa 7 080–7 350 Jahren. Hier waren 61 Pfostenlöcher nachweisbar, die einen nach Süden geöffneten Halbkreis formen. Auch dort scheint ein leichter Schutzbau gestanden zu haben, der die Nordwinde abhalten sollte. Das Dach könnte aus Binsen und den Halmen von Süßgräsern (Gramineen) bestanden haben, die mit Lehm bestrichen und wasserdicht gemacht wurden. Lehmstücke, die in der Nähe der Konstruktion gefunden wurden, weisen jedenfalls Abdrücke von Süßgräsern auf. Außerdem fand man zahlreiche Gruben und Vertiefungen, die vermutlich als Koch-, Vorrats- und Abfallgruben zu deuten sind. In Mount Sandel, einem frühmesolithischen Fundplatz in Irland (etwa 8 960–8 440 vor heute), liefert eine außergewöhnlich große Zahl von Pfostenlöchern einen deutlichen Beweis für eine solide Behausung. Einige Löcher sind über 20 Zentimeter tief und in einem leichten Winkel nach innen geneigt. Andere Pfostenlöcher sind von Feuerstellen und Gruben überlagert, was auf mehrere Besiedlungsphasen deutet.

In Norwegen wurden nördlich des Polarkreises mehrere mesolithische Fundplätze mit eindeutigen Überresten von Steinwällen und fundamentartigen Steinsetzungen entdeckt. In Tverrvikraet bei Gamvik, an der Küste, ganz im Norden der norwegischen Provinz Finnmark, stieß man auf Relikte eines kleinen rechteckigen Hauses. Auf der norwegischen Nordseeinsel Träna wurden die Reste eines Hauses gefunden, das zwischen 8 000 und 6 000 Jahre alt sein dürfte. Der Grabungsbefund mit Steinsetzungen, Pfostenlöchern an den Innenseiten der Wände und mit einer zentral plazierten Feuerstelle läßt kaum eine andere Deutung zu. Sogar am Varangerfjord fand man Hinweise auf mehrere Typen von Wohnstrukturen wie Grubenhäuser und Zelte, die durch die kreisförmige Anordnung der Pfostenlöcher angedeutet werden.

In Dänemark und Norddeutschland wurden mehrere Lagerplätze ausgegraben, in denen noch die Überreste von Hüttenböden erhalten sind, z. B. Ulkestrup Øst I, Holmegård IV, Duvensee und Sværdborg I, die alle der Maglemose-Kultur zugerechnet werden. Die Böden bestanden aus ineinandergeflochtenen Rindenstreifen und gespalte-

Grabungsbefund einer mesolithischen Hütte von Mount Sandel. Es handelt sich um eine künstlich vergrößerte Bodenvertiefung, in der eine recht solide Hütte aus Holzstangen, die in den Boden gesteckt wurden, stand. In der Mitte befindet sich eine Feuerstelle mit verkohlten Haselnüssen und Knochen. Große Gruben außerhalb der Hütte dienten wahrscheinlich als Vorratslager.

nen Birken- und Kiefernstämmen. In Ulkestrup I entdeckte man eine Reihe von Ästen, die in einer Ecke des Fußbodens in die Erde gesteckt waren und vielleicht Teil einer Baustruktur gewesen sind. Die Hütten selbst hatten einen entweder rechteckigen oder trapezförmigen Grundriß und eine Grundfläche zwischen 2,5 x 2,5 und 4 x 6 Metern. Dächer und Wände bestanden wahrscheinlich aus Birkenreisig und/oder aus Schilf. In Holmegård und Duvensee lassen übereinanderliegende Böden aus Birkenrinde auf eine Wiederbesiedlung oder auf Reparaturarbeiten schließen; offenbar ist der Platz über einen langen Zeitraum genutzt worden.

Anhand des Fundplatzes Sværdborg I läßt sich ein typisches Problem bei der Deutung dieser »Hüttenböden« demonstrieren. Man hat hier Reste von neun Hütten aufgedeckt. Eine von ihnen war eindeutig älter als die anderen acht; man konnte aber nicht feststellen, ob diese restlichen acht gleichzeitig bewohnt wurden oder bei verschiedenen Aufenthalten in diesem bevorzugten Jagdgebiet errichtet wurden.

Natürlich finden sich bei archäologischen Ausgrabungen nur sehr selten Spuren von ehemaligen Wohnstrukturen. Man kann jedoch manchmal von der Verteilung der Steinwerkzeuge auf die Struktur solcher Behausungen schließen. Wo man Steinartefakte in großen Mengen findet, könnten die Menschen gesessen haben, und die räumlichen Be-

Die am besten erhaltenen mesolithischen Hütten wurden in Lepenski Vir im Donautal gefunden.
oben Einer der trapezförmigen Bauten während der Ausgrabungsarbeiten.

rechts Man hat sehr detaillierte Rekonstruktionen dieser Bauwerke zur Diskussion gestellt. Das Dach bestand vermutlich aus zwei geneigten Flächen aus Ästen und könnte mit Fellen bedeckt gewesen sein.

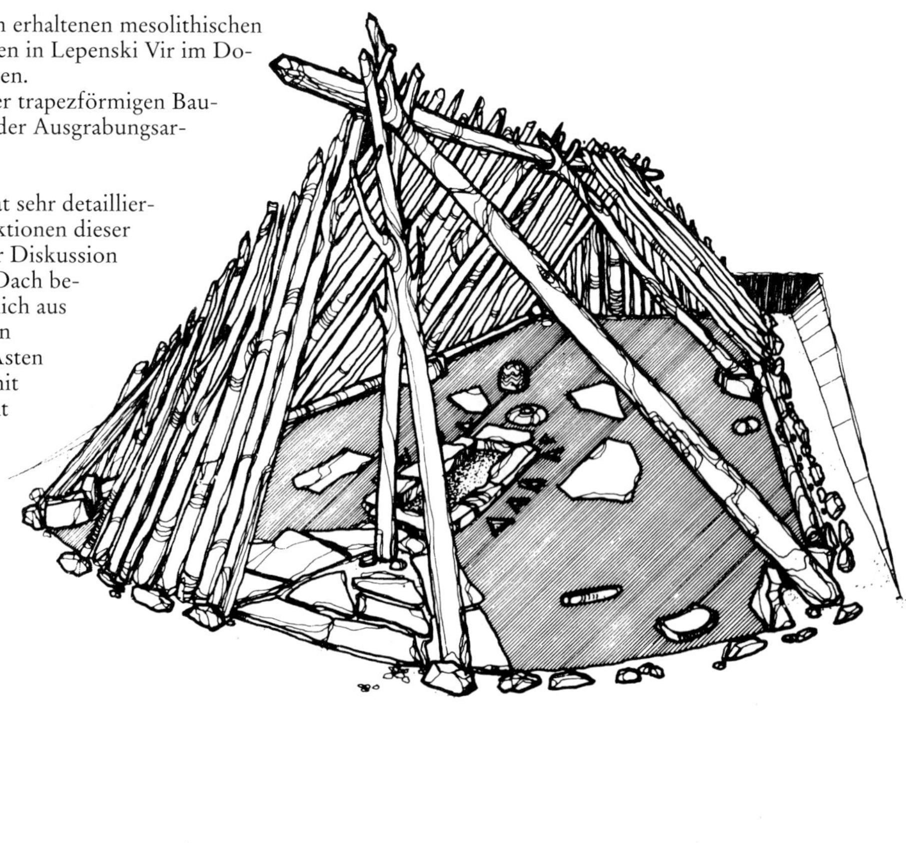

ziehungen zwischen diesen Fundkonzentrationen könnten wiederum Größe und Form einer Struktur, in oder neben der diese Menschen gesessen haben, andeuten. Möglicherweise markieren z. B. die beiden nebeneinanderliegenden, halbmondförmigen Ansammlungen von Mikrolithen in Flådat, einem Maglemose-Fundplatz in Dänemark, den Standort einer großen Behausung von 7–8 Metern Durchmesser. Auch die gepflasterten Flächen in Orten wie Eskmeals in der englischen Grafschaft Cumbria könnten auf ehemalige Bauwerke hinweisen. Solche Schlußfolgerungen sind jedoch noch sehr umstritten, und um sie zu erhärten, bräuchte man zusätzliche Studien zur räumlichen Struktur bei ethnographisch untersuchten Lagerplätzen.

Die am besten erhaltenen Hausstrukturen stammen aus Lepenski Vir im Donautal (etwa 7750–6250 vor heute). Es handelt sich hier um eine sehr komplexe und bedeutende Stätte, an der sich mesolithische Jäger »niedergelassen« haben und seßhaft wurden. Die Behausungen haben einen trapezförmigen Grundriß, die Grundfläche schwankt zwischen 5 und 30 Quadratmetern. Man hat Terrassen in die Uferböschungen der Donau hineingegraben und die Hütten darauf errichtet, wobei gewisse Proportionen und Anordnungsmuster eingehalten wurden. Die breitere Seite des Trapezes war immer dem Fluß zugewandt. Die Hüttenböden wurden mit festem Kalksteinpflaster belegt, und um diese Fläche herum findet man Pfostenlöcher, die wohl die hölzerne Dachkonstruktion getragen haben. Mit Kalkblöcken ausgelegte große Gruben im Inneren dienten als Kochstellen. In einigen Hütten sind in der Nähe dieser Gruben Menschen bestattet worden, und in fast jeder Hütte fand sich ein großer, gerundeter und behauener Kalksteinblock, aus dem Gesichtszüge eines Menschen oder eines Fischs herausgemeißelt worden sind.

TRANSPORTMITTEL Für die mesolithischen Jäger und Sammler waren verläßliche Transport- und Reisemöglichkeiten auf dem Wasser existentiell wichtig, um ihre Nahrungsmittelversorgung sicherzustellen, um neue Siedlungsräume zu erreichen oder um Kontakte zu anderen Gruppen zu pflegen. Im Verlauf des Mesolithikums wurden viele weit vor der Küste liegende Inseln besiedelt, z. B. die Hebriden und die Mittelmeerinseln; es muß also solide, meerestüchtige Boote gegeben haben. In Siedlungen Westschwedens wurden Relikte des Lengfisch gefunden, einer Art, die am Meeresboden lebt, also muß wohl bereits Tiefseefischerei betrieben worden sein. Und dazu brauchte man ganz sicher widerstandsfähige Seefahrzeuge.

Die am besten erhaltenen mesolithischen Boote stammen aus Tybrind Vig, wo man die Überreste zweier Einbäume und verzierte Paddel fand. Das größere der beiden ist 9,5 Meter lang und 0,65 Meter breit; man schätzt, daß es sechs bis acht Menschen samt ihrer Ausrüstung tragen konnte. Im Boot befand sich ein großer, 30 Kilogramm schwerer Stein, der vermutlich als Ballast gedient hat. Die glatten Seitenwände der Einbäume waren gerundet; das Heck hatte eine quadratische Form. In beiden Booten fanden sich im Heck außerdem Reste einer kleinen Feuerstelle, was mit der Aalfischerei zusammenhängen könnte.

In Vis I (8300–7000 vor heute), im Nordosten Rußlands gelegen, konnten Reste von Skiern geborgen werden, die aus massiven Hartholzstämmen geschnitten waren. Sie liefen nach vorne hin spitz zu, während die Unterseiten zunehmend konvex geformt

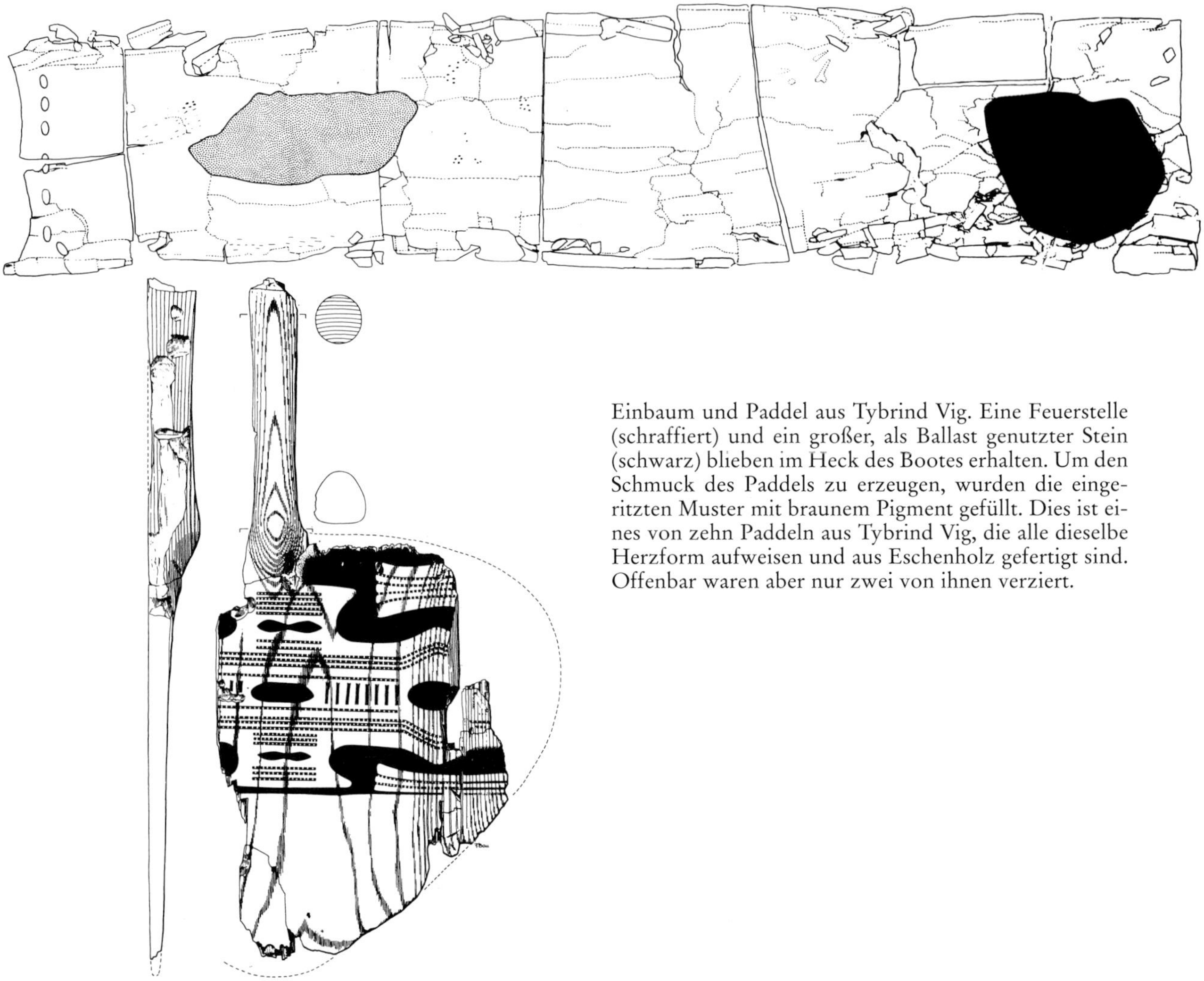

Einbaum und Paddel aus Tybrind Vig. Eine Feuerstelle (schraffiert) und ein großer, als Ballast genutzter Stein (schwarz) blieben im Heck des Bootes erhalten. Um den Schmuck des Paddels zu erzeugen, wurden die eingeritzten Muster mit braunem Pigment gefüllt. Dies ist eines von zehn Paddeln aus Tybrind Vig, die alle dieselbe Herzform aufweisen und aus Eschenholz gefertigt sind. Offenbar waren aber nur zwei von ihnen verziert.

waren. In den einen Ski war ein Elchkopf geschnitzt, der eine Rückwärtsbewegung des Skis im Schnee verhindern und ihn stabilisieren sollte. Es sind dies die einzigen Funde dieser Art aus dem Mesolithikum; sie erinnern stark an Skier der sibirischen Jakuten, wie sie aus dem 17. Jahrhundert belegt sind.

SUBSISTENZVERHALTEN

Die ökonomische Basis der Gesellschaften des Mesolithikums war abhängig von der Struktur der jeweiligen Lebensräume. Insgesamt spiegeln die archäologischen Zeugnisse eine erstaunlich große Flexibilität der mesolithischen Jäger und Sammler-Gemeinschaften wider, die sich den unterschiedlichsten Umgebungen anpassen konnten und mit kurz- und längerfristigen Schwankungen in den verfügbaren Nahrungsmittelquellen fertig wurden. Diese Flexibilität setzte eine sehr gründliche Kenntnis der Umgebung und eine ununterbrochene Beobachtung von Veränderungen in der Ressourcenverteilung voraus.

DIE JAGD AUF LANDTIERE Lange Zeit glaubte man, große, auf dem Land lebende Säugetierarten hätten die Grundlage der mesolithischen Subsistenzwirtschaft gebildet. Diese Vorstellung wird jedoch zunehmend zweifelhafter, da man inzwischen die Produktivität der von Meer- und Süßwasser bestimmten Lebensräume erkannt hat, und Untersuchungen an menschlichen Knochen ergeben haben, daß die Nahrung der Menschen einen bedeutenden Anteil von Wassertieren enthalten haben muß. Trotzdem hatte die Jagd auf große Landsäugetiere einen zentralen Stellenwert im Mesolithikum, da die Jagd auf diese Tiere, selbst wenn diese nicht überall das Hauptnahrungsmittel der Menschen bildeten, wohl doch die meiste Zeit in Anspruch genommen hat und außerdem eine hohe soziale Bedeutung gehabt haben wird. In ganz Europa zeugen die Fundkomplexe tierischer Knochen von der Bejagung der verschiedenen großen Huftiere; man stößt in wechselnder Häufigkeit auf Rotwild, Wildschwein, Rehwild, Elch und Auerochse. Nur sehr selten dominiert eine einzige Spezies; eine Ausnahme bildet der dänische Fundplatz Ringkloster (etwa 5 630–5 230 vor heute), an dem vor allem Knochen von Wildschweinen gefunden wurden.

Die Jagd auf diese großen Säugetiere scheint vor allem nach einer Strategie des Aufspürens verlaufen zu sein, bei der die Jäger vermutlich in den Wäldern nach den Fährten und Wildpfaden von Reh- und Rotwild und von Wildschweinen gesucht haben. Hatten sie hierdurch genügend Kenntnisse über Alter, Geschlecht, Gesundheitszustand und Bewegungsrichtung der Tiere, könnte vielleicht die Pirsch begonnen haben. Bei großen Tieren könnte sich der Jäger zunächst Hilfe von anderen Gruppenmitgliedern geholt haben. Wenn das Tier aufgespürt war, wird man versucht haben, es entweder direkt zu töten oder es so zu verletzen, daß es Blut verlor und man es bis zu seinem Verenden verfolgen konnte. Für das Nachsuchen könnte man Hunde eingesetzt haben. Hundegräber in mesolithischen Gräberfeldern deuten nicht nur darauf hin, daß diese Tiere domestiziert waren, sondern auch hohe Wertschätzung genossen. Große Wildarten wurden auch mit Hilfe von Gruben und Fallen gejagt. Daß man in einem Moor bei Vig im Norden der Insel Seeland in den Knochen eines Auerochsen Mikrolithen fand, läßt darauf schließen, daß das Tier von Pfeilen getötet wurde, die von einer Falle ausgelöst wurden. In Nordskandinavien gibt es viele Belege für Fallgruben, in denen wohl Großwild, vermutlich Rentiere, gefangen wurden.

In den Teilen Europas, die nicht von dichten Wäldern bedeckt waren und wo Tiere größere Herden gebildet haben könnten, wird man auch andere Jagdstrategien angewendet haben. Künstlerische Darstellungen von der spanischen Levante zeigen eine Szene, in der Hirsche in einen Hinterhalt von Bogenschützen getrieben werden. Auf dieser Felszeichnung aus der Cueva de los Caballos sind zwölf Jäger zu erkennen; acht fungieren als Treiber, die vier anderen als wartende Schützen. Die Herde scheint aus einigen Hirschkühen mit ihren Jungen zu bestehen, eine für die Sommermonate typische Herdenstruktur. Auch in Nordeuropa könnten zu bestimmten Gelegenheiten der-

Felskunst der spanischen Levante, ein Bild aus der Cueva de los Caballos mit der Darstellung einer Treibjagd auf Rotwild. Gezeigt wird eine Tierherde, die auf eine Gruppe von Bogenschützen zugetrieben wird. Die schematische Darstellung der Figuren und der Jagd ist typisch für diese Art der Felskunst.

artige Treibjagden stattgefunden haben, jedoch weist die Mehrzahl der Belege auf die Technik der individuellen Pirsch hin.

Aber die Jäger des Mesolithikums bejagten auch kleinere Landtiere. Kaninchen, Dachs, Otter und Marder lieferten Felle und Fleisch. Aller Wahrscheinlichkeit nach wurden solche Tiere vor allem in Schlingen gefangen und kaum aktiv gejagt. Einige Fundorte lassen vermuten, daß sich die Jagd dort auf ganz bestimmte Arten von Kleinwild konzentrierte; z. B. weist der bereits erwähnte Fundort Ringkloster ein hohes Vorkommen von Marderknochen auf.

NAHRUNGSMITTEL AUS DEM WASSER Die Jagd auf große Landtiere war nur ein Element in der vielfältigen Subsistenzgrundlage des Mesolithikums. Für die Menschen, die in Küstengebieten oder an den großen Seen und Flüssen lebten, waren die Nahrungsmittel aus dem Wasser vermutlich bedeutsamer als die Ressourcen, die die großen Landsäuger lieferten. Auch Seevögel könnten eine wichtige Nahrungsquelle gewesen sein. Neuere volkskundliche Forschungen machen Angaben über den möglichen Ernährungswert von Vögeln, die in Kolonien nisten; den 180 Einwohnern von St. Kilda wird nachgesagt, daß sie jährlich etwa 22 600 Basstölpel erbeuteten. An einigen mesolithischen Fundplätzen wird die Vogelfauna nur von einer oder zwei Arten repräsentiert. In den Ertebølle-Fundplätzen von Aggersund und Øgårde gibt es nur jeweils eine Vogelart, den Singschwan und den Weißschwanzseeadler. An anderen Plätzen, etwa in Ertebølle selbst, findet man viele verschiedene Arten, die oft in großer Zahl vertreten sind. Hier scheinen Massenschlachtungen üblich gewesen zu sein; gefangen wurden die Vögel möglicherweise, indem man sie in Netze trieb. Auch Landvögel wurden, wohl ihrer Federn wegen, regelmäßig gejagt; sie könnten aber auch eine wertvolle Nahrungsquelle dargestellt haben.

Viele der küstennah gelegenen Muschelhaufen aus dem späten Mesolithikum enthalten auch die Knochen großer Meeressäuger wie Seehund, Delphin, Tümmler und Wal. Möglicherweise wurden diese Tiere vom Boot aus gejagt, wie es in den Felsgravierungen Nordnorwegens dargestellt ist. Genausogut könnten die Menschen aber auch gestrandete Tiere getötet haben. Das gilt bestimmt für größere Tiere wie Blauwal und Pottwal, deren Knochen gelegentlich ebenfalls in den Muschelhaufen zu finden sind. Auch die Knochen von Seehunden verschiedener Arten findet man in diesen Haufen; sogar im Landesinneren, in Ringkloster etwa, wurden Seehundknochen entdeckt.

An Fundplätzen mit guten Erhaltungsbedingungen findet man häufig Fischgräten, also werden sowohl Salz- als auch Süßwasserfische als wertvolle Nahrungsquelle genutzt worden sein; vor allem wohl wandernde Arten, weil bei diesen die Beute spektakulär groß sein konnte. Fundplätze in Südskandinavien zeigen, daß die Menschen ein breites Spektrum von Süßwasserfischen ausbeuteten wie Aal, Hecht, Schleie, Brasse und Barsch. Für den Fischfang sind Haken, mehrzackige Fischspeere, Reusen und Netze nachgewiesen. An küstennahen Plätzen sind zudem Relikte von Salzwasserfischen stark vertreten. Als man die Muschelhaufen auf der kleinen schottischen Insel Oronsay (etwa 6 300–5 200 vor heute) ausgrub, zeigte sich, daß hier Meeresfische systematisch gefangen wurden und vermutlich mehr zur Ernährung der Menschen beigetragen haben als die Schalentiere. Andererseits stammen die Fischrelikte aus dem mächtigen Muschelhaufen von Ertebølle hauptsächlich von Süßwasserarten (71 Prozent) aus den nahegelegenen Seen und zeigen, daß auch an einem küstennahen Platz Meerestiere nicht zwangsläufig die hauptsächliche Nahrungsquelle waren.

Grundlage im Spektrum der Nahrungsmittel aus dem Meer bildeten Weichtiere wie Austern, Napf- und Strandschnecken. Sie scheinen im späten Mesolithikum eine wesentliche Nahrungsquelle dargestellt zu haben, wovon die großen Muschel- und Schalenhaufen in vielen Küstengegenden zeugen. Die Nutzung dieser Nahrungsquelle ist jedoch sehr aufwendig; man hat errechnet, daß 52 267 Austern, 156 800 Herzmuscheln oder 31 360 Napfschnecken benötigt würden, um so viele Kalorien zu liefern wie ein erlegter Hirsch. Auf der anderen Seite können diese Nahrungsmittel auch von Kindern, Alten und Kranken gesammelt werden. Außerdem sind sie das ganze Jahr über verfügbar und konnten so als Notreserven dienen, wenn andere Ressourcen ausfielen.

Daß die Bedeutung von Nahrungsmitteln aus den Ökosystemen Wasser und Küste an der Gesamtversorgung der Menschen während des frühen Postglazials zunahm, zeigt sich deutlich in der Franchthi-Höhle in Südgriechenland. Als diese Höhle das erste Mal bewohnt wurde, vor etwa 20 000 Jahren, lag sie noch 5–6 Kilometer von der Küste entfernt. Mit steigendem Meeresspiegel verringerte sich dieser Abstand auf nur noch einen Kilometer vor ca. 8 500 Jahren. Die Faunenreste aus der Höhle lassen erkennen, daß sich zu dieser Zeit auch der Anteil von Fisch und Weichtieren im mesolithischen Nahrungsangebot vergrößerte.

PFLANZLICHE NAHRUNGSMITTEL Sie deckten einen wesentlichen Teil des Nahrungsbedarfes der Menschen im Mesolithikum. Die Wälder des Postglazials boten eine große Vielfalt an eßbaren Pflanzen, Beeren, Pilzen, Nüssen und Wurzeln. In den offeneren Landschaften Südeuropas hat man vielleicht auch Grassamen gesammelt. Wir können zwar eindrucksvolle Listen der Pflanzenarten aufstellen, die eßbar und damals auch verfügbar waren. Doch haben sich pflanzliche Relikte an mesolithischen Fundplätzen nur sehr selten erhalten, und noch seltener können wir solche Relikte eindeutig als Nahrungsmittel identifizieren. Darum ist es nicht möglich einzuschätzen, welchen Beitrag Pflanzen zum Nahrungsangebot der Menschen geleistet haben. Anzeichen von Abnutzung an menschlichen Zähnen sind, wie die Funde von Fundplätzen an der mittleren Donau zeigen, ein Indikator dafür, daß Pflanzen einen wesentlichen Anteil der Nahrung ausgemacht haben.

Das am häufigsten vorgefundene pflanzliche Nahrungsmittel sind Haselnüsse. Ihre Schalen findet man nicht nur in England sehr häufig auf mesolithischen Lagerplätzen. Gewöhnlich tauchen sie in kleinen Mengen auf; findet man sie in größerer Anzahl, dann weist dies auf eine extensive Nutzung dieser Pflanzenart und vielleicht auch auf Vorratshaltung hin. So entdeckte man in Oakhanger VII (Grafschaft Hampshire) über die ganze ehemalige Oberfläche verteilt aufgeschlagene Haselnußschalen. Einige Wissenschaftler vermuten, daß der große Anteil von Haselpollen in den Diagrammen des frühen Postglazials eine gezielte Bevorzugung, vielleicht auch eine Anpflanzung dieser Strauchart anzeigen könnte. Eicheln kommen an solchen Plätzen jedoch nur vereinzelt vor, was hinsichtlich ihrer Bedeutung als pflanzliches Nahrungsmittel in anderen Perioden einigermaßen überraschend ist. Sie waren als Nahrungsquelle vielleicht auch deshalb weniger attraktiv, weil man sie wässern mußte, um die Gerbsäure herauszulösen. Reste eßbarer Pflanzen fand man weiterhin von Wassernuß (vor allem in Nordosteuropa), Fettkraut, Nesselgewächse, gelbe Wasserlilien (z. B. in Star Carr), Himbeeren (z. B. in Newferry); außerdem konnten in Koprolithen Gras-, vielleicht auch Getreidepollen nachgewiesen werden (wie z. B. in Iconana und Vlasač an der mittleren Donau).

Vor etwa 11 000 Jahren begannen die Bewohner der Franchthi-Höhle, die Palette der von ihnen genutzten Pflanzenarten zu erweitern; wilde Mandeln, Birnen, Bitterwicken, Linsen, Hafer und Gerste kamen hinzu. Dieser deutlich gestiegene Anteil pflanzlicher Lebensmittel könnte den Verlust der Jagdgebiete kompensiert haben, die das Meer nach und nach überflutete. All diese Wildpflanzen wuchsen in Talsenken und an sanften Hängen nahe der Franchthi-Höhle.

Auch in Balma Abeurador, einem Höhlenfundplatz am Südrand des französischen Zentralmassivs, etwa 50 Kilometer von der heutigen Mittelmeerküste entfernt, konnten bedeutende botanische Funde geborgen werden. In den 8000–10000 Jahre alten Schichten entdeckte man verkohlte Überreste von Linsen, Kichererbsen und Erbsen. Sie unterscheiden sich morphologisch kaum von den Kulturformen aus den frühneolithischen Fundplätzen Südwestasiens. Die zunehmende Nutzung von pflanzlichen Nahrungsmitteln, wie sie im westlichen Mittelmeerraum, etwa in Balma Abeurador, festzustellen ist, scheint im Zusammenhang mit einer ebenfalls zunehmenden Bejagung der Fisch- und Vogelbestände zu stehen.

Gesichert ist, daß die Menschen im Mesolithikum genaue Kenntnisse darüber hatten, welche pflanzlichen Nahrungsquellen sie nutzen konnten; der Übergang zur Nutzung domestizierter Pflanzenarten zu Beginn des Neolithikums stellte somit keine wesentliche Veränderung in ihrem Subsistenzverhalten dar. Man kann sich in der Tat darüber streiten, ob die Bewohner von Balma Abeurador und die der Franchthi-Höhle diese Wildgemüse über einen langen Zeitraum allein durch Sammeln haben ausbeuten

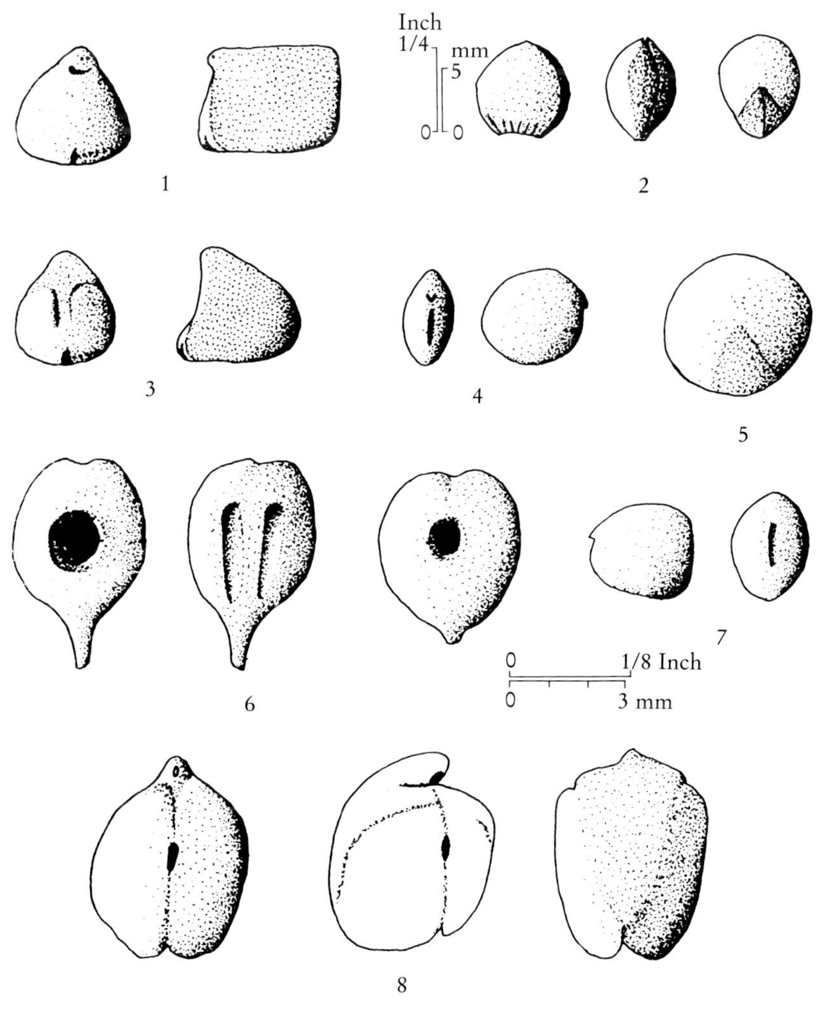

Verkohlte Pflanzenreste aus Balma Abeurador. In den Sedimenten dieser kleinen Höhle sind sie sehr zahlreich; sie sind 8000–10000 Jahre alt; die meisten stammen von Hülsenfrüchten, Nüssen und Früchten.
1: Ervum ervilla L.
2: Prunus sp.
3: Lathyrus cicera L.
4: Lens cf. esculent Moench
5: Pisum cf. sativum L.
6: Vitis vinifera L.
7: Lathyrus aphaca L.
8: Cicer cf. arietinum L.

können. Erste Kultivierungsschritte durch Brandrodung, Unkrautjäten und Bewässern könnten notwendig geworden sein.

Die Eingriffe mesolithischer Gruppen in die Natur beschränkten sich nicht nur auf die Beschaffung von Nahrungsmitteln. In England stößt man auf deutliche Anzeichen für Brände, vor allem in höherliegenden Gegenden, bei denen große Vegetationsgebiete abbrannten. Man ist sich nicht sicher, ob oder inwieweit Menschen dafür verantwortlich waren oder ob es die Folgen natürlicher Ereignisse waren. Sollten die Menschen damals Brände gelegt haben, dann vielleicht, um das Wachstum junger Schößlinge zu fördern, die dann entweder als Nahrungsmittel dienten oder als Futterpflanzen für Rehwild, das man damit anlockte. Mit solchen Strategien hätten die Menschen den Bestand an Rehwild vergrößert und die Voraussagbarkeit der Aufenthaltsgebiete des Wildes erhöht, also die Effizienz ihrer Jagdaktivitäten verbessert.

WOHNPLÄTZE

Wir haben gezeigt, daß der nacheiszeitliche Lebensraum den Menschen des Mesolithikums viele unterschiedliche Nahrungsquellen und Rohstoffe geboten hat. Diese Ressourcen machten sich die Menschen nicht etwa willkürlich oder planlos, sondern mit Überlegung und Geschick zunutze. Es gibt keinen Zweifel, daß die Menschen des Mesolithikums den typischen Jägern und Sammlern ähnelten, die wir aus den völkerkundlichen Beobachtungen kennen. Sie hatten ein immenses Wissen über ihre Umwelt, über die Gewohnheiten der Tiere und die Pflanzenwelt. Mit diesem Wissen konnten sie ihre Subsistenzwirtschaft effizient organisieren und zur rechten Zeit an den richtigen Plätzen sein. Sie waren also in der Lage, die Ressourcen auszunutzen, die im Zyklus der Jahreszeiten gerade verfügbar waren. Sie konnten daneben auf unvorhergesehene Ereignisse reagieren, sie für ihre Zwecke ausnutzen – etwa den Fund eines gestrandeten Wals – oder sich vor ihnen oder ihren Folgen schützen, beispielsweise wenn der erwartete Durchzug einer wandernden Art ausblieb. Wenn wir uns genauer mit diesem Aspekt der mesolithischen Lebensweisen beschäftigen wollen, bietet es sich an, zunächst die unterschiedlichen Wohnplätze zu betrachten.

WOHNPLÄTZE UND IHRE DEUTUNG Es gibt im Mesolithikum eine immense Vielfalt von Wohn- und Lagerplätzen. Das Spektrum reicht von Lagerplätzen, die einer kleinen, dort vielleicht nur für einige Stunden verweilenden Gruppe von Jägern Unterkunft boten, bis zu ausgedehnten Siedlungskomplexen, deren archäologisches Fundmaterial auf ganzjährige Nutzung durch große Menschengruppen schließen läßt. Zwischen diesen Extremen kennen wir verschiedene Arten von Jagdlagern, Plätze, an denen Rohmaterialien gewonnen wurden, und Unterkünfte, die während der Verrichtung ganz bestimmter Tätigkeiten genutzt wurden. In den letzten Jahren widmete sich die Forschung eingehend den möglichen Beziehungen zwischen Funktion und saisonaler Nutzung solcher Siedlungsplätze. Ein Querschnitt verschiedener Siedlungen aus dem mesolithischen Europa läßt uns einen Einblick in das große Spektrum von

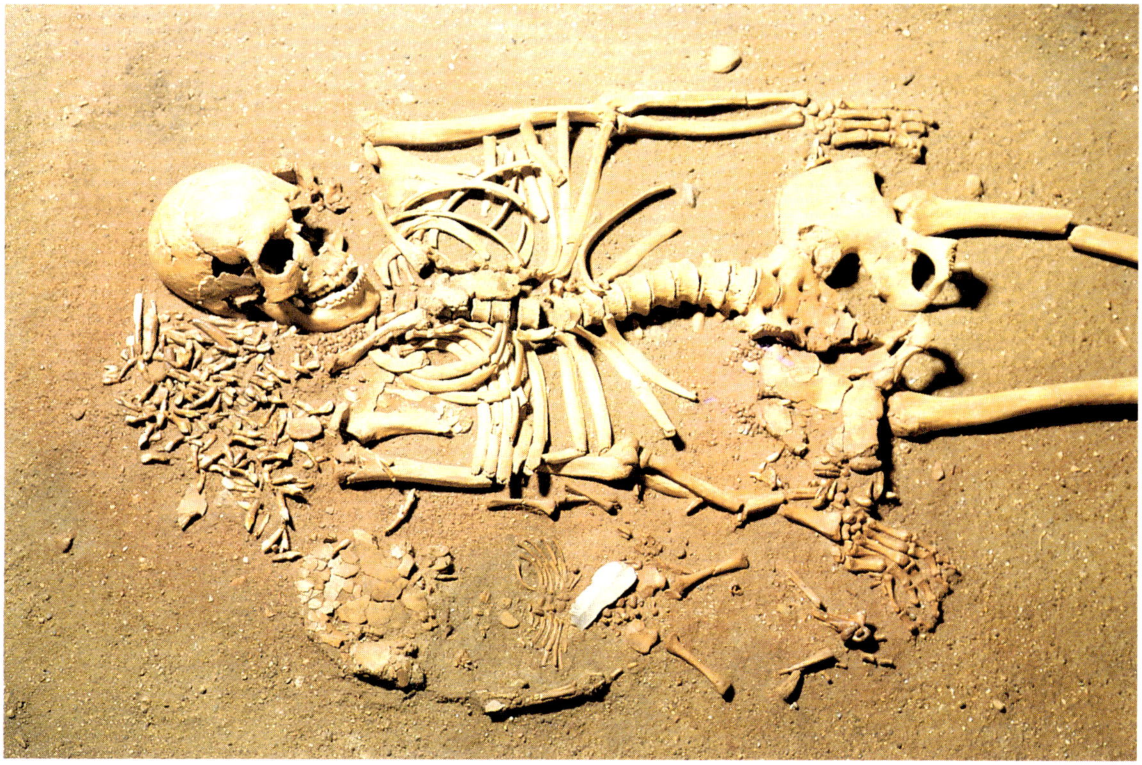

oben Skulpturen aus Lepenski Vir. Diese Steinskulpturen müssen in engem Zusammenhang mit der Architektur der Siedlung betrachtet werden; oft waren sie in die Grundmauern der Hütten integriert. Man hat sie als »magische Steine« und »Weltnabel« (*omphalos*) beschrieben. Die Skulptur *oben links* wurde in der Vorderfront des Heiligtums in Hütte XLIV in Lepenski Vir gefunden, die *oben rechts*, die auch als das erste monumentale »Porträt« in der Geschichte der europäischen Bildhauerei angesehen wird, in der Rückwand dieser Hütte.

unten Mesolithische Gräber in Vedbæk: das Grab 8, mit einer Frau und einem neugeborenen Kind. Neben dem Schädel befinden sich viele Anhänger – vielleicht Teile einer Halskette – aus den Zähnen von Rotwild und Wildschwein. Weiterhin findet man große Mengen an rotem Ocker und eine einzelne große Feuersteinklinge bei dem Kind.

links Anthropomorphes weibliches Idol aus gebranntem Ton; gefunden in der Tell-Siedlung bei Nea Nikomedeia in Makedonien, nordöstliches Griechenland.

unten Eine ungewöhnliche Doppelvase, im Cardialstil verziert, aus der Cova de l'Or, Alicante, Ostspanien.

Siedlungstypen und auch in die Methoden gewinnen, mit denen diese interpretiert wurden.

Die meisten Fundstätten aus der mesolithischen Zeit sind kleine, wenig spektakuläre Ansammlungen bearbeiteter Feuersteine, ohne organische Überreste. Es handelt sich hier vermutlich um kurzfristig genutzte Lager von Jägergruppen, die dort vielleicht nur eine Nacht gerastet haben, oder aber um Spuren von Tätigkeiten im Verlauf der Jagd, etwa das Ausweiden getöteter Tiere. Befunde dieser Art finden wir überall in Europa; ein typisches Beispiel dafür bieten die Fundplätze im Bergland der Pennine Chain nördlich der englischen Midlands, z. B. in Dunford A und Broomhead 5. In diesen Fundkomplexen machen Mikrolithen über 90 Prozent der retuschierten Werkzeuge aus. Solche Plätze befinden sich oft an exponierten Stellen, die einen weiten Blick in die Umgebung ermöglichen; man vermutet, daß sie mit der Rotwildjagd zusammenhängen. Ähnliche Plätze im norwegischen Hochland könnten mit der Rentierjagd in Verbindung gestanden haben. So befindet sich der Fundplatz Nr. »148« (etwa 5 870 vor heute) in den Ryfylke-Setesdal-Bergen in leichter Hanglage direkt über dem Rand eines stehenden Gewässers und in der Nähe eines Wechsels, der noch heute von Rentieren benutzt wird. Man fand dort lediglich sieben Flintartefakte, von denen sich sechs wieder zu einem Kernstein zusammensetzen ließen. Dieser Platz wurde vermutlich nur einmal genutzt, etwa zum Ausweiden von Tieren, oder es handelt sich um die Überreste eines Ansitzes.

Wenn man Befunde deuten will, die größer sind als die des Fundplatzes Nr. »148«, hat man vor allem Schwierigkeiten zu entscheiden, wie oft ein solcher Platz genutzt worden war. Entstand der Fund als Folge von vielen kurzen Aufenthalten einzelner Jäger oder aber handelt es sich um Spuren einer längeren Nutzung durch eine relativ große Gruppe? Hier können Radiokarbon-Datierungen helfen; so wurden die Befunde des Freilandfundplatzes von Calowanie bei Warschau zunächst als Überreste eines einzigen Aufenthaltes gedeutet. Neuere Radiokarbon-Datierungen beweisen jedoch, daß jede Flintkonzentration über eine Dauer von 1 000 Jahren im Zeitraum zwischen etwa 9 400 und 8 300 vor heute entstanden ist, so daß ein Nachweis für zahlreiche, zeitlich gestaffelte Aufenthalte erbracht ist.

Wenn keine Radiokarbon-Datierungen vorliegen, kann oft durch passgenaue Abschläge gezeigt werden, daß der Befund aus einer einzigen oder aus einer bestimmten Zahl von Aufenthalten entstanden ist. Dieses Verfahren wurde im südenglischen Hengistbury Head angewandt, einem Fundplatz mit einer dichten Streuung von Feuersteinartefakten in äolisch entstandenen, später podsolierten Dünensanden. Die Grabungen auf über 78 Quadratmetern förderten 38 000 Flintartefakte zutage. Man hat versucht, sie wieder zusammenzusetzen, und auf diesem Weg nicht nur herausgefunden, daß hier mehrere, einander überlagernde Steinbearbeitungsplätze vorhanden waren, sondern auch, daß die beträchtliche vertikale Streuung der Artefakte einzig das Ergebnis von Prozessen ist, die nach der Entstehung des Fundplatzes erfolgten. Es gelang, Artefakte zusammenzusetzen, die in vertikalen Abständen von bis zu 39 Zentimetern gefunden wurden. Die Analyse aller zusammensetzbaren Teile ergab eine vertikale Streuung von bis zu 60 Zentimetern. Als Ursachen hierfür kommen Landtiere, Pflanzenwurzeln, Bioturbation, Akkumulationen und Erosionen von Sedimenten in Betracht. Wäre es den Archäologen nicht gelungen, die Fundstücke zusammenzusetzen, hätte man den Fundplatz leicht als das Ergebnis von mehreren Aufenthalten mit zwischenzeitlichen Dünenbildungen interpretieren können. Leider gibt es auch zahlreiche Plätze, an denen aufgrund des schlechten Erhaltungszustandes oder der Beschaffenheit des Rohmaterials weder ausreichende Radiokarbon-Datierungen noch ein Zusammensetzen von Funden möglich ist. Oft wird jedoch allein aus der Menge der Artefakte und der Flintabschläge deutlich, daß man hier mehrfach gelagert hat. Grabungen auf der Bolsay Farm auf der Insel Islay in Westschottland z. B. ergaben, daß ursprünglich mehrere Millionen Flintabschläge vorhanden waren, unter denen sich viele tausend Mikrolithen befanden. Die Stücke sind oft schlecht erhalten, aber es ist dennoch offensichtlich, daß sich solche Mengen nur sukzessive ansammeln konnten, im Laufe vieler Aufenthalte. Hieraus läßt sich vielleicht die hervorragende Eignung des Platzes für die Jagd ableiten.

Wir können inzwischen mit Hilfe von der Gebrauchsspurenanalyse auch bestimmte Tätigkeitsbereiche innerhalb der Plätze rekonstruieren. Eines der besten Beispiele hierfür stellt die Ertebølle-Station Vænget Nord auf der dänischen Insel Seeland dar, die auf etwa 7000 vor heute datiert wird. Aufgrund der Analysen gelang es dort, zwei Bereiche zu unterscheiden. Kennzeichnend für den einen sind Stichel, die zur Bearbeitung von Knochen oder Geweih gedient haben, im anderen Bereich fand man Werkzeuge, die zur Bearbeitung der Felle und Häute benutzt wurden, wie z. B. Kratzer und unretuschierte Klingen. Den ersten Bereich betrachtet man als Rest eines ersten Aufenthalts, da er mit der Konzentration von charakteristischen Formentypen, von rhombenförmigen Spitzen und Mikrosticheln, zusammenfällt. Im direkten Umfeld des Bereiches, in dem die Felle und Häute bearbeitet wurden, wurde Flint bearbeitet, und dahinter befand sich eine »Müllkippe«, erkennbar an einer dunklen Verfärbung, an zahlreichen Holzkohlestücken und hitzebeeinflußten Steinen. An einigen Fundplätzen stieß man auf Abfälle, die bei ganz bestimmten Tätigkeiten zurückbleiben, z. B. zahlreiche Flintabschläge, die bei der Herstellung eines Beiles anfielen; das Endprodukt fehlt allerdings erwartungsgemäß und auch die normalerweise anfallenden kleinen Absplisse.

Wenn Tierrelikte erhalten sind, lassen sich viel eher Rückschlüsse auf die jahreszeitliche Nutzung und die Funktion eines Platzes ziehen. An dem Ertebølle-Fundplatz Aggersund in Norddänemark überwiegen z. B. Knochen des Singschwans unter den tierischen Überresten. Diese Zugvögel konnten dort nur von November bis März gejagt werden, so daß der Platz als Winterlager speziell für die Schwanenjagd gekennzeichnet ist. Die Faunenreste aus Star Carr, die intensiv untersucht und mehrfach neu interpretiert wurden, liefern ein klassisches Beispiel für den Versuch, Jahreszeit und Funktion eines Fundortes in Verbindung zu bringen. Man geht jetzt davon aus, daß die Funde auf eine Besiedlung des Platzes im Spätfrühling und Frühsommer hindeuten. Man stützt diese Vorstellung mit dem Hinweis auf die Analyse von Zähnen aus Kiefernknochen von Rot- und Rehwild, außerdem auf die zahlreich gefundenen Schädelknochen von Hirschen, die ihre Geweihstangen abgeworfen hatten, was auf die Monate April und Mai verweist. Die dort ebenfalls gefundenen, bereits abgeworfenen Geweihstangen könnten dazu verleiten, den Platz als Herbstlager zu interpretieren; doch können sol-

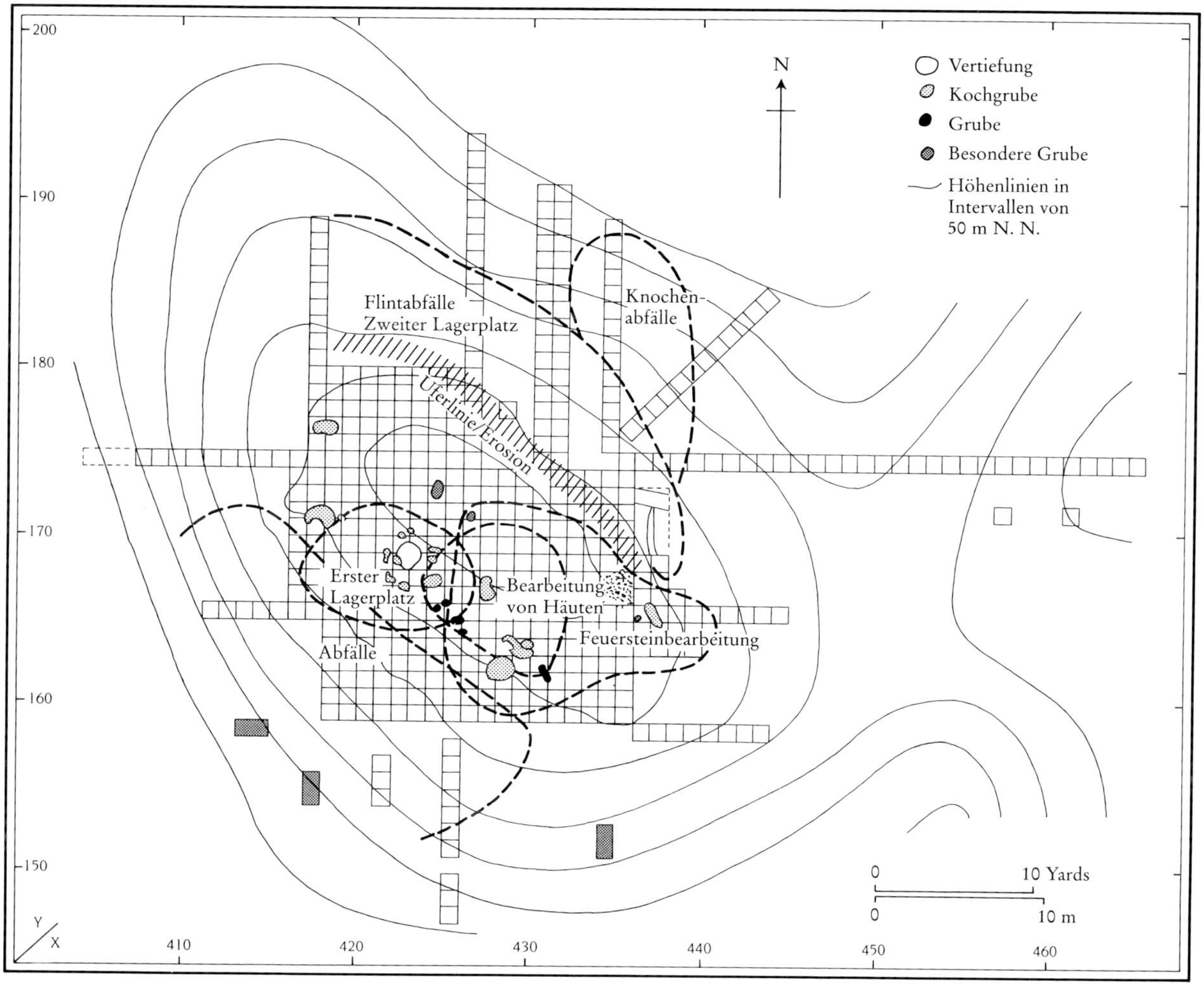

Grabungsplan und verschiedene Arbeitsbereiche in Vænget Nord. Diese Bereiche können anhand der Verteilung der Artefakte, sonstiger Merkmale und durch die Gebrauchsspuren an Flintwerkzeugen unterschieden werden. Der erste Lagerplatz hat sich wahrscheinlich dort befunden, wo eine oder mehrere Hütten standen. Nördlich davon und auf dem höchsten Punkt der Insel befand sich ein einziges Grab, wahrscheinlich die Bestattung eines erwachsenen Mannes.

che Stangen auch das ganze Jahr über gesammelt worden sein. Es finden sich an diesem Platz vorwiegend solche Knochen, an denen nur wenig Fleisch sitzt und die daher von den Jägern nach dem ersten Ausweiden der Beute in der Regel vor Ort zurückgelassen wurden. Auch dies weist darauf hin, daß der Platz wohl ein in den Frühlings- und Sommermonaten vorübergehend genutztes Jagdlager gewesen ist und kein dauernd besiedeltes Basislager, an dem man auch die restlichen Knochen der Jagdbeute hätte finden müssen.

Erwähnenswert sind weiterhin die Faunenreste aus den Muschelhaufen auf der winzigen südlichen Hebriden-Insel Oronsay. Man fand fünf Muschelhaufen auf dieser Insel, die zur Zeit ihrer Besiedlung höchstens vier Quadratkilometer groß war. Der Köhler, eine Dorschart, war eine viel erbeutete Fischart, und die Ohrknochen (Otolithen) dieser Fische dienten den Archäologen dazu, die Jahreszeit zu erschließen, in

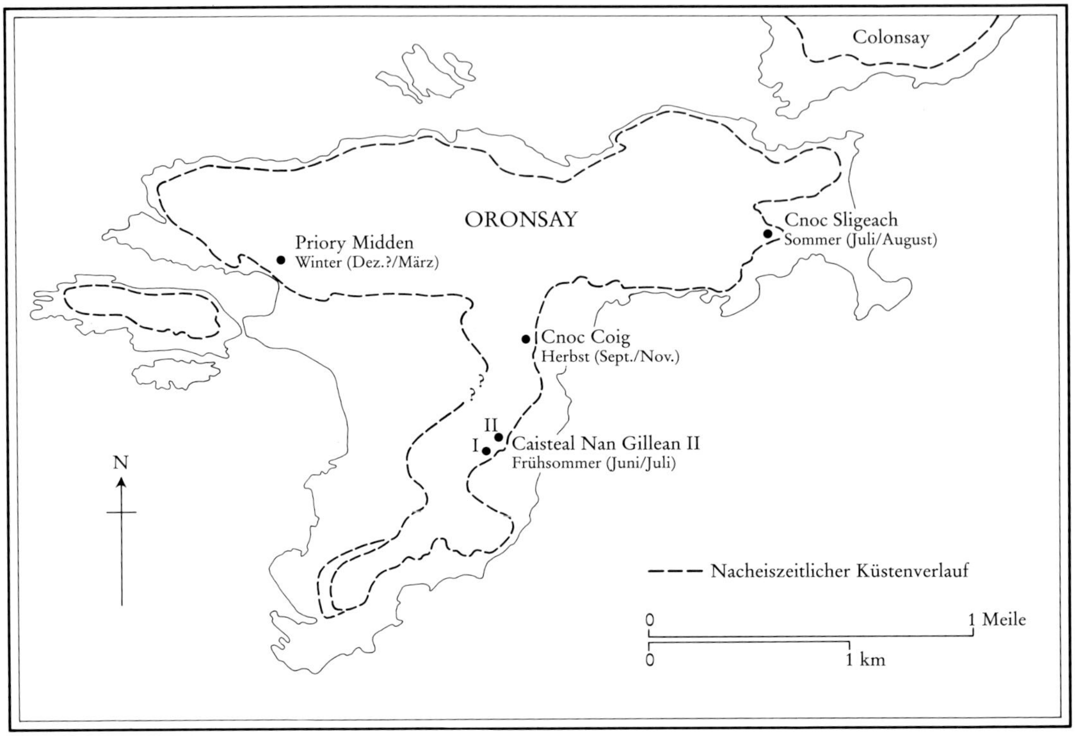

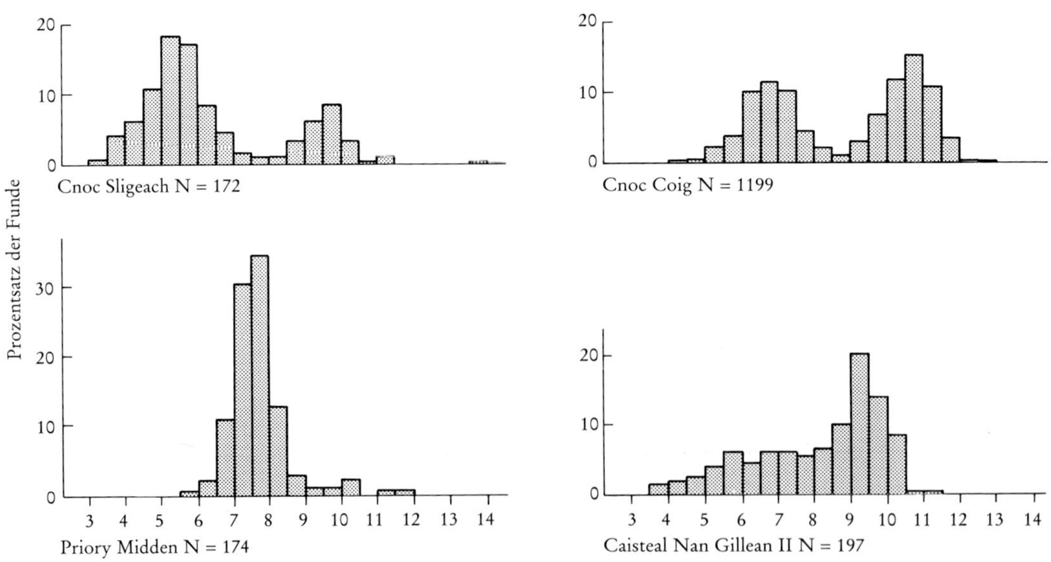

Die Lage der mesolithischen Muschelhaufen auf Oronsay zeigt die Hauptmonate der Nutzung der verschiedenen Plätze, so wie sie aus der Größenverteilung der Ohrknochen (Otolithen) von Köhlern abgeleitet wurden (*s. Abbildung unten*). Köhler stellten die wichtigste Fischart dar, die auf Oronsay gefangen wurde. Da sie sehr schnell heranwachsen, kann ihre Größe, die man aus der Länge der Ohrknochen ableitet, einen direkten Hinweis auf die Jahreszeit geben, in der der Fisch gefangen wurde.

der man wechselnd neben den fünf Muschelhaufen lagerte. Dazu muß man wissen, daß ein junger Köhler während seiner ersten zwei bis drei Lebensjahre sehr schnell wächst und seine Länge, die wiederum aus der Größe der Ohrknochen erschlossen werden kann, Auskunft über die Jahreszeit gibt, in der der Fisch getötet wurde. Durch solche Methoden fand man heraus, daß man neben jedem Muschelhaufen zu einer anderen Jahreszeit gesiedelt hatte. Vermutlich war jeder von ihnen durch seine topographische Lage als Standort für eine bestimmte Jahreszeit besonders geeignet. Dieser Befund läßt sich auf zwei Weisen deuten. Es könnte sich um eine permanente, ganzjährige Besiedlung gehandelt haben, wobei die Menschen mit dem Zyklus der Jahreszeiten von einem Lagerplatz zum nächsten zogen. Allerdings erscheint dies unwahrscheinlich, denn es handelt sich um eine sehr kleine Insel, auf der es vermutlich keine anderen Nahrungsressourcen, z. B. kein Rehwild, gegeben hat. Darum sind die Muschelhaufen wohl eher Reste von jeweils kurzen Aufenthalten auf der Insel zum Fisch- oder Seehundfang. Diese jeweils kurzen Besuche müssen aber über einen längeren Zeitraum hinweg stattgefunden haben. Die mesolithischen Jäger und Sammler werden wohl ihr Wissen über die Landschaft, die Gezeiten und die vorherrschenden Winde genutzt haben, um bei jedem Besuch den jeweils günstigsten Platz auszuwählen.

Für die großen Muschelhaufen und Fundplätze in Südskandinavien kommt eine ganzjährige und permanente Besiedlung eher in Betracht. Viele dieser Plätze befinden sich dort, wo unterschiedliche ökologische Zonen und Lebensräume aneinandergrenzten; sie boten dadurch eine breite Palette sich jahreszeitlich überschneidender Ressourcen. So finden wir im Norden Dänemarks den mächtigen Muschelhaufen von Ertebølle (etwa 5 800–5 100 vor heute), nach dem die Ertebølle-Kultur benannt wurde. Man geht davon aus, daß die Menschen hier während der Sommer- und Herbstmonate von dem lebten, was ihnen die großen Landtiere liefern konnten, im Winter dagegen wird sich die Versorgung vor allem auf umherziehende Meeressäuger mit ihren Jungtieren gestützt haben. Den Versorgungsengpaß, der sich im Frühjahr ergeben haben könnte, haben sie vielleicht mit Austern überbrückt, deren Schalen den Hauptanteil des Muschelhaufens ausmachen. Ähnlich scheint der Fundplatz Skateholm (ca. 7 000–5 400 vor heute) im Süden Schwedens im Grenzbereich zwischen Land-, Strandsee- und Salzwasserbiotopen angelegt worden zu sein, da sich den Menschen inmitten solch verschiedenartiger Landschaften eine sehr vielfältige Nahrungspalette bot. Die Faunenreste von Skateholm zeugen von einer verblüffenden Vielfalt der Nahrungsquellen, aus allen drei Biotopen und aus allen Jahreszeiten.

SIEDLUNGSSYSTEME DER SUBSISTENZWIRTSCHAFT Bisher haben wir die Siedlungstypen als jeweils selbständige Einheiten behandelt, doch hat man in den meisten jüngeren Untersuchungen versucht, von der Subsistenzwirtschaft geprägte Zusammenhänge herauszufinden und ganze Siedlungssysteme zu rekonstruieren. Trotz der mittlerweile sehr feinen Periodisierung des Mesolithikums kann in der Archäologie nur selten mit Sicherheit festgestellt werden, daß zwei Plätze genau zeitgleich sind und daher von einer Gruppe genutzt worden sein können. Siedlungssysteme, soweit wir sie rekonstruieren können, bestehen daher oft aus Fundplätzen, die wir miteinander in Verbindung bringen, obwohl sie vielleicht nicht genau zur gleichen Zeit bestanden haben. Die so entwickelten Systeme sind daher eher als Ideal-Modelle und weniger als exakte Rekonstruktionen der Zusammenhänge in einer bestimmten Region oder Phase des Mesolithikums aufzufassen.

Der einfachste Typ eines mesolithischen Siedlungssystems ist der Zusammenhang von hochgelegenen Lagern und solchen in Tälern und Ebenen, zwischen denen die Menschen hin- und herzogen. Unter den historisch belegten Jäger und Sammler-Gruppen gibt es viele, die während der Wintermonate in tiefergelegenen Gebieten und in größeren Gruppen zusammenlebten, während sie im Sommer in kleineren Gruppen zurück in höhergelegene Gegenden zogen. Höchstwahrscheinlich reicht dieses Schema des sich Aufteilens und wieder Zusammenfindens von Gruppen bis ins Mesolithikum zurück. Aus Unterschieden, wie sie zwischen Fundkomplexen aus höher und tiefer gelegenen Gegenden häufig erkennbar sind, werden unterschiedliche Tätigkeiten im Zusammenhang mit Wanderbewegungen deutlich. Z. B. findet man an hochgelegenen mesolithischen Fundplätzen in England oft sehr viele Mikrolithen, die darauf hinweisen, daß hier Jagdwaffen hergestellt oder instand gesetzt wurden. Im Gegensatz dazu finden sich in tiefer gelegenen Gebieten vorwiegend Werkzeuge wie Schaber, die auf Tätigkeiten im Basislager, etwa auf die Bearbeitung von Häuten, hinweisen dürften. Mit einiger Wahrscheinlichkeit stammen die Flintkonzentrationen, die man im norwegischen Hochland entdeckt hat und die wohl von der Rentierjagd zeugen, von Gruppen, die vom Frühling bis in den Herbst aus dem west- oder ostnorwegischen Tiefland in die Berge zogen. Die Artefakte an diesen Lagerplätzen in den Bergen bestehen aus einem Feuerstein, der nur von der Küste kommen kann. Der hervorragende Erhaltungszustand der mesolithischen Fundplätze in Dänemark ermöglicht es uns, Siedlungssysteme zu rekonstruieren, die weit komplizierter sind als der skizzierte Zyklus von Aufteilung und Wiederzusammenfinden der Gruppen. So kennen wir dort mehrere Ertebølle-Stationen, die aufgrund ihres Standorts, der Faunenreste und aufgrund der Artefakttypen als jahreszeitlich genutzte Lager angesehen werden können. Sie dienten vermutlich jeweils ganz spezifischen und notwendigen Tätigkeiten. Es war bereits von Aggersund die Rede, wo man sich auf die Schwanenjagd während der Wintermonate spezialisiert hatte. Vænge Sø ist ein Fundplatz an einer Küste, vor der ein für Wale günstiger Lebensraum lag. Walknochen sind in diesem Fundkomplex vorherrschend vertreten. Die Menschen in Dyrholm, einem Herbst- und Winterlager, scheinen vorwiegend Aalfang betrieben zu haben. Mit Ringkloster haben wir wahrscheinlich ein Winterlager vor uns, von dem aus die Jäger vor allem auf Wildschweine und Baummarder Jagd machten. Zu solchen Jagdlagern zogen die Jäger vermutlich direkt von ihren Basislagern aus. Dies waren die großen, an der Küste gelegenen Muschelhaufen-Fundplätze wie Ertebølle, Meilgård und Norslund; Standorte, die eine Vielzahl verschiedener Tätigkeiten ermöglichten und deren archäologisches Fundmaterial eine ganzjährige Besiedlung nahelegen.

Nur selten ist der Erhaltungszustand organischer Materialien über eine ganze Region hinweg gut genug, um aus den Faunenresten auf die Funktion und jahreszeitliche Nutzung von Standorten schließen und so ein großräumiges Siedlungssystem rekonstruieren zu können. Fehlen solche Beweise, müssen wir uns auf einzelne Merkmale wie Fundplatzgröße und Zusammensetzung des Fundmaterials stützen. Aber auch diese können sehr effektiv genutzt werden; so konnten etwa auf der Insel Vega in Nordnorwegen eine Reihe von Fundplätzen funktional zu einem solchen Siedlungssystem zusammengefaßt werden. Åsgarden ist mit über 250 000 Steinfunden, einem großen Gerätespektrum und einer großen Hausstruktur auch die größte dieser Stätten. Es gilt als Hauptlager, von dem aus die nahrungsuchenden Menschen kleine Jagdlager wie Hesvik aufsuchten. Daneben gab es noch kleinere Plätze mit nur wenigen Artefakten, die Anlegestellen oder temporär genutzte Rastplätze auf dem Weg die Küste entlang gewesen sein könnten. Ob solche Rekonstruktionen der damaligen Wirklichkeit entsprechen, ist Inhalt vieler Diskussionen, es gibt aber keinen Grund für die Annahme, daß die Siedlungssysteme in Gebieten, in denen weniger organisches Material erhalten ist, auch einfacher strukturiert gewesen ist als die Fundplätze in Südskandinavien. An einige Fundplätzen in Südeuropa läßt sich zeigen, daß das traditionelle Kulturkonzept nicht immer ausreicht, um unterschiedliche, aber zeitgleiche Befundspektren zu erklären. Entlang der Küste Nordspaniens finden wir zwei »Typen« mesolithischer Fundplätze aus dem gleichen Zeitraum zwischen 9 500–8 500 vor heute. Sie kennzeichnen zwei unterschiedliche »Kulturen«, das Asturien und das Azilien. So wird das Material aus Schicht 29 in La Riera, das aus der Zeit von vor 8 650 (± 300) Jahren stammt, als Asturien bezeichnet, während die mit 8 700 (±170) Jahren archäologisch gleichzeitige Schicht C in Urtiaga dem Azilien zugerechnet wird. Diese Unterscheidung ist zum Teil in der Zusammensetzung der Fundspektren begründet. Das Material aus dem Asturien enthält weniger retuschierte Stücke und weniger Rückenmesser als das aus dem Azilien; außerdem fand man häufiger schwere Arbeitsgeräte, wie z. B. Hacken. Asturien-Fundplätze gibt es vorwiegend im Flachland und an Flußmündungen, während Azilien-Fundplätze sowohl im Tief- als auch im Hochland verbreitet sind. Auch die Faunenreste unterscheiden sich. Im Asturien dominiert immer das Rotwild, während Rehwild und Wildschweine seltener vertreten sind. Azilien-Inventare weisen eine weit größere Artenvielfalt auf und in höhergelegenen Gegenden dominiert der Steinbock. Traditionell wurden Azilien- und Asturien-Fundplätze verschiedenen Menschengruppen und damit unterschiedlichen Kulturen zugeordnet. Wahrscheinlicher ist jedoch, daß beide »Kulturen« nur zwei Elemente eines einzigen Siedlungssystems in der Subsistenzwirtschaft darstellen. Vermutlich sind die dem Asturien zugeordneten Fundplätze die großen Sammelplätze für die Abfälle aus den Basislagern gewesen, während Azilien-Fundorte solche Plätze repräsentieren, an denen man bestimmte Dinge im Zusammenhang mit der Jagd, dem Fischen oder Sammeln verrichtete. Weitere Elemente eines solchen Siedlungssystems, so etwa die Basislager selbst, müssen allerdings noch lokalisiert werden.

ENTSCHEIDUNG UND AUSWAHL Wenn wir solche von der Subsistenzwirtschaft geprägten Siedlungssysteme rekonstruieren, ist Sorgfalt und Vorsicht geboten; denn die mesolithischen Jäger und Sammler waren in ihrem Subsistenzverhalten äußerst flexibel. Auf keinen Fall ist es ein starres, jahreszeitlich bedingtes Verhaltensschema. Und selbst wenn vieles im Jahresablauf Routine war – z. B. im Frühjahr Fischzüge abzuwarten oder im Sommer ins Landesinnere umzusiedeln –, mußte das Verhalten doch auf einer ausgeprägten Bereitschaft basieren, neue Möglichkeiten zu entwickeln oder unerwartete Versorgungsengpässe auszugleichen. Damit dies den Menschen gelingen konnte, mußten sie ihre Umgebung sehr gut kennen und ihr Wissen über Verfügbarkeit und Standorte verschiedener Nahrungsquellen ständig erneuern. Statt das mesolithische Subsistenzverhalten als festen, den Jahreszeiten angepaßten Rhythmus zu betrachten, scheint es angemessener zu sein, es als Folge von Entscheidungen aufzufassen, in denen sich Individuen und Gruppen stets neu darüber verständigt haben, welche Nahrungsmittelquellen sie zum jeweiligen Zeitpunkt im Jahresverlauf ausnutzen sollten.

Wir können uns solche Entscheidungen entweder als »Wahl des Platzes« (die Wahl der Landschaft, zu der man weiterziehen wollte: ob in Waldgebiete oder an die Küste) vorstellen oder als »Wahl der Beute« (die Auswahl der Ressourcen, die man innerhalb des gewählten Biotops ausnutzen wollte). Bevor solche Entscheidungen getroffen werden konnten, haben die Jäger und Sammler sicherlich viele Informationen über die aktuellen Bedürfnisse der Gruppe und die je nach Landschaft oder gewählter Ressource zu erwartende Ausbeute sammeln und durchdenken müssen. Die Menschen haben vermutlich abgewogen zwischen dem Aufwand, dem Nutzen und den zu erwartenden Risiken, die mit der Ausnutzung bestimmter Ressourcen verbunden waren. Der Aufwand kennzeichnet die Menge an Energie und Zeit, die für die Jagd und das Sammeln aufgewendet werden muß. Der Nutzen ist der Ertrag in Fleisch oder Rohmaterialien; das Risiko liegt darin, daß viel Aufwand für einen nicht absehbaren, vielleicht geringen Ertrag zu betreiben ist. Hat z. B. ein Jäger Erfolg und er erlegt ein Stück Rotwild, dann ist der Gewinn an Fleisch, Fell und Geweih groß; gleichwohl ist die Jagd auf Rotwild ein riskantes Unternehmen, man kann die Fährte verlieren, man kann vorbei schießen, oder das verletzte Tier kann entkommen. Muscheln oder Schnecken in großen Mengen zu sammeln bringt dagegen kein Risiko mit sich, dennoch wird es eine Schinderei gewesen sein, so viele Muscheln zu sammeln, bis eine anständige Mahlzeit beisammen war.

AGERÖD V Unter dieser Perspektive des Auswählens und Abwägens von Kosten, Nutzen und Risiken lassen sich Subsistenzverhalten und Techniken des Mesolithikums sehr weitgehend begreifen. Um das zu illustrieren, möchte ich kurz auf den Fundort Ageröd V eingehen; es handelt sich um eine frühatlantische Siedlung in Schonen aus der Zeit um 6860–6540 vor heute. Die dort gefundenen Faunenreste zeigen, daß sehr viele Tierarten bejagt wurden. Rotwild, Elch, Reh und Wildschwein sind im Knochenmaterial stark vertreten. Es handelt sich daher wohl um ein Jagdlager, von dem aus die Jäger nicht auf bestimmte Tiere Jagd machten, sondern auf alle, die sie aufspüren konnten. Die große Anzahl der Tiere läßt darauf schließen, daß die Jagd hier recht intensiv betrieben wurde und viel Fleisch und Rohmaterialien gewonnen wurden. Man scheint dabei die größeren und schwerer zu jagenden Tierarten wie etwa den Hirsch bevorzugt und dafür die Möglichkeiten, kleineres Rehwild zu erbeuten, ungenutzt gelassen zu haben. Wenn man nun bedenkt, daß hier vor allem Jagd auf Landtiere gemacht wurde, könnte es zunächst seltsam erscheinen, daß der Fundplatz auf einer kleinen Insel etwa 400 Meter vom nächsten festen Untergrund entfernt in einem sumpfigen Gebiet lag. Natürlich war eine solche Lage der geeignete Platz, um Fischreusen auszulegen und Barsche, Brassen und Köhler zu fangen. Die täglichen Erträge aus der Fischerei werden weit regelmäßiger gewesen sein als die aus der Jagd auf große Landtiere. Aber gerade weil der Fischfang mit nur wenig Risiken verbunden war und die Nahrungsversorgung garantierte, konnten sich die Menschen risikoreiche Pirschjagden auf Hirsche leisten und an vielen Tagen mit leeren Händen zurückkehren.

BEVÖLKERUNG UND GESELLSCHAFT

Das Mesolithikum wird von vielen Forschern als Periode eines schnellen Bevölkerungswachstums betrachtet. Die Schätzungen der Besiedlungsdichte weichen stark voneinander ab. Doch ist dies auch gar nicht verwunderlich, wenn man bedenkt, wie schwierig solche Schätzungen sind und mit welchen Abweichungen man im großen Gebiet des mesolithischen Europa rechnen muß. Man kann von Populationsdichten zwischen 0,50 und 0,005 Menschen pro Quadratkilometer ausgehen; das sind für Jäger und Sammler-Gesellschaften relativ hohe Zahlen. Am Mesolithikum in Südwestdeutschland lassen sich die Schwierigkeiten gut veranschaulichen, vor denen man steht, wenn man Bevölkerungszahlen und deren Veränderungen in untergegangenen Populationen schätzen möchte. In Südwestdeutschland läßt sich für die Zeit des Übergangs vom frühen zum späten Mesolithikum vor etwa 8 000 Jahren ein deutlicher Rückgang der Fundstellen erkennen. Dies könnte einen Rückgang der Bevölkerungszahlen widerspiegeln. Da es zu dieser Zeit jedoch zu beträchtlichen Umweltveränderungen gekommen ist, etwa die wachsende Vielfalt der Pflanzenwelt, könnte die abnehmende Zahl der Fundplätze auch mit einer Veränderung der Siedlungsstrukturen zusammenhängen. Möglicherweise haben die Jäger und Sammler auf ihre sich verändernde Umgebung reagiert, indem sie in weniger, aber dafür größeren Hauptlagern lebten oder den Standort dieser Plätze auf ganz bestimmte Gebiete begrenzten.

In Analogie zu den historisch bekannten Jägern und Sammlern scheinen auch die Populationen des Mesolithikums drei soziale Bindungssysteme gekannt zu haben. An der Basis stehen die Familien. Für einen Großteil des Jahres taten sich diese Familien zu Gruppen mit 25 bis 100 Individuen zusammen. Und diese Gruppen wiederum standen über große Entfernungen hinweg miteinander in Verbindung. Dieses Netz von Beziehungen zwischen Gruppen und Individuen muß durch gegenseitige Besuche und regelmäßige Zusammenkünfte gepflegt worden sein, bei denen wahrscheinlich Informationen, Gegenstände und Heiratspartner ausgetauscht wurden. Jedoch muß man auch hier, wie im Bereich des Subsistenzverhaltens und der Technologien, davon ausgehen, daß es während des Mesolithikums in Europa regional beträchtliche Unterschiede in der sozialen Organisation gegeben haben muß. Dies liegt teilweise daran, daß die soziale Organisation genauso wie die Technik ein Mittel war, das den Menschen im Mesolithikum half, sich an ihre natürliche Umwelt anzupassen. Es ist zwar leicht, über die mesolithischen Populationen und ihre soziale Organisation zu hypothetisieren; hieb- und stichfeste Beweise zu finden, ist allerdings schwer. Am ehesten findet man sie noch in der Bestattungssitte.

Während des Mesolithikums entstanden in Europa erstmals Gräberfelder. Bereits im Jungpaläolithikum, möglicherweise bereits mit dem Mittelpaläolithikum, wurden vereinzelt Tote beigesetzt, wobei der rituelle Aufwand variierte. Erst im Mesolithikum jedoch schuf man spezielle Plätze für Gräber. Das bisher größte Gräberfeld beinhaltete über hundert Bestattungen. Solche Gräberfelder ermöglichen viele Einblicke in das Mesolithikum. Die Befunde erlauben Aussagen über die demographische Struktur, über den Gesundheitszustand der Menschen, über die soziale Struktur und schließlich über die symbolische Bedeutung der Grabbeigaben.

BESTATTUNGEN Gräberfelder sind seit dem späten Mesolithikum (etwa ab 6250 vor heute) bekannt. Aus dem Frühmesolithikum sind bisher lediglich einzelne Gräber, aber kein Gräberfeld bekannt. Ihr Auftauchen scheint so etwas wie ein Meilenstein in der europäischen Urgeschichte zu sein; vielleicht markieren sie das Überschreiten einer demographischen Schwelle vor etwa 6500 Jahren. Gräberfelder und die komplexen Sozialstrukturen, die sie vielleicht repräsentieren, findet man vorwiegend in Küstengebieten oder in der Nähe großer Seen und Flüsse. Vermutlich boten diese Gebiete ein großes Nahrungsangebot und waren damit am besten geeignet, große Populationen zu ernähren. Einige Wissenschaftler vermuten, daß dies die Menschen dazu brachte, ihr Territorium durch Gräber, durch die Anwesenheit der Vorfahren, zu kennzeichnen und vielleicht auch zu verteidigen, wie es von vielen traditionellen Gesellschaften überliefert ist.

Die Bestattungsplätze sind von ganz unterschiedlicher Größe: Die beiden größten sind Oleni Ostrov in Karelien und Cabeço da Arruda in Portugal; an beiden Plätzen sind jeweils über 170 Gräber freigelegt worden. Die meisten anderen Friedhöfe umfassen nur zwischen 20 und 60 Gräber. Es bereitet einige Schwierigkeiten, die Größe eines Friedhofes abzuschätzen und Vergleiche durchzuführen. Oft ist nicht zu entscheiden, wie lange ein Bestattungsplatz benutzt wurde und in welchem zeitlichen Abstand neue Gräber hinzukamen. Sind manche dieser Gräberfelder so groß, weil sie über einen längeren Zeitraum hinweg benutzt wurden? Oder hängt dies eher damit zusammen, daß sie zu einer viel größeren Gruppe gehörten? Auch Unterschiede im Erhaltungszustand und in der Größe der Ausgrabungen erschweren den Vergleich dieser Gräberfelder.

PALÄOPATHOLOGIE Zu den interessantesten Informationen, die sich aus Skelettfunden ergeben, gehören die Hinweise auf den Gesundheitszustand vergangener Populationen. Die Knochenfunde erlauben Rückschlüsse auf viele Krankheiten und Verletzungen. Besonders häufig sind Arthritis und Karies gewesen, jedoch auch andere Krankheitsbilder wie anomale Knochenvergrößerungen (Knochenhypertrophie), Unterentwicklung (Hypoplasie) des Zahnschmelzes, Rachitis und Osteoporose sind am Knochenmaterial diagnostizierbar. Zudem lassen sich für verschiedene Bevölkerungsgruppen gewisse Muster der Art und Intensität solcher Krankheiten dokumentieren. Gräberfelder, die man bereits überwiegend seßhaften Kulturen zuordnen kann, wie in Skateholm, Vedbæk und Vlasač, zeigen weniger Kariesbefall; dafür findet man vielfältige andere Krankheitsbilder, die auf einen schlechten Gesundheitszustand zu Lebzeiten hinweisen. Ein ganz anderes Bild ergibt sich bei Kulturen mit einer mobileren Lebensweise. Die Befunde des Skelettmaterials von Grotta dell'Uzzo, von Arene Candide und Moita do Sebastião lassen erkennen, daß die Menschen dort zwar viel häufiger an Karies litten – deren Symptome sind in manchen Gräberfeldern an bis zu 50 Prozent der Skelettfunde festzustellen. Insgesamt jedoch scheint der Gesundheitszustand dieser Bevölkerungen besser gewesen zu sein. Hinweise auf andere Krankheiten wurden kaum gefunden. Ohne Zweifel hängen solche Unterschiede mit der erhöhten Anfälligkeit für Parasiten und Infektionskrankheiten zusammen, die wiederum in den unzureichenden hygienischen Verhältnissen in den dauerhaften Siedlungen begründet sein könnten.

Zahlreiche Skelette aus mesolithischen Gräberfeldern weisen Verletzungen durch Pfeil- und Wurfspitzen auf. Die Projektile, die vermutlich den Tod herbeigeführt haben, stecken oft noch in den Knochen. So etwa liegt in Grab 19A in Vedbæk ein Mann mit einer Knochenspitze, die zwischen dem zweiten und dritten Halswirbel steckt; in

Mesolithische Gräber und Gräberfelder in Europa; gut zu erkennen ist die bevorzugte Lage an der Küste, an Seen und Flüssen. Dieses Verbreitungsbild könnte forschungsbedingt entstanden sein. Wahrscheinlich aber spiegelt sich hier ein spezifisches Verhaltensmuster mit einem beginnenden Territorialbewußtsein in diesen Gebieten mit ihrem reichen und vielfältigen Nahrungsangebot wider.

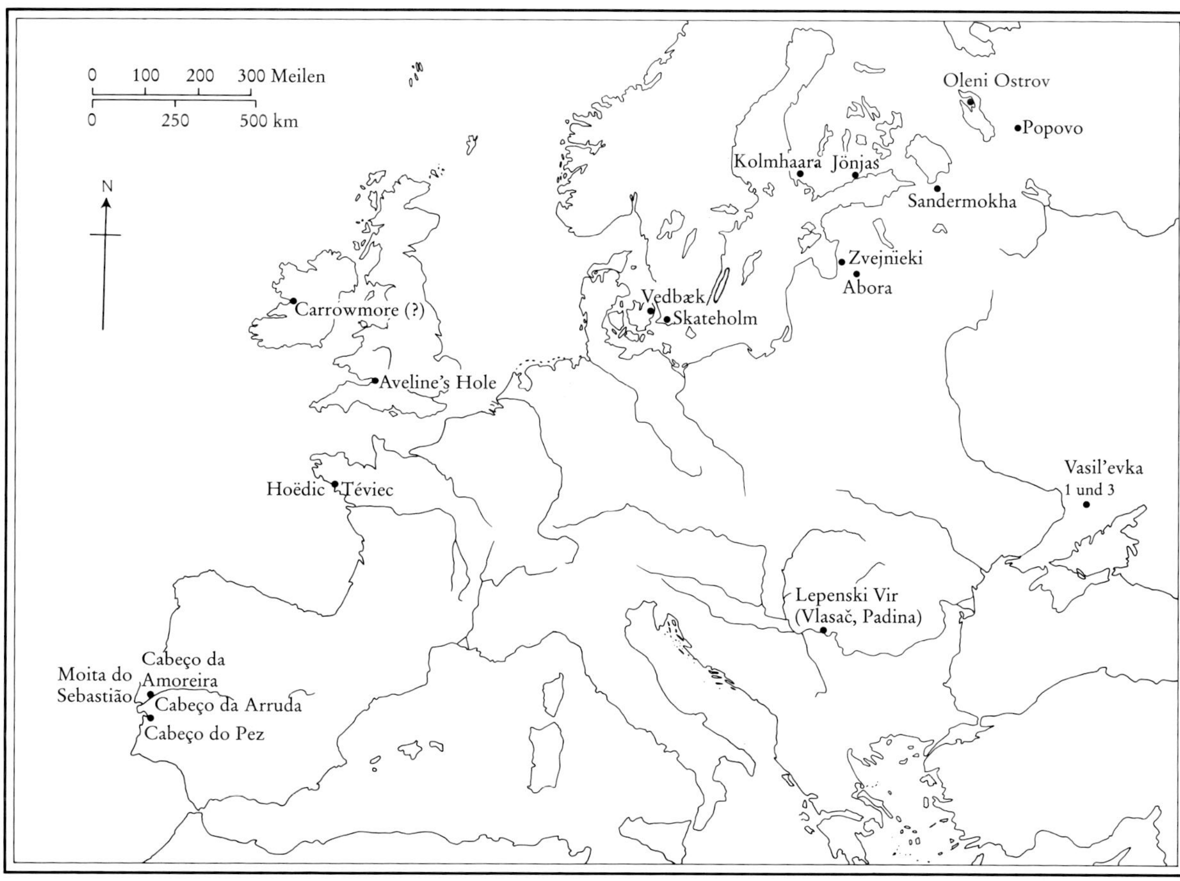

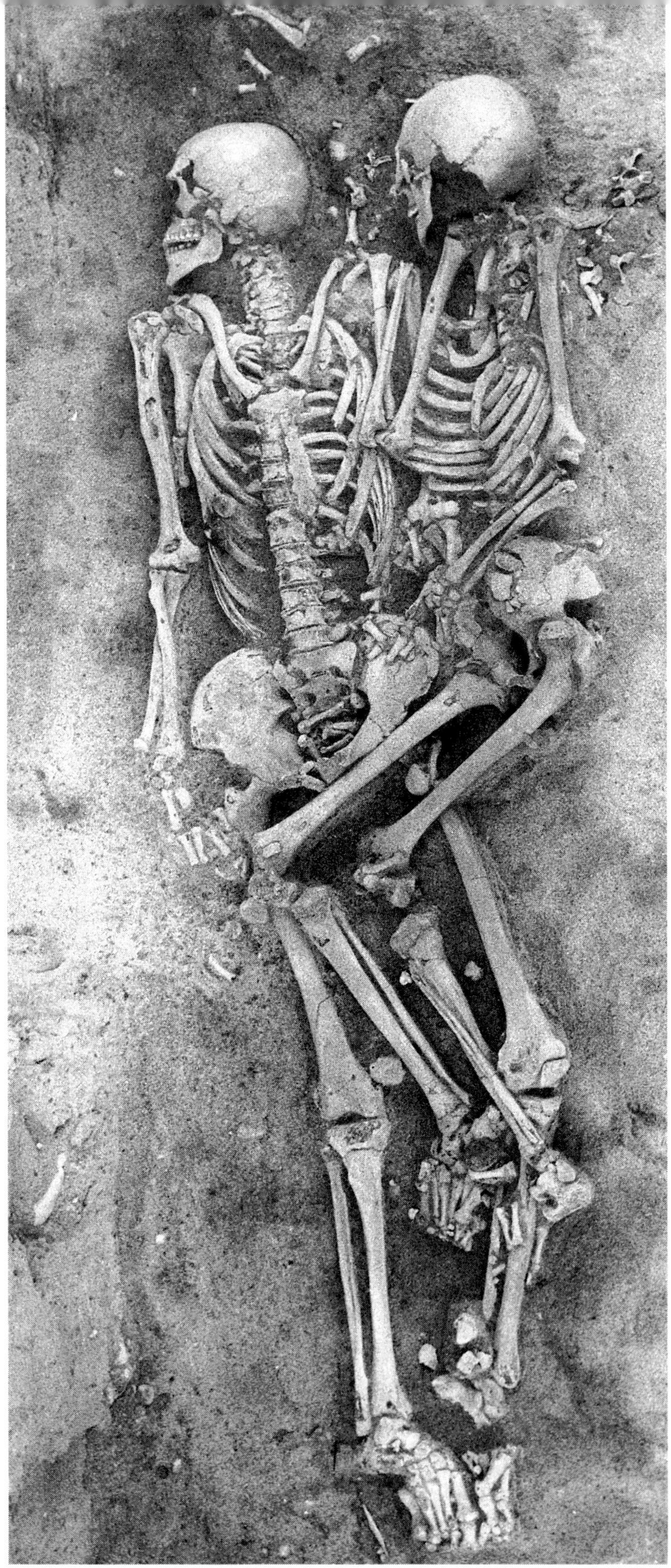

Doppelgrab aus Skateholm I (Mesolithikum) mit einem älteren, auf dem Rücken liegenden Mann (links) und einer jüngeren Frau in leichter Hockerlage.

einem der Langknochen des Mannes aus Grab 7 befindet sich ein trapezförmiger Mikrolith. In Skateholm entdeckte man in einer Grube, heute als Grab 13 bezeichnet, die Skelettreste eines erwachsenen Mannes, in dessen Becken sich noch eine querschneidige Pfeilspitze befindet; sie hat den Bauch des Mannes durchbohrt und ihn vermutlich tödlich verletzt.

Man könnte sich die unterschiedlichsten Szenarien vorstellen, um diese Verletzungen zu erklären. Sie könnten beispielsweise von Jagdunfällen herrühren, die sich ereigneten, als eine Gruppe von Jägern ein großes Huftier, etwa einen ausgewachsenen Hirsch, erlegen wollte. Genausogut könnten sie aber auch von Kampfhandlungen zwischen einzelnen Menschen herrühren. Und als dritte Möglichkeit muß man auch an organisierte kriegerische Auseinandersetzungen zwischen Gruppen denken, an Szenen, wie sie auf den Felsmalereien der spanischen Levante dargestellt sind, die wir noch besprechen werden.

GRABBEIGABEN UND GRABSITTE Auch wenn wir die Grabbeigaben betrachten und nach den Bestattungsgewohnheiten fragen, stoßen wir auf beträchtliche Unterschiede zwischen den verschiedenen Bestattungsplätzen, aber auch innerhalb eines einzigen Friedhofs. Letztere könnten sich aus der Sozialstruktur der Gruppen ergeben haben, während Unterschiede zwischen verschiedenen Gräberfeldern möglicherweise in den besonderen Traditionen einzelner Gruppen begründet sind. Vergleichen wir einmal Vedbæk und Skateholm I. In Vedbæk sind alle siebzehn Gräber vom gleichen einfachen Typus mit einer trogförmigen, zwischen 0,5 und 1 Meter tief ausgehobenen Grabgrube. Die Gräber wurden in parallelen Reihen angeordnet, und mit Ausnahme von dreien enthielten alle nur einen Toten. Mit wiederum nur einer Ausnahme waren alle Toten in Rückenlage mit geschlossenen Füßen und am Körper entlang ausgestreckten Armen beerdigt worden. In Skateholm I dagegen gab es eine große Variabilität der Bestattungsitten, die auch Leichenverbrennungen einschloß. Einige der Toten sind aufrecht sitzend, andere ausgestreckt auf Rücken oder Bauch liegend bestattet worden. Zudem sind einige Tote auch in Hockerlage, mit angezogenen Knien auf der Seite liegend, beerdigt worden.

Diese Bestattungsgewohnheiten variieren nicht nur geographisch, sondern ändern sich im Laufe der Zeit. Das läßt sich sehr gut am Beispiel von Skateholm zeigen, einem Bestattungsplatz, der mehrfach nacheinander genutzt wurde. Zwischen den Bestattungssitten von Friedhof I und Friedhof II gibt es deutliche Unterschiede. In Skateholm I war die Hockerlage üblich, dagegen fehlt sie in Skateholm II ebenso wie die Bestattungen in sitzender Position. Demgegenüber sind in Skateholm II die Gräber mit mehr Beigaben ausgestattet worden. Außerdem scheinen die Bestattungen dort planmäßig angelegt worden zu sein, was auf dem älteren Friedhof in Skateholm I nicht der Fall war. Dort wiederum wurden die Hunde mit größerem Aufwand bestattet, sie sind in ähnlicher Weise wie die Menschen behandelt worden; das gibt es in Skateholm II nicht mehr. Dort aber fand man interessanterweise ein rechteckiges Areal, das von einem schmalen Streifen aus rotem Ocker eingefaßt war und die Reste von unterschiedlichen Tierarten enthielt. Diesen Befund kann man sicherlich mit einer Begräbniszeremonie in Verbindung bringen.

Noch ein Wort zur Bestattung von Hunden, wie sie in Skateholm offensichtlich vorgenommen wurde. Hunde hatten für die mesolithischen Jäger vermutlich einen großen Wert; nur so läßt sich die gewiß mit Ritualen verbundene Bestattung dieser Tiere verstehen. Einige Hunde lagen in eigenen Grabgruben, in denen man auch reichhaltige Beigaben, wie Geweihe und Feuersteinklingen fand, und in denen sie in eine Lage gebracht wurden als wären sie Menschen. Andere scheinen getötet worden zu sein, um ihrem Herrn in den Tod zu folgen; ihre Skelette fand man in dem Erdreich, mit dem die Grabgrube verfüllt wurde. In anderen Gräbern fand man nur einzelne Teile von Hundeskeletten, was auf eine Zerteilung der Hundekörper schließen läßt. Insgesamt hat man Hunde und Menschen mit sehr unterschiedlichen Grabritualen beerdigt.

Noch andere Belege lassen sich für rituelle Verhaltensweisen im Mesolithikum anführen. Viele der Artefakte, die in den nordeuropäischen Mooren gefunden wurden, so etwa die Pfeile aus Loshult, sind wohl zufällig dort verloren gegangen. Andere aber scheint man dort bewußt als Opfergaben niedergelegt zu haben. Einige dieser Funde wirken, als seien sie vor der Niederlegung bewußt zerstört worden. Auch fand man Feuersteinknollen, auf denen Linien geritzt worden waren, bevor man sie in Splitter zerschlug, was offensichtlich nicht in der Absicht geschah, irgendein Werkzeug herzustellen. Schnittspuren und Brüche an menschlichen Knochen von Dyrholm (Ostjütland) deuten auf die Entnahme von Knochenmark und Kannibalismus hin.

SOZIALSTRUKTUREN Schon die bloße Existenz von Bestattungsplätzen weist auf eine soziale Organisation der Jäger und Sammler-Gruppen hin, die komplexer gewesen sein muß als zur Zeit des frühen Postglazials und des vorangegangenen Glazials. Wenn wir Beziehungen zwischen den Grabbeigaben, dem Alter und dem Geschlecht der Bestatteten sowie zwischen Unterschieden in den Bestattungsbräuchen feststellen können, dann sind wir auch in der Lage, Einblicke in die Struktur dieser sozialen Organisation zu gewinnen. Das archäologische Fundmaterial kann Hinweise auf zwei Typen einer sozialen Differenzierung geben. Die horizontale Differenzierung bezieht sich auf den Status eines Individuums aufgrund solcher Eigenschaften wie Alter und Geschlecht und aufgrund von persönlichen Leistungen; sie ist typisch für egalitäre Sozialstrukturen. In einer vertikal differenzierten Gesellschaft dagegen wird der Status bereits mit der Geburt, also in einem System erblicher Ungleichheit, erworben; das ist die Grundlage einer Sozialstruktur mit Rangordnungen. Ein klassischer Indikator für eine derartige Gruppenstruktur bilden die Kindergräber, die mit einem Reichtum ausgestattet sind, den die Kinder wohl kaum selbst erworben haben können.

In den meisten Fällen sprechen die Funde für eine soziale Differenzierung des horizontalen Typs. Die meisten Unterschiede, die sich aus den Grabbeigaben und Grabsitten ergeben, sind wohl auf Lebensalter und Geschlecht der Toten zurückzuführen. Anderes, etwa die Verwendung von Ocker, wird innerhalb eines Friedhofs meist ein-

Gräberfeld von Oleni Ostrov. Hier sind sehr unterschiedliche Grabformen vertreten, darunter auch Schachtgräber mit aufrecht stehenden Toten (durch die schraffierten Flecken gekennzeichnet). Die unregelmäßigen Kreise stellen Unregelmäßigkeiten der Bodenoberfläche dar, vor allem Senken. Etwa 170 Gräber wurden bisher freigelegt, mit über 7000 Grabbeigaben – hauptsächlich Anhänger aus durchbohrten Elch-, Biber- und Bärenzähnen.

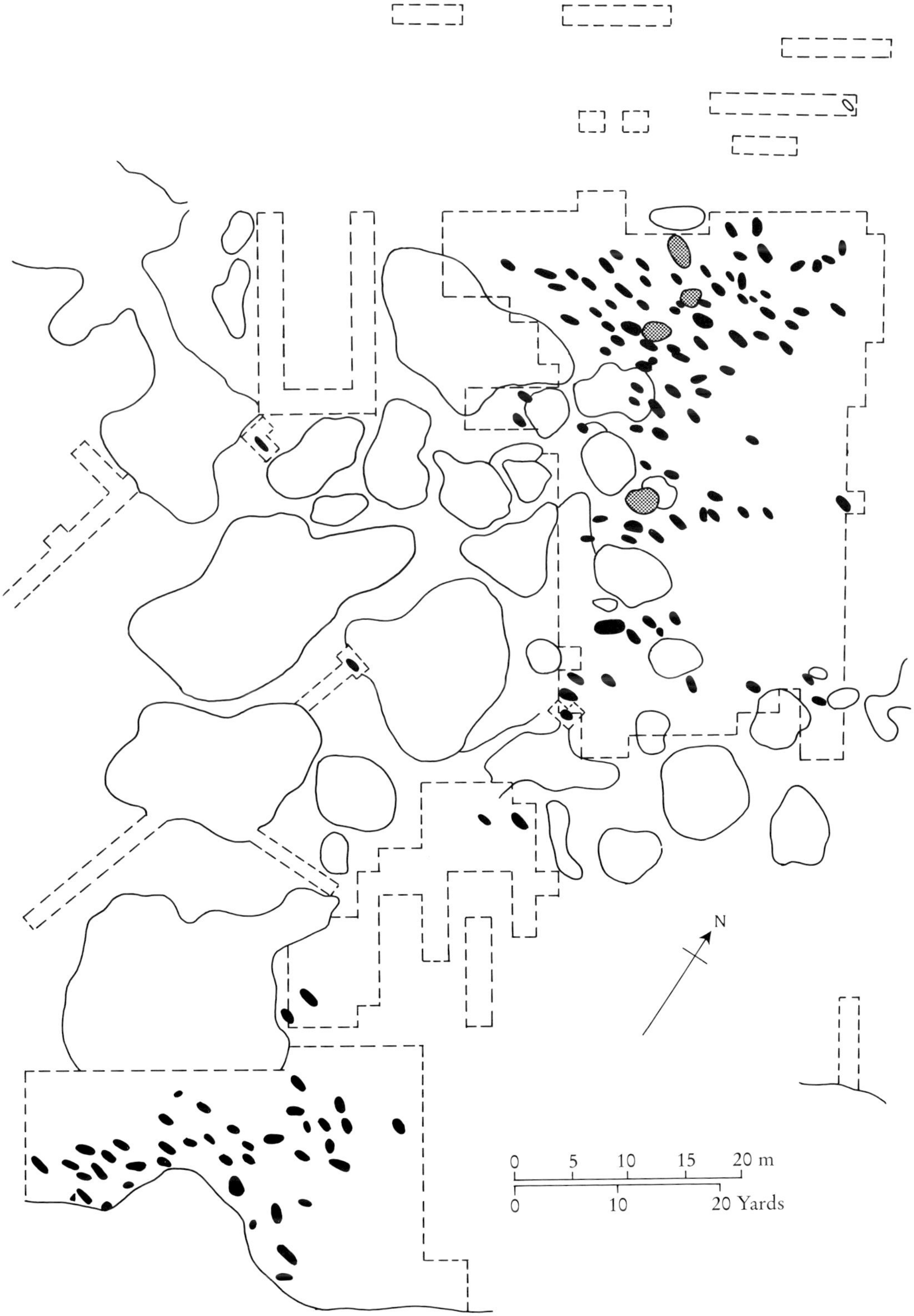

N
0 5 10 15 20 m
0 10 20 Yards

heitlich gehandhabt. In solchen Gesellschaften könnten Erfolge beim Jagen von Großwild wie Hirsch und Wildschwein zu einem gewissen sozialen Ansehen geführt haben, den die sehr oft in Gräbern beigegebenen Geweih- und Zahnanhänger anzeigen. An drei Bestattungsplätzen fanden sich dagegen Belege für eine vertikale soziale Differenzierung: Also muß der Ursprung der Klassengesellschaft für Europa ins Mesolithikum verlegt werden. In Hoëdic und Téviec an der bretonischen Küste wurden Kindergräber entdeckt, die von außergewöhnlichem Bestattungsaufwand zeugen und die zahlreiche Beigaben aufweisen. In auffälligem Gegensatz zu dem ansonsten wichtigen Charakteristikum des Mesolithikums, den Einzelbestattungen, gibt es hier auch Kollektivgräber, die darauf hindeuten, daß die Gräber von Zeit zu Zeit geöffnet und wieder verschlossen wurden, um verstorbene Mitglieder derselben Abstammungslinie beizusetzen. Auch in Téviec stoßen wir auf aufwendige Bestattungsformen, z. B. Steinkisten unter kleinen Grabhügeln.

Der Friedhof von Oleni Ostrov in Karelien liefert Belege, daß die dort ansässige Gruppe von allen bislang bekannten Gruppen des Mesolithikums wohl am komplexesten organisiert war. Hier war die Weitergabe der sozialen und wirtschaftlichen Stellung an die jüngere Generation offenbar die Regel. Die 170 freigelegten Gräber – etwa ein Drittel des Grabfeldes – weisen deutliche Unterschiede in der Menge der Grabbeigaben auf. In zwanzig Prozent der Gräber fehlten die Beigaben ganz, andere hingegen enthielten mehr als 400 Stücke. Viele dieser Unterschiede müssen, entsprechend dem Muster, das im mesolithischen Europa auch anderswo zu finden ist, wohl auf die horizontale soziale Differenzierung zurückgeführt werden, also auf Unterschiede von Alter und Geschlecht. Es gibt hier beispielsweise nur wenige Kindergräber – vermutlich wurde Reichtum hier nicht weitervererbt. In Männer- und Frauengräbern fanden sich regelmäßig geschlechtsspezifische Grabbeigaben: Knochenspitzen, Schiefermesser und Knochennadeln bei den Männern sowie geschnitzte Biberzähne bei den Frauen. In Art und Menge der durchbohrten Tierzahnanhänger, mit denen eine Tote oder ein Toter beigesetzt wurde, drückt sich offenbar der Wohlstand eines Individuums aus. Die Zähne stammen von Bären, Elchen und Bibern, also nur von drei der vielen Arten, auf die Jagd gemacht wurde. Vermutlich kam diesen Tieren eine besondere, vielleicht auch symbolische Bedeutung zu. Individuen, die in der Blüte ihres Lebens starben, legte man die meisten Anhänger dieser Art ins Grab, womit man vermutlich ihre im Vergleich mit den Jüngeren oder den Alten größeren Fähigkeiten als Jäger würdigte.

Manchmal wird das horizontale Differenzierungsschema von Mustern durchkreuzt, die gewissen Individuen eine soziale Stellung zuwiesen, die unabhängig von ihrem sozialen Status zu sein scheint. Ein Hinweis auf eine besondere soziale Stellung könnten die geschnitzten Bildnisse von Schlangen, Elchen und Menschen darstellen, die in neun der Gräber gefunden wurden. Außerdem fand man vier Schachtgräber, in denen die Toten in stehender Position beigesetzt worden waren: vermutlich die Gräber von Schamanen. Noch auf eine dritte Weise wurde in Oleni Ostrov der gesellschaftliche Rang gekennzeichnet: Die Begräbnisstätte ist in zwei Gruppen von Gräbern unterteilt, worin sich wahrscheinlich eine Zweiteilung der Gesellschaft widerspiegelt. Elchskulpturen fand man nur in der nördlichen Gruppe, in der südlichen dagegen überwogen Darstellungen von Schlangen und Menschen. Wir können Oleni Ostrov als einen Beginn gesellschaftlicher Schichtung ansehen. Nehmen wir Téviec und Hoëdic, Vedbæk und Skateholm sowie die vielen kleineren Bestattungsplätze hinzu, so können wir mit guten Gründen sagen, daß die Gemeinschaften der Jäger und Sammler des späteren Mesolithikums einen Grad an sozialer Komplexität entwickelt hatten, der den aller früheren Kulturen im prähistorischen Europa übertraf.

SOZIALE GRENZEN Ein weiterer Aspekt der gesellschaftlichen Organisation hat mit den ethnischen Grenzen zwischen Gruppen zu tun, die sich in den deutlichen Veränderungen in Typus und Stil der Artefakte zeigen. Um solche stilistischen Unterschiede erkennen zu können, muß man Kriterien wie Art des Rohmaterials und Funktion beiseite lassen. Dies ist nur selten möglich, und wenn man sich auf die Kategorien von Nutzung und Funktion bezieht, lassen sich viele Unterschiede zwischen den Artefakten im europäischen Raum einfacher erklären als im Bezug auf stilistische und ethnische Kriterien.

Eine neuere Studie galt der Frage, ob es nicht möglich ist, für die vielen verschiedenen Formen von Mikrolithen, die sich funktional entsprechen, regionale Unterschiede herauszufinden. Man hat hochkomplizierte statistische Berechnungen durchgeführt, doch die Mehrzahl der Variationen in den Mikrolithenformen mußte als zufällig betrachtet werden. Für das Spätmesolithikum jedoch ließen sich spezifische Verbrei-

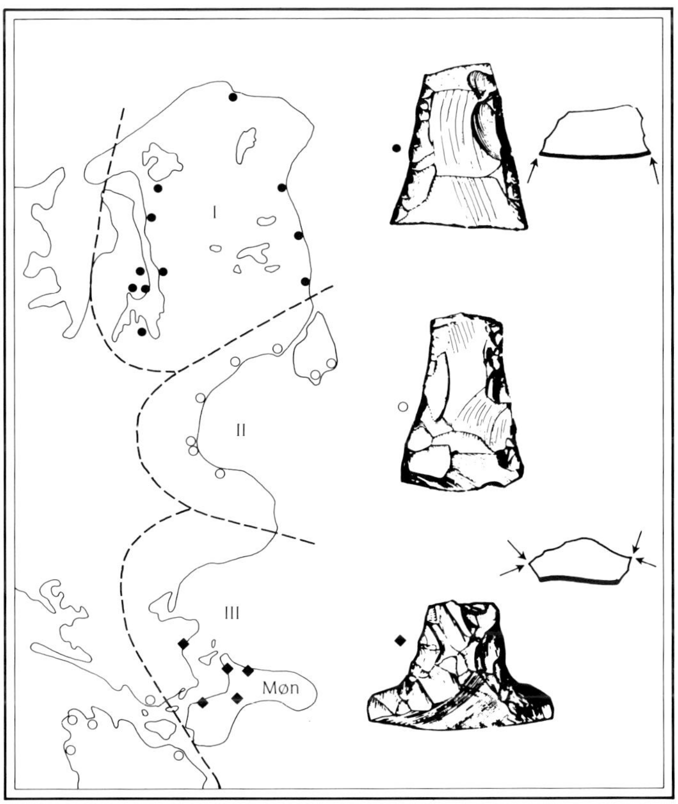

Verbreitung von Scheibenbeilen aus Flint während der späten Ertebølle-Kultur in Ost-Seeland. In jeder der drei Gruppen dominiert ein spezifischer Beil-Typus. Solche Variationen innerhalb eines nicht sehr großen Gebiets können vielerlei Gründe haben: z. B. die Verfügbarkeit bestimmter Rohmaterialien, unterschiedliche Verwendungszwecke der Beile sowie stilistische Unterschiede zur Abgrenzung einzelner Gruppen und vielleicht auch als Ausdruck von Territorialbewußtsein. Diese Erklärung wird im allgemeinen für das hier gezeigte Verteilungsmuster herangezogen.

tungsmuster erkennen. Bestimmte Regionen scheinen spezifische Mikrolithenformen deutlich bevorzugt zu haben. Dies könnte damit zusammenhängen, daß im späten Mesolithikum sozio-kulturelle Grenzen entstanden waren und sich ein Territorialverhalten ausprägte. Die genaue Betrachtung der Verteilung anderer Artefakttypen ließ erkennen, daß Südskandinavien wohl in drei Hauptgebiete aufgeteilt war, die im späteren Mesolithikum jeweils ihre eigenen Traditionen hatten: Jütland, die dänischen Ostseeinseln und Schonen in Südschweden. Die unterschiedliche Verteilung von Artefakten läßt eine Grenze zwischen West- und Ostdänemark erkennen: Bestimmte Harpunentypen, Knochenkämme, T-förmige Geweihäxte und Verzierungen kommen östlich der Insel Fünen nicht mehr vor. Andere Artefakte, etwa bestimmte Steinaxttypen, findet man in Jütland nicht. Schonen unterscheidet sich, wie oben bereits beschrieben, deutlich durch seine Bestattungssitten sowie durch die Verzierungen auf Knochenharpunen und die Ertebølle-Keramik. Auch in räumlich engerem Maßstab lassen sich soziale Grenzen erkennen. Scheibenbeile aus Ertebølle-Stationen im Osten der Insel Seeland weisen ein großes Formenspektrum auf, die sich hinsichtlich ihrer Symmetrie und der Breite der Schneiden voneinander unterscheiden. Drei Hauptvarianten kommen in deutlich abgegrenzter räumlicher Verbreitung vor, was sehr wohl die Grenzen zwischen sozialen Gruppierungen widerspiegeln könnte. Im Spätmesolithikum gab es also auf kleinem Raum nicht nur eine komplexe soziale Organisation, sondern es entstand auch eine ebenso komplexe sozialgeographische Strukturierung.

KUNST

Was ein Kunstwerk ist und was nicht, ist in allen geschichtlichen Epochen schwer zu entscheiden, das gilt nicht nur für das Mesolithikum. Wie wir bereits gesehen haben, sind die mesolithischen Werkzeuge und Geräte oft mit soviel Kreativität gefertigt, daß wir sie eher der Kunst als dem Handwerk zuordnen würden, ohne eine feste Grenze ziehen zu wollen. Die sorgfältig bearbeiteten Objekte aus Feuerstein oder die Häuser von Lepenski Vir zeigen, daß ein ästhetisches Empfinden und ästhetische Vorstellungen auch in die Herstellung von Gebrauchsgegenständen einfloß.

Oft bezeichnen wir ein Artefakt dann als Kunstobjekt, wenn oder weil wir uns seine Funktion nicht erklären können. Ein gutes Beispiel dafür sind die bemalten Kieselsteine aus dem Azilien, die, etwa 11 000 Jahre alt, vor allem von Fundorten in Frankreich und Spanien stammen. Die kleinen, flachen oder eiförmigen, meist aus blau-grauem Schiefer bestehenden Kiesel wurden in einem Flußbett gesucht und dann bemalt. Die Ornamente bestehen aus Punkten, Linien und gelegentlich auch aus komplizierteren Motiven wie Zickzacklinien oder Kreuzen. Abbildungen von Tieren etwa oder andere figürliche Zeichen gibt es nicht. Die meisten dieser Kiesel stammen aus der Höhle bzw. dem Gang von Le Mas-d'Azil in den Ausläufern der Pyrenäen. Sie wurden gleichzeitig mit den paläolithischen Höhlenmalereien entdeckt. Obwohl wir sie als Kunstobjekte bezeichnen, zeigen sie nicht im entferntesten die Eleganz oder das handwerkliche Können wie die Geweihharpunen oder die geflochtenen Fischreusen, die

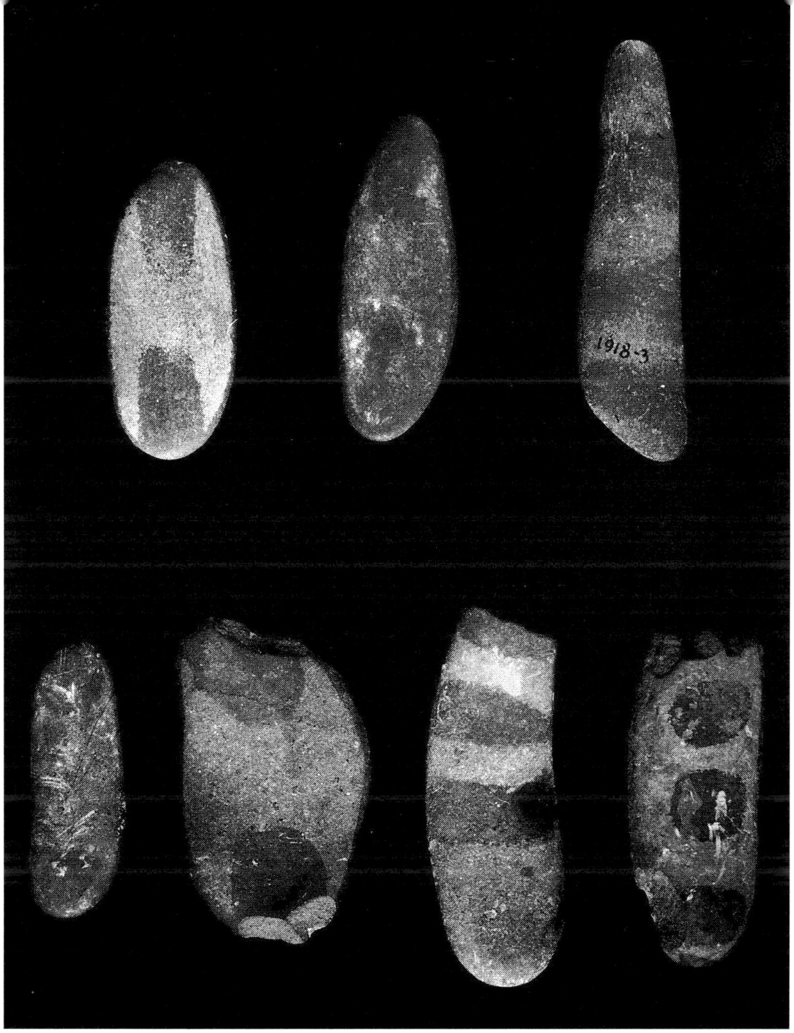

Bemalte Kiesel aus dem Azilien. Fundort: Le Mas-d'Azil. Solche Kiesel sind in der Regel nur etwa 2–3 cm lang.

konventionell unter die Kategorie »Technik« subsumiert werden. Dennoch sind diese Kiesel von eigener Schönheit, die zum Teil aus der Ungewißheit erwächst, welchem Zweck sie wohl gedient haben mögen. Vielleicht waren es Spielsteine oder Elemente eines frühen Zählsystems; genausogut könnten sie im Kult oder bei rituellen Handlungen eine Rolle gespielt haben. Daß sie nichts weiter als verspielter Nippes gewesen seien, konnte kürzlich durch eine Studie widerlegt werden; es gelang der Nachweis, daß die Ornamente einem bestimmten Schema folgen. So wurden z. B. 16 verschiedene Motive identifiziert; aber nur 41 der 246 Kombinationsmöglichkeiten wurden benutzt. Die Sammlungen mit solchen Steinen, aber von verschiedenen Fundorten, zeigen unterschiedliche Häufigkeiten der Motive; so dominieren etwa auf den Kieseln aus Le Mas-d'Azil Punkte und auf denen aus Rochedare Linien.

Aus Lepenski Vir ist eine weitere mesolithische Kunstform bekannt, ebenfalls auf der Basis rund geschliffener Steine, die hier jedoch beeindruckendere Größen aufweisen. Zwischen den Häusern mit trapezförmigem Grundriß wurden auffallend viele behauene Sandsteinblöcke entdeckt, die zwischen 20 und 60 Zentimeter hoch sind. Viele dieser Steine tragen völlig abstrakte Ornamente geometrischer, amorpher Art. Andere jedoch sind anthropomorph: Fratzen mit dicken Augenbrauen, Ohren und Nasen und mit aufgewölbten Lippen. Sie sind oft als Mischwesen, halb Mensch, halb Fisch, beschrieben worden. Von diesen einfachen Darstellungen geht eine starke Ausstrahlung aus, und sie lassen uns etwas ahnen von den mythologischen Vorstellungen der Jäger und Fischer in Lepenski Vir.

Kunstwerke, die aus organischen Materialien gefertigt wurden, finden wir überwiegend in den vom Wasser konservierten Fundorten Nordeuropas. Der bedeutendste Fund der letzten Jahre war das hölzerne Paddel aus dem überfluteten Lagerplatz von Tybrind Vig. In dessen Blatt wurde ein elegantes geometrisches Muster geschnitzt oder gepreßt und dann mit braunen Pigmenten aufgefüllt. Das Muster ist einzigartig unter den Funden des europäischen Mesolithikums.

Im gesamten südskandinavischen Raum hat man viele verzierte Objekte aus Geweih und Knochen gefunden. Mittels Gravuren und Punktraster wurden geometrische Muster erzeugt. Die meisten davon setzen sich aus Grundformen wie Rhomben, Quadraten, Rauten und Zackenlinien zusammen. Aber es gibt auch kompliziertere, ineinander verwobene Muster und gelegentlich sogar bildliche Darstellungen. Man kann unter den mit Ornamenten versehenen Objekten einige räumliche und zeitliche Zusammenhänge erkennen. In der Maglemose-Kultur wurden vor allem Gegenstände aus Knochen und spitze Geräte aus Geweih verziert. In der Kongemose- und der Ertebølle-Kultur schmückte man auch Geweihäxte und lange Geweihschäfte. Einige Muster finden sich nur in einem geographisch eng begrenzten Gebiet, wie wir bereits im Zusammenhang mit den sozialen Grenzen diskutiert haben.

Ein Artefakt aus Sjöholmen in Südschweden wurde aus einem Stück Hirschgeweih hergestellt, das erst sorgfältig geschliffen wurde, um eine Grundfläche für das Gravieren vorzubereiten und die durch Stange und Sprossen Y-förmige Gabelung hervorzuheben. Erst dann wurde die Oberfläche mit vielfältig eingravierten Formen, darunter Rhomben und Sechsecke, bedeckt. In dieser Formenvielfalt lassen sich zwei tierähnliche Figuren ausmachen, möglicherweise die Darstellung von Fischen: lange schlanke Körper und schräge Linien, die Flossen ähneln. Es ist schwer zu entscheiden, ob dieses Artefakt einmal Teil eines Geräts oder Werkzeugs gewesen ist. Die Spuren eines Schäftungsloches lassen vermuten, daß es sich hier um ein Teil eines aus mehreren Komponenten gefertigten Objekts handelt; allerdings finden sich auf der gravierten Fläche keinerlei Abnutzungsspuren.

Gravierte Tierfiguren kommen nur selten vor. Möglicherweise sind sie, so wie die vermutlichen Fische, derart schematisiert dargestellt worden, daß es uns heute schwer

oben und unten links Dieses reich verzierte Artefakt aus Sjöholmen (Schweden) ist 31,7 cm lang und in der Mitte 3,5 cm dick; es wurde aus der Stange eines Hirschgeweihes hergestellt. Das Objekt war, als es geborgen wurde, in viele Stücke zerbrochen, konnte aber inzwischen bis auf einige unwesentliche Teile rekonstruiert werden. Spuren eines Schaftloches von etwa 2 cm Durchmesser sind am Fuß des Y noch sichtbar. Bis auf den konkaven Teil ist die gesamte Oberfläche mit flachen Einkerbungen bedeckt.

unten rechts Darstellung eines Elchkopfes aus Oleni Ostrov. Solche Elchfiguren fand man nur in sechs Gräbern, die sich alle in der Nordgruppe befanden (s. S.143). Sie könnten sowohl Ausdruck des individuellen Status als auch der Gruppenzugehörigkeit sein. Elche waren eine wichtige Nahrungsquelle für die Jäger im Norden und könnten, wenn man diese Schnitzereien in Betracht zieht, sehr wohl eine Bedeutung im Kultwesen innegehabt haben.

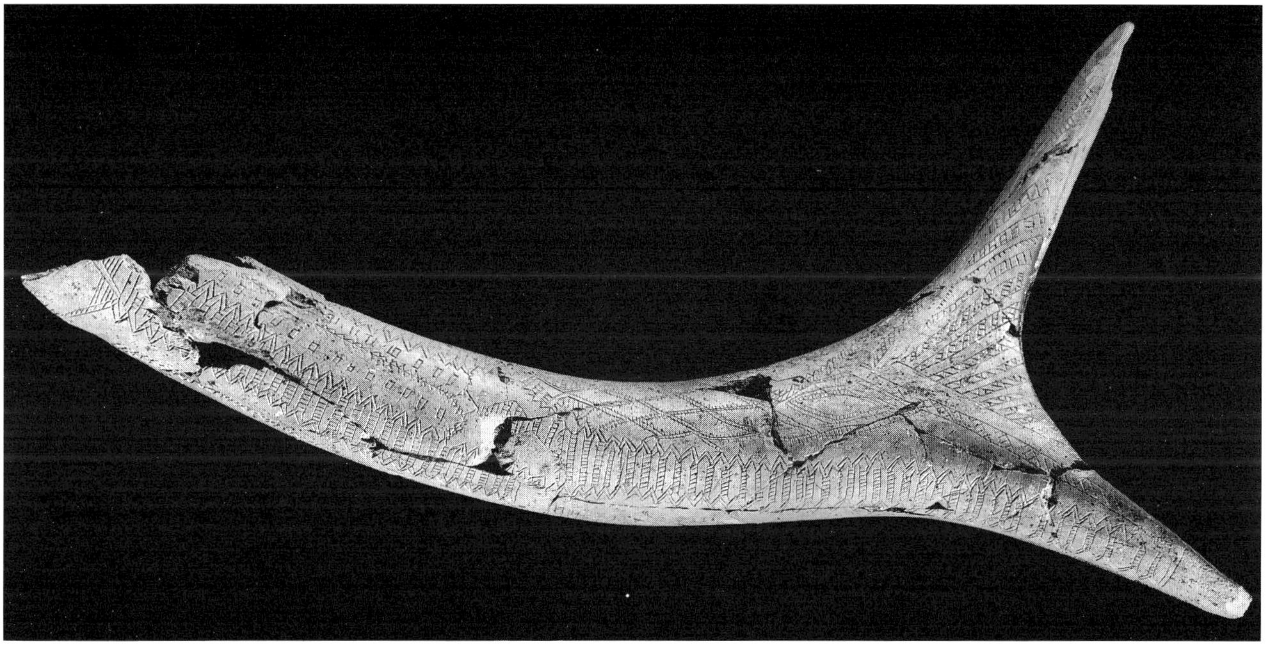

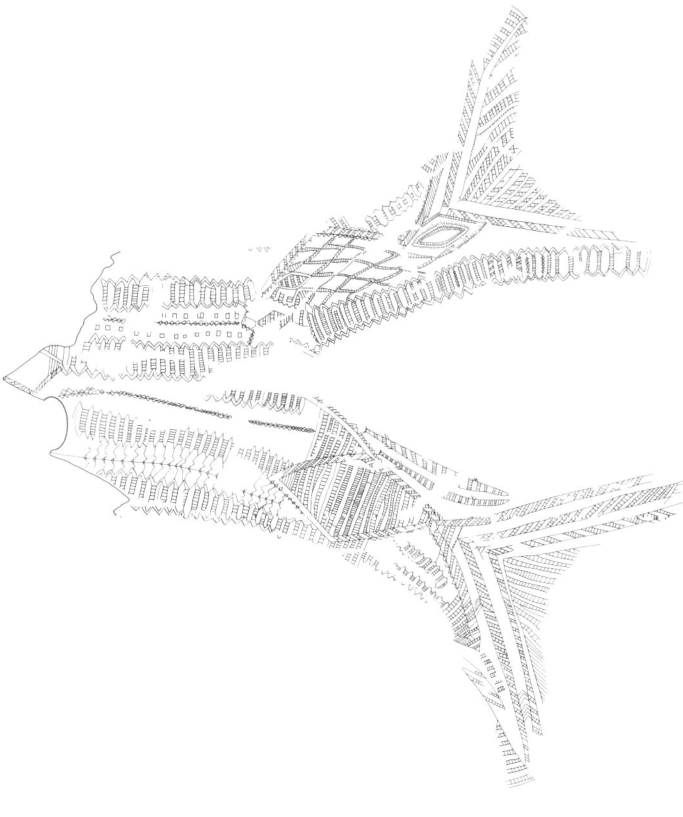

fällt, sie überhaupt als solche zu erkennen. Einige Darstellungen von Hirschen sind bekannt, z. B. die auf der Hacke aus Ystad in Schonen. Anthropomorphe Formen sind häufiger vertreten, gehen aber oft in geometrische Formen über. In Südskandinavien wurden einige geschnitzte Tierdarstellungen entdeckt, darunter auch einige auf Bernsteinstückchen, die u. a. ein Wildschwein (oder einen Bären) und eine Ente darstellen. An der Figur des Wildschweins, dessen Seiten mit Gravuren überzogen sind, zeigt sich noch einmal die Vorherrschaft der geometrischen Formen. Der Vogel dagegen weist eine Eleganz auf, die einem Constantin Brancusi alle Ehre machen würde. Weiter im Norden wurden häufig Elchköpfe geschnitzt. Eine ganze Reihe solcher wundervoll gearbeiteter Köpfe konnten aus dem Gräberfeld von Oleni Ostrov geborgen werden. Auch bei diesen Objekten ist ungeklärt, ob sie irgendeinem direkten praktischen Zweck dienten. Sie könnten Symbole der Macht oder des Reichtums gewesen sein, vielleicht haben sie auch im Tauschhandel eine Rolle gespielt. In jedem Fall dokumentieren sie das Beobachtungsvermögen und das kreative Geschick der mesolithischen Jäger und Sammler. Einen besonders schönen, aus Holz geschnitzten Elchkopf entdeckte man in Vis I. Wir haben diese Schnitzerei auf einem Holzski bereits erwähnt, auch ihre möglicherweise praktische Funktion, der Elchkopf könnte hier als Schneebremse gedient haben. Dieses Beispiel verdeutlicht besonders gut, wie absurd es wäre, im Mesolithikum eine Grenzlinie zwischen Gebrauchsgegenständen und Kunstobjekten ziehen zu wollen.

Für einen letzten kurzen Blick auf die Kunst des Mesolithikums wenden wir uns noch einmal nach Südeuropa und betrachten die Felsmalerei der spanischen Levante. Noch streitet man darüber, ob diese Malerei dem Mesolithikum zugeordnet werden kann oder nicht. Wahrscheinlicher ist, daß sie erst entstanden ist, als sich in den Küstenebenen Spaniens bereits die ersten landwirtschaftlichen Siedlungen entwickelt hatten. Doch im hochgelegenen zerklüfteten Bergland, wo Kunst zu finden ist, scheint die mesolithische Wirtschaftsweise des Jagens und Sammelns weitertradiert worden zu sein – entweder zu bestimmten Zeiten des Jahres von den Bauern selbst oder von anderen Gruppen. Wenn wir also diese Kunstform dem Neolithikum zurechnen und sie in diesem Kapitel gar nicht erwähnen würden, gerieten wir in einen Streit um terminologische Differenzierungen, die, wie jüngste Forschungen ergeben haben, in bezug auf vergangene Lebensweisen wenig Aussagekraft haben. Einen weiteren Grund, die spanische LevanteKunst hier zu besprechen, liefert die Tatsache, daß vorwiegend Tätigkeiten des Jagens und Sammelns dargestellt sind und uns die Darstellungen über viele Aspekte dieser Lebensweise im prähistorischen Europa Auskunft geben, für die es sonst keine Belege gibt. Anstelle eines Überblicks über die Tradition dieser Kunstwerke, möchte ich nur vier Malereien kurz vorstellen, um einen Eindruck von der Schönheit dieser Werke und von der Bedeutung, die diese Kunst für die Wissenschaft hat, zu geben.

Beim ersten Bild handelt es sich um die Szene einer Hirschjagd aus der Cueva de los Caballos, auf die wir im Zusammenhang mit den Jagdtechniken bereits eingegangen sind. Die meisten Jagdszenen sind ähnlich aufgebaut – kleine, schematisierte oder »Strich«-Männchen mit Pfeil und Bogen, die Herden von Hirschen, Pferden oder Wildschweinen jagen. Die Szenen zeigen Spannung und Jagdfieber. Oft sind Jäger zu sehen, die die Herden einem Hinterhalt von Bogenschützen zutreiben. Ein Gemälde aus der Cueva Remigia in der Gasulla-Schlucht könnte einen verwundeten Stier darstellen, der

Felskunst der spanischen Levante. (*a*) Der Honigsammler, Cueva de la Araña; (*b*) Tanzszene, Barranco de los Crajos; (*c*) Kampf zwischen zwei Gruppen von Bogenschützen, Les Dogues. Die Interpretation solcher Bilder ist äußerst schwierig, da ein Bild – wie Untersuchungen über rezente Jäger und Sammler wie die australischen Aborigines ergeben haben – viele verschiedene symbolische Bedeutungen tragen kann, die wir kaum erfassen können, wenn wir nichts über die Mythologie der Gruppe wissen. Auf den ersten Blick jedoch scheint es sich um meisterhafte Darstellungen einiger Tätigkeiten von mesolithischen Jägern und Sammlern zu handeln, über die wir durch andere archäologische Funde und Befunde kaum etwas hätten erfahren können.

a

b

c

den Jäger verfolgt, dem es nicht gelungen ist, seine Beute zu töten. Aus der Cueva de la Araña stammt die Abbildung eines Mannes oder einer Frau, der oder die Honig sammelt. Die Figur klettert auf einen Baum, möglicherweise auch eine Strickleiter hinauf. Ein Arm ist ausgestreckt, um den Honig aus dem Bienennest zu entnehmen und wird von Bienen umschwärmt, während die andere Hand das Gefäß hält, in das der Honig gefüllt werden soll. Überall in Europa wird das Sammeln von Honig für die Menschen im Mesolithikum eine wichtige und alltägliche Beschäftigung gewesen sein; den einzigen Hinweis auf diese Tätigkeit liefert diese Felsmalerei. Am Barranco de los Grajos ist eine wundervolle Tanzszene zu bestaunen. Zwanzig Frauen und einige Männer werden in verschiedenen Posen gezeigt; einige der Frauen schwingen ihre Hüften, andere werfen die Arme in die Luft, alle jedoch scheinen mit den Füßen still zu stehen. Einen dritten, ganz anderen Typus gemeinschaftlicher Aktivität zeigt eine Abbildung in Les Dogues – einen Kampf zweier Gruppen von Bogenschützen. Die eine Gruppe, die einen Führer zu haben scheint, der einen Hut mit Federn trägt, widersteht dem Angriff der größeren Gruppe aus Bogenschützen von kleinerer Statur. Es ist unklar, ob hier eine ritualisierte Kriegshandlung oder eine blutige Schlacht zur Verteidigung von Territorium dargestellt wurde. Wie auch immer, diese Szene gewährt uns wie die Darstellungen des Gruppentanzes und der gemeinsamen Jagd seltene Einblicke in das gesellschaftliche Leben der mesolithischen Gesellschaften in Europa.

SOZIO-ÖKONOMISCHE ORGANISATION UND VERÄNDERUNG

Bei diesem Überblick über das archäologische Fund- und Befundmaterial aus dem Mesolithikum habe ich die Forschungsergebnisse unter verschiedenen Kategorien und Gesichtspunkten darstellen müssen – Technologie, Subsistenzverhalten, Siedlungsweise, Gesellschaft und Kunst. Solche Einteilungen sind natürlich künstlich, da jeder dieser Bereiche eng mit allen anderen verknüpft ist. Es ist sehr unwahrscheinlich, daß ein Mensch im Mesolithikum dieselbe Einteilung gewählt hätte, wie wir dies heute für akademische Zwecke tun. Am deutlichsten treten die Verbindungen zwischen den verschiedenen Lebensbereichen zutage, wenn wir die sozio-ökonomischen Veränderungen im Mesolithikum betrachten. Um ein Gesamtbild des Mesolithikums zu entwickeln, habe ich absichtlich Material aus verschiedenen Regionen und Phasen zusammengestellt. Wir müssen uns aber darüber im klaren sein, daß das Mesolithikum in der europäischen Urgeschichte keine Periode des Stillstands war, sondern eine mit beträchtlichen sozio-ökonomischen Veränderungen. Dies gilt insbesondere für Nordeuropa. Für den Süden war, wie aus der langen, ununterbrochenen Besiedlung von Fundplätzen wie der Franchthi-Höhle in Griechenland ersichtlich wird, eher Kontinuität und weniger der Wandel kennzeichnend.

Die Funde aus Südskandinavien vermitteln das Bild einer sehr dynamischen sozio-ökonomischen Gesellschaft, die sich in einem kontinuierlichen Prozeß der Anpassung befand. Vergleichen wir das Früh- (Maglemose- und Kongemose-Kulturen) mit dem

Spätmesolithikum (Ertebølle-Kultur), so lassen sich viele Gegensätze aufdecken. Die Praktiken zur Nahrungsbeschaffung scheinen intensiviert worden zu sein; wir verzeichnen ein Anwachsen von Zahl und Vielfalt der ausgebeuteten Ressourcen. Insbesondere gibt es für die spätere Periode Hinweise auf eine weit stärkere Konzentration auf Ressourcen der Küsten und des Meeres, deren Ausnutzung recht aufwendig war, wie z. B. das Sammeln von Schalentieren. Allerdings gibt es hier ein Problem. Große Teile der frühen postglazialen Küstengebiete liegen heute unter Wasser, und man muß davon ausgehen, daß die Küstenressourcen im früheren Mesolithikum stärker ausgebeutet wurden, als man dies bislang weiß. Mit Unterwasseruntersuchungen vor der Küste Südschwedens beginnt man inzwischen, überschwemmte Küstensiedlungen aus dem Frühmesolithikum zu lokalisieren, um dort Ausgrabungen durchführen zu können.

Die Intensivierung der Subsistenzwirtschaft steht in Verbindung mit einer wachsenden Vielfalt und entsprechender Spezialisierung der Werkzeuge und Gerätschaften. Die Formenvielfalt der Pfeilspitzen ist im späteren Mesolithikum größer geworden, wobei jede Form offenbar einer bestimmten Aufgabe gedient hat. Eine ähnlich verbesserte Handwerkstechnik läßt sich bei den Geräten feststellen, mit denen die Nahrungsquellen ausgebeutet wurden, die die Ufer- und Küstenregionen boten: Angelhaken, Netze, Reusen und Fischspeere. Eine dritte, damit verbundene Veränderung betrifft Anzahl und Vielfalt von Lagerplätzen. Es gibt ganz einfach aus der Ertebølle-Kultur viel mehr bekannte Fundplätze als aus früheren Perioden. Darin spiegelt sich vermutlich sowohl ein Anwachsen der Bevölkerung als auch die Diversifizierung von Subsistenzpraktiken wider, wodurch sich eine Vielfalt von Befundtypen ergibt, die alle der Ausbeutung bestimmter Nahrungsmittelquellen zu bestimmten Jahreszeiten zugeordnet werden können.

Eine weiterer Komplex von Veränderungen betrifft die soziale Organisation. So scheint das Verbreitungsgebiet bestimmter Stile, das durch das Vorkommen bestimmter Artefakt-Typen definiert ist, während des Mesolithikums kleiner zu werden. Das wiederum könnte seinen Grund darin haben, daß die Territorien kleiner wurden und/oder einer klareren Abgrenzung bedurften. Auch Friedhöfe gibt es erst seit dem Spätmesolithikum, was ebenfalls mit einem ausgeprägteren Territorialbewußtsein zusammenhängen könnte.

Nehmen wir alle diese Erkenntnisse zusammen und verbinden sie mit dem, was wir von der Veränderung der Umweltbedingungen wissen, dann können wir ein einigermaßen wahrscheinliches Szenario des Prozesses zeichnen, in dem sich die Kulturen Südskandinaviens gewandelt haben. Der drastische Verlust von Landflächen und eine wachsende Bevölkerung könnten die Bevölkerungsdichte spürbar und gravierend erhöht haben. Um mit diesen neuen Bedingungen fertigzuwerden, mußten die Menschen möglicherweise ihre Ernährungsgrundlagen erweitern und insbesondere auch solche Nahrungsquellen ausbeuten, die sie zuvor ignoriert hatten. Dazu bedurfte es neuer Techniken. Eine weitere Auswirkung dieses Bevölkerungsdrucks könnte die geringe Mobilität der Gruppen und davon ausgehend die Abgrenzung, vielleicht auch intensivere Verteidigung der jeweiligen Territorien gewesen sein.

Szenarien solcher Veränderungen, die den mesolithischen Jägern durch wachsende Schwierigkeiten bei der Nahrungsbeschaffung aufgezwungen wurden, müssen durch diejenigen Veränderungen ergänzt werden, die aus der inneren Dynamik der mesolithischen Gesellschaft selbst erwuchsen und mit Umweltveränderungen nichts zu tun hatten. Man könnte sich gut vorstellen, daß es in den ressourcenreichen Gegenden Südskandinaviens innerhalb der Gruppen einen ausgeprägten Wettbewerb um Prestige und Macht gegeben hat. Dies könnte das Motiv für die Erfindung neuer Techniken gewesen sein, mit denen man zusätzliche Ressourcen erzielen konnte. Daß Zeit und Energie in Tätigkeiten wie das Anfertigen von Reusen oder die Konservierung von Fischen gesteckt wurden, hat wohl dazu geführt, daß auch territoriale Grenzen gezogen wurden. Das Ungleichgewicht von Bevölkerung und Ressourcen wurde größer, ebenso der Wettbewerb um Macht. Beides entwickelte sich gleichzeitig, und der Druck, den beide Prozesse bewirkten, überlagerte sich auf komplizierte Weise. Dies gilt auch für andere Regionen des mesolithischen Europa, etwa für Morbihan in der Bretagne, wo die Bestattungsplätze Hoëdic und Téviec gefunden wurden. Wir müssen uns vorstellen, daß die Jäger und Sammler zu dieser Zeit gezwungen waren, ihre traditionelle Lebensweise aufzugeben. Worum es diesen Gruppen gegangen sein wird, war die Beibehaltung ihres Lebensstandards angesichts des erhöhten inneren und äußeren Drucks und trotz der fortwährenden Veränderungen in der natürlichen und sozialen Umgebung. Eine solche Entscheidung war es dann auch, als es darum ging, ob man eine bäuerliche Lebensweise übernehmen wollte oder nicht. Und diese Entscheidung steht im Zentrum des Prozesses, der das Ende des mesolithischen Zeitalters bedeutet hat.

ZUSAMMENFASSUNG

Wie läßt sich das Mesolithikum zusammenfassen? War es das ruhmreiche Finale von fortwährenden Anpassungsschritten der Jäger und Sammler in Europa? Oder war es das Vorspiel auf dem Weg zum sozialen und wirtschaftlichen System der folgenden Epochen? Oder war das Mesolithikum eine ganz eigenständige Epoche und muß darum weder auf das, was vorher war, noch auf das, was folgte, bezogen werden? Vielleicht war es alles zusammen, und wir sollten versuchen, es als eine Epoche zu betrachten, in der viele Entwicklungsstränge zusammenlaufen. Selbst wenn wir das Mesolithikum mit einem einzigen Bild charakterisieren wollten, so könnten wir dafür keine bestimmte Umwelt, kein Besiedlungssystem oder sozio-ökonomische Organisationsform auswählen. All diese Faktoren haben über die großen Räume hinweg und durch die Länge dieser Epoche ganz unterschiedliche Ausprägungen erfahren. Die einzige Konstante, die wir haben, ist der individuelle Jäger und Sammler, der sich entscheiden mußte, welche Werkzeuge er herstellen, welche Nahrungsmittel er ausnutzen und welche Bündnisse er eingehen sollte. Solche Entscheidungen wurden auf der Grundlage unzureichender Informationen über die zur Verfügung stehenden Möglichkeiten getroffen, unter dem Einfluß von Gruppentraditionen und mit der dem menschlichen Geist eigenen Kreativität. Aber aus solchen Entscheidungen und deren Folgen entstand das Mesolithikum. Diese täglich neu zu treffenden Entscheidungen der mesolithischen Menschen schufen eine der folgenreichsten Epochen der Umwandlung in der europäischen Vorgeschichte.

4

DIE ERSTEN BAUERN

Alasdair Whittle

DIE HAUPTAKTEURE

Etwa dreitausend Jahre, von ca. 7000 bis 4000 v. Chr., hat es gedauert, bis sich in ganz Europa, vom Südosten bis in den Nordwesten vordringend, bäuerliche Gemeinschaften entwickelt haben. Den letzten tausend Jahren in diesem komplexen Mosaik Nord- und Westeuropas werden andere Kapitel gewidmet sein. Hier soll es um die Prozesse gehen, die die Herausbildung dieser neuen Wirtschafts- und damit Gesellschaftsformen ausgelöst haben, die zwischen 5500 und 5000 v. Chr. bereits über weite Teile Europas, bis hin zum Südrand der nordeuropäischen Tiefebene verbreitet waren. Die Geschichte dieser Umwandlung ist kompliziert und in jeder Region hat sie sich auf andere Weise vollzogen. Es lassen sich aber drei Hauptregionen mit jeweils charakteristischen Entwicklungen unterscheiden. Sie sollen im folgenden beschrieben werden: zunächst Südosteuropa bis zur ungarischen Tiefebene; dann die Mittelmeergegend von Italien und Sizilien westwärts; schließlich Mittel- und Westeuropa vom Rand der ungarischen Tiefebene bis zu den Flußtälern Nordfrankreichs; ausgespart bleiben die nordeuropäische Tiefebene, das südliche Skandinavien und die Britischen Inseln.

Europa sah um 7000 v. Chr. etwa so aus, wie wir uns in unserer Kindheit Landkarten vorgestellt haben, auf denen wir alle nur denkbaren geographischen Formen versammelten: Binnenseen, Landspitzen und Halbinseln, hohe Berge, Flüsse und Tiefebenen, Inseln mit bizarren Umrissen. Zu dieser Zeit war das Land fast vollständig von Wald bedeckt und es war unterschiedlich dicht von zahlreichen mesolithischen Gruppen bevölkert, die als Jäger, Fischer und Sammler lebten. Diese Ureinwohner müssen das Territorium, in dem sie sich bewegten, genau gekannt haben, wobei manche Gruppen einen großen Bewegungsradius hatten, andere wiederum beschränkten sich auf sehr viel kleinere Gebiete. Das Leben der primitiven Menschen sei einsam, arm, scheußlich, brutal und kurz gewesen, schrieb der englische Philosoph Thomas Hobbes im 17. Jahrhundert. Er hat sich geirrt. Denn die Menschen des Mesolithikums waren hochentwickelt, waren Experten in der Nahrungssuche und der Jagd, konnten die Ressourcen der einheimischen Tier- und Pflanzenwelt beeinflussen, vielleicht sogar beherrschen, und sie führten ein intensives Gemeinschaftsleben.

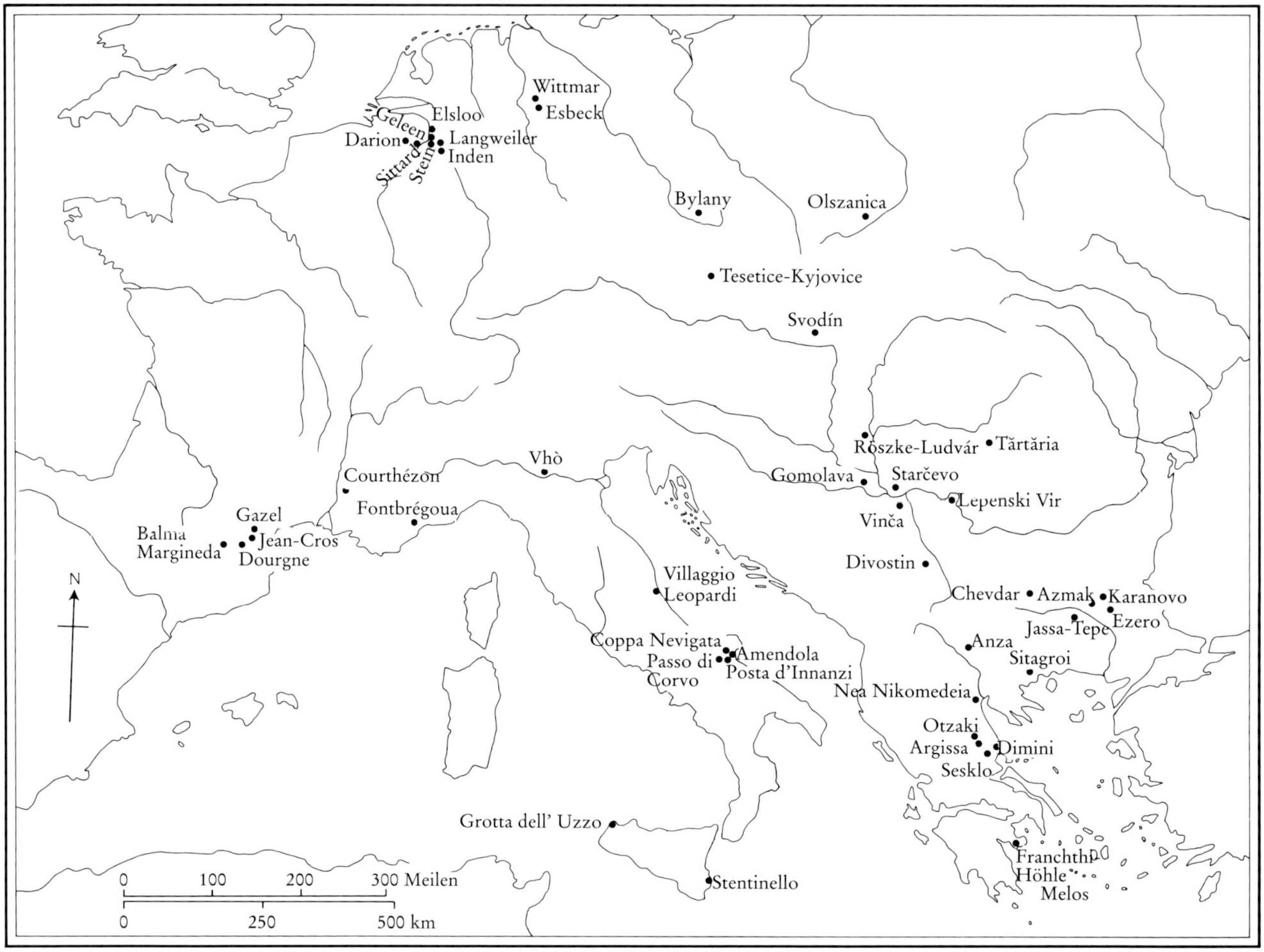

Die wichtigsten im Text erwähnten Fundplätze.

In dieser Welt tauchten vor etwa 9 000 Jahren neue Elemente auf, welche die Landkarte Europas gründlich und für immer verändern sollten. Dies waren zum einen landwirtschaftliche Erzeugnisse wie Weizen und Gerste, aber auch bestimmte Tierarten, Schafe und Ziegen etwa, die zuvor in Europa nicht heimisch gewesen waren, und zum anderen neue Wertvorstellungen und Lebensformen. Man kann die neolithischen Gesellschaften als bäuerliche bezeichnen und sie von den vorangehenden dadurch unterscheiden, daß die Menschen nun Getreide anbauten und von domestizierten Tieren, den in Europa heimischen Rindern und Schweinen, aber auch von Schaf und Ziege, lebten, selbst wenn gleichzeitig die traditionellen Nahrungsquellen noch auf die alte Weise genutzt wurden. Ebenso kennzeichnend für diese Gesellschaften jedoch sind Wertvorstellungen und Lebensweisen, die auf der Seßhaftigkeit beruhten, mit der Erzeugung und der Lagerung ihrer landwirtschaftlichen Produkte zusammenhingen, mit engen Verwandschaftsbeziehungen sowie mit Ahnenkult und ausgeprägten religiösen Vorstellungen verbunden waren.

Daß Tier- und Getreidearten von außerhalb nach Europa gelangten, ist kaum zu bezweifeln. Im Vorderen Orient hatten sich agrarische Gesellschaften bereits um 7000 v. Chr. etabliert; dies ist eine komplizierte Geschichte für sich, die wir hier, wo wir die Entwicklung in Europa erklären wollen, als gegeben hinnehmen müssen. Zwar wurde behauptet, Schafe hätten die letzte Vereisung und den Beginn der Nacheiszeit auch im westlichen Mittelmeerraum überleben können; sie seien sozusagen als Hinterlassenschaft älterer Bevölkerungen zu betrachten. Doch sind sich die Forscher inzwischen weitgehend einig, daß die Schafe von Menschen aus dem östlichen Mittelmeerraum und dem Vorderen Orient wieder nach Europa gebracht worden sind. Genauso könnten die Wildformen von Weizen und Gerste ursprünglich bis nach Südosteuropa hinein verbreitet gewesen sein; wahrscheinlicher ist jedoch, daß auch diese Getreidearten und ihr Anbau von Menschen aus dem Vorderen Orient mitgebracht wurden. Nur Rinder und Schweine, die zur heimischen Fauna gehörten, hätten in ganz Europa selbst domestiziert werden können.

Auf jeden Fall aber gab es Kontakte und es fand ein Austausch statt. Die Menschen müssen also weit umhergezogen sein. Vielleicht waren große Entfernungen und geographische Gegebenheiten kleinere Hürden, als wir uns das heute in unserer von Landkarten erschlossenen Welt vorstellen können. Die eigentliche und leider nur schwer zu beantwortende Frage ist, wer denn gewandert ist: die europäischen Bevölkerungen oder die Fremden?

Die Entwicklung agrarischer Gesellschaften in Europa kann zwei Auslöser gehabt haben. Entweder in Form einer Kolonisierung durch Völker, die wegen ihres Wachstums nach neuem Siedlungsraum suchten und nach Europa vordrangen, oder durch Veränderungen, die in den in Europa heimischen Gesellschaften selbst vor sich gingen, deren technische Fähigkeiten bereits eine gewisse Entwicklung durchlaufen hatten und die darum für weitere Veränderungen empfänglich waren, d. h. die neuen, von anderswo kommenden Tier- und Getreidearten aufnehmen und den örtlichen Gegebenheiten und Bedürfnissen anpassen konnten. Tatsächlich scheint weder die Herausbildung der Ackerbaugesellschaften noch ihre anschließende Weiterentwicklung ein einheitlicher Prozeß gewesen zu sein. In Südosteuropa kann man wohl von Kolonisierung ausgehen, die bis um 5000 v. Chr. schließlich zu einer vielfältig geprägten Lebenswelt geführt hatte.

In den zentralen und westlichen Mittelmeerregionen scheinen die Verhältnisse nicht ganz so eindeutig gewesen zu sein, es sieht aber danach aus, als seien die wesentlichen Impulse für die Verbreitung des Ackerbaus und für den folgenden sozialen Wandel aus den dort lebenden Gemeinschaften selbst gekommen. Der Wandel in dieser Region ging jedoch wesentlich langsamer voran als in Südosteuropa. In Mittel- und Westeuropa wiederum muß man wohl auch von einer Kolonisierung ausgehen, die um 5500 v. Chr. begonnen haben muß. Als die ersten Ackerbauern und Viehzüchter in die Waldlandschaften der gemäßigten Zone vordrangen, entstanden fast überall kleine Siedlungen und Dörfer, die meist bis in die nächstfolgende Zeitepoche hinein besiedelt waren.

GRIECHENLAND UND DER BALKAN VON ETWA 7000 BIS NACH 5000 V. CHR.

DIE ENTSTEHUNG DES NEOLITHIKUMS UND DIE ROLLE DER EINHEIMISCHEN GESELLSCHAFT Wir wissen viel zu wenig über die Gemeinschaften, die in den genannten Regionen zwischen 10 000 und 7000 v. Chr. gelebt haben. Eine inzwischen datierte und gut erforschte mesolithische Station befindet sich in der Franchthi-Höhle auf dem nordöstlichen Peloponnes. Die Jäger und Sammler aus der Zeit um 10 000 v. Chr. fanden hier eine Vielfalt großer und kleiner Jagdtiere, außerdem Gräser und andere Pflanzen. Im 8. Jahrtausend v. Chr. wurden von hier aus zusätzlich Thunfische gefangen – nach der Größe zu urteilen, auf dem offenen Meer –, und der in der Höhle gefundene Obsidian (ein vulkanisches Glas, das wie Feuerstein bearbeitet werden kann) stammt von der Insel Melos. Um etwa 7000 v. Chr. kam es im Umfeld der Höhle offenbar recht schnell zu Veränderungen. Man findet jetzt Getreide – Emmer, eine Weizenart, und Gerste – sowie Knochen von Schafen und Ziegen, zusammen mit geschliffenen Steinwerkzeugen und einfacher Keramik. Zur gleichen Zeit vergrößerte sich der Siedlungsplatz auch bis vor die Höhle. Jedoch wurden auch weiterhin einfache, retuschierte Steinwerkzeuge auf herkömmliche Weise hergestellt. Alles zusammen könnte dafür sprechen, daß die dort ansässige Gemeinschaft ihre ökonomische Basis und die kulturelle Identität relativ rasch aus eigener Kraft umgewandelt hat – eine Gemeinschaft, die über das Meer hinweg mit Ackerbau treibenden Siedlungen in Anatolien in Berührung gekommen und für Veränderungen offen war. Infolge der neuen Ressourcen und vielleicht auch wegen der seßhafteren Lebensweise könnte sich die Bevölkerung dann stärker vermehrt haben.

Weitere Beispiele für autochthone Entwicklungen bilden möglicherweise einige mesolithische Fundplätze im Donaudurchbruchstal, dem Eisernen Tor, zwischen Serbien und Rumänien. Die Bevölkerungen nutzten hier das reiche Nahrungsangebot der Donau und der umliegenden Wälder und siedelten in Lepenski Vir und an einigen anderen Orten direkt an der Donau. Diese Siedlungen könnten dauerhaft bewohnt gewesen sein, denn man hat Heiligtümer und Gräber gefunden. Wie in Griechenland wurden auch hier um 6000 v. Chr. landwirtschaftliche Erzeugnisse eingeführt, und mit ihrem hohen Entwicklungsstand wären die dort siedelnden Menschengruppen durchaus in der Lage gewesen, sich diese neue Art der Wirtschaftsweise anzueignen.

Es erscheint jedoch zweifelhaft, daß die Entwicklung in der gesamten Region in dieser Weise verlief. Die Spuren mesolithischer Besiedlung sind in Griechenland und auf dem Balkan spärlich. Möglicherweise sind diese Regionen bislang unzureichend erforscht, auch könnten mesolithische Befunde durch den Anstieg des Meeresspiegels bzw. durch Erosion zerstört oder abgedeckt worden sein; ebensowenig auszuschließen ist aber, daß dort aus unterschiedlichen Gründen keine oder nur sehr wenige Jäger und Sammler gelebt haben. In diesem Fall hätten Einwanderer aus Anatolien und dem Vorderen Orient in relativ unbesiedelte Landstriche vordringen können. Neolithische Fundplätze sind charakterisiert durch Getreide (meist Weizen und Gerste), Knochen von Schaf, Ziege, Rind und Schwein, durch geschliffene Steinbeile, durch Idole aus gebranntem Ton und durch Keramik; in Griechenland gibt es allerdings auch ein akeramisches Frühneolithikum. Hinweise gibt es auch auf Schwellbalkenbauten, die in kleinen Gruppen zusammenstanden. Siedlungen dieser Art wurden von Griechenland bis in den Süden der ungarischen Tiefebene und auf beiden Seiten der Karpaten gefunden. Einige Radiokarbondaten weisen darauf hin, daß die nördlicheren, in Rumänien, in Nordserbien, Kroatien und im südlichen Ungarn gelegenen Fundorte etwas jünger sind als die weiter südlich in Griechenland, Bulgarien und Südserbien liegenden. Dies paßt zu der Vorstellung von einer Ausbreitung der bereits agrarisch orientierten Menschengruppen nach Norden. Das Auftauchen neolithischer Gemeinschaften auf den Inseln Kreta und Zypern, die vor 7000 v. Chr. vermutlich noch völlig unbesiedelt waren, läßt aber auch auf Wanderung in die entgegengesetzte Richtung schließen. Ein vor kurzem entdeckter Fundplatz auf Zypern könnte auf eine geringfügig frühere Besiedlung der Insel durch Jägergruppen hinweisen, die vor allem auf Zwergflußpferde Jagd machten und diese vielleicht ausrotteten; der Nachweis für eine Besiedlungskontinuität bis in das Neolithikum hinein fehlt hier allerdings weiterhin. Insgesamt scheint die Kolonisierung ein Hauptmerkmal dieser frühen Periode der Entwicklung bäuerlicher Gemeinschaften in Südosteuropa zu sein. Man könnte vielleicht tatsächlich die auffälligen Heiligtümer und die zahlreichen Hinweise auf Riten, Mythen und Kulthandlungen auf mesolithischen Fundplätzen wie Lepenski Vir als Reaktion der Einheimischen auf die Bedrohung durch unbekannte Lebensweisen und Wertvorstellungen der Einwanderer deuten.

DIE ERSTE PHASE, VON ETWA 7000 BIS 5500 V. CHR. Zur neolithischen Lebensweise haben sicher auch vorübergehend genutzte Siedlungsplätze wie Jagd- oder Hirtenlager oder Rastplätze gehört. Die frühesten Hinweise auf solche Lager finden sich an Fundorten wie Argissa-Magula in Thessalien, mit schwer zu deutenden Grubenbefunden. An den meisten Plätzen findet man jedoch von nun an immer häufiger solide gebaute, für eine dauerhafte Nutzung geeignete Wohnbauten, die Dorfgemeinschaften gebildet haben. Die architektonische Grundeinheit war das Einraum-Haus, annähernd quadratisch bis rechteckig, gewöhnlich eine Holzkonstruktion mit Lehmputz oder -bewurf; in Griechenland und im südlichen Serbien hat man aber auch auf Steinfundamenten errichtete Häuser aus Lehmziegeln gefunden. Die größten Häuser haben eine Länge von maximal 12 Metern, die meisten sind allerdings kleiner. In der Regel haben sie nur einen Eingang und zusätzlich einen Lehmofen an der Rück- oder Seitenwand. Während der entwickelten Sesklo-Phase im nördlichen Griechenland hatte man einige Häuser bereits unterkellert oder auch zweistöckig gebaut, möglicherweise waren einige auch bemalt. Die Gebäude waren gewöhnlich freistehend, man fand aber auch miteinander verbundene Lehmziegelbauten, z. B. in Anza bei Skopje in Serbien. Es ist extrem schwierig, allein vom Gebäude auf Art oder Größe der Gruppe zu schließen, die es einmal bewohnt hat, aber wir können wohl von einzelnen Familien (oder anderen sozialen Gruppen) ausgehen, deren Eigenständigkeit sich durch individuelle Wohnräume andeutet und die sich im wahrsten Sinn des Wortes um den häuslichen Herd konzentrierten. Soweit sich dies bis heute feststellen läßt, gab es kaum isoliert stehende, einzelne Gebäude; normalerweise standen die Häuser recht dicht beieinander. In Nea Nikomedeia in Makedonien sind es jeweils sechs, die um ein größeres

Gebäude herum errichtet waren. An anderen Fundplätzen stehen die Häuser eindeutig in Reihen und sind durch enge Gassen getrennt, so in Otzaki-Magula in Thessalien und in Karanovo in Südbulgarien. Die einzelne Sozialeinheit gehörte also einem größeren Ganzen an. Die Siedlungsgröße variiert, sowohl in der Ausdehnung als auch in der Anzahl der Gebäude. In einer seiner Phasen muß Karanovo, so schätzt man, aus über sechzig Häusern bestanden haben; diese Siedlung wird damals auch zu den größten überhaupt gehört haben. Einige Baubefunde und kleinere Tonmodelle von Häusern lassen vermuten, daß sie auch als Heiligtümer gedient haben, wie etwa das große Zentralgebäude von Nea Nikomedeia. Gemeinsame religiöse Vorstellungen könnten für den Zusammenhalt der Gemeinschaften gesorgt haben, innerhalb derer es vermutlich nur geringe soziale Differenzierungen gegeben hat. Die meisten der derzeit bekannten Gräber stammen aus dem Siedlungsgebiet selbst, oft sind es Gruben neben den Häusern. Die Toten haben offenbar die Bedeutung des Anwesens hervorgehoben.

An vielen Fundorten ist erkennbar, wie sorgfältig der Platz für eine Ansiedlung ausgewählt wurde; vor allem wurde darauf geachtet, daß für Anbau und für Weideflächen geeignete Böden vorhanden waren. Die größten Siedlungen im Tal der Maritza im südlichen Bulgarien lagen ein paar Kilometer voneinander entfernt, jede lag in einem Gebiet mit Böden ganz unterschiedlicher Qualität. In der südungarischen Tiefebene hat man entlang der Überschwemmungsgebiete zu regelrechten »Bändern« aneinandergereihte Siedlungen gefunden. Die Bewohner nutzten hier die Terrassenböden zum Ackerbau, und die zeitweise überfluteten Niederungen als Weiden bzw. als Jagdreviere und zum Fischfang. Ein weiteres wichtiges Merkmal ist die Siedlungsdauer. Man kennt zwar sehr viel mehr frühneolithische Siedlungen als solche aus dem Mesolithikum. Allerdings könnten viele auch nur kurzzeitig bewohnt gewesen sein. So lassen zum Beispiel die bereits erwähnten Siedlungen entlang der Flußtäler der ungarischen Tiefebene erkennen, daß hier vermutlich die Siedlungen verlagert wurden, sich also gegenseitig ablösten. In Griechenland und den südlichen Teilen des Balkans jedoch gibt es viele ortskonstante Siedlungsplätze, die immer wieder neu besiedelt wurden. Dort führte die Anhäufung von unbrauchbar gewordenem Baumaterial und anderem Siedlungsabfall zur Bildung und zum Anwachsen von Siedlungshügeln, den sogenannten Tells. Bei der Ausgrabung eines solchen Tells lassen sich im Profil meistens die verschiedenen Besiedlungsphasen und die Unterbrechungen der Besiedlung ablesen. Einige dieser Tells sind eher klein, besonders im Norden der Region. Andere wiederum sind sehr groß; der Tell von Karanovo, der bis zur frühen Bronzezeit besiedelt war, ist 12 Meter hoch und bedeckt eine Fläche von etwa 250 mal 150 Metern. Von der ersten Hauptphase seiner Besiedlung zeugen drei identifizierbare Kulturschichten mit einer Mächtigkeit zwischen 0,6 und 1 Meter; die zweite Hauptphase ist durch zwei weitere, 1,75 und 2 Meter mächtige Kulturschichten gekennzeichnet. Die beiden Phasen datieren in das 7./6. Jahrtausend v. Chr. und haben zusammen sicherlich mehrere Jahrhunderte lang gedauert. Die lange Liste großer Siedlungshügel umfaßt Fundplätze wie Argissa-Magula, Sesklo und Sitagroi in Griechenland; Azmaška Mogila, Ezero und Jassa-Tepe (Plovdiv) in Bulgarien; Starčevo und Vinča in Serbien. Diese Aufzählung sehr bekannter Grabungsplätze unterstreicht zum einen, wie zahlreich die Grabungen waren, die seit dem 19. Jahrhundert in diesen Gebieten durchgeführt worden sind; sie zeigt

links Rettungsgrabung, um die Spuren eines Hauses einer der Langweiler-Siedlungen aus der Bandkeramik-Kultur vor dem Braunkohleabbau im kleinen Merzbachtal westlich von Köln zu dokumentieren. Die Gegend ist auch als Aldenhovener Platte bekannt.

unten Der Tell von Yunatzite, bei Pazardzik, mittleres Südbulgarien, während der Grabungsarbeiten. Der Hügel war sowohl während des Neolithikums als auch in der Bronzezeit bewohnt.

Gefäße in menschlicher Gestalt aus Bulgarien. Das Exemplar *links* stammt aus dem Frühneolithikum: um 6000 v. Chr., gefunden wurde es bei Vraca; das Exemplar *rechts* stammt aus der Kupferzeit um 4000 v. Chr., gefunden in Hotnica bei Veliko Târnovo.

Reste eines Hauses in einer der kupferzeitlichen Schichten in der Tell-Siedlung bei Durankulak, Dolerič Distrikt, Nordostbulgarien.

aber auch, wie erfolgreich diese Siedlungen gewesen sein müssen, bevor sie untergingen und heute nur noch als Hügel zu erkennen sind.

Die ersten Ackerbauern bauten Getreide an und domestizierten Vieh. Sie säten und ernteten sowohl Weizen (Emmer, Einkorn, Saat- und Zwergweizen) als auch Gerste (zwei- und sechszeilige Arten und Nacktgerste). Sie kannten Hülsenfrüchte wie Erbsen, Linsen und Wicken und bauten diese vermutlich auch gezielt an. Daneben nutzten sie Eicheln, Oliven, Pistazien, Kirschen, Pflaumen und vermutlich auch noch viele andere Wildpflanzen. Wir werden sehr viel mehr über Ackerbau und Pflanzennutzung erfahren, wenn die zur Auffindung von Pflanzenresten geeigneten Techniken bei Ausgrabungen regelmäßig eingesetzt werden. Bei den Grabungen in Anza konnten solche Proben durch Sieben und Schlämmen gewonnen werden. Die wichtigste Kulturpflanze scheint Emmer oder Zweikorn, eine Weizenart, gewesen zu sein, gefolgt von Einkorn, ebenfalls eine Weizenart, von sechszeiliger Gerste sowie von Erbsen und Linsen. In einer frühen Schicht wurde hier zusätzlich Zwergweizen entdeckt. An allen Fundorten fand man Hinweise, daß als domestizierte Tiere hauptsächlich Schafe, Ziegen, Rinder und Schweine gehalten wurden; auch Hunde gab es. Trotzdem ging man auch weiterhin auf die Jagd, vor allem auf Rotwildjagd; auch wurden Knochen von Niederwild und von Vögeln gefunden. Unsere Kenntnisse über den Fischfang in dieser Epoche stammen hauptsächlich aus nördlicher gelegenen Fundplätzen der Starčevo-Körös-Gruppe, wo vor allem Reste von Welsen und Hechten gefunden wurden. In Röszke-Ludvár hat man offenbar Fische in großen Mengen gesäubert getrocknet. Die Liste der Arten von einem einzigen Fundplatz, Starčevo bei Belgrad, zeigt die große Faunenvielfalt; neben den domestizierten Tieren sind Hirsch und Reh, Wildrind, Pferd und Wildschwein, Biber, Fuchs, Wolf, Bär, Dachs, Otter, Wildkatze; Wildente, Gans, Schwan, Greifvögel; Hecht, Wels, Brasse und Karpfen nachgewiesen.

Zwar konnte das Wissen über die genutzten Nahrungsquellen Schritt für Schritt erweitert werden, damit ist aber noch nichts darüber ausgemacht, welche Bedeutung sie jeweils für die Ernährung insgesamt hatten. Ob sich Knochen erhalten, ist davon abhängig, wie Tiere zerteilt und wie die Reste verwertet bzw. beseitigt wurden. Berücksichtigt man dies nicht und zählt einfach die Knochen der verschiedenen Arten, dann sieht es so aus, als wäre vor allem in Griechenland und auf dem südlichen Balkan die Nutzung domestizierter Tiere weitaus häufiger der Fall gewesen als die von Jagdwild. In der Verteilung der domestizierten Tierarten ist eine Regelhaftigkeit nicht zu erkennen. In einigen Siedlungen scheint es vor allem Schafe und Ziegen gegeben zu haben, in anderen überwogen offenbar Rinder und Schweine; an manchen Plätzen waren es jeweils etwa gleich viele. Dennoch kann man wahrscheinlich davon ausgehen, daß Schafe und Ziegen in den südlichen Balkanländern und in Griechenland von größerer Bedeutung waren als in nördlicheren Gebieten. In Anza hat die Zahl von Schafen und Ziegen während der Besiedlung allmählich abgenommen. Auch im nordgriechischen Sitagroi wurden während der frühen Besiedlungsphasen überwiegend Schafe und Ziegen gehalten, insgesamt jedoch weniger als in anderen nordgriechischen Stätten wie Argissa-Magula oder Nea Nikomedeia. Domestizierte Tiere haben wohl Fleisch, Häute, Milch, Blut und Wolle geliefert, wobei letztere vermutlich erst spät Bedeutung erhielt. Vielleicht waren Tiere aber auch zusätzlich ein Zeichen von Besitz und Wohlstand. Bei den Nutzpflanzen läßt sich nur schwer feststellen, welche in der Ernährung die größte Rolle spielten, selbst wenn man diese gewöhnlich den Weizen- und Gerstenarten zuschreibt. Auf fruchtbaren Böden konnte das angebaute Getreide gute Erträge bringen und so für Brot, Gebäck und Grütze sowohl für den täglichen Verzehr als auch zur Vorratshaltung sorgen. Zwerg- und Brotweizen sind hexaploid, d. h. genetisch komplexer. Diese Weizenarten sind zum Backen besser geeignet als Emmer und Einkorn, deren Mehle nicht genügend Gluten enthalten und die sich darum nicht zu schwererem Backwerk verarbeiten lassen.

Wir können nicht mit Sicherheit entscheiden, ob Ackerbau oder Viehzucht wichtiger war. Wahrscheinlich hat sich die Subsistenzwirtschaft jedoch gar nicht auf bestimmte Nahrungsquellen spezialisiert. Es könnte vorteilhafter gewesen sein, zusätzlich zur häuslichen Viehwirtschaft auch Wildtiere zu bejagen, als Puffer gegen eventuelle Engpässe, wenn eine Nahrungsquelle versiegte oder ausfiel. In dieser Hinsicht wird die frühe neolithische Subsistenzwirtschaft wahrscheinlich keine völlig neuen Wege gegangen sein, sondern hat die Entwicklungen des Spätmesolithikums aufgegriffen und fortgeführt.

Die Nahrungsquellen, auf welche die ersten Bauern zurückgreifen konnten, waren vielfältig, anpaßbar und ertragreich. Es ist jedoch ungewiß, in welchem Umfang oder auf welcher Grundlage sie genutzt wurden. Die Tatsache, daß manche Siedlungen nur als Ansammlung von Einzelhäusern erscheinen, könnte darauf hinweisen, daß die soziale Einheit, welche die Landwirtschaft betrieben hat, der Haushalt möglicherweise einzelner Familien war. Andererseits deutet die Existenz von Dorfsiedlungen darauf hin, daß es auch Kooperation gegeben haben muß, wahrscheinlich wenn es um Aufgaben wie Waldrodung und Kultivierung des Bodens, um Erntearbeiten, um Aufzucht und Verwertung des Viehs ging. Das neolithische Leben könnte sich im großen und ganzen innerhalb eines relativ kleinen Umkreises um die Siedlungen herum abgespielt haben: auf dem Land, das für die Landwirtschaft im Laufe des Jahres benötigt wurde, wobei die Beaufsichtigung der Viehherden und die Jagd einzelne Gruppenmitglieder über die Grenzen eines solchen Gebietes hinausgeführt haben werden. Wir wissen nicht, ob die ersten Bauern sich mit einem bestimmten Existenzniveau begnügten oder ob sie bereit bzw. in der Lage waren, ihre landwirtschaftlichen Erträge zu steigern. Die archäologischen Hinweise sind diesbezüglich lückenhaft und widersprüchlich. Pollenanalysen aus den einzelnen Gebieten weisen darauf hin, daß in dieser Anfangsphase der Wald nur in kleinem Umfang gerodet wurde; außerdem gibt es nur wenige Steinwerkzeuge, die für solche Arbeiten schwer und solide genug gewesen wären. Aber fruchtbare, gut bewässerte Böden könnten durchaus hohe Ernteerträge gebracht, und die Waldweiden große Herden ernährt haben. Einige Fundplätze wie Chevdar und Azmaška Mogila in Bulgarien lassen erkennen, daß dort eine Getreide- und Hülsenfruchtart mehr oder weniger ausschließlich angebaut wurde. In Chevdar gibt es auch Hinweise auf eine Fruchtfolge von Emmer, Gerste und Hülsenfrüchten. Mehr oder weniger reine Getreideproben enthalten Einsprengsel von anderen Arten, die als Vorgänger-Getreide auf derselben Bodenfläche gedeutet werden können. All das weist darauf hin, daß es einzelnen Haushalten oder Siedlungen durchaus möglich gewesen sein kann, den Ertrag ihrer landwirtschaftlichen Produktion zu steigern. Mit großer Wahrscheinlichkeit haben die größten Siedlungen auch die erfolgreichste Landwirtschaft betrieben.

Zwar fehlt auf einigen frühneolithischen Fundplätzen in Griechenland Keramik, trotzdem muß man qualitativ hochwertige Töpferei als ein Kennzeichen des Neolithikums in dieser Region ansehen. Die Keramiktypologie in Griechenland zeigt, daß die Gefäße – einfache handgemachte Schüsseln und Krüge – zunächst unverziert waren, später jedoch mit einer großen Vielfalt geometrischer Motive verziert wurden. Es gab natürlich noch weitere Handwerkstechniken, etwa die Verarbeitung von Feuerstein und Obsidian zu Schneidewerkzeugen und die Anfertigung von Muschelschmuck. Diese Arbeiten zeigen etwas von den handwerklichen Fähigkeiten und künstlerischen Interessen, sie verraten aber auch einiges über die Sozialstruktur dieser ersten agrarischen Gesellschaften. Der Stil der Töpferei kann durchaus einen Schlüssel zum Verständnis der Gruppenidentität bieten. Die Ornamente, die man in Nordgriechenland gefunden hat, sind von Fundplatz zu Fundplatz sehr unterschiedlich; aber zusammengenommen unterscheiden sie sich wieder von der Keramik anderer Regionen. So war in Nordgriechenland eine rot-auf-weiß bemalte Keramikware sehr verbreitet, während in den

Rot-auf-weiß bemalte Tasse aus den neolithischen Schichten des Tsani-Wohnhügels in Thessalien, nordöstliches Griechenland.

frühen Schichten der bulgarischen Karanovo-Siedlungsfolge die weiß-auf-rot bemalten Gefäße dominieren. So könnte die Keramik Ausdruck für eine gewisse lokale, aber auch für eine weiter gefaßte Identität gestanden haben. Sich niederzulassen und in mehr oder weniger dauerhaften Siedlungen zu leben, kann zu gegensätzlichen sozialen Notwendigkeiten geführt haben. Auf der einen Seite mußte man Teil der Gruppe sein, denn sie entschied über den Zugang zu den Nahrungsressourcen. Auf der anderen Seite war darauf zu achten, daß sich die Gruppe nicht isolierte; man mußte vielmehr über weite Strecken hinweg Kontakte herstellen, nicht zuletzt zur Aufrechterhaltung des Systems der freien, exogamen Partnerwahl. Der Obsidian aus den nordgriechischen Fundorten stammt nicht aus dieser Gegend, sondern vermutlich von der Insel Melos im Süden. Überall in Nordgriechenland findet man Perlen und Armbänder aus *Spondylus*-Muscheln; auch diese Muscheln stammen aus der Ägäis. Es ist unbekannt, ob solche Rohmaterialien direkt und über weite Entfernungen hinweg gehandelt wurden oder ob sie (bzw. die daraus hergestellten Produkte) über viele Zwischenstationen nach Nordgriechenland kamen, etwa auf dem Weg des Austauschs von Geschenken. Wesentlich an diesen Funden ist jedoch der Hinweis darauf, daß die ersten bäuerlichen Gemeinschaften über große Entfernungen hinweg in Beziehung zueinander gestanden haben.

Viele Grabungen haben kleine Idole aus gebranntem Ton zutage gefördert, darunter anthropomorphe, meist weibliche Figuren und Tierdarstellungen. Die Idole sind sehr unterschiedlich. Die weiblichen Figuren sind für gewöhnlich recht klein, normalerweise stehend, kauernd oder sitzend dargestellt. Die Arme sind verschränkt, auf die Hüften gestützt oder auch ausgestreckt. Die Gesichter erscheinen oft ziemlich ausdruckslos, manche stellen vielleicht auch Masken dar; einige Köpfe sind fast stabförmig in die Länge gezogen. Im Gegensatz dazu werden die unteren Gliedmaßen und die Geschlechtsteile sehr ausgeprägt dargestellt. Die Idole der thessalischen Sesklo-Phase (6. Jahrtausend v. Chr.) sind sehr sorgfältig modelliert, haben mandelförmige Augen, detaillierte Haare und Gesichtszüge, sind oft auch dekorativ bemalt. Solche und ähnliche Figuren sind in der gesamten Region gefunden worden. Einige besondere Formen sind weitverbreitet, wie z. B. die langköpfigen Idole mit dekorativem Kopfschmuck, die sogar in Nea Nikomedeia in Makedonien und in Starčevo in Nordserbien gefunden wurden. Daneben gibt es viele unterschiedliche Tierfiguren, kleine Nachbildungen von Tischen und Altaren sowie Modelle von Häusern oder Heiligtümern. Es gibt zwar einige vollständig erhaltene Exemplare solcher Tonidole, aber der archäologische Alltag sieht leider anders aus: im serbischen Divostin der Starčevo-Phase konnten z. B. alle anthropomorphen und zoomorphen Idole nur in Bruchstücken geborgen werden.

Solche Idole werden gewöhnlich als Kultobjekte interpretiert und nicht als schlichtes Spielzeug; die »mythische Bildhaftigkeit«, von der ein Fachmann auf diesem Gebiet spricht, gehört wohl in den Zusammenhang sehr weitverbreiteter und bedeutsamer religiöser oder spiritueller Vorstellungen. Abgesehen von einigen Versuchen, ein ganz spezielles Pantheon zu rekonstruieren, ist es bislang nicht gelungen, mit dem verfügbaren Material und oft bruchstückhaften Funden eine wirkliche Einsicht in die Welt zu gewinnen, die durch die Figuren symbolisiert wird. Dennoch lassen sich einige durchgängige Auffälligkeiten festhalten. So wird die Welt in zwei Bereiche eingeteilt, in menschlich und tierisch, vielleicht auch in menschlich und göttlich oder in wild und gezähmt. Weiterhin wird die Rolle des Weiblichen für die Fortpflanzung betont. Idole findet man innerhalb von Siedlungen oft neben, manchmal auch in den Häusern, so z. B. in dem großen Gebäude von Nea Nikomedeia, wo die Idole die Identität des Haushaltes zu verstärken schienen. In dieser Entwicklungsphase scheint der Kult allen Mitgliedern der Gemeinschaft zugänglich gewesen zu sein. Die weite Verbreitung von Idolen weist auf eine Art spiritueller Einheit, vielleicht auch auf die regionale Einheit in der Vorstellungswelt dieser ersten landwirtschaftlichen Gemeinschaften hin. Diese gemeinsame Vorstellungswelt könnte für den Erfolg der neolithischen Lebensweise mindestens genauso bedeutsam gewesen sein wie Ackerbau und Viehzucht.

ENTWICKLUNGEN VON ETWA 5500 BIS NACH 5000 V. CHR. Man kann den Erfolg der neolithischen Lebensweise in Griechenland und Südosteuropa daran ermessen, daß es bis zu den letzten Jahrhunderten dieses Zeitabschnittes mehrere, gut erkennbare Entwicklungen gegeben hat. Innerhalb einer Spanne von vielleicht fünfzig Generationen hatten sich die neolithischen Gemeinschaften fest in diesem Gebiet etabliert. Bereits im späten 6. Jahrtausend v. Chr. zeigt die archäologische Verbreitungskarte dicht besiedelte Regionen. Man kennt sehr viele Fundplätze. Einige der damals bewohnten Siedlungen waren seit ihrer ersten Gründung besiedelt; der Wohnhügel in Karanovo liefert ein klassisches Beispiel einer solchen Siedlungskontinuität. Andere bedeutende und große Wohnhügel, etwa der von Gomolava am Ufer der Save nordwestlich von Belgrad, sind Neugründungen aus dieser Zeit. Damals könnten aus zwei Gründen bereits sehr ausgedehnte Siedlungsstätten, ganz gleich ob früh oder spät gegründet, überwogen haben. Zum einen konnte man mit den vielen dort lebenden Menschen produktiver wirtschaften, zum anderen förderten diese Siedlungen die Kontrolle über rituelle und andere für das gemeinschaftliche Leben bedeutsame Faktoren. Es gibt keine eindeutigen Hinweise darauf, daß die Wohnhügel befestigt oder umfriedet gewesen wären, und das oberflächliche Bild, das man sich von diesen Siedlungen macht, ist immer noch das eines wohlgeordneten sozialen Gefüges. Während die Häuser immer größer wurden und der Innenraum zunehmend unterteilt wurde, geben Anlage und Grundriß solcher Wohnhügel wie z. B. Karanovo keine eindeutigen Hinweise auf eine innere Differenzierung der Siedlungen. Eine Ausnahme könnte das thessalische Sesklo im 6. Jahrtausend v. Chr. gewesen sein. Dort wurde in einem zentral gelegenen, erhöhten Bereich im Inneren ein abgeschlossener Bereich ausgegraben, in dem ein großes von mehreren kleineren Gebäuden umgeben war. Im thessalischen Dimini (5. Jahrtausend v. Chr.) läßt sich eine weitere Entwicklung erkennen. Zu dieser Siedlung gehört ein zentraler, von einem Steinwall umgebener, möglicherweise auch befestigter Bereich, in dem sich ein offener Platz und ein großes Zentralgebäude, eine Art Megaron, befindet. Der Grundriß der Siedlungen war nicht überall gleich oder ähnlich. In der südungarischen Ebene finden sich Siedlungen aus der Tisza-Phase des frühen 5. Jahrtausends v. Chr., die dichter bebaut sind. Man findet nun weniger, dafür aber ausgedehntere Siedlungen, und die ersten großen Wohnhügel in dieser Region stammen aus dieser Zeit. Eine weitere Veränderung zeigt sich darin, daß man nun dazu überging, auch solche Gebiete zu besiedeln und zu bewirtschaften, die zuvor gemieden oder wenig genutzt wurden. Dazu gehören die Dobrudscha am rumänischen Unterlauf der Donau, die westlicheren Gebiete Bosniens, die Ränder des Karpatenbeckens zur ungarischen Tiefebene hin und die Flußtäler am Rand der Steppenzone nordöstlich der Karpaten. In der Dobrudscha, einer zuvor spärlich besiedelten Region, entstanden plötzlich Siedlungen, zu denen außerhalb gelegene Gräberfelder gehören. In einigen Gräbern wurden anthropomorphe Idole entdeckt; auch fand man eine männliche Figur, deren sitzende, den Kopf in den Händen stützende Haltung ungewöhnlich ist. Zum Teil mag diese Inbesitznahme vorher unbesiedelter Gebiete auf die Akkulturation dort lebender Bevölkerungen zurückgehen, ansonsten ist sie wohl die Folge fortschreitender Kolonisierung.

In der Wirtschaftsweise gibt es weniger gut erkennbare Veränderungen. Das Faunenspektrum beispielsweise von Gomolava ist dem aus dem älteren Starčevo recht ähnlich. Es überwiegen domestizierte Tiere, doch finden sich auch großes und kleines Jagdwild, Vogel und Fisch. Als allgemeiner Trend zeigt sich aber eine Erhöhung des Rinderknochenanteils. Wenn mehr Rinder gehalten wurden, könnte dies auf ganz verschiedene Veränderungen hinweisen: Vielleicht wurden Wert und Bedeutung dieser Tierart nun anders eingeschätzt; die Ernährungsgewohnheiten könnten sich verändert haben; möglicherweise fand auch ein Fortschritt in der Anpassung an die Umweltbedingungen Europas oder die Domestizierung einheimischer Tiere statt. Vor allem für die Siedlungen der ungarischen Tiefebene wurde dies näher untersucht. In den älteren Siedlungsphasen gab es dort wenig Rinder. Doch bereits in der Tisza-Phase des frühen 5. Jahrtausends v. Chr. herrschten Rinder vor; das Jagen von Wildrindern hatte lokale Bedeutung, und am Rand der Tiefebene fanden sich verschiedentlich Hinweise darauf, daß mit der Domestizierung begonnen wurde. In beiden Phasen wurden weitgehend die gleichen Getreidesorten angebaut, jedoch wissen wir zu wenig über Veränderungen im Ausmaß von Rodungen oder in der Intensität des Anbaus.

In dieser Zeit beginnt auch die Bearbeitung von Kupfer, eine Entwicklung, die ein zunehmendes handwerkliches Geschick und vielleicht auch die Anfänge handwerklicher Spezialisierung widerspiegelt. Die frühen Kupferarbeiten waren noch sehr klein; gefunden wurden Perlen, Haken und Nadeln oder Ahlen, die aus Kupfer geschmiedet oder aus Kupfer, das aus Erz gewonnen worden war, geformt wurden. Die plötzliche Entwicklung der Kupfertechnologie in Südosteuropa wird im nächsten Kapitel zu behandeln sein. Von gleicher Bedeutung waren aber auch die Weiterentwicklung der Töpferei und der überregionale Tauschhandel mit Fertigprodukten oder Rohstoffen. An den Tisza-Fundplätzen der ungarischen Tiefebene ist beispielsweise nachgewiesen, daß man Flint, Obsidian und Steinäxte aus Hochlagern in bis zu 150 Kilometer Entfernung erwarb und die sorgfältig gearbeitete Keramik der benachbarten Bükk-Gruppe einhandelte.

Kopf eines sehr großen Idols aus gebranntem Ton; aus der Vinča-Kultur, Predionica, Serbien.

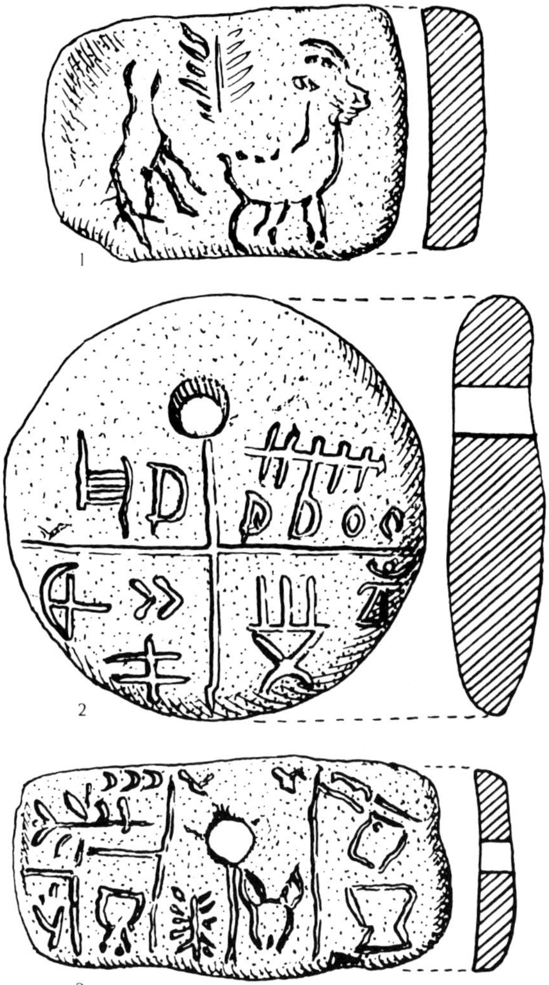

1 2 3

links Tontafeln mit Inschriften von der Tell-Siedlung Tărtăria, Siebenbürgen, westliches Rumänien.

rechts Verziertes Gefäß in anthropomorpher Form aus der Tisza-Kultur, Szegvár-Tüzköves, südöstliches Ungarn.

Die Tradition, Kultgegenstände zu fertigen, blieb erhalten und wurde fortentwickelt. Die Idole der einzelnen Regionen unterschieden sich aber jetzt immer stärker. In der serbischen Vinča-Kultur, genannt nach dem gleichnamigen Wohnhügel bei Belgrad, wurden anthropomorphe Idole häufig mit kräftigen Armen und nur angedeuteten Beinen modelliert; viele zeigen sitzende Figuren. Die Körper weisen eingeritzte und aufgemalte Verzierungen auf, und es gibt Löcher zur Befestigung. Die Gesichter sind stark stilisiert, oft von fast dreieckigem Gesichtsschnitt mit einer hervorspringenden Nase und großen Augen, was den Figuren einen katzenartigen Ausdruck verleiht. Aus der Tisza-Kultur hat man aufwendig gearbeitete Idole gefunden, von denen einige mit markant eingeschnittenen oder eingeritzten Verzierungen geschmückt sind; daneben gab es ähnlich ornamentierte Gefäße mit anthropomorphen Formen. Im siebenbürgischen Tărtăria hat man in einer Grube, die auch anthropomorphe Idole enthielt, drei ungebrannte Tontafeln gefunden, auf denen eine Reihe rätselhafter Symbole und Darstellungen von Tieren zu sehen sind. Diese offensichtlich kultischen Zwecken dienenden

unten Anthropomorphes Gefäß aus der Tisza-Kultur, Kökénydomb, südöstliches Ungarn. Die sitzende, weibliche Figur ist aufwendig verziert und trägt Armschmuck.

Stücke sind nicht nur aufwendig gestaltet, sondern sind auch ein Zeichen dafür, daß sich Ausübung und Lenkung ritueller Praktiken mehr und mehr auf besondere Stätten konzentriert haben. Dieser Konzentrationsprozeß fällt in Tisza mit dem Auftauchen großer, eng bebauter Siedlungen zusammen; in Vinča und an anderen Plätzen scheinen die größeren Wohnhügel die größte Häufung von Kultgegenständen zu enthalten.

Diese Entwicklung könnte ein weiterer Hinweis auf einen inneren Wandel der frühen, landwirtschaftlichen Gemeinschaften sein. Noch scheinen die Siedlungen keine innere Gliederung aufzuweisen, und offenbar werden auch dort eine gemeinsame Tradition religiöser oder spiritueller Vorstellungen sowie die Verbindungen, die sich im Stil der Keramik und im offensichtlichen Austausch von Waren zeigen, gepflegt. Damit bewahren sich die weit verstreuten Gemeinschaften doch eine gemeinsame Vorstellungswelt. In einer immer dichter besiedelten Landschaft – wenn gleichzeitig die Nutzung domestizierter Getreide- und Tierarten ergänzt wurde durch die Ausnutzung wild wachsender Pflanzen und die Jagd auf Tiere, womit sich die produktiven Möglichkeiten erweiterten – wird es jedoch auch verstärkt zu einer inneren Differenzierung des Gemeinschaftslebens gekommen sein. Die Gründung größerer Siedlungen zeigt das ganz eindeutig. Möglicherweise haben einige Ansiedlungen auch eine regional führende Rolle bezüglich der Versorgung der Bevölkerung und der landwirtschaftlichen Produktion, in bezug auf bedeutende rituelle Zeremonien und die Aufrechterhaltung von Tauschbeziehungen gespielt. Hinsichtlich sozialer Strukturen wird die Beziehung zwischen dem einzelnen Haushalt und dem Dorf dominierend geblieben sein. Bislang verfügen wir jedenfalls nur über wenige Hinweise auf weitergehende gesellschaftliche Differenzierungen. Die meisten Gräber werden weiterhin innerhalb der Siedlungen angelegt. Die Gräberfelder der Dobrudscha bilden hier eine Ausnahme; die kleineren Friedhöfe neben den großen Tisza-Siedlungen der ungarischen Tiefebene könnten allerdings schon ein Anzeichen dafür sein, daß sich Verwandtschaftsgruppen herauszubilden begannen, die ihre Toten jeweils gesondert bestatten wollten.

MITTLERER UND WESTLICHER MITTELMEERRAUM VON ETWA 7000 BIS NACH 5000 V. CHR.

DIE AUSGANGSSITUATION Im Gegensatz zu Griechenland und den Balkanländern gibt es in fast allen Teilen des zentralen und westlichen Mittelmeerraums eindeutige Belege für eine mesolithische Besiedlung. Die Grotta dell' Uzzo am Kap S. Vito im Nordwesten Siziliens belegt ungefähr vom 9. Jahrtausend v. Chr. an die Anwesenheit von Jägern und Fischern. Sie lebten dort von pflanzlicher Nahrung und von der Jagd. Etwa ab 6500 v. Chr. läßt sich aber eine Zunahme des Fischfangs feststellen, wobei unsicher ist, ob bereits im offenen Meer gefischt wurde oder nicht. Viele solcher Fundplätze sind von der italienischen Halbinsel, von Südfrankreich und von einigen Landstrichen der Iberischen Halbinsel bekannt. Muschelhaufen an den Mündungen von Tejo und Sado an der Atlantikküste Portugals stammen aus der Zeit um 6500 v. Chr. und könnten auf eine Bevölkerung hinweisen, die dauerhaft in dieser Region lebte und im Jahreszyklus in einem engen Radius umherzog. Inseln wie Korsika, Sardinien und die Balearen waren von etwa 9000 v. Chr. an besiedelt, was die Nutzung seetüchtiger Schiffe belegt.

Noch wissen wir allerdings zu wenig über Entwicklungen, die sich entlang der nordafrikanischen Küste vollzogen haben; eingehendere Forschungen dort könnten unsere bisherigen Vorstellungen völlig verändern. Fest steht jedoch, daß der Meeresspiegel anstieg und daß sich in der Folge sehr waldreiche Gebiete entwickelt haben. Den küstennah oder im Landesinneren lebenden Menschen bot die Umwelt ein reiches Nahrungsmittelangebot aus Jagdwild (inbegriffen Rotwild und Steinböcke), Fisch, Schalentieren und Pflanzen; in beiden Fällen hatten ihre Siedlungen eine sichere ökonomische Basis. Nur auf den westlichen Mittelmeerinseln waren die Ressourcen etwas eingeschränkter. Zur einheimischen Fauna der Balearen gehörte der zwergantilopenartige Wiederkäuer *Myotragus Balearicus*, auf Korsika und Sardinien lebte der hasenartige *Prolagus Sardus* und *Megaceros Cazioti*, eine Rotwildart – Tierarten, die ab etwa 7000 v. Chr. ausstarben.

Wie sich Ackerbau und Viehzucht entwickelt haben, ist in diesen Gebieten noch schwieriger zu rekonstruieren als anderswo. Der Forschungsstand ist sehr unterschiedlich, und Fundplätze oder für die Entwicklung bedeutende Siedlungsgebiete sind möglicherweise durch einen Anstieg des Meeresspiegels überschwemmt oder durch eine Veränderung der Landschaften überlagert worden. Nach dem heutigen Kenntnisstand ergibt sich nur ein ungefähres Bild. Demzufolge haben Seßhaftigkeit und Entwicklung von Ackerbau und Tierhaltung infolge einer Kolonisation über das Meer begonnen – in Süditalien und Ostsizilien irgendwann nach 7000 v. Chr.; etwa zur gleichen Zeit auch in den Gebieten nördlich und westlich davon. Doch war die anschließende Entwicklung langwieriger und vollzog sich eher schrittweise; sie währte bis wenigstens 5500 v. Chr. Schaf, Ziege, Rind, Schwein und sogar Rotwild wurden etwa gleichzeitig nach Korsika und nach Sardinien gebracht; weiter westlich jedoch könnte es Schaf und Ziege bereits vor den anderen domestizierten Tieren gegeben haben. Noch länger scheint es gedauert zu haben, bis sich der Getreideanbau durchsetzte. Die Töpferei wiederum wurde im gesamten mittleren und westlichen Mittelmeerraum sehr rasch übernommen, während die einheimischen Traditionen der Feuersteinbearbeitung beibehalten wurden. All dies deutet darauf hin, daß die einzelnen Charakteristika der neolithischen Lebensweise von den dort lebenden Bevölkerungen nur nach und nach übernommen wurden.

SÜDITALIEN UND SIZILIEN Hier findet man, vor allem in Apulien, Kalabrien und im östlichen Sizilien, viele frühneolithische Fundplätze; neuere Feldforschungen in Kalabrien haben die Zahl der bekannten Fundplätze gewaltig ansteigen lassen. Bei einigen handelt es sich nicht um feste Siedlungsplätze; wie in den Balkanländern muß es auch hier eine Reihe von Lagern gegeben haben, an denen man sich nur für kurze Zeit und zu besonderen Zwecken aufhielt. Bei den archäologisch aufschlußreichsten und darum auch am besten erforschten Fundorten handelt es sich jedoch um eine ganze Anzahl von Kreisgrabenanlagen. Sie kommen konzentriert in der Tavoliere della Puglia vor, der Tiefebene von Apulien; ähnliche gibt es aber auch in Stentinello und im östlichen Sizilien.

Kennzeichnend für alle ist ein System von einem oder mehreren äußeren Gräben, in deren Innenflächen sich dann kleinere, von kreisförmigen Gräben umgebene Bereiche gruppieren, die einen Durchmesser von zehn und mehr Metern haben. Dort standen vermutlich rechteckige, in Fachwerkbauweise aus Balken errichtete Häuser. Die meisten dieser Anlagen wurden aus der Luft entdeckt. Sie sind, was Zahl und Umfang der äußeren Gräben sowie Anzahl der abgegrenzten Bereiche im Inneren betrifft, sehr unterschiedlich. Nur wenige wurden bislang zumindest teilweise ausgegraben. Passo di Corvo hat eine maximale Ausdehnung von 540 mal 870 Metern, ist von mindestens drei Gräben umgeben und zeigt über 100 der kleinen, abgegrenzten Innenbereiche. In La Quercia gibt es nicht weniger als acht konzentrische Gräben. Andere Anlagen wie Posta d'Innanzi und Amendola dagegen hatten viel kleinere Umgrenzungen; außerdem gibt es auch solche, die zwar abgegrenzte Bereiche zeigen, die aber nicht zusätzlich von einem äußeren Grabensystem umgeben sind. Man vermutet, daß die größeren Anlagen jünger sind als die kleineren.

Eine Untersuchung hat ergeben, daß viele der durch Gräben gekennzeichneten Innenstrukturen am Rand von Flächen mit leichtem, fruchtbaren Boden liegen, aber auch in der Nähe von schwereren, alluvialen Böden. Dies könnte ein Hinweis auf die Einführung von Getreideanbau und für die Haltung von Schafen, Ziegen, Rindern und Schweinen sein, doch leider sind über die Art der Landwirtschaft in dieser Region keine Details bekannt. Daß landwirtschaftliche Produkte in der Stratigraphie der Grotta dell' Uzzo etwa gleichzeitig auftauchten, gibt einen Hinweis, daß hier möglicherweise bereits von der einheimischen Bevölkerung Ackerbau betrieben wurde. Andere Tätigkeiten, wie z. B. die Fischerei, wurden beibehalten und Walfang kam hinzu. Dies wie-

Luftaufnahme der Kreisgrabenanlage am Passo di Corvo in der Tavoliere-Tiefebene, Apulien, Süditalien. Bei den kleineren rundlichen Strukturen könnte es sich um Häuser handeln.

der weist auf verbesserte nautische Fähigkeiten hin. Möglicherweise sind Getreide und Haustiere eingefangen bzw. erbeutet oder auf irgendeine andere Weise von den Einheimischen erworben worden, die jenseits des adriatischen und des ionischen Meeres lebten; allerdings spricht mehr für eine sich übers Meer hinweg vollziehende Kolonisierung. Damit wären Süditalien und das östliche Sizilien zu Beginn des Neolithikums wie Kreta und Zypern auch durch seefahrende Völker kolonisiert worden. Was diese Regionen mit Kreta und Zypern verbindet ist der Umstand, daß es auch dort kaum mesolithische Bevölkerungen gegeben hat. Zu den wenigen bisher bekannten Ausnahmen zählt die an der Südost-Küste gelegene Siedlung Coppa Nevigata, wo Steinwerkzeuge im einheimischen Stil und frühe Keramik gefunden wurden; das genaue Alter des Fundplatzes ist allerdings unbekannt.

Man kann den »Beginn« des Neolithikums in diesem Teil des Mittelmeerraums nicht genau datieren. Es sind aber mehr Fundplätze aus dem 6. Jahrtausend v. Chr. bekannt als aus dem 7. Jahrtausend v. Chr. Auch hier ist für viele neolithische Fundorte Keramik charakteristisch. Die sogenannte Eindruckkeramik (*ceramica impressa*) findet man überall im zentralen und westlichen Mittelmeerraum, ein sehr breites Sortiment von handgefertigten Schüsseln, Tellern und Krügen, die mit unterschiedlichen Abdrücken verziert sind. In Italien fand man auch Gefäße, die rot bemalt und mit feinen Einritzungen verziert sind. Eine genaue Keramiktypologie fehlt noch, doch es ist gut möglich, daß die bemalte Ware um 6000 v. Chr. eingeführt wurde – also einige Zeit nach der *ceramica impressa* – und daß die Keramik in der Folge immer aufwendiger bearbeitet wurde. Dies konnte auf eine Art handwerklicher Spezialisierung und vielleicht auch auf fortgesetzten Kontakt mit Griechenland und den Balkanländern hinweisen, wo bemalte Keramik in Gebrauch war; doch auch damit sind die Ursprünge dieser Keramik noch nicht geklärt.

DER ZENTRALE UND WESTLICHE MITTELMEERRAUM (OHNE SÜDITALIEN UND SIZILIEN) Es ist unwahrscheinlich, daß sich die neolithische Lebensweise auch im übrigen Mittelmeerraum durch fortwährende Kolonisation über das Meer hinweg ausbreitete – es sei denn, alle frühen Fundplätze hätten einst an der Küste gelegen und wären dann aufgrund des Meeresspiegelanstiegs untergegangen. Kontakte über das Meer allerdings sind wahrscheinlich, denn es gibt eine Reihe von Neuerungen, die sich nicht ohne weiteres entlang der Küsten des Mittelmeers hätten verbreiten können. Vermutlich haben die dort ursprünglich lebenden, einheimischen Gesellschaften nach und nach neolithische Kulturpflanzen und Haustiere sowie einzelne Gebrauchsgegenstände übernommen. Die lokalen Traditionen der Feuersteinbearbeitung wurden aber fast überall beibehalten. Im 7. Jahrtausend v. Chr. wurden Schaf, Ziege, Rind, Schwein und sogar Rotwild auf Sardinien eingeführt, ebenso Eindruckkeramik. Schaf, Ziege und Schwein tauchen auch in Korsika auf. Anderswo jedoch scheinen Schafe und Ziegen früher domestiziert worden zu sein als andere Tiere. Die Verwendung von Keramik breitete sich vom 7. Jahrtausend v. Chr. an aus. Der Getreideanbau dagegen bleibt bis zum Ende des 6. Jahrtausends v. Chr. bzw. eher noch länger die Ausnahme. Selbst in Sardinien und Korsika kann man die Einführung des Ackerbaus nicht mit Sicherheit früher datieren, da nicht genügend botanische Proben vorliegen. Man muß aber betonen, daß das archäologische Fund- und Befundmaterial des westlichen Mittelmeerraumes noch nicht zusammenfassend bearbeitet worden ist. Der Forschungsstand zum Frühneolithikum ist regional sehr unterschiedlich. Es sind weitaus mehr Ausgrabungen an Fundplätzen unter Abris und in hochgelegenen Höhlen durchgeführt worden als an Freilandplätzen des Flachlandes. Die Stratigraphien einiger Abris könnten ebenso zweifelhaft sein wie einige Radiokarbon-Datierungen. Ob der Befund hochgelegener Fundplätze die Entwicklungen im Gesamtgebiet zutreffend widerspiegeln kann, ist ungewiß. Intensive Forschungen wurden vor allem in Südfrankreich und Norditalien durchgeführt, weniger jedoch in Mittelitalien und auf der Iberischen Halbinsel; über die Entwicklungen in Nordafrika weiß man leider bisher so gut wie nichts.

Die meisten frühneolithischen Fundplätze Mittelitaliens sind eher dem 6. als dem 7. Jahrtausend v. Chr. zuzuordnen. Der Ackerbau hat sich beiderseits des Apennin offenbar nur langsam durchgesetzt, z. B. in Villaggio Leopardi am Fuß der Abruzzen; allerdings überwog bei den Bewohnern einer Vielzahl von Siedlungen noch stark die Nutzung von Tieren, auch der einheimischen Arten. In Norditalien zeigen die hochgelegenen Höhlen- und Abri-Fundplätze eine Fortsetzung lokaler Flintindustrien, die langsame Übernahme der Töpferei (Eindruckkeramik) und eine sukzessive Einführung von Tierhaltung (Schaf und Ziege). Möglicherweise war aber dieses Gebiet nur recht dünn besiedelt und bildete daher auch keinen bedeutenden Schauplatz für eine landeinwärts gerichtete Weitergabe von Neuerungen. Töpferei wurde auch in anderen, seit langem besiedelten Gebieten wie dem Flußtal der Etsch (Adige) eingeführt. In der Po-Niederung, z. B. in Vhò, tauchten landwirtschaftliche Produkte erst ab dem späten 6. Jahrtausend v. Chr. auf. Man hat hier Hirsche und Rehe, Schweine und Kleinwild gejagt; in sehr kleiner Zahl wurden auch Rinder, Schafe und Ziegen gehalten. Außerdem ernährte man sich vom Fischfang, von Muscheln und Vögeln. Ein einziges Weizenkorn konnte in Vhò geborgen werden, und es ist durchaus möglich, daß in dieser Gegend noch kein Getreide angebaut wurde.

Die Forschungen in Südfrankreich konzentrierten sich vor allem auf die Provençe und das Languedoc. Auch hier wurde die lokale Flinttradition beibehalten, was für eine Bevölkerungskontinuität spricht. Vermutlich Anfang des 7. Jahrtausend v. Chr. wurden Schafe und Ziegen eingeführt, danach erst Rinder und Schweine. Die Nutzung von Getreide kann erst für das späte 6. Jahrtausend sicher nachgewiesen werden, etwa in Fontbrégoua, Département Var. Einige Freilandfundplätze sind bekannt, darunter Courthézon in der Vaucluse oder die überflutete Küstensiedlung Leucate, deren Bedeutung noch nicht geklärt ist. Viele Detailstudien gelten bisher relativ hochgelegenen Fundplätzen. Grabungen bei Gazel und Jean-Cros, Département Aude (Languedoc), haben ergeben, daß Wildrinder, Rehe und Wildschweine gejagt und daß ab dem 7. Jahrtausend v. Chr. nach und nach mit der Haltung von Schafen begonnen wurde, deren Zahl dann im 6. Jahrtausend v. Chr. anstieg. Gleichzeitig finden sich die ersten Hinweise auf Ziegen, Rinder und Schweine. Im hochgelegenen Abri de Dourgne wurde vor allem der Steinbock gejagt, daneben auch andere größere und kleine Wildarten. In noch höher gelegenen Siedlungsgebieten, etwa im 1 000 Meter hoch gelegenen Balma Margineda in Andorra, war der Steinbock das hauptsächliche Jagdwild, doch tauchen dann, in kleinen Zahlen, auch hier Schaf und Ziege auf.

Für die Iberische Halbinsel ist der archäologische Kenntnisstand recht uneinheitlich. Der sehr trockene Südosten stellte vermutlich eines der Gebiete dar, in denen die neolithische Lebensweise zuletzt Einzug hielt. Abfallhaufen mit Muschelschalen in den Mündungsgebieten von Tejo und Sado weisen darauf hin, daß sich hier zwischen dem 7. und dem 6. Jahrtausend v. Chr. einheimische Menschengruppen niedergelassen hatten, die Rehe, Schweine, Wildrinder und Kleinwild wie Hasen und Kaninchen jagten, vom Fischfang lebten und Muscheln, vielleicht auch Pflanzen sammelten. Bei den Muschelhaufen hat man sich möglicherweise nur zu bestimmten Jahreszeiten aufgehalten, und die Gräber könnten die Bedeutung dieser Lager erhöht haben. In den Höhlen Ostspaniens wurde Keramik (sogenannte Impressa-Keramik) sowie Knochen von Schafen, Ziegen und, in kleineren Mengen, von Rindern entdeckt. Sie können für die Zeit nach 6000 v. Chr. nachgewiesen werden, einige Archäologen datieren sie allerdings auch weiter zurück. Für das 6. Jahrtausend v. Chr. kann auch Getreide nachgewiesen werden. Welche Rolle Nordafrika bei der Weitergabe von Neuerungen gespielt hat, ist bislang ungeklärt; Freilandplätze aus dem 6. Jahrtausend können erst seit kurzer Zeit identifiziert werden.

Die Neuerungen erreichten die kleineren Mittelmeerinseln später als die größeren. So wurde Malta vermutlich gegen Ende des 6. Jahrtausends v. Chr. zum ersten Mal kolonisiert; auch auf die Balearen gelangten die neolithischen Errungenschaften wohl relativ spät. Sardinien und Korsika dagegen durchliefen den Wandel sehr viel früher, und diese Inseln konnten eine wichtige Rolle bei der Weitergabe in Richtung Westen gespielt haben. Auf beiden Inseln wurden Schafe, Ziegen und Schweine im 7. Jahrtausend v. Chr. eingeführt; Hinweise auf Rinderhaltung tauchen auf Korsika allerdings erst später auf. Die Nutzung von Getreide ist für das frühe Neolithikum auf Korsika nicht mit Sicherheit nachzuweisen, eher schon auf Sardinien.

Verbindungen über das Meer hinweg könnten deshalb mindestens ebenso bedeutsam gewesen sein wie die Weitergabe von Neuerungen auf dem Landweg. Bei der Fahrt über das Mittelmeer könnten Sardinien und Korsika Zwischenstationen gewesen sein; die Bevölkerungen dieser Inseln, die zuvor von einer nur begrenzen Anzahl unterschiedlicher Ressourcen leben mußten, könnten die neuen Nahrungsquellen angenommen und dann weitergegeben haben. Wir haben bereits erwähnt, daß die Menschen im 7. Jahrtausend v. Chr. das offene Meer überwinden konnten. Wenn man höhergelegene Fundplätze in Norditalien, Südfrankreich und in Ostspanien betrachtet, sieht es so aus, als hätten die Menschen dort keinen Grund gesehen, die neuen landwirtschaftlichen Angebote sofort zu übernehmen, als sie verfügbar waren.

Alle Funde und Befunde unter Felsdächern und in Höhlen des Landesinneren zeigen, daß Schafe, Ziegen und später andere Haustiere nur nach und nach in die Wirtschaftsweise integriert wurden, möglicherweise zunächst nur ergänzend zur traditionellen Jagd und unter den Bedingungen der jahreszeitlichen Wanderungen. Aber wir wissen eben nicht, wie die Weitergabe der Neuerungen tatsächlich vor sich ging. Menschen müssen die Tiere übers Mittelmeer transportiert haben; Kontakt und Austausch könnte in den Küstengebieten stattgefunden haben. Und wir wissen leider auch zu wenig darüber, ob und wie die ersten Schafe und Ziegen die Wirtschaft im Küstengebiet beeinflußt haben.

Frühneolithisches Grab einer erwachsenen Frau; Abri von Unang, Vaucluse, südwestliches Frankreich.

Einen weiteren Nachweis dafür, daß die Menschen tatsächlich weite Strecken überwunden haben, und dies auch über das Meer hinweg, liefert der Obsidian. Es gab vier hauptsächliche Lagerstätten: auf Sardinien, auf Lipari, auf der zwischen Sizilien und Afrika gelegenen Insel Pantelleria und in Palmarola auf den Pontinischen Inseln westlich von Neapel. Auf Korsika findet man Obsidian aus Sardinien bereits recht früh, in Norditalien erst später. Obsidian aus Lipari und von den Pontinischen Inseln wurde in Mittel- und Süditalien gefunden. Wie der Obsidian zu den jeweiligen Fundorten gelangt ist, ob durch gelegentlichen Tausch, Handel oder direkte Aneignung, bleibt offen, außer Frage steht nur, daß Beziehungen über einigermaßen große Entfernungen hinweg bestanden haben.

Die Übernahme der Töpferei wird nicht nur in technischer und funktionaler Hinsicht von Bedeutung gewesen sein, sondern auch das gesellschaftliche Leben beeinflußt haben. Daß man überhaupt zerbrechliche Keramik verwendete, läßt darauf schließen, daß die Lagerplätze länger genutzt wurden; ein mobiles Siedlungsverhalten wird eher unwahrscheinlich. Vermutlich hatte diese Neuerung aber noch eine weitreichendere Bedeutung. Die Impressa-Keramik war in ihrem Verbreitungsgebiet, dem gesamten zentralen und westlichen Mittelmeerraum, sehr variantenreich. Im Norden und Westen überwogen etwa die Muschelabdrücke (sogenannte Cardial-Keramik). Gefäße könnten als Rangabzeichen oder als Zeichen einer lokalen Identität übernommen worden sein. Ganz allgemein könnten die Gründe für die Übernahme von Innovationen mit den lokalen gesellschaftlichen Bedingungen zusammenhängen, wozu auch Konkurrenz und Rivalität zwischen den Gruppen gehört haben werden. Der Besitz von Keramik könnte auch ein Zeichen dafür gewesen sein, daß man an einem weitgespannten Austausch von Vorstellungen und Produkten teilhatte.

Außerhalb Süditaliens gab es während dieser langen Phase allmählicher Veränderungen keine klaren Anzeichen für Unterschiede zwischen den Fundorten. Einzelne Gräber sind von Abris und aus Höhlen bekannt. Sie könnten Ansprüche auf bestimmte Gebiete oder Ressourcen angezeigt haben, scheinen aber noch keine eindeutigen Hinweise auf einen Ahnenkult darzustellen.

MITTEL- UND WESTEUROPA VON ETWA 5500 BIS NACH 5000 V. CHR.

DAS VORDRINGEN DER BAUERN IN DIE WALDGEBIETE Die neolithische Lebensweise hat in Mittel- und Westeuropa viel später als im Mittelmeerraum begonnen, sich dann jedoch viel schneller durchgesetzt. Ihre Ausbreitung über das pannonische Becken und die gesamte ungarische Tiefebene hinaus steht in Verbindung mit einer Kultur, die nach der Verzierung auf den Tongefäßen Bandkeramik-Kultur, die älteste Phase auch Linienbandkeramik-Kultur, genannt wird. Deren archäologische Spuren findet man von Nordungarn bis nach Nordfrankreich, in Südbelgien und den südlichen Niederlanden, in der Slowakei und Tschechien, im nördlichen Österreich, im mittleren und südlichen Polen sowie in Mittel- und Süddeutschland bis hinauf zum südlichen Rand der Norddeutschen Tiefebene (etwa bis auf die Höhe von Hannover). Nördlich der Karpaten bis in die Ukraine und nach Moldawien sind ebenfalls vielfältige Zeugnisse dieser Kultur zu finden, die an der Expansionsbewegung in die Steppenzonen hinein teilhatte. Die östliche Bandkeramik-Kultur soll jedoch an dieser Stelle nicht weiter behandelt werden.

Die Verbreitung sich wandelnder Formen von Bandkeramik weist darauf hin, daß die agrarischen Gemeinschaften in Phasen westwärts zogen: zunächst zur oberen Donau, zum Oberrhein und an den Neckar, dann nordwärts bis in die Gegend zwischen dem heutigen Hannover und Magdeburg; dann nach Westen und den Rhein hinunter in die südlichen Niederlande und schließlich nach Südbelgien; nach Nordfrankreich und ostwärts in die nordeuropäische Tiefebene bis nach Südpolen. Aus Radiokarbon-Datierungen hat man zunächst geschlossen, daß diese Ausbreitung extrem schnell vor sich gegangen sein muß; sorgfältiger ausgewählte Datierungsproben scheinen jedoch auf eine langsamere, gleichwohl noch zügig voranschreitende Expansion nach Westen hinzudeuten, die im späten 6. Jahrtausend v. Chr. begann.

Reste der ersten bäuerlichen Siedlungen in Mittel- und Westeuropa findet man vor allem am Rand von Flußtälern und in Regionen mit fruchtbaren Böden, vor allem in Lößgegenden. Es gibt Tausende von Fundplätzen, Einzelgehöfte und kleine Dörfer. Die Verbreitung dieser Fundplätze ist ungleichmäßig, jedoch lassen sich regionale

Gruppierungen feststellen. Die meisten Archäologen betrachten die Bandkeramik-Kultur als Ergebnis der sich vom Karpatenbecken her immer weiter ausbreitenden Landwirtschaft, wobei man jedoch über den Verlauf dieser Entwicklung kaum etwas weiß. Einige sehen die Verbreitung der Landwirtschaft über ganz Europa als ein im wesentlichen kontinuierliches, wenn auch nicht immer gleichmäßiges Vorschieben der Grenze mit jeder Generation. Möglicherweise hat es in den nördlichen Balkanländern im späten 7. und frühen 6. Jahrtausend v. Chr. eine Phase des Stillstands gegeben, und wir wissen kaum etwas über die Bedingungen, die im wahrscheinlichen Ursprungsgebiet der weiteren Ausbreitung zu einem Bevölkerungswachstum geführt haben. Noch weniger wissen wir, mit welcher Geschwindigkeit die Ausbreitung nach Nordserbien, Kroatien, Westrumänien und Südungarn vorangetrieben wurde. Einmal begonnen, könnte sich dieser Prozeß selbst aufrecht erhalten haben. Die Menschen könnten, gedrängt durch das starke Bevölkerungswachstum, zuvor weitgehend unbewohnte Territorien erschlossen haben. Was sie daran gehindert haben könnte, waren die Entfernungen und das unbekannte Neue. Theoretisch könnte die Bandkeramik-Kultur auch eine plötzliche oder zumindest schnelle, umfassende Veränderung ursprünglicher, mesolithischer Gemeinschaften an den Rändern der anfänglichen Verbreitung der agrarischen seßhaften Lebensweise der Balkanländer darstellen. Doch gibt es, was die Art

Die Verbreitung der Linienbandkeramik (LBK). Die gestrichelten Linien deuten die wichtigsten Ausbreitungsphasen an.

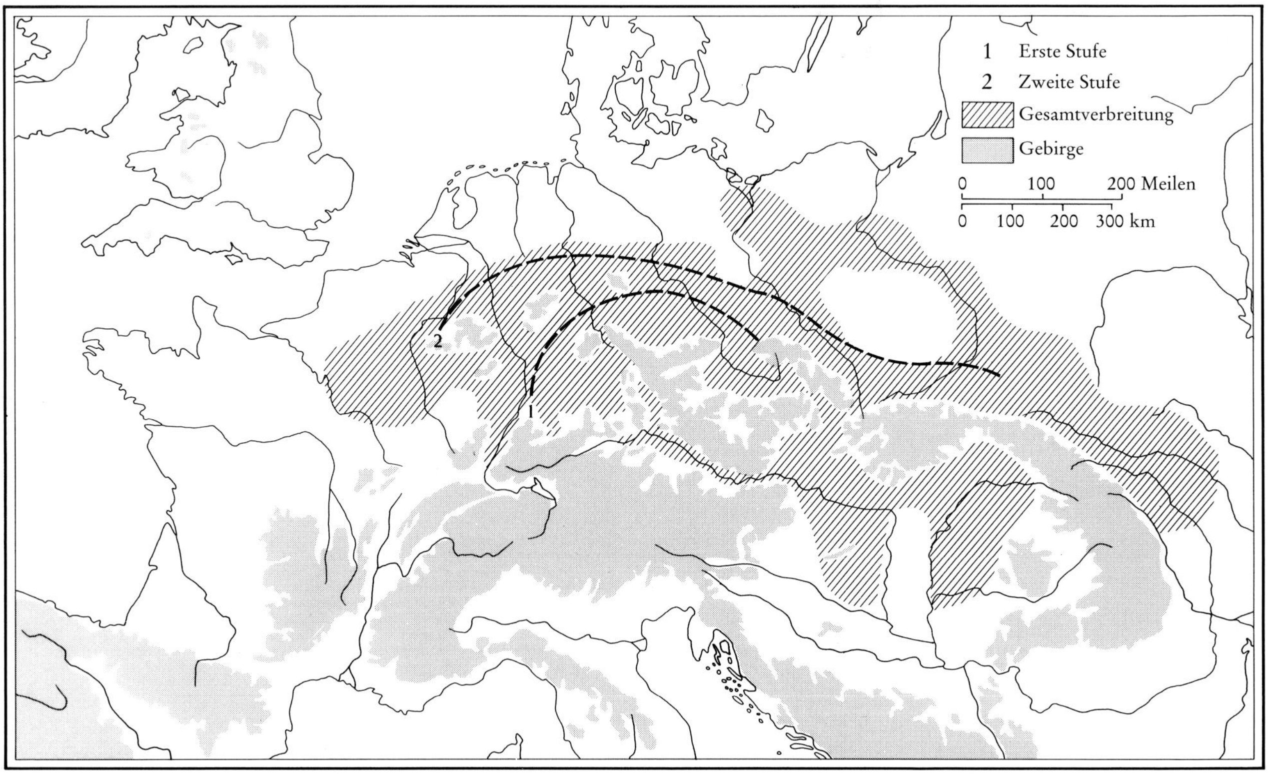

Ausgrabung einer Siedlung aus der frühesten Phase der Bandkeramik-Kultur in Schwanfeld, Kreis Schweinfurt, Unterfranken.

der Gebrauchsgegenstände, Hausbautechniken oder überhaupt die seßhafte Lebensweise betrifft, keine offensichtlichen einheimischen Vorläuferformen. Auch über die mesolithischen Bevölkerungen Mittel- und Westeuropas weiß man nur sehr wenig. Möglicherweise waren diese Landschaften gar nicht sehr dicht besiedelt: Sie waren dicht bewaldet, es gab dort noch nicht den späteren Artenreichtum in Pflanzen- und Tierwelt, und das machte die Jagd und das Sammeln von Nahrung schwierig. Ganz anders waren die Umweltbedingungen am Atlantik und in nördlicheren Küstengebieten Westeuropas. Diese waren auch im Mesolithikum dichter besiedelt. In Mittel- und Westeuropa jedenfalls muß man wohl davon ausgehen, daß es zwischen den ersten Bauern und den ursprünglichen Populationen zu losen Berührungen kam. Völkerkundliche Beobachtungen zeigen, daß seßhafte Bauern und Jäger und Sammler häufig Nahrungsmittel und Waren untereinander tauschten; in den südlichen Niederlanden und im Maintal gibt es entsprechend Hinweise darauf, daß neolithische Gruppen mesolithische Techniken der Feuersteinbearbeitung übernommen haben. Die Begegnungen müssen nicht immer freundlich gewesen sein. In Südbelgien vermutet man, daß der kleine, von Bauern besiedelte Weiler bei Darion (Hesbaye), direkt an der Grenze des Verbreitungsgebietes der Bandkeramik, von einem Graben umzogen war, der den Ort wohl gegen feindliche, dort ursprünglich lebende Sammler und Jäger schützen sollte. Bauern- und Jägerkulturen mit Gebietsansprüchen könnten im direkten Konkurrenzkampf um Nahrungsmittelressourcen gelebt haben.

EINZELGEHÖFTE, WEILER UND DÖRFER Die architektonische Grundeinheit einer Siedlung war in diesen Regionen Europas das rechteckige, in Ständerbauweise errichtete Langhaus; das benötigte Bauholz war in den umliegenden Wäldern vermutlich problemlos verfügbar. Ein Langhaus war zwischen 6 und 45 Metern lang – die meisten zwischen 15 und 30 Metern – und gewöhnlich 6 bis 7 Meter breit. Der Bau solcher Häuser wird für die kleineren Gruppen sicher eine besondere Herausforderung gewesen sein, auch wenn sie sich zu größeren Verbänden zusammengeschlossen hatten. Man nimmt an, daß diese Häuser eingeschossig gebaut und ständig bewohnt waren. Die fünf Pfostenreihen hätten allerdings auch durchaus mehrere Stockwerke tragen können. Möglicherweise waren Menschen und Vieh unter demselben Dach untergebracht. Gebäude, die an einem Ende eine größere Anzahl von Pfosten aufweisen, deuten darauf hin, daß Lebensmittelvorräte und andere Erzeugnisse offenbar in Speichern gelagert wurden. In den größeren Gebäuden weisen die Pfostensetzungen auf eine Dreiteilung des Innenraums hin. Die funktionale Deutung solcher unterteilten Räume ist meist schwierig, da die ehemaligen Oberflächen bzw. Fußböden in den Häusern aufgrund von Erosion und damit auch die entsprechenden Funde oft fehlen. Die Grundrisse sind normalerweise aber leicht zu rekonstruieren, weil die Pfosten tief ins Erdreich eingegraben waren. Die oberirdischen Bauteile sind allerdings fast immer erodiert. Funde und Siedlungsabfall sind darum nur selten *in situ* erhalten, und dies macht es schwierig, die Häuser hinsichtlich ihrer Nutzung miteinander zu vergleichen. Im südpolnischen Olszanica heben sich zwei Langhäuser von den anderen ab, weil in ihrem Umfeld auffällig viele geschliffene Steinwerkzeuge, Obsidian und importierte Keramik gefunden wurden. Eines der Häuser war sehr groß, das andere eher klein. In vielen Gebäuden hätte man Großfamilien unterbringen können, möglicherweise gab es aber auch Hausgemeinschaften, die nach anderen Gesichtspunkten, vielleicht nach Alter oder Geschlecht, organisiert waren. Die kleineren Gebäude könnten als Stallungen oder Werkstätten gedient haben. In den meisten Siedlungen sind die Häuser unterschiedlich groß. So sind die Häuser einer Besiedlungsphase von Elsloo in den südlichen Niederlanden immerhin zwischen 12,5 und 25 Meter lang. Man hat vorgeschlagen, daß die größten Gebäude auch als Gesellschafts- oder Versammlungshäuser, vielleicht sogar als Heiligtümer gedient haben könnten. Die gesellschaftliche Stellung, die Zahl der Verwandten und Freunde, die für den Hausbau herangezogen werden konnten, und die Dauer des Zusammenlebens von Hausgemeinschaften in einem bestimmten Gebiet könnten ebenfalls Faktoren darstellen, die die Größe der Häuser beeinflußt haben.

Die Lage der Langhäuser zueinander variierte. Da das Bauholz vermutlich nicht mehr als zwei oder drei Generationen stabil blieb, muß man die Häusergruppen oft als eine zeitliche Aufeinanderfolge von Bauwerken auffassen. Doch kennt man auch einige Siedlungen, die selbst dann, wenn man dies berücksichtigt, sehr groß sind. Bylany, in der Nähe von Kutná Hora in Ostböhmen ist dafür ein Beispiel; etwas kleinere Siedlungen sind Elsloo und Sittard in der Niederung der Maas in den südlichen Niederlanden. In

Luftaufnahme des Merzbachtals von Nordwesten. Die Pfeile deuten auf die Fundplätze der Bandkeramik-Kultur und anderer Fundstellen entlang des Tales. Das Ausmaß des Braunkohletagebaus ist deutlich zu erkennen; die überdeckende Erdschicht ist Löß.

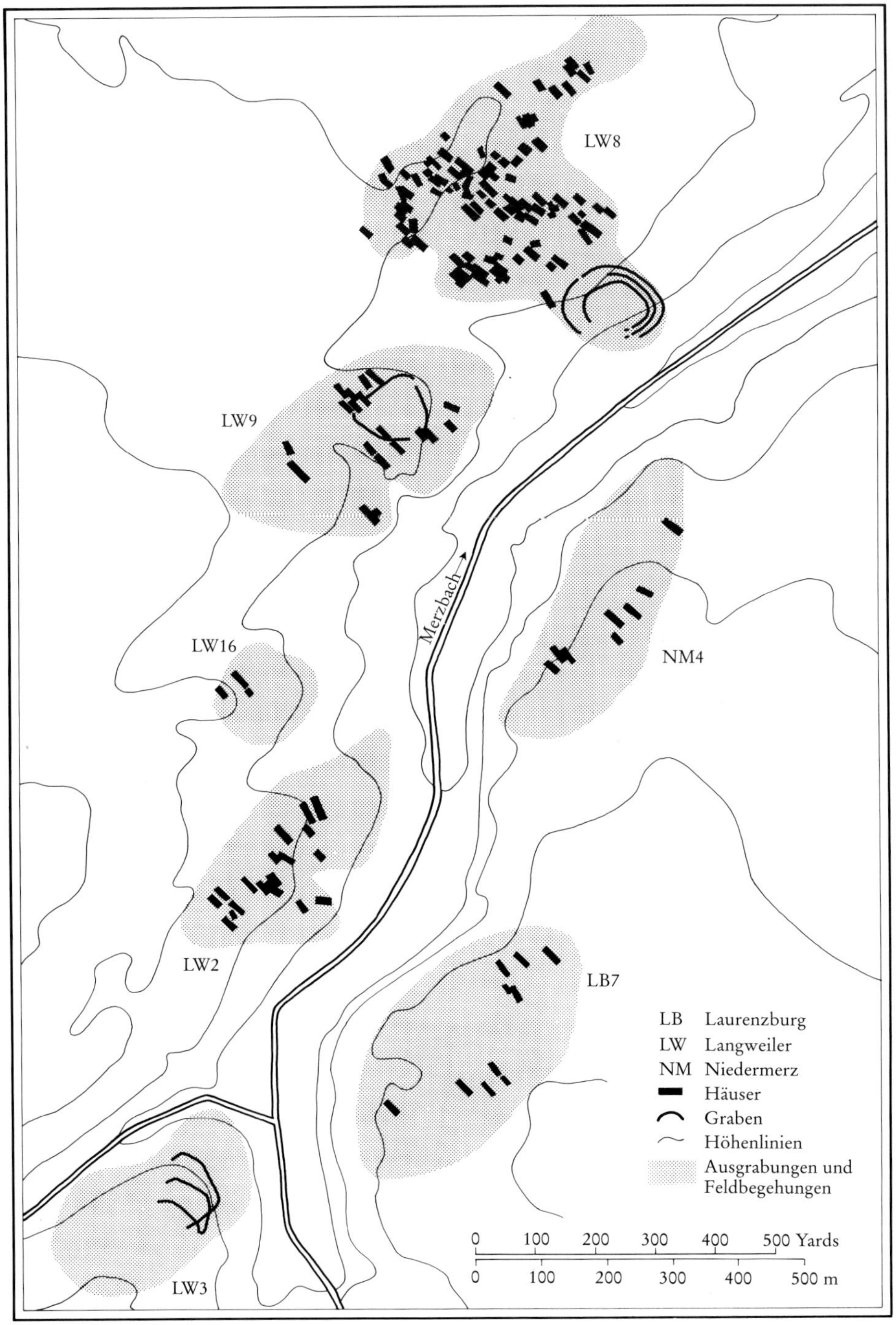

Die Verteilung der Häuser und der Kreisgrabenanlagen der Bandkeramiker im Merzbachtal. In jeder einzelnen Besiedlungsphase gab es natürlich weniger Häuser; Langweiler 8 war vielleicht ein bedeutendes Zentrum. In Niedermerz fand man ein Gräberfeld. Die Erdwerke tauchen erst spät in der Besiedlungsfolge auf.

Tassen, Schalen und Kümpfe der Bandkeramik-Kultur. Diese Gefäße stammen von Fundplätzen im Merzbachtal.

diesen Dörfern gibt es keine so deutlichen Hinweise auf Straßen oder Wege wie in einigen Tells auf dem Balkan, und die Häuser weisen auch keine einheitlichen Längen auf. Sie liegen einzeln, etwas verstreut, und obwohl sicherlich immer wieder einzelne Gebäude erneuert werden mußten, findet man vergleichsweise wenig Hausgrundrisse, die sich überschneiden. Dies weist zumindest auf eine irgendwie geregelte Raumordnung und -nutzung innerhalb des Dorfes hin. Kleinere Gebäudeansammlungen könnte man als Weiler ansehen; auch hier liegen die Häuser nicht dicht beieinander, und auch hier wurden sie immer wieder ersetzt. Solche Weiler sind Stein und Geleen in der Flußniederung der Maas. Wir wissen nicht immer, ob solche Siedlungen kontinuierlich bewohnt waren. Für Bylany werden fünf Hauptsiedlungsphasen vorgeschlagen, wobei während jeder Phase ein etwas anderes Gebiet bewohnt wurde. Einige Häusergruppen waren ganz oder teilweise von Palisaden umgeben; normalerweise waren die Siedlungen aber nicht befestigt.

Eine andere Siedlungsform stellen die einzeln stehenden Langhäuser, die Einzelgehöfte, dar. Sie sind vor allem durch Ausgrabungen im Vorfeld des Braunkohletagebaus in der Kölner Bucht belegt und erforscht. In den kleinen Tälern im Zuflußgebiet des Rheins wurden zahlreiche bandkeramische Häuser aufgedeckt. So etwa entlang des kleinen Merzbachs, wo man mehrere Ansammlungen locker verstreuter Häuser fand und sie nach dem naheliegenden Dorf Langweiler nannte. Jede dieser Ansammlungen konnte in kleinere Gruppen gleichzeitig bewohnter Häuser aufgelöst werden. Nur Langweiler 8 ist wahrscheinlich ein kleiner Weiler oder ein Dorf gewesen. Die anderen dagegen bilden kleine Ansiedlungen auf beiden Seiten entlang der Niederung, wo-

bei die Abstände zwischen den Einzelgehöften variieren: manchmal weniger als 50 Meter, manchmal mehr als 100 Meter. Auch waren die Häuser innerhalb dieser langgezogenen Siedlungen unterschiedlich groß. Ähnliche Siedlungsmuster könnte es in vielen anderen Gebieten gegeben haben; allerdings sind noch zu wenige Ausgrabungen durchgeführt worden, so daß dies bis jetzt nicht nachweisbar ist.

GRÄBERFELDER Besonders in den westlichen Siedlungsgebieten fand man neben einigen Siedlungen kleine Gräberfelder mit Einzelbestattungen, so etwa die Gräber von Männern und Frauen und auch einzelne Kindergräber in Wittmar bei Braunschweig. Die Toten wurden gewöhnlich in seitlicher Hockerlage in einfache Erdgruben gelegt. In einigen Gräbern fand man Keramik, Steinwerkzeuge und einfachen Schmuck als Grabbeigaben. Die Gräber waren hier mit einigen Metern Abstand voneinander ungefähr in einer Reihe angeordnet und ähnlich orientiert. Daraus läßt sich schließen, daß die Gräber oberirdisch gekennzeichnet waren, daß zumindest ihre Lage bekannt gewesen sein muß. Bisher wurde nur ein einziges Gräberfeld entdeckt, das zu den Siedlungen von Langweiler gehört; offenbar haben die vielen Einzelgehöfte einen zentralen oder gemeinsamen Begräbnisplatz benutzt. Hier können allerdings nicht alle Verstorbenen in und um Langweiler beerdigt worden sein, denn er ist relativ klein. Ein Begräbnis auf diesem Friedhof war daher vielleicht nur bestimmten Mitgliedern der Gemeinschaft vorbehalten.

Charakteristisch für die Verbreitung dieser landwirtschaftlichen Gemeinschaften sind Siedlungskonzentrationen, die man als sogenannte Siedlungskammern bezeichnet. Dieser Befund hat möglicherweise mit der Geschwindigkeit zu tun, mit der diese Siedlungen in den Landschaften Mittel- und Westeuropas expandierten. Vermutlich konnte man sich den Ort für eine Siedlung mehr oder weniger frei wählen, und gewöhnlich suchte man Flußniederungen und Gebiete mit fruchtbaren Böden, um sich niederzulassen. Dennoch könnte auch die ungewohnte Umgebung und die Weite der Landschaft die Gemeinschaften und Haushalte dazu gebracht haben, die Risiken zu meiden und Arbeiten wie Waldrodung gemeinsam zu verrichten bzw. die Entfernungen zu Verwandten und Nachbarn innerhalb des von ihnen gewählten Siedlungsgebietes gering zu halten.

ACKERBAUERN UND VIEHZÜCHTER Die Ansiedlung auf gut bewässerten und sehr fruchtbaren Böden eröffnete den Menschen die guten Möglichkeiten, auf bereits gerodeten oder bewaldeten Flächen Getreide – Weizen und Gerste – sowie Hülsenfrüchte anzubauen bzw. die Haustiere, vor allem Rinder, weiden zu lassen. Leider wissen wir noch zu wenig über die Praxis dieser Wirtschaftsform, teilweise weil entsprechende Funde und Befunde noch fehlen, teilweise auch wegen der starken Erosion und der gegenwärtig zunehmenden Versauerung der Lößböden, in denen Knochenreste oft

Luftaufnahme von den Ausgrabungen an einer Kreisgrabenanlage mit Palisaden aus der Lengyel-Kultur in Svodín, südliche Slowakei. Die Anlage hat vier Eingänge. Der westliche Eingangsbereich, der hier zu sehen ist, zeigt zwei Bauphasen; der ersten Phase gehören die beiden Palisadenreihen und der Graben im Vordergrund an.

nur sehr schlecht erhalten sind. Noch können wir nicht sicher sagen, ob Getreide und Hülsenfrüchte über lange Zeiträume hinweg immer auf den gleichen Feldern angebaut wurden oder ob es auf den gerodeten Waldflächen eine Rotation von Anbau und Brache gab. Auch hinsichtlich des Verhältnisses zwischen Ackerbau und Viehzucht sowie der Nutzung von Wild und domestizierten Tieren herrscht noch Unklarheit. Ein Denkmodell geht von einem relativ intensiven Getreideanbau auf kleinen Feldern oder in Gärten aus, die sich in Siedlungsnähe auf gerodeten oder teilweise gerodeten Flächen befanden. Tiere könnten weiter von der Siedlung entfernt gehütet worden sein, vielleicht liefen sie aber auch frei im Wald herum. Möglicherweise sind Tiere bereits auch zum Bearbeiten der Felder eingesetzt worden; vielleicht dienten sie aber auch nur der Gewinnung von Fleisch, Milch und Häuten oder als ein Zeichen von Besitz und Reichtum. Dieses Denkmodell würde die Wahl von Lößböden und das beschriebene Siedlungsmuster erklären. Daneben wurde noch gejagt, einerseits weil man Rehe und andere Tiere von den Äckern und Gärten fernhalten mußte, andererseits zur Ergänzung der vorhandenen Fleischressourcen. Es könnte aber auch sein, daß in den damaligen Wäldern kaum noch Rehe und anderes Jagdwild lebten. Eine solche Wirtschaftsform könnte von Knappheit, gelegentlich sogar von bedrohlichen Ausfällen der Nahrungsquellen bestimmt gewesen sein. Dennoch wurde sie über Jahrhunderte hinweg beibehalten, und darum muß sie als einigermaßen erfolgreich betrachtet werden: als geeignetes Mittel, den vorher unbesiedelten Raum der Wälder in der gemäßigten Zone zu nutzen. Die Risiken ließen sich offenbar einschränken, indem man den Ort der Ansiedlung sorgfältig auswählte, die Distanz zu anderen Siedlungsstätten relativ klein hielt und eine ganze Reihe unterschiedlicher Nahrungsmittelressourcen ausnutzte. Neu war der Anbau von Getreide; die Haltung von Tieren war bereits lange vorher bekannt.

HANDWERK UND GESELLSCHAFT Die Bandkeramik ist gekennzeichnet durch eine Reihe von Schüsseln und Schalen, die auf vielfältige Weise mit Abdrücken und Einritzungen verziert, jedoch nicht bemalt wurden; dies geschah nur weiter im Osten und Süden. UnterschiedlicheVerbreitungsmuster der Keramiktypen geben über die Entwicklung und vielleicht auch ein wenig über das Wesen dieser Kultur Aufschluß. Mit den ältesten bandkeramischen Gefäßen läßt sich, wie bereits erwähnt, der Ausbreitungsprozeß nach Westen und Norden aufzeigen. Die Bandkeramik aus einer mittleren Phase ist über weite Entfernungen hinweg sehr ähnlich, und erst später zeigen sich deutlich regionale Ausprägungen. Keramik ähnlicher Mach- und Verzierungsart könnte zunächst auch ein Mittel gewesen sein, um Freundschaft und Zusammengehörigkeit zwischen weit verstreuten Gemeinschaften zu signalisieren. Später dann, als die Besiedlung dichter geworden war, wurde sie vielleicht dazu benutzt, sehr viel engere Grenzen der Identität und Zugehörigkeit zu ziehen. Verschiedene Typen geschliffener Steinbeile und Äxte wurden benutzt – einige davon vermutlich zur Rodung und Holzbearbeitung, andere als Waffen, wieder andere möglicherweise auch als Hacken für den Ackerbau. In vielen Fällen diente Amphibolit, ein feinkörniges Gestein, als Rohmaterial. Amphibolit-Lagerstätten sind unbekannt, können aber durchaus irgendwo in Mitteleuropa gelegen haben. Möglicherweise sind die in den Flußniederungen von Rhein und Maas benutzten Geräte aus Amphibolit über Hunderte von Kilometern hinweg dorthin transportiert worden. Ob Handel oder Austausch von Geschenken, diese Bewegungen über beachtliche Distanzen hinweg verweisen wohl auf Transaktionen, die für die Gemeinschaft sehr bedeutsam waren und durch die möglicherweise nicht nur eine Aura des Fremden erlebbar wurde, sondern auch Freundschaften und Bündnisse zwischen weit entfernten Gemeinschaften zustande kamen. Die Tatsache, daß Keramik und Steinwerkzeuge regelmäßig zu den Grabbeigaben von Männern und Frauen gehörten, läßt darauf schließen, daß Artefakte zusätzlich zur rein funktionellen auch eine soziale Bedeutung hatten. Zu Lebzeiten gehörte beides zum Alltag: Die Keramik wurde im Haus gebraucht und die Erwachsenen trugen geschäftete Steinwerkzeuge mit sich – so könnten beide über ihre unmittelbare Funktion hinaus im Laufe der Zeit zu mächtigen Symbolen geworden sein.

Man hat, von der Größe der Häuser und den Grabbeigaben ausgehend, auf eine soziale Differenzierung in der bandkeramischen Gesellschaft geschlossen. Aber die Ergebnisse solcher Analysen sind mit Unsicherheit behaftet. Zwar wichen die Häuser, wie wir gesehen haben, in ihrer Größe tatsächlich stark voneinander ab, doch das kann die unterschiedlichsten Gründe gehabt haben. In einigen Gräberfeldern hat man älteren Erwachsenen mehr und vielfältigere Beigaben ins Grab gelegt als jüngeren Menschen, aber das gilt nicht überall, so daß auch die Bestattungsrituale nicht eindeutig auf soziale Differenzierungen hinweisen. Die Möglichkeiten, soziale Differenzierungen aufzubauen, könnten fließend und gegensätzlich gewesen sein. Einerseits hatten die einzelnen Haushalte, die ja alle räumlich von den unmittelbaren Nachbarn getrennt lebten und wirtschafteten, durchaus die Möglichkeit, ihre landwirtschaftliche Produktion zu intensivieren. Wenn es so etwas gegeben hat, könnte es zwischen einzelnen Gemeinschaften oder zwischen Siedlungsgebieten zum Wettbewerb gekommen sein, in dessen Verlauf sich einige vergrößerten und beständiger wurden als andere. Andererseits stehen aber die Bedingungen von Landnahme und Besiedlung einer Konsolidierung von sozialen Unterschieden entgegen. Denn mit der Verfügbarkeit von Siedlungsraum konnten einzelne Siedlungen im Fall innerer Spannungen einfach auseinanderbrechen und sich neu formieren – eine mögliche Erklärung dafür, daß nur relativ wenige Siedlungen kontinuierlich während der Gesamtdauer der Bandkeramik-Kultur bewohnt waren. Das Streben nach Zusammenarbeit und Zusammengehörigkeit, das vielleicht in der Ausgangsphase der Urbarmachung von Waldgebieten entstanden ist, könnte auch dafür gesorgt haben, daß es zwischen einzelnen Haushalten oder Gemeinschaften gar nicht erst zu offen ausgetragener Konkurrenz gekommen ist.

KONTINUITÄT UND ENTWICKLUNG BIS ZUM 5. JAHRTAUSEND V. CHR. In vielerlei Hinsicht war das Leben bis zum Beginn des 5. Jahrtausends v. Chr. von einer bemerkenswerten Kontinuität. Die Bauweise der Häuser, die Form der Siedlungen und die Wirtschaftsweisen veränderten sich nur wenig. Neu sind aber Kreisgrabenanlagen (Erdwerke) in den Siedlungsgebieten. Manche von ihnen entstammen möglicherweise bereits der frühen Bandkeramik-Kultur, die meisten jedoch erst gegen Ende dieser Zeit oder noch später. Tief, aber meist nicht sehr breit, im Querschnitt V-förmig angelegt, umschlossen diese Gräben als einfacher Kreis oder mit mehreren konzentrischen Kreisen jeweils einige Hundert Quadratmeter Fläche. Zu diesen Gräben gehörten vermutlich auch Erdwälle. Ein Beispiel für einen solchen Befund ist die aus drei Kreisen bestehende Anlage von Langweiler 8. In Gegenden mit Lößböden hätten sich die Gräben wahrscheinlich schnell mit Schlamm gefüllt. Viele dieser Kreisgräben befinden sich in der Nähe von Langhäusern; dennoch haben sie offenbar keine Gebäude umschlossen, auch wenn einige Beispiele dafür bekannt sind, daß zeitweise bewohnte Häuser von Gräben umschlossen waren: etwa im zuvor erwähnten Darion oder in Schöningen-Esbeck bei Braunschweig. Letztere Anlage hat vielleicht der Verteidigung gedient, zumindest aber waren beide mehr in sich abgeschlossen als frühere Ansiedlungen. Die übrigen neolithischen Erdwerke haben vermutlich anderen Zwecken gedient. Wenn sie Weideflächen umfriedeten, dann würde dies auf größere Herden hinweisen. Es könnten an solchen Orten aber auch Versammlungen oder Zeremonien stattgefunden haben, dann würden sie auf eine Zersplitterung des normalerweise allen Bewohnern frei zugänglichen Siedlungsgebiets hinweisen, die es vorher nicht gegeben hat. Wenn das nicht mehr so war, dann haben sich die rituellen Praktiken weiter intensiviert. Diese Deutung läßt sich durch die Erdwerke der frühen Lengyel-Kultur stützen, die in Mähren, der Slowakei, im östlichen Österreich und im nördlichen Ungarn die Bandkeramik-Kultur ablöste. So wurde etwa in Kyjovice im südlichen Mähren ein breiter, kreisförmiger Graben mit einem Durchmesser von 55 bis 60 Metern entdeckt; er wird von vier gegenüberliegenden Eingängen unterbrochen und von einer innenliegenden Doppelreihe von Palisaden zusätzlich verstärkt. Spuren von Häusern sind nur außerhalb der Anlagen gefunden worden; aus dem Graben stammen auch viele zerbrochene Tonfiguren. Diese Anlage könnte, wie einige andere Erdwerke aus der frühen Lengyel-Periode auch, für ein größeres Siedlungsgebiet der zentrale Schauplatz ritueller Zeremonien gewesen sein. Man könnte sich vorstellen, daß in dieser Zeit einige der rituellen Praktiken aus individuellen Zusammenhängen herausgenommen und an andere Orte verlegt, an andere Verantwortliche übertragen wurden. Möglicherweise haben besonders bedeutsame Siedlungen oder Gruppen deren Durchführung übernommen. Noch aufwendiger ist die Anlage von Svodín in der Südslowakei. Auch hier befinden sich die Häuser außerhalb einer Umgrenzung, die zunächst aus einem Graben mit zwei inneren Palisaden bestand, dann aber umgebaut und mit zwei äußeren Gräben und drei Palisaden versehen wurde; möglicherweise war diese Anlage auch eine Kombination von Befestigungsanlage und einem besonders aufwendig gestalteten Kultort. Die räumliche Konzentration von Siedlungen und ein sich entwickelnder Kult wurde bereits in den benachbarten Gebieten der zeitgleichen Tisza-Kultur festgestellt.

Einige Untersuchungen, etwa in Südpolen, haben gezeigt, daß es in der Nachfolge der Bandkeramik-Kultur zu einer schrittweisen Ausbreitung der Besiedlung aus den Flußtälern heraus kam. Weiter im Westen sind die archäologischen Befunde widersprüchlicher. Auf Lößböden wurden in manchen Gegenden geringfügig weniger Siedlungen gefunden, und auch Teile der nordeuropäischen Tiefebene wurden besiedelt; zusätzlich zeigen bandkeramische Funde und Befunde, die in der Tiefebene nördlich des Lößgebietes gefunden wurden, daß es zumindest zu häufigeren Kontakten mit den dort lebenden Jägern und Sammlern gekommen ist. Sehr wahrscheinlich wird sich hier in der Folge auch die Viehhaltung ausgebreitet haben. Das Gebiet mit einer seßhaften und agrarisch wirtschaftenden Bevölkerung vergrößerte sich also langsam, aber in einigen bereits besiedelten Gebieten erhöhte sich die Zahl der bekannten Fundstellen nicht erheblich. Mehrere kürzlich entdeckte Fundplätze der Rössener Kultur wie Inden bei Langweiler unterscheiden sich von denen der Bandkeramik-Kultur deutlich. Es gab Langhäuser, die einen eher trapezförmigen als rechteckigen Grundriß hatten; einige von ihnen sind auch bedeutend größer. Die Häuser stehen dichter beieinander, die Siedlung ist zudem durch Palisaden befestigt. Wir wissen nicht, was diese Bemühungen zur Abgrenzung und diese dichte Bebauung verursacht hat, aber man kann vermuten, daß sich hier die größere Bevölkerungsdichte widerspiegelt, daß es überhaupt enger wurde und darum feindseliger zuging als in den Epochen zuvor. Daß es in den späten Phasen der Bandkeramik-Kultur regionale Keramiktypen gab, wurde bereits erwähnt. Ein letztes Beispiel für eine bandkeramische Landnahme liefern die westlichen Randgebiete. Die neolithischen Siedlungen in den Flußniederungen von Nordfrankreich sind überhaupt erst gegen Ende der Bandkeramik-Periode angelegt worden; besonders die Siedlungen im Tal der Aisne sind genauer erforscht. Und auch hier scheint sich dieser Trend zu Veränderung und Ausbreitung zu bestätigen. Vom 5. Jahrtausend v. Chr. an sind mehr Fundplätze am Rand der Normandie und der Bretagne sowie am Unterlauf der Seine und an der mittleren Loire bekannt. Dadurch wurde den bäuerlichen Gemeinschaften der Kontakt mit den Sammlern und Jägern der Atlantikküste möglich, was nicht ohne Folgen geblieben ist.

EINE NEUE WELT

Die ersten Bauern konfrontieren uns mit einer Reihe von Gegensätzen. Weder die Ausdehnung einer von Ackerbau bestimmten Lebensweise noch die darauffolgenden Entwicklungen waren einheitlich. Griechenland und die Balkanländer sind vermutlich nur langsam von Süden nach Norden kolonisiert worden, während die Landnahme in Mittel- und Westeuropa zwar in Schüben, aber viel schneller vor sich ging. Im Mittelmeergebiet könnte sich die Kolonisierung Süditaliens und Siziliens über das Meer hinweg vollzogen haben, ähnlich wie bei den weiter östlich gelegenen Inseln Kreta und Zypern. Im weiter westlich gelegenen Mittelmeerraum verbreitete sich die neolithische Lebensart auf andere Weise und langsamer. Einheimische Jäger und Sammler bestimmten selbst, welche Neuerungen, welche Techniken übernommen wurden und welche nicht. Die Entwicklung Südosteuropas zog sich über einen Zeitraum von fast zweitausend Jahren hin, und in dieser Zeit kam es zu beträchtlichen Veränderungen; dagegen waren während der hier dargestellten, sehr viel kürzeren Entwicklungsphase in Mittel- und Westeuropa die Veränderungen zwar groß, doch nicht so umfassend. In großen Teilen des zentralen und des westlichen Mittelmeerraumes dauerte es dagegen bis zum Beginn des 5. Jahrtausend v. Chr., bis die neolithischen Neuerungen vollständig angenommen worden waren.

Trotz solcher regionalen Unterschiede hatte sich die Landkarte Europas um 5000 v. Chr. völlig verändert. Das lag nicht nur daran, daß Einwanderer hinzukamen, sondern auch an der unwiderruflichen Veränderung der geographischen und der sozialen Gegebenheiten. Vollbracht wurde dies sowohl von der heimischen Bevölkerung als auch von einwandernden Gruppen. Neue, von außen nach Europa gelangte Ressourcen, die Veränderung der Landschaft durch Rodung und Kultivierung, dauerhafte Siedlungen bzw. Siedlungsgebiete, wobei die Menschen einen wachsenden Sinn für Raum und Umwelt entwickelten, eine breitgefächerte materielle Kultur, in der komplexe Bedeutungen zum Ausdruck gebracht werden konnten, vielgestaltige mythische Vorstellungen und vielleicht ein ausgeprägteres Gefühl für Zeit, und dazu die Anfänge des Ahnenkults sowie differenziertere gesellschaftliche Beziehungen – all dies trug auf unterschiedliche Weise zu einer neuen Lebensauffassung bei. Trotz aller Schwierigkeiten, vor die uns das archäologische Fund- und Befundmaterial im einzelnen stellen kann, vollzog sich zu dieser Zeit eine der wichtigsten Veränderungen in der Geschichte Europas.

5

DAS JUNGNEOLITHIKUM UND DIE KUPFERZEIT 4500–2500 V. CHR.

Andrew Sherratt

EINE NEUE VIELFALT IN EUROPA

Die ersten Gruppen, die sich mit ihrer bäuerlichen Wirtschaftsweise in der Zeit von 6000 bis 4500 v. Chr. in Europa etabliert hatten, besiedelten nur einen sehr kleinen Teil des europäischen Kontinents. Die in Europa damals unbekannten Getreidepflanzen, die sie mitbrachten, und die neuen Dorfgemeinschaften, in denen sie lebten, ließen sie in einem Kontinent, der noch hauptsächlich von Jägern und Sammlern bewohnt war, lange Zeit als Fremdlinge erscheinen. Während der nächsten 2000 Jahre haben die einheimischen Populationen jedoch immer mehr die bäuerliche Wirtschaftsweise übernommen, und der Gegensatz begann sich aufzulösen. Damit konnten sich nun aus der Verschmelzung zwischen Einheimischen und Neuankömmlingen eine Reihe regionaler Kulturen entwickeln. Erst mit diesen Kulturen kam es zu einer allgemeinen Ausbreitung der Landwirtschaft, während die Lebensweise der Sammler und Jäger schließlich so gut wie verschwunden war. Dieser Prozeß verlief nicht überall nach dem gleichen Muster, ganz im Gegenteil. Zwar bedingte er die Entwicklung von großen Regionen mit ähnlichen kulturellen Phänomenen, etwa die Megalithbauten entlang der atlantischen Küste oder die Grabhügel (Tumuli) in den Steppen Osteuropas, doch zeigte jede Region auch eigene spezifische Charakteristika. Tatsächlich war die regionale Differenzierung ein wesentliches Ergebnis der Vermischung der bäuerlichen und der einheimischen Populationen: von Kontext zu Kontext und von Ort zu Ort entwickelten sich jeweils besondere Lebensweisen. In keiner der vorangegangenen Periode der Urgeschichte hat es eine derartige Vielfalt von Kulturen in Europa gegeben, obwohl sie gesellschaftlich betrachtet vermutlich lediglich Stammesverbände oder Häuptlingstümer darstellten. Die neue und wachsende Vielfältigkeit bot zum einen Möglichkeiten zu neuen Kontakten und zum Austausch, zum anderen sorgte sie für ein ausgeprägteres Selbstbewußtsein von Gruppen und Individuen, was archäologisch durch eine ganze Reihe bis dahin unbekannter Monumente und Artefakttypen offensichtlich wird.

Bis etwa 3500 v. Chr. verlief diese Entwicklung weitgehend unabhängig von Prozessen, die in den Ursprungsgebieten von Ackerbau und Viehzucht abliefen. Bevölkerungswachstum, Kontakte zwischen einheimischen und agrarisch wirtschaftenden

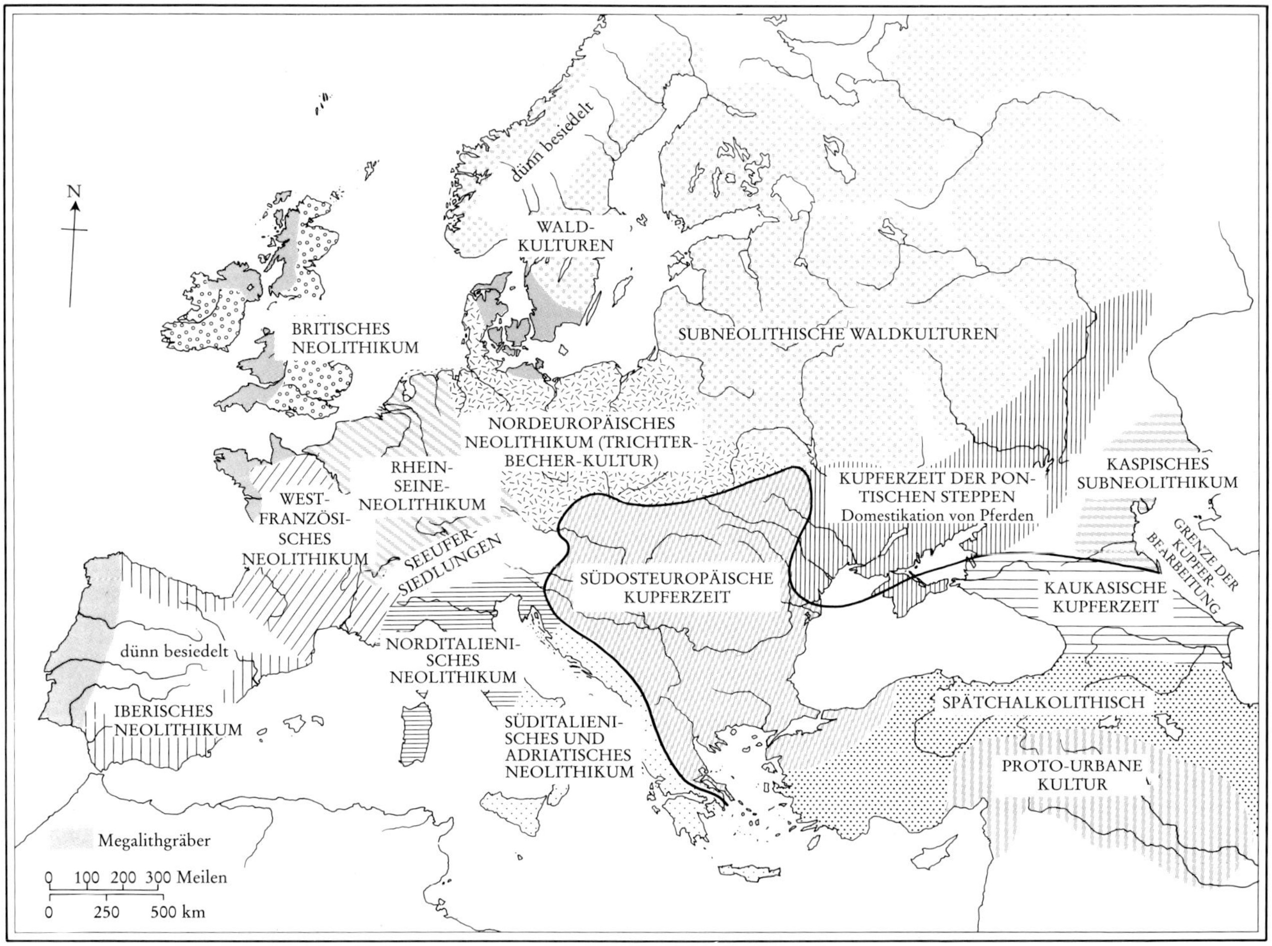

Europa im Jungneolithikum und in der frühen Kupferzeit, 4500–3500 v. Chr. Die Verarbeitung von Kupfer beschränkte sich weitgehend auf Südosteuropa, wobei es gelegentliche Importe nach Nordeuropa und in die Pontischen Steppen gab, wo die Domestikation von Pferden einsetzte. Der Bau von Megalithbauten begann in vier verschiedenen Regionen West- und Nordeuropas, wo neolithische und einheimische (mesolithische) Gruppen miteinander in Berührung kamen.

Gruppen, schließlich die Waldrodungen und damit die allmähliche Umwandlung der Landschaften in der gemäßigten Zone, all das veränderte nach und nach auch die Lebensbedingungen in Europa. Vor allem in den offeneren Landschaften Osteuropas bot die Viehhaltung neue ökonomische Möglichkeiten. Im Vorderen Orient sind mit Bewässerungsmethoden und durch den Einsatz des Pfluges die Voraussetzungen für die ersten städtischen Gesellschaften entstanden (Mesopotamien); in Europa jedoch war von derartigen Entwicklungen noch nichts zu spüren. Nachdem sich die Landwirtschaft auf dem Kontinent verbreitet hatte, fanden für einige tausend Jahre keine weiteren Neuerungen aus dem Vorderen Orient den Weg nach Europa. Hier entwickelten sich statt dessen auf der Grundlage der neolithischen Handwerkskunst eigene Traditionen: im Hausbau, der Weberei und dem Töpfern. In Waldgebieten dominierte die Holzbauweise; die Dörfer bestanden meist aus freistehenden, rechteckigen Häusern,

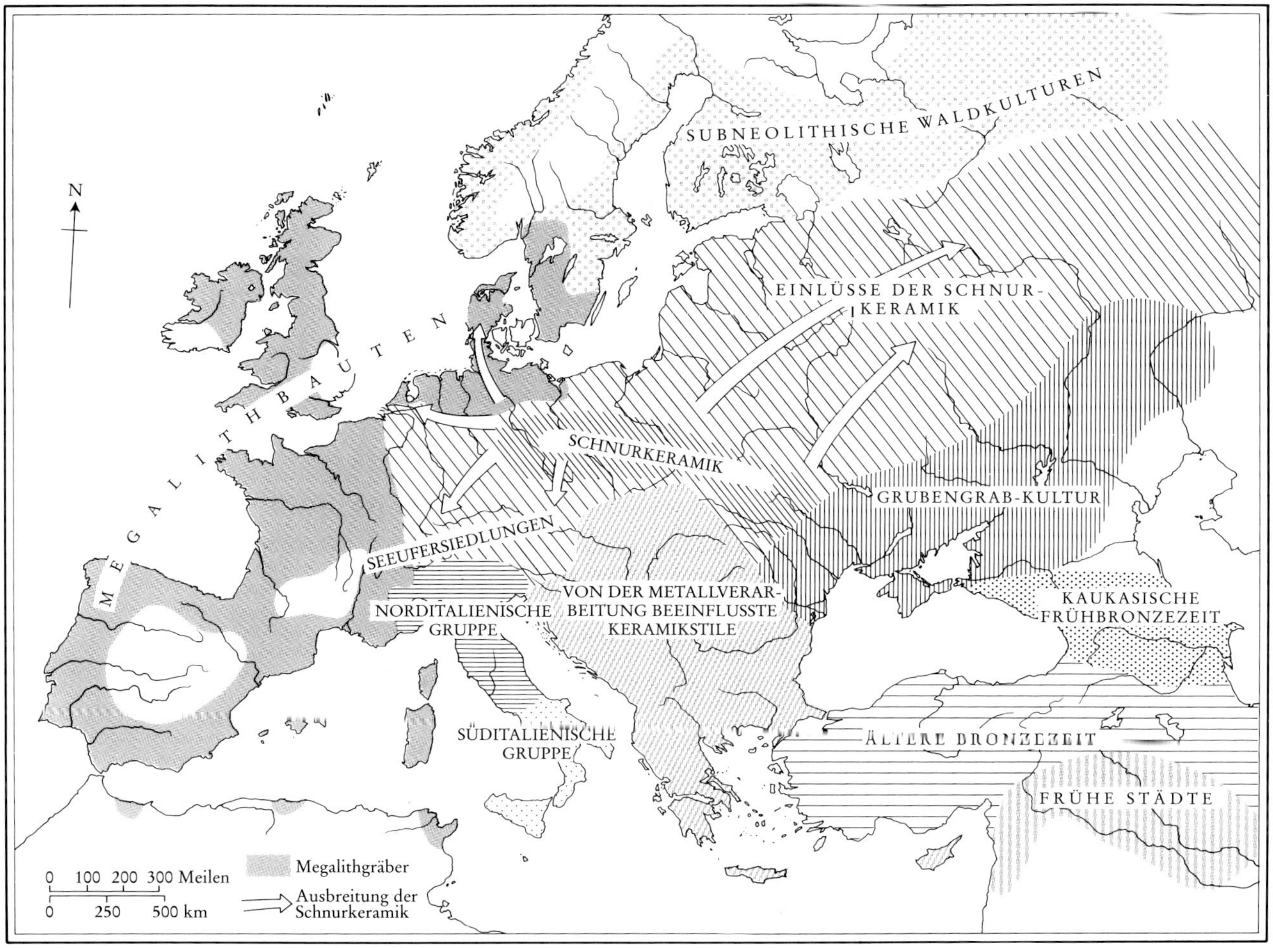

Europa im Jungneolithikum, in der späten Kupferzeit und in der älteren Bronzezeit der Ägäis, 3500–2500 v. Chr. Die Randgebiete Europas verwendeten weiterhin Stein, während sich in Mitteleuropa die Kupferverarbeitung ausbreitete und im Vorderen Orient und den umliegenden Regionen, wo sich städtische Lebensweisen zu entwickeln begannen, bereits Bronze in Gebrauch kam. Im Westen waren Megalithbauten weit verbreitet, während sich in den Steppen und in Mitteleuropa mobilere Lebensweisen herausbildeten und damit die umliegenden Regionen beeinflußten.

ganz selten nur findet man in Europa die Lehmziegelbauten, die für den Vorderen Orient typisch waren. Auch mit Stein wurde in Europa gebaut, sowohl Wohnbauten – vor allem im Mittelmeerraum – als auch Gräber und große Kultbauten aus Megalithblöcken. Die Produktion von Geweben entwickelte sich auf der Basis von Leinen und anderen pflanzlichen Fasern, da die europäischen Schafe im Neolithikum noch keine Wolle trugen; die Weberei wurde vervollkommnet. Gewebt wurde an einem aufrecht stehenden Rahmen, die Kettfäden waren mit Gewichten beschwert. Es dauerte jedoch noch einige Zeit, bis die gewebte Kleidung auch in den Randgebieten Europas die Pelze und Felle verdrängt hatte. Auch bei der Keramik gab es hinsichtlich der Machart und Verzierung große regionale Unterschiede; während in Südosteuropa sehr kunstvoll bemalte, oft auch mit textilen Mustern verzierte Keramik hergestellt wurde, dominierte in vielen anderen Regionen eher eine grobe Gebrauchskeramik.

Die Erfahrungen, die die Töpfer in der Umformung natürlicher Materialien durch Hitze gewonnen haben, stehen hinter der großen Neuerung, welche diese Periode in den Augen der Archäologen so hervorhebt: dem Beginn der Metallverarbeitung. Zwei Metalle, Kupfer und Gold, kamen zu dieser Zeit in Verwendung. Kupfer wurde durch das Schmelzen der reichen, chemisch einfach aufgebauten Erze gewonnen, die in Teilen Südosteuropas in recht großer Zahl vorkommen; ebenfalls im Südosten wurde Gold aus den Flußsedimenten gewaschen. Beide Metalle wurden zu einfachen Formen gegossen oder gehämmert, wobei diese Formen meist von den Steinartefakten übernommen wurden. Zunächst waren die neuen Techniken auf den südosteuropäischen Raum beschränkt; dort wurden sie auch weiterentwickelt, ohne jedoch den Entwicklungsstand der Techniken des Vorderen Orients – Legieren oder komplizierte Gußtechniken – zu erreichen. Wahrscheinlich entwickelte sich die Metallverarbeitung in den beiden Gebieten völlig unabhängig voneinander, auf der Grundlage ähnlicher handwerklicher Kenntnisse und mit den gleichen zur Verfügung stehenden einfachen oxidischen Erzen. Die Funktion der Artefakte aus Metall war zunächst eher symbolischer als praktischer Art. Metall wurde zum begehrten Statussymbol, das oft über große Entfernungen hinweg gehandelt wurde, doch es führte zunächst nicht zu revolutionären Veränderungen in anderen Lebensbereichen, wie bei den Techniken der Waldrodung, der Holzverarbeitung oder auch der Bewaffnung. Kupfergegenstände waren, wie die aus Gold, zunächst nur Schaustücke.

Daneben gab es die unterschiedlichsten hochwertigen Gesteinsarten, die eine ähnliche Rolle wie das Kupfer spielten, wobei hier jedoch eher praktische Zwecke im Vordergrund standen. Obsidian- und Feuersteinklingen waren überall begehrt. Auch Steinäxte waren im Neolithikum und in der Kupferzeit ein wichtiges Wirtschaftsgut. Lagerstätten mit guten Gesteinsarten wurden ausgebeutet, die so gewonnenen Rohstoffe in unterschiedlichem Bearbeitungszustand verhandelt. Aber auch hier ging es hauptsächlich um die optische Wirkung, vor allem in den Teilen Westeuropas, in denen sich die Metallverarbeitung noch nicht durchgesetzt hatte: Besonders sorgfältig gefertigte Äxte aus Jadeit hatten kaum einen praktischen Wert und müssen daher als Schau- und Schmuckstücke betrachtet werden, genau wie die Armbänder aus wertvollen Gesteinen oder aus importierten *Spondylus*-Muscheln. Objekte dieser Art wurden in der Folge mehr und mehr aus Kupfer gefertigt, wobei sich die Gesellschaften der »Kupferzeit« in materieller Hinsicht nicht wesentlich von ihren »neolithischen« Vorfahren unterschieden. Der Unterschied lag weniger in der technischen Entwicklung als im Verhalten der Menschen: Immer häufiger finden sich Prestigeobjekte als Grabbeigaben, und dies ist vielleicht eine ausgeprägtere Form rivalisierenden Zurschaustellens, da die alte Dorfgemeinschaft mit dem Entstehen von Splittergruppen mehr und mehr an Zusammenhang verlor und die zunehmende Diversifizierung neue Rollen und gesellschaftliche Chancen mit sich brachte.

Nach 3500 v. Chr., sozusagen als Nebeneffekt der Entstehung städtischer Gesellschaften im Vorderen Orient und deren entwickelten Wirtschaftsstrukturen, beschleunigen sich diese Prozesse noch. Die Entstehung von Städten in Mesopotamien hatte Auswirkungen auf ein riesiges Hinterland, brachte den Transport begehrter Materialien wie Metalle oder Edelsteine über weite Entfernungen hinweg in Gang und erzeugte eine gewaltige Nachfrage nach Verbrauchsgütern. Die technische Entwicklung wurde deutlich vorangetrieben, sowohl im Bereich der kunsthandwerklichen Fertigung von Luxusgütern als auch im Gütertransport. Ein großes Gebiet war von diesen Veränderungen betroffen; auch solche Gegenden, die nicht direkt in die Tauschgeschäfte einbezogen waren, da Produkte und Techniken bis über die Grenzen der frühen Stadtstaaten hinaus verbreitet wurden und auch die ökonomisch weniger entwickelten Nachbarn in den Steppen und Wäldern erreichten. Diese Einflüsse lassen sich archäologisch sehr einfach im Bereich der Metallverarbeitung nachweisen. Die Legierung des Kupfers mit Arsen und die Verwendung von zweiteiligen Gußformen revolutionierte das Gießen großer Objekte und spiegelt sich in den neuen Axtformen wider, die im 3. Jahrtausend v. Chr. in Europa auftauchen. Schon zuvor jedoch, im späteren 4. Jahrtausend, lassen die Keramikformen Südosteuropas den Einfluß von Metallgefäßen aus den nahegelegenen Zentren Anatoliens erkennen, etwa aus Troja. Die Gefäßtypen – hauptsächlich Krüge und Tassen – weisen auf neue Vorlieben und Konsumgewohnheiten hin, vermutlich trank man daraus alkoholische Getränke: Zu den neuen Kulturpflanzen, die zu jener Zeit im ägäischen Raum auftauchen, gehört auch der Weinstock. Noch andere Neuerungen kamen aus dem Vorderen Orient nach Europa, in deren Nutzung sich Motive des Prestiges und praktische Zwecke vereinten, wie z. B. bei den ersten Wagen. In diesem Zusammenhang stehen auch grundlegendere Umwandlungen landwirtschaftlicher Praktiken in Europa, etwa die Einführung des leichten Pflugs oder neuer Haustierrassen, wie etwa das Wolle liefernde Hausschaf. All diese Neuerungen – neuartige Geräte und neue Prestigeobjekte, aber auch neue Vorstellungen von Arbeit und Konsum – erweiterten den Spielraum, in dem sich kulturelle Unterschiede zwischen den Gesellschaften Europas ausprägen konnten.

Der Einfluß dieser neuen Elemente war zuerst in Südosteuropa zu verspüren, das mit den dort entwickelten Techniken und seinen weitreichenden Handelsverbindungen ohnehin die am weitesten entwickelte Region war: Immerhin gelangten Artefakte aus Kupfer von dort bis nach Dänemark im Norden und bis zu den Steppenvölkern im Osten. Diesen wiederum war es damals bereits gelungen, Pferde zu domestizieren. Der Verkehr zwischen den ägäischen Inseln brachte den Bewohnern Griechenlands Güter aus Anatolien; und Verbindungen über die Steppenregionen hinweg bis zum Kaukasus brachten der Bevölkerung des nördlichen Balkan und der Karpaten eine unabhängige Landverbindung zu den immer komplexer werdenden Gesellschaften am Rand der nahöstlichen Welt. Die Suche nach günstigen Lebensbedingungen führte zu Bevölkerungsbewegungen im kleinen Maßstab, und damit zu Austausch und Transfer neuer Techniken entlang dieser Routen. Der Weg, auf dem sich die Neuerungen verbreiteten, läßt sich von Südeuropa bis nach Mitteleuropa verfolgen sowie entlang der Mittelmeerküsten bis nach Italien und Südfrankreich, dort allerdings vollzog sich dieser Prozeß langsamer. Von diesen Hauptrouten aus durchdrangen sie im Laufe des Jahrtausends zwischen 3500–2500 v. Chr. das Gefüge der europäischen Gesellschaften.

So wichtig diese Neuerungen auch waren, man kann nicht davon ausgehen, daß sie sich spontan und in alle Richtungen ausbreiteten – oder daß ihnen überall dort, wo sie angenommen wurden, die gleiche Bedeutung zugemessen wurde. Neue Formen der Landwirtschaft verdrängten ältere Techniken wie die des Hackbaus nur ganz allmählich, vor allem in den Teilen Europas, die gerade erst mit dem Ackerbau begonnen hatten. Selbst die Verwendung des Pflugs, die in Dänemark bereits kurz nach 3500 v. Chr. nachgewiesen werden kann, bewirkte keine unmittelbare und deutliche Veränderung der kulturellen Zusammenhänge. Die Unterschiede zwischen den regionalen Kulturen, die während des vorangegangenen Jahrtausends entstanden waren, gaben die Strukturen vor, in die die Neuerungen eingefügt wurden; und diese Strukturen waren stabil genug, um neue Elemente zu absorbieren oder abzustoßen, je nach ihrer Verträglichkeit mit dem bereits Existierenden. Wenn es zu Veränderungen kam, dann waren diese oft plötzlich und unvorhergesehen. Zu grundlegenden Wandlungen wie dem Übergang zur Pflugwirtschaft oder dem Halten großer Herden kam es in Nordeuropa erst nach 3000 v. Chr., mit der Ausbreitung der Schnurkeramik. Diese Prozesse waren offenbar begleitet von deutlich wachsenden Spannungen zwischen den alten und den neuen Lebensweisen und Jenseitsvorstellungen: So wurden die Träger der einheimischen Trichterbecher-Kultur, die ihre Toten in großen, monumentalen Steingräbern bestatteten, relativ plötzlich mit der mobileren Lebenswelt der Schnurkeramiker konfrontiert, die ihre Verstorbenen einzeln und vergleichsweise schlicht beisetzten.

Zu noch deutlicheren Kulturbrüchen kam es wohl während der weiteren Verbreitung dieser Innovationen entlang der Atlantikrouten und der Flüsse Westeuropas, die im Zusammenhang mit der Glockenbecher-Kultur zu sehen sind. Mit der Einbeziehung Westeuropas in eine den ganzen Kontinent ergreifende Neustrukturierung war die Umwandlung der europäischen Gesellschaften abgeschlossen, die Mitte des 4. Jahrtausends v. Chr. begonnen hatte. Sie schuf die Voraussetzungen für die während der Bronzezeit zunehmende Konvergenz kultureller Entwicklungen in Europa.

Insofern stellen das Jungneolithikum und die Kupferzeit zusammen eine äußerst komplexe und interessante Phase in der Entwicklung Europas dar; eine Periode, in der zunächst realisiert wurde, was an Möglichkeiten in der ersten Verbreitung bäuerlicher Wirtschaftsformen steckte, und der dann rasch eine zweite Innovationswelle im Hinblick auf Ackerbau und Tierhaltung folgte. Die alten Populationen Europas wurden immer mehr in bäuerliche Existenzweisen hineingedrängt, und dies in einer verwirrenden Vielfalt kultureller Muster. Gemeinsame Lebensbedingungen und immer vielfältigere Verbindungen beginnen dann wieder, für eine allmählich immer größere Einheitlichkeit der Lebensformen auf dem Kontinent zu sorgen. Das soll im Lauf dieses Kapitels genauer dargestellt werden, und zwar in regionalen Darstellungen. Dabei machen wir dort einen zeitlichen Einschnitt, wo sich die hiesigen Entwicklungen wieder mit außereuropäischen Ereignissen verknüpfen: etwa um 3500 v. Chr.

SÜDOSTEUROPA, 4500–3500 V. CHR.

In den Gebieten Europas, in denen bäuerliche Wirtschaftsweisen zuerst Fuß gefaßt hatten, auf dem Balkan also und in den Regionen rings um die Karpaten, änderte sich kulturell bis in die Kupferzeit nur wenig. Diese am weitesten entwickelten Regionen des Kontinents orientierten sich weiterhin an den Einflüssen aus dem Vorderen Orient, oh-

Plan der Grabungsergebnisse auf dem Siedlungshügel von Poljanitza, nordöstliches Bulgarien, erste Bauphase um 4500 v. Chr. Die viereckige Anlage mit den vier nach den Himmelsrichtungen ausgerichteten Eingängen ist ein typisches Beispiel für geplant angelegte Siedlungen auf der Balkanhalbinsel während des Neolithikums und der Kupferzeit; spätere Erweiterungen dieser Anlagen mußten notgedrungen von diesem regelmäßigen Muster abweichen.

ne dabei eigenständige Entwicklungen vollständig aufzugeben. Hier war der Ackerbau bereits so früh übernommen worden, daß die mesolithische Lebensweise nicht mehr parallel weiterentwickelt werden konnte. Die ersten Bauern nahmen hier die fruchtbarsten Böden in dieser zerklüfteten Landschaft, in den Flußtälern und Becken ehemaliger Seen in Besitz, wo die Böden leicht zu bearbeiten waren und man auch bei hoher Bevölkerungsdichte vom Ertrag kleiner Flächen leben konnte.

Jede Gemeinschaft besiedelte einen Platz, an dem in der Regel auch die nachfolgenden Generationen lebten; es wurden Holz-Lehm-Bauwerke errichtet, auf deren Relikten nachfolgende Generationen wiederum ihre Siedlung errichteten, so daß dort im Lauf der Zeit markante Siedlungshügel, die Tells entstanden. Der Tell von Karanovo in Bulgarien mit einer Höhe von 12 Metern bildete sich in einem Zeitraum von über 2000 Jahren aufgrund zahlreicher Besiedlungsphasen. Diese Wohnhügel (jede auf dem Balkan gesprochene Sprache hat ihr eigenes Wort dafür – *mogila*, *măgura*, *halom*) waren mehr als nur zufällige Nebenprodukte einer seßhaften Wirtschaftsweise, in der jedes Dorf das zugehörige Land intensiv bearbeitete; sie waren damals das Zentrum menschlicher Existenz; dort begann, dort endete das Leben. Häufig wurden die Toten neben dem Haus der Familie begraben. Jedes Gebäude und jedes Artefakt hatte gleichzeitig auch symbolische Inhalte, angefangen bei der sorgfältig bemalten Keramik (die erhaltenen Tonmodelle zeigen, daß es bereits Tische gab) über die kunstvoll gearbeiteten

Kochstellen und Öfen oder die verzierten Einrichtungsgegenstände aus Ton bis zu den Darstellungen weiblicher Fruchtbarkeit aus Keramik. Dazu gab es noch die feingearbeiteten Äxte aus Grünstein und Flintmesser. Jedes Objekt hatte seinen eigenen Platz, denn nicht nur die Häuser selbst waren Kopien eines gemeinsamen Plans oder gemeinsamer Vorstellungen, sondern ganze Dörfer wurden oft so angelegt, daß sie ein kosmologisches Schema spiegelten, nach den Himmelsrichtungen bzw. dem Polarstern ausgerichtet und von quadratisch angelegten Palisaden umgeben, die auf jeder Seite in der Mitte von Durchgängen unterbrochen waren, z. B. in Ovcarovo und Poljanitza in Nordostbulgarien.

Das jedenfalls war die ursprüngliche Form; doch wandelte sich dieses Muster mit den Versuchen, aus dieser nach innen gekehrten Welt auszubrechen und die aufregenden Möglichkeiten zu erforschen, die jenseits dieser Umzäunungen lagen. Möglichkeiten hierzu boten die Jagd und Herdenhaltung, sicher auch der Abbau von Erzen und ihre Verhüttung zu Metallen oder Reise und Handel, was sich überall dort anbot, wo begehrte Güter im Überschuß vorhanden waren und wo Zugang zur Küste oder zu Bergpässen bestand. Neben dem direkten Tausch von einer Hand zur anderen, bei dem beispielsweise gute Mahlsteine oder die Produkte besonders tüchtiger Töpfer den Besitzer wechselten, entwickelte sich der Handel mit seltenen, wertvollen Waren über größere Entfernungen hinweg: gehandelt wurden Salz oder Felle, vielleicht auch – archäologisch kaum nachweisbar – Honig oder Harze. Aber auch immer häufiger wurden guter Feuerstein zur Herstellung langer Klingen, Farbpigmente wie Graphit für die Töpferei oder zur Körperbemalung und vor allem glänzender Gold- und Kupferschmuck sowie Äxte und Werkzeuge zur Holzbearbeitung, die aus den wertvollen neuen Rohstoffen hergestellt waren, zu Objekten des Handels.

Auf dem Balkan lagen die Berge mit den Erzlagerstätten nur ein kurzes Stück hinter der »zivilisierten« Welt der Dörfer und Äcker, und so wurden in die Berge hinter den Siedlungen tiefe Spalten gegraben, um den Lagerstätten mit den grünen Erzen zu folgen. So förderte man große Mengen an Kupfererz für die nachfolgende Verhüttung. Dies geschah z. B. bei Rudna Glava im ehemaligen Jugoslawien oder in Ai Bunar bei Karanovo. Solche Unternehmungen waren von als erforderlich erachteten Ritualen begleitet, feine Keramikgefäße blieben samt Inhalt als Opfer an den Abbaustellen zurück, sozusagen als Entschädigung oder Ausgleich für die Reichtümer, die man dem Boden geraubt hatte. Wenn sie aber abgebaut waren, konnten diese Erze mit weit entfernten Gemeinschaften gehandelt werden, sei es mit den Menschen »am Rande der Welt«, dort, wo Landwirtschaft betrieben wurde, vielleicht auch noch weiter, mit den Gruppen, die sich von Fischfang und Viehhaltung ernährten und die an den Flüssen lebten, die durch das flache offene Land der Walachei hinunter zum Schwarzen Meer flossen.

Das Netz der Bauerndörfer hatte sich seit dem Neolithikum aus dem Balkan heraus in Richtung Nordosten erweitert, entlang dem nur leicht bewaldeten Gürtel zwischen den russischen Wäldern und der ukrainischen Steppe bis nach Kiew im Osten. Diese ersten Bauern behielten alle Traditionen ihrer Herkunftsorte im Balkan bei, sie lebten in ähnlichen rechteckigen Häusern und besaßen die gleichen Artefakte, wie z. B. die kunstvoll bemalte Keramik und die Idole. In den offeneren Landstrichen des östlichen Grenzgebietes standen die Häuser meist jedoch nicht eng zusammen in Siedlungen wie auf den Tells, sondern an leicht zu verteidigenden Stellen im Vorgebirge, wo sie durch tiefe Gräben geschützt wurden. Ein Grund für diese Vorsichtsmaßnahme war die Nähe zu fremden Menschengruppen mit ganz anderen Lebensweisen, zu den Nachfahren alter mesolithischer Einwohner dieser Region, die zwar die Töpferei und Tierhaltung übernommen hatten, ihr von den Jahreszeiten bestimmtes Wanderverhalten jedoch noch nicht zugunsten dauerhafter Siedlung und Seßhaftigkeit aufgegeben hatten. Diese Gruppen lebten in ansonsten nicht genutzten Landstrichen zwischen den Ansammlungen bäuerlicher Gemeinschaften und dominierten in den offenen Gebieten weiter östlich bis hin zur Wolga. Sie und die Bauern lebten in einer Art unbehaglichen Symbiose miteinander, sie werden sicherlich ihre überschüssigen Produkte ausgetauscht haben, doch wird ihr Verhältnis immer durch potentielle Konflikte bestimmt gewesen sein. In beiden Gruppen war jedoch der Kupferschmuck aus dem Balkan sehr begehrt.

Ausmaß und Wirkung des Handels in der Kupferzeit wurde auf sensationelle Weise offenbar, als im Jahr 1972 ein bulgarischer Traktorfahrer beim Hafen von Varna am Ufer des Schwarzen Meeres auf die ersten Gräber eines 6000 Jahre alten Gräberfeldes stieß. Während der nachfolgenden Grabungsarbeiten wurden nicht nur unzählige Artefakte aus Kupfer entdeckt, sondern auch 6 Kilogramm Gold, das meiste in Form von Goldblechschmuck, der einst auf Kleidungsstücke aufgenäht war, dabei aber auch Goldszepter und Äxte. Weitere Gräberfelder dieser Art – wenn auch nicht so reich an Funden – sind aus Ostbulgarien bekannt und beweisen die Abkehr von den zuvor üblichen Häusern mit Lehmwänden und den einzelnen Gräbern innerhalb der Siedlungen. Das Gräberfeld von Varna scheint zu Pfahlbaudörfern an den Ufern der Flußmündung gehört zu haben – vielleicht eine besondere Siedlungsform, die in Verbindung mit den Handelstätigkeiten an der Küste zu sehen ist. Die bemerkenswerten Goldarbeiten sind in großer Zahl gefunden worden, jedoch kann man sie nicht mit den späteren Funden aus den mykenischen Schachtgräbern vergleichen – vermutlich gab es in einer solch einfachen Wirtschaftsform noch nicht so viele Güter, gegen die man sie hätte eintauschen können. Möglicherweise hat dieser Goldschmuck auch nicht einzelnen Menschen gehört, denn bei den meisten Gräbern, in denen er gefunden wurde, handelte es sich nicht um wirkliche Totenbestattungen, sondern um symbolische Begräbnisse von Tonmasken. Die kupferzeitlichen Gesellschaften sind völlig anders strukturiert als die des geschichtlichen Europa und verlangen uns insofern einiges an anthropologisch-kulturwissenschaftlicher Vorstellungskraft ab.

In jedem Falle scheinen die Reichtümer von Varna Zeugnisse einer nur kurzen Episode zu sein, denn bald darauf kam es zu wichtigen Veränderungen, die eine neue Machtverteilung in den Steppenregionen widerspiegelten. Grundlegend für diese Entwicklungen war, daß die Steppenbewohner der Kupferzeit erfolgreich begonnen hatten, Pferde zu domestizieren. Durch das Zähmen und Zureiten von Wildpferden, die dann wieder zum Zusammentreiben wildlebender Herdentiere eingesetzt wurden, konnte man zusätzlich zu dem, was die Flüsse boten, neue Nahrungsmittel erlangen. In Dereivka am Dnjepr wurde eine solche Siedlung ausgegraben. Die Menschen dort begannen, eine eigene Kultur zu entwickeln; sie schmückten ihre schlichte Keramik mit Abdrücken von Schnüren – vielleicht den Hanfseilen, die zum Festbinden der Tiere verwendet wurden – und schufen spezifische Formen wie steinerne Szepter in Tiergestalt und kleine Schalen aus Ton, die zum Verbrennen von Cannabissamen gedient haben könnten, wie es in dieser Region von den skythischen Stämmen aus der Eisenzeit bekannt ist. Dort, wo sie mit den Siedlungen der Bauern mit ihren festen Häusern in Berührung kamen, am Westrand der ukrainischen Steppe, begannen diese Gruppen von Jägern und Hirten kreisförmige Grabmäler (Kurgane) zu errichten, womit sie weithin sichtbare Fixpunkte ihrer Existenz schufen, die sich ansonsten in mobilen Zelten abspielte. Diese Lebensweise breitete sich nach Westen hin aus – bis in einige der Gebiete hinein, die vormals von den frühen Bauern geprägt wurden; einige kleine Gruppen scheinen sogar entlang der Donau nach Rumänien hinein vorgedrungen zu sein, wo man ihre typischen Gräber und Artefakte gefunden hat. Dieses Vorstöße wirkten sich insofern auf die dort lebenden Bauern aus, als sie in der späten Kupferzeit ihre Siedlungen meist in den Vorgebirgen und auf Bergen anlegten. An der Ostgrenze des Siedlungsgebietes der frühen Bauern, bei Kiew, an Fundplätzen wie Dobrovody oder Majdanetskoe, stieß man auf dichtbebaute Dorfanlagen, die bis zu 200 Häuser umfaßten und so angelegt waren, daß sie sich verteidigen ließen.

In der ungarischen Tiefebene kam es zu vergleichbaren Veränderungen, die jedoch friedlicher verliefen. Die großen Siedlungen und Wohnhügel des 5. Jahrtausends mit ihren Reichtümern aus verzierter Keramik, Obsidianklingen und Grünsteinäxten sowie mit den Gräbern inmitten der oder neben den Siedlungen, machten neuen Siedlungsformen Platz. Nun werden kleinere, weiter verstreute Siedlungen üblich; und zur glei-

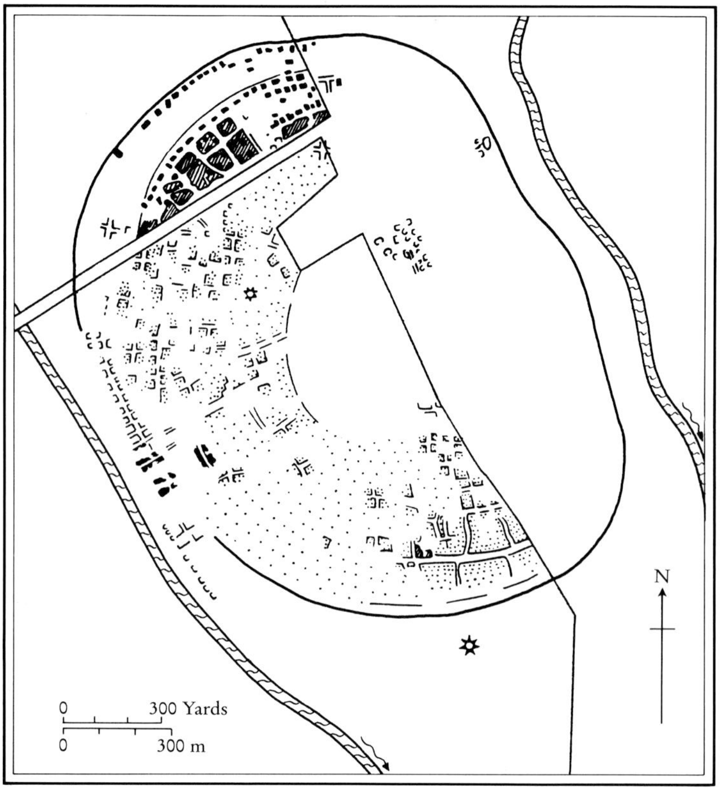

Plan der großen Siedlung Dobrovody, Ukraine, aus der Kupferzeit, etwa 3700 v. Chr. (erstellt weitgehend auf der Grundlage von Oberflächenbegehungen und Magnetfeldmessungen). Es handelt sich um eine von mehreren sehr großen Siedlungen in der Waldsteppe. Die Fläche entspricht ungefähr der des mittelalterlichen York und könnte eine Bevölkerung von etwa 2 000 Menschen beherbergt haben.

chen Zeit beginnen Gräberfelder mit bis zu mehreren hundert Gräbern, wie das von Tiszapolgár-Basatanya in Ostungarn, eine wichtigere Rolle für das gesellschaftliche Leben zu spielen. Die großen Nekropolen gehörten wohl zu jeweils mehreren kleinen Siedlungen, und die Bestattungen zeigen eine neue Regelhaftigkeit; die Gräber sind in Reihen angeordnet, waren vermutlich durch Pfähle an der Oberfläche markiert, die Toten wurden mit zahlreichen Beigaben ausgestattet. Auch das Fundspektrum zeigt Veränderungen: Haushaltskeramik wird weniger kunstvoll gearbeitet und zeigt immer weniger regionale Unterschiede; dafür tauchen Feuersteinklingen auf, die von weit her importiert wurden, und neue, ebenfalls importierte Metallobjekte. Die Gemeinschaften wurden insgesamt unüberschaubarer, und in eben diesem Maß nahm die symbolische Bedeutung von Bestattungen und individuellen Statussymbolen zu. Die Gräberfelder waren getreue Abbilder der gesellschaftlichen Beziehungen, die nun definiert und dargestellt werden mußten.

Jede dieser Regionen gibt auf ihre Art ein Beispiel dafür, wie sich in den einfachen agrarischen Gemeinschaften eine neue Vielfalt entwickelte und wie sich diesen neue Möglichkeiten öffneten: durch Herdenhaltung, Gewinnung neuer Rohstoffe und durch Handel.

MITTEL- UND NORDWESTEUROPA, 4500–3500 V. CHR.

Die ersten Gruppen, die agrarisch wirtschafteten und die sich seit etwa der Mitte des 6. Jahrtausends in den bewaldeten Lößgebieten Mitteleuropas ausgebreitet hatten, bildeten dort zunächst ebenfalls eine in sich abgeschlossene Kulturgemeinschaft, auch wenn sie zu den einheimischen Bewohnern der Waldgebiete und der Küstenregionen bald mehr und mehr in Kontakt traten. Vom Rhein bis zur Weichsel zeigen ihre typischen Langhäuser, ihre Schuhleistenkeile und die rundbodige Keramik mit der typischen Spiral- und Linienverzierung eine Homogenität, die darauf hindeutet, daß sie ihre inneren Verbindungen beibehielten und vermutlich auch ihre Partnerwahl in ihrem eigenen engen Beziehungsnetz stattfand – zumindest betonten sie ihre eigene, besondere Lebensweise. Um 5000 v. Chr. waren diese Bauern bereits bis zum Pariser Becken vorgedrungen, und in den darauffolgenden Jahrhunderten breiteten sie sich weiter in Richtung Westen bis zu den Küsten des Ärmelkanals und in die Randgebiete der Bretagne aus.

Zu dieser Zeit scheint ihre Einheit jedoch bereits auseinanderzubrechen; in Mitteleuropa wurden die Gruppen immer stärker von den Kulturen der ungarischen Tiefebene und des Balkan beeinflußt, die bereits Kupfer bearbeiteten, während es in den Randgebieten Anzeichen für Verständigung und Austausch mit den einheimischen Gemeinschaften gibt, die in großer Zahl an der atlantischen Küste und im Alpenrandgebiet siedelten. Trotzdem blieb die Dorfgemeinschaft in Mitteleuropa die wichtigste Einheit in der Gesellschaft. Die Häuser wurden größer und komplexer; es entwickelte sich ein charakteristischer trapezförmiger Grundriß mit einem breiten Eingangsbereich und einem deutlicher abgetrennten hinteren Bereich. Ein besonders großes Langhaus, das *rechts* Eine Haustür aus dem Neolithikum. Dieser berühmte Fund aus dem 19. Jahrhundert stammt aus der Seeufersiedlung bei Robenhausen am Pfäffiker See südlich von Zürich. Die Tür ist 1,45 m hoch und dürfte aus der Zeit um 4000 v. Chr. stammen. Sie ist aus einer einzigen Spaltbohle hergestellt und war ursprünglich mit vier Riemen – vermutlich aus Leder – am Türpfosten befestigt. Der Rahmen ist eine moderne Rekonstruktion.

unten Boden eines ausgegrabenen neolithischen Hauses, etwa 4000 v. Chr., der im Moorgrund einer Seeufersiedlung bei Egolzwil im Schweizer Kanton Luzern erhalten blieb. Die dichtgepackten Stämme waren ehemals mit Rinde bedeckt und die Lehmflächen dienten als Feuerstellen. Der Bau war in mehrere Räume aufgeteilt und beherbergte wahrscheinlich sowohl Tiere als auch Menschen.

bei Bochum ausgegraben wurde, war über 65 Meter lang. Die verstreuten Gruppen von Einzelgehöften, vielerorts noch charakteristisch für das Mittelneolithikum, rückten nun zu Kernsiedlungen aus Gehöften zusammen. Diese waren eingezäunt, vielleicht um die Gärten vor dem Vieh zu schützen, das vermutlich in großer Anzahl auf den gerodeten Flächen ringsum weidete. Der Einfluß der südlichen Gruppen der Kupferzeit zeigt sich in kunstvolleren Ornamenten auf der Keramik, in Idolen und in importierten Kupferperlen, aber auch im Auftreten runder Erdwerke bzw. Kreisgrabenanlagen. Diese Anlagen, etwa die berühmte bei Kothingeichendorf in Bayern, wo der doppelte Grabenring vier gegenüberliegende Erdbrücken als Zugänge zeigt, erinnern an den Grundriß der Tellsiedlungen. Sie befanden sich in Dorfnähe und könnten als Schauplatz von Tänzen und gemeinschaftlicher Zeremonien gedient haben. Dieses Bild vom Dorfleben taucht später auch im Alpenvorland, in Süddeutschland, in der Schweiz und in Österreich auf, wo die an den Moränenseen siedelnden mesolithischen Gruppen Landwirtschaft und Viehhaltung übernahmen und an den feuchten Seeufern einfache Pfahlbauten errichteten. Die Feuchtböden und Torfe konservierten diese Fundstellen, so daß man dort beeindruckende Zeugnisse der neolithischen Lebensweise finden kann – Behälter aus Birkenrinde, hölzerne Schüsseln und Geräte, Leinenstoffe, Futter- und Düngerhaufen (mit Fliegenlarven!) und sogar ein Stück Harz-»Kaugummi« mit Zahnabdrücken, daneben die übliche Keramik und die kleinen Steinäxte, die auch auf vielen Siedlungen im Hinterland entdeckt wurden.

Grundriß und Profil des Ganggrabes auf der Île Longue, Dép. Morbihan, südliche Bretagne, Ende des 5. Jahrtausends v. Chr. Die mit Kragsteingewölbe gedeckte Kammer unter einem Rundhügel wurde mit den Tholos-Gräbern in Mykene verglichen, obwohl diese eigentlich 2500 Jahre jünger sind.

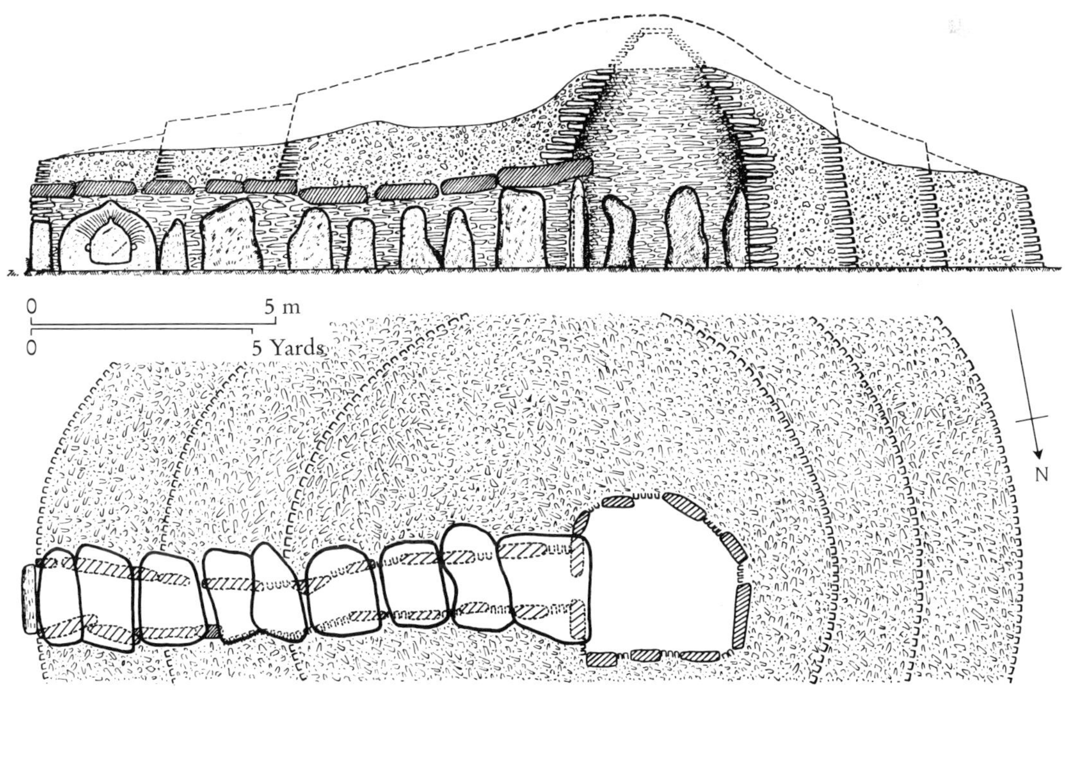

Ein ganz anderes Interaktionsmuster mit den älteren, einheimischen Bevölkerungen Europas entwickelte sich offenbar an den westlichen und nördlichen Rändern der Lößgebiete. Dieser Prozeß begann in Westfrankreich, wo Einflüsse aus dem weit entfernten Mitteleuropa schwächer wurden und es zur Übernahme einheimischer Lebensweisen kam: Die Formen und Verzierungen der Artefakte werden hier wieder schlichter, an die Stelle des frühen Landbaus treten wieder Wirtschaftsweisen der Jäger und Sammler. Ähnlich wie bei der Entwicklung mobilerer Lebensweisen in der ungarischen Tiefebene oder in den Küstengebieten Bulgariens, verschob sich auch hier der Fokus des gemeinschaftlichen Lebens weg von Häusern und Dörfern hin zu den Gräbern, zu den symbolischen Zeichen der Gemeinschaft also. Nur sind es hier nicht mehr subtile Botschaften, die in Form von Grabbeigaben und aufwendigen Artefakten die Identität der Gruppen in West- und Nordeuropa definieren, sondern es entstehen monumentale Grabmäler. In Westfrankreich, später auch in Südengland, Nordpolen und Norddeutschland, wurden Grabkammern, aus Holz oder Stein errichtet und mit langen, oft trapezförmigen Erdhügeln bedeckt, zum Brennpunkt des Gemeinschaftslebens. Solche den Vorfahren gewidmete Megalithbauten beginnen bald die Landschaften zu prägen, die Häuser und Siedlungen dagegen werden weniger fest und dauerhaft gebaut.

Bezeichnenderweise tauchten diese mächtigen Monumente dort auf, wo die bäuerlichen Gruppen mit ihren Traditionen in Gebiete vordrangen, die bereits von einheimischen Populationen dicht besiedelt waren. Die bäuerlichen Gemeinschaften wuchsen rasch, indem Teile der ursprünglichen Bevölkerung in ihnen aufgingen. Dauerhafte Monumente, ob Häuser oder Grabmäler, sind, mit Hinblick auf die längeren Rhythmen von Pflanzen und Ernten, grundlegend für die Organisation einer bäuerlichen Lebensweise. Die Initiative blieb jedoch nicht allein auf seiten der Neuankömmlinge: Sehr schnell entstand eine Vielfalt verschiedener Typen von Grabanlagen, die beweist, daß die Neuankömmlinge kreative Reaktionen auch bei den einheimischen Bevölkerungen ausgelöst haben mußten. Die langen, aus Stein errichteten Hügel mit Grabkammern, die zuerst in der Normandie auftauchen, werden entlang der Atlantikküste leicht abgewandelt durch Steingräber imitiert: Deren Grabkammern befinden sich in runden Hügeln und werden durch einen langen Gang erschlossen, wodurch der Zugang zu den Kammern erhalten blieb. Durch die Zugänge konnten in den Kammern immer wieder Tote beigesetzt werden, weshalb diese Gräber auch Ganggräber genannt werden. Diese Grabform setzt sich in der Folgezeit durch, entsprechende Gräber werden so zahlreich, daß man sie als Hauptmerkmal der einheimischen Bauernkulturen weit im Westen Europas betrachten kann. Zunächst wurden die Grabmäler mit Trockenmauern und Kragsteingewölbe errichtet, wie die wundervolle Anlage auf der Île Longue vor der bretonischen Südküste zeigt; später verwendete man immer größere Steine für den Grabbau. Eine neue Grabarchitektur entstand, die während der nächsten 2 000 Jahre das Kennzeichen der ersten einheimischen Bauern entlang der europäischen Atlantikküste sein sollte. Diese neue Tradition hinterließ riesige aufrechtstehende Steinblöcke, die etwa 6 000 Jahre später die Phantasie der ersten Altertumsforscher anregen sollten.

Zwischen Einwanderern und Einheimischen entwickelte sich im kleinen und über weite Gebiete Nordwesteuropas hinweg ein dialektischer Prozeß, der weit komplizierter verlief als die Prozesse, in denen sich bäuerliches Wirtschaften zuvor in Europa verbreitet hatte, nämlich durch Migration oder durch die selektive Übernahme von Elementen wie Keramik oder Vieh. Der Wettbewerb innerhalb und zwischen diesen verschiedenen Gruppen ist der Grund für die immer größere Vielfalt und wachsende Komplexität der Monumente. Auf den Britischen Inseln z. B. scheint der Anreiz zur Übernahme bäuerlicher Wirtschaftsformen von kleinen Gruppen ausgegangen zu sein, die den Ärmelkanal von Flandern kommend überquerten und Grabkammern aus Holz errichteten und diese mit langen Hügeln bedeckten, während sie selbst in einfachen Hütten lebten, die sich kaum von denen der Einheimischen unterschieden.

Grabkammern aus Stein mit Trichtereingängen und Portalsteinen, sogenannte Portalgräber, bedeckt von kreisförmigen Erdhügeln, tauchen später in Westengland und Irland auf; sie könnten eine Antwort der Einheimischen gewesen sein. Man findet solche Bauten manchmal unter den Langhügeln der Cotswold Hills, südlich von Birmingham; sie verkörpern ihre eigenen Formen und stellen so eine Synthese beider Traditionen dar – was vielleicht auf eine Verschmelzung hinweisen könnte. Einfache Langhügel aus Erde und Holz findet man bis hinauf nach Schottland. In Nordirland wurden auch einige Varianten aus Stein entdeckt. Jedoch setzte sich in Irland und Schottland neben den langen Steinhügeln die Tradition der megalithischen Portalgräber und der technisch weiter entwickelten Ganggräber unter Rundhügeln fort, besonders in den Gebieten, in denen sich die einheimische Bevölkerung der Einführung neuer Strukturen widersetzte. Alle diese Grabtypen zeugen von einem Kampf um die eigene Identität, der die langsame Umwandlung alter Landschaften in neue soziale Gefüge begleitet.

Auf ähnliche Strukturen von regionalen Eigenheiten oder Verschmelzungen trifft man in dem weiten Gebiet von Südfrankreich bis zur nordeuropäischen Tiefebene. Auch die Lößgebiete wurden von diesen Prozessen betroffen, als die Isolation der alten Gesellschaften zusammenbrach und sich größere soziale und kulturelle Einheiten herausbildeten. Ältere Wirtschaftsweisen wie der im kleinen Umfang betriebene Hackbau wichen der Schlag- und Brandrodung für extensivere Anbauformen, und häufig wurden Siedlungen aus den Tälern an höhergelegene Standorte verlegt, von wo aus man die Täler überblicken konnte. Die gestiegene Nachfrage nach Feuersteinbeilen zur Waldrodung führte in Gebieten mit guten Flintlagerstätten aus der Kreide- und Jurazeit zur bergmännischen Feuersteingewinnung, vor allem in Belgien und Zentralpolen. Neue Ritualbauten, oft umgeben von mehreren konzentrischen, aber unterbrochenen Gräben, tauchen auf, offenbar lokale oder regionale Zentren inmitten dieser eher fließenden Strukturen von Siedlungen und regionalem Handel.

Dieses Wechselspiel zwischen dem Eindringen kleinerer Gruppen und folgenden Reaktionen gab es auch in Nordeuropa, wo plötzlich im Gebiet zwischen mittlerer Weichsel und Jütland Langhügel, ähnlich den Langhäusern der nördlichen Lößlandschaften, errichtet wurden. Und das zieht dann einen weiteren Beginn megalithischer Bautätigkeit nach sich; an den Küsten und auf den Inseln des Ostseeraums entstanden die sogenanten *Dysser* oder »Dolmen«, als die zahlreichen mesolithischen Bevölkerungen in diesen Gegenden zur bäuerlichen Lebensweise übergingen. Die große Anzahl von Feuersteinbeilen aus diesem Gebiet zeugen von der großen Zahl von Menschen,

Grabbeigaben aus Tovstrup bei Ringkjøbing, Westjütland, Dänemark, etwa 3600 v. Chr. Diese Gefäße, Amphore, Trinkschale und Kragenflasche, tauchen in Gräbern dieser Region oft gemeinsam auf und scheinen das typische Geschirr zum Mischen eines stark alkoholischen Getränks gewesen zu sein.

die in die damaligen Veränderungen einbezogen waren, sowie von den Anstrengungen, die es erforderte, selbst kleine Flächen des dichten Waldes für den Anbau zu roden. Wie in Südosteuropa stellen die Arbeitsgeräte auch Symbole des Wohlstands dar, und die sorgfältig geschliffenen Beile wurden in den Sümpfen manchmal als Opfergaben niedergelegt.

Die Keramik, die von diesen nördlichen und westlichen Gruppen des Jungneolithikums benutzt wurde, mag im Vergleich zu der Keramik der Kupferzeit auf dem Balkan eher schlicht erscheinen, doch zeigten sie eine größere Vielfalt an Gefäßformen (verweist damit vielleicht auch auf vielfältigere Speisen und Zubereitungsarten) als die großen, grob gearbeiteten Gefäße mit Spitzboden (für Eintopfgerichte), die die Bewohner Skandinaviens im späten Mesolithikum verwendeten. In Nordeuropa gehört zu dem Keramikspektrum bald auch eine Zusammenstellung von Gefäßen, den »Trichterbechern«, und charakteristischen Kragenflaschen, die zweifelsohne für Trinkzeremonien benutzt wurden. In Frankreich finden sich auch reich verzierte kleine Untersätze aus Ton, die sehr weit verbreitet waren und als Räuchernäpfe gedient haben könnten. Vielleicht hat man in ihnen aromatische oder narkotisierende Substanzen entzündet – vermutlich ebenfalls im Zusammenhang irgendwelcher Rituale und Zeremonien.

Aus dieser Phase der europäischen Urgeschichte stammen einige der erstaunlichsten historischen Denkmäler und erinnern an die Leistungen der frühen Bauern und an ihre Wertvorstellungen und Glaubenswelt. Waren die Monumente einmal errichtet, wurden sie mit einer Heiligkeit und Macht ausgestattet, die nachfolgende Generationen entweder übernehmen oder umstürzen konnten. Forschungen in der südlichen Bretagne haben ergeben, daß um 3800 v. Chr. eine bemerkenswerte Phase des Wiederaufbaus stattgefunden hat, in der bestehende Megalithanlagen abgebaut und in neuen Zusammenhängen wieder aufgestellt wurden. Riesige behauene Monolithen wurden zerbrochen und als Schlußsteine für neue große Ganggräber verwendet; dies geschah z. B. bei dem beachtlichen Grab von Gavr'inis, Département Morbihan, in dessen 28 massive Mauersteine aus Granit mit viel Mühe eine verschwenderische Fülle rätselhafter Ornamente gehauen und gemeißelt wurde. Wie schon bei den reichhaltig mit Gold ausgestatteten Gräbern von Varna können wir nur Vermutungen darüber anstellen, welche Antriebe das Leben dieser lange vergangenen Europäer bestimmten. Die neuen bäuerlichen Lebensweisen brachten jedenfalls nicht nur Veränderungen in der Wirtschaftsweise mit sich.

NORDOSTEUROPA, 4500–3500 V. CHR.

Ganz anders als bei diesen spektakulären archäologischen Phänomenen in einigen bestimmten Regionen Europas waren die Verhältnisse in den weiten Gebieten der Borealwälder in Zentral- und Nordskandinavien sowie im Osten bis hin zum Ural, wo sich die Veränderungen langsamer und auf viel gleichförmigere Weise durchsetzten. Hier waren mit Beginn des Holozäns mesolithische Kulturen aufgetaucht; sie lebten in eingetieften Hütten und ernährten sich vom Sammeln von Wassernüssen, vom Fischfang und von der Jagd auf Elche, Wildschweine und auf andere Waldtiere; an der Ostseeküste ist auch Seehundjagd nachgewiesen. Gefunden wurden Behälter aus Holz und Birkenrinde, und zu ihrer Ausrüstung gehörten neben Kanus und Fellbooten, Schwimmern, Netzen und Tierfallen auch Skier. Vom 4. Jahrtausend an verbreitete sich die Verwendung von Keramik von den neolithischen Gruppen Osteuropas bis zu den Gemeinschaften in den Pripjet-Sümpfen und von dort entlang des oberen Dnjepr und der Wolga bis ins Gebiet des heutigen Moskau. Die Übernahme der Keramikverwendung zog jedoch keine wesentlichen Veränderungen in der Wirtschaftsweise nach sich, weder wurde Getreide angebaut noch wurden Tiere gehalten. Einzig die Bevölkerungszahlen könnten gestiegen sein und zu dichteren Siedlungsformen geführt haben: einige Fundplätze weisen auf eine ganzjährige Besiedlung mit bis zu einhundert Menschen hin.

Um die Veränderungen im übrigen Europa richtig einschätzen zu können, ist es wichtig, sich auch diese Lebensverhältnisse vor Augen zu führen, denn so hätte es in ganz Europa ausgesehen, wenn sich agrarische Wirtschafts- und Lebensweise nicht so rasch vom Vorderen Orient her ausgebreitet hätte. Und was noch wichtiger ist: Die weiterhin mesolithisch orientierte Wirtschaftsform Nordosteuropas überlebte auch überall dort, wo sich die Landwirtschaft nicht durchsetzen konnte – vor allem in den weiten Räumen der nordeuropäischen Tiefebene, die nur dünn mit agrarisch wirtschaftenden Gruppen besiedelt war, aber auch in den Bergregionen und den Hochplateaus Westeuropas, wo kaum Keramik benutzt wurde und sich die Oberflächenfundplätze archäologisch oft nur schwer zeitlich einordnen lassen. In solchen Gebieten überlebten mesolithische Traditionen neben den ersten Bauern bis ins 3. Jahrtausend v. Chr. hinein. In Polen war ein weites Gebiet, um das heutige Warschau herum und mit Ausläufern nach Westen bis hin zur Oder, von Menschen besiedelt, die ihre Tongefäße mit Kammstrichornamenten verzierten (Kamm- und Grübchenkeramik), aber keine Landwirtschaft betrieben. Auch als die agrarische Lebensweise diese Gebiete erreichte, wurden diese älteren Lebensformen nicht sofort verdrängt.

DAS ZENTRALE UND WESTLICHE MITTELMEERGEBIET 4500–3500 V. CHR.

Der scharfe Kontrast, der in anderen Teilen Europas zwischen dem Leben der Bauern und dem der Sammler zutage tritt, war im Mittelmeerraum weniger ausgeprägt. Die größere Kontinuität zwischen mesolithischen und neolithischen Populationen sowie das frühe Auftauchen bäuerlicher Wirtschaftsweisen im östlichen Mittelmeerraum weisen darauf hin, daß einheimische Gemeinschaften sich auf bestimmte Aspekte bäuerlicher Lebensweise konzentrierten und nur diese in ihr bisheriges Leben integrierten. In vielen Gegenden des westlichen Mittelmeeres ging dem eigentlichen Anbau die Übernahme der Keramikherstellung und der Kleinviehhaltung voraus, ohne daß dies die Siedlungsmuster stark verändert hätte. Vielleicht mit Ausnahme von Süditalien entstanden durch Ausbreitung der Landwirtschaft darum keine bemerkenswerten Unterschiede zwischen seßhaften Dorfbewohnern und mobilen Jägern, da die bäuerlichen Gemeinschaften meist klein und die Jäger und Sammler wiederum häufig seßhaft waren. Zu den archäologischen Nachweisen von Wohnbauten aus dieser Zeit gehören ebenso viele Funde aus Höhlen wie aus Hauskonstruktionen, aber es wäre falsch, hier nach ausgereiften Bauformen zu suchen, die mit zeitgleichen Baustrukturen in Mitteleuropa vergleichbar wären. Dennoch ist das Jungneolithikum durch eine wichtige Veränderung gekennzeichnet: Der Getreideanbau ergänzte die voraufgegangene Ausbreitung von Töpferei und Viehhaltung, und vom Balkan und von Mitteleuropa her verbreiteten sich einige Neuerungen.

In Italien lösten immer häufiger Siedlungen im offenen Gelände die Wohnplätze in Höhlen oder unter Felsdächern ab; das gilt vor allem für die Seen im Alpenvorland im Norden und für die Küstenebenen Kalabriens und Siziliens ganz im Süden Europas. Aber auch dort blieben Jagd und Sammeln weiterhin die wesentlichen Wirtschaftsformen. In Apulien an der Adria, gegenüber den Küsten von Albanien und Epirus, taucht dreifarbig bemalte Keramik mit textilen Mustern auf, die an vergleichbare Verzierungen auf dem Balkan erinnern; in Ligurien zeigen die Keramikgefäße, vereinzelt mit quadratischen Mündungen, in der Ornamentik Analogien zu Mitteleuropa; in den Alpenrandgebieten werden Pfahlbau-Siedlungen angelegt. In Südfrankreich ist die allgemeine Übernahme landwirtschaftlicher Subsistenzwirtschaft durch die einheimischen Populationen Teil der umfassenderen Veränderungen, die wir bereits beschrieben haben, und wird durch die Verbreitung von Mahlsteinen, geschliffenen Beilen und von Keramikgefäßen mit zahlreichen Ösen zum Aufhängen belegt. Eine besondere Konzentration von Siedlungen ist in der Gegend um Toulouse festzustellen. Dort finden sich an den Flüssen Strukturen mit langgezogenen Steinpflasterungen und zahlreichen Brandspuren, die sich nicht ohne weiteres deuten lassen; vielleicht handelt es sich um eine Art Sauna oder um andere gemeinschaftliche Einrichtungen an zeremoniell bedeutsamen Orten. Das bekannteste Beispiel einer solchen Anlage findet sich in St. Michel-du-Touche, am Zusammenfluß von Touche und Garonne.

Wegen ihrer Obsidianreserven spielen die vulkanischen Inseln des zentralen Mittelmeerraumes, Sardinien, Lipari und die Pontinischen Inseln, eine wichtige Rolle in dieser Phase. Von den bäuerlichen Siedlungen aus, z. B. Monte Arci im Westen Zentralsardiniens, wurden diese Rohstoffquellen intensiv ausgebeutet, und die Produkte dieser Obsidian-Zentren wurden in den Küstenbereichen des Tyrrhenischen Meeres und sogar bis hinauf nach Südfrankreich und an den Fuß der Alpen gehandelt. Auch hochwertige Keramik wurde mit diesem Küstenhandel verschifft, und so verbreiteten sich neue Stile und Formen, etwa die schönen rot geschlämmten Tongefäße von den Lipa-

Zeitgenössische und frei nachempfundene Darstellung von der Entdeckung der Cueva de los Murciélagos, der sogenannten »Fledermaushöhle«, einer Grabhöhle aus der Zeit um 4000 v. Chr., die Bergleute im 19. Jahrhundert hoch in der Seitenwand einer Schlucht in Almeria, Südspanien, gefunden haben. Die angeblich noch bekleideten Skelette trugen Sandalen aus Espartogras (Stipa) und hatten Körbe bei sich, von denen einige Mohnkapseln enthielten.

rischen Inseln. In Malta sind die ersten Felsgräber kennzeichnend für diese Periode, anderswo wurden die Toten in Höhlen und Steinkisten bestattet.

Etwas anders sind die Verhältnisse auf der Iberischen Halbinsel. Doch auch hier setzen sich bäuerliche Siedlungen im offenen Gelände allmählich in immer mehr Regionen durch. Typisch für diese Fundplätze sind die schlichte, rundbodige Keramik und die geschliffenen Steinbeile. Im trockenen Süden verwendete man die Fasern aus Espartogras (Stipa) zur Herstellung von Kleidung und Behältern; in Höhlenbestattungen sind einige bemerkenswerte Fragmente dieser neolithischen Gewebe erhalten geblieben. Ein besonderer Fundplatz, der von Steinbrucharbeitern im letzten Jahrhundert in der Cueva de los Murciélagos (Fledermaushöhle) in der Seitenwand einer Schlucht in Almería entdeckt und vermutlich ausgeraubt wurde, enthielt angeblich eine Reihe noch bekleideter Skelette, die kugelige , mit Mohnkapseln gefüllte Körbe bei sich hatten. Vielleicht waren dies einfache Fruchtbarkeitssymbole, vielleicht hatte man aber bereits auch die narkotisierenden Eigenschaften des Opiums schätzen gelernt. Weiter westlich, in Portugal – wo, ähnlich wie in Dänemark, Muschelhaufen von einer dichten Besiedlung der Küstenregionen zeugen –, lassen die ersten einfachen Ganggräber in Megalithbauweise erkennen, wie sich die bäuerliche Lebensweise ins Landesinnere ausbreitete.

Alles in allem gab es in Europa um 3500 v. Chr. eine große Vielfalt an Kulturen: am weitesten entwickelt im Südosten und entlang einer nach Nordwesten gerichteten Verbreitungsachse; einen eigenen Weg ging der Südwesten, während der Nordosten die alte Lebensweise fast unverändert beibehielt. Diese Unterschiede sollten sich durch die neuen Kontakte mit dem Osten, die bereits geknüpft wurden, eher noch verstärken als vermindern.

SÜDOST- UND MITTELEUROPA, 3500–2500 V. CHR.

Ein neuer Zeitabschnitt beginnt mit der Veränderung des ägäischen Raums. Der bisher nur als Halbinsel angesehene Balkan, am typischsten dargestellt durch die Lehmdörfer und die bemalte Keramik aus den Ebenen Thessaliens, wird zu einem Gefüge von Küstenstreifen und Inseln, die beherrscht werden von steinernen Festungen und dicht gedrängten Siedlungen, die auf Hügeln errichtet wurden. Viele Faktoren trugen zu dieser Umwandlung bei: neue Pflanzen wie Weinstock und Olivenbaum; in der Bodenbearbeitung die Einführung von Pflug und Esel sowie die Wollschafe, die auf den Weiden grasten; neue metallurgische Techniken wie das Legieren und Gießen von Kupfer und das Extrahieren von Silber aus Blei; die Bearbeitung von Marmor durch Schleifen; offene Langschiffe, mit denen man von Insel zu Insel gelangen konnte (für den Fischfang, den Handel und für Raubzüge). All dies wurde möglich, weil das benachbarte Anatolien in der bereits bronzezeitlichen Welt des östlichen Mittelmeerraums eine neue Rolle gewonnen hatte.

An Troja läßt sich das Wesen dieser Umwandlung gut veranschaulichen. In dieser Burg mit ihren großen Sälen und Werkstätten, die die Einfahrt in die Dardanellen kontrollierte und auf Inselstädte wie Poliochni auf Lemnos herabblickte, blieben nach dem

links Der berühmte Schatz aus der Burg II von Troja (Hissarlik), Nordwesten der Türkei, die um 2300 v. Chr. zerstört worden ist. Der von Heinrich Schliemann entdeckte Schatz enthielt Goldschmuck, goldene und silberne Trinkgefäße sowie Silberbarren. Ein solcher Reichtum blieb nur selten, entweder durch Katastrophen oder in königlichen Gräbern, erhalten.

rechts Trinkbecher mit Henkel einer graupolierten Keramik aus Vinča, Serbien (Badener Kultur, etwa 3400 v. Chr.). Die Behandlung der Oberfläche, die Form, der hochgezogene Henkel und der nach außen gewölbte Boden, sind Nachbildungen von zeitgleichen Gefäßen aus Silber, wie es sie etwa im Schatz von Troja II gibt. Sie wurden vermutlich aus Werkstätten in Anatolien oder im ägäischen Raum nach Südosteuropa importiert.

großen Feuer in ihrer zweiten Phase (am Ende der hier dargestellten Periode) nicht nur viele Spinnwirtel erhalten, die die wirtschaftliche Basis der Stadt zu erkennen geben, sondern auch ein reichhaltiges Repertoire metallischer Ausrüstungsgegenstände der Herren von Troja: Gold- und Silberkrüge, Kelche, Teller, Bronzeschüsseln, Silberbarren, bronzene Speerspitzen orientalischen Typs und wertvoller Goldschmuck mit Filigran- und Granulierarbeiten. Dies war eine Welt, die mit den Stadtkulturen Syriens und Mesopotamiens wetteiferte und Handel betrieb, und etwas ganz anderes war als die bäuerlichen Kulturen des Neolithikums und der Kupferzeit. Sie konnte ihre Stellung behaupten, weil sie über das Meer hinweg die Verbindung zu den Inseln der Ägäis herstellte, zu deren Rohstoffvorräten auch silberhaltiges Blei zählte, und zwar in ausreichenden Mengen, um die nach Silber verlangende Wirtschaft der wachsenden Städte zu stillen.

Die herausragende Lebensweise der weintrinkenden Anatolier wurde recht bald von ihren Rohstofflieferanten kopiert, wenn auch in viel schlichterer Ausprägung. Auf den griechischen Inseln und auf dem Festland tauchen Silbergefäße auf, zusammen mit deren zahlreichen Nachahmungen aus geschlämmtem und poliertem Ton.

Lokale Zentren auf den Kykladen und an der Ostküste der Peloponnes kopierten die Bastionsmauern und die großen Zentralbauten Anatoliens, und die örtlichen Werkstätten versuchten, die Fertigkeiten der anatolischen Goldschmiede nachzuahmen. Zwischenhändler auf den Kykladen profitierten von der geographischen Lage der Inseln, von denen aus sie die Routen zwischen den Inseln beherrschten, und schufen ihre eigene Kultur, die sich beispielsweise in Marmorfiguren von Weingenießern und Lyraspielern widerspiegelt.

Das übrige Südosteuropa wurde von diesen direkten Einflüssen nicht berührt; allerdings entstand im späten 4. Jahrtausend in einem Gebiet, daß sich nach Norden bis zum Karpatenbecken erstreckte, ein neuer Keramikstil, der das metallene Trinkgeschirr

Freigelegtes Grab unter einem Rundhügel in Plachidol, Nordbulgarien, mit hölzernen Wagenrädern (etwa 3000 v. Chr.) Dieses Grab liegt etwas entfernt vom Hauptverbreitungsgebiet solcher Gräber in den Steppen nördlich des Schwarzen Meeres. Nach ihnen wurde die Schachtgrab- oder Grubengrabkultur benannt.

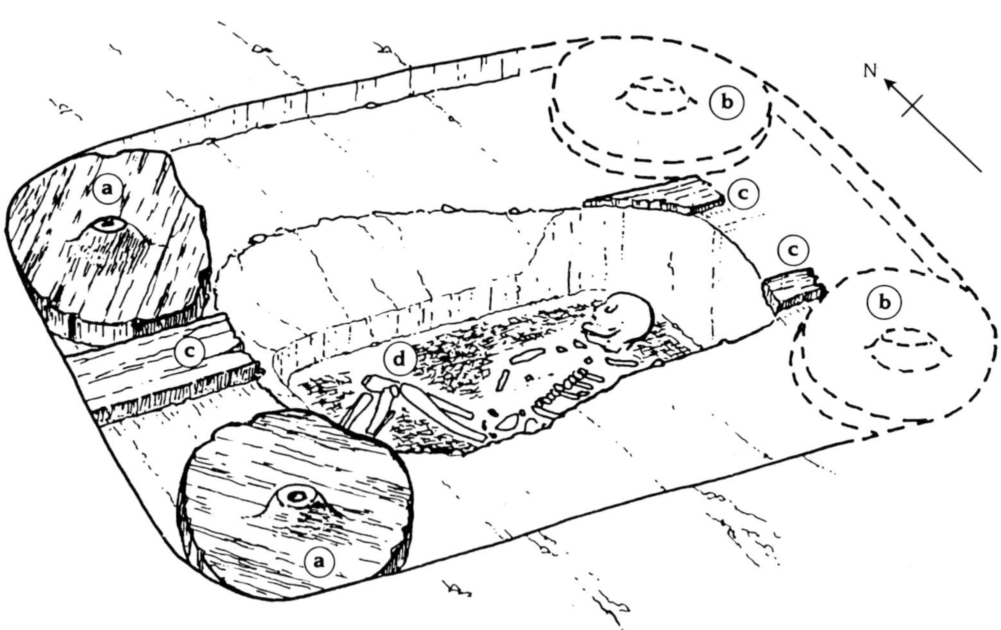

a Hölzerne Räder im Befund
b Hölzerne Räder (rekonstruiert)
c Holzbohlen zur Abdeckung der Grube
d Reste einer Decke aus organischem Material (Filz?) unter dem Skelett

der ägäischen Welt imitierte, mit seinen hochgeschwungenen Bandhenkeln, den nach innen gewölbten Böden, den Rinnenverzierungen und den glänzend grauen Oberflächen. Es gibt auch deutliche Hinweise auf die Existenz einer bäuerlichen Elite, da diese Statusobjekte (aus denen noch kein Wein, sondern lokal Gebrautes getrunken wurde – bis zum Anbau gezüchteter Weinstöcke sollten noch weitere drei Jahrtausende vergehen) in denselben Gräbern auftauchen wie andere kostbare Begleiter in die Ewigkeit, etwa Frauen und/oder Rinder. Solche Gräber wurden, nicht sehr zahlreich, in einigen Gräberfeldern Zentralungarns gefunden. Daß dieses Hab und Gut eine Art ideologische Einheit bildete, zeigt sich in außergewöhnlichen Statussymbolen aus dem 4. Jahrtausend, den Trinkgefäßen in Form eines kleinen Wagens, wie sie in Budakalász und Szigetszentmárton entdeckt wurden. Die Ochsen, die zum Ziehen der Wagen eingesetzt wurden, konnten auch vor die Pflüge gespannt werden, und neue Methoden der Bodenbearbeitung spiegeln sich in der agrarischen Landnahme größerer Flächen an den Rändern des Tieflandes und in den trockeneren Gebieten zwischen den Flußtälern Ungarns wider.

Die Verbreitung dieser revolutionären Zugtechnik, mit der sich Wagen und leichte Pflüge bewegen ließen, hatten in den trockenen Landstrichen nördlich des Schwarzen Meeres noch deutlichere Folgen, denn dort, in den Randgebieten des nahöstlichen Verbindungsnetzes, wie z. B. in Maikop im nördlichen Kaukasus, nahmen komplexe Gesellschaften Beziehungen zu den Hirten und Pferdezüchtern der Steppen auf. Man hatte dann beides, Pferde- und Ochsengespanne, was eine große Mobilität verschaffte, die für die Bearbeitung des Weidelandes nötig war. Eine machtvolle neue Kultur entwickelte sich mit typischen Schachtgräbern, die von Holzbalken bedeckt und die durch einen runden Hügel, einem Kurgan, gekennzeichnet waren. Diese Monumente, auf denen manchmal eine anthropomorphe Steinstele aufgerichtet wurde und die gelegentlich hölzerne Räder oder sogar ganze Wagen enthielten, tauchten im gesamten Gebiet zwischen Unterlauf der Donau und dem Fluß Ural auf, der nach Süden ins Kaspische Meer fließt. Kleine Gruppen dieser Völker drangen von der Donau nach Nordbulgarien und donauaufwärts nach Ostungarn vor, wo sie eine Enklave auf den immer salzhaltigeren Landflächen des jahreszeitlich trockenen Schwemmlands der Flüsse Tisza (Theiß) und Körös errichteten. Ihre Bestattungen – ich denke etwa an die mit angezogenen Knien auf dem Rücken liegenden Skelette, die mit rotem Ocker besprenkelt auf einer bemalten Filzmatte in einer Grube unter einem Kurgan gebettet waren – stehen in einem geradezu exotischen Kontrast zu den lokalen Friedhöfen mit Flachgräbern. Über solche Verbindungen vom Osten her, und nicht etwa über die Ägäis, gelangten Produkte und Technologien aus dem Vorderen Orient schließlich nach Europa: Wolle tragende Schafrassen und neue Metallgußtechniken wie z. B. die Verwendung der zweiteiligen Gußform.

Währenddessen gelangten die älteren Einflüsse aus der ägäischen Welt in jene Teile Mittel- und Osteuropas, die westlich, nördlich und südwestlich der ungarischen Tiefebene liegen: in das nördliche Alpenvorland, in die ehemalige Tschechoslowakei und nach Südpolen. In diesen Gegenden tauchten die charakteristisch abgerundeten und von der Metallbearbeitung beeinflußten Keramikformen auf – oft in befestigten Höhensiedlungen. Diese Bewegung hat in weiten Bereichen Südost- und Mitteleuropas zu einer kulturellen Einheit geführt, doch wirkte dies auch weiter in einen großen Teil Deutschlands und Polens hinein – so erklären sich wohl das überraschende Auftauchen von Keramikformen, die Metallgefäße imitieren, in einem Megalithgrab in Oldendorf, Niedersachsen, sowie die Gräber mit paarweise beigegebenen Rindern in Kujawien. Diese direkten Einflüsse sind Hinweise für ganz wesentliche Bewegungen, die auch für die Verbreitung von Pflug und Wagen gesorgt haben.

NORD- UND WESTEUROPA, 3500–3000 V. CHR.

Die gerade benannten Anstöße aus dem Süden führten in der nordeuropäischen Tiefebene und den nach Westen angrenzenden Regionen schnell zu Reaktionen und Anpassungen. Im allgemeinen wurden die Neuerungen zunächst in die bestehenden sozialen und rituellen Systeme integriert, doch mit der extensiveren Bodenkultivierung, die der Pflug möglich machte, und mit der wachsenden Vielfalt von Kontakten, akkumulierten sich die Potentiale für eine radikale Veränderung in der darauffolgende Periode.

Das Ausmaß wirtschaftlicher Veränderung zeigt sich in der Ausweitung der bergmännischen Gewinnung von Feuerstein an Plätzen wie Krzemionki in Polen, wo durch das weichere Gestein an die 1 000 Schächte bis auf die Schichten mit dem harten, gebänderten Feuerstein abgeteuft wurden, der zur Herstellung von Beilen geeignet war. Die Produkte aus diesen Bergwerken wurden bis zu 500 Kilometer weit transportiert, um die wachsende Nachfrage nach Werkzeugen zur Waldrodung zu befriedigen, die wiederum durch den Einsatz des Pfluges notwendig geworden war. Fundkonzentrationen mit Werkzeugen aus dem gebänderten Flint zeigen die Gegenden mit der schnellsten Ausdehnung, z. B. Kujawien an der Weichsel, wo Siedlungen mit kleinen, quadratischen Häusern und Gräberfelder mit Tiergräbern (z. B. Rinder mit einer Knochenscheibe zwischen den Hörnern) anzeigen, daß die Viehhaltung eine immer größere Bedeutung für die Subsistenz und für die Weltvorstellungen der Menschen gewinnen. Auch das ist nur möglich geworden durch umfangreichere Waldrodungen. Zur Keramik dieser Region gehören große kugelförmige Gefäße mit Ösen zum Aufhängen (die etwas unangemessen als »Amphoren« bezeichnet werden), die nach Osten hin bis in den Raum von Kiew verbreitet waren, der an das Verbreitungsgebiet der Schachtgräber-Kulturen in den Steppen angrenzt. Von dort übernahmen sie das Ornament der gedrehten Schnur, vielleicht auch andere Gewohnheiten, allerdings nicht die Tradition, Grabhügel aufzuschütten. Über diese Verbindungslinien kamen auch die ersten domestizierten Pferde nach Mittel- und Nordeuropa. Schnurverzierte Kugelamphoren finden sich auch in anderen Gegenden Polens und Deutschlands, wo sie die Gruppen verwendeten, die sich auf Herdenhaltung spezialisiert hatten. Dort lebende Ackerbauern und auch Gruppen von Jägern bedingten ein Nebeneinander der Kulturen. Die Jäger verwendeten die sogenannte Kamm- und Grübchenkeramik; sie scheinen in kleinen Gruppen aus Zentralskandinavien und von der Ostseeküste her in diese Gegend eingesickert zu sein und konnten aufgrund ihrer Spezialisierung auf die Jagd die Freiräume zwischen den benachbarten Bauern und Hirten besetzen.

In Altsiedellandschaften des Lößgürtels und im Verbreitungsgebiet der Megalithkultur, das die Verbindung zwischen Nord und West darstellte, wird jetzt Boden in viel größerem Umfang urbar gemacht und bebaut, auch mit dem Pflug. Höhenheiligtümer und rituelle Zentren werden weiterhin genutzt oder tauchen in neuen Gebieten auf, z. B. in Dänemark. An die Stelle einfacherer Siedlungsformen treten dagegen nun Gruppen von soliden Holzhäusern, die zuvor außerhalb der Lößgebiete dominierten. Im ostdeutschen Elb-Saale-Gebiet finden wir zum ersten Mal Kollektivgräber in großen Grabkammern. Sie erinnern an die Megalithgräber im Westen, wurden gewöhnlich aber aus Holz oder kleineren Steinblöcken errichtet. Bei Zeremonien wurden Tontrommeln verwendet und manchmal in den Gräbern hinterlassen. In Göhlitzsch bei Leuna, Kreis Merseburg (Sachsen-Anhalt), hat man ein besonders aufwendig gestaltetes Steinkistengrab mit ungewöhnlich geschmücktem Inneren gefunden: In die Steine, aus dem die Wände errichtet waren, sind flächig Strichmuster und Darstellungen eines Bogens mit Köcher und Pfeilen eingemeißelt. Hölzerne Kulthäuser mit besonderen Formen einer Standfußkeramik und mit Löffeln aus Ton wurden in Dänemark entdeckt, wo zum ersten Mal größere Megalithgräber mit Eingängen (*Jættestuer*, »Hünenbetten« genannt) errichtet wurden. Typisch für diese Großsteingräber ist, daß in ihnen eine große Zahl von Menschen beigesetzt wurden und daß Schädel und lange Knochen sich oft in verschiedenen Bereichen befinden. Diese riesigen Grabmäler wurden um diese Zeit zum ersten Mal auch im Norden der Niederlande errichtet.

Gravierte Seitenplatte aus einem jungneolithischen Steinkistengrab (um 3000 v. Chr.) in Leuna-Göhlitzsch, bei Merseburg, Sachsen-Anhalt. Die Platte war ursprünglich rot bemalt und scheint das Innere eines Raumes darzustellen: ein Köcher mit Pfeilen (links) und ein Bogen (oben, Mitte), der neben vier geometrisch gemusterten Mattenbahnen aufgehängt ist. Eine ähnliche Darstellung kennen wir aus einem zeitgleichen Grab im nördlichen Kaukasus.

Sorgfältig freigelegtes, 11 m langes Steingrab (Galeriegrab oder *allée couverte*) mit mehr als 250 Individuen, die sukzessive bestattet wurden; La Chaussée Tirancourt, Somme, Frankreich, etwa 3500–2600 v. Chr. Die Skelette liegen in Schichten übereinander, die die Phasen der Benutzung des Grabes anzeigen. Das Kollektivgrab wurde vermutlich von kleinen jungneolithischen Siedlungen und Gehöften genutzt, die vermutlich im Umkreis eines Gebietes lagen, das in etwa einer heutigen Kirchengemeinde entspricht.

Ähnliche, zum Teil eingetiefte Kollektivgräber aus Holz oder Stein wurden über ein großes Gebiet Westeuropas hinweg errichtet, wodurch eine Verbindung zu den älteren Zentren der Megalithkultur an den Küsten zu erkennen ist. Diese langen, aus Stein errichteten Grabkammern kennen wir aus Hessen, dem Pariser Becken, der mittleren Bretagne und dem Loiretal, wo sie als *allées couvertes* oder Galeriegräber bekannt sind. In jedem von ihnen wurden viele Tote bestattet. Sie müssen in Verbindung mit einer neuen Siedlungsform gesehen werden, die man als »erweitertes Dorf« bezeichnet. Es wird aus verstreut liegenden Weilern gebildet, deren Mittelpunkt ein solches Megalithgrab darstellt. Dieses Siedlungsmuster, das gewiß erst mit dem Einsatz des Pfluges möglich wurde, findet sich besonders häufig auf Hochebenen im Landesinneren, wo einige wenige mesolithische Gruppen überlebt hatten. Die neuen Siedlungsformen zeigen wohl an, daß diese Randpopulationen nun endgültig absorbiert waren. Der Einfluß des neuen Siedlungsmusters auf ältere etablierte Megalithkulturen in Westfrankreich tritt in neuen Grabformen zutage, in denen die Merkmale der Ganggräber und der Galeriegräber verbunden sind, wie z. B. in den sogenannten »abgewinkelten Ganggräbern« (*allées coudées*), die im Morbihan zahlreich zu finden sind.

Die Keramik dieser Zeit weist eine große Typenvielfalt auf, besonders, was die verzierten Gefäßformen betrifft, die in formellen Zeremonien und als Schauobjekte verwendet wurden. Sie sind Zeugnisse der Spannungen, die sich zwischen gegensätzlichen Vorstellungen eines angemessenen Verhaltens entwickelt hatten, insbesondere hinsichtlich des gesellschaftlich bedeutsamen Verzehrs von Speisen und Getränken. Zu diesen Gefäßformen gehören die rundbodigen Trinkgefäße im Süden, die flachbodigen Kochtöpfe im Norden ebenso wie die großen Behältnisse für Flüssigkeiten in Osteuropa und die einfachen Gefäße in »Blumentopf«-Form, die im Westen in den Gegenden mit mesolithischer Integration dominierten. Jeder Keramiktypus spiegelt regionale Bräuche der Essenszubereitung wider und alle zusammen entsprechen sie der Vielfalt der verschiedenen Grab- und Siedlungsformen.

Neben all diesen Ausdrucksformen regionaler Unterschiede gibt es aber doch einige, deutlich erkennbare allgemeine Merkmale. Das wichtigste ist die Bedeutung, die der *Platz* innehatte. Die gesellschaftlichen Strukturen im Neolithikum waren in den für eine lange Dauer bestimmten Bauformen verankert – in Häusern und Dörfern, den Erdwerken und rituellen Zentren oder den Grabkammern aus Stein. Dort, wo die Kultivierung des Bodens wirtschaftlich bedeutsamer wurde als die Aufzucht von Vieh, waren diese Zeichen der Gemeinschaft eine grundlegende Voraussetzung für die Sicherung der Kontinuität von Anbau und gesellschaftlicher Reproduktion. Sie waren die Schauplätze regelmäßiger Rituale und Zeremonien und wurden errichtet in der Hoffnung, daß sie immerfort, über die jährlichen Zyklen des Lebens hinweg bis in die Unendlichkeit Bestand hätten. Was danach kam, und was in Osteuropa schon zuvor eingesetzt hatte, war ein neuer Trend zur Mobilität – eine weniger bodenständige, eher opportunistischere Lebensweise, in der die Gesellschaften nicht mehr so eng an den Boden und an Symbole der Dauer und Stabilität gebunden waren.

NORD- UND WESTEUROPA, 3000–2500 V. CHR.

Daß man für Nord- und Westeuropa um 3000 v. Chr. eine Zäsur setzen muß, ist kennzeichnend für das Tempo, mit dem sich die Veränderungen in den Randgebieten Europas vollzogen. In dieser Zeit begannen die traditionellen Gesellschaften und Lebensweisen unter den Widersprüchen zu zerbrechen, die aus den akkumulierten Neuerungen resultierten. Hatte es in den vorangegangenen fünf Jahrhunderten eine noch immer zunehmende Verfeinerung ritueller Strukturen und Grabbauten gegeben, so kehrte sich dieser Trend nun um: ausgelöst durch die Ausbreitung einer neuen Kultur, in der mobiler Wohlstand mehr zählte als Megalithbauten und rituelle Zentren. Im Mittelpunkt standen nun nicht mehr das Land, sondern immer mehr die Menschen und ihr persönlicher Besitz.

Das Symbol dieses Wandels war der Keramiktypus, der von Archäologen als Schnurkeramik bezeichnet wird. Das Verzieren durch Eindrücken von Schnüren in die noch ungebrannten Gefäße war in den Steppen und später auch in der östlichen Hälfte der nordeuropäischen Tiefebene bereits bekannt, nun aber taucht in der Keramik die charakteristische Form eines Trinkgefäßes auf, der Becher; es handelt sich um ein hohes henkelloses Gefäß mit einem geweiteten Rand, das ungefähr einen Liter Flüssigkeit faßt und dessen obere Hälfte mit umlaufenden Ziermustern versehen ist. Solche Becher findet man vor allem in Männergräbern, oft zusammen mit einer Steinaxt mit Schaftloch und einer einfachen, nach unten zeigenden Klinge, auch Streitaxt genannt. Auch solche Äxte sind in ähnlicher Form schon früher hergestellt worden, in Anlehnung an die Schaftlochäxte der ungarischen Tiefebene aus der späteren Kupferzeit, nun jedoch erscheinen sie in viel größerer Anzahl und mit ihnen ist jetzt offensichtlich das Prestige verbunden, das zuvor mit den geschliffenen Beilen zur Waldrodung assoziiert wurde. Die Gräber, die solche Beigaben enthalten, befinden sich im Zentrum eines kreisförmig aufgeschütteten Hügels.

In diesem Beigabenspektrum und in der Einzelgrabsitte verbanden sich Elemente aus südlichen und aus östlichen Kulturen. Die hohe Wertschätzung der Trinkzeremonie erreichte Südeuropa von Anatolien her und in den vergleichsweise groben Gefäßen des Nordens kann man nur ein schwaches Echo der feinen, silbernen Weinkelche, wie sie in der ägäischen Welt benutzt wurden, erkennen. Diese Gefäße könnten mit einem stimulierenden Getränk gefüllt gewesen sein, das aus zahlreichen seltenen Zutaten gewonnen wurde. Das Schnurdekor könnte darauf hindeuten, daß diese Gefäße nun nicht mehr nur das leicht alkoholische Getränk aus Waldhonig und wilden Früchten enthielt. Wenn in den Steppengebieten Cannabis geraucht wurde, warum sollte diese Pflanze

Typische Keramik-Trinkgefäße und Streitäxte aus Stein; aus Männergräbern der frühen, mittleren und späten Schnurkeramik-Kultur (3000–2400 v. Chr.). Diese Grabbeigaben stammen aus Dänemark, aber vergleichbare Artefakte finden sich in einem großen Gebiet von der Schweiz bis nach Moskau. Die Gräber (ursprünglich in Gruben, später auf der Bodenoberfläche) waren gewöhnlich von einem Rundhügel bedeckt.

dann nicht in den benachbarten Kulturen getrunken worden sein? Das bleibt natürlich Spekulation. Die Übernahme der Tradition, runde Grabhügel aufzuschütten, ist jedoch ein weiteres und symbolisch äußerst bedeutsames Merkmal. Vielleicht spiegeln diese Hügel die kreisförmigen Hütten oder Zelte von autonomeren Familiengruppen wider, deren Ursprünge im Osten liegen. Auch die Streitäxte sind nicht in profanen Zusammenhängen zu sehen, sie verweisen vielmehr auf ein neues gesellschaftliches Ideal oder Selbstbild, das nicht mehr auf Arbeit, sondern auf Kampf und Krieg basiert.

Die Veränderungen betreffen keinesfalls nur die Jenseitsvorstellungen und die Verzierungsmuster. So stellen die Siedlungen der Schnurkeramiker eine Umkehrung vorangegangener Verhältnisse dar. Die Siedlungen bestehen nun aus verstreuten Gruppen mit nur wenigen Häusern, die vermutlich klein und nicht sehr dauerhaft gebaut waren, denn sie lassen sich aus den Grabungsbefunden mit den wenigen Pfostenlöchern kaum rekonstruieren. Diese Bauten haben auch mit den Kreisgrabenanlagen und Erdwerken sowie rituellen Zentren vorangegangener Siedlungsmuster nichts mehr gemein. Sie entsprechen einer sich schneller verändernden Gesellschaft, in der Besiedlungen von kürzerer Dauer und soziale Gruppierungen fließender waren. Genauso verhielt es sich mit den Gräbern: Ein Begräbnis war ein einmaliger Vorgang und ein Ereignis ausschließlich für diejenigen, die an der Bestattung teilnahmen. Die Toten reihen sich nicht in eine anonyme Gemeinschaft von Vorfahren ein, sondern werden als Persönlichkeiten der Erde übergeben, noch einmal, mit dem Begräbnisritual präsentieren sie ihren persönlichen Besitz und ihre gesellschaftliche Stellung. Die Hügel markieren spezifische Verwandtschaftsbeziehungen, die für die Zurückgebliebenen von Bedeutung waren. Das hatte es bereits in früheren Perioden gegeben, während der Kupferzeit in den Karpaten oder in den Steppenregionen. Neu ist jedoch, daß solche Gräber nun in den bewaldeten Gebieten Nordeuropas auftauchen, wo die ersten Bauern dem dichtesten Wald Weideland abgerungen haben; dort also, wo die vergrößerten Flächen bebaubaren und brachliegenden Landes eine Umgestaltung des Lebens nach neuen Prinzipien ermöglichten – ein Leben, in dem der Viehbestand und weniger die Verfügung über Boden die Grundlage des Wohlstands darstellte und persönliche Gegenstände als Symbole von Autorität und Macht dem beständigen Wechsel trotzten.

Wo haben solche Lebensformen ihren Ursprung? Archäologen, die sich auf typologische Analysen und auf eine leider noch unzureichende Anzahl an Radiokarbon-Datierungen stützen, haben eine Primärgruppe, einen »A-Horizont« für die ersten Schnurkeramikbecher und Streitäxte aus den eingetieften Gräbern unter den niedrigen Hügeln zwischen Jütland und dem nördlichen Bug definiert. An den Grenzen dieses Verbreitungsgebietes waren diese Gemeinschaften ganz offensichtlich Eindringlinge und lebten zwei Jahrhunderte lang neben den Erbauern von Megalithgräbern und den Herstellern kugelförmiger Amphoren. Vielleicht waren sie immer schon Außenseiter gewesen, die am Rande existierender Kulturen lebten und deren Bevölkerungen nach und nach unterwanderten. Irgendwann sind sie dann jedoch rasch zum vorherrschenden Element in den seit langem urbar gemachten Ebenen geworden, etwa in den Lößlandschaften in der Mitte Deutschlands oder auf den leicht zu rodenden Sanderflächen der Lüneburger Heide, die damals noch nicht die Heidelandschaft war, die heute für Armeemanöver benutzt wird. Es hat darum nur eine relativ kurze Zeit gedauert, bis sie sich überall in der nordeuropäischen Tiefebene auf vergleichbaren Gebieten mit leichten Böden ausgebreitet hatten. Ihre Kultur breitete sich von dort zum Rhein aus, diesen hinauf bis in die Schweiz, nach Norden in weite Teile Skandinaviens, ostwärts in die Gegenden der Bauern und Sammler des östlichen Baltikums und weiter Richtung Moskau. Die Schnurkeramiker überrollten die dort vorherrschenden Kulturen und prägten riesige Gebiete neu, die so zu einer großen Kultureinheit zusammenwuchsen, die mit den Hirten und Viehzüchtern der Steppen und mit den seßhafteren Bauern Südosteuropas rivalisierte. Dies war einer der folgenreichsten Umwandlungsprozesse in der europäischen Vorgeschichte.

DIE BRITISCHEN INSELN, 3500–2500 V. CHR.

Während das übrige Europa Schauplatz recht folgenreicher Umwälzungen war, verliefen auf den Britischen Inseln die Veränderungen in einer für Inseln typischen Weise, das heißt hier überdauerten ältere Muster länger und unbeirrt durch die neuen Ideen. Der Pflug erreichte die Inseln jedoch etwa zur gleichen Zeit wie Dänemark, und seine Benutzung kennzeichnet das Jungneolithikum, in dem es auch zu wesentlichen Veränderungen im Siedlungsmuster kam, was aber keine radikalen Wandlungen der Wertvorstellungen nach sich zog. Pflugspuren sind unter dem Langhügel von South Street erhalten geblieben. Dieser Hügel gehörte zu einer neuen Generation von kurzen Langhügeln, die oft gar keine Gräber enthalten, und die auf den Kalkböden von Wessex in Südengland um 3500 v. Chr. auftauchen. Siedlungen, die nun die Form größerer und stabilerer Wohnstätten annehmen, findet man nun nicht nur auf lößreichen und kalkhaltigen Böden, sondern auch und vor allem auf den kiesbedeckten Terrassen großer Flüsse wie der Themse. Dort, sowie in anderen Teilen Ostenglands, in Yorkshire etwa, tauchen neue Typen von Einzelgräbern auf. In ihnen fand man unter anderem Keulenköpfe aus Felsgestein, Feuersteine und Messer oder Schmuckstücke wie Knochennadeln und Perlen aus Gagat. Diese Entwicklungen verliefen parallel zu den Veränderungen, die zur gleichen Zeit auch im übrigen Europa stattfanden, scheinen jedoch in Westengland auf Widerstand gestoßen zu sein. Dort sind in dieser Zeit ganz neue, aufwendige Erdwerke als Schauplätze für Zeremonien entstanden: etwa die aus parallel geführten Wällen und Gräben bestehenden sogenannten *Cursus*-Anlagen, so genannt nach einer scherzhaften Vermutung aus dem 18. Jahrhundert, derzufolge sie Rennbahnen darstellen sollten, die einige Analogien zu den Menhirreihen aufweisen, die gleichzeitig in der Bretagne angelegt wurden – doch kann man nicht auf direkte Kontakte schließen. In Südwestengland, wo auf Anhöhen angelegte rituelle Plätze wie Hambledon Hill und Crickley Hill befestigt wurden und in der Tat von Angreifern mit Pfeil und Bogen attackiert worden sind, treten Anzeichen eines Konflikts offen zutage.

In Nordengland und Irland entstehen in dieser Zeit immer mehr runde Ganggräber; in Irland, wo die Tradition der Langhügel in einigen Regionen fortbestand, wurden sie vermutlich zu rituellen Zentren. Diese befanden sich auf Hügeln wie z. B. die Megalithgräber von Carrowkeel oder Loughcrew. Sie beherrschten mit ihren großen, in

Kreuzform angelegten Ganggräbern unter riesigen Hügeln ganze Landschaften, wie die Megalithgräber, Menhire und Hengedenkmäler von Newgrange, Knowth und Dowth an der Flußschleife des Boyne. An diesen Stätten wird das esoterische Interesse an Astronomie und dem Jahreszeitenkalender, das sich bereits in früheren Ganggräbern andeutet, sichtbar. Auf einigen Wandsteinen befinden sich eingemeißelte Sonnenuhren, und die Gänge sind so präzis angelegt, daß am Tag der Wintersonnenwende die Strahlen der aufgehenden Sonne genau auf die in den Stein gehauenen Abbildungen der darunterliegenden Kammer fielen. Ein halbes Jahrtausend nach der Errichtung des Großsteingrabes von Gavr'inis erreichte so die Megalithkunst und -architektur im westlichsten Teil Europas, weit entfernt von kontinentalen Konflikte einen weiteren Höhepunkt. Dort, wo in Irland die Tradition der Langhügel vorherrschte, wurden ähnliche Anstrengungen (jedoch über Generationen hinweg) in die Errichtung von langen Steinmauern investiert, die später die üppigen Weideflächen der Grafschaft Mayo um Behy-Glenulra umgaben, wo sie in den Feuchtgebieten die Jahrtausende unter Torfschichten überstanden haben.

Zu ähnlicher Berühmtheit gelangte zur gleichen Zeit ein weiteres Gebiet im Norden, und zwar die fruchtbare Inselgruppe der Orkneys. Sie wurden um 3500 v. Chr. von Bauern, die den Pflug bereits nutzten, und von Fischern besiedelt. Was diese Inseln berühmt macht, sind nicht nur die kunstvollen Gräber, von denen einige, z. B. Maes Howe, ähnlichen Grundriß und Ausrichtung aufweisen wie Newgrange, sondern auch die steinernen Siedlungen wie Skara Brae, eine Ansammlung fast rechteckiger Steinhäuser, die durch Gassen miteinander verbunden waren und steinerne Vorrichtungen für Bettstatt, Regale und Herdstellen aufweisen. An der erst kürzlich ausgegrabenen Steinsiedlung Barnhouse bei Maes Howe war eine ähnliche Gruppe von Häusern um ein rundes Zentralgebäude angeordnet, dessen Eingang dorthin zeigte, wo zur Sommersonnenwende die Sonne aufgeht: zum Licht, das die Lebenden erfreute, so wie die Strahlen der Wintersonnenwende das Reich der Toten durchdrangen. Noch eine weitere außergewöhnliche Gruppe von Monumenten gibt es auf den Orkneys. Sie befinden sich an den gegenüberliegenden Ufern des Loch of Harray. Die Steinringe von Brodgar und Stenniss weisen Wälle und Gräben mit Eingängen auf. Diese Ringbauten repräsentieren einen Monumenttypus, der im Norden Großbritanniens weit verbreitet ist und den es später auch im Süden gibt. Möglicherweise sind diese Anlagen eine (vielleicht in Nordwestschottland begonnene) Weiterentwicklung der runden Ganggräber mit Steinreihen. Solche Steinkreise könnten durchaus runde Holzbauten umgeben haben, in denen nun ähnliche Rituale stattfanden wie zuvor in den Grabmonumenten, und hätten den Vorteil geboten, daß den Beisetzungsritualen nun mehr Menschen beiwohnen konnten. Derartige Kreise sind, wie die große Anlage in Barnhouse, meist mit der Sommersonnenwende verbunden, während die Gräber eher nach der Wintersonnenwende ausgerichtet wurden. Wir wissen nichts Genaues über die geheimnisvollen Rituale dort, doch manche, mit großer Sorgfalt hergestellte Objekte aus hartem Gestein sprechen dafür, daß die Menschen dieser Zeit über ein hochentwickeltes Verständnis von Geometrie verfügten: Die Objekte haben die Form verzierter Kugeln oder regelmäßiger Polyeder mit Erhebungen und Facetten; sie wurden vielleicht für Prophezeihungen benutzt.

Ausgrabung eines riesigen Rundhügels (90 m Durchmesser) mit Ganggrab; Knowth, County Meath, Irland, etwa 3200 v. Chr. Dies ist eines von drei ähnlichen, eng benachbarten Monumenten (Newgrange und Dowth) an der Boyne-Schleife. Die äußere Begrenzung wird durch verzierte Randsteine markiert; im Inneren befinden sich zwei lange Gänge mit kreuzförmigen Kammern. Um diese Anlage herum finden sich dicht gedrängt kleinere Ganggräber.

Die Kultur im Norden der Insel, verwurzelt in einheimischen Traditionen, die weiter im Süden nicht vorhanden waren, erlebte damals eine besondere Blütezeit. Die Einflüsse dieser Kultur reichen dann hinunter bis nach Wessex, was man dem Auftauchen jener besonderen Keramik entnehmen kann, welche als Rillenkeramik bekannt ist und vermutlich bei einem zeremoniellen Mahl, das seine Ursprünge im Norden hat, zum Verzehr bestimmter Speisen verwendet wurde. In Wessex werden nun auch sogenannte Henge-Monumente – Rundanlagen aus Erde oder Steinen wie die auf den Orkneys – errichtet: ein Wall mit innenliegendem Graben (wie in Avebury) und einander gegenüberliegenden Eingängen umgibt eine Anlage aus Steinen. Der riesige Hügel Silbury Hill ganz in der Nähe ist eine Nachahmung der großen Ganggräber des Nordens. In Durrington Walls umgeben kreisförmiger Wall und Graben große runde Holzgebäude. Im nahegelegenen Stonehenge, das um 2000 v. Chr. als letztes Monument dieser Art errichtet wurde, ist der Kreis aus steinernen Pfosten und Stürzen sicher eine steinerne Nachbildung einer hölzernen Wand mit Ringbalken. Dieses großartige Monument ist natürlich genau nach der aufgehenden Mittsommersonne ausgerichtet. Englands berühmtestes prähistorisches Monument verkörpert also so etwas wie den Nachhall kalendarischer Rituale, die mit den ersten Bauern des Nordens, ja vielleicht bereits mit mesolithischen Vorfahren in jener nebligen Randzone Europas verbunden sind.

DAS WESTLICHE UND ZENTRALE MITTELMEERGEBIET 3500–2500 V. CHR.

Der Mittelmeerraum bringt in dieser Periode eine ganze Reihe Formen menschlichen Zusammenlebens hervor, die wir bereits beschrieben haben, angefangen im Osten mit der Entwicklung des städtischen Lebens, über die zentralen Gebiete mit ihren in sich abgeschlossenen Gruppen, deren Kennzeichen Waffengräber und die Verwendung von Kupfer sind, bis hinüber in den Westen, wo Kulturen siedeln, die Kollektivgräber und Megalithbauten errichten. In all diesen Kulturen basiert die Wirtschaft auf der Bearbeitung des Bodens mit dem Pflug, wobei in Italien und Südfrankreich die Herdenhaltung eine immer wichtigere Rolle spielt und Kontakte zwischen den Regionen dazu führen, daß auch die bislang weitgehend unfruchtbaren Inseln an Bedeutung gewinnen. Dennoch sollten wir diese überregionalen Verbindungen nicht zu wichtig nehmen, da Entfernungen zu Zeiten, in denen das Segel noch nicht erfunden war, noch ein Hindernis waren für die Entwicklung von weitreichenden Handelsbeziehungen. Zwar gelangten gewisse Dinge von Osten nach Westen, jedoch eher durch langsame Verbreitung als durch Landnahme oder gezielte Expeditionen.

Auf der Iberischen Halbinsel läßt sich in dieser Zeit ein bemerkenswerter Aufschwung bei der Anlage von Grabmälern und den rituellen Gebräuchen feststellen; eine Entwicklung, die parallel zu der Herstellung hochwertiger Steingeräte, etwa der langen Feuersteinklingen und sorgfältig gravierten Schiefertafeln und zu der Entstehung einer einfachen Kupferindustrie verlief. Abbau und Verhüttung stützen sich auf die Ausbeutung der reichen örtlichen Erzvorkommen. Zu den hochwertig gearbeiteten Artefakten gehören zu dieser Zeit immer auch persönliche Stücke wie Elfenbeinkämme und Schuhwerk, dennoch werden auch diese noch immer in Kollektivgräbern hinterlassen und dienen nicht der Hervorhebung einzelner Toter. Man hat weiterhin Schalen von Straußeneiern gefunden und damit einen Hinweis auf Kontakte hinüber nach Nordafrika, wo ebenfalls Grabhügel mit Steinkammern errichtet wurden. Die Keramik ist mit den gleichen symbolischen Motiven verziert, die auch auf den schematischen, anthropomorph gestalteten Schieferplatten und den gebogenen Schieferobjekten erscheinen, die man Krummstäbe genannt hat; auch Sonnen und Augen, geometrische Motive und figürlichere Elemente wie Strichzeichnungen von Hirschen zieren die Keramik. Neben den Grabmonumenten sind in einigen Gegenden auch komplexe Siedlungen oder regionale Zentren angelegt worden, die umgeben sind von aufwendigen Verteidigungsmauern mit vielen Eingängen und Bastionen. Diese Anlagen zeigen Entsprechungen zu den Erdwerken der gleichen Periode, die wir von Luftaufnahmen aus Westfrankreich kennen, wobei die Bastionen ein spezifisches mediterranes Element zu sein scheinen, das sich in Sardinien, Sizilien und auf ägäischen Inseln wiederfindet und sich bis zu den Städten der südlichen Levante zurückverfolgen läßt. Diese gemeinsamen Elemente verbinden die Atlantikküste der Iberischen Halbinsel und ihre berühmten Fundorte wie Zambujal und Vila Nova de São Pedro in Portugal mit den dürren Landflächen von Almería. Dort ermöglichten eine intensive Wasserwirtschaft und einfache Bewässerungsmethoden, daß in den dicht besiedelten Gemeinschaften wie Los Millares mit dem benachbarten Gewirr von einigen hundert Grabkammern in Kragsteingewölben und den außerhalb, auf nahegelegenen Hügeln erbauten und befestigten Forts, viele Menschen beieinander wohnen konnten. Das architektonische Können, das diese Gräber belegen, findet ein Echo in der eher megalithischen Konstruktion der Dolmen von Matarrubilla bei Sevilla, und wird später in einfacherer Form mit Hunderten von Gräbern entlang der Atlantikküste nachgeahmt, von denen einige in Stein gemeißelte oder auf Stein gemalte geometrische Ornamente aufweisen. An der Ostküste der spanischen Levante zeigen Beispiele traditioneller Felsenkunst mit gemalten Jagdszenen, daß die alte Lebensweise beibehalten wurde.

In Südfrankreich werden nun zunehmend auch die trockenen Kalksteinplateaus des Languedoc und der Provence besiedelt. Zwei Typen von Bauwerken, die unterschiedlich verbreitet sind, lassen sich mit dieser Bewegung in Verbindung bringen: runde Steinhügel, die Steinkisten oder -kammern bedecken und als *dolmens simples* bekannt sind, und Gruppen von ovalen Wohnhäusern aus Stein, die manchmal von Steinwällen umgeben waren und bastionsartige Ausbuchtungen aufweisen; letztere kennt man am besten von der Siedlung Lébous im Département Hérault. Obwohl diese Konstruktionen generell den *pasteurs des plateaux*, den Hirten der Hochebenen, zugeschrieben werden, ist es doch wahrscheinlicher, daß die Menschen in diesen erstmalig besiedelten Landstrichen von der Bewirtschaftung des Bodens mit dem leichten Pflug lebten. Dies

Grab 43 des kupferzeitlichen Gräberfeldes von Varna am Schwarzen Meer, Bulgarien, etwa 4000 v. Chr. Der Grabungsbefund wurde als Ausstellungsstück neu zusammengesetzt. In diesem Grab lag ein etwa 45 Jahre alter Mann, dem insgesamt 990 Goldobjekte mit einem Gewicht von 1516 g beigegeben wurden; dazu Waffen aus Kupfer und Feuerstein. Man beachte die goldene Penis-Tülle.

links Ecke der Fassade des neolithischen Tempels in Ġgantija, Xaghra, auf Gozo, der nördlichsten der maltesischen Inseln, etwa 3000 v. Chr. Dies ist nur ein Tempel von vielen ähnlichen Bauwerken auf Malta. Die Wand ist aus besonders großen Kalksteinblöcken erbaut und umschließt eine Reihe von Innenkammern, die in Form eines fünfblättrigen Kleeblattes angelegt sind.

unten So sah das jungneolithische Ganggrab (etwa 3200 v. Chr.) von Maes Howe im Jahr 1861 aus; der Kreisgraben ist später entstanden. Ebenfalls gut zu erkennen sind im Hintergrund die Steinkreise von Stenniss (links) sowie der vollständig erhaltene Ringwall von Brodgar (rechts). Eine ebenfalls jungneolithische Siedlung wurde erst kürzlich in der Nähe des Stallgebäudes (weißes Gebäude, links) ausgegraben.

Keramikschüssel mit vier Füßen; auf der Schüssel befinden sich Bereiche mit Ritzornamenten wie das »Augenmotiv« und schematische Strichzeichnungen. Das Stück stammt aus einem kupferzeitlichen Ganggrab des Gräberfeldes in Los Millares, Almería, Südspanien, mit ungefähr 100 Bestattungen; etwa 3000 v. Chr.

schließt nicht aus, daß es größere Schafherden gegeben haben mag als zuvor, und vieles weist auch darauf hin, daß weiterhin Höhlen bewohnt wurden. In den Tälern der Pyrenäen zeigen einfache Megalithgräber, daß die Hirten mit ihren Herden umherzuziehen begannen. Die Verbreitung der bäuerlichen Lebensweise verlief in vielfacher Hinsicht analog zur gleichzeitigen Besiedelung von Gebieten im Landesinneren durch die Erbauer der *allées couvertes*. Die *dolmens simples* im angrenzenden Quercy haben mit den *allées couvertes* die Ausrichtung nach Osten gemeinsam, wenngleich ähnliche Monumente im Midi eher nach Westen orientiert sind, der untergehenden Sonne entgegen. In beiden fand man auch anthropomorphe Stelen oder Statuen-Menhire. Sie ähneln den weiblichen Figuren, die in den weichen Kalkstein der unterirdischen Kollektivgräber im Pariser Becken geritzt sind. In den südlicheren Gegenden mit weicherem Gestein entdeckte man ähnliche lange Felskammergräber, einige mit Nebenkammern wie die berühmte Grotte des Fées bei Arles, die eine große Zahl von Kollektivgräbern enthält. Zu den Funden in diesen Gräbern und Siedlungen zählen lange Feuersteinklingen und sorgfältig gearbeitete Pfeilspitzen sowie Perlen aus grünem Mineralgestein, sorgfältig bearbeiteter Kalkstein, Marmor und kleine Kupferobjekte.

In den Insellandschaften Korsikas, Sardiniens, Maltas und – weniger ausgeprägt auch – Siziliens, war die Siedlungsausbreitung natürlich ins Inselinnere gerichtet. Damit ließe sich auch erklären, daß hier auf die Gestaltung bestimmter ritueller Zentren mehr Wert gelegt wurde als auf dem Festland. Jedes dieser Gebiete im Inselinneren erlebte eine wirtschaftliche Blüte, die sich nur mit der Einführung der Pflugwirtschaft in bisher nicht besiedelten Lebensräumen erklären läßt. Es gibt nur sehr wenig Hinweise auf Kontakte zwischen den Inseln. Den extremsten Fall stellt Malta dar, wo in dieser Zeit eine recht bemerkenswerte Zahl von etwa einem halben Dutzend größerer Megalith-

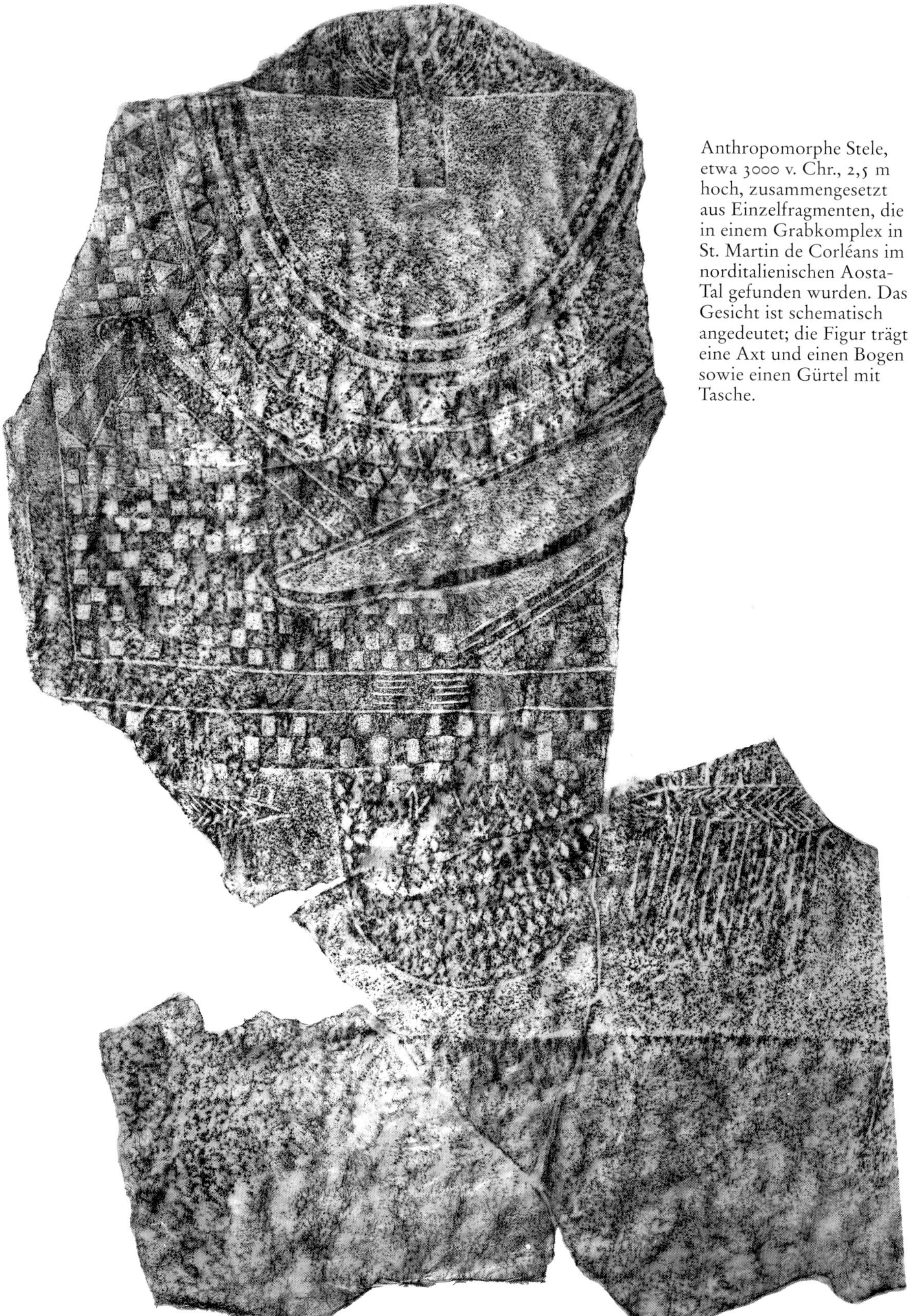

Anthropomorphe Stele, etwa 3000 v. Chr., 2,5 m hoch, zusammengesetzt aus Einzelfragmenten, die in einem Grabkomplex in St. Martin de Corléans im norditalienischen Aosta-Tal gefunden wurden. Das Gesicht ist schematisch angedeutet; die Figur trägt eine Axt und einen Bogen sowie einen Gürtel mit Tasche.

Tempel entstand, die mit großem Aufwand errichtet wurden. Vermutlich waren dies ursprünglich übergroße Versionen unterirdischer Gräber mit mehreren Abteilungen. Die Anlagen haben den charakteristischen Grundriß in Form eines drei- oder fünfblättrigen Kleeblattes und wurden aus großen, behauenen (und oft mit Spiralen verzierten) Kalksteinblöcken errichtet. Diese Bauten finden in den unterirdischen Gewölben in der Nähe des Zentrums in Tarxien ihre Entsprechung, die in den Fels gehauen und rot ausgemalt wurden und in denen sich Massengräber und Kulträume befanden. Die Tempel selbst wuchsen und wurden oft erweitert oder verdoppelt. In ihnen befanden sich geschlossene Heiligtümer, Orakellöcher und ein Opferstein mit einer versteckten Nische, bei dem sich ein Feuersteinmesser befand. Die Tempel beherbergen auch riesige Darstellungen einer »Muttergöttin« mit ausladendem Gesäß und kleinere Figuren schlafender (oder in Trance befindlicher?) »Priesterinnen«. Wie in Irland führte die isolierte Lage auch hier zu extremeren Erscheinungsformen des Monumentalstils als in anderen Gegenden. Dabei müssen wir bedenken, daß die maltesischen Zentren nur untereinander konkurrierten und nicht mit anderen kulturellen Gruppen, da es auf der Insel zu dieser Zeit anscheinend keine alternativen Traditionen gab. Ähnliches finden wir in den Felskammergräbern auf Sardinien, die vielleicht oberirdische Holzbauten nachahmten, und in weiteren oberirdischen Monumenten, etwa in den Kollektivgräbern des Tombe di Giganti mit ihren verwinkelten Vorkammern und dem berühmten Kultplatz von Monte d'Accòdi bei Sassari. Auf Korsika lassen weit verstreut liegende Steinkisten und Menhire – einige von anthropomorpher Gestalt, andere in Reihen angeordnet – darauf schließen, daß man in einer bewaldeten und bergigen Landschaft keinen derartig zentralen Bezugspunkt des Gemeinschaftslebens brauchte.

Sizilien und Süditalien stehen stellvertretend für das andere Ende des Kulturenspektrums der Kupferzeit. Hier enthalten die Felskammergräber persönliches Trinkgeschirr und Metallwaffen und weisen damit auf ein weiteres Netz von Verbindungen hin. Die vom Ende dieser Periode stammenden, sehr sorgfältig verzierten Knochentafeln aus den Gräbern von Castelluccio finden sich in ähnlicher Form im ägäischen Raum und in Troja wieder; sie stammen jedoch aus den für die Region typischen Felskammergräbern, verschlossen mit Steinplatten, in die spiralförmige Reliefs eingemeißelt sind. Ihre mit geometrischen Mustern bemalte Keramik weist allerdings Formen auf, die von Gefäßen aus Metall bekannt sind, etwa Tassen mit hochgezogenem Henkel und mit nach innen gewölbtem Boden, in denen sich der Einfluß von Trinkgewohnheiten aus dem ägäischen Raum widerspiegelt. Auf dem italienischen Festland, in Gaudo im Süden, Rinaldone in Mittelitalien und Remedello im Norden, enthalten die Einzelbestattungen mit Felskammer- oder Flachgräbern Trinkgeschirr und Waffen: entweder Kupferdolche oder lange Pfeil- und Lanzenspitzen aus Stein, selten Streitäxte und Silberschmuck. Diese Artefakte zeigen in verallgemeinerter Form Ähnlichkeiten sowohl mit dem ägäischen als auch – über die Alpenpässe hinweg – mit dem mitteleuropäischen Raum. Im Alpenvorland, an den Felsgravierungen im Val Camonica sowie an den Menhiren im Aosta-Tal (unter denen sich Pflugspuren befinden) und jenseits des Alpenkamms auf dem Gräberfeld »Petit Chasseur« bei Sitten (Sion) in der Schweiz, lassen sich zwei Generationen von Darstellungen unterscheiden – die erste zeigt Figuren mit

Halsketten ähnlich denen aus dem Pariser Becken und dem Midi, die zweite Figuren mit männlicher Ausstattung (verzierte Gürtel, spiralförmige Kupferanhänger und manchmal Dolch und Bogen). Es gibt Hinweise darauf, daß sich das Schwergewicht der Darstellungen von den weiblichen »Muttergöttinnen« des alten Europa und des äußersten Westens verschiebt zur Darstellung männlicher Eigenschaften in Verbindung mit kriegerischen Tugenden. In der darauffolgenden Epoche werden es diese Vorstellungen sein, die das Denken der Menschen beherrschen.

Weiter im Osten, auf einer anderen Mittelmeerinsel, hielt sich die alte Vorstellungswelt länger. Noch im Neolithikum zeigte Kreta eine relativ isolierte Gemeinschaft, die von einem einzigen großen Zentrum in Knossos beherrscht wurde, die aber dennoch eigene Varianten von verzierter Keramik und weiblichen Idolen hervorbrachte. Zunächst entwickelte sich diese Kultur unberührt von den wachsenden metallverarbeitenden Gesellschaften des übrigen Südosteuropa, verwandelte sich aber mit der Ankunft neuer Methoden der Landwirtschaft und auch neuer Gewohnheiten aus Anatolien, vor allem aber durch die Rolle, die Kreta innerhalb des in der Folge entstehenden Tauschnetzes zwischen den Inseln einnahm. Als die Kontakte mit dem östlichen Mittelmeerraum vertieft wurden, weil die nun mit Segeln ausgerüsteten Schiffe aus Syrien größere Entfernungen überbrücken konnten, wuchsen Knossos und andere Siedlungen zu Palastzentren heran, die an den Handelsbeziehungen der Städte weiter entwickelter Gesellschaften teilnahmen. Weiterhin jedoch stand die weibliche Gottheit im Zentrum des religiösen Lebens und der Rituale der Insel – und dies prägte dort auch weiterhin das gesamte Leben und die Kunst.

DAS GESELLSCHAFTLICHE LEBEN DER DINGE

Wie lassen sich diese vielfältigen Entwicklungen im Hinblick auf die Sozialstrukturen zusammenfassen und welchen Sinn ergibt das Kaleidoskop der Kupferzeit? Wenn wir das Einheitliche an den dargestellten Phänomenen betonen, so sollten wir daran denken, daß die beteiligten Gemeinschaften relativ klein waren und daß die Menschen nicht sehr dicht beieinander lebten. Selbst da, wo die Bevölkerung sich auf wenige Siedlungen konzentrierte oder sich gelegentlich zum Bau größerer Gemeinschaftseinrichtungen versammelte, blieb die Landschaft insgesamt immer noch recht leer – und der größte Teil der Flächen war weder urbar gemacht noch wurde er beweidet. Der Einfluß so kleiner Menschengruppen auf ihre Umwelt war also noch relativ gering, und die Menge der Produkte, die durch Handel von ihren Herstellungsorten aus an andere Stätten kamen, winzig. Wie hätte es auch anders sein sollen, ohne Lasttiere und Segelschiffe in großer Zahl? Was für die Menschen zählte, war wohl ihre gebaute Umgebung, ihre kleine Welt aus Häusern und Dingen. Aus diesem Grund werden die Organisation des häuslichen Bereiches und dessen Wiederholung in den Grabmälern so viel der Energie der ersten Bauern in Anspruch genommen haben. Von daher wird auch verständlicher, daß alltägliche Gebrauchsgegenstände eine so große Bedeutung hatten und die Veränderungen der materiellen Welt und die Ausdehnung der von den Menschen geschaffenen Umwelt so wichtig waren. Besonders in den Waldgebieten Europas waren die ersten Bauern durch diesen engen Handlungsrahmen eingeschränkt, und ihre Anstrengungen galten oft nur bestimmten Dingen innerhalb der Welt, die sie geschaffen hatten. So brachten sie die Menschen der Umgebung an Stätten zusammen, die Ausdruck von Dauerhaftigkeit und Beständigkeit der neuen Existenzform waren. Übernatürliche Sanktionen genügten, um Ordnung in ein solches Universum zu bringen, in dem alles seinen Platz und seine Grenze hatte. Die Vorstellungen dieser Menschen zeigen sich in den Abbildungen weiblicher Reproduktionsfähigkeit und Fülle – auch wenn die Frauen eigentlich den Großteil der alltäglichen Lasten zu tragen hatten und nach einem kurzen Leben, erschöpft von der harten Arbeit der Bodenbestellung und der Kinderaufzucht, starben.

Dort, wo das gesellschaftliche Leben mehr Raum hatte, entweder in den offeneren Landschaften Osteuropas oder dort, wo Generationen von Bauern mit harter Arbeit dem Wald Flächen abgetrotzt und gerodet hatten, waren auch umfassendere und weiterreichende gesellschaftliche Interaktionen möglich. Ordnung wurde nicht durch eine allgemeine Treue zum Platz, sondern durch menschliche Tätigkeit aufrechterhalten: dem Potential unabhängiger Mitglieder der Gesellschaft, sich nach Gutdünken zusammenzutun und aktuelle Ziele zu verfolgen – z. B. Waren und Vieh auszutauschen, sich eines Angriffs zu erwehren oder Abweichungen von allgemeinen Verhaltensnormen zu sanktionieren. Neue Ideale und Leitbilder – Führungskraft, Gastfreundschaft oder Verhandlungsgeschick mit Gewaltandrohung – traten in den Vordergrund und drückten sich im Repertoire der Artefakte aus. Die Herrschaft über Menschen, Tiere und Naturgewalten zeigte den Weg zu gesellschaftlichem und materiellem Erfolg. Gleichzeitig wurde die Weitergabe dieses Erfolges an spätere Generationen zum Ziel all jener, die sich solche Macht aneignen konnten.

Beides findet man in den europäischen Gesellschaften des 5., 4. und 3. Jahrtausends v. Chr. wieder, wobei die Weitergabe erreichter Erfolge mehr und mehr an Bedeutung gewann. Diese Tendenz wurde mit der Wiederaufnahme von Beziehungen zu den älteren und weiterentwickelten Gesellschaften des Vorderen Orients deutlich verstärkt, da sowohl durch die Weitergabe neuer Techniken und Rohstoffe als auch – in kleinerem Umfang – durch direkte soziale Interaktionen Veränderungen über den gesamten Kontinent hinweg gefördert wurden. Dieses Muster sollte sich in den folgenden Jahrtausenden noch viele Male wiederholen.

6

DIE PALASTKULTUREN DES MINOISCHEN KRETA UND DES MYKENISCHEN GRIECHENLAND 2000–1200 V. CHR.

K. A. Wardle

DIE ENTDECKUNG DER PALASTKULTUREN

Vor wenig mehr als hundert Jahren basierte unser Wissen über das bronzezeitliche Griechenland noch einzig auf den riesigen Zyklopenmauern von Mykene und Tiryns sowie auf ihrem undeutlichen Zusammenhang mit den homerischen Erzählungen über Agamemnons Feldzug gegen Troja und die unglückliche Heimkehr vieler griechischer Helden. Mitte des 19. Jahrhunderts bezweifelten die Gelehrten noch, daß diese Heldenerzählungen überhaupt eine historische Grundlage haben. Die Palastkulturen auf Kreta und dem griechischen Festland, der Glanz ihrer architektonischen und künstlerischen Errungenschaften und ihre komplexe Wirtschafts- und Gesellschaftsordnung waren noch unbekannt. Heinrich Schliemann war besessen von dem Gedanken, Troja zu entdecken und Mykene und Tiryns zu erforschen, wo die ersten Monumente des griechischen Festlands ans Licht gekommen waren. Das Gold und die Waffen aus mykenischen Schachtgräbern, die Kuppelgräber vor den Stadtmauern und die Ruinen eines großen Palastes in Tiryns waren ihm Beweis genug, daß die homerischen Erzählungen eine historische Grundlage hatten und daß Agamemnon tatsächlich mit Waffengewalt über ein riesiges Reich herrschte, Reichtümer auf eine Weise anhäufte, die jede Vorstellung von Geldgier überstieg, und sich zwischen Bergen von Gold- und Silbergefäßen mit einer goldenen Totenmaske begraben ließ.

Mündlich überlieferte Epen sind nicht gerade für Genauigkeit bei Zeit- und Ortsangaben bekannt. Schliemann seinerseits hatte, was die zeitliche Einordnung seiner Entdeckungen betraf, weniger Skrupel als ein unvoreingenommener Wissenschaftler. Er ordnete alle seine größeren Entdeckungen der gleichen Geschichtsepoche zu, nämlich der Zeit des Trojanischen Krieges, den er traditionsgemäß ins 13. Jahrhundert v. Chr. legte. Erst nach seinem Tode führte der Architekt Wilhelm Doerpfeld Schliemanns Grabungen in Troja fort und fand die tatsächliche »homerische« Stadt. Es dauerte aber noch einige Jahre, bis Stratigraphie und Chronologie auch von anderen Forschern genügend verstanden wurden und allgemein anerkannt wurde, daß die Schachtgräber und die »Maske des Agamemnon« um Jahrhunderte älter waren als die großen Burganlagen des Festlandes und das bislang vermutete Datum des Trojanischen Krieges.

Der Thronsaal in Knossos, im Jahr 1900. Sir Arthur Evans fand den unzerstörten Thron direkt unter der Erdoberfläche kurz nach Beginn seiner Grabungen.

Um 1900 begann Arthur Evans seine Grabungen im Palastbezirk des kretischen Knossos. Ihn interessierten die geritzten Siegelsteine und die Bruchstücke von Tonsiegeln mit einer primitiven Form von Schrift mehr als die Sagen von König Minos und dem ungeheuerlichen Minotaurus, die schon immer mit diesem Gebiet in Verbindung gebracht wurden. Seine Entdeckungen waren genauso verblüffend wie die der Schachtgräber von Mykene. Der karge Hügel von Knossos verbarg einen massiven Palastbau mit aufwendig geschmückten Repräsentationsräumen, mit ausgedehnten Korn- und Ölkammern sowie Archive mit Tontafeln, die in mindestens zwei unbekannten Schriften (Linear A und B) beschrieben worden waren. Seine Funde enthüllten ein handwerkliches und künstlerisches Können, das allem bis dahin aus dem klassischen Griechenland Bekannten ebenbürtig war. Italienische und französische Ausgräber konnten anhand ihrer Arbeit in Phaistos und Mallia schon bald zeigen, daß sich diese herausragende minoische Kultur über große Teile von Kreta ausgedehnt hatte.

Zunächst erschienen diese Bronzezeitkulturen so fremdartig, daß sie als Produkt einer vorgriechischen Bevölkerung angesehen wurden. Erst im Jahr 1952, als Michael Ventris die mit Linear B beschrifteten Tontafeln entzifferte und bewies, daß es sich bei dieser Schrift um eine frühe Form des Griechischen handelte, wurde die mykenische, vielleicht auch schon die minoische Kultur als direkte Vorform des klassischen Griechenland anerkannt. Aber auch nach dieser Entzifferung konnte das Bild dieser Gesellschaften nur teilweise rekonstruiert werden. Bei den Tafeln handelt es sich um Verwaltungsaufzeichnungen, und nicht, wie bei denen aus Ägypten oder dem Vorderen Orient, um historische oder literarische Texte. 1967 jedoch entdeckte man bei einer Ausgrabung in Akrotiri auf der Vulkaninsel Thera (Santorin) etwas völlig anderes: Eine ganze, gut erhaltene Stadt kam mit dreistöckigen Gebäuden und Wandfresken zum Vorschein. Wie in Pompeji wurde ein Augenblick der fernen Vergangenheit durch den Niederschlag vulkanischer Asche und Lava festgehalten.

Daß es auf Kreta und dem Festland derart hochentwickelte Gesellschaften gab, die bereits die Schrift kannten, wußte weder Homer noch hat Schliemann dies vermutet. Beide wären erstaunt gewesen über die detaillierten Berichte zur Buchführung des Palastes, die auch noch die Nahrungsmittelrationen für die Arbeiter und die Fertigstellung von Produkten verzeichnete. Unsere Vorstellungen über die Bedeutung dieser Kulturen mit ihren weitreichenden Handelsbeziehungen und Kontakten zu Nachbarn an den Küsten des östlichen Mittelmeers, in Süditalien und Sizilien sind zwar etwas genauer, aber noch immer unvollkommen. Daß Verbindungen zum östlichen Mittelmeerraum und insbesondere zu Ägypten bestanden, hat uns die heute verwendete Chronologie der Ereignisse in Griechenland und der Ägäis ermöglicht. Datierbare Objekte wie ägyptische Skarabäen, die in Griechenland gefunden wurden, oder kretische und mykenische Keramik in fest datierten ägyptischen Kontexten erlaubten es, ein chronologisches Gerüst zu erstellen, das noch immer genauer ist als jenes, das auf der Radiokarbon-Methode basiert. Auf dieser Grundlage hat man den Ausbruch des Vulkans Thera auf etwa 1525 v. Chr datiert. Neue wissenschaftliche Methoden zur Datierung des Ausbruches setzen dieses Ereignis rund hundert Jahre früher an. Sollten die neuesten Ergebnisse bestätigt werden, wird der gesamte zeitliche Rahmen, der auch den nun folgenden Bericht strukturiert, einer Korrektur der Daten sowohl vor als auch nach diesem Schlüsselereignis bedürfen, wobei sich jedoch an der relativen Chronologie, d. h. der zeitlichen Einordnung der Phasen untereinander, nichts ändern wird.

DIE ZEIT DER ÄLTEREN PALÄSTE AUF KRETA 2000–1600 V. CHR.

Die Grundsteine der kretischen »Palastwirtschaft« liegen in der stabilen und günstigen Entwicklung der frühbronzezeitlichen Gesellschaft. Das deutlichste Zeichen dieser Kontinuität ist die ununterbrochene Benutzung von Gemeinschaftsgräbern, denen regelmäßig neue Kammern für Begräbnisse und Opfergaben angefügt wurden. Bis zum Ende des 3. Jahrtausends v. Chr. haben sich große, fast städtische Siedlungen entwickelt, und nur wenig später tauchen die ersten palastartigen Baukomplexe auf. Heute ist es schwierig, die Reste dieser ersten Paläste und die Städte in ihrem Umfeld um sie herum zu untersuchen, da sie mehrfach wieder aufgebaut wurden und die Ruinen, die wir sehen können, oft von Nachfolgebauten stammen, die erst 200 Jahre später zerstört wurden. Der Ausdruck »Palast« ist eine angemessene Bezeichnung für die soliden Gebäudekomplexe auf Kreta mit ihren großen Repräsentationsräumen. Sie sind aus edlen Materialien errichtet und boten die Möglichkeit zu einer groß angelegten Nahrungsmittelvorratswirtschaft. Unter den Funden sind auch Luxusgüter, deren Herstellung den Import von Rohmaterialien und tage-, wenn nicht gar wochenlange Arbeit gelernter Handwerker erforderte. Tonklumpen mit Siegelabdrücken und die Linear-A-Tafeln verraten Details eines Verwaltungssystems. Wir können von diesen Relikten jedoch nicht direkt auf die Individuen oder Gruppen schließen, die die Bevölkerung und die Wirtschaft kontrollierten, und das Wort »Palast« sollte auch nicht automatisch das Bild eines »Königs« evozieren.

Drei frühe Paläste, jeder um einen zentralen Hof herum erbaut, wurden bisher in Knossos, Mallia und Phaistos gefunden, und Spuren eines weiteren unter dem heutigen Chania. Jeder Palast bildete das Zentrum einer bestimmten Region. Den am besten erhaltenen kann man in Phaistos besichtigen: Ein monumentaler gepflasterter Hof ist auf der Nordseite von treppenartigen Steinbänken begrenzt und wird von erhöhten Gehwegen durchquert. Bis zu 1,50 Meter hohe Vorratskrüge aus Ton (Pithoi) stehen

Der westliche Hof von Phaistos, angelegt während des Baus des Alten Palastes um 2000 v. Chr. Nach seiner Zerstörung – vielleicht durch ein Erdbeben – war der Hof mit Trümmern bedeckt, und der Neue Palast wurde weiter hinten errichtet. Die Reste des Alten Palastes sind noch als niedrige Plattform vor den Stufen und der Fassade des Neuen Palastes erkennbar. (Photo K.A. Wardle)

Das große Geschick der minoischen Töpfer wird an der Kamares-Keramik der Älteren Palastzeit ersichtlich. Diese Keramik ist meist eierschalendünn und farbenfroh in rot, gelb und weiß auf schwarzem Grund bemalt.

noch immer im Westflügel des Palastes. Eine ähnliche, gestufte Hofanlage zeigt sich in Knossos, erhöhte Gehwege bilden die sogenannte »Royal Road« und in Mallia findet man sie als Straßen rund um den Palast. Solche Palastanlagen waren das Zentrum großer Gemeinschaften; in Knossos etwa erstreckte sich die Stadt über ein Areal von 450 000 Quadratmetern, und die Bevölkerung umfaßte schätzungsweise 15 000 bis 50 000 Menschen. Obwohl diese Städte jetzt größtenteils unter den ebenso großen Städten der Jüngeren Palastzeit begraben liegen, konnten bei Ausgrabungen, besonders in Mallia, dennoch mehrere Häuser aus dieser Zeit freigelegt werden, darunter ein großes zweistöckiges Gebäude mit der Werkstatt eines Siegelschneiders und kleinere Häuser mit Töpferwerkstätten oder Schmieden. Verwaltungsunterlagen- und verzeichnisse in der älteren Hieroglyphen- und in der aus ihr hervorgegangenen Linear-A-Schrift wurden nicht nur in den Palästen, sondern auch in diesen »Privathäusern« benutzt. Andere florierende Städte fand man in Palaikastro, Gournia, Archanes und Mochlos.

Gemeinschaften in der Größenordnung der Stadt Knossos konnten sich kaum entwickeln ohne ein riesiges Hinterland agrarpolitisch auszubeuten und über Lasttiere und Wagen zu verfügen, mit denen die Erzeugnisse zu den Verbrauchern transportiert werden konnten. Und dies gilt um so mehr für Kreta mit seinen zwar fruchtbaren, aber doch sehr zersplitterten Ackerflächen. Hier muß es Transportmöglichkeiten gegeben haben, und es ist kein Zufall, daß Esel, Pferd und Wagen zu Beginn der Älteren Palastzeit in Gebrauch waren. Die Verbindung zwischen den Palastanlagen und der landwirtschaftlichen Produktion steht außer Frage, da die Vorratslager so großräumig waren und die Archive regelmäßig landwirtschaftliche Produkte aufführen. Eine der wesentlichen Funktionen der Paläste könnte tatsächlich darin bestanden haben, an einem zentralen Ort Nahrungsmittelreserven bereitzuhalten, sie sicher zu lagern und in schlechten Erntejahren – bei Kretas instabilem Klima keine Seltenheit – verfügbar zu haben. In Zeiten der Knappheit konnte die Palastverwaltung Nahrungsmittelrationen als Gegenleistung für »öffentliche Arbeiten« verteilen. Allein der Bau der riesigen Palastanlagen erforderte viele Arbeitskräfte sowie geschulte Maurer und Zimmerleute, deren Leistungen in dieser vormonetären Gesellschaft mit Nahrungsmitteln oder anderen Gütern entgolten werden mußten. Je stärker sich die Gemeinschaft auf die zentrale Lagerung von Nahrungsmittelreserven verließ, desto enger war sie an den Reichtum der Paläste gebunden.

Das allermeiste, was von der Älteren Palastzeit erhalten blieb, besteht aus Keramik: angefangen von der prächtigen Kamares-Keramik mit ihrer eierschalendünnen Wandung und der vielfarbigen Verzierung bis hin zu den riesigen bemalten Pithoi und Tausenden von einfachen konischen Haushaltsschalen. In jedem Teil der Insel hat die Keramik einen anderen Stil, was zeigt, wie unabhängig voneinander die einzelnen Regionen mit ihren jeweiligen Palastzentren waren. Von den Palästen aus ist möglicherweise auch die Produktion aufwendig gearbeiteter Luxusgüter geregelt worden, z. B. die Herstellung von Waffen wie dem Langschwert mit kräftiger Mittelrippe (das sogenannte Rapier) aus Mallia oder von Gebrauchsgütern wie der silbernen Wellenrand-Tasse aus Gournia, eine Imitation ihres anatolischen Vorbilds, oder von Schmuckstücken wie dem Bienenanhänger mit seiner feinen Granulation, den man im »Königlichen Beinhaus« von Chrysolakkos in Mallia fand. In großer Zahl wurden auch Steingefäße angefertigt, und dieselben Fertigkeiten zeigen sich an Artefakten wie der in Mallia gefundenen Schaftlochaxt aus Stein, die die Form eines Leopardenkopfes hat. Die Siegelschneider schnitten ihre Siegel in sehr harten Stein, wobei die Muster allerdings auch recht einfach und oft nur geometrisch waren. Ein immer wiederkehrendes Motiv ist das Segelboot; es erscheint öfter als die früher abgebildete Galeere. Darin könnte sich aufblühender Handel und ein Aufbrechen in fremde Regionen widerspiegeln; eine Entwicklung, die man auch an den zunehmenden Mengen importierten Elfenbeins und ägyptischer Skarabäen sowie am Export minoischer Keramik nach Ägypten, nach Argolis und an die Küste von Thessalien ablesen kann.

In kleinen Gemeinschaften können Handwerker Teilzeitarbeiter sein, indem sie in der übrigen Zeit ihr eigenes Land bestellen und ihre Produkte gegen »Luxusgüter«, die sie selbst nicht besitzen, handeln oder eintauschen. Wenn sie sich von größeren Gemeinschaften wegen ihres günstigeren Marktes oder besseren Zugangs zu Rohstoffen verschiedenster Art anlocken lassen, können sie die eigene Nahrung nicht mehr produzieren und werden zu Vollzeitarbeitern, die ihre Nahrungsmittel von anderen beziehen müssen. In Mallia könnten die Handwerker, deren Häuser und Werkstätten man außerhalb des Palastes fand, noch unabhängig gewesen sein, obwohl sie sicherlich an den Palast als Hauptabnehmer gebunden waren. Nach und nach wird sich diese Situation geändert haben und zum Schluß werden die Handwerker von der Palastverwaltung direkt beschäftigt worden sein. Dann erhielten sie ihre Nahrungsmittel als Gegenwert für geleistete Arbeit; wie man aus den Aufzeichnungen der Verwaltungsarchive zur Jüngeren Palastzeit ersehen kann. Je komplexer die Transaktionen und je formeller die Beziehungen zwischen Handwerkern und Palastverwaltung waren, desto größer war das Bedürfnis nach einem Aufzeichnungssystem, um noch ausstehende oder erfüllte Verpflichtungen festhalten zu können. Mehrere Gruppen von »Tonmarken« zeigen Siegelabdrücke und einen zusätzlich eingeritzten Buchstaben. Diese Marken waren niemals Bestandteil eines Ganzen, sondern dienten als eine Art Quittung oder Rechnung. Der Handwerker wird für jede fertige Ware eine solche Marke bekommen haben. So konnte er zu jeder Zeit belegen, daß er sein Quantum geliefert hatte: Er mußte nur die »Quittung« vorweisen oder konnte sie gegen Nahrungsmittelrationen oder Rohstoffe eintauschen. Weiterhin bedurfte man, besonders für wertvolle Handelswaren, eines allgemein anerkannten Maß- und Gewichtsystems. Und so überrascht es nicht, daß unter den Funden auch Gewichte waren, wenn auch nicht in ausreichender Anzahl, um ihren relativen Wert bestimmen zu können. Die Massengüter wie Getreide werden wohl mit Hilfe von standardisierten Vorratsgefäßen, den Pithoi, abgemessen worden sein.

Viele Gemeinschaften hatten ihr eigenes, auf einem Hügel gelegenes »Gipfelheiligtum«, manchmal mit einem kleinen Schrein, wo freiwillige Opfergaben in großer Zahl dargebracht wurden – eine solche Stätte ist Petsopha oberhalb von Palaikastro. Anderswo waren Höhlen beliebte Zentren für Opferkulte, z. B. in Kamares, Diktaiean oder Idean. Die erhaltenen Opfergaben waren gewöhnlich aus Ton und einfach gearbeitet. Darunter gibt es männliche und weibliche Figuren, Körperteile, Darstellungen von Rindern, Schafen oder anderen Tieren und kleine Gefäße. Die Auswahl ist eine ganz ähnliche wie bei den Votivgaben eines archaischen griechischen Tempels oder den Tafeln, die in neuerer Zeit an Ikonen angebracht werden, um die Aufmerksamkeit auf eine Person oder etwas Schutzbedürftiges zu lenken oder um Dank abzustatten für ein erfülltes Bittgesuch. An einigen Fundplätzen kamen so große Mengen phallischer Figuren ans Tageslicht, daß man von einem Fruchtbarkeitskult ausgehen kann.

In Anemospelia, an den Hängen des Berges Iouktas südlich von Knossos, befindet sich ein abgeschiedenes Gebäude mit drei Eingängen, die zu einer einzelnen Kreuzhalle mit drei dahinterliegenden Räumen führen, was an die späteren Darstellungen »dreiteiliger Schreine« erinnert. Das Gebäude war bei einem Erdbeben zerstört worden und dann ausgebrannt. Im zentralen Saal befand sich ein Paar Tonfüße – vermutlich der einzig erhaltene Teil einer Statue, vielleicht eines Kultbilds. Tonkrüge und Schüsseln in großer Zahl deuten auf regelmäßige Opferungen landwirtschaftlicher Produkte hin. Der westliche Raum barg die seltsamsten Funde: In der Mitte erhob sich ein niedriges Podest aus Stein und Ton, auf dem das Skelett eines jungen Mannes mit angezogenen Beinen und einem Dolch quer über dem Brustkorb lag. Im hinteren Teil des Raums lagen zwei weitere Skelette: das eines erwachsenen Mannes, der einen Ring aus Eisen und anderen Metallen trug, und das einer jüngeren Frau; ein drittes männliches Skelett wurde vor der Tür gefunden. Ob es sich hier um ein seltenes Menschenopfer gehandelt hat, das aus einem zwingenden Grund an die Stelle des rituellen Tötens von Tieren getreten war? Solche Opfer sind auf Siegelsteinen und auf dem jüngeren Steinsarkophag von Hagia Triada abgebildet. Jeder Versuch, diese Entdeckung zu deuten, zieht ebensoviele Fragen wie Antworten nach sich; auch wenn es durch ein außergewöhnliches Ereignis zerstört wurde, besteht kein Zweifel daran, daß das Gebäude in Anemospelia ansonsten als Tempel diente. Die Paläste müssen für die Gesellschaften, die von ihnen aus verwaltet wurden, viele Funktionen gehabt haben, doch ist es unmöglich, mit Bestimmtheit zu sagen, ob sie sich auf Kreta selbst entwickelt haben, weil es in der wachsenden und immer weiter differenzierten Gesellschaft ein entsprechendes Bedürfnis gab, oder ob es sich um Neuerungen handelt, die von außen nach Kreta hineingetragen wurden und dort die Formen des gesellschaftlichen Handelns veränderten. Solche Verwaltungssysteme und eine ähnliche Monumentalarchitektur hatte es in Syrien und im Vorderen Orient seit Generationen gegeben. Nach ihrer Errichtung bildeten die Palastanlagen die Grundlage für den beständigen Wohlstand der kretischen Gesellschaft. Alle älteren Palastanlagen wurden um 1600 v. Chr. von einem oder mehreren Erdbeben vollständig zerstört. Doch wurden sie unmittelbar danach in gleicher Größe und Pracht wieder aufgebaut.

DIE ZEIT DER JÜNGEREN PALÄSTE AUF KRETA 1600–1425 V. CHR.

Anders als ihre Vorgänger sind die Gebäude aus der Zeit der Jüngeren Paläste relativ gut erhalten, was damit zu tun hat, daß die neuen Bauwerke, als sie ihrerseits um 1425 v. Chr. zerstört wurden, nicht wiederaufgebaut, sondern aufgegeben wurden. Die Relikte liefern uns ein lebendiges Bild von der Komplexität der minoischen Gesellschaft und den Fähigkeiten ihrer Baumeister und Handwerker. Die Palastanlagen sind die am besten dokumentierten Fundstätten, doch wurden auch Teile mehrerer Städte sowie viele kleinere ländliche Wohnstätten, die sogenannten »Villen«, erforscht. Die Grabungen konzentrierten sich allerdings auf die größeren Anlagen, und man weiß nur wenig über die Grundeinheit der kretischen Wirtschaftsform: die Dorfgemeinschaft. Gemeinschaftliche Grabkammern waren nach fast 1 000 Jahren außer Gebrauch gekommen, und es ist unbekannt, wodurch sie ersetzt wurden.

Die größte der Palastanlagen befindet sich in Knossos (13 000 Quadratmeter); sie wurde noch mindestens 35 Jahre länger als die anderen zerstörten Paläste genutzt. Der Palast von Knossos war wie die Anlagen in Phaistos, Mallia und Zakros um einem zentralen Hof herum angeordnet – so wie bereits zur Älteren Palastzeit. Die Anlagen sind alle, mit Ausnahme von Zakros, sehr ähnlich aufgebaut: Das Erdgeschoß des Westflügels ist der Lagerhaltung landwirtschaftlicher Produkte gewidmet – in Knossos stehen die Pithoi in langen engen »Magazinen«; in Mallia gibt es runde Kornspeicher und in Phaistos solide gebaute Kammern. Im oberen Stockwerk befanden sich größere Räume, was sich an den nach oben führenden Treppen mit Stufen aus behauenen oder geschnittenen Steinen, an umgestürzten Säulensockeln und Resten von Gipsverputz erkennen läßt. Andere wichtige Räume gruppierten sich nach Westen und Norden um den zentralen Hof, ihnen vorgelagert waren von Holzsäulen gestützte, elegante Vorhallen mit zahlreichen Eingängen. Diese hatten doppelflügelige Türen, die in aufgeschlagenem Zustand in Nischen verschwanden und es so ermöglichten, die Räume je nach Bedarf oder Jahreszeit zu öffnen oder abzutrennen. Einige der westlich gelegenen

Räume könnten zu Kultzwecken benutzt worden sein, das zumindest legen die kleinen Figuren und andere seltsame Objekte nahe, die man in Knossos fand, und auch die große Zahl aufwendig gearbeiteter Trinkhörner aus Stein und dekorativer trichterförmiger Vasen, die möglicherweise für Trankopfer (Libationen) benutzt wurden.

Die Ost- und Südflügel der Paläste weisen weniger Gemeinsamkeiten auf. In Mallia gab es einen weiteren Lagerraum, in dem Ölkrüge auf Bänken aufgereiht standen, während man in Zakros Zisternen und Badebecken mit Einstiegstreppen fand. In Knossos wurde der »Privatbereich«, wie Evans ihn genannt hat, zu Beginn der Jüngeren Palastzeit zu einer bezaubernden Suite mit zahlreichen Räumen umgebaut. Dadurch entstanden in einem seitlichen Hügeleinschnitt im Südosten des Palastes drei, vielleicht sogar vier Geschosse. Dort führt noch immer die »Große Treppe« in einer Abfolge majestätisch anmutender und mit Balustraden versehener Steinfluchten zum Innenhof hinauf. In den untersten Geschossen befinden sich die am besten erhaltenen Räume des »Hofstaates«: das »Megaron des Königs« mit seinen vielen Eingängen und einer es umgebenden Säulenveranda und das kleinere »Megaron der Königin« mit Badezimmer

rechts Die große Treppe im Ostflügel des Palastes von Knossos. Dieser majestätische Aufgang führte einst drei Stockwerke hinauf. Als Evans ihn entdeckte, waren die Balken und die Säulen aus Holz längst verrottet, aber geduldige Recherchen und die Hilfe geschickter Ingenieure ermöglichten es ihm, den Aufgang in seiner alten Pracht zu rekonstruieren. (Das Regenwasserrohr ist modern.)

unten Die westlichen Magazine in Knossos kurz nach ihrer Entdeckung. Die Tonkrüge (Pithoi) haben eine Höhe von fast 2 m und wurden zur Vorratshaltung von Wein, Olivenöl und Korn benutzt. Die mit Blei ausgekleideten Steinkisten im Fußboden bargen einmal wertvolle Güter.

und Toilette »en suite«. Über vier tiefe Schächte leitete man Licht und frische Luft in die tiefergelegenen Stockwerke – als Folge der ungeheuren Ausmaße dieses Palastflügels und seiner Höhe.

Überall in den Palästen erkennt man das Geschick der Baumeister und der zuständigen Handwerker. Das weiche Gestein aus der Gegend um Phaistos und Knossos wurde sorgfältig in große Blöcke gehauen, die für das Fundament der Gebäude oder für Treppen und andere wichtige öffentliche Bereiche verwendet wurden. In Mallia und Zakros ist das Gestein vor Ort schlechter zu behauen, so daß man dort häufiger auf Bruchsteinmauern und Lehmziegel zurückgriff. Unabhängig von den verwendeten Steinen wurde die gesamte Konstruktion immer durch Holzpfeiler und -balken zusammengehalten, die den Gebäuden Widerstandsfähigkeit und Flexibilität verliehen, was in dieser erdbebengefährdeten Region sehr wichtig war. An hervorgehobenen Stellen des Palastes waren die Wände häufig mit dicken Gipsschichten verputzt; ansonsten wurden Bruchsteinmauern und Lehmziegelwände mit Kalkverputz versehen. Außerdem waren die Räume durch aufwendige Wandgemälde geschmückt. Markierungen der Maurer, die man auf den freien und verputzen Flächen der Quadersteine häufig findet, ermöglichen einen kleinen Einblick in die Organisation der Steinbrüche. Kanalisation und Wasserrohre waren so konstruiert, daß das Regenwasser vom großen Dachbereich aufgefangen und sicher abgeleitet werden konnte; Bruchstücke von Tonrohren deuten auf ein komplexes System von Aquädukten für die Frischwasserversorgung hin.

Vor allem in Knossos stehen um die Paläste herum kleinere Gebäude, die dennoch mit gleichem architektonischen Aufwand errichtet worden sind. Das größte unter ihnen, der »Kleine Palast«, in dem das berühmte, aus schwarzem Speckstein (Steatit) gearbeitete Trinkgefäß in Form eines Stierhorns (Rhyton) gefunden wurde, könnte die Residenz eines Würdenträgers gewesen sein. Bei anderen Gebäuden wie der weiter südlich gelegenen »Karawanserei« mit ihren Quellen, Badebecken und naturalistischen Wandgemälden von Vögeln und Pflanzen, könnte es sich um Privathäuser gehandelt haben, während das »Kanzelwandhaus« Kultfunktion gehabt haben wird: An einem Ende des Hauptraumes befindet sich hinter einer niedrigen Steinwand eine Art Podium. In Hagia Triada gibt es einen kleineren Palastkomplex, der vielleicht eine Dependance von Phaistos gewesen ist. Auch hier findet man elegante Räume mit Gipsbänken und Wandverputz. Ein Stück davon entfernt, am Strand von Kommos, markieren Häuser aus Quadergestein die Stelle, an der sich einst der Hafen von Phaistos befand.

Die großen Städte aus der Älteren Palastzeit wurden wieder aufgebaut und florierten weiter. Doch sind bislang nur an zwei Orten, in Gournia und Palaikastro, genügend Grabungen durchgeführt und größere Flächen freigelegt worden. Palaikastro lag in einer flachen Küstenebene, die Seitenstraßen zweigten im rechten Winkel von der Hauptstraße ab und die der Straße zugekehrten Häuserfassaden waren aus imposanten Quaderblöcken errichtet. Die Grundrisse dieser Häuser sind unregelmäßig; einige der Häuser hatten von Säulen gesäumte Lichtschächte, obwohl dies von der Größe und Tiefe der Häuser her nicht notwendig gewesen wäre. Nicht ganz so imposant wirkt Gournia, das sich mit gewundenen Pflasterstraßen und kleinen zweistöckigen Häusern um einen kleinen Hügel herum gruppiert. Oben auf dem Hügel erhebt sich das einzige Gebäude mit Quadersteinmauern, ein kleiner »Palast«, dessen Innenhof von einem

Die »Königliche Straße« in Knossos ist vielleicht noch älter als der Palast. Sie führt vom gestuften »Theater«-Bereich in Richtung Nordwesten zum »Kleinen Palast« und ins Zentrum der minoischen Stadt. Der erhöhte Gehweg ins Zentrum ist ein typischer Bestandteil der minoischen Stadtplanung.

Säulengang umgeben ist. In Myrtos an der Südküste lag eine kleine Stadt mit einem ähnlichen, wenn auch kleineren Haus aus Steinquadern in ihrem Zentrum. Doch hatte es einen gepflasterten Hof, eine Veranda und einen Lichtschacht mit einer Gipsbank. Diese zentralen Gebäude verweisen auf einen Herrscher oder Gouverneur, der vielleicht von den Autoritäten des Palastes ernannt wurde, um die Gemeinde zu verwalten und die landwirtschaftlichen Erträge einzusammeln, die für den Transport zum Palast bestimmt waren.

Die »Villen« auf dem Land, meist ohne Anschluß an eine größere Gemeinde inmitten fruchtbarer Äcker gelegen, scheinen landwirtschaftliche Zentren gewesen zu sein – vielleicht zur Produktion von Wein und Öl für den Palast. Vathypetron, südlich von Archanes, ist ein Beispiel für eine solche »Villa«. In einem zentralen Quadersteingebäude befand sich ein Lagerraum, der Vorratsgefäße und Vorrichtungen zum Pressen von Oliven und Trauben beherbergte. Darum herum gab es Nebengebäude, und die darin gefundenen Relikte verweisen auf die Arbeiten, die für eine kleine, sich selbst versorgende Einheit notwendig gewesen sind, z. B. gibt es dort einen Töpferofen. Nur wenige Grabmäler lassen sich in die Zeit der Neuen Paläste datieren. Das »Tempelgrab«

im Süden, etwas außerhalb von Knossos, wurde in der gleichen monumentalen Bauweise errichtet wie der Palast. Es war ein zweistöckiges, in den Hang hineingebautes Gebäude mit Vorhof, der zu einer Außenhalle führte. Darüber lag eine rechteckige Kammer mit zwei Pfeilern aus Quadergestein und eine aus dem Fels gehauene Kammer, die mit Gips ausgekleidet war. In Isopata gibt es ein anderes imposantes, in den Fels gehauenes Grab, das »Königsgrab«, mit einem schrägen Eingangsbereich, einer Vorhalle und einer großen rechteckigen Innenkammer mit gemauerten Wänden.

Die Linear-A-Schrift war auf Kreta weit verbreitet, aber auch außerhalb der Insel, z. B. in Hagia Irini oder auf der Insel Keos fanden sich Spuren dieser Schrift. Eine größere Menge an Tontafeln wurde bislang noch nirgends geborgen, und es ist auch noch niemandem eine überzeugende Entschlüsselung dieser Inschriften gelungen. Es gibt genügend Ähnlichkeiten mit Zeichen, wie man sie auf jüngeren Tafeln mit Linear-B-Schrift findet, um zu beweisen, daß es sich bei den meisten der gefundenen Tafeln um Verzeichnisse der Verwaltung handelt, in denen verschiedene Waren, wie Getreide oder Wein, und Tiere, wie Schafe und Rinder, nach Mengen aufgelistet sind. Neben den Tontafeln gibt es noch andere Stücke mit längeren Texten, z. B. »Lampen« aus Stein, bei denen es sich – ähnlich wie bei der Goldnadel aus Apesokari – um Widmungen handeln könnte. Die längsten Texte sind jedoch in einer älteren Schriftform geschrieben, die mit der zur Zeit der Alten Paläste entwickelten Hieroglyphenschrift verwandt ist. Am besten bekannt ist der aus Ton geformte »Diskos von Phaistos«, der auf beiden Seiten mit 45 verschiedenen Piktogrammen versehen und anschließend gebrannt wur-

Ein Hausmodell aus Ton, gefunden in Archanes, südlich von Knossos, gibt nützliche Informationen über Details der minoischen Architektur.

de. Die Schriftzeichen bilden einen spiralförmigen Text. Insgesamt finden sich auf der Scheibe 241 Zeichen, die durch angedeutete Trennungslinien in 61 »Wörter« gegliedert sind. Es wurden bereits viele Versuche unternommen, diesen Text zu entziffern und zu übersetzen, aber man konnte sich bisher noch nicht einmal darüber einigen, ob man ihn von innen nach außen oder umgekehrt zu lesen habe. Bei einem zweiten rätselhaften Gegenstand mit einem langen Text handelt es sich um eine bronzene Doppelaxt, die in der Kulthöhle von Arkalochori gefunden wurde. Der Kontext des Fundes läßt vermuten, daß es sich hier um eine Votivinschrift oder, analog zu Texten aus dem Vorderen Orient, um einen Götterhymnus handeln könnte. Es ist schwer zu glauben, daß eine so hochentwickelte Gesellschaft nicht doch häufiger Pergament, importierten Papyros oder Holz- bzw. Wachstafeln zum Schreiben verwendete, wie man sie kürzlich in dem aus dem 14. Jahrhundert v. Chr. stammenden Schiffswrack von Kaş vor der Südküste der Türkei fand. Da unsere Versuche der Entschlüsselung von geschriebenen Texten bisher nicht erfolgreich waren, müssen wir uns, wenn wir über die Menschen, die das Palastsystem lenkten oder dafür arbeiteten, mehr wissen wollen, den Quellen zuwenden, durch die die Minoer sich selbst, ihre Interessen und ihre Tätigkeiten dargestellt haben: Das sind vor allem Wandgemälde, aber auch Ringe und Siegelsteine, die eingeritzten Verzierungen auf Gegenständen aus Stein oder Elfenbein.

Wandgemälde waren sehr beliebt, besonders in Knossos, wo man viele Motive findet. Ein typisches Thema ist die Prozession, z. B. auf dem Gemälde in dem langen Gang, der vom zentralen Hof nach Süden führt: Es zeigt einen Zug von jungen Männern im Lendenschurz, die verschiedene Gefäße in den Händen halten. Ein Miniaturfresko im Nordflügel des Palastes zeigt eine Menge, die um ein kleines Gebäude herum versammelt ist. Dieses ist mit den heiligen Stierhörnern geschmückt, die ursprünglich einmal das Zeichen für einen Schrein gewesen sein könnten, in der späteren minoischen und mykenischen Kunst jedoch kaum mehr als ein Dekorationsmotiv darstellen. Die Frauen tragen aufwendig gearbeitete Kleider mit mehrfach gestuften Röcken, dem Zeichen für die gut gekleidete minoische Dame. Aus dem »Megaron der Königin« stammen Fragmente, die den Kopf und den Oberkörper eines Mädchen mit einer kurzen Jacke, unbedeckter Brust und fliegendem Haar zeigen; eine ähnlich stürmische Bewegung ist auf dem »Toreador« (= Stierkämpfer) genannten Miniaturfresko dargestellt: Junge Männer und Frauen machen sich zum Sprung bereit bzw. springen über die Hörner eines heranstürmenden Stieres. Das Stiermotiv, so häufig, wie es in der minoischen Kunst vorkommt, könnte der Ursprung der Sagen von dem kretischen Stier und dem halbmenschlichen Minotaurus sein. Dies Motiv finden wir wieder mit dem Kopf eines anstürmenden Stieres, der in einer Szene auftaucht, die sich in einem Raum oder auf einer Veranda oberhalb des Nordeinganges befindet. Auch außerhalb des Palastes von Knossos wurden Wandgemälde angefertigt, z. B. im »Haus der Fresken« mit seinen Naturszenen, den blauen Affen, Vögeln, Lilien, Krokussen und Myrrhe oder in der »Karawanserei«. Ähnliche Szenen findet man in der »Villa« von Amnisos, wo Wände so geschmückt waren, daß sie wie Gärten wirken, oder in Hagia Triada, wo eine Wildkatze zu sehen ist, die sich gerade an einen Fasan heranschleicht. Seltsamerweise gibt es in den anderen Palastanlagen viel weniger Fresken als in Knossos. In Phaistos z. B. sind die Wände fast alle nur einfarbig getüncht worden.

Sorgfältig gearbeitete Steinamphore, eine von vielen aus der Schatzkammer im Westflügel des Palastes von Zakros. Minoische Handwerker stellten hervorragende, aufwendig gearbeitete Amphoren her, oft aus dem härtesten Stein, den sie mit großer Sorgfalt in Form schliffen und schmirgelten.

Obgleich vielen Objekten und Gemälden, die von minoischen Handwerkern stammen, eine religiöse oder kultische Funktion nachgesagt wird, weiß man in Wahrheit nur wenig darüber, wer oder was verehrt wurde und wie diese Verehrung stattfand. Wir können darüber spekulieren, daß, wie in Anemospelia, landwirtschaftliche Erzeugnisse und handwerkliche Produkte als Opfergaben auf Altären oder Bänken in heiligen Gebäuden dargebracht wurden. Aus der Ansammlung seltsamer Objekte oder den ungewöhnlichen Architekturen läßt sich kaum etwas erklären. Weibliche Figuren dominieren in den »Kultszenen«, aber es ist nicht sicher, ob diese Gestalten Göttinnen oder Anbetende sind. Die Heiligtümer auf Bergen und in Kulthöhlen wurden während der Jüngeren Palastzeit seltener aufgesucht. Wie ein Schrein aus dieser Zeit im minoischen Stil aussah, kann am besten an dem von Hagia Irini auf der Insel Keos, etwa 150 Kilometer von Kreta entfernt, gezeigt werden. Hier waren lebensgroße und kleinere weibliche Figuren, mit dem minoischen ausgestellten Rock und entblößter Brust, in einem bescheidenen Bau in der Nähe der Stadtmauer aufgestellt.

Die Paläste waren zweifellos die wichtigsten Manufakturzentren, in denen die gesamte Produktion organisiert wurde, die im Palast und auch weiter entfernt in der Region geschah. Keramik gehörte sicher zu den gängigsten Gebrauchsgegenständen, und kleine unbemalte Haushaltsgefäße wurden hunderttausendenfach produziert; ebenso weitverbreitet war der einfach bemalte Typ. Vasen mit komplizierten naturalistischen Dekors waren sehr geschätzt, und auch die Herstellung von Pithoi florierte. Ein neuer Stil entwickelte sich, dessen Besonderheit die dunkel glänzende Firnismalerei auf einem hellen, farbigen Hintergrund ist, im Unterschied zur dunklen Oberfläche der Keramik aus der Älteren Palastzeit. Zuerst hat man in dieser Technik vor allem Pflanzenmotive dargestellt, später jedoch wurde ein Teil der Produktion auch mit sehr lebendig wirkenden Meerestieren wie Kraken und Tintenfischen oder auch mit Algen und Felsen verziert. Möglicherweise ist diese Keramik nur in Knossos hergestellt worden; unter diesen Stücken befinden sich einige der schönsten Vasen, die das prähistorische Griechenland hervorgebracht hat. Auch die Bronzebearbeitung muß eine wichtige Rolle gespielt haben, besonders bei Gefäßen und Geräten, die im Palast gebraucht wurden. Mehrere Tafeln enthalten Aufzeichnungen über Bronzemengen, und an zwei Fundstätten, in Hagia Triada und in Zakros, waren Bronzebarren gelagert, als die Paläste vom Feuer zerstört wurden. Diese Barren hatten die Form von »Rinderhäuten«, eine der im zentralen und östlichen Mittelmeergebiet überall akzeptierten Standardformen. Auch die Herstellung von Stoffen könnte bereits im großen Maßstab stattgefunden haben, wie spätere Linear-B-Tafeln und Illustrationen ägyptischer Grabgemälde vermuten lassen, auf denen Kreter gezeigt werden, die Stoffe als Tribut überbringen.

Besonders in der Herstellung von Luxusgütern waren die minoischen Handwerker unübertroffen. Obgleich es nur wenige Grabmäler aus dieser Zeit gibt und dadurch auch nur wenige Beigaben, sind genügend Artefakte der Zerstörung durch Feuer und Plünderung oder der anschließenden Bergung entgangen, so daß wir uns eine klare Vorstellung des technischen Geschicks und der künstlerischen Ambitionen der Kreter machen können. In großen Mengen wurden Steingefäße hergestellt, jedes das Produkt vieler Stunden mühsamen Bohrens, Schleifens und Polierens. Die Rohstoffe für diese Gefäße reichen vom Kalkgestein der Region über Granit aus Ägypten und Lapis Lacedaimonius von der Peloponnes bis hin zu Obsidian von der Insel Melos. Nicht einmal vor der Bearbeitung eines so harten Gesteins wie Bergkristall schreckten die Handwerker zurück. Weicheres Gestein wie Steatit (Speckstein) wurde für kunstvoll gestaltete figurative Szenen wie auf der Harvester Vase aus Hagia Triada verwendet. Auf Vasen konnten verschiedene Lebewesen dargestellt sein wie beispielsweise die Stierköpfe von Knossos und Zakros oder der Katzenkopf aus dem Südhaus in Knossos. Die Schnitzerei konnte nicht kompliziert genug sein, wie das Rhyton aus Zakros zeigt, auf dem ein Gipfelheiligtum dargestellt ist und dessen Oberfläche zusätzlich mit feinster Goldfolie überzogen wurde.

Ein anderes charakteristisches Produkt der Palastwerkstätten sind die filigran bearbeiteten Siegelsteine. Kaum größer als ein Zentimeter im Durchmesser, sind sie meist linsenförmig und mit einem breiten Spektrum an Mustern verziert: Einige zeigen vielleicht Gottheiten, andere Tierpaare im Kampf. Sie hatten vermutlich entsprechend unterschiedliche Funktionen: Manche dienten als Schmuck, der am Handgelenk oder als Teil einer Halskette getragen wurde, während andere wohl primär als Identitätsnachweis fungierten und dazu benutzt wurden, Abdrücke auf den bereits erwähnten Tonsiegeln und -marken anzubringen; wieder andere mit symbolischen oder religiösen Abbildungen trug man möglicherweise, um den Eigentümer vor Bösem zu schützen oder um ihm Glück zu bringen. Die Goldringe mit Ringkästen (zur Einfassung von Edelsteinen) von 2–3 Zentimetern Durchmesser sind seltener, aber, was Herstellungstechnik und Zusammensetzung betrifft, einander sehr ähnlich. Die meisten solcher Ringe wurden zwar auf dem griechischen Festland gefunden, vor allem in den Schachtgräbern und Grabkammern von Mykene; aber dennoch stammen einige davon aus Kreta, so daß man sie ohne weiteres zum Repertoire der Palastindustrie rechnen kann. Ihre Größe ermöglichte die Darstellung komplexer Szenen wie etwa auf einem Ring aus Isopata bei Knossos, der eine Figurengruppe zeigt, die einen – vielleicht kultischen – Tanz auf dem Land vorführt. Andere zeigen kleine Gebäude, die Schreine sein könnten. Importiertes Elfenbein wurde geschickt bei einer Vielzahl verschiedener Gegenstände verarbeitet, die sowohl dekorative als auch funktionale Zwecke erfüllten. Kleine Figuren wie die Stierspringer von Knossos sind in mehreren Teilen gefertigt und dann zusammengesetzt worden – ein ökonomischeres Verfahren als das Schnitzen aus einem einzigen Stück. Ein neuerer Fund aus Palaikastro, eine 50 Zentimeter hohen stehende Männerfigur, weist sehr detailliert und genau herausgearbeitete Muskel- und Sehnenpartien auf; das Haar und der Hinterkopf sind nicht aus Elfenbein , sondern aus Stein hergestellt. Man wandte auch die Fayencetechnik an, um so aufwendig gearbeitete Stücke wie die weiblichen Götterfigurinen herzustellen, die in den Zisternen unter dem Boden des Kultbereiches westlich vom Mittelhof in Knossos gefunden wurden. Aus demselben Depot stammen Einlegearbeiten, die Herzmuscheln, Argonauten und Achterschilde darstellen, sowie eine Relieftafel mit einer Kuh, die ihr Kalb säugt. Elfenbein und Fayence wurden zur Verzierung eines Spielbrettes kombiniert, das in einem Gang im östlichen Teil des Palastes geborgen werden konnte.

Die minoische Kultur befand sich in höchster Blüte, als die Katastrophe alle anderen Paläste, Städte und Villen außer Knossos heimsuchte. Verheerende Brände zerstörten die meisten Örtlichkeiten, die daraufhin für viele Jahre aufgegeben wurden. Die Ursache dieser Zerstörungen ist noch unbekannt. Ein Ausbruch des Vulkans Thera kann nun ausgeschlossen werden, denn dieser hatte sich bereits drei Generationen zuvor ereignet. In der Folgezeit machte sich in Knossos der Einfluß des Festlandes deutlich bemerkbar. Griechisch wurde Verwaltungssprache, und Grabkammern im Stil des Festlandes mit Waffenbeigaben wurden eingeführt. Mykenische Keramik ersetzte die minoische auf den ägäischen Inseln, im Vorderen Orient und in Ägypten. Möglicherweise haben die Bewohner des griechischen Festlandes die Insel erobert, um von ihren Reichtümern zu profitieren. Genausogut könnten sie bei ihrer Ankunft eine Insel vorgefunden haben, die von Erdbeben verwüstet worden war, die selbst für Kreta, eines der seismologisch aktivsten Gebiete Europas, heftiger als gewöhnlich waren.

Die begrabene Stadt in Akrotiri auf der Insel Thera (Santorin), 1600–1525 v. Chr.

Vor ungefähr dreieinhalbtausend Jahren, zur Blütezeit der kretischen Paläste, wurde der Vulkan, das Herz der kleinen Insel Thera in der südlichen Ägäis, nach einer langen Ruheperiode wieder aktiv. Zuerst erschütterten Erdbeben die Insel und zwangen die Bewohner einer blühenden Stadt in der Nähe des heutigen Dorfes Akrotiri zur Flucht. Es folgte eine Zeit, in der provisorische Reparaturarbeiten ausgeführt wurden. Dann jedoch kam es zu einem heftigen Ausbruch des Vulkans, bei dem zunächst ein Aschenregen niederging und dann Lavaströme die ganze Insel überzogen: Die Straßen und die

Räume der beschädigten Gebäude füllten sich schnell, so daß viele der Häuser bis zum zweiten oder dritten Stockwerk mit unbeschädigten Zwischendecken erhalten blieben. Kurze Zeit danach stürzte der große Hohlraum, der tief unter der Erdoberfläche durch den Ausstoß einer solch großen Menge an Asche und Lava entstanden war, in sich zusammen: Das Zentrum der Insel versank und hinterließ ein riesiges Becken, das sich mit Meerwasser füllte. Wir wissen nicht, ob die Bewohner der Stadt überlebt haben oder ob sie von den Flutwellen eingeholt wurden, die diese letzte gewaltige Erschütterung und Erdbeben in allen umliegenden Regionen in der Ägäis hervorriefen. Die Insel wurde für Hunderte von Jahren nicht wieder besiedelt, bis der Lavaboden genügend verwittert war, um Pflanzenwachstum und später auch Ackerbau zu ermöglichen.

Die Aufeinanderfolge von Ereignissen hat in der übrigen ägäischen Welt natürlich Spuren hinterlassen. Der Aschenregen konnte in Tiefsee-Kernbohrungen nachgewiesen werden, die sich weit in südostlicher Richtung, über Kreta hinaus in den östlichen Mittelmeerraum hinein, erstreckten. Der Nachweis von Asche und Lava in Schichten, die viel älter sind als die Zeit der Palastzerstörungen – an mehreren Stellen der Nordküste Kretas, von Chania bis Mochlos, bei Myrtos an der Südküste und in Trianda auf Rhodos – zeigt, daß es keine direkte Verbindung zwischen den beiden Ereignissen gegeben haben kann. Trotzdem muß der Vulkanausbruch wirtschaftlichen Schaden verursacht haben, da die Asche das Getreide und die Bäume versengte, die Flutwellen die Küstengebiete schwer in Mitleidenschaft zogen und die Boote am Strand zerstörten. Uns verschafft der über der Stadt niedergegangene Ascheregen die unvergleichliche Möglichkeit, einen dreidimensionalen Eindruck von der damaligen Architektur zu bekommen; denn er konservierte große Teile der Wandbemalung und Gerätschaften, die so ausgegraben wurden, wie die Bewohner sie verlassen hatten, als sie auf ihrer Flucht bei den ersten Beben wohl nur mitnahmen, was sie tragen konnten. Wertvolle Stücke sind relativ selten, aber man fand Tausende von Tongefäßen sowie Bronzegeräte und Bleigewichtsätze.

Die Ausgrabungsarbeiten konzentrierten sich auf einen schmalen Streifen der Stadt, wo die Mauern durch eine Regenwasserrinne, die sich im Winter tief in die Lavaschichten hineingeschnitten hatte, ans Tageslicht traten. Die Häuser, ein rundes Dutzend, sind scheinbar planlos auf beiden Seiten einer engen Straße angeordnet, die sich an einer Stelle zu einem kleinen dreieckigen Platz erweitert. Die größeren Häuser, die aus genau gearbeiteten Steinquadern errichtet sind (Häuser 1 bis 4), stehen mehr oder weniger frei; während andere, aus Bruchsteinmauerwerk errichtet, mit Holzverstrebungen versehen und mit Lehm verputzt, Wand an Wand stehen, z. B. in Palaikastro auf Kreta. Kein Haus besitzt einen regelmäßigen Grundriß, anscheinend wurden sie einfach auf vorhandenen freien Flächen errichtet, und man baute an, wenn es erforderlich war. Das Erdgeschoß diente als Lager und Werkstatt; die meisten der besseren Räume befanden sich im oberen Geschoß, wie es beim »Westhaus« zu sehen ist. Fast allen Gebäuden gemeinsam ist der Eingangsbereich mit einem Seitenfenster, das den Blick auf eine kleine Eingangshalle freigibt, von der aus eine Steintreppe in zwei Fluchten zum oberen Stockwerk führt. Die vornehmeren Häuser unterscheiden sich nicht von denen auf Kreta, denn sie haben auch viele Eingänge (wie die Häuser 3 und 4). Es ist anzunehmen, daß die meisten dieser Gebäude Privathäuser waren, vielleicht die rei-

cher Kaufleute. Zumindest der reiche Freskenschmuck weist auf einen gewissen Reichtum hin. Eine der besten Kompositionen befindet sich oberhalb des Reinigungsbeckens in Haus 3: Man sieht junge Mädchen, die in aufwendigen Stufenröcken und vorne offenen Miedern mit Gold und Lapislazuli geschmückt, in einer ländlichen Gegend Krokusse in Körbchen pflücken. Der Bildmittelpunkt ist eine sitzende ältere Frau, die ganze Hände voll Krokusblüten von einem blauen Affen entgegennimmt. Ein anderes Gemälde zeigt nackte junge Männer, deren Köpfe bis auf einzelne Haarlocken kahlgeschoren sind, und einen alten Mann, ebenfalls nackt, jedoch mit voller Haarbedeckung. Einige Wissenschaftler deuten diese Darstellungen als Initiationsriten, wie sie die Ethnographie von neueren primitiven Gesellschaften kennt. Aber die Stelle, an der sich diese Darstellungen befinden, spricht eher dafür, daß sie nur dekorative Funktion hatten. Was immer der tiefere Sinn dieser Malerei ist, daß der Szene noch ein Mädchen hinzugefügt wurde, das sich am Fuß verletzt hat und versucht, den Schmerz zu lindern, indem es den Fuß umklammert, gibt dem Ganzen etwas sehr Menschliches.

Auch um das »Schiffsfresko« aus dem »Westhaus« ist eine große Diskussion entbrannt. Es handelt sich um ein Miniaturfresko in Form eines durchgängigen Frieses, der über den Türen und Fenstern eines Raumes im oberen Stockwerk verläuft. Er zeigt mehrere Städte: Die Häuser haben sorgfältig gemalte Türen, Fenster und Balkone und sind entlang einer mehr oder weniger geraden Küstenlinie aufgereiht. Im Vordergrund bewegt sich eine Flottille von Galeeren verschiedener Größe über ein von Fischen und Delphinen belebtes Meer, in dem auch Menschen schwimmen. Die Bootsbesatzungen rudern reich gekleidete, komfortabel reisende Passagiere. An einem Ende der größeren Boote sieht man etwas, das so aussieht wie ein mit Stützen errichtetes Zelt – ein Motiv, das in voller Größe auf den Wänden des nächsten Raumes wieder auftaucht. Manche Forscher betrachten diesen Ausschnitt der Szene als Militärexpedition, andere als Fest. An Land stehen Dutzende von Männern und Frauen, Zuschauer, auch Hirten mit ihren Herden, und kampfbereite Krieger mit Speeren und Schilden sowie auf einem Berggipfel Priester und Betende vor einem Schrein. In einem anderen Bildausschnitt ist ein gewundener Flußlauf zu erkennen, der von Palmen und Papyrusstauden gesäumt ist, zwischen denen Löwen und Greife Rehe jagen und Vögel fliegen. Es ist ungewiß, ob hier eine bestimmte Geschichte illustriert wurde oder ob es sich um Genreszenen mit dekorativer Funktion handelt. Am nächsten kommt das Ganze der Textstelle, an der Homer in der *Ilias* von der Verzierung des wundersamen Schildes erzählt, das Hephaist für Achill anfertigte.

Wir können in der hier gebotenen Kürze den anderen Gemälden in Akrotiri kaum gerecht werden. Da sind lebensgroße Abbildungen von Fischern mit ihrem Fang; boxende Jungen, die eine Hand mit Lederriemen umwickelt haben; mit kühnen und ein-

oben Der gewaltige Ausbruch des Vulkans Thera vor etwa 3500 Jahren bedeckte die wohlhabende Stadt Akrotiri mit einer mehrere Meter dicken Schicht feiner Asche und Lava – eine Katastrophe für die Einwohner und ein Glücksfall für die Archäologie. Zwei- und dreistöckige Häuser sowie farbenfrohe Wandgemälde blieben erhalten.

unten Durch die Vulkanasche blieben in Akrotiri viele Räume vollständig erhalten, so auch dieser Lagerraum in Block B mit seinen in Tonbänke gesetzten Tonkrügen und seinen konischen Rhyta – von denen hier nur Trichter zu sehen sind.

fachen Linien elegant gezeichnete Antilopen. Schwalben schießen herab und finden sich zwischen blühenden Lilien in einer phantastischen Landschaft wieder. Blaue Affen tollen zwischen roten und gelben Felsen umher, ein anderer spielt ein Instrument, das wie eine Lyra aussieht. Mehrere Künstler müssen in diesem kleinen Bereich der Stadt am Werke gewesen sein: Der Stil variiert vom detaillierten Realismus bis hin zum Impressionistischen, die Figuren erscheinen mal hölzern, mal lebendig. Besonders die Mädchen in Haus 3 müssen von einem Künstler gemalt worden sein, dessen Können und Geschick dem vieler späterer Meister gleichkam. Der Vergleich mit den leider nur fragmentarisch erhaltenen kretischen Gemälden ist schwierig. Viele Themen sind ähnlich, aber die Bilder aus Thera wirken viel natürlicher.

Dieser eigenständige Charakter der Kultur auf Thera wird auch in der Keramik offenbar. Sehr viel kam von den Kykladen, dazu gehören typische langschnäbelige Krüge, die häufig mit Vogelmotiven verziert waren. Der Anteil an Importen aus Kreta ist gering, und nur wenige Vasen stammen vom griechischen Festland. Noch einige weitere, aufblühende Inselgemeinschaften in der Ägäis sind aus dieser Periode bekannt, und alle zeigen die Macht und den Reichtum der kykladischen Kultur. Drei Städte hatten Verteidigungsmauern: Phylakopi auf Melos, Hagia Irini auf Keos und Kolonna auf Aigina. Ihre Architektur ähnelt der kretischer Städte mit den verschieden großen und ganz unterschiedlich ausgestatteten Häusern, die in einem Gewirr von Straßen und Gassen eng zusammenstehen. Fresken und Linear-A-Tafeln wurden in Phylakopi und Hagia Irini gefunden.

DIE SCHACHTGRÄBER IN MYKENE UND DIE FRÜHMYKENISCHE ZIVILISATION 1600–1400 V. CHR.

Auch lange nachdem Schliemann die Schachtgräber im Gräberrund A entdeckt hatte, erschienen die daraus geborgenen Gegenstände noch immer so neu und barbarisch, daß man sie als Zeugnisse einer fremden Kultur ansah, die von Invasoren mitgebracht worden war. Sie besaßen Pferde, Streitwagen und im Überfluß Waffen, die in früheren Zeiten auf dem Festland und in Kreta noch unbekannt gewesen waren. Sie hatten Perlen aus baltischem Bernstein sowie Goldarbeiten und Schmuck, dessen komplizierte spiralförmige Verzierung der von Stücken in Mitteleuropa ähnelte. Die 1952 mit der Entschlüsselung der Linear-B-Tafeln gemachte Entdeckung, daß die Mykener die griechische Sprache benutzten und demnach indoeuropäischen Ursprungs sind, schien unzweifelhaft auf ihre Herkunft aus dem Norden hinzuweisen.

Noch im gleichen Jahr jedoch lieferte eine Ausgrabung in Mykene selbst den unwiderlegbaren Beweis dafür, daß die Mykener einheimische Vorfahren hatten. Unterhalb der Burg wurde eine zweite Begräbnisstätte entdeckt, das Gräberrund B. Dort unterschieden sich die frühesten Gräber nicht von denen, die in der vorangegangenen Zeit in ganz Südgriechenland üblich waren. Etwa einen Meter wurde ein Schacht- oder Steinkistengrab ins Erdreich abgesenkt. Ihr Boden wurde mit Kieseln bedeckt und Beigaben wie Keramik, Werkzeuge oder Schmuck wurden neben dem Körper niedergelegt, bevor das Grab mit Steinplatten verschlossen wurde. Spätere Gräber innerhalb des Gräberrunds, das durch eine Mauer aus grobem Gestein angedeutet wird, waren größer, lagen tiefer in der Erde und wurden mit reicheren Beigaben ausgestattet, die jüngsten Gräber waren tiefe Schächte, groß genug für zwei oder drei Bestattungen. Sie waren mit Felsgesimsen oder Steinmauern versehen, die die Balken des Holzdaches einen Meter über dem Boden abstützten. Noch immer wurde der Boden mit Kieseln ausgestreut, und unter den Grabbeigaben waren nun Gold- und Silberschmuck, goldene Becher, Steinvasen aus kretischer Herstellung, Waffen und sogar eine Gesichtsmaske aus Elektron (natürlich vorkommende Gold-Silber-Legierung). Die Keramik war eine Mischung aus aufwendig hergestellten Typen einer mattbemalten Ware mit geometrischen Mustern und den ersten mykenischen Gefäßen mit leuchtender Bemalung. Die eine Dekorform war ganz eindeutig aus der anderen entstanden, wobei sich die Technik änderte und neue Formen und Muster hinzukamen. Viele Gräber waren mit Steinen markiert, einige davon zeigten eingemeißelte Spiralverzierungen, andere Szenen mit Streitwagen. Dies waren Gräber von Anführern oder Königen, die in einer Begräbnisstätte – offensichtlich vormykenischen Ursprungs – beigesetzt wurden. Auch in anderen Teilen Südgriechenlands waren sie ebenso reich ausgestattet, vor allem in Messenien auf der südwestlichen Peloponnes. Einzelne Gräber wurden oft zu Hügelgräberfeldern zu-

Bronzewaffen aus dem Gräberrund B außerhalb der Mauern von Mykene, etwa 1600 v. Chr.; dabei Rapiere und kurze Schwerter. Die Klingen der Rapiere konnten nicht stabil genug mit dem Griff verbunden werden und kamen bald außer Gebrauch.

Klinge eines Bronzedolchs aus dem Gräberrund A in Mykene, etwa 1550 v. Chr., mit Einlegearbeiten aus Gold, Silber und Niello. Die Szene zeigt Männer, die mit Lanzen sowie Pfeil und Bogen Jagd auf Löwen machen. Sie schützen sich hinter acht- und turmförmigen Schilden, wie sie Homer beschrieben hat.

sammengelegt, wie in Marathon, Voidokilia oder Argos, und zwar zu Gräbern, die bis in die mykenische Zeit hinein immer wieder neu belegt wurden. Obgleich es keinen Beweis dafür gibt, daß eines der Gräberrunde in Mykene mit einem Erdwall bedeckt war, ist das Muster der Anlage bei beiden gleich: Es gibt einen gesonderten Bereich für die Gräber der Wohlhabenden und Mächtigen.

Schliemanns Gräberrund A ist gleich alt wie die jüngsten Gräber in B, und dort wurden noch etwa weitere fünfzig Jahre lang Tote mit ihren Grabbeigaben bestattet. Es gibt hier nur sechs Schächte, von denen drei größer, tiefer und außerdem üppiger ausgestattet sind als alle Schächte im älteren Gräberrund. Sie bargen die Körper von erwachsenen Männern und Frauen, von Kindern und Säuglingen. Der Belegungsbeginn dieses Rundes ist unbekannt, da das Areal ungefähr zweihundert Jahre nach der letzten Bestattung im Zuge der Erweiterung der Burgmauer umgestaltet wurde. Das Gelände wurde aufgeschüttet und der heutige Doppelkreis aus Steinplatten um die tieferliegenden Gräber errichtet. Die ursprünglichen verzierten Steinmarkierungen wurden aufs Geratewohl wiederverwendet. Der gesamte Vorgang kann daher wohl als eines der ersten Beispiele in Europa für die Wiederverwendung eines Grabmals angesehen werden.

Zu den Grabbeigaben zählen fünf Goldmasken, goldener Körper- und Gewandschmuck sowie Ohrringe, wie sie die Mädchen auf dem Fresko im Haus 3 in Akrotiri tragen. Ein großer goldener Ring, der in der Nähe der Schachtgräber zusammen mit anderen wertvollen Stücken gefunden wurde und vielleicht irgendwann aus einem der Gräber gestohlen worden war, stellt drei Frauen dar, die Blumen in den Händen halten und sich einer anderen sitzenden Frau nähern, die Mohnblüten in der Hand trägt.

Außerdem fand man schmale, bronzene Schwertklingen (Rapiere), schwere Lanzenspitzen und fünf Dolche bzw. Kurzschwerter mit Einlegearbeiten aus Gold, Silber und schwarzem Niello, die Jagdszenen darstellen: etwa einen Fluß, an dem Leoparden auf Vögel und Löwen auf Rehe Jagd machen – wiederum ähnlich dem »Schiffsfresko« von Akrotiri. Daneben fand man einfache und verzierte Becher und andere Gefäße aus Gold, Silbervasen, darunter zwei Exemplare mit aufwendig als Reliefs gearbeiteten Kampfszenen, und Vasen aus Bronze und Blei. Zu den importierten Stücken gehören Bernsteinketten mit großen durchbohrten Schiebern in Perlenform, wie man sie auch von der britischen Wessex-Kultur kennt. Diese, zusammen mit den segmentierten Fayence-Perlen, die ebenfalls auf den Britischen Inseln und in Westeuropa gefunden wurden,

Ein goldener Ring und ein goldenes Siegel aus Mykene; um 1500 v. Chr. Beide Stücke zeigen das künstlerische und technische Geschick der Gravierer der Bronzezeit. Dargestellt sind Familienszenen, über deren Bedeutung wir nur spekulieren können. Zeigt der Ring die Trennung einer Frau und eines Mannes oder ein wildes Ritual in einem ländlichen Heiligtum? Ist auf dem Siegel ein Kriegerpaar im Zweikampf abgebildet? Der Unterlegene trägt einen Helm aus Wildschweinhauern und sucht vergebens Schutz hinter einem Schild in Form einer Acht.

bieten noch immer Anlaß zum Streit um die relative Datierung der beiden Kulturen und über eine mögliche Verbindung zwischen ihnen. Steinvasen aus Kreta, ein aus dem Vorderen Orient oder Nordafrika stammendes Straußeneigefäß (Rhyton) mit Fayenceapplikationen, Stücke aus Elfenbein, Lapislazuli und andere edle Materialien – all dies zeugt vom Reichtum derer, die um 1500 v. Chr. über Mykene herrschten.

Es ist kaum zu erklären, wie man diesen Reichtum so plötzlich erwerben konnte, vor allem an Orten wie Mykene, das weder Hafenstadt war noch über üppige landwirtschaftliche Ressourcen verfügte. Man muß wohl davon ausgehen, daß der wachsende Wohlstand und der zunehmende Einfluß des minoischen Handels zusammen eine Situation schufen, die einige mächtige und energische Herrscher nutzen konnten – ob durch Handel oder durch militärische Stärke -, um all das Gold und die anderen Dinge anzuhäufen, die Schliemann und seine Zeitgenossen ebenso zum Staunen brachten wie die heutigen Besucher des Mykenischen Saales im Nationalmuseum von Athen.

Der gleiche Wohlstand herrschte in Messenien, wo eine andere Art von Gräbern, die Kuppel- oder Tholosgräber, entwickelt wurden: Es handelt sich dabei um Grabkammern, die man in einen Hügel grub. Die Tholoi von Pylos, Routsi und Koryphasion wurden auf eingeebnetem Steinuntergrund aus grobem Mauerwerk errichtet und hatten eine kreisförmige Kammern. Massive unbehauene Steinblöcke bildeten den Sturz über dem Eingang. Gedeckt waren sie von Kragsteingewölben. Unter den Grabbeigaben fand man, wie in den Schachtgräbern von Mykene, Schwerter mit Einlegearbeiten, Goldbecher, Bernsteinperlen und Bronzewaffen.

Eine von vier identischen Goldschalen aus einem versteckten Hort in der Nähe des Gräberrundes A in Mykene. Die Griffe sind geformt wie Hundeköpfe. Häufige Nachbildungen dieser Pokalform in Ton deuten darauf hin, daß die Pokale um 1400 v. Chr. entstanden sind.

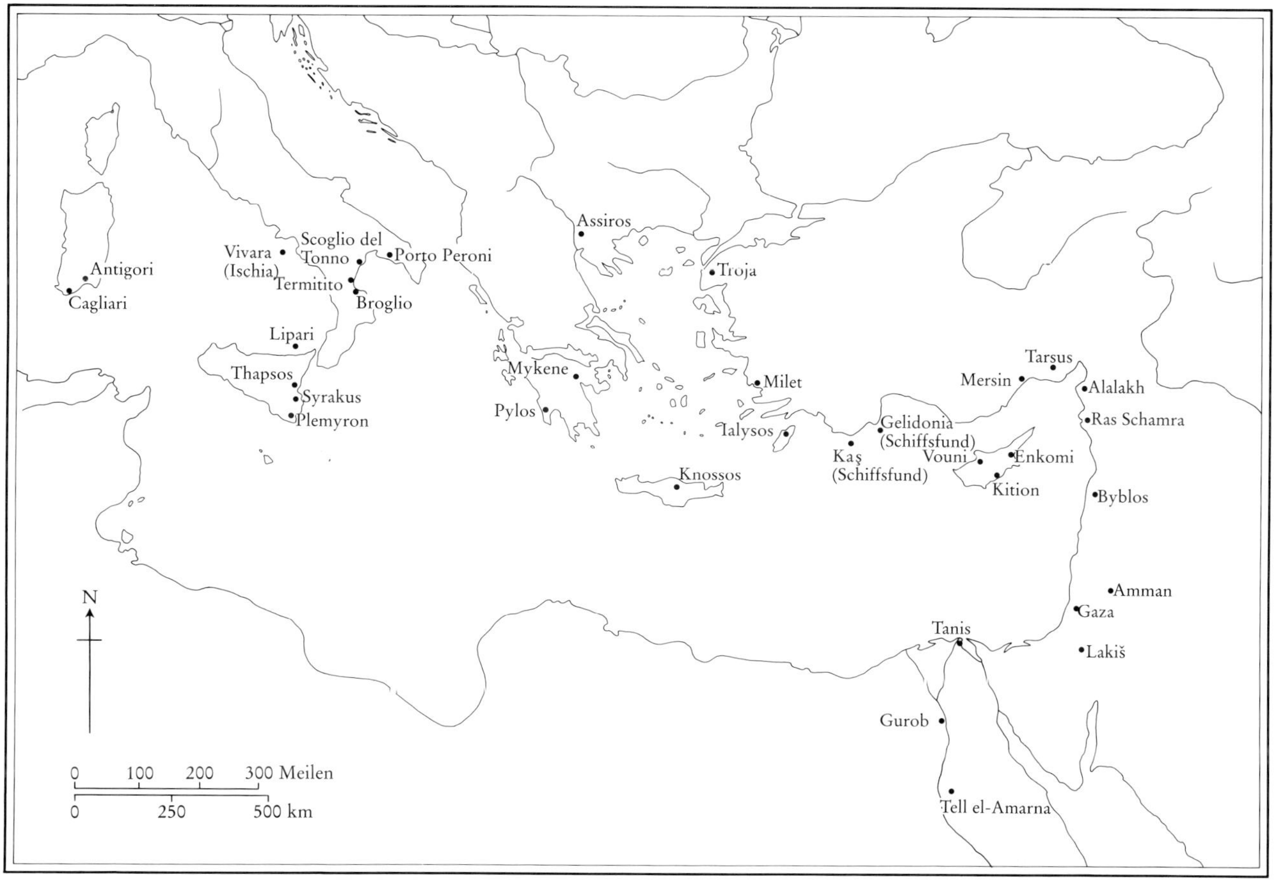

Die wichtigsten Städte und Fundplätze verdeutlichen die mykenischen Handelsbeziehungen und die Verbindungen in den zentralen und den östlichen Mittelmeerraum während des 14. und 13. Jahrhunderts v. Chr.

Zum mykenischen Griechenland gehörten zunächst der Peloponnes, Attika, Böotien und Phokis bis hin zur Küste Thessaliens. Die meisten Siedlungen lagen um gut zu verteidigende Hügel herum oder auf Vorgebirgen; sie verfügten über gutes Ackerland und eine Wasserversorgung, wie sie seit der frühen Bronzezeit in Gebrauch war. Leider wurden die frühen Gebäude oder Befestigungsmauern durch spätere Bautätigkeit fast überall zerstört. Diese erstaunlichen Anfänge legten den Grund für Konsolidierung und Ausweitung des mykenischen Einflusses während der nächsten 50 Jahre. Die Macht der Herrschenden zeigt sich nun im Aufwand, der für die Tholosgräber betrieben wurde, aber auch an der Größe der beigegebenen Goldschätze.

Die Gräber wurden nun in die Hänge von Hügeln hineingehauen, hatten eine lange Eingangspassage (*drómos*) und waren aus besserem Mauerwerk erbaut, wobei den Türpfosten als den statischen Schwachstellen besondere Aufmerksamkeit geschenkt wurde. Die Funde sind Ausdruck des materiellen Wohlstands fast aller Regionen: Goldbecher aus Vaphio bei Sparta verziert mit Jagdszenen; Silberbecher aus Kokla bei Argos; Spiegel mit Elfenbeingriffen aus dem »Grab der Klytaimnestra«, einem Tholosgrab in Mykene; Elfenbeinkämme aus Spata in Attika. Der Reichtum der Gesellschaftsschicht direkt unter den Herrschenden zeigt sich an ihren Grabkammern, die dort in die Berghänge gehauen wurden, wo der weiche Kalkstein es zuließ. Ihre unterirdischen, leicht abfallenden Eingangspassagen (*drómoi*) und die quadratischen oder kreisförmigen Grabkammern wurden über mehrere Generationen benutzt – ein deutliches Zeichen für die soziale und wirtschaftliche Stabilität dieser Zeit. Diese Einzelgräber werden zu großen Friedhöfen vereinigt; sie enthalten Waffen und fein gearbeitete Keramik, dazu viele wertvollere Stücke wie die Goldringe aus Mykene, die oft Szenen mit Kriegern oder Jägern zeigen, neben den rituellen Schmuckstücken, wie sie aus Kreta bekannt sind.

In fast jeder Grabkammer – egal ob Tholos- oder Schachtgräber – befinden sich Fundstücke, die die enge Beziehung zwischen dem mykenischen Griechenland und der kretischen Palastkultur deutlich machen. Oft ist es unmöglich zu entscheiden, was in kretischen Werkstätten und was in Mykene entstanden ist. Beide hatten offenbar das gleiche kulturelle und künstlerische Repertoire, und auch das oft herangezogene Kriterium, alles Stilisierte komme vom Festland und alles Naturalistische von Kreta, hilft meist nicht weiter.

Die Entdeckung von Grundmauern einer älteren königlichen Residenz unterhalb des Palastes von Tiryns aus dem 13. Jahrhundert bestätigte die Vermutung, daß auch die frühen mykenischen Könige Paläste besaßen und über Handwerker wie über Krieger verfügen konnten. Auf einem der fragmentarisch erhaltenen Wandgemälde ist eine Stiersprungszene zu sehen, die in Stil und Thematik der Darstellung aus Knossos derart ähnlich ist, daß sich der Verdacht aufdrängt, es könnte sich um eine direkte Kopie aus dem späten 15. Jahrhundert handeln. Zumindest kann man davon ausgehen, daß Techniken in einer ununterbrochenen Tradition weitergegeben wurden. Nur ein einziger echter »Palast« wurde bisher aus dieser Zeit entdeckt, und zwar in der Nähe des archaischen Heiligtums von Helena und Menelaios südlich von Sparta. Dabei handelt es sich um ein großes zweistöckiges Herrenhaus mit einem zentralen Megaron (Bezeichnung Homers für einen Königssaal) mit Außenveranda, Vor- und Haupthalle, auf beiden Seiten flankiert von Fluren mit kleineren Räumen. Schon bald nach seiner Einrichtung wurde das Gebäude zerstört, vielleicht weil die Fundamentplatte abgerutscht war; übrig blieben nur die Grundmauern, jedoch nichts von der Inneneinrichtung.

Der Charakter der frühmykenischen Gesellschaft ist ein noch immer vieldiskutiertes Thema. Die Schachtgräber mit ihren Beigaben werden als letzte Ruhestätten von Oberhäuptern einer noch nicht gefestigten Stammesgesellschaft betrachtet. Im Gegensatz dazu lassen die Spuren der Palastarchitektur und die Dauerhaftigkeit, die die Tholos- und Kammergräber ausstrahlen, vermuten, daß die Formen und vielleicht sogar die Grundzüge der hochentwickelten kretischen Palastgesellschaften nach dieser Anfangsphase schnell übernommen wurden. Bisher konnten dieser Phase jedoch noch keine Siegel oder Schrifttafeln zugeordnet werden.

Auf dem Festland gibt es keine Hinweise auf die Zerstörung der kretischen Paläste, während sich in Kreta, in den sogenannten »Kriegergräbern« des späten 15. Jahrhun-

Drei goldene Totenmasken aus den Schachtgräbern von Mykene, um 1550 v. Chr., von Schliemann 1876 gefunden. Die Überfülle an Schmuck, Verzierungen und Gefäßen aus Gold gibt einen anschaulichen Beleg für Homers Formulierung »Mykene, die mit Gold reiche«.

derts v. Chr. in Knossos und Phaistos erkennen läßt, daß die festländische Tradition der Waffenbeigaben übernommen wurde. Auf Kreta wurden die Kammergräber von nun an regelmäßig in der alten kretischen Tradition für mehrmalige Bestattungen genutzt, fast nie jedoch nur für wenige Mitglieder einer einzigen Familie, wie dies auf dem Festland üblich war. Der Palast von Knossos scheint zu dieser Zeit geringfügig umgebaut worden zu sein; dort gab es nun einen »Thronsaal« mit den stilisierten Zeichnungen einander wie auf Wappen gegenüberstehender Greife – ein sehr beliebtes Motiv der späteren mykenischen Wandmalerei, das in Kreta bis dahin unbekannt war. Man nimmt an, daß dieser Thron eine Entsprechung zu denen im »Megaron« ist, das später den Mittelpunkt der Paläste auf dem Festland bildet. Die anderen Neubauten in Knossos waren nicht mehr von herausragender architektonischer Qualität. Das sogenannte »Unerforschte Haus« blieb unvollendet, und einige seiner besseren Räume wurden einem Bronzeschmied als Werkstatt überlassen. Die wichtigste Veränderung in Knossos war die Übernahme der griechischen Linear-B-Schrift für Aufzeichnungen der Verwaltung; ihre Entschlüsselung liefert uns Details über die Wirtschaft in großen Teilen Kretas. Erwähnenswert ist die Auflistung von Tausenden von Widdern, die die Wolle für eine in großem Maßstab organisierte Stoffproduktion lieferten, wenn wir nicht Evans' Theorie der Helden- und Fastenopfer folgen wollen. Eine andere Gruppe von Tafeln beschäftigt sich mit militärischem Zubehör einschließlich Wagen und Rüstungen. Zunächst nahm man an, daß sie aus schwerem Leinen bestanden, dann aber wurde im argolischen Dendra ein kompletter Bronzeharnisch entdeckt, der auf den ersten Blick plump wirkt, aber einfach herzustellen und flexibel ist.

Es ist unsicher, ob die Mykener Kreta von Knossos aus regierten, aber die Tholosgräber auf dem griechischen Festland, vor allem die Einzelanlagen, die zu relativ kleinen Siedlungen gehörten, zeigen, daß es überall mächtige Männer gab. Aufgrund seiner geographischen Gegebenheiten ist Griechenland in viele in sich abgeschlossene Landstriche unterteilt, und höchstwahrscheinlich hatten sie alle lokale Herrscher, die freilich, Homers Bericht zufolge, einem »Agamemnon« zu einem gewissen Maß an Treue verpflichtet waren. Diese regionalen Fürsten verfügten nicht nur über die zahlreichen Arbeiter, die zum Bau eines Tholosgrabes nötig waren, sondern auch über die speziellen Baumeister, die solche Anlagen entwerfen konnten. Die Tafeln aus Knossos zeigen eine Hierarchie unter den Landbesitzern, vom König bis zu den Würdenträgern niedrigeren Ranges, was an eine Feudalgesellschaft erinnert. Die vielen tausend Arbeiter, oft Frauen, scheinen in Kolonnen unter einem Vorarbeiter organisiert gewesen zu sein, der ihre Nahrungsmittelrationen entgegennahm; leider finden sich im archäologischen Fundmaterial keine genaueren Hinweise auf diese Gesellschaftsschicht, abge-

oben Der Palast von Mallia im Norden Kretas, zerstört um 1425 v. Chr. Er befindet sich im Zentrum einer großen Stadt. Wie in allen minoischen Palästen sind die zahlreichen Räume um einen zentralen Hof gruppiert. Die acht kreisförmigen Kornspeicher (rechts unten) boten Platz für die Vorräte des gesamten Gemeinwesens.

unten Ausschnitt eines Miniaturfrieses aus dem Westhaus in Akrotiri auf der Insel Thera, um 1550 v. Chr. Soldaten mit Eberzahnhelmen tragen »Turm«-Schilde und Lanzen, während Frauen Krüge mit Wasser füllen und Hirten Schafe und Ziegen in einen Pferch treiben. Im Vordergrund sieht man Teile von Booten und Männer im Wasser, die möglicherweise ertrunken sind.

sehen von den Produkten, die sie herstellten. Wir wissen nichts darüber, wo und wie die Normalbevölkerung wohnte, auch nicht, ob ihre Toten in würdevoller Weise bestattet wurden.

Wann genau Knossos durch das Feuer zerstört wurde, das die Linear-B-Archive verziegelte, ist heiß umstritten. Evans ging davon aus, daß dies um 1400 v. Chr. geschehen sein muß, kurz nach der Zerstörung der anderen kretischen Paläste. Die sprachlichen Ähnlichkeiten zwischen den Schrifttafeln aus Knossos und jenen, die man in Pylos un-

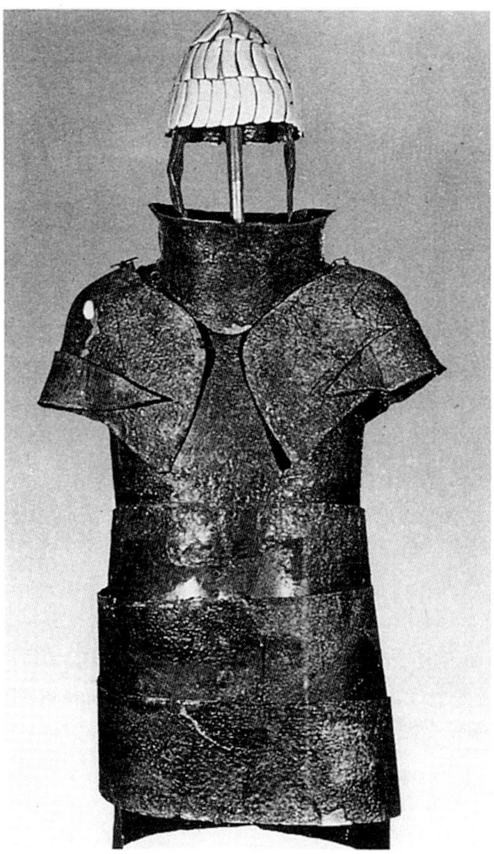

oben Eine Tontafel in griechischer Linear-B-Schrift aus Knossos mit der Aufzählung einer Kriegerausrüstung: eine Rüstung, ein Streitwagen mit Rädern und ein einzelnes Pferd – das Eigentum eines Mannes namens Opilimnios.

links Die älteste aus Europa bekannte Rüstung wurde in einer Grabkammer in Dendra im Argolis gefunden. Ihr schwerfälliges Aussehen täuscht, der Entwurf war bereits recht ausgeklügelt. Ein getrenntes Nackenstück und eingehängte Schulterbleche vervollständigen den Schutzeffekt, den ein mehrteiliger Bronzeharnisch mit einem angefügtem »Rock« aus drei ineinanderschiebbaren Blechen vorne und hinten bietet. Zusammen mit diesem Harnisch wurden bronzene Wangenstücke eines Eberzahnhelmes, ein Paar Beinschienen und ein einzelner Handgelenkschutz gefunden.

ter anderen Funden aus dem 13. Jahrhundert entdeckte, sind so frappierend, daß Mutmaßungen von Evans und die Genauigkeit seiner Nachforschungen in Zweifel gerieten und ein viel späteres Datum, nämlich ein Zeitraum um 1200 v. Chr., besonders von L. R. Palmer, angenommen wurde. Eine erst vor kurzem gefundene Tontafel aus Chania im Westen Kretas macht die Datierung noch komplizierter. Denn diese Tafel ist in derselben Handschrift beschrieben wie eine große Gruppe aus Knossos und wurde auf eine Zeit datiert, die in der traditionellen Chronologie um rund 70 Jahre früher liegt. So wurde das Problem eher größer, als daß man der Lösung näherkam.

DIE MYKENISCHEN PALÄSTE UND FESTUNGEN 1400–1200 V. CHR.

Im Anschluß an die Zerstörung des Palastes von Knossos (um 1400 v. Chr.) erfolgte eine Standardisierung der mykenischen Kultur: Einfluß und exportierte Waren lassen sich immer deutlicher im östlichen und zentralen Mittelmeerraum verfolgen.

Die größten der Tholosgräber wurden Mitte des 14. Jahrhunderts angelegt, doch von ihrem ursprünglichen Inhalt ist nichts erhalten geblieben. Das »Schatzhaus des Atreus«, das der griechische Reiseschriftsteller Pausanias im 2. Jahrhundert n. Chr. erwähnt, ist das prächtigste erhaltene Bauwerk mykenischer Baumeister und Konstrukteure; es zeugt von großem Können, und seine Errichtung kostete gewaltige Mühen. Der Baustoff ist ein lokales Kalkstein-Konglomerat, das zunächst in Quaderform gehauen und dann geschliffen wurde. Wie die ägyptischen Pyramiden wurde das Bauwerk zu Lebzeiten eines mächtigen Königs als Zeichen seiner Bedeutung errichtet. Betrachtet man die Überreste der großartigen Fassade und allein nur die Angeln für die kunstvoll gearbeiteten Türen, dann sollte dies Bauwerk wohl beides sein: sichtbares Monument und Grabtempel – wohl anders als bei den meisten Tholoi. Wie die Ruinen des ehemals ebenso großen und prächtigen Tholos von Orchomenos besitzt es eine Seitenkammer für das Grab selbst, wodurch die Hauptkammer für Zeremonien während der Bestattung, für Opfergaben, vielleicht auch für regelmäßige Rituale freigehalten wurde. Die Hauptkammer hat einen Durchmesser von 14,5 Metern, und die erhaltene Kragsteinkuppel erreicht eine Höhe von 13,2 Metern. Einige der Bronze-Rosetten, die seine Oberfläche schmückten, waren im 19. Jahrhundert noch an ihrem Platz. Die Seitenkammer ist in den Fels gehauen und grob gearbeitet, anders als in Orchomenos, wo die Decke der Kammer von Steinplatten gebildet wurde, die mit komplizierten Spiralmustern verziert waren. Zwei massive Platten aus Kalkstein-Konglomerat deckten die Eingangspassage. Die innere Platte wiegt wahrscheinlich mehr als 100 Tonnen. Den 5,4 Meter hohen Eingang flankieren auf beiden Seiten Halbsäulen mit spiralförmig angeordneten Rosetten aus Lapis Lacedaimonius aus Krokea bei Sparta. Über dem Eingang befand sich ein zweites Paar ähnlich gestalteter, aber kleinerer Halbsäulen zu beiden Seiten einer verzierten Platte, die das Entlastungsdreieck verdeckte, einen dreieckigen Zwischenraum über der gesamten Länge des Türsturzes, der von den Konstrukteuren genutzt wurde, um das Gewicht des darüberliegenden Gewölbes vom Türsturz abzuleiten. Der *drómos*, 36 Meter lang und 6 Meter breit, ist von massiven Steinblöcken gesäumt, um die Erhabenheit des Zuganges noch zu unterstreichen. Die entsprechende Großartigkeit des Königspalastes in Mykene, der von einem mächtigen Herrscher bewohnt wurde, kann man sich nur noch im Geiste vorstellen, denn die vorhandenen Relikte stammen von Bauwerken, die später an dieser Stelle errichtet wurden.

Die massiven zyklopischen Burgmauern in Mykene, Tiryns, Athen und vielen anderen Stätten sind Zeugnis der enormen Ressourcen an menschlicher Arbeitskraft, über die die mykenischen Herrscher verfügen konnten. Allerdings sind diese Bauwerke nur schwer zu datieren, denn es gibt jeweils mehrere Bauphasen. Die heute noch sichtbaren Umfassungsmauern wurden im 14. Jahrhundert v. Chr. begonnen und mehrfach vergrößert. In Mykene schloß eine umfangreichere Erweiterung, die im 13. Jahrhundert an der Westseite durchgeführt wurde, wichtige ältere Gebäude mit ein, auch Gräberrund A, das, wie bereits an früherer Stelle erwähnt, aufgeschüttet worden war. Im Zuge dieser Erweiterungsbauten entstand das berühmte Löwentor, der Haupteingang, mit einer vorspringenden Bastion im Westen, die es Verteidigern ermöglichte, einen Angreifer, der das Tor stürmen wollte, von allen Seiten zurückzuschlagen. Eine Bastion gleicher Art wurde angelegt, um den Eingang im Nordosten zu schützen; dieses Prinzip wurde dann in vielen mykenischen Festungsanlagen verwendet: in Midea, Gla und bei der Akropolis von Athen; deren mykenische Bastion, die ursprünglich den Hauptzugang schützte, liegt unter dem Nike-Tempel.

In Tiryns mußten Angreifer sich so über eine Rampe nähern, daß ihr rechter Schwertarm ungeschützt blieb, und selbst wenn sie es schafften, das Haupttor zu überwinden, fanden sie sich in einem engen Gang wieder, der von über sechs Meter hohen Wänden gesäumt war. Die hohen Mauern, die die untere Burg in Tiryns umschließen, die darin angelegten breiten Vorratskammern, die beiden Gruppen von Kammern, die im östlichen und südlichen Teil Galerien bilden, die Wendeltreppe zum rückwärtigen Tor im Westen – all dies entstand gegen Ende des Jahrhunderts, möglicherweise gar nicht lange vor den Unruhen, die das Ende der Palastgesellschaft herbeiführten. Diese Zyklopenmauern bestehen aus dem an dieser Stelle anstehenden Kalkstein. Um ihn zu gewinnen, hat man die natürlichen Stufen und Spalten im Gestein ausgenutzt und dort vieleckige Blöcke mit Durchmessern von zwei bis drei Metern herausgebrochen. Diese wurden dann mit Hebeln in Position gebracht und zu Mauern von bis zu 5 Metern in der Tiefe und 7–8 Metern in der Höhe zusammengefügt. Die Blöcke wurden so ausgesucht, daß sie so genau wie möglich aneinanderpaßten, und dann durch kleinere Steinkeile fixiert, die man in die Lücken schlug. Diese Bautechnik haben die mykenischen Baumeister angewandt, wo immer die geologischen Verhältnisse es erlaubten, auch für Mauern kleinerer Wohngebäude.

Es ist fraglich, wie effizient dieser Aufwand an menschlicher Arbeitskraft für die Verteidigung war. Auch mit kleineren Mauern hätten Überraschungsangriffe verhindert werden können, und sie hätten eine Belagerung ohne Belagerungsmaschinerie überstanden. Wirklich verwundbar waren die mykenischen Burgen, von internem Verrat abgesehen, nur durch langwierige Belagerungen, vor allem dann, wenn die Verteidiger von ihren Wasserquellen abgeschnitten werden konnten. Ende des 13. Jahrhunderts v. Chr. erhielten wenigstens drei Burgen, nämlich Mykene, Tiryns und Athen, Gewölbe-

Das »Schatzhaus des Atreus« ist das schönste der gewölbegedeckten Tholosgräber, die vom architektonischen Können der mykenischen Bauleute zeugen. Es wurde vor 1300 v. Chr. fertiggestellt, und seine wundervolle Fassade war einst mit verzierten Halbsäulen geschmückt. Der Steinblock des Türsturzes muß weit über 100 t wiegen.

gänge, die unter den Mauern hindurch zu einem geschützten Wasservorrat führten. Leider wurde die Quelle selbst oft zu leicht entdeckt, und man gab dieses Prinzip bald wieder auf, entweder, weil es ineffektiv war oder weil unter den veränderten Bedingungen des 12. Jahrhunderts v. Chr. (8. Kapitel) die Gefahr, vielleicht auch der Willen zum Widerstand nicht länger vorhanden waren. Der Anreiz, Zyklopenmauern zu errichten, lag, ähnlich wie beim Bau des »Schatzhauses des Atreus« eine Generation zuvor, im Wunsch des Herrschers, sowohl Gleichgestellte und Rivalen zu beeindrucken als auch jeden möglichen Feind abzuschrecken.

Andere derart umfangreiche Bauarbeiten dienten eher praktischen Zwecken. Der flache Kopais-See wurde mit Hilfe von Dämmen und Kanälen trockengelegt, als die große

Burg von Gla auf einem Felsausläufer oberhalb eines natürlichen Sumpfgebietes erbaut wurde. Innerhalb dieser 200 000 Quadratmeter großen Anlage befanden sich Gebäude und ein weiter offener Platz. Es gibt keine Spuren normaler Besiedelung, und vermutlich war die Erbauung von Gla und die Trockenlegung des Sees Teil ein und desselben Plans: Man wollte große Flächen urbar machen, den neuen »Grundbesitz« verwalten und die Ernte innerhalb der Festung lagern. Zusätzlich konnte die Burg aufgrund ihrer Größe auch den Tierherden Schutz gewähren, die immer schon die leichteste Beute unter den Gütern einer Gemeinschaft gewesen sein müssen. Ein anderes Projekt, das die Weitsicht der mykenischen Baumeister und Ingenieure widerspiegelt, war der massive, 10 Meter hohe Erddamm quer durch eine Schlucht vier Kilometer östlich von Tiryns sowie die Uferbefestigungen, die den Fluß in ein neues Bett lenkten, wodurch Burg und Siedlung gegen die Gefahr wiederholter Überschwemmungen während der winterlichen Regenfälle geschützt wurden. Über 30 000 Tonnen Erde hatte man bewegt – mit dem Erfolg, daß der Fluß noch heute dem neuen Bett folgt. Außerdem gehörte das Anlegen von Straßen und Brücken zu den öffentlichen Bauarbeiten, so daß Wagen mit den landwirtschaftlichen Erzeugnissen der Umgebung die Paläste erreichen konnten – freilich weniger, damit ein gewisser Telemach mit seinem Streitwagen innerhalb eines einzigen Tages von Pylos nach Sparta fahren konnte.

Mit den Ressourcen wurde auch beim Bau und der Dekoration der Paläste nicht gespart, da sie nach kretischem Vorbild als Verwaltungszentren dienten. Die Grundrisse der Paläste von Tiryns und von Pylos in Messenien, von vielen als Palast des homerischen Helden Nestor angesehen, sind gut erhalten. Die Anlage des Palastes von Mykene ist schwieriger zu verstehen, da der obere Teil der Akropolis (Oberstadt) inzwischen stark erodiert ist. Schrifttafeln, Schmuck und Wandgemälde im »Neuen Kadmeion« im böotischen Theben, die bedeutenden Gebäude in Orchomenos und die Siedlungen unter den heutigen Städten Volos (vermutlich das homerische Iolkos) und Chania auf Kreta weisen darauf hin, daß es ein Netz von Palastzentren gab, die jeweils ein großes Gebiet beherrschten. Von den großen Zentren, die Homer beschreibt, gibt es allein von Ithaka keinen archäologischen Nachweis, der seine Bedeutung innerhalb der Sage bestätigen könnte.

Die mykenischen Paläste waren viel kleiner als ihre minoischen Vorläufer. Das Hauptgebäude in Nestors Pylos, mit einer Grundfläche von 54 auf 30 Meter, würde fast in den Innenhof von Knossos hineinpassen; auch das Areal des Palastes von Tiryns (der äußere, südliche Hof ausgenommen) ist nur 70 auf 60 Meter groß. Das Zentrum des mykenischen Palastes bildete die etwa 12 Quadratmeter große Megaron-Halle mit einer Herdstelle in der Mitte und vier Säulen, die das Dach stützten. Ein Thronsockel wurde in Pylos und Tiryns gefunden, in Mykene aber rutschte die Terrasse, auf der die südöstliche Ecke des Megaron errichtet worden war, in die Chaos-Schlucht hinunter, und alle Spuren des dort möglicherweise aufgestellten Thrones wurden zerstört. In Pylos gibt es zu beiden Seiten des Megaron lange Flure, die es von den anderen Räumen abtrennen, ähnlich wie in Menelaion bei Sparta. In das Megaron gelangte man von einem kleinen Hof aus durch eine Säulenvorhalle, die es auch in den beengten Verhältnissen von Mykene gab. In Tiryns war der Hof von einem Säulengang aus Holz umgeben, und in Pylos gab es einen solchen nur an einer Seite des Hofs. Die Anlage des

links Das Löwentor von Mykene wurde um 1250 v. Chr. vollendet und bildet den Haupteingang zur Burg. Oberhalb des Sturzes stehen sich links und rechts einer Säule zwei Löwen gegenüber – eines der bekanntesten Werke mykenischer Kunst. Diese Komposition ist auch häufig auf Siegelsteinen und geschnitztem Elfenbein zu sehen. Die heute fehlenden Köpfe waren einst mit Pflöcken befestigt, und ihre genaue Gestalt bietet unerschöpflichen Anlaß zu Spekulation.

unten Die Burg von Tiryns, von Südwesten gesehen. Die für mykenische Festungen typischen Zyklopenmauern hatten ursprünglich eine Höhe von acht Metern und waren oft fünf Meter dick. Die Steine, die nach einer Überlieferung zu mächtig gewesen seien, als daß ein Sterblicher sie hätte bewegen können, sind aus dem Fels gehauen worden, auf dem sich die Festung erhebt.

Zugangs war immer sehr sorgfältig geplant: Entweder war es ein langer Gang oder, wie in Mykene, eine monumentale doppelte Treppenflucht, oder man gelangte durch einen Säuleneingang von einem Außenhof in das Megaron, wie in Pylos und Tiryns.

Alle drei Paläste waren mit aufwendigen Fresken geschmückt, und sogar die Stuckfußböden waren mit bemalten Quadraten gestaltet, die wie gemusterte Fliesen wirkten und einen Marmoreffekt oder Muster aus Delphinen oder Kraken hatten. Die Herde in den Megara wurden immer wieder mit Stuck verkleidet und mit neuen Flammen- oder Spiralmustern bemalt. Einige Wandgemälde, so etwa die Frauen in gestuften Röcken und mit aufwendig frisiertem Haar, erinnern an die 200 Jahre älteren aus Kreta, während die dargestellten Krieger die typische kurze Tunika und den mykenischen Rock tragen. Einige Figuren gehören zu Prozessionen, andere zu Jagd- und Kampfszenen, Motive die man in Kreta kaum findet. In Tiryns sieht man Hunde und Jäger, die Jagd auf Wildschweine machen, während sich in Pylos mit Speeren bewaffnete Krieger, die Beinschienen und Eberzahnhelme tragen, über einen Fluß hinweg mit leicht bewaffneten, in zerlumpte Felle gehüllten »Wilden« einen Kampf liefern. Die Fresken halfen, das eher ärmliche Baumaterial der mykenischen Palastgebäude zu kaschieren. Stein, der sich für anspruchsvolle Maurerarbeiten eignet, war rar und für Stellen reserviert, an denen man entweder besondere Wirkungen erzielen wollte oder aber statische Probleme zu lösen hatte, an Türpfosten etwa. Gips dagegen, der in Kreta so häufig benutzt wurde, stand nur für den Verputz zur Verfügung, wenn er überhaupt importiert wurde. Die meisten Mauern waren aus Bruchstein aufgesetzt oder man errichtete, wie in Pylos, Lehmziegelmauern auf massiven Grundmauern. Auch Fachwerk wurde benutzt, wie schon in der frühen Bronzezeit, und die Bauleute zögerten nicht, ihre Häuser auf zwei bis drei Stockwerke hochzuziehen. Doppelte Falttüren waren die Regel; aber Lichtschächte im kretischen Stil brauchte man in den kleineren Gebäuden des Festlandes nicht.

Wie in Kreta dienten die Paläste als Verwaltungszentren. In Pylos wurden viele Linear-B-Schrifttafeln entdeckt, in kleineren Stückzahlen auch in Mykene, Tiryns, Eleusis, Theben und Orchomenos sowie in Chania und Armenoi auf Kreta. Neben der Buchführung über die Verteilung von Lebensmitteln an verschiedene Klassen von Arbeitern und über Landbesitz fand man in Pylos Tafeln, die sich auf eine Parfüm-Industrie und auf Bronzeverarbeitung beziehen. Eine Gruppe von Tafeln beinhaltet das Postieren von »Küstenwachen« in zwei getrennten Provinzen, was als Bericht über Verteidigungsmöglichkeiten angesichts einer Bedrohung durch Feinde gedeutet wurde – vielleicht jene Bedrohung, die letztlich die Zerstörung und die Aufgabe des Palastes verursachte. Auf anderen Schrifttafeln sind die Namen der klassischen griechischen Gottheiten Zeus, Athena und Poseidon verzeichnet, und eine kleine Gruppe listet das Inventar eines Tempellagerraumes auf.

Von besonderer Bedeutung waren die Vorkehrungen zur Lagerung landwirtschaftlicher Erzeugnisse, da dies die Grundlage der Palastökonomie darstellte. In Pylos befand sich ein Vorratsraum für Öl direkt hinter dem Megaron, mit großen Pithoi, die in Bänke eingelassen waren. In der Nähe war ein zweites Öllager, während nördlich davon ein eigenes Gebäude unzählige Krüge für die Lagerung von Wein enthielt. In Tiryns könnten die großen Ausbuchtungen im Mauerwerk als Kornkammern gedient haben;

leider blieb nichts erhalten, was auf ihren Inhalt hindeuten könnte. Nur an einem kleinen befestigten Ort am Nordrand der mykenischen Welt, in Assiros in Zentralmakedonien, gibt es handfeste Beweise für das Vorhandensein von Getreide. In einer Reihe von Vorratsräumen innerhalb der Siedlung konservierte ein zerstörerisches Feuer große Mengen von verkohltem Getreide. Die Vorratskrüge und andere Behälter lassen auf eine weit größere Menge eingelagerten Getreides schließen, als notwendig wäre für die kleine Gemeinschaft von Menschen, die innerhalb dieser Festungsmauern gelebt haben dürfte. Darin spiegelt sich, in einer Art Mikrokosmos, das System der zentralen Vorratshaltung der Paläste wider. Die umfangreichen Weizen- und Gerstefunde von Assiros entsprechen den Aufzeichnungen der Tafeln von Pylos, weitere nachgewiesene Früchte wie Linsen, Bitterwicken und Trauben sind typische Nutzpflanzen des Mittelmeergebiets.

Auf den Tafeln sind auch große Bestände von Rindern, Schweinen, Schafen und Ziegen verzeichnet, wobei eigens vermerkt wurde, ob es sich um männliche oder weibliche Tiere handelte. Die Knochenreste vieler Siedlungen bestätigen dieses Muster, zeigen aber außerdem, daß auch noch die Jagd von großer Bedeutung war, vielleicht als prestigeträchtiges Freizeitvergnügen. An mehreren Orten, unter anderem in Tiryns und im makedonischen Kastanas, wurden Löwenknochen entdeckt, was darauf hinweist, daß die in der mykenischen Kunst häufig dargestellte Löwenjagd nicht nur der Phantasie der Menschen entsprungen ist.

Von den Siedlungen außerhalb der Paläste wissen wir nicht viel. Man konnte keine Stadt in der Größenordnung von Gournia oder Palaikastro auf Kreta ausgraben, obgleich Mykene, Tiryns und Pylos von großen Siedlungen umgeben waren. Einzeln stehende Wohnhäuser hatten in der Regel zwei Stockwerke. Das untere Geschoß war für die Lagerhaltung bestimmt, wie im »Haus des Ölhändlers« unterhalb der Burg von Mykene. Letzteres und seine direkten Nachbarbauten enthielten wertvolle Fundstücke wie Vasen aus Stein, Fayencen und eine riesige Anzahl von Elfenbeineinlagen, die aus Möbeln der Wohnung stammen können, aber auch aus einer Werkstatt, in der Möbel mit Einlegearbeiten angefertigt wurden. Diese Elfenbeineinlagen zeigen Köpfe mit Eberzahnhelmen, Achterschilde, Delphine, Muscheln und sich verjüngende Säulen mit aufwendig gestalteten Kapitellen. Die besondere Bedeutung dieser Häusergruppe wird durch die Entdeckung von Linear-B-Tafeln in ihrem Inneren noch unterstrichen.

Das »Kultzentrum« von Mykene gibt uns die deutlichsten Hinweise auf Zeremonialgerät. In einer Gebäudegruppe, die auf engem Raum südlich des Gräberrunds A errichtet wurde, konnte eine außergewöhnliche Zusammenstellung von solchen Geräten geborgen werden. Zu diesen Gebäuden gehörte ein Kultgebäude mit einem zentralen Podest, Bänken entlang der Wände und Vorratsräumen im Inneren, sowie der »Raum mit dem Fresko«. Er enthält einen Herd in der Mitte, eine altarähnliche Bank unterhalb des Freskos und einen Innenraum mit einer Bank. Im Hauptraum des Tempels stand eine grob modellierte weibliche Tonfigur auf einer Bank, fast verborgen hinter einem tragenden Balken, während in den versiegelten Vorratsräumen dahinter eine große Anzahl männlicher und weiblicher Tonfiguren mit ausgestreckten Armen zum Vorschein kamen und einen schrecklichen Anblick boten. Dabei fand man auch Schlangenkörper aus Ton, die den Kopf hoben und eine einzelne, elegant bemalte weibliche

links Eine Elfenbeinplatte, die unter dem Artemis-Tempel auf Delos gefunden wurde, zeigt einen mykenischen Krieger vor einem achtförmigen Schild und mit einem Helm aus Wildschweinhauern. Die Tafel war vermutlich ein Teil eines Möbelstückes oder einer aufwendig verzierten Truhe.

rechts Der Elfenbeinkopf eines jungen Mannes, gefunden in der Nähes des Altars im »Raum mit dem Fresko«, könnte Teil einer Kultfigur mit hölzernem Körper gewesen sein. Er ist aus einem einzigen Stück eines Elefantenstoßzahns geschnitzt und stellt eine der schönsten mykenischen Skulpturen dar, die bisher entdeckt wurden.

Figur. Im »Raum mit dem Fresko« lag neben dem Altar ein prächtig geschnitzter Elfenbeinkopf eines jungen Mannes, der einst auf einem Holzkörper befestigt war. In der Nähe fand man einen Löwen aus Elfenbein, in kauernder Stellung auf einem rechteckigen Sockel – vermutlich ein Stück einer Armlehne eines Thrones. Im unteren Teil des Freskos erkennt man eine weibliche, dem Altar zugewandte Figur. Sie trägt einen aufwendig gearbeiteten Kopfschmuck und hält Weizenähren in der Hand. Darüber befinden sich zwei größere Figuren, die eine ist sicher, die andere vermutlich weiblich; die beiden schauen einander an. Die eine hält ein mit der Spitze auf dem Boden stehendes Schwert und die andere einen Stab – einen Speerschaft oder einen Bogen. An einer anderen Stelle des Raumes befand sich ein Larnax, ein Sarkophag oder eine Badewanne aus Ton, und ein Bleigefäß, das eine Vielzahl von Gegenständen enthielt, darunter eine ägyptische Fayence mit der Kartusche von Amenophis III.; sie war damals bereits 150 Jahre alt und vermutlich eher das Relikt irgendeines offiziellen Kontaktes als das Produkt privaten Handels oder eine Kuriosität. Es gab auch eine große Menge Haushaltskeramik. Auf der Bank an der Rückseite des inneren Vorratsraumes stand eine weitere kleine elegante Frauenfigur.

Zur religiösen Verehrungspraxis gehörten Opfergaben verschiedener Art, manchmal Schmuck, der vielleicht auf Bänke oder in die Hände der grob gearbeiteten Figuren gelegt wurde. Es ist unklar, welche Bedeutung diese eleganten Frauenfiguren hatten. Die einzige Darstellung, die eine zentrale Rolle gespielt haben dürfte, war wohl der junge Mann mit Elfenbeinkopf, der im »Raum mit dem Fresko« auf oder neben dem Altar

Restauriertes Fresko aus dem »Raum mit dem Fresko« in Mykene. Der Kopf der Figur im Umhang, der Griff des Schwertes sowie Gestalt und Art des Tieres hinter der unteren Figur wurden ergänzt. Die Deutung dieses Freskos, das vollständigste des griechischen Festlandes, wirft viele Probleme auf. Drei Figuren in einem Gebäude sind zu sehen, und der Altar, der vor dem Fresko errichtet wurde, erweckte den Eindruck, als sei er die dreidimensionale Fortführung des gemalten Bauwerks. Die zentrale Figur der Komposition ist dominant, sie könnte eine Gottheit darstellen. Die beiden anderen Frauengestalten sind entweder Anbeterinnen oder weniger bedeutende Gottheiten. Die beiden kleinen männlichen Figuren, eine schwarz, die andere rot, sind möglicherweise nur zusätzliche »Graffiti«. Eine echte Tür zur Linken des Freskos führte zu einem anderen Kultraum. (Zeichnung von Diana Wardle)

Einer von vielen Tonsärgen (Larnakes), gefunden in einem Kammergrab in Tanagra, Böotien; etwa 1250 v. Chr. Fünf Frauen raufen sich die Haare in einer Geste der Trauer.

gestanden hat. Daß man nur schwer in diese Räume gelangen konnte, läßt annehmen, daß keiner von ihnen eine Stätte öffentlicher Verehrung war. Weder die Schlangen, noch die grobgearbeiteten Figuren kennt man von anderen Fundplätzen, aber kleine Tonfiguren, die in Tiryns in der unteren Burg und in Phylakopi neben der Stadtmauer gefunden wurden, bestätigen das Gesamtbild mykenischer Schreine. Jedoch verfügen wir über so wenig Informationen, daß wir nicht sagen können, ob sich der Kult auf irgendeine Weise von dem unterschied, der in Kreta praktiziert wurde. Zahlreiche kleine Frauenfiguren sowie Tiere und schematisierte Streitwagen aus Ton sind typisch für mykenische Fundplätze, man findet sie in Häuserruinen und Gräbern. Zumindest einige davon müssen eine alltägliche Funktion erfüllt haben, entweder als Abbildungen der Hausgötter oder als Kinderspielzeug.

Im 13. Jahrhundert v. Chr. wurden kaum noch Tholoi errichtet, aber Kammergräber waren noch üblich. Das Fehlen wertvoller Objekte aus dieser Zeit könnte auf gesunkenen Wohlstand hinweisen, weil man vielleicht alle verfügbaren Ressourcen in den Bau von Festungsanlagen und andere öffentliche Arbeiten steckte, oder aber auf einen Wandel in den Gebräuchen. Noch immer finden sich relativ häufig Schwerter und Lanzen als Grabbeigaben, aber die Kurzschwerter mit kräftiger Klinge zeigen jetzt einen Wechsel in der Kampftechnik an: Das Stoßen mit Lanze und Rapier, bei dem sich die

Kämpfenden relativ statisch gegenüberstanden, wurde ersetzt durch ein heftiges Gefecht auf engerem Raum. Vielleicht hatte die Einführung von Rüstungen in der Art, wie sie in Dendra gefunden wurden, diesen Wandel der Kampftechnik herbeigeführt. Die häufigsten Opfergaben sind Keramikgefäße, normalerweise kleine Behälter für parfümiertes Öl oder andere wertvolle Flüssigkeiten, die in einheitlicher Weise verziert waren, was auf billige Massenproduktion schließen läßt. Auch Schmuck, vor allem Perlen aus Stein, blauen Fayencen und sogar aus Ton oder Muscheln, wird häufig gefunden. Gelegentlich stößt man auf Goldgegenstände oder Siegelsteine, worunter viele Erbstücke sind. Nur in wenigen Gräbern findet man Stücke von der Qualität des Gold- und Lapislazulischmuckes und der Sammlung importierter »antiker« zylindrischer Siegel, die man in einer Werkstatt im »Neuen Kadmeion« in Theben entdeckt hat.

Zu Beginn es 13. Jahrhunderts v. Chr. hatte das Gebiet, das man als mykenisch betrachten kann, seine größte Ausdehnung erreicht. Es umfaßte Ätolien, den Küstenbereich Thessaliens und den Olymp, die Inseln der mittleren und südöstlichen Ägäis bis nach Rhodos und das südwestliche Kleinasien. Wahrscheinlich ist, daß es Siedlungen an der Küste der Halbinsel Chalkidike in Makedonien gab, aber das Innere Makedoniens, wie Epirus und Thrakien, bewahrte seine eigene lokale Identität. Die nordöstliche Ägäis wurde von Troja beherrscht, während Kreta, auch wenn es Anteil an der mykenischen Kultur hatte, eindeutig minoisch blieb. Obwohl mehrere Fundplätze in Süditalien und Sizilien große Mengen mykenischer (und in einem Fall auch minoischer) Keramik geliefert haben, gibt es kaum Spuren anderer für die mykenische Kultur typischer Aspekte, also keine Kammergräber oder Tonfigurinen, und es bleibt weiterhin unwahrscheinlich, daß es in diesem Gebiet überhaupt mykenische Siedlungen von Bedeutung gab.

DER EINFLUSS DER ÄGÄISCHEN KULTUR AUF DEN ZENTRALEN UND ÖSTLICHEN MITTELMEERRAUM

Kreta, die ägäischen Inseln und der Südteil des griechischen Festlandes waren die natürlichen Vermittler zwischen den hochentwickelten Gesellschaften der Bronzezeit an der syrisch-palästinensischen Küste und in Ägypten im Osten und den Gebieten im Westen, in denen wie in Italien und den Regionen entlang der Alpen zumindest die materielle Kultur weniger entwickelt war und sich auch die Schrift erst mehr als tausend Jahre später als in der Ägäis durchsetzte. Nachdem Seefahrer, ob von den ägäischen Inseln oder von weiter östlich, Erfahrungen über Seerouten, Winde und Strömungen im östlichen Mittelmeer gesammelt hatten, stand dem Handel nichts mehr im Weg und er konnte sich entwickeln, soweit es die wirtschaftlichen und politischen Verhältnisse erlaubten. Wir wissen nicht sehr viel von diesen Handelsbeziehungen. Erst seit der Entdeckung bronzezeitlicher Schiffswracks vor Kap Gelidonia und Ulu Burun bei Kaş können wir uns zumindest ein Bild davon machen, wie dieser Handel betrieben wur-

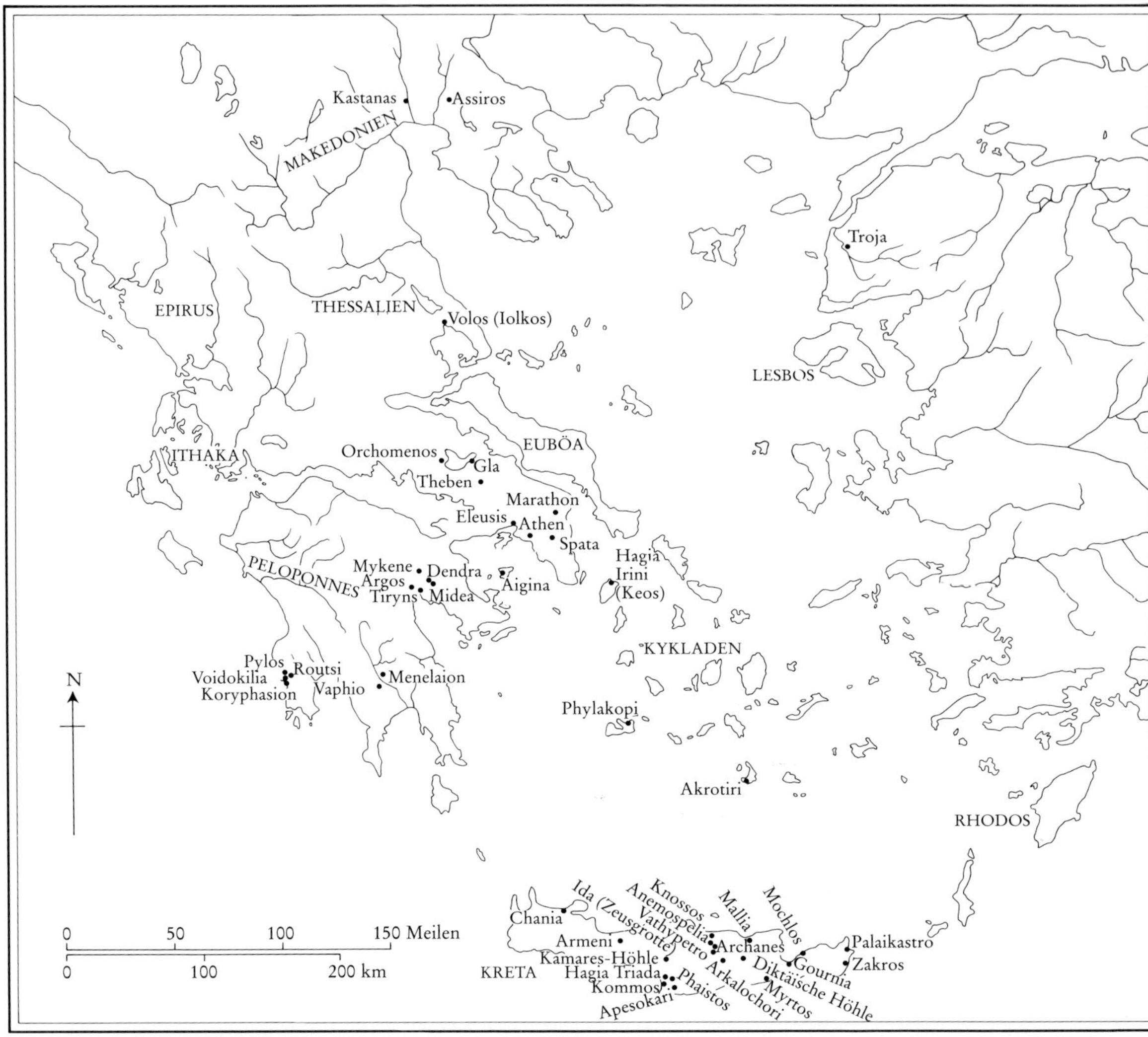

Minoisches Kreta und mykenisches Griechenland: Karte der Fundplätze, die im Text erwähnt werden.

de, wie die Schiffe aussahen und welche Ladungen sie transportierten. Doch werden auch andere, nicht sichtbare Faktoren wie Maße und Gewichte sowie der Gebrauch von Schrift und Verwaltungssystemen prägenden Einfluß gehabt haben. Den Kontakt mit Ägypten hatten die Kreter lange vor 2000 v. Chr. bereits geknüpft, jedoch war dieser nicht sehr regelmäßig und vielleicht auch nicht direkt. Der erste gegenseitige Handel läßt sich am Import ägyptischer Skarabäen festmachen, die in Archanes, Gournes und Lebena in Gräbern der Älteren Palastzeit gefunden wurden, sowie an Exporten minoischer Keramik bis nach Assuan, Abydos und Kahun. Der Schatz aus 153 Silbergefäßen aus El-Tod in Oberägypten, der deutliche Parallelen zu kretischer Keramik und Metallverarbeitung aufweist, deutet auf Handelsbeziehungen über noch größere Entfernungen hin.

Wie groß die Bedeutung war, die der minoische Handel während der Jüngeren Palastzeit hatte, wurde vor kurzem durch eine Entdeckung im Nildelta bei Tell ed-Dab'a, dem alten Avaris, deutlicht: Man hat Fragmente von Wandgemälden entdeckt, die in Stil und Thematik völlig der minoischen Kultur entsprechen. Der Ausgräber, Manfred Bietak, geht davon aus, daß sie aus einem Heiligtum stammen, das eine Gruppe minoischer Händler während der Hyksos-Periode um 1550 v. Chr. dort errichtet hat. Dargestellt wurden unter anderem Szenen mit Stieren und Stierspringern vor dem Hintergrund labyrinthartig sich überkreuzender Linien sowie Szenen mit Löwen und Leoparden. Solche Handelsniederlassungen sind auf Tontafelarchiven aus bronzezeitlichen Siedlungsgemeinschaften des Vorderen Orients gut dokumentiert, wobei die erwähnten Wandgemälde den ersten Beweis dafür darstellen, daß auch Händler aus der Ägäis in diesen Niederlassungen verkehrten. An vielen Fundplätzen in Ägypten, Syrien und Palästina wurde minoische Keramik aus dem 15. Jahrhundert v. Chr. gefunden, und unter den in die Ägäis eingeführten Waren entdeckte man ägyptische Skarabäen und Keramik aus Zypern, sowie Steinvasen aus Ägypten und Syrien.

Ein mykenischer Krater, der in einem Grab in Enkomi auf Zypern gefunden wurde; etwa 1300 v. Chr. Diese großen Schüsseln mit ihren auffälligen Dekors mit Stieren, Gruppen von Streitwagen und anderen szenischen Darstellungen waren auf Zypern besonders beliebt und wurden sogar in Jordanien gefunden.

Zu den Rohmaterialien, die die kretischen Palastwerkstätten importierten, gehörten ganze Stoßzähne aus Elfenbein und in großen Mengen Kupferbarren in der einheitlichen Ochsenhaut-Form, die man überall im östlichen Mittelmeerraum findet. Ein Lager solcher Kupferbarren fand man in Hagia Triada, ein anderes in Zakros. Man hat die Bleiisotopen in solchen Barren und anderen Gegenständen aus Kupfer analysiert und herausgefunden, daß ein Teil des Kupfers aus den Minen von Laurion in Attika stammt, aber die Herkunft des größeren Teils bleibt noch zu bestimmen. Nur wenige Stücke von Akrotiri und ein Barren, der in Keos gefunden wurde, sind aus Zypern importiert worden, wobei Zypern in dieser Zeit überhaupt erst in das Handelsnetz des östlichen Mittelmeerraums einbezogen wurde. Man benötigte einen Teil Zinn auf neun Teile Kupfer, um Bronze herzustellen; woher das Zinn stammt, ist ein bislang ungelöstes Rätsel. Zinnlagerstätten gibt es im ägäischen Raum bisher nicht, und wie reichhaltig das kürzlich identifizierte Zinnlager im Taurusgebirge nahe der türkischen Südküste war, ist noch ungewiß. Die nächsten größeren Vorkommen befinden sich in Böhmen und auf der Iberischen Halbinsel. Der Bedarf an Zinn, ebenso wie der an Kupfer, könnte sehr wohl der Antrieb für die Entwicklung des Fernhandels gewesen sein. Die silberhaltigen Bleierze von Laurion und Siphnos lieferten denjenigen, die über sie verfügten, ein wertvolles Tauschobjekt, das im Vorderen Orient sehr gefragt war. Bleiisotop-Analy-

rechts Über eine »Treppe« aus Bronzebarren hinaufsteigend birgt Nicolle Hirschfeld, eine Studentin der Unterwasserarchäologie, eine Amphore aus Kanaan aus dem Schiffswrack von Kaş. Barren und Amphoren bildeten den größten Teil der Ladung des Schiffs, das Ende des 14. Jahrhunderts v. Chr. sank. (Photo Donald A. Frey)

unten Kupferbarren in der damals üblichen Ochsenhaut-Form wurden im gesamten zentralen und östlichen Mittelmeerraum verhandelt. Einige fand man in Vorratsräumen von kretischen Palästen, andere in Schiffswracks vor der türkischen Südküste und sogar auf ägyptischen Grabgemälden, wo sie einen Teil der Tributzahlungen darstellen.

sen haben gezeigt, daß Silber aus Laurion mindestens bis nach Zypern gelangt ist. Ägäische Keramik, die auf den Liparischen Inseln gefunden wurde, die vielleicht als sichere Zwischenlager für den Handel mit dem italienischen Festland und Sizilien dienten, deutet darauf hin, daß ein Interesse an Gütern des zentralen Mittelmeergebiets bestanden haben muß. Bernstein aus dem Ostseeraum muß über Zwischenstationen im heutigen Italien nach Griechenland gelangt sein, auch wenn es keine direkten Hinweise auf diese naheliegende Route über die obere Adria gibt. Rapiere und die sogenannte Hörnerheftschwerter aus der frühmykenischen Zeit wurden nordwärts nach Albanien und bis ins Donautal exportiert, wo Archäologen auf lokale Imitationen gestoßen sind, etwa in Bulgarien oder Rumänien. Minoische und frühmykenische Keramik wurde aber auch in Troja gefunden.

Das Ausmaß der Verbindungen zwischen Ägypten und dem ägäischen Raum war sehr davon abhängig, ob die ägyptischen Herrscher sich überhaupt für die Welt und das Geschehen jenseits der Grenzen ihres Landes interessierten. In den Grabstätten von Würdenträgern aus der Zeit von Tuthmosis III. sieht man unter den abgebildeten Tributträgern auch sogenannte »Keftiu«. Diese tragen wertvolle kretische Metallvasen in den Händen und sind mit kretischen Lendenschurzen bekleidet, zu sehen etwa im Grab des Useramon (um 1451 v. Chr.). Ein wenig später wurden, wie im Grab des Rechmire zu erkennen ist, die Lendenschurze mit typisch mykenischen Röcken übermalt, vielleicht ein Zeichen dafür, daß nun im späten 15. Jahrhundert die Herrscher vom Festland den ägäischen Raum dominierten. Auch Amenophis III. war ein Pharao, der Verbindungen zum Ausland förderte; mehrere Skarabäen, die seine Kartusche zeigen, haben im 14. Jahrhundert Kreta und das griechische Festland erreicht. Sein Name taucht auch auf einer Fayence-Tafel aus dem »Raum mit dem Fresko« in Mykene auf, auch das muß wohl als Zeichen offizieller Kontakte gedeutet werden. Mykenische Keramik findet man in vielen Siedlungen im syrisch-palästinensischen Raum und in Oberägypten. Die meisten Gefäße sind kleine Behälter, die sorgfältig, aber nicht sehr aufwendig verziert sind; sie gelangten vermutlich wegen ihres Inhalts in den östlichen Mittelmeerraum. Der offenbar flüssige Inhalt war wohl sehr wertvoll, es könnten also Parfüms oder Salben gewesen sein, die in Ägypten und dem Vorderen Orient sehr begehrt waren. Auf mykenische Keramik stößt man auch in den Schutthaufen der Arbeiterviertel der neuen Stadt, die von Echnaton bei Tell el-Amarna gegründet und nur 19 Jahre lang bewohnt wurde. Die wertvollen Salben wurden vielleicht von den Reichen erworben und die leeren Behälter nach deren Verbrauch von den Dienern für andere Zwecke weiterverwendet, bis sie zerbrachen; so wie man das heute etwa mit Marmeladengläsern macht.

Das etwa dreieinhalbtausend Jahre alte Schiffswrack von Kaş aus dem 14. Jahrhundert eröffnet faszinierende Einblicke in die Zusammensetzung der Ladungen, die zu dieser Zeit befördert wurden; allerdings wissen wir nicht genau, ob das Schiff von der Levante, aus Zypern oder von einem Hafen der Ägäis kam. Geladen hatte es vor allem Kupferbarren, Pithoi voller Keramik aus Zypern und mit Pistazienharz gefüllte Amphoren aus Palästina. Bruchstücke vieler solcher Amphoren wurden auf Kreta und in Griechenland gefunden. Geladen hatte das Schiff auch Zinnbarren und -waren, Halbfertigprodukte aus Glas sowie Teile von Elefantenstoßzähnen. Einige Stücke, darunter eine Anzahl mykenischer Keramikgefäße, könnten der Besatzung gehört haben. Andere persönliche Gegenstände wie ein goldener Skarabäus der Nofretete, ein zylindrisches Siegel aus Mesopotamien, zwei syrische Anhänger und ein mykenisches und ein syrisches Schwert illustrieren die Vielfalt der kulturellen Einflüsse. Die verblüffendste Entdeckung war eine Holztafel mit Elfenbeinscharnieren, die wahrscheinlich einmal mit Wachs überzogen als Schreibtafel diente. Das Schiffswrack vom Kap Gelidonia aus dem 13. Jahrhundert v. Chr. war weniger reich beladen. Es transportierte vor allem Kupferbarren und landwirtschaftliches Gerät: abgenutzte oder beschädigte Stücke lassen auf einen reisenden Bronzeschmied schließen, der Bronzeschrott gegen neue Werkzeuge und Waffen eintauschte.

Der mykenische Einfluß in Zypern wird in den Funden des 14. und des 13. Jahrhunderts v. Chr. zunehmend deutlicher, und genauso wuchs in der Ägäis die Menge an Kupfer aus Zypern. Einige Vasen, vor allem die großen, mit Streitwagen, Stieren und anderen Szenen ausdrucksvoll bemalten Kratere (Mischkrüge), waren bei den Wohlhabenden besonders beliebt. Man findet sie häufiger in den Gräbern Zyperns, und eine dieser Vasen gelangte sogar bis nach Amman in Jordanien, wo sie dann als Grabbeigabe diente. In der gleichen Zeit dehnte sich auch der mykenische Handel mit Süditalien, Sizilien und Sardinien gewaltig aus. Das Hauptinteresse galt wohl immer noch den Metallen, auch wenn einige der Barren, die auf Sardinien gefunden wurden, aus zyprischem Kupfer sind. Die Äolischen Inseln hatten ihre Bedeutung als sichere Zwischenlager verloren; die Mehrzahl der Funde stammt aus Küstensiedlungen wie z. B. Scoglio del Tonno bei Taranto, Broglio di Trebisacce und Termitito in Kalabrien. Auch Einflüsse vom europäischen Festland lassen sich in Griechenland feststellen, besonders gegen Ende des 13. Jahrhunderts v. Chr. Die Mykener begannen, die mitteleuropäischen Hiebschwerter (Peschiera-Dolche), Violinbogen-Fibeln und die sogenannten Lappenbeile zu benutzen. Lanzenspitzen mit kurzer Tülle wurden, wie in Mitteleuropa, auch überall in Griechenland verwendet. Diese Verbindungen, insbesondere mit der Terramare-Kultur in der Po-Ebene, zeigen den immer größeren Umfang des Adria-Handels gegen Ende der mykenischen Palastkultur.

Trotz der Seefahrt im zentralen und westlichen Mittelmeergebiet war der Einfluß, den die mykenischen Reisenden auf die einheimischen Menschen hatten, begrenzt und auf die Küstengebiete beschränkt. Es gibt kein Anzeichen dafür, daß die Struktur der gesellschaftlichen Organisation, wie sie sich im ägäischen Raum entwickelt hatte, jemals nach Westen weitergegeben wurde – vermutlich hatten die komplexen Wirtschafts- und Gesellschaftsformen der Ägäis für die noch nicht städtischen Gemeinschaften Europas nur wenig Bedeutung.

7

DIE ERSTEN ELITEN: EUROPA WÄHREND DER ÄLTEREN BRONZEZEIT 2500–1300 V. CHR.

ANDREW SHERRATT

REGIONALE GEMEINSAMKEITEN UND GEGENSÄTZE

Im 2. Jahrtausend v. Chr. entstanden mit den ägäischen Palaststaaten die ersten städtischen Kulturen auf europäischem Boden. Diese neuartigen und komplexen Gesellschaften mit ihren Handelsverbindungen zu den Städten des Vorderen Orients hatten jedoch kaum Einfluß auf die Gesellschaften im kontinentalen Hinterland. Zwar gelangte vorher schon einiges vom technischen Fortschritt und vielleicht auch Symbole von Macht und kriegerischer Tapferkeit nach Norden und verbreiteten sich unter den Gruppen, die damit in Kontakt kamen. Doch erst mit der Krise der Stadtkulturen des östlichen Mittelmeerraums, im 13. und 12. Jahrhundert v. Chr. sollten sich die Entwicklungen in beiden Regionen miteinander verbinden.

Auch die Nachbarn aus den Steppenregionen konnten keinen direkten Einfluß auf die Entwicklungen im Europa der gemäßigten Zone nehmen. Die Hirtenvölker verbreiteten sich in dieser Zeit ostwärts bis nach Zentralasien; in Osteuropa jedoch gewannen sie keine neuen Gebiete hinzu. Aber sie bildeten doch eine bedeutende und neue Gemeinschaft von Kulturen, die bereits Metalle verarbeiteten, und damit wiederum beeinflußten sie das Geschehen in Osteuropa; auch ihre Erfolge in der Pferdezucht sowie ihr neues Fahrzeug, der Wagen, verbreiteten sich in großen Teilen Europas und im Vorderen Orient. Daneben wurden auch andere Transporttechniken weiterentwickelt: Boote, mit denen man zum Fischfang fuhr, Handelsfahrten und auch Raubzüge unternahm, sorgten, wie bereits früher in der Ägäis, nun auch im Ostseeraum für eine neue Mobilität. Einbäume machten die Flüsse des Binnenlandes zu Handelswegen, auch hier entwickelte sich ein reger Handel. Wagen und Boote, aber auch Machtsymbole aus dem Raum des östlichen Mittelmeers wurden in Europa von einer sozialen Oberschicht übernommen, die vielleicht bereits auf einer Erbfolge beruhte. Ihre materiellen Hinterlassenschaften prägen das archäologische Fundmaterial aus dieser Zeit.

In vielen Teilen Europas werden Objekte aus Gold und, in weit geringerem Maße, aus Silber hergestellt und in den Gräbern der Oberschicht niedergelegt. Bronze wurde dagegen sehr weit verhandelt und dazu genutzt, Waffen, Schmuck und bestimmte

Geräte herzustellen. Kupfer wird jetzt fast nur noch in Legierungen verwendet, Zinn verdrängt das zuvor verwendete Arsen. Schon Kupfer ist ein in der Natur relativ selten vorkommendes Erz; und Zinn ist noch seltener. Die Verbreitung von Bronzeobjekten in den weiträumigen Handelsbeziehungen hing also vom regelmäßigen Nachschub beider Metalle ab. Es war üblich, den Toten Bronzegegenstände mit auf ihren Weg zu geben und solche Gaben auch den Göttern oder anderen übernatürlichen Mächten zu opfern. Deren Welt spiegelte vermutlich in vielerlei Hinsicht die der Lebenden wider; darum geben die Göttersagen Homers wohl einen Einblick in die Kämpfe unter den Dynastien, die so oder ähnlich auch die bronzezeitlichen Gesellschaften in vielen Teilen Europas bestimmt haben müssen. Diese Gesellschaften von »Barbaren«, wie später die Bewohner der klassischen Welt während der Eisenzeit ihre Nachbarn im Norden nennen werden, maßen ihren Erfolg an der Menge der ihnen zur Verfügung stehenden begehrten Materialien und Objekte – ungefähr so, wie die Gesellschaften der afrikanischen Subsahara zur Zeit des frühkolonialen Kontakts mit »Prestigegütern« aus Metall und importierten Materialien handelten. Bronze hatte anscheinend viele Eigenschaften, die es zu einer Art Leitwert in dieser allem Anschein nach noch prämonetären Gesellschaft machte. Bronze zirkulierte weniger in standardisierten Einheiten, obwohl es auch dafür Beispiele gibt, sondern wurde wie »Familiensilber« behandelt; man verfügte über elegante Schauobjekte, die sich in schlechten Zeiten jedoch auch gegen alltägliche Gebrauchsgüter eintauschen ließen. Man nutzte Dinge aus Bronze aber auch, um den eigenen Ruhm zu mehren oder um den guten Willen der Götter zu erkaufen, also als Geschenk oder Opfer; eine Praxis, zu der es in den entwickelten Wirtschaftssystemen weiter südlich kein echtes Äquivalent gibt.

Ein weiteres Element, durch das sich diese Gruppen von ihren städtischen Nachbarn unterschieden, war ihre Architektur; am auffälligsten ist, daß im Norden bisher auch für die obere Gesellschaftsschicht keine dauerhaften und aufwendigen Wohnbauten nachzuweisen sind. Die »barbarischen« Gesellschaften des bronzezeitlichen Europa errichteten zwar, wie die städtischen Gesellschaften des ägäischen Raums, eindrucksvolle Grabmäler, andere Bauwerke und auch die Siedlungen dagegen waren bei ihnen recht bescheiden. Nur in einigen Regionen entstehen entlang der Handelsrouten große befestigte Siedlungen, vor allem am Rand der Karpaten. Sie liegen zentral und haben Verbindungen in alle Richtungen: ostwärts in die Steppenregionen, nach Süden in den ägäischen Raum, in den Norden bis nach Skandinavien und westwärts bis in die Bretagne und zu den Britischen Inseln: Dort spiegeln Veränderungen in der Gestaltung von Bronzedolchen deutlich den Stil wider, den die Meister der ungarischen Metallschmiedekunst entwickelt hatten. Aber selbst in den befestigten Siedlungen und Hügelfestungen Ungarns und der Slowakei, wo aus niedergebrannten und aufgegebenen Siedlungen Objekte aus Bronze, Bernstein und Gold geborgen wurden, reicht nichts an den Reichtum der riesigen Säle Trojas aus dem 3. und 2. Jahrtausend v. Chr. heran, auch nicht an die Funde von Pylos oder Mykene. Und in England, wo Gold und Bernstein ein Kennzeichen der Gräber der reichsten Fürstengeschlechter von Wessex waren, hatten die alten rituellen Zentren wie Stonehenge noch immer ihre symbolische Kraft bewahrt.

Langsam entwickelten sich die Gesellschaften in Europa aber dennoch auf ein gemeinsames Ideal zu. Bronze wurde allgemeingültiger Wertmesser für Prestige und

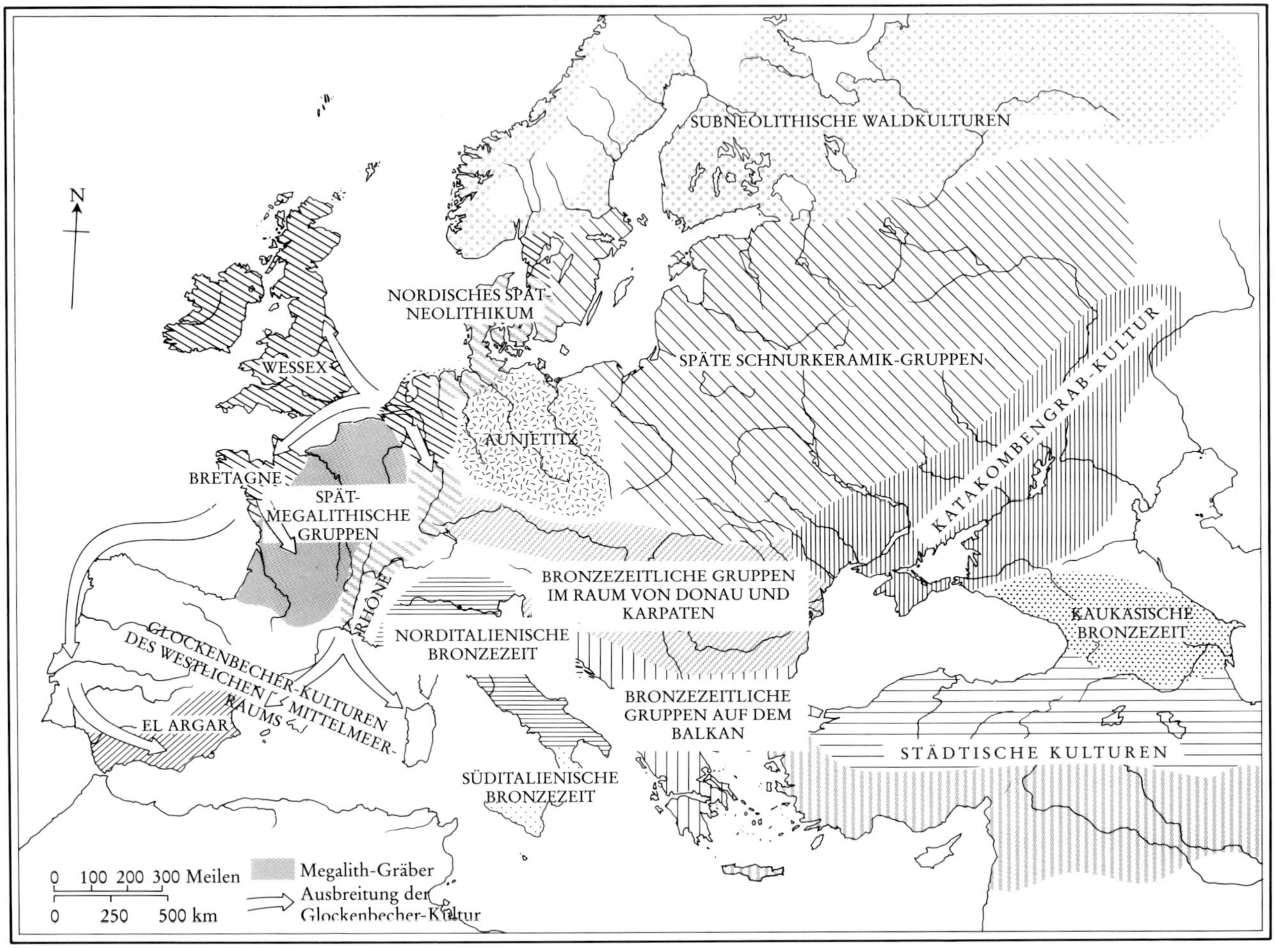

Europa zu Beginn der älteren Bronzezeit, 2500–1800 v. Chr. Die Karte zeigt die Ausbreitung der Glockenbecher-Kultur im Westen und die Verbreitung städtischer Kulturen in Anatolien und Kreta, weiterhin erste regionale Bronzekulturen in Mittel-, Nord- und Westeuropa. Die in der Glockenbecher-Zeit entstandenen Verbindungen behielten ihre Bedeutung.

Macht; bestimmte Kampftechniken und Kriegstaktiken verbreiteten sich in Europa und führten zu einander ähnelnden Waffentypen und zu einer einheitlichen Bewaffnung; überall wurde mit schönen, oft aus teuren Materialien gefertigten Trinkgefäßen Gastfreundschaft demonstriert; Pferde und Wagen fanden allerorts Bewunderung; Stoffe, Bernsteinketten und die Gewandnadeln aus Metall, die den locker gewebten Wollstoff zusammenhielten, wurden zu sichtbaren Zeichen des Wohlstands. In den führenden Zentren der Metallverarbeitung werden die Techniken des Bronzegusses verbessert, die Neuerungen verbreiten sich von dort aus und werden in weitem Umkreis übernommen. Daraus wiederum werden typologische Ähnlichkeiten ersichtlich, mit denen sich die Chronologien verschiedener Regionen sehr gut aufeinander beziehen lassen. All dies führt zu größerer Einheitlichkeit, ein Prozeß, der in auffälligem Gegensatz zu den jeweils isoliert verlaufenden Entwicklungen der Kupferzeit steht. Tatsächlich dauerte es jedoch einige Jahrhunderte, bis sich diese Neuerungen unter den bäuerlich wirtschaf-

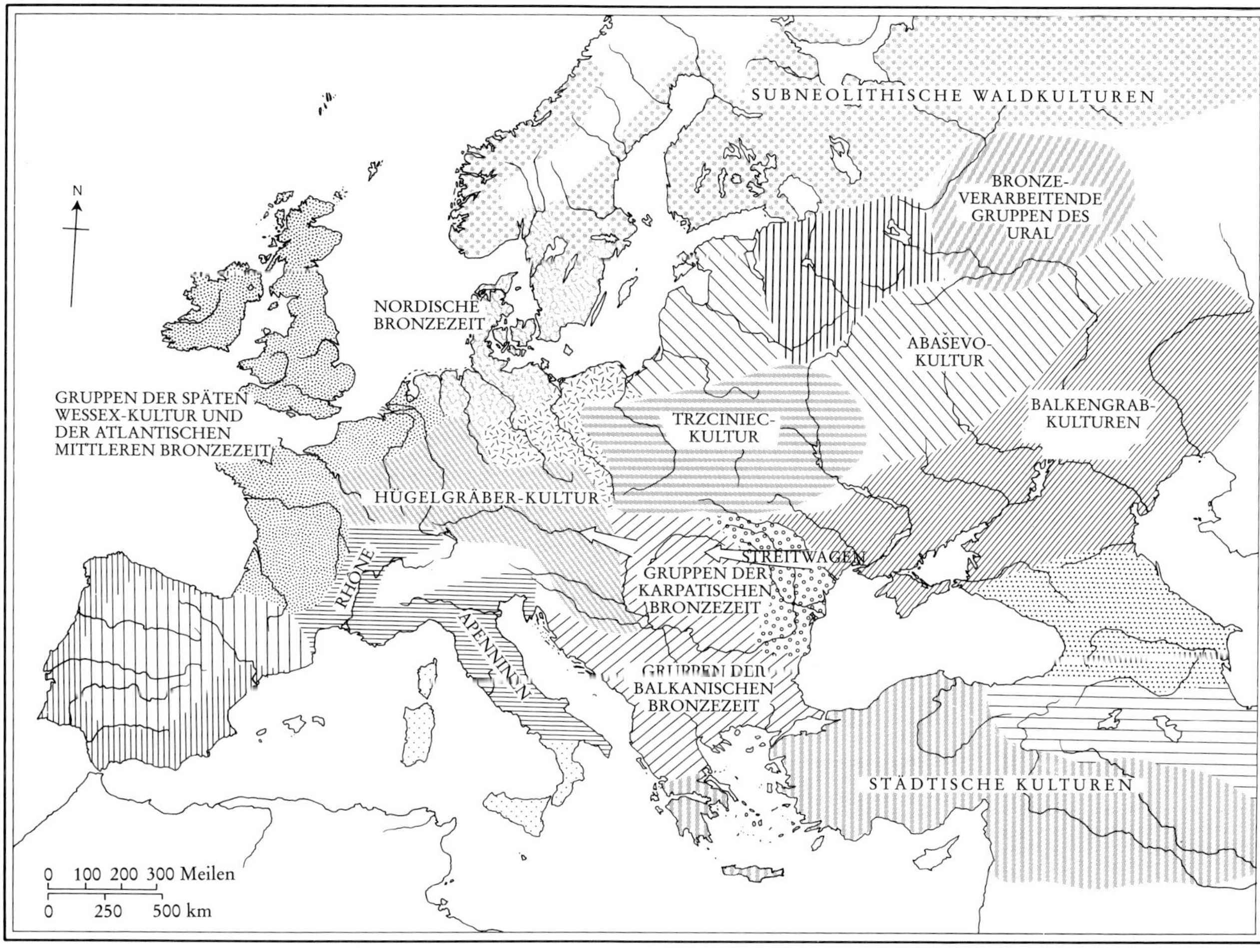

Europa in der zweiten Hälfte der älteren und in der mittleren Bronzezeit, 1800–1300 v. Chr. Man erkennt den Einfluß der Steppenregionen auf Mitteleuropa und die Ausbreitung städtischer Lebensformen auf dem griechischen Festland. Auch in Skandinavien wird nun Bronze verwendet; diese Region hatte Verbindungen nach Süden zunächst zum Karpatenbecken, dann mit dem Gebiet der Hügelgräberkultur und schließlich (über Italien) auch mit Mykene.

tenden Gemeinschaften Europas mehr oder weniger durchgängig verbreitet hatten. Skandinavien allerdings blieb, abgesehen von gelegentlichen Importen von Beilen und Dolchen aus Bronze, die dort manchmal aus Feuerstein imitiert wurden, weitgehend metallfrei. Auch nachdem die Bronze im ägäischen Raum zu zirkulieren begann, blieb dies noch etwa ein Jahrtausend so und änderte sich auch dann nicht, als die Metallschmiede Mitteldeutschlands, die zwischen den Kupferlagerstätten des Harzes und den zinnhaltigen Bachsedimenten Nordböhmens siedelten, diese beiden Erze legierten. Erst weitere 300 Jahren später übernahm man in Skandinavien die Metallgegenstände Mitteleuropas und beteiligte sich an den große Räume überbrückenden Tauschgeschäften, in denen Metallvorräte erworben wurden. Was hatte Skandinavien seinerseits zu bieten? Auf jeden Fall Bernstein; vielleicht Tierhäute oder Rohwolle; wahrscheinlich auch die Pelze der Tiere, die in den Wäldern des Nordens mit Fallen gejagt wurden. Was auch immer das Tauschgut gewesen sein mag, der Austausch selbst erreichte ein Aus-

rechts Szene auf dem Wandstein eines Steinkistengrabes in dem großen Hügel von Bredarör bei Kivik, Schonen, Südschweden. Es handelt sich hier um eine der ersten datierbaren Darstellungen eines kompletten Wagens aus diesem Gebiet; etwa 1300 v. Chr. Die Konstruktion dieser ersten Wagen war sehr einfach – im wesentlichen bestanden die Fahrzeuge aus einer Standfläche und einer Zugstange mit zwei abnehmbaren vierspeichigen Rädern.

unten In eine Bronzeklinge gepunzte Bootsdarstellung, gefunden in Rørby bei Kalundborg, Dänemark; etwa 1600 v. Chr. Es handelt sich um eines der sehr seltenen Krummschwerter in Nordeuropa. Die Punzierung ist eine der ersten Darstellungen eines Bootes in der nordischen Bronzezeit. Vermutlich bestand es aus Häuten, die über einen Holzrahmen gespannt waren, dessen Enden herausragten. Die Striche über dem Schiffsrumpf könnten Ruderer darstellen.

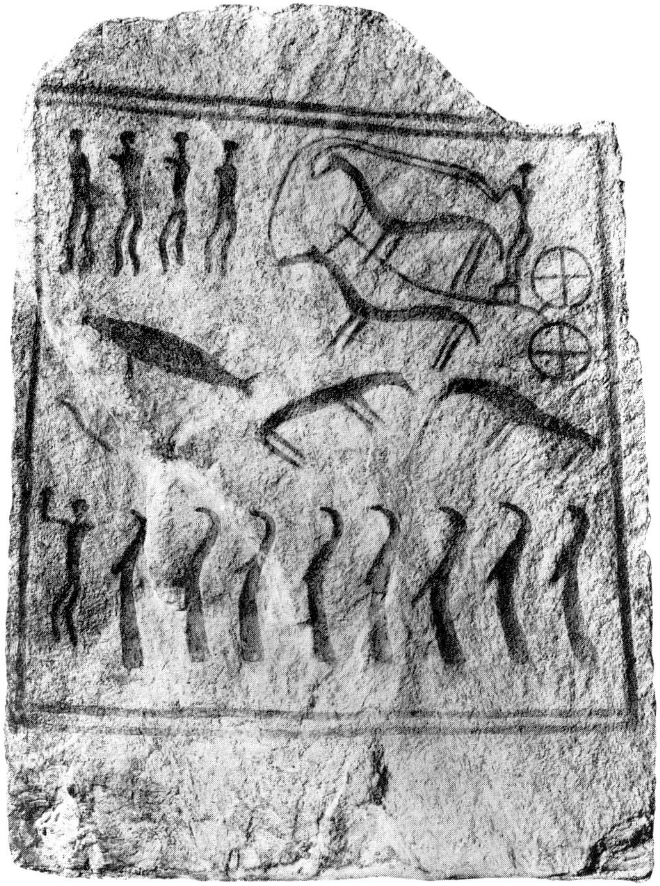

maß, wie dies den früheren Formen wirtschaftlicher Organisation nicht möglich war und auch später erst dann übertroffen werden sollte, als sich städtische Wirtschaftsformen etabliert hatten: zuerst in Südeuropa zur Römerzeit, und dann, im frühen Mittelalter, mit einiger Verspätung auch im Norden.

Trotz großer typologischer Ähnlichkeiten der Fundobjekte in ganz Europa gab es doch eindeutige regionale Unterschiede. Während der älteren Bronzezeit gab es in Europa zwei große Zonen, die sich bereits im vorangegangenen Jahrtausend herausgebildet hatten. Südlich der Karpaten macht ein Gebiet mit meist befestigten Siedlungen und großen Friedhöfen mit einer großen Zahl Flachgräber den Eindruck von einer stabilen Besiedlung, in deren Bereich der Besitz von Land das Ziel sozialer Strategien war. Obwohl in dieser Zeit Hort- und Schatzfunde weit verbreitet waren, findet man hier nur wenige reiche und nur annähernd so monumentale Grabanlagen wie die großen Grabhügel in Nord- und Westeuropa. Dort wiederum sind im Gegensatz zur erstgenannten Zone die Spuren von Siedlungen eher spärlich, und die Hügel aus Grassoden könnten darauf hinweisen, daß hier der Viehbestand als Quelle des Reichtums galt und betont wurde. Dies könnte unterschiedlichen Bevölkerungsdichten in beiden Gebieten entsprechen. Dennoch darf aus diesen Unterschieden nicht ein schlichter Gegensatz von »Bauern« und »Viehhirten« gemacht werden, da in beiden Gebieten sowohl Äcker bestellt wurden als auch Vieh gehalten, und dies in jeweils gleichem Umfang. Man muß

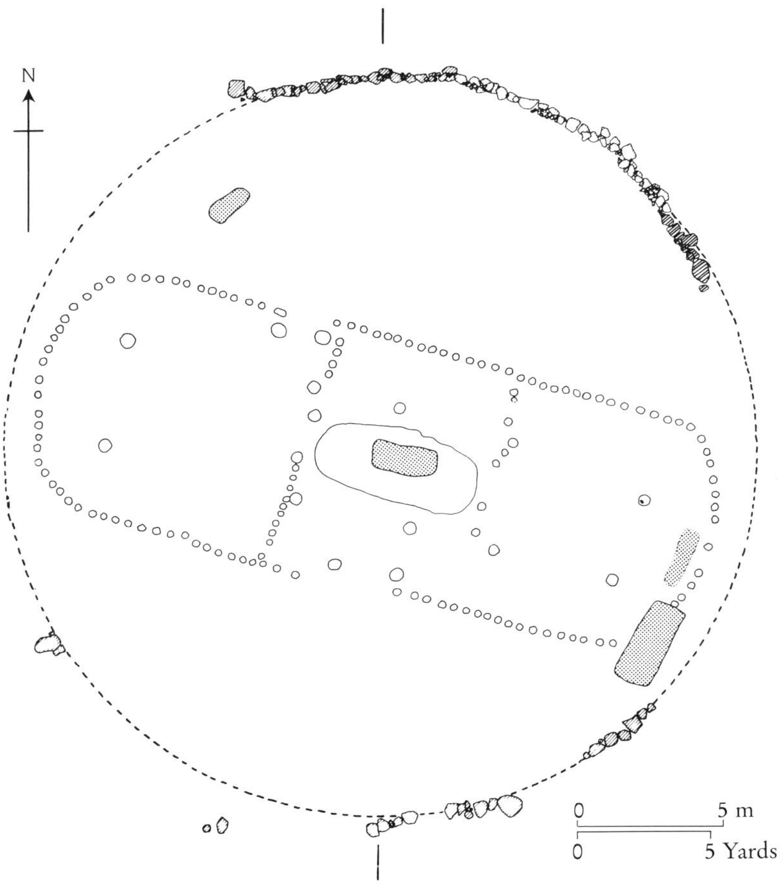

Grundriß eines Grabhügels aus Trappendal, Südjütland, Dänemark; etwa 14. Jahrhundert v. Chr. Der Hügel enthielt ähnlich gut erhaltene Gräber wie der von Egtved. Auffällig ist aber, daß er über einem Haus errichtet wurde. Ein solches mittelbronzezeitliches Haus, das etwa 24 m lang und 9 m breit war und aus drei Räumen bestand, ist bisher nur selten nachgewiesen worden. Möglicherweise wurde der Besitzer des Hauses in diesem Hügelgrab beigesetzt.

in den Unterschieden vielmehr einen Hinweis auf die gesellschaftliche Wertschätzung sehen, der mit den jeweiligen Tätigkeiten verbunden war; ein Hinweis auch auf die Art und Weise, in der gesellschaftliche Beziehungen um diese Tätigkeiten herum strukturiert wurden. Diese sozio-ökonomischen Unterschiede sind es, die in den unterschiedlichen Grab- und Siedlungsfunden zum Ausdruck kommen.

Die Lebens- und Wirtschaftsweise während der Bronzezeit nördlich der Karpaten weist kaum Analogien zum späteren frühgeschichtlichen Europa auf. Diese Episode ist einzigartig und zeigt die besonderen Bedingungen dieser Zeitspanne, in der auf leichten Böden in rascher Folge große Waldflächen gerodet wurden, wodurch man für ein paar Jahre mit guten Ernteerträgen und etwas länger mit Weidenutzung rechnen konnte. Im 1. Jahrtausend v. Chr., nach der Entwicklung eines schwereren Pflugs und der nun möglichen Besiedlung von Gebieten mit schwereren, aber ertragreicheren Böden, wurden viele dieser Rodungsflächen auf leichten Böden aufgegeben; diese Flächen entwickelten sich zu Wald- und Heidelandschaften, in denen man heute viele Hügelgräber findet. Die für die ältere Bronzezeit in Nordeuropa typische extensive Landwirtschaft kam zu einem Ende. Die Grundlagen für die weiteren Entwicklungen steckten in der in Südosteuropa verbreiteten Form einer intensiver betriebenen Landwirtschaft. In der jüngeren Bronzezeit, nachdem die ersten Experimente mit städtischen Lebensformen im ägäischen Raum gescheitert waren und das mykenische Griechenland um 1000 v. Chr. in wirklich prähistorische Zustände zurücksank, erlebten die Gebiete an Mittel- und Unterlauf der Donau einen kulturellen Wachstumsschub, der die Verbreitung ihrer Hügelfestungen und Friedhöfe mit den typischen Flachgräbern weit nach Mitteleuropa hinein und in die Randgebiete des Kontinents zur Folge hatte.

Die Gegensätze während der Bronzezeit wurzeln in Nord-Süd-Unterschieden, die bereits auf die Anfänge des Neolithikums zurückgehen und auf die beiden Kulturräume, die sich während der Kupferzeit entwickelt hatten. In Südosteuropa, wo die seßhafte Lebens- und Wirtschaftsweise bereits früh verbreitet war, bildeten die Siedlungen mit ihren Flachgräberfeldern weiterhin das Zentrum der Gesellschaft; von etwa Mitte des 4. Jahrtausends an zeigt ihre Keramik die eleganten, von der Metallverarbeitung beeinflußten Formen aus dem anatolischen und ägäischen Raum. Obgleich in einigen Gegenden des Südostens Einflüsse der Steppenvölker erkennbar werden, die Grabhügel für ihre Toten errichteten, hält sich diese stabile und seßhafte Lebensform bis in die Bronzezeit.

In Nordeuropa dagegen, wo während des Neolithikums monumentalen Grabmälern und Kultstätten mehr Bedeutung zukam als den Siedlungsbauten, kam es nun zu einer abrupten Abkehr von bisherigen Gewohnheiten: Es wurden keine Megalithgräber und Erdwerke bzw. Kreisgrabenanlagen mehr errichtet. Während der Schnurkeramik-Kultur, nach 3000 v. Chr., werden Siedlungsspuren immer spärlicher und die für die Steppenregionen typischen Charakteristika, etwa die mit Schnurabdrücken verzierte Keramik und die Grabhügelsitte, werden zunehmend übernommen. Nur die Megalithgräber behalten ihre wichtige Rolle in der Gliederung der Landschaften. Diese veränderte Lebensweise, bestimmt von Viehzucht und extensiver Landwirtschaft, bildet die Grundlage für die bronzezeitlichen Entwicklungen in Nordeuropa. Sie verbreiten sich allerdings nur langsam nach Norden und nach Westeuropa, wo die Megalithkultur mit ihren festen Ritualvorstellungen länger fortbestand. Es dauerte bis zur Ausbreitung der Glockenbecher-Kultur nach 2500 v. Chr., bis sich in Westeuropa vergleichbare Veränderungen durchsetzten, und mit diesen Veränderungen soll die nun folgende Darstellung beginnen. Die einzelnen Abschnitte dieses Kapitels sind daher nicht streng chronologisch geordnet, sie orientieren sich vielmehr an einigen regionalen Entwicklungen, die dann das ganze bronzezeitliche Europa beeinflussen sollten.

DIE GLOCKENBECHER UND IHRE NACHFOLGER 2800–1800 V. CHR.

Wie bereits die nordeuropäische Schnurkeramik stehen auch die verzierten henkellosen Trinkgefäße, die als Glockenbecher bekannt sind, *pars pro toto* für eine völlig neue Lebensweise. Überall dort, wo sie im späten 3. Jahrtausend verbreitet sind, von Schottland bis nach Sizilien, findet man heute ein charakteristisches Fund- und Befundspektrum: die Glockenbecher selbst, Einzelgräber unter runden Erdhügeln und einige typische Waffen sowie kleinere Stein- und Metallobjekte. Die Glockenbecher-Grabhügel stellen oft den Kern dar, um den sich in den nachfolgenden Jahrhunderten weitere Hügelgräber gruppieren. Früher hat man die Benutzer dieser Gefäße oft als Gruppe von Kriegern und Fahrensleuten angesehen, eben als die »Becherleute«, die aus Spanien gekommen waren. Hierin mag ein Fünkchen Wahrheit stecken, dennoch wird zweierlei falsch beurteilt: das Verhalten und die Herkunft der Glockenbecherleute. Das Glockenbecher-Phänomen repräsentiert weniger eine geschlossene Einwanderungsbewegung eines bestimmten Volkes, sondern ist vielmehr das Resultat der Prozesse, die am Ende des 5. Kapitels diskutiert wurden; das Glockenbecher-Phänomen muß im Kontext des Zusammenbruchs traditioneller Formen des gesellschaftlichen Lebens und des gleichzeitigen Aufkommens mobilerer Lebensweisen betrachtet werden – ein Prozeß, der nach 3000 v. Chr. in Nordeuropa eingesetzt hatte. Was das archäologische Fund- und Befundmaterial aus dieser Zeit zeigt, ist das oft erstaunliche Vordringen dieser neuen Lebensweisen auch in bislang isolierte Regionen Westeuropas. Und die neuen Verbindungen über das Meer, die sich während dieses Prozesses herausbildeten, sind der Grund für den »internationalen«, alle Regionen Europas beeinflussenden Charakter dieser Entwicklung.

Der Name »Glockenbecher« wurde von dem charakteristischen Trinkgefäß mit seinem umgekehrt glockenförmigen Profil und den eingeritzten horizontalen Ornamenten abgeleitet. Die anfänglich weitverbreitete Form eines hohen und schlanken Bechers, der vom Rand bis zum Boden immer ähnliche Verzierungen aufweist, fächerte sich in der Folge in eine Vielzahl regionaler Formen auf, mit breiteren Verzierungsbändern auf den dann meist gedrungenen Becherformen. Die typologischen Gemeinsamkeiten zwischen frühen Glockenbechern und der Schnurkeramik-Trinktasse sind nicht zufällig, denn die glockenförmigen Gefäße sind aus einer regionalen Variante der Schnurkeramikbecher im Niederrheindelta entstanden. Diese ansonsten peripheren Gruppen konnten den Vorteil nutzen, Verbindungen über das Meer zu knüpfen, und sich so ent-

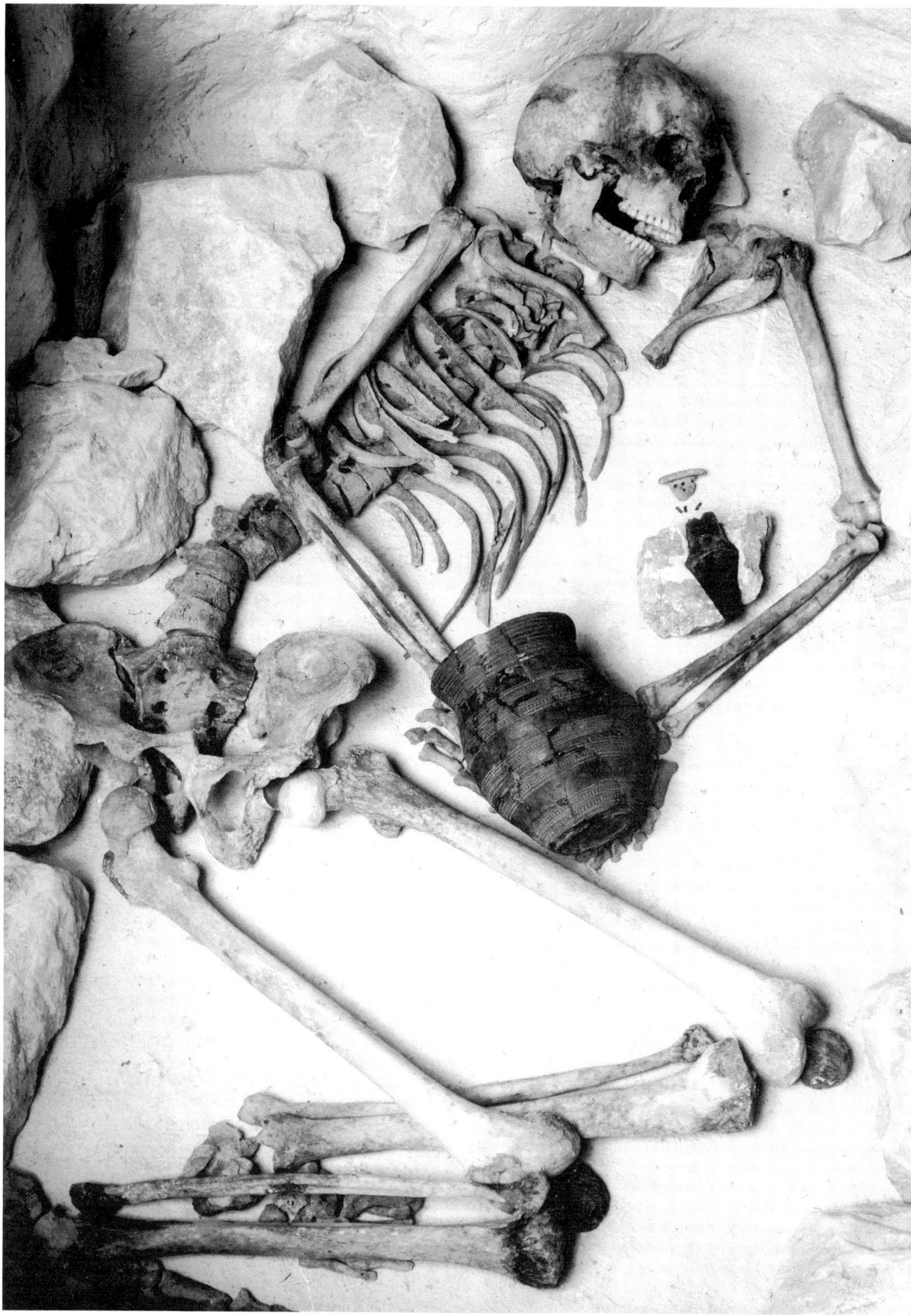

lang der Atlantikküste ausbreiten. Wie schon bei den Gefäßen der Schnurkeramik ist es für diese Becher typisch, daß sie – oft zusammen mit Waffen – in Gräbern niedergelegt wurden. In beiden Kulturen waren Einzelbestattungen unter Grabhügeln üblich. Also repräsentieren diese Becher so etwas wie eine Diaspora kontinentaler, nordwesteuropäischer Lebensformen unter Andersdenkenden und zeigen an, wie und auf welchen Wegen diese aggressive und individualisierende Lebensweise und Weltauffassung in immer neue Teile Europas getragen wurde. Während man Schnurkeramikbecher in den Gräbern gewöhnlich zusammen mit Streitäxten aus Stein findet, werden die Glockenbecher in der Regel von anderen Waffen begleitet: von Dolchen und von der Ausrüstung für Bogenschützen, etwa den dreieckigen, mit Widerhaken versehenen Flintpfeilspitzen und den Armschutzplatten aus gutem Gestein. Die ersten Benutzer von Glockenbechern haben noch kein Metall bearbeitet, und entsprechend sind die Dolche zunächst aus Feuerstein; später sind Kupfer- und Bronzedolche üblich. Zu dieser kriegerischen Ausstattung gehörte vielleicht noch ein Wams aus Leder, später aus Gewebe, das durch einen Gürtel mit einem schmückenden Knochenring geschlossen wurde. Derart gekleidete Figuren sind, schematisch dargestellt, auf den späteren Statuen-Menhiren der westlichen Alpenregion zu sehen. Frühe Glockenbecher weisen die gleichen Eindrücke von Schnüren und Lederriemen auf, die für die vorangehende Schnurkeramik typisch ist. Vielleicht hat das spätere, in Streifen oder Zonen angebrachte Dekor besondere Bedeutung. Immerhin bedeutet das griechische Wort *zone* »Gürtel«, und die Führungsschicht der griechischen Krieger hieß *evzones*, die »gut Gegürteten«. Und noch immer symbolisieren schwarze Gürtel in der künstlerischen Darstellung von Kriegern deren Tapferkeit. Das Europa des 3. Jahrtausends kannte eine Fülle von Symbolen und Zeichen, und Glockenbecher-Gräber waren Ausdruck kriegerischer Werte und entsprachen einer mobileren, quasi opportunistischen Lebensweise. Einheimische Gruppen mußten dies als Herausforderung ihres etablierten Wertesystems ansehen, möglicherweise auch als Chance, sich einer neuen Gemeinschaft anzuschließen und teilzuhaben an einer materiellen Kultur, die sich ihnen mit neuartig-fremden Gegenständen präsentierte.

Mit dem relativ plötzlichen Erscheinen der Glockenbecher-Kultur am Westrand Europas kommt also eine ganze Palette neuartiger Elemente zum Tragen, die sich seit Beginn des 3. Jahrtausends v. Chr. in Mittel- und Nordeuropa akkumuliert hatten und die – oft in einer Phase des radikalen Umbruchs – zusammen übernommen werden: Sei es von lokalen Führungsschichten oder von einer kleinen Anzahl wagemutiger Außenseiter, die die Gelegenheit ergriffen, aus den bislang geschlossenen archaischen Gesellschaften auszubrechen. Es sind zwei Elemente, die den einschneidenden Charakter dieses Prozesses kennzeichnen (und beide Elemente werden etwa 4000 Jahre einen ver-

In Hockerlage bestatteter Mann mit einem Glockenbecher und einem Bronzedolch (Nett Down, Shrewton, Wiltshire, England); das Grab wurde in den Kalkfelsen eingetieft und mit einem runden Hügel bedeckt. Der Bronzedolch besaß ursprünglich einen Griff aus organischem Material (vielleicht Horn) und einen Knauf aus Knochen, er war in einen mit Moos gefütterten Stoffetzen gewickelt. Die Beigaben zeigen die männlichen Ideale des Trinkens und Kämpfens.

gleichbaren Einfluß auf die dann Neue Welt nehmen): der Alkohol und die Pferde. Mit Hilfe von Pflanzenpollen, die in den Bechern gefunden wurden, konnte man nachweisen, daß aus diesen Gefäßen eine Art Met getrunken wurde, der mit Kräutern wie Mädesüß oder mit Wildfrüchten aromatisiert war. Wie schon die Becher der Schnurkeramik weisen auch diese auf Bräuche individueller Gastfreundschaft hin und weniger auf große gemeinschaftliche Zeremonien an zentralen Versammlungsstätten, die bis dahin das rituelle Leben in Westeuropa beherrscht hatten. So kann die eher trockene und detailbesessene Typologie der Keramikformen eine soziale Wirklichkeit widerspiegeln, in der kulturelle Werte aufeinanderprallten. Genauso verhält es sich mit dem ersten Auftauchen von Pferden in Gebieten wie Spanien oder auf den Britischen Inseln: Es waren zunächst nur wenige Tiere, aber der Eindruck, den sie hinterließen, muß gewaltig gewesen sein. Und mit den Pferden kamen, nur wenig später, Metallurgie und Webtechniken. Diese Gewebe konnte man färben und sie werden ganz anders, viel farbenfroher gewirkt haben als die Gewänder aus Leder, Fell oder Leinen. Sozial herausragende Personen wurden nun eher ausgestreckt und nicht mehr in hockenden Positionen bestattet: vermutlich, um so den neuen Aufputz im Grab zur Schau zu stellen. Daß für bestimmte Individuen (oder für ihre Erben!) ein solcher Pomp veranstaltet wurde, steht symptomatisch für eine sehr tiefgreifende Veränderung von Wertvorstellungen, die mit der Ausbreitung der Glockenbecher-Kultur einherging.

Mit derart allgemeinen Formulierungen verdecken wir jedoch unausweichlich die große Verschiedenheit der Situationen und Lebensumstände, auf die diese Kultur im Zuge ihrer Ausbreitung stieß. Diese Ausbreitung erfolgte nicht nur über die Verbindungswege an Nordsee und Atlantik und verknüpfte regionale Zentren in Regionen wie dem Rheinland, den Britischen Inseln, der Bretagne und Portugal, sondern sie drang auch in entgegengesetzter Richtung tief hinein ins Binnenland, nach Mitteldeutschland und in die ehemalige Tschechoslowakei sowie in die Landschaften entlang der großen Flüsse wie Oberrhein und Rhône. Und überall in diesem großen Gebiet setzte sich ein System von einheitlichen Jenseitsvorstellungen durch, das sich in Gräbern im Kerامikbecher und der Ausrüstung von Bogenschützen sowie in Schmuckobjekten (z. B. Knochenknöpfe mit V-Lochung, Verschlußschlaufen aus Knochen) an der Lederkleidung äußerlich manifestiert hat. Diese Grabbeigaben sind meisterhaft hergestellt und Zeugen von der hochentwickelten Handwerkskunst der Glockenbecherleute. Die Verbindungen zwischen lokalen Führungsschichten gaben die Pfade vor, entlang derer sich später die weiter entwickelten Metallwaffen sowie andere Formen von Schmuck und Bekleidung verbreiteten. Dies ging vor allem vom mittleren Donauraum aus, wo die Hersteller einer an Metallgefäße erinnernden Keramik von befestigten Zentren aus entlang der Flüsse Handel trieben, und von Ostdeutschland, wo einige ganz fortgeschrittene Techniken in der Metallverarbeitung entwickelt wurden. Außerhalb dieses Gebietes, in der nordeuropäischen Tiefebene und in Skandinavien sowie weit im Osten an den Rändern der Steppen, setzen späte Formen die Traditionen der Schnurkeramik fort, die ihren Ursprung im Beginn des 3. Jahrtausends hatten. Gesellschaftliche Organisation und Siedlungsmuster sind denen ähnlich, die die Hersteller der Glockenbecher verbreitet haben, weisen jedoch nicht den Prunk auf, der sich aus dem Handel und den Verbindungen über Meere und Flüsse ergab.

Aber selbst im atlantischen Raum gingen die Hersteller der Glockenbecher eine Vielzahl von Verbindungen mit älteren eingesessenen Gruppen ein, von denen viele gesellschaftliche Formen eigener Komplexität und Ausprägung entwickelt hatten. In einigen Gegenden – gewöhnlich in solchen, die am Rand der Zentren früherer Entwicklungen lagen – wurde die neue Lebensweise mehr oder weniger sofort übernommen; in anderen scheint man sich ihr aktiv widersetzt zu haben; wieder andere Gebiete schließlich übernahmen nur bestimmte Details der Verzierung. Bei dieser Vielzahl von Reaktionen ist es oft schwer zu unterscheiden, ob ein Gebiet kolonisiert worden ist oder ob sich dort neue Wertvorstellungen verbreitet haben oder ob nur einige attraktive Verzierungsmuster und Formen übernommen wurden. Wie subtil solche Prozesse verliefen, läßt sich besonders gut am Beispiel Irlands aufzeigen, wo zu jener Zeit neue Techniken der Verarbeitung von Kupfer und Gold aufkamen, wobei man die halbmondförmigen Halskragen aus Goldblech, die sogenannten Lunulae, sogar mit Glockenbechermotiven verzierte; die Trinkgewohnheiten und Bestattungssitten der Glockenbecher-Kultur wurden dagegen nicht übernommen. Wir dürfen aber nicht vergessen, daß jedes Element der neuen materiellen Kultur kennzeichnend für die insgesamt umwälzenden Veränderungen in den Vorstellungen zur Sozialstruktur sowie zu den Dingen des täglichen Lebens war; keines von ihnen wird allein um seiner selbst willen zur Schau gestellt worden sein. Die Übernahme eines aufs Individuum bezogenen, extrovertierten Lebensstils, der im krassen Gegensatz zu den gemeinschaftsorientierten Vorstellungen Megalithbauten und Kultzentren stand, war ein gewaltiger Bruch mit den kulturellen Traditionen und den von ihnen gestützten Formen gesellschaftlichen Lebens.

Es wäre dennoch falsch, die Geschichte dieser Periode nur auf der Grundlage der Artefakte zu schreiben: Gute Handwerksarbeit war nur für die Erfolgreichsten erschwinglich, und zu gesellschaftlichem Erfolg kam man durch Errungenschaften in der realen Welt, der Viehaufzucht und des Viehhandels vielleicht. Aus diesen Bedingungen ergibt sich, warum die Zentren des neuen Wohlstands oft mit den Gebieten zusammenfielen bzw. diese erweiterten, in denen sich frühere Gruppen bereits hervorgetan hatten. Gerodetes Land, das für die Weidewirtschaft und damit für den Erwerb persönlichen Reichtums geeignet war, war auf einem immer noch stark bewaldeten Kontinent für sich schon ein wertvolles Gut. So läßt sich die dauerhaft herausragende Bedeutung von Gebieten wie Wessex erklären, wo eben dieses Gut in Fülle vorhanden war. Darum kann es nicht verwundern, daß sich die Glockenbecher-Kultur dort erst nach langen Kämpfen mit den älteren, tief verankerten Traditionen und Überzeugungen durchsetzen konnte, die durch die Henge-Monumente repräsentiert werden (vgl. 5. Kapitel). Hier stammen die ersten Grabfunde mit Glockenbechern aus weit abseits der bestehenden rituellen Zentren gelegenen Gebieten, so als spiegelte sich darin die Unvereinbarkeit dieser Systeme. Erst die späteren Glockenbecherformen tauchen direkt an solchen Kultplätzen auf und stehen dann im Zusammenhang mit deren Weiterentwicklung und Umbau. Stonehenge wurde um 2000 v. Chr. von einer Anlage aus Erde und Holz zu einem Monument aus Stein. Ähnliche Umwandlungen fanden in benachbarten Zentren wie Avebury und am nahegelegenen Langhügel West Kennet statt, der mit massiven Steinen verschlossen wurde, als ob man die endgültige Übernahme durch die Benutzer der Glockenbecher symbolisch unterstreichen wollte. Die Weltauffassung der Glockenbecherleute war zum neuen Glaubenssystem geworden. Die Einzelgräber der Bechertradition wurden schon größer und reicher ausgestattet, was den Beginn der Wessex-Kultur kennzeichnet – eine elitäre, wohlhabende Gruppe mit weitreichenden Verbindungen, wie sich in den Goldblecharbeiten, dem Bernstein und den Bronzewaffen zeigt, die als Grabbeigaben in den Hügeln mitbegraben wurden.

In der Bretagne zeigt sich ein ganz anderes Bild: Hier findet man auch die frühesten Glockenbecher bereits in den älteren Zentren konzentriert, wie z. B. im Morbihan. Sehr zahlreich kommen sie jedoch in Form von Deponierungen in den älteren Ganggräbern vor, oft zusammen mit kleinen Schmuckstücken aus Gold, seltener mit Waffen. Eine solche Vermischung zweier religiöser Vorstellungswelten kennzeichnet jedoch nur eine Übergangsphase, und die jüngeren Bechertypen finden sich häufiger in neu gerodeten Gebieten. Es könnte sogar sein, daß die größten Monumente im Morbihan, die gewaltigen Steinalleen von Carnac und Kerzerho bei Erdeven, als Reaktion auf diese Bedrohung den bewußten Versuch darstellen, die traditionellen Werte wiederaufleben zu lassen und so die örtliche Bevölkerung an den alten Glauben zu binden. Letztendlich erwiesen sich landwirtschaftlich genutzte Flächen im Vergleich zu Erzlagerstätten aber doch als weniger wertvoll. Schließlich tauchen auch hier (ungefähr zur gleichen Zeit und ähnlich angelegt wie in England) große Hügelgräber auf: nämlich genau dort, wo es günstige Voraussetzungen gab für die Gewinnung von Metallen und für den Handel übers Meer, nicht zuletzt mit Wessex, wohin hochwertige Dolche geliefert wurden. Handelsverbindungen reichen damals auch bis zu den Bernsteinrouten im Ostseeraum und zu den Zentren der Metallverarbeitung in Ostdeutschland, von wo viele der Formen kommen. Ganz anders entwickelte sich die Kultur des französischen Binnenlan-

Luftaufnahme einer Gruppe von älterbronzezeitlichen Grabhügeln bei Stonehenge, Wiltshire, Südengland. Die lineare Anordnung der Hügel ist typisch und könnte auf genealogische Beziehungen innerhalb eines lokalen Herrschergeschlechtes hinweisen. Zur Gruppe gehören sowohl einfache Hügel als auch aufwendigere Formen mit Gräben und Wällen. (Die rechteckigen Bodenstrukturen sind auf modernen Ackerbau zurückzuführen.)

des: etwa im Pariser Becken und in der östlichen und mittleren Bretagne, wo die spätneolithischen Strukturen mit ihren *allées couvertes* fast unverändert weiterbestanden, ohne irgendwelche Anzeichen oder Widerspiegelungen des neuen Reichtums. Die kleineren, verstreuten Flächen gerodeten Landes dort waren weniger empfänglich für neue Lebensweisen und übten auf Abenteurer wegen ihrer fehlenden Erzressourcen zudem auch kaum Anziehungskraft aus.

Noch anders verlief die Entwicklung in Ostfrankreich und in der Schweiz. Hier gibt es Hinweise auf ein tatsächliches Eindringen kleiner Gruppen in die Gebiete entlang des Oberrheins und der Rhône. In den Alpenregionen entstand in der Folge ein verändertes Kriegerbild, das uns aus den späten Statuen-Menhiren anblickt. Man verwendete sogar Steine aus älteren Anlagen für neue Grabkisten. Einige wenige dieser Gruppen stießen bis nach Nord- und sogar Mittelitalien vor. Sicher nicht zufällig stehen einige ihrer Gräber dort in Verbindung mit den seltenen Relikten von Pferden, die Gruppen der Glockenbecher-Kultur ursprünglich von Gemeinschaften im mittleren Donauraum erworben haben. Auch in Gräbern in Süd- und Südwestfrankreich finden sich viele Glockenbecher und andere typische Grabbeigaben. Auf den trockenen Plateaus des Languedoc und umliegender Gebiete, könnten Vorstellungen und Lebensweise dieser Kultur die bäuerlich wirtschaftenden Kulturgruppen leichter für sich gewonnen haben. An der Atlantikküste der Iberischen Halbinsel haben sie vielleicht als Händler erste Kontakte zu den Einheimischen aufgenommen. Schon die frühen Glokkenbechertypen finden sich ganz im Süden Portugals, was möglicherweise auf ein Interesse deutet, über das Meer in unbekannte Gebiete vorzustoßen. Bald drang die Glockenbecher-Kultur auch in andere Teile der Halbinsel vor, sogar bis in das von hier aus nicht mehr ferne Nordafrika. In Portugal und Südspanien trafen die Glockenbecherleute auf bereits komplex organisierte, Kupfer verarbeitende Gruppen, die in gut befestigten Zentren lebten. Glockenbecher findet man sowohl in Siedlungen wie Vila Nova de São Pedro und Los Millares bei Gádor als auch in den späteren Kollektivgräbern. Es ist sicher kennzeichnend, daß man die Glockenbecher in Vila Nova de São Pedro in einem Gebäude gefunden hat, in dem sich eine Metallwerkstatt befand. Noch zogen diese Berührungen keine umwälzenden Folgen nach sich, führten aber zu friedlichen Kontakten und zum Austausch von Prestigegütern. Einige Kulturgruppen erwarben Pferde, übernahmen vielleicht einige fremdländisch-seltsame Eß- und Trinkrezepte und sicher ein Repertoire an geometrischen Ornamenten, das in einem weiten Umkreis auf der lokalen Keramik, etwa auf den weiten Schüsseln, übernommen wurde, auch in Gebieten, in denen kein direkter Einfluß der Glockenbecherleute nachweisbar ist. Als Gegenleistung erhielten die Bechergruppen und ihre Nachfolger in der Bretagne iberisches Kupfer (manchmal in Form der dortigen Pfeilspitzentypen) und seltene Silbergegenstände. Andere Gruppen der Glockenbecher-Kultur gelangten von Südfrankreich aus in die angrenzenden Gebiete Ostspaniens; der Prozeß, der sie in den Mittelmeerraum führte, verlief ähnlich wie der an der Atlantikküste.

Mit dieser Phase beginnt dann auch der Handel zwischen den Inseln des westlichen Mittelmeerraums, bei dem kleine Metallobjekte und andere Prestigegüter transportiert wurden, zur gleichen Zeit, als im östlichen Mittelmeerraum Güter von der Levante nach Kreta gelangten. Objekte vom Festland erreichen auch die stark befestigten Siedlungen auf den Balearen, wo man ebenfalls Pferdeknochen fand. Glockenbecher konnten auf Korsika, Sardinien und selbst im Westen Siziliens nachgewiesen werden, wo sie bei der Herstellung der lokalen bemalten Keramik imitiert wurden, so wie die Bewohner des Ostteils von Sizilien die verzierten Knochenscheiben aus Troja nachahmten. Die unterschiedlichen Regionen Europas waren also wie noch niemals zuvor miteinander verbunden.

DIE ENTWICKLUNG DER METALLVERARBEITUNG IN OSTDEUTSCHLAND UND IHRE ÜBERREGIONALEN FOLGEN 2300–1800 V. CHR.

In kleinem Maßstab haben Gruppen von Schnurkeramikern die Verarbeitung von Kupfer nach Nordeuropa gebracht. Allerdings fehlen im Norden die ausgeprägten Zonen sekundär verwitterter Kupferlagerstätten, so daß die hier abgebauten Erze nicht so leicht einzuschmelzen waren wie diejenigen aus den Lagerstätten im Süden. Die ebenfalls noch becherführenden Nachfolger der Glockenbecher-Kultur verfügten zu Beginn des 2. Jahrtausend v. Chr. über verbesserte Techniken und waren als erste in der Lage, Kupfer mit Zinn aus Böhmen zu legieren. Die neuen Techniken, die über die Steppenregionen aus Metallverarbeitungszentren des Kaukasus in die ungarische Tiefebene gelangt waren, boten die Grundlage für das Wachstum einer bedeutenden einheimischen Industrie. Das allgemeine Interesse an Prunkobjekten stellte sicher, daß die Entwicklung dieser Techniken Rückhalt sowohl in benachbarten Gebieten wie auch bei entfernter lebenden Kulturgruppen fand.

Genau an diesem Punkt entspringt das klassische Bild der frühen Bronzezeit: die großen Horte mit Bronzeobjekten sowie die spektakulären Grabhügel mit den Beigaben aus Gold oder Bronze in den Gräbern. Die Aunjetitz -Kultur (benannt nach dem Fundort Únětice in Tschechien) kennzeichnet nicht nur eine bestimmte Keramikgruppe, sondern vor allem eine Metallprovinz, in der Bronze verarbeitet und zu spezifischen Metallobjekten gegossen wurde. Die wichtigste Waffe war der Dolch. Während der Megalithkultur war man von einfachen Kupferformen zu Bronzedolchen übergegangen, bei denen der Griff aus organischem Material wie Holz, Knochen und Horn durch Nieten befestigt war. Die Metallurgen der Aunjetitz-Kultur verbesserten diese Technik durch einen soliden Griff aus Metall, der durch Überfangguß mit der Klinge verbunden wurde. In manchen Fällen wird die Klinge noch mit gepunzten Ornamenten verziert oder der Griff aus organischem Material mit Metallnägeln verschönert (vor allem in den von Aunjetitz beeinflußten Gebieten des Westens, in Wessex und in der Bretagne). Eine solche Klinge konnte auch als Stabdolch benutzt werden, indem man sie durch Nieten im rechten Winkel an einem langen Schaft befestigte, so daß das Ganze zu einer Art Hallebarde wird. Lanzenspitzen wurden in dieser Phase meist nur im östlichen Mittelmeerraum benutzt und es war schwierig, eine festeVerbindung mit dem Schaft herzustellen. Auch Beile werden nun aus Bronze gefertigt: sowohl Flachbeile

Bronzehort von Dieskau, Sachsen-Anhalt, etwa 2000 v. Chr. Es handelt sich um einen der vielen Horte aus diesem Gebiet, das an die reichen Kupferressourcen des Harzes angrenzt. Die Bronzen waren sorgfältig in einem Tontopf verpackt. Zu den Holzbeigaben gehören Stabdolchklingen, Spiralarmreifen und schwere Armringe, Halsringe, Äxte und Beile, 126 Bernsteinperlen und 23 Perlen aus Bronzespiralen (nicht abgebildet).

(als Prunkobjekte und als Waffen verwendet) als auch Schaftlochäxte, die im Aunjetitzgebiet gewöhnlich in der Form von schmalen Doppeläxten auftreten. Neben anderen handwerklichen Fähigkeiten beherrschten es die Metallarbeiter der Aunjetitz-Kultur, die Oberflächen durch Anreicherung mit Zinn zu verbessern, so daß die Axtblätter wirkten, als seien sie aus Silber.

Nicht nur Waffen, auch Schmuck wurde aus Metall hergestellt, vor allem Ringe. Die Produktion eines standardisierten, grob geformten Halsringes (wegen seiner abgeflachten und zurückgebogenen Enden auch »Ösenring« genannt) war die Spezialität eines anderen Zentrums der Erz- und Metallgewinnung dieser Periode, das entweder in den Westkarpaten, wahrscheinlicher aber in den Ostalpen lag. Diese Ringe, zu deren Fertigung zunächst ein Rohling gegossen und dieser dann durch Hämmern in seine endgültige Form gebracht wurde, handelte man weiträumig in großen Mengen. Sie wurden dann vom oder in Anwesenheit des Endabnehmers wieder eingeschmolzen und legiert, neu gegossen und in die gewünschte Form gebracht. Einige Ösenringe transportierte man mit dem Einbaum die Donau hinab, viele jedoch gelangten nordwärts durch die frühere Tschechoslowakei nach Ostdeutschland. Man entdeckte Horte mit

Spuren der bronzezeitlichen Kupfergewinnung im Bergbaugebiet von Mitterberg bei Bischofshofen, Salzburg. Das Salzkammergut war während des Mittelalters berühmt für seine Salz- und Erzlagerstätten, die reichen Kupferkies-Erze wurden seit der frühen Bronzezeit in großen Mengen abgebaut, um den Metallbedarf für die Herstellung der Bronzebarren in Form von Ösenhalsringen zu decken.

über 500 solcher Ringe im heutigen Serbien und weitere kleinere Hortfunde in noch größerer Entfernung von ihrem Herstellungsort. Dieser Handel zeigt, daß einige Handelsgüter, z. B. gegossene Barren, deren Hauptwert im Metall selbst bestand, auch in die reichen Regionen mit eigenen Erzvorkommen gelangten. Es gab also kein hoch differenziertes Wirtschaftssystem, und der Handel beschränkte sich auf wenige Güter. Es sieht so aus, als sei Bronze in solche Gegenden transportiert worden, weil man das Metall – vermutlich in geringen Äquivalenten – gegen Zinn, Bernstein oder Felle tauschen wollte. Die Folge waren sehr große Mengen von Bronzeobjekten, die aus dem Tauschhandel gezogen wurden, um sie als Opfergaben niederzulegen. Analoge Vorgänge lassen sich bei den rezenten Stämmen der Nordwestküste Kanadas beobachten, die in den sogenannten »Potlatch«-Zeremonien Reichtum zerstörten, indem sie Kupfer aus dem Verkehr zogen – eines der wichtigsten Mittel, mit dem lokale Häuptlinge um ihr Ansehen wetteiferten. Die Kontrolle über solche Bronzelieferungen lag in den Händen einiger mächtiger Geschlechter und erhöhte den Status dieser Familien.

Votivdepots oder Schatzfunde aus der Bronzezeit sind aber nicht einheitlich zusammengesetzt. In Deutschland gibt es derart große Horte nur um 2000 v. Chr.; dann eine ganze Zeit nicht mehr. Erst während der Urnenfelderzeit der jüngeren Bronzezeit wurden wieder Horte angelegt, die allerdings weit mehr gebrauchte und wiederverwendete Stücke enthalten und auf ein recht verändertes Verhaltensmuster hindeuten. Südlich der Karpaten haben Opferfunde eine längere und kontinuierliche Tradition, und ihr ritueller Charakter soll anhand von Beispielen an späterer Stelle noch dargelegt werden. Diese Tatsache verweist nun sowohl auf das dauerhafte Wesen der Metallverarbeitung aus den karpatischen Rohstoffquellen als auch auf die recht unterschiedliche Rolle, die solche Horte dort gespielt haben. Wie in manchen Teilen Dänemarks zur Bronzezeit, scheint die Niederlegung von Metall in Horten anstatt in Gräbern hier eine alternative Möglichkeit darzustellen, Reichtum zu opfern. Weiter westlich könnten die bereits neolithischen Traditionen der Deponierung von Reichtum in Flüssen und Mooren während der älteren Bronzezeit fortgesetzt worden sein. All dies zeigt eine Vielzahl von Motiven, die zu einem System gehören, in dem es kaum andere Möglichkeiten zum Einsatz des materiellen Reichtums gab (so wurden hier weder Soldaten bezahlt noch hatte man allgemeinere Formen des Austauschs) und Besitz zudem noch durch Verbote und Vorschriften über die angemessene Verwendung materieller Güter beschränkt war. Sicher ist nur, daß frühere Vermutungen, die Horte und Depots seien Vorratslager umherziehender Händler und Handwerker oder aber Reichtum, der in unsicheren Zeiten versteckt worden sei, häufig nicht zutreffen (genausowenig wie bei den Münzschätzen). Vor allem darf man solche Vorstellungen nicht in ein chronologisches Schema pressen und mit Hilfe von Horthorizonten Perioden der Kriegszeiten oder der Furcht vor kriegerischen Fremden darstellen wollen.

Weniger Rätsel geben uns die großen Grabhügel aus der Zeit um 2000 v. Chr. in Ostdeutschland auf. Drei davon ragen durch Größe, Anlage und Grabbeigaben unter den zeitgleichen und weniger spektakulären Flachgräberfeldern hervor: Leubingen, Helmsdorf und Łęki Małe im angrenzenden Polen. Die Hügel in Leubingen (8,5 Meter hoch) und Helmsdorf bedeckten beide große Grabkammern aus Holz. Sie stehen zweifellos in Verbindung mit der Metallproduktion. Helmsdorf wurde 1906 entdeckt, als man eine Eisenbahnlinie für ein modernes Kupferbergwerk bauen wollte, und könnte das Grab eines erfolgreichen Meisters der Kupferverarbeitung gewesen sein. Während die Grundherren von Wessex als Viehzüchter zu Ansehen kamen, erwuchs der große Reichtum hier aus der direkten Kontrolle über die wichtigen Rohstoffvorräte. Solche Vorstellungen gehören jedoch eigentlich in das 19. Jahrhundert und berücksichtigen völkerkundliche Beobachtungen nicht in ausreichendem Maße. In Leubingen fand man Zimmermannswerkzeug und einen sogenannten »Kissenstein« für die Metallbearbeitung, daneben einen massiven Goldring und goldene Gewandnadeln. Andere Grabhügel zwischen den Niederlanden und der Wolga enthielten Ausrüstungsgegenstände von Schmieden; das zeigt, daß die Metallverarbeitung eine vermutlich geheime und elitäre Kunst war und einer sozial herausragenden Gesellschaftsschicht vorbehalten war; sie wurde vermutlich weder einfachen Arbeitern noch handwerklich geschickten Gefolgsleuten überlassen. Daß jemand die Naturgewalten beherrschen und beeinflussen konnte (Metamorphose von Stein zu Metall), war ein weiteres Zeichen für Macht und Autorität.

Die Aunjetitz-Kultur beeinflußte mit ihren Artefakttypen die sich entwickelnden Metallindustrien in den benachbarten Gebieten Polens und Deutschlands und belieferte sie vermutlich mit Kupfer und Zinn; jedoch kam es hier nicht zu einem vergleichbaren Reichtum. Die Aunjetitz-Kultur hatte indirekte Beziehungen zu ähnlich differenzierten Gesellschaften in Regionen wie der Bretagne und Wessex, auch mit anderen Zentren der Glockenbecher-Kultur bis in die Schweiz und nach Norditalien. Wessex wurde von den Bergwerken im westlichen Britannien und auf Irland beliefert, wo nun eine einheimische (wenn auch recht einfache) Metallverarbeitungsindustrie aufblühte.

Gelegentlich gelangten Metallobjekte von einem Ende dieser Ost-West-Kette ans andere, und entlang dieser Verbindungslinie verbreiteten sich auch andere Materialien wie z. B. Gold, Bernstein, Zinn und sicher auch Waren aus organischen Materialien, die sich nicht erhalten haben; gleichzeitig verbreiteten sich bestimmt auch orale Traditionen wie Heldenlieder und Mythen – die allesamt mit diesen Kulturen wieder untergingen.

Die lange Zeit nicht zu diesen metallverarbeitenden Gruppen zugehörigen Kulturgruppen Skandinaviens und vor allem Dänemarks, das relativ dicht besiedelt war, lebten noch immer in der Steinzeit; sie exportierten Bernstein, importierten Beile aus Irland und Aunjetitzer Dolche, besaßen jedoch keine eigenen Erzvorkommen und auch keine entwickelte Metallurgie, mit der eingehandeltes Metall hätte weiterverarbeitet werden können. Nicht einmal die Glockenbecherleute waren bis Nordeuropa vorgedrungen; hier lebte die Schnurkeramik-Tradition fort und entwickelte sich weiter bis zu einem sogenannten Spätneolithikum, das auch Dolchzeit genannt wird.

Während dieser langen Phase, von etwa 2200 bis 1800 v. Chr., wurden die Menschen in Steinkisten bestattet, Männer oft mit einem Flintdolch als Beigabe. Eine große Zahl solcher Gräber, ohne oder mit nur einer kleinen Überhügelung, entdeckte man, als im vorigen Jahrhundert die Landwirtschaft modernisiert wurde, und viele Tausende Grabbeigaben aus dieser Zeit landeten in Privatsammlungen oder Museen. Die Funde sind von erstaunlich hoher handwerklicher Qualität, was daher rührt, daß man über gutes Feuersteinmaterial verfügte und versucht hat, den Errungenschaften der Bronzeschmiede in Ostdeutschland nachzueifern und deren Produkte zu imitieren.

Dennoch muß Skandinavien zu dieser Zeit als ein Randgebiet betrachtet werden, das zwar einerseits wertvolle Rohmaterialien exportierte, andererseits aber nicht in der Lage war, sich am interregionalen Handel zu beteiligen und so landeseigene Flintvorräte ausbeutete und die Produkte aus eigener Herstellung verwendete. Die Situation sollte sich jedoch bald ändern, als die Nord-Süd-Tauschbeziehungen mit der ungarischen Tiefebene begannen.

DER AUFSTIEG DER METALLVERARBEITUNGSZENTREN IN DEN KARPATEN UND IHRE VERBINDUNGEN 2500–1600 V. CHR.

Als Steppenvölker Anfang des 3. Jahrtausends in kleinen Gruppen in die ungarische Tiefebene vordrangen, haben sie sich hauptsächlich auf den offenen und tiefgelegenen Terrassen der weiten Schwemmlandebene (im heutigen Ostungarn) niedergelassen, die von der Theiß (Tisza) und ihrem Nebenfluß Körös entwässert und zu bestimmten Jahreszeiten auch teilweise überflutet wird. Rivalitäten mit der einheimischen bäuerlichen Bevölkerung konnten weitgehend vermieden werden, da mit dem leichten Pflug die etwas höhergelegenen Terrassen und Gebirgsausläufer landwirtschaftlich urbar gemacht und genutzt werden konnten und so die Ebenen kaum bevölkert waren. Um die Mitte des 3. Jahrtausends hatten sich jedoch die beiden Gruppen zu einer einzigen kulturellen Gemeinschaft im Nordosten der Tiefebene vermengt und betrieben eine Mischwirtschaft aus Ackerbau und Viehzucht.

Die Verbindungen in den Osten blieben bedeutend, es wurden aus den Steppengebieten weiterhin Pferde importiert; auch die Kontakte zu den Metallverarbeitungszentren im Kaukasus blieben erhalten. Von etwa 2500 v. Chr. an, ungefähr zur gleichen Zeit, als die Glockenbecher-Kultur in Portugal auftauchte oder levantinische Einflüsse in der Ägäis spürbar wurden, läßt sich der Einfluß der kaukasischen Metallformen auf das östliche Mitteleuropa nachweisen. Die auffälligste unter den neuen Typen war die Streitaxt aus Metall: ein wirkungsvollerer Typus mit breiter einseitiger Schneide und dem Schaftloch am anderen Ende. Diese Beile wurden im Zweischalenguß-Verfahren gefertigt und lösten die bronzene Doppelschmalaxt oder die Hammeraxt aus der Tradition einheimischer Kupferbearbeitung ab; diese Geräte waren noch im Herdguß und durch anschließendes Schmieden hergestellt worden. Zusammen mit dieser weiterentwickelten Technik der Kupferbearbeitung kam das Arsen als ein Legierungsmetall auf, das die Gußqualitäten des Kupfers verbesserte und härtere Schneiden ergab. Diese Neuerungen, zu denen dann noch die Zinnvorkommen in Böhmen kamen, sind die Grundlage für die Bedeutung der Metallurgie im ostdeutschen Erzgebirge; die jüngeren metallverarbeitenden Kulturen Südosteuropas, die sich in Siebenbürgen konzentrierten, entwickelten sich langsamer – vielleicht, weil die leichter zugänglichen Erzlager bereits in der Kupferzeit erschöpft waren. Zu Anfang waren sie auch weniger innovativ, ihr Hauptprodukt war die mit Schaftloch gegossene Streitaxt aus arsenhaltigem Kupfer. Typisch sind Schaftlochäxte und Schaftröhrenäxte, von denen man in einigen Horten, z. B. in Băniabic (dem früheren Bányabükk) in Siebenbürgen, bis zu dreißig Exemplare gefunden hat. Ähnliche lokale Varianten entdeckte man in Ostrumänien und Bulgarien sowie in den Steppengebieten unter Grabhügeln, in den sogenannten »Katakombengräbern«, den Schachtgräbern mit einer Nebenkammer, die die einfachen Grubengräber in diesen Regionen ablösten. Auch andere Metalltypen, wie die aus dem Kaukasus bekannten Tüllenmeißel fand man dort. Diese Formen und vor allem die Dominanz der Axt unter den Metallwaffen zeigen, daß enge Verbindungen zwischen dieser Tradition und dem Kaukasus bestehen; erkennbar wird hier der Unterschied zu den Gebieten weiter westlich, denn dort war der Dolch die charakteristische Waffe.

rechts Feuersteindolch aus dem Spätneolithikum, gefunden in Dänemark, etwa 2000 v. Chr. Es handelt sich um die Nachbildung eines aus Ostdeutschland importierten Vollgriffdolches aus Bronze (*rechts außen*). Da es in Dänemark keine Erzvorkommen gibt, waren die Menschen dort auf den Import angewiesen; sie erwarben fertige Produkte im Tausch gegen Bernstein. Die Kunst der Feuersteinbearbeitung erreichte einen bis dahin nie dagewesenen Höhepunkt durch die neue Drucktechnik.

unten Schaftlochaxt aus Bronze, etwa 2000 v. Chr., sie wurde vermutlich vorwiegend als Waffe benutzt. Die Axt stammt aus einem Fund mit weiteren 30 Äxten, von Pakrač, Slawonien, Kroatien. Dieser Waffentypus wurde in einer zweiteiligen Form mit einem Tonkern für das Schaftloch gegossen, eine Technik, die aus dem Kaukasus nach Europa gelangt ist. In Osteuropa wurden Äxte als Waffe den Dolchen vorgezogen.

Die Siedlungen dieser Gruppen im Niederungsgebiet der Theiß sind dicht bebaut und erinnern an Tell-Siedlungen; sie unterscheiden sich jedoch von ihren neolithischen Vorgängern – die sie, wie in Herpály, manchmal überlagern –, dadurch, daß sie durch Wall-Graben-Systeme befestigt sind und daß sie innerhalb kürzerer Zeit entstanden als die früheren, über lange Zeit bewohnten Dörfer. In einigen dieser Siedlungen wurde Metall verarbeitet, wie Gußformen aus Ton aufzeigen. Manche der Flußsiedlungen wie Vuçedol an der Donau (in der Nähe der Draumündung) hatten eher den Charakter von Festungen. Mit Ausnahme einiger Gebiete, wie z. B. im Umfeld des Zusammenflusses von Theiß und Maros (Mureş), wo man große und reich ausgestattete Gräberfelder mit Flachgräbern findet, sind diese Charakteristika für die bronzezeitliche Landschaft im Osten der ungarischen Tiefebene maßgeblich.

Im westlichen Teil Ungarns waren entlang der Donau Flachgräber typischer, und diese Bestattungsform verbreitete sich auch entlang des Oberlaufs der Donau, in Bayern und in Österreich. Diese Gebiete wurden hauptsächlich aus den Gebieten mit Kupfererzvorkommen versorgt, in denen die Ösenringe hergestellt wurden. Das importierte Kupfer wurde sehr sorgfältig zu kleinen Schmuckstücken verarbeitet, wie Nadeln und vor allem zu kleinen Kupferblechstücken als Kopfschmuck oder als Zierat für die Gewänder; deren Formen entsprechen oft den zuvor aus Knochen hergestellten Stücken. Muscheln, sowohl rezente wie fossile Formen, wurden zu Halsketten verarbeitet. Ein weiteres, künstlich hergestelltes Material, aus dem Perlen gefertigt wurden, war Glasfritte (oft fälschlich als Fayence bezeichnet), die mit blauem Kupferkarbonat gefärbt wurde; diesen Werkstoff wird man bei der Verhüttung der komplexeren Erze, aus denen nun das Kupfer gewonnen wurde, zufällig entdeckt haben. Gruppen, die über größere Metallressourcen verfügten, stellten eigene Axtformen her oder benutzten die für Ostdeutschland typischen Dolche. Die Flüsse bildeten die Hauptverkehrswege dieses Produktions- und Handelsnetzes: Vor allem die Donau verband viele Gemeinschaften, die entlang ihrer Ufer und Zuflüsse siedelten, wobei sich der Reichtum vor allem an den Knotenpunkten dieses Transportsystems konzentrierte. Zwar wird die landwirtschaftliche Produktion den Alltag der meisten dieser Gemeinschaften geprägt haben, doch einzelne Regionen und Siedlungen mit einer günstigen Lage in diesen Handelsnetzen profitierten schnell von den auf dem Wasserwege importierten Materialien. Neben Ackerbau und Viehzucht öffnete sich ihnen ein dritter Wirtschaftszweig und sie konnten im Handel mit den umliegenden Regionen ihren Wohlstand mehren. An ein, zwei Plätzen kamen dann noch die Chancen hin-

Verzierter Trensenknebel aus Geweih, Teil eines Zaumzeuges aus der Zeit um 1800 v. Chr., gefunden in einer Siedlung, Százhalombatta, nordöstliches Ungarn. Die Löcher dienten zur Befestigung von Zügeln und einem Mundstück aus Leder. Diese schönen, verzierten Stücke sind besonders charakteristisch für die ungarische Tiefebene und für die Steppenregion nördlich des Schwarzen Meeres; sie wurden für die Zugpferde vor den Wagen verwendet.

zu, die der wachsende Fernhandel mit Metall und anderen Gütern bot. Und wo diese drei Möglichkeiten zusammenkamen, konnte dies zur spektakulären Anhäufung von Reichtümern führen.

Von der ungarischen Tiefebene aus beginnt nun auch in stärkerem Maß der Abbau der reichen Erzlager in Siebenbürgen. Die Gebiete, in denen Metalle gewonnen bzw. verarbeitet wurden – zu diesen gehört die Tiefebene in Ungarn –, breiten sich jetzt immer mehr aus. Während des späten 3. Jahrtausends hatten sich Verwendung und Verarbeitung von Metall über die Steppenvölker bis hin zu den Kupferressourcen des Ural verbreitet. Von dort aus wurde nicht nur der Metallbedarf der Gruppen, die in ihren unterirdischen rechteckigen Häusern in den Wäldern lebten und sich immer stärker der Landwirtschaft zuwendeten, sondern nach 2000 v. Chr. ein noch größeres Gebiet innerhalb der Steppenzone versorgt. Wie der Norden der Pontischen Steppen, die von den Herstellern der sogenannten Reliefbandkeramik (*Mnogovalikovaya*) besiedelt waren, zeichnete sich auch das Gebiet nördlich des Kaspischen Meeres durch eine neue Form größerer Gräber aus, die wegen der Holzkonstruktion der Grabkammern auch als Bestattungen der sogenannten Balkengrab-Kultur bekannte sind; vielleicht waren dies Nachbauten der damaligen Wohnhäuser.

Noch weiter östlich, im Altai-Gebirge, trug die eng verwandte Andronovo-Gruppe diesen Lebensstil bis in die Mongolei weiter, wo es ebenfalls reiche Vorkommen an Kupfer und Zinn gab. Diese neuen Zentren der Metallverarbeitung hielten ihre Verbindungen über die Steppen aufrecht, und ihre Kontakte reichten bis nach Nordchina. Metallgeräte mit einer Tülle, die man durch Guß in einer zweiteiligen Form mit einem darin aufgehängten Kern erhielt, findet man in allen diesen Gruppen. Derart weit gespannte Verbindungen aufrechtzuerhalten, erforderte eine große Mobilität, und diese gewährleisteten in den Steppengebieten die Pferde und Wagen eines neu entwickelten Typs: eine leichte Holzkonstruktion, die von Pferden, damals eine recht kleine Rasse, ohne Schwierigkeiten gezogen werden konnte. Zum Zaumzeug dieser Tiere gehörten Trensenknebel aus Geweih. Auf dem Friedhof der Balkengrab-Kultur von Sintashta im Südural sind fünf Wagengräber freigelegt worden, die mitsamt den Rädern und Pferden den Toten beigegeben worden waren. Man versenkte die Wagen, indem man für die Räder tiefe Schlitze grub.

Zu Beginn des 2. Jahrtausends konnten die ungarische Tiefebene und das Karpatenbecken von einem unermeßlich weiten Hinterland profitieren, und es entstand dort eine der hochentwickeltsten Kulturen außerhalb des mediterranen Raumes. In ihrem Können, das sich in den Punzverzierungen zeigt, verbanden die siebenbürgischen Metallhandwerker die in Ostdeutschland entwickelten Techniken der Metallverarbeitung (wie die angegossenen Messergriffe) mit denen, die im Handelsnetz rund um die Pontischen Steppen zirkulierten, und mit den eigenen reichen Kupfer- und Goldvorkommen. Die soziale Oberschicht – die mit Sicherheit spezialisierte Handwerker an die Arbeit setzten – betrieb Fernhandel mit den umliegenden Gebieten des gemäßigten Europa, und bald spürt man ihre Einflüsse in allen Teilen des Kontinents, in Dänemark ebenso wie in Italien und Griechenland; und dieser Einfluß führte, auf weniger direktem Weg, sogar zu einer Veränderung der Waffenformen auf den weit entfernten Britischen Inseln.

Goldtassen aus dem Komitat Bihar, Ungarn, etwa 1800 v. Chr. Dies sind die ältesten bekannten Metallgefäße aus dem Europa nördlich des mediterranen Raumes; sie wurden aus einem einzigen Goldblech getrieben, auch die Henkel. Verziert sind sie mit Rillenmustern und gepunzten Kreisornamenten, eine Übergangsform zwischen den Ornamenten auf Artefakten aus Geweih und den Wellenlinien auf Bronzeobjekten.

Der Fund, der diese Entwicklungen am besten repräsentiert und der Periode um 1800 v. Chr. ihren Namen gab, ist der Hort von Hajdúsámson im Nordosten Ungarns. Dieser Hort, 1907 bei Drainagearbeiten entdeckt, bestand aus einem Schwert mit massivem Griff, dessen Klinge nach Norden zeigte und über das zwölf Schaftlochäxte verschiedenen Typs mit nach Westen gerichteten Axtblättern gelegt waren. Bei diesem Fund, der einen beträchtlichen Reichtum darstellt, handelt es sich eindeutig um eine Opfergabe und nicht um einen zufälligen Verlust oder um einen wegen drohender Gefahr versteckten Besitz. Das Schwert selbst und drei der Äxte sind aufwendig mit eingepunzten Wellenlinien verziert. Jedes dieser Objekte ist sicher ein Unikat und bestimmt kein Erzeugnis einer Massenproduktion. Ein vergleichbarer Fund mit ähnlichem Schwert und drei Schaftlochäxten stammt von Apa in Rumänien. Diese Schwerter sind ganz besondere Waffen – wundervolle Weiterentwicklungen der Dolch-Tradition. Sie entstanden in einer Region, in der sonst eher Äxte geschwungen wurden, und haben daher die deutlich verlängerte Klinge. Der angegossene Griff ist ein ostdeutsches Element, bei der langgeschwungenen Klingenform handelt es sich dagegen um eine verfeinerte lokale Entwicklung. Die Form der Äxte ist kaukasisch, aber insofern abgeändert, als die hier gefundenen sogenannten Nackenscheibenäxte ein ganz charakteristisches Punzmuster in Form eines Wirbels zeigen. Wo sind die Ursprünge dieses Ornaments zu suchen?

Die Antwort liefern ganz andere Gegenstände, die ebenfalls als Prunkobjekte dienten und ursprünglich wohl aus den Steppengebieten stammen: Vollständige Pferdegeschirre, die in mehreren Teilen aus verziertem Horn und Knochen gebildet werden, mit

Trensenknebel, Riemenverteiler und vielleicht Kappen für Peitschenschäfte. Sie sind mit Zirkelornamenten verziert – mit konzentrischen Kreisen, Wellenbandmustern oder geschwungenen Linien. Einfacher gestaltete Dekors findet man auf den Pferdegeschirren, die in den Steppen selbst geborgen wurden und die zeigen, daß auch dort Wagen benutzt wurden. Daß es solche Wagen auch in Ungarn und Rumänien gegeben hat, beweisen Tonmodelle von Wagen mit Vier-Speichen-Rädern. Das Zaumzeug aus den Karpaten und das aus dem Ural weist einige Unterschiede in der Form auf: Die Tren-

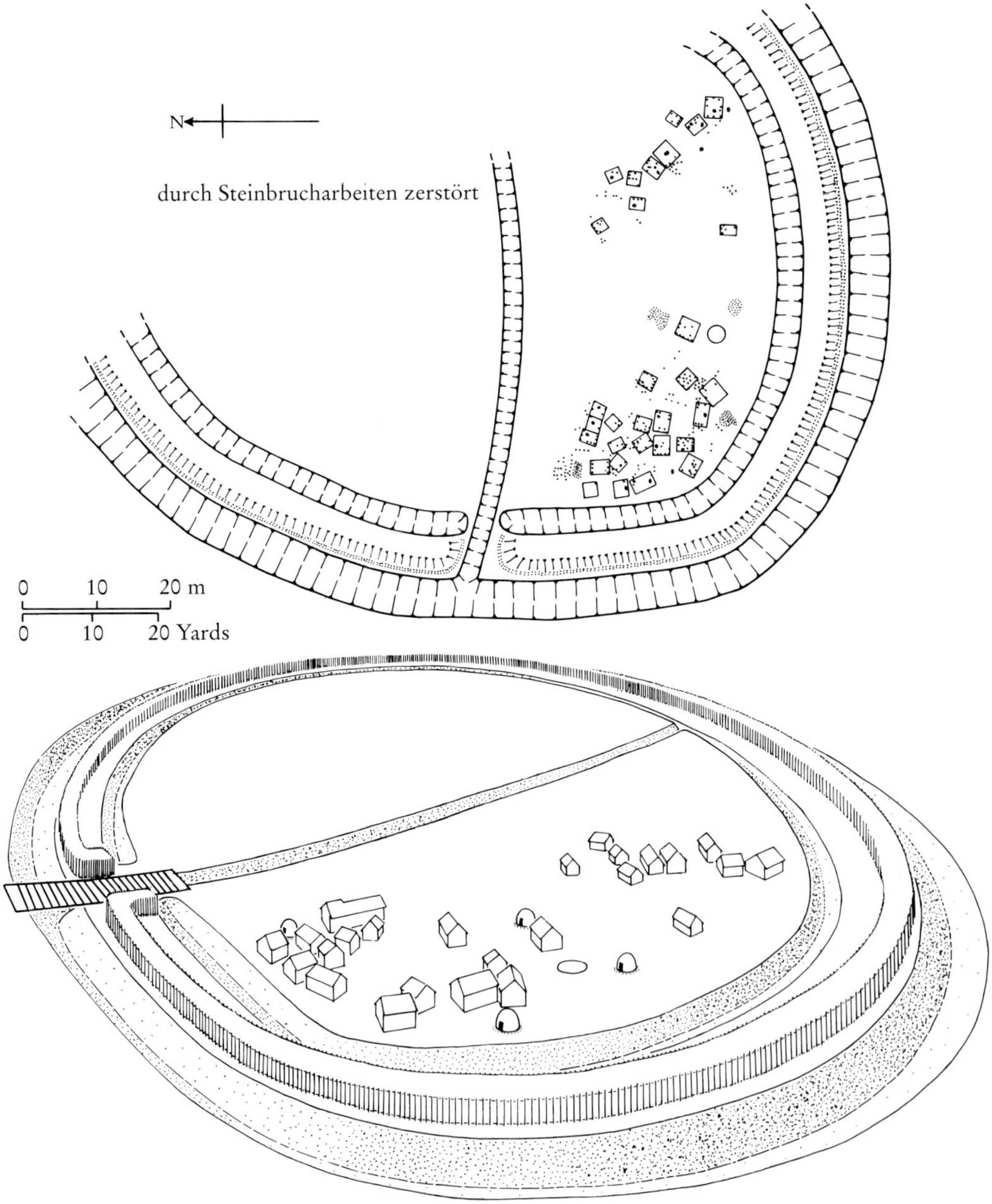

oben Blick auf Spišský Štvrtok bei Spišska Nová Ves, Slowakei, eine große befestigte Siedlung aus der älteren Bronzezeit, die hoch in den Karpaten an einem der wichtigsten Pässe angelegt wurde, der nordwärts zum Oberlauf der Weichsel in Polen führt. Die aufwendigen Steinbefestigungen und die Funde von Gold- und Bronzearbeiten bezeugen ihre bedeutende Stellung im interregionalen Handelsgeschehen.

links Grundriß und Rekonstruktion der befestigten Höhensiedlung »Zámeček« in Nitriansky Hrádok, bei Nitra, Slowakei, etwa 1800 v. Chr. Die Hälfte der Siedlung wurde bei Steinbrucharbeiten zerstört, in der verbliebenen Stätte konnte man jedoch noch ein wichtiges Zentrum aus der Bronzezeit freilegen, das von einem mit Holz verstärkten Wall umgeben war; eine Bauweise, die in Europa ansonsten erst ab der Eisenzeit üblich wurde.

senknebel aus den Karpaten waren meist gerade (Stangenknebel), die aus dem Ural eher rund (Scheibenknebel). Dennoch besteht kein Zweifel daran, daß beide Formen eng verwandt sind; in beiden Gebieten kommen auch Mischformen vor. Zaumzeug aus den Karpaten ist aber in der Regel reicher verziert, und die Präzision der Kreisverzierungen zeigt sich auch in den wellenförmigen Ornamenten auf Metallgegenständen und sogar auf Keramik. Ein Beispiel dafür liefern gegossene Arbeiten aus massivem Gold wie die goldenen Armreifen aus Bilje im ehemaligen Nordjugoslawien oder das wundervolle Gefäßset aus Goldblech, das in dem (heute zwischen Ungarn und Rumänien aufgeteilten) Komitat Bihar gefunden wurde. Es handelt sich dabei nicht um gewöhnliche, auf der Drehbank polierte Formen, vergleichbar mit den Exemplaren aus dem östlichen Mittelmeerraum des 2. Jahrtausends, wo Keramik bereits auf der Töpferscheibe gefertigt wurde, sondern um die einheimische Handwerkskunst der karpatischen Metallschmiede. Seltene Funde aus verhüttetem Eisen, etwa der Dolch aus Gánovce in der Slowakei, zeigen, daß die Metallhandwerker inzwischen mit einer Vielzahl von Rohstoffen umgehen konnten. Die Keramik dieser Gegend weist die geschwungenen Linien und die eleganten Formen der Metallarbeiten auf, und insgesamt gehören diese Funde zu den kunstvollsten Produkten im prähistorischen Europa.

Der Reichtum dieser Gemeinschaften spiegelt sich in den großen, oft befestigten Siedlungen dieser Zeit wider. Was hier und in den großen Horten an Bronzegegenständen aus der Gegend geborgen werden konnte, macht wett, daß es dort keine aufwendig ausgestatteten Grabmäler gab – die ja meist Ausdruck »politischer« Instabilität waren. Statt dessen geben die Hunderte von Tell-Siedlungen einen Eindruck von sicherer und organisierter Existenz. An Knotenpunkten der Handelsrouten, entlang der Flüsse und besonders an Routen, die durch die Karpaten nach Norden führten (wie Nitriansky Hrádok und Spišský Štvrtok in der Slowakei), wirken die größeren befestigten Siedlungen wie Burgen mit soliden Mauern und Bastionen, wie man sie sonst erst aus der Eisenzeit kennt. In einer dieser Siedlungen, in Barca in der Slowakei, fanden sich in einer Zerstörungsschicht auch persönliches Hab und Gut, darunter wertvolle Bronzestücke, eine Bernsteinkette, Goldperlen und Haarschmuck. Auch diese Funde bestätigen noch einmal die Weitläufigkeit der Verbindungen über große Entfernungen, die gegen Mitte des 2. Jahrtausends v. Chr. im bronzezeitlichen Mitteleuropa etwas ganz Neues waren.

WEGE DES FERNHANDELS

Das Netz von Verbindungen, die während der Glockenbecher-Kultur geknüpft und zu Beginn der Bronzezeit weiterentwickelt wurden, hat das Atlantikgebiet mit Ostdeutschland verknüpft, Dänemark jedoch weitgehend ausgeschlossen. Das sich nun entwickelnde Wegemuster betont die Nord-Süd-Verbindungen zwischen Ostseeraum und Donau. Skandinavien änderte seine Rolle und wurde in den Fernhandelsbeziehungen vom passiven Importeur zum aktiven Partner mit einem eigenen typischen Formen- und Verzierungsspektrum. Güter, die über diese weiten Entfernungen hinweg im Umlauf waren, wurden in kleinen Mengen, aber in hoher Qualität gehandelt. Als archäologischer Nachweis ist uns z. B. Bernstein erhalten geblieben, mit dessen Hilfe sich der Zusammenhang dieser Verbindungen besonders gut rekonstruieren läßt; doch waren auch andere, weniger haltbare Materialien in diesen Handel einbezogen. Zwei Wegesysteme, die oft nebeneinander genutzt wurden, aber in gewissem Maße auch miteinander konkurrierten, lassen sich rekonstruieren: die Verbindungen zwischen Jütland und Rhein bzw. Oberlauf der Donau auf einerseits, und die zwischen den dänischen Inseln und Oder bzw. mittlerer Donau andererseits.

Der Handelsweg ging von den Nordkarpaten aus, wo um 1800 v. Chr. die Rolle der an Bedeutung verlierenden Region Ostdeutschlands übernommen wurde; er läßt sich anhand der Verbreitung typischer, mit Wellenlinien verzierter Äxte nachzeichnen, die von den Nordkarpaten bis hinauf in den westlichen Ostseeraum zu finden sind, wo auch ein Dutzend Schwerter des Apa-Typs entdeckt wurden. Wenn wir nicht aufgrund unterschiedlicher Verbreitungsmuster (verursacht durch lokal unterschiedliche Hortsitten) zu falschen Ergebnissen kamen, sieht es so aus, als seien die wertvollsten Objekte über die weitesten Entfernungen hinweg transportiert worden, um in die Hände mächtiger Stammesoberhäupter zu gelangen. Diese Erkenntnis ist von großer Bedeutung für die Erforschung früherer Gesellschaftsformen, da sie auf ein Netz von Kontakten und vielleicht sogar auf einzelne Bündnisse hindeutet, die sich über die nordeuropäische Tiefebene hinweg erstrecken, frühere Machtzentren jedoch auslassen. Neben Schwertern und Streitäxten, die im Norden bereits übernommen und in eigenen Stilformen hergestellt wurden, tauchen in Skandinavien zum ersten Mal auch Lanzenspitzen auf. Diese anfänglich noch relativ seltenen Stücke findet man nur in Horten. Die soziale Oberschicht präsentiert sich aber durch die Gräber unter Rundhügeln, die in der Folgezeit in einem großen Teil des westlichen Mitteleuropa die Flachgräberfelder ersetzen sollten.

Bei einer überregionalen Betrachtung zeigt sich, daß sich die Einflüsse der karpatischen Bronzeindustrien auch auf Gebiete im Westen – entlang der Donau, im Alpenvorland, den Rhein hinauf bis zum Atlantik und auch entlang der Rhône – auswirken. Dies ist nicht nur anhand der Verbreitung neuer Artefakttypen wie z. B. der Lanzenspitzen zu erkennen, sondern auch an den Dolchen mit den geschwungenen Klingenformen. Auch diese verlängern sich langsam und werden zu Schwertern, die ihrer schmalen Form wegen eher an die zum Stoßen benutzten Rapiere erinnern als an die breiten Hiebwaffen der Regionen, in denen auch Äxte benutzt werden. Auch das Erscheinungsbild der Frauen verändert sich: Kunstvollere Bronzeanhänger, Fußringe und Armspiralen werden getragen. Radnadeln könnten darauf verweisen, daß die Oberschicht nun im Besitz des höchsten Prestigesymbols, nämlich des Wagens, war. In den durch Rhein und Oberlauf der Donau verbundenen Landschaften entstand die Grabhügel-Sitte, weshalb man von diesem, sich immer einheitlicher zeigenden Gebiet auch als dem der Hügelgräber-Kulturen spricht (obgleich Hügelgräber kontinuierlich seit der Glockenbecher-Tradition in den atlantischen Regionen errichtet wurden). Diese Kulturgruppen im Westen Mitteleuropas traten, was den Fernhandel mit dem Norden betraf, schnell in Konkurrenz zu den schon länger etablierten karpatischen Gruppen. Eine bedeutende Hügelgräber-Kultur siedelte sich in Nordwestdeutschland an, mit einem Zentrum in der Lüneburger Heide, von wo aus sich die Handelsrouten durch die trockenen Podsolgebiete bis nach Westjütland zogen. Güter wie Bernstein gelangten so in den interregionalen Kreislauf entlang der neuen Achse von Bündnissen, Metalle sowie Metallprodukte aus Süddeutschland gelangten nach Skandinavien, wo sie das dortige Handwerk beeinflußten. Die skandinavische Bronzeindustrie erlebte einen neuen Aufschwung, indem sie spiralverzierte Waffen und Schmuck für Frauen, Halsreifen und Gürtelscheiben in eigenen Stilvorstellungen fertigten. Selbst die atlantischen Gebiete wie Britannien und die Bretagne profitierten von dieser Westverschiebung der

Handelsaktivitäten, und auch die Verbindungen mit dem Ostseeraum intensivierten sich, vor allem durch die Transportmöglichkeiten auf dem Wasser; man sieht solche Einbäume, die ein weiteres Machtsymbol der Führenden wurden, auf den Felsbildern dieser Zeit.

Die Produktivität im Karpatenbecken und in der ungarischen Tiefebene ließ unterdessen nicht nach. Während sich die westlichen Teile, die pannonische Tiefebene und die Westslowakei, in die neue Hügelgräber-Kultur eingliedern, bauen die östlicheren Gebiete ältere Traditionen aus und erweitern ihre Produktion von Bronze und Gold. Es gibt Hinweise darauf, daß auch Fernhandelsverbindungen in südlicher Richtung entstanden sein könnten, etwa von Siebenbürgen aus den Unterlauf der Donau entlang zum Schwarzen Meer und damit zu den Kulturen der nördlichen Ägäis und zur wachsenden Großmacht von Mykene. Das Fragment eines goldenen Schwertes aus Perşinari in Rumänien, das zusammen mit drei goldenen Stabdolchklingen gefunden wurde, scheint, was die Form des Griffs betrifft, auf ägäische (oder anatolische) Einflüsse hinzuweisen; und das Auftauchen von nachgedrehten Goldgefäßen im westlichen Bereich des Schwarzen Meers (Vulchitrun, Rădeni, Kryzhovlin) kennzeichnet die Verbreitung dieses technischen Fortschritts in Gebieten nördlich des mediterranen Raumes, wo sie

Griff eines Bronzeschwerts aus Dänemark, etwa 1500 v. Chr. Der typische, achteckig geformte Griff, der mit gepunzten kreisförmigen und halbkreisförmigen Mustern verziert ist, kennzeichnet das Schwert als Import aus dem Gebiet der Hügelgräber-Kulturen; es stammt vermutlich aus dem nördlichen Voralpengebiet.

Große Halskette aus importiertem Bernstein, gefunden in einem reich ausgestatteten Frauengrab unter einem Grabhügel in Upton Lovell, Wiltshire, England, etwa 16. Jahrhundert v. Chr. Es handelt sich um eines der prunkvollsten Frauengräber aus dieser Periode, das außerdem noch Gewandapplikationen aus Goldblech, eine Bronzeahle und ein Messer sowie Keramik enthielt. Unter den Perlen sind einfache Formen und mehrfach durchbohrte Abstandhalter.

in der Folge auch zur Herstellung von Schalen aus Holz, Schiefer und Bernstein angewendet wurde. Das Erscheinen von Objekten wie etwa Pferdegeschirr mit Wellenband-Ornamenten in mykenischen Schachtgräbern könnte bedeuten, daß zu den weniger greifbaren Ergebnissen dieser Verbindungen auch die in den Pontischen Gebieten entwickelten Techniken des Zureitens von Pferden gehörten. Konkretere Beweise für einen solchen Fernhandel, diesmal mit den Hügelgräber-Kulturen, liefern Bernsteinperlen und ein mehrfach durchbohrter Abstandhalter aus Bernstein, die zu großen Halsketten zusammengefügt wurden; sie gelangten vermutlich über Süddeutschland und Italien nach Mykene und landeten dort schließlich in einem frühen Königsgrab. Mykene zapfte also den Reichtum seines europäischen Hinterlandes an, bevor es als Großmacht in der Ägäis in Erscheinung trat. Daß diese Beziehungen zu den nördlichen Hügelgräber-Kulturen in den folgenden Jahrhunderten, insbesondere wohl zur Zeit des Höhepunkts mykenischer Macht im 14. Jahrhundert, fortbestanden, belegt das Auftauchen von Klappstühlen – einem Symbol der Macht in der mediterranen Welt – im Norden und vielleicht auch die sich entwickelnde Schreinerkunst, wie sie in der Konstruktion von Wagenrädern zum Ausdruck kommt: Man sieht diese Räder an den ersten Metallmodellen aus Tobøl und Trundholm. Solche Klappstühle sind aus dem weit entfernten Dänemark in mehreren Exemplaren belegt. Bei den einzigartigen Erhaltungsbedingungen dort haben sich die Särge aus ausgehöhlten Baumstämmen, die unter Steinset-

Grab einer 20jährigen Frau aus einem Grabhügel in Egtved, Südjütland, etwa 1370 v. Chr. Der Leichnam und ein Trinkgefäß aus Birkenrinde lagen auf einem Kuhfell und waren von einer groben Wolldecke bedeckt. Die Bestattung fand im Sommer statt, da die wollene Bekleidung nur aus einem Fadenrock, einem kurzärmligen Hemd und einem geflochtenen Gürtel mit einer Gürtelplatte aus Bronze bestand.

zungen in Grabhügeln beigesetzt wurden, erhalten und mit ihnen nicht nur hölzerne Grabbeigaben, sondern in einigen Fällen auch Kleidungsstücke aus Wolle. Obwohl sie auf vielfältige Weise, wie z. B. mit Stickereien, verziert sind, stehen diese einfarbigen Textilien dennoch in großem Kontrast zu den kunstvoll gefärbten Webstoffen, die wir von den Fresken aus der ägäischen Bronzezeit kennen. Umgekehrt wäre dieser ungleiche Entwicklungsstand ein Hinweis darauf, welch großen Einfluß aus dem Süden importierte Kunststile und Gegenstände auf ferne nördliche Völker hätten entfalten können. Die Verbindungen waren jedoch zu selten und zufällig, um einen fundamentalen kulturellen Wandel anzustoßen oder gesellschaftliche Interdependenzen in der Art aufzubauen, wie sie im 1. Jahrtausend die Beziehungen zwischen den städtischen Gesellschaften und ihrem »barbarischen« Hinterland kennzeichneten. Das Europa der Bronzezeit blieb eine autonome Region.

DIE WELT DES WESTLICHEN MITTELMEERRAUMS

Während die Ägäis und Anatolien mehr und mehr in die interregionale Welt der ostmediterranen Bronzezeit und deren wirtschaftliche und politische Beziehungen hineingezogen wurden, blieb der westliche Mittelmeerraum noch Teil des prähistorischen Europa. Mit der wachsenden Macht der ägäischen Welt und vor allem Mykenes werden Sizilien, Italien und Sardinien stärker in die sich vervielfältigenden maritimen Handelsrouten einbezogen als das europäische Festland; Südfrankreich, die Balearen und die Iberische Halbinsel dagegen werden erst Ende des 2. Jahrtausends davon berührt, als die mykenischen Paläste von den Veränderungen, die im Vorderen Orient zum Ende der Bronzezeit führten, hinweggefegt wurden und eine neue Generation von Abenteurern weiter ins Unbekannte vordrang als ihre Vorgänger während der Palastzeit.

Die Spuren, die die Glockenbecher-Kultur im späten 3. Jahrtausend in Südspanien hinterließ, wurden zwar zum Großteil von lokalen Gruppen der Kupferzeit absorbiert, doch die dadurch eingeführten Neuerungen und die durch lange landwirtschaftliche Nutzung verschlechterten Böden dieser trockenen Region zerstörten die Stabilität von Gruppen wie Los Millares, deren wirtschaftliche Grundlage der im kleinen Rahmen betriebene Hackbau und deren gesellschaftliche Organisation stark kultisch geprägt war. Die neuen Zentren blieben zwar in der Küstenregion von Almería und Valencia, doch an neuen Plätzen und in neuen Siedlungsformen, die auf einen radikalen Wandel der Lebensweise schließen lassen – zu dem vermutlich eine verstärkt betriebene Viehzucht und die Anlage von Zisternen zum Sammeln des Wassers gehörten. Die meisten dieser Fundplätze sind Höhensiedlungen – einige an besonders exponierten Standorten –, deren rechteckige, in Straßenzügen aneinandergereihten Hütten von dicken, schützenden Steinmauern umgeben waren. Ihre Anfänge liegen um 2200 v. Chr. In El Argar, das der gesamten Gruppe den Namen gab, entdeckte man eine große Anzahl von Einzelbestattungen; die Toten wurden in Steinkisten, in einer späteren Phase dann in großen Vorratskrügen aus Ton oder in Brau-Kesseln beigesetzt (Pithos-Gräber). Den Toten wurden zahlreiche Beigaben mitgegeben: Kupfer- oder Bronzeäxte, Dolche und

Stabdolchklingen bei den Männern, Nadeln und Messer, manchmal Silberschmuck wie Ringe und Diademe bei den Frauen. Besonders die rundbodige, handgemachte Keramik ist sehr sorgfältig gearbeitet. Man fand Trinkkelche mit Standfuß und andere Trinkgefäße aus dunklem, glimmerhaltigem Ton, die ein wenig den silbernen Tassen ähneln, die wir aus der gleichen Zeit aus der Bretagne kennen und die in Spanien vielleicht auch hergestellt wurden, selbst wenn dort keine erhalten blieben. Die reichen Metallfunde weisen auf eine mit dem restlichen Europa vergleichbare wirtschaftliche Rolle der Bronze hin, die Erze stammen jedoch zum größten Teil aus den zahlreichen, polymetallischen Erzlagerstätten der Region selbst. Die Mengen an Silber (vermutlich weitgehend direkt, und nicht durch Kupellation aus Bleierzen gewonnen) sind ungewöhnlich für das bronzezeitliche Europa und verweisen wahrscheinlich auf reichhaltige einheimische Ressourcen; Silber scheint dennoch im Handel keine besondere Rolle gespielt zu haben. Die Verarbeitung von Bronze fand, verglichen mit dem Standard Mitteleuropas, auf technisch recht einfachem Niveau statt; meist sind es flache Gußprodukte in einfacher Gestaltung. Trotz einiger Neuerungen hielt sich diese Tradition bis in das 2. Jahrtausend v. Chr.

Auf den Inseln des westlichen Mittelmeers läßt sich der gleiche Übergang wie in Spanien nachzeichnen: nach der Glockenbecher-Periode findet eine Verschiebung von Heiligtümern und Grabbauten für gemeinschaftliche Rituale hin zu individuellen Gräbern und Befestigungen statt. Auf Malta z. B. wurde der Tempel von Tarxien von einem Gräberfeld überlagert, mit Brandbestattungen, Flachbeilen und Dolchen aus Bronze. Auf Korsika und Sardinien wurden die Megalithbauten durch profane Steinkonstruktionen zu Verteidigungszwecken verdrängt; diese sogenannten *Nuraghen* und die Wohntürme sollten später, ab dem 13. Jahrhundert v. Chr., zu recht komplexen Bauten anwachsen, wie wir an den bronzezeitlichen Turmbauten auf den Balearen, den *Talayots*, sehen können.

Diese Regionen waren im frühen 2. Jahrtausend relativ isoliert. Südfrankreich dagegen wurde permanent von den Impulsen beeinflußt, die seit der Glockenbecherzeit das Rhônetal hinab gelangten. Dies Gebiet zeigt eine mit der in Mitteleuropa vergleichbare Entwicklung – über die triangulären Vollgriffdolche der frühen Bronzezeit bis zu einer lokalen Ausprägung der Hügelgräber-Kultur. Die Geschichte Südfrankreichs war eng mit der des europäischen Binnenlandes verbunden. Auch Norditalien stand in engem Zusammenhang mit den Entwicklungen jenseits der Alpen, und seine Seeufersiedlungen sind Teil eines cirkumalpinen Phänomens. Das Verbindende ist nicht nur die Landschaft: Die verstärkte Benutzung der Alpenpässe und der Hochtäler als Wanderrouten für die Herden (oft gekennzeichnet durch Konzentrationen von Felsbildern wie in Monte Bego und Val Camonica) führten zu einem höheren Grad an kulturellem Austausch über die Berge hinweg, sowohl mit Slowenien (und damit auch mit der ungarischen Tiefebene) als auch mit der Schweiz und dem Rhônetal. So ist es kein Wunder, daß die Bronzeindustrien Italiens beachtliche Parallelen zu denen in Mitteleuropa aufwiesen und daß eine große Anzahl von Importen auf ein Verlangen schließen läßt, die neuesten Entwicklungen in der Waffen- und Schmuckherstellung und sogar in der Befestigungstechnik, z. B. Wallanlagen mit Palisaden, zu übernehmen. Mittelitalien dagegen mit seinen wichtigen Siedlungen in den Küstenebenen und den großen

Beigaben von Gräbern aus der frühbronzezeitlichen El Argar-Kultur, gefunden in Almería, Südspanien, etwa 2000 v. Chr. Die Gefäße haben metallene Vorbilder, wie man sie aus dieser Zeit aus der Bretagne kennt. Typische Männergrabinventare enthalten Waffen (Dolche, Dolchstabklingen); Frauengräber enthalten oft Armreife aus gediegenem Silber. Aus dieser Zeit stammen auch befestigte Höhensiedlungen.

Siedlungsgebieten im Inland, deren materielle Kultur weniger reich war und die eine extensive Viehwirtschaft betrieben haben könnten, geht einen eher eigenen Weg. Dennoch weiß man, daß die Siedlungen im Flachland sich am Handel mit der mykenischen Welt beteiligt haben, so daß wir nicht davon ausgehen können, daß diese Region autonom wirtschaftete. Weiter südlich, in Süditalien und Sizilien, führten Kontakte mit Mykene zu einschneidenden Veränderungen.

Es wäre falsch, das Vordringen der mykenischen Kultur in den zentralen Mittelmeerraum nur auf »koloniale« Motive zurückzuführen und es mit dem Eindringen der Europäer in Amerika zu vergleichen. Die gesellschaftliche Organisation war weit weniger ungleich. Das Tyrrhenische Meer zwischen Sizilien, Süditalien und Sardinien war bereits Schauplatz intensiver Handelsbeziehungen, deren Zentrum die Liparischen Inseln bildeten; die ältesten archäologischen Schichten der Akropolis von Lipari zeigen eine ganze Reihe größerer Bauwerke. Hier hatte sich während des 3. Jahrtausends ein Küstenhandel entwickelt, durch den Metalle und andere Materialien zirkulierten; wahrscheinlich knüpften die minoischen und mykenischen Händler hier ihre ersten Kontakte. Die Überfahrt von Korfu (Kerkyra) zum Golf von Tarent war kurz, von dort konnte man die Küsten entlang die Straße von Messina erreichen und dann die Liparischen Inseln; auf diesem Weg könnte im frühen 2. Jahrtausend schon Handel stattgefunden haben. Im 16. Jahrhundert v. Chr., als die mykenischen Schachtgräber in Gebrauch waren, stellten diese Kontakte vermutlich die Route dar, auf der Materialien wie Bernstein auf die Peloponnes gelangten. Die Adriaroute wird erst vom 13. Jahrhundert v. Chr. an benutzt. Während des 15. und 14. Jahrhunderts v. Chr. wurde der Handel intensiviert, obgleich er wahrscheinlich noch immer über »Handelshäfen« auf Lipari und Vivara, einer kleinen Insel vor Neapel, abgewickelt wurde. Diese Verbindung zum westlichen Italien stellt einen Knotenpunkt dar, an dem das europäische Fernhandelssystem mit dem des Mittelmeers zusammentraf und über den Metalle aus Italien in die mykenische Welt gelangten. Auch Sizilien war in diesen Seehandel integriert, wobei es wahrscheinlich eher lokale Erzeugnisse als Fernhandelsgüter stellte; im 14. Jahrhundert v. Chr. entstand in Thapsos bei Syrakus auf Sizilien eine bemerkenswerte, palastartige Anlage mit Korridoren und vielräumigen Rechteckbauten. Der Bau ist zwar nicht mykenisch, kann aber nur im Zusammenhang mit einer komplexen Wirtschaftsform und externem Austausch entstanden sein, worauf auch nahegelegene Gräber deuten, in denen mykenische und zyprische Keramik sowie Metallarbeiten gefunden wurden.

Die Komplexität der Handelsbeziehungen nahm in Richtung Westen also ab: vom weiträumigen Großhandel des östlichen Mittelmeers über die Kontaktzone Italien und die zentralen Mittelmeerinseln bis hin zur relativ isolierten Iberischen Halbinsel. Die rasch abnehmende Dichte der Funde spiegelt sowohl die Grenzen des Schiffsverkehrs zur Bronzezeit und der technischen Neuerungen des späten 2. Jahrtausends wider als auch die Zentralisierung des Handels in den führenden Wirtschaften des östlichen Mittelmeerraums. Die Umwälzung dieses Systems und die Neustrukturierung des Seehandels ab etwa 1300 v. Chr. führte dann in eine Phase neuer Handelstätigkeit, die tiefe Einwirkungen auf das Europa der Jungbronzezeit hatte.

AM RAND DER BRONZEZEITLICHEN WELT

Die Transformation, die sich zwischen 2500 und 1300 v. Chr. in Europa abspielte, war eher kultureller und gesellschaftlicher als wirtschaftlicher und politischer Natur. Die fundamentalen Veränderungen, die mit der Entstehung der ersten Städte einhergingen, trafen nur die südlichen Randgebiete des Kontinents, und während im Vorderen Orient zur Bronzezeit immer größere Stadtstaaten und Königreiche einander ablösten, ging Europa einen eigenen Weg. Was sich wirklich veränderte, waren die Sozialstrukturen und die Sachkultur. Kleine untereinander konkurrierende Geschlechter lokaler Anführer oder Häuptlinge errichteten umfassende Bündnissysteme, um die sichtbaren Symbole ihrer Macht zu sichern. Keine einzige Region unterschied sich so stark von ihren Nachbarn, als daß sie ihre Produktionsweise hätte ändern oder in einen ungleichen Handel hätte eintreten müssen. Es gab keine landschaftsbeherrschenden Befestigungen, die einzelne Gebiete abgrenzten oder territorialen Ansprüchen Geltung verschafften. Einzelne Waren mit überregionalem Wert brachten den Gebieten, in denen sie hergestellt oder weiterverteilt wurden, mehr Wohlstand ein als Landwirtschaft, aber dazu benötigte man kein System gesellschaftlicher Hierarchien oder Schichten und auch nicht die Ausbeutung abhängiger Arbeitskräfte – die ökonomischen Chancen ergaben sich vielmehr aus der Teilnahme an einem ausgeklügelten Spiel, das darin bestand, den anderen um eine Nasenlänge voraus zu sein und Zugang zu den symbolischen Zeichen der Macht zu behalten. Selbst der Besitz einfacher Dinge wie Rasiermesser oder Pinzetten konnte einem Menschen höhere gesellschaftliche Anerkennung eintragen. Die Nähe zu den städtisch geprägten Kulturen gewährleistete, daß neue Produkte oder Herstellungsmethoden übernommen werden konnten, damit das Spiel in Gang blieb: neuartige Eß- und Trinkgewohnheiten, Kleidung, Möbel, Transportmittel, Prestigeschmuck und Waffen. Dennoch wurden die europäischen Gesellschaften nicht von einer ständigen Welle exotischer Güter abhängig, wie dies während der späteren Eisenzeit der Fall war. Sie lebten vielmehr am Rand der während der Bronzezeit bekannten Welt und wurden von ihr beeinflußt, wirkten jedoch nicht aktiv auf sie zurück.

In Mitteleuropa bezeichnet man diese Zeit auch als »Hochbronzezeit«, womit die Zeit vor den Veränderungen gemeint ist, die die gesamte Alte Welt nach 1300 v. Chr. umstrukturierten: der Zusammenbruch der Palast-Zivilisation im östlichen Mittelmeerraum und der dortige Beginn der Eisenzeit, der Aufschwung der Bronzeverarbeitung im urnenfelderzeitlichen Europa, im Kaukasus und im iranischen Hochland, sowie der Beginn eines wirklichen Nomadentums in den Steppen. Diese Jungbronzezeit in Europa unterschied sich ihrem Wesen nach sehr stark von der vorangegangenen Epoche; starke Befestigungsanlagen, Ackersysteme, Flachgräberfelder, Brucherzhorte und Weihgaben in Flüssen – all das verweist auf weniger stabile und geordnete Gesellschaftsverhältnisse, in denen nun erbitterte Kämpfe um Gebietsansprüche auszufechten waren und eine radikale Neuorganisation nötig wurde.

8

DER ZUSAMMENBRUCH DER ÄGÄISCHEN ZIVILISATION AM ENDE DER JUNGBRONZEZEIT

Mervyn Popham

Um 1200 v.Chr. vollzog sich eine dramatische und tiefgreifende Veränderung in der politischen Landschaft des östlichen Mittelmeerraums. In Griechenland kam es zur Zerstörung der mykenischen Paläste, während weiter entfernt die beiden Großreiche der Ägypter und der Hethiter schweren feindlichen Angriffen ausgesetzt waren, die zum raschen Verlust der ägyptischen Vormacht und zur Zerstörung der hethitischen Hauptstadt Boğazköy (Ḫattuša) führten. Auch dazwischenliegende Staaten in den Gebieten des heutigen Syrien und Palästina und auf Zypern wurden attackiert, die Zerstörung nahm verheerende Ausmaße an. Das darauffolgende Jahrhundert war von Unruhen und Wirren geprägt: In vielen Regionen kam es zu Auswanderungen und zu Umgruppierungen innerhalb der Bevölkerung. Einige Gebiete wurden sogar völlig aufgegeben, andernorts siedelten »Fremdvölker«, oder es bildeten sich Mischkulturen mit Elementen der ansässigen und der zugewanderten Völker. Danach sah es zunächst so aus, als hätte sich die Lage stabilisiert und ein annehmbarer Wohlstand eingestellt, aber im großen und ganzen schlug diese Entwicklung fehl, wenn auch unterschiedlich von Region zu Region.

Griechenland war weiteren Angriffen von außen, einem gravierenden Bevölkerungsschwund und einer Krise ausgesetzt, die schnell zur völligen Auslöschung der mykenischen Kultur führten. In Nordsyrien blieben Elemente der hethitischen Kultur noch eine Zeit lang erhalten, ihr Herkunftsland wurde jedoch ganz aufgegeben. Ein Großteil Palästinas erholte sich nur langsam, und die Bevölkerung hatte es schwer, ihr Überleben zu sichern; nur in einigen Siedlungen des südlichen Palästina gelang es neuen Bevölkerungsgruppen, ihre Stellung zu festigen. Auf Zypern wurden die neu errichteten Städte zerstört und damit der Blütezeit von Kunst und Handwerk ein jähes Ende gesetzt. Obwohl Ägypten keine Vormachtstellung mehr inne hatte, litt es weiterhin unter Angriffen von außen und inneren Auseinandersetzungen. Es ist umstritten, aus welchem Grund oder aus welchen Gründen hier die jungbronzezeitlichen Kulturen diesen Niedergang erlebten; und wahrscheinlich hatte dabei vieles zusammengewirkt. Neben den beachtlichen archäologischen Fakten läßt sich außerdem zu Recht vermuten, daß sich das allgemein im ganzen östlichen Mittelmeerraum einheitliche Bild auch auf einige gemeinsame Ursachen und Wechselwirkungen zurückführen läßt.

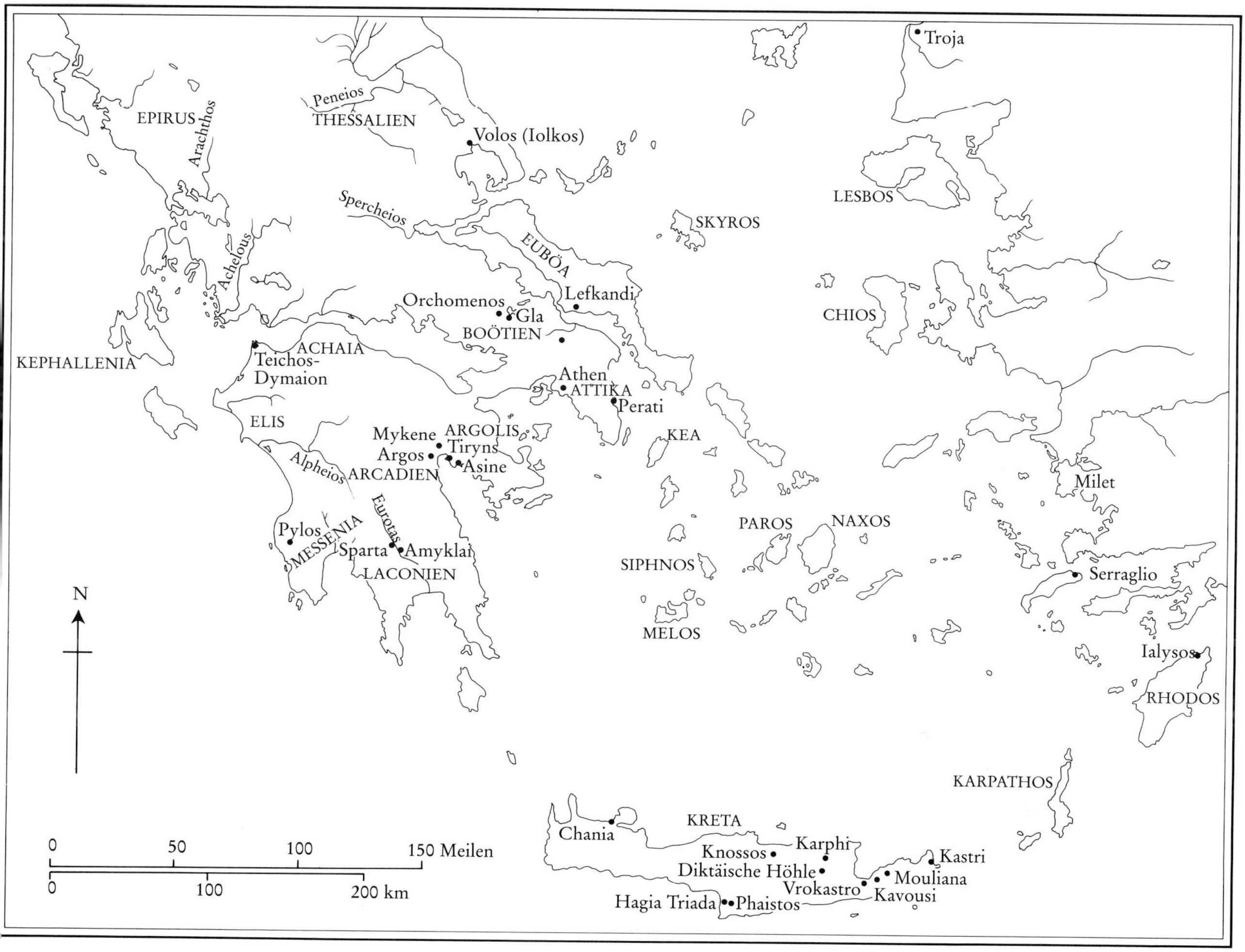

Die wichtigsten im Text erwähnten Fundplätze.

Unser Hauptinteresse richtet sich auf das griechische Festland und den ägäischen Raum bis zur Insel Kreta im Süden. Wir wollen mit einer Betrachtung des archäologischen Fundmaterials aus diesem Raum beginnen.

VORBEREITUNGEN FÜR DEN ANGRIFF UND DIE ZERSTÖRUNGEN, UM 1200 V. CHR.

Um etwa 1300 v.Chr., zu Beginn der spätmykenischen Phase (Myk. III B), hatten in den mykenischen Königreichen bereits radikale Veränderungen stattgefunden. Herrscher und Aristokraten sahen ihre Hauptbeschäftigung nicht länger in der Errichtung prächtiger Grabmäler aus Stein (Tholoi); dem entspricht, daß zu dieser Zeit kaum noch reich ausgestattete Gräber angelegt werden, wie sie für die vorangegangenen Jahrhunderte typisch waren. Die Paläste in Tiryns und Pylos, vermutlich auch die von Mykene und Theben, hatten schon die bauliche Form angenommen, die sie bis zu ihrer endgültigen Zerstörung behalten sollten. Im Verlauf des 13. Jahrhunderts (Myk. III B) wurde viel Baumaterial für Verteidigungsanlagen in den Hauptzentren und teilweise anderswo gebraucht. In Mykene und Tiryns wurden die Mauern verstärkt und erweitert, und man hat unterirdische Zugänge zu den außerhalb liegenden Quellen geschaffen. Ähnliche Maßnahmen wurden auf der Akropolis in Athen getroffen, wo man den Zugang zu den Wasserquellen durch eindrucksvolle, tiefe Schächte sicherte. Im nördli-

links Die unterirdische Quelle in Mykene, zu der man über eine Treppe im Inneren der Befestigung hinabgelangte.

rechts Der mit Stufen vom Inneren der Burg auf der Athener Akropolis fast senkrecht in die Tiefe führende Gang hinab zur Quelle.

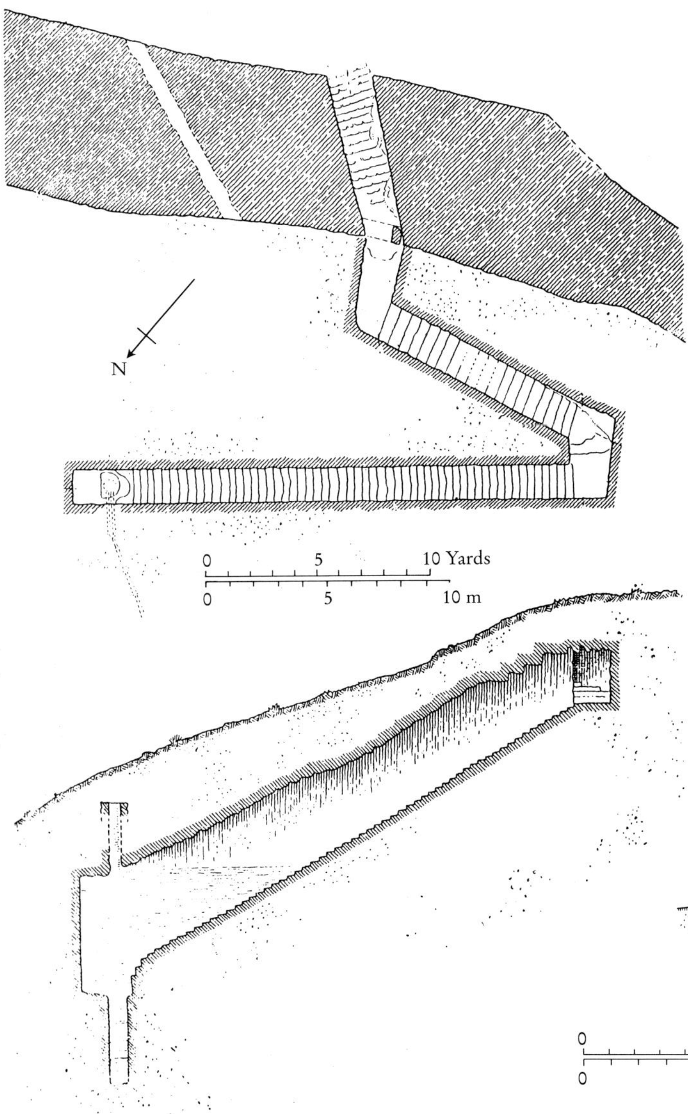

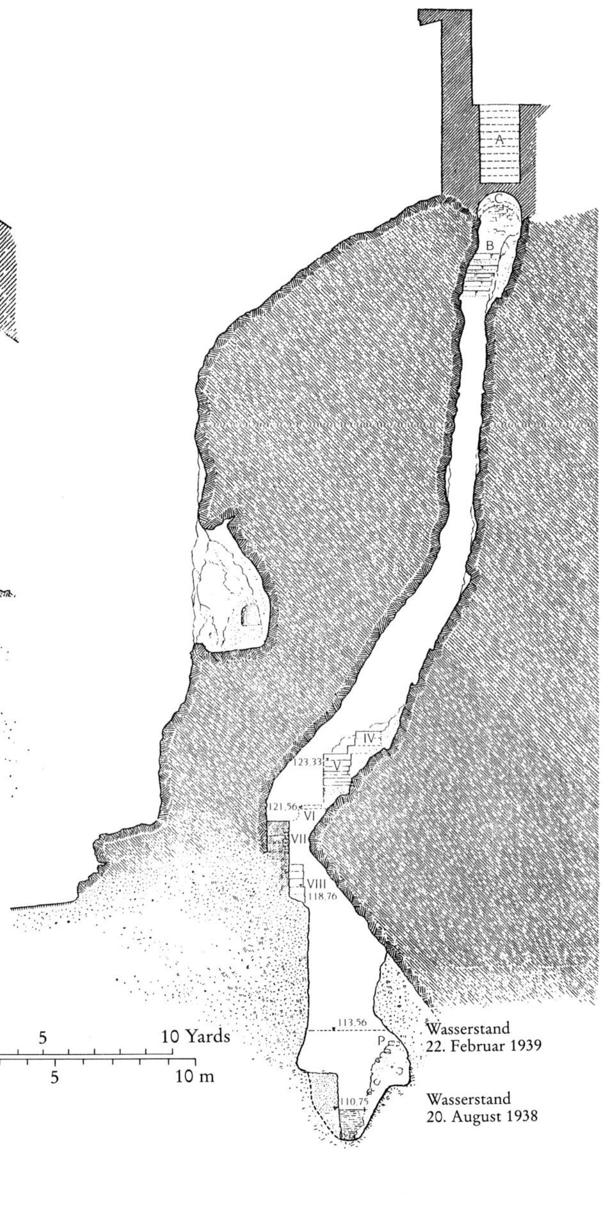

chen Böotien baute man die Siedlung Gla als Festung auf einem Hochplateau am Kopais-See wieder auf, und auch der Bau einer Mauer bzw. einer Festung mit Bastionen an der Meerenge von Korinth – vermutlich, um die Peloponnes vor einem Landangriff von Norden her abzuschirmen – weist deutlich auf die damals drohende Gefahr einer Invasion hin.

Diese und andere Zeugnisse stehen für die allgemeine Angst vor Angriffen: es sind allesamt eindeutige Vorbereitungen auf lange Belagerungen. Man hat die verschiedensten Gründe dafür angeführt, am glaubwürdigsten erscheinen die beiden folgenden: entweder massive Rivalitäten in Griechenland selbst oder eine Bedrohung von außen. Bau und Anlage der Verteidigungsbauten am Isthmus lassen auf einen von Norden, vielleicht aus dem Gebiet jenseits von Böotien drohenden Angriff schließen, wenn – und alles spricht dafür – die Festung von Gla als verteidigungsfähige und zentrale Zuflucht sowie als militärischer Außenposten gedacht war. Auch die Befestigung der Akropolis von Athen ließe sich so ohne weiteres erklären: Wer immer in feindlicher Absicht von Norden her auf die Peloponnes vordringen wollte, für den lag Athen auf dem Weg. Andererseits könnte es sich bei einem Land, in dem viele der wichtigsten Zentren direkt an oder in der Nähe der Küste lagen, auch um Verteidigungsmaßnahmen gegen Angriffe und Plünderungen durch Piraten gehandelt haben.

Das zweite Erklärungsmodell geht von inneren Konflikten aus und erscheint um so einleuchtender, wenn man die geographischen Bedingungen Griechenlands berücksichtigt: Für den Ackerbau standen nur wenige Flächen zur Verfügung, während die Bevölkerungsdichte hoch und die Bevölkerung von diesen Flächen abhängig war. Die griechische Geschichte, vor allem des 5. und 4. Jahrhunderts v. Chr., veranschaulicht, wie sich Rivalitäten zwischen benachbarten Städten bzw. Bündnisse zwischen Stadtstaaten entwickeln können. Die Vorstellung von einem dominierenden mykenischen Reich mit Mykene selbst als Zentrum, wie sie vor allem durch Homers Epos über den Trojanischen Krieg vermittelt wurde, hat dazu geführt, daß diese Möglichkeit weniger Beachtung gefunden hat, als sie verdient.

Wiegt man die Wahrscheinlichkeit der unterschiedlichen Erklärungsmodelle gegeneinander ab, so werden die Grenzen einer rein archäologischen Beweisführung offenbar; und dies führt häufig dazu, daß die als wahrscheinlicher angesehene Antwort eher aus nachfolgenden Ereignissen abgeleitet wird als aus den Einzelheiten des archäologisch tatsächlich rekonstruierbaren Verlaufs, dem wir uns jetzt zuwenden wollen.

Natürlich sind immer einzelne Ereignisse oder auch Abfolgen von Ereignissen zumindest in Umrissen erkennbar. So erfolgte die Zerstörung von Theben kurz vor dem Beginn des 13. Jahrhunderts, als eine Elfenbeinwerkstatt in der Festung abbrannte. Dabei könnte es sich auch ohne weiteres nur um ein örtlich begrenztes, vielleicht durch einen Unfall verursachtes Feuer gehandelt haben, wenn nicht die Zerstörung des großen Gebäudes in Orchomenos derselben Phase zuzuschreiben ist. Im Moment sind die Veröffentlichungen zu diesem Thema noch nicht eindeutig genug.

Unumstritten ist dagegen, daß Pylos und sein Palast durch bewußt gelegtes Feuer zerstört wurden – ein Ereignis von großer Bedeutung. Der Brand ist meiner Meinung nach auf den Beginn des 13. Jahrhunderts zu datieren, hat also zu einer Zeit stattgefunden, in der niemand mit einer größeren Bedrohung rechnete; darauf verweist der

Umstand, daß die Akropolis von Pylos unbefestigt war. Trifft diese Datierung zu, könnte der Brand zur Folge gehabt haben, daß andere wichtige Zentren damit begannen, ihre Städte besser zu schützen und ihre Verteidigungsmauern zu verstärken. Später wird sich dann an den Folgen der Angriffe auf Mykene zeigen, daß nur Gebäude außerhalb der Burg und nahegelegene Siedlungen, wie etwa Zygouries und Berbati, zerstört wurden. Diese Zerstörungen werden meist etwa in der Mitte des Jahrhunderts oder etwas später angesetzt, wobei eine genauere Datierung nicht möglich ist. Die weitere Verstärkung und Erweiterung der Befestigungsmauern von Mykene und die wahrscheinliche Verlagerung handwerklicher Tätigkeiten in den ummauerten Bereich, sind als natürliche Reaktionen auf die vorangegangenen Ereignisse anzusehen. Wie wir bereits festgestellt haben, wurden ähnliche Vorkehrungen auch anderswo getroffen, vor allem in Tiryns.

Der Schutz dieser massiven und aufwendigen Befestigungsmaßnahmen sollte aber trotzdem nicht ausreichen, um der großen Bedrohung standzuhalten, die sich gegen Ende des Jahrhunderts zusammenbraute. Die Festungen von Mykene, Tiryns und Dendra auf der Argolis wurden erobert und niedergebrannt. Die Zerstörungswelle war jedoch bei weitem nicht nur auf diese Region begrenzt. Auch an anderen Orten der Peloponnes, bei Sparta (Menelaion) und Nichoria, gibt es Hinweise auf ähnliche Katastrophen. Im weiteren Umkreis wurden Zentren wie Theben und die Festung Gla in Böotien zerstört, noch weiter im Norden auch die Siedlung Iolkos in Thessalien. Ob diese Ereignisse ungefähr gleichzeitig stattgefunden haben, ist ungewiß und wird es wahrscheinlich auch bleiben. Die archäologische Beweisführung, die sich für diese Phase vor allem auf die Keramik stützen muß, hat ihre Grenzen, wenn die Gleichartigkeit der Funde nicht mehr so ausgeprägt ist wie vorher und ein Datierungsspielraum von mindestens einem Vierteljahrhundert bestehen bleibt.

DIE ERGEBNISSE DER ZERSTÖRUNGEN

DAS GRIECHISCHE FESTLAND UND DIE ÄGÄISCHEN INSELN Am Ausmaß der Zerstörungen bestehen keine Zweifel. Nicht nur die wichtigsten Zentren, sondern auch die umliegenden Gebiete wurden erheblich in Mitleidenschaft gezogen. Mit wenigen Ausnahmen zeigen auch die kleineren Siedlungen, die archäologisch erforscht sind, ein ähnliches Bild allgemeiner Zerstörung. Noch bedeutsamer sind die Resultate der Geländebegehungen, die anzeigen, daß weite Landstriche verlassen und Gräberfelder aufgegeben wurden. Natürlich gab es auch Siedlungen, die verschont blieben, und, wie wir noch sehen werden, auch einige Siedlungen, die sich wieder von neuem belebten. Vor allem die alten Zentren Mykene und Tiryns wurden teilweise wieder aufgebaut und normal besiedelt, vielleicht nachdem die Menschen wieder aus dem Hinterland zurückgekommen waren, womit sich auch der Anstieg der Gräberzahlen in Asine, im Süden der Argolis, erklären ließe. Eine weitere wichtige Folge sind die nun einsetzenden Völkerbewegungen. Einzelne Regionen zeigen einen deutlichen Bevölkerungsanstieg, was möglicherweise auf Flüchtlingsansammlungen aus anderen Gegenden zurückzuführen ist, in denen die Bedrohung wahrscheinlich noch größer war. Die Gesamtsituation wird deutlich, wenn wir Verbreitungskarten mit Siedlungen, die zur Zeit der Zerstörungen des 13. Jahrhunderts, in der spätmykenischen Phase (Myk. III B), bewohnt waren, mit Karten der nachfolgenden Zeit vergleichen: es zeigt sich, daß große Gebiete tatsächlich nur sehr dünn besiedelt gewesen sein müssen.

Viel ungewisser ist das Ausmaß der Zerstörungen auf den ägäischen Inseln, da Siedlungen aus dieser Periode, im Unterschied zu den Gräberfeldern, bisher kaum ausgegraben, und nur wenige angemessen publiziert worden sind. Auf Siphnos und Melos hat man Festungsanlagen aus dem 13. Jahrhundert v. Chr. gefunden. Auf Melos wurde die schon lange bewohnte Siedlung Phylakopi zwar teilweise zerstört, blieb jedoch bestehen. Auf Paros scheinen Konflikte unbekannter Ursache bald nach 1200 v. Chr. zur Errichtung einer befestigten Siedlung auf einer felsigen Anhöhe, etwas abseits von der zentralen Ebene, geführt zu haben. Darüber, was sich weiter östlich, in den Siedlungen auf der Dodekanes und in den mykenischen Siedlungen an der kleinasiatischen Küste, abgespielt hat, wissen wir wiederum nur wenig. Auf Rhodos scheint sich die Bevölkerung unmittelbar nach 1200 v. Chr. in den bekannten Siedlungen konzentriert zu haben, wie ein Anstieg der Gräberzahl im Umfeld der Festungsanlagen von Ialysos nahelegt. Das könnte auf Rückzug in sicherere Siedlungen deuten, aber möglicherweise sind auch Flüchtlinge vom Festland oder von nahegelegenen Inseln wie Karpathos, die anscheinend völlig aufgegeben wurde, eingetroffen. Serraglio, eine Siedlung auf Kos, wurde zumindest teilweise durch Feuer zerstört, blieb aber noch einige Zeit danach bewohnt.

Ihr gegenüber, an der Küste Kleinasiens, brannte die mykenische Kolonie Milet ab (nach dem neuesten Stand der Grabungsarbeiten um 1200 v. Chr.), woraufhin eine starke Befestigungsmauer errichtet wurde. Das ist zwar kein stichhaltiger Beweis, aber es zeigt, daß man die drohende Gefahr erkannt hatte. Und auf Angriff und Vernichtung folgte wohl die völlige Aufgabe einiger Inseln.

KRETA Weit mehr wissen wir von Kreta im Süden der Ägäis. Die Ereignisse zeigen hier in gewisser Hinsicht Ähnlichkeiten zum Festland: Zerstörung einiger Siedlungen, Aufgabe vieler anderer und insgesamt eine verringerte Zahl bekannter Fundplätze. Auf Kreta folgte den Angriffen oft, wenn auch nicht immer auf die gleiche Weise, der Rückzug in leichter zu verteidigende Siedlungsplätze. In Palaikastro z.B. verließen die Menschen die seit langem bewohnte Stadt in der Küstenebene und zogen auf die Anhöhe von Kastri, um sie nun, nach etwa 800 Jahren, erneut zu besiedeln.

Die Situation ist jedoch komplizierter, als es zunächst hier erscheinen mag, da sich auf Kreta der Forschungsstand erheblich verbessert hat. Selbst wenn Kreta eine Insel mit individuellem Charakter und ganz besonderen geographischen Gegebenheiten ist, kann uns dieses Wissen helfen, Ereignisse und ihre Folgen in anderen Gebieten besser zu verstehen. Aus diesem Grund scheint es sinnvoll, die Ereignisse dort genauer zu betrachten.

Obwohl sich die Insel nie ganz von der katastrophalen Zerstörung um 1450 v. Chr. und dem Verlust ihrer Vormachtstellung erholt hat, war sie im 13. Jahrhundert v. Chr. wieder normal bevölkert, und die Menschen lebten wieder in einigem Wohlstand. In

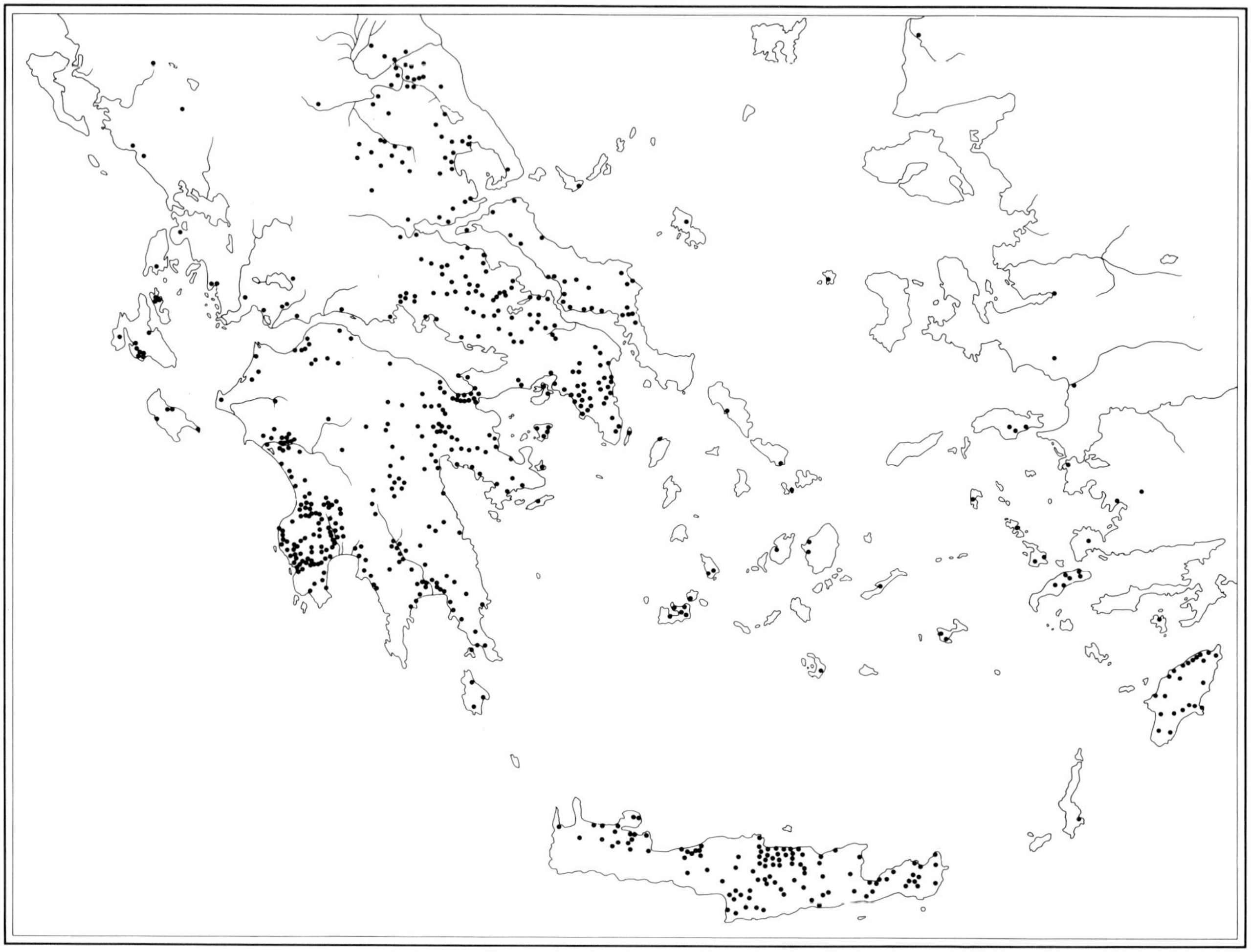

Siedlungen und Gräberfelder aus der spätmykenischen Zeit, Phase III B.

dieser Zeit scheint sich das Hauptzentrum von Knossos im Osten nach Chania, dem antiken Kydonia, im Westen verlagert zu haben. Nach einer langen Phase der Isolation begann Kreta gegen Ende des Jahrhunderts auch wieder, seinen Einfluß im Ausland geltend zu machen, was sich vor allem an Keramikexporten zeigt. Es waren hauptsächlich, jedoch nicht nur, Gefäße aus Westkreta, die nach Zypern gelangten und weitverbreitet, aber dünn gestreut, auf dem Dodekanes und auf dem griechischen Festland auftauchen. Überraschenderweise erreichen sie auch Süditalien und sogar Sardinien in beachtenswerten Mengen und müssen dort gegen andere Waren ausgetauscht worden sein. Denn in einigen kretischen Stätten, einschließlich Chania, taucht eine kleine Anzahl von Gefäßen deutlich fremder Herkunft auf: handgefertigte große Krüge, Schüsseln und Tassen aus grauem Ton, die in Form und Material der Keramik Süditaliens am nächsten kommen. Derselben Periode und offensichtlich auch Region scheinen ein paar wenige Importe aus Bronze zu entstammen: ein Messer aus Knossos und eine Fibel aus Mallia; möglicherweise gibt es weitere, bis jetzt noch nicht datierbare Fundstücke. Ih-

Siedlungen und Gräberfelder aus der spätmykenischen Zeit, Phase III C. Die Karte läßt das Ausmaß des Bevölkerungsrückganges deutlich erkennen.

re Bedeutung liegt vor allem in ihrer Rolle als Vorläufer von weiteren Tauschobjekten, die nach den Wirren und den Zerstörungen gegen Ende des 13. Jahrhunderts hierher gelangen sollten.

Die Funde stammen größtenteils aus den Horten in der Kulthöhle von Psychro in der Lasithi-Hochebene, nicht weit von der Rückzugssiedlung Karphi gelegen, einem Platz, der einen weiten Blick über die Küstenlinie bietet, aber im Winter den Winden und Schneefällen ohne großen Schutz ausgesetzt ist. Unter den bronzenen Weihgaben, die nach zahlreichen Raubplünderungen noch übrig geblieben sind, befinden sich dreizehn Objekte: vor allem Dolche und Messer, dazu einige Fibeln und eine Nadel; sie sehen ganz so aus, als stammten sie aus Italien oder Mitteleuropa. Zwei Dolch- oder Schwertgriffe und einige Lanzenspitzen scheinen aus dem ägäischen Raum zu stammen. Europäische Formen entdeckte man im Osten der Insel in drei Kriegergräbern aus dem 12. Jahrhundert (Myk. III C): fünf Schwerter vom Naue II-Typus, nicht alle zeitgleich, und ein neuer Lanzenspitzentypus mit einer sehr kurzen gegossenen Tülle.

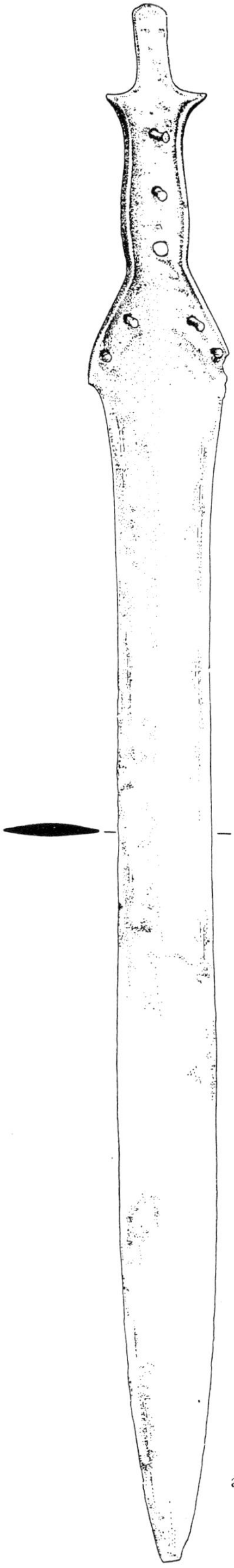

a

b

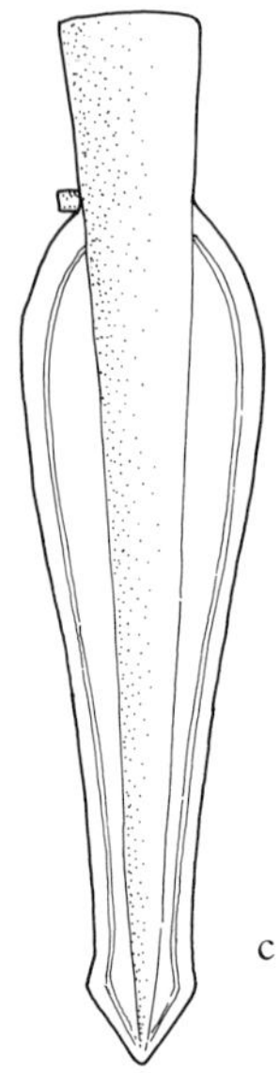

c

oben Darstellung eines Reiterkriegers mit halbrundem Schildbuckel und Lanze, auf einem Krater aus einem Grab in Mouliana, Kreta.

unten Eine große Pyxis, mit religiösen Zeichen bemalt (Doppelaxt, Kulthörner). Gefäße dieser Form wurden auf Kreta als Urnen benutzt.

links außen (*a*) Eine Weiterentwicklung des bronzenen Griffzungenschwertes vom Typ Naue II, gefunden in Kreta.
(*b*) Ein Bronzemesser des italienischen Typs, aus einem Grab in Knossos.
(*c*) Eine auf Kreta gefundene Lanzenspitze des Typs III C, mit kurzer Tülle.

oben Bronzeschwert aus Hajdúsámson in der ungarischen Grafschaft Hajdú-Bihar, etwa 1800 v. Chr. Das 1907 in einer Sandgrube gefundene Schwert lag mit seiner Spitze Richtung Norden und war mit 12 im rechten Winkel über ihm liegenden Streitäxten bedeckt. Dieser Waffenschatz, bei dem es sich offensichtlich um ein Opferdepot handelt, verkörpert beachtlichen Reichtum und eine hochentwickelte Handwerkskunst.

links Goldtasse, aus dem 16. Jahrhundert v. Chr., gefunden in Fritzdorf bei Bonn. Die bikonische, 12 cm hohe Tasse wurde aus einem einzigen Goldblech getrieben. Der Griff ist als getrenntes Stück gearbeitet und dann mit Nieten und rautenförmigen Unterlegscheiben befestigt worden. Vermutlich wurde der Tasse, wie man dies damals auch mit Tassen aus Schiefer und Bernstein machte, auf der Drehbank der letzte Schliff gegeben, um ein gleichmäßiges Profil zu erhalten.

Weitere, ganz ähnliche Waffen ohne klar erkennbaren Herkunftsort könnten in der gleichen Region gefunden worden sein. Dazu kommen weitere Neuerungen wie metallische Schildbuckeln und die ersten Hinweise auf Totenverbrennung. Davon zeugt in Mouliana der große Krater, auf dessen einer Seite sich die erste bisher bekannte Abbildung eines Reiters mit Buckelschild und Lanze aus der ägäischen Bronzezeit befindet. Auf Kreta wurde der Leichenbrand ansonsten in pyxisähnlichen Tongefäßen beigesetzt, von denen einige mit Doppelaxt und Stierhörnern, den Emblemen der altminoischen Religion, versehen sind.

DIE URSACHEN DER ZERSTÖRUNGEN UND DIE FUNDE AUS DEM VORDEREN ORIENT

Mit diesem Vorgriff über die Zeit der Zerstörungen um 1200 v. Chr. hinaus befinden wir uns bereits in der darauffolgenden spätmykenischen Phase (Myk. III C). Dies war nötig, um die auf Kreta gefundenen älteren Gegenstände aus Italien und anderen Ländern in einen historischen Zusammenhang zu stellen. Wie wir später sehen werden, lassen sich aus diesen Funden weitere Folgerungen für andere Regionen ableiten.

Zusammengenommen sind diese Funde ein deutlicher Hinweis darauf, daß Kreta in Italien schon vor der Zeit der Unruhen und Zerstörungen bekannt war; vielleicht gab es in den kretischen Siedlungen sogar Zuwanderer von dort, die ihre Keramik mitgebracht hatten. Es folgt eine Intensivierung dieser Beziehungen, wobei der Austausch von Waffen eine große Rolle spielt. Dieses Bild wird wieder komplizierter mit der Ankunft einer Gruppe von Mykenern vom Festland, deren Interesse an Kreta seit dem frühen 14. Jahrhundert, als ihre Vorherrschaft über die Insel mit Knossos als Zentrum ein jähes Ende fand, fast erloschen war. Mykenische Keramik und Tonfigurinen tauchen nun in Hagia Triada auf, und in der Folge wird dort auch ein Altar mit großen Tieridolen errichtet. Die Religion war über lange Zeit ein wesentliches Element der minoischen Lebensweise gewesen und blieb es auch. Kurz vor den Umwälzungen waren in älteren minoischen Gebäuden Altäre aufgestellt worden – in einer Villa in Mitropolis, in Gournia und mitten unter den Ruinen des Palastes von Knossos: vielleicht ein Hilferuf an die Mächte der Vergangenheit. Diese ältere Religion wurde um 1200 v. Chr. aufgegeben, aber es wurden in Karphi und anderswo neue Altäre errichtet, und zusammen mit den großen Tonfiguren und dem wiedererstarkten Interesse an Höhlenheiligtümern scheinen sie in Zeiten andauernder Not ein sehr reales Verlangen nach göttlicher Unterstützung widerzuspiegeln.

oben Der Hügel von Kastri, Palaikastro, östliches Kreta, mit seinen steilen Hängen. Besiedelt wurde er in der spätmykenischen Zeit, Phase III C, nachdem die Stadtsiedlung in der Ebene aufgegeben worden war.

unten Deutlich sichtbar ragt die Bergspitze mit der darauf gelegenen Siedlung Karphi empor, ein Zufluchtsort, der das erste Mal in der spätmykenischen Zeit, Phase III C bewohnt wurde.

links Eine der großen Tonstatuen aus dem Heiligtum in Karphi; die Figur trägt das religiöse Zeichen der Kulthörner auf dem Kopf.

rechts Eine Bronzestatuette, gefunden in Enkomi auf Zypern; dargestellt ist ein Kriegsgott mit Hörnerhelm und Rundschild.

AUSWANDERUNG Die Ankunft von Mykenern auf Kreta ist nicht der einzige Beweis für eine Diaspora der Festlandbewohner. Typisch mykenische Keramik taucht auch im Vorderen Orient auf und ist damit eine von vielen Facetten in der schwer zu gewinnenden Vorstellung von den Verhältnissen nach den dortigen Umstürzen; jedenfalls deutet die Keramik auf die Anwesenheit mykenischer Töpfer hin. In Tarsus, auf Zypern und in Palästina wurde fast die gesamte Palette der mykenischen Dekors und Motive sowie ihrer Gefäßformen übernommen. Die Anwesenheit von Mykenern in dieser Region steht außer Frage; sollte es sich aber um Flüchtlinge handeln, so haben sie sich recht merkwürdige Zufluchtshäfen ausgesucht. Daß es sich bei diesen Fremden um Kriegsgefangene handeln könnte, ist eine wahrscheinlichere Erklärung; möglich ist auch die These, von der andere Forscher ausgehen, daß sich nämlich Mykener an den Angriffen auf diese Region beteiligt haben könnten.

Damit haben wir uns einen Überblick über die Lage vor und kurz nach den großen Zerstörungen in Griechenland und über die Auswirkungen auf den Inseln verschafft. Weder das Ausmaß noch die Folgen der Katastrophe, vor allem der aus ihr resultierende Bevölkerungsschwund, die Unruhen und die Abwanderungen aus einigen Regionen in leichter zu verteidigende Zufluchtsorte, lassen sich mit Konflikten zwischen Einzelstaaten, mit inneren Streitereien oder auch mit einem »Systemkollaps« innerhalb

oben Das Relief aus Medinet Habu, das einen Seeangriff auf das Pharaonenreich zeigt, das von Ramses III. verteidigt wird.

unten Ausschnitt aus der gleichen Szene, auf dem Details der angreifenden Schiffe zu erkennen sind: Die Krieger sind mit Hörnerhelmen und großen Rundschilden ausgerüstet.

der Königreiche selbst befriedigend erklären; selbst wenn diese Faktoren dazu beigetragen hätten, die Ereignisse zu beschleunigen und die Moral zu untergraben. Daß Angriffe auf so gut befestigte Zentren wie Mykene, Tiryns, Gla und vielleicht auch Athen, wo auf der Akropolis der Metallhort eines Bronzeschmiedes unentdeckt blieb, erfolgreich waren, deutet auf die effiziente Kriegstechnik der Angreifer hin. Wenn wir davon ausgehen wollen, daß es keine Mykener waren, die die Burgen angriffen, dann müssen die Aggressoren nach Angriff und Zerstörung wieder abgezogen sein; wenn einige zurück blieben, wovon ich ausgehe, kann deren Zahl zumindest nicht sehr groß gewesen sein, auf keinen Fall groß genug, um die Regionen, deren Bewohner geflohen waren, zu bevölkern oder um die in ihren Grundzügen fortbestehende Kultur nachhaltig zu beeinflussen.

Alles weist in der Tat auf aggressive, gut bewaffnete, wirkungsvoll und rücksichtslos kämpfende Angreifer hin; und wir müssen nicht weit suchen, um offensichtliche Kandidaten für diese Rolle zu finden: Es kann sich nur um die Kriegsflotte der Seevölker handeln, von deren verheerenden Beutezügen im Vorderen Orient und vor allem in Ägypten Berichte in Schrift und Bild überliefert sind. So zeigen z. B. die Tempelmauern Ramses III. in Medinet Habu lebhafte Szenen von den Land- und Seeattacken auf dessen Reich. Der Feind kam, so wird berichtet, nach der Zerstörung einiger Machtzentren im Norden, konnte jedoch Ägypten nicht erobern. An der Darstellung des Seeangriffes läßt sich die charakteristische Bewaffnung der Angreifer erkennen, unter denen sich eine Einheit mit Hörnerhelmen und großen Rundschilden, teils mit Schwertern und teils mit Lanzen befindet. Ähnlich ausgerüstete Soldaten sind bereits auf älteren ägyptischen Abbildungen sowohl bei angreifenden Armeen als auch bei Söldnertruppen der ägyptischen Streitmacht zu sehen. Auch die Namen einiger Kontingente dieser Seevölker waren bereits vorher aufgetaucht; vor allem die Scherden und die Schekelesch sind für uns von besonderer Bedeutung.

Die Auswirkungen im Vorderen Orient gehen über den geographischen Rahmen dieses Kapitels hinaus. Es muß also der Hinweis genügen, daß einige Angreifer dort seßhaft wurden. Eines dieser Völker, das später unter dem Namen Philister bekannt werden sollte, siedelte sich in Südpalästina an; andere erweisen sich als bedeutender und möglicherweise dominierender Faktor beim Wiederaufbau der wichtigsten Siedlungen auf Zypern. Dort kam es, im Unterschied zu anderen Regionen, zu einer Phase des Wohlstandes und des Aufblühens der Künste und des Handwerks, wozu Mykener und Bewohner des Vorderen Orients sicherlich entscheidend beigetragen haben. Es ist bezeichnend, daß dort auch die meisten Schwerter und Messer mit europäischen Vorbildern auftauchen, ähnlich denen, die auf Kreta entdeckt wurden. Die Bronzestatuette eines Kriegsgottes aus Enkomi mit Hörnerhelm, dem Rundschild und der Lanze erinnert dagegen stark an die Ausrüstung bestimmter Kontingente der Seevölker.

Bevor wir uns wieder unserem eigentlichen Gebiet, der Ägäis, zuwenden, verdienen noch zwei weitere, miteinander zusammenhängende Punkte unsere Aufmerksamkeit, denn sie sind entscheidend für die Deutung der Funde, die wir bereits vorgestellt haben. Der erste Punkt betrifft das Herkunftsland von zwei, möglicherweise drei der Seevölkerkontingente, und zwar das der Scherden, der Schekelesch und möglicherweise der Teresch. Man hat diese Völker mit den Regionen in Verbindung gebracht, die später als Sardinien, Sikanien (Sizilien) und – was zweifelhafter erscheint – Etrurien bekannt wurden; entweder weil man vermutete, dies seien die Orte, an denen sie sich nach den Kämpfen endgültig niedergelassen hätten, oder – die verbreitetere Auffassung – weil man davon ausging, dies seien ihre Herkunftsorte. Wenn es eine Verbindung gibt, was zumindest in Sardinien der Fall zu sein scheint, dann wird die Deutung von Funden auf Kreta gestützt, die darauf hinweisen, daß sich vor den Überfällen Menschen aus dem Westen auf der Insel niedergelassen hatten, was die Wahrscheinlichkeit der zweiten Erklärung erhöht. Kreta wäre außerdem ein günstiges Sprungbrett zum Vorderen Orient und nach Libyen gewesen, wo sich diese Gruppen etwa eine Generation vor dem Seeangriff an Überfällen auf Ägypten beteiligten. Zumindest die Scherden waren als Krieger schon zuvor in Erscheinung getreten; einige von ihnen kämpften auch als Söldner in der ägyptischen Streitmacht. Dies führt uns zum zweiten Punkt, der Frage, ob diese Völker nicht auch auf dem griechischen Festland in Erscheinung getreten sein könnten – eine These, die H. W. Catling in seinen Untersuchungen zu Waffen aus dieser Zeit entwickelt hat. Er geht davon aus, daß die neue, nichtägäische Ausrüstung durch Söldner nach Griechenland gelangte, die von den mykenischen Königen zur militärischen Unterstützung vor 1200 v. Chr. angeheuert wurden. Wenn dies so war, dann hätten auch sie versagt und die Verteidigung nicht wesentlich verstärkt.

Bis vor etwa 25 Jahren schlossen die meisten Übersichtswerke zur mykenischen Kultur mit der Zerstörung der Paläste, die ein »Dunkles Zeitalter« über Griechenland hereinbrechen ließ. Wir verdanken es größtenteils den exzellenten Untersuchungen von V. R. Desborough zur nachfolgenden Epoche und neueren Ausgrabungen, daß wir diese Annahmen als völlig falsch zurückweisen können. Tatsächlich bestand die mykenische Kultur noch fast ein Jahrhundert lang weiter, und nicht alles war in einem kontinuierlichen Niedergang begriffen. Dennoch bereitet jeder Versuch, diese Epoche darzustellen, große Schwierigkeiten, die nicht zuletzt aus den Grabungsmethoden von Heinrich Schliemann resultieren: er ließ die Paläste von Mykene und Tiryns ausgraben, ohne daß angemessen dokumentiert worden wäre, welche Keramik in welchen Gebäuden gefunden wurde. Deshalb können wir eigentlich nur vage vermuten, daß die Zerstörung der Paläste mit den Ereignissen am Ende des 13. Jahrhunderts in Zusammenhang steht. Demnach können wir auch nicht ausschließen, daß die Paläste nicht zumindest teilweise von den nachfolgenden Herrschern weiter bewohnt wurden; und solche Herrscher wird es gegeben haben, welcher Art auch immer die Veränderungen in der gesellschaftlichen Ordnung gewesen sind. Allein die Tatsache, daß keine schriftlichen Aufzeichnungen existieren, die unsere These untermauern könnten, macht die Aufgabe der Palastbürokratie wahrscheinlich. Seltsamerweise gibt es auch keine Belege für eine königliche Residenz oder ein Herrscherhaus; bislang wurden auch keine Gräber von »Fürsten« oder »Aristokraten« entdeckt, die eindeutig auf irgendwelche gesellschaftlichen Gliederungen hinweisen würden. Unter diesen Umständen wäre es doch wohl besser, sich einzugestehen, daß wir tatsächlich nichts über diesen Punkt wissen, als sich die Frage zu stellen, ob die Führer zu dieser Zeit vom »Wanax« zum »Basileus« wurden und ob es tatsächlich eine Art unterbrochene königliche Abstammungslinie bis zu den Königen von Argos im späten 8. Jahrhundert gab, von deren Existenz wir aus schriftlichen Quellen wissen.

Die große Küstensiedlung von Xeropolis bei Lefkandi, Euböa.

Wir kommen an diesem Punkt auch deshalb nicht weiter, weil über die neueren, recht umfassenden Grabungen an diesen und anderen Zentren wie Theben, Volos und Teichos-Dymaion (um nur einige zu nennen) leider wenige und zudem lediglich vorläufige Berichte veröffentlicht sind, die zum Teil auch noch keine sicheren Schlußfolgerungen erlauben.

Wenn im folgenden Xeropolis bei Lefkandi auf Euböa und dem Gräberfeld von Perati an der Ostküste Attikas eine vielleicht unangemessen große Beachtung geschenkt wird, so nicht, weil die Funde dort Ereignisse eines größeren Gebiets angemessen widerspiegeln könnten, sondern nur weil die Ausgrabung des Gräberfeldes abgeschlossen ist und die Ergebnisse detailliert publiziert sind, und in Lefkandi zudem der seltene Fall vorliegt, daß die Stratigraphie weitgehend ungestört geblieben ist. Lefkandi stellt außerdem ein Gegengewicht zu der deutlichen Überzahl an Gräberfunden dar.

Einige Merkmale aus der Zeit nach 1200 v. Chr. wurden schon vorgestellt, um einen Eindruck über Wesen und Ursachen der Umwälzungen zu geben: die erheblich gesunkenen Bevölkerungszahlen und die völlige Aufgabe einiger Regionen, die Konzentration von Völkern in neuen Gebieten, die wahrscheinliche Emigration und ein Gefühl der Unsicherheit bei den Menschen, die sich an der Besiedlung von Höhenlagen und an der Zuwanderung in befestigte Siedlungen zeigt. Angedeutet haben wir auch schon folgendes: einen neuen Waffentyp mit europäischem, in einigen Fällen eindeutig italienischem Ursprung, und die wenigen, aber wichtigen Funde einer völlig fremden, handgemachten Keramikware, die in einigen Siedlungen bereits vor den Zerstörungen aufgetaucht war, auch, wie wir ergänzen müssen, in Tiryns. Diese Gefäße zeigen in einigen Fällen ebenfalls Parallelen zu italienischen Keramikformen. Schließlich sind da noch Funde von Kriegergräbern und Hinweise auf den Beginn von Brandbestattungen.

Diese Aspekte werden wir noch genauer untersuchen; aber bevor wir dies tun, ist es notwendig, eine chronologische Übersicht zu erstellen, in die sich dann – wenn auch nur ungefähr – die typischen Merkmale oder Veränderungen einfügen lassen. Eine solche Übersicht wurde vor ungefähr vierzig Jahren von A. Furumark in seiner großartigen Arbeit über mykenische Keramik aufgestellt; er gliederte die spätmykenische bzw. die spätmynoische Phase (Myk. III C) in drei Stufen, die sich im nachhinein als ein gültiger und hilfreicher chronologischer Rahmen erwiesen haben.

Seitdem wurden weitere und andere Unterteilungen und Phasen vorgeschlagen, aber es muß sich noch herausstellen, ob sie allgemein anwendbar sind oder ob es sich nur um zwar hilfreiche, jedoch lokal begrenzte Verfeinerungen handelt. Die Dauer der einzelnen, jeweils von Furumark unterschiedenen drei Stufen beruht bisher auf nicht mehr als plausibel begründeten Vermutungen und braucht uns hier nicht zu kümmern – wichtig sind für uns nur Anfang und Ende der gesamten Stufe III C, die um 1200 v. Chr. begann (möglicherweise auch etwas später) und um 1100 v. Chr. endete. Die Zeiteinteilungen, die aufgrund von Keramikstilen gemacht wurden, könnten allgemein als Zeit der Stabilisierung charakterisiert werden, der dann eine Zeit der Erholung und Erneuerung und schließlich eine der Verarmung und des endgültigen Niedergangs folgte.

NACH DEN ZERSTÖRUNGEN – DIE ZEIT DER KONSOLIDIERUNG

Für die erste Stufe wollen wir uns nun zunächst der Siedlung Xeropolis bei Lefkandi und dann kurz der Insel Euböa insgesamt zuwenden. Es gibt keine sicheren Hinweise darauf, daß die Siedlung unter den allgemeinen Zerstörungen von 1200 v. Chr. gelitten hat, wobei ich aber aus verschiedenen Gründen betonen muß, daß bislang nur ein sehr kleiner Teil der Stadt genauer erforscht wurde. Man ist sich jedoch relativ sicher, daß die ganze Hügelsiedlung zu Beginn der Phase Myk. III C, als die Bevölkerung deutlich zunahm, neu aufgebaut wurde. Das gleiche scheint auch für andere Fundplätze auf Euböa zuzutreffen. Die »Flüchtlinge«, falls es welche waren, kamen wahrscheinlich über das Meer aus Böotien. Die neue Siedlung stand lange, bevor sie dem Erdboden gleichgemacht wurde, so daß die Fußböden erneuert und andere bauliche Änderungen vorgenommen werden mußten. Zerstörungen diesen Ausmaßes waren wohl im mittleren Teil der Insel die Regel gewesen. Daß man sich fast sofort daranmachte, die Trümmer zu beseitigen und die Siedlung mit einem gleichmäßigeren Grundriß und einer etwas anderen Ausrichtung wiederaufzubauen, läßt vermuten, daß die Angreifer sich dort niedergelassen haben.

Die Keramik, die von diesen ersten Bewohnern benutzt wurde, war in fast jeder Hinsicht traditionell mykenisch – eine Fortsetzung des etwas plumpen und kärglichen Stils des 13. Jahrhunderts. Außergewöhnlich ist eine handgefertigte und polierte Tasse, die

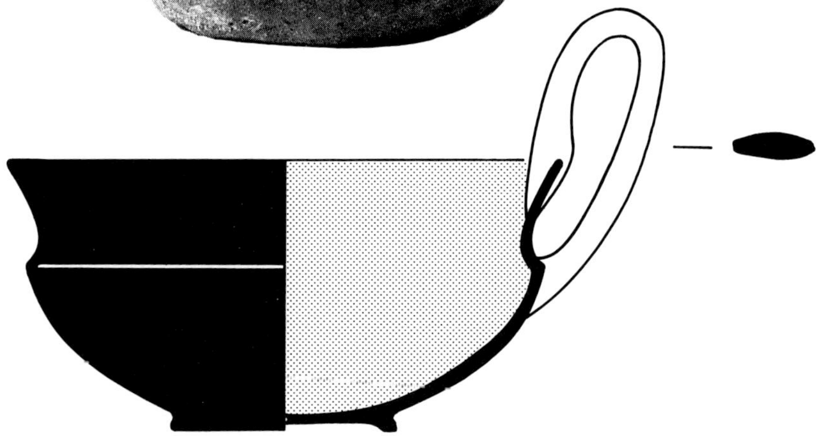

oben Handgefertigte und polierte Tasse des italienischen Typs und vermutlich aus Italien stammend, gefunden in der ältesten Myk. III C – Zerstörungsschicht in Xeropolis, Lefkandi.

unten Einheimische, auf der Töpferscheibe hergestellte Tasse aus Xeropolis; vermutlich einer handgemachten Tasse italienischen Typs nachgebildet, von der einige Exemplare nach Xeropolis importiert wurden.

in einer Schuttschicht entdeckt wurde und vermutlich aus Süditalien stammt. Es handelt sich dabei nicht um das erste Auftauchen dieser Keramikware; ähnliche Scherben fanden sich bereits in der allerersten Schicht; damals war die vorherrschende Form jedoch noch eine niedrige Tasse mit einem hochgeschwungenen Bogenhenkel. Diese Gefäße kamen nur in sehr kleinen Mengen vor; viel verbreiteter waren deren Nachbildungen, in lokaler Tradition auf der Töpferscheibe gefertigt. In Xeropolis gab es diese Variante nur für ganz kurze Zeit, sie taucht jedoch überraschenderweise viel später in Tiryns, Mykene und im argolischen Korakou wieder auf. Es ist also möglich, daß sich unter den »Flüchtlingen« auf Euböa auch Fremde befanden. Diese könnten noch eine zeitlang die Verbindungen zu ihren Heimatorten aufrecht erhalten haben, worauf die oben erwähnte Tasse und ein Bronzemesser verweisen; letzteres wurde in der gleichen Schuttschicht gefunden und besitzt einen für Mykene untypischen Absatz zwischen Klinge und Griffzunge. Wir müssen noch abwarten, ob sich Belege auch dafür finden lassen, daß diese Fremden Böotien bereits früher erreicht und sich dort vor 1200 v. Chr. angesiedelt hatten.

Die zweite Zerstörung von Xeropolis zeigt, daß die Unruhen zu Beginn des 12. Jahrhunderts v. Chr. andauerten. Weil nur so wenige Belege vorhanden sind, ist es unmöglich zu sagen, auf welches Gebiet sich diese erstreckten. Es könnte aber sein, daß zwei weitere Siedlungen zu etwa der gleichen Zeit in Mitleidenschaft gezogen wurden – eine auf Paros, die andere weit davon entfernt im Norden von Elis. Die Besiedlung und Befestigung von Koukounaries auf Paros in einer frühen Stufe von Myk. III C wurde bereits als ein mögliches Beispiel für eine Flüchtlingssiedlung erwähnt. Diese wurde kurze Zeit später durch Feuer zerstört, wobei sich aber keine genaue zeitliche Verbindung zu Lefkandi feststellen läßt, da die Keramikformen sehr unterschiedlich sind.

Nachforschungen dieser Art könnten im Fall Teichos-Dymaion, einer befestigten Akropolis gegenüber von Kephallenia an der Einfahrt zum Golf von Korinth, einfacher sein. Unzureichende Veröffentlichungen bereiten noch beträchtliche Datierungsprobleme, aber der Ort scheint im 13. Jahrhundert zusammen mit vielen anderen Siedlungen zerstört worden zu sein und könnte dann, wie dies auf den nahegelegenen Ionischen Inseln geschah, Fremde aufgenommen haben, die dann während Myk. III C die Befestigungen ausgebaut haben. Der Ort wurde anschließend ein zweites Mal zerstört, wobei ungewiß ist, wann dies geschah und ob die Siedlung danach weiter bestand. Der Hauptgrund zur Annahme, daß Teichos-Dymaion und Lefkandi ungefähr zur gleichen Zeit niedergebrannt sind, basiert darauf, daß in den Zerstörungsschichten beider Siedlungen in Form und Verzierung identische Trinkschalen (sogenannte Kylikes) gefunden wurden. Leider ist nicht zu entscheiden, bei welcher der Zerstörungen von Teichos-Dymaion der ungewöhnlich gut erhaltene Knauf eines Messers seine Brandspuren erhielt, das mit einem aus Italien bekannten Typus verwandt ist. Aber aus welcher Zeit dies Messer auch stammen mag, sein Fund bestärkt in jedem Fall all jene in ihrer Überzeugung, die davon ausgehen, daß der Golf von Korinth eine wichtige Route für den Import solcher Bronzen nach Griechenland gewesen sei.

Daß Waffen ähnlicher Herkunft auch in den frühen Stufen von Myk. III C weiterhin in Gebrauch waren, haben wir bereits im Fall von Kreta festgestellt. Weitere Belege finden sich auf der Insel Kos, wo das Grab eines Kriegers entdeckt wurde, dem ein Schwert vom Typ Naue II und eine Lanzenspitze mit kurzer Tülle beigegeben war. Eine ähnliche Lanzenspitze konnte man in der nahegelegenen Siedlung Serraglio bergen. Eine Fibel mit eingravierten Ornamenten, die ebenfalls an Stücke aus Italien und Europa erinnert, wurde in einem anderen Grab entdeckt und könnte möglicherweise aus dieser frühen Phase stammen.

Auf Rhodos dagegen wurden bislang, trotz der großen Anzahl freigelegter Gräber, keine Waffen von eindeutig nichtägäischem Typ gefunden; unsicher ist man sich allenfalls bei einem Messer mit Ringgriff. Aber vielleicht hat es noch eine andere, unkriegerische Art von Verbindungen zum europäischen Kontinent gegeben: In einem Grab haben sich zwei besondere Bernsteinperlen erhalten, die mit jenen identisch sind, die auf Golddraht aufgezogen und zu einem Radanhänger geformt in einem Hort bei Tiryns gefunden wurden. Dieses Fundstück, das zweifellos aus Europa stammt, wird einem frühen Stadium zugerechnet und könnte also gleich alt sein wie das andere Naue II-Schwert frühen Typs im gleichen Hort. Auf Kos finden sich noch weitere Gräber mit Bernsteinperlen unbestimmter Form. Die Funde aus Bernstein stellten uns vor einige

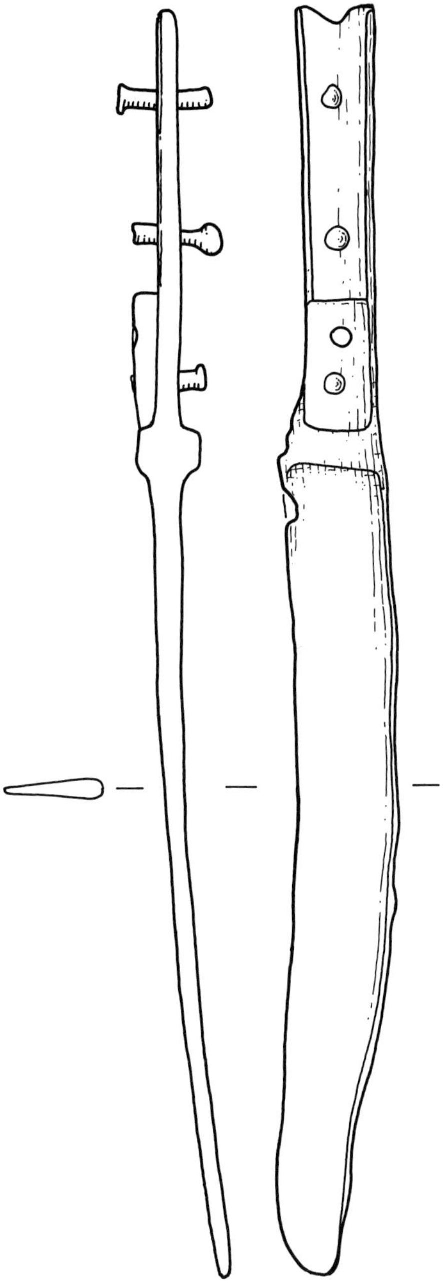

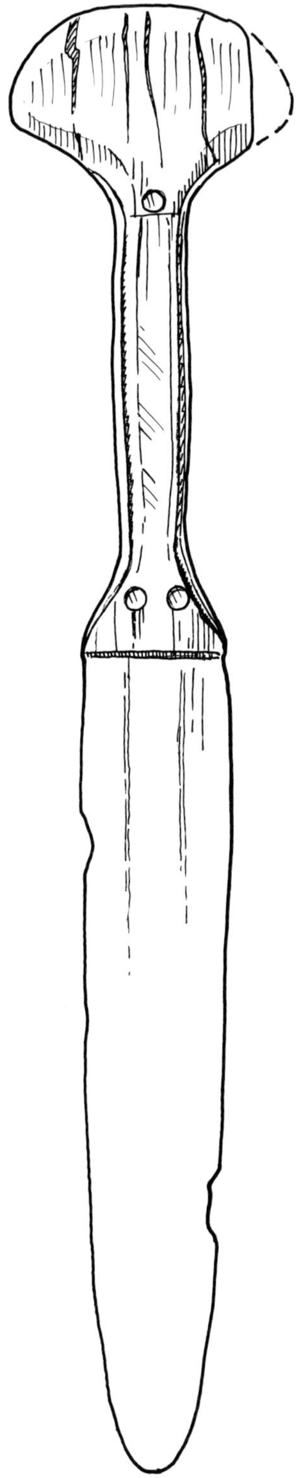

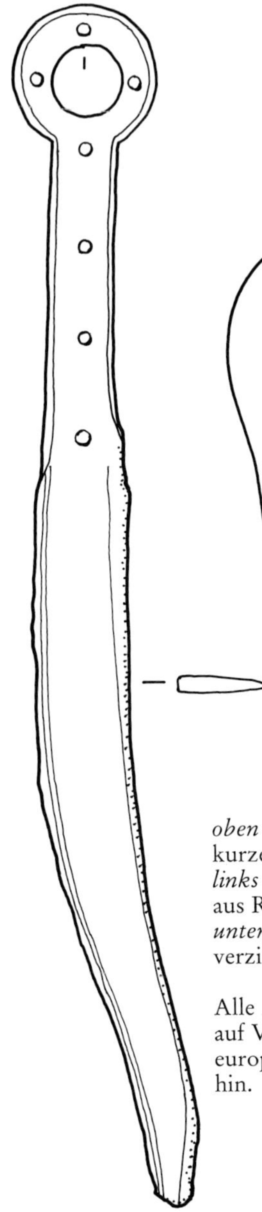

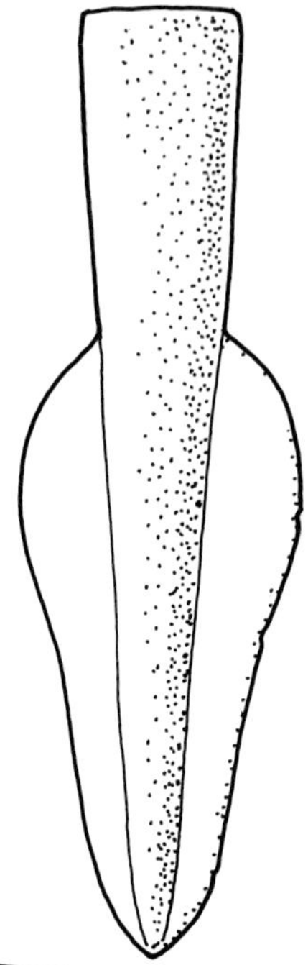

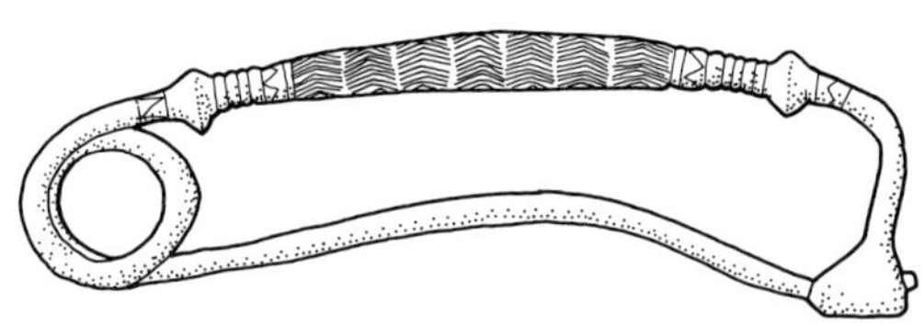

oben Lanzenspitze mit kurzer Tülle.
links Ringgriffmesser aus Rhodos.
unten Bronzefibel mit verziertem Bügel.

Alle Artefakte weisen auf Verbindungen zum europäischen Kontinent hin.

oben Bronzemesser eines nicht-ägäischen Typs aus der ältesten Myk. III C-Zerstörungsschicht von Xeropolis.
rechts Bronzemesser aus Teichos-Dymaion, das Ähnlichkeiten zu den Messern in Italien zeigt.

Fragen. Bernstein war zwar nichts Neues in Griechenland, doch hat eine eingehende Studie über die Bernsteinfunde auf dem Festland und auf den Inseln ergeben, daß deren Menge sich zu dieser Zeit (Myk. III C) auf dem Festland und vor allem auf den Ionischen Inseln deutlich vergrößert. Daraus und aus einigen anderen Funden hat man geschlossen, daß es eine Seeverbindung über die Adria gegeben haben müsse. Zumindest wird es eine neu aufkommende Nachfrage nach diesem Gut und auch Lieferungen gegeben haben. Möglicherweise heißt das aber auch, daß Frauen, die solche Bernsteinperlen getragen haben, die fremden Krieger, für deren Anwesenheit bereits Belege existieren, begleitet haben.

Dies könnte Bestätigung finden in einer spannenden These, die Sinclair Hood vor kurzem entwickelt hat: Die neun Gräber im ägyptischen Saqqara, die mit Halsketten aus Bernsteinperlen ausgestattet waren, seien die Gräber von Frauen gewesen, die zu den fremden Söldnern in der ägyptischen Armee gehört hätten. Diese Gräber fanden sich an einer Begräbnisstätte aus der XIX. Dynastie; die Toten wurden nicht einbalsamiert, sondern einfach in Binsenmatten gewickelt und beerdigt – eine für die Ägypter untypische Art der Bestattung. Von den Bernsteinperlen wird behauptet, sie hätten eine Form wie die in Mitteleuropa und zum Teil auch in Italien gefundenen. Vielleicht sind zumindest einige dieser Bernsteinperlen, die in Griechenland gefunden wurden, auch im Besitz der Frauen fremder Krieger gewesen, allerdings gibt es keine anderen Hinweise auf ihre Anwesenheit, weder aufgrund der Küchenausstattung noch aufgrund der Kochmethoden, wie dies viel später der Fall ist. Ein typisches Kennzeichen der Häuser und Kochgelegenheiten in Xeropolis und anscheinend auch in Tiryns sind zu jener Zeit Herde, die im Zentrum der Häuser auf einem Tonscherbenpflaster aus Lehm errichtet wurden; vielleicht läßt sich belegen, daß sie eine Neuerung darstellen, die in Mykene keine Parallelen aufweist.

Die aus dieser Zeit stammenden Kriegergräber auf Kos und Kreta sowie ein weiteres auf Naxos, von dem bereits die Rede war, riefen bei uns einige Fragen hervor. Müssen wir uns diese Krieger mit ihrer neuartigen Ausrüstung, zu der wir noch die im ägäischen Raum untypischen Beinschienen aus Achaia und Athen hinzufügen könnten, vielleicht als Raubritter vorstellen, die blieben und sich ansiedelten und in manchen Fällen sogar die Herrschaft übernommen haben? Oder waren sie Mykener und Minoer, die den Wert einer neuen, effektiveren Kampfmethode entdeckt und sich die dazu nötige Ausrüstung verschafft haben? Falls letzteres zutrifft, warum haben gerade Waffen eines fremden Typs die Waffen ägäischer Tradition abgelöst, obwohl diese, entsprechend modifiziert, genauso effektiv waren? Die Antworten auf diese Fragen bleiben umstritten; sicher ist nur, daß die Funde selbst unbestreitbar auf eine neue Phase des Kriegswesens verweisen.

Bevor wir die folgende Phase näher betrachten, sollten wir noch auf eine weitere Neuerung eingehen, auch wenn sie sich jeder zufriedenstellenden Deutung entzieht: Ich meine die Einäscherung der Toten, die nun zumindest in einigen Fällen praktiziert wurde. Es war im Zusammenhang mit Kreta bereits davon die Rede; die neue Sitte ist außerdem auf dem Gräberfeld von Perati in Attika und auf denjenigen von Rhodos und Kos nachweisbar – Regionen, zu denen das östliche Attika enge Verbindungen pflegte. Soziale Verbindungen lassen sich wohl nicht erkennen, und es ist auch ungewiß, wo diese neue Bestattungssitte ihren Ursprung hat; die meisten Forscher sehen diesen allerdings in Anatolien, wo die Totenverbrennung schon lange praktiziert wurde. Nachdem der Brauch einmal eingeführt war, behielt man ihn in dieser Region sporadisch bei, am häufigsten und regelmäßigsten vielleicht im Osten und im mittleren Teil Kretas.

Zu Anfang des 12. Jahrhunderts gab es wieder einige Zerstörungen, die jedoch nicht schwerwiegend genug waren, um zu verhindern, daß sich wechselseitig Handelsverbindungen über beachtliche Entfernungen hinweg entwickelten. So erreichten Waren aus Kreta und Zypern sowie kleine Schmuckstücke aus dem Vorderen Orient Perati; Gefäße aus Kreta wurden auch auf den Dodekanes exportiert, wo sie die lokale Produktion deutlich beeinflußten.

NACH DEN ZERSTÖRUNGEN – DIE ZEIT DES WIEDERAUFBAUS

Ruhigere Zeiten bildeten wohl den Hintergrund für die nun folgende mittlere Stufe der spätmykenischen Zeit (Myk. III C) – eine Zeit, in der ungestörtere Beziehungen möglich waren und neue Entwicklungen schnell in anderen, manchmal weit entfernten Gegenden ihre Spuren hinterließen, wenngleich grundsätzlich noch immer ein starker Regionalismus vorherrschte. Die Beziehungen zu Zypern wurden intensiver, wobei der Einfluß des ägäischen Raums auf die Insel, im Vergleich zu den wenigen Waren, die Zypern nach Perati oder anderswohin exportierte, vermutlich recht groß gewesen ist. Gold und andere wertvolle Materialien waren weiterhin selten, und es gibt nur wenige Anzeichen für einen wachsenden Wohlstand. Der neue Aufschwung in großen Teilen des ägäischen Raums und seinen Küstengebieten zeigt sich deutlicher an einem sich weit ausbreitenden, erneuten Aufblühen der Künste, von dem nur noch die Keramik zeugt.

An Xeropolis, das in dieser Stufe durch teilweise Zerstörung der relativ geordneten Stadtstruktur einigen Schaden genommen hatte, läßt sich beispielhaft zeigen, daß die Menschen damals offenbar einigermaßen zuversichtlich waren. Die Keramik in den Schuttschichten ist zwar recht bruchstückhaft, läßt aber doch erkennen, daß eine große Veränderung stattgefunden hat. Was dabei überrascht, ist das erneute Auftauchen von bildlichen Darstellungen, einer Kunst, die vor den Unruhen um 1200 v. Chr. bereits stagnierte und danach fast ganz verschwand. Die neuen Darstellungen sind von ganz anderer Lebendigkeit und umfassen ein weites Spektrum von Motiven wie den offensichtlich sehr beliebten Vögeln, neben Tieren verschiedener Arten, mythischen Figuren und menschlichen Tätigkeiten. Der Großteil der in Xeropolis gefundenen Keramik ist hoffnungslos zerscherbt; aber ein intaktes Gefäß, eine große Pyxis, auf der zwei Greifvögel dargestellt sind, die ihre im Nest hockenden Jungen füttern und die von einer Reihe anderer Tiere umgeben sind, bringt den Einfallsreichtum und das malerische Geschick der neuen Künstlergeneration zum Ausdruck. Es ist klar zu erkennen, daß sie noch keine echten Löwen gesehen hatten, da die ihren an Bullterrier erinnern; die Darstellungen von Menschen konnten jedoch schon sehr vollendet sein. Ein Bruch-

Eine Pyxis aus Xeropolis, bemalt mit einem Fries aus Tiergestalten, u. a. einer Sphinx, einem Reh und zwei Greifen, die ihre Jungen im Nest füttern.

Fragment eines Kraters aus Xeropolis, dargestellt sind eine große und eine kleine Sphinx, die einer Frau mit Krug folgen.

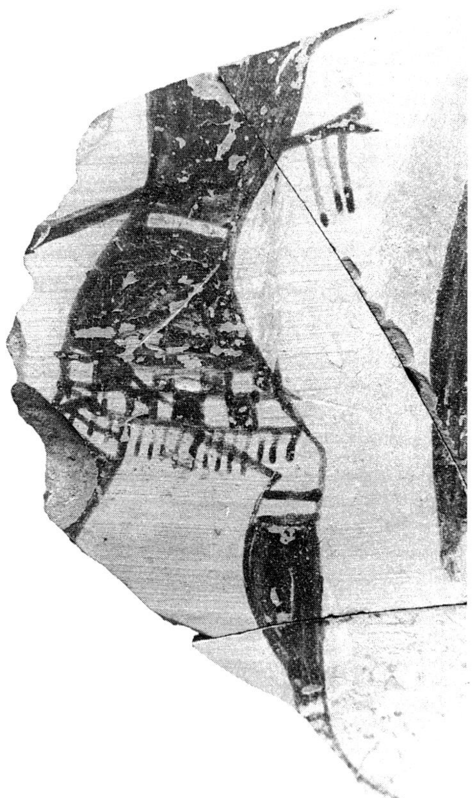

Darstellung eines Kriegers mit Rock und Schwert auf einem Fragment eines Kraters aus Xeropolis.

Gefäße aus Lefkandi (*a*), Kreta (*b*) und (*d*) und Zypern (*c*), abgebildet in unterschiedlichen Maßstäben. Die Verzierung mit gegenläufigen Wellenmustern zeigen die kunsthandwerklichen Verbindungen zwischen diesen Regionen auf.

stück, das einen Krieger in einem Fransenrock, mit einem Schwert an der Seite und geschnürten Beinschienen zeigt, erinnert an den berühmten und wahrscheinlich zeitgleichen Krater aus Mykene mit seinen zwei Soldatenreihen, von denen die eine Hörnerhelme trägt – eine Besonderheit, auf die wir noch einmal zurückkommen werden. Auch die abstrakteren Muster umfassen eine beachtenswerte Auswahl an Formen, vor allem Versionen des sogenannten antithetischen Spiralmusters, das nun weit verbreitet ist: in Mykene, weniger häufig auf den Inseln, auf Kreta und auf Zypern, wo es von großem Einfluß war und als sicherer Beleg dafür gelten kann, daß auch Motive über weite Entfernungen hinweg weitergegeben wurden.

Keramik in diesen Stilarten verbreitete sich nordwärts entlang des Meeresstreifens zwischen Euböa und dem Festland bis hinauf nach Volos in Thessalien. Das weiter im Süden gelegene Gräberfeld von Perati weist kaum Einflüsse dieser Art auf, vielleicht weil hier Weinkrüge als Grabbeigaben sehr beliebt waren – ganz im Gegensatz zu Euböa, wo sie wenig geschätzt wurden. Die Bewohner von Perati orientierten sich vorwiegend an ihren Vorbildern und Importen vom Dodekanes; von dort kam wohl auch ein auf Kreta gefundenes Gefäß. Die Keramik entwickelte auf den Inseln, vor allem auf Rhodos und Kos, ihre eigene Form: der Krug mit kunstvollen Tintenfisch-Ornamenten. Die Zwischenräume zwischen den Tentakeln sind meist mit unterschiedlichen Tieren ausgemalt: mit Vögeln, Fischen und sogar Igeln. Der Ursprung dieses Kunststils ist sicher auf Kreta zu suchen, wo der Tintenfisch lange ein beliebtes Motiv gewesen ist, dessen Darstellung in spätmykenischer Zeit immer kunstvoller wurde. Solche, auf den Dodekanes importierten Versionen wurden imitiert und im Dekor ästhetisch verfeinert. Die Grabbeigaben dieser Region zeugen von einer ausgeprägten Vorliebe für bestimmte Vasenformen, was vor allem auch bei Krügen zu einer Überbetonung gewisser Formen führte. Heute wissen wir anhand der Keramik, die aus der Siedlung von Serraglio geborgen wurde, daß es eine große Bandbreite verschiedener Dekors gab, vor allem auf den Krateren; dazu gehören die bereits im Zusammenhang mit Xeropolis erwähnten Motive wie Vögel, Ziegen, Fische und die seltenen, in diesem Falle auch nicht sehr gekonnten Menschendarstellungen.

In der Argolis entwickelte sich ein weniger überladener Stil, mit Mykene als Zentrum; kennzeichnend ist ein im großen und ganzen auf stilisierte Vogeldarstellungen beschränktes Interesse. Größerer Beliebtheit erfreuten sich aufwendige und minutiös ausgeführte ungegenständliche Motive; dies wird als »close style« bezeichnet. Er war eher lokal verbreitet, hat aber vermutlich Einfluß auf die Achaia genommen, wo ebenfalls ein lokaler Keramikstil entwickelt wurde.

Weinkrüge mit Tintenfisch-Verzierung, dem kunstvollen Dekor der Phase Myk. III C auf dem Dodekanes.

Diese Betonung der Keramikstile ist notwendig, weil – wie erwähnt – andere Fundtypen weitgehend fehlen; es sind weder Elfenbeingegenstände erhalten, wie in Zypern, noch Beispiele für die Herstellung von Goldschmuck oder Hinweise auf eine Kontinuität in der Siegelherstellung. Unser Blickwinkel ist insofern sicher eingeschränkt, aber die Keramik kann uns doch einen Einblick verschaffen in die damalige Situation: Offenbar waren die Verhältnisse günstig für eine weite Verbreitung künstlerischer Neuerungen. Ohne die Keramik wüßten wir nichts über diese Formen des Austauschs.

Es herrschten ruhigere Verhältnisse, und mancherorts waren die Auswirkungen der vorangegangenen Verwüstungen überwunden. Dennoch blieben Kriegswesen und Kampf grundlegende Merkmale der Gesellschaft. In dieser Hinsicht könnten die Grabbeigaben, sonst unsere Hauptinformationsquelle, insofern sie nur wenige Waffen enthalten, irreführend sein. Deutlicher sind die zahlreichen Kriegerdarstellungen in Xeropolis, Mykene, Tiryns und anderswo. Der mit einem Rock bekleidete Krieger aus Xeropolis hat eine gewisse Ähnlichkeit mit der Soldatenreihe auf der einen Seite eines mykenischen Kraters. Leider fehlt sein Kopf, so daß wir nicht wissen, ob er wie die anderen Figuren einen Hörnerhelm oder aber einen Helm mit stachligem Helmputz getragen hat. Einen solchen tragen die mit Speeren bewaffneten und, in diesem Falle, auf Streitwagen stehenden Krieger auf der gegenüberliegenden Seite des mykenischen Kraters. Entsprechende Darstellungen wurden auch anderswo gefunden, etwa auf Keramik von Tiryns. Zwei bruchstückhaft erhaltene Kratere, die kürzlich an der Küstensiedlung Livanates in Locri gefunden wurden, enthüllen einen ganz neuen, oder vielmehr einen bisher unbeachteten Aspekt des Krieges: bewaffnete Krieger, die auf Schiffen kämpfen. Zu diesem Aspekt kam auch eine Modernisierung der Waffen, wie sie uns die

Kolonnen marschierender Krieger, die zwei verschiedene Helmtypen tragen. Die Abbildung findet sich auf den beiden Seiten des berühmten, in Mykene gefundenen »Krieger-Kraters«.

zweite Generation von Naue II-Schwertern anzeigt, die auf Kreta, in der Achaia und wahrscheinlich auch in Tiryns entdeckt wurden, neben anderen mit unsicherem Fundort. Und schließlich gibt es Funde, die für Verwüstungen in der mittleren Stufe von Myk. III C sprechen: eine teilweise Zerstörung von Xeropolis; etwas später der Brand des Kornspeichers innerhalb der Burg von Mykene und etwa zur gleichen Zeit die Zerstörung der kleinen argolischen Siedlung Korakou. In welchem Zusammenhang diese Vorfälle mit den mehrfachen Verwüstungen von Tiryns stehen, ist noch unklar. In weiter entfernten Regionen scheinen Städte wie Phylakopi auf Melos oder Serraglio auf Kos nicht mehr bewohnt zu sein. Auf Kreta werden Kastri bei Palaikastro, ein wieder aufgebauter Teil des alten Palastes von Phaistos und die bedeutende Stadt Chania aufgegeben; wann dies genau geschah, läßt sich allerdings nicht sagen.

Ausmaß und Schwere der Unruhen während dieser mittleren Stufe sind auch hier nicht wirklich einzuschätzen: es gibt einfach zu wenig Siedlungsfunde. Die Zerstörungen könnten, wie zuvor, große Ausmaße angenommen und auch in weiter entfernten Regionen noch Auswirkungen gehabt haben. Dieses Mal sollten sich die eroberten Städte nicht mehr erholen, wenngleich die mykenische Kultur noch etwas länger als eine Generation fortbestand. Minoische Traditionen wurden vor allem in Höhensiedlungen im Landesinneren aufrecht erhalten, die isoliert lagen und vom Geschehen ringsumher unberührt blieben. Am westlichen Ende der Insel jedoch weisen die Funde eine totale Aufgabe dieser Traditionen auf. Die vorhandenen Funde eignen sich noch weniger, Geschwindigkeit und Grad dieses Niedergangs zu skizzieren. Er trat nicht unmittelbar ein, wie wir an Xeropolis sehen können, wo die zweite, der Stufe Myk. III C angehörende Stadt teilweise instand gesetzt wurde und die Bewohner überraschender-

Die Bronzefibel mit Schleifenbügel aus einem Grab auf Kephallenia zeigt Ähnlichkeiten zu mittel- und südeuropäischen Fibeltypen.

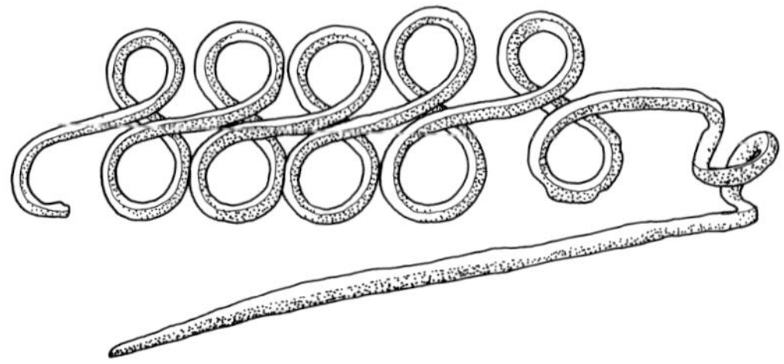

Ein Bronzesieb, das mit Doppelvogelprotomen verziert ist; gefunden in einem Grab bei Pylos und vermutlich aus Mitteleuropa importiert.

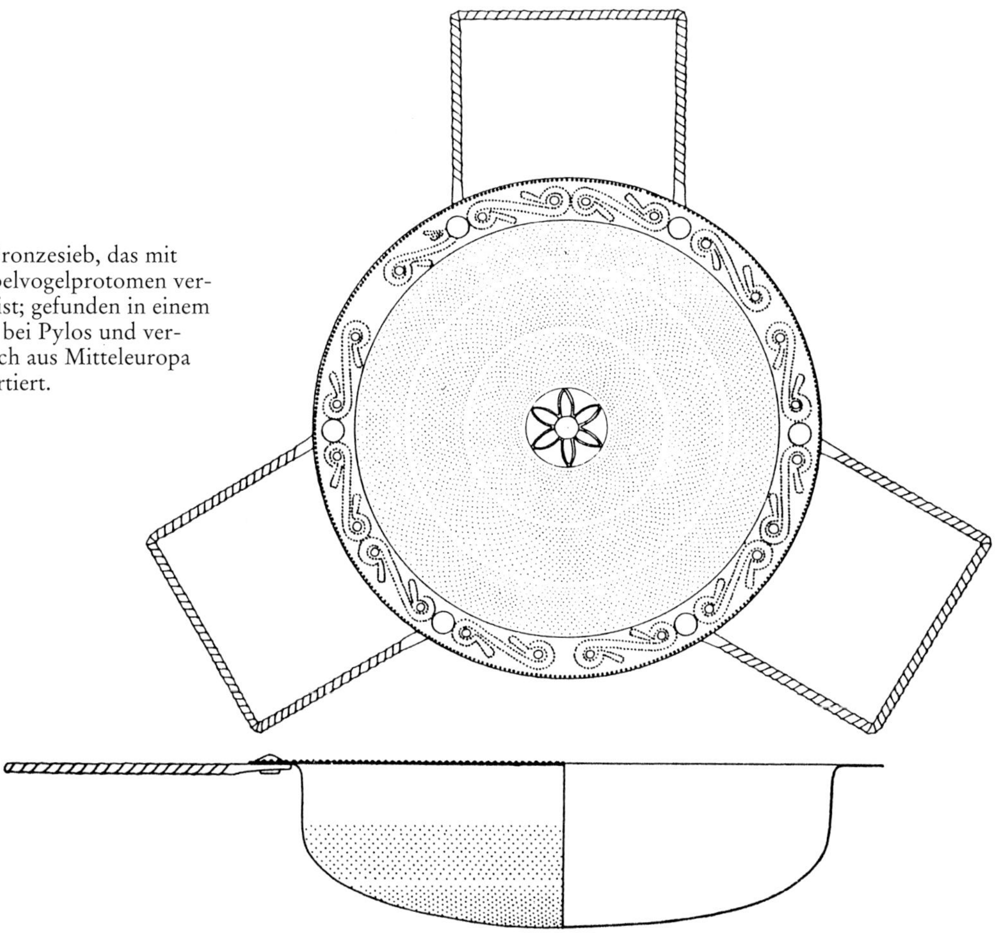

weise begannen, ihre Toten unter dem Fußboden ihrer Häuser zu bestatten – vermutlich eine Schutzmaßnahme. Wir kennen keine exakte und zeitgleiche Parallele für diese Praxis, aber es könnten ähnliche Bedingungen gewesen sein, die hinter den zahlreichen Bestattungen innerhalb der Stadtmauern von Tiryns und dem mutmaßlichen Bädergrab in Mykene stehen. Xeropolis muß noch weitere Schäden erlitten haben, denn es gibt Hinweise auf den Bau einer dritten Siedlung, deren Größe allerdings unbekannt ist. Die Keramik aus dieser Stufe spiegelt die Situation wider: Der Stil wird ärmer, man beschränkt sich auf wenige Formen, und die Qualität der Herstellung läßt nach. Die Aufgabe der Siedlung – und wohl nicht so sehr weitere Zerstörungen – hat dieser Entwicklung ein Ende gesetzt. Unmittelbar zuvor haben in Form und Material identische Vasen, vermutlich als Exporte, die Insel Keos erreicht, wo die Götterverehrung an einem über lange Zeit benutzten Schrein offenbar fortgesetzt wurde, der dann jedoch ebenfalls verlassen wird. Möglicherweise sind die Menschen von dort nach Chios übergesiedelt, wo ungefähr um diese Zeit eine Siedlung entstand, in der man sehr ähnliche Keramik verwendete; auch diese wurde dann wieder aufgegeben.

In Perati wurden Gräber angelegt, solange Xeropolis bewohnt war, zu dem Beziehungen bestanden. Nach dem Ende von Xeropolis wurden keine neuen Gräber mehr angelegt. Die letzte Nutzung der alten Gräberfelder auf Rhodos erfolgte vermutlich ebenfalls in dieser Zeit.

Es gibt einige wenige, aber sichere Belege dafür, daß Mykene bewohnt war, wozu gerade erst mit einem ummauerten Grabhügel nicht weit entfernt, im argolischen Chania, ein einzigartiger Fund gelang. In diesem Tumulus fand man Urnen mit Leichenbrand – eine Neuerung, die wohl nur auf fremde Einflüsse zurückgeführt werden kann. Weiter südlich scheinen die verbleibenden Siedlungen in Tiryns und Asine erheblich kleiner geworden zu sein; sie wurden wohl, wie Mykene, ohne Unterbrechung bis in die Eisenzeit hinein von kleineren Gemeinschaften genutzt. Mit dem Ende dieser Stufe (Myk. III C) wird auch die argolische Keramik schlechter und plump; nur die einfachsten Dekors werden noch benutzt.

Es ist schwer einzuschätzen, wie lange die Nekropolen von Achaia und besonders auf Kephallenia noch benutzt wurden, vor allem auf den Ionischen Inseln, die bis dahin ihren ganz eigenen Keramikstil entwickelt hatten. Vom europäischen Festland importiert ist vermutlich eine Fibel mit vielen Achterschleifen aus Bronzedraht; eine typgleiche Fibel ist in Karphi auf Kreta gefunden worden, in einer Siedlung, die bis ans Ende der hier behandelten Zeitstufe bestanden haben könnte. Es wird manchmal behauptet, daß die Nekropolen von Kephallenia sogar noch länger, bis zur Eisenzeit, fortbestanden hätten; überzeugende Belege gibt es dafür jedoch nicht. Weiter südlich, in Messenien, weist der Inhalt eines Grabes bei Pylos darauf hin, daß diese Region weiter besiedelt war, vermutlich vom Ende dieser zweiten Stufe von Myk. III C an (mit dem Niedergang in der Krater-Malerei) bis zum Ende der ganzen Epoche, denn einige der Gefäße weisen bereits lineare Dekors auf, ein typisches Kennzeichen der Keramik Messeniens während der frühen Eisenzeit. Dazu könnte auch ein bronzenes Sieb mit tordierten Henkeln, Mittelrosette und Doppelvogelprotomen gehören, das stilistisch enge, aber späte Bezüge zu Mitteleuropa zeigt.

NACH DEN ZERSTÖRUNGEN – DIE ZEIT DES ENDGÜLTIGEN NIEDERGANGS

Der Grund oder die Gründe für den endgültigen Zusammenbruch der mykenischen Kultur sind nicht eindeutig. Es gab mit Sicherheit einen drastischen Bevölkerungsrückgang, und dieser Zustand sollte sich bis in die darauffolgende Ära hinein halten. Auch in künstlerischer und wirtschaftlicher Hinsicht ist der Niedergang offensichtlich. Trotzdem ist es schwer zu erklären, wie eine Gemeinschaft in einem Land, in dem es ohne großen Aufwand möglich gewesen wäre, die Hauptnahrungsmittel (Oliven, Gerste, Trauben, Fisch und Wild) zu sichern, auf einem derart dürftigen Lebensniveau weiterlebte. Man muß also davon ausgehen, daß es doch zu weiteren Störungen und Überfällen gekommen sein muß, so wie sie noch einmal die Gemeinschaften Zyperns heimsuchten. Und dieses Mal war der Niedergang nicht mehr aufzuhalten.

Wir wollen uns die unmittelbaren Folgen anschauen, um Licht auf die weiteren Ereignisse zu werfen, dabei müssen wir uns leider abermals fast ausschließlich auf Funde aus Gräberfeldern stützen. In Lefkandi werden die ersten Toten in einer der neuen Nekropolen der Eisenzeit beigesetzt. Obwohl die Gefäße deutlich mykenische Vorläufer haben, haben sie keinerlei Gemeinsamkeiten mit der jüngsten Myk. III C-Keramik aus Xeropolis. In Steinkisten werden Leichen, aber auch die Asche nach der Leichenverbrennung beigesetzt; es sind Einzelgräber und keine Familiengrüfte mehr wie sie für Mykene typisch waren, obwohl sie auch dort nicht der generellen Praxis entsprachen. Dasselbe trifft für Athen und die nahegelegene Insel Salamis zu, von wo die meisten Befunde aus dieser Zeit stammen: Auch hier war die vorherrschende Sitte, neue Friedhöfe mit Steinkistengräbern anzulegen. Ein ähnliches Bild ergibt sich für andere Teile Griechenlands, so für Mykene und Tiryns, aber die Umstellung verlief nicht überall gleich. Kreta wurde überhaupt nicht beeinflußt, dort werden die Mehrfachbestattungen fortgesetzt – ein Unterschied, der nur unterstreicht, wie einschneidend der Wandel auf dem Festland war.

Gewisse allgemeine Merkmale erlaubten es V. R. Desborough, eine, wie er sie nannte, submykenische Kultur zu definieren, die über weite Teile des griechischen Festlands verbreitet war. Der Begriff ist meiner Ansicht nach unglücklich gewählt. Was aus der vergangenen Epoche erhalten bleibt, sind fast ausschließlich die sehr vereinfachten Formen mykenischer Keramik, wobei selbst in diesem Bereich den verzierten Gefäßen noch zu viel Beachtung geschenkt wurde. Wenn wir die einfache Keramik genauer betrachten, erkennen wir, daß sie in ihrer handgemachten und polierten Art und in ihrer eher bauchigen Form nun äußerst fremdartig erscheint. Nur Funde aus Siedlungen, über die wir leider nicht verfügen, könnten zeigen, wie radikal die Gerätschaften für die Küche – und damit auch die Menschen, die darin arbeiteten – sich tatsächlich verändert hatten. Wie Desborough richtig betont hat, muß man nicht nur die neuen Formen betrachten, sondern auch der Verlust der alten ist von Bedeutung. So gibt es z. B. die mykenischen »Knöpfe« nicht mehr, wahrscheinlich weil sich die Kleidung geändert hat und man sie nicht mehr brauchte.

Aus rein archäologischen Gründen kann man nun den Schluß ziehen, daß eine beachtliche, ja fundamentale Veränderung in der Bevölkerung stattgefunden haben muß, zu der auch die Neuankunft von Menschen nichtmykenischer Herkunft beitrug. Ein solcher, wie auch immer umfassender Wandel ist tatsächlich anzunehmen.

Das mykenische Zeitalter ist zu Ende. Natürlich hat es in einigen Formen fortbestanden – eine Kontinuität, die sich nicht so sehr in den Funden, sondern vielmehr in den grundlegenderen Aspekten Sprache und Religion zeigt, und nicht zuletzt auch in den Mythen und Legenden der Vergangenheit, die sich in den weiterhin erzählten und dabei immer wieder abgeänderten Heldengesängen erhielten; zwei dieser Gesänge (*Ilias* und *Odyssee*) sollten uns, verbunden mit dem Namen Homers, erhalten bleiben.

9

NEUORDNUNG IN EUROPA NÖRDLICH DES MITTELMEERES 1300–600 V. CHR.

Anthony Harding

Die Zeit bis 1300 v. Chr. in Europa kann man vielleicht als das »Zeitalter von Stonehenge« umschreiben; viel schwieriger ist es dagegen, eine treffende Bezeichnung für die Zeit zwischen 1300 v. Chr. und der nächsten Welle entscheidender Veränderungen in Wirtschaft und Gesellschaftsstruktur zu finden. Üblicherweise wird dieser Zeitraum als »Urnenfelderzeit« bezeichnet bzw. spricht man von »Urnenfelder-Kultur«, doch vermitteln diese Begriffe kaum eine Vorstellung von der Vielfalt menschlicher Tätigkeitsbereiche. Wenn überhaupt, dann ist diese Epoche als eine der wirtschaftlichen und sozialen Revolution zu bezeichnen, in der unter anderem das Kriegswesen, religiöse und hier insbesondere die Jenseitsvorstellungen einem massiven Wandel unterlagen.

Diesem für Europa wichtigen Zeitabschnitt wurde nicht die Aufmerksamkeit zuteil, die er vielleicht verdient hätte. Es gibt keine großen Steinmonumente zu besichtigen, auch stammen nur wenige große Grabhügel oder ausgedehnte Siedlungen aus dieser Epoche. Und doch kommt ihr auf dem Weg in das historische Europa eine wesentliche Bedeutung zu. In den folgenden Jahrhunderten fand überall im Mittelmeerraum eine Rückkehr zur Schriftlichkeit statt, die sich nach Mitteleuropa hin ausbreitete. In Europa beginnt damit die historische Zeit: viele Völker haben sich bereits in einer Region niedergelassen, so zum Beispiel die Kelten in Mittel- und Westeuropa oder die Illyrer im westlichen Teil des Balkan. Da es keinen Grund für die Annahme gibt, daß sich diese Völker erst kurz vor ihrer Nennung in den ersten schriftlichen Zeugnissen in diesen Regionen niederließen, haben sie dort vermutlich schon während der jüngeren Bronzezeit gesiedelt, möglicherweise auch schon früher. Die Entwicklung in diesen sieben Jahrhunderten ist somit eine direkte Vorstufe der ersten schriftlich überlieferten Geschichtsepoche vieler europäischer Völker.

Noch war Europa prähistorisch, d. h. es gab während dieser 700 Jahre keine schriftlich überlieferte Geschichte, doch dank der Verbindungen im Süden zu den großen Zivilisationen des östlichen Mittelmeerraums verfügen wir über historische oder nahezu historisch zu nennende Informationen. Die beiden ersten Jahrhunderte waren durch Unruhen im östlichen Mittelmeerraum gekennzeichnet. Die großen Kulturen des mykenischen Griechenland und des hethitischen Anatolien gingen unter, zahlreiche kleinere Staaten und Städte wurden geplündert und verwüstet. Ägypten hatte an den Gren-

Luftaufnahme der Grabungen bei Feudvar, Vojvodina, einem großen Siedlungshügel, der von der älteren Bronzezeit bis zur Latènezeit besiedelt war. Zahlreiche Hausgrundrisse konnten hier freigelegt werden.

zen seines Landes schwere Kämpfe um seine Vorherrschaft zu bestehen, die in dieser Zeit zumindest ins Wanken geriet. Auch wenn viele dieser Ereignisse nur schwer zu rekonstruieren und die historischen Quellen keineswegs eindeutig sind, gibt es doch Grund für die Annahme, daß dies eine Zeit der »Völkerwanderung« gewesen ist, durchaus vergleichbar mit der bekannten gleichnamigen Epoche während des Frühmittelalters. Hauptsächlich auf indirekte Hinweise in ägyptischen Texten stützt sich die Annahme, daß eine Gruppe von Völkern – die Ägypter nannten sie die »Seevölker« – für Überfälle auf die Städte und Staaten entlang der Levante und auf Zypern verantwortlich war, von denen die meisten in dieser Zeit zerstört wurden. Etwa gleichzeitig tauchen in den Mittelmeerländern Gegenstände auf, die bis dahin eher in Mittel- und Nordeuropa bekannt waren, wie etwa nordeuropäische Formen von Schwertern, Lanzenspitzen, Schutzwaffen und Fibeln, bestimmte Verzierungen und sogar Keramik möglicherweise italienischen Ursprungs. Die Wissenschaft kam in Versuchung, beide Phänomene – die Zerstörungen und das Auftauchen »fremder Artefakte« – miteinander zu verbinden. Als Folge entstand die These, daß Völker aus dem Norden gegen Ende der Bronzezeit in Richtung Süden nach Griechenland und weiter in andere Länder wanderten; doch bleibt dies zum großen Teil Spekulation. In jedem Fall geht diese These davon aus, daß die materielle Kultur, der Stil der Gegenstände die ethnische Identität ihrer Hersteller und Benutzer spiegelt. Das aber läßt sich nach heutigen Erkenntnissen nicht mehr zweifelsfrei vertreten.

Einmal abgesehen von dem Geschehen in Griechenland lassen sich bemerkenswerte Veränderungen während der jüngeren Bronzezeit in ganz Europa feststellen. Die auffälligste ist der nahezu durchgängige Übergang zur Brandbestattung, wobei der Leichenbrand entweder in Gruben deponiert oder in Urnen beigesetzt wurde. Aus diesem Grund wurde diese Zeit auch »Urnenfelderzeit« genannt, eine etwas eigentümliche, aber durchaus zutreffende Bezeichnung.

Brandbestattungen gab es während der Zeit, die wir in diesem Kapitel behandeln, in fast ganz Europa. Die Gräber gehören – sieht man von den Britischen Inseln und einigen anderen Regionen einmal ab – zu den häufigsten Funden dieser Zeit. Siedlungen hat man dagegen kaum gefunden, und nur Einzelfunde aus Metall sind ebenso zahlreich wie die Grabfunde. Ihre Häufigkeit ist ein Hinweis auf die enormen Fortschritte, die in der Metallbearbeitung gemacht wurden, und zwar nicht nur in quantitativer, sondern auch in qualitativer Hinsicht. Zunächst wurde vor allem Bronze verwendet, mitunter auch Gold und später zunehmend Eisen. Dabei stellten die Metalle nicht die einzigen Roh- und Werkstoffe dar. Es wurde auch Glas hergestellt, und Stein und Holz hatten weiterhin eine große Bedeutung.

Auch in dieser Epoche lassen sich noch keine historischen Einzelereignisse beschreiben, wohl aber sind wichtige Entwicklungen zu erkennen, die ganz Europa oder zumindest doch große Teile entscheidend beeinflußten. So ist eine ausgeprägte Tendenz zur Errichtung von Befestigungsanlagen zu erkennen. Ungefähr ab 1100 v. Chr. hat man begonnen, Höhen- und Niederungsburgen mit Palisadenringen zu errichten. In einigen Regionen gab es Phasen mit sehr aufwendigen und reich ausgestatteten Grabanlagen. Viele der Beigaben waren über weite Strecken transportiert worden, bevor sie in diesen Gräbern landeten, was als Hinweis auf ein ausgedehntes Handelsnetz zu sehen ist. Nirgendwo wird dies so deutlich wie beim Abbau und Transport von Salz, besonders des in den Bergwerken der österreichischen Alpen gewonnenen Salzes. Es ist sicherlich kein Zufall, daß eines der reichsten Gräberfelder des hier behandelten Zeitabschnitts – das Gräberfeld bei Hallstatt – neben einem dieser Salzbergwerke zu finden ist.

Andere Zentren aus späterer Zeit sind ebenfalls in der Nähe von Salzbergwerken gefunden worden, so z. B. Dürrnberg bei Hallein (ebenfalls in der Gegend von Salzburg). All dies ist Ausdruck der Veränderung menschlicher Siedlungs- und Existenzbedingungen und zeigt, wie die Menschen auf neue Bedingungen der Umwelt und des Wirtschaftens reagierten. Es gibt auch Hinweise auf einen Wandel im spirituell-religiösen Leben, obwohl archäologische Funde in dieser Hinsicht bekanntlich nur sehr bedingt Rückschlüsse erlauben. Von 1300 v. Chr. an ist die Entwicklung in Europa durch eine ganze Reihe eingreifender Umwälzungen gekennzeichnet.

EUROPA UM 1300 V. CHR.

Noch war Europa nicht viel mehr als eine Ansammlung kleiner Gemeinschaften, die unterschiedliche Stufen der sozialen und wirtschaftlichen Entwicklung repräsentierten. Uneinigkeit herrscht über das Ausmaß der Verbindungen und des Austauschs zwischen den einzelnen Gemeinschaften. Obwohl diese zweifellos nicht sehr groß waren, haben sie doch schon einige strukturelle Entwicklungen durchlaufen; so haben sich soziale Unterschiede herausgebildet, die zu einer ungleichen Verteilung des Reichtums innerhalb der Gemeinschaft führten. Den Alltag der meisten Menschen prägten um 1300 v. Chr., wie fast in der gesamten Vor- und Frühgeschichte, die Bewirtschaftung der Felder und handwerkliche Tätigkeiten. Auch für die Toten mußte gesorgt werden, doch war die Beschäftigung mit den komplizierteren Formen des Rituals und des religiösen Lebens vermutlich das Privileg einiger weniger Menschen.

Die für Europa während der jungbronzezeitlichen Umwälzungen typischen Siedlungen waren in ihrem Umfang und ihrer Bedeutung eher bescheiden. Die meisten Dörfer, die ausgegraben wurden, waren vorrangig landwirtschaftliche Siedlungen, selbst wenn in manchen, besonders in der Nähe von Erzvorkommen, auch dem Handwerk große Bedeutung zukam. Andere Dörfer, wie die im Süden Italiens, wo die Schiffe aus dem Mittelmeer anlegten, waren hauptsächlich Handelsorte. In vielen Teilen Europas, von den Liparischen Inseln im Süden bis zu den Moorgebieten der Britischen Inseln im Norden, allerdings nicht in Mitteleuropa, herrschten kleine runde Häuser vor, die in Gruppen zusammenstanden und kleine Weiler oder Dörfer bildeten. Die Grundrisse der Häuser verraten nur wenig über die Sozialstruktur jener Zeit, die aus den Grabfunden abgeleitet werden kann, aus den Siedlungen aber nicht ersichtlich wird. Auch über die Siedlungsdichte in den einzelnen Landschaften lassen sich kaum Aussagen treffen. Dies liegt hauptsächlich in der Schwierigkeit begründet, die betreffenden Siedlungen überhaupt zu lokalisieren; selbst wenn ausreichende Informationen vorliegen, lassen sich Verbreitungsmuster, wie sie etwa für die Bandkeramik-Kultur in Mitteleuropa rekonstruiert werden konnten, nicht feststellen.

In der älteren Bronzezeit wurden die aus Neolithikum und Kupferzeit übernommenen Gewohnheiten der Versorgung mit Nahrungsmitteln fortgesetzt. Nahrungsmittel lieferten vor allem die bekannten Haustiere und Nutzpflanzen, obwohl man auch wildwachsende Pflanzen oder Wild nutzte, wenn man sie sammeln oder jagen konnte. Es wird oft übersehen, daß um 1300 v. Chr. großes Jagdwild wie z. B. Wildschwein, Rothirsch und sogar Auerochse selbst in so weitgehend urbar gemachten Gebieten wie den ungarischen Ebenen vorkam. Es muß also immer noch große Waldgebiete gegeben haben, einige als Sekundärwald an Stellen ehemaliger Rodungen, andere als nacheiszeitlicher Primärwald. Für die meisten Menschen jedoch werden Ackerbau und Viehzucht und damit ein nicht sehr großes Spektrum von Lebensmitteln die Grundlage der Ernährung gebildet haben. In einigen Gebieten, besonders auf den Britischen Inseln, gibt es auffallend viele Befunde, die auf landwirtschaftliche Arbeiten während der Bronzezeit zurückgehen; gemeint sind vor allem die markanten Feldbegrenzungen. In den meisten Fällen ist zwar nicht eindeutig festzustellen, wozu die eingehegten Felder dienten, doch besteht zumindest bei den im Tiefland gefundenen kein Zweifel an einer landwirtschaftlichen Nutzung. Das läßt sich wohl auf die meisten Landschaften im europäischen Flachland übertragen, auch wenn entsprechende Funde fehlen. Was jedoch an verkohltem Getreide gefunden wurde und was über die Umweltbedingungen bekannt ist, erlaubt fast sicher zu sagen, daß sich die skizzierten Verhältnisse auf ganz Europa übertragen lassen.

Der wichtigste Handwerksbereich neben der Töpferei und Zimmerei war sicherlich die großmaßstäbliche Gewinnung und Verarbeitung von Metall. Der Abbau von Erzen war in den reichen Lagerstätten der Alpen, der Karpaten und anderer Gebirge in vollem Schwung, und Tausende Tonnen Kupfer wurden aus dem Erz geschmolzen. Metallprodukte gab es in großen Mengen, obwohl die Herstellung noch nicht den Umfang erreicht hatte, den sie in späteren Jahrhunderten haben sollte. Man gewann Metalle, stellte aber auch andere Werkstoffe wie z. B. Glas her und bearbeitete natürliche Rohstoffe wie Bernstein und Gagat. Dieser Aspekt der Produktion ist für die Beurteilung des Handelsnetzes von großer Bedeutung. In vielen Teilen Europas wurden während der älteren Bronzezeit Güter nur innerhalb der einzelnen Siedlungen oder bestenfalls innerhalb einer bestimmten Region getauscht, und auch dies nur in bescheidenen Mengen. Es gibt jedoch deutliche Hinweise darauf, daß manche Waren über weite Strecken transportiert wurden, etwa bis in die Handelsnetze der entwickelteren Kulturen des östlichen Mittelmeerraumes hinein. Besonders aus der mykenischen Kultur gibt es eine Reihe von Funden, vor allem Bernsteinschmuck, die darauf hinweisen, daß auch zwischen weit entfernten Gemeinschaften Beziehungen nicht nur möglich waren, sondern auch regelmäßig unterhalten wurden. Dies blieb auch während der darauffolgenden Jahrhunderte so.

Früheisenzeitliche Keramik einer Siedlung bei Kalakača, am südlichen Ufer der Donau in Vojvodina, Serbien; 10.–8. Jahrhundert v. Chr.

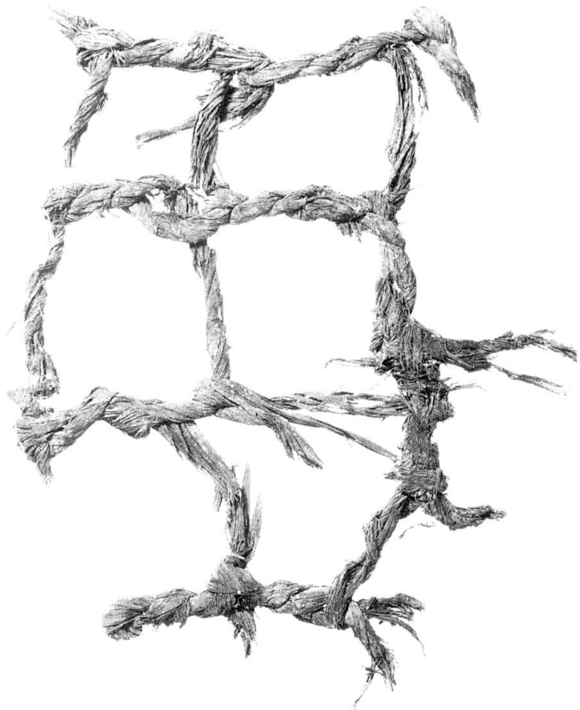

Gewebter Stoff und ein Netz aus gedrehten Fasern, gefunden in den Seeufersiedlungen am Zürichsee, Schweiz.

Es sind jedoch weniger die alltäglichen Tätigkeiten, die die Aufmerksamkeit auf die ältere Bronzezeit lenken als vielmehr das spirituell-religiöse Leben. Gemeinschaften, die so gewaltige Monumente wie Stonehenge oder Filitosa (Korsika) erbauten und Grabanlagen wie die großen Grabhügelfelder im Süden Englands, in Dänemark oder in der pontischen Steppe errichten konnten, verdienen nicht nur ihrer technischen Leistungen wegen, sondern auch als soziale Gebilde unser Interesse. Diese Gemeinschaften besaßen einen Organisationsgrad und Hierarchien, wie sie zur Anlage solcher Monumente notwendig waren, und es wird gemeinhin angenommen, daß die reicheren, mitunter äußerst aufwendig ausgestatteten Gräber für Häuptlinge und andere Führer der Gemeinschaften bestimmt waren. Doch trifft dies nicht für ganz Europa zu. In großen Teilen Mitteleuropas wurden vielmehr Flachgräber angelegt und die einzelnen Gräber weisen kaum noch große Unterschiede auf. In den meisten Gebieten herrschte die Sitte der Körperbestattung. Die Verbrennung der Toten war zwar nicht unbekannt, aber mit Ausnahme weniger Gebiete, wie etwa der ungarischen Steppe, war dieses Ritual nicht sehr gebräuchlich. Immer wieder wurde vermutet, daß die unterschiedliche Behandlung der Toten mit ethnischen Unterschieden zusammenhängen könnte, doch bei dem gegenwärtigen Forschungsstand kann man sich kein klares Bild darüber machen, welche verschiedenen Ethnien sich über das älterbronzezeitliche Europa verteilt haben. Im 3. und 2. Jahrtausend v. Chr. haben sich Neuerungen wie z. B. das Wagenrad oder die Reitkunst in der Alten Welt verbreitet; dies wird allgemein mit den Wanderungen der Indoeuropäer, der Völker der indoeuropäischen Sprachgemeinschaft, in Zusammenhang gebracht. Deren Einwanderungen lassen sich für Griechenland, Anatolien und einige andere Teile des Mittleren Ostens nachweisen.

DIE TECHNISCHE REVOLUTION IN DER JUNGBRONZEZEIT

Was war das Besondere an der Produktionsweise der Jungbronzezeit verglichen mit den unmittelbar vorausgehenden Jahrhunderten? Geändert haben sich sowohl der Umfang der Produktion als auch die Technologien. Was deren Weiterentwicklung angeht, ist das Jahr 1300 v. Chr. keine deutliche Grenzlinie, doch läßt sich allgemein sagen, daß die Zeit danach in technischer Hinsicht fortschrittlicher war als die Zeit davor. Tatsächlich muß man eher von einem kontinuierlichen Entwicklungsprozeß sprechen, und in diesem stellt das Jahr 1300 v. Chr. kein außergewöhnliches Datum dar. Was sich geändert hat, läßt sich an der Verarbeitung von Bronze wie von anderen Metallen, aber auch an anderen Produktionsverfahren zeigen.

METALLVERARBEITUNG Die Verarbeitung von Metall war zu Beginn der Jungbronzezeit nichts Neues mehr. Doch machte sie in dieser Zeit sowohl quantitativ als auch qualitativ einen so großen Sprung vorwärts, daß man durchaus von einer »Revolution« sprechen kann. Dieser beachtliche Aufschwung betrifft zunächst die Erzmengen, die bergmännisch abgebaut wurden (in diesem Zusammenhang vgl. unten, S. 352). In Verbindung damit stand eine große Diversifikation der angewandten Techniken, und einige dieser neuen Verfahren ermöglichten dem Schmied eine bessere Beherrschung seines Materials sowohl in technischer wie in künstlerischer Hinsicht.

Nach 1300 v. Chr. betrafen die wichtigsten metallurgischen Prozesse für mehrere Jahrhunderte die Verarbeitung von Kupfer und Zinn und ihre Legierung zu Bronze. Nach 1000 v. Chr. gewann dann das Eisen zunehmend an Bedeutung. In Skandinavien und Irland wurde auch Gold in nennenswerten Mengen verarbeitet. Andere Metalle, so etwa Blei, wurden ebenfalls verwendet, allerdings nur in geringen Mengen. Die bronzezeitliche Industrie wurde um 1300 v. Chr. und in den folgenden sieben Jahrhunderten weitgehend von der Menge des zur Verfügung stehenden Materials bestimmt. Der systematische Abbau von Kupfererzvorkommen in den Alpen, den Karpaten, auf dem Balkan und in Irland sowie an zahlreichen kleineren Lagerstätten wurde daher fortgesetzt und intensiviert (vgl. 7. Kapitel). Tatsächlich weiß man nur wenig über die Arbeitsprozesse in den wichtigsten Abbaugebieten der jüngeren Bronzezeit, doch nimmt man an, daß die Methoden – Feuersetzen und Stollenbau – gleich geblieben waren. In den früheren Perioden waren die Ösenhalsringe das wichtigste Mittel zur Verbreitung des Metalls; die Kupfer- oder Bronzebarren der späteren Epochen dagegen waren flache, konvexe Scheiben. Diese Barrenform – oben flach und unten rund – hängt mit dem Verhüttungsprozeß von Kupfer in kleinen Grubenöfen zusammen. Es wird immer schwieriger, die Herkunft von Artefakten aus dieser Zeit durch Metallanalysen zu bestimmen , da das Metall aus sehr vielen verschiedenen Lagerstätten stammt und somit die am häufigsten verwendete Analysemethode – die sogenannte Spektrographie, bei der diese Metalle untereinander gemischt werden – unbrauchbar macht. Mit der Analyse der Blei-Isotope, einer an sich erfolgversprechenderen Methode, kann bislang noch ausschließlich die Herkunft der Metalle des Mittelmeergebiets bestimmt werden. Wo der Handel mit Metallen anhand der Verbreitung von Barren in der typischen Ochsenhaut-Form weitgehend untersucht ist, zeigen die vorliegenden Analysen in ihrer Mehrzahl, daß die mediterrane Welt ihre Rohstoffe hauptsächlich aus den Erzvorkommen des östlichen und nicht des westlichen Mittelmeerraums, etwa aus Etrurien oder Sardinien, bezog.

Auch über die Herkunft des Zinns, das in dieser Zeit für die Bronzeherstellung verwendet wurde, läßt sich ebensowenig Genaues sagen wie für die Zeit davor. Die in Frage kommenden Gebiete – Cornwall im Südwesten Englands, das mitteleuropäische Erzgebirge sowie einige wenige Lokalitäten in Spanien und Italien – blieben identisch. Für den Mittelmeerraum deutet alles darauf hin, daß das Zinn eher aus dem Osten (vielleicht aus Afghanistan) als aus dem Westen kam. Was Mittel-, Nord- und Westeuropa betrifft, so müssen es nähergelegene Vorkommen gewesen sein, die für den Bedarf dieser Regionen ausgebeutet wurden. Die Herkunft von Zinn ist noch schwieriger zu bestimmen, als diejenige von Kupfer. Weil es jedoch nur wenige Zinnvorkommen gab, gibt es auch nur wenige Möglichkeiten, woher das in einem bestimmten Gebiet verwendete Zinn stammen kann.

Gold bezogen die Goldschmiede und ihre Kunden wohl weiterhin in beachtlichen Mengen aus den Vorkommen in Irland und den Karpaten. Besonders in Irland, Norddeutschland und Skandinavien wurden zahlreiche Goldgegenstände (vor allem Schmuck und Gefäße) von hervorragender Qualität gefunden. Die Verbreitung derart großer Mengen eines Metalls, das zu jener Zeit allem Anschein nach für ebenso wertvoll erachtet wurde wie heute, muß eine große Wirkung auf die Wirtschaft gehabt haben. Nicht nur allgemein, indem ständig neue Gegenstände von großem Wert in das System eingeführt wurden, sondern auch im Hinblick auf die Verteilung des individuellen Reichtums und die Möglichkeit, den eigenen gesellschaftlichen Status zu demonstrieren.

Wenn die Rohstoffe vorhanden waren, lag es am Schmied, diese zu Objekten zu formen, für die er Abnehmer fand. Auch auf diesem Gebiet wurden neue handwerkliche Fähigkeiten entwickelt. Während Metall bislang hauptsächlich mit Hilfe von zweiteiligen Formen aus Metall oder Stein gegossen wurde, begann man nun, mit mehrteiligen Gußformen zu arbeiten; zunehmend kam auch der Guß in verlorener Form (*cire perdue*) in Gebrauch. Sehr schöne Beispiele für erstgenannte Gußtechnik sind die Hörner aus Irland und die Luren aus Dänemark, großartige Musikinstrumente aus Bronze. Beispiele für das letztere Verfahren bilden die sorgfältig gearbeiteten Figuren aus Sardinien oder Schweden. Beim Wachsausschmelzverfahren konnten sehr feine Details dargestellt werden; die gewünschte Form wurde in Wachs modelliert, um die ein Tonmantel gelegt wurde. Beim Guß verdrängt die heiße Bronze das schmelzende Wachs in dieser Tonform und gibt getreu die Form der ursprünglichen Wachsfigur wieder. Ein so großartiges Stück wie der Sonnenwagen von Trundholm verdeutlicht nicht nur die Meisterschaft, mit der der Schmied seinen Werkstoff beherrschte, sondern auch, mit welch ausgeprägtem Sinn für Linien und Proportionen er diesen im Grunde profanen Gegenstand hergestellt hat. Dies war nur möglich mit der neuen Technik der verlorenen Form.

Mit der in der Jungbronzezeit zunehmenden Herstellung von Metallgegenständen wurden die Gußformen auch aus Ton, möglicherweise sogar aus Sand, dem eine klei-

oben Bronzestatuetten aus Sardinien; jüngere Bronze- oder frühe Eisenzeit.

links Bronzelure aus Dänemark. Sie werden fast immer paarweise in Mooren gefunden und wurden vermutlich bei kultischen Ritualen benutzt.

Brustpanzer aus Bronze von Marmesse, Dép. Haute Marne, Frankreich; Jungbronzezeit. Solche Rüstungen aus Bronzeblech erfüllten einen eher optisch-ästhetischen Zweck und boten wenig Schutz. In Experimenten wurde gezeigt, daß solche Rüstungen leicht von Schwerthieben durchstoßen werden können.

ne Menge Lehm beigemischt wurde, geschaffen. Diese Formen haben den Bodenbedingungen, die in den Gräbern während der letzten drei Jahrtausende herrschten, meist nicht standhalten können. Daher sind im Vergleich zu der Menge von Metallgegenständen nur wenige Gußformen erhalten geblieben. Sie konnten jeweils nur einmal verwendet werden: um das Gußstück aus seiner Form zu befreien, mußten sie zerschlagen werden. Doch wurde die Technik regelmäßig genutzt. Das zeigt eine Reihe von Funden, etwa die aus Rathgall in der irischen Grafschaft Wicklow oder aus Dainton im englischen Devon. Fragmente von Gußformen für eine Vielzahl von Gegenständen zeugen zugleich für die Verarbeitung des Metalls vor Ort, was sehr selten war. Zu den Funden von Dainton gehören auch Schmelztiegel und Gußformen für Schwerter, Lanzenspitzen und -schuhe; in Rathgall fand man Formen für Schwerter, Lanzen, Fußschalen und für Goldgegenstände. Die metallurgische Revolution während der jüngeren Bronzezeit trieb nicht nur die Entwicklung der Gußtechniken voran. Ebenso verbreitet war die in der mittleren Bronzezeit entstandene Technik des Blechtreibens (Toreutik). Gewöhnlich wurden die Bleche geschmiedet, das heißt die gewünschte Form wurde aus dem gegossenen Bronzebarren herausgehämmert und die Teile mit Nieten oder durch Überfangguß verbunden. Bronzeblech wurde für eine Reihe von Gegenständen verwendet: für Schutzwaffen (z. B. Harnisch, Beinschienen, Helme und Schilde), für Gefäße, Fahrzeuge und Fahrzeugbeschläge sowie für kleinere Schmuckgegenstände.

Was waren nun die wirtschaftlichen und gesellschaftlichen Rahmenbedingungen für die Metallverarbeitung? Die Gegenstände, die der Schmied schuf, stellen nur einen Aspekt des Handwerks in der Jungbronzezeit dar, wenngleich einen sehr bedeutenden. Aber wir haben keine Möglichkeit, in Erfahrung zu bringen, wie viele Schmiede innerhalb einer Gemeinschaft arbeiteten oder wie viele Schmiede es im Verhältnis zu anderen Handwerkern und Arbeitern gab. Die historischen und ethnographischen Parallelen deuten darauf hin, daß den Schmieden, obwohl ihre Zahl relativ gering war, eine unverhältnismäßig große Bedeutung zukam. Vieles, was wir über die Metallverarbeitung in der Bronzezeit wissen, stammt aus den Bronzehorten, gewöhnlich mit Werkzeugen, doch manchmal auch mit Waffen oder anderen Gegenständen, die in der Erde vergraben wurden und vermutlich für den späteren Gebrauch bestimmt waren. Viele dieser Horte bestehen aus zerbrochenen Gegenständen, die eingeschmolzen werden sollten; manchmal sind darin auch Werkzeuge zur Metallverarbeitung zu finden. Da

Teile eines großen Hortes mit Bronzeobjekten, gefunden in Isleham, Cambridgeshire. Das Bild zeigt ein vollständig erhaltenes Schwert und Fragmente weiterer Schwerter, Beschläge der Schwertscheide, eine Lanzenspitze, ein Absatzbeil, ein Tüllenbeil, ein Messer, den Griff eines Kessels sowie diverse Schmuckgegenstände, die vermutlich Teil eines Zaumzeugs waren; Jungbronzezeit.

Metalle gewöhnlich sehr schwer sind – zu schwer, um transportiert zu werden -, besteht Grund zu der Annahme, daß die Schmiede ihre Bronzevorräte an bestimmten Stellen, die auf ihren Handelswegen lagen, versteckten, in der Absicht, sie bei einem späteren Besuch wieder hervorzuholen. Die Tatsache, daß sie dies nicht taten, spricht vielleicht für eine bewegte Zeit und eine hohe Sterblichkeit der Schmiede. Es fällt schwer zu glauben, daß die sogenannten Gießerdepots absichtlich vergraben und dann vergessen wurden. Darin unterscheiden sie sich von den Horten mit vollständig und unbeschädigt erhaltenen Gegenständen, auf die wir noch zu sprechen kommen. Letztere wurden absichtlich angelegt, obwohl die Motive dafür im dunkeln bleiben.

Gegen Ende der Bronzezeit kam zunehmend Eisen in alltäglichen Gebrauch. Die Eisenvorkommen in Europa sind zahlreicher und gleichmäßiger verteilt als die Kupfer- oder Goldvorkommen. Viele Gemeinschaften, die bis dahin keine eigenen Rohstofflager für die Herstellung von Werkzeugen hatten, fanden nun leichten Zugang zu ergiebigen Eisenerzvorkommen. Nun wurden Landschaften im Tiefland, wo Eisenkarbonat in Verbindung mit Lehm und Sand zu finden ist, oder in Mooren oder Feuchtgebieten, wo man Raseneisenerz findet, besonders bevorzugt. Eisen gewann in Mittel- und Nordeuropa aber erst in den folgenden Jahrhunderten an Bedeutung, während im Süden schon eine Reihe von Gegenständen aus diesem Metall (z. B. Äxte, Schwerter, Lanzenspitzen) gefertigt wurden, wie Grabfunde in den illyrischen Regionen (Albanien und Jugoslawien) oder aber in Italien zeigen. Die Verwendung von Eisenerzen zeigt, daß sich die metallurgischen Techniken entschieden weiterentwickelt haben müssen. Die Reduktion von Eisenerz ist erst bei Temperaturen von mindestens 1 100° C möglich; eine solche Hitze kann nur in geschlossenen, mit Lehm ausgekleideten, zylindrischen Schacht- oder Grubenöfen erreicht werden, in denen Blasebälge zusätzlich für die Thermik sorgen. Dabei wurde eine reduzierende Atmosphäre geschaffen, die den Metalloxiden den Sauerstoff entzog. Aber auch schon die Bronzeschmiede mußten ähnlich hohe Temperaturen erreichen, denn der Schmelzpunkt von Kupfer liegt bei 1 083° C. Vermutlich wurden also zu Beginn der Eisentechnologie die gleichen Methoden und Geräte wie bei der Bronzeverarbeitung verwendet.

GLAS Perlen aus einfachem Glas waren seit der älteren Bronzezeit bekannt. Doch nur selten wurden die hohen Temperaturen, die man für die Herstellung von echtem Glas benötigt, erreicht. Und als man dies beherrschte, wurden zunächst fast ausschließlich Perlen hergestellt, obwohl in Ägypten und im Vorderen Orient bereits kunstvolle Gegenstände wie Gefäße und zahlreiche Schmuckgegenstände aus Glas gefertigt wurden. Daß man teilweise oder ganz geformte Glasperlen oder in den Schmelztiegeln von Frattesina in der Po-Ebene Glasreste und teilweise geschmolzene Glasrohstoffe fand, ist von großer Bedeutung. Um so mehr, als die chemische Analyse des Glases zeigt, daß es in der Siedlung selbst hergestellt und nicht als Fertigprodukt von Händlern aus dem Vorderen Orient eingeführt wurde. Zur Ladung des bereits im 6. Kapitel erwähnten Schiffswracks von Kaş gehörten auch Glasbarren, womit erwiesen ist, daß Glas bereits in der Bronzezeit gehandelt wurde. Außerhalb des mediterranen Raumes war die Glasproduktion unbedeutend. Dennoch wurden dort einige sehr dekorative Formen entwickelt, z. B. die sogenannten Augenperlen und auch solche mit verschiedenfarbigen

oben Halskragen aus Gold, gefunden in Shannongrove, Grafschaft Limerick, Irland. Die Endscheiben sind mit konzentrischen Kreismustern verziert und mit dünnem gedrehten Draht am Mittelstück befestigt.

links Goldkegel aus Avanton, Dép. Vienne, Frankreich; mittlere Bronzezeit.

oben Felszeichnung aus Westskandinavien; ein Boot mit zwei axtschwingenden Kriegern, gefunden in Fossum, Bohuslän. Bug und Steven sind weit nach oben gezogen; die Reihe vertikaler Linien über dem Dollbord soll vielleicht die Besatzung darstellen. Die ithyphallischen, mit Schwertern bewaffneten Figuren sind möglicherweise Teilnehmer eines rituellen Wettkampfs oder eines Tanzes.

unten Perlen aus Glas, Bernstein und Metall aus Zürich-Wollishofen, Estavayer-le-Lac, Fribourg; Concise, Vaud; und Auvernier, Neuchâtel, Schweiz; alle Fundorte sind jungbronze- bzw. urnenfelderzeitlich.

Farbsträngen, die sogenannten Pfahlbau-Perlen aus der Schweiz. Zwar finden sich solche Perlen recht häufig und vermutlich wurden sie in verschiedenen Zentren hergestellt, dennoch hatte diese Produktion einen insgesamt erstaunlich geringen Umfang, vor allem im Vergleich zum östlichen Mittelmeerraum. Daß diese Technik überhaupt in ganz Europa übernommen wurde, ist insofern von Bedeutung, als sich daran zeigt, daß dem »Technologietransfer« wenig Hindernisse entgegenstanden; offenbar kann man diese Zeit im Hinblick auf Verbindungen und Berührungspunkte zwischen den einzelnen Gemeinschaften als international bezeichnen.

DIE LANDWIRTSCHAFTLICHE REVOLUTION

Auf den ersten Blick erscheinen die Veränderungen der Subsistenzwirtschaft in Europa nach 1300 v. Chr. nicht sehr dramatisch. In allen Gebieten der gemäßigten Zonen, über die einigermaßen zuverlässige Informationen vorliegen, bleibt der gemischte Ackerbau, der sich über Jahrtausende hinweg bewährt hatte, die hauptsächliche Methode zur Versorgung mit Nahrungsmitteln. Eine vielfältige Mischung von pflanzlichen und tierischen Nahrungsmitteln stand zur Verfügung, und es gibt wenig Anzeichen für eine durchgreifende Revolution. Dennoch gibt es einige bedeutsame Veränderungen, die allerdings weniger augenfällig sind.

Im Getreideanbau dominierten noch immer die verschiedenen Weizen- und Gerstenarten. Auch Hülsenfrüchte waren beliebt, besonders Linsen, Erbsen und – nun zum ersten Mal in großem Umfang – die Ackerbohnen. Aber es kam noch einiges hinzu. Zu den angebauten Getreiden zählt in Europa jetzt auch die Hirse (*Panicum miliaceum*), und im Nordwesten und auf den Britischen Inseln gibt es die ersten Hinweise auf den Anbau von Roggen. Eine weitere Neuerung besteht in der weitverbreiteten Verwendung von Ölpflanzen wie Flachs, Mohn und Leindotter (*Camelina sativa*). Gerade im Zusammenhang mit dem Anbau der Ackerbohne sieht es so aus, als seien ab 1300 v. Chr. neue Kulturpflanzen bevorzugt angebaut worden. Aus dieser Verschiebung ist nicht zu schließen, daß sich die Grundnahrungsmittel geändert hätten, sondern nur, daß sie durch zusätzliche Nutzpflanzen ergänzt und vielfältiger wurden. Was war der Grund für diesen auffallenden Wandel? Wir können dies nicht mit Bestimmtheit sagen, doch gibt es eine Reihe von auffälligen Besonderheiten. Der Anbau von Hirse ist bemerkenswert, weil sie nur eine kurze Wachstumsphase von der Aussaat bis zur Ernte hat und widerstandsfähig ist gegen harte klimatische Bedingungen wie Dürre. In Europa ist die Hirse aus vielen Zeiten und von vielen Völkern bekannt: von der Römerzeit an wurde sie zur wichtigsten Getreideart für ärmere Bevölkerungsschichten, die aus Hirse nicht nur ungesäuertes Brot und Hirsegrütze herstellten, sondern mit Hirse auch Getränke brannten. Daß dieses Getreide in der Jungbronzezeit in Makedonien, in der mittleren Bronzezeit in Norditalien und vom Beginn der Eisenzeit an auch in Mittel- und Nordeuropa zu finden war, scheint darauf hinzuweisen, daß Hirse bereits sehr lange ein beliebtes Getreide gewesen ist, bevor sie im frühen Mittelalter zu einem der Grundnahrungsmittel wurde. Das verhält sich bei einigen anderen der eben er-

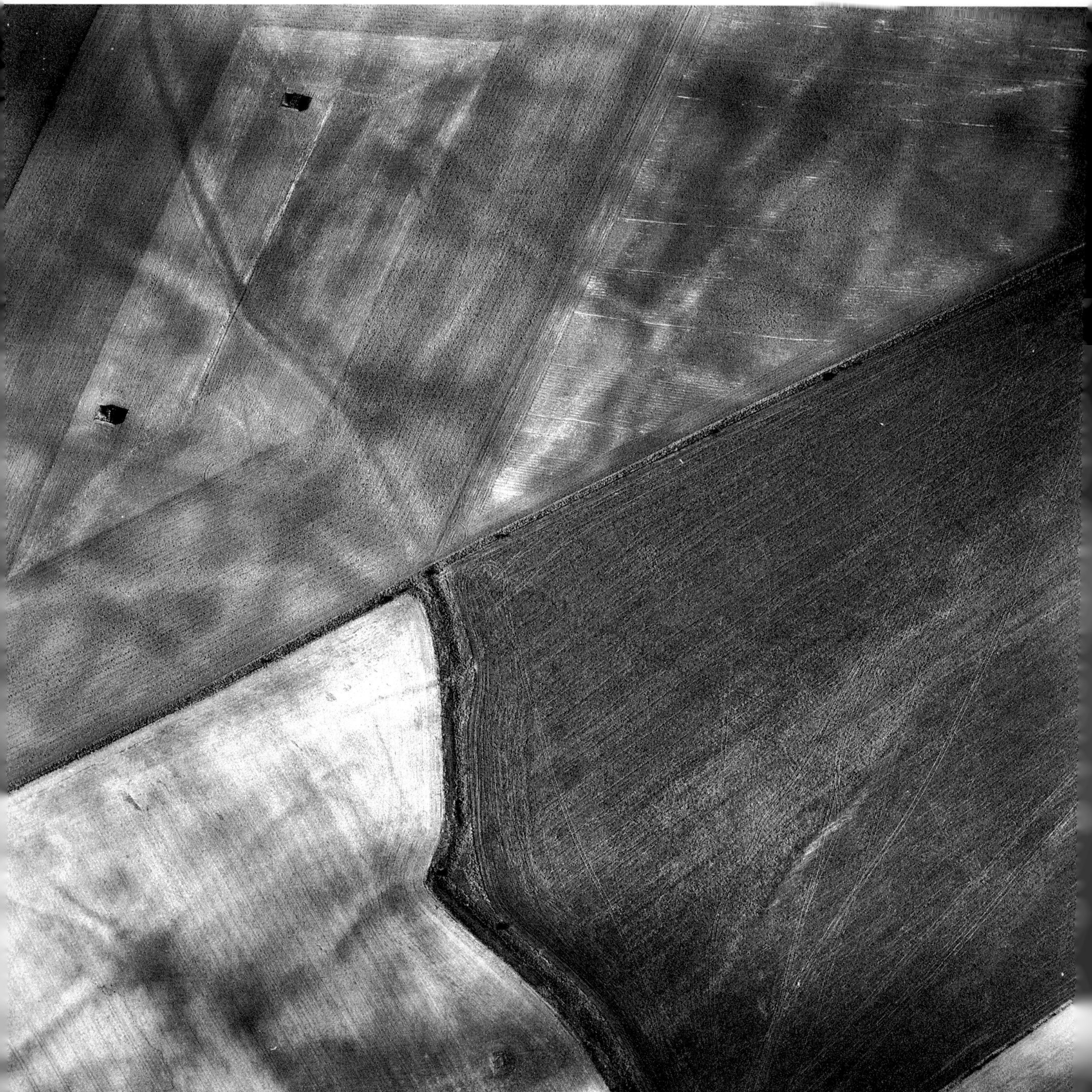

Die Luftaufnahme von Knoll Down, Damerham, Hampshire, zeigt eine linienförmige Struktur, die quer durch die Felder verläuft und die sowohl als kleiner Erdwall (unterer Teil des Photos) als auch auf den Äckern als Vegetationsmerkmal erkennbar ist. Die Linie verläuft quer zu dem Kreuzmuster der »celtic fields«, die im oberen Teil des Bildes zu sehen sind.

wähnten Nutzpflanzen ähnlich. Die Ackerbohne gedeiht sehr gut, ist nährstoffreich und leicht anzubauen; sie liefert dem Boden Stickstoff und kann unter vielen klimatischen Bedingungen – selbst in kalten, feuchten Gebieten – gedeihen. Die Ölpflanzen sind vielleicht etwas problematischer, doch mit ihrem hohen Eiweißgehalt sind sie besonders nahrhaft. Darüber hinaus haben sie einen gewissen Eigengeschmack. In Aggtelek, einer ungarischen Fundstelle aus der frühen Eisenzeit, fand man einen mit Leinsamen bestreuten Laib Brot.

Die Veränderungen in der Tiernutzung vollzogen sich weniger rasch und auffällig, aber es gab sie. Man vergißt leicht, daß es neben den Haustieren auch noch große wildlebende Tiere gab, die gejagt wurden. Relikte von Auerochsen und extrem großen Wildschweinen sind bei Grabungen in Ungarn und in der nordeuropäischen Tiefebene gefunden worden. Weiterhin konnte natürlich auch der Rothirsch und eine Vielzahl von kleineren Säugetieren, Fischen und Vögeln gejagt werden, wenn sich die Gelegenheit bot. Nur wenige Fundplätze liefern ausreichend Faunenreste für ein systematisches Bild; im niederländischen Bovenkarpsel dominieren Rinderknochen, außerdem gibt es Hinweise auf eine systematisch betriebene Viehzucht in nach Alter und Geschlecht differenzierten Herden. An anderen Fundplätzen, an der Mittelmeerküste etwa, zog man hauptsächlich Schafe oder Ziegen; in den gemäßigten Zonen dagegen war meist das Schwein das hauptsächliche Haustier, wie etwa in Polen während der Hallstattzeit. Natürlich gab es auch Pferde, doch dienten sie nicht primär als Nahrungsmittel. Schon lange vor 2000 v. Chr. wurden sie als Zug- und Reittiere genutzt, doch kam um 800 v. Chr. ein neuer Aspekt dazu. In weiten Teilen Osteuropas fand man als Grabbeigaben auch Zaumzeug aus Bronze und Eisen. Über die völkerkundliche Bedeutung dieser Funde ist viel geschrieben worden (vgl. unten, S. 373). Die um diese Zeit sehr große Verbreitung des Pferdes deutet möglicherweise daraufhin, daß man es nun als edles Tier begriff, dazu auserwählt, den Krieger in den Kampf zu begleiten.

Man sollte auch die kleineren, jedoch keineswegs weniger nützlichen Lebewesen nicht vergessen, die bestimmte Bedürfnisse des Menschen befriedigten: In einer Zeit, in der es noch keinen Zucker gab, war Honig das einzige Mittel zum Süßen von Speisen. Es überrascht daher etwas, daß es so wenig Hinweise auf diese so nützliche und angenehme Substanz gibt, doch mag der auf einem Fundplatz in Berlin geborgene Gegenstand, der allgemein als Bienenstock gedeutet wird, als Hinweis darauf dienen, daß es auch Honig gab. Noch viel schwieriger lassen sich bakterielle Helfer wie Yoghurtkulturen archäologisch nachweisen, die in vielen Gesellschaften dazu verwendet wurden, die Milch zu einer etwas festeren, gehaltvollen und wohlschmeckenden Nahrung zu machen; sicherlich kannte man diese auch während der Bronzezeit.

Natürlich brauchte man Platz für die Feldfrüchte und das Vieh: Platz in der Landschaft, für Äcker, Häuser und Gehöfte. Äcker gab es zweifellos überall, doch nur im Norden und im Westen konnte man ihre Lage und Ausdehnung in nennenswertem Umfang rekonstruieren. Dies mag zum Teil auf die Prioritäten der archäologischen Feldarbeit zurückzuführen sein, zum Teil aber auch auf Faktoren, die die Erhaltung archäologischer Denkmäler beeinflussen; ganz sicher reflektiert die geringe Zahl nicht die reale prähistorische Situation. Wo immer Kulturpflanzen angebaut und Tiere gehalten wurden, war eine Trennung von Äckern und Weiden notwendig, zudem mußten die Jungtiere geschützt werden. Die Datierung der sicheren Befunde legt nahe, daß die Äcker hauptsächlich in der ersten Hälfte der Bronzezeit entstanden. Doch war die Entwicklung damit nicht abgeschlossen. In den Jahrhunderten nach 1300 v. Chr. wurde zumindest in einigen Fällen eine bemerkenswerte Reihe von Veränderungen vorgenommen. Wo bis dahin ein System aus kleinen Feldern bestanden hatte, wurden diese jetzt von langen Grenzgräben und Wällen durchzogen, und die Landschaft wurde dadurch in große Flächen aufgeteilt, die man wohl schon als Landgüter bezeichnen kann. So zeigte die gründliche Erforschung eines so bedeutenden Dammes wie des Bokerley Dyke an der Grenze zwischen Hampshire, Wiltshire und Dorset, daß seine Gestalt in römischer Zeit und schließlich im Mittelalter tatsächlich ihren Ursprung in der mittleren Bronzezeit hat. Auf ähnliche Weise sind die Burgen auf den Hügeln von Wessex durch ausgedehnte Systeme von Feldern und Grenzlinien in die Landschaft eingebunden. Vergleichbare Befunde sind außerhalb der Britischen Inseln in Europa schwer zu finden, wo die Grenzen zwischen den Feldern gewöhnlich nicht derart ausgebaut wurden und häufig auch erst später entstanden sind. Von Vermessungsarbeiten, wie sie vor dem Bau des Neothermal-Dalmatia-Projekts an der kroatischen Küste notwendig wurden, weiß man jedoch, daß solche Feldbegrenzungen auch in bestimmten Gegenden des Mittelmeerraums existierten.

DIE GEISTIGE REVOLUTION

Die bemerkenswerteste Veränderung in Europa um 1300 v. Chr. fand nicht im Bereich des Handwerks oder der Subsistenzwirtschaft statt, sondern in der Einstellung zu Tod und Bestattung. Bis dahin hatte man fast überall in Europa die Sitte der Körperbestattung tradiert: Die Toten wurden in einfachen oder mit Steinen ausgelegten Grabgruben, die in die Erde gegraben wurden, oder unter Hügeln aus Steinen, Erde und Grassoden (Hügelgräber oder Tumuli) beerdigt. Um 1300 v. Chr. änderte sich diese Sitte aber entscheidend: Die Toten werden von nun an gewöhnlich verbrannt, der Leichenbrand gesammelt und in Urnen in eigens dafür bestimmten Gräberfeldern beigesetzt. Daher der Name »Urnenfelderzeit«, der normalerweise für die ganze Epoche verwendet wird. Es hat sich eingebürgert, den Zeitraum zwischen 1300 und 700 v. Chr. als »Urnenfelder-Kultur« zu bezeichnen, auch wenn viele urnenfelderzeitliche Bestattungssitten auch in der folgenden Hallstatt-Zeit beibehalten wurden.

Es wäre jedoch falsch anzunehmen, daß es vor oder nach 1300 v. Chr. eine in ganz Europa einheitliche Bestattungssitte gegeben hätte. Schon in der älteren und mittleren Bronzezeit gab es Brandbestattungen. In manchen Teilen Ungarns war dies bereits während der älteren Bronzezeit üblich, in anderen Gegenden, etwa auf den Britischen Inseln, geschah es sporadisch und spiegelt vielleicht Unterschiede wider, die im Leben galten und die im Tod wiederholt wurden. So gab es also Voraussetzungen für die weitgehende Übernahme der Brandbestattungssitte in der Urnenfelderzeit, obwohl der genaue Prozeß des Übergangs im dunkeln bleibt. Aber auch während der Urnenfelderzeit wurden keineswegs alle Toten verbrannt. An einigen Orten gab es überhaupt kei-

Schiffsförmige Steinsetzung von Boge auf Gotland, Schweden. In der jüngeren Vorgeschichte Skandinaviens entstanden zahlreiche solcher Anlagen, besonders auf der Insel Gotland. Ausgrabungen haben gezeigt, daß sie meist Gräber enthalten.

ne Brandbestattungen, an anderen eine Mischung aus beiden Bestattungsformen. Betrachtet man etwa ein so großes Gräberfeld wie Przeczyce in Südpolen, über das ausführlich publiziert wurde, so stellt man fest, daß von den insgesamt 874 Bestattungen, die dort vorgenommen wurden, 132 Brandbestattungen waren und 727 Körperbestattungen. Es liegt nahe, dies in einen Zusammenhang mit den Grabbeigaben zu bringen, um Rückschlüsse auf den Status oder die Identität der Toten ziehen zu können, doch sind die Beziehungen zwischen Bestattungssitte und Grabbeigaben nicht eindeutig. In den Gräbern sind durchweg nur wenige Grabbeigaben zu finden, was nicht ungewöhnlich ist, und die Beigabe einiger Töpfe und Bronzeknöpfe kann kaum als Hinweis auf nennenswerten Wohlstand gedeutet werden.

Die eigentümliche Einstellung dieser neuen Sitte gegenüber läßt sich vielleicht an den Funden aus dem Norden ablesen, wo zu einer Zeit, die mit dem Beginn der Urnenfelder-Kultur zusammenfällt, die Zahl der Brandbestattungen deutlich zunahm. Doch gab es offenbar auch ein Bedürfnis, an der vorherigen Tradition festzuhalten, und dies ging so weit, daß der Leichenbrand in Gräbern bestattet wurde, die groß genug gewesen wären für eine Körperbestattung. Mitunter wurde den Gräbern auch eine besondere Form verliehen, z. B. die eines aus Stein gebauten Schiffsrumpfs, in dem die Urnen dann beigesetzt wurden. In einigen Teilen Mittel- und Nordeuropas wurden über dem Leichenbrand kleine Hügel errichtet, wodurch für die Nachwelt ein sichtbares Zeichen geschaffen wurde: möglicherweise die Mahnung, daß der hier bestattete Tote ein wichtiger Vorfahr war, dessen die nachfolgenden Generationen gedenken sollten. Eine solche Vorstellung findet wohl ihren eindrucksvollsten Niederschlag in den großen Grabhügeln, die vereinzelt in der gesamten Urnenfelderzeit auftauchen: zu Beginn dieses Zeitabschnitts in der Slowakei (Očkow), später auch in Deutschland (Seddin) und in Schweden (in der Nähe von Uppsala). Einer dieser Hügel, das »Königsgrab in Seddin« in der Nähe von Pritzwalk in Brandenburg, bestand aus einer neuneckigen Grabkammer mit einem Kraggewölbe aus schweren Steinplatten, über der ein riesiger Hügel von

Luftaufnahme von den Grabungsarbeiten auf einem jungbronzezeitlichen Urnengräberfeld bei Ingolstadt-Zuchering, Bayern. Die Kreisgräben umschließen die eigentlichen Urnengräber, die rechteckigen Linien sind jüngeren Datums.

11 Metern Höhe und mit einem Durchmesser von ungefähr 90 Metern aufgeschüttet wurde. Solche Gewölbe waren im Europa nördlich des Mittelmeeres seit den neolithischen Großsteingräbern praktisch unbekannt; in Verbindung mit den reichen Grabbeigaben (Schwert, Lanzenspitze, Bronzeurne, Rasiermesser, Messer, Pinzette, Ringe, Beile und Gefäße aus Keramik und Bronze) verdeutlichen sie auf anschauliche Weise, daß einige Menschen in der Lage waren, zu Reichtum zu gelangen und die lokale Gemeinschaft zu verpflichten, für ihre standesgemäße Bestattung zu sorgen. Die Anlage macht deutlich, wie stark das Bedürfnis nach einer solchen Demonstration von Reichtum sein konnte, denn im allgemeinen waren die Gräber der Urnenfelderzeit viel ärmlicher ausgestattet. Wir wissen von Schwertern, Waffen, Schildern, von Metallgefäßen, Metall- und Glasschmuck und von anderen Gegenständen, die zu jener Zeit hergestellt wurden, doch in den Gräbern tauchen solche Artefakte fast überhaupt nicht auf. Weshalb nicht?

Der Übergang zur Brandbestattung wird gewöhnlich als einer der wichtigsten Aspekte der späten prähistorischen Zeit betrachtet, da er auf eine völlig veränderte Einstellung gegenüber dem Tod und dem Leben nach dem Tod deutet. Vermutlich basiert die Körperbestattung auf dem Glauben, daß die Unversehrtheit des Körpers für die Toten und deren Weiterleben nach dem Tod von Bedeutung ist. Auf der anderen Seite bedeutet die Verbrennung, daß der Körper für unwichtig erachtet wird; dem Verfall preisgegeben, ist er nur eine armselige und vorübergehende Hülle für Höheres – für die Gefühle, das Denken und für geistige Vorstellungen. Die Fortdauer dieser immateriellen Vorstellungen ist nicht an den Körper gebunden, sondern sie hängt von der Erinnerung durch Rezitieren, von der ehrenden Wiederholung der Taten eines Vorfahren ab. Der radikale Wandel in der Bestattungssitte spiegelt daher vermutlich eine deutliche Neuorientierung im Jenseitsglauben der bronzezeitlichen Bevölkerung wider. Dies mag eher mit der Einstellung gegenüber den Lebenden zusammenhängen als mit irgendwelchen religiösen Überzeugungen. Wenn den Toten nur noch sehr selten persönlicher Besitz mit ins Grab gegeben wurde und wenn sie auch sonst nicht weiter für ein physisches Weiterleben ausgerüstet wurden, dann läßt dies vermuten, daß es den Menschen während der Urnenfelderzeit um die Erinnerung an die Toten und an deren Taten ging und nicht um deren körperliche Präsenz.

Hieraus sollte jedoch nicht der Schluß gezogen werden, daß religiöse Überzeugungen im Leben der europäischen Völker in der jüngeren Bronzezeit keine Bedeutung gehabt hätten. Eine Vielzahl von Fundplätzen und Gegenständen zeigt im Gegenteil, daß der Kult ein bedeutender Aspekt in ihrem Leben war. So werden eine Reihe von Zeichen und Symbolen immer wieder verwendet und sind fast überall in ganz Europa zu finden. Dabei kommt z. B. dem Vogel eine Bedeutung zu, die er seit dem Neolithikum nicht mehr und damals auch nur in einer anderen Form besessen hat. Vogelfiguren aus Ton oder Bronze sind nun häufig zu finden, entweder als einzelne Gegenstände (und daher möglicherweise in Verbindung mit kultischen Handlungen) oder als Teile eines Wagens, großer Kessel oder anderer größerer Gegenstände. Auch auf Bronzen und Keramiken ist das Vogelmotiv vertreten; Vögel müssen ganz offensichtlich in den Glaubensvorstellungen eine Bedeutung gehabt haben, auch wenn wir nicht genau wissen, worin diese bestand. Manchmal werden Wasservögel (möglicherweise Enten) ge-

Rituelles Gießgefäß (Rhyton) aus dem Gräberfeld bei Bologna (Villanova-Kultur).

Gegenüberliegende Seite: *oben* Kultwagen aus Bronze mit schematisch dargestellten Vögeln, die auf dem Rahmen eines Fahrzeugs angebracht sind. Das Fahrzeug hat drei Räder mit vier Speichen (Fundort: Eiche-Golm bei Potsdam). Solche Vögel sind ein geläufiger Bestandteil der Symbolik der Urnenfelderzeit.

unten Rekonstruktion des »Holztempels« von Bargeroosterveld, Drenthe, Niederlande.

zeigt, die Boote oder Wagen ziehen, besonders schön zu sehen am berühmten Wagen aus Dupljaja bei Belgrad. Auf diesem Wagen befinden sich drei Vögel: zwei vorne, rechts und links des vierspeichigen Vorderrades, der dritte sitzt hinter diesem Rad auf dem Wagengestell. Dahinter steht, zwischen den beiden ebenfalls vierspeichigen Hinterrädern, eine Figur, offenbar eine Frauengestalt mit ausgestelltem Rock und auf Rock und Körper eingravierten Spirallinien. Diese Figur hat vermutlich auch einen Vogelkopf. In anderen Fällen sind die Vogelgestalten oft schematisiert dargestellt, nur Auge und Schnabel sind zu erkennen. Dies scheint ein sicheres Zeichen dafür zu sein, daß es auf die Bildidee ankam und die Betrachter damals in der Lage waren, die Bedeutung des Bildes anhand der abstrakten Skizzierung zu erfassen.

Solche Symbole sind nur ein Teil der Zeugnisse für die religiösen und rituellen Handlungen während der Urnenfelder- und der frühen Hallstattzeit in Europa. Kultische Handlungen waren an einen bestimmten Ort gebunden, und einige davon – wenn auch nicht alle, denn zweifellos spielten auch Orte im Freien, kleine Wälder, Haine oder Hügel eine Rolle – sind bekannt. Ein bemerkenswertes Holzgerüst, das in einem Moorgebiet von Bargeroosterveld, Provinz Drenthe, gefunden wurde, stand in einem Kreis aus Steinen, die um zwei flache Holzschwellen herum ausgelegt waren. Auf jedem Schwellbalken standen vier Pfosten, zwei runde und zwei eckige, die einen Rahmen aus Balken trugen, durch den sie zugleich verbunden waren. Diese Querbalken haben zu-

gespitzte, wie Hörner gebogene Enden, vermutlich eine Verzierung. Die Konstruktion wurde absichtlich zerstört. Einen ganz andersartigen Holzbau, eine Quellfassung, fand man in St. Moritz im Engadin. Hier umschlossen rechteckig angeordnete Planken zwei große Röhren aus Lärchenholz, das Ganze wurde von einer weiteren Anordnung von Pfählen umgeben, die über Kreuz lagen und an den Ecken verfugt waren. In den Holzröhren fand man zwei Schwerter, Fragmente eines dritten Schwerts, einen Dolch und eine Nadel. Man sollte auch nicht vergessen, daß Stonehenge, obwohl es viel älter ist, nicht nur immer noch vorhanden, sondern auch als Kultstätte genutzt wurde: in den Gruben Y und Z, die die eigentlichen Innenanlagen umgeben, fand man lokale Keramik aus der jüngeren Bronzezeit und der Eisenzeit; Radiokarbon-Datierungen der Holzkohlenfunde aus den sogenannten Avenue-Gräben an der südlichen Erweiterung (Richtung Avon) haben ergeben, daß diese in der jüngeren Bronzezeit angelegt worden sein müssen. Die kontinuierliche Nutzung solcher älteren Kultplätze ist normalerweise sehr schwer nachzuweisen; wenn dies gelingt, bleibt immer noch offen, ob dadurch auch eine Kontinuität der Rituale bewiesen ist. Doch sieht es ganz so aus, als habe dieser Aspekt des bronzezeitlichen Lebens keinen wesentlichen Wandel durchgemacht.

Zwei männliche Skelette, gefunden im inneren Graben der mittelbronzezeitlichen Befestigung bei Velim, Böhmen. In der Siedlung fand man mehrere ähnliche Befunde mit Menschen- und Tierknochen, sowie mit Keramik und Goldobjekten.

Im Zusammenhang des religiös-rituellen Lebens tauchen aller Wahrscheinlichkeit nach (zumindest teilweise) in dieser Zeit erstmals Felszeichnungen auf. Es handelt sich hierbei um in den Felsen geritzte Gestalten von Menschen und Tieren, Booten und einer Vielzahl von Symbolen. Am bekanntesten sind die Szenen, die in Südskandinavien, vor allem in Schweden gefunden wurden, aber auch in den Alpen gibt es sie. An zwei Stellen sind sie besonders häufig anzutreffen: im Val Camonica nördlich von Brescia und in der Gegend um Monte Bego bei Bordighera an der französisch-italienischen Grenze. Die Zeichnungen in den Alpen sind sehr schwer zu datieren; auf jeden Fall liegen ihre Entstehungszeiten weit auseinander. Einige davon sind deutlich vor 1300 v. Chr. entstanden, andere erst nach 600 v. Chr. Viele der skandinavischen Felszeichnungen dagegen entstanden vermutlich zwischen diesen beiden Daten, obwohl auch hier eine Datierung sehr schwierig und häufig nur durch eine Analyse der dargestellten Gegenstände möglich ist. In einigen Fällen könnte die Nähe zu Gräbern bedeutsam sein, zwingend ist eine solche Verbindung jedoch nicht. In Simris an der Südwestküste von Schonen (Südschweden) liegt z. B. ein großes Gräberfeld, das von der jüngeren Bronzezeit bis in die frühe Eisenzeit genutzt wurde, in der Nähe von in den Fels geritzten Zeichnungen. Selbst wenn nicht mit Sicherheit auf eine Verbindung beider Funde geschlossen werden kann, scheint zumindest dieses Gebiet eine dauerhafte Bedeutung für kultische Handlungen gehabt zu haben.

Die Zeichnungen auf diesen von Gletschern polierten, leicht geneigten Felsen zeigen eine begrenzte Zahl von Motiven, die sehr häufig wiederholt werden. Schiffe sind das häufigste Motiv, nicht nur an der Küste, sondern auch im Inland. Auch Tiere, besonders Rinder und Hirsche kommen häufig vor, daneben landwirtschaftliche Szenen und andere Darstellungen, vermutlich aus dem täglichen Leben. Am faszinierendsten sind die Szenen mit Menschen, diese sind allerdings wesentlich seltener als Schiffe oder Tiere. Wenn Menschen dargestellt werden, dann bei rituellen Tänzen oder anderen offensichtlich kultischen Handlungen, häufig mit erhobenen Armen. Manchmal tragen sie Trompeten oder Äxte (nur selten Bögen), immer aber sind die Männer ithyphallisch dargestellt. Eindeutig als Frauen oder Kinder gezeichnete Figuren finden sich dagegen selten. Gewöhnlich bleibt es unklar, inwieweit diese verschiedenen Gestalten als Teile einer Gesamtkomposition, z. B. der Darstellung einer Szene, gedacht waren. Manchmal gerät man in Versuchung, diese Darstellungen als bewußte Gestaltung einer Szene zu deuten, doch bleibt dies Spekulation. Aber selbst wenn man solche Darstellungen mit Gewißheit als Abbild bestimmter Szenen identifizieren könnte, hätten sie den Charakter von Genre-Bildern, wären also auch dann nicht die Wiedergabe eines einzelnen wirklichen Ereignisses – obwohl kein Zweifel daran besteht, daß die dargestellten Zeremonien tatsächlich stattgefunden haben.

Eine Ausnahme bilden die bemerkenswerten Bilder auf den acht Felsplatten der Grabkammer von Kivik, ebenfalls in Schonen. Diese Platten, die inzwischen leider stark beschädigt und zum Teil verloren sind, scheinen eine Beerdigungsprozession darzustellen, bei der die letzten Riten für den Verstorbenen zelebriert werden, der im Grab beigesetzt wurde (über die Bestattung selbst ist nichts bekannt). Dargestellt werden unter anderem Schiffe, Tiere, Streitäxte, vierarmige Kreuze in Kreisen, Wellenlinien und auf den beiden letzten Steinplatten der Zug der Trauernden (unter ihnen auch Trompetenbläser und Trommler) mit einem Wagen und einem Zeichen, das als Darstellung des offenen Grabes interpretiert wurde. In Ausdruck und Gegenstand erinnert diese eigenartige Zusammenstellung an vergleichbare Darstellungen der griechischen geometrischen Kunst. Und im Kontext der Bronzezeit betrachtet, läßt sie sich am ehesten mit den gravierten Stelen, den Grabsteinen, vergleichen, die man in Spanien gefunden hat. Diese zeigen gewöhnlich als Strichmännchen gezeichnete Kriegerfiguren, die jedoch eindeutig mit Schwert, Lanze, Schild und mit einem Hörnerhelm ausgerüstet sind. Auf die Darstellung der Waffen wird viel mehr Gewicht gelegt als auf die der menschlichen Gestalt: Offenbar ging es mehr um die kämpferische Natur des Toten als um seine körperliche Erscheinung. Doch die Tatsache, daß die Steinplatten überhaupt verziert waren, deutet auf das Interesse hin, das Andenken des Verstorbenen für die Nachwelt zu bewahren und ihn in seiner wichtigsten Rolle darzustellen: als einen zum Kampf gerüsteten Krieger.

HANDEL UND VERKEHR

Die wirtschaftlichen Zusammenhänge waren in der jungbronzezeitlichen Welt und auch während der frühen Eisenzeit nicht sehr komplex, doch nutzte man die Möglichkeiten von Handel und Tausch in großem Umfang. Münzen waren noch nicht erfunden, und es gibt keine gesicherten Beweise für »Wertzeichen«, für Objekte von geringem oder ohne Wert, die als Tauschmittel gedient haben könnten. Allerdings wurde einigen Gegenständen diese Funktion zugeschrieben. So hat man z. B. in der Bretagne eine ganze Reihe von Tüllenbeilen gefunden, die einen so hohen Bleigehalt aufweisen, daß sie keinem Zimmermann als Werkzeug gedient haben können; möglicherweise waren sie solche Mittel für einfache Handelsgeschäfte. Wir wissen auch nicht, ob es Märkte gegeben hat, obwohl vergleichbares schon Jahrhunderte früher in den Städten des Vorderen Orients bekannt war. Die Wirtschaft war, um einen Begriff aus der modernen Volkswirtschaftslehre von Karl Polanyi zu verwenden, in die gesellschaftlichen Beziehungen »eingebettet«. Gemeint ist, daß die wirtschaftlichen Aktivitäten sich nicht verselbständigt hatten, sondern immer innerhalb eines umfassenderen gesellschaftlichen Kontexts stattfanden und ihnen eine bestimmte gesellschaftliche Bedeutung zukam. Damit soll nicht geleugnet werden, daß es Zweck des Tauschhandels war, Waren zwischen Tauschpartnern, die diese besitzen wollten, hin und her zu bewegen; diesem Zweck werden die meisten Austauschprozesse gedient haben. Doch es fehlte ein institutionalisierter Ort für den Tauschhandel, und allem Anschein nach war dieser Handel stets örtlich begrenzt. Die meisten Gemeinschaften der jüngeren Bronzezeit waren klein und beschränkten sich in ihrer Produktion auf die Sicherung des Lebensunterhalts. Es wäre also ganz falsch, sich vorzustellen, daß zu dieser Zeit z. B. große Mengen an Lebensmitteln durch ganz Europa transportiert wurden.

Dennoch gab es auch so etwas wie Fernhandel; als Beleg muß man die Schiffsfunde aus dieser Zeit betrachten. Während das am Kap Gelidonia vor der Südküste der Türkei gesunkene Schiff aus einer Zeit stammt, in der die bronzezeitlichen Stadtstaaten des östlichen Mittelmeerraums bereits verfielen, lassen sich die vor Huelva und dem Cap d'Agde gefundenen Wracks in etwa in die hier untersuchte Zeit datieren. Dies gilt auch für die beiden Wracks, die vor der Südküste Englands geborgen wurden. Der vor Huelva in der Mündung des Odiel gefundene Schatz, der vermutlich von einem Schiffswrack stammt, umfaßt Schwerter mit einer charakteristischen Klingenform, die entlang der Atlantikküste bis zu den Britischen Inseln verbreitet war. Auch die anderen Fundstücke, Waffen und Schmuck, deuten auf weitgespannte Handelsbeziehungen hin. Der Fund von Cap d'Agde, an der französischen Südküste östlich von Narbonne, enthält Gegenstände, die sich auf das Ende der Bronzezeit um 700 v. Chr. datieren lassen. Diese Funde erlauben dieselben Rückschlüsse wie die Horte von Langdon Bay und Salcombe, die eine beträchtliche Anzahl von Metallgegenständen aus Frankreich umfassen und die vielleicht von untergegangenen Schiffen stammen. Ob diese für die Britischen Inseln bestimmt waren oder einfach von der Strömung abgetrieben worden sind, läßt sich nicht feststellen. Die Tatsache, daß per Schiff große Mengen von Metall befördert wurden, zeigt, daß es einen Güterverkehr gab, wenn auch die genauen Zielgebiete nicht mehr feststellbar sind. Deshalb ist es auch nicht verwunderlich, wenn man auf einen Fundtyp wie z. B. das sogenannte Rosnoën-Schwert, ein frühes Griffplattenschwert mit Griffnieten, stößt, das von den Britischen Inseln bis in die ehemalige Tschechoslowakei gelangte, oder wenn man feststellt, daß das einfache Griffzungenschwert von Schweden bis nach Griechenland in ganz Europa verbreitet war.

Bronzegegenstände, besonders Waffen, gehören zu den Gütern, die in der europäischen Bronzezeit zum Zweck des Tauschhandels transportiert wurden, doch waren in diesen Tauschverkehr auch noch andere Objekte einbezogen. Eines der bemerkenswertesten Phänomene des prähistorischen Handels ist der mit Salz, das in den Bergwerken und Salinen der österreichischen Alpen gewonnen wurde – insbesondere in

Modell eines Boots aus Caergwrle, Clywd, Wales. Das Modell ist aus Holz gefertigt und mit Goldfolie verziert. Die wellenförmigen Linien am Boden sollen vermutlich Wasser darstellen, die senkrechten Einkerbungen die Konstruktion des Bootes andeuten.

Hallstatt und später auch in Hallein. Beide Ortsnamen lassen sich etymologisch aus dem griechischen Wort »hals« für Salz ableiten und haben ihre Entsprechung in anderen indoeuropäischen Sprachen. Von Hallstatt aus wurde Salz seit der jüngeren Bronzezeit gefördert und dies wurde bis in die Eisenzeit fortgesetzt, anscheinend ohne nennenswerte Unterbrechung. Das zeigt ein in der Nähe liegendes Gräberfeld, das eine große Anzahl von Gräbern der jüngeren Bronzezeit und der frühen Eisenzeit umfaßt. Man weiß nicht genau, auf welchen Wegen das Salz befördert wurde; doch geben die Grabbeigaben, die aus den Regionen nördlich und südlich der Alpen importiert worden sind, einigen Aufschluß darüber, wer die mutmaßlichen Empfänger dieses wertvollen Guts waren. Wer immer über die Salzminen verfügen konnte, dem wird der Handel mit Salz beträchtliche Gewinne gebracht haben. Das zumindest legen die reichen Grabbeigaben nahe. Vermutlich haben die Herren über die Salzlagerstätten diese nicht selbst abgebaut, denn das wird eine gefährliche und schwere Arbeit gewesen sein. Die Abbaumethoden entsprachen denen, die seit der älteren Bronzezeit zur Kupfergewinnung angewandt wurden.

Es gibt auch Hinweise auf einen Handelsverkehr mit Glas und Gegenständen aus Glas. Das Schiff von Kap Gelidonia hatte u. a. auch Klumpen aus blauem Glas geladen; wenn also in Europa Glas gefunden wurde, dessen Zusammensetzung – u. a. mit hohem Magnesiumgehalt – auf einen Ursprung im Vorderen Orient hindeutet, kann man zumindest vermuten, daß das Rohmaterial in Form von Glasbarren vom Osten über das Meer nach Europa gelangt ist. Dabei handelt es sich um ein ganz anderes Glas als das von Frattesina (vgl. S. 352), das im jungbronzezeitlichen Europa weit verbreitet war. Ein weiteres Handelsobjekt, das von weit her gebracht wurde, war der Bernstein. Schon seit dem 16. Jahrhundert v. Chr. wurde Bernstein von Nordeuropa nach Griechenland geschafft; nach 1300 v. Chr. jedoch wurden die Regionen immer zahlreicher, in die das »Gold des Nordens« gelangte. Bis um 1100 v. Chr. und vermutlich auch danach noch gelangte nordischer Bernstein nach Griechenland. Dann verschob sich das Zentrum des Handels nach Norden und Westen, besonders nach Italien und Jugoslawien, wo Fibeln mit Bernstein- und Glasperlen immer beliebter wurden.

Dieser Handel setzt natürlich voraus, daß die technischen Mittel vorhanden waren, die Rohstoffe zu den Werkstätten und die fertigen Produkte von dort zum jeweiligen Tauschpartner zu transportieren. Die Schiffe haben wir bereits erwähnt; allerdings wissen wir nur wenig darüber, wie diese aussahen. Das einzige immer wieder anzutreffende Anschauungsmaterial stammt von den Felsmalereien in Skandinavien, wo die Boote gewöhnlich mit einem hohen Bug dargestellt werden: Offenbar waren dies Fahrzeuge für seichte Gewässer, die noch keine Segel hatten, sondern vielmehr gerudert wurden. Mit solchen Booten fuhr man die kleinen Flüsse hinauf und überquerte die nicht sehr breiten Wasserstraßen zwischen den schwedischen und dänischen Inseln. Sie wirken nicht so, als habe man auf ihnen längere Seereisen unternehmen können. Es gibt aber, wenn auch nur wenige, Abbildungen von Segelschiffen, die seetüchtig gewesen sein könnten; doch gab es solche Schiffe nur im östlichen Mittelmeerraum mit einiger Häufigkeit. Gleichwohl wurden überall im Mittelmeerraum sowohl vor als auch nach 1300 v. Chr. lange Seereisen unternommen, wie die diplomatischen und wirtschaftlichen Archive in Ägypten, Anatolien und den levantinischen Städten deutlich zeigen.

Der Landweg wurde ebenso häufig genutzt, besonders in den küstenfernen Gebieten. Kenntnisse über solche Transporte beschränken sich auf Gebiete, in denen Spuren alter Wagengeleise oder künstlich angelegter Pfade zu finden sind, zum Beispiel in den Moorgebieten Niedersachsens, der Niederlande, der Britischen Inseln und Irlands. In der Tiefebene von Somerset haben zu Beginn des 1. Jahrtausends v. Chr. umfangreiche Wegebauarbeiten stattgefunden, vielleicht nach einer Zeit größerer Niederschläge, als der Grundwasserspiegel angestiegen und das Land feucht und sumpfig geworden war. Die Wege wurden wie z. B. in Tinney's Ground mit Reisig befestigt, das durch Pflöcke zusammengehalten wurde und an den besonders feuchten Stellen wurden noch zusätzlich Bohlen gelegt. Ein bemerkenswertes Beispiel aus Niedersachsen zeigt zwei vierzig Kilometer auseinanderliegende Bohlenwege, die 713 v. Chr. mit dem gleichen Holz gebaut wurden. In trockenen Gebieten ist es schwieriger, den Verlauf der alten Wege nachzuvollziehen. So kann es sein, daß der Höhenweg, der die Burgen der Eisenzeit entlang der Berkshire Downs miteinander verbindet, bereits in der Bronzezeit existiert hat. Die Burg bei Rams Hill wurde auf einer Anlage der Bronzezeit errichtet, und ähnliches mag auch auf andere Orte zutreffen.

Welche Fahrzeuge auf diesen Strecken verkehrten, wissen wir sowohl von den Felsmalereien als auch durch Funde von Bronzebeschlägen und Rädern. Einige dieser Räder, etwa aus den großartigen Funden von Stade bei Hamburg oder Coulon im französischen Département Deux-Sèvres, gehörten wahrscheinlich zu großen Prunkwagen, die bei Prozessionen und Umzügen aus Anlaß von Bestattungen oder anderen Ritualen mitfuhren. Das wegen seiner rituellen Symbolik bereits erwähnte Tonmodell aus Dupljaja stellt einen solchen dreirädrigen Wagen dar; auch die Kesselwagen von Peckatel in Mecklenburg oder Skallerup in Jütland können eigentlich nur für kultische Zwecke benutzt worden sein. Trotzdem könnten sie genau so gebaut gewesen sein wie die Wagen, die alltäglichen Zwecken dienten. Auf dem Hof oder im Feld benutzte man über Jahrhunderte, wenn nicht Jahrtausende hinweg mehr oder weniger ähnliche Wagenkonstruktionen. Deren Scheibenräder aus Holz – einige mit sichelförmigen oder anderen Öffnungen – oder Vierspeichenräder sind aus Moorfunden bekannt. Sie stammen vermutlich von den schwerfälligen Wagen oder Karren, die mindestens seit dem Ende des Neolithikums zum Einbringen der Ernte und zum Ausfahren des Dungs benutzt worden sind. Solche Ochsen- oder Pferdewagen waren den Menschen der Bronzezeit vertraut, während sie kunstvoll verzierte Wagen mit Bronzebeschlägen nur selten zu Gesicht bekommen haben werden: aus Anlaß solcher Zeremonien, wie sie in der Felskunst von Tanum, Frännarp oder Naquane dargestellt sind.

KRIEGSWESEN

Viele, vielleicht sogar die meisten Menschen konnten während der Urnenfelderzeit ihr Leben friedlich in ihrer ländlichen Umgebung führen, nur durch die jahreszeitlich bedingten Arbeiten und die damit verbundenen kultischen und rituellen Handlungen unterbrochen. Einige jedoch beteiligten sich an Aktivitäten, die entschieden kriegerischer

Natur waren. Betrachtet man das Ausmaß dieser Aktivitäten (soweit wir dies anhand der Felszeichnungen und der Waffendepots beurteilen können), so scheint es, daß eher Konflikte zwischen Einzelnen oder kleinen Gruppen als großangelegte Kämpfe aufmarschierter Heere an der Tagesordnung waren. Auf den Felszeichnungen werden viele Szenen dargestellt, in denen Männer ihre Waffen emporstrecken, doch werden diese gewöhnlich nur als Individuen und nicht in Kampfsituationen gezeigt. Eine Ausnahme bilden die späten Zeichnungen aus dem Val Camonica, von denen einige jedoch auch erst nach 600 v. Chr. entstanden sein können. Betrachtet man aber die Fundplätze und das Fundmaterial aus der Jungbronzezeit, so entsteht der Eindruck, daß der bewaffnete Kampf für die Gesellschaft dieser Zeit ein wichtiges Element gewesen ist, dessen man sich nicht selten bediente. Dies wird vor allem an der großen Menge der Waffen deutlich, die erhalten geblieben sind. Schwerter, Dolche, Lanzenspitzen, Pfeilspitzen und Schutzwaffen bilden das Repertoire der Kriegswaffen, die dem Krieger der Urnenfelderzeit für Angriff und Verteidigung zur Verfügung standen. Die Grabstelen der Iberischen Halbinsel und die Menhir-Statuen auf Korsika lassen etwas von der Bedeutung ahnen, die der Erscheinung des Kriegers beigemessen wurde.

Das Schwert, in der mittleren Bronzezeit im östlichen Alpengebiet entwickelt, durchlief rasch hintereinander viele Entwicklungsformen. Dies ist wahrscheinlich auf das Bedürfnis zurückzuführen, diese Waffe immer auf den neuesten Stand zu bringen, um im Kampf erfolgreich zu bleiben. Zudem war das Schwert immer beides: Waffe, die auch benutzt wurde (wie die Abnutzung und an einigen Stücken die Spuren von wiederholtem Nachschärfen zeigen), und ein wichtiges Statussymbol. Die Griffe waren gewöhnlich aus organischem Material (z. B. aus Knochen) und mit einem Bronzeknauf versehen; mitunter wurde auch der Griff aus Bronze im Überfangguß an die Schwertklinge angegossen und reich verziert. Bei diesen Schwertern ging es vermutlich mehr um das Ausehen als um die Zweckmäßigkeit: Wann immer man die beiden Griffarten vergleichen kann, zeigt sich, daß die angefügten Griffplatten aus organischem Material praktische Vorteile bieten. Daß es dennoch beide Formen gleichzeitig gab, ist vermutlich ein Hinweis darauf, daß Zweckmäßigkeit und auffällige Erscheinung unabhängig voneinander bewertet wurden und daß somit eine entsprechende Aufspaltung in zwei Typen gefördert wurde.

Die Schutzwaffen, bestehend aus Helm, Harnisch, Beinschienen und Schild, spielten in den kriegerischen Auseinandersetzungen der Bronzezeit eine wichtige Rolle. Erhalten blieb jedoch nur Metallisches, und diese Waffen waren keineswegs die zweckmäßigsten. In praktischen Versuchen konnte man zeigen, daß Schilde aus Bronzeblech durch einen einzigen Schwerthieb gespalten werden können; diejenigen aus Leder oder Holz erwiesen sich demgegenüber als viel widerstandsfähiger. Bedenkt man weiterhin, daß diese Rüstungen aus Bronzeblech die Bewegungsfreiheit stark einschränkten, so

oben Mit Reisig befestigter Bohlenweg bei Tinney's Ground, Somerset; etwa 1200 v. Chr. Einer der vielen ausgegrabenen Wege, die in Neolithikum und Bronzezeit den feuchten Grund der Somerset Levels durchzogen.

unten Flag Fen, Peterborough; Pfosteneihen und horizontale Holzbalken zu Beginn der Ausgrabungen durch den Fenland Archaeological Trust.

links Lanze und Kultaxt aus Krottenthal, Kreis Dingolfing-Landau, Niederbayern; Urnenfelderzeit, um 1000 v. Chr.

unten Zwei hervorragend gearbeitete gehörnte Helme aus Bronzeblech, gefunden 1942 in einem Torfmoor bei Viksø, nördliches Seeland, Dänemark. Erhöhungen und Wülste stellen Augen und Augenbrauen dar; der nachträglich angegossene Mittelkamm endet in einem Schnabel.

rechts Luftaufnahme der Befestigung bei Moel y Gaer, Denbighshire, mit doppelten, stellenweise dreifachen Befestigungslinien und zwei Eingängen.

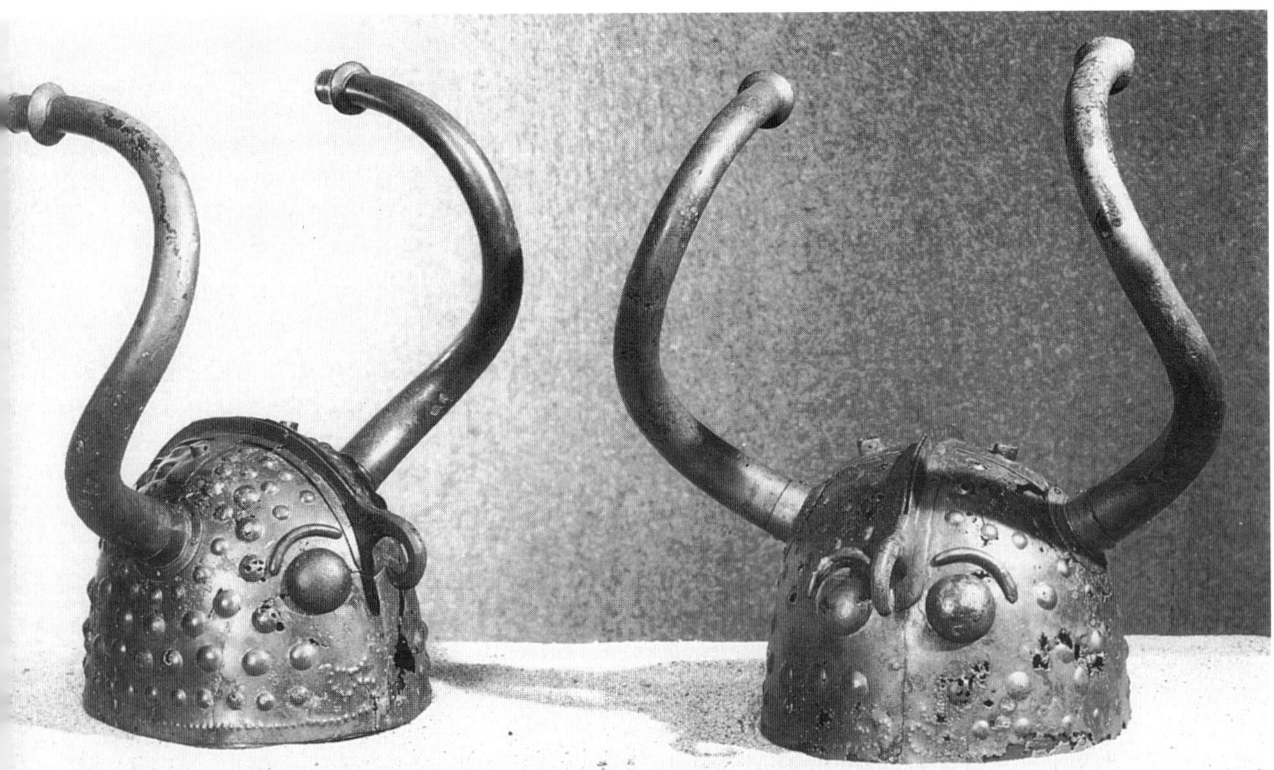

ist es wahrscheinlicher, daß Leder das am häufigsten verwendete Material war und die Metallharnische als Prunkobjekte dienten – entweder in kriegerischen Zeremonien oder um die Gegner durch ihren bloßen Anblick in Furcht und Schrecken zu versetzen, so wie es den Helden in Homers *Ilias* widerfahren ist.

Die Urnenfelderzeit war auch eine Zeit, in der sich die Gemeinschaften systematisch gegen kriegerische Überfälle schützten, indem sie Wälle und Gräben um ihre Siedlungen zogen und Festungsbauten errichteten. Urnenfelderzeitliche Burgen finden sich am häufigsten in hügeligen Gegenden, aber auch im Flachland. Die verschiedenen Befestigungsformen wurden am eingehendsten bei Cottbus in der Lausitz, nahe der polnischen Grenze, untersucht. Solche Anlagen waren aber weitverbreitet und in den meisten Gegenden des europäischen Festlands und der Britischen Inseln findet man Befestigungsanlagen aus der Bronzezeit. Bestanden solche Befestigungen zu Anfang aus nicht mehr als lediglich einem zusätzlichen Holzzaun oder einer Palisade, so wurden diese später weiterentwickelt zu einer komplizierten Konstruktion aus Balkenrahmen, die durch Steinmauern ergänzt und mit Geröll gefüllt wurden und die eine schräge Futtermauer besaßen. In Südwestdeutschland läßt sich zeigen, wie diese Befestigungen in einer Landschaft verbreitet waren. In fast regelmäßigen Abständen (etwa alle 10–15 Kilometer) sind sie entlang der Flußtäler aufgereiht, wo sie den Menschen der unmittelbaren Umgebung vermutlich als Fluchtburgen dienten. Es ist bemerkenswert, daß trotz dieser Vorsichtsmaßnahmen nahezu alle diese Befestigungsanlagen schon nach kurzer Zeit zerstört waren. Bei den meisten läßt sich die Keramik auf einen bestimmten Zeitabschnitt datieren, woraus folgt, daß eine einmal zerstörte Befestigung nie wieder auf-

gebaut und erneut benutzt wurde. Während die relative Chronologie dieser Phasen immer noch ungenau ist, wissen wir heute aufgrund dendrochronologischer Untersuchungen, um welche Zeitabschnitte es sich handelt und daß diese selten länger als 100 Jahre angedauert haben. Das gleiche gilt für die großen Befestigungsanlagen aus Holz in Polen, wo sich Siedlungen wie Biskupin oder Sobiejuchy in zwei oder drei Phasen rasch entwickelten, bis fürchterliche Verwüstungen die bewehrten Siedlungen, deren Aufbau soviel Zeit und Kraft gekostet hatte, schließlich dem Erdboden gleichmachten.

Schließlich sollten wir die Bedeutung der Reiter für das Kriegswesen der Urnenfelderzeit und der frühen Eisenzeit nicht vergessen. Seit 2000 v. Chr. wird das Pferd in weiten Teilen Europas zum Ziehen der Wagen und später auch als Reittier eingesetzt, und in dieser langen Zeit lernte man Vielseitigkeit und Kraft dieses Tieres immer besser kennen. Zunächst, ab der ersten Hälfte des 2. Jahrtausends, waren bestimmte Teile des Zaumzeugs noch aus Knochen und Geweih. Dann wurden sie immer öfter durch Stücke aus Metall ersetzt, sowohl die Bißstangen selbst als auch und viel häufiger die Trensenknebel, an denen die Bißstangen und das übrige Zaumzeug befestigt waren. Daß Pferde zunehmend sowohl bei Zeremonien als auch in kriegerischen Auseinandersetzungen eingesetzt wurden, ist offensichtlich, doch eine deutliche Veränderung fand erst um 800 v. Chr. statt. Aus dieser Zeit fand man in großen Teilen Ost- und Südosteuropas Gräber, die Reiterausrüstungen enthielten. Deren Deutung als »thrako-kimmerisch« spiegelt die von Herodot überlieferte Wanderung von Völkern aus den Steppengebieten des Ostens wider, die vor der Zeit der skythischen Siedlungen westwärts nach Europa einwanderten. Die Funde aus dem Gräberfeld von Szentes-Vekerzug im Südosten Ungarns mit Zaumzeug und Trensengebissen aus Eisen, die aus der Zeit nach 600 v. Chr. stammen, könnten skythischen Ursprungs sein. Die typologisch älteren Formen aus Bronze gehen mindestens bis auf das Jahr 1000 v. Chr. zurück, und die entsprechenden Stücke aus Hirschgeweih wurden seit der älteren Bronzezeit verwendet.

EUROPA IM JAHR 600 V. CHR.

Im Jahr 600 v. Chr. befand sich Europa an der Schwelle zur Epoche schriftlich überlieferter Geschichte, und Autoren wie Herodot sollten schon bald die Ereignisse in Griechenland festhalten und mitunter auch über die Begegnungen der Griechen mit den »barbarischen« Stämmen des Nordens berichten. Der Umfang der Nord-Süd-Verbindungen nach 600 v. Chr., der sehr viel größer war als alle bis dahin nachweisbaren Beziehungen, zeigt, daß während der Urnenfelderzeit bereits die Grundlagen für die nächste wichtige Entwicklungsphase gelegt wurden. Zum Teil hatte das sicherlich mit

oben Zentraler Turm und angrenzende befestigte Burghöfe des Nuraghe von Oes, Torralba, Sardinien.

unten links Das Innere des Wohnturms (Nuraghe) von »Is Paras«, Isili, Sardinien.

unten rechts Der eingestürzte äußere Wall der Befestigung von Velim, Böhmen. Die Funde in den Trümmern stammen vom Beginn der Jungbronzezeit.

Nach Grabungsbefunden wieder aufgebautes Tor der Palisadenburg von Biskupin, Mittelpolen; frühe Eisenzeit. Die Siedlung gehört zur Lausitz-Kultur, einer Epoche, in der in diesem Teil Polens viele solcher Befestigungsanlagen errichtet wurden.

Entwicklungen südlich der Alpen zu tun: in Griechenland und Italien waren Kolonisation, politische Entwicklung und die Ausweitung des Handels Prozesse, die für die Entstehung der Staaten in jenen Gebieten eine zentrale Rolle spielten. Doch auch im Norden gerieten die Dinge in Bewegung, und neue Gesellschaften entstanden in einem Maß, das alles übertraf, was zuvor geschehen war. Auch das nun als neuer Werkstoff weitverbreitete Eisen spielt eine Rolle. Wie wir bereits gesehen haben, steigt die Zahl der Eisenobjekte ab dem Beginn des 1. Jahrtausends v. Chr. kontinuierlich. Um 600 v. Chr. war das Eisen zum meistbenutzten Rohstoff für die Herstellung von Werkzeugen und Waffen geworden; hochwertige Kunstgegenstände wurden dagegen noch immer aus Bronze gefertigt. Daß man gelernt hatte, mit dem Eisen umzugehen, war entscheidend, auch wenn dies nur ein Teil der neuen Fertigkeiten war, die in den vorausgegangenen Jahrhunderten entwickelt worden waren. Sie sollten zu den entscheidenden gesellschaftlichen, politischen und künstlerischen Errungenschaften führen, die Gegenstand des folgenden Kapitels sein werden.

10

DIE GESELLSCHAFTEN WESTEUROPAS WÄHREND DER EISENZEIT 800–140 V. CHR.

BARRY CUNLIFFE

DIE GEBURT DER GRIECHISCH-RÖMISCHEN WELT 800–400 V. CHR.

Der Höhepunkt der mykenischen Macht im 14. und 13. Jahrhundert v. Chr. ließ bereits ahnen, was auf Europa zukommen würde. Geht man von der Verbreitung der mykenischen Keramik in Italien und Südspanien aus, kann man vermuten, daß Schiffe aus der Ägäis regelmäßig in die Adria und ins westliche Mittelmeer ausliefen, um die notwendigen Rohstoffe für die mykenischen Stadtstaaten zu besorgen. In den noch weiter entfernten Grenzgebieten zum barbarischen Europa entstanden jetzt vielerorts lokale Eliten. Ihre immer stärkere, wenn auch nicht endgültig gefestigte Stellung errangen sie nicht zuletzt, weil sie in der Lage waren, die Wege der Handelsgüter zu den Abnehmern im ägäischen Raum zu kontrollieren. Und so wie die kurze Blüte der mykenischen Gesellschaft einen Vorgeschmack auf die griechische und später griechisch-römische Staatenwelt bot, bedeuten die Handelsnetze der Mykener und die Art, wie die barbarischen Stämme an der Peripherie des mykenischen Einflußbereichs darauf reagierten, eine Vorwegnahme der fünf oder mehr Jahrhunderte später stattfindenden Entwicklung. Man könnte das sich in Mykene entfaltende System fast als einen Probelauf für die spätere Blütezeit der griechisch-römischen Welt betrachten.

Um zu verstehen, was sich in Europa am Rande der früh entwickelten mediterranen Kultur ereignete, muß man wohl zuerst den Mittelmeerraum selbst betrachten, da vom 8. Jahrhundert v. Chr. an die Geschicke beider Welten aufs engste miteinander verflochten waren. Die Geschichte des Mittelmeerraums in den vier Jahrhunderten von 800 bis 400 v. Chr. beginnt mit der Handelskonkurrenz zwischen Griechen und Phöniziern; und am Ende dieser Zeitspanne rüsten die Nachfolger beider Mächte, Römer und Karthager, zu ihren Kriegen. Die Verwicklungen auf den Haupt- und Nebenschauplätzen sind vielgestaltig und faszinierend – wir können hier nur einige der wichtigsten Entwicklungslinien nachskizzieren.

Um 800 v. Chr. beginnen die Stadtstaaten auf dem griechischen Festland und in der Ägäis entlang der kleinasiatischen Küste aus dem Dunkel in das Licht der Geschichte zu treten. In dem Maß, in dem sich Gesellschaften an bestimmten zentral gelegenen

Orten fest ansiedelten, wurden die sozialen Systeme komplexer, und die Herausbildung der Städte und städtischer Lebensweisen führte zu einer ganzen Reihe von Problemen. Dazu gehört insbesondere der gesellschaftliche Druck, für den das rasche Bevölkerungswachstum und die Produktionssysteme sorgten, die während längerer Perioden von Nahrungsmittelknappheit die Versorgung der Bevölkerung nur unzureichend sicherstellen konnten. Beide Probleme wurden dadurch gemildert, daß beträchtliche Teile der Städter ihre Heimat verließen und Kolonien gründeten. Zwar unterschieden die Griechen zwischen *apoikiai* und *emporia* – den Siedlungen fern von Zuhause und den eigentlichen Handelsniederlassungen –, doch kann der Unterschied zwischen beiden so groß nicht gewesen sein. Was auch immer die Gründe für die Neugründung von Siedlungen gewesen sein mögen – ob Abwanderung eines Teils der Bevölkerung oder der Wunsch nach Handelsniederlassungen am Rande von Regionen mit hoher Produktivität, etwa der Getreideanbaugebiete in der pontischen Steppe (vgl. S. 428–33) oder in der Nähe der reichen Metallvorkommen Etruriens –, beide Motive werden sich gewiß rasch überlagert haben.

In den zweihundert Jahren zwischen 800 und 600 v. Chr. öffnete sich der Raum des westlichen Mittelmeers für die griechische Welt. Nach griechischer Überlieferung haben die Euböer aus den Städten Eretria und Chalkis den Anfang gemacht und die ersten Kolonien gegründet; und wie sich aus den archäologischen Befunden schließen läßt, muß sich bereits um 770 v. Chr. ein ausgedehnter Handel entwickelt haben. Eine der ältesten bisher entdeckten Kolonialsiedlungen ist die bei Pithekoussai auf Ischia, im nördlichsten Zipfel des Golfs von Neapel. Die Lage ist sehr gut gewählt, denn von hier aus ergab sich ein direkter und unproblematischer Zugang zum äußerst produktiven Etrurien im Norden und zur Insel Elba, auf der es reiche Vorkommen von verschiedenen Metallen gab, besonders von hochwertigem Eisenerz. Allem Anschein nach hatte man den Eindruck, die Niederlassung auf der Insel an genau der richtigen Stelle gegründet zu haben, denn einige Jahre später schon gründeten die Chalkidier eine weitere Siedlung bei Cumae auf dem gegenüberliegenden Festland.

Es war eine lange Reise von Griechenland zu diesen Außenposten in der Wildnis des westlichen Mittelmeerraums, die Schiffe blieben jedoch immer in Sichtweite zur Küste, und man kannte sichere und bewährte Ankerplätze entlang der Küsten Italiens und Siziliens, so daß die Reise sicherlich nicht sehr gefährlich war. Und als der Handel intensiver wurde, entwickelten sich diese Plätze zu regelrechten Häfen und Siedlungen. Das südlich von Taormina an der Ostküste Siziliens gelegene Naxos ist, so die Überlieferung, 734 v. Chr. gegründet worden, ein Jahr nachdem die Korinther beschlossen hatten, in Syrakus, 80 Kilometer südlich, eine Kolonie zu gründen. Andere Kolonien entstanden in rascher Folge, so daß um 600 v. Chr. Sizilien und das südliche Italien zu Teilen der griechischen Welt geworden waren – nicht umsonst erhielt Süditalien den Namen Magna Graecia.

Der Handel mit den Etruskern versorgte den heimischen Markt auf dem griechischen Festland mit den erforderlichen Rohstoffen zur Metallbearbeitung. In der Mitte des 7. Jahrhunderts erschien eine neue Gruppe von Entdeckern auf der Landkarte: die Phokäer, die von ihrer Stadt Phokäa an der ägäischen Küste Kleinasiens aufgebrochen waren. Wie Herodot in seinen *Historien* berichtet (Buch 1, 163), sind sie »die ersten Hellenen gewesen, die weite Seefahrten unternahmen. Sie entdeckten das Adriatische Meer, Tyrsenien, Iberien und Tartessos.« Sie fuhren, so Herodot weiter, »nicht in runden Handelsschiffen, sondern in Fünfzigruderern« – einem sehr schnellen Kriegsschiff mit fünfzig Ruderern. Damit wird deutlich, daß der Stil der Entdeckungsreisen etwa der gleiche war wie der von Vasco da Gama 2 000 Jahre später, der die Macht seiner Feuerwaffen nutzte, um die Herrschaft Portugals in Indien zu begründen. Aus Herodots Bericht geht hervor, daß vor allem die Erzvorkommen in der Pyritregion im Südosten Spaniens große Anziehungskraft besaß. Diese Vorkommen standen unter der Herrschaft der Tartesser, die das Gebiet an den Unterläufen von Guadalete, Guadalquivir und Tinto besetzt hatten. Herodot sagt weiter, daß die Tartesser den Phokäern derart zugetan waren, daß der tartessische König die in Ionien von den Persern bedrängten Phokäer einlud, sich in seinem Königreich, wo immer sie wollten, niederzulassen. Diese aber konnten sich nicht entschließen auszuwandern, und so schenkte der König ihnen Geld für den Bau einer Verteidigungsmauer.

Aller Wahrscheinlichkeit nach führte die Route, die die phokäischen Seeleute benutzten, vom Golf von Neapel nach Norden bis Korsika, von dort hinüber zur französischen Küste und an dieser entlang bis nach Spanien, und weiter immer die Mittelmeerküste entlang an den Säulen des Herakles vorbei (also durch die Straße von Gibraltar) bis zu den tartessischen Häfen an der Atlantikküste. Wie alle Seeleute werden auch die Phokäer entlang ihrer Route Häfen aufgesucht haben, um sich mit Wasser und Nahrungsmitteln zu versorgen, wodurch sie mit der einheimischen Bevölkerung zum Teil enge Beziehungen aufnahmen. Nach und nach wurden die günstig gelegenen Küstensiedlungen zu Handelshäfen, und schließlich ließen sich hier auch die ersten Griechen dauerhaft nieder. Massalia (Marseille) nahe der Rhônemündung wurde 600 v. Chr. zur Kolonie, bald darauf Emporion (Ampurias), um 560 v. Chr. auch Alalia an der Ostküste Korsikas. Später entstanden Tochterkolonien, um auch die dazwischenliegenden Gebiete nutzen zu können. Auf diese Weise hatten die Phokäer bis zur Mitte des 6. Jahrhunderts ihre Herrschaft über die nördlichen Gewässer des westlichen Mittelmeers fest etabliert und übernahmen nach und nach, was bislang Einflußbereich der Etrusker gewesen war. Auf diese Art kamen die barbarischen Gruppen und Siedlungen im westlichen Europa zum ersten Mal mit den Bewohnern und den Erzeugnissen griechischer Stadtstaaten in Berührung.

Ganz ähnlich hatten auch die Phönizier, ein semitisches Volk aus den Küstenstädten der Levante (dem heutigen Libanon), direkte Handelsbeziehungen mit Siedlungen an den Küsten Nordafrikas und Südspaniens aufgebaut; auch ihr Interesse galt den Erzvorkommen von Tartessos. Nach der Überlieferung gründeten sie um 1200 v. Chr. einen Handelshafen bei Gardes (Cádiz), damals eine Insel an der Südflanke des tartessischen Königreiches, wobei das Datum archäologisch nicht zu belegen ist. Die älteste Besiedlung reicht hier nur ins 8. Jahrhundert v. Chr. zurück. Sicherlich hatte der phönizische Handel bis zum Jahr 800 v. Chr. an Umfang zugenommen; hinter den Aktivitäten der Phönizier stand als treibende Kraft vermutlich die Nachfrage der Assyrer an Silber. Aufgrund der Lage ihrer Heimatstädte an der Küste waren die Phönizier die Mittelsmänner zwischen den Wirtschaftszentren des Mittelmeerraums und den Verbrauchern und Märkten in den Reichen des Vorderen Orients.

Die Beziehungen zwischen Phöniziern und Tartessern beschreibt Diodorus detailliert: »Nachdem sie Öl und andere kleinere Güter für den Seehandel in dieses Gebiet gebracht hatten«, so sagt er, »erhielten sie als Fracht für die Rückreise Silber in so großen Mengen, daß sie dies weder behalten noch aufnehmen konnten, sondern gezwungen waren, bevor sie von diesen Häfen ablegten, nicht nur alle Gebrauchsgegenstände aus Silber zu fertigen, sondern auch sämtliche Anker« – zweifelsohne eine maßlose Übertreibung, aber der gewiß gewaltige Umfang der Silberexporte wird daran anschaulich. Aller Wahrscheinlichkeit nach wurden aus dem tartessischen Silber assyrische Münzen geschlagen.

Der Handel der Phönizier beschränkte sich nicht nur auf Tartessos. Ihre Spuren lassen sich auch an die Atlantikküste Nordafrikas verfolgen; und noch im Mittelmeerraum sind entlang der Südküste Spaniens in regelmäßigen Abständen eine ganze Anzahl kleiner Häfen bekannt. Von dort aus konnten das reiche Hinterland der Sierra Nevada und jenseits dieser Hochebene das Flußtal des Guadalquivir erschlossen werden. Aber auch entlang der Routen, die sie von Ost nach West die südliche Mittelmeerküste entlang zogen, gründeten die Phönizier Siedlungen, die meisten davon an der tunesischen Küste. Deren früheste war Utica, das jedoch bald von Karthago, das seine Blüte im 7. Jahrhundert erlebte, überflügelt wurde. Auch an anderen Stellen entlang dieses Seewegs wurden Häfen gegründet: in Westsizilien, an der Süd- und Westküste Sardiniens und auf den Balearen. Mit anderen Worten, während die Griechen die nördlichen Küsten des westlichen Mittelmeers beherrschten, standen die südlichen unter dem Einfluß der Phönizier. Dies bedeutet nicht, daß beide Einflußbereiche strikt voneinander getrennt gewesen wären, es gibt sogar sehr viele Hinweise auf wechselseitige Beziehungen. In den älteren Schichten Karthagos fand man bei Grabungen viele Artefakte griechischer Herkunft, und aller Wahrscheinlichkeit nach haben phönizische Kaufleute in den Häfen Siziliens und Italiens griechisches Öl und andere Verbrauchsgüter an Bord genommen und zu ihren Handelspartnern in den Westen gebracht.

Mitte des 6. Jahrhunderts kommt es zu einer bedeutsamen Veränderung in der politischen Struktur des westlichen Mittelmeerraums, ausgelöst von den Babyloniern, die 573 v. Chr. die phönizischen Städte an der levantinischen Küste angriffen und deren altbewährte Handelsnetze zerstörten. Damit war der westliche Mittelmeerraum vom Osten abgeschnitten, Karthago wurde zum Zentrum des phönizischen Handels und löste die alten, levantinischen Mutterstädte Tyros und Sidon ab. Nicht lange danach, im Jahre 544 v. Chr., belagerten die Perser, die die Städte Kleinasiens erobert hatten, auch die Stadt Phokäa. Die Bevölkerung flüchtete in Massen nach Westen und hoffte dabei, sich in der phönizischen Kolonie von Alalia auf Korsika niederlassen zu können. Eine derart massive Präsenz der Griechen sahen die Etrusker, die zu jener Zeit noch immer ausgedehnte Handelsbeziehungen im nördlichen Teil des westlichen Mittelmeerraumes unterhielten, als ernsthafte Bedrohung ihrer wirtschaftlichen Interessen an. Sie verbündeten sich mit den Karthagern, und 537 v. Chr. kam es vor der Küste bei Alalia zu einer Seeschlacht. Die Griechen trugen den Sieg davon, doch es war nur ein knapper Sieg, und die Siedler beschlossen, Korsika wieder zu verlassen und außerhalb des Einflußbereichs der Etrusker einen sichereren Platz zu finden: Sie gründeten die Kolonie in Elea (Velia), Süditalien.

Der Zwischenfall macht deutlich, daß der westliche Mittelmeerraum für den wachsenden wirtschaftlichen Expansionsdrang der Griechen, Etrusker und Karthager zu eng wurde. Die Seeschlacht vor Alalia war der erste Konflikt in einer langen Phase wachsender Spannungen, die 264 v. Chr. im Ersten Punischen Krieg gipfelten.

Mit dem Ausgang der Schlacht von Alalia mußten die Etrusker hinnehmen, daß sie an Einfluß über die nördlichen Seewege verloren. Gerade in dieser Zeit entwickelte sich die griechische Stadt Massalia besonders rasch und beherrschte die Handelswege nach Gallien und in die noch weiter nördlich liegenden Gebiete. Ein Grund für dieses plötzliche Wachstum ist möglicherweise darin zu sehen, daß die Karthager nach Alalia endgültig die Herrschaft über die südspanischen Häfen übernahmen und sie für die Griechen blockierten. So verloren diese den Zugang nicht nur zu den reichen Erzvorkommen in Tartessos, sondern auch zu den Handelsnetzen des Atlantiks, wo ein großer Teil des Zinns für den griechischen Markt beschafft wurde. Mit der Entwicklung Massalias und der anderen Häfen Südgalliens konnten sich die griechischen Siedler die direkte Kontrolle über andere, bedeutende Handelswege verschaffen: Sie führten durch das barbarische Europa hindurch, einerseits direkt nach Norden durch die Täler von Rhône und Saône, andererseits nach Westen, an Carcassonne vorbei und hinüber ins Flußtal der Garrone und so zur Gironde, dem Zugang zum Atlantik: Damit eröffnete sich ihnen ein alternativer Seeweg zu den unschätzbaren Zinnvorkommen Galiziens, der Bretagne und Cornwalls. Daß die Karthager den Seeweg durch die Meerenge von Gibraltar monopolisierten, hatte also eine stärkere und entschlossenere Präsenz der Griechen in Südgallien zur Folge. Und das wiederum führte zur Zurückdrängung etruskischer Interessen.

Die Folgen für Etrurien sind leicht festzustellen. Die alten Küstenstädte verfielen, dafür aber entwickelte sich ein neues Netz von Handelswegen durch die Apenninen nach Norden. Gegen Ende des 6. Jahrhunderts wurden nördlich der Apenninen Städte wie Marzabotto und Felsinia (Bononia) gegründet, die die reiche Po-Ebene überblickten. Durch diese Neuorientierung gewannen die Etrusker direkten Zugang zu zwei neuen Märkten. Der eine, im Norden, war über die Alpenpässe zu erreichen, der andere Weg führte über die Küstenstädte Spina und Adria direkt nach Griechenland; die habgierigen Mittelsmänner von Magna Graecia im Süden ließen sich so umgehen. Nach den vorliegenden Zeugnissen ist Spina offenbar um 520 v. Chr. gegründet worden, Adria möglicherweise etwas früher. Mit dieser Neuorientierung konnten die etruskischen Stadtstaaten ihre starke Position noch fast ein ganzes Jahrhundert lang bewahren. Im westlichen Mittelmeerraum jedoch verloren sie nach und nach Bewegungsfreiheit; besiegelt wurde dies durch die Niederlage, die die Flotte der Etrusker 474 v. Chr. vor Cumae in der großen Seeschlacht gegen die Flotte von Magna Graecia erlitt.

Sieht man von Einzelheiten ab und betrachtet die Gesamtentwicklung, dann erscheinen die Jahre 800–600 v. Chr. als Periode von Handelsbeziehungen ohne gegenseitige Einschränkungen. Von 600–450 v. Chr. folgte dann eine Zeit der Auseinandersetzungen, des Wettbewerbs und der Intensivierung. Während der ersten Phase kam von Italien bis nach Portugal ein langer Streifen der europäischen Küste mit der Kultur der Griechen, Etrusker und Phönizier in Berührung. In der zweiten Phase verstärkte

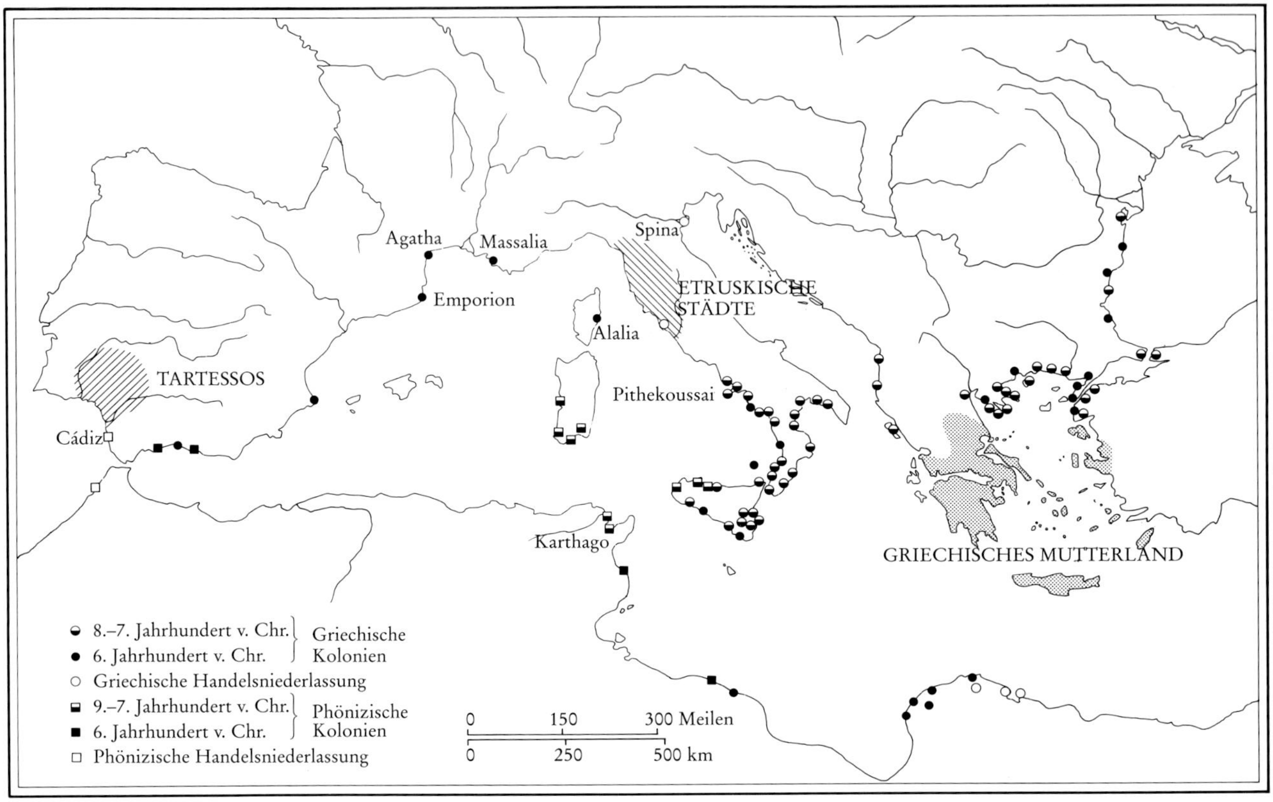

Der Mittelmeerraum zur Zeit der griechischen und phönizischen Kolonisation. Die Entwicklung der etruskischen Städte und des Königreichs von Tartessos wurde durch die Händler und Reisenden aus dem östlichen Mittelmeerraum kulturell beeinflußt.

sich der Einfluß von Phöniziern und Karthagern auf den Süden der Iberischen Halbinsel, während weiter nördlich die Griechen die Herrschaft über die Mittelmeerküsten Galliens übernahmen und die Etrusker ihren Einflußbereich auf das adriatische Meer und die Ostalpen verlagerten. All diese Verschiebungen und Neuorientierungen sollten, wie wir sehen werden, eine entscheidende Wirkung auf die Gruppen und Gesellschaften des europäischen Hinterlands haben.

DIE BARBARISCHEN RANDZONEN 600–450 V. CHR.

Die entlang der Mittelmeerküsten gegründeten Handelsniederlassungen förderten die wirtschaftliche Entwicklung in den nördlichen Teilen Europas. Die einzelnen Gemeinschaften reagierten zwar auf unterschiedliche Weise, aber stets nach einem ähnlichen Muster: Die Güter aus dem Mittelmeerraum waren überaus begehrt, und die wertvollsten erhielten gewöhnlich die Adligen, um ihren Sonderstatus hervorzuheben, während geringerwertige von dieser Oberschicht an Personen niedrigeren Standes abgegeben wurden, so daß eine Art Geschenkumlauf entstand. Gleichzeitig kam das Verlangen auf, die fremden Erzeugnisse nachzuahmen; so hatte man einheimische Handwerker, um die importierten Luxuswaren nachzubilden, und mit den fremden Dingen übernahm man auch die fremden Gebräuche.

Besonders deutlich lassen sich diese Prozesse in Südspanien verfolgen, wo die Tartesser und ihre Nachbarn enge Handelsbeziehungen mit Phöniziern und Griechen knüpften. Die Menge der gehandelten Güter ist enorm. Bei einer Ausgrabung in Huelva (mit größter Wahrscheinlichkeit der Ort, an dem sich das alte Tartessos befand), sind in einer einzigen Grabungsfläche von 6 mal 4 Metern Keramikscherben von 1 400 griechischen Gefäßen gefunden worden, die aus den verschiedensten Zentren im östlichen Mittelmeer stammen, darunter auch aus Athen und von den Inseln Chios und Samos. Die ältesten dieser Scherben lassen sich auf die zweite Hälfte des 7. Jahrhunderts datieren, doch die Mehrzahl stammt aus dem 6. Jahrhundert. Wenn man von der Fülle des in dieser einen Grabung gefundenen Materials auf das gesamte Gebiet schließen darf, sind in diesem Hafen viele Hunderte von Schiffsladungen gelöscht worden.

Am Rand der Siedlung, in La Joya, befindet sich ein Gräberfeld, auf dem im 7. Jahrhundert einige der einheimischen tartessischen Oberhäupter bestattet wurden. Einem von ihnen hat man einen mit Bronze verzierten Wagen aus Walnußholz beigegeben. Daneben fanden sich ein Kästchen aus Elfenbein und kultische Bronzegefäße: Krug, Schüssel und Räucherfaß. Diese Gegenstände sind ganz offensichtlich von einheimischen Handwerkern gefertigt worden; die religiösen Vorstellungen jedoch, die in diesen Grabbeigaben zum Ausdruck kommen, stammen aus dem östlichen Mittelmeerraum. In anderen Regionen des tartessischen Reiches sind nur wenige derart reich ausgestattete Gräber zu finden; ganz im Unterschied zu den Gebieten jenseits der Nordgrenze dieses Königreiches, wo eine ganze Reihe solcher Gräber gefunden wurde, so etwa die Gräbergruppe von Carmona, Provinz Sevilla, mit fein geschnitzten Elfenbeinarbeiten; oder eines der Gräber bei Alisada mit einer erstaunlichen Vielfalt an Schmuckgegenständen aus Gold, die zum größten Teil einer einheimischen Produktion entstammen. Dort fand man aber auch ein Amethyst-Siegel aus Syrien und einen ägyptischen Ohrring. Diese wertvollen Beigaben zeigen etwas vom Reichtum der sozialen Oberschicht, der daher rührte, daß sie den Transport der Güter durch ihre Territorien zu den Küstenhäfen kontrollierten.

Der Import griechischer und phönizischer Keramik über die beiden bedeutenden Häfen von Cádiz und Huelva sowie über die kleineren Zwischenstationen an der südspanischen Küste führte zu auffälligen Veränderungen in der einheimischen Produktion. Anstelle der eintönigen grauen Töpferwaren zog man bald die helleren ockerfarbenen Fabrikate vor, die in geometrischen Mustern rot und schwarz bemalt waren. Das gehört in die sogenannte »Orientalisierungsphase« von ca. 750–550 v. Chr., die mit der ebenso rasanten Entwicklung der Städte im Tal des Guadalquivir einherging. Im 6. Jahrhundert gab es dann bereits bedeutende Städte, die von Verteidigungsmauern umschlossen waren. Bald darauf tauchen, in Siedlungen wie Porcuna etwa, die ersten Zeugnisse einer eigenen iberischen Kunst auf. Es handelt sich um eindrucksvolle Bildhauerarbeiten, die in Motivwahl und Ausführung eindeutig einheimischen Ursprungs sind; dies ist gut an den Details der Bewaffnung und Kleidung erkennbar. Dennoch ist auch in solchen Details die Inspiration durch die Kunst des östlichen Mittelmeerraums spürbar. Diese raschen und folgenreichen Entwicklungen im Tal des Guadalquivir lassen sich möglicherweise auf die Neuorientierung der Handelsnetze zurückführen, denn gerade zu dieser Zeit herrschte in den phönizischen Häfen an der spanischen Südküste höchste Geschäftigkeit. Man kann wohl davon ausgehen, daß inzwischen von den Mittelmeerküsten nach Norden direkte Verbindungen zu denjenigen Gesellschaften geknüpft worden waren, die die reichen Ressourcen des Tals und die Silbervorkommen der Sierra Morena kontrollierten. Es deutet einiges darauf hin, daß ungefähr zu dieser Zeit das Tempo der Wandlungsprozesse im westlich gelegenen tartessischen Reich nachließ, möglicherweise weil die Händler aus dem östlichen Mittelmeer sich nun nicht mehr auf den Atlantik hinaus wagten und über die tartessischen Mittelsmänner Handel trieben, sondern den direkteren Weg vorzogen.

Eine weitere Verschiebung des Schwergewichts ergibt sich im Lauf des 6. Jahrhunderts. Betrachtet man die Verbreitung der griechischen Importkeramik, so scheint es, daß die Einfuhr nun im wesentlichen über die südöstlichen Häfen Spaniens stattfand; eine Entwicklung, die mit der seit etwa 550 v. Chr. wachsenden Bedeutung Ibizas als phönizisches Handelszentrum zusammenhängen könnte. Warum es zu einer solchen

Die sogenannte »Löwin von Sagunto«, in Wirklichkeit ein Stier. Ein Meisterwerk iberischer Bildhauerei aus einem Heiligtum oder Grab, vermutlich aus dem 4. Jahrhundert v. Chr. Gefunden in Sagunto, Valencia, Spanien. Höhe: 0,8 m.

Stierfigur aus Kalkstein, gefunden in Osuna, Andalusien, Spanien. Eine typisch iberische Steinmetzarbeit aus dem 4. oder 3. Jahrhundert v. Chr. mit vermutlich religiöser Bedeutung. Höhe 0,65 m.

links Die Dame von El Cerro De Los Santos, Albacete, Spanien, vermutlich eine Priesterin, die eine religiöse Zeremonie leitet. Der Kalkstein war ursprünglich bemalt. Kleidung und Haltung sind typisch für die iberische Bildhauerei aus dem 4. und 3. Jahrhundert v. Chr. Höhe: 1,35m.

rechts Statue eines iberischen Kriegers, Teil eines großen, mehrfigurigen Monuments, vermutlich einer Grabskulptur. Aus Porcuna, Andalusien, Spanien; 5. oder 4. Jahrhundert. Obwohl es sich um eine iberische Rüstung handelt, deutet die künstlerische Ausführung auf griechische Einflüsse hin.

Verschiebung kam, ist nicht ganz klar; einen Anreiz bot möglicherweise die Aufschließung der großen Silberbergwerke in der Nähe von Cartagena. Von der Südostküste aus konnte man die seit langem abgebauten Lagerstätten am Guadalquivir noch immer durch das Seguratal erreichen. All dies führte dazu, daß sich bis zum 5. Jahrhundert die ganze Mittelmeerküste Spaniens zu einer pulsierenden, städtisch geprägten Siedlungsgemeinschaft entwickelte, in der es eine hochentwickelte Kunst und Schrift gab, in der aber auch eine komplexe Militärstruktur aufgebaut wurde. Die Wurzeln der Iberer, wie sie jetzt genannt werden, sind eindeutig lokalen Ursprungs, ihre kulturelle Entwicklung ist aber von Kräften beschleunigt und bereichert worden, die in dem dreihundert Jahre währenden intensiven Austausch mit den Händlern und Unternehmern des östlichen Mittelmeerraums entstanden sind.

Weiter nördlich bildeten Gebirgszüge wie die Westalpen und die Cevennen eine deutliche Grenze zwischen der mediterranen Welt und Mitteleuropa, allerdings ermöglichen die Flußtäler von Rhône und Saône einen leichten Zugang zu dem weitläufigen Gebiet zwischen Burgund und Süddeutschland. Dieses westliche Gebiet der Hallstatt-Kultur lag mitten in Europa, zu ihm gehörten die Oberläufe von Seine, Saône, Rhein und Donau. Also bestanden hier auch direkte Zugangsmöglichkeiten zum größten Teil Europas nördlich der Alpen. Es ist deshalb kaum verwunderlich, daß die soziale Oberschicht dieser nördlichen Regionen, als in der 2. Hälfte des 6. Jahrhunderts v. Chr. der von den Griechen über Massalia betriebene Handel intensiviert wurde, im Besitz dieser fremden Güter aus dem Mittelmeerraum war und deren Entsendung nach Norden kontrollieren konnte. Der Warenfluß hatte aber schon früher eingesetzt. Zu den gehandelten Gütern gehörten Statussymbole wie die Gefäße, aus denen beim Ritual des griechischen Totengelages der Wein ausgeschenkt und getrunken wurde; Beispiele für diesen frühen Handel sind die »rhodischen« Bronzekannen von Vilsingen und Kappel in Baden-Württemberg, die gegen Ende des 7. Jahrhunderts entstanden sind, sowie die Hydria aus Grächwil (Kanton Bern, Schweiz), die im frühen 6. Jahrhundert in Süditalien hergestellt worden ist. Ab Mitte des 6. Jahrhunderts wurde der Handel aber intensiviert. Nun tauchen zusätzlich zu den weiterhin gehandelten Waren von geringerem Wert auch große Gegenstände von beträchtlichem Wert auf, etwa der mannshohe Bronzekrater von Vix. Zu den ersten zählen attische Keramik, zunächst schwarzfigurig und später rotfigurig bemalt, und Amphoren aus Massalia, die zweifellos mit heimischem Wein der Provençe gefüllt waren.

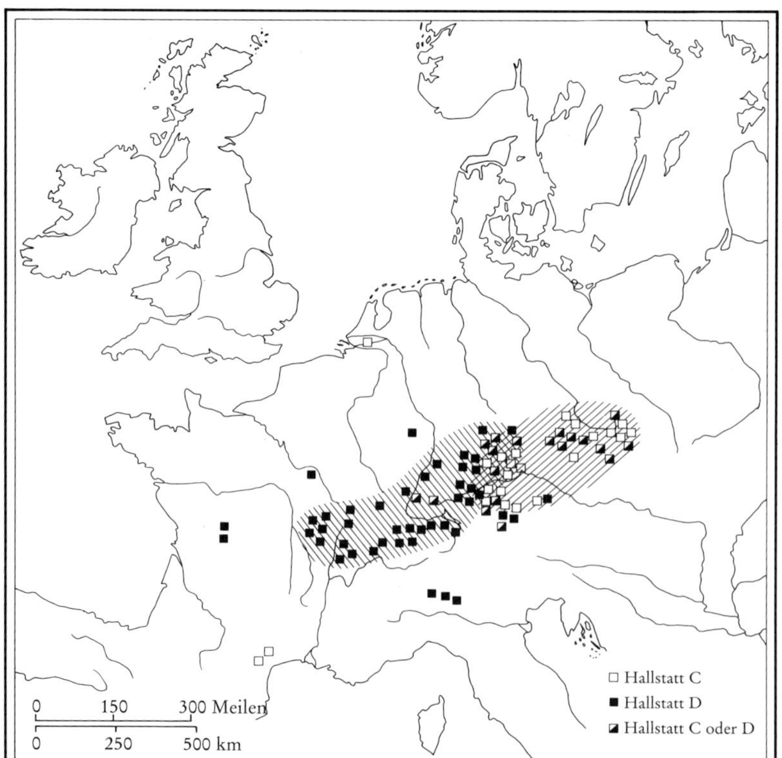

Mitten in Europa und außerhalb der mediterranen Welt entwickelte die soziale Oberschicht der beginnenden Eisenzeit ein Bestattungsritual, bei dem der Tote zusammen mit einem Wagen beigesetzt wurde, auf dem die Leiche zum Grab gebracht worden war. Die ältesten Beispiele dieser Bestattungssitte (Hallstatt C, etwa 720–600 v. Chr.) reichen von Deutschland bis in die ehemalige Tschechoslowakei. Später (Hallstatt D, etwa 600–480) verlagerte sich das Machtzentrum nach Westen.

links Menhir-Statue aus Filitosa, Korsika. Der Stein ist anthropomorph gestaltet. Deutlich sind das Schwert und der in einer Scheide steckende Dolch zu erkennen. Den Hals der Figur schmückt eine Art Reif oder Halskette. Die Statue stellt eindeutig einen Krieger dar und wurde vielleicht aus Anlaß des Todes eines geachteten Kämpfers oder Häuptlings aufgestellt.

rechts Grabstele aus Magacela, Badajoz, Spanien. Auf dem Stein sieht man die schematische Darstellung eines Kriegers, voll ausgerüstet mit Schild (unten), gehörntem Helm, Dolch, Lanze und ovalem Spiegel, vermutlich 7. Jahrhundert v. Chr.

links Hort mit Hals- und Armreifen aus Gold, Erstfeld, Schweiz; spätes 5. oder frühes 4. Jahrhundert v. Chr.

rechts Mit Platten und Beschlägen aus einer Kupferlegierung verzierter Holzeimer. Gefunden in einem Grab (Ende des 1. Jahrhunderts v. Chr.) bei Aylesford, Kent, England.

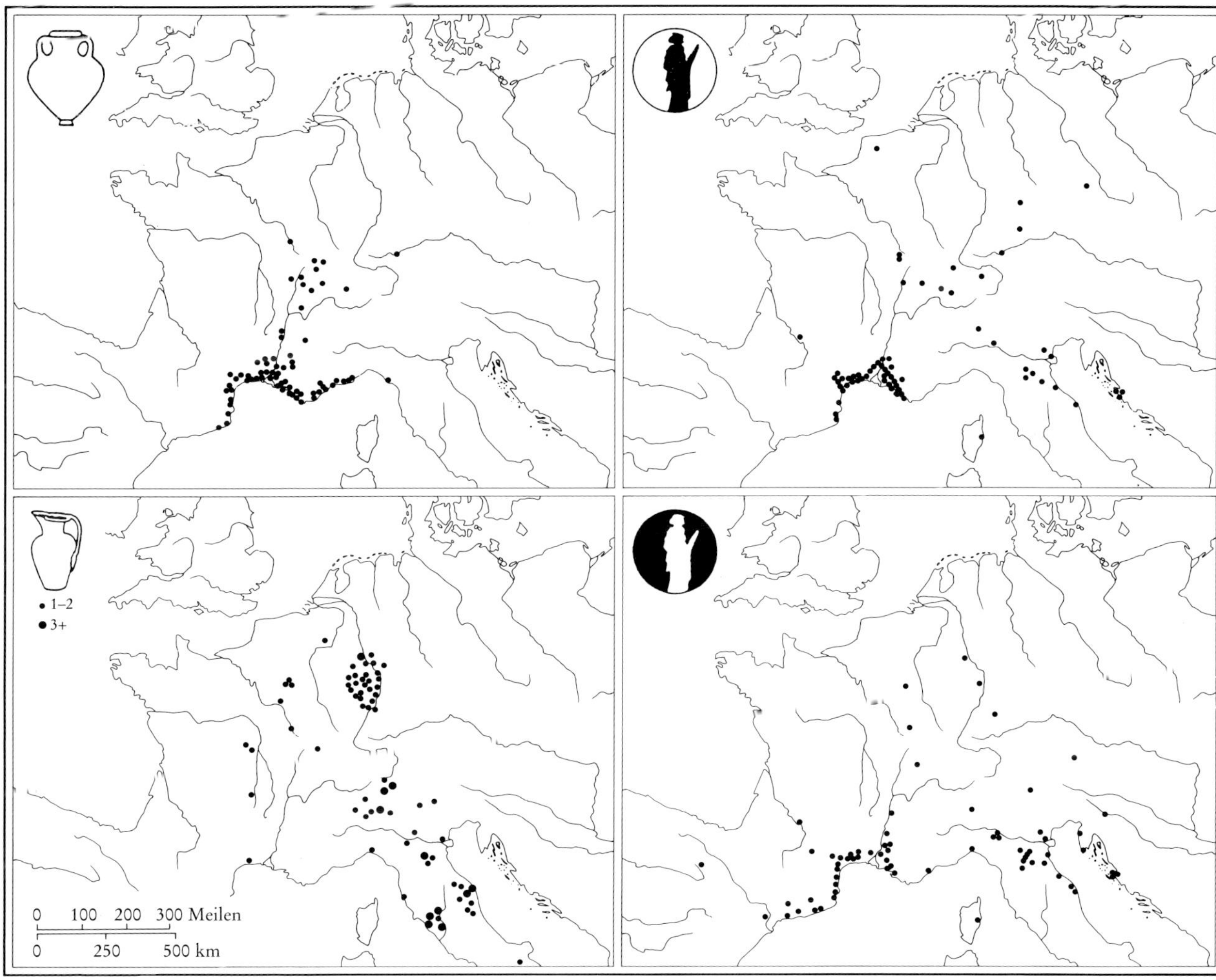

Gebrauchsgegenstände, die mit dem Weinkonsum zusammenhängen, wurden vom Mittelmeer als Tauschobjekte zu den eisenzeitlichen »Fürstensitzen« im Zentrum Westeuropas gebracht. Die beiden Karten oben zeigen die Verteilung von Weinamphoren aus Massalia und von griechischer schwarzfiguriger Keramik, die etwa aus der Zeit von 560–500 v. Chr. stammen. Die Karten unten zeigen die Verbreitung etruskischer Krüge und rotfiguriger Keramik aus Griechenland.

Wie der Handel betrieben wurde, bleibt unklar. Wir können auch nicht mit Bestimmtheit sagen, welche einheimischen Produkte als Gegenwert geboten wurden. Gold ist eine Möglichkeit, außerdem wohl auch Tierhäute, Felle und Nahrungsmittel, z. B. der geräucherte Schinken, für den die Gegend einige Jahrhunderte später berühmt wurde. Eine andere für die Wirtschaft des Mittelmeerraums bedeutsame Ware, die in späteren Handelsgeschäften eine große Rolle spielte, sind die Sklaven. Die einheimischen Adligen hatten die uneingeschränkte Kontrolle über diese Tauschwaren, und das Erworbene nutzten sie als Statussymbol.

Die soziale Oberschicht gab rauschende Feste, auf denen Luxusgüter als Geschenke ihre Besitzer wechselten; nach dem Tod eines Häuptlings inszenierten die Familien eine standesgemäße Bestattung mit kostspieligen Grabbeigaben wie Trinkgefäße aus

Die Heuneburg in Süddeutschland; eine Befestigungsanlage oberhalb der Donau. Sie wurde am Ende des 6. Jahrhunderts mit einer auf Steinfundamenten errichteten Lehmziegelmauer neu befestigt, eine in der griechischen Welt häufige Bauweise, die jedoch im Klima der gemäßigten Zone Europas etwas völlig Exotisches war. Die Festung entstand in einer Phase, in der die einheimischen Anführer demonstrativ Elemente der griechischen Kultur übernahmen.

Bronze oder Gold und andere exotische Gegenstände. Dieser extensive Verbrauch von Konsumgütern führte zu Knappheit und zu verstärkter Nachfrage, was dem Handel zusätzlichen Antrieb verschaffte: Solange die Händler am Mittelmeer in der Lage und willens waren zu liefern, blieb das Gleichgewicht, wenngleich instabil, erhalten.

Der archäologische Niederschlag dieser »Prestigegüterwirtschaft« ist überwältigend. Zahlreiche Gipfellagen wurden als befestigte Residenzen für die Oberschicht ausgebaut. Gerade an solchen »Fürstensitzen«, etwa auf dem Mont Lassois in Burgund, auf der Heuneburg in Süddeutschland und in Châtillon-sur-Glâne in der Schweiz, sind große Mengen an Luxusgütern aus dem Mittelmeerraum gefunden werden. Die Heuneburg war zu jener Zeit durch eine bemerkenswerte, aus Lehmziegeln auf einem Steinfundament errichtete Mauer befestigt, die von vorspringenden rechteckigen Bastionen unterbrochen war. Diese typisch griechische Technik eines Befestigungsbaus war im nordalpinen Europa vollkommen unbekannt, da Lehmbauten den winterlichen Regenfällen nicht lange hätten trotzen können. Aber gerade das macht diese Anlage zu einem bemerkenswerten Beispiel dafür, wie wild entschlossen die damaligen Anführer alles übernahmen, was ihnen als Zeichen mediterraner Kultur galt.

Auch durch ihre Gräber wollte die Oberschicht zeigen, daß sie über mediterranes Stilbewußtsein verfügte; und so staffierte sie sich selbst mit zahlreichen Luxusgütern aus. In Vix, in der Nähe von Mont Lassois, hat man dem Leichnam ein vollständiges Trinkgeschirr für den Genuß von Wein, vom Krater für das Mischen des Weins bis zu den Trinkschalen, mit ins Grab gelegt. In Hochdorf fand man einen großen, im Mittelmeerraum hergestellten Kessel mit Met, der aus goldverzierten Trinkhörnern zu trinken war, letztere stammten aus einheimischen Werkstätten. Ansonsten findet man häufig Weinkrüge und Becher aus Attika. Die Gräber der herausragenden Persönlichkeiten kann man auch an der Menge des beigegebenen Goldes und an den kunstvoll verzierten Totenwagen erkennen; ein solcher Wagen, der sich in Hochdorf fand, ist fast vollständig mit Eisenblech beschlagen worden, was zwar keinen praktischen Zweck erfüllte, aber Ausdruck für die Macht der Nachkommenschaft des Toten war, andere zu nahezu jeder Arbeit zu verpflichten.

Die führenden Geschlechter im Westhallstattkreis standen dadurch miteinander in Verbindung, daß sie in einem umlaufartigen Wettbewerb Geschenke austauschten, und es gibt Hinweise darauf, daß sich im Laufe der Zeit ihre Vermögensverhältnisse untereinander veränderten. Eine Ursache dafür könnte sein, daß der Nachschub von Prestigegütern bedingt durch politische Neuorientierungen im Mittelmeerraum Schwankungen unterworfen war. Kleinere Verschiebungen sind archäologisch schwer feststell-

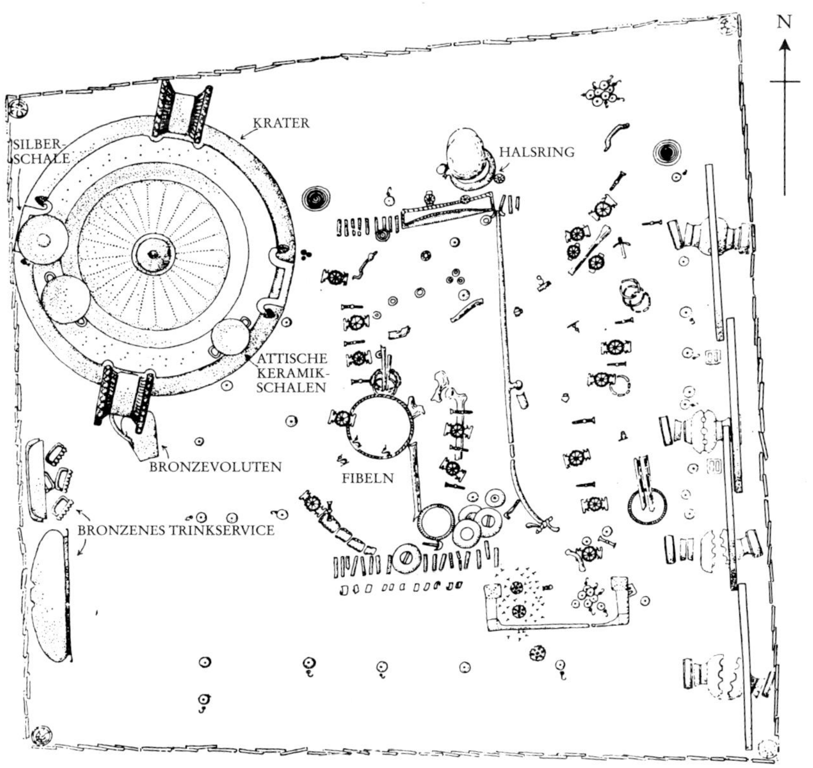

Das Grab eines frühkeltischen »Fürsten« wurde in einer Holzkammer unter dem großen Hügel bei Vix, Châtillon-sur-Seine, Frankreich, gefunden. Neben dem Toten und seiner persönlichen Ausrüstung fand man auch den zerstörten Bestattungswagen und aus dem Mittelmeerraum importierte Gefäße, die zum Ritual des Weintrinkens gehörten. Das Grab datiert an das Ende des 6. Jahrhunderts v. Chr.

Ein riesiger Bronzekrater, der zum Mischen des Weins benutzt wurde, gefunden in einer Grabkammer bei Vix. Vermutlich entstand das Gefäß in einer griechischen Werkstatt in Süditalien, gegen Ende des 6. Jahrhunderts. Vor dem Transport übers Meer und die Rhône aufwärts wurde es vermutlich auseinandergenommen und dann an dem nahegelegenen befestigten »Fürstensitz« auf dem Mont Lassois wieder zusammengesetzt. Der Krater ist 1,64 m hoch und faßt 1 200 l Wein.

Der »Fürstensitz« auf dem Mont Lassois war umgeben von reich ausgestatteten Gräbern. Das Grab von Vix ist bis heute das imposanteste von ihnen. Nicht weit davon entfernt fand sich ein weiteres Grab mit vielen Beigaben, darunter auch ein Greifenkessel aus Bronze, der auf einem Dreifuß steht. Kessel und Dreifuß stammen von griechischen Handwerkern und müssen wie der Krater von Vix im späten 6. Jahrhundert v. Chr. die Rhône hinauf transportiert worden sein.

Im Grab eines »Fürsten« wurde in einer Holzkammer unter einem großen Hügel bei Hochdorf (Süddeutschland) auch der Wagen, auf dem die Leiche überführt wurde, gefunden. Der Wagen ist aus Holz und mit Eisenblech überzogen.

bar; eine bedeutende Veränderung ergab sich aber aus der Neuorientierung des etruskischen Handelsnetzes nach der Schlacht von Alalia (vgl. S. 379). Diese zeigt sich deutlich in der Verbreitung der Schnabelkannen, die in den etruskischen Werkstätten von Vulci und benachbarten Städten etwa in den hundert Jahren nach 525 v. Chr. hergestellt wurden. Man findet solche Kannen entlang der Routen durch die Apenninen und die Po-Ebene sowie entlang der Wege und Pässe, die über die Alpen nach Norden führten. Jenseits der Alpen findet man dann solche Schnabelkannen häufig in den Prunkgräbern zwischen Rhein und Mosel, nicht ganz so massiert auch in denen der nordfranzösischen Marne-Region. Die einfachste Erklärung für dieses Verbreitungsbild ist, daß die etruskischen Händler, denen mit der Monopolstellung von Massalia der Zugang zu den großen Märkten in Nordeuropa durch den Rhône-Korridor verwehrt war, sich am Rand des Westhallstattkreises entlang einen eigenen Zugang verschafften und direkte Verbindungen zu den Gesellschaften des weiter entfernten Nordens herstellten, eben im Gebiet von Marne und Mosel. Was diese Gebiete zusätzlich interessant gemacht haben könnte, sind die Lagerstätten mit hochwertigem Eisenerz in Hunsrück und Eifel.

Diese Verbindungen hatten nachhaltige Auswirkungen für das Marne-Mosel-Gebiet. Zuvor hatte es Ansätze zu der Entwicklung einer breitgefächerten Kriegeroberschicht gegeben. Deren Bildung durch Gewalt wurde wahrscheinlich dadurch gefördert, daß für den Tauschhandel mit dem Westhallstattkreis Sklaven gebraucht wurden, die von dort wiederum weiter in den Mittelmeerraum verschleppt wurden. Die mit dem Handelsnetz der Etrusker neu organisierten Beziehungen zum Mittelmeerraum brachten erstmals Prestigegüter direkt in dieses Gebiet, und die hier führenden Krieger avancierten zu einer Art Oberschicht, weil nun auch sie über Luxusgüter frei verfügen konnten. Diese Männer sind es, die in den reich ausgestatteten Gräbern von Weiskirchen oder Schwarzenbach im Hunsrück, von La Gorge-Meillet oder von Somme-Bionne im Marne-Gebiet und anderswo bestattet worden sind.

Die Verbindungen, die die Etrusker ins Gebiet von Marne und Mosel geknüpft haben, werden am besten durch die Verbreitung der importierten Schnabelkannen veranschaulicht, lassen sich aber auch an anderen Details nachweisen. Die neue Oberschicht bezog den zweirädrigen Wagen in ihr Bestattungsritual mit ein – ein Brauch, den sie von den Etruskern übernommen hat. Daneben entstanden auch Zentren mit äußerst erfindungsreichen Metallhandwerkern, die Gefäße und Schmuckgegenstände für ihre Herren herstellten. Sie griffen auf ein ihnen bekanntes Repertoire künstlerischer Motive zurück, die mit oft nur geringfügigen Veränderungen von den etruskischen Originalen übernommen wurden. Was sie in dieser kurzen Blütezeit geschaffen haben, ist eine gänzlich neue Kunstrichtung – bekannt als die Kelten- oder als Latène-Kunst – die zur ersten wirklich gesamteuropäischen Kunstrichtung werden sollte.

Das plötzliche Auftauchen dieser neuen »Fürstengeschlechter« im frühen 5. Jahrhundert hat eine negative Wirkung auf den bestehenden Westhallstattkreis, der in der Folge rasch zusammenbricht. Ob dies aus einer inneren Instabilität resultierte, etwa weil das Angebot an Prestigegütern nachgelassen hatte, oder ob der Zusammenbruch durch Überfälle in den nördlichen Grenzgebieten ausgelöst wurde, ist nicht ganz klar. Der chronologische Ablauf ist zu undeutlich und erlaubt eine ganze Reihe von Interpretationen. Eindeutig ist nur, daß Mitte des 5. Jahrhunderts der Handel mit Prestigegütern im Westen der Hallstattkultur an ein Ende geriet und die Kriegergeschlechter von Marne und Mosel entschlossen auf dem Vormarsch waren. Die Kräfte, die sich in diesen Regionen entwickelten, sollten sich bald im weiten Umkreis bemerkbar machen (vgl. unten, S. 399–411).

Die nördliche Adria war ein weiteres Verbindungsglied zwischen der Welt des Mittelmeers und dem Norden und Nordosten Europas. Von Venetien aus gab es durch die Julischen Alpen vergleichsweise leicht zugängliche Handelswege in die hügelige Landschaft Sloweniens und von dort nach Osten über Drau und Save in die Ebenen des Donauunterlaufs; oder aber am Fuß der Ostalpen entlang nach Norden bis zur Donau und von dort weiter durch die Mährische Pforte in die nordeuropäische Ebene. Sloweniens zentrale Lage zwischen Alpen und den Gebirgszügen des Balkan führte dazu, daß sich hier zwischen dem 8. und dem 5. Jahrhundert v. Chr. eine eigenständige Kulturgruppe entwickelte, mit großen befestigten Siedlungen wie Magdalenska gora, Vače und Stična und mit Gräbern außerhalb dieser Siedlungen. Der Eindruck, der sich angesichts der archäologischen Funde aus diesen Fundplätzen aufdrängt, ist der von Stabilität und Kontinuität über fast vier Jahrhunderte hinweg.

Es läßt sich nicht mit Sicherheit feststellen, welche Güter durch Slowenien transportiert wurden, doch ganz gewiß machte Bernstein von der Ostseeküste einen großen Teil der Warentransporte aus. Es gab örtliche Eisenerzvorkommen von hervorragender Qualität, und vieles deutet darauf hin, daß hier Eisen abgebaut und weiterverarbeitet wurde. Daneben spezialisierte man sich auch auf die Herstellung von Glas, das gewöhnlich zu bunten Perlen verarbeitet wurde. Angesichts der zentralen Lage und der Produktivität der Gegend könnte man erwarten, daß auch hier eine soziale Oberschicht entstand, die nach dem Muster der westlichen Hallstattkultur einen Bedarf nach Luxusgütern aus dem Mittelmeerraum entwickelte; doch gerade dies war hier nicht der Fall. Reiche Bestattungen geben zwar Hinweise auf die Existenz einer strukturierten

Gesellschaftsform. Man findet in diesen Gräbern Schutzwaffen aus Bronzeblech, auch verzierte Situlen, aber nur sehr selten importierte Luxusgüter; der extreme Reichtum des Westens läßt sich hier nicht nachweisen. Das Gesellschaftssystem war hier deutlich anders strukturiert.

Die glaubwürdigste Erklärung dafür ist, daß die unternehmerische Energie, die die Händler aus dem östlichen Mittelmeerraum in Spanien und Südfrankreich an den Tag legten und die die Etrusker dazu trieb, auf Handelswege über die mittleren Alpenpässe auszuweichen, sich aus irgendeinem Grund nicht auch auf die Ostalpenregion richtete. Von den Handelshäfen Spina und Adria aus suchte man seine Geschäfte in der Po-Ebene und entlang der nordwestlichen Handelswege zu machen. Vielleicht gab es im adriatischen Raum aber auch keine wirkliche Nachfrage nach den Erzeugnissen aus dem Nordosten. In diesem Fall wären sie über die gewohnten, in die dortigen Gesellschaftsstrukturen eingebetteten Handelswege durch Slowenien gelangt und hätten dies Gebiet nicht oder doch nur kaum mit Geschäftssinn und Habgier der mediterranen Zivilisation infiziert.

JENSEITS DER GRENZGEBIETE 600–450 V. CHR.

Jenseits der vielgestaltigen Küstenlandschaften des Mittelmeerraumes zwischen Portugal und Kroatien, das direkt unter den Einfluß der Griechen, Phönizier und Etrusker geraten war, lag der von all den dortigen Entwicklungen unberührte Teil des europäischen Kontinents. Geomorphologisch und klimatisch waren die Landschaften und daher auch die potentiellen Ressourcen unterschiedlich, was wiederum zu einer Vielzahl unterschiedlicher Kulturgruppen geführt hat. Selbst auf Kosten einer allzu großen Vereinfachung könnte man das Gebiet in drei große Regionen unterteilen: in ein Gebiet von Südengland und Nordfrankreich bis in die Slowakei, eine nördliche Zone mit den Niederlanden, Norddeutschland, Polen und Skandinavien, und in eine atlantische Zone von Portugal bis in den Nordwesten Schottlands. Es muß sicherlich nicht besonders betont werden, daß es in jeder dieser Regionen nicht nur eine beachtliche Vielfalt von Kulturgruppen gab, sondern daß auch der archäologische Forschungsstand regional unterschiedlich ist.

Innerhalb des erstgenannten Gebietes gab es erstaunlich viele, ganz unterschiedliche Siedlungsgemeinschaften, die mit einigem Aufwand Ringwälle und ähnliche Bauwerke errichteten und instand hielten. In vielen dieser Gebiete, zum Beispiel in Südengland und in Süddeutschland gab es solche Anlagen bereits seit der jüngeren Bronzezeit, ihre Zahl erhöhte sich kontinuierlich vom 7. Jahrhundert an, ihren Höhepunkt erreichte diese Entwicklung im 6. und frühen 5. Jahrhundert v. Chr. Zweifellos erforderten diese Anlagen, gewöhnlich zwischen einem und sechs Hektar groß, gemeinschaftliche Anstrengungen, zu deren Organisation es wohl auch einer Art von Zwang bedurfte. Allein ihre Existenz deutet schon darauf hin, daß sowohl die Macht als auch die sozialen und wirtschaftlichen Systeme, die die Siedlungsgemeinschaften verbanden, bis zu einem gewissen Grad zentral gesteuert wurden. Es wäre jedoch falsch, aus der Tatsache, daß es solche Burgen überall gab, auch auf eine große Ähnlichkeit der jeweiligen gesellschaftlichen Verhältnisse zu schließen.

Im Verhältnis zur möglichen Bedeutung dieser Anlagen sind die archäologischen Ausgrabungen bislang noch wenig aussagekräftig. Die aus dieser Zeit stammenden Befestigungen, die im Süden Britanniens ausgegraben wurden und zum Teil beachtliche Ausmaße haben, müssen auch recht große Besatzungen gehabt haben. In Danebury standen runde Holzhäuser entlang des Befestigungsrings direkt hinter dem Wall und entlang der Schotterstraßen im südlichen Teil der Anlage. Andernorts wurden bestimmte Bereiche abgesondert, wo man Korn in Holzhäusern oder Vorratsgruben lagerte. In einigen Gegenden Englands, besonders in der Mitte und im Süden, sind im 6. und 5. Jahrhundert viele solcher Befestigungsanlagen errichtet worden. Sie wurden jedoch ab etwa 400 v. Chr. zum größten Teil wieder aufgegeben; nur wenige dieser Befestigungsanlagen waren weiterhin besiedelt. Diese aber beherrschten das gesamte Gebiet. Viele dieser ausgebauten Ringwälle wurden noch bis ins 1. Jahrhundert v. Chr. hinein bewohnt. Dennoch scheinen die Gesellschaftssysteme, die den Bau der ersten Befestigungsanlagen vorantrieben, noch weitere 500 Jahre – wenn auch in weiterentwickelter Form – existiert zu haben.

In Nordfrankreich und im Süden Belgiens gibt es weniger Befestigungen, und bis jetzt ist auch nur eine geringe Anzahl ausgegraben und archäologisch untersucht worden. Bei einigen, wie z. B. bei Fort Harrouard in Frankreich und Buzenol, Kemmelberg und Hastedon in Belgien, haben die Testgrabungen gezeigt, daß diese Siedlungen ungefähr um 400–350 v. Chr. aufgegeben worden sind. Etwas weiter im Osten dagegen, im Hunsrück, gibt es zwei Ringwälle, die auch nach 400 v. Chr. noch bewohnt waren: Otzenhausen und Altburg. Hier haben wir es vielleicht mit einer lokalen Entwicklung zu tun, die mit der in Südengland vergleichbar ist. Der Gürtel mit solchen Befestigungen setzt sich durch die deutsche Mittelgebirgszone bis in die ehemalige Tschechoslowakei hinein fort. Bei Ausgrabungen in Smolenice, im Südwesten der Slowakei, ist ein Burgwall aus dem 6. Jahrhundert ans Tageslicht gekommen, der sich in seiner Größe und Lage sowie in seinen wirtschaftlichen Grundlagen nur wenig von den Anlagen im walisischen Tiefland unterscheidet.

Der Gedanke, Ringwälle oder Burgen als Zuflucht für eine Siedlungsgemeinschaft zu bauen, hat sich auch in Polen durchgesetzt, wo die Mehrzahl dieser Anlagen im Süden und in Schlesien zu finden sind und aus dem 7. bis 5. Jahrhundert stammt. Nicht alle wurden auf Anhöhen errichtet, manche auch auf Inseln in den Seen. Die bekannteste ist die Befestigungsanlage von Biskupin, in der Nähe von Bydogszcz. Hier haben Grabungen zwischen 1938 und 1949 große Teile des Grundrisses einer Inselsiedlung freigelegt, die von einer beachtlichen Wehranlage aus Holz umgeben war. Innerhalb der Befestigung standen Häuser in dreizehn dicht nebeneinanderliegenden Parallelreihen. Zwischen den Häuserreihen hindurch führten Knüppeldämme, die in eine Ringstraße mündeten. Diese umgab den ganzen Komplex innerhalb der Wallanlage. Drei bis zehn aneinandergebaute Häuser, die von einem einzigen Giebeldach bedeckt waren, bilden diese Reihen. Der Grundriß dieser bemerkenswerten Anlage zeugt von einer strengen Ordnung, die in diesem Gemeinwesen von einer starken Autorität aufrechterhalten worden sein muß; allerdings gibt es keine Hinweise auf nennenswerte soziale Unterscheidungsmerkmale. Wenn man davon ausgeht, daß alle 105 Häuser zur gleichen Zeit bewohnt waren und jedes Haus eine einzelne Familie beherbergte, betrug die Zahl der Bewohner wahrscheinlich 400–500 Menschen.

Trotz der vielfältigen Siedlungsgemeinschaften mit ihren Hügelfestungen innerhalb der gemäßigten Zone Europas, ist man doch versucht anzunehmen, daß auf der Ebene der sozialen und wirtschaftlichen Organisation eine große Ausgeglichenheit herrschte, Burgen große Teile der Bevölkerung an sich banden und vermutlich die Führer der Gemeinschaften ihren Gefolgsleuten gewisse Dienstleistungen abverlangten. Diese Entwicklung hat ihre Wurzeln in der Jungbronzezeit (9. Kapitel), doch gibt es eindeutige Hinweise darauf, daß sich diese Tendenz im 6. und 5. Jahrhundert noch verstärkte. Schon allein die Errichtung der Befestigungsanlagen und die Tatsache, daß von England bis nach Polen viele dieser Siedlungen nachweislich auch Angriffen ausgesetzt waren, legen es nahe, eine von latenten Drohungen und Feindseligkeiten geprägte Atmosphäre anzunehmen, die gelegentlich in offene kriegerische Auseinandersetzungen mündete. Welche Ursachen diese Spannungen auslösten, ist schwer zu sagen. Eine Klimaverschlechterung bei gleichzeitigem Bevölkerungswachstum könnte überregional das innere Gleichgewicht der Gesellschaften gestört haben. Die Spannungen, die vielleicht durch die Rivalitäten zwischen Herrschenden im Westhallstattkreis und im Marne-Mosel-Gebiet im Süden aufgekommen waren, könnten ebenfalls dazu beigetragen haben; all das wird noch plausibler, wenn man berücksichtigt, daß sich der Austausch zwischen den beiden Regionen vor allem auf Raubzüge beschränkte, bei denen es um die Sklavenbeschaffung für den mediterranen Markt ging.

Die Wirtschaftssysteme, die in diesem großen Gebiet mit Ringwallanlagen die ökonomische Basis bildeten, unterscheiden sich beträchtlich, was sich auch in den unterschiedlichen Ressourcen widerspiegelte. Daß die Befestigungen samt der damit verbundenen Siedlungen so lange bestehen blieben, läßt den hohen Stellenwert erkennen, den Landbesitz und entsprechende Nutzungsrechte innehatten. Die zu dieser Zeit erwiesenermaßen beträchtlichen Lagerkapazitäten der Höhenburgen im Süden Britanniens zeigen deutlich, daß zumindest hier der Erwerb und die Lagerung von Nahrungsmittelüberschüssen ein wichtiges Motiv war. Trotzdem läßt sich nur schwer sagen, ob man von daher auf Organisationsstrukturen bei der regionalen Umverteilung schließen darf oder ob mit den befestigten Zentrallagern nicht einfach Vorsorge gegen immer wiederkehrende Lebensmittelknappheit getroffen wurde. Eins ist jedoch eindeutig: In der Wirtschaft dieser ganzen Region spielten importierte Luxusgüter nur eine untergeordnete Rolle. Bei den Ringwallanlagen handelte es sich im wesentlichen um weitgehend autarke regionale Zentren. Lediglich für wichtige Güter wie Eisen, Bronze, Stein und kleinere Luxuswaren aus Glas, Bernstein oder Koralle fand zwischen den einzelnen Regionen ein Austausch statt – zweifellos in Verbindung mit ritualisierten Formen des Schenkens, die in die soziale Interaktion eingebettet waren.

Nur selten stößt man in diesem Gebiet auf reich ausgestattete Bestattungen; gelegentlich allerdings lassen sich Prunkgräber ausmachen, wie z. B. in Court-St-Étienne in der belgischen Haine-Region, wo in einem über lange Zeit – vom 8. bis zum 5. Jahrhundert – genutzten Gräberfeld reich ausgestattete Kriegergräber zu finden sind. Von regionalen Oberschichten dieser Art ist überall dort auszugehen, wo die Kontrolle über Rohstoffe oder Handelswege die Anhäufung von Reichtum förderte.

Kennzeichnend für die Zone nördlich der Ringwallanlagen, also für die nordeuropäische Ebene von der Rheinmündung bis zur Weichsel und für Dänemark und Südschweden, sind Dörfer, die innerhalb eines bestimmten Gebietes von Generation zu Generation verlagert wurden (sogenannte Wandersiedlungen). Diese dörfliche Wirtschaftsweise ist ein bemerkenswert kontinuierliches Phänomen, das seinen Ursprung im Neolithikum hat und bis in die Wikingerzeit beobachtet werden kann. Natürlich lassen sich über diese drei Jahrtausende hinweg technische Veränderungen und Umstellungen bei Anbauweisen feststellen, beeindruckend bleibt jedoch allein die große Beständigkeit der Gesellschaft innerhalb dieser Region. Noch nicht einmal das Vordringen der Römer in den ersten vier Jahrhunderten n. Chr. hat hier zu nennenswerten Wanderungen geführt (S. 492).

Das für die Mitte des 1. Jahrtausends v. Chr. typische Dorf bestand aus einer Gruppe von Langhäusern und Nebengebäuden zu Lagerzwecken, wobei jedes Gehöft einer Familie zuzuordnen ist; nur selten sind bedeutende soziale Differenzierungen erkennbar. Allerdings gibt es regionale und chronologische Unterschiede in den Hauskonstruktionen. Der Dachfirst der Häuser in der Siedlung von Haps in den Niederlanden (6. Jahrhundert v. Chr.) wurde von einer mittigen Pfostenreihe gestützt; das Gewicht des Daches dagegen wurde auf starke Wandpfosten abgeleitet. In einer Siedlung des 5. Jahrhunderts. v. Chr. in Grøntoft in Jütland baute man dagegen dreischiffige Ständerbauten. Ein immer wiederkehrendes Merkmal in dieser Region ist die Zweiteilung des Hauses durch einen Quergang in der Mitte, der zwei gegenüberliegende Eingänge verband. Der eine, gewöhnlich der kleinere Teil, in dem sich der Herd befand, diente als Wohnbereich. Der größere Teil wurde gewöhnlich als Viehstall genutzt. Besonders ausgeprägt ist diese Unterteilung in Dörfern wie Grøntoft, wo auf beiden Seiten des Stallteils einzelne Viehboxen abgeteilt waren. Einige größere Häuser hatten Platz für zehn bis zwanzig Tiere. Diese spielten sicherlich eine große Rolle in der Wirtschaft, was den Getreideanbau jedoch keineswegs ausschloß, vielmehr wurden gegen Ende des 1. Jahrtausends v. Chr. in vielen Gebieten Feldsysteme üblich. Aus den Moorgebieten konnten sogar einige einfache Holzpflüge geborgen werden.

Die dörfliche Wirtschaftsweise der nordeuropäischen Ebene stellte in Europa im ersten Jahrtausend das stabilste soziale und wirtschaftliche System dar. Weitab von den störenden Einflüssen der im Mittelmeerraum entstehenden Märkte und eingeschränkt durch die Gegebenheiten der Landschaft, in der sie jeweils arbeiteten, waren die Mitglieder dieser bäuerlichen Gemeinwesen kaum geneigt, Neuerungen zu übernehmen oder durch den Griff nach Luxusgütern den eigenen Status zu heben. Das wurde erst anders, als im 1. und 2. Jahrhundert die Handelsnetze der Römer das System ins Wanken brachten.

Die nordeuropäische Tiefebene war nur in geringem Maße von gesellschaftlichen Veränderungen geprägt, während die Gemeinschaften an der Atlantikküste in ein System reger Betriebsamkeit eingebunden waren. Das gesamte Küstengebiet von den Shetland Inseln im Norden bis zu den Häfen von Tartessos und Cádiz im Süden gehörten zahlreichen ineinandergreifenden Handels- und Tauschsystemen an, für die der leichte Zugang zum Meer die Grundvoraussetzung war. Was hinter dieser Betriebsamkeit stand, ist leicht zu verstehen: Die Küstenstreifen des Atlantiks waren reich an Metallvorkommen. Der Pyritgürtel im Westen der Iberischen Halbinsel lieferte Silber, Kupfer und Eisen, Galizien im Nordwesten war einer der wichtigsten Zinnlieferanten der alten Welt und in den Kantabrischen Bergen gab es Gold. Auch in den Granitgesteinen der bretonischen Halbinsel gab es ergiebige Zinnvorkommen mit geringen Silber- und Kupferanteilen, während die Halbinsel von Cornwall in der alten Welt für ihr Zinn berühmt war. Selbst die Randgebiete der Moorlandschaften von Devon und Cornwall lieferten aus den Granitgesteinen Kupfer, Silber und in kleineren Mengen auch Gold. Und in Wales und Südirland wurden Kupfer und Gold gewonnen. Natürlich waren es die dortigen Dorfgemeinschaften, die diese Bodenschätze abbauten, und von dort wurden sie im Tauschhandel über viele Stationen von einem Gemeinwesen zum nächsten über beachtliche Strecken hinwegverhandelt.

Das Handelsnetz an der Atlantikküste war im 6. Jahrhundert v. Chr. bereits voll eingerichtet. Und seine Ausdehnung zeigen die irischen Lanzenspitzen aus Bronze, die in einem vermutlich aus dem 7. Jahrhundert stammenden Schiffswrack vor Huelva – dem Hafen von Tartessos – gefunden wurden. Aus der Verbreitung solcher Funde an der Atlantikküste ergibt sich, daß die Handelsbeziehungen eher regional begrenzt waren, aber innerhalb eines größeren Handelssystems standen. Im 6. Jahrhundert wurden zum Beispiel in der Bretagne große Mengen von Bronze mit hohem Bleigehalt in axtförmige Barren gegossen und von dort ins nördliche und westliche Frankreich und hinüber ins südliche und mittlere England transportiert, und zwar genau zu der Zeit, in der die große Zeit des Bronzehandels bereits vorbei war. Auch wenn Kupfer und Gold zweifellos wichtige Exportgüter gewesen sind, die klassischen Autoren erwähnen hauptsächlich Zinn. Der spätrömische Dichter Avianus macht in seinem Gedicht *Ora Maritima* undeutliche Anspielungen auf Dinge, die er dem sogenannten »Periplus von Massalia«, einem alten Bericht über die Seewege des Atlantik aus dem 6. Jahrhundert v. Chr., entnommen hat. Dieses Handbuch beschreibt die Fahrten der Tartesser und Karthager von den südlichen Häfen der Iberischen Halbinsel in Richtung Norden, in die Bretagne, nach Irland und England, stets auf der Suche nach wertvollen Handelsgütern. Wie häufig derart weite Reisen unternommen wurden, ist schwer zu sagen, doch einige Zeit später, etwa um 330 v. Chr., hören wir von den Reisen des Pytheas aus Massalia, eines griechischen Händlers und Geographen, der nach Norden fuhr, um die Gewässer der Bretagne und die Seewege der Britischen Inseln zu erkunden. Zu dieser Zeit gab es bereits einen bekannten Handelsweg, auf dem Zinn aus Cornwall und aus der Bretagne von der Biskaya aus die Garonne aufwärts und an Carcassonne vorbei zur Aude und diese abwärts zum Mittelmeer und nach Massalia (Marseille) gebracht wurde. So ließ sich der lange und riskante Seeweg um die Iberische Halbinsel herum und durch die von den Karthagern kontrollierten Gewässer vermeiden.

Angesichts eines derart ausgedehnten Handelsnetzes muß man davon ausgehen, daß in geeigneten Buchten und Flußmündungen Handelshäfen entstanden, in denen die Tauschgeschäfte stattfinden konnten. In einem berühmten Bericht beschreibt Plinius die britische Insel Ictis, die bei Ebbe mit dem Festland verbunden sei. Die Einheimischen dort böten Zinnbarren zum Tausch. Die genaue Lage dieser Insel ist nicht bekannt, einiges spricht aber dafür, daß es sich um einen Ausläufer des Mount Batten in Plymouth Sound handeln könnte. Die reichen Funde dort deuten für die Zeit zwischen dem 8. und 3. Jahrhundert auf einen blühenden Handel hin.

Die Gesellschaften entlang der Atlantikküste unterschieden sich in ihren Sozial- und Wirtschaftsformen erheblich. In Galizien gibt es viele große Höhenburgen (sogenannte Castros), was auf eine gewisse Komplexität und Zentralisation des sozialen Gefüges schließen läßt. Die typische Siedlungsform weiter nördlich dagegen, in der Bretagne, in Cornwall und Wales sowie auf Irland, waren kleine befestigte Gehöfte, sogenannte Rundlinge. Dort lebten vermutlich, als kleinste Sozialeinheit, einzelne Familien. Während der zweiten Hälfte des 1. Jahrtausends v. Chr. findet man in größeren und mehrfach unterteilten Häusern Hinweise auf einen gehobeneren Status der Bewohner (z. B. Glasperlen und Armbänder). Es scheint allerdings, daß Ackerbau und Viehzucht weiterhin die wirtschaftliche Basis blieben und nicht der Handel. Ganz allgemein gibt es unter den Funden, die ein Handelssystem an der Atlantikküste nachweisen, kaum Luxusgüter aus dem Mittelmeerraum.

DER KAMPF UM DIE VORHERRSCHAFT IM MITTELMEERRAUM, 450–140 V. CHR.

In den Jahrhunderten vor 450 v. Chr. kämpften Phönizier und Karthager auf der einen Seite und Griechen auf der anderen um die Herrschaft über die Handelswege im westlichen Mittelmeerraum; die Etrusker wurden von beiden Parteien eingekeilt. In einem Abkommen legten die Kontrahenten zwei voneinander getrennte Einflußsphären fest, und es stellte sich eine Art instabiles Gleichgewicht ein. Doch als sich die Stadt Rom aus der Vorherrschaft der Etrusker löste und ihre ehrgeizigen Gebietsansprüche realisieren wollte, machte sich eine neue und störende Kraft bemerkbar; diese Ansprüche sollten im Aufbau eines riesigen Weltreichs ihren Höhepunkt erreichen.

Im Verlauf des 5. Jahrhunderts dehnte Rom sein Einflußgebiet über die Städte Mittel- und Westitaliens, die latinischen Städte im Süden und nach Norden über die Städte des südlichen Etrurien aus. Diese Phase der Expansion kulminierte in der Belagerung und schließlichen Einnahme der Stadt Veji (nach der Überlieferung 405–396 v. Chr.), womit der Weg nach Norden frei war. Die keltischen Wanderungen (S. 399–411) brachten diese Expansionsbewegung zum Stillstand. In der Mitte des 4. Jahrhunderts jedoch, nach dem Nichtangriffspakt mit Karthago von 348 v. Chr., setzte Rom seine Eroberungszüge Richtung Süden fort und kämpfte immer wieder gegen die Samniten, denen es gelang, in den bereits von Rom beherrschten Städten Widerstand und Haß gegen die Römer zu entfachen; die Samniten setzten sogar keltische Söldner für ihre Ziele ein. Im Jahr 295 v. Chr. stand die große anti-römische Koalition beim umbrischen Sentinum dem römischen Heer gegenüber, das die Schlacht gewann. Bereits fünf Jahre später herrschte Rom über ein Gebiet, das sich vom Tyrrhenischen Meer bis zur Adria quer über die Halbinsel erstreckte. Die griechischen Städte im Süden Italiens befanden sich damals bereits in einem Zustand des wirtschaftlichen und sozialen Nie-

Etruskische Grabstele, gefunden in Bologna, Italien, aus dem 5. Jahrhundert v. Chr. Die unten dargestellte Szene zeigt einen etruskischen Krieger zu Pferd, der einen Gallier angreift.

dergangs. Sie wurden von feindseligen Einheimischen angegriffen, auch innere politische Zwistigkeiten trugen zu ihrem Ruin bei. In diese Auseinandersetzungen wurde unweigerlich auch Rom verwickelt. Als 264 v. Chr. dann die griechischen Städte Siziliens ihre karthagischen Nachbarn bekriegten, intervenierte Rom auf der Seite der Griechen und löste damit den ersten der drei Punischen Kriege aus. Roms Sieg war schwer erkämpft, doch die Karthager mußten schließlich 241 v. Chr. kapitulieren. Die Römer haben aus diesem Sieg einen größeren Nutzen gezogen, als ihnen vielleicht bewußt war: In der kurzen Zeitspanne von fünfzehn Jahren hatten sie den Wert einer Kriegsflotte zu schätzen gelernt. Es wurde ein Friede geschlossen, und Karthago mußte sich verpflichten, dafür zu sorgen, daß kein karthagisches Schiff mehr römische Gewässer befuhr; außerdem mußte es auf alle seine Ansprüche auf Sizilien verzichten und zudem noch eine riesige Entschädigung zahlen. Rom nutzte die Schwäche des Gegners und annektierte gleich auch noch Sardinien und Korsika.

So hatte Rom innerhalb einer Generation die Herrschaft über einen bedeutenden Teil der Gebiete erlangt, die fast fünf Jahrhunderte lang zum wirtschaftlichen Einflußgebiet der Phönizier und ihrer Nachfolger, der Karthager, gehört hatten. Die wesentlichste Folge davon war, daß Karthago sich neu orientieren mußte, um seine geschwächte Wirtschaft wieder zu beleben, und seine Wahl fiel auf Spanien. 237 v. Chr. fuhr Hamilkar Barkas, das Oberhaupt einer der einflußreichsten aristokratischen Familien Karthagos, Richtung Iberien, um für Karthago die Herrschaft über den reichen Süden der Halbinsel zu erobern. Im Gegensatz zu seinen Vorgängern, die Händler gewesen waren, ging es ihm tatsächlich um Eroberungen, und gleich als erstes gründete er Hafen und Stadt von Neukarthago (Cartagena). Zu dieser Zeit wurden die Römer auch hier in die politischen Ereignisse in den griechischen Städten entlang der französischen und spanischen Küste hineingezogen. Diese Städte hatten ihre Kraft verloren und mußten eine Expansion Karthagos in Richtung Norden fürchten. Als Rom seinen Einfluß dort vergrößerte, die griechischen Städte unter Schutz nahm und auch Karthago vorrückte, wurde ein weiterer Zusammenstoß der beiden Giganten unvermeidlich. Im Jahre 218 v. Chr. wurde der Zweite Punische Krieg begonnen. Dieser Krieg, der ein Kampf zwischen ebenbürtigen Gegnern war und sich siebzehn Jahre hinzog, sollte für den weiteren Verlauf der Geschichte Europas entscheidende Bedeutung gewinnen. Der Konflikt weitete sich rasch aus. Auch in Spanien und Italien wurde gekämpft, und erst mit dem Geniestreich der Landung in Nordafrika im Jahr 204 v. Chr. gelang es dem römischen Heerführer Scipio Africanus 202 v. Chr., Hannibal und seinem Heer in Zama, in den Bergen Tunesiens, eine endgültige Niederlage zu bereiten. Nun beherrschte Rom auch einen wichtigen Teil der südlichen Iberischen Halbinsel.

Karthago war ernsthaft geschwächt, stellte jedoch noch immer eine potentielle Bedrohung dar. Außerdem hatte die römische Aristokratie begehrliche Blicke auf die üppige Fruchtbarkeit Tunesiens geworfen. Als Cato der Ältere vor seinen Mitsenatoren mit dem Ausruf »Ceterum censeo Carthaginem esse delendam« (Karthago muß zerstört werden) reife Feigen aus Karthago auf den Boden warf, spielte er nicht nur auf die Nähe des potentiellen Gegners an, sondern auch auf seine fruchtbare Landwirtschaft. Die Versuchung war zu groß; und während eines kurzen Feldzugs von 149 bis 146 v. Chr. wurden die Stadt zerstört und Karthagos Territorien annektiert.

Die Unterwerfung Karthagos verlief parallel zu den ersten Vorstößen Roms in Griechenland und dem Balkan. Diese begannen 229 v. Chr. mit der Kriegserklärung an die Königin von Illyrien, deren Untertanen in der Adria römische Handelsschiffe angegriffen hatten. Die Illyrer selbst waren schnell besiegt, doch der Krieg führte unweigerlich zu einem längeren Konflikt mit den Makedoniern. 190 v. Chr. wurde Makedonien unterworfen und vierzig Jahre später, nach einem Aufstand und dessen Niederschlagung, zu einer römischen Provinz. Diese Zeit über behielten die übrigen Teile Griechenlands, bekannt unter der Bezeichnung Achäischer Bund, ihre nominelle Unabhängigkeit. Doch 146 v. Chr. brach auch dort eine überstürzt angezettelte Revolte los, und das römische Heer marschierte ein. Die mächtige Hafenstadt Korinth wurde geplündert und zerstört. Innerhalb eines einzigen Jahres, ja innerhalb weniger Monate waren damit die beiden mächtigen seefahrenden Rivalen Roms, nämlich Korinth und Karthago, zerstört, und Rom trat das Erbe ihrer Handelsreiche an. Durch Zufälle, Glück und nicht zuletzt durch das Festhalten an den eigenen Zielen wurde Rom zur Großmacht. Einige Jahre später schrieb Vergil in der *Aeneis* (VI, 851–853): »Gedenke, Rom, daß du die Nationen regieren sollst./ Dies soll deine Aufgabe sein: Frieden zu bringen,/die Besiegten zu schonen und die Stolzen im Krieg zu fällen.« In den Ohren eines Römers werden diese Verse nicht überheblich oder anmaßend geklungen haben.

Innerhalb der drei Jahrhunderte zwischen 450 und 140 v. Chr. haben sich die Verhältnisse im mediterranen Raum grundlegend verändert: In einem Gebiet, in dem rivalisierende Stadtstaaten, teils friedlich, teils in eifersüchtiger Konkurrenz, Handel betrieben, herrschte nun unangefochten eine einzige Großmacht. Doch selbst am Ende dieser Periode konzentrierte sich die Einflußsphäre Roms ausschließlich auf den Mittelmeerraum. Noch hatte es seine Aufmerksamkeit nicht auf die Grenzgebiete zum Europa der Barbaren gerichtet.

Eine Folge der römischen Expansion war ein praktisch permanenter Kriegszustand im westlichen Mittelmeerraum, der die Handelssysteme völlig zerstörte, die im 6. und frühen 5. Jahrhundert ihre Blüte erreicht hatten. Auf der einen Seite verringerte dies den direkten Einfluß der mediterranen Systeme auf den barbarischen Norden, auf der anderen Seite jedoch beschleunigte der Zusammenbruch der Handelssysteme die Wandlungsprozesse, die bereits im Gang waren: besonders im Marne-Mosel-Gebiet, dem wir uns jetzt zuwenden müssen.

DIE KELTISCHEN WANDERUNGEN 450–200 V. CHR.

Wie wir bereits gesehen haben, war der Handel mit Prestigegütern im Westhallstattkreis um die Mitte des 5. Jahrhunderts zum Erliegen gekommen. Ein Grund war das Versiegen des Nachschubs an Luxusgütern. Damit konnte auch der Austausch von Geschenken zwischen den führenden Geschlechtern nicht länger aufrecht erhalten werden. Der andere Grund war der Aufstieg einer neuen Oberschicht im Norden, die ihre eigenen Erwartungen und Bedürfnisse hatte. Diese konnten ihren Einfluß noch einige Zeit lang aufrecht erhalten, weil ihnen die einheimischen Handwerker die Luxusgüter schufen, die in den Prunkgräbern des späten 5. Jahrhunderts zu finden sind: die vielen Meisterwerke keltischer Kunst. Doch das soziale Gleichgewicht dieser Gesellschaften war bereits erschüttert, und weitere Faktoren wie z. B. das rasche Bevölkerungswachstum, das sich an der wachsenden Zahl der Gräberfelder ablesen läßt, führten zu einem Zusammenbruch des gesamten Systems. Die Folge war eine Phase großer Völkerbewegungen.

Den klassischen Autoren war dieses Phänomen wohlbekannt, und sie haben auch versucht, es zu erklären. Plinius der Ältere war überzeugt, daß Luxusgüter des Südens wie Feigen, Trauben, Öl und Wein die Völkerhorden dazu gebracht hätten, plündernd in Italien und Griechenland einzufallen. Pompeius Trogus nannte einen anderen Grund. Das Land der Gallier (als Bezeichnung ebenso allgemein gebraucht wie »Kelten«) sei hoffnungslos übervölkert gewesen. Der Bevölkerungsdruck sei schließlich so groß geworden, daß sich 300 000 Menschen aufmachten, um neues Land zu suchen. Ähnliches findet sich auch bei Livius (*Römische Geschichte* V, 34, 2–4). Die mächtigsten unter den Galliern seien die von ihrem König Ambigatus angeführten Biturigen. Sie seien durch Anbau von Getreide zu Wohlstand gelangt, und die Bevölkerung sei derart gewachsen, daß sich die herkömmliche Ordnung nur noch schwer aufrecht erhalten ließ. Der König, der »das Königreich von der drückenden Übervölkerung« habe befreien wollen, habe zwei seiner Verwandten, Bellovesus und Segovesus ausgewählt und diesen jungen Männern die Aufgabe übertragen, zwei Auswanderungsbewegungen anzuführen. Segovesus sei nach Osten, in Richtung der Hercynischen Berge gezogen, während Bellovesus sein Gefolge Richtung Süden nach Italien geführt habe. Die klassischen Quellen, die einige Jahrhunderte nach diesem Ereignis verfaßt wurden, stehen, das läßt sich ganz allgemein sagen, nicht im Widerspruch zu den archäologischen Funden und Befunden, gerade was die Begründung der Wanderungen durch Bevölkerungswachstum und den drohenden Zusammenbruch der sozialen Ordnung betrifft. Die Richtungen, in der diese Menschenströme zogen, kann man der Verbreitung von Gräberfeldern des späten 5. und frühen 4. Jahrhunderts entnehmen. In südlicher Richtung sind sie bis in die Po-Ebene zu finden, und in östlicher Richtung entlang der Donau bis nach Ungarn; einige der ersten Gruppen haben sogar die große ungarische Ebene durchquert und sich in Siebenbürgen niedergelassen.

In ihrer Heimat, im Marne-Mosel-Gebiet, bestattete die Oberschicht ihre Toten weiterhin in reich ausgestatteten Gräbern, so in Somme-Bionne, Reinheim und Waldalgesheim, doch die Zahl der Gräberfelder wird geringer, woraus man schließen kann, daß die Völkerbewegung von hier ihren Ausgang genommen hat. Daß das Gebiet von Marne und Mosel vor den Wanderungen von einer Kriegergesellschaft bewohnt war, haben wir bereits erwähnt. Den jungen Männern, die bestattet wurden, legte man stets Lanze und Schwert mit ins Grab, wahrscheinlich auch ihre Schilde. Weil diese aber größtenteils aus Holz und Leder gemacht waren, sind heute kaum Spuren davon zu finden. Wohlhabendere Männer konnten sich Bronzehelme leisten, und die Anführer verfügten über wendige, zweirädrige Wagen, die möglicherweise im Kampf benutzt worden sind. Solche Krieger zogen nun zu Zehntausenden durch Europa: auf der Suche nach neuem Siedlungsland und nach Gelegenheiten für Plünderungen.

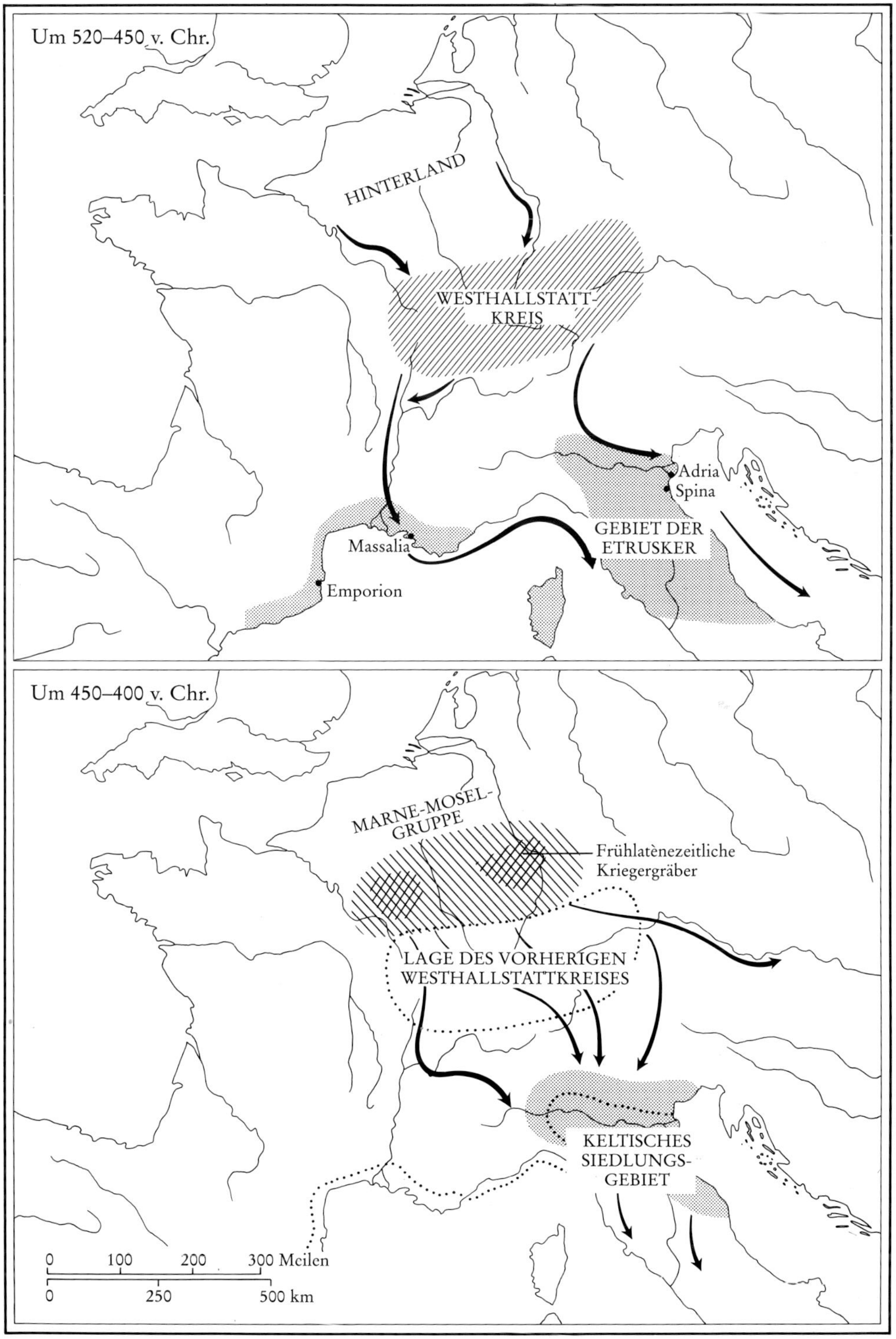

Ende des 6. und Anfang des 5. Jahrhunderts profitierte die Oberschicht der Hallstattzeit von den Handelsbeziehungen mit dem Mittelmeerraum, die sich zunächst über Massalia, später von den Häfen der oberen Adria aus entwickelten. Gegen Ende des 5. Jahrhunderts brach dies System in sich zusammen, und die Krieger der Marne-Mosel-Region stießen nach Süden und Südosten vor.

Die berühmte Statue des sterbenden Galliers, jetzt im Kapitolinischen Museum in Rom, ist eine römische Marmorkopie einer Bronzestatue, die von Attalos I. bei Pergamon errichtet wurde, um seinen Sieg über die Gallier zu feiern; diese hatten vom mittleren Anatolien aus die griechischen Städte der Ägäis geplündert. Der Gallier kämpfte unbekleidet bis auf seinen Halsreif (Torques).

Während der nächsten vierhundert Jahre erhielten die Staaten und Völker im mediterranen Raum einen unmittelbaren Eindruck von diesen kriegerischen Völkern aus dem Norden, die sie pauschal als »Gallier« oder »Kelten« bezeichneten. Zunächst erlebten sie diese als barbarische Invasoren, später dann als Söldner, und schließlich als Völker, die besiegt und verwaltet werden mußten. Es existieren viele, meist zeitgenössische Berichte über die Kelten, vor allem über ihre Art zu kämpfen. Die Berichte sind zwar eher anekdotisch als völkerkundlich exakt, aber dennoch sind sie ausreichend, um uns ein allgemeines Bild von den keltischen Gesellschaften zur Zeit der Auswanderung zu vermitteln.

Offenbar hat sich bei den Kelten schon früh eine klare Trennung entwickelt zwischen der Klasse der Krieger, die von den Zwängen der Bewirtschaftung der Felder befreit waren, und dem anderen Teil der Bevölkerung – den älteren Menschen, den Frauen und Kindern und den Unfreien –, die zu Hause blieben und sich um Ackerbau und Viehzucht zu kümmern hatten. Für die freien Krieger war das Festgelage der Fixpunkt ihrer sozialen Ordnung und ihrer Bewahrung. Nach der Beschreibung des Schriftstellers Athenaios waren solche Festgelage rigoros reglementiert:

Wenn mehrere Leute zusammen speisen, sitzen sie im Kreis; doch der Mächtigste unter ihnen, der sich von allen anderen durch seine Erfolge im Kampf, seine Herkunft oder seinen Reichtum unterscheidet, sitzt in der Mitte wie der Chorleiter. Neben ihm sitzt der Gastgeber, neben diesen sitzen auf jeder Seite die anderen, ihrem jeweiligen Rang entsprechend. Wachen, die längliche Schilde tragen, stehen dicht hinter ihnen, während die Leibwächter, die in einem Kreis direkt gegenüber sitzen, wie ihre Herren an dem Fest teilhaben.

Das Festgelage war die Gelegenheit, bei der die Erhebung in einen höheren Rang ausgesprochen und angenommen wurde. Eine der symbolischen Handlungen für diese Erhebung war das Vorlegen der Portion für den Helden. »Und früher nahm, wenn die hinteren Stücke [des gebratenen Tieres] serviert wurden, der tapferste Held den Schenkel, und wenn ein anderer Mann Anspruch darauf erhob, standen sie auf und kämpften Mann gegen Mann bis in den Tod.« (Strabon) Der Gastgeber oder sein Trancheur servierte jedem nach seinem festgelegten Status, und jeder Teilnehmer der Gesellschaft, der sich in seinem Wert unterschätzt fühlte, hatte die Gelegenheit, dies öffentlich anzufechten; dabei konnte es auch zum Kampf kommen. Das Ergebnis war stets dadurch legitimiert, daß die versammelte Festgesellschaft Zeuge des Geschehens war.

Die Versammlung war für ambitionierte Anführer auch die Gelegenheit, Raubzüge auf benachbarte Gemeinschaften vorzuschlagen. Der Status des einzelnen wurde an der Zahl derer gemessen, die ihre Bereitschaft erklärten, ihm zu folgen. War der Raubzug erfolgreich und die Beute lohnend, hatte er beim nächsten Mal vermutlich noch mehr Gefolgsleute. Solche Raubzüge gegen Nachbarn boten gleichzeitig die Möglichkeit, die bestehenden hierarchischen Strukturen innerhalb der Gemeinschaft aufrechtzuerhalten und aufs neue zu bestätigen. Kampf und Krieg waren daher ständige Begleiter dieser Menschen und ein wesentlicher Bestandteil ihrer sozialen Ordnung. Noch einmal Strabon: »Die ganze Rasse ist aufs Kämpfen versessen, die Männer sind temperamentvoll, stets zum Kampf entschlossen, doch ansonsten geradeheraus und haben keinen schlechten Charakter.«

Bevor sie ihre Kampfweisen änderten, um in Konflikten mit mediterranen Streitkräften bestehen zu können, verlief ein Kampf oder eine Schlacht keltischer Krieger folgendermaßen: Die beiden gegnerischen Streitmächte zogen auf und nahmen auf beiden Seiten des Schlachtfeldes Aufstellung. Dann kamen die Helden nach vorne, entweder mit ihren Streitwagen oder zu Fuß, und schleuderten wüste Beschimpfungen gegen die feindlichen Krieger. Das war der Auftakt zu Einzelkämpfen, die Mann gegen Mann vor den Augen beider Heere ausgefochten wurden. Im Anschluß daran konnte sich eine allgemeine Schlacht entwickeln, oder aber die Horden zerstreuten sich. Diese Art der Kriegführung hatte stark symbolischen Charakter und stand in krassem Gegensatz zu den Eroberungskriegen der mediterranen Staaten. Auch über die Krieger selbst und über ihren Charakter geben die antiken Berichte Auskunft.

Fast alle Gallier sind hochgewachsen, von heller Hautfarbe und rotblond. Ihr Blick ist furchterregend, sie selbst sind streitsüchtig und in hohem Maße übermütig. (Ammianus Marcellinus, *Römische Geschichte* XV, 12, 1)

Aus welchem Grund sie auch provoziert werden, sie sind immer bereit, sich der Gefahr zu stellen, selbst wenn sie nichts auf ihrer Seite haben als ihre eigene Stärke und ihren Mut. (Strabon)

Zur Freimütigkeit und Ungezügeltheit ihres Temperaments muß man die Züge der kindlichen Prahlerei und Liebe zum Schmuck hinzufügen. Sie tragen Schmuck aus Gold, Halsreifen und Armreifen an Armen und Handgelenken, während die höhergestellten Leute gefärbte, mit Gold durchwirkte Gewänder tragen. Diese Kombination macht sie nach einem Sieg so unerträglich und so völlig niedergeschlagen nach einer Niederlage. (Strabon)

Das Bild, das hier von den Kelten und ihren Gemeinschaften gezeichnet wird, zeigt eine rastlose Überschwenglichkeit, die in einer lockeren sozialen Ordnung eingebettet ist und die auf Kriegertugenden basiert. Raubzüge und Kriege waren die wesentlichen Mechanismen, mit denen sie ihren Gruppenzusammenhalt ermöglichten und immer wieder bestätigten. Diese Darstellung entspricht den Befunden aus den Kriegergräbern des 5. Jahrhunderts v. Chr. im Marne-Mosel-Gebiet. Diese Lebensweise wird in den nächsten vier Jahrhunderten, in denen die Kriegereliten sich über große Teile der gemäßigten Zone des südlichen Mitteleuropa verbreiteten und mit den mediterranen Staaten in Berührung kamen, zum immer wiederkehrenden Thema. Dies ist zugleich der Übergang von der vorgeschichtlichen zur frühgeschichtlichen Epoche.

Der Vormarsch der Kelten in die Po-Ebene und weiter auf die italienische Halbinsel ist sowohl historisch als auch archäologisch belegt. Livius unterscheidet zwischen

Der Helm eines Kriegers der Eisenzeit, gefunden in einem Gräberfeld des frühen 3. Jahrhunderts v. Chr. bei Ciumeşti, Rumänien. Mit Tierfiguren, Hörnern und Vögeln geschmückte Helme werden bei den antiken Autoren erwähnt. Der Rabe ist ein Tier, das ein böses Omen bedeutet, und sollte beim Gegner Furcht erwecken.

zwei Phasen des Vorstoßes, die erste habe um 600 v. Chr., die zweite 200 Jahre später stattgefunden. Die erste Welle ist angezweifelt worden, inzwischen finden sich jedoch immer mehr archäologische Belege für die Annahme, daß einige Gruppen aus dem Norden im 6. und 5. Jahrhundert über die Alpenpässe gezogen sind und sich am südlichen Alpenrand rings um die lombardischen Seen niedergelassen haben. Wagengräber im Hallstattstil sind bei Ca'Morta und Sesta Calende gefunden worden, während weiter südlich, in den Gräberfeldern von San Martino bei Ravenna und von Casola Valsenio bei Bologna, Artefakte nordischer Herkunft auftauchen, die in das 5. Jahrhundert datiert werden können.

Diese ersten Vorstöße bereiteten den Weg für die große Einwanderung, die Ende des 5. Jahrhunderts stattfand, als Stämme aus dem Norden in mehreren Wellen nach Süden gelangten. Die Insubrer griffen die Stadt Melpum (Mailand) an und eroberten sie; die Cenomanen ließen sich um Brescia und Verona nieder; die Leponter wählten das Gebiet um den Lago Maggiore; und die Libicier und die Salluvier die Ufer des Ticino. Etwas später durchzogen die Bojer und Lingonen dieses keltisch besiedelte Gebiet im Norden Italiens und nahmen Land südlich des Po in Besitz. Die Senonen, einer der letzten Stämme, die nach Italien gelangten, drangen nach Süden sogar bis Umbrien und zur Adriaküste vor. Die Siedlungsgebiete wurden gewaltsam erobert. Davon zeugen eine Stele aus Bologna, die eine Kampfszene zwischen Etruskern und Kelten darstellt, und eine Brandschicht, die die etruskische, am Nordhang des Apennin gelegene Stadt Marzabotto überzieht.

In dieser Phase der großen Wanderung waren ganze Stämme, das heißt alle Familien und Gruppen der Gemeinschaft unterwegs. Sie zogen nach Süden, um sich in den fruchtbaren Gebieten der norditalienischen Tiefebene niederzulassen. Polybios, der seinen Bericht einige Zeit nach diesen Ereignissen verfaßt hat, beschreibt das fruchtbare Land der Kelten, die Weizen, Gerste, Linsen und Wein anbauten und Schweineherden hielten. Archäologisch ist über diese Siedlungen wenig bekannt, geht man jedoch von den zahlreichen Gräberfeldern aus, die relativ klein sind, hat die Bevölkerung wahrscheinlich in kleinen, verstreut liegenden Siedlungen gelebt. Die einheimischen Bestattungssitten wurden beibehalten, den Kriegern wurden ihre Schwerter, Lanzen und Helme mit ins Grab gegeben; manche von ihnen haben offenbar auch die Rüstung der Etrusker übernommen.

Die Besiedlung der Po-Ebene bezeichnet lediglich eine erste Phase, denn die Apenninen verhinderten als schwer überwindliche Barriere eine weiteres Vordringen. Weiter im Süden zogen zur gleichen Zeit die Römer gegen ihre etruskischen Nachbarn und eroberten die Städte Veji, Falerii und Volsinii. Ungefähr 390 v. Chr. hatte sich das römische Territorium nach Norden bis zum Ciminianischen Wald ausgedehnt. Und zu eben diesem Zeitpunkt stießen keltische Kriegergruppen auch über die Apenninen vor und fielen in die jenseits des Gebirgskamms gelegenen Städte ein. Nach Diodorus kamen diese plündernden Kriegerhorden aus dem von den Senonen besiedelten Gebiet; Polybios dagegen hält sie für Stämme, die in einer neuen Einwanderungswelle von jenseits der Alpen gekommen waren. Ihre Kampfkraft war so groß, daß sie innerhalb weniger Tage vor Rom auftauchten. Der Schrecken, den ihre Ankunft in der Stadt verbreitete, spiegelt sich in der Rede wider, die Livius dem römischen Konsul M. Popillius Laenas zuschreibt: »Was bleibt ihr stehen, Soldaten? Nicht mit Latinern und Sabinern haben wir es zu tun, die man nach einem Waffensieg aus Feinden zu Bundesgenossen machen kann! Gegen wilde Tiere haben wir unsere Schwerter gezogen; entweder müssen wir ihr Blut in Strömen vergießen oder unser eignes drangeben.« (*Römische Geschichte* VII, 24, 4–5) An der Allia links des Tibers brachen die letzten römischen Verteidigungslinien zusammen, und die Stadt war den keltischen Horden ausgeliefert. Das Trauma dieses Überfalls grub sich tief in die Seele der Römer, und in der Folgezeit brachen die Erinnerungen daran immer wieder durch. Ein großer Teil Roms wurde geplündert und niedergebrannt, doch hielt das Kapitol einer siebenmonatigen Belagerung stand, bis die keltischen Krieger wieder abzogen. In den nächsten sechzig Jahren fielen die Kelten immer wieder und überall in Italien über Siedlungen und Städte her. Einige von ihnen kamen vielleicht tatsächlich aus ihren Siedlungen nördlich des Apennin und kehrten nach diesen Raubzügen mit ihrer Beute auch wieder dorthin zurück. Andere verdingten sich als Söldner im Süden. Im Jahr 330 v. Chr. haben die Plünderungen dann nahezu aufgehört, und 332–331 v. Chr. schloß Rom ein Abkommen mit den Senonen.

Das 3. Jahrhundert, in dem Rom seine Herrschaft allmählich über die ganze Po-Ebene hinweg nach Norden ausdehnte, war eine Zeit des keltischen Rückzugs. Zu einer ersten größeren Konfrontation kam es um 295 v. Chr. bei Sentinum, als die Insubrer und Bojer ihre Stammesgenossen im Norden zu Hilfe riefen. Nach der Schlacht von Telamon 225 v. Chr. besetzten die Römer große Teile des von den Kelten besiedelten Gebiets. Der Bericht, den Polybios über dieses Ereignis gibt, ist recht aufschlußreich:

> Die Insubrer und Bojer nun gingen in ihren Hosen und leichten Mänteln in den Kampf, die Gaesaten dagegen warfen sie aus Eitelkeit und kühnem Mut weg und standen unbekleidet, bloß mit den Waffen angetan … Den Römern dagegen flößte einerseits Mut ein, daß sie die Feinde rings umfaßt hielten, andererseits erschreckte sie wiederum der stattliche Anblick, den das Keltenheer im Schmuck der Waffen bot, und der wilde Lärm. Denn sie hatten eine Unzahl von Hornisten und Trompetern, und da zugleich mit diesen das ganze Heer seinen Kriegsgesang anstimmte, entstand dadurch ein so großes und furchtbares Getöse, daß nicht nur die Instrumente und die Truppen, sondern auch die davon widerhallenden Hügel der Umgebung von sich aus ihre Stimme zu erheben schienen. Furchterregend aber war auch der Anblick und die Bewegung der nackten im Vordertreffen stehenden Männer in ihrer Jugendkraft und Schönheit. (*Geschichte* II, 28–29)

Doch römische Macht und Ordnung siegten über keltische Prunksucht und Wildheit, die keltischen Truppen wurden in die Flucht geschlagen. Nach zwei weiteren Feldzügen, 197 und 196 v. Chr., begann die Besiedlung der Po-Ebene durch die Latiner. Die Bojer leisteten weiterhin Widerstand, wurden aber schließlich in einer Schlacht bei Bologna besiegt. Sie erlitten so schwere Verluste und verloren so große Gebiete, daß sich der Rest des Stammes noch einmal aufmachte, um die Spuren der Vorfahren durch die Alpen zurückzuverfolgen. Die Bojer ließen sich schließlich in Böhmen nieder, dessen Namen an den keltischen Stamm erinnert.

Auch die Wanderung der Kelten nach Osten läßt sich sowohl anhand der archäologische Funde als auch der Berichte klassischer Autoren nachzeichnen. Die ersten Gruppen scheinen auf ihrer Wanderung der Donau gefolgt zu sein, von dort aus zogen Kel-

Statue eines gallischen Kriegers aus Vachères, Dép. Basses-Alpes, Frankreich; spätes 1. Jahrhundert v. Chr. Der Krieger trägt ein Kettenhemd und ein Schwert an seiner rechten Seite.

ten Ende des 5. und Anfang des 4. Jahrhunderts nach Transdanubien (Ostungarn) weiter. Bedeutende Siedlungen entstanden zu Beginn des 4. Jahrhunderts innerhalb des Karpatenbogens und jenseits der siebenbürgischen Alpen. Ihre Raubzüge Richtung Süden, nach Illyrien hinein, haben die Kelten kurz nach 360 v. Chr. vermutlich von den neuen Siedlungen in Transdanubien aus unternommen. Diese Raubzüge vertrieben die einheimischen Stämme aus ihren Siedlungsgebieten. Als die Raubzüge um 310 v. Chr. immer häufiger wurden, verbreiteten sich Furcht und Schrecken unter den Illyrern. Zwischen 300 und 280 v. Chr. drangen die Kelten durch das Eiserne Tor zum Unterlauf der Donau, in die Walachei vor. Ihre Schlagkraft nahm zu, und 279 fiel schließlich ein riesiges Heer plündernd, aber auch auf der Suche nach Siedlungsplätzen, in Makedonien ein. Dieser Heerzug bestand aus drei Gruppen: Bolgios führte eine Gruppe durch den Schipka-Paß und zog später nach Serbien weiter, wo er ein Königreich gründete; Cerethrius führte seine Gefolgsleute nach Thrakien; während Brennus zunächst

oben Eine der 13 Silberplatten des Kessels von Gundestrup, Nordjütland. Vermutlich wurde der Kessel im 3. oder 2. Jahrhundert v. Chr. von thrakischen Handwerkern für einen keltischen Auftraggeber aus dem mittleren Donaugebiet hergestellt. Die Krieger tragen »keltische« Rüstungen und die drei rechts abgebildeten Figuren blasen die »Carnexes« (Kriegstrompeten).

links Römischer Denar, etwa 48 v. Chr. geprägt. Er stellt einen barbarischen Kampfwagen von der Art dar, die Cäsar nach seinen Feldzügen gegen Britannien 55 und 54 v. Chr. beschrieben hat.

nach Paeonien zog und dann über den Paß bei den Thermopylen weit nach Griechenland hinein, bis nach Delphi, zweifellos angezogen von Berichten über den großen Schatz, der im Schutz von Apollos Heiligtum gehortet wurde. Der Feldzug scheiterte, nicht zuletzt wegen des harten Winters, der die Kelten empfing, und die versprengten Haufen des Heerzugs waren gezwungen, nach Makedonien zurückzuweichen. Ein großer Teil zog nach Norden zur Donau, wo sie sich mit dort bereits existierenden keltischen Gruppen verbanden. Zusammen wurden beide Gruppen unter dem Namen Skordisker bekannt, ihre Hauptstadt (*oppidum*) war Singidunum (Belgrad).

Ein weiterer, von den drei Stämmen der Tolistoager, der Trociner und der Tektosager gebildeter Teil des ursprünglichen Heerzugs zog auf verschiedenen Wegen Richtung Osten bis nach Anatolien, wo sie sich schließlich im nördlichen Phrygien niederließen. Von dort aus unternahmen sie eine Reihe von Raubzügen gegen die Städte an der ägäischen Küste Kleinasiens. Der Ursprung dieser Stämme wurde fast drei Jahrhunderte später in ihrem Namen wieder lebendig – ihre Nachfahren waren die Galater, mit denen sich der Apostel Paulus in seinen Briefen so heftig auseinandersetzen wird.

Das Bild, das wir uns von den Ereignissen der keltischen Völkerwanderung machen können, ist notwendigerweise unvollständig, doch in der Zeit von 450 bis 200 v. Chr. zeigt sich auf dem europäischen Kontinent vom Pas-de-Calais bis nach Siebenbürgen und von der Po-Ebene bis ins südliche Polen eine bemerkenswerte kulturelle Ähnlichkeit der Gruppen. Diese Latènekultur, wie sie genannt wird, ist die Kultur der Keltisch sprechenden Völker. Inwieweit sie sich durch Völkerwanderungen oder einfach durch Prozesse der kulturellen Assimilation derart ausbreiten konnte, läßt sich nicht sagen, auf jeden Fall aber hat die Mobilität der Völker sehr dazu beigetragen. Daß es sich um eine sehr bewegte Zeit handelte, spiegelt die Kunst dieser Periode, die keltische Kunst, auf eindrucksvolle Weise wider. Sie zeugt von den Spannungen, den Konflikten und der unzähmbaren Kraft dieser Menschen. Die Existenz der Kriegergräber in allen genannten Gebieten ist ein weiterer Hinweis auf die damaligen Wertvorstellungen und Sozialstrukturen.

Große Teile des keltischen Gebietes waren dicht besiedelt von Gemeinschaften, die auf Bauernhöfen oder in größeren Dorfverbänden lebten und Landwirtschaft betrieben. Rohstoffe sind offenbar untereinander getauscht worden, und zwar im Rahmen eines normalen Austauschs zwischen benachbarten Gruppen. Hinweise auf Fernhandel in größerem Umfang fehlen, doch läßt sich in vielen dieser Dörfer eine zunehmende Spezialisierung des Handwerks feststellen. Als die Wellen der Völkerwanderungen verebbten und die Verhältnisse im barbarischen Europa sich wieder stabilisierten, ging gleichzeitig die erste Phase der römischen Eroberungen, mit denen Rom die Herrschaft über den Mittelmeerraum errang, zu Ende. Der Boden ist nun bereitet für eine neue Phase dynamischer Beziehungen zwischen beiden Welten.

Es bleibt noch darzustellen, inwieweit der Westen und Norden Europas Teil dieser europaweiten keltischen Kultur, der Latènekultur war. Die historischen Quellen geben keinerlei Hinweise auf keltische Wanderungen nach Westen, und auch die archäologischen Funde zeigen hier keine große Ähnlichkeit mit denen der mitteleuropäischen Latènekultur. Tatsächlich scheint eine strenge Kontinuität die Regel gewesen zu sein, nach der Gegenstände und Kunststile aus der Latènekultur in das jeweilige eigene System übernommen und häufig auch von den einheimischen Handwerkern modifiziert wurden. Handwerker in Aquitanien (Südwestfrankreich) stellen z. B. eine Gruppe ganz besonderer Halsreifen aus Gold her (sogenannte Torques), die mit Motiven keltischer Kunst verziert waren, jedoch auf eine ganz eigene Weise, der die Eleganz der rein keltischen Formen völlig fehlte. Weiter nördlich, in der Bretagne, behielt die Kultur ihren sehr eigenständigen Charakter bei, während gleichzeitig keltische, vermutlich von Metallarbeiten übernommene Ziermuster so abgewandelt wurden, daß sie zu ihrer kunstvollen, einheimisch hergestellten Keramik paßten. Die bretonische Keramik oder die unterirdischen Kammern (*fogous*), die vermutlich als Lagerräume benutzt wurden, sowie die zahlreichen sorgfältig gearbeiteten Steinstelen sind die Merkmale, die diese Kultur und damit auch die Gesellschaft der Bretagne deutlich von denen im übrigen Frankreich unterscheiden. Weiter nördlich, in der Mitte Südenglands sind, wie im 6. Jahrhundert, die Höhenburgen noch immer weit verbreitet, ja, es läßt sich eine verstärkte Bautätigkeit feststellen. Diese befestigten Siedlungen spielten eine zunehmend wichtigere Rolle für die Organisation der Güterverteilung innerhalb dieser Gemeinschaften. Daß auch die Verteidigungsanlagen verstärkt wurden, deutet auf zunehmende Feindseligkeiten hin. Doch neben Traditionen finden sich in England auch Gegenstände aus Metall, die ihren Ursprung in der Latènekultur haben. Sie wurden in einem solchen Umfang aus Mitteleuropa importiert, daß sie die einheimischen Handwerker dazu anregten, eigene, kunstvolle und sehr ausdrucksstarke Abwandlungen zu schaffen.

Auch am westlichen Rand Europas ist die Kontinuität einheimischer Traditionen viel ausgeprägter als die Ähnlichkeiten mit der europaweiten Latènekultur. Dies führte zu dem Schluß, daß die Völkerbewegungen, die so immense Auswirkungen auf den größten Teil Europas hatten, diese Randzone weitgehend unberührt ließen. Es bedeutet jedoch nicht, daß diese Gebiete ganz von den Völkerwanderungen verschont blieben. So haben eine Reihe von Wagengräbern, die in Yorkshire gefunden wurden und zu der sogenannten Arras-Kultur gehören, starke Ähnlichkeit mit entsprechenden Bestattungen im Seinetal und in Nordfrankreich. Man hat daraus geschlossen, daß dies die Gräber einer eingewanderten Oberschicht gewesen seien, eine Vermutung, die auch durch die

Keramikgefäß aus dem 4. oder 3. Jahrhundert v. Chr., gefunden in Saint Pol De-Léon in der Bretagne. Das Dekor im Stil der Latènezeit ähnelt sehr den Motiven, die bei feinen Metallarbeiten verwendet wurden.

Bronzener Schildbuckel aus der Themse bei Wandsworth. Die getriebene Verzierung mündet in zwei Vogelfiguren.

Ähnlichkeit gestützt wird, die zwischen dem Namen dieses Stammes, den Parisiern, und dem der Parisi im Seinetal besteht. Doch läßt sich auch nicht ausschließen, daß es sich um eine einheimische Oberschicht handelte, die einfach eine »fremde« Bestattungssitte übernommen hat, um sich hervorzuheben.

Metallobjekte der Latènekultur verbreiten sich Richtung Norden in die nordeuropäische Tiefebene bis nach Polen; die eigentliche Grenze der Latènekultur bildete eine Linie, die südlich der Rheinmündung beginnt und durch Süddeutschland sowie das Riesengebirge in der früheren Tschechoslowakei bis zu den Karpaten führt. Nördlich davon hüteten die Einwohner der Dörfer in der nordeuropäischen Tiefebene weiterhin ihre Herden und bebauten ihre Äcker: unberührt von den großen Ereignissen, die sich im Süden abspielten und nicht viel anders, als dies ihre Vorfahren mehr als tausend Jahre lang getan hatten. Die römischen Autoren, die ihre Berichte etwas später verfaßt haben, benutzten für diese verstreut lebenden Gemeinschaften die verallgemeinernde Bezeichnung »Germanen« – ein Name, der in der römischen Geschichte schon bald eine große Rolle spielen sollte.

DAS INSTABILE GLEICHGEWICHT 200–140 V. CHR.

Als das römische Heer 206 v. Chr. die Hafenstadt von Cádiz erobert hatte, beherrschten die Römer auch die von den Karthagern besetzten Gebiete im Süden der Iberischen Halbinsel; die noch freien Stämme ließen sich davon aber nicht einschüchtern. Sehr rasch begannen die Römer, Nutzen aus dem neu gewonnenen Gebiet zu ziehen. Im gleichen Jahr noch gründen sie Italica bei Sevilla als eine erste Kolonie, 197 v. Chr. eine weitere im Tal des Guadalquivir bei Córdoba. Innerhalb des ersten Jahrzehnts nach der Eroberung von Cádiz wurden 59 000 Kilogramm Silber und über 1 800 Kilogramm Gold nach Rom verschifft. In den Silberminen bei Cartagena sollen 40 000 Sklaven gearbeitet haben. Rom beherrschte nun den reichsten Teil der Halbinsel – nicht nur die Silberminen von Cartagena, sondern auch die Gold- und Silbervorkommen der Sierra Morena hinter Córdoba und die Kupfer- und Silberlager im Gebiet des Rio Tinto. Ebenso bedeutsam war das überaus fruchtbare Tal des Guadalquivir, wo Oliven, Wein und Getreide in großen Mengen angebaut wurden. Der Vorstoß nach Spanien führte den Römern deutlicher als alle früheren Abenteuer vor Augen, wie lohnend Kolonisierung sein konnte.

Die iberischen Stämme standen der Ausbeutung durch die Römer nicht freundlich gegenüber, und 197 v. Chr. rebellierten die Turdentanier im Gebiet des Guadalquivir. Diesem Aufstand schlossen sich 194 v. Chr. die Lusitaner an, die den Südwesten der Halbinsel bewohnten. Spontane Widerstandsaktionen gegen den Vormarsch der Römer wurden bis 154 v. Chr. fortgesetzt, als sich die Lusitaner des Westens mit den Keltiberern verbündeten und – die Stämme dieses Bündnisses besiedelten ganz Mittelspanien – eine umfassende Rebellion anzettelten. Der Erfolg dieser Rebellion lag hauptsächlich in der charismatischen Natur ihres Führers Viriathus begründet. Als er 128 v. Chr. ermordet wurde, zerbrach das Bündnis, mit dem Ergebnis, daß ein großer Teil des heutigen Portugal an die Römer fiel. Die Keltiberer setzen die Kämpfe noch einige Jahre fort, wurden schließlich jedoch ebenfalls in die Knie gezwungen, als 133 v. Chr. nach langer Belagerung ihr letztes Bollwerk, die Festung Numantia im Norden zwischen den Oberläufen von Douro und Ebro, durch den römischen Feldherrn Scipio Aemilianus eingenommen wurde.

In den ungefähr siebzig Jahren, die die römischen Heere brauchten, um den größten Teil Iberiens unter römische Herrschaft zu bringen, machte sich der Wert bemerkbar, den die Ressourcen der Halbinsel für die römische Wirtschaft hatten. Im 1. Jahrhundert n. Chr. schrieb Plinius:

> Spanien übertrifft die gallischen Provinzen mit seinem Spartum und seinem Gipsglas, den Schätzen seiner Wüstengebiete, den Pigmenten, die zu unserem Luxus beitragen, dem Eifer, den seine Menschen bei ihrer schweren Arbeit an den Tag legen, der vollkommenen Ausbildung seiner Sklaven, der Widerstandskraft seiner Männer und deren so entschlossenem Charakter.

Bezeichnend ist die Reihenfolge der Aufzählung; Rohstoffe waren für die römische Wirtschaft willkommen und notwendig, aber größer war der Bedarf an Arbeitskräften.

Der englische Historiker Edward Gibbon (1737–1794) bemerkt, mit dem ihm eigenen Scharfblick, daß für die Römer Spanien die gleiche Bedeutung hatte wie Peru und Mexiko für die Alte Welt.

Die generelle Abneigung der Römer gegen lange Seereisen führte dazu, daß mit der Festigung des römischen Einflusses auf der Halbinsel immer häufiger der Landweg von Italien durch das südliche Gallien benutzt wurde. Und den Legionären auf ihrem Weg nach Spanien folgten die Händler, Unternehmer aus Italien, die die Märkte des südlichen Gallien erobern wollten. Ihre Tatkraft wird durch die Menge der aus Rom importierten Güter des späten 3. Jahrhunderts v. Chr. eindrücklich demonstriert, die bei Ausgrabungen in den Siedlungsschichten der Städte im Süden zu finden sind. Im Verlauf des 2. Jahrhunderts konzentrierten sich die militärischen und die ökonomischen Interessen der Römer allmählich ganz auf die Geschicke dieses südgallischen Küstenstreifens. Aber noch waren bestimmte Abschnitte des Landwegs alles andere als sicher. So sorgten etwa die Stämme aus dem ligurischen Gebirge für eine ständige Bedrohung. 189 v. Chr. geriet ein römischer Statthalter, der mit seinem Gefolge auf dem Weg nach Spanien war, in einen Hinterhalt. Er starb bald darauf; und fünfzehn Jahre später verlor, vermutlich unter ähnlichen Umständen, ein weiterer Statthalter sein Leben. Zu solchen Zwischenfällen kam dann noch die Piraterie der Ligurer, die den an der Küste entlang fahrenden Schiffen auflauerten. Die Lage wurde immer unsicherer, und 154 v. Chr. wurden schließlich sogar die griechischen Städte Nicaia und Antipolis am Ligurischen Meer von den Gebirgsstämmen bedroht. Um die Gefahr abzuwenden, bat die Bevölkerung von Massalia die Römer um militärischen Beistand. Deren Kriegszug konnte die Macht der beiden Stämme brechen, deren Gebiete nun an Massalia fielen; allerdings mußte das römische Heer in diesem Gebiet ins Winterlager gehen.

Die feindlichen Gebirgsstämme bedrohten nicht nur die militärischen Versorgungslinien des römischen Heers nach Spanien und die Verbündeten Roms in den Küstenstädten, sondern gefährdete die zunehmend lukrativen Märkte in Südgallien, in denen die italischen Händler und Unternehmer mit viel Erfolg Fuß zu fassen begannen. Am Ende blieb den Römern, wenn sie ihre Interessen wahren wollten, keine andere Wahl, als das ganze Gebiet zu annektieren. Auf diese Weise entstand 120 v. Chr. die Provinz von Gallia Transalpina.

So wird Rom immer mehr in die lokalen Begebenheiten am westlichen Alpenrand hineingezogen, während sich gleichzeitig in den Ostalpen die Situation ganz anders entwickelt. In Carinthia (Teil Österreichs) hatten die keltischen Stämme, die das Gebiet seit dem 3. Jahrhundert v. Chr. besiedelten, ein stark zentralisiertes politisches System entwickelt, das bald als Königreich von Noricum bekannt wurde. Die wirtschaftliche Stärke dieser Region lag in den Bodenschätzen: Es gab dort Kupfer und hochwertiges Eisenerz, daneben reiche Salzminen. Der Vormarsch der Römer in die Po-Ebene und die Gründung von Kolonien in diesem Gebiet (189 v. Chr. bei Bologna, 183 v. Chr. bei Modena, und 183–181 v. Chr. bei Aquileia in der Nähe von Triest) brachte sie erstmals in direkten Kontakt mit den Kelten der Ostalpenregion. Ein keltischer Heerhaufen war Richtung Süden in das Gebiet von Aquileia gezogen und hatte begonnen, ein Oppidum zu gründen. Das römische Heer stellte sich den Kelten entgegen, und die Eindringlinge wurden in ihre Heimat jenseits der Alpen zurückgeschickt, jedoch in Begleitung einer Gesandtschaft römischer Unterhändler, die die Situation erklären und freundschaftliche Beziehungen zum Königreich knüpfen sollten. Die Mission wurde zum diplomatischen Erfolg, und die Beziehungen zwischen den beiden Staaten blieben für Jahrzehnte friedlicher Natur.

Zunächst verfolgten die Römer damit vor allem militärische Interessen – ein starker, freundlich gesonnener Staat in den Ostalpen bildete eine Art Schutzschild gegen Bedrohungen von außen und verschaffte Rom für seine Expansion in Richtung Istrien und Ligurien die notwendige Sicherheit. Bald jedoch erkannte man auch das wirtschaftliche Potential dieser Region. In den Jahren nach 160 v. Chr. begannen römische Händler, mit Noricum Handel zu treiben, wobei sie das Oppidum von Magdalensberg in Kärnten als Hauptumschlagplatz benutzten. Etwas später führte die Entdeckung eines großen Goldvorkommens zu einem regelrechten Goldrausch. Es kam zu Spannungen, und die italischen Goldgräber wurden des Landes verwiesen, doch hatte dieser Zwischenfall keinen weiteren negativen Einfluß auf die diplomatischen und wirtschaftlichen Beziehungen zwischen beiden Staaten.

Mitte des 1. Jahrhunderts v. Chr. erkannte man im sich weiter entwickelnden Römischen Imperium sehr rasch das große wirtschaftliche Potential, das im barbarischen Europa vorhanden war. Die Mitte und der Westen des Mittelmeerraums waren weitgehend befriedet, und Spanien wuchs ins politische und wirtschaftliche System Roms hinein. In der Zwischenzeit öffneten sich in den beiden traditionellen Berührungszonen zwischen Mittelmeerraum und dem südlichen Mitteleuropa – im südlichen Gallien und an der Adria – neue gewinnträchtige Märkte. Die wirtschaftliche und politische Krise, von der Italien im nächsten Jahrhundert erfaßt werden sollte, erzeugte Bedürfnisse, die nur durch eine massive Expansion zufriedengestellt werden konnten. Dies führte schließlich dazu, daß große Teile des Kontinents in das Römische Reich eingegliedert wurden.

11

THRAKER, SKYTHEN UND DAKER 800 V. CHR.–300 N. CHR.

Timothy Taylor

HISTORISCHE ÜBERLIEFERUNG UND AUSGRABUNGEN

Wer nach den Ursprüngen der Daker suchen will, nach den Schöpfern dieses außergewöhnlichen Staats, in dem die Schrift unbekannt war, der sein religiöses Zentrum im kreisrunden Heiligtum von Sarmizegetusa hatte und den der Karpatenbogen schützend wie ein Bollwerk umgab, muß seine Suche bei ihren Vorgängern, den Thrakern in der Donauebene, beginnen. Wie Satan in John Miltons *Paradise Lost* (1671) wird er auch ins Land »jenseits von Pontus« und des Asowschen Meers (Miltons *Pool Maeotis*) sowie weit über den Ob hinaus nach Osten reisen müssen. Dem Teufel hätten die Völker, die diesen endlos weiten Landstrich während der Urgeschichte besiedelt haben, tatsächlich gut gefallen können; denn wie uns griechische Schriftsteller wie Herodot berichten, hausten in Skythien, jenem südlichen Teil der Grassteppe, die sich von der Walachei bis ins südliche Sibirien erstreckte, Werwölfe, Kriegerinnen mit abgeschnittenen Brüsten, Kannibalen, transsexuelle Schamanen und Kopfjäger, die aus Totenschädeln tranken; und alle lebten sie in einem permanenten Kriegszustand. Rund um die Grabhügel der Könige hielten dessen Gefolgsleute Wache, ausgestopft saßen sie auf ihren ebenfalls ausgestopften Pferden. Erstaunlicherweise haben archäologische Grabungen unserer Zeit die Beschreibungen von Herodot mehr oder weniger bestätigt. Natürlich ist das Bild, das man von der Vergangenheit durch die Archäologie gewinnt, ein anderes als das, das uns historische Texte bieten. Aber es ist eine Hilfe und Herausforderung, über beide Arten von Quellen verfügen zu können.

Viele moderne Länder teilen sich heute das Territorium dieser Steppenlandschaft und der dazugehörigen Übergangszonen. Die Qualität der Grabungen in Ungarn, Bulgarien und Rumänien, in Moldawien, der Ukraine und im südlichen Rußland sowie auch in Georgien und den Gegenden weiter östlich kann unterschiedlich bewertet werden, aber immerhin lieferten sie eine große Menge von Funden und Befunden. Mit Hilfe der oft sehr genauen Beobachtungen der antiken Autoren müßten wir ein entsprechend detailliertes, breites und zuverlässiges Bild der bereits Eisen verarbeitenden Kulturgruppen gewinnen können, die es zur Zeit der griechischen Kolonisierung an den Küstenlandschaften des Schwarzen Meeres gab.

Manche, aber nicht alle Gesellschaften verfügten im 1. Jahrtausend v. Chr. bereits über Geschichtsschreibung, darum wird diese Zeit oft nicht mehr als »vorgeschichtlich«, sondern bereits als »frühgeschichtlich« bezeichnet. Die Beschreibungen der schriftlosen Gesellschaften, die Herodot von Halikarnassos (etwa 490–420 v. Chr.) mit seinen berühmten, in der Mitte des 5. Jahrhunderts v. Chr. verfaßten *Historien* gegeben hat, bieten von allen erhaltenen Schriften antiker Autoren die reichsten Informationen. Aber die Zuverlässigkeit seiner Berichterstattung galt lange als sehr umstritten. Viele Wissenschaftler teilen die Meinung von Thukydides, Herodot sei nur der »Vater von Lügen« gewesen. Sie sehen seine Geschichten im Licht literaturkritischer Theorien, nicht als objektive Betrachtungen über eine fremde Realität, die als solche heute noch von Nutzen sein könnten, sondern vor allem als Manifestationen des griechischen Geistes und griechischer Denkweisen. Der Altphilologe François Hartog hat für eine solche Lesart von Herodots Beschreibung der Skythen plädiert und spricht daher von »Les Scythes Imaginaires«.

Die meisten Archäologen haben Herodot nicht besonders scharfsinnig gelesen und interpretiert. Diese Chronik historischer Völker und Ereignisse war oft eine Heimsuchung für die archäologische Forschung. Völlig unkritisch sind archäologisch nachweisbare Kulturen und Kulturgruppen mit Völkern identifiziert worden, die in den alten Texten beschrieben werden, z. B. mit den Thrakern, den Dakern und den Skythen, während umgekehrt die Ergebnisse von Grabungen den durch diese Texte begründeten begrifflichen Gesamtrahmen nicht in Frage stellen durften. Südosteuropäische und sowjetische Wissenschaftler hatten lange Zeit eine starke Neigung zur parteilichen oder vereinfachten Lektüre, um so zu bestimmten Interpretationen zu gelangen und diese zu rechtfertigen; und häufig haben sie archäologisch nur sehr schlecht dokumentierte Kulturgruppen mit Namen in Verbindung gebracht, die nur ein- oder zweimal in Herodots Text auftauchen. Wissenschaftler aus dem Osten wie aus dem Westen haben Herodots Beschreibungen von politischen und kriegerischen Ereignissen als dessen wesentlichsten Beitrag zur Geschichte der Region betrachtet. Dabei kann uns Herodot bei der Erforschung der gesellschaftlichen Verhältnisse am besten helfen. Denn ohne solche Hilfe gelingt es der Archäologie nur schwer, Fragen zu beantworten, die sich auf Geschlechterfolgen und Erblinien, auf Familien- und Verwandtschaftsstrukturen, auf Angelegenheiten des Glaubens und der Religion sowie der ethnischen Identität beziehen. Wenn man Herodots Berichte mit Vorsicht behandelt, dann sind die Informationen, die sie bieten, äußerst wertvoll.

In Südosteuropa endet die Vorgeschichte etwa um 500 v. Chr., aber die vorgeschichtlichen Kulturen dieser Zeit vermengen sich mit den gleichermaßen schriftlosen »bar-

oben Die eisenzeitliche Höhenburg von Danebury, Hampshire, England. Der Platz wurde zum ersten Mal im 6. Jahrhundert v. Chr. befestigt und bis zum 1. Jahrhundert v. Chr. kontinuierlich genutzt. Die Straße schlängelt sich durch komplexe Befestigungssysteme des Haupttors zur Ausgrabung im Innern.

unten Grabbeigaben aus dem Grab eines Angehörigen der Oberschicht, Grab B aus Goeblingen-Nospelt, Luxemburg; spätes 1. Jahrhundert v. Chr. Die Amphoren wurden benutzt, um römischen Wein zu transportieren.

barischen« Völkern Europas. Die griechische Bezeichnung »barbarisch« spielt auf das in griechischen Ohren eigenartige Geplapper der fremden Sprachen an. Es gibt aber sowohl einen begrifflichen als auch einen geographisch-politischen Unterschied zwischen den beiden oben genannten Gesellschaften; zum einen können wir für den barbarischen Teil Europas Namen nennen und daher eher von *Völkern* als von vorgeschichtlichen *Kulturen* sprechen. Zum anderen muß berücksichtigt werden, daß etwa ab 500 v. Chr. die schriftlosen Völker Europas weitgehend asymmetrische und immer intensivere »Zentrum-Peripherie«-Beziehungen mit den Mächten der Stadtkulturen eingingen. Diese – besonders die in Persien, Griechenland und Rom – haben eine qualitativ völlig andere gesellschaftliche Organisation, nämlich die Staatsform, ermöglichte vermutlich durch Schriftlichkeit und durch das Vorhandensein eines Münzsystems. Mit diesen Voraussetzungen konnte ein Rechnungs- und Kreditwesen sowie ein codifiziertes Eigentums- und Erbschaftsrecht entstehen. Alles zusammen gewährleistete die logistische Grundlage für stehende Söldnerheere, die über gute Kommunikationssysteme verfügten.

Die Zeit zwischen 800 v. Chr. und 300 v. Chr. wird gewöhnlich als Periode des Übergangs von der Vorgeschichte zur Geschichte verstanden. Was die erste Hälfte des 1. Jahrtausends v. Chr. betrifft, müssen wir uns hauptsächlich auf archäologische Daten verlassen. Für spätere Jahrhunderte stehen mehrere Texte zur Verfügung, z. B. die frühen Epen von Homer und Hesiod, aus dem 5. Jahrhundert v. Chr. die großen Schriften von Herodot und Thukydides und das Korpus hippokratischer Schriften (im folgenden als »Corpus Hippokraticum« bezeichnet), und später Texte von hellenistischen, römischen und frühmittelalterlichen Historikern, Kommentatoren und Kopisten.

Auch Forschungsergebnisse der physischen Anthropologie und der Sprachwissenschaften stehen zur Verfügung. Die eurasische Steppe ist das Gebiet, in dem kaukasische und mongolische Menschentypen aufeinandertreffen, und man hat unter den Steppenbewohnern viele morphologische Unterschiede festgestellt. Manche haben wahrscheinlich umfassende kulturelle Gründe, nicht nur solche der Partnerwahl, die sich dann auch genetisch niederschlagen können. Hippokrates beschreibt einige Gruppen der Steppenbewohner als »Langköpfe«: »Sobald ein Kind zur Welt kommt, formen sie seinen Kopf mit der Hand um, während er noch weich ist und der Körper zart, und zwingen den Kopf länger zu werden, indem sie Bandagen und ähnliche Mittel anwenden.« Ein solch langer Kopf wird später bei den Hunnen Mode. Herodot berichtet weiter, daß die Einwohner der Stadt Gelonos »ganz helle Augen und rötliche Haare« hatten, wobei beides wohl rein genetische Merkmale waren (Buch IV, 108). Ohne daß man alle möglicherweise mitwirkenden Faktoren genau festlegen kann, ist die Kennzeichnung genetischer Unterschiede zwischen Populationen durch Schädelvergleiche sehr schwierig. Dennoch ist es, ausgehend von kulturellen und/oder genetischen

links Der Hort von Rogozen, Bulgarien, um 300 v. Chr., während der Angriffe der Kelten vergraben. Der Einfluß der Griechen, Perser, Kelten und Inder ist erkennbar (letzterer vielleicht vermittelt durch Veteranen, die aus dem Indus-Feldzug von Alexander dem Großen nach Hause zurückkehrten). Mit einem Gewicht von 19,91 Kilo wiegen die 165 Gefäße nicht ganz ein griechisches Silbertalent auf, dafür genau 3600 persische *Sigloi*.

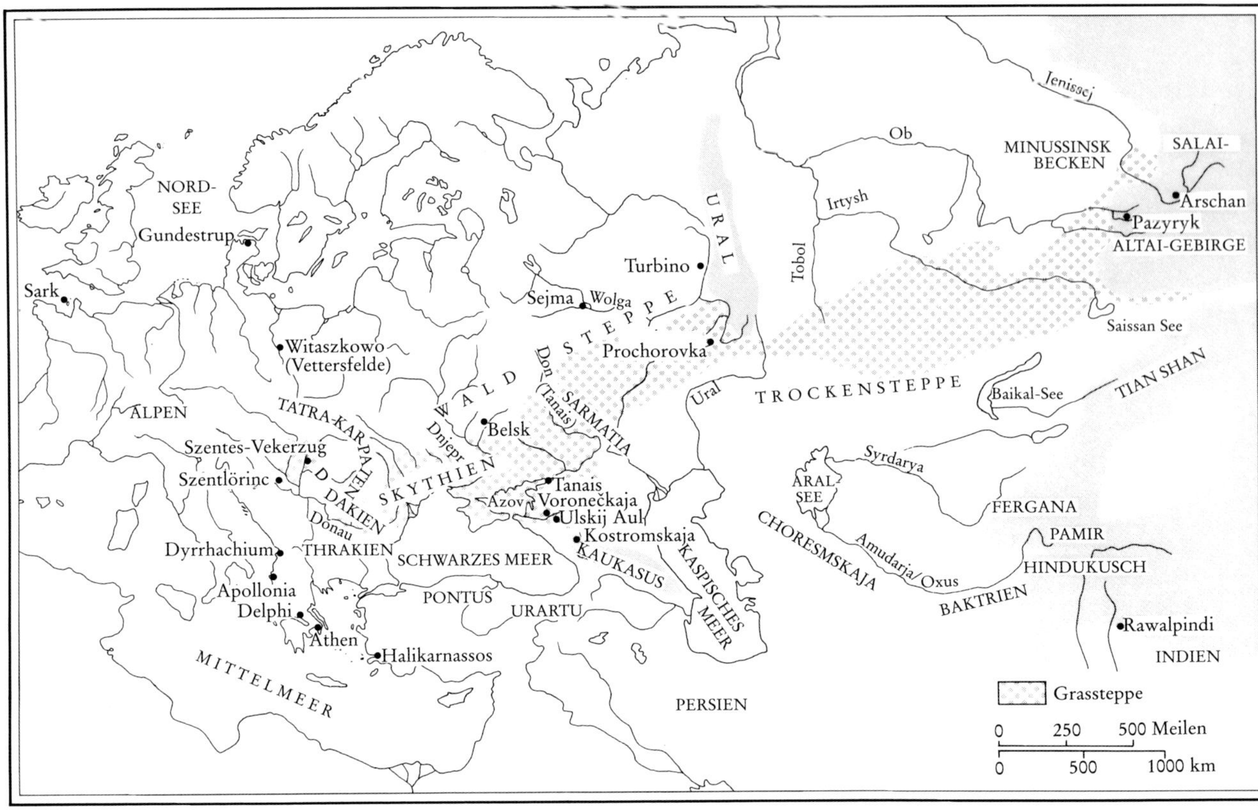

Thrakien, Skythien und Dakien im europäischen und asiatischen Umfeld.

Unterschieden, möglich, neue oder in die Region einbrechende Bevölkerungsgruppen durch archäologisches Fundmaterial zu identifizieren.

Die Frage, welche Sprachen die Steppenbewohner gesprochen haben, ist schwer zu beantworten. Nur einige Namen und wenige Wörter sind überliefert. Sicher wurden iranische und thrakische Sprachen gesprochen, aber wahrscheinlich existierten sie neben anderen, kleineren Sprachgruppen. Die Sprache bietet Möglichkeiten zur Identifizierung eines Volkes, je nach dessen Neigungen, kann sie den Kontakt zwischen den Kulturen behindern oder fördern. Bei Herodot (Buch IV, 114) treffen skythische Männer auf die Amazonen: »Die Männer vermochten die Sprache der Frauen nicht zu lernen, die Frauen jedoch nahmen die ihrer Männer an.« Und über ein Volk von Kahlköpfen, das auf der europäischen Seite direkt am Fuß des Ural siedelte, sagt Herodot: »Wenn die Skythen zu den Agrippaiern reisen, brauchen sie unterwegs sieben Dolmetscher für sieben fremde Sprachen.« (Buch IV, 24) Vielleicht ist das etwas poetisch formuliert, aber es handelt sich um die Region, die die Archäologen als das Volk der Permier identifiziert haben, die wahrscheinlich keine indoeuropäische, sondern eine finno-ugrische Sprache sprachen, die der der Skythen nicht im entferntesten ähnelte. Zu den verschiedenen anderen Völkern, die Herodot im Zusammenhang mit den Gebieten nördlich der Steppengebiete erwähnt, gehören wohl auch die Ahnen derer, die slawische und baltische Sprachen sprechen. Unter den Philologen des 19. Jahrhunderts galten die Thraker als Urheber der indoeuropäischen Sprache. Das ist heute nicht mehr

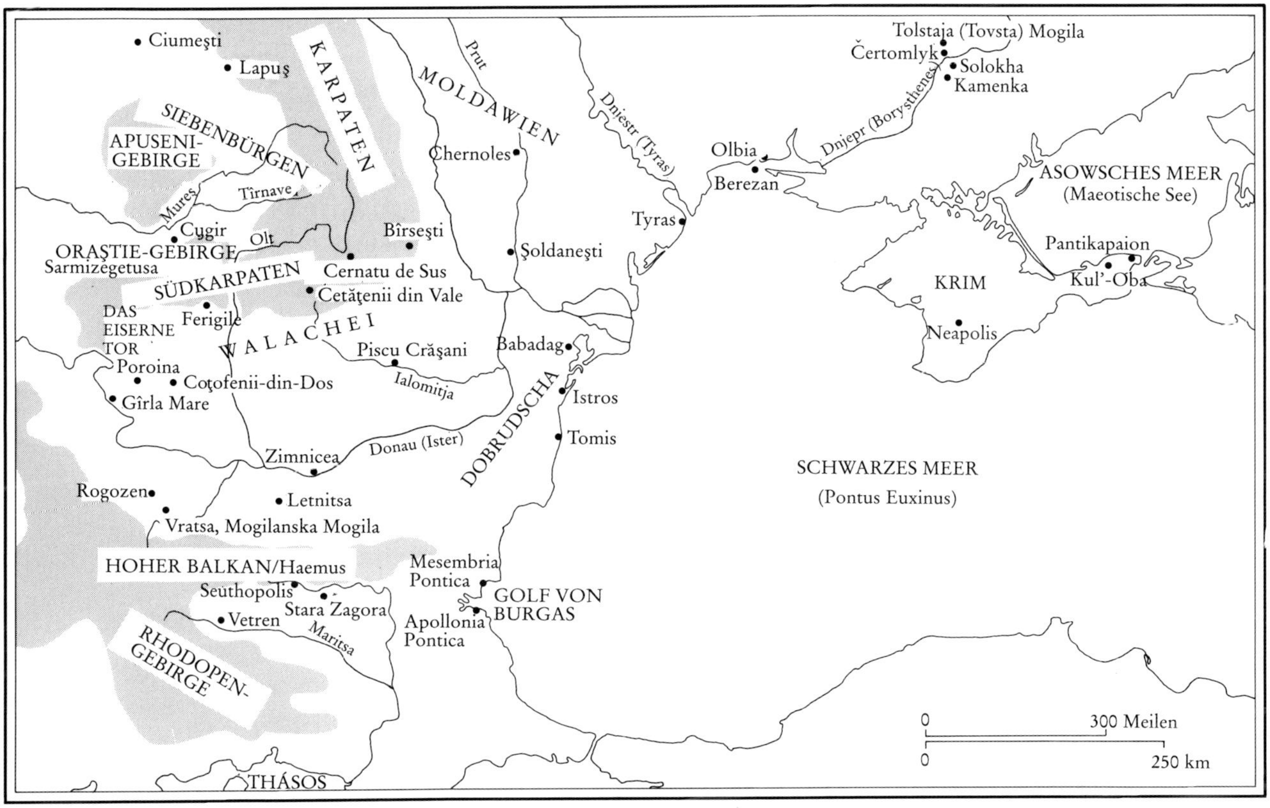

Der Karpaten-Balkan und die Regionen nördlich des Schwarzen Meers.

haltbar, weder von der Sache noch von der Theorie her. Die Argumente zu den indoeuropäischen Sprachen und dem Volk der Indoeuropäer sind vielfältig und kontrovers. Man kann allenfalls, aufgrund von Ortsnamen und anderen Belegen, sagen, daß es mindestens eine bedeutende und ausgeprägte indoeuropäische Sprache gab (mit möglicherweise zwei Hauptdialekten, nämlich dem »Thrako-Moesischen« und dem »Thrako-Illyrischen«) und daß diese Sprache im 1. Jahrtausend v. Chr. in Thrakien gesprochen wurde. Dennoch haben Wissenschaftler aus Osteuropa, ausgehend von nicht sehr stichhaltigen linguistischen Argumentationen, archäologisch nachgewiesene Kulturen aus dem 3. Jahrtausend v. Chr. und aus noch früheren Zeiten als »thrakisch« bezeichnet, obwohl es noch keinerlei Basis für eine derart sichere Zuordnung gibt.

EIN NEUES METALL, EIN NEUER STIL

Der Begriff »Eisenzeit« wird leider unterschiedlich definiert und gebraucht. Die Datierung des Übergangs von der Bronze- zur Eisenzeit ist daher eine Frage der jeweiligen Konvention und entsprechend umstritten. Für Europa kann man sagen, daß sich dieser Übergang erstmalig in Griechenland vollzog, wo um 1000 v. Chr. für die Herstellung wichtiger Handwerkszeuge immer häufiger Eisen statt Bronze verwendet wurde. In Mittel- und Osteuropa kommt das Eisen erst drei Jahrhunderte später vermehrt in Gebrauch, etwa zur gleichen Zeit, als die Griechen die Küstenkolonien gründeten und sich von dort aus mit den Menschen im Hinterland ein Tauschhandel von Luxusgütern gegen Sklaven entwickelte. Damit umfaßt der Begriff »Eisenzeit« in Südosteuropa die Zeit von etwa 700 v. Chr. bis zur Expansion des Römischen Reichs im letzten Jahrhundert vor und im 1. Jahrhundert n. Chr. Mit »Eisenzeit« wird dann eine Epoche grundlegender gesellschaftlicher Umorientierung bezeichnet, die parallel zu den Entwicklungen im übrigen Europa stattfindet (siehe 10. Kapitel).

Um diesen Wandel genauer zu verstehen, müssen wir zunächst die archäologischen Funde und Befunde der Kulturgruppen betrachten, die kurz vor der griechischen Kolonisierung die thrakischen und skythischen Küstenlandschaften besiedelten. Wie im 7. Kapitel dargelegt wurde, gab es während der Bronzezeit in Südosteuropa Händler, die Verbindungen sowohl nach Nordeuropa als auch in den Raum der Ägäis unterhielten. Die meisten Kulturgruppen mußten solche Fernhandelsbeziehungen aufbauen, um sich das für die Bronzeherstellung notwendige Zinn zu beschaffen. Das gilt für ganz Südosteuropa, in dem es, von kleineren Vorkommen in Ostserbien abgesehen, keine Zinnlager gab. Darum mußte dies Metall aus Böhmen, der Türkei oder vom Ural beschafft werden. Mitte des 2. Jahrtausends v. Chr. wurde dann ein neues Metall entdeckt, nämlich das Eisen, daß nicht legiert werden mußte und das in vielen Teilen Europas zu finden war.

Eisen scheint zunächst ungewollt produziert worden zu sein, als Abfallprodukt beim Schmelzen solcher Kupfererze, die einen hohen natürlichen Anteil an Eisenerzen hatten. Die Eisenproduktion scheint in den nördlichen Karpaten (der slowakischen Tatra) und dem georgischen Kaukasus in etwa gleichzeitig um 1700 v. Chr. begonnen zu haben, gegen Ende einer Zeit bemerkenswerter Neuerungen in der damaligen Metallurgie; Neuerungen, die in einem breiten Gürtel quer durch Eurasien zu beobachten sind. Das Auftauchen der sogenannten Sejma-Turbino-Kultur im frühen 2. Jahrtausend v. Chr. mit ihren reichen, aber fremdartigen Gräbern, die sich bei einheimischen Bestattungen auf den weit auseinanderliegenden Gräberfeldern in den bewaldeten Steppenlandschaften finden, deutet vielleicht auf die Entstehung einer mobilen Kriegerschicht. Diese Gräber beinhalten Beigaben, die ganz neuartige Metallverarbeitungstechniken voraussetzen, und sie sind älter als die Produkte der spezialisierten Bronzeverarbeitung entlang der Grenze zu den Steppen im Süden; älter auch als die spätere weitreichende Verbindung zu führenden »Fürsten« in der Steppe selbst, die über Pferd und Streitwagen verfügten, die Andronovo-Kultur. Die Entdeckung des Eisens mag im Osten und im Westen des Schwarzen Meeres ganz unabhängig gelungen sein, die Konzentration auf die Entwicklung neuer Waffentypen und überregionale Verbindungen schufen jedenfalls die Voraussetzungen dafür, daß sich die Kenntnisse im Zusammenhang mit dem neuen Metall zwischen Kaukasus und Karpaten direkt verbreiten konnten.

Auf der Grundlage des gegenwärtigen Forschungsstandes läßt sich sagen, daß Eisen vor 1100 v. Chr. nur selten benutzt wurde, z. B. in Lapuş, einem Fundplatz der bronzezeitlichen Suciu-de-Sus-Gruppe. Osteuropäische Archäologen setzen hier für gewöhnlich den Beginn der Eisenzeit an. Danach und bis etwa 750 v. Chr., dem Ende der Phase Hallstatt B, scheint die Eisenverarbeitung verbreiteter gewesen zu sein. Doch nimmt sie stets mit den Schwankungen in der Bronzeherstellung ab oder zu und findet nie eine sonderlich innovative Nutzung. Die Artefakte aus Eisen waren in der Regel Kopien der viel weiter verbreiteten bronzenen Gegenstände. Von etwa 750 v. Chr. an ist eine plötzliche Zunahme der Eisenherstellung und -verarbeitung festzustellen, die mit der Ausbeutung neuer Erzlagerstätten sowie der Entwicklung neuer, spezifischer Artefakttypen aus Eisen einhergeht.

Gesellschaftlich gesehen ist diese tausendjährige Vorgeschichte bis zur Durchsetzung der Eisentechnologie von einem tiefen Konservativismus geprägt. Bronzeschmiede arbeiteten offenbar in enger Bindung an ihre Auftraggeber. Ihre Herren hatten die erbliche Macht und Verfügung über den Zinnachschub. Eisen konnte sich erst durchsetzen, als eine vorwiegend auf Legierung und Guß ausgerichtete Technologie abgelöst wurde durch Schmiedetechniken. Dafür mußte aber die Gesellschaft eine grundsätzliche Neuorientierung durchlaufen, bei der die Mächtigen die Herrschaft über die Industrien und damit auch die gesellschaftliche Führung verloren. Von nun an sind die Handwerker viel weniger an bestimmte Stammesgruppen oder Geschlechter gebunden. Damit konnte man sozialen Stand und Status nicht mehr zugeschrieben bekommen, sondern mußte ihn vielmehr erwerben.

Wenn wir allgemeine Tendenzen untersuchen, stellen wir fest, daß es zwischen 1100 und 100 v. Chr zu einer allmählichen Verringerung von regionalen Unterschieden kommt, zunächst zwischen den lokalen Formen des Keramikdekors, dann in der Keramikverzierung überhaupt. Schon im 8. Jahrhundert v. Chr. waren eher einheitlich verzierte Keramikformen in einer Region im Gebrauch, die sich von der heutigen Walachei bis nach Serbien und Siebenbürgen erstreckt. Diese Keramik ist in landwirtschaftlichen Siedlungen in der Tiefebene gefunden worden, die man als Basarabi-Gruppe zusammengefaßt hat. Eine ähnliche Angleichung der Keramikformen über ein großes Gebiet findet auch in Moldawien und in der Waldsteppe in der Ukraine statt (bezeichnet als Golygrady- oder Holihrady-Gruppe, als thrakisches Şoldaneşti-Horizont) sowie weiter östlich als Černoles-Kultur. Diese großen Keramik-»Kulturen« ersetzten die sehr unterschiedlichen und attraktiven keramischen Erzeugnisse örtlicher Töpfer der Jungbronzezeit (wie z. B. die in Gîrla Mare), und man hat das als Hinweis auf die Herausbildung größerer sozialer Einheiten gesehen, dafür aber keine wirklichen Beweise beibringen können. Es gibt eine ausgeprägte Siedlungskontinuität über mehrere Perioden hinweg, und die Siedlungen selbst bleiben einander ähnlich: meistens im offenen Gelände, nur gelegentlich an einem strategisch gewählten und dann befestigten Standort (wie Babadag in der Dobrudscha in Rumänien oder Cernatu in den Karpaten). Bis zur Mitte des 8. Jahrhunderts v. Chr. läßt sich nicht nachweisen, daß die Gräber von besonderem ostentativem Prunk gewesen wären; es scheint in dieser Hinsicht keine Konkurrenz geherrscht zu haben. Die Brand- und Körpergräber zeigen nur wenige Unterschiede. Dies entspricht einer Vorstellung von stabilen und dauerhaften kleinen Gemeinschaften, die sich um ein Oberhaupt gruppierten und innerhalb derer der soziale Status vererbt wurde, der daher nicht besonders hervorgehoben werden mußte.

Es mag deshalb sein, daß die Basarabi-Gruppe am Anfang einer allmählichen Entwicklung steht, in der ethnische Unterschiede immer weniger durch spezifische Verzierungsmuster auf der lokal hergestellten Keramik erkennbar wurden. Das würde ein-

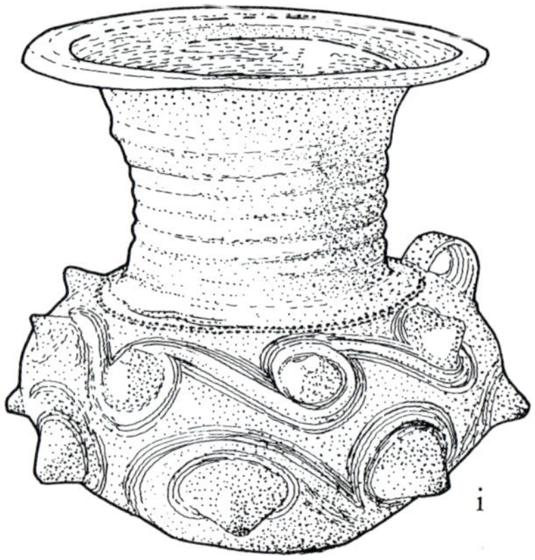

i

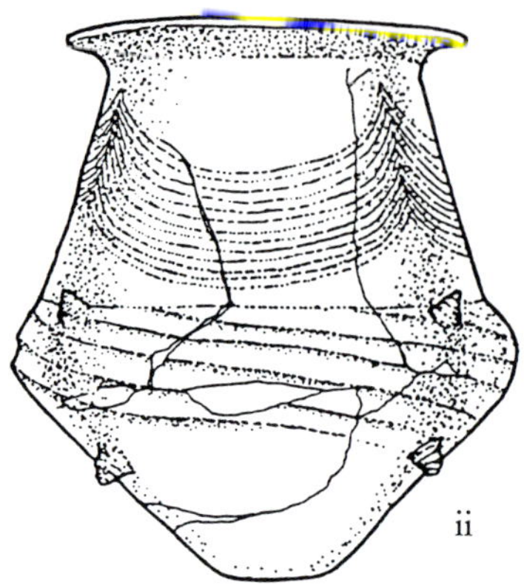

ii

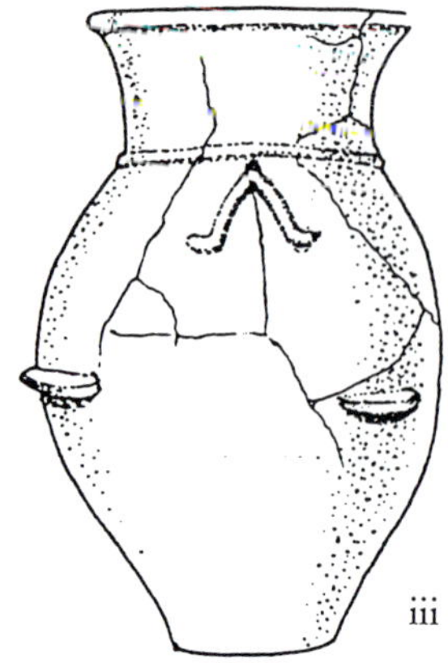

iii

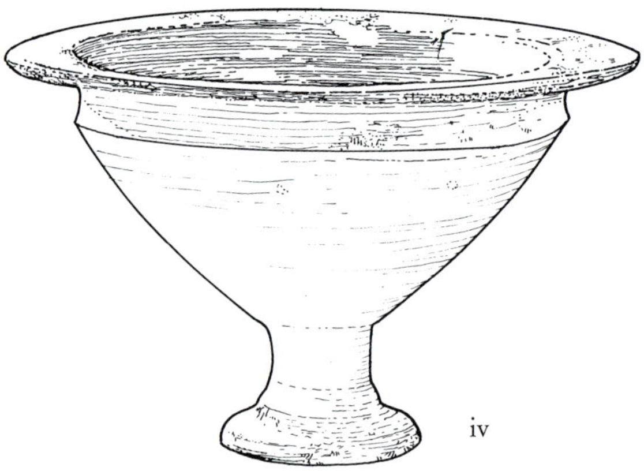

iv

Die Verzierung der thrakischen Keramik wurde im Lauf der Zeit immer schlichter:
(i) Bronzezeit, Topf der Otomani-Kultur, Barka, Slowakei;
(ii) »Thrakisch-hallstattzeitliche« Urne, Pecica, Rumänien;
(iii) »Thrakisch-latènezeitliches« Gefäß, Poiana, Rumänien;
(iv) Dakische Keramik, aus Răcătău, Rumänien (nach Hoddinott 1981, Abb. 26, 51.6, 130 und 138).

hergehen mit der Erwartung, daß sich mit der Entwicklung verschiedener Formen der Viehzucht und der Ankunft neuer Gruppen in der Region die Darstellung der ethnischen Identität auf den menschlichen Körper verlagerte und auf dessen modischer Verzierung. Sicherlich kam es um diese Zeit auch zu dramatischen Änderungen in der materiellen Kultur. Das betraf nicht nur die Art und Weise der Metallbearbeitung, als das Eisen die Bronze für die Herstellung gewöhnlicher Werkzeuge und Waffen nun verdrängte. Es entstanden auch neue Siedlungsformen, Gräber und Bestattungssitten wurden immer vielfältiger. Das kennzeichnet den eigentlichen Beginn der Eisenzeit. Die Gemeinschaften seßhafter Viehzüchter besiedelten weiterhin die Ebenen, und ihre Siedlung wurden zunehmend auf Verteidigung ausgerichtet; in den Steppenlandschaften dagegen tauchen neue mobile Gruppen von nomadisierenden Viehzüchtern auf.

REITER UND HIRTEN

Die Steppe nördlich des Schwarzen Meers grenzt im Norden an eine bewaldete Steppenlandschaft, danach kommen Laubwälder, dann die Nadelholzwälder der Taiga und schließlich, vor dem Arktischen Meer, die baumlose Tundra. Im Süden geht die Steppe allmählich in die mit Strauchwerk bewachsene Halbwüste über, oder sie stößt an hohe Gebirge oder ans Meer. Im Westen wird sie von den Karpaten unterbrochen, durch welche der Donaudurchbruch, die Schluchten des Eisernen Tors, in die ungarische *Puszta* führen, in der die Steppenlandschaft sich noch ein letztes, vergleichsweise kurzes Stück weit fortsetzt. Die Vegetationszonen und ihre Grenzen haben sich im Lauf der Zeit nach Norden oder Süden verschoben, je nach den Schwankungen des Klimas. Gegen Ende des 9. Jahrhunderts v. Chr. gab es eine einschneidende Klimaänderung, als das Subatlantikum die subboreale Klimaperiode ablöste, und die Steppenregion rasch kühler und trockener wurde. Dieser Klimawechsel fiel zusammen mit dem plötzlichen Auftauchen von nomadisierenden Viehzüchtern, die aus Zentralasien an die Grenzen Chinas und im Westen an die Grenzen der Staaten des Vorderen Orients vorstießen. So wie heute noch beruht die Subsistenzwirtschaft der Steppe auf einem Netzwerk von Wasserstellen, die unregelmäßig über ein riesiges Gebiet verteilt sind und zwischen denen die Viehzüchter in jahreszeitlichen Rhythmen umherzogen; ihre Wanderungen vollzogen sich in einem Umkreis von etwa 2 000 Kilometern. In einem solchen System gibt es nicht viel Spielraum: Wenn an einer Stelle Druck ausgeübt wird, kann das zu einer sich über die ganze Breite des eurasischen Steppengürtels fortpflanzenden Welle von Völkerbewegungen führen. Klimatische oder demographische Ungleichgewichte können Auslöser solcher Konflikte um Weideplätze sein, und die typischen Klimazyklen werden wohl seit den Anfängen der Viehzucht in der Steppe, seit dem 4. Jahrtausend v. Chr. also, regelmäßig demographische Krisen hervorgerufen haben. In solchen Krisen mußten Menschen und Tiere, nachdem sie über Generationen unter positiven klimatischen Verhältnissen gelebt und Gruppen wie Herden sich vergrößert hatten, plötzlich mit Dürre und dem Übergang zu dauerhaft schlechteren Bedingungen fertig werden.

Vor allem von der mongolischen Steppe sind solche Konflikte immer wieder ausgegangen, von dieser Insel wundervoller Weiden inmitten von Wüste und Taiga. In der zweiten Hälfte des 8. Jahrhunderts v. Chr. sind die Viehzüchter der Mongolei – die Hiung-Nu oder Hsiung-Nu, die oft mit den Hunnen späterer Epochen gleichgesetzt werden (siehe 13. Kapitel), nach China gezogen, weil ihnen das Wasser für ihre Herden fehlte. Sie wurden von Suan, einem Kaiser der Chou-Dynastie, abgewehrt, und das setzte einen Dominoeffekt in Gang, der sich dann durch die Steppen der Mongolei, Kasachstans und des Schwarzmeergebiets fortsetzte. Aus zeitgenössischen Briefen und Berichten aus dem Vorderen Orient und aus späteren griechischen Erzählungen wissen wir, daß eine Gruppe, die man die Massageten nannte, in den Gebieten um den Aralsee auftauchte und die Skythen von dort vertrieb. Diese verdrängten die Kimmerier und trieben sie in Auseinandersetzungen mit dem Königreich der Assyrer südlich des Kaukasus und auch mit den thrakischen Stämmen in Moldawien an den Ausläufern der Karpaten. Einer anderen Version derselben Geschichte zufolge haben Arimaspen die Issedonen vertrieben, die wiederum die Skythen in die Gebiete der Kimmerier trieben. Die Namen sind andere, der Vorgang bleibt derselbe.

Aus diesen Texten können wir nur etwas über jene Ereignisse erfahren, in die die Führungsschicht der Nomaden und dann auch die Hochkulturen verwickelt waren: Irgendwann zwischen 681 und 668 v. Chr. hat der assyrische König Asarhaddon die »Gimmerai«, die Kimmerier (die »Gomer« der Bibel), unter Führung ihres Königs

Eine goldene Gürtelschnalle mit eingelegten Türkisen; Sibirische Sammlung von Peter dem Großen; wahrscheinlich aus dem 3. Jahrhundert v. Chr. Ein Yak beißt in den Schwanz einer Großkatze (vielleicht eines Schneeleoparden), die wiederum einen Adler beißt, der den Yak angreift.

Teuschpa geschlagen; um 674 v. Chr. hat Partatu, König der »Aš-ku-za« oder »Iškuza«, d. h. der Skythen, eine assyrische Prinzessin zur Frau genommen, und etwa 30 oder 40 Jahre später hat dasselbe Volk das Königreich von Urartu in Ostanatolien verwüstet und die Herrschaft über das Königreich der Meder im Nordiran übernommen, möglicherweise im Bündnis mit den Assyrern. Um 610 v. Chr. eroberten die Nomaden, zusammen mit den Medern, die assyrische Hauptstadt Ninive, wurden dann aber von den Medern wieder Richtung Nordkaukasus vertrieben. Anschließend gerieten die Meder unter die Herrschaft der persischen Achaemeniden. Von etwa 520 v. Chr. an wurden die »Saka tigrakhauda«, die »Skythen mit den spitzen Hüten« in Persien, zu einer immer größeren Bedrohung des dortigen neuen Reichs. Der Feldzug, den König Dareios I. um ca. 513 v. Chr. gegen die Skythen unternahm – er verfolgte sie bis nach Europa, durch Thrakien und in die Steppe hinein –, bot Herodot Anlaß, seinen langen und einmaligen Bericht über Herkunft und Sitten der Skythen zu verfassen.

Was war nun eine Führungsschicht bei den Nomadenvölkern? Die Nomaden, um die es hier geht, waren ursprünglich relativ kleine, verwandtschaftlich organisierte Stammesgruppen, die mit ihren Herden in den riesigen Gebieten Zentralasiens umherzogen, wobei sie sich allerdings nie völlig frei bewegen konnten. Vielmehr waren sie seit jeher mit den benachbarten Gemeinschaften in den Wald- und Gebirgsregionen in eine Art Handelsnetz eingebunden, das von Angebot und Nachfrage bestimmt wurde; diese Nachbarvölker belieferten die Hirten mit Metallen und Holz und erhielten von diesen Pferde und andere Herdentiere sowie Milchprodukte. In geringem Umfang wurde in den geschützten Flußtälern Landwirtschaft betrieben, und einige Nomadenstämme beteiligten sich daran. Kam es jedoch zu kriegerischen Auseinandersetzungen, zeigten sich die Vorteile ihrer Meisterschaft im Reiten, die schließlich dazu führten, daß sich spezialisierte Kriegergruppen herausbildeten, die sich um ihre eigenen Herden kümmerten und alles, was sie sonst noch brauchten, von den seßhaften Bevölkerungen erhielten, die sie vor Angriffen anderer Kriegergruppen »schützten«. Bei den Kimmeriern und Skythen des 5. Jahrhunderts v. Chr. haben sowohl Hippokrates wie auch Herodot eindeutig unterschieden zwischen den »Adligen«, die Pferde besaßen und reiten konnten, und dem ärmeren »gemeinen Volk«, das keine Pferde besaß. Was diese Reitergruppen im wesentlichen zusammenhielt, war ein charismatischer Führer, der die Strategie festlegte und die Beute aufteilte; nicht aber ein über Verwandtschaftsbeziehungen und traditionelle Verpflichtungen streng geregeltes System. Herodot hat den Namen der Skythen als eine Ableitung aus dem Namen eines Königs verstanden, der in zwei unterschiedlich ins Griechische übertragenen Formen überliefert ist: als Koloaxaïs und Skoloti.

Für eine Invasion von berittenen Kriegern in die Kaukasusregion gibt es archäologische Belege: die Srubnaja-Chvalynsk-Kultur, die oft mit den Skythen in Zusammenhang gebracht wird. In einigen Gräberfeldern von Berg-Karabach läßt sich nach 700 v. Chr. in den zuvor schon relativ gut ausgestatteten Gräbern eine plötzliche Verschiebung feststellen; nun findet man reiche Kriegergräber, und die darin Bestatteten haben einen anderen Körperbau als die, deren Leichname ihnen offenbar als Opfer in die Gräber gelegt wurden. Die dort gefundenen Waffenbeigaben unterstreichen die Entwicklung kriegerischer Fähigkeiten und räuberischer Neigungen bei den Nomaden, zumal sie sich wohl die Waffen der kaukasischen Völker aneigneten: Typischerweise hatte jeder Krieger einen Kompositreflexbogen aus verschiedenen Materialien sowie dreiflügelige Pfeilspitzen aus Bronze, die Rüstungen durchschlagen konnten. Moderne Versuche lassen vermuten, daß diese Projektile eine Geschwindigkeit von ca. 50 Meter pro Sekunde erreichten, also fast so schnell waren wie ein Armbrustbolzen. Weitere Waffen waren der sogenannte Akinakes, ein Kurzschwert, und schwere Lanzen, beide aus Eisen.

Vielleicht entwickelte sich im Kaukasus auch der »Tierstil« in der Kunst (s. Farbtafel gegenüber S. 480). Die Nomaden Zentralasiens haben immer eng mit ihren Tieren zusammengelebt und Bildnisse der von ihnen gehüteten und gejagten Tiere in Stelen gemeißelt. Aber erst mit dem Kontakt zu den nahöstlichen Traditionen der Metallverarbeitung ist ein wirklich neuer Stil bei der Verzierung des Zaumzeuges, der Schilder, Schwertscheiden und des Schmucks entstanden; Zeichen dieses Wandels sind auch die neuen, aus mehreren Tieren komponierten Fabelwesen, z. B. die geflügelten Löwengreife.

Damit hat die Nähe zu städtischen Kulturen die eigenständige Entwicklung der kriegerischen Eliten der Nomadenvölker weiter gefördert. Die reiche Beute, die durch die Plünderung einer Stadt zu gewinnen war, ließ sich mit dem bescheidenen Gewinn durch einen Angriff auf ein Bauerndorf am Ob nicht vergleichen. Aber auch Ost- und Südosteuropa müssen lohnende Ziele geboten haben; zumindest könnte man das an der Zahl der Grabhügel ablesen, in denen neuartige Grabbeigaben gefunden wurden, die eindeutig aus der Steppe stammen, z. B. Pferdepaare und Streitwagen, Schmuckstücke mit Tiermustern, Kurzschwerter vom Akinakes-Typ und Pfeilspitzen mit drei Schneiden. Im Grabhügelfeld von Szentlörinc in der ungarischen Tiefebene fand man Skelette des östlichen Pontus-Taurus-Typus. Es scheint, als seien die den Skythen ähnlichen Reitergruppen – die Archäologen nennen sie die Vekerzug-Gruppe – von dieser Steppeninsel am Mittellauf der Donau angezogen worden: ganz wie die späteren Hunnen und Mongolen.

Gegenstände, die nach Art der Skythen bearbeitet sind, wurden auch anderswo gefunden, vor allem in der Mureş-Tîrnave-Gräbergruppe im mittleren Siebenbürgen und in dem berühmten Hort mit zahlreichen Goldobjekten, der in Witaszkowo (dem ehemaligen Vettersfelde) in Polen ans Tageslicht gefördert wurde. Nach Art der Skythen deshalb, weil es feine Unterschiede in der Herstellung zwischen den Artefakten (z. B. der Schwerter) gibt, die man in Gräbern der südrussischen Steppe gefunden hat (dem Land der Skythen) und denen aus Südosteuropa. Es wurde kontrovers darüber diskutiert, ob die Begrabenen wirklich Skythen waren, genauer, die Skythen, von denen die Autoren der Antike berichtet haben. Herodot spricht von goldliebenden Agathyrsen dieser Region, will sich aber nicht festlegen, ob man sie als Thraker oder als Skythen betrachten soll; als dritte Gruppe, die offenbar weder Thraker noch Skythen waren, nennt er noch die Sigynner mit ihren Ponywagen. Ferner sollte man erwarten, daß die Ausrüstung der eindringenden skythischen Anführer je nach örtlichen Vorgegebenheiten variieren würde. Schließlich mußten sie sich wohl auf örtliche Kenntnisse und Fähigkeiten verlassen, ganz gleich, ob sie ihnen freiwillig oder unter Zwang bereitgestellt wurden, wenn sie ihre Pferde neu rüsten und zerbrochene Waffen ersetzen wollten. Schließlich haben Untersuchungen der Tierknochen gezeigt, daß die Reitpferde der Skythen damals bereits durch Tausch mit Mittelsmännern nach Europa hinein, z. B. an die obere Adria, gelangt waren. Daß die Ausrüstung der Steppenvölker verfügbar war, wird vielleicht auch in einigen Gebieten Europas die Entwicklung von berittenen Kriegereliten gefördert haben.

Offenbar hat die Ankunft der Gruppen aus den Steppen zur Nutzung des Eisens angeregt. Wahrscheinlich haben sie auch die rechtmäßigen Interessen aufgehoben, an denen die Zinnversorgung hing, und gleichzeitig werden sie die neue Technologie, die sie so wirkungsvoll einsetzten, verherrlicht haben.

Neue Eisenerzlagerstätten werden in den Bergen Siebenbürgens entdeckt, als man die höher gelegenen Flächen entwaldete, um Sommerweiden zu schaffen für eine neue intensivere Form der einheimischen Viehzucht mit jahreszeitlichem Wechsel der Weideplätze. Die Kulturgruppe, die diese Weideplätze aussuchte und die Rodungsarbeiten durchführte, nämlich die Ferigile-Bîrseşti-Gruppe, scheint sowohl mit den alten Gruppen, die in der Region von der gemischten Landwirtschaft lebten, als auch mit der neuen sozialen Oberschicht einiges gemein gehabt zu haben. Im Brandgräberfeld von Ferigile, am südlichen Fuß der Karpaten entlang des Zugangswegs zu den Bergweiden, wurden über 150 Kriegergräber ausgegraben.

Die Beigaben umfaßten Keramik, die dem Basarabi-Stil der benachbarten Tiefebene ähnelt, Opfer von Schafen, Ziegen und anderen Tieren, eiserne Gebißstangen, Lanzen und ein Schwert vom Akinakes-Typ, das dem Steppentypus nachgebildet ist. Ihr jeweiliger Status wurde den Mitgliedern dieser Gruppe offenbar zugeschrieben, zumindest nach ihrem Tod; denn fast alle Leichenbrände stammten, wie sich bei der Untersuchung erwies, von Kindern, die die Waffen, die ihnen beigegeben wurden, niemals hätten benutzen können.

Damit existierten entlang der Steppenrandgebiete verschiedene Arten der Subsistenzwirtschaft und der Ausnutzung der Ressourcen nebeneinander. Ob die Menschen, die ihr Leben so verschieden organisierten, friedlich nebeneinander gelebt haben oder ob es zwischen ihnen Konflikte gab, ist ungewiß. Verliefen die Trennlinien zwischen diesen Gruppen eher nach wirtschaftlichen oder sprachlichen oder sogar nach ethnischen Kriterien?

Auch in der Gegenwart gibt es z. B. in England Interessensunterschiede zwischen Weideviehzüchtern, Milchbauern und Ackerbauern, aber für gewöhnlich fühlen sich alle als Mitglieder der gleichen Gesellschaft; materiell gesehen unterscheiden sich ihre Lebensweisen aber und sind abhängig von unterschiedlichen Erfordernissen, Bedürfnissen und Ressourcen einer Gegend. Ihre Beziehungen untereinander sind funktionsbezogen und diffus (»monoplex«). Dagegen schreibt man vormodernen, nichtstädtischen Gesellschaften gerne eine natürliche Solidarität zu, sieht die Menschen in dicht verwobenen (»multiplexen«) Beziehungen zusammenleben und eine klare Stammes- oder nationale Identität teilen. Aber in der Eisenzeit führte der Prozeß der Auflösung der Stämme trotz weiterhin ausgeprägter, vielleicht noch spürbarer werdender ethnischer Identitäten dazu, daß viele soziale Beziehungen monoplex wurden. Das war eine Folge davon, daß die Territorien immer weniger ausschließlich von einer Population oder einem Volk genutzt wurden, so wie umgekehrt die Wirtschaftsformen sich immer weiter spezialisierten und in Konkurrenz zueinander traten. Das kann nur zu Konflikten um Ressourcen führen: Aus dem südlichen Thrakien berichtet Xenophon aus erster Hand über einen nächtlichen Überfall von »Berg-Thrakern« auf ein mit Palisaden geschütztes thrakisches Bauern- und Hirtendorf in der Tiefebene, wo sie das Vieh stehlen wollten.

Selbstbewußte und kriegerisch überlegene Reitereliten binden spezialisierte »Dienstleister« an sich, wie Wanderhandwerker, Goldwäscher und Dolmetscher. Solche Gesellschaftsformen hatten ihre Vorläufer im Anatolien des 3. Jahrtausends v. Chr. und vielleicht während der europäischen Bronzezeit in der Otomani-Kultur. Ab 700 v. Chr. bilden sich diese Strukturen erneut aus und sollten noch komplexer und spezialisierter werden, denn zuerst wurde die Sklavenwirtschaft und dann das Geld eingeführt, zusammen mit griechischem Wein und Öl.

DIE GRIECHEN KOMMEN UND SEHEN

Als die ersten griechischen Schiffe gegen den Strom des Hellespont ankämpften, um ins Schwarze Meer zu gelangen, dort die Küste entlangfuhren und Zuflucht in den natürlichen Häfen suchten, vorsichtig die von Mücken heimgesuchten Mündungen der Ister (Donau), des Tyras (Dnjestr) und des Borysthenes (Dnjepr) erkundeten, folgten sie den Spuren der Mykener. Aber war ihnen das bewußt? Vermutlich ja, denn tatsächlich sind Kenntnisse über die Seefahrt im Schwarzen Meer mündlich überliefert und später in den Küstenbeschreibungen der Seeleute schriftlich niedergelegt worden. Wir können uns daher, mit Rückgriff auf Braudels Konzept der *longue durée*, die Gründung der griechischen Kolonien rund um das Schwarze Meer als eine Rückkehr und als Wiederaufnahme von Beziehungen mit einem Hinterland vorstellen, in dem die Erinnerungen an frühere Ereignisse noch erhalten waren.

In der *Ilias* wird ein Landstrich nördlich der Ägäis als »Thrakien, jenes fruchtbare Land mit dem wehenden Grasland, dem Nährer der Herden« bezeichnet. Es wird häufig angenommen, daß Homers um 700 v. Chr. aufgeschriebenes Epos, aus Erinnerungen und Überlieferungen aus der Bronzezeit schöpfte, dem heroischen Zeitalter der Mykener (vgl. 8. Kapitel). Wo aber liegt das Thrakien, das Homer beschreibt? Eindeutig ist, daß es nur auf der europäischen Seite des Hellespont liegen kann und daß eine Bergregion dazugehörte. Im 9. Gesang der *Ilias* sagt Nestor zu Agamemnon: »Voll sind dir die Gezelte des Weins, den der Danaer Schiffe / täglich aus Thrakia her auf weitem Meer dir bringen«, womit er die Ägäis meint; und im 14. Gesang entflieht Hera »dann zu den schneeigen Höhn gaultummelnder Thraker«. Allgemein haben die älteren griechischen Autoren Thrakien als Land jenseits von Makedonien aufgefaßt, das an die Ägäis und an das Schwarze Meer grenzt und in dem der Berg Haemus liegt, die heutige Stara planina-Kette des bulgarischen Balkangebirges. Jenseits vom Berg Haemus waren die Verhältnisse nicht mehr so deutlich. Im Norden, jenseits der Donau, lag eine Ebene, die dem Land der Skythen zugerechnet wurde. Spätere Autoren siedelten hier die Stämme der Thraker an. Und im Norden der Donau, in den Karpaten und jenseits dieses Gebirges, sollten später die Daker – ein Volk, das wohl seiner Kultur wie seiner Sprache nach Thrakern zuzurechnen ist – auftauchen.

Wer also waren Homers Thraker? Zunächst einmal waren sie die Bewohner von Thrakien. Sie sprachen eine Sprache, die Homer zufolge den Trojanern verständlich war, die im Epos als deren Genossen beschrieben werden. Also scheint eine Verbindung zwischen Anatolien und Thrakien bestanden zu haben. Archäologisch gesehen tauchen die Phryger in Asien zur gleichen Zeit auf wie die Thraker in Europa. Bei Homer sind Rhesus, der Thraker, und Hippokoön, der Trojaner, miteinander verwandt. Der Trojaner Iphidamus wurde als Kind in Thrakien in Pflege genommen und stand kurz davor, durch Heirat zum Verwandten des dort ansässigen Kisseus zu werden. Iphidamus ist dabei, das Brautgeld zu zahlen und bringt als Teil davon thrakische Schafe und Ziegen. Homers Thraker sind edle mannhafte Krieger. Ihre Verbindung zu Troja gründet nicht auf einem »ethnischen Kontinuum« auf allen Ebenen der Gesellschaft, sondern bestand nur zwischen den einflußreichen Anführern. Nach Herodots Auffassung ist »das thrakische Volk nach dem indischen das größte der Erde« (Buch V, 3),

Vergoldeter Silberschmuck für Pferdezaumzeug, gefunden in Letnitsa in Bulgarien (4. Jahrhundert v. Chr.). Zu sehen sind Thraker mit ihrem auf dem Kopf zusammengebundenen Haar, so wie sie Homer in der *Ilias* beschreibt (4:531). *oben* Ein Jäger mit Zopf zu Pferd und *links* ein Mann mit Zopf (vielleicht derselbe Mann) in einer Szene, die oft als Darstellung der *Hierogamie* oder der heiligen Ehe interpretiert wird.

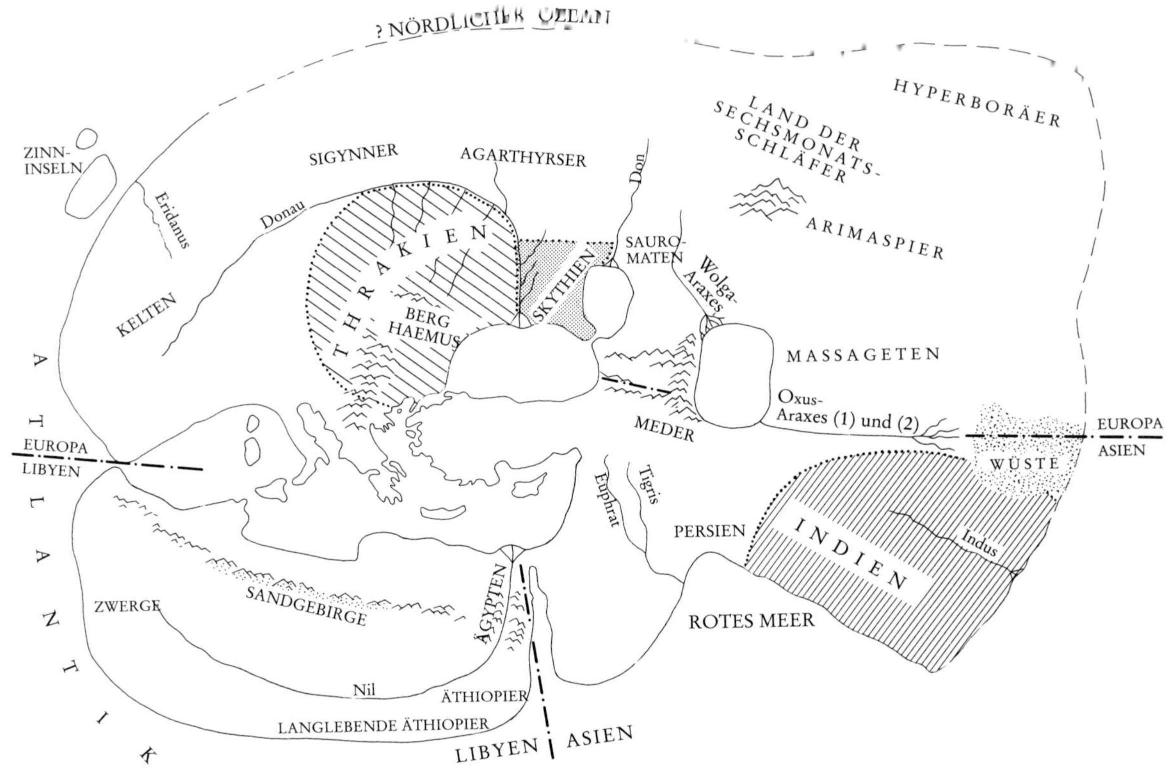

Die Welt nach Herodot, der von seinem Glauben an die geographische Symmetrie dazu gebracht wurde, die Mündung der Donau genau nördlich des Nildeltas zu legen. Damit wuchs Thrakien auf die Größe Indiens, und Skythien, das »quadratisch« vorgestellt wird, schrumpfte entsprechend.

eine Formel die von vielen heutigen »Thrakologen« aufgegriffen worden ist. Herodots Meinung beruht jedoch auf einem Mißverständnis, denn in seinen Augen war Thrakien viel größer als seine tatsächliche Ausdehnung. Dazu kam, daß er die Gesamtzahl der verschiedenen »Völker«, die dort lebten, ungenau einschätzte: Da Thrakien näher an Griechenland lag als das Land der Skythen, kannten die Griechen die Namen einer größeren Zahl lokaler »Stämme«, von denen manche wohl nur einzelne Dörfer waren.

Man hat oft darüber diskutiert, aus welchem Grund und warum ausgerechnet in dieser Zeit die Griechen ihre ersten Kolonien entlang der Küsten Thrakiens und Skythiens gründeten. Als Grund wird oft Bevölkerungsdruck in den griechischen Heimatgefilden angegeben. Aber der Aufbau gut organisierter Handelskolonien, die in gleichmäßigen Entfernungen voneinander angelegt wurden, damit sie den Reisenden bequem als Etappenziele dienen konnten, und die zugleich strategisch günstig an den Zugangswegen ins barbarische Hinterland lagen, und schließlich die griechischen Luxusgüter, die ihren Weg in das Landesinnere fanden – all das deutet darauf hin, daß dem Handel bald größte Bedeutung zukam.

Der erste griechische Handelsposten an der Ägäisküste Thrakiens, nämlich Abdera, wurde 654 v. Chr. gegründet; die Kolonisierung der Schwarzmeerküste dagegen läßt sich nicht so genau datieren. Hier scheint Istros, in der Nähe der Donaumündung gelegen, die erste offiziell gegründete Kolonie gewesen zu sein. Die ältesten dort erhaltenen archäologischen Schichten lassen sich auf 630 v. Chr. datieren. Aber die Geschichtsschreiber Eusebius und Skymnos nennen Daten für seine Gründung, die als Klammer für die archäologischen Befunde dienen, nämlich 656 v. Chr. und etwa 600 v. Chr. Diese chronologische Unsicherheit wird durch andere Textstellen unterstrichen, aus denen hervorgeht, daß das Wissen über das Schwarze Meer unter den Küstenbewohnern der Ägäis zu einer Zeit wiederbelebt wurde, die lange vor dem Gründungsdatum liegt, das Eusebius gibt. In seiner *Theogonie* spricht Hesiod von den »Stuten melkenden Skythen«, der Text wurde um 700 v. Chr. niedergeschrieben, also fast 100 Jahre vor den

Ein Vergleich der Siedlungsanlagen und -größen:
(i) Griechische Kolonie von Istros südlich des Donaudeltas in Rumänien;
(ii) Wallanlage von Belsk in der Waldsteppe der Ukraine;
(iii) thrakische Befestigung in Bulgarien, wurde mit Seuthopolis, dem Sitz einer Dynastie, identifiziert;
(iv) der Festungs- und Tempelbereich in Grădiştea Muncelului in Rumänien, wurde mit Sarmizegetusa, dem Zentrum der Daker, identifiziert.

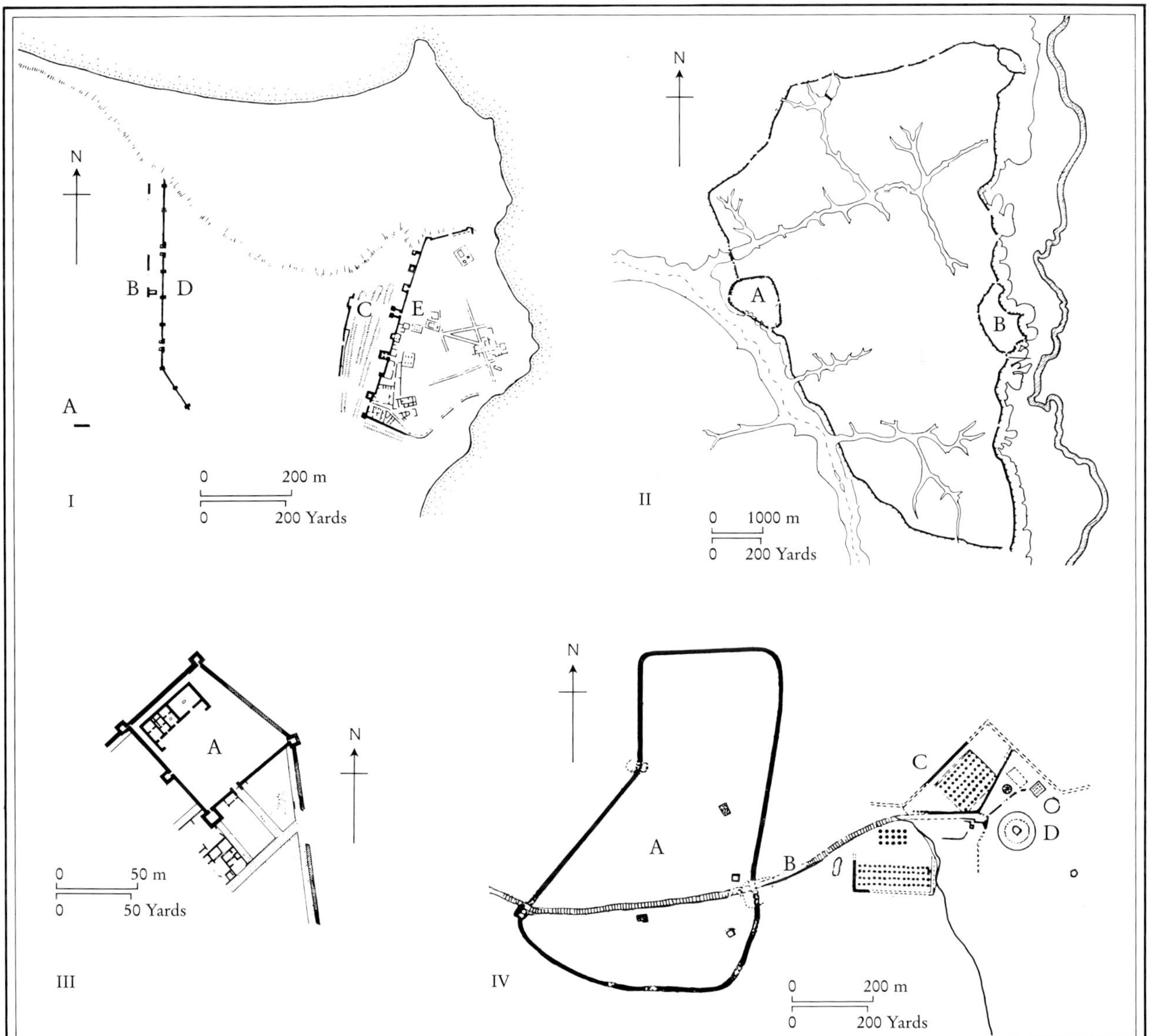

detaillierteren geographischen Berichten über die nördlichen Schwarzmeerküsten, die im Text des Hekataios überliefert sind.

Eine Erklärung für diese offensichtlichen Diskrepanzen wäre, daß die griechischen Kolonien erst nach und nach aufgebaut wurden. Mittlerweile wird vermutet, daß die ersten Siedlungen in natürlich geschützten Lagen entstanden, sie verfügten also nicht unbedingt über die Häfen mit den besten Lagen, nicht über Handelswege ins Landesinnere und auch nicht über ausreichend Platz für Stadtplanung und -erweiterung. Die archäologisch erfaßten Handelsplätze liegen an zugänglichen Orten, die vielleicht erst dann besiedelt und ausgebaut wurden, als die Verbindungen zu den kriegerischen Einheimischen bereits hergestellt waren.

Wenn diese Stadtgründungen aus wirtschaftlichen Gründen, und nicht, um Überbevölkerungen zu vermeiden, ausgelöst wurden, dann sind die ersten Kontakte möglicherweise saisonaler Natur gewesen: Die Griechen reisten einmal im Jahr die Küste entlang, um mit den Menschen Tauschhandel zu betreiben, die ihnen zu diesem Zweck aus dem Landesinneren entgegengekommen waren. Es ist auffallend, daß Herodot bereits im 5. Jahrhundert v. Chr. von der Existenz einer Gruppe Skythen berichten kann, »die Getreide zum Verkauf und nicht zu ihrem persönlichen Gebrauch anbauen«. Die dafür erforderliche, großangelegte Umstrukturierung der landwirtschaftlichen Produktion kann nur das Ergebnis einer beträchtlichen Zeit des gegenseitigen Austausches gewesen sein.

Die dauerhaft bewohnten Handelsplätze waren so angelegt, daß man von dort aus Handel mit Regionen im Landesinneren treiben konnte: Appolonia Pontica und Mesembria Pontica beiderseits des Golfs von Burgas hatten guten Zugang zur thrakischen Tiefebene; Tomis und Istros an der Küste der Dobrudscha waren nur einen kurzen Transportweg vom letzten Bogen, den die Donau nach Norden macht, entfernt, von dem Punkt also, nach dem bald die unwirtlichen Sumpfgebiete des Donaudeltas beginnen; Tyras lag am Dnjestr; Berezan und Olbia am Dnjepr, und Pantikapaion an der Meerenge von Kertsch, wo man den Schiffsverkehr mit der Maeotis-See, dem heutigen Asowschen Meer, unter Kontrolle hatte, und damit auch den Zugang zur Donez und zum Don. Später wurde an der Mündung des Don die Stadt Tanais gegründet. Über den Umfang des Handels wissen wir durch die griechischen Weinamphoren und silbernen Trinkgefäße, die in den Steppengräbern gefunden wurden. Und aus Inschriften und literarischen Quellen ist bekannt, daß die Griechen, insbesondere die Athener, dafür Sklaven und Getreide eintauschten.

Doch gab es in dieser Anfangszeit nur wenige reiche Gräber in der Steppe. Offenbar lebten die Nomaden in der Waldsteppe und haben zwischen sich, den einheimischen Hirten und Bauern der Waldsteppe sowie den griechischen Fluß- und Küstenhändlern eine Art Dreiecksverkehr aufgebaut. Bis Mitte des 6. Jahrhunderts v. Chr. sind in diesem Gebiet viele Befestigungsanlagen entstanden, und Güter aus Griechenland erreichten sie im Überfluß. Unter den größten der erhaltenen und bislang bekannten Wallanlagen ist Belsk an der Worskla, einem Nebenfluß des Dnjepr. Es wurde gegen Ende des 7. Jahrhunderts v. Chr. gegründet und besteht aus einer Ost- und einer Westfestung innerhalb eines Walls von insgesamt 33 Kilometern Länge, der über 4000 Hektar umschließt. Die Westfestung allein umfaßte 72 Hektar und hat damit die Ausdehnung der größeren unter den später in Westeuropa gegründeten Oppida. Man nimmt an, daß etwa elf Millionen Arbeitstage zu ihrer Errichtung nötig waren. Vor dieser Stadt liegen über 1 000 Grabhügel. Als Gesamtanlage läßt Belsk jede gegenwärtige Siedlung doch sehr bescheiden erscheinen.

Belsk ist von einigen als die mit großen Holzbollwerken befestigte Stadt Gelonos identifiziert worden, die von Graeco-Skythen und Skythen bewohnt wurde, die Geloner und die Budinen, die Herodot kurz erwähnt. Obwohl er bestimmt an eines dieser Zentren im Waldsteppengebiet dachte, wissen wir nicht mit Sicherheit an welches. Man wird das riesige Belsk niemals vollständig archäologisch ausgraben können. Hier war der Ort verschiedener Handwerke, hier wurden die dreiflügeligen Pfeilspitzen gegossen, es gab Töpfer und Eisenschmiede. Die zentrale Innenanlage umfaßte auch Vorratsgebäude und innerhalb der großen Wallanlage befanden sich mindestens elf getrennte Siedlungen. Wahrscheinlich haben sich hier zu bestimmten Zeiten im Jahr Nomadenstämme mit ihren Herden und Gruppen von Bauern mit ihren Produkten getroffen, zum Tausch und Wetten, sowie zum Spielen und zur Partnerwahl.

DIE GESELLSCHAFT DER SKYTHEN UND DER THRAKER

Weder die Quellen der Antike noch die moderne Archäologie können uns zu einem tieferen Verständnis in der schwierigen Frage nach der ethnischen Zugehörigkeit von Skythen und Thrakern verhelfen. Herodot war unsicher, wie er die Zwischen- und Randgruppen einordnen sollte, und die heutigen Archäologen haben genau das gleiche Problem. Es ist unwahrscheinlich, daß sich die von Archäologen nach ihrer materiellen Kultur unterschiedenen Gruppen mit den ethnischen und sozialen Gruppierungen decken, die die antiken Autoren kannten und nannten. Für die Griechen war Skythien lediglich eine weitgefaßte sozio-ökonomische Bezeichnung, entsprechend dem weiten Begriff Saka, mit dem die Perser die Nomaden der Steppe bezeichneten. Dennoch versucht Herodot unentwegt, zwischen verschiedenen Skythen, Thrakern und anderen zu unterscheiden, indem er sie nach Namen, Sprachen, Sitten und äußerer Erscheinung gruppierte. Aus seinen Überlegungen zu ihren Verwandtschaftsverhältnissen erfahren wir, daß zwischen Skythen und Thrakern Ehen geschlossen wurden und daß ihre Anführer, so wie etwa die königlichen Familien Europas, ein überregionales Familiennetz aufgebaut hatten.

Herodot berichtet von den Thrakern (Buch V, 6f.): »Wer müßig geht, wird hoch geehrt; wer das Feld bebaut, wird tief verachtet. Das ehrenvollste Leben ist das Kriegs- und Räuberleben.« Sie würden nur Ares, Dionysos und Artemis anbeten, »ihre Könige, aber nicht das Volk, verehren am höchsten den Hermes und schwören nur bei ihm. Sie behaupten, von Hermes abzustammen.« Mythologisch gesehen, ist Hermes ein Gott der Wanderer. Die Oberschicht der Thraker war zwar vermutlich weder nomadisch noch halbnomadisch wie die Skythen, doch werden sie sich ethnisch von den örtlichen kleinen Agrargemeinschaften Thrakiens unterschieden haben.

Aus ihren Gräbern und ihrer Kunst erfahren wir, daß sie Pferdebesitzer waren und eine streng hierarchische Gesellschaftsstruktur kannten. In Bulgarien gibt es rund 20 000 Grabhügel aus dem 4. und 5. Jahrhundert v. Chr. und jeder von ihnen wird die Gemeinschaft viele Tage Arbeit gekostet haben. Obwohl die meisten geplündert wurden, sind nur die allerwenigsten wirklich zerstört worden; zu einer Zeit, als die thrakische Bevölkerung südlich der Donau – geht man von der Anzahl der Dörfer und Festungen sowie von den historischen Quellen aus – in der Regel einige Hunderttausend zählte, sind in jeder Generation schätzungsweise etwa 3 000 Grabhügel errichtet worden. Ganz gleich, wer diese Mehrheit bildete, ihre Toten wurden anders bestattet und zwar vermutlich in flachen Urnengräbern, von denen einige ausgegraben wurden. An der Oberfläche gibt es kaum Hinweise auf solche Gräber, darum werden sie, im Gegensatz zu Hügelgräbern, leicht durch Landbau zerstört. In Südbulgarien hat man in einigen Regionen die Toten möglicherweise in Nischen beigesetzt, die im Bergland in die Felsen geschlagen wurden.

Nimmt man die Quellen der Antike und das archäologische Fundmaterial zusammen, so kann man sich schon ein Bild davon machen, wie und in welchen gesellschaftlichen Strukturen die Völker Thrakiens und Skythiens im 5. Jahrhundert v. Chr. gelebt haben. In einem solchen Modell wäre die mobile Oberschicht eine »offen« organisierte ethnische Gruppe, der solche Männer angehören durften, die durch Erfahrung den Status eines Kriegers erworben hatten; allerdings war Reichtum hier durch-

Die von Herodot beschriebenen Völker und Stämme, nach geographischem und sozialem Lebensraum kartographisch angeordnet. Die beiden größten Kästen stellen die bedeutendsten Stämme der Thraker und Skythen dar. Die Agathyrsen in Siebenbürgen werden unbestimmt als »Thrako-Skyther« bezeichnet; die Sigynner im unteren Donaubecken sind weder Thraker noch Skythen. Die Taurier leben auf der Krim, die Argippaier in den Vorgebirgen des Ural.

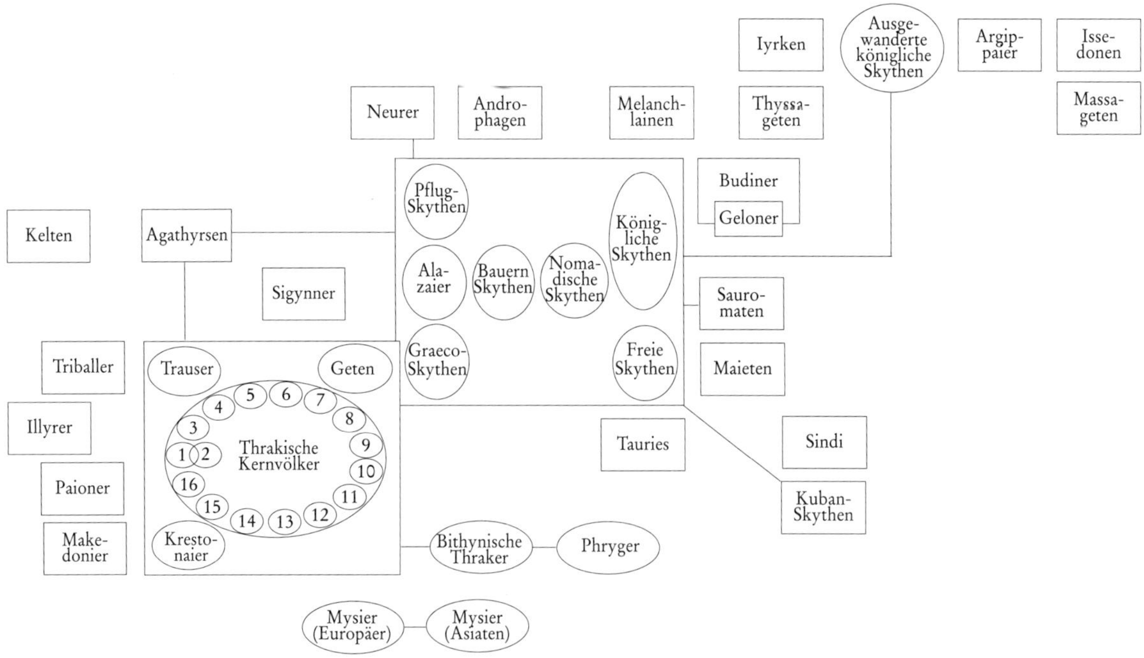

aus nützlich, und der Status des Kriegers konnte wohl auch vererbt werden. Solche Oberschichten waren die in bestimmten Gebieten vorherrschenden politischen und militärischen Gruppierungen, und wahrscheinlich sind ihre Namen von den antiken Autoren aufgegriffen worden. Untergeordnete Gruppen waren entweder in sich geschlossene, ethnische Gruppen oder Stämme, in die man hineingeboren wurde und innerhalb derer man seinen Status durch Verwandtschaftsbeziehungen zwischen Familien verschiedener Abstammung erhöhen konnte; oder sie bestanden aus ethnischen Gruppen, die bestimmte Dienstleistungen anboten und daraus eine stark berufs- oder zunftbezogene Identität ableiteten. In diesen Gruppen gab es eine nur wenig ausgeprägte Sozialstruktur.

Herodot bietet viele Einzelheiten über die Formen, in denen Bündnisse geschlossen und Streitigkeiten geschlichtet wurden; die einfachste Form der Schlichtung war wohl der Zweikampf. In einer der Werkstätten, die man in Belsk ausgegraben hat, wurden Trinkgefäße aus Menschenschädeln hergestellt – was an Herodots Bericht (Buch IV, 65) erinnert, demzufolge die Skythen die Schädel ihrer »grimmigsten Feinde« aufsägten, um daraus zu trinken; wenn sie reich genug waren, ließen sie diese Schädel von innen erst einmal vergolden: »Das tun sie sogar mit den Schädeln ihrer Angehörigen, wenn sie mit ihnen verfeindet waren und wenn einer den anderen vor dem Gericht des Königs besiegt hat.« Kompliziert gelagerte Streitfälle und Entscheidungen wurden anscheinend von einer darauf spezialisierten Kaste transvestitischer Wahrsager oder Schamanen erörtert (darauf kommen wir zurück).

Thrakische und skythische Frauen scheinen den Männern politisch untergeordnet gewesen zu sein (auf die Frage der Amazonen kommen wir weiter unten zu sprechen). Wir können daher Eheschließungen innerhalb der Oberschicht als ein Mittel betrachten, mit dem Beziehungen zwischen den Männern bzw. deren Familien hergestellt oder verstärkt wurden. Herodot allerdings spielt auf eine möglicherweise direktere Methode der Bindung an (Buch IV, 70), wenn er davon berichtet, wie die Männer Vereinbarungen durch einen Bund bekräftigten: Es wurde ein Krug mit Wein gefüllt, Blut der beiden Vertragschließenden dazu gemischt und das Gemisch gemeinsam getrunken – dies ist der wichtigen Institution der *anda* (Blutsbrüderschaft) ähnlich, die nachweislich in späteren Zeiten unter den Mongolen der Steppe stattfand.

Schon im 5. Jahrhundert v. Chr. scheint es in der skythischen Welt äußerst komplexe Institutionen gegeben zu haben. Herodot spricht von Verwaltungsbezirken und von königlichen Skythen, die anscheinend unumschränkte Herrscher waren. Er gibt eine dramatische und sehr detaillierte Beschreibung des Begräbnisses von einem königlichen Skythenkönig (Buch IV, 71ff.): Das Ritual bestand vor allem in einer Prozession, in der die ausgestopfte und mit Wachs überzogene Leiche zu allen Stämmen seines Einflußbereiches geführt wurde. Danach wurde der König mit den Leichen seiner erdrosselten Dienerschaft bestattet und das Grab mit einem großen Grabhügel bedeckt. Ein Jahr später wurden 50 Männer aus seinem Gefolge mitsamt ihren Pferden erdrosselt, ausgestopft und in einem großen Kreis um den Grabhügel postiert. Nach einer Beerdigung reinigten sich die Angehörigen rituell; dazu wurden Cannabissamen auf glühende Steine gelegt und der aufsteigende Dampf in kleinen, von drei Stangen gestützten Zelten aufgefangen und eingeatmet.

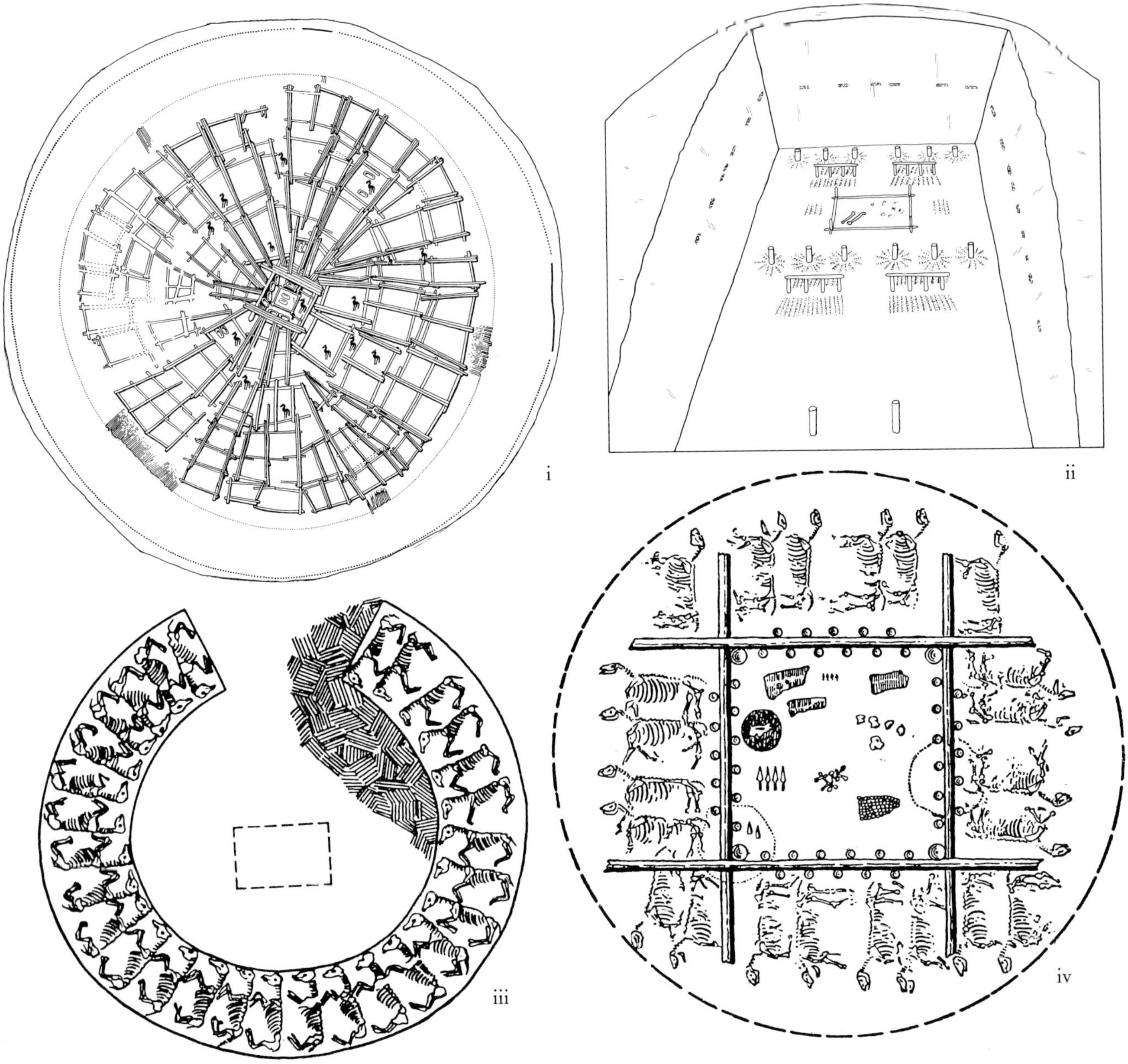

Grundrisse skythischer Kurgane aus Eurasien, die zeigen, wie die geopferten Pferde um das zentrale Grab angeordnet wurden.
(i) Arschan in Südsibirien;
(ii) Ulskij Aul, Kurgan I, nördlicher Kaukasus;
(iii) Voronečkaja Kurgan, nördlicher Kaukasus;
(iv) Kostromskaja Kurgan, nördlicher Kaukasus.

Diese Beschreibung entspricht ziemlich genau den Funden und Befunden, die man im Gebiet des unteren Dnjepr-Beckens gefunden hat: Es ist die größte Anhäufung von reich ausgestatteten Grabhügeln aus dem 5. und 4. Jahrhundert. Doch sind diese sogenannten Kurgane nicht einfach Erdaufschüttungen. Sorgfältige Ausgrabungen haben gezeigt, daß sie steil und konisch geformt und mit Schichten aus sehr fest gestampfter

Erde und mit Schichten von umgedrehten Grassoden bedeckt waren. Wenn die gestampfte Erde als harte Hülle Grabraub erschweren sollte, war die Grasschicht möglicherweise eine symbolische Beigabe eines Stücks Steppe für das Nachleben. Der ausgeraubte Kurgan aus dem 6. Jahrhundert in Ulskij Aul im nördlichen Kaukasus, den N.J. Veselovskij 1898 teilweise ausgegraben hat, enthielt die Skelette von 360 Pferden, die in Achtzehnergruppen in der Hauptgrabkammer lagen, festgebunden an in den Boden gerammten Pfosten. Etliche Pferde mehr (Veselovskij hörte irgendwann auf zu zählen) wurden in anderen Anordnungen in einer Schicht im oberen Drittel des Grabhügels gefunden, zusammen mit in Massen geopferten Eseln, Schafen und Kühen. Diese höhere Schicht steht wohl mit einer zweiten Phase des Begräbnisrituales in Zusammenhang, von der Herodot berichtet, daß sie ein Jahr später stattfanden. Im Tolstaja Mogila (d. h.: der dicke Grabhügel) am Unterlauf des Dnjepr wurden nacheinander ein Mann, eine Frau und ein Kind begraben, mit vielleicht einem Jahr zwischen den jeweiligen Bestattungen. Ihre verschiedenen Begleiter scheinen an dieser Stelle getötet worden zu sein, der eine links bewacht einen Durchgang, zwei Knaben halten die Pferde, männliche und weibliche »Aufpasser« für das Kind.

Tätowierung auf dem Arm eines Kriegers aus einem Kurgan in Pazyryk im südsibirischen Altai-Gebirge; 4. Jahrhundert v. Chr. Am Oberarm war eine große Verletzung. Nach dem Tod entfernte man die Muskeln und balsamierte den Körper mit Kräutern ein, daher rühren die hier sichtbaren Nähte. Unter den Tierfiguren ist ein Elch mit Greifenkopf und blumengeschmückten Geweihspitzen.

Herodots Bericht erhält weitere Bestätigung durch die Funde vom Grabhügelfeld von Pazyryk, mehrere Tausend Kilometer vom Schwarzen Meer entfernt im Altai-Gebirge im Süden Sibiriens. Dort hat der Permafrostboden die Gräber von reichen Nomaden tiefgefroren, so daß die Leichen und auch die meisten organischen Beigaben erhalten geblieben sind. Als man die Hügel in den fünfziger Jahren ausgrub, war die Haut der Bestatteten meist noch unversehrt und zeigt die Tätowierungen und die behutsame Leichenöffnung, von der Herodot berichtet: Die Leichen waren tatsächlich mit vielen der Kräutern ausgestopft, die er auflistet. Unter der Haut waren Muskelpartien entfernt worden, vielleicht aus Gründen, die mit rituellem Kannibalismus zusammenhängen. Nach Herodots Bericht sollen die Issedonen so etwas praktiziert haben. In der Ecke einer Grabkammer fand sich eine Felltasche mit Cannabissamen, ein Räuchergefäß mit Steinen und ein sechsfüßiger Rahmen eines Inhalationszelts.

KULTURELLE ASSIMILATION UND DIFFERENZ

An den Pazyryk-Kurganen läßt sich das weitläufige Netz der Verbindungen zwischen den Steppenvölkern zeigen. Zu den Grabbeigaben gehören auch Pelze aus der arktischen Taiga; in einem Fall wurden solche Pelze zusammen mit einheimischem Gold zu einer aufwendigen Borte für einen persischen Teppich verarbeitet, auf dem Löwen abgebildet sind. Daneben fand man Gepardenfelle und Koriander aus dem Vorderen Orient, einen kaukasischen Bronzehelm, einen chinesischen Spiegel und ein besticktes Hochzeitstuch aus Seide, das zu einem fransenbesetzten Satteltuch umgearbeitet worden war. Hier wird die kulturvereinigende Bedeutung deutlich, aber auch, daß die Nomaden keinen allzugroßen Respekt vor den erleseneren Produkten der schriftkundigen Kulturen hatten. Ein denkwürdiger Augenblick in Herodots Bericht vom fehlgeschlagenen Feldzug des Perserkönigs Dareios gegen die Skythen ist der, in dem die Reiter der Nomaden, die wochenlang den offenen Kampf mit dem riesigen persischen Fußheer vermieden hatten, sich in Angriffsstellung postieren (Buch IV,134). »Da lief mitten durch die Reihen des Heeres ein Hase. Jeder, der ihn sah, machte sich an die Verfolgung, so daß alles voller Verwirrung und Geschrei war. Dareios ... sagte zu seinen Vertrauten: O dies Volk verachtet uns tief.«

Tatsächlich begann die nomadische Oberschicht schon bald an den Folgen der kulturellen Assimilation zu leiden. Obwohl viele Skythen durch die nach 400 v. Chr. fast völlige Abhängigkeit Athens von den Getreideimporten vom Schwarzen Meer reich wurden, deuten die üppig geschmückten, prunkhaften griechischen Trinkgefäße aus Gold und Silber, die den Toten mit ins Grab gelegt wurden, auf eine leidenschaftliche Liebe zum Wein hin. Das Trinken, der Genuß von Cannabis: Gelegenheit zu verfeinerten Formen der Ausschweifung gab es genügend. Herodot berichtet, daß die Skythen ihren Wein nicht mit Wasser mischten und daher oft betrunken waren. Andererseits lehnten sie die Lebensweise der Griechen ab, töteten sogar zwei Angehörige ihres Volkes, Anacharsis und später Scylas, weil diese die griechischen Gebräuche übernommen hatten. Die Veränderung ihrer traditionellen Lebensweisen war damit aber nicht aufzuhalten und war wohl ähnlich unvermeidlich wie später bei den Indianern Nordamerikas, als der Einfluß des weißen Mannes und des Whiskys spürbar wurde. Unter Ateus wurden die Skythen nahezu seßhaft. Man hat behauptet, daß sich die Oberschicht auf der Akropolis von Kamenskoje am unteren Dnjepr in komfortablen, im griechischen Stil gebauten Steinhäusern niederließ, doch die archäologischen Funde sind unzureichend. Sicher ist jedoch, daß Ateus durch Philipp II. von Makedonien 339 v. Chr. in Thrakien eine schwere Niederlage hinnehmen mußte und das von den Skythen beherrschte Gebiet bis zum 3. Jahrhundert v. Chr. beträchtlich geschrumpft war. Zur Hauptstadt wurde in dieser Zeit Neapolis (das heutige Simferopol) auf der Krim. Draußen in der Steppe wurden sie durch die Sarmaten, eine kriegerische Elite mit weiter entwickelten Waffen, abgelöst.

Tatsächlich waren die Skythen jener Zeit, in der Herodot das Gebiet des Schwarzen Meeres bereiste, nicht mehr das gleiche Volk, das Dareios einst so verhöhnt hatte. Obwohl sie von den Griechen immer noch Skythen genannt wurden, läßt sich aufgrund der archäologischen Funde feststellen, daß Mitte des 5. Jahrhunderts eine neue Welle von Nomaden aus Zentralasien eintraf. Herodots Beschreibung des skythischen Volkes enthält daher Beobachtungen von Gemeinschaften, die raschen Veränderungen unterworfen waren, wobei die internen und externen Machtverhältnisse der verschiedenen ethnischen Gruppen ständig wechselten. Entsprechend wird sich auch das Wesen dieser Gruppen gewandelt haben. Und auch das Machtverhältnis zwischen Männern und Frauen scheint sich verschoben zu haben.

In Anlehnung an Friedrich Engels haben viele Soziologen geglaubt, daß das Nomadentum der Hirtenvölker den Beginn einer neuen Entwicklungsphase in der Unterdrückung der Frauen durch die Männer markiere. Dem scheinen die archäologischen und historischen Quellen in bezug auf Skythien zumindest teilweise zu widersprechen. Die Soziologin Maria Mies schreibt: »Es ist mit größter Wahrscheinlichkeit korrekt zu sagen, daß die kriegerischen und nomadisierenden Viehzüchter die Väter aller Dominanzbeziehungen waren, besonders der Dominanz der Männer über die Frauen«, da »die ›produktiven‹ Kräfte der Jäger erst dann freigesetzt werden konnten, als die nomadisierenden Hirten, die sowohl Rinder als auch Frauen domestizierten, in die bäuerlichen Gemeinschaften eindrangen... Für die nomadisierenden Hirten hatten die Frauen ihre Bedeutung als Erzeugerinnen oder Sammlerinnen von Nahrung verloren... Man brauchte sie nur noch für die Zeugung von Kindern, besonders von Söhnen. Ihre Produktivität beschränkte sich jetzt auf ihre ›Fruchtbarkeit‹, über die von nun an die Männer bestimmten.« Das ist in Skythien nicht derart eindeutig, wo die mit den Geschlechtern verbundenen Vorstellungen sich deutlich von denen unterschieden, die in der griechischen Welt wirksam waren. Das bekannteste Beispiel dafür sind die Amazonen, die in der griechischen und römischen Mythologie als ein Volk von Kriegerinnen dargestellt werden, und deren auffallendste Sitte es war, die Entwicklung ihrer rechten Brust zu unterdrücken, um besser Speere werfen und mit Pfeil und Bogen schießen zu können (das griechische *a-mazos* bedeutet »fehlende Brust«). In der griechischen Bildhauerei und Malerei werden die Amazonen mit einem Tuch über der rechten Brust dargestellt, das die fehlende Brust kaschieren soll.

Vase aus Elektron (einer Gold-Silber-Legierung); gefunden im Kul'-Oba-Kurgan, Krim; 4. Jahrhundert v. Chr. Höhe: 12 cm. Das Flachrelief zeigt skythische Krieger in Szenen, die vermutlich mythologische Bedeutung hatten. Hier wird das Schienbein eines Mannes bandagiert. Man sieht die bestickte Überhose und die Reflex-Bögen.

Nach Herodot (Buch IV, 110ff.) war das skythische Wort für Amazonen *Oiorpata*, was im Hellenischen »Männertötende« bedeute. Die Amazonen sind bei Herodot eine Gruppe von Kriegerinnen innerhalb des Volks der Sauromaten, vielleicht hatten sie sich auch von diesen abgespalten. In seiner ausdrücklich mythischen Darstellung ihres Ursprungs schreibt Herodot, daß die Frauen dieses Stammes, als junge Skythen sie in ihre Familien führen wollten, einwandten: »Wir können nicht mit euren Frauen zusammen leben. Wir haben andere Sitten als sie, denn wir schießen mit Pfeilen und Speeren und sind beritten, Frauenarbeit jedoch verstehen wir nicht.« (Buch IV,114) Inwieweit die Rolle der Kriegerin für Frauen außerhalb der Welt der Skythen akzeptiert wurde, läßt sich nicht mit Bestimmtheit sagen. Herodot selbst kannte Artemisia von Halikarnassos als Kriegerin und Feldherrin, und er berichtet, daß einige amyrgische Skythen einmal unter »Atossa, der Tochter des Kyros«, mit der Dareios Masistes gezeugt hatte, als Heerführerin in die Schlacht zogen. Doch hat man den Eindruck, daß diese Frauen Ausnahmen waren, und daß (vielleicht) nur die Nomaden der Steppe bereit waren, eine Frau als Anführerin beim Kampf als selbstverständlich zu akzeptieren.

Obwohl die Existenz von Kriegerinnen in den Steppen durch archäologische Funde bestätigt werden kann, herrscht dennoch einige Skepsis in dieser Hinsicht. Archäologen haben den physisch-anthropologischen Charakteristika des Skeletts, die auf das Geschlecht hinweisen, nicht immer ausreichende Bedeutung beigemessen. Die meisten skythischen Gräber wurden auf Grund bestimmter Vorstellungen von dem, was als Beigabe für das jeweilige Geschlecht angemessen ist, als »Grab eines Mannes« beziehungsweise als das »Grab einer Frau« identifiziert; Waffen galten als Beigaben für Männer, Spiegel als solche für Frauen. In bezug auf die Steppenvölker erscheint diese Vorgehensweise besonders unglücklich. Die Ausgrabungen am Terek-Fluß im Kaukasus, die in der Mitte des 19. Jahrhunderts durchgeführt wurden, stellen eine Ausnahme dar: Hier wurde ein Skelett, das zusammen mit Rüstung, Pfeilspitzen, einem Diskus aus Schiefer und einem Eisenmesser bestattet worden war, entdeckt und als das einer Frau identifiziert. Bei einer Reihe von Gräbern in der Nähe von Aul Stepan Zminda scheint es sich um die Gräber von Kriegerinnen zu handeln, die auf dem Pferd sitzend bestattet wurden (obwohl die Gräber aus der Zeit nach dem Untergang Skythiens stammen). Kürzlich wurden im Verlauf der von Renate Rolle geleiteten Grabungen im Umfeld des skythischen »königlichen Kurgans« von Čertomlyk (1981–86) in vier von 50 Waffengräbern die Skelette vom Knochenbau als weiblich identifiziert. Eine der Frauen ist mit einer Pfeilspitze im Rücken bestattet worden, eine andere hielt einen großen Eisenschild und eine dritte ist mit einem kleinen Kind bestattet worden. Im Gebiet der Skythen westlich des Don wurden bisher vierzig solcher Frauengräber mit Waffen entdeckt. Östlich des Don, im Land von Herodots Sauromaten, sind zwanzig Prozent aller untersuchten Kriegergräber des 5. und 4. Jahrhunderts v. Chr. Frauengräber. Hippokrates berichtet, daß die sauromatischen Frauen ihre Jungfräulichkeit erst dann aufgeben, wenn sie drei ihrer Feinde getötet haben, auch ritten sie nicht mehr, nachdem sie sich einen Mann genommen hätten, es sei denn, sie seien zur Teilnahme an einem allgemeinen Feldzug gezwungen. Dies wird von Herodot (Buch IV, 117) bestätigt.

Diese Hinweise auf kriegerische Aktivitäten von Frauen bedeuten aber nicht, daß die Frauen der skythischen Gesellschaft in allen sozialen Bereichen mit den Männern auf gleicher Ebene standen. Der Anteil an »Amazonen«-Gräbern ist verhältnismäßig gering, und neben solchen Bestattungen gibt es andere, die mehr den Vorstellungen von Frauengräbern entsprechen – einige Frauen wurden in den Gräbern mächtiger Männer geopfert (wogegen noch kein umgekehrter Fall bekannt ist). Auch was sich von der Symbolik skythischer Reitkunst erhalten hat, ist entschieden männlich geprägt: Häufig stößt man auf Trensenknebel in Phallusform, und auf den bildlichen Darstellungen sind es meist Hengste, die als Reitpferd gezeigt werden.

Es ist jedoch möglich, daß Frauen vor der Zeit der Verbindungen mit der griechischen Welt einen höheren Status besaßen, vielleicht aber auch gleichgestellt waren. Die in der jüngeren ethnographischen Forschung zu den nordamerikanischen Indianerstämmen allgemein akzeptierte Erklärung für das Auftauchen von Kriegerinnen und Jägerinnen deutet darauf hin, daß dieses Phänomen Teil einer Zentrum-Peripherie-Wirtschaftsform sein könnte: Als europäische Pelzhändler in Kanada nach Westen zogen, konnten die einheimischen Männer, die bis zu jener Zeit den Frauen wirtschaftlich, sozial und politisch gleichgestellt waren, durch Fallenstellerei (eine typisch männliche Tätigkeit) zu unverhältnismäßig großem Reichtum gelangen. Im Versuch, den zunehmenden Autoritätsverlust auszugleichen, wandten sich die Frauen den mehr männlichen Aktivitäten zu. Etwas Ähnliches mag in Skythien geschehen sein: Nach Herodot (Buch IV, 26) besaßen bei den Issedonen, einem Hirtenvolk der entfernt gelegenen Waldsteppen, Männer und Frauen gleiche Rechte – möglicherweise das Überbleibsel aus einer früher allgemein herrschenden Situation. Nach den archäologischen Funden sind die Frauengräber, die Waffen enthielten, wie auch die sekundären Frauenopfer in den Gräbern von Männern offensichtlich Phänomene der späten Eisenzeit.

Das andersgeschlechtliche Pendant zu den Amazonen waren die Enarees, die Herodot als »Mannweiber« bezeichnet. Der Name des Stamms ist vermutlich mit dem Sanskrit-Wort *nara* (Mann) verwandt, womit er die Bedeutung »ohne Manneskraft« hätte. Nach Herodot leiden diese Männer an der »Frauenkrankheit«; bei Hippokrates heißt es:

> Die Männer bekommen nicht viel Lust zum Geschlechtsverkehr ... Außerdem werden sie dadurch, daß sie immer von den Pferden geschüttelt werden, schwach zum Verkehr ... Außerdem gibt es bei den Skythen besonders viele Eunuchen, die Frauenarbeit verrichten und ähnlich wie Frauen sprechen ... Sie sprechen sich selbst die Mannheit ab und legen Weiberkleidung an ... Das erleiden unter den Skythen nicht die Schlechtesten, sondern die Edelsten und Mächtigsten infolge des Reitens, die Armen aber weniger, denn diese reiten nicht ... Sie neigen am meisten unter den Menschen zur Eunuchie aus den oben erwähnten Ursachen, außerdem auch deshalb, weil sie immer Hosen tragen und die meiste Zeit zu Pferde sind, so daß sie mit der Hand nicht das Glied berühren und infolge der Kälte und des Schüttelns das Begehren nach Geschlechtsverkehr vergessen und nicht in Erregung geraten, bis sie ihre Mannheit verlieren. (*Schriften*, Die Umwelt 21–22)

Nach den Erkenntnissen der modernen Medizin scheint die Erklärung des Hippokrates plausibel: Stöße können traumatische und irreversible Schädigungen der Hoden verursachen, und Hosen – vermutlich eine Erfindung von Reitern – tragen zu einer erhöhten Temperatur bei und können dadurch Unfruchtbarkeit verursachen. Es ist jedoch denkbar, daß die Skythen eine ganze Reihe von Symptomen zeigten und eine einfache Auslegung dieser Texte von daher unmöglich ist. Die »Frauenkrankheit«, die Herodot erwähnt, könnte auf Blutungen und damit auf andere Leiden hindeuten, die durch das Reiten verursacht werden, wie z. B. Hämorrhoiden und Fisteln, die der englische Arzt John Arderne bei den Rittern, die aus dem Hundertjährigen Krieg (1337–1453) zurückkehrten, behandelt hat.

Jede weitergehende Erklärung muß auch darauf eingehen, daß diese Menschen als Wahrsager fungierten: nach Herodot (Buch IV, 67) weissagen die Enarees »mit Hilfe der Lindenrinde. Das Rindenstück wird in drei Streifen geschnitten, diese werden um die Finger gewickelt, wieder abgewickelt, und dann wird der Spruch verkündet.« Bei Hippokrates heißt es, »die Einheimischen schreiben die Schuld an ihrem Zustand einer Gottheit zu und verehren diese Menschen« (*Schriften*, Die Umwelt 22). Unter diesem Gesichtspunkt mag eine psychologische Erklärung naheliegen. Möglicherweise hat die strikte Trennung zwischen den im Wagen umherziehenden Müttern auf der einen Seite und den berittenen Gruppen von Plünderern, die bei jedem Raubzug mehrere Jahre lang unterwegs waren, auf der anderen Seite nicht nur die Kinder vor eine schwere Wahl gestellt; sie hat auch den Männern, die aufgrund verschiedener Leiden nicht mehr in den Kampf ziehen konnten, keinen Platz geboten. Herodot berichtet, daß es für einen skythischen Mann äußerst schmachvoll war, wenn er nicht im Kampf ums Leben kam. Die Umwandlung des Geschlechts und die Hinwendung zum Schamanentum könnte also ein psychologischer Kompromiß gewesen sein. Für einen solchen Schamanismus gibt es rezente Belege bei den sibirischen Hirtenstämmen.

Obwohl in den Gräbern noch keine Belege dafür gefunden wurden, gibt es doch künstlerische Darstellungen der Enarees: sowohl auf einem versilberten Trinkhorn, dem Rhyton von Poroina in der Nähe der Eisernen Pforte, dem Donaudurchbruch in Rumänien, aus dem 4. Jahrhundert v. Chr., als auch auf einem Kessel aus dem 2. Jahrhundert, der in Gundestrup gefunden wurde (und der weiter unten ausführlicher beschrieben ist).

In Thrakien deuten die Hinweise aus Gräbern und Schriftstücken auf eine untergeordnete Rolle der Frauen in allen Bereichen des Lebens. Herodot schreibt über eine polygame Gruppe von Thrakern, in der es Brauch gewesen sei, daß die Freunde eines Verstorbenen unter dessen Frauen eine auswählen, und die derart ausgezeichnete erfahre die Lobpreisung von Männern und Frauen, werde dann aber von ihren nächsten Verwandten neben dem Grab ihres Mannes getötet und mit ihm begraben. Die nicht erwählten Ehefrauen empfänden dies als Schmach. Archäologische Funde in einem aus dem 4. Jahrhundert v. Chr. stammenden Hügelgrab von Mogilanska bei Vratsa im Nordwesten Bulgariens belegen diese Darstellung: Neben dem reich ausgestatteten Grab eines Mannes befand sich das Grab einer mit kostbaren Gewändern geschmückten Frau, zwischen deren Rippen ein Messer aus Eisen steckte.

ZUSAMMENSTOSS DER VÖLKER

Nach Herodot gab es bei den Thrakern keine Mitgift, sondern es war Brauch, einen Brautpreis zu bezahlen. Nach seiner Schilderung »verkauften sie ihre Kinder für den Export«. Thukydides bemerkte, daß »man bei den Thrakern ohne Geschenke nichts erreichen kann«. Archäologisch läßt sich feststellen, daß die Thraker, wie die Skythen, zu Beginn des 5. Jahrhunderts v. Chr. bereits mit Griechen und Persern in festen Handelsbeziehungen standen, deren Wirtschaftssysteme auf dem Geldverkehr basierten. Eben darum wurden die Thraker einem raschen gesellschaftlichen Wandel unterworfen. Es entstand ein Austauschsystem der Prestigegüter: Exotische Luxusgüter aus den

Kolonien und deren Hinterland werden erworben und zur Betonung des sozialen Status benutzt, wodurch der Wettbewerb um Status und Statussymbole immer angeheizt wurde. Dies weitete den Handel aus, ließ aus kleinen Scharmützeln an der Grenze regelrechte Kriege werden, und förderte die Entstehung staatsähnlicher Organisationen, die ihre eigenen Münzen prägten.

Ein wesentlicher Auslöser für diese Prozesse war der Feldzug Dareios I. gegen die Skythen, der von Thrakien ausging und an dem auch thrakische Söldner beteiligt waren. Die Elite der Thraker gewöhnte sich rasch an die Gelage im Stil der achaemenidischen Perser mit ihren Trinkgefäßen aus Gold und Silber. Persischen Darstellungen zufolge gab es einen untergeordneten Verwaltungsdistrikt, die Statthalterschaft von Skudra, der noch dreißig Jahre nach dem gescheiterten Feldzug (513–480 v. Chr.) bestand. Ob dies nun so war oder nicht, auf jeden Fall scheinen in der Folge doch Tributsysteme im persischen Stil oder Elemente der persischen Vorstellungen vom Königtum übernommen worden zu sein.

Im 5. und 4. Jahrhundert v. Chr. gab es einen direkten Einfluß des achaemenidischen Stils der Metallbearbeitung auf die Entwicklung der Silberschmiedekunst in Thrakien. Der bislang begrenzte Gebrauch von Silbermünzen verbreitete sich immer mehr, und es scheint, daß zu dieser Zeit mit dem Abbau lokaler Silbervorkommen begonnen wurde, parallel zu den Importen aus den athenischen Bergwerken in Laurion. Silbergefäße wurden offensichtlich in Gewichtseinheiten hergestellt, die einer runden Summe von Münzen entsprach, wobei ein persischer oder thrakisch-makedonischer Münzfuß zugrunde lag.

Zahlreiche Weinkrüge und Becher aus dem 4. Jahrhundert tragen den Namen »Kotys«, oft gefolgt von weiteren Namen, die vermutlich Ortsnamen sind. Diese Inschriften in griechischer Schrift werden gemeinhin als Hinweis auf Kotys gedeutet, der um 384 v. Chr. König der Odrysen wurde. Dieses Volk war nach dem Rückzug der Perser in Zentralthrakien an die Macht gelangt, da sie enge politische und militärische Verbindungen zu Athen unterhielten. Eine Erklärung für die Inschriften ist die, daß Kotys in seinem Gebiet umhergereist ist und wie ein mittelalterlicher König Hof hielt und Geschenke entgegennahm, die sowohl seinen Namen als auch den des Herstellungsorts trugen. 359 v. Chr. wurde er von Sympathisanten der Makedonier ermordet.

Die Makedonier dehnten ihren Machtbereich unter Philipp II. nach Thrakien aus, Alexander der Große setzte diese Politik fort und drang in das Gebiet nördlich der Donau vor, um die Geten zu unterwerfen. Beim Übergang über die Donau stieß er auf die Kelten, die ihm ihre inzwischen berühmte Furcht eingestanden, daß der Himmel über ihrem Kopf einstürzen könnte. 334 v. Chr., im Jahr darauf, zog Alexander mit seinen thrakischen Söldnern nach Persien und Indien, ein Feldzug, bei dem er einen frühen Tod fand. Als die Macht der Makedonier gebrochen war, tauchten die Odrysen unter Seuthes III. wieder auf, der seine eigenen Münzen prägen ließ. Die archäologischen und epigraphischen Daten zeigen, daß es innerhalb der Stadtmauern von Seuthopolis, der Hauptstadt dieses Königs, einen befestigten Turm, *tyrsis* genannt, und ein Heiligtum gab, dessen Hoherpriester der König selbst war. Die von einer Mauer umgebene Mitte der Stadt war nach griechischem Vorbild gebaut, vermutlich von einem Baumeister, der bei den Griechen gelernt hatte, und wurde durch Tributzahlungen abhängiger Völker und griechischer Kolonien unterhalten – 400 Talente in Gold und Silber pro Jahr, nach den Angaben des griechischen Minenbesitzers und Historikers Thukydides (das wäre eine Tonne Silber, denn 1 Talent entspricht ungefähr 25 Kilogramm – siehe Farbtafel gegenüber S. 417). Hier, im südlichen Thrakien, wich die ursprünglich klare Trennung zwischen den Kolonien griechischer Einwanderer und den Einheimischen schon bald einem kosmopolitischen Nebeneinander. Jüngere, von M. Domaradski geleitete Grabungen in der thrakischen Handwerkerstadt Vetren an der oberen Maritsa, von der Ägäis etwa 200 Kilometer landeinwärts, lieferten Hinweise darauf, daß hier auch griechische Händler lebten und von der Mitte des 4. Jahrhunderts an unter besonderem rechtlichem Schutz ihren Geschäften nachgingen; offenbar gab es auch einen gegenseitigen Handel mit Wein.

Auch weiter nördlich, im Flußsystem des Unterlaufs der Donau, hatte sich der Handel inzwischen gut etabliert, obwohl die Bevölkerungsgruppen hier – zumindest nach der gegenwärtigen Forschungslage – räumlich immer noch weitgehend isoliert lebten. So gab es ein Gebiet mit griechisch beeinflußten Siedlungen und Gräbern im Hinterland der Küstenkolonien. Diese Niederlassungen waren am Landtransport von Gütern zum Hauptstrom der Donau beteiligt. Grabungen in der Siedlung Zimnicea, ungefähr 300 Kilometer vom Schwarzen Meer entfernt am linken Donauufer, förderten Gegenstände odrysischer, getischer und skythischer Herkunft zutage, aber auch die Überreste griechischer Weinamphoren, die etwa ab 430 v. Chr. auftauchten. Auch im Gebiet zwischen Donau und Karpaten wurden Amphoren gefunden, so etwa bei Piscu Crăşani an der Ialomiţa und an den Zugangswegen zu den Gebirgspässen, an Fundstätten wie Cetăţenii din Vale. Dort stieß man auf eine außergewöhnlich große Zahl zerbrochener Amphoren, und nimmt man nun hinzu, daß solche Amphoren von hier ab fehlen, kann man davon ausgehen, daß der Wein hier in Lederschläuche umgefüllt wurde, um den schwierigen Transport durch die Karpaten zu erleichtern.

Die Oberschicht der Geten ließ sich mit Rüstung aus Gold und Silber und mit Trinkgefäßen bestatten, deren Dekors die »königliche Jagd« zeigen – auch dies ein Motiv aus dem Königreich der Perser. Der skythische Stil der Tierdarstellungen, griechische und persische Motive und Überlieferungen – all das findet sich hier in einem eigentümlichen, eklektischen Stil. Auch die Bauweise scheint durch städtische Vorbilder geprägt worden zu sein: So wurde bei den von V. Zirra geleiteten Grabungen bei Coţofenii-din-Dos, westlich von Zimnicea an der Olt, einem Nebenfluß der Donau, an einer Seite der ansonsten nicht weiter bemerkenswerten Vorgebirgsfestung ein großer, in regelmäßigen Abständen mit Türmen bewehrter und aus Lehmziegeln errichteter Festungswall entdeckt (vgl. die Heuneburg, 10. Kapitel).

Zweierlei berichtet Herodot (Buch IV, 93ff.) über die Religion der Geten, und hält, was er zu berichten hat, weder für völlig unmöglich noch für ganz glaubhaft. Die Geten, so sagt er, hielten sich für unsterblich und ihre Religion sei monotheistisch. Sie glaubten an ein göttliches Wesen namens Salmoxis oder Gebeleizis, zu dem sie nach ihrem Tode geschickt würden. Zu ihrem Gott schickten sie Boten, der Salmoxis um die Erfüllung ihrer Wünsche bitten sollte; und dieser Bote werde dorthin »geschickt«, indem die Geten ihn auf ihre Speerspitzen aufspießten. Eine weitere Geschichte über Salmoxis hörte er von Bewohnern der griechischen Kolonie: Salmoxis, ein reicher Frei-

Silberkessel, gefunden in Gundestrup, Dänemark; 3./2. Jahrhundert v. Chr. Das Detail einer Innenplatte (der Kessel besteht aus einzelnen Silberplatten) zeigt eine gehörnte Figur, die oft als der keltische Gott Cernunnos bezeichnet wird. Die Figur spiegelt vielleicht die Übernahme des tantrischen Yoga durch Schamanen in Dakien und Sarmatien wider. Auch aus Moldawien und dem Don-Becken sind Figuren in ähnlicher Haltung bekannt.

gelassener, sei zurückgekehrt, um eine Philosophie der Unsterblichkeit zu lehren. Diese Unsterblichkeit könne man nach dem Tod an einem angenehmen Ort genießen. Und während er diese Lehre verbreitet habe, habe er heimlich eine unterirdische Behausung gebaut und sei schließlich darin verschwunden, so daß man ihn für tot gehalten hätte. Nach drei Jahren sei er zurückgekehrt und habe seinen ungläubigen Zuhörern seine Unsterblichkeit bewiesen. Die zweite Geschichte hat einen kleinen logischen Haken. Warum sollten die Geten, die nichts von der unterirdischen Kammer wußten, Salmoxis für tot halten? Er hätte ja auch einfach zum zweiten Mal ins Ausland gezogen sein können. Die archäologischen Funde aus einem Grabhügelfeld bei Sveshtari im Nordosten Bulgariens deuten auf eine interessante Interpretationsmöglichkeit hin. Jüngere Grabungen haben ein Hügelgrab freigelegt, dessen zentrale Grabkammer mit einer hölzernen Schiebetür verschlossen war. Die Steinrillen, in der diese Schiebetür hin- und herbewegt wurde, sind sehr glatt, was auf einen regelmäßigen Gebrauch hindeutet. Eine solche Bauweise eignet sich hervorragend für eine Inszenierung von Tod und Wiederkehr, und diese Anlage steht möglicherweise in Zusammenhang mit der »chthonischen«, der erdverbundenen Religion, die nach Auffassung der Griechen in Thrakien, dem Geburtsort des Orpheus, verbreitet war.

Die Kelten hatten sich im unteren Donautal bereits fest etabliert, als Alexander mit ihnen zusammentraf. Seit Anfang des 4. Jahrhunderts v. Chr. zogen sie Richtung Osten, nach Siebenbürgen, und drangen während des 3. Jahrhunderts bis ins südliche Thrakien und nach Griechenland vor. 281 v. Chr. plünderten sie Seuthopolis, 279 v. Chr. die Stadt Delphi. Danach gründeten sie irgendwo in Thrakien das Königreich Tylis. Im Nordosten überquerten keltische Gruppen Prut und Dnjestr, womit sie das machtpolitische Vakuum füllten, das durch den Niedergang der skythischen Macht entstanden war.

Die einheimischen Thraker scheinen den Toten so viele Wertgegenstände mit in die Gräber gelegt zu haben, wie sie angesichts der heftigen Angriffe zunächst der Makedonier, dann der Kelten vermochten. Im ganzen Nordosten sowie im nördlichen und mittleren Bulgarien fanden und finden sich heute noch immer viele Horte mit verzierten Silbergegenständen aus dem 4. Jahrhundert. Eines der wenigen erhaltenen Beispiele für die Kunst der Silberschmiede in dieser Welt, die die Kelten aus dem Gleichgewicht brachten, ist der Kessel von Gundestrup. Das Rätsel dieses in Jütland gefundenen Kessels faßt auf vielerlei Weise die Schwierigkeiten zusammen, die auf dem Weg zu einem Verständnis der Gesellschaft der Thraker, Daker und Skythen zu überwinden sind. Vereinfacht gesagt, waren diese Gesellschaften nicht streng gegeneinander abgegrenzt. Auf der einen Seite existierten sie innerhalb eines sich entwickelnden, die damals bekannte Welt umfassenden Systems und sie hatten viele gemeinsame Merkmale; auf der anderen Seite setzten sie sich aus einer Fülle kleiner, lokaler und kurzlebiger kultureller Gruppen zusammen, die durch diese gemeinsamen Merkmale erst Bedeutung erhielten.

Die Techniken, die bei der Herstellung dieses aufwendig verzierten Kessels in der ersten Hälfte des 2. Jahrhunderts v. Chr. angewandt wurden, sind charakteristisch für Thrakien. Einige der dargestellten Figuren dagegen scheinen keltischen Ursprungs zu sein, so auch der Krieger, dessen Helm an der Spitze mit einen Vogel geschmückt ist und dem Helm ähnelt, den man in Siebenbürgen im keltischen Grab von Ciumeşti gefunden hat. Andere Figuren – der Delphinreiter und der Stiertöter – leiten sich aus der griechischen und iranischen Mythologie ab. Und wieder andere haben ihren Ursprung in Indien. Dazu zählen die typisierten Darstellungen der Göttinnen Sri-Lakshmi und Hariti, Chakravartin oder »Herrscher des Universums« und eine gehörnte Figur in einer Tantra-Yoga-Stellung. Letztere ist in bezug auf den bildlichen Kontext des Kessels als Zwitter dargestellt, hält eine Schlange und einen Torques in den Händen und trägt ein Geweih – die Symbole für die Macht über die männlichen, weiblichen und animalischen Domänen. Das Tantra-Yoga trug zur Entwicklung des Schamanismus in der

i

ii

iii

iv

v

oben Tempelbezirk von Grădiştea Muncelului, Rumänien. Die auf einer künstlichen Terrasse hoch oben im Orăştie-Gebirge aufgestellten Steingruppen scheinen astronomische Bedeutung gehabt zu haben oder sie standen in Zusammenhang mit dem Kalender. Der als das dakische Sarmizegetusa identifizierte Fundplatz war von zahlreichen Festungen und Tempeln umgeben.

links Silberscheiben (Phaleren) als Verzierung am Pferdezaumzeug waren im 2. und 1. Jahrhundert v. Chr. sehr beliebt. (i) Indoskythien, gekauft in Rawalpindi; (ii) samartisches Grab am Don, Südrußland; (iii) thrakisches Grab bei Stara Zagora, Bulgarien; (iv) Hort, der auf der Insel Sark im Ärmelkanal gefunden wurde (mittlerweile verloren); und (v) Gundestrup, Dänemark (benutzt, um ein Loch im Boden des Gundestrup-Kessels zu flicken).

Steppe bei, und zu seiner auf Herrschaft über die Schöpfung gerichteten Lehre und Praxis gehören der Konsum von Drogen und Alkohol und das Steuern sexueller Energien mittels spezieller Körperstellungen. Die buddhistische und jainistische Tradition wich davon ab, indem sie zölibatär, asketisch und verschriftet wurde. Thematisch betrachtet fügt sich der Kessel in die längere Geschichte östlicher Einflüsse, die über den Steppengürtel nach Europa kamen: vor 300 v. Chr. hauptsächlich aus dem Iran, aus Sibirien und China, danach eher aus Indo-Skythien und Indien. (Verschiedene Darstellungen indischer Göttinnen tauchen in der sarmatischen Silberschmiedekunst und im permischen Tierstil des mittleren Ural auf, von wo aus sie nach Finnland gelangten.) Der Kessel wurde vermutlich von plündernden Germanen als Beute in den Norden gebracht – möglicherweise von den wilden Kimbern, die sich schließlich in jenem Teil Jütlands (Himmerland) niederließen, wo sowohl ihr Name als auch der Kessel erhalten blieben.

Die Darstellungen indischer Elefanten und Gottheiten, die bis ins atlantische und skandinavische Europa gelangten, sowie chinesische Seide, die in einem Grab in Pantikapaion am Schwarzen Meer gefunden wurde, sollten Hinweis genug sein, daß in der Zeit von 300 v. Chr. bis 300 n. Chr. innerhalb des nördlichen Eurasien jenseits der Grenzen der verschiedenen Großreiche weit mehr Verbindungen bestanden, als man gemeinhin annimmt. In der Steppe werden die Skythen bis zum Jahr 200 v. Chr. als herrschende Oberschicht durch die Sarmaten verdrängt.

Die meisten klassischen Autoren haben dieses Volk mit den Sauromaten Herodots verwechselt; die Namen mögen als Varianten des gleichen Worts angesehen werden, zwischen den beiden archäologisch definierbaren Kulturen besteht allerdings keine Verwandtschaft. Die ersten archäologisch nachgewiesenen Sarmaten waren die der Prochorovka-Kultur, die im 4. und 3. Jahrhundert v. Chr. vom südlichen Ural aus zunächst in das untere Wolgagebiet und weiter in die nordpontische Steppe wanderten. Es hat den Anschein, daß sich diese Gruppe während ihrer Wanderung so vergrößerte, daß sie sich in mehrere Gruppen aufspaltete – es entstanden die Gruppen der Alanen, Aorsen, Roxolanen und Jazygen. Inwieweit die archäologisch identifizierten Kulturgruppen der Zeit vom 1. Jahrhundert v. Chr. bis zum 4. Jahrhundert n. Chr. mit diesen ethnischen Kategorien übereinstimmen, ist bislang unklar (sowohl die Susly-Kultur als auch die Černjachov-Kultur scheinen sarmatisch gewesen zu sein, und bei den an Mureş und Theiß in Rumänien gefundenen Gräbern könnte es sich möglicherweise um solche von Jazygen oder Roxolanen handeln). Möglicherweise ist das Vordringen der Sarmaten nach Westen zu einem gewissen Grad durch Ereignisse im Osten beschleunigt worden. Wie wir aus dem Bericht des chinesischen Historikers Ssu-ma Ch'ien wissen, fügten die Hunnen um 176 v. Chr. den Yüeh-chih (den Tocharern) eine Niederlage zu und zogen im 1. Jahrhundert v. Chr. bis in die südlichen Gebiete des Ural und des Unterlaufs der Wolga.

DAS DAKERREICH UND SEINE FOLGEN

Mit der Eroberung Makedoniens im Süden im 2. Jahrhundert v. Chr. und der Entstehung des dakischen Staats im 1. Jahrhundert v. Chr. kehrte in Südosteuropa wieder eine gewisse, historisch akzeptierte Ordnung ein. Die Kelten in Siebenbürgen (die Bojer und die Helvetier) wurden 60 v. Chr. durch Burebista geschlagen und nach Westen abgedrängt, wo sie später an der Zerstörung von Manching beteiligt waren (siehe 12. Kapitel). Burebista scheint seine Macht 62 v. Chr. durch ein Bündnis mit dem Priester Deceneus gefestigt zu haben. Unsere wichtigste Informationsquelle in diesem Zusammenhang ist der gotische Geschichtsschreiber Jordanes, der im 6. Jahrhundert n. Chr. schrieb und Passagen einiger älterer Autoren wiedergibt, in diesem Fall Texte von Dion, genannt Chrysostomos. Die Verbindung zwischen Burebista und Deceneus vereinte vier der kleineren Gruppen, darunter die Geten, die Daker und die Buren, und schuf einen Gebirgsstaat, der mächtig genug war, um eine Gefahr für das Römische Reich darzustellen.

Im Staat der Daker basierten die sozialen Schichten nicht mehr hauptsächlich auf Verwandtschaftsverhältnissen wie in den früheren Stammesgemeinschaften, sondern sie standen in Zusammenhang mit der zentralisierten wirtschaftlichen und vor allem der religiösen Macht. In seiner *Getica* schreibt Criton: »Die getischen Könige flößen ihren Untergebenen eine Furcht vor den Göttern ein und herrschen über sie durch List und Magie. Sie genießen ein hohes Ansehen.« Die Vorstellung eines Bündnisses zwischen Priester und König (wobei letzterer immer noch mächtiger war) steht vielleicht in Zusammenhang mit dem Verhältnis zwischen den Enarees und dem König bei den Skythen (was als Variation des Verhältnisses zwischen Druide und König oder zwischen Chakravartin und Yogi das allgemeine Muster im nördlichen Eurasien jener Zeit widerspiegelte). Eine besondere Klasse oder Kaste der Daker – aller Wahrscheinlichkeit nach Priester – wird als *kapnobatai* oder »Rauchgänger« beschrieben, eine Bezeichnung, die vielleicht ein Hinweis auf den Genuß von Cannabis ist, der in vielen Gegenden Thrakiens angebaut wurde. Die dakischen Priester waren Vegetarier und lebten im Zölibat. Die Religion ist vermutlich gänzlich einheimischen Ursprungs. Vielleicht war die Unsterblichkeitslehre der monotheistischen Salmoxis-Religion einer ihrer Vorläufer, während die dakischen, auf Hügeln errichteten Heiligtümer im 4. Jahrhundert v. Chr. im Rhodopen-Gebirge Südthrakiens vorweggenommen wurden. Es gab jedoch auch viele starke äußere Einflüsse zu jener Zeit – der Buddhismus und das Judentum, das gerade das Bosporanische Reich auf der Krim erreicht hatte, und die ägyptischen Kulte in den hellenistischen Städten Südthrakiens. Wie immer die dakische Religion beschaffen war, sie war auf jeden Fall eine große Gefahr für die römischen Eroberer, die nach ihrem Sieg die Tempel systematisch dem Erdboden gleichmachten und nichts als die Säulenfundamente stehen ließen.

Die Gräber der Daker sind nicht leicht zu identifizieren. Abgesehen von einem einzigen reich ausgestatteten Kriegergrab, das bei Cugir entdeckt wurde, blieben nur die sogenannten Ustrinen, die Verbrennungsplätze, erhalten – faßförmige Gruben, die Leichenbrand enthielten. Fünfzehn solcher Gräber wurden in Siedlungen entdeckt. Diese Befunde entsprechen einer neuen Form des religiösen Rituals. Es hat Ähnlichkeiten mit den Bestattungsbräuchen des Zoroastrismus im zeitgenössischen Chorasmia (dem buddhistischen Bactria benachbart): Die Anhänger des Zoroastrismus legten ihre Verstorbenen ins Freie und bestatteten erst die Knochen in Ossuarien. Keiner der Grabfunde erlaubt es, bestimmte Gegenstände mit einzelnen Individuen in Verbindung zu bringen, und das heißt, wir können mit archäologischen Mitteln gar keine Aussage über Status und Verhältnis von Männern und Frauen in der dakischen Gesellschaft machen. Die Texte klassischer Autoren und die Darstellung auf der Trajanssäule deuten auf eine von Männern dominierte, kriegerische und religiös geprägte Herrschaftsstruktur hin.

Obwohl der dakische Staat eigene Staatsreligion und eigene Architektur, zentral gelegene Vorratskammern und eine eigene Währung entwickelte und seine Herrschaft über eine weites und vielgestaltiges Gebiet ausdehnte, gab es weder erkennbare Städte noch eine schriftliche Überlieferung – beides Merkmale, die man für gewöhnlich mit der Entstehung einer derart zentralisierten Macht verbindet. Aber die Schrift war den Dakern bekannt; die Schrift verbreitete sich in Form von Inschriften auf Metallgegenständen im 5. Jahrhundert v. Chr. nach Thrakien. Daß die Daker die Schrift nicht für die Kommunikation und Verwaltung übernahmen, kann nur heißen, daß sie über entsprechende Techniken verfügten (wie 1 000 Jahre später auch die Mongolen).

Wie das Wirtschaftssystem des dakischen Staates funktionierte, ist gegenwärtig unklar, offenbar war jedoch eine zentrale Ideologie für diesen Staat von großer Bedeutung. Die Führung von Burebista und Deceneus verlangte Abstinenz, und die Weinstöcke wurden umgepflügt. Getreide aus den Tälern wurde in den Vorratsgruben der Bergfestungen gesammelt, die ihrerseits mit den Hirtenstämmen in den höheren Bergregionen und ihrer Wirtschaft in Zusammenhang standen, die erstmals zur Zeit der Ferigile-Bîrseşti-Gruppe Gestalt angenommen hatte (siehe oben S. 427). Es ist gut möglich, daß der Staat der Daker in seinem im Bergland liegenden Zentrum tatsächlich städtisch organisiert war, wenn auch auf nicht sehr ausgeprägte Weise, denn immerhin bestand, wie die Grabungen ergeben haben, in der Umgebung von Sarmizegetusa im Orăştie-Gebirge ein dichtes Netz von Festungen und Heiligtümern. Verknüpft waren diese Stätten durch die Wege, auf denen die Herden getrieben wurden (*plaiuri*). Auch die offenen Siedlungen und die Hütten, die zwischen den Siedlungen alleinstehend an den Hängen auf kleinen Terrassen errichtet wurden, sind mit diesem Netz verbunden.

Detail der Trajanssäule, Forum Romanum, Rom; es zeigt drei Pferde, die schwere Körbe tragen. Die Säule wurde mit der Beute aus den dakischen Kriegen finanziert.

106 n. Chr. annektierten die Römer Dakien und behaupteten, sie hätten in einem einzigen Hort 165 000 Tonnen Gold und 300 000 Tonnen Silber erbeutet. Diese Menge ist in Anbetracht des von den Dakern intensiv betriebenen Abbaus von Edelmetallen im siebenbürgischen Apuseni-Gebirge und der von ihnen eingetriebenen Handelszölle und Tributzahlungen aus dem Ausland nicht unglaubwürdig; daß dieser Schatz an einem Ort gefunden worden sein soll, deutet darauf hin, daß es eine zentralisierte Kontrolle über diese Rohstoffe gab.

Die außenwirtschaftlichen Beziehungen Dakiens geben Rätsel auf. Polybios, ein Autor aus dem 2. Jahrhundert v. Chr., berichtet von drei Hauptexportgütern aus der Region des Schwarzen Meers: Rinder, Sklaven und Getreide, für die wiederum andere Getreidesorten, Olivenöl und Wein importiert wurden. Wie wir gesehen haben, gelangte der größte Teil dieser Waren über flußnahe Handelsposten wie Piscu Crăşani nach Siebenbürgen. Doch als Burebista an die Macht gelangte, war Piscu Crăşani bereits aufgegeben worden, und der dakische König griff die Schwarzmeerkolonien Olbia, Tyras und Histria an und zerstörte sie zum Teil. Dies deutet erstens auf einen Versuch, die Macht der Kolonien und die der sarmatischen Fürsten, die deren wichtigste Handelspartner waren, zu schwächen. Im abstinenten Dakien brauchte man keinen Wein, sondern Getreide von der Donau und dem Pontus und natürlich militärische Sicherheit. Zweitens impliziert die Behinderung des Handelsnetzes der Schwarzmeerküste, daß die wichtigsten Handelsbeziehungen Dakiens in einer anderen Richtung gelegen haben müssen. Münzhorte weisen darauf hin, daß diese Verbindungen im Süden lagen, sie reichten von den Ländern der mittleren Donau, die kurz zuvor von den Skordiskern eingenommen worden waren, bis zur dalmatischen Küste und den Kolonien von Apollonia und Dyrrhachium an der Adriaküste, genau auf der Höhe von Rom. In dieser Richtung des Handels waren Sklaven vermutlich der wichtigste Exportartikel. Für die Sklaven wurde mit Münzen bezahlt – auf diese Weise gelangten Silbertetradrachmen in diese Städte.

Der dakische Staat scheint mit einer internen Geldwirtschaft operiert zu haben. Es wurden über neunzig Münzhorte gefunden, die aus der Zeit von 130–31 v. Chr. stammen und mehr als 25 000 Denare aus der Römischen Republik sowie im Land geprägte Fälschungen enthielten. Neben den Münzen scheinen die Daker praktisch nichts importiert zu haben, was aus dauerhaftem Material war. Ihre Kaufkraft wäre groß genug gewesen, um alle Arten von Luxusgütern importieren zu können, doch deuten zumindest die bisherigen Funde darauf hin, daß sie nach kultureller Abgrenzung und militärischer Expansion strebten, obgleich sie bis zu einem gewissen Grad auch einen gewinnbringenden Transithandel zuließen. Häufig enthalten sarmatische Gräber aus dem 1. Jahrhundert v. Chr. und dem 1. Jahrhundert n. Chr. italische Bronzen, die über die Handelsroute zwischen Dakien und der Adria ins Land gekommen waren.

Burebista scheint ein Feldherr gewesen zu sein, der Cäsar, Ariovist (siehe 12. Kapitel) oder Mithridates VI. Eupator, dem König von Pontos, ebenbürtig war. Cäsar wollte Burebista angreifen, doch 44 v. Chr. wurden beide ermordet. Von den Ereignissen in Dakien im darauffolgenden Jahrhundert besitzen wir nur spärliche Kenntnisse. Der Staat scheint sich zunächst aufgelöst zu haben, dann jedoch unter einem neuen König, Decebalus, in der zweiten Hälfte des 1. Jahrhunderts n. Chr. plötzlich wiedererstanden zu sein. Lediglich über die Zeit des römischen Feldzugs gegen das Dakerreich des Decebalus sind Einzelheiten bekannt, doch ergeben sich keine weiteren Aufschlüsse über Gesellschaftsstruktur, Religion oder Wirtschaft in diesem bedeutenden Reich. Zwischen 105 und 107 n. Chr. haben die Römer den Feldzug für sich entschieden und die römische Provinz Dakien gegründet.

Die Beziehungen zwischen den Völkern Südosteuropas im 2. und 3. Jahrhundert n. Chr. sind ungeklärt. Weil dies auch für das Verhältnis zwischen Archäologie und Geschichte gilt, erscheint uns die Lage noch komplizierter. Die Zerstörung des Dakerreichs korreliert sowohl mit einer plötzlichen Zunahme reich ausgestatteter und sozial differenzierter sarmatischer Gräber als auch mit einer Expansion der Sarmater in das Gebiet der Waldsteppe. Die Daker ließen sich außerhalb des Römischen Reichs, in den Nordkarpaten und Moldawien, nieder. Archäologisch besteht ein Zusammenhang mit einer Gruppe, die Carpi genannt wird. Diese sind bekannt für ihre reich ausgestatteten Kindergräber, was an das Gräberfeld von Ferigile aus dem 6. Jahrhundert v. Chr. erinnert. Nach 117 n. Chr. behielt Rom nur noch formal die Kontrolle über die Steppengebiete des unteren Donaubeckens, die es im Jahr 275 n. Chr. schließlich vollends verlor, als Alemannen, Goten, Vandalen und andere Stämme gegen das Reich und gegen die nahezu vernichtete Streitmacht der Sarmater vordrangen. 293 n. Chr. schuf Diokletian die Provinz Skythien am Küstenstreifen der Dobrudscha, die noch immer unter römischer Herrschaft stand, eingegliedert in die Diözese von Thraciae und in die östliche Präfektur. Doch sehr bald wurde daraus eine ganz andere Welt – das Reich der Goten (siehe 13. Kapitel).

DIE VÖLKER SÜDOSTEUROPAS HEUTE

In dem eben abgehandelten Zeitraum kommen viele Elemente zusammen, die auch die heutigen Unruhen unter den Völkern in Südosteuropa und Südrußland kennzeichnen. Gewiß haben seit der Zeit des Übergangs vom Mesolithikum zum Neolithikum (wenn nicht schon früher) verschiedene Völker in Europa nebeneinander gelebt, doch aufgrund der Vielfalt und der Intensität der Beziehungen in Südosteuropa kann man eigentlich erst während der Eisenzeit vom Entstehen einer Polyethnizität sprechen. Die griechische Kolonisation macht das sich rasch wandelnde Bild der gesellschaftlichen und wirtschaftlichen Verhältnisse noch komplexer.

In Thrakien und Skythien wurden die Beziehungen zwischen den Interessengruppen intensiver, vielfältiger und wandelbarer In einer städtischen Umgebung hätte man die Entstehung eines toleranten kosmopolitischen Umfelds erwartet, in dem die Unterschiede zwischen den Menschen verschwunden waren. (In Halikarnassos, wo sowohl eine kodifizierte *lingua franca* als auch Gewohnheitsrecht galten, hatte sich eine solche Entwicklung bereits vollzogen.) Doch die Steppe ermöglichte viele Lebensweisen: nahezu unbegrenzte Mobilität für einige Gruppen, saisonbedingte Wanderschaft für andere und ungeschützte Seßhaftigkeit in den Flußtälern und an höher gelegenen Orten für wieder andere Gruppen – in diesem vielseitigen Lebensraum Steppe erlang-

Die heutigen Hirten in Rumänien treiben ihr Vieh entlang der Gebirgswege (*plaiuri*). Sie schlafen in Hütten, die *stíne* genannt werden, und verarbeiten dort die Schafsmilch zu Käse.

te das Streben nach Identität höchste Bedeutung. Die Zugehörigkeit zu einem Volk wurde in den Artefakten, die die Menschen am Körper oder sonst bei sich trugen, stärker hervorgehoben als durch die Haushaltskeramik.

Bei einigen Gruppen, etwa den Griechen am Schwarzen Meer, hatte diese Identität Bestand. Andere Gruppen, wie die kriegerischen Adelsgeschlechter der Steppe, scheinen sich so rasch verändert zu haben, daß eine Deutung mit der herkömmlichen Methode, indem man die ethnographischen Darstellungen bei antiken Autoren auswertete, nicht möglich war. Die Stämme der nomadisierenden Viehzüchter in der Steppe waren von Natur aus instabil, und ihre Namen veränderten sich fast ebenso rasch wie die ihrer ständig wechselnden Anführer. Und doch scheint es, wie wir im Zusammenhang mit dem mongolischen Brauch der *anda* gesehen haben, in ihren Gebräuchen eine große Kontinuität gegeben zu haben. Bei der Beisetzung eines Paschtunen-Herrschers zu Beginn der achtziger Jahre des 20. Jahrhunderts mußte bei den städtischen Behörden die Erlaubnis eingeholt werden, die Leiche des Königs in einem Wagen um sein Stammesgebiet zu geleiten, wobei auch die Grenzen nach Pakistan und Afghanistan überschritten werden mußten. Das erinnert so sehr an Herodots Darstellung, daß man fast behaupten möchte, die Skythen und die Paschtunen seien Manifestationen ein und derselben Gesellschaftsform, die in der Steppe ihren Ursprung hat und weit in die früheste Vorgeschichte zurückreicht. Die modernen politischen Grenzen Europas stimmen nicht mit der tatsächlichen Verteilung seiner Völker überein. Das ist auch gar nicht möglich, denn sie wurden durch die Seßhaften, die Stadtbewohner und die Schriftkundigen, den Hirtenstämmen, Nomaden und den Nichtseßhaften vorgegeben. Diese müssen heute um die Erlaubnis bitten, wenn sie ihr Lager aufschlagen, ihre Herden von einem Ort zum anderen treiben, Feuerholz sammeln und Hasen jagen wollen. Die Waagschalen der Macht haben sich zur anderen Seite geneigt.

Der Ansturm wellenförmig aufeinanderfolgender nomadischer Kriegerscharen gegen die Karpaten hat in dieser Region deutliche Spuren hinterlassen, und zwar in Form einer außergewöhnlichen ethnischen Vielfalt und eines faszinierenden Geisteslebens. Daher müssen wir vielleicht, wenn wir von ethnischer Identität sprechen, zunächst über die vielen existierenden Formen von Identität nachdenken. Die Geschichte Südosteuropas zeichnete sich durch eine Vermischung von Völkernamen und Berufen, Genen und Hinterlassenschaften aus; dabei ist es unmöglich, eine einzelne nationale Abstammungslinie zurückzuverfolgen, es sei denn in mythische Bereiche und Ätiologien. Die Vorgeschichte Bulgariens wurde oft unter dem Blickwinkel eines einzigen, ethnisch homogenen Volkes – der Thraker – beschrieben, während die Prähistoriker nördlich der Donau, in Rumänien, zum Zwecke nationaler Unterscheidung und lange Zeit bestimmt durch Ceauşescus ideologischen Starrsinn, die geistige Odyssee einer anderen, jedoch ähnlich einheitlichen Gruppe von Thrakern – der getischen Daker, Vorfahren der heutigen Rumänen – aufgezeichnet haben. Dennoch besitzt oder besaß keine der beiden Nationen eine homogene ethnische Struktur. »Die Bevölkerung Transsylvaniens besteht aus vier verschiedenen Nationalitäten: den Sachsen im Süden, und mit diesen vermischt den Walachen, den Nachfahren der Daker, den Magyaren im Westen und den Szeklern im Osten und Norden. Ich reise zu den letzteren, die behaupten, Abkömmlinge Attilas und der Hunnen zu sein«, läßt Bram Stoker seinen Helden Jonathan Harker in sein Tagebuch schreiben. Tatsächlich gibt es im heutigen Rumänien mindestens zwölf große ethnische Gruppen mit unterschiedlichem kulturellen Hintergrund, die dicht nebeneinander existieren. Dazu gehören Wanderhandwerker wie Goldwäscher und Kesselflicker als Erben der thrakischen Metallschmiedekunst und die Sigeuner (die Kalderash und andere »Zigeuner«) mit ihren indischen Ragas, ihrer Hebammenkunst, ihrer Wahrsagerei und dem Pferdehandel.

Neue Gesellschaftsformen entstehen durch Veränderungen in den Beziehungen zwischen Menschen und Völkern, nicht durch die Völkernamen selbst. Ein Reflex auf die intensiven Beziehungen – wirtschaftlich, politisch und (vielleicht besonders) religiös und spirituell –, die in Thrakien, Dakien und Skythien während der Eisenzeit eine Rolle spielten, ist in der Folkloretradition Siebenbürgens erhalten geblieben, so daß »jeder Aberglaube der Welt im Halbkreis der Karpaten versammelt wurde, als ob diese die Mitte eines imaginären Strudels bildeten«.

12

DER EINFLUSS ROMS AUF DIE BARBARISCHEN GESELLSCHAFTEN 140 V. CHR.–300 N. CHR.

Barry Cunliffe

VON DER REPUBLIK ZUM KAISERREICH: DIE ANFÄNGE 140–60 V. CHR.

Im Jahr 146 v. Chr. wurden Karthago und Korinth von den römischen Streitkräften zerstört, und so hatte Rom bei seinem unaufhaltsamen Streben nach der Vorherrschaft über die alte Welt einen größeren Schritt getan. Ähnlich folgenreich sind drei wichtige Ereignisse im Jahr 133 v. Chr., die im Abstand von wenigen Monaten aufeinander folgten. Im Westen wird mit der Belagerung von Numantia der Widerstand der Iberer gebrochen; im Osten fällt Rom durch das Testament Attalos III. ein großer Teil Kleinasiens zu; und in Rom selbst wird Tiberius Gracchus, gerade von einem Feldzug in Spanien zurückgekehrt, zum Volkstribun gewählt. Die Inbesitznahme großer neuer Gebiete an beiden Enden des Mittelmeerraums führt zu einer neuen Verteilung der Kräfte und zugleich zu neuen Spannungen im römischen Staat: Allerdings ist mit Gracchus ein Mann an die Macht gekommen, der gewillt war, dem wirtschaftlichen und sozialen Verfall entgegenzuwirken, der das Zentrum des Reichs ergriffen hatte.

Um zu verstehen, mit welchen Problemen sich Rom zu dieser Zeit auseinanderzusetzen hat und wie es sich unter ihrem Einfluß zum Kaiserreich entwickelt, muß man berücksichtigen, wie sich zu jener Zeit die gesellschaftlichen Verhältnisse in Italien verändern. Anfänglich waren die Verhältnisse in Rom denen der keltischen Gesellschaft in vielerlei Hinsicht ähnlich. Die hierarchischen Strukturen beider Gesellschaftssysteme basierten auf Kriegertugenden, auf Taten, die für das Volk durch die Zeremonie des Triumphzugs legitimiert wurden. Eine solche Gesellschaft braucht den Krieg für ihren Fortbestand, und darum waren die Kriegszüge ein wesentlicher Bestandteil beider Gesellschaftsordnungen. Seit dem 5. Jahrhundert waren Feldzüge an der Tagesordnung, und von Mitte des 3. Jahrhunderts an waren die Römer entlang der ständig länger werdenden Reichsgrenzen nahezu ununterbrochen in kriegerische Auseinandersetzungen verwickelt. Wirtschaftlich konnte dieses System existieren, weil der Boden in Italien verhältnismäßig fruchtbar war. Die Landwirtschaft war zunächst als Subsistenzwirtschaft organisiert, das heißt, der einzelne Bauer produzierte nur, was er brauchte, um seine Familie zu ernähren und Steuern zu bezahlen. Darum stand dem Römischen Reich auf dem Land ein riesiges Potential ungenutzter Arbeitskraft zur Verfügung, aus dem sich die Legionen unter Führung der Oberschicht rekrutieren konnten.

In den frühen Jahren der Republik wurden die Befehlshaber der römische Heere alljährlich durch das Los bestimmt. Damit sollte die Konzentration der Macht in den Händen eines einzelnen verhindert werden. Die Bauern mußten Militärdienst leisten. Auf diese Weise ergab sich ein gewisses Gleichgewicht: Solange in einem bestimmten Umfang Kriege geführt wurden, konnte das überschüssige Bevölkerungspotential sinnvoll eingesetzt werden, während sich gleichzeitig ihre Zahl durch die Verluste auf den Schlachtfeldern wieder regulierte. Sobald sich Rom jedoch in weiter entfernten Regionen des Mittelmeerraums auf groß angelegte Angriffskriege einließ, verschob sich dieses Gleichgewicht.

Wegen der langen Abwesenheit der Männer wurden die sozialen Verhältnisse auf dem Land instabil. Kleine Betriebe konnten sich nicht mehr halten, und der saisonale Überschuß an landwirtschaftlicher Arbeitskraft, auf den größere Güter angewiesen waren, wurde aufgezehrt. Dazu kam, daß die Männer, die lange Zeit in der Armee gedient hatten, wenig Lust hatten, in ihre bäuerliche Umgebung und Lebensweise zurückzukehren. Das Ergebnis war eine zunehmende Landflucht in die Städte; kleine Höfe wurden aufgegeben oder von den großen Gütern übernommen, und diese wiederum waren immer mehr auf Sklavenarbeit angewiesen, um ihre Produktivität zu erhalten. Auf diese Weise wurden die Sklaven, ein Nebenprodukt des Krieges, zur hauptsächlichen Quelle der Arbeitskraft in der römischen Landwirtschaft. In den Städten entstanden Armut und Slums, während auf dem Land die kleinen Landbesitzungen den riesigen Gütern der Aristokratie einverleibt wurden, so daß die Zahl der freien Bauern, aus denen sich die römischen Heere rekrutierten, immer weiter abnahm. Als sich die Grenzkriege erneut vermehrten und sehr viele Legionäre, deren Militärzeit abgelaufen war, voller Erwartungen nach Italien zurückströmten, verschärfte sich die soziale Krise. Diesen Zuständen wollte Tiberius Gracchus im Jahr 133 v. Chr. zu Leibe rücken.

Seine Landreform sah vor, daß das Staatsland, das sich inzwischen zu großen Teilen im Besitz einer Oberschicht befand, wieder an die kleinen Landbesitzer verteilt werden sollte. Die Reform stieß auf heftige Opposition im konservativen Lager. Gracchus wurde ermordet, doch damit war das Problem nicht aus der Welt. Es blieb seinem Bruder Gaius S. Gracchus vorbehalten, eine neue Lösung zu finden, nämlich Bürgerkolonien in abgelegenen Teilen Italiens und in den neu erworbenen überseeischen Gebieten zu gründen. Auch dieses Vorhaben stieß zunächst auf Widerstand, doch konnte es durchgesetzt werden. Zwischen 80 und 8 v. Chr. wurde ungefähr die Hälfte der freien männlichen Bevölkerung Italiens in kleinere Städte und auf Höfe in Italien und in den Provinzen umgesiedelt, und zwischen 45 und 8 v. Chr. kam es zur Gründung von hundert Kolonien in den überseeischen Gebieten. Durch die Umsiedlungen verminderte sich nicht nur der soziale Druck in Rom, sondern es entstanden auch an strategisch bedeutsamen Punkten entlang der immer länger werdenden Grenzen Enklaven mit militärisch ausgebildeten Männern, die bereit waren, ihren Besitz zu verteidigen, und so eine Art Schutzwall um Italien bildeten.

Unterdessen gedieh in Italien selbst weiterhin der ländliche Großgrundbesitz. Land galt der Aristokratie als bedeutende Anlagemöglichkeit, und da die Landwirtschaft in

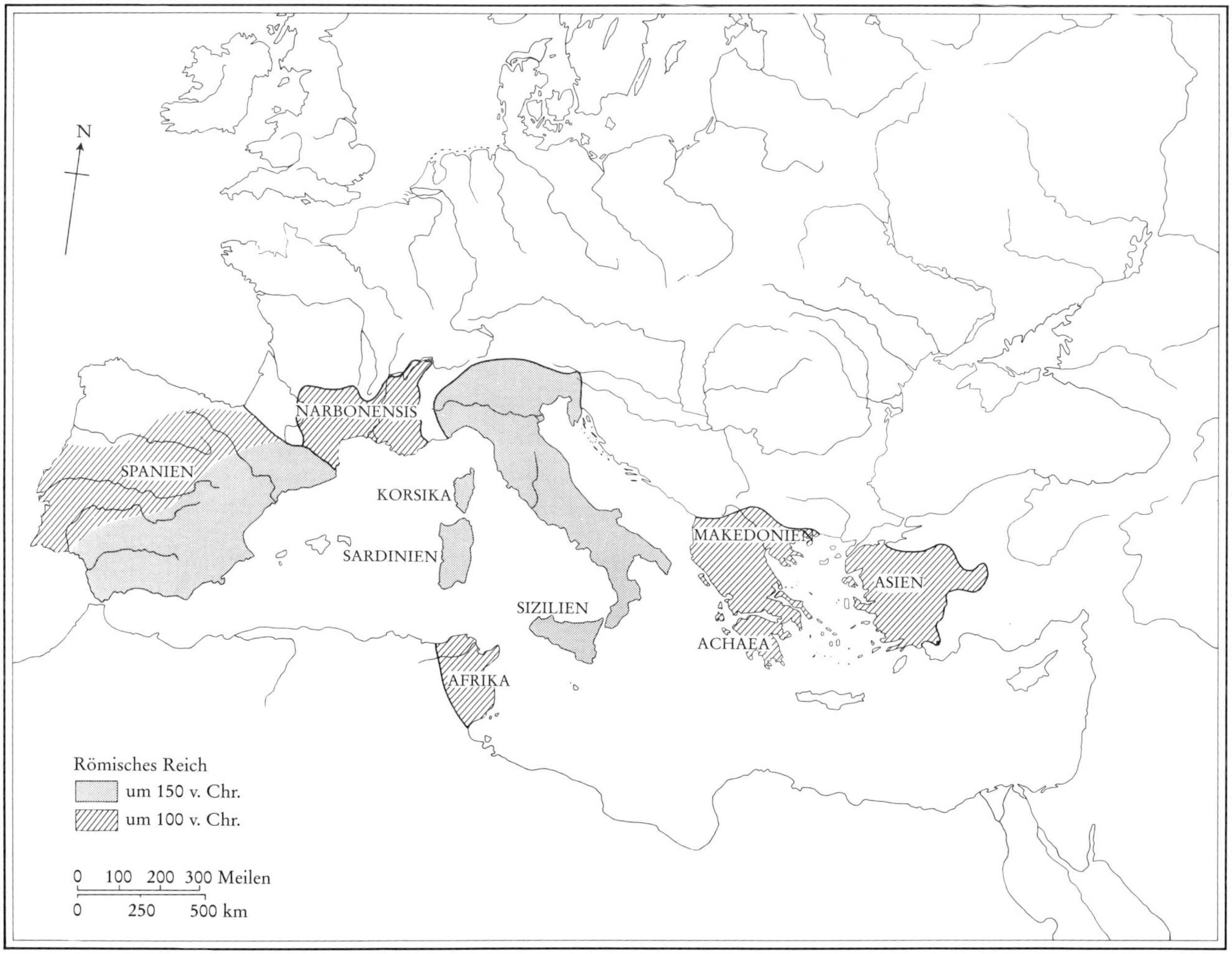

Die Expansionen des Römischen Reichs zur Zeit der Republik.

den Provinzen große Gewinne abwarf, wurde mehr Land gekauft, um es gewinnbringend zu bewirtschaften. Folgt man den beiden römischen Schriftstellern M.T. Varro und L. Columella, so hat sich Italien in dieser Zeit zu einer einzigen riesigen Obstplantage entwickelt; es war die Zeit, in der immer neue Traktate über die Bewirtschaftung großer Güter verfaßt wurden. Sie alle enthielten Ratschläge für den Einsatz von Sklaven. Ein Sklave war vielleicht kostspielig, doch konnte man ihn zu schwerer Arbeit heranziehen, ohne daß er vom Gesetz her irgendwelche Rechte gehabt hätte. Zudem konnte man Sklaven, sofern sie ordentlich behandelt wurden, zur Fortpflanzung ermuntern, was den Gewinn des Grundherrn noch vergrößerte. Das Wachstum der großen Besitztümer brachte es daher mit sich, daß sich die Sklavenbevölkerung drastisch vermehrte: Bereits Mitte des 1. Jahrhunderts v. Chr. arbeiteten allein in Italien mehr als eine Million Sklaven in der Landwirtschaft. Diese Entwicklung hatte ihre eigene Dynamik. Der Zustrom von Investitionskapital führte dazu, daß sich der Großgrundbesitz ständig vermehrte und die Anbauflächen immer größer wurden, und so nahm auch die Nachfrage nach Sklaven immer mehr zu. Gleichzeitig mußten die Großgrundbesitzer mit möglichst geringen Unkosten Überschüsse an landwirtschaftlichen Erzeugnissen erwirtschaften und mit dem größtmöglichen Profit auf dem Markt absetzen, damit sich die Investitionen rentierten.

Die meisten antiken Autoren, die sich mit diesem Thema beschäftigen, halten den Anbau von Wein für den einträglichsten Zweig der Landwirtschaft. Der Anbau von Wein, sagt Plinius, werfe einen größeren Gewinn ab als der Handel mit dem Fernen Osten. Das mag stimmen, aber man war eben davon abhängig, daß man tatsächlich Absatzmärkte fand, und der italienische Markt war bei weitem zu klein. Daher begannen die großen Weinerzeuger, sich in den Nachbargebieten umzusehen, und nirgendwo sahen sie bessere Absatzmöglichkeiten als im Land der Barbaren: Die Leidenschaft der Kelten für den Wein genoß einen legendären Ruf:

> Sie haben eine überaus große Vorliebe für Wein und stillen ihren Durst mit unvermischtem Wein, den die Händler ins Land bringen: ihre Gier veranlaßt sie zu hastigem Trinken, und wenn sie betrunken sind, verfallen sie in Zustände der Erstarrung oder der Raserei. Deshalb betrachten viele Händler aus Italien, die für ihre Liebe zum Geld bekannt sind, die Gallier mit ihrem Verlangen nach Wein als wahre Goldgrube. Sie transportieren den Wein in Booten auf den schiffbaren Flüssen und auf Wagen durch die Ebenen. Für den Wein erhalten sie einen unglaublich hohen Preis: für eine Amphore Wein einen Sklaven – einen Diener im Tausch gegen ein Getränk. (Diodorus Siculus)

So exportierten italienische Händler seit Beginn des 2. Jahrhunderts den in Italien nicht absetzbaren Wein in immer größeren Mengen in die Hafenstädte des südlichen Gallien. Dieses Gebiet wurde nach seiner Annektierung um 120 v. Chr. mit Wein geradezu überschwemmt.

Damit dürfte deutlich geworden sein, daß die Dynamik, die sich im sozialen und wirtschaftlichen System des römischen Italien entwickelte, den ganzen Mittelmeerraum und sogar über die Alpen hinweg das südliche Mitteleuropa erfaßte. Gegen Ende des 1. Jahrhunderts v. Chr. war der Krieg zu einem beherrschenden Teil des Lebens geworden: Er verursachte Probleme, aber er schuf auch gleichzeitig die Möglichkeiten, diese Probleme zu lösen. Mit der Eroberung neuer Gebiete erwarb Rom das, was es am meisten brauchte, um seinen Fortbestand zu sichern: Reichtum, Rohstoffe und Arbeitskräfte in Form von Sklaven. Aber nicht weniger bedeutend ist die Tatsache, daß man in den neu gewonnenen Provinzen Territorien fand, in denen man die Überschüsse günstig los werden konnte, die die inneren Reichsgebiete abwarfen, etwa den Wein von den großen italienischen Landgütern oder Kriegsveteranen. Letztere hätten das soziale Gleichgewicht in Italien ernsthaft beeinträchtigen können. So aber stützte sich das mediterrane Kernland des Römischen Reichs immer mehr auf die Grenzländer zum barbarischen Europa, und wenn diese Randgebiete eingegliedert waren, dann fand man dahinter neue Territorien – bis die Meere, die Wüsten und die Urwälder erreicht waren.

Bis hierher haben wir uns in der Hauptsache mit den gesellschaftlichen Verhältnissen und nicht mit Individuen beschäftigt. Bis zur Mitte des 2. Jahrhunderts war das Individuum nicht als eigene soziale Größe in Erscheinung getreten. Nach 131 jedoch, zur Zeit der Revolution, die die Republik zum Kaiserreich machte, sprengte der Ehrgeiz großer Männer die alten Fesseln. In der Phase der Expansion, die bis zum Tod Trajans im Jahr 117 n. Chr. dauerte, wurden sie zu einer bedeutenden Triebfeder.

DAS BARBARISCHE EUROPA, 140–60 V. CHR.

Während der römische Staat eine Zeit der sozialen Konflikte und wirtschaftlichen Umstrukturierung durchmachte, fanden auch in dem Teil Europas, der sich der direkten Kontrolle Roms entzog, bedeutende Veränderungen statt. Der Einfachheit halber beginnen wir in Südgallien, wo Rom bereits stark engagiert war. Bereits 140 v. Chr. war deutlich, daß dieser Küstenstreifen früher oder später an Rom fallen würde. Im Jahr 125 v. Chr. war es soweit; die Stadt Massalia rief die Römer zu Hilfe gegen die Feindseligkeiten der Saluvier, eines benachbarten Stammes, der unter dem Druck der Arverner die Küste plünderte. Der mächtige Stammesverband der Arverner siedelte im Gebiet des französischen Zentralmassivs. Als die römischen Legionäre in dieses Gebiet einmarschierten, stießen sie auf heftigen Widerstand, erst nach fünf Feldzügen und einer großen Schlacht, bei der dem 20 000 Mann starken römischen Heer 200 000 Krieger der vereinten Arverner und Allobroger gegenüberstanden, konnte diese Region ei-

Die Wanderungen zweier Stämme aus dem Norden – der Kimbern und der Teutonen – durch das westliche Europa und durch die von Römern besetzten Gebiete am Ende des 2. Jahrhunderts v. Chr. Daß die römischen Legionen diese Stämme zunächst nicht abwehren konnte, sorgte in Italien für Furcht und Schrecken. In zwei Schlachten, 102 und 101 v. Chr., werden die Teutonen und die Kimbern jedoch von einem Heer unter dem Feldherrn Marius geschlagen.

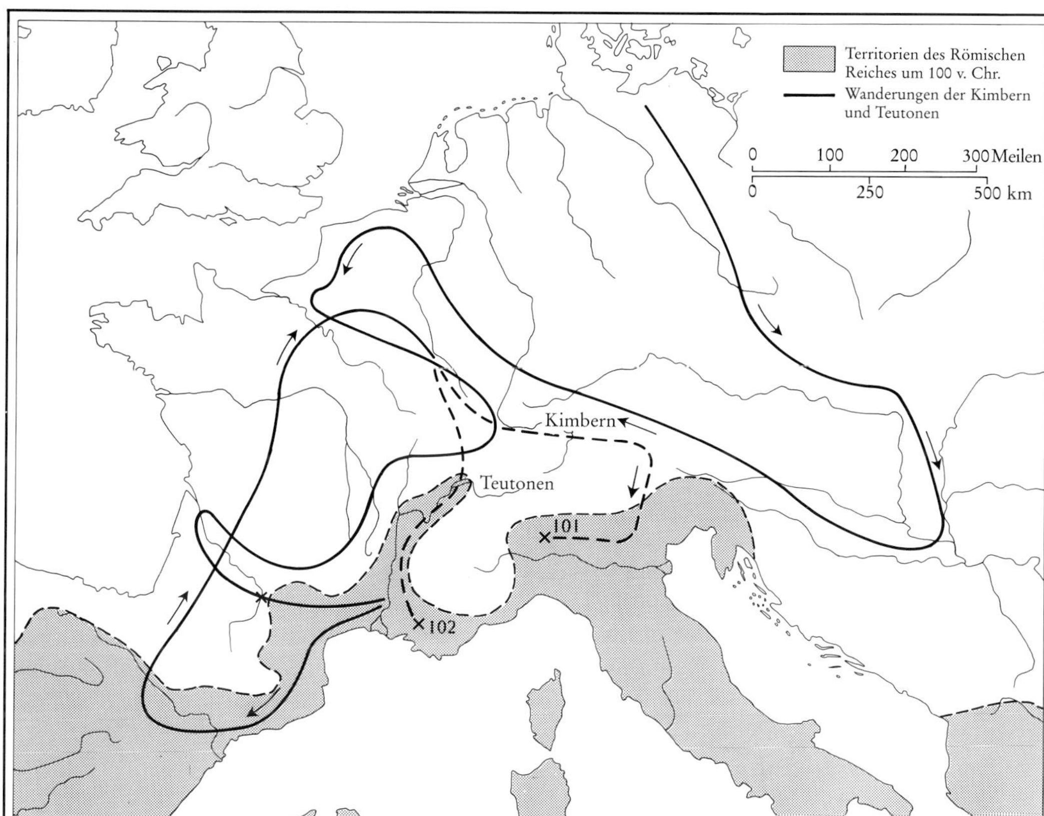

links Steinstatue eines Gottes aus Effigneix, Dép. Haute Marne, Frankreich. Die Figur trägt um den Hals eine Torques. Der Eber, der auf dem Oberleib der Figur dargestellt ist, könnte das Zeichen dieser Gottheit sein oder auch nur das Attribut der Stärke. Höhe: 0,26 m.

rechts Holzfiguren aus dem Heiligtum an der Quelle der Seine, Burgund, Frankreich (spätes 1. Jahrhundert v. Chr). Solche Figuren wurden von Menschen, die den Beistand der Götter suchten, um die Quelle herum aufgestellt.

nigermaßen befriedet werden. Die Schlacht fand am Zusammenfluß von Isère und Rhône statt; die Römer hatten ihr Interessengebiet damit um rund 200 Kilometer die Rhône aufwärts ins Landesinnere ausgedehnt.

Bis zum Jahr 120 v. Chr. stabilisiert sich die Lage, und die Römer beginnen mit dem Aufbau einer Infrastruktur mit Städten und Straßen. Die Gründung einer Bürgerkolonie in Narbo Martius (Narbonne) um 118 v. Chr. war ein bedeutender Schritt, der ein neu erwachtes Interesse am Westen bekundete. Narbo war ein Mittelmeerhafen nahe der Mündung der Aude, die einen natürlichen Handelsweg in den Westen bot. Bei Carcassonne auf dem Landweg nach Westen gelangte man zur gallischen Stadt Tolosa (Toulouse), die wegen ihrer Lage den Zugang zur Garonne und damit zum Atlantik kontrollierte. Auf diesem Weg war jahrhundertelang Zinn aus der Bretagne und von den Britischen Inseln in den Mittelmeerraum gebracht worden. Mit der Gründung von Narbo setzte Rom ein klares Zeichen für seine Absicht, die Kontrolle über den Handel zu übernehmen, doch erst einige Jahre später gelang es, Tolosa militärisch zu unterwerfen und den direkten Zugang zur Garonne zu gewinnen. So haben die Expeditionen in Südgallien Rom innerhalb eines Jahrzehnts die uneingeschränkte Herrschaft über die beiden wichtigsten Handelswege nach Westeuropa verschafft – über die Aude und die Garonne nach Nordwesten und die Rhône aufwärts nach Norden.

Inzwischen ergab sich weit im Norden eine Situation, die die Römer in Angst und Schrecken versetzte. Um 120 v. Chr. beschloß ein von Kimbern und Teutonen angeführter Stammesverband, der in Jütland und an der Nordseeküste gelebt hatte, nach Süden zu wandern. Zunächst zogen sie durch Mähren und Ungarn ins mittlere Donaugebiet, wo sie den keltischen Stamm der Skordisker angriffen und zwangen, in südlicher Richtung nach Makedonien und nach Westen entlang der Save auszuweichen. Im Jahr 113 v. Chr. zogen die Kimbern und Teutonen schließlich nach Westen und griffen das Königreich Noricum an, das enge und lukrative Beziehungen zu Rom unterhielt. Ein römisches Heer wurde entsandt, doch vernichtend geschlagen. Angesichts einer riesigen, nur wenige Tagesmärsche von Italien entfernten wilden Germanenhorde, werden sich wohl viele Römer an die schrecklichen Geschichten erinnert haben, die über den Angriff der Kelten auf Rom vor knapp drei Jahrhunderten erzählt wurden. Aus unerfindlichen Gründen jedoch zogen die barbarischen Horden nicht nach Italien weiter, sondern in Richtung Westen nach Gallien. Sie zogen plündernd und mordend durch den westlichen Teil der Provinz Gallia Transalpina und brachten den römischen Streitkräften, die sie aufhalten sollten, 109 und 107 v. Chr. vernichtende Niederlagen bei. Als dies im Jahr 105 v. Chr. bei Arausio an der Rhône zum dritten Mal geschah, wurde das römische Italien von einer neuen Schreckenswelle erfaßt. Schließlich stellte sich Rom der Herausforderung. Im Jahr 102 v. Chr. stand Marius mit einem modernisierten Heer bei Aquae Sextiae (Aix-en-Provence) den Teutonen gegenüber und gewann die Schlacht. Im nächsten Jahr wurden die Kimbern bei Vercellae in der Po-Ebene vernichtend geschlagen, und die Bürger Italiens konnten wieder aufatmen. Die verheerenden Auswirkungen dieser Jahre auf die Psyche der Römer sind kaum zu überschätzen. Seit der keltischen Völkerwanderung im 4. Jahrhundert v. Chr. hegten sie eine tiefe Furcht vor den Barbaren aus dem Norden, und nun war das Befürchtete zum zweiten Mal Realität geworden. Von nun an mußte ein ehrgeiziger Feldherr nur das Schreckgespenst weiterer Bedrohungen aus dem Norden heraufbeschwören und sofort wurde er von der verängstigten Bevölkerung mit allen Vollmachten ausgestattet. Gaius Julius Cäsar verstand es, diese Angst zu seinem Vorteil zu nutzen.

Die germanischen Horden mochten kommen und gehen, der Handel mit Gallien wurde unvermindert fortgesetzt. Ganze Flotten von Handelsschiffen legten in den Häfen des südlichen Gallien an, und ihre Fracht, die vornehmlich aus Amphoren mit Wein bestand, wurde auf Schleppkähne verladen und weit ins Landesinnere gebracht. In Orten wie Tolosa und Chalon-sur-Saône wurde der Wein zum Weitertransport über Land in Fässer oder Häute umgefüllt. Die leeren Amphoren wurden, wie in Tolosa, einfach zerschlagen oder, wie in Chalon, in den Fluß geworfen. Doch brachten die römischen Händler auch Amphoren über Land in die einheimischen Oppida, z. B. nach Montmerlhe, Essalois, Joeuvres und Bibracte, wo sie gegen Sklaven und andere Waren eingetauscht wurden. Es ist gut möglich, daß römische Händler in diesen Oppida auch Niederlassungen gegründet haben. Mit Sicherheit war dies in Chalon (*Cabillonum*) der Fall, denn Cäsar erwähnt sie im Jahr 52 v. Chr. als Siedler. Und von diesen bedeutenderen Oppida in Gallien aus gelangten die Amphoren vermutlich über einheimische Handelssysteme in die Siedlungen, in denen der Wein dann Abnehmer fand.

Ausgehend von der Verbreitung der Weinamphoren aus dem 1. Jahrhundert v. Chr. in Gallien läßt sich vermuten, daß die Flüsse die bedeutendsten Transportwege waren, eine Beobachtung, die von Strabon bestätigt wird. Von besonderer Bedeutung scheint der Handelsweg auf den Flüssen Aude und Garonne gewesen zu sein. Auf dieser Route waren die Erzvorkommen der Montagne Noire und der Pyrenäen zu erreichen. Sie führte aber auch zu den Seewegen des Atlantik. Wie weit nach Norden italischer Wein im frühen 1. Jahrhundert v. Chr. gelangte, zeigen die zahlreichen Amphorenfunde in der Bretagne, besonders entlang der Küste von Morbihan und Finistère, und bei Hengistbury Head an der Küste und im Hinterland von Solent im südlichen Mittelengland. Es gibt mittlerweile genug Funde, die belegen, daß der wichtigste Handelsweg dorthin die französische Westküste entlang hinauf zur Bucht von Quiberon führte, wo die Fracht gelöscht wurde. Ein Teil wurde auf kleinere Schiffe der dort ansässigen Veneter verladen und weiter nach Westen um die bretonische Küste herum transportiert, ein anderer Teil die Flüße Vilaine und Rance aufwärts quer durch die Bretagne zur Nord-

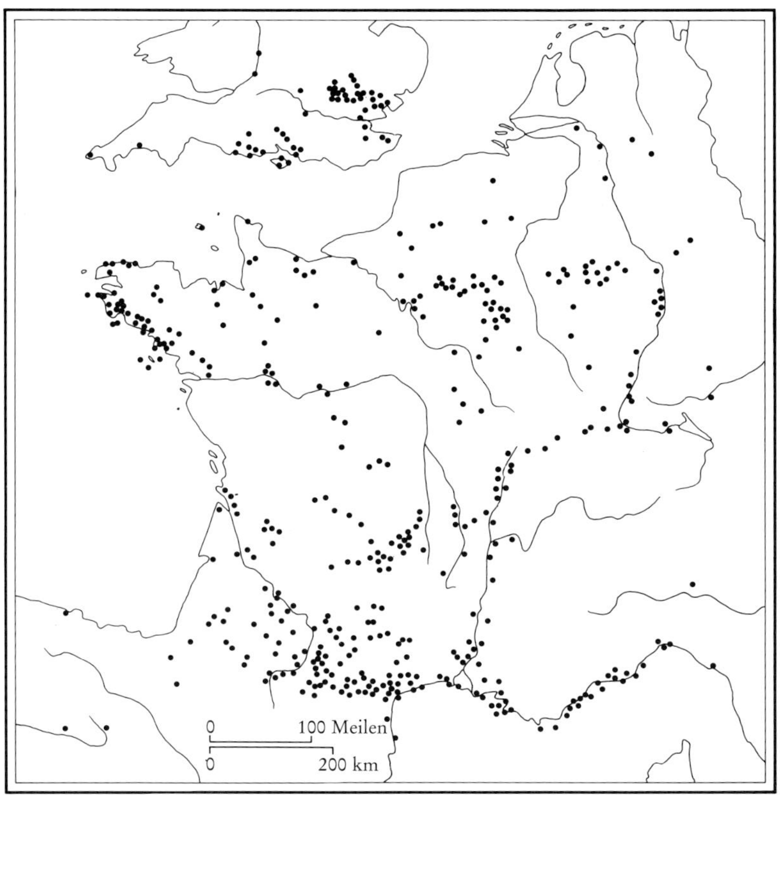

Verbreitung von italienischen Weinamphoren, die Ende des 2. und im 1. Jahrhundert v. Chr. für den Weintransport verwendet wurden. Man erkennt die Bedeutung der Flüsse und des atlantischen Seewegs für den Transport und sieht zugleich, in welchem Umfang römische Luxusgüter in den Nordwesten vordrangen.

Bronzefigur einer gallischen Gottheit, aus Bouray, Seine-et-Oise, Frankreich. Die Datierung ist unsicher, doch könnte die Statue in den ersten Jahren der römischen Besetzung entstanden sein.

küste bei Alet, wo sich bis zum 1. Jahrhundert v. Chr. im Schutz eines wahrscheinlich befestigten Felsvorsprungs ein bedeutenderer Handelshafen entwickelt hatte. Von hier fuhren die Schiffe der Coriosoliten Richtung Norden über Guernsey nach Hengistbury, das sich in dieser Zeit zu einem größeren Umschlagplatz entwickelt hatte. In Hengistbury gibt es viele Funde, die darauf hinweisen, daß dort Metalle, darunter Eisen, Kupfer, Silber und Gold, sowie Getreide und vermutlich auch Rinder für den Export gelagert wurden. Importiert wurden, wie aus Funden im Hafen hervorgeht, Wein, buntes Glas, Feigen und die verschiedensten Erzeugnisse aus der Bretagne, die in bretonischen Tonkrügen dorthin gebracht wurden. Cäsar hatte eine, wenn auch unvollständige Vorstellung von diesem Handelssystem, als er über die Stärke der Veneter in Seefahrt und Handel schrieb.

In den ungefähr sechzig Jahren zwischen der Gründung der Provinz Gallia Transalpina und der Eroberung Galliens durch Cäsar gerieten die Stämme in Gallien, besonders direkt an der Grenze zur römischen Provinz, immer mehr unter römischen Einfluß. Das hatte Veränderungen in der Sozialstruktur zur Folge, was sich besonders deutlich bei den Helvetiern, die im Gebiet der heutigen Schweiz ansässig waren, beobachten läßt. Im Jahr 58 v. Chr. hatte dieser Stamm bereits keinen König mehr, und die Regierung lag bei einem gewählten Magistrat. Aber diese Ordnung war nicht stabil. Orgetorix, einer der Adligen, wurde angeklagt, eine Verschwörung zur Ergreifung der königlichen Macht geplant zu haben. Er wurde gefangengenommen, und wenn man ihn für schuldig befunden hätte, wäre er verbrannt worden; offenbar hat er es jedoch vorgezogen, Selbstmord zu begehen. Unter den Häduern jener Zeit war die Magistratsregierung fester etabliert. Der Vorsitzende eines solchen Magistrats, der Vergobretos, hatte beträchtliche Machtbefugnisse. Seine Macht war aber insofern beschränkt, als die Amtszeit auf ein Jahr begrenzt und es ihm während dieser Zeit untersagt war, das Stammesgebiet zu verlassen. Auch konnte kein anderes Mitglied seiner Familie zu seinen Lebzeiten das Amt übernehmen oder auch nur in den Magistrat gewählt werden. Offenbar sollten diese strikten Reglements verhindern, daß eine bestimmte Familie zu viel Macht auf sich vereinte und daß der Magistrat nach keltischer Sitte Raubzüge durchführte, um sein Ansehen zu vergrößern und eine mächtige und daher gefährliche militärische Gefolgschaft um sich zu scharen. All dies stand im deutlichen Gegensatz zu den gesellschaftlichen Verhältnissen, die im 3. und 2. Jahrhundert v. Chr. herrschten (siehe S. 399–411). Man könnte auf den Gedanken kommen, daß diese Veränderungen, zum Teil wenigstens, auf Betreiben Roms eintraten. Es muß ihren Interessen sehr entgegengekommen sein, wenn das Grenzgebiet von Stämmen besiedelt war, die eine stabile Regierung hatten, anstatt sich Gruppen gegenüber zu sehen, für die Kriegerruhm und Raubzüge wichtig waren.

Die römische Besatzungsmacht im südlichen Gallien (Römische Provinz) Ende des 2. und Anfang des 1. Jahrhunderts v. Chr. beeinflußte die gesellschaftliche und politische Entwicklung der Staaten direkt hinter der Grenze.

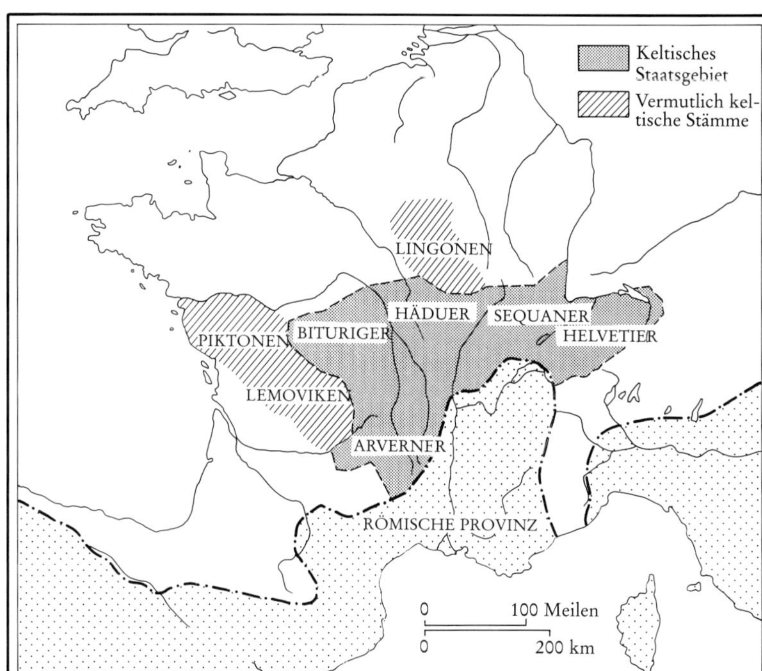

Der Einfluß des im Werden begriffenen Imperiums – im wesentlichen war es noch immer eine mediterrane Macht – auf die nördlicheren und nordwestlicheren Gebiete Europas wurde von Mitte des 2. Jahrhunderts v. Chr. an immer stärker, in dem Maß, in dem die Nachfrage Roms nach Rohstoffen wuchs. Parallel dazu tauchen in einem beachtlichen Gebiet große befestigte Siedlungen auf, die allgemein unter der Bezeichnung Oppida bekannt sind; es ist das Wort, das Cäsar für diese Art von Siedlungen, auf die er in Frankreich gestoßen war, verwendet hat. Oppida waren über einen großen Teil Mitteleuropas, von Westfrankreich bis nach Serbien und von den Alpen bis zum Sudetengebirge in der ehemaligen Tschechoslowakei verbreitet. Große Grabungen, z. B. im süddeutschen Manching, haben ergeben, daß der Bereich innerhalb der Befestigung von geraden Straßen gegliedert war und dicht mit regelhaft angelegten Holzhäusern bebaut war. Die Funde lassen auf eine vielfältige handwerkliche Produktion innerhalb der Oppida schließen. In zum Teil industriellem Umfang wurden z. B. auf der Töpferscheibe gedrehte Keramik, daneben Glasperlen und Armreifen sowie Eisengerätschaften hergestellt. Die Oppida waren auch Münzorte. Angesichts der Zahl der Einwohner und ihrer immensen Produktivität liegt es nahe, die Oppida als die ersten städtischen Zentren in Europa außerhalb des mediterranen Raumes anzusehen. Zumindest lassen viele von ihnen einige Grundzüge der städtischen Lebensweise erkennen.

Es liegt nahe, derartige Formen »städtischen« Lebens, die etwa ab 150 v. Chr. quer durch Europa anzutreffen sind, als die unmittelbare Folge einer Intensivierung des Handels zu betrachten, hinter der die steigende Nachfrage der römischen Verbraucher stand. Vermutlich war dies ein Grund, doch wäre es falsch, den Einfluß Roms zu überschätzen und im Sinne eines kausalen Wirkungszusammenhangs mißzuverstehen. Es ist anzunehmen, daß sich in den nordalpinen Siedlungen im frühen 2. Jahrhundert ein Prozeß der handwerklichen Spezialisierung vollzog. Kleinere umherziehende Stammesgruppen verschmolzen zu stabileren politischen Gebilden. Diese Entwicklung zu einer städtisch geprägten Wirtschaftsweise, die durch die Macht eines Königs oder eines bedeutenden Häuptlings politisch legitimiert wurde, hatte bereits eingesetzt, als die Römer ihre Handelsbeziehungen zum Norden ausbauten. Darum scheint es angemessener, das Auftauchen der Oppida als ein endogenes Phänomen des keltischen Mitteleuropas zu betrachten, dessen weitere Entwicklung allerdings dann beschleunigt wurde, als die Nachfrage der römischen Welt nach Rohstoffen immer weiter wuchs.

DAS JAHRZEHNT DER EROBERUNGEN UND ERSCHÜTTERUNGEN, 60–50 V. CHR.

Etwa ab 60 v. Chr. mehren sich die Anzeichen, daß die Verhältnisse im barbarischen Europa an Stabilität verlieren. Im Osten verwüsten die Daker das von den Bojern in Ungarn besiedelte Gebiet (siehe 11. Kapitel), während im Westen Stämme vom Rhein – die Cäsar für Germanen hält – wieder Vorbereitungen treffen, ihre südlichen Nachbarn anzugreifen. Auch unter den Stämmen in den Grenzgebieten der römischen Provinz brechen Streitigkeiten aus. Die Häduer, die, wie Cäsar berichtet, lange Zeit das

Privileg genossen hatten, über eine Reihe von tributpflichtigen Stämmen zu gebieten, gerieten in Konflikt mit ihren Nachbarn, den Sequanern. Diesen gelang es wiederum, einige den Häduern verpflichteten Stämme zu ihren Verbündeten zu machen. Das schwächte die restlichen Stämme der Häduer und zwang sie zur Unterwerfung, als deren Zeichen sie den Sequanern die Söhne ihrer Häuptlinge als Geiseln ausliefern mußten. Im Jahr 61 v. Chr. wurde ein Mitglied des Adels nach Rom gesandt, wo er um Hilfe bat – allerdings vergeblich. Drei Jahre später wurden die Häduer durch einen von Ariovist geführten germanischen Stamm bedroht, und ihre Lage verschlimmerte sich weiter. Zur gleichen Zeit beschlossen die Helvetier, ins westliche Frankreich auszuwandern, weil ihr Gebiet zu klein geworden war. Ihr Weg führte sie durch das Gebiet der Häduer. Es läßt sich nicht mit Bestimmtheit sagen, ob diese Spannungen in der keltischen Welt eine normale Erscheinung waren oder ob es sich um eine außergewöhnlich zugespitzte Krise handelte; die Einzelheiten dieser Entwicklungen verdanken wir ausschließlich Cäsars Bericht, der mit seiner Darstellung persönliche Ziele verfolgte.

Julius Cäsar befand sich an einem entscheidenden Punkt seiner Laufbahn. Er bemühte sich verzweifelt, eine Situation zu schaffen, in der er seine militärischen Fähigkeiten beweisen und entsprechende Triumphe feiern konnte. Nur so würde er mit der konservativen Oligarchie Roms, die ihn haßte und fürchtete, fertig werden. Er sah seine Chance in Gallien. Im Jahr 59 v. Chr. brachte er ein Sondergesetz durch den Senat, das ihm für die Dauer von fünf Jahren das Oberkommando über die Gallia Cisalpina einräumte. Und es gelang ihm auch, diesen Auftrag um weitere fünf Jahre zu verlängern. In dieser Machtstellung konnte er eine große, ihm treu ergebene Streitmacht aufbauen. Ein Argument, das er für seine Sache anführte, war, daß die germanischen Barbaren begonnen hätten, verbündete Staaten zu bedrohen. Gallien, so behauptete er, werde entweder römisch oder aber von den Germanen überrannt werden. Ein drohender Angriff der Germanen auf Italien, nur knapp fünfzig Jahre, nachdem die Kimbern und die Teutonen so nahe herangerückt waren – das war eine schreckliche Aussicht für das römische Volk. Cäsar erhielt das Kommando, das er wünschte.

Die Eroberung Galliens begann 58 v. Chr. und war 51 v. Chr. abgeschlossen, auch wenn in den darauffolgenden Jahren noch etliche Aktionen und Gefechte notwendig waren, bis das riesige Territorium vom Mittelmeer bis zum Rhein als gänzlich unterworfen bezeichnet werden konnte. Cäsars Feldzüge verliefen mit blitzartiger Geschwindigkeit. Im Jahr 58 v. Chr. gelang es ihm, Ariovist zurückzudrängen und die Helvetier zur Heimkehr zu zwingen. Während der nächsten drei Jahre setzte er sich mit den Stämmen der nördlichen Randgebiete von der Bretagne bis zum Rhein auseinander. Auf dem Höhepunkt dieser Kämpfe im Jahr 55 v. Chr. kam es zu zwei wichtigen Überquerungen – der Überquerung des Ärmelkanals nach Britannien und des Rheins hinüber nach Germanien. Nach derart wagemutigen Expeditionen konnte Rom ihm die Verlängerung seiner Amtszeit unmöglich verweigern. Im Laufe des nächsten Jahres war Cäsar in der Lage, seine Macht über die belgischen Stämme zu festigen und eine genauere Erkundung Britanniens vorzunehmen. Im Jahr 53 beschloß er, auch im Gebiet jenseits des Rheins Fuß zu fassen. Bis zu diesem Zeitpunkt hatte ein Großteil der militärischen Anstrengungen den Stämmen der Belgae zwischen Seine und Rhein gegolten – im übrigen Teil Frankreichs fanden bis auf einen entschlossenen Feldzug ge-

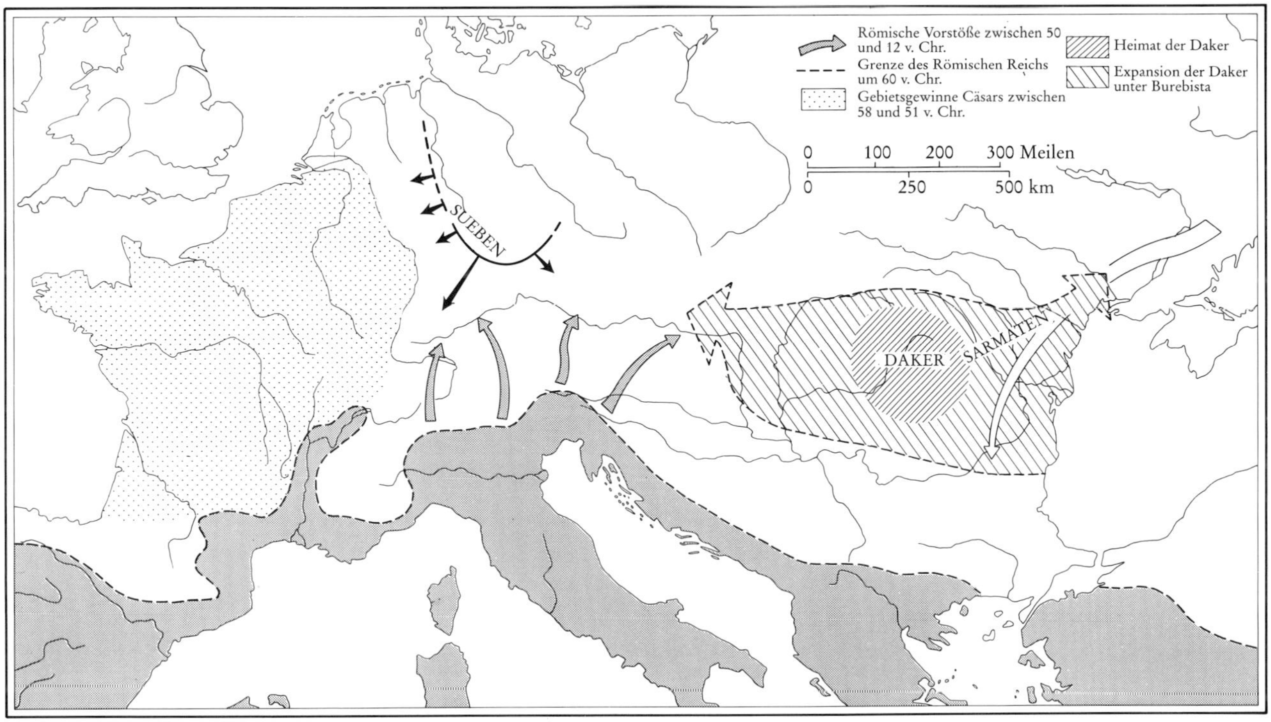

In der Mitte des 1. Jahrhunderts v. Chr. drängten germanische Stämme nach Süden. Gleichzeitig verlagerte der dakische Herrscher Burebista seine Herrschaft nach Westen. In dieser kritischen Situation entschloß sich Cäsar, nach Gallien zu marschieren und es bis zum Rhein für das Römische Reich zu annektieren. Damit wollte er den Vormarsch der germanischen Stämme nach Süden stoppen. Innerhalb der folgenden Jahrzehnte dehnte Rom seine Herrschaft über die Alpen bis zum Oberlauf der Donau aus.

gen die rebellierenden bretonischen Stämme keine Kämpfe statt. Im Jahr 53 v. Chr. kam es jedoch unter den Senonen und Carnuten südlich der Seine zu Unruhen, und bis zum Jahr 52 v. Chr. befand sich ein großer Teil Mittelfrankreichs in offener Revolte. Die rebellischen Stämme hatten sich für kurze Zeit unter der charismatischen Führung des Vercingetorix zusammengeschlossen. Damit war die Lage für Cäsar sehr ernst, doch die Kriegsmacht der Römer triumphierte auch hier über den Kampfgeist der Kelten. Dieser Abschnitt des gallischen Kriegs fand seinen Höhepunkt in der langwierigen Belagerung von Alesia, wo sich Vercingetorix unklugerweise hatte einschließen lassen; sie endete schließlich mit der Kapitulation der Gallier. Im folgenden Jahr mußte Cäsar nur noch einzelne Widerstandsherde beseitigen, bevor er sagen konnte, daß nun »ganz Gallien« unterworfen sei.

Die Eroberung Galliens war in jeder Hinsicht eine bemerkenswerte Leistung. In nur acht Jahren wurde ein riesiges Gebiet unter römische Herrschaft gezwungen, und im Zuge der Eroberungen wurde die keltische Gesellschaft vernichtet. Einige wenige Beispiele mögen genügen, um das Ausmaß der Zerstörung deutlich zu machen. Im Kampf gegen die rebellierenden Veneter ließ Cäsar 59 v. Chr. alle älteren Menschen töten und verkaufte die übrigen als Sklaven. Gegenüber den Nerviern in Nordbelgien war er etwas nachsichtiger; in einer schweren und blutigen Schlacht überlebten von der ursprünglich 60 000 Mann starken Streitmacht nur 500 Männer, und der aus 600 Mitglie-

Julius Cäsar veränderte das Gesicht Europas durch seine Eroberungen in Spanien, Afrika und Gallien. Mit seinem Eroberungswillen verschaffte er dem aufstrebenden Imperium riesige neue Provinzen.

dern bestehende Rat war auf drei Mitglieder geschrumpft. Damit der Stamm nicht gänzlich ausgelöscht wurde, forderte Cäsar alle, die erreichbar waren, vor allem die alten Männer, Frauen und Kinder, die sich in in den Wäldern und Sümpfen in Sicherheit gebracht hatten, auf, in ihr Oppidum zurückzukehren. Den benachbarten Stämmen verbot er, sie im Zustand ihrer Schwäche anzugreifen. Die Atuatuker hatten weniger Glück; ihr Oppidum wurde belagert und eingenommen. Ungefähr 4 000 Menschen kamen bei dem Angriff ums Leben, und von den übrigen, etwa 53 000, sagt Cäsar, er habe alle, die er drinnen finden konnte, auf einmal verkauft.

Noch unnachsichtiger wurden die Carnuten behandelt; dieser Stamm hatte die römischen Händler getötet, die in seinem Gebiet lebten. Das Oppidum der Carnuten bei Cenabum wurde daraufhin belagert, und als die Stadt der Belagerung nicht mehr standhalten konnte und fiel, wurden die römischen Soldaten aufgefordert, an der gesamten Bevölkerung Rache zu üben: Von den insgesamt 40 000 Männern, Frauen und Kindern blieben 800 am Leben, alle anderen wurden erschlagen. Die Bewohner der belagerten Stadt Uxellodunum waren nur wenig besser dran – wer die Waffe gegen die Römer erhoben hatte, dem wurden die Hände abgehackt.

Der achtjährige Krieg war für viele keltische Stämme Galliens verheerend. Es dauerte Generationen, bis die psychischen Wunden verheilt waren und die zerstörte Wirtschaft wieder auflebte. Dies mag ein Grund sein, warum sich die Römer in die inneren Angelegenheiten der Gallier kaum einmischten, bis Augustus im Jahr 27 v. Chr. eine umfassende Neuorganisation begann.

oben Die Ringburg auf dem Kliff von Lostmarc'h, Bretagne. Zu solchen befestigten Plätzen floh die Bevölkerung der Bretagne vor Cäsars Vormarsch im Jahr 56 v. Chr.

unten Diese, im Jahr 48 v. Chr. geprägte Münze zeigt Ausrüstungsstücke gallischer Krieger: zwei gekreuzte Trompeten (*Larnaces*) und zwei Schilde, ein rundes und ein ovales.

DIE VERLAGERUNG DER GRENZE AN RHEIN UND DONAU 51 V. CHR.–14 N. CHR.

Cäsar hatte das Gebiet Europas westlich des Rheins unter römische Herrschaft gebracht; in den übrigen Regionen des europäischen Festlands blieb der Einfluß der Römer gering. Die Po-Ebene, die illyrische Küste, Makedonien und Griechenland standen unter römischer Herrschaft, doch waren dies ja mediterrane Randgebiete, die durch die Alpen und die Gebirge der Balkanhalbinsel begrenzt waren. Das nördlichere Gebiet jenseits dieser Grenzen blieb frei. Bis zum Ende der Regierungszeit des Augustus im Jahr 14 n. Chr. war das von den Römern beherrschte Gebiet weit ins Landesinnere bis zur Donau hinauf ausgedehnt worden. Nur Thrakien hatte, als Königreich von Roms Gnaden, seine Unabhängigkeit nominell gewahrt.

Wie wir gesehen haben, hat Rom bis zur Mitte des 2. Jahrhunderts v. Chr. enge diplomatische und wirtschaftliche Beziehungen zum Königreich Noricum im Ostalpengebiet geknüpft (siehe S. 414). Es war Roms Politik, sich nicht in die inneren Angelegenheiten eines Landes einzumischen oder militärische Unterstützung zu gewähren. Zwar kam es 113 v. Chr., während des Kimbernkriegs, zu einer kurzen Intervention, doch gab es dafür keine Vollmacht, und als die Tiguriner im Jahr 102 v. Chr. in das südwestliche Noricum vordrangen und die Bojer 60 v. Chr. Noreia belagerten, verhielt sich Rom neutral.

Im 1. Jahrhundert v. Chr. erlebte die Wirtschaft von Noricum, die auf intensiver Landwirtschaft, dem Abbau von Eisenerzen und ihrer Weiterverarbeitung sowie auf dem Handel beruhte, einen Aufschwung. Die wirtschaftlichen Beziehungen zu den benachbarten keltischen Stämmen waren bedeutend, und um 70 v. Chr. tauchten in Südnoricum die ersten in diesem Gebiet hergestellten Münzen auf. Es gibt zahlreiche Funde, die den Handel mit Pannonien im Osten und Gallien im Westen belegen, aber von weitaus größerer Bedeutung für die einheimische Wirtschaft waren die intensiven wirtschaftlichen Beziehungen zu Rom. Die Hauptroute vom Süden führte von Aquileia über das Tal des Tagliamento nach Noricum hinein. An dieser Straße entstand auf dem Magdalensberg (Kärnten) ein wichtiges Handelszentrum. Magdalensberg bestand aus zwei Teilen, einem von Einheimischen bewohnten Oppidum auf dem Berg und einer

Silberne Tetradrachme vom Kroisbacher Typ, dem Burgenland zugeschrieben (2. Jahrhundert v. Chr.). Vorderseite: Ein bartloser Mann mit einem Diadem aus drei Perlenreihen. Rückseite: ein nach links galoppierendes Pferd, vom Reiter sind Kopf und Hals zu sehen.

La Turbie an der Côte d'Azur, 26 km östlich von Nizza. Das Monument wurde im Jahr 6 v. Chr. errichtet zur Erinnerung an den Sieg des Augustus über 44 Alpenstämme; es symbolisiert die Befriedung Galliens.

unterhalb davon gelegenen römischen Handelskolonie. Das Oppidum war das wichtigste administrative Zentrum des Königreichs und Wohnsitz der königlichen Familie. Daher interessierten sich die römischen Händler besonders für diesen Ort. Die römische Kolonie wurde auf einer an der Südseite gelegenen Terrasse unterhalb des Oppidums angelegt. Die ältesten Gebäude waren aus Holz und lassen sich auf ca. 100 v. Chr. datieren; um 30 v. Chr. wurden die Häuser der Händler bereits aus Stein gebaut. Eingewanderte römische Künstler schmückten sie mit Wandmalereien, meist mit Szenen aus der klassischen Mythologie. Mittelpunkt der Kolonie war ein großes offenes Forum, auf dem wohl die Handelsgeschäfte abgewickelt wurden. Die römischen Händler, die dort lebten und arbeiteten, vertraten große Geschäftshäuser, hauptsächlich aus Aquileia, und wie alle Händler in fremden Ländern umgaben sie sich mit den äußeren, für alle sichtbaren Zeichen ihrer eigenen Kultur. Der Handel mit Rom war recht umfangreich und trieb die einheimische Produktion an. Zugleich brachte er den Einheimischen die römische Lebensart nahe: Im Verlauf einiger Jahrzehnte übernahmen sie die Sitten Roms und seinen Luxus.

Das Geschick Noricums und der gesamten Region nördlich und westlich der Alpen war aufs engste mit den Bestrebungen der römischen Führungsschicht verflochten. Cäsar hatte seinen Erfolg in Gallien genutzt, um den römischen Staat herauszufordern, und an den Iden des März im Jahr 44 v. Chr. mußte er seinen Ehrgeiz mit seinem Leben bezahlen. Die folgenden Jahre, in denen fast anarchische Zustände herrschten, endeten mit der Schlacht von Actium, bei der Octavian siegte.

Vier Jahre später, 27 v. Chr., wurde Octavian, der dann als Augustus in die Geschichte einging, als Oberhaupt des römischen Staats bestätigt. Es dauerte ein Jahrzehnt, bis sich die neue Ordnung in Rom und in den Provinzen durchsetzen konnte, doch um 17 v. Chr. konnte der Kaiser seine Aufmerksamkeit nach Norden und Osten wenden, um die Grenzen seines Reiches in Gallien und Germanien und in den Alpen- und Donauländern zu erweitern.

Die ersten großen Siege haben 15 v. Chr. die Feldherren Drusus und Tiberius errungen. Die Raeter und Vindeliker der Alpenregion wurden besiegt, ebenso die Skordisker am Mittellauf der Donau geschlagen, und vermutlich wurde um diese Zeit auch Noricum dem Reich einverleibt. Im darauffolgenden Jahr begann die Unterwerfung Dalmatiens und Pannoniens. Sie wurde aber erst nach einem großen Vorstoß in den Jahren 12 bis 9 v. Chr. abgeschlossen. Von Noricum war eigentlich keine ernstzunehmende Bedrohung ausgegangen, doch nun, da es die erklärte Politik des Römischen

Römisches Relief aus Cabrières d'Aygnes, Frankreich. Man sieht, wie Weinfässer in einem Boot auf einem gallischen Fluß flußaufwärts gezogen werden.

Reichs war, die Grenzen bis zur Rhein-Donau-Linie nach Norden zu verschieben, konnte man kaum zulassen, daß diese Enklave als möglicher Zufluchtsort für Aufständische diente. So traten die römischen Soldaten an die Stelle der römischen Händler. Im Grunde hatte das nur zur Folge, daß Magdalensberg noch reicher wurde: Die Annektierung war der Schlußpunkt einer Entwicklung, die vor fast zweihundert Jahren begonnen hatte, als es zu den ersten zögerlichen Handelsbeziehungen mit Rom gekommen war.

JENSEITS DES RHEINS, 55 V. CHR.–16 N. CHR.

Der Rhein war als Grenzfluß von entscheidender Bedeutung für das Römische Reich und als natürliche Grenzmarkierung von großem Nutzen – wenn auch, wie manche Römer hofften, nur vorübergehend; zugleich stellte er die ethnische Grenze dar zwischen den Kelten im Süden und den Germanen im Norden. Dies zumindest war die Sicht, die Cäsar zu jener Zeit bevorzugte, obwohl die Situation in Wirklichkeit nicht so eindeutig war. In der Mitte des 1. Jahrhunderts v. Chr. vermischten sich die Stämme auf beiden Seiten des Flusses, und es ist sehr unwahrscheinlich, daß deutliche ethnische Unterschiede erkennbar waren. Als der Fluß jedoch zur Grenze gemacht wurde, verhinderte dies weitere Wanderungen der Stämme. Und das hatte zur Folge, daß sich die germanischen Stämme des Nordens bei ihren sporadischen Zügen nach Süden an den Nordufern des Flusses zusammendrängten, in Gebieten also, die zuvor von Stämmen gemischten Ursprungs besiedelt waren. Auf diese Weise trug die Präsenz der Römer dann doch zur Vergrößerung der ethnischen Unterschiede auf beiden Seiten des Flusses bei.

Cäsars im Jahre 51 v. Chr. vollendete Schriften sowie die des anderthalb Jahrhunderte jüngeren Tacitus geben Einblick in das Wesen der germanischen Gesellschaft. Bei keinem der beiden Autoren findet sich eine systematische Darstellung, beide geben sie vielmehr, in der Absicht ihre Leser zu unterhalten und in Erstaunen zu versetzen, ein anekdotenhaftes Bild der germanischen Lebensweise. Nach Cäsars Darstellung war die germanische Landwirtschaft nicht sehr fortschrittlich. Das Land gehörte dem Stamm und wurde nach einem System, das alljährliche Neuverteilung vorschrieb, an die einzelnen Sippen verteilt. Auf diese Weise wurde verhindert, daß sich durch die ununterbrochene Bewirtschaftung von besonders fruchtbaren Äckern bei einzelnen Sippen Reichtümer anhäufen konnten. Jedoch war durch Tapferkeit und die Leitung von Raubzügen eine hohe soziale Stellung zu erreichen. »Sie prahlen damit, daß sie zur Übung der Jugend und zur Bekämpfung des Müßiggangs unternommen würden.« (*Der gallische Krieg* VI, 23) Die Raubzüge wurden durch die Häuptlinge auf öffentlichen Versammlungen verkündet, und wer in momentaner Begeisterung seine Beteiligung versprochen hatte, mußte bereit sein, wenn die Krieger aufbrachen. Andernfalls wurde er zum Gespött des Stammes und verlor jegliches Ansehen. Zu dieser Zeit lag, wie in der klassischen keltischen Gesellschaft, die ganze Macht bei der Oberschicht. Gemessen wurde deren Macht an der Größe des Gefolges und an der Fähigkeit, Abhängigen Schutz zu gewähren. Diese bildeten auch den Stammesrat. Nur in Zeiten außergewöhnlicher Kriegszüge wurden Adlige zu Heerführern der verbündeten Stämme gewählt.

Eineinhalb Jahrhunderte später, als Tacitus seinen Bericht verfaßte, hatte sich das soziale System zumindest bei den Stämmen, die direkt an der Grenze lebten, gewandelt. Das Ackerland wurde nun dem gesellschaftlichen Status entsprechend verteilt. Es gab zwei Arten von Führern: den *rex*, der auf Lebzeiten aus einer kleinen Gruppe von Adligen, der königlichen Klasse, gewählt wurde, und den *dux*, der in Zeiten großer Spannungen aufgrund seiner Tapferkeit im Kampf zum Führer des Heeres ernannt wurde. Die Eliten hielten regelmäßige Ratsversammlungen ab, daneben gab es allgemeine Versammlungen der Krieger, die nur einberufen wurden, um bestimmte Fragen zu besprechen. Offenbar konnten sie nicht von sich aus tätig werden. Dieses duale System hatte sich vermutlich entwickelt, damit ein Gleichgewicht der Kräfte wenigstens annähernd aufrechterhalten werden konnte. Doch gab es in der germanischen, ebenso wie in der klassischen keltischen Gesellschaft, einen entscheidenden destabilisierenden Faktor – die Fähigkeit eines einzelnen, sich ein ergebenes Gefolge zu sichern. Tacitus faßt dies in *Germania*, Kap. 14 treffend zusammen:

> Die Fürsten kämpfen für den Sieg, die Gefolgsleute für den Fürsten. Wenn der Stamm, in dem sie geboren sind, durch langen Frieden und durch Nichtstun einrostet, suchen die meisten der jungen Adligen von selber die Stämme auf, die zu der Zeit irgendeinen Krieg führen, weil unwillkommen diesem Volke die Ruhe ist, sie leichter in Gefahren berühmt werden und du ein großes Gefolge nur durch Gewalt und Krieg halten könntest.

»Wenn sie nicht in den Krieg ziehen«, so heißt es in Kapitel 15 weiter, »verbringen sie nicht viel Zeit mit der Jagd, mehr mit Nichtstun, ergeben dem Schlaf und dem Essen, gerade die Tapfersten und Kriegerischsten ohne jede Beschäftigung, wobei die Sorge um Haus und Haushalt und die Äcker den Frauen, Greisen und gerade den Schwächsten aus dem Gesinde überlassen wird.« Die Gesellschaftsordnung der Germanen entsprach also weitgehend der der Kelten vor fünfhundert Jahren: In beiden Gesellschaften basierte die Verteilung von Macht und Prestige darauf, daß es zu Konflikten und Kampfhandlungen kam, was wiederum eine permanente Instabilität zur Folge hatte.

Cäsars Überquerungen des Rheins 55 und 53 v. Chr. waren keine ernsthaften Eroberungsversuche, dies war auch der kurze Feldzug des Aggrippa im Jahr 38 v. Chr. noch nicht. Während dieser Zeit beschränkten sich die Römer darauf, entlang des Flusses eine Grenzlinie aufzubauen, und Augustus und seine Verwaltung ordneten die politischen Verhältnisse im Reich. Im Jahr 15 v. Chr. war die innenpolitische Lage des Reiches stabil genug, um die Eroberung der Alpenregion in Angriff zu nehmen, und 12 v. Chr., als dieses Gebiet unter Kontrolle und zugleich auch der nordwestliche Zipfel der Iberischen Halbinsel so weit unterworfen war, daß Truppen aus Spanien und Aquitanien abgezogen werden konnten, war die Zeit reif dafür, nun die Grenzen des Römischen Reichs über den Rhein hinaus vorzuschieben.

Offenbar hatte Augustus den Plan, die Linie Elbe-Moldau-Donau zur ständigen Grenze des Römischen Reiches zu machen, aber er unterschätzte die Stärke des germanischen Widerstands beträchtlich. Für Cäsar war es verhältnismäßig leicht gewesen, mit seinen Legionären Gallien zu überrennen, denn die Gallier waren ein seßhaftes Volk mit einer gut entwickelten Landwirtschaft, und viele Stämme hatten in den Oppida ein politisches und wirtschaftliches Zentrum. Außerdem waren sie durch die Luxusgüter aus dem Mittelmeerraum bequem und kampfesmüde geworden. Die Germanen waren ganz anders: Mobilität und Kriegertum waren hier weiterhin wichtige Wertvorstellungen; die Germanen hatten keine Oppida, und nur wenige Luxusgüter aus dem Süden waren zu ihnen gelangt. Die Vernichtung eines Stammes durch die Belagerung seines Oppidums ist etwas anderes als der Kampf gegen einen Stamm, dessen Krieger sich einfach in den Schutz endloser und unzugänglicher Wälder zurückziehen.

Zunächst schien der römische Vorstoß gut voran zu kommen. Die jährlichen Feldzüge von 12 bis 7 v. Chr. und ein weiterer Feldzug zwischen 4 und 5 n. Chr. sicherten den Römern eine gewisse Kontrolle über das Gebiet zwischen Rhein und Elbe, so daß sie sich der Eroberung Böhmens zuwenden konnten – dem entscheidenden Verbindungsglied zwischen den Grenzländern, die an Elbe und Donau aufgebaut werden sollten. Mit der Herrschaft über Böhmen hätte den römischen Geschäftsleuten eine wichtige Handelslinie offen gestanden, die in die nordeuropäische Ebene und das Ostseegebiet führte. Von dort stammten einige sehr begehrte Güter. Im entscheidenden Augenblick jedoch brach in Illyricum ein Aufstand los, der eine Intervention dringend erforderlich machte. Und als der größte Teil der römischen Truppen dort gebunden war, nutzten die germanischen Stämme die Gelegenheit, sich neu zu organisieren. Arminius, ein germanischer Adliger, der als Reiter-Offizier in der römischen Armee gedient hatte, wurde zum Heerführer gewählt – und das hatte schmerzliche Folgen. Drei römische Legionen wurden im Teutoburger Wald vernichtend geschlagen und die römischen Legionäre wieder aus dem germanischen Gebiet vertrieben, ein niederschmetternder Rückschlag für Rom. Im nächsten Jahr, 10 n. Chr., wurde die Rheingrenze verstärkt, um einen Feldzug zur Rückeroberung der germanischen Stellungen vorzubereiten, und in den darauffolgenden Jahren konnten die Römer einige bemerkenswerte Erfolge verzeichnen. Doch Kaiser Tiberius, der das germanische Gebiet gut kannte, weil er selbst dort gekämpft hatte, mußte schließlich zugeben, daß sich dies Territorium nicht beherrschen ließ. 16 n. Chr., nach dem letzten Feldzug, beorderte er die römischen Truppen an den Rhein zurück. So fanden die 28 Jahre währenden fruchtlosen Bemühungen, Germanien zu erobern, ein Ende.

Die Sache hatte ein aufschlußreiches Nachspiel. Arminius wurde, wie wir gesehen haben, von seinem Stamm, den Cheruskern, zum Führer des Aufstands gegen Rom gewählt. Der Erfolg erhöhte mit Sicherheit sein Ansehen und damit auch seine Gefolgschaft, doch er fand keine einhellige Anerkennung, nicht einmal in der eigenen Sippe. Segestes, sein Schwiegervater, und sein Onkel Inguiomerus lehnten seine Politik ab und konnten ihr eigenes, recht beachtliches Gefolge gegen ihn aufbringen. Die Macht einzelner Adliger in der germanischen Gesellschaft war so groß, daß persönliche Ambitionen und Antipathien Belange des ganzen Stammes oder von Stammesverbänden verdrängen konnten. Man muß sich fragen, ob die Vorstellung, daß die Germanen sich als *ein* Volk und als Einheit verstanden haben, nicht eher ein Konstrukt römischer Geschichtsschreiber ist als eine Realität. Im Jahr 19 n. Chr., nachdem er zwölf Jahre lang gegen die Römer gekämpft hatte, entwickelte Arminius einen Hang zur Tyrannei. Nach Tacitus verleiteten ihn der Rückzug der Römer aus Germanien und der Sturz des prorömischen Königs von Böhmen, Marbod, zu der Idee, selbst die Königswürde anzustreben. Das war für die Verfechter der traditionellen Wertordnung ein schweres Vergehen. Es kam zu einem Konflikt, und schließlich wurde Arminius von seiner Verwandtschaft verraten und unterlag. Dieser Zwischenfall ist ein faszinierendes Beispiel für die Ähnlichkeiten zwischen der germanischen Gesellschaft zu Beginn des 1. Jahrhunderts n. Chr. und der Situation im keltischen Gallien fast achtzig Jahre zuvor, als der Helvetier Orgetorix nach dem Königsthron strebte und von seinen Leuten daran gehindert wurde, woraufhin er Selbstmord beging (siehe S. 466).

DIE EXPANSION DES IMPERIUMS: BRITANNIEN UND DAKIEN, 60 V. CHR.–130 N. CHR.

Der Ärmelkanal, der die Britischen Inseln vom Festland trennt, mochte dem Expansionsdrang der Römer vielleicht eine psychologische Grenze setzen. Für die Küstenbewohner dagegen war er ein bedeutender Verkehrsweg. Jahrhundertelang hatten Menschen das Meer überquert, um Handel zu treiben. Seit Mitte des 1. Jahrtausends v. Chr. zogen die Zinnvorkommen von Cornwall die Händler aus dem Mittelmeerraum an, und bald nachdem die Mittelmeerküste Frankreichs dem Römischen Reich einverleibt worden war, belebten sich die alten Handelswege am Atlantik wieder. Der Bedarf an Sklaven und Rohstoffen nahm ständig zu. Sie wurden gegen große Mengen Wein und wertlosen Schmuck getauscht. Bis zur Mitte des 1. Jahrhunderts v. Chr. war zwischen St. Servan an der Nordküste der Bretagne und Hengistbury Head an der Küste von Solent eine feste Handelsroute entstanden (siehe S. 464).

Die Eroberung Galliens durch Cäsar und seine kurzen Expeditionen in den Osten Englands in den Jahren 55 und 54 v. Chr. hatten eine völlige Neuorganisation der bisherigen Handelsnetze zur Folge. Nun lag das römische Gallien nur wenige Meilen entfernt auf der anderen Seite des Kanals, und seitdem sich der Zustand der Straßen durch Gallien ständig verbesserte, wurden die langen gefährlichen Seewege entlang der Atlantikküste immer seltener benutzt. Für die Händler war es weitaus günstiger, von England aus nach Gesoriacum (Boulogne) überzusetzen und über Chalon-sur-Saône und dann flußabwärts zum Mittelmeer zu ziehen, als die gefährliche Biskaya zu durchschiffen. Ein weiterer Faktor kommt hinzu. Während seiner Feldzüge in Britannien hatte Cäsar mit einigen Stämmen im Osten der Insel vertragliche Abkommen geschlossen, besonders mit den Trinovanten, die das Küstengebiet nördlich der Themse besiedelten. Möglicherweise gewährte er ihnen eine Art Monopol für den Handelsverkehr über den Kanal, um sich auf diese Weise ihrer fortwährenden Freundschaft mit Rom zu versichern. Auf jeden Fall sind die Folgen von Cäsars politischer Neuordnung in Britannien deutlich zu sehen: Der Handel entlang der Atlantikrouten nahm rasch ab, und parallel dazu entwickelte sich ein reger Austausch von Gütern zwischen den Küstengebieten Belgicas und der Küste im Osten Englands, nördlich der Themse.

In den etwa neunzig Jahren zwischen Cäsars Feldzügen und der Invasion des Claudius im Jahr 43 n. Chr. gelangten die Stammesgebiete der Trinovanten und der Catu-

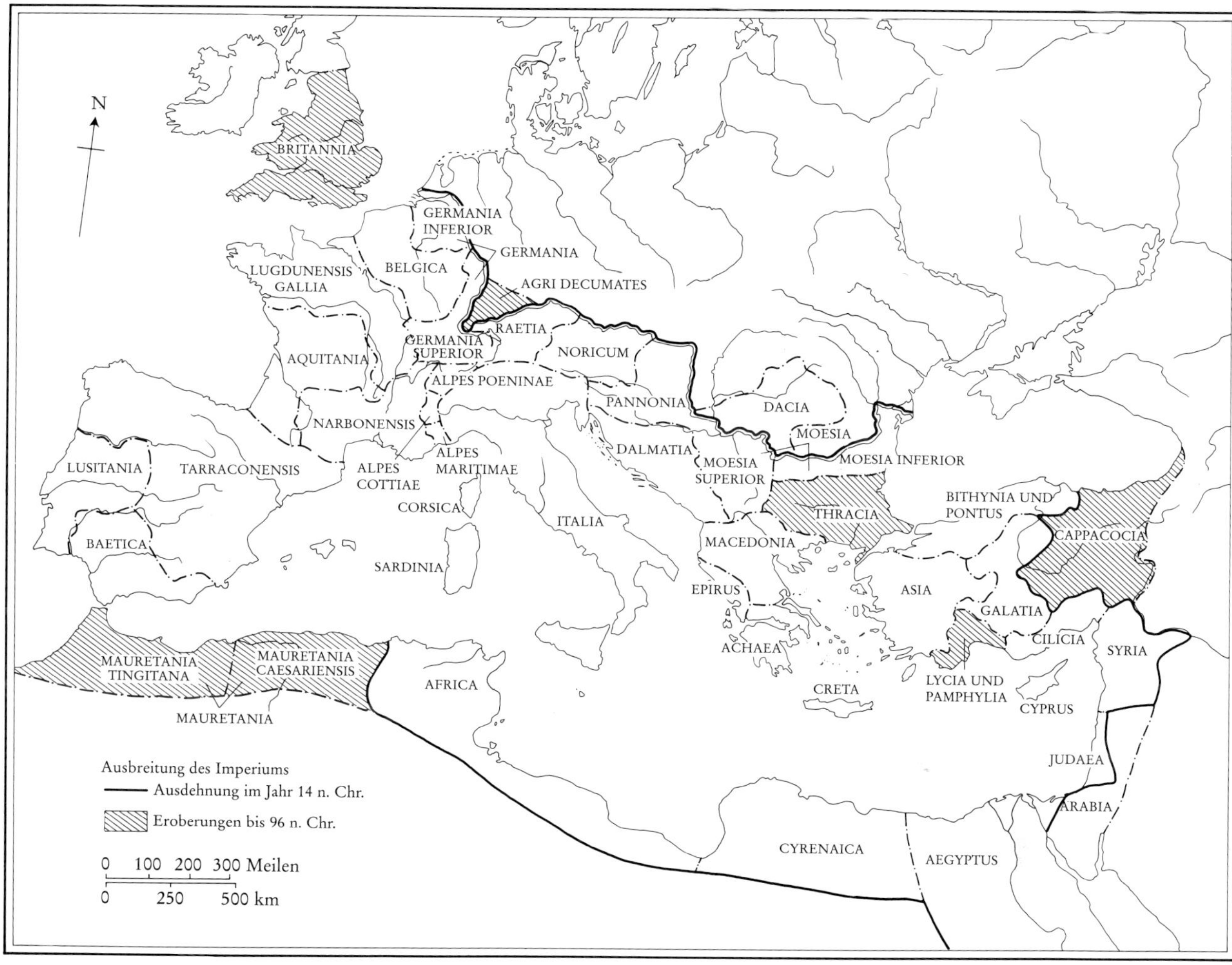

Die Expansion des Römischen Reichs war im Jahr 14 n. Chr. weitgehend abgeschlossen; nur noch wenige Territorien kamen im Verlauf des 1. Jahrhunderts n. Chr. noch dazu. Im 2. Jahrhundert wurden noch Dakien (Dacia) und Arabien (Arabia) zu römischen Provinzen.

vellauner, die sich von der Küste von Essex bis zu den Chiltern Hills erstreckten, durch den Handelsverkehr über den Kanal zu Reichtum. Güter aus dem Westen und dem Norden der Insel mußten dieses Gebiet auf ihrem Weg nach Gallien passieren und so konnten die Anführer, die den Transit kontrollierten, große Reichtümer anhäufen und ihr Ansehen vergrößern, indem sie über Prestigegüter wie römischen Wein verfügten und diesen in den Krügen und Bechern kredenzten, die zu einem standesgemäßen Trinkritual gehörten. Nachdem sich dieses Handelssystem etabliert hatte, wurde das Spektrum der importierten Güter immer umfangreicher und umfaßte schließlich auch so exotische Produkte wie Olivenöl und Fischsauce. All dies hatte zur Folge, daß sich nahezu der ganze Südosten der Insel in hohem Maß an den römischen Luxus gewöhnt hatte. Als Claudius nach einem Gebiet suchte, das er erobern konnte, um sein Ansehen zu vermehren, muß England in seinen Augen eine reife Frucht gewesen sein, die nur darauf wartete, gepflückt zu werden.

links Applikation aus Gold, gefunden im Kul'-Oba-Kurgan, Krim; 4. Jahrhundert v. Chr. Vermutlich zeigt das Stück zwei Skythen, die zur Besiegelung eines Pakts mit Blut vermischten Wein trinken. Die überwölbte Grabkammer, etwa 6 km landeinwärts von der griechischen Kolonie Pantikapaion (Kertsch) entfernt, enthielt Gerätschaften für das Weintrinken und zeigt damit den Einfluß griechischer Sitten.

unten Schildbuckel aus Goldblech in der Gestalt eines Hirsches, gefunden im Kurgan von Kostromskaja, nördlicher Kaukasus; Anfang des 6. Jahrhunderts v. Chr. Die Augen sind mit Bernstein eingelegt. Man ist unsicher, ob das Tier in voller Flucht ist oder sich ausruht. Ein solche bewußt hergestellte Zweideutigkeit ist das Kennzeichen der schönsten Stücke des skythischen Tierstils (vgl. 11. Kapitel).

Gegenüberliegende Seite:
Ein römischer Reiter besiegt vier einheimische Krieger, von denen einer enthauptet wurde. Steinrelief auf einer Distanzplatte, gefunden bei Bridgeness am Antoninus-Wall, der im 2. Jahrhundert quer durch Schottland gezogen wurde.

Sitzende Britannia – dies war ein sehr beliebtes Emblem für die Unterwerfung der Provinz und zierte die Rückseite vieler Münzen der Kaiser des 2. Jahrhunderts.

Die Anfänge der Invasion verliefen für die Römer ohne Schwierigkeiten. Der militärische Vorstoß entlang dem Südufer der Themsemündung und durch die Territorien der Catuvellauner und Trinovanten kam sehr rasch voran, und die Herrschaft ließ sich durch die Gründung zweier Vasallen-Königreiche leicht konsolidieren: das der Ikener im Norden und das der Atrebaten im Süden. Innerhalb von nur zwei bis drei Jahren wurde eine Verteidigungslinie geschaffen, die durch den Fosseway verbunden war und durch die Gebiete der Durotrigen, Dubonner und Corieltauver führte. Sie bildete eine Grenze zwischen dem zivilisierten Südosten und dem immer noch barbarischen Norden und Westen der Insel. Offenbar waren Claudius und seine Berater entschlossen, nur den landwirtschaftlich produktiven Südosten zu besetzen. Am Rande des Verteidigungsgürtels entstanden bald Handelsposten. South Ferriby an der Mündung des Humber und das am jenseitigen Flußufer gelegene North Ferriby ermöglichten den Güterverkehr mit dem Norden, während Siedlungen wie die bei Worcester die Verbindung zu den Bewohnern des walisischen Grenzlands und der dahinterliegenden Berge herstellten.

Die einheimischen Anführer erkannten rasch, welchen Nutzen sie aus der römischen Besatzung ziehen konnten. Entlang der Südküste finden sich überraschend prunkhaf-

Gegenüberliegende Seite:
oben Heiligtümer in der befestigten dakischen Hauptstadt Sarmizegetusa im Orăştie-Gebirge, Rumänien. Die große kreisförmige Anlage könnte als Kalender gedient haben.

unten Das gallische Oppidum von Alesia, in dem der Heerführer Vercingetorix 52 v. Chr. vor den Legionen Cäsars Schutz suchte. Als er schließlich, nach einer längeren Belagerung, kapitulieren mußte, war dies das Ende des koordinierten gallischen Aufstandes gegen Cäsar.

te römische Villen aus der Zeit Neros, alle überreich im hochrömischen Stil dekoriert. Eine Villa in Fishbourne hat möglicherweise dem einheimischen Vasallenkönig Tiberius Claudius Cogidubnus gehört, der Tacitus zufolge für seine Treue zu Rom mit Grundbesitz belohnt wurde. In Camuldonum (Colchester) wurde eine *colonia* gegründet, Verulamium (St. Albans) war vermutlich ein *municipium*. In Londinium (London) brodelten Massen von Händlern und Beamten, und auch die kleineren regionalen Hauptstädte Calleva (Silchester) und Noviomagus (Chichester) versäumten es nicht, sich den ganzen Luxus des urbanen römischen Lebens zu verschaffen.

Die Feindseligkeiten der walisischen Stämme, der Aufstand der Ikener sowie die politische Instabilität im Norden machten sehr bald deutlich, daß es zu kostspielig war, an der Politik des Claudius festzuhalten und die Provinz auf den Südosten der Insel zu beschränken. Etwa 70 n. Chr. fiel dann die Entscheidung, die ganze Insel zu erobern – eine Entscheidung, die in einem raschen Vorstoß nach Schottland unter der Führung Agricolas gipfelte und an deren Ende schließlich im Jahr 84 n. Chr. die Schlacht von Mons Graupius stand, durch die der einheimische Widerstand endgültig gebrochen wurde.

Parallel zu diesen Ereignissen im Norden wurde im zivilisierteren Süden eine bewußte Politik der Romanisierung betrieben. Dazu sollte man den zynischen Kommentar des Tacitus hören:

> Um die verstreuten und rohen und darum leicht zum Krieg geneigten Menschen an Ruhe und Muße durch Genüsse zu gewöhnen, ermunterte er sie persönlich, unterstützte sie öffentlich, daß sie Tempel, Märkte, Häuser errichten sollten, wobei er die Raschen lobte und die Trägen schalt: so war Wetteifer um die Ehre an Stelle des Zwanges getreten. Dann ließ er die Söhne der Fürsten in den freien Künsten bilden und stellte die Begabung der Britannier über die Bemühungen der Gallier, so daß die, welche eben noch die römische Sprache abwiesen, jetzt Beredsamkeit begehrten. In der Folge kam sogar unser Aussehen zu Ehren, und die Toga wurde häufig. Und allmählich ging man zu Annehmlichkeiten und Ausartungen über, zu Säulenhallen, Bädern und erlesenen Festgelagen. Und das hieß bei den Unerfahrenen Kultur, während es ein Teil der Knechtschaft war. (*Agricola*, Kap. 21)

In dieser kurzen Passage faßt Tacitus das Ethos der Eroberungen und des römischen Imperialismus zusammen.

Auch im Osten war Claudius aktiv. Thrakien, seit langem ein Vasallenkönigreich, wurde 46 v. Chr. schließlich von Rom annektiert; die Römer wollten diesen etwas schlecht organisierten und instabilen Teil der Welt unter ihre sichere Kontrolle bringen. Die Donau bildete eine natürliche Grenze, doch die Stämme nördlich des Flusses blieben immer eine große Gefahr.

Der Widerstand ging in der Hauptsache von den Dakern aus, einem großen Stammesverband, der das von Karpaten und dem Apuseni-Gebirge geschützte Hochland Siebenbürgens besiedelte. Zum ersten Mal machten die Daker unter Burebista von sich reden, als dieser 60 v. Chr. ein Heer von 200 000 Kriegern nach Westen in den Kampf gegen die in Ungarn lebenden keltischen Stämme und entlang der Donau in die frühere Tschechoslowakei führte. Darauf folgte eine Expansion nach Osten, in die fruchtbaren Ebenen am Unterlauf der Donau, und die Bedrohung der alten Städte am Schwarzen Meer. Burebistas Reich hatte nicht lange Bestand. Um 48 v. Chr. wurde er

Trajans Feldzüge über die Donau hinweg nach Norden gegen die Daker wurden erbittert abgewehrt. Das hier abgebildete Detail der Trajanssäule zeigt Daker, die ein römisches Kastell angreifen. Im Jahr 106 n. Chr. fiel Dakien schließlich unter römische Herrschaft, blieb aber nur für 170 Jahre römische Provinz.

ermordet, und die eroberten Gebiete waren bald verloren, als das Kerngebiet des Staates im Streit rivalisierender Parteien zerfiel. Für Rom war es eine Warnung vor der Gefahr, die von diesem nicht eroberten Gebiet unter einem mächtigen Führer ausgehen konnte.

Während der Regierungszeit des Augustus wurde die Donau in ihrer gesamten Länge zur Reichsgrenze, und es kam zu regulären Handelsbeziehungen mit den Stämmen im Norden. In dieser Zeit gelangten riesige Mengen von römischen Silberdenaren nach Norden, wahrscheinlich im Tausch gegen Sklaven und Felle. Auch Wein aus den Mittelmeerländern, Öl und andere Luxusgüter fanden ihren Weg in den Norden. In dieser Zeit durchlief der Staat der Daker eine rasche Entwicklung. Kunstfertige Handwerker stellten Silberwaren für die soziale Oberschicht her. Hochwertige, auf der Töpferscheibe geformte Keramik kam allgemein in Gebrauch, und für schriftliche Aufzeichnungen benutzte man die griechische und die lateinische Schrift.

Das Oppidum Sarmizegetusa in den Orăştie-Bergen, zentral im dakischen Gebiet gelegen, war auch der Mittelpunkt des Staatslebens. Umgeben von Steinwällen, in Anlehnung an griechische Verteidigungsbauten errichtet, lebte und arbeitete dort eine große Bevölkerung in der sicheren Gewißheit, daß der Zugang zur Stadt durch eine Reihe strategisch günstig plazierter Festungen geschützt war. In Sarmizegetusa gab es auch ein ausgeklügelt angelegtes Heiligtum. Seine Stein- und Holzsäulen, die Tage, Jahreszeiten und Jahre symbolisierten, waren so angeordnet, daß das Jahr in zwölf Monate zu je dreißig Tagen und jeder Monat in fünf Wochen zu je sechs Tagen unterteilt war.

i

ii

Ende des 1. Jahrhunderts n. Chr. hatte der dakische Staat bereits eine lange Geschichte von allerdings nicht immer freundlichen Beziehungen zur griechisch-römischen Welt hinter sich. Obwohl die Daker die mediterrane Kultur im großen und ganzen angenommen hatten, blieben sie ein kriegerisches Volk. Sie waren hervorragende Krieger mit ganz eigenen, ungewöhnlichen Waffen. Sie schützten sich mit großen ovalen Schilden aus Holz oder Tierhaut, die am Rand mit Metall verstärkt und manchmal auch mit Eisenplatten überzogen waren. Wie die Schilde der Kelten, die typologische Ähnlichkeiten zeigen, waren sie in der Regel mit Emblemen verziert, die das Böse abwehren sollten und wahrscheinlich auch Familienzeichen waren. Im übrigen benutzten sie Pfeil und Bogen, Lanzen und Schwerter, dazu für den Zweikampf spezielle Stich- und Schlagwaffen wie den Krummdolch (*sica*) und einen schweren gekrümmten Säbel (*falas*).

In den frühen achtziger Jahren n. Chr. stand Decebalus, ein fähiger junger Adliger, an der Spitze des Königreichs. Ihm gelang es, die verfeindeten Parteien zu einer schlag-

iii

(i) Ein dakischer Adliger wird während der Feldzüge Trajans gegen Dakien zu Beginn des 2. Jahrhunderts von römischen Soldaten gefangengenommen. Detail der Trajanssäule in Rom.
(ii) Daker, die während der trajanischen Feldzüge in Gefangenschaft gerieten. Eine Darstellung auf dem Tropäum (Siegesdenkmal) in Adamklissi, Rumänien, das zum Andenken an die Siege Trajans errichtet wurde.
(iii) Römischer Legionär im Kampf mit einem Daker. Eine Darstellung auf dem Tropäum in Adamklissi, Rumänien.

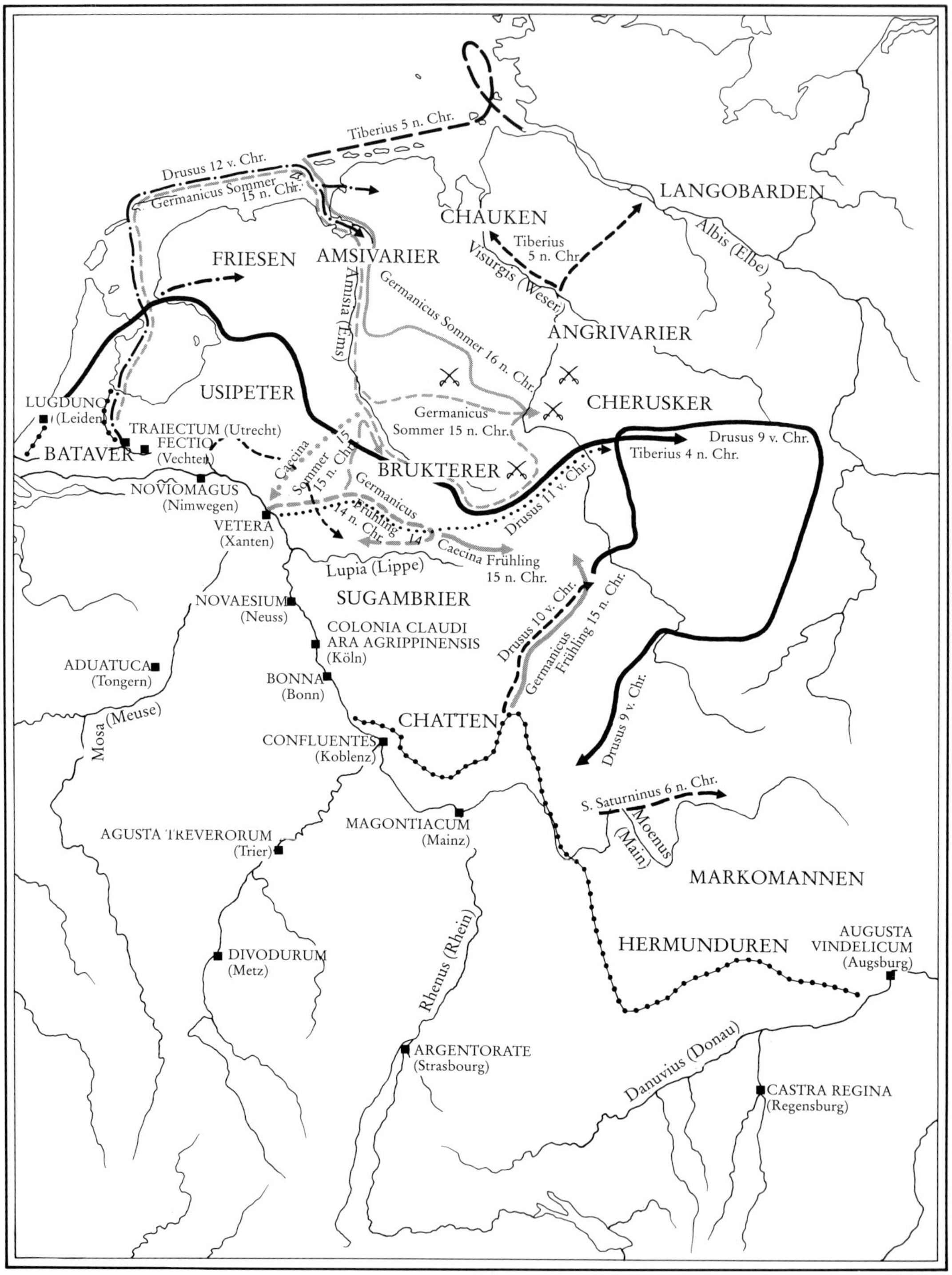

Cäsar betrachtete den Rhein als geeignete Grenzlinie für seine gallischen Eroberungen. Unter Augustus und Tiberius wurde versucht, Germanien zu erobern, doch im Jahr 16 n. Chr. wurden diese Pläne aufgegeben.

kräftigen Streitmacht zusammenzuschweißen. 85 n. Chr. überquerte er die Donau, besiegte und tötete den römischen Statthalter und zog plündernd durch die Provinz Moesia. In Rom entschloß man sich umgehend zur Invasion. Der Feldzug verlief für die Römer zunächst nicht sehr günstig, aber bald bot Decebalus Friedensverhandlungen an und erzielte Bedingungen, die für die Daker annehmbar waren. Vereinbart wurden von Rom jährlich zu zahlende Hilfsgelder und die Entsendung von römischen Technikern. Ungefähr ein Jahrzehnt lang herrschte ein unsicherer Frieden, während Decebalus seine Stellung im eigenen Land festigte. Nach der Ernennung Trajans zum Kaiser im Jahr 98 n. Chr. spitzte sich die Lage wieder zu. Dakien wurde als Gefahr für die Sicherheit Roms betrachtet – eine Auffassung, für die es militärische Gründe gab, die aber sicher auch mit dem gewaltigen Reichtum zu tun hatte, den man dem dakischen Staat zuschrieb. Im Jahr 101 n. Chr. zog Trajan nach Dakien. Die Einzelheiten dieses Kriegs sind nicht bekannt, doch der Feldzug des ersten Jahres brachte noch keine Entscheidung. Im nächsten Jahr machte Decebalus ein erneutes Friedensangebot. Er war bereit, den westlichen Teil des Königreichs abzutreten und eine römische Garnison in seine Hauptstadt Sarmizegetusa aufzunehmen. Bald nach Friedensschluß begann Decebalus aber mit der Wiederaufrüstung, und um 105 n. Chr. fühlt er sich wieder stark genug für einen Angriff. Der Kommandant des römischen Lagers wird als Geisel genommen, und die Daker fallen in die Provinz Moesia ein. Trajan beschränkt sich zunächst darauf, diese Provinz zu entlasten, aber ein Jahr später ist er bereit, selbst die Initiative zu ergreifen. Das römische Heer marschiert gegen Sarmizegetusa und belagert die Hauptstadt. Decebalus flieht und begeht schließlich Selbstmord, die Adligen nehmen den Giftbecher. Nach dieser Katastrophe wandert ein großer Teil der Bevölkerung nach Osten und hinterläßt den Römern ein weitgehend entvölkertes Land.

Dakien wurde römische Provinz, die erste und einzige jenseits der Donau. Unweit der alten Hauptstadt wurde mit Ulpia Traiana eine *colonia* gegründet, die Entwicklung anderer Städte wurde gefördert. Rasch und gründlich machte man sich daran, die reichen Silber-, Gold- und Salzvorkommen abzubauen; doch Dakien war und blieb ein lästiger Unsicherheitsfaktor an der Peripherie des Reichs, zu dessen Schutz es keine natürlichen Grenzen gab, das dafür aber von feindlichen Völkern umgeben war. Angesichts dessen ist es erstaunlich, daß Rom seine Stellung so lange halten konnte. Erst nach 150 Jahren wurde die Provinz Dakien wieder aufgegeben. Vermutlich war es die bewegliche Natur der osteuropäischen Völker, die es Rom so schwer machte, seine Stellung zu halten.

JENSEITS DER REICHSGRENZEN

Das Römische Reich hatte einen unersättlichen Bedarf an Rohstoffen und Arbeitskräften. Durch die kontinuierliche Expansion gelangten wertvolle Erzvorkommen und andere Güter in seinen Besitz; andererseits gab es viele Luxusgüter weiterhin nur in den barbarischen Gebieten, die sich dem direkten Zugriff der Römer entzogen, z. B. Bernstein und Felle aus dem Baltikum und dem hohen Norden, Seide und Gewürze aus dem

Osten und Gold aus den Gebieten jenseits der Sahara. Solche Dinge waren nur durch Handel zu erwerben. Besonders abhängig von den barbarischen Grenzländern war Rom durch seinen Bedarf an Sklaven, durch die das römische Wirtschaftssystem nur funktionieren konnte. Der Umfang des Sklavenhandels war enorm. Cassius Dio berichtet, daß in den ersten Jahren des Kaiserreichs jährlich eine Viertel Million Sklaven den Besitzer wechselte. Diese Angabe stützt sich auf den mit Steuern belegten Sklavenhandel, daher können wir annehmen, daß die tatsächliche Zahl der Sklaven, die verkauft wurden, weit höher war. Man schätzt, daß allein in Italien gegen Ende des 1. Jahrhunderts v. Chr. zwei der sechs Millionen zählenden Gesamtbevölkerung Sklaven waren. Bei einer jährlichen Verlustrate von sieben Prozent müßten also jedes Jahr 140 000 neue Sklaven auf den Markt gekommen sein, um den Bestand an Sklaven zu erhalten. Strabons Bemerkung, nicht selten fänden auf dem Sklavenmarkt von Delos an einem Tag 10 000 Sklaven einen Käufer, ist also nicht unbedingt eine Übertreibung.

Für den Nachschub an Sklaven wurde auf unterschiedliche Weise gesorgt. Da gab es die Piraten, die, solange ihr Treiben von den Behörden geduldet wurde, einen ständigen Zustrom an Sklaven sicherten. Und natürlich waren die Kriege ein vorzügliches Mittel, zu Sklaven zu kommen. Wenn wir uns daran erinnern, daß Cäsar allein bei dem Feldzug gegen die Atuatuker 53 000 Gefangene als Sklaven verkaufte, dann müssen seine Feldzüge in den acht Jahren, die sie währten, den Bedarf des Reichs nahezu gedeckt haben. Doch als zu Beginn des 2. Jahrhunderts die großen Eroberungskriege allmählich zu ihrem Ende kamen, entzog sich der wichtigste Markt für den Sklavennachschub der Kontrolle Roms; nun waren es die Barbaren selbst, die jenseits der Grenzen als Mittelsmänner operierten und die für den Nachschub sorgten.

Die Römer trafen zahlreiche Maßnahmen, um die benachbarten barbarischen Stämme unter Kontrolle zu halten und an den Grenzen für eine gewisse Ruhe zu sorgen. Die einheimischen Anführer konnten einfach durch Geschenke von Luxusgütern oder Geld »gekauft« werden, man konnte ihnen Monopolstellungen einräumen oder Protektion gewähren, und in einigen Fällen wurden ihre Kinder im kaiserlichen Haushalt erzogen und »gefördert«, um sie dann, römischer geworden als die geborenen Römer, zu ihren Stämmen zurückzuschicken. Alle diese Methoden wurden erprobt und leisteten Rom gute Dienste.

Wie sich der Tauschhandel im einzelnen vollzog, ist nicht genau bekannt. Bei den klassischen Autoren finden sich anekdotische Berichte, aus denen das System solcher Transaktionen in Umrissen deutlich wird. Zu Cäsars Zeiten standen die Sueben im Ruf, ein kriegerisches Volk zu sein, doch waren sie durchaus bereit, Händler in ihr Land zu lassen, mehr »um Abnehmer für ihre Kriegsbeute zu haben, als daß sie wünschen, daß irgendetwas bei ihnen eingeführt werde«. Dies ist vielleicht eine Anspielung auf ihre Abneigung gegen Wein, von dem sie glaubten, daß er »die Widerstandskraft der Menschen bricht und die Männer so schwächlich wie Frauen macht« (*Der gallische Krieg* IV, 2). Ganz ohne Zweifel lebten römische Händler in Germanien. Am Hof des Marbod, dem Führer der Markomannen, die zu jener Zeit Böhmen besiedelten, trafen seine Gegner um 18 n. Chr. auf »Geschäftsleute aus der römischen Provinz, [die] zunächst durch ein Handelsabkommen, dann aber durch die Hoffnung auf Gewinne dazu verleitet worden waren, ihre Heimat zu verlassen und sich in feindlichem Gebiet nieder-

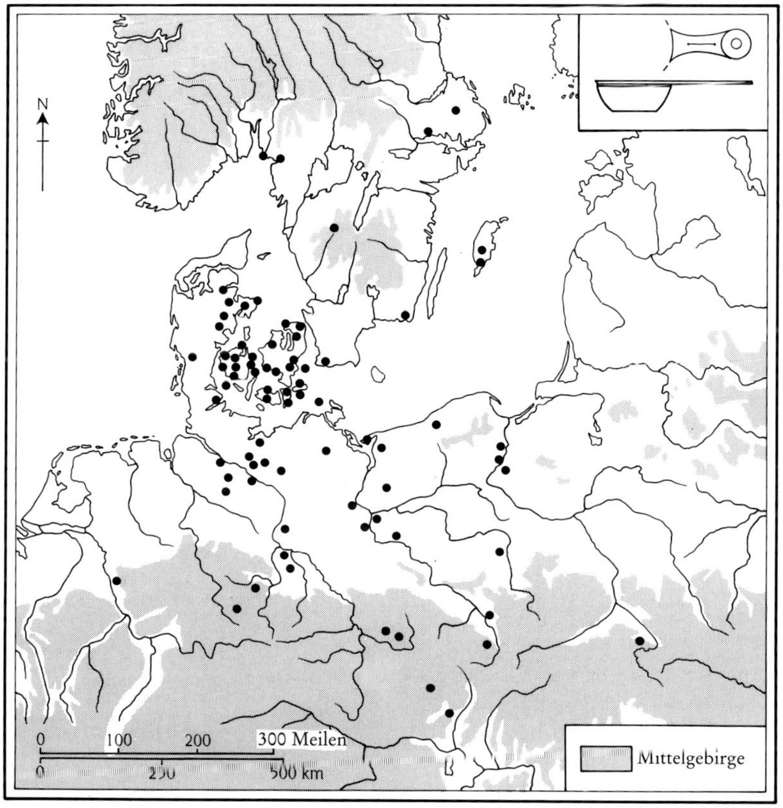

Römische Bronzeschalen (*paterae*) nördlich der römisch-germanischen Grenze. Auch andere Luxusgüter gerieten in den Besitz von Einheimischen, entweder durch den Handel, als Geschenk oder aber als Beutegut.

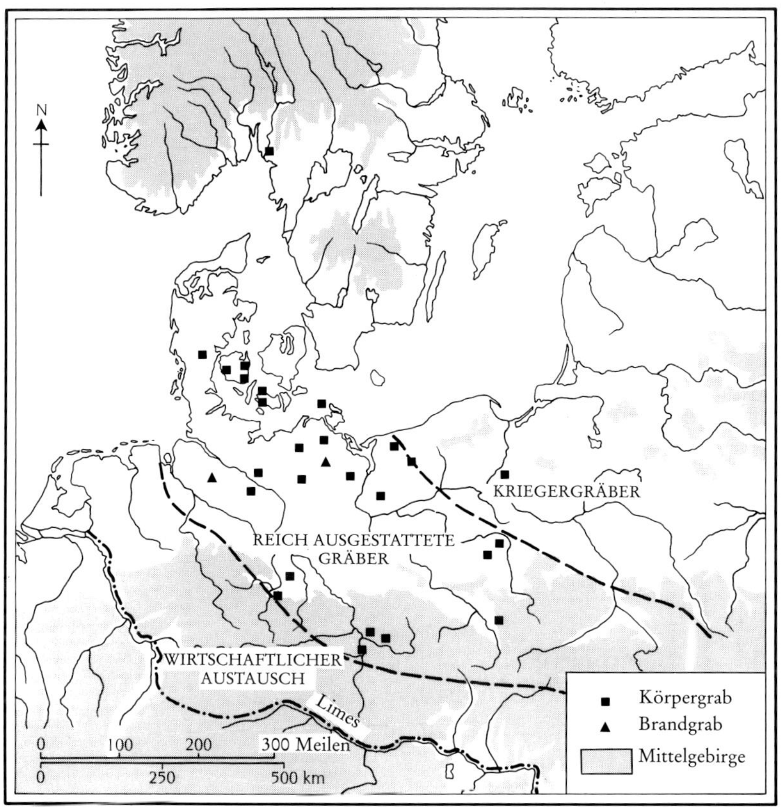

Das Europa nördlich des Limes kann in drei große Bereiche unterteilt werden: eine Zone des Handels direkt hinter der Grenze, in der die Güter aus Rom durch direkten Handel erworben wurden; eine Zone mit reichen Gräbern, in der die Oberschicht ihre soziale Stellung dadurch demonstrierte, daß Luxusgüter aus Rom als Beigaben in die Gräber gelangten; und eine Zone kriegerischer Stämme, in der römische Güter äußerst selten und die gesellschaftlichen Verhältnisse sehr instabil waren.

zulassen. Am Ende hatten sie ihr eigenes Land vergessen.« Diese Menschen ließen sich offenbar gern dort nieder, wo reiche Gewinne winkten. Anderen ging es um Abenteuer, wie dem römischen Ritter, der während der Regierungszeit Neros Germanien und die Ostseeregion auf der Suche nach Raubtieren für die Gladiatorenkämpfe durchstreifte. Er gelangte zur Küste und erwarb in den dortigen Handelshäfen (*commercia*) große Mengen Bernstein, die er zurück nach Rom brachte. Die Händler zogen keineswegs immer nur in eine Richtung. So erwähnt Tacitus die Hermunduren, die »allein von den Germanen nicht nur am Ufer Handel treiben, sondern weit hinein und in der glänzendsten Kolonie der Provinz Raetien. Überall gehen sie ohne Bewachung über den Strom.« (*Germania*, Kap. 41) Aus diesen wenigen überlieferten Beispielen läßt sich etwas von der Art und Weise ahnen, wie die Güter in den ersten Jahrhunderten vor und nach Christi Geburt den Besitzer wechselten.

Für den Handel mit den Germanen stand eine ganze Reihe von römischen Gütern zur Verfügung. Wenn man von der Fundverbreitung im unbesetzten Germanien ausgeht, so wird deutlich, daß bis zu 200 Kilometer jenseits der Grenze Münzen das beliebteste Tauschobjekt waren. Dies findet sich bei Tacitus (*Germania*, Kap. 5) bestätigt:

Freilich schätzen die in unserer Nähe Wohnenden wegen des Handelsverkehrs Gold und Silber hoch, erkennen bestimmte Formen unseres Geldes an und wählen es aus; die im Innern wenden in primitiver und altertümlicher Weise Tauschhandel an. An Geld heißen sie altes und lange bekanntes gut, gezähntes und solches mit dem Zweigespann. Nach Silber gehen sie noch mehr als nach Gold, nicht aus einem Reiz ihres Begehrens, sondern weil die Zahl der Silbermünzen handlicher im Gebrauch ist für Leute, die mit allerlei billigem Zeug handeln.

Die Richtigkeit dieser Beschreibung zeigt sich an den zahlreichen Münzhorten. Selbst die Horte, die im 2. Jahrhundert n. Chr. angelegt wurden, enthielten noch einen ungewöhnlich hohen Anteil an Münzen, die in der Zeit vor Neros Währungsreform vom Jahr 64 n. Chr. geprägt wurden. Der Hinweis, daß Silbermünzen bevorzugt wurden, ist besonders interessant, da er zeigt, daß die Stämme, die die Grenzgebiete bewohnten, gegen Ende des 1. Jahrhunderts n. Chr. eine Art Marktwirtschaft betrieben. Dies waren die Stämme, zu denen Rom freundschaftliche Beziehungen unterhielt und mit denen in den vielen Handelszentren, die auf beiden Seiten des Flusses entstanden, regelmäßig Handel betrieben wurde.

In die entfernteren Gebiete des barbarischen Europa gelangte nur eine begrenzte Auswahl römischer Luxusgüter. Am häufigsten wurde römisches Trinkgeschirr aus Bronze gefunden: Kessel, *situlae* (Kannen), Becher und *paterae* (Schalen). In einem großen halbkreisförmigen Gebiet, das von Polen im Osten bis nach Schweden und Norwegen im Norden reichte, hat man Hunderte solcher Importstücke gefunden; viele dieser Luxusgüter stammen aus besonders reich ausgestatteten Gräbern, die man nach dem polnischen Fundplatz Lübsow benannt hat. Hier wurden fünf solcher Gräber entdeckt. Einer der aufsehenerregendsten Funde gelang in Hoby auf der dänischen Insel Lolland. Dieses Grab datiert an den Anfang des 1. Jahrhunderts n. Chr. Der Tote war in einem Holzsarg bestattet worden, und mit ihm alles, was er für ein großes Gelage im Jenseits brauchte: ein Stück Schweinebraten und ein Trinkservice, bestehend aus einer Bronzekanne, einem Becher und einer Trinkschale, einem silbernen Schöpflöffel, zwei Silberbechern auf einem Bronzetablett und zwei bronzebeschlagenen Trinkhörnern. Zu seiner persönlichen Ausstattung gehörten ferner Fibeln aus Bronze, Silber und Gold, Goldringe, Gürtelbeschläge und ein Messer. Offenbar ist in dem Grab von Hoby ein Angehöriger der einheimischen Oberschicht bestattet worden, der sich die kostbarsten römischen Luxusgüter leisten konnte. Seine Angehörigen legten sie ihm ins Grab, um den Rang der Sippe hervorzuheben. Die Lübsow-Gräber zeigen, daß hier der gleiche Handel mit Prestigegütern betrieben wurde wie unter den »Fürsten« des Westhallstattkreises vom 6. bis zum 5. Jahrhundert v. Chr. (10. Kapitel) bzw. bei der Oberschicht im Südosten Englands und in der Provinz Belgica (1. Jahrhundert v. Chr. bis Beginn 1. Jahrhundert n. Chr.).

Daß diese Lübsow-Gräber in einem großen, weit von der Grenze und dem Grenzhandel entfernten Gebiet gefunden wurden, legt nahe, daß hier eine »archaischere« Form des Handels mit Prestigegütern betrieben wurde, und dies wiederum deutet auf die Funktion der einheimischen Oberschicht hin: Sie organisierte möglicherweise den Warenverkehr aus dem Ostseeraum in die römische Welt, hatte also mit anderen Worten die Funktion von Mittelsmännern und wurde dabei reich.

Nordöstlich von diesem Gebiet mit reich ausgestatteten Gräbern, das sich vom Norden Polens bis zum Finnischen Meerbusen erstreckt, findet sich zu dieser Zeit ein ganz anderes soziales System. Zwei Kulturgruppen sind unterschieden worden: die Oksywie-Gruppe am Unterlauf der Weichsel und in der Danziger Bucht und die Przeworsk-Kultur zwischen Weichsel und Oder. Beide Kulturen sind hauptsächlich durch ihre Gräber bekannt, charakteristischerweise meist von Kriegern. Ihnen wurden Schwerter, Schilde und Sporen mitgegeben. Einige offenbar vornehmere Verstorbene erhielten auch Silber- oder Goldfibeln als Grabbeigaben. Denkbar ist, daß diese Kriegergesellschaften in Kriegen und bei Raubzügen Gefangene machten, die nach Süden zur römischen Grenze getrieben wurden, um dort als Sklaven verkauft zu werden.

Dieses System unterschiedlicher sozio-ökonomischer Zonen im europäischen Osten und Norden bestand vom 1. Jahrhundert bis in die erste Hälfte des 2. Jahrhunderts n. Chr. hinein. Es zerfiel allmählich, als ab 150 n. Chr. im freien Germanien der Bevölkerungsdruck zunahm und Völkerwanderungen die Stämme in den Grenzgebieten in Unruhe versetzten. Sie gefährdeten wiederum die Sicherheit des Römischen Reichs. Dieser Druck ging zum Teil von den Gebieten der Kriegergräber aus, wo gesellschaftlich instabile Verhältnisse, ausgelöst durch Bevölkerungswachstum, einzelne Stämme dazu veranlaßt haben könnten, nach Süden zu wandern. Das Gebiet der Kriegergräber deckt sich im großen und ganzen mit dem Bereich, aus dem die Burgunder und die Wandalen stammen sollen.

Die ersten Quellen, die von diesen sich anbahnenden Konfrontationen berichten, stammen aus dem Jahr 162 n. Chr., als die Chatten, einer der Grenzstämme, versuchten, auf römisches Gebiet vorzudringen. Einige Jahre später überquerten Langobarden und Markomannen die Donau, um in den jenseits der Donau gelegenen Teil Ungarns zu gelangen; und dem folgte eine noch größere Wanderung von Markomannen, Quaden und Jazygen im Jahr 167 n. Chr., die bis an die Adria gelangten und Aquileia belagerten. Diese Ereignisse und der Krieg, den die Römer von 166 bis 180 n. Chr. gegen die Markomannen führten, um dem Zustrom Einhalt zu gebieten, markieren den Be-

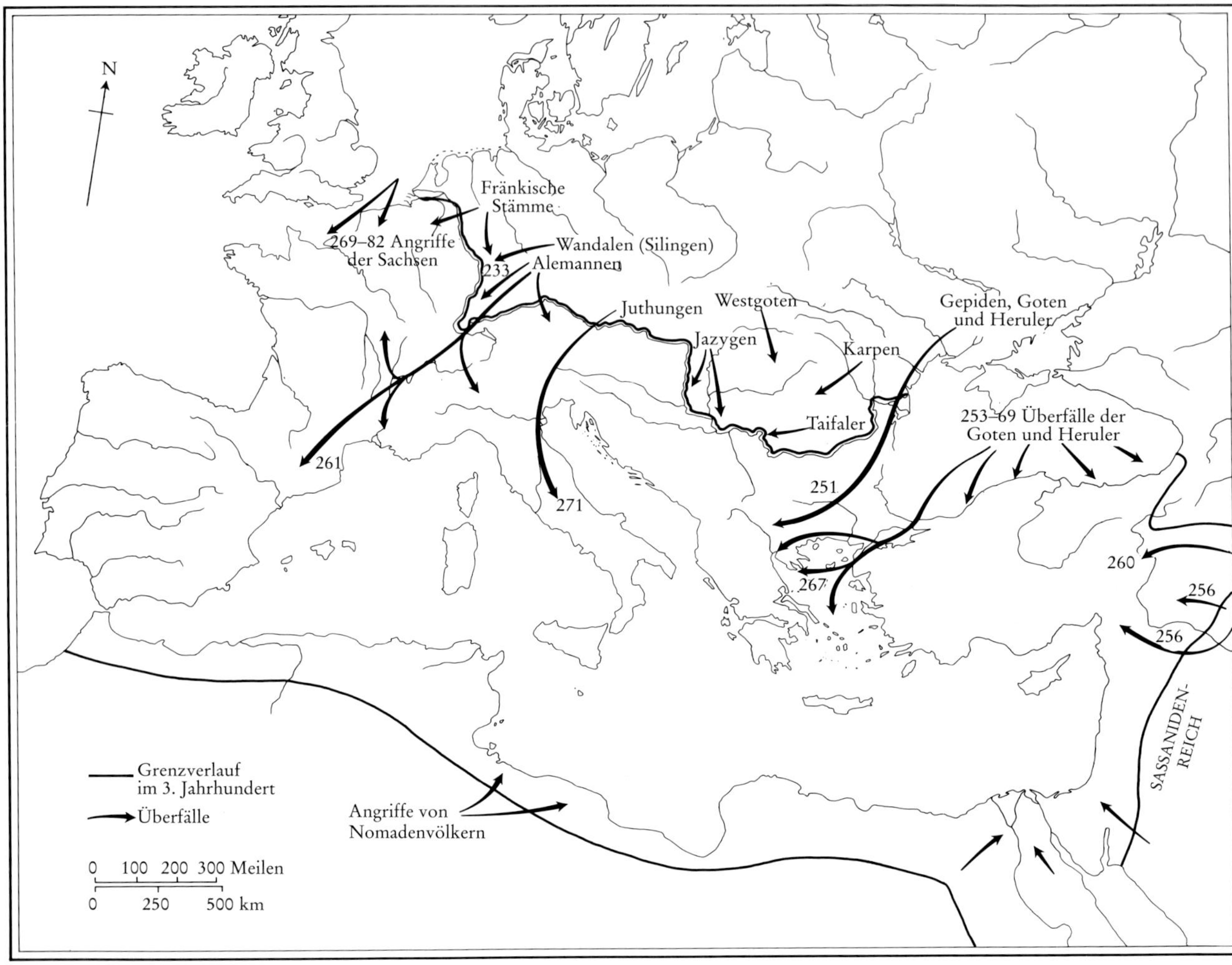

Angriffe auf die römische Welt im 3. Jahrhundert, die von Stämmen jenseits der Rhein-Donau-Grenzlinie ausgingen; am heftigsten waren diese Angriffe in den Jahren zwischen 250 und 280 n. Chr.

ginn einer Welle von Völkerwanderungen, die das Römische Reich innerhalb von drei Jahrhunderten zerstören sollten (13. Kapitel).

Wie wir gesehen haben, zeigten die Siedlungen in der nordeuropäischen Ebene eine bemerkenswerte Kontinuität, es ändert sich wenig im 1. Jahrtausend v. Chr. und im 1. Jahrtausend n. Chr. (S. 394). Von den Niederlanden bis nach Dänemark sind in den Siedlungen aber Einflüsse erkennbar, die mit der Nähe zum Römischen Reich zu tun haben. Hier, entlang der Nordseeküste, ist die Verbindung zu Händlern aus dem Süden trotz der Erschütterungen, die von den Völkerwanderungen im Landesinnern ausgingen, nicht abgerissen. Wie intensiv der Handelsverkehr war, kann man an der großen Zahl von kleineren Schmuckstücken und Keramik, wie der Terra sigillata, sehen, die vom 1.–3. Jahrhundert n. Chr. bis in die Dörfer der Küstengebiete hinein zu finden ist. Betrachtet man die Siedlungen selbst, lassen sich zwei neue Tendenzen feststellen; Intensivierung der Produktion und Herausbildung einer sozialen Oberschicht. Vor der Zeit des Kontakts mit Rom scheint es nur Subsistenzwirtschaft gegeben zu haben. Es bestand offensichtlich wenig Bedarf an einem verzweigten Fernhandelssystem. Ansätze zur Überschußproduktion lassen sich ebenfalls nicht nachweisen; zumindest enthalten die archäologischen Befunde keine Hinweise auf Reichtum und Prestigegüter, die eine Spezialisierung in der Produktion zur Voraussetzung gehabt hätten. Das Entstehen eines durch Rom beeinflußten Marktes führte jedoch zu einem sozialen und wirtschaftlichen Wandel; denn bestimmte einheimische Güter erzielten im Tausch gegen geringerwertige fremde Waren einen höheren Preis.

Besonders bemerkbar machte sich die zunehmende Spezialisierung im einheimischen Handwerk. Im niedersächsischen Flögeln entstand eine Vielzahl von Werkstätten, vor allem seit Beginn des 3. Jahrhunderts n. Chr., und die Funde zeigen, daß Metallverarbeitung und vermutlich auch Gerberei in verstärktem Umfang betrieben wurden. Weiter im Norden, in Drengsted auf Jütland (Dänemark), gab es eine Eisenproduktion, die den Bedarf der Einwohnerschaft bei weitem überschritt, und nahebei im Dorf Dankirke fand man Luxusgüter, darunter Stücke aus Glas und Bleigewichte, die auf einen wachsenden lokalen Handel schließen lassen. Parallel zu diesem Wirtschaftswachstum werden Veränderungen in der Struktur der Siedlungen erkennbar. In Feddersen Wierde bei Bremerhaven z. B. hob sich ab dem 2. Jahrhundert n. Chr. ein einzelnes Gehöft durch seine Größe und zentrale Lage deutlich von den anderen Höfen ab. Sein besonderer Status wird unterstrichen durch die zahlreichen und in beträchtlichen Mengen gefundenen Importwaren aus Rom – Bronzegefäße, Perlen, Terra sigillata. Es handelt sich vermutlich um den Hof eines Anführers oder Dorfhäuptlings.

Eine zunehmende Produktion setzt die Entwicklung eines komplexeren Tauschsystems voraus. Rohstoffe sind an der Nordseeküste knapp, und eine bedeutende Zunahme der landwirtschaftlichen Produktion ließ sich nicht bewerkstelligen. Nur die Rinderzucht ließ sich erweitern. Tatsächlich gibt es Hinweise, daß in dieser Zeit zusätzliche Stallbauten für die Rinderhaltung errichtet worden sind. Die Nähe der römischen Grenztruppen mit ihrem enormen Bedarf an Leder, Zelten, Rüstungen, Stiefeln, Sätteln und Zaumzeug muß für einen entsprechenden Markt gesorgt haben. Obwohl die Gleichung: römische Nachfrage nach Leder – Intensivierung der Rinderzucht bzw. Entstehung eines Marktes – Zunahme der Produktion, als Erklärung zu einfach ist, läßt sich mit ihr doch ein Faktor hervorheben, der bei den tiefgreifenden ökonomischen Veränderungen, die sich im Gebiet der Nordseeküste in diesem Zeitraum vollzogen, eine Rolle spielte. Im 3. Jahrhundert hatten die Seehandelsrouten in der Nordsee immer mehr unter Piraten zu leiden, so daß der Handel in seiner altbewährten Form ernsthaft beeinträchtigt gewesen sein muß. Es ist daher durchaus denkbar, daß die rasche Verminderung der Handelsgüter, die im Nordseegebiet ankamen, zur Schwächung des sozio-ökonomischen Systems in der Region und schließlich zu den Völkerwanderungen beigetragen hat, die das Bild der Nordseeküste im 5. Jahrhundert bestimmten.

Schließlich müssen wir uns den am weitesten westlich gelegenen Regionen der römischen Welt zuwenden – den Britischen Inseln. Die Feldzüge Julius Agricolas hatten 84 n. Chr. England bis zu den Ausläufern des schottischen Hochlandes unter die Herrschaft der Römer gebracht. Die letzte große Schlacht am Mons Graupius gegen die Streitmacht britischer Stämme unter Calgacus war ein ungleicher Kampf. Die Briten waren schlecht bewaffnet: Sie benutzten noch immer Streitwagen, eine Technik, die die

Gallier bereits vor fast 200 Jahren aufgegeben hatten; und die Langschwerter der Briten mit ihren stumpfen Spitzen waren im Zweikampf mit den römischen Legionären, die kurze Stoßschwerter hatten, von geringem Wert. Das Gefecht endete schnell mit einer Niederlage der britischen Krieger, die 10 000 Mann verloren, während nur 360 Römer getötet wurden, wenn man Tacitus glauben will. Allerdings konnte Schottland nicht lange gehalten werden, und zu Beginn des 2. Jahrhunderts wurde eine befestigte Grenze, der später so genannte Hadrianswall, quer über die Insel zwischen dem Solway Firth im Westen und der Tyne-Mündung im Osten gebaut. Im weiteren Verlauf der Besetzung wurde die Grenze zwischen dieser und einer nördlicheren zwischen Clyde und Firth of Forth hin und her geschoben.

Innerhalb dieser breiten Grenzregion und jenseits von ihr vollzog sich die weitere Entwicklung der einheimischen Stämme ohne nennenswerten Einfluß von seiten Roms. Das freie Schottland hatte nur begrenzte wirtschaftliche Möglichkeiten, so daß sich ein nur geringfügiger Handel entwickelte. Einige der älteren Wallanlagen wurden zu Stammeszentren, in denen sich Produktion und Handel konzentrierten. Die Bewohner des Westens und des Nordens bis hinauf zu den Shetland Inseln lebten isoliert voneinander in verstreuten Siedlungen, die sich über Jahrhunderte hinweg kaum veränderten. Diese einzelnen Stämme des Nordens vereinten sich dann zu einem losen Stammesverband, genannt die Pikten – die »Bemalten« –, eine Anspielung auf die alte Tradition der Körperbemalung. Vom 3. Jahrhundert n. Chr. an wurden sie zu einer Bedrohung für die Provinz Britannien und trugen schließlich dazu bei, daß die Römer die Herrschaft über die Insel verloren.

Im Jahr 82 n. Chr. stand Agricola an der Westküste Schottlands und blickte hinüber nach Irland. »Oft habe ich von ihm [Agricola] gehört«, schreibt Tacitus, »Irland könne mit nur einer Legion und mäßigem Hilfsvolk durch Krieg niedergeworfen und behauptet werden; und das werde auch gegen Britannien von Nutzen sein, wenn römische Waffen überall wären und die Freiheit sozusagen aus dem Gesichtskreis genommen würde.« (*Agricola*, Kap. 24) Schließlich geschah nichts dergleichen, und Irland blieb der einzige Teil der keltischen Welt, der nicht unter das Joch römischer Herrschaft geriet. Einige Händler überquerten sicherlich die Irische See und landeten in den Häfen der Bucht von Dublin und in Cork. Sie brachten Kleinschmuck, Terra sigillata und einige Bronzegefäße mit, die sie gegen Sklaven, Tierhäute und die berühmten irischen Jagdhunde eintauschten, doch ihr Einfluß scheint insgesamt nur gering gewesen zu sein. Man baute weiterhin die für die Atlantikküste typischen befestigten Gehöfte, pflegte eine reiche mündliche Überlieferung, und das Verhalten der Menschen wurde weiterhin von den herkömmlichen Gesetzen bestimmt. Auf diese Weise überlebte die keltische Gesellschaft das römische Zwischenspiel ohne große Veränderungen.

13

DAS EUROPA DER BARBAREN 300–700 N. CHR.

Malcolm Todd

In den ersten Jahrhunderten des christlichen Zeitalters waren die Völker Nordeuropas keineswegs von der mediterranen Welt des Römischen Reichs abgeschnitten. Obwohl die Geschichtswissenschaftler vom 18. Jahrhundert an dazu neigen, die römische Welt und die ihrer barbarischen Nachbarn als zwei getrennte Gebiets- und Bevölkerungseinheiten zu betrachten, bestehen doch viel engere Wechselbeziehungen zwischen beiden, als aus den erhaltenen literarischen Quellen hervorgeht. Es waren vielseitige Beziehungen, ein Austausch sowohl im militärischen, politischen und diplomatischen Bereich als auch auf wirtschaftlicher und kommerzieller Ebene, bis zu einem gewissen Grad sogar im kulturellen und sozialen Leben. Innerhalb der barbarischen Welt, die sich von der Nordsee bis zu den westlichen Steppengebieten und von Skandinavien bis an Rhein und Donau erstreckte, herrschten ethnisch, wirtschaftlich und kulturell die größten Unterschiede. Diese Vielfalt kommt in den schriftlichen Zeugnissen nur ungenügend zum Ausdruck, während sie durch die archäologische Forschung immer deutlicher herausgearbeitet werden kann.

Die Trennung zwischen der römischen und der barbarischen Welt ist nicht die einzige, die die moderne Wissenschaft für die Frühgeschichte Europas konstruiert hat. Ebenso unzutreffend ist die Unterscheidung zwischen den mehr oder weniger seßhaften barbarischen Gesellschaften, die in friedlicher Koexistenz mit dem Römischen Reich lebten, und den wandernden Stämmen, die vom Ende des 4. bis zum Ende des 6. Jahrhunderts n. Chr. in das Römische Reich einfielen, um dort Machtstrukturen zu schaffen, die deutlich barbarischen Ursprungs waren, wenngleich sie auf römischen Grundlagen aufbauten.

Die großen Völkerwanderungen sind sicherlich Ereignisse, die Europa nachhaltig geprägt haben. Aber sie wurden nicht durch plötzliche Veränderungen der Lebensumstände oder erneut hereinbrechende Völkerschaften ausgelöst. Ihre Ursachen liegen viel eher im komplexen Geflecht der Beziehungen, die viele der barbarischen Völker mit der mediterranen Großmacht Rom verbanden. Erst wenn man diese Beziehungen versteht, beginnt man zu begreifen, was die Völkerwanderungen wirklich bedeuteten. Als Ausgangspunkt für eine solche Darstellung bietet sich der Zeitraum an, in dem Rom auf dem Höhepunkt seiner Macht angelangt war.

DIE ANFÄNGE DER VÖLKERWANDERUNG

Die zweite Hälfte des 2. Jahrhunderts n. Chr. war eine Zeit beachtlicher Umwälzungen in Mittel- und Osteuropa. Die Bewegungen der Völker nach Süden, zur Donau und zum Schwarzen Meer hatten Auswirkungen auf weite Gebiete und brachten, besonders an der mittleren Donau, eine Reihe von Stämmen in direkten Konflikt mit den römischen Grenztruppen. Zwischen 166 und 180 n. Chr. gab es zwischen Rom und den Stämmen am Nordufer der Donau zahlreiche kriegerische Auseinandersetzungen. Sie werden, obwohl auch die Quaden stark beteiligt waren, Markomannenkriege genannt. Rom schaffte es, mit militärischen und diplomatischen Mitteln, seine wenn auch unsicherer gewordene Vormachtstellung zu halten. Die Grenze am Mittellauf der Donau wurde wiederhergestellt und durch neue militärische Stellungen gesichert, aber im Anschluß an die Markomannenkriege zeichnet sich eine allmähliche Verschiebung der militärischen Kräfteverhältnisse und Erfolge zugunsten der barbarischen Völker jenseits von Rhein und Donau ab. Bereits eine Generation später mehren sich die Hinweise auf größere Unruhen unter den Völkern Mitteleuropas, und nahe der römischen Grenze bilden sich neue und kriegerische Stammesverbände. Erstmals im Jahr 213 n. Chr. werden die Alemannen in einer Quelle erwähnt, als sie von Caracalla aus Obergermanien und Raetia vertrieben wurden. Zwanzig Jahre später fallen sie erneut in die Grenzprovinzen ein und verursachen großen Schaden. Die Alemannen und sicher auch andere Stammeseinheiten sind schließlich der Grund dafür, daß die Römer im Jahr 260 n. Chr. das Grenzsystem vom Rhein zur Donau, den Obergermanisch-rätischen Limes aufgeben. Der Name Alemannen – »alle Männer, jedermann« – deutet darauf hin, daß es sich um ein Bündnis verschiedener Gruppen handelte, eine lose Verbindung von Kriegerhorden unter ihren jeweiligen Führern. Das ursprüngliche alemannische Siedlungsgebiet lag zwischen dem Oberlauf der Elbe und der römischen Grenze, dem früheren Herrschaftsbereich der Sueben und Semnonen. Nur kurze Zeit später stießen sie in das keilförmige Gebiet hinter der alten Grenze vor: in den Schwarzwald und in die nördlichen Alpen.

Östlich des Niederrheins tauchen zu Beginn des 3. Jahrhunderts als eine eigenständige Gruppierung die Franken auf; in den Quellen werden sie jedoch erst nach 250 n. Chr. erwähnt. Auch sie sind vermutlich aus einzelnen Kriegerhorden unter verschiedenen Führern hervorgegangen und haben die offenbar schwindende Kontrolle der Römer über ihre Grenzen zum Anlaß genommen, die römischen Provinzen anzugreifen. Es gibt keine Hinweise darauf, daß sich unter den Franken schon in dieser Zeit eine zentrale politische Macht entwickelt hatte. Die späteren Franken haben nur vage Vorstellungen von der Entstehung ihres Stammes, und der Prozeß der Vereinigung vollzog sich langsam und wenig dramatisch. Im 3. Jahrhundert waren die Franken wie ihre nördlichen Nachbarn, die Sachsen und die Friesen, im wesentlichen für ihre Raubzüge zu Wasser und zu Land bekannt; zu dieser Zeit richtete sich ihr Interesse aber zunehmend auf die Gebiete jenseits der nördlichen Küstenländer. Die archäologischen Funde lassen nur wenig über das Leben der Franken im 3. und 4. Jahrhundert erkennen, aber es gibt von historischer Seite Hinweise auf eine von den Römern überwachte fränkische Besiedlung des Gebiets westlich des Niederrheins gegen Ende des 3. Jahr-

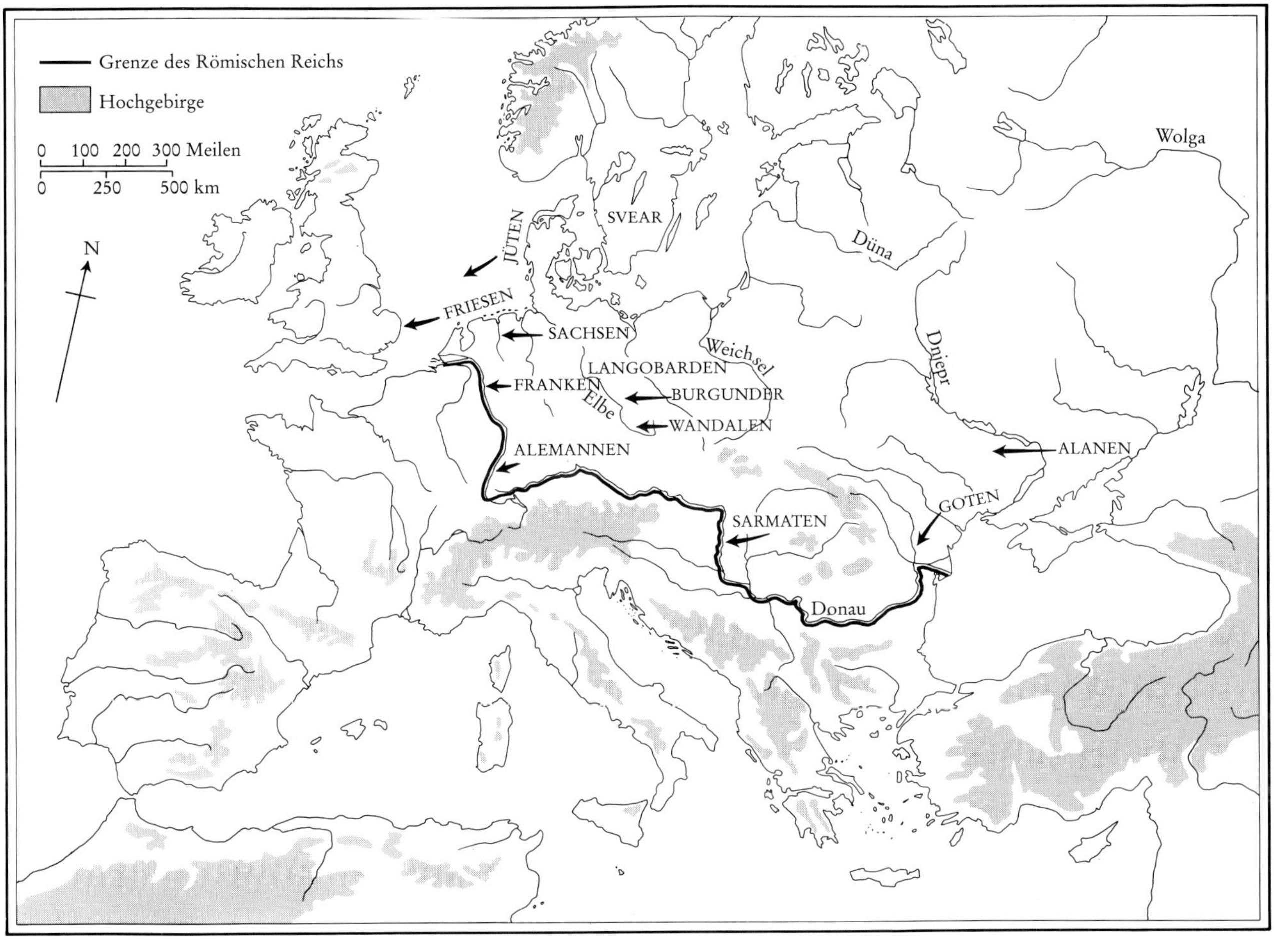

Europa außerhalb des Römischen Reichs, um 300 n. Chr.

hunderts. Aus dem späten 4. Jahrhundert gibt es aber zwischen Rhein und Seine eine erstaunlich große Anzahl von Kriegergräbern, reich ausgestattet mit prächtigen Waffen, Schmuck, Glas und Keramik von guter Qualität. Einige dieser Gräber fanden sich auf Gräberfeldern in der Nähe von römischen Städten und Legionslagern, andere in ländlichen Gebieten. Oft enthalten sie Gegenstände, die östlich des Rheins hergestellt worden sind. Allein die Tatsache, daß es sich ganz offensichtlich um Kriegergräber handelt, ist ein weiterer Hinweis auf den barbarischen Ursprung der Bestatteten. Daß es hier auch Frauengräber gibt, zeigt, daß offensichtlich im späten 4. und am Anfang des 5. Jahrhunderts das linksrheinische Familien- und Verwandtschaftssystem im nördlichen Gallien eingeführt worden ist. Bis vor kurzem hat man nur wenige Siedlungen aus dieser Zeit gefunden. Inzwischen jedoch ist in Neerharen-Rekem bei Maastricht im Tal der Maas eine germanische Siedlung lokalisiert und untersucht worden, die auf die Jahre um 400 n. Chr. zurückgeht. Sie wurde in der Nähe einer verlassenen römischen Villa angelegt. Einige der Kriegerfriedhöfe im Osten Frankreichs und in Belgien, wie die von Furfooz und Vireux-Molhain, wurden in der Nähe von spätrömischen Befestigungsanlagen gefunden. Dabei handelt es sich wahrscheinlich um örtliche Garnisonen, die in den wechselvollen Jahrzehnten um 400 n. Chr. dem Schutz der spätrömischen Landgüter dienten.

Auch in Osteuropa kam es zu Völkerwanderungen und Verschiebungen in der Sozialgeographie der germanischen Völker und ihrer nomadischen und halb-nomadischen Nachbarn. Seit dem späten 2. Jahrhundert haben sich Verbindungen zwischen den Bewohnern des Weichselbeckens und den verschiedenen Stämmen im Hinterland des Schwarzen Meers und den Steppenvölkern entwickelt. Zu einer größeren Völkerwanderung nach Südosten kam es wahrscheinlich nicht, aber offenbar drangen verschiedene Kriegerhorden bis zur Schwarzmeerküste vor, wo sie sich Verbündete und Geldmittel verschafften, die sie in die Lage versetzten, die römische Welt im Osten anzugrei-

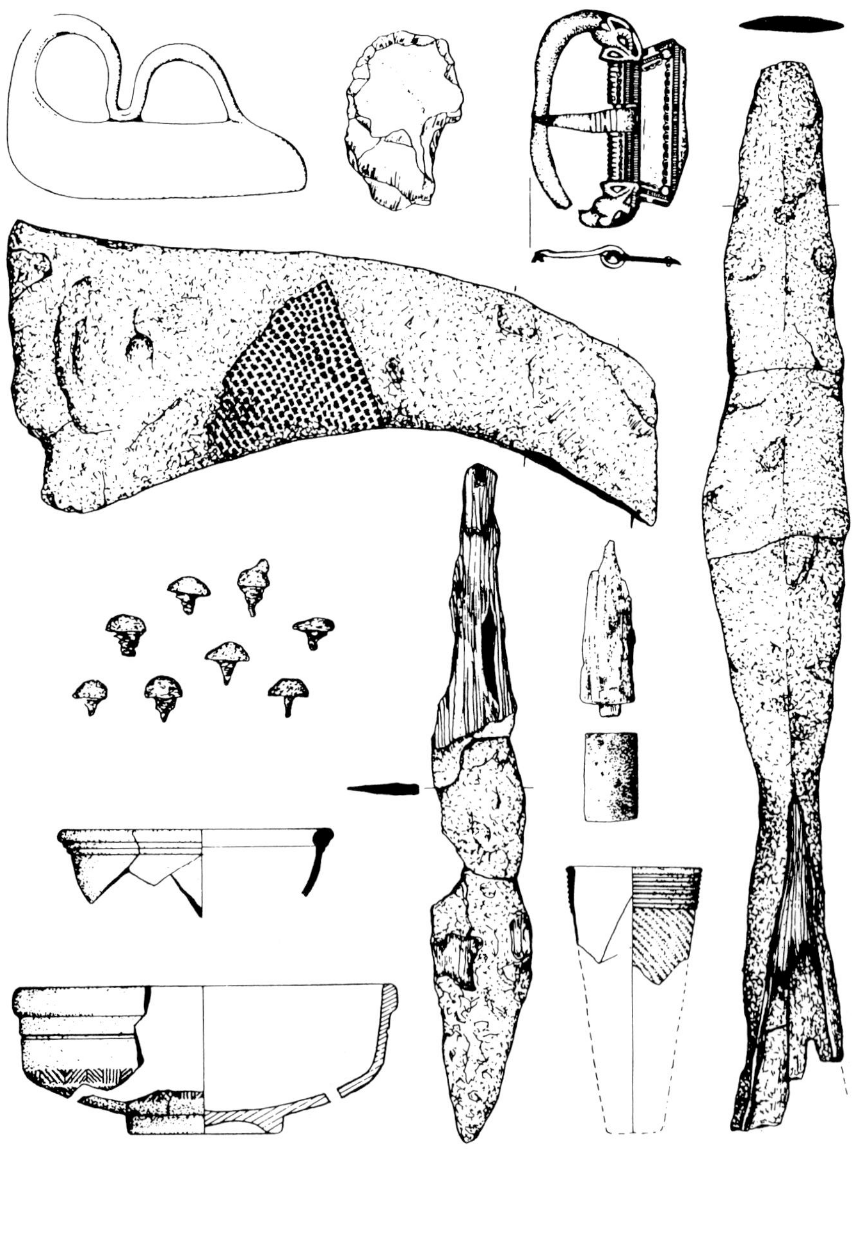

Grab eines germanischen Kriegers, gefunden in Vireux-Molhain, Frankreich; Anfang des 5. Jahrhunderts n. Chr. Der Krieger war vermutlich Söldner im römischen Heer.

fen. Diese neuen Gruppen werden von den römischen Autoren als »Goten« bezeichnet; ein Name, unter dem eine Vielzahl von Völkern zusammengefaßt und eine zusammengewürfelte Menge von verschiedenartigen Stämmen, Kriegerbanden und anderen Gruppen als Einheit behandelt wurden, die es in Wirklichkeit gar nicht gab. Das Machtzentrum, das im 3. Jahrhundert nördlich des Schwarzen Meers entstand, war in Wirklichkeit kulturell äußerst heterogen, denn es vereinte verschiedene Nomadenvölker, Ostgermanen und die Völker, die in und um die alten griechischen und römischen Städte an der Schwarzmeerküste ansässig waren. Unter solchen Umständen erübrigt sich die Suche nach einer typisch »gotischen« Kultur; es hat sie nie gegeben. Die militärische Bedrohung, die diese aufstrebende Macht für Kleinasien und den Balkan darstellte, war jedoch sehr real. Von 238 n. Chr. an plünderten und verwüsteten gotische Heerhaufen die Länder am Unterlauf der Donau, mit einigem Erfolg. Unter der einfallsreichen Führung ihres Königs Kniva errangen sie im Jahr 251 bei Abrittus einen triumphalen Sieg über ein römisches Heer, töteten den römischen Kaiser Decius und verpflichteten seinen Nachfolger zu riesigen Tributzahlungen. Später dehnten sich die Angriffe der Goten auf Kleinasien, das jahrhundertelang von größeren Kriegen unberührt geblieben war, und auf den ägäischen Raum aus. Hierfür war eine Flotte nötig, eine Neuerung in ihrer Kriegstechnik. Und mit Hilfe dieser Flotte richteten sie in vielen Gegenden verheerende Verwüstungen an. Im Jahr 257 drangen gotische Streitkräfte mehrfach in Griechenland ein und damit standen sie zugleich auf der Höhe ihres Erfolgs zu jener Zeit. Sie wurden schließlich zurückgedrängt, und die Kette der Invasionen riß plötzlich ab. Durch ein Abkommen im Jahr 332 zwischen den Goten und Römern stabilisierte sich die Lage vorerst. Vereinbart wurden jährliche Zahlungen Roms an die Barbaren im Tausch gegen Arbeitskräfte und gegen die Duldung des Handelsverkehrs über die Donau. Geld, Arbeitskräfte, Militärdienst und Handel machten die Goten zu Verbündeten des Römischen Reiches.

Man stößt auf erhebliche Probleme, wenn man versucht, die archäologisch definierten Kulturen Südosteuropas bestimmten Völkern oder Volksgruppen zuzuordnen. Es handelt sich hier um ein Gebiet, das in der spätrömischen Eisenzeit beträchtliche Bevölkerungsverschiebungen erlebt hat, und daraus ist eine höchst komplexe Vielfalt von Kulturen und Kulturgruppen entstanden. In dieser Region gab es auch einige in wirtschaftlicher Hinsicht äußerst bewegliche Völkerschaften: Es ist beileibe nicht so, daß alle diese Nomaden und Halbnomaden in den westlichen Steppengebieten lebten. Die Erforschung des riesigen Gebiets zwischen Don und Donau ist noch ungenügend vorangekommen, und die bisherigen Ergebnisse wurden seit dem 19. Jahrhundert durch nationalistisch geprägte Interpretationen verfälscht. Die archäologisch bislang am besten erforschte Kultur in diesem Gebiet ist die sogenannte Przeworsk-Kultur, die auf das 1. Jahrhundert v. Chr. zurückgeht. Bis ins 5. Jahrhundert n. Chr. war sie großflächig zwischen dem oberen Dnjestr und der Theiß in Ungarn sowie nach Norden bis zu Oder und Weichsel verbreitet. Es handelt sich um ein unregelmäßiges Mosaik aus lokalen Kulturgruppen, die verschiedene Einflüsse aufzeigen, z. B. von den germanischen Völkern, den Kelten im mittleren Donaubecken und von den Steppenbewohnern. Manche Forscher suchen die Vorfahren der Slawen unter den östlichen Vertretern der Przeworsk-Kultur, allerdings bislang ohne überzeugende Belege. In diesen Gebieten

Europa um 600. n. Chr.

wurden Siedlungen bisher nur selten untersucht, die meisten Funde stammen aus Gräbern. Häufig sind Kriegergräber, von denen viele Pferdegeschirr enthalten. Es gibt einige sehr reich ausgestattete Gräber, die meisten Toten waren jedoch nur mit bescheidenen Beigaben versehen. Die kulturelle Einheit der Przeworsk-Kultur fand zu Anfang des 5. Jahrhundert ein plötzliches Ende; vermutlich war dies eine Folge größerer Völkerverschiebungen nach Süden und Westen im Zusammenhang mit dem Ansturm der Hunnen und der Unterwerfung der Ostgoten.

Gleichzeitig ist zwischen Donau und Dnjepr eine Kultur zu einiger Bedeutung gelangt, die nach einem Gräberfeld in der Nähe von Kiew als Černjachov-Kultur bezeichnet wird. Diese geht auf das 2. Jahrhundert n. Chr. zurück und hat ihre Wurzeln in der skythischen und sarmatischen Bevölkerung Westrußlands. Ihre Blütezeit war das 4. Jahrhundert, als sie sich vermutlich unter dem Druck der Goten und ihrer Verbündeten bereits nach Süden bis zur Donau ausgedehnt hatte. Die Černjachov-Kultur war bemerkenswert dynamisch und innovativ; ihre Kennzeichen sind eine sorgfältig gearbeitete, glatte Keramik, hochwertige Metallarbeiten und ausgezeichnete Eisenwerkzeuge. Über die Träger dieser Kultur gibt es immer noch heftige Debatten. Ihre

Ursprünge liegen vermutlich in den breiten Tälern der Ukraine, und durch ihre Ausbreitung nach Südwesten hat sie vermutlich auch germanische und dakische Stämme beeinflußt. Diese Kultur wurde gegen Ende des 4. Jahrhunderts vernichtet, möglicherweise durch dieselbe Folge von Ereignissen, die auch den Untergang der Przeworsk-Kultur herbeiführte.

SIEDLUNGSMUSTER, KULTUR UND KRIEG

Im nordalpinen Europa ist das Siedlungswesen regional recht unterschiedlich gut erforscht. Im großen und ganzen ist über den Westen und Norden Europas mehr bekannt als über den Osten, wo größere Ausgrabungen bislang nur selten durchgeführt worden sind. Die meisten Kenntnisse haben wir aus Norddeutschland, den Niederlanden und Skandinavien, sowohl für die römische Eisenzeit als auch für die Völkerwanderungszeit. Für die Zeit nach den großen Völkerwanderungen gibt es innerhalb der ehemaligen römischen Provinzen in Italien, Spanien und auf dem Balkan vereinzelt Fundplätze mit Siedlungscharakter. Im Rhein- und Donaugebiet, in Frankreich und Britannien ist das Bild zwar eindeutiger, aber immer noch recht lückenhaft. Während der römischen Eisenzeit (sogenannte Kaiserzeit) gab es hier keine städtischen Siedlungen und keine Bestrebungen, solche zu gründen. Stamm und Familie waren weiterhin die wesentlichen Elemente in der Gesellschaft. Die zentralisierende Funktion von Wirtschaft und Verwaltung steckte in den allerersten, noch höchst unbeständigen Anfängen und ließ die Entwicklung stabiler städtischer Zentren noch gar nicht zu. Diese Situation änderte sich auch dann nicht sofort, als es zur Bildung der ersten staatsähnlichen Gesellschaftsstrukturen kam. Größere Befestigungsanlagen oder Höhenburgen, wie sie im 1. Jahrtausend v. Chr. in Europa entstanden sind, waren zu Beginn des 1. Jahrtausends n. Chr. in Europa außerhalb des mediterranen Raumes keineswegs allgemein üblich. Sofern es solche Anlagen gab, hatten sie eher den Charakter von rein lokalen Machtzentren ohne weitere Verbindungen.

Das heißt nicht, daß es keine großen Siedlungen gegeben hätte. Flächengrabungen im Norden haben gezeigt, daß seit Mitte des 1. Jahrtausends v. Chr. große, in sich gegliederte Siedlungen angelegt wurden. Während der römischen Eisenzeit sind die Siedlungen, ausgehend von ursprünglich bescheidenen Hofstellen, ständig größer geworden. Dies wird am Beispiel von Wijster (Niederlande) deutlich, einer Siedlung, die im 1. Jahrhundert v. Chr. ebenfalls als Einzelhof gegründet wurde und bis zum 3. Jahrhundert, inzwischen ein Dorf beachtlicher Größe, um ein Netz von Straßen, die durch Holzzäune markiert waren, planvoll angelegt war. Die Entwicklung dieser Siedlung setzte sich noch ein weiteres Jahrhundert lang fort und kam erst zu Beginn der Völkerwanderungszeit zum Stillstand. Eine Siedlung von dieser Größe – während seiner Blütezeit im 4. Jahrhundert hat Wijster vielleicht zweihundert Menschen beherbergt – setzt stabile gesellschaftliche Verhältnisse voraus, wahrscheinlich stand sie unter der Führung eines lokalen Anführers. Ähnliche Verhältnisse finden sich in der Küsten-

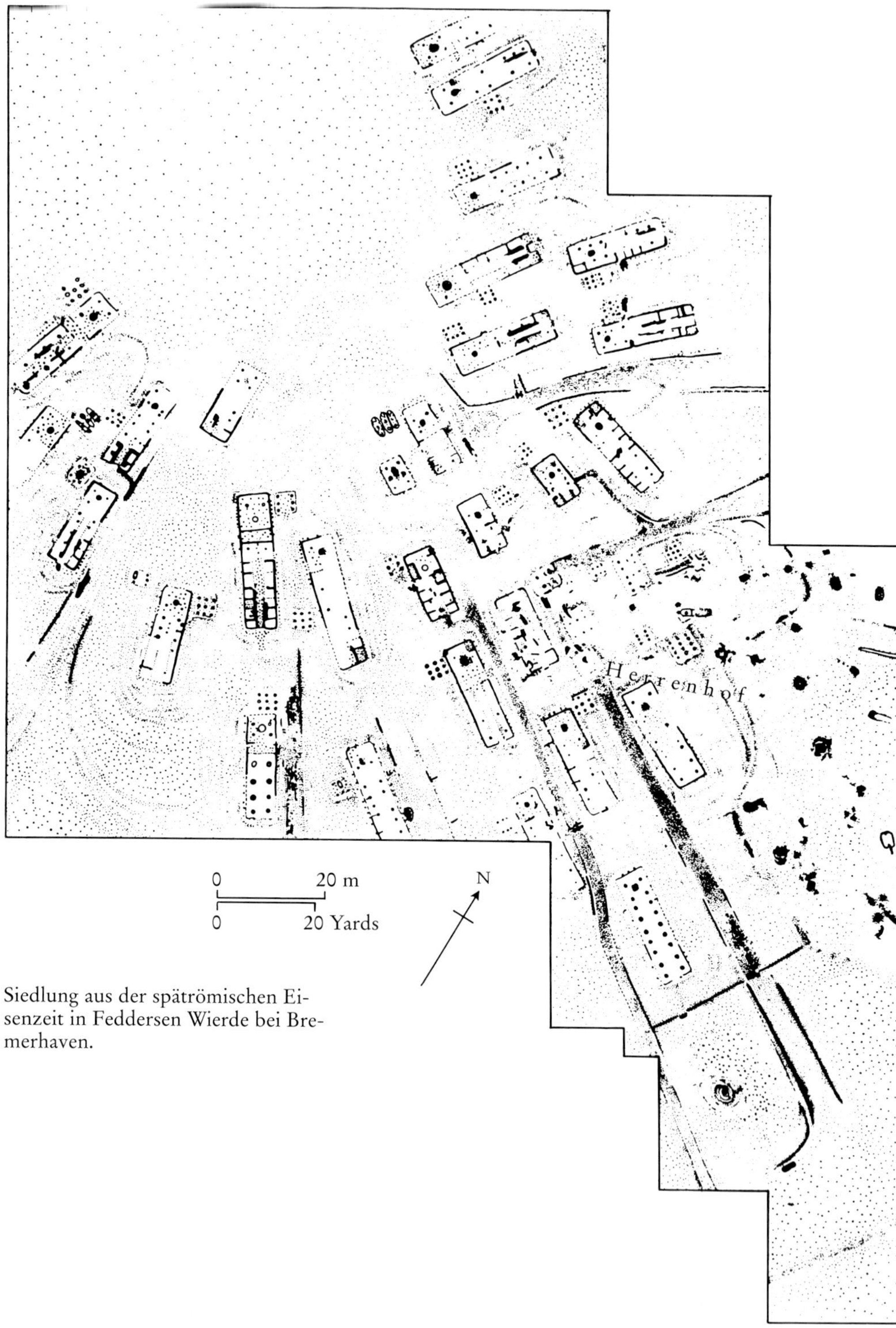

Siedlung aus der spätrömischen Eisenzeit in Feddersen Wierde bei Bremerhaven.

siedlung Feddersen Wierde (Niedersachsen), die vom 1. Jahrhundert v. Chr. bis zum 5. Jahrhundert n. Chr. auf einem flachen, aber künstlich aufgeworfenen Hügel an der Wesermündung bestand. Auch hier handelt es sich um eine planvoll angelegte Siedlung, deren Häuser strahlenförmig um einen Mittelpunkt angeordnet sind. Bereits im 2. Jahrhundert war ein Haus am Südrand der Siedlung durch einen Zaun von den übrigen Gebäuden klar abgegrenzt. Anzunehmen ist, daß es sich um den Hof einer herausragenden Persönlichkeit handelt, die vielleicht über die Gemeinschaft herrschte und der eine Gruppe abhängiger Handwerker untergeben war. Bemerkenswert an Feddersen Wierde ist auch, daß diese Organisationsstruktur mehr als zwei Jahrhunderte bestanden hat.

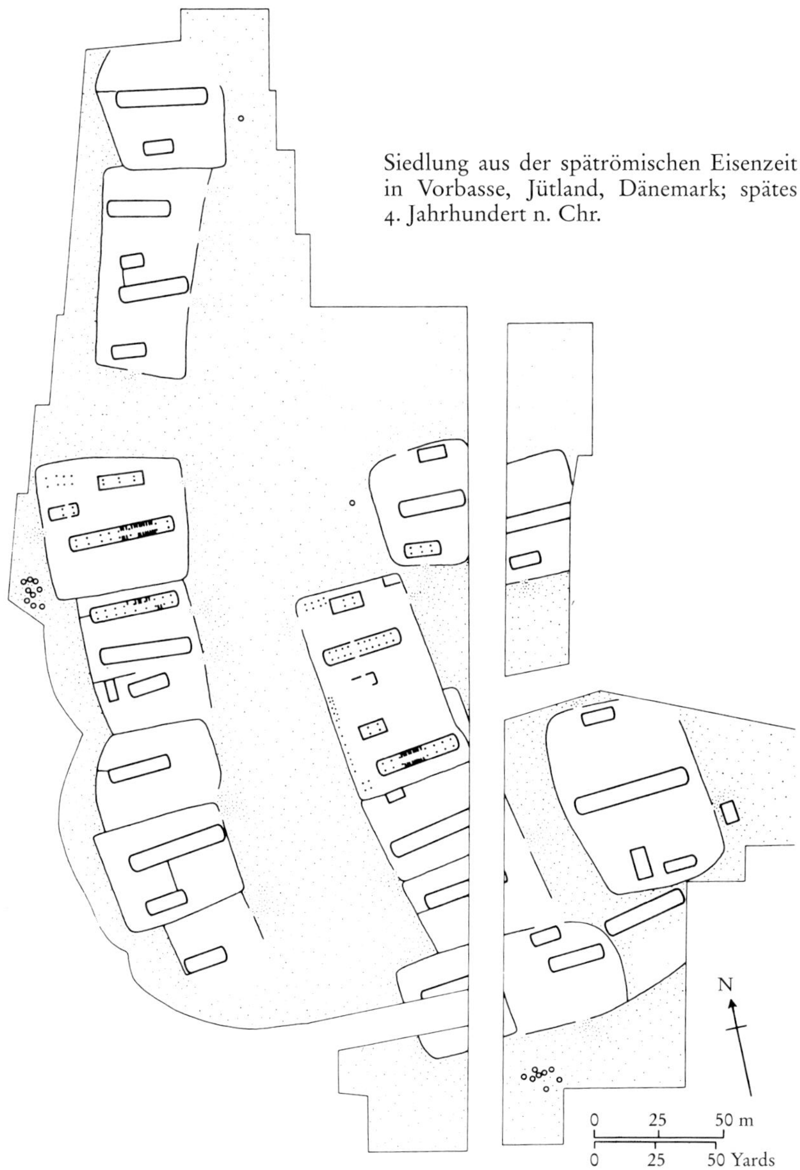

Siedlung aus der spätrömischen Eisenzeit in Vorbasse, Jütland, Dänemark; spätes 4. Jahrhundert n. Chr.

Auch in Jütland sind bedeutende Siedlungen des 4. und 5. Jahrhunderts gefunden worden. In Vorbasse standen eingezäunte Gehöfte mit Langhäusern zu beiden Seiten einer Straßenachse. Diese Siedlung stellt nur eine Phase der Besiedlung in einem begrenzten Gebiet dar, denn der Mittelpunkt der Siedlung verlagerte sich im Lauf der Jahrhunderte von der früheren Eisenzeit bis zur Wikingerzeit immer wieder. Dieses Phänomen der sogenannten Wandersiedlungen ist jetzt auch für Dänemark, Holland und für das angelsächsische England gut belegt. Was genau dahinter stand, ist noch nicht ganz klar, aber vielleicht sollte auf diese Weise die Fruchtbarkeit des intensiv bewirtschafteten Ackerbodens erhalten werden. Das Haufendorf war keineswegs die einzige Siedlungsform im Norden. Wir kennen auch kleinere Gruppen von Höfen (wie die in Flögeln) und Einzelgehöfte. In Südschweden zum Beispiel sind Streusiedlungen vorherrschend. Die Gemeinde Vallhagar ist als Streusiedlung typisch für das Skandinavien der Völkerwanderungszeit. In Schweden und auf den Ostseeinseln Gotland und Öland gibt es eine große Zahl von kleinen befestigten Plätzen aus der frühen Völkerwanderungszeit, von denen Eketorp am eingehendsten untersucht wurde. Für diesen Siedlungstyp wurden bis jetzt im Süden keine Entsprechungen gefunden.

Die Landwirtschaft der Völker Nordeuropas basierte auf einer Mischwirtschaft, aber in den meisten Gebieten war die Viehzucht vorherrschend. Dafür haben wir zuverlässige Informationen. Tacitus sagt von den frühen Germanen: »Ihr Wohlstand beruht auf ihren Herden.« Durch Tierknochen, die in den Siedlungen gefunden wurden, und durch Stallungen, die in die europäischen Langhäuser integriert waren, ist dies auch archäologisch nachgewiesen worden. Fast überall im Norden war das Rind das wichtigste Haustier; es lieferte Fleisch und Milch und fand als Zugtier Verwendung. Daneben wurden Schweine, Schafe und Ziegen gehalten, wobei die Prozentanteile für die einzelnen Haustierarten regional unterschiedlich ausfallen. Pferde waren unter den Großtieren am seltensten. In den nördlichen Regionen kreuzte man bei der Zucht kaum Tiere anderer Herkunft ein, so daß diese Exemplare notwendig kleiner ausfielen als in Südeuropa. Die Rinder hatten oft eine Schulterhöhe von nur einem Meter, die Pferde erreichten knapp 1,50 Meter. Die Schweine waren sehr klein, Schafe und Ziegen allerdings fast so groß wie in der römischen Welt. Hunde wurden als Hirtenhunde und zur Bewachung des Hofs gehalten. Seltsamerweise kam der Jagd bei der Versorgung mit Fleisch nur eine geringe Bedeutung zu, obwohl Jagdwild sehr zahlreich war, insbesondere Auerochsen, Rehe und Rotwild sowie Wildschweine. Die Küstenbewohner betrieben Fischfang und Seehundjagd, aber nur selten war dies wirtschaftlich der Haupterwerb. Alles in allem waren die Stämme des Nordens in der Hauptsache Bauern, und die Nutzung des Bodens war mehr als ausreichend für ihre Versorgung.

Welche Nutzpflanzen im Norden angebaut wurden, ergibt sich aus den Pflanzenresten in den Siedlungen, aus dem Mageninhalt der Moorleichen und aus den Pollenspektren. Gerste blieb bis in das Frühmittelalter hinein die wichtigste Getreideart und war sowohl Grundstoff für die Herstellung von Bier als auch Grundnahrungsmittel. Vom Neolithikum bis ins Mittelalter wurden verschiedene Weizenarten angebaut, besonders Einkorn und Emmer. Hafer, Hirse und Roggen waren weit verbreitet, ebenso Flachs, der wegen des Öls in seinen Samen und der für die Leinenherstellung wichtigen Fasern angebaut wurde. Zu den angebauten Gemüsesorten zählten Bohnen und

Erbsen, daneben auch einige Wildpflanzen wie Sellerie, Spinat, Kopfsalat, Radieschen und Kohl. Färberwaid diente als pflanzlicher Farbstoff. Große Gebiete Europas bestanden aus fruchtbarem Ackerland und keineswegs nur aus unfruchtbaren Wäldern, wie es einige klassische und frühmittelalterliche Autoren darstellen. Doch gab es auch Zeiten von Not und Hunger, besonders in den östlichen Regionen, wo die Winter oft streng waren.

HANDWERK

Seit dem 3. Jahrhundert n. Chr. sind fast überall in Europa große Fortschritte auf dem Gebiet des Handwerks und des Kunsthandwerks zu beobachten; besonders deutlich zeigt sich dies an den Arbeiten aus Edelmetallen. Gold und Silber war vor allem in Form von römischen Münzen oder römischem Tafelgeschirr reichlich verfügbar, und die Oberschicht, die in der Regel der Auftraggeber war, tat alles, um ihren wachsenden Reichtum und ihr Prestige durch fein gearbeiteten Schmuck und prunkvolle Waffen zu demonstrieren. Da sich die Verwendung von Filigrantechnik, Einlegearbeiten und Einfassungen von Halbedelsteinen, vor allem von Granat, immer mehr verbreitete, mußten sich auch die Techniken der Gold- und Silberschmiede ständig verändern. Solche Arbeiten sind in den reich ausgestatteten Gräbern vom späten 3. Jahrhundert an zu finden, so z. B. im mitteleuropäischen Haßleben und Zakrow und in Gräbern und Horten entlang der Donau, wo man große Schmuckmengen aus dem 5. Jahrhundert ent-

Goldenes Siebgefäß aus dem großen Schatz von Pietroasa, Rumänien; erste Hälfte 5. Jahrhundert.

deckte. Zu nennen sind auch die hervorragenden, etwas später zu datierenden Arbeiten von ostgotischen Schmieden in Italien, aus dem fränkischen Gallien, Skandinavien und dem angelsächsischen England. Die Entwicklung eines polychromen Schmuckstils, bei dem Halbedelsteine mit Gold kombiniert wurden, ist das wichtigste Charakteristikum des Kunsthandwerks vom 3. bis zum 5. Jahrhundert. Dieser Stil wurde lange Zeit mit den Goten in Zusammenhang gebracht, die ihn auf ihrem Zug nach Westen von den Steppenvölkern mitgebracht haben sollen. Obwohl einige Elemente dieses neuen Stils weit aus dem Osten kamen, aus dem Iran und Südrußland, so scheinen doch Handwerker, die im frühen 5. Jahrhundert an Mittel- und Unterlauf der Donau lebten, diese Formen und Dekors zu ihrer vollen künstlerischen Reife gebracht zu haben. Die prachtvoll ausgestatteten Gräber von Apahida und der überwältigende Schatz von Gefäßen und Schmuckstücken von Pietroasa, beides Fundplätze in Rumänien, sind eindrucksvolle Beispiele für die hohe Kunstfertigkeit der Handwerker und für den Reichtum ihrer Herren zu Beginn der Völkerwanderungszeit. Was hier erreicht wurde, fand bald Nachahmer in anderen Teilen Europas, wie sich an dem Grab des Childerich im Gräberfeld von Krefeld-Gellep, in Domagnano und in Sutton Hoo sehen läßt. Auch in diesem Bereich wurde wie sonst auch das barbarische Europa aus verschiedenen Richtungen beeinflußt, nicht zuletzt durch das Oströmische Reich.

Die barbarischen Völker blieben im großen und ganzen bis nach dem Ende der Völkerwanderungszeit schriftlos. Doch gab es bereits im frühen 4. Jahrhundert eine so grandiose Leistung wie die Übersetzung der Bibel ins Gotische durch Wulfila, einem Bischof der Goten nördlich der Donau, der für diesen Zweck eigens ein Schriftalphabet entwickeln mußte. Unter den Vorfahren des Goten Wulfila war ein Christ, der bei einem Raubzug im 3. Jahrhundert als Gefangener aus Kleinasien verschleppt worden war. Es gibt keine Hinweise auf weitere Versuche in dieser frühen Zeit, germanische Sprachen schriftlich wiederzugeben. Etwa seit dem 2. Jahrhundert gab es allerdings ein Kommunikationssystem, das auf Zeichen aufgebaut war. Es wurde jedoch nur bei ganz besonderen Gelegenheiten benutzt. Diese Zeichen, die seit dem 17. Jahrhundert als Runen bezeichnet werden, stellen in ihren frühen Formen einzelne Namen oder Wörter dar und erscheinen meist auf Waffen oder auf Schmuck. In einigen Fällen wird mit solchen Runen einer besonderen Waffe ein Name gegeben oder deren Macht zum Ausdruck gebracht. Andere sind offenbar Widmungen an Gottheiten oder Verwünschungen von Feinden. Vermutlich stehen die Runen auch im Zusammenhang mit Weissagungen und Orakeln. Ihr Ursprung ist noch nicht ganz geklärt. Das ältere Runenalphabet, nach den ersten sechs Zeichen *Futhark* genannt, enthält vierundzwanzig Zeichen. Vier lassen sich aus lateinischen Buchstaben ableiten, neun andere ähneln Buchstaben aus norditalischen Schriften, welche spätestens seit dem 1. Jahrhundert n. Chr. in den nördlichen Alpenregionen in Gebrauch waren. Zum Teil mögen die Runen dort ihren Ursprung haben, aber es gibt weitere Einflüsse, die noch gar nicht identifiziert sind. Erst später, in der Völkerwanderungszeit, tauchen Runeninschriften auf, die nicht von telegraphischer Kürze sind. Diese Entwicklung setzt sich vor allem in den westlichen Ostseeländern bis in die Wikingerzeit und ins frühe Mittelalter fort. In anderen germanischen Gebieten treten die Runen nur sporadisch in Erscheinung, hauptsächlich im Bereich von Kult und Magie.

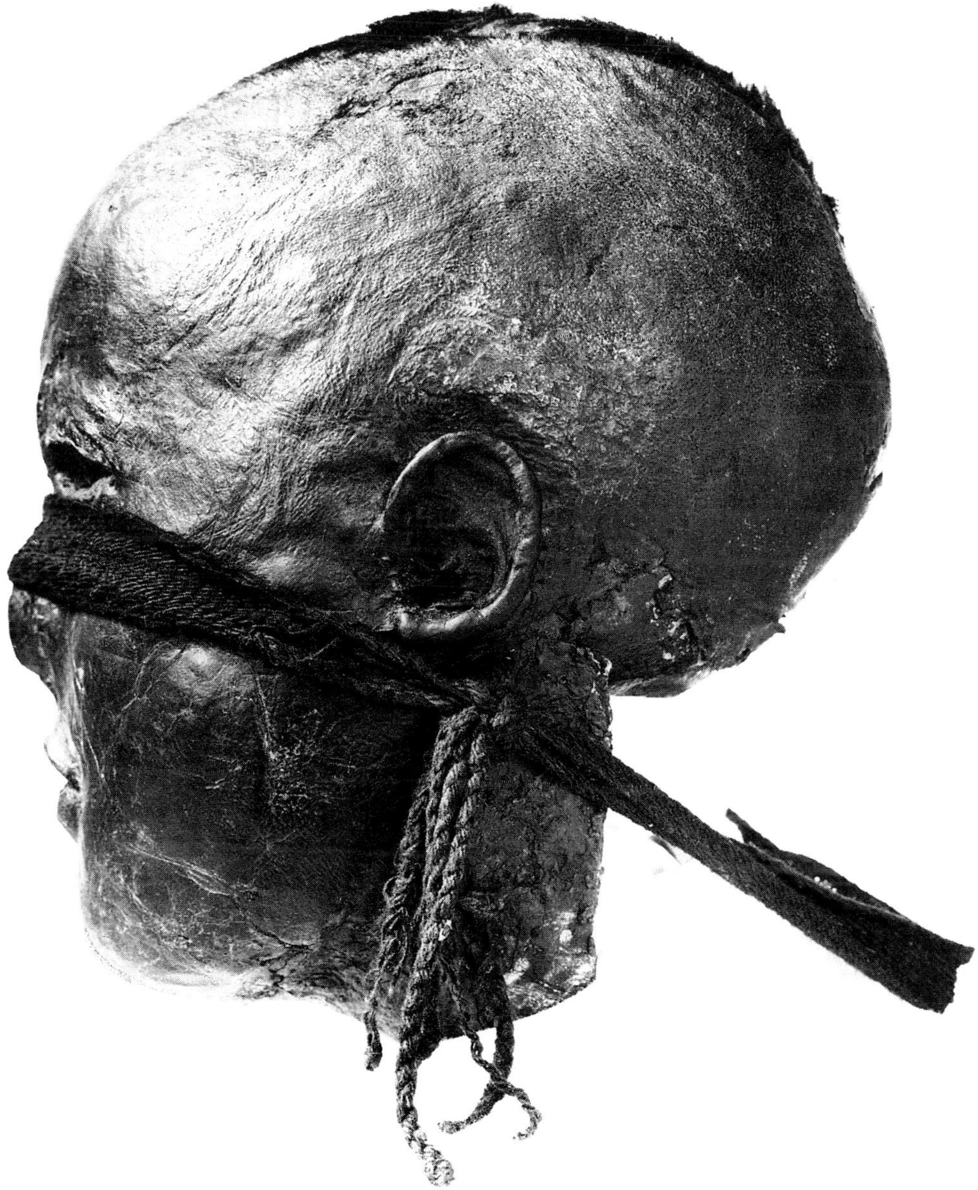

Kopf eines jungen Mädchens aus einem Moor bei Windeby, Dänemark. Der Kopf ist rasiert und die Augen sind mit einer Binde bedeckt worden.

Über die Gestalten der nordischen Gottheiten und ihren Wirkungsbereich haben wir nur skizzenhafte Beschreibungen. Wie in den meisten primitiven Gesellschaften verfügten die Gottheiten der Fruchtbarkeit, des Todes und des Krieges über die größte Macht. Unsere Vorstellung von ihnen ist zwar verschwommen und unsicher, aber es gibt Votivhorte mit eindrucksvollen Relikten des religiös-kultischen Lebens: vor allem Weihegaben, die in Seen und Mooren in Dänemark und Norddeutschland gefunden wurden. Im 19. Jahrhundert wurden drei große Horte geborgen, in Thorsbjerg, Vimose und Nydam, die Conrad Engelhardt eingehend untersucht hat. In jüngerer Zeit wurden weitere große Horte bei Illerup und Ejsbøl in Dänemark und in Skedemosse auf Öland gefunden. Ihre Geschichte und Bedeutung konnte weitgehend geklärt werden. Diese großen Opferhorte der spätrömischen Eisenzeit enthalten hauptsächlich Waffen und anderes Kriegsgerät; Schwerter (nahezu ausschließlich römischen Ursprungs), Lanzen, Wurfspieße, Schilde und Teile von Schilden, Messer, Gürtel und Zaumzeug. In Thorsbjerg fand man prächtige Gewänder und Schmuckstücke, an fast allen Fundorten Fibeln und römische Münzen, und in Nydam stieß man sogar auf drei komplette Schiffe. Rüstungen und erbeutete Waffen, die als Weihegaben dargebracht worden sind, bilden auch das Hauptkontingent der Funde von Ejsbøl und Illerup. In Ejsbøl, vermutlich aus dem späten 4. Jahrhundert, scheint man die Ausrüstung von ungefähr sechzig Kriegern in einem Moor versenkt zu haben. Auch fanden sich in einigen Opferhorten Nachweise von Tier- und Menschenopfern. In Skedemosse wurden häufig Pferde geopfert, vielleicht einem Himmelsgott, dessen Symbol das Pferd war. An einigen Plätzen, z. B. in Thorsbjerg, wurde mehrere Jahrhunderte lang immer wieder geopfert. Horte mit Kriegsausrüstungen wurden ab dem 3. Jahrhundert angelegt und genutzt. Andere, wie die in Illerup und Ejsbøl zum Beispiel, waren Opferungen, die bei einer einmaligen Gelegenheit, nach einem großen Sieg etwa, angelegt wurden. Die Opferhorte, die Ausrüstungsstücke für Krieger enthalten, wurden bis ins 5. Jahrhundert hinein genutzt, dann bricht diese Tradition ab, vielleicht weil der Schwerpunkt kriegerischer Auseinandersetzungen nicht mehr in Nordeuropa lag.

Moorfunde liefern zusätzlich zu dem, was Gräber und Steinreliefs zu erkennen geben, überaus wertvolle Hinweise auf die Waffen und Ausrüstungsstücke, die bei den Völkern des Nordens in Gebrauch waren. Ab dem 4. Jahrhundert hat die Verbreitung des Schwerts deutlich zugenommen. Die meisten dieser Waffen waren römischen Ursprungs und von hoher Qualität. Immer häufiger hat man auch Pfeil und Bogen eingesetzt; die wichtigste Waffe für den Kampf auf größere Distanz blieb allerdings der Wurfspieß oder auch der mit Widerhaken versehene *Ango*. Auch die Wurfaxt, eine wirksame Waffe gegen gut gepanzerte Feinde, kam häufiger in Gebrauch. Rüstungen waren bei den barbarischen Völkern allerdings noch immer selten. Nur führende Krieger besaßen Helme, und ein Schutz für den Körper scheint bis zum späten 4. Jahrhundert praktisch unbekannt gewesen zu sein. Auch lange Zeit danach noch zogen die meisten Krieger so unzureichend geschützt wie ihre Vorfahren aus früheren Jahrhunderten in den Kampf. Besonders in Osteuropa, wo es zu Begegnungen mit Sarmaten, Alanen und Hunnen kam, setzten einige Stämme zunehmend auch Reitertruppen ein. Die gotische Reiterei gab der Schlacht von Adrianopel 378 n. Chr. eine entscheidende Wende; später hatten die gotischen Reiterkrieger einen bedeutenden Anteil an den Einfällen in Italien. Weitgehend jedoch blieben die Heerzüge der Barbaren relativ leicht bewaffnet, es waren Fußtruppen, die auf ihre angestammte Tapferkeit und ihre Körperkraft vertrauten. Die Taktik ging über elementare Grundlagen nicht hinaus, und der Überraschungsangriff aus einem Hinterhalt war nach wie vor die am häufigsten verwandte Kriegslist. Angriffe auf befestigte Städte und sonstige Festungsanlagen wurden im allgemeinen vermieden, weil sie als fruchtlose Unterfangen galten; es wären dazu Erfahrungen im Umgang mit Belagerungsmaschinen notwendig gewesen, die nur selten zur

Verfügung standen. Dennoch waren die kriegerischen Horden der Barbaren durchaus fähig, gegen die Römer Siege zu erringen. In der Tat kann man in diesem Zusammenhang kaum noch Unterschiede zwischen Römern und Barbaren feststellen. Von der Mitte des 4. Jahrhunderts an spielten sich die meisten kriegerischen Auseinandersetzungen zwischen Barbaren, die nicht dem Römischen Reich angehörten und denen ab, die in römischen Diensten standen.

Kriegsdienst in den Heeren der römischen Kaiser war für die kriegerisch erzogenen Germanen ein immer attraktiveres Betätigungsfeld. Vom 3. Jahrhundert an sind die barbarischen Truppen zu einem wichtigen Element der römischen Streitkräfte geworden. Bis zum späten 4. Jahrhundert stellen sie sicherlich den größten Teil der kaiserlichen Streitmacht, was zum einen auf eine Knappheit an kriegsfähigen Männern innerhalb des Imperiums hindeutet, zum anderen aber auch ein Zeichen für das hohe Ansehen ist, in dem die kriegerischen Fähigkeiten der Germanen standen. Für sie bedeutete der Dienst im römischen Heer mehr Reichtum und Prestige, als sie in ihrer Heimat hätten erringen können. Als Konstantin die neuen, schnell beweglichen Truppen aufstellte, wurden besonders Germanen angeworben; auch viele der Offiziere dieser neuen Verbände waren Barbaren. In der ersten Hälfte des 4. Jahrhunderts taten sich Alemannen als Heerführer hervor, später kamen Franken und andere dazu. Silvanus war z. B. ein Franke, der um 350 n. Chr. als *magister militum* (Heermeister) in Gallien diente und der nach Aussage eines römischen Beobachters »dem Wohl des Reichs ergeben zu sein schien« und sich später aber selbst zum Kaiser ernannte, um sich vor Intrigen zu schützen, nur um kurz darauf von seinen eigenen Soldaten ermordet zu werden. Ende des 4. und Anfang der 5. Jahrhunderts waren unter den höchsten Heerführern viele Germanen, besonders im Westen. Ihre Macht war ebenso groß, wenn nicht sogar größer als die der Kaiser, in deren Diensten sie doch standen.

DIE GOTEN:
VOM BALKAN NACH ITALIEN UND SPANIEN

Nach dem Vertrag von 332 waren die Goten, die Gebiete am Unterlauf der Donau besiedelten, nicht immer ganz einfache und verläßliche, aber im großen und ganzen doch die adäquaten Verbündeten des römischen Staates. Damals sprach man allgemein von Visigoten (Westgoten), um sie von ihren Stammesgenossen im Osten, den Ostrogoten (Ostgoten), zu unterscheiden. Nach ihrer eigenen Überlieferung ging diese Unterscheidung auf einen Zwischenfall während der Auswanderung aus dem Weichselbecken zurück: Damals war eine Flußbrücke eingestürzt, und dieser Zwischenfall hat die beiden Volksteile für immer getrennt. Tatsächlich haben beide in der Zeit, in der sie Regionen jenseits des Schwarzen Meeres besiedelten, eine eigene Identität entwickelt. Aus der Zeit vor 370 n. Chr. ist nur wenig über die beiden gotischen Mächte bekannt. Beide kamen mit den westlichen Steppenvölkern in Berührung und vermischten sich auch bis zu einem gewissen Grad mit ihnen. Und beide schienen recht stabile Mächte gewesen zu sein, die fruchtbare Gebiete besetzten und mit anderen Völkerschaften an der

Schwarzmeerküste in Verbindung standen. Diese sichere Welt wurde kurz nach 370 n. Chr. schwer erschüttert. Der rasche Vorstoß von Nomaden aus der Steppe, die von Griechen und Römern als Hunnen bezeichnet werden, scheint sowohl die barbarische als auch die mediterrane Welt aufs heftigste erschüttert zu haben. Die Eindringlinge überrannten die Ostgoten blitzschnell und unterwarfen sie für die nächsten achtzig Jahre. Die Westgoten und ihre Nachbarn waren nun der rohen Gewalt der neuen Herren aus den westlichen Steppen ausgesetzt. Gegen Ende des Jahres 376 baten viele Goten um die Erlaubnis, die Donau überqueren und sich im nördlichen Balkan niederlassen zu dürfen. Dort mußten sie aber erleben, daß ihre Lebensbedingungen kaum besser waren als jene, die sie unter der Herrschaft der Hunnen hätten erdulden müssen. Nach zwei Jahren schlimmster Entbehrungen brachten die Westgoten und ihre Verbündeten dem römischen Heer bei Adrianopel eine vernichtende Niederlage bei und töteten den Kaiser Valens. Es gab viele weitere kleinere Auseinandersetzungen, bis die Westgoten schließlich nach dem Abkommen von 382 offiziell als Verbündete in der Provinz Moesia angesiedelt wurden, das erste barbarische Volk, das innerhalb des Reiches ansässig wurde. Dies war der Beginn einer leidvollen Geschichte. Die Westgoten erhielten nicht genügend Land, um sich auf dem Balkan wirklich niederzulassen, und so richteten sie ihr Augenmerk nach Westen, auf Norditalien. Unter der Führung von Alarich, einem tüchtigen, wenn auch nicht hervorragenden Feldherrn, bedrohten sie ab etwa 400 n. Chr. von ihrer Basis im Norden aus das Zentrum des alten Reichs. Bis zu seiner Absetzung im Jahr 408 konnte Stilicho die Westgoten zurückhalten, dann, im August 410, nahm Alarichs Heer die Stadt Rom ein, ein Ereignis, das die Menschen jener Zeit zwar schockierte, ansonsten aber wenig Auswirkungen hatte. Alarichs Aufmerksamkeit wandte sich alsbald den reichen Schätzen Afrikas zu, aber noch während seiner Vorbereitungen für eine Invasion über das Mittelmeer starb er unerwartet. Noch immer hatten die Westgoten keine bleibende Heimat im Reich. Ihr neuer Anführer Athaulf hielt den Stützpunkt in Norditalien noch einige Zeit aufrecht, und nach seiner Ermordung ließ sich im Jahr 418 der größte Teil seines Volks wiederum auf der Grundlage einer vertraglichen Regelung in Aquitanien nieder. Diese Region mit der Stadt Toulouse als Mittelpunkt blieb ungefähr ein Jahrhundert lang das Siedlungsgebiet der Westgoten. Angesichts der insgesamt wechselhaften Ereignisse im 5. Jahrhundert spielte das gotische Königreich in Aquitanien eine politisch und kulturell untergeordnete Rolle. Der wichtigste Beitrag der Westgoten bestand in ihrer Beteiligung am Sieg über die in Gallien einfallenden Hunnen im Jahr 451. Teile Nordspaniens standen ebenfalls unter ihrer Herrschaft, und eine weitere größere Ausdehnung ihres Territoriums auf der Halbinsel wurde um so verlockender, je mehr sich die Macht der Franken im Norden vergrößerte.

Das Königreich der Westgoten in Aquitanien ist eine der am wenigsten bekannten Mächte des frühen germanischen Europa. Die archäologische Untersuchung der Gräberfelder, allgemein und auch für die meisten Völker dieser Zeit eine fruchtbare Quelle, gibt nur wenig Aufschluß über die Westgoten, da es bei ihnen nicht Brauch war, den Toten viele Güter für das Leben im Jenseits beizugeben. Daher läßt sich nicht einmal mit Bestimmtheit sagen, wo im Jahr 418 der größte Teil der Westgoten angesiedelt wurde: Ihre Könige wählten Toulouse zur Hauptstadt, das bedeutet, daß die obere Garonne, ein Gebiet, in dem es viel reichen spätrömischen Grundbesitz gab, einen Teil der Verbündeten aufnahm. Auch die weite Ebene des Poitou und die Saintonge waren fruchtbare Landstriche, doch hat man in diesen Regionen bis jetzt noch keine Spuren der Westgoten gefunden. Was auch immer ihre eigene Kultur bei ihrer Ankunft in Aquitanien gewesen sein mag, sie schienen sich ihrer rasch entledigt und sich an die noch vorhandene gallo-römische Kultur angepaßt zu haben. Daß sie nun von anderen germanischen Gruppen abgeschnitten waren, wird die Herausbildung einer kulturellen Eigenart zusätzlich erschwert haben. Unsere Kenntnisse der Geschichte dieses Königreichs sind ebenfalls recht dürftig. Während der langen Regierungszeit des ersten Königs von Aquitanien, Theoderich I., wurden die Bestimmungen des Vertrages weitgehend eingehalten. Im Jahr 451 bildeten die Westgoten den Kern der Streitmacht, die sich den Hunnen auf den Katalaunischen Feldern entgegenstellte. Bei diesem Kampf verlor Theoderich sein Leben. Sein Sohn, ebenfalls mit Namen Theoderich, blieb ein Verbündeter Roms, doch sah sich sein Königreich zunehmend dem Druck durch die wachsende Macht der Franken ausgesetzt. Bereits vor der Niederlage gegen die Franken in der Schlacht von Vouillé im Jahr 507 hatte sich der Blick der Westgoten nach Süden, Richtung Spanien gerichtet.

Die »römischsten« der Barbarenkönigreiche sind die gotischen gewesen: das der Ostgoten in Italien und das der Westgoten in Spanien. Nachdem die Ostgoten sich von ihrer langjährigen Unterwerfung durch die Hunnen befreit hatten, marschierten sie im Jahr 488 unter der Führung von Theoderich dem Großen, in Italien ein. Er hatte einen großen Teil seiner Jugend als Geisel in Konstantinopel zugebracht, war römisch erzogen worden und hatte Kenntnisse in römischer Staatsführung, ohne jedoch die seinem Volk angeborene Vorliebe für den Krieg verloren zu haben. Das Königreich, das er in Norditalien mit einigen alten Städten als Zentren begründete, blieb für die Dauer seines langen Lebens eine stabile Macht; nach seinem Tod jedoch konnte es sich den aufständischen Byzantinern nicht lange widersetzen. Der Erfolg von Theoderichs Königreich war weitgehend von seiner Person abhängig. Er behielt jene Elemente der römischen Hierarchie und Verwaltung bei, die ihm nützlich waren, im Grunde jedoch blieb er ein germanischer König und Feldherr, jedoch mit einer außergewöhnlichen Weitsicht und großem diplomatischen Geschick. Er regierte seine Goten durch *comites Gothorum* und setzte Germanen als Heerführer ein. Aber er berief auch Römer in die hohen Richterämter, darunter Cassiodor aus Süditalien, dessen Korrespondenz eine aufschlußreiche Quelle für das Italien Theoderichs ist. Die Schwäche des ostgotischen Königreichs lag im Volk der Ostgoten selbst begründet. Die Ostgoten scheinen die Rolle, die ihnen ihr König zugedacht hatte, nicht angenommen zu haben. Zentrum ihres Siedlungsgebiets blieb Norditalien; weiter südlich finden sich nur wenig Hinweise auf die Ostgoten. Trotz der Sicherheit vor äußeren Angriffen, in deren Genuß Italien nach 488 für annähernd ein halbes Jahrhundert lang kam, konnten die Goten ihre Machtstellung im Norden nicht so ausbauen, daß sie nach Theoderichs Tod hätte Bestand haben können: Nach 526 war Italien wieder einmal den von außen eindringenden Mächten schutzlos ausgesetzt.

Das germanische Königreich, das sich auf einstmals römischem Boden am längsten halten konnte, war das Reich der Westgoten in Spanien. Die Westgoten hatten ihre Stellung in Nordspanien gefestigt und seit dem Ende des 5. Jahrhunderts weiter ausgebaut. Bald beherrschten sie den größten Teil der Iberischen Halbinsel. Zuvor hatten sie großen Beistand durch Theoderich erhalten, doch 530 war die Unabhängigkeit des spanischen Königreichs gesichert. Es sollte bis zur Invasion der Araber im Jahr 711 bestehen bleiben. Das Spanien der Westgoten war eine erstaunlich gelungene Mischung von römischen und germanischen Elementen, auch wenn es etwas zu sehr mit sich selbst beschäftigt war. Der Reichtum Spaniens lag vornehmlich im Süden, und von der Mitte des 6. Jahrhunderts an wurde das Königreich von Toledo aus regiert, einer Stadt, die, wie sich anhand von archäologischen Funden feststellen ließ, merkwürdigerweise dicht an der südlichen Grenze des von Germanen besiedelten Gebiets liegt. Von hier aus wurde der größte Teil Spaniens regiert, mit Ausnahme des äußersten Nordwestens, wo bis etwa 580 n. Chr. die Sueben saßen, und eines schmalen Streifens an der Südostküste, der in der Mitte des 6. Jahrhunderts von den Byzantinern eingenommen wurde. Die materielle Kultur Spaniens unter den Westgoten verdankte viel den römischen Provinzen und Byzanz. Typisch »Gotisches«, was immer das im 6. Jahrhundert geheißen haben mag, ist in Spanien nur selten zu finden, und was man findet, ist qualitativ nicht sehr eindrucksvoll. Das Königreich erlebte seine Blüte unter Leovigild und seinen Nachfolgern in den letzten Jahrzehnten des Jahrhunderts. Das Geistesleben überragte das in allen anderen barbarischen Staaten zu jener Zeit. Selbst ein für die spätrömische Epoche so typischer Gelehrter wie Isidor von Sevilla konnte in dieser Atmosphäre bequem arbeiten. Wenn es im späten 7. Jahrhundert zu einer Stagnation der geistigen Kultur gekommen ist, so war diese doch eigentlich keineswegs dem Untergang geweiht, als die Araber im Jahr 711 die Straße von Gibraltar überquerten. Trotzdem fiel sie angesichts der mächtigen Invasoren erstaunlich rasch in sich zusammen.

DIE FRANKEN: AUS GALLIEN WIRD FRANKREICH

Der Aufstieg der fränkischen Macht im nördlichen Gallien hat sich in den archäologischen Funden dieser Region kaum niedergeschlagen. Auch wenn sich den historischen Quellen entnehmen läßt, daß die Franken bis zur Mitte des 5. Jahrhunderts die Herrschaft über einen großen Teil des Rheinlands, über die Täler von Maas und Mosel und die weiten Ebenen Belgiens erlangt hatten, gibt das archäologische Material keine Hinweise auf die Anwesenheit einer nennenswerten Zahl von Barbaren. Erst aus der zweiten Hälfte des Jahrhunderts stammt eine Anzahl von fränkischen Friedhöfen mit Grabbeigaben, die einen entschiedenen Bruch mit der spätrömischen Geschichte der Region darstellen. Die fränkische Landnahme scheint ein relativ langwieriger Prozeß gewesen zu sein, der vielleicht von einigen, ursprünglich recht kleinen und in sich geschlossenen Siedlungsgebieten ausging. Ein solcher Siedlungskern, der der salischen Franken (salisch = salzig), deren Ursprünge in das 4. Jahrhundert zurückgehen, lag am Unterrhein. Ein weiterer befand sich in den Niederungen von Maas und Mosel, ein dritter in Südbelgien mit einem Zentrum in der kleinen römischen Stadt Tournai. Später ent-

links Vergoldete Silbertafel, die einen thrakischen Aristokraten in voller Rüstung zeigt; 4. Jahrhundert v. Chr. Aus dem Schatz von Letnitsa, Bulgarien.

unten Teil der Grabbeigaben aus dem Grab eines Germanen in Hoby auf der Insel Lolland, Dänemark. Die Silberbecher wurden von griechischen Kunsthandwerkern hergestellt und gelangten im frühen 1. Jahrhundert n. Chr. entweder als diplomatische Geschenke oder als Diebesgut aus der römischen Provinz nach Norden, wo sie einem Mitglied der einheimischen Oberschicht mit ins Grab gegeben wurden.

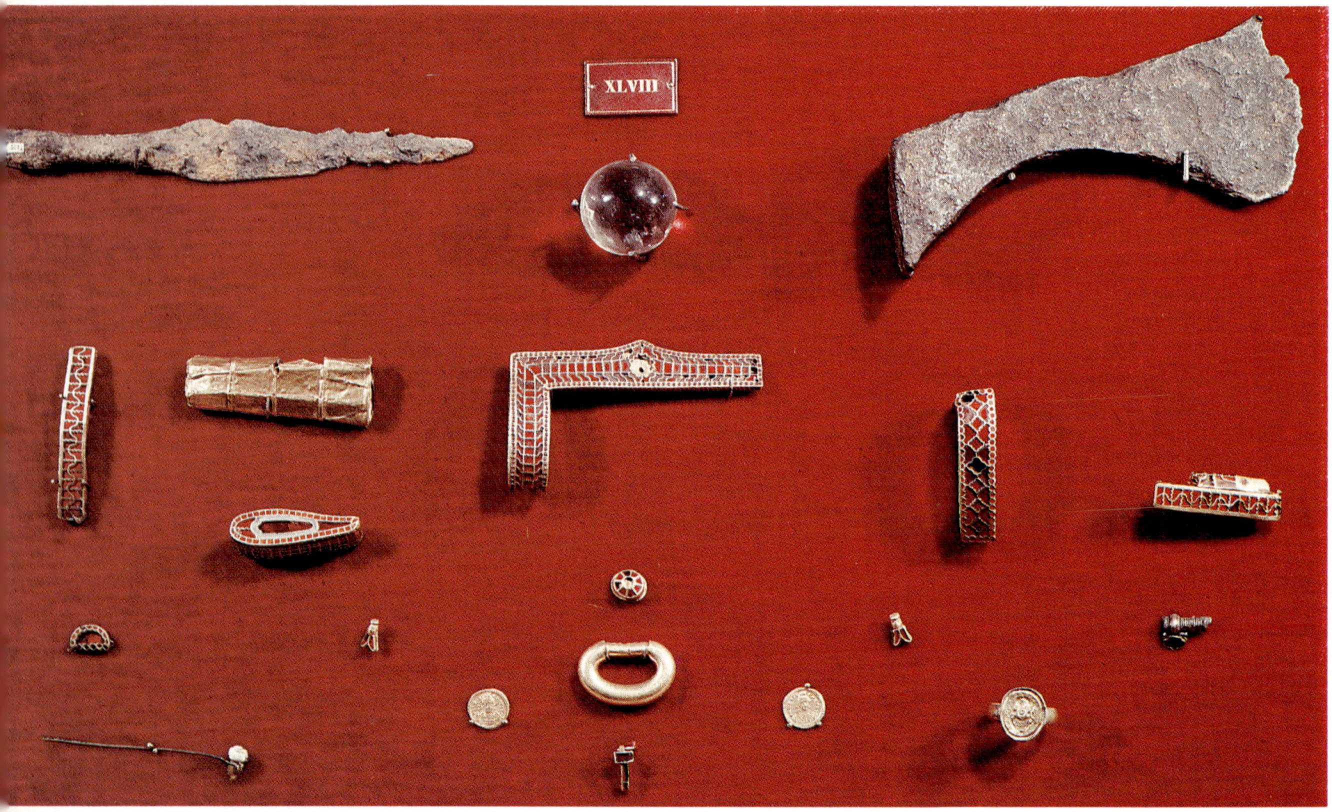
XLVIII

Spatha und Sax mit den dazugehörigen Scheiden sowie Gürtelbeschläge aus einem Grab in Pouan, Dép. Aube, Frankreich; zweite Hälfte 5. Jahrhundert.

Gegenüberliegende Seite:
oben links Spangenhelm aus dem Grab eines adligen fränkischen Kriegers (Krefeld-Gellep); etwa 600 n. Chr.

oben rechts Parierstange und oberer Teil der Klinge eines ostgermanischen Schwerts (Spatha) aus Altlußheim, Deutschland; Mitte des 5. Jahrhunderts.

unten Die erhaltenen Beigaben aus dem Grab Childerichs, das in Tournai, Belgien, gefunden wurde; 481 n. Chr.

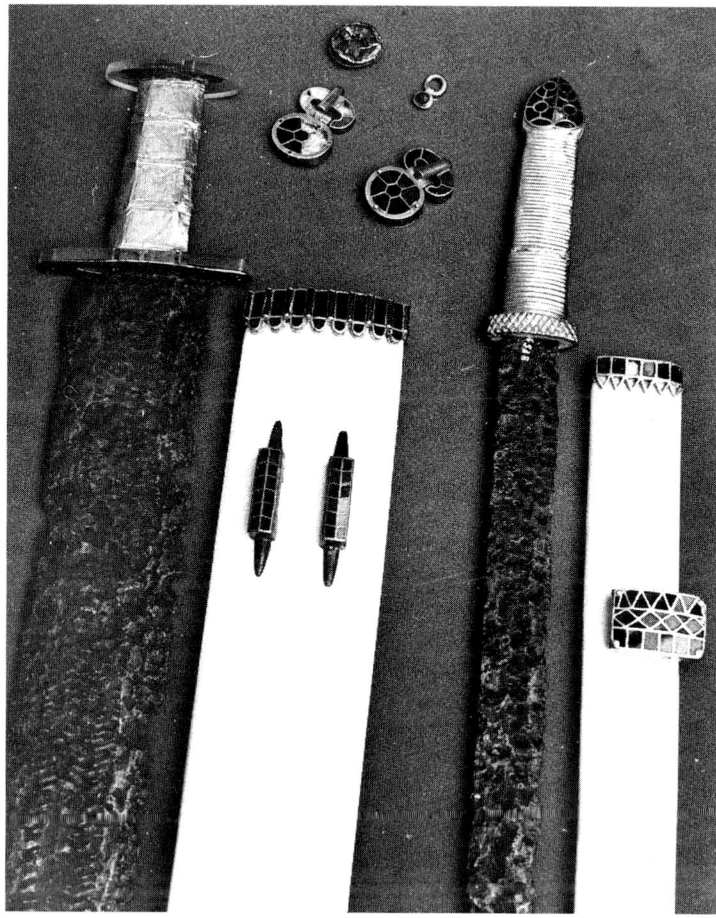

standen auch in der Gegend um Reims eine Reihe von Siedlungen verschiedener fränkischer Gruppen. Bis in das späte 5. Jahrhundert hinein jedoch werden diese Siedlungen von keiner zentralen Macht zusammengehalten, dann aber schweißt Chlodwig die verstreuten Stammesgruppen zu einem starken Königreich zusammen und dehnt seinen Herrschaftsbereich über den größten Teil des nördlichen Gallien, d. h. vom Rhein bis zur Loire, aus. Bis in die ersten Jahre des 6. Jahrhunderts hat Chlodwig gegen die Thüringer und Alemannen östlich des Rheins sowie gegen die Burgunder in Ostgallien zu kämpfen. Und er konnte die Westgoten bei Vouillé besiegen. Als er im Jahr 511 starb, gewürdigt vom Kaiser in Byzanz und von Theoderich in Italien, hatten die Franken Gallien unterworfen und sie sollten Galliens Herren bleiben.

Königsgräber und andere reich ausgestattete Gräber haben entscheidend dazu beigetragen, daß ein archäologisch recht genaues Bild von den Franken entstehen konnte. Das älteste Königsgrab war auch das erste, das gefunden wurde: das Grab von Childerich, des Vaters von Chlodwig, der 481 oder 482 starb, wurde 1653 in Tournai gefunden, und die Funde wurden kurz darauf veröffentlicht. Der tote König war von einem Schatz aus Gold, Silber und Granat umgeben. Zu diesen Grabbeigaben gehörten zwei große Schwerter in Scheiden, die mit Granateinlegearbeiten verziert waren, ferner goldene Gürtelschnallen, ein Halsring aus Gold, eine goldene Zwiebelknopffibel, wie sie von Offizieren in der späten Römerzeit getragen wurde, einhundert Goldmünzen und doppelt so viel Silbermünzen sowie einen reich mit Brokat verzierten Umhang, auf den dreihundert Bienen aus Gold genäht waren. Das Grab vermittelt einen unvergleichlichen Einblick in das handwerkliche Geschick, mit dem Metall und Edelsteine im späten 5. Jahrhundert bearbeitet wurden. Ebenso deutlich wird hier der Bezug zur römisch-kaiserlichen Machtdarstellung, obwohl Childerich und sein Sohn Könige der Barbaren waren, die die Nachfolge der Macht Roms im Westen angetreten hatten.

Childerich war noch Heide; der Kontext seiner Bestattung ist jedoch nicht genau zu bestimmen. Chlodwig war bereits getaufter Christ, und seit seiner Zeit ließen sich die fränkischen Könige, ihre Familien und viele Adlige in oder neben Kirchen beerdigen. Unter einer kleinen Basilika in St. Denis bei Paris befand sich das Grab einer Adligen, die im Alter von ungefähr vierzig Jahren starb. Sie ruht in einem Steinsarkophag, angetan mit prächtigen Kleidern und eingehüllt in einen rötlichen seidenen Umhang. Sie trägt die herrlichsten Juwelen. Auf ihrem goldenen Siegelring befindet sich die Inschrift

links Childerichs Kleidung und Waffen, rekonstruiert anhand der Beigaben, die in seinem Grab in Tournai, Belgien, gefunden wurden (481 n. Chr.).

rechts Kleidung, Waffen und Reiterausrüstung eines fränkischen Adligen, rekonstruiert nach den Grabbeigaben, die in Krefeld-Gellep gefunden wurden; Mitte des 6. Jahrhunderts.

Gold- und Granatschmuck aus dem reich ausgestatteten Grab einer Frau, das sich unter dem Kölner Dom befand; Ende des 6. Jahrhunderts. Vermutlich handelt es sich um das Grab einer fränkischen Dame aus königlicher Familie.

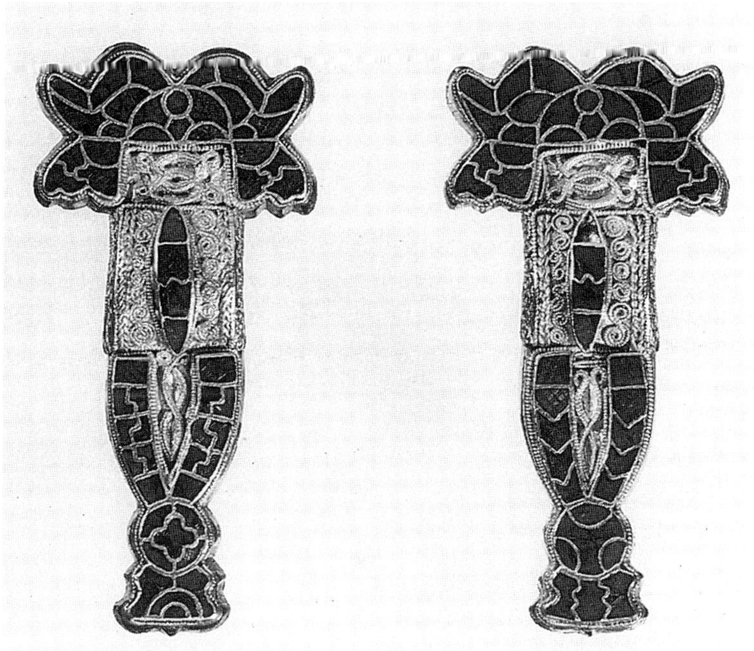

ARNEGUNDIS REGINE. Es handelt sich wahrscheinlich um Arnegunde, die zweite Frau Clothars I., die um 570 starb. Zwei Gräber unter dem Kölner Dom gehören in dasselbe höfische Milieu und wurden vielleicht zwanzig Jahre früher angelegt. Das eine ist das Grab einer Dame, das andere das eines kleinen Jungen, vermutlich ihres Sohnes. Die Juwelen aus dem Grab der Frau zählen zu den schönsten, die im germanischen Europa je gefunden wurden. Der kleine, ungefähr sechs Jahre alte Junge wurde mit der Ausrüstung eines fränkischen Kriegers versehen, alles entsprechend seiner Körpergröße gefertigt: Helm, Schwert, Axt, Lanzen, Schild und Messer. Aber nicht alle fränkischen Adligen wurden in Kirchen beigesetzt. Auf dem Gräberfeld von Krefeld-Gellep, weitab von jeder Kirche, fand man einige reich ausgestattete Kriegergräber aus dem 6. und 7. Jahrhundert, und das Grab des in Morken – ebenfalls im Rheinland – bestatteten Kriegerhäuptlings liegt in der Ruine einer römischen Villa unter einer späteren Kirche, mit der es in keinem Zusammenhang zu stehen scheint. Die alten aristokratischen Bräuche hielten sich in der Welt der Barbaren noch lange: Große Krieger und ihre Frauen mußten auch nach Übernahme des christlichen Glaubens weiterhin mit den ihrem Status angemessenen Grabbeigaben bestattet werden. Nur zögernd setzte sich die Beisetzung in der Kirche durch, und selbst dort hielt man teilweise noch an der Beigabensitte fest.

Die frühen fränkischen Siedlungen liegen oft benachbart zu spätrömischen Einrichtungen. Das ist nicht überraschend, wenn man daran denkt, wie stark einige dieser Städte im 5. Jahrhundert noch waren. In Berry-au-Bac in der Picardie diente eine gallorömische Siedlung als Zentrum für eine Gruppe von umliegenden fränkischen Grubenhäusern und Langhäusern, wahrscheinlich ohne zwischenzeitlichen Siedlungsabbruch. Es ist lange angenommen worden, daß fränkische Gräberfelder im Norden und in der Mitte Galliens häufig bei oder in der Nähe von römischen Villen entstanden, an deren Stelle im Mittelalter Dörfer traten, die um eine merowingische oder karolingische Kirche angelegt waren. Demnach würde einem römischen Landgut also eine fränkische Siedlung und ein Gräberfeld und darauf ein mittelalterliches Dorf folgen, eine durchaus plausible Abfolge. Allerdings wurde diese noch nie an einer einzigen Siedlung vollständig nachgewiesen. Spätere fränkische Siedlungen sind in Anlage und Struktur wenig beeindruckend. Eine der am gründlichsten dokumentierten Siedlungen ist die von Gladbach bei Neuwied. Sie bestand aus einer Reihe von Grubenhäusern, die um eine rechteckige Halle angeordnet waren. In Brebières im Pas-de-Calais fand man eine große Zahl von Grubenhäusern aus dem 6. und 7. Jahrhundert, in denen verschiedene Handwerke betrieben wurden und die vielleicht der nahegelegenen königlichen Villa Vitry-en-Artois untertänig waren. Die Residenzen des fränkischen Adels konnten archäologisch noch nicht mit Sicherheit ermittelt werden. Es liegt nahe, daß sie häufig in römischen Städten lagen, wodurch ihre Entdeckung zu einem Zufallsspiel wird. Aber selbst auf dem Lande ist das, was wir über fränkische Siedlungen wissen, bei weitem nicht repräsentativ.

Ein großer Teil des östlichen Gallien wurde im frühen 5. Jahrhundert von den Burgundern erobert. Dieses Volk war im Jahrhundert zuvor weit nach Westen gewandert und hatte sich zunächst beherrschend im Gebiet von Main und Neckar nahe der römischen Grenze niedergelassen. Aber sie lockte die Aussicht auf Land in Gallien, und

Hunnischer Bronzekessel, gefunden in Törtel, Ungarn; 5. Jahrhundert.

so nahmen sie Ende 406 unter ihrem König Gundohar an der Überquerung des zugefrorenen Rheins teil und ließen sich in der Gegend um Worms, Speyer und Straßburg nieder. Im Jahr 435 versuchten sie, ihre Herrschaft auszudehnen und zogen nordwestlich nach Gallia Belgica, wo sie vom römischen Feldherrn Aëtius zurückgetrieben wurden. Später wurde ein Burgunderheer, immer noch unter der Führung Gundohars, von einfallenden Hunnen umzingelt und vernichtet. Diese Niederlage bereitete der Expansion der Burgunder in Gallien ein Ende, doch führte sie dazu, daß ihr Name in die europäische Literatur einging. Sie bildet den Kern des *Nibelungenliedes*, eines Epos, das in Gestalt einer mittelalterlich-höfischen Dichtung mehrere miteinander verwobene Geschichten erzählt, die ihren Ursprung in jener Zeit haben, als die Germanen über den Rhein nach Westen vorstoßen wollten.

Auch nach der Niederlage hatten die Burgunder noch Bedeutung genug, um ihnen im Jahr 443 den Status von Verbündeten zu verleihen. Dadurch erhielten sie in Sapaudia (das heutige Savoyen), im Südwesten der Schweiz, und in den angrenzenden Teilen Frankreichs ein neues Siedlungsgebiet, wo sie an der Sicherung der Alpenpässe und Zugangswege nach Italien mitwirken sollten. Sie erfüllten ihre Verpflichtungen als Verbündete, indem sie 451 gegen die Hunnen und 456 gegen die Sueben in Spanien kämpften. Der endgültige Zusammenbruch der römischen Herrschaft in Gallien ermöglichte es ihnen dann, ihr Stammesgebiet zur Rhône hin zu erweitern, so daß sie am Ende über einen großen Teil der Landschaften zwischen Rhône und Alpen herrschten. Damit waren sie auf dem Höhepunkt ihrer Macht. Es gelang ihnen aber nicht, sich der Expansion der Franken zu widersetzen, und schon bald verloren sie an Bedeutung und hinterließen am Ende nicht viel mehr als den Namen Burgund auf der Landkarte Frankreichs.

Auch Sachsen zogen ins nördliche Gallien, eine vor allem deshalb oft vergessene Tatsache, weil bis vor kurzem nur wenige archäologische Nachweise für ihre Anwesenheit in diesem Gebiet vorlagen. Um Bayeux in der Normandie ließen sich die *Saxones Baiocassini* nieder, die Gregor von Tours (538–594) in seiner Frankengeschichte zweimal erwähnt. Mittlerweile werden im Calvados-Gebiet immer mehr sächsische Keramik und Metallarbeiten gefunden, so z. B. in den Gräberfeldern von Giberville und Sannerville. Weitere Sachsen siedelten im Becken der Somme und im Pas-de-Calais, und auch hier stößt man, wie bei Nouvien-en-Pontieu, auf ihre Gräber. Eine weitere Gruppe wagte sich bis zur Westküste Galliens vor und ließ sich an der Loiremündung nieder. Bis zum späten 6. Jahrhundert waren diese Siedler aus dem Norden aber von der Kultur des merowingischen Gallien aufgesogen worden.

DIE ALEMANNEN

Die Alemannen wanderten erst in größerer Zahl in Richtung Rhein und Donau, nachdem im Jahr 260 die römische Grenze aufgegeben worden war. Um 300 besetzten Gruppen von alemannischen Siedlern das Gebiet zwischen Schwarzwald und Oberlauf der Donau; und es dauerte dann nicht lange, bis sie in das Oberrheintal und ins östliche Gallien einfielen. Kaiser Julian zog 350 n. Chr. gegen sie in den Krieg und brachte ihnen etliche Niederlagen bei, die schwerste bei Straßburg im Jahr 357. Dennoch blieben sie für Gallien eine enorme Bedrohung und nahmen denn auch am Silvesterabend 406/07 an der großen Invasion teil. Das Gebiet nördlich der Alpen, wo sich der größte Teil dieses Volkes niederließ, eignete sich nicht zur Herausbildung einer einheitlichen Macht. Die Alemannenheere wurden gewöhnlich von mehreren Königen oder Kriegsherren befehligt, und diesen unterstanden Kleinkönige (*reguli*), die wiederum die Krieger kleinerer Stammesverbände anführten. Die befestigten Höhensiedlungen dieser lokalen Häuptlinge gehören zu den auffälligsten Besonderheiten der archäologischen Funde im alemannischen Gebiet. Die expansiven Franken zogen allerdings immer engere Kreise um die Alemannen, und diese setzten ihre Hoffnung auf den Süden, die Alpentäler und Bayern. Von dort aus konnten sie immer noch Raubzüge nach Gallien, Italien und in die Gebiete am Oberlauf der Donau unternehmen. Im Jahr 500 hatten sie als Ausgleich für ihre Verdrängung aus dem Rheintal durch Chlodwig bereits die besten Landstriche des nördlichen Alpengebiets unter ihrer Kontrolle. Auch Italien lockte sie, aber sie waren nicht stark genug, um in genügend großer Anzahl dort einfallen und ein Gebiet besetzen zu können. Im 6. Jahrhundert gerieten sie immer tiefer in die Abhängigkeit der Ostfranken, bis schließlich im frühen 8. Jahrhundert Karl Martel die Alemannen in sein Reich eingliederte.

In Südwestdeutschland sind mehrere größere und befestigte Siedlungen der Alemannen bekannt. Am eingehendsten untersucht wurde die auf dem Runden Berg bei Urach. Diese Hügelsiedlung von nur 70 Metern Länge und einer Breite von 50 Metern war um das Jahr 300 von einem massiven Schutzwall aus Holz umgeben, der zahlreiche Holzhäuser aus dem 4. Jahrhundert umschloß. Weitere Gebäude befanden sich un-

links Grab eines alemannischen Adligen, gefunden in Gammertingen, Süddeutschland; um 570 n. Chr.

rechts Befund und Rekonstruktion der Tracht einer jungen alemannischen Adligen, Bülach, Süddeutschland; um 650 n. Chr.

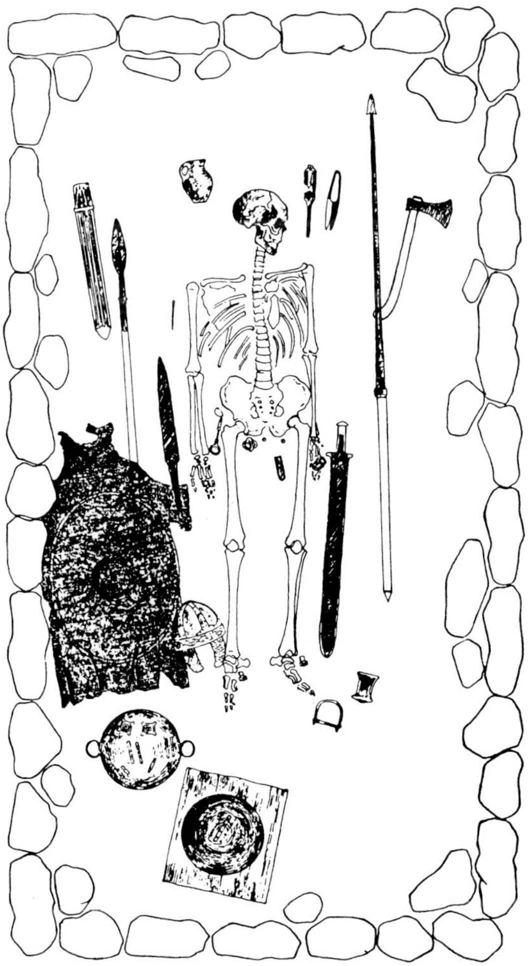

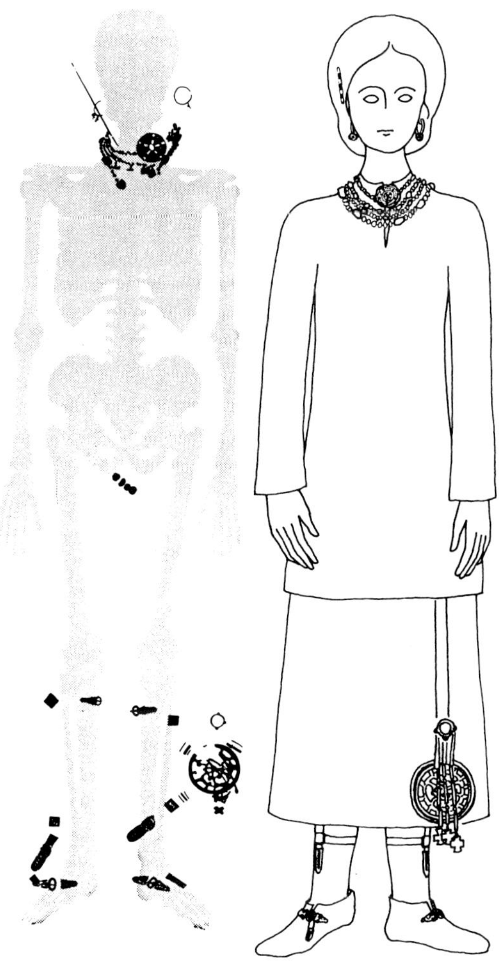

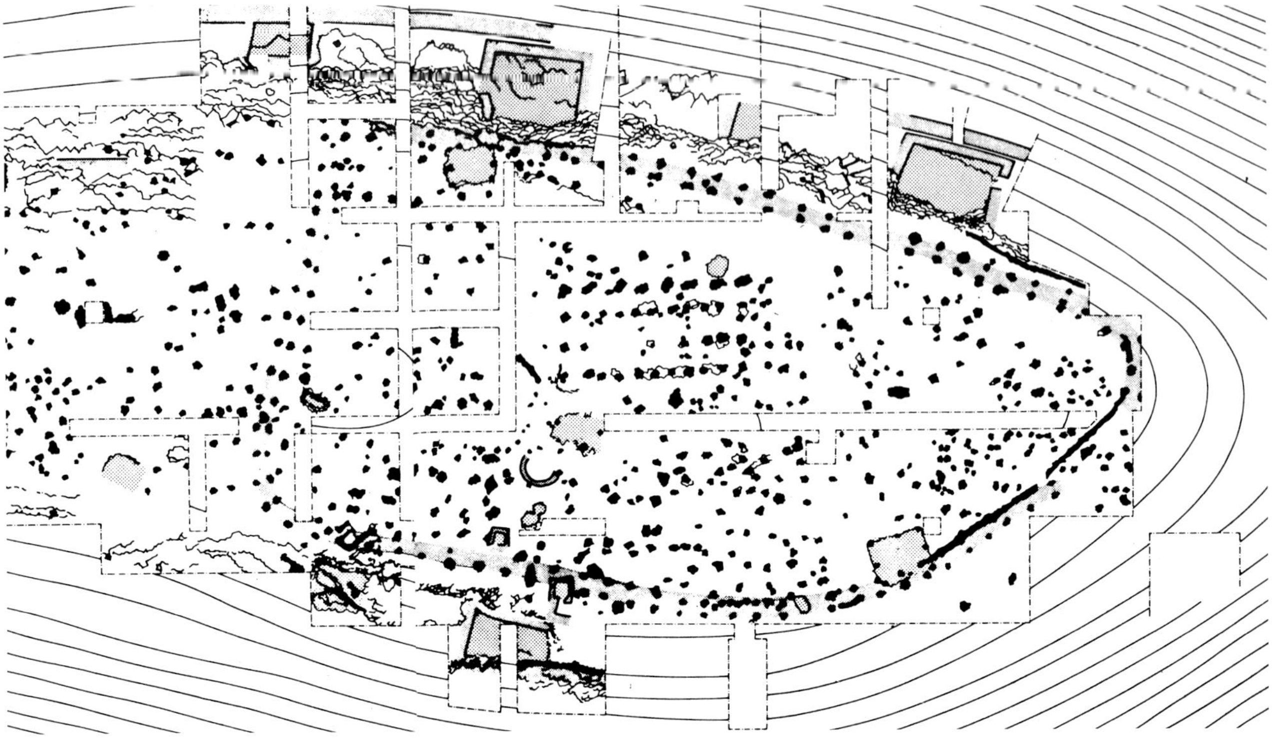

Die alemannische Höhensiedlung auf dem Runden Berg bei Urach, Baden-Württemberg; 4./5. Jahrhundert.

terhalb, sie dienten möglicherweise Handwerkern, die dem auf dem Runden Berg residierenden Häuptling unterstanden, als Unterkunft und Werkstatt. Ähnliche Anlagen sind die Gelbe Burg bei Dittenheim und der Reissberg bei Bamberg. Vermutlich liegt ein großer Teil der kleineren alemannischen Siedlungen unter den Dörfern, die im Mittelalter oder in der Neuzeit entstanden, so daß die bekannten Siedlungen nicht repräsentativ genug sind, um von Siedlungsmustern zu sprechen; das gilt für Alemannien wie für das fränkische Gallien. Auch alemannische Siedler interessierten sich für die verlassenen römischen Landgüter. Die Villen in Holheim und Praunheim wurden von ihren neuen Herren teilweise neu aufgebaut, und die bei Baldingen gefundenen römischen Goldmünzen und die zur militärischen Ausrüstung gehörende Fibel waren vielleicht im Besitz von Alemannen, die in den römischen Provinzen gedient oder dort Raubzüge veranstaltet hatten. Bei Neuburg am Oberlauf der Donau fanden sich Belege dafür, daß Alemannen seit 330 in römischen Diensten standen.

DIE WANDALEN

Der Vormarsch der Wandalen ins Römische Reich verlief anders. Nachdem sie zusammen mit den Alemannen gegen Ende des Jahrs 406 den Rhein überquert hatten, zogen sie durch Gallien und hatten nach weniger als drei Jahren die Pyrenäen erreicht. Zusammen mit Sueben und Alanen fielen sie in Spanien ein und fanden dort fruchtbares

Land, das nur unzureichend verteidigt wurde. Nachdem sie auf der Halbinsel lange umhergezogen waren, vereinigten sich mehrere Gruppen der Wandalen wieder in Südspanien und gründeten ein Königreich, das allerdings nicht lange bestand. Vor allem Plünderungen und Seeräuberei lieferten die wirtschaftliche Basis. Die günstig gelegenen Häfen von Andalusien boten sich an für Expeditionen auf die andere Seite der Meerenge; als dann auch der dortige Reichtum zu schwinden begann, wurden die Verlockungen, die von den unermeßlichen Ressourcen Afrikas ausgingen, unwiderstehlich. Im Mai 428 wurde unter dem Heerführer Geiserich (oder Genserich), einem der fähigsten, zugleich aber ruchlosesten aller Germanenkönige, eine riesige Flotte mit einer Besatzung aus Wandalen und Alanen zusammengestellt. Geiserich war nicht nur ein Feldherr von überragender Autorität, sondern auch ein begabter Politiker mit beachtlichen Fähigkeiten. Lange nach seinem Tod beschrieb ihn der byzantinische Geschichtsschreiber Prokopios von Kaisareia als den klügsten unter allen Männern. Das Wandalenheer muß etwa 20 000 Krieger gezählt haben, denn wir wissen aus zuverlässiger Quelle, daß insgesamt 80 000 Männer die Meerenge überquerten. Die römischen Streitkräfte in Afrika hätten in der Lage sein müssen, sich gegen ein feindliches Heer dieser Größe, das von der See aus angriff, zu verteidigen. Aber ihre Führung war schwach, und sie hatten keine Chance, den Eindringlingen mit dem erforderlichen Nachdruck entgegenzutreten. Als die Wandalen bei Tanger an Land gingen, stießen sie auf keinen nennenswerten Widerstand. Ihr Vorstoß nach Osten vollzog sich mit atemberaubender Geschwindigkeit und hatte verheerende Folgen. Nach nur zwei Jahren konnten sich nur drei bedeutendere Küstenstädte halten. In diesem reichen Land mußten die Invasoren ihre Zeit nicht mit der Organisation des Nachschubs verschwenden, sondern konnten ihre ganze Energie für die Eroberung von Städten und Ländereien einsetzen. Nur wenige städtische Garnisonen leisteten Widerstand, und innerhalb von zwei Jahren hatten die Wandalen die Provinzen Mauretanien und Numidien vollständig unter ihre Herrschaft gebracht. Rom blieb nichts anderes übrig, als einen Vertrag anzubieten und zu hoffen, daß sich die Wandalen mit dem, was sie erreicht hatten, zufrieden geben würden. Doch Geiserich wollte mehr und griff die reiche Provinz Africa an. Im Jahr 439 nahm er ohne Schwierigkeiten Karthago ein und besaß damit einen Stützpunkt, von dem aus er Italien bedrohen konnte. Und im Jahr 440 fiel ein Wandalenheer dann auch in Sizilien ein. Es gelang Rom, Geiserich mit einem Vertrag zu neuen Bedingungen zu kaufen, und die Wandalen ließen sich darauf ein, zogen sich zurück, um die Früchte ihrer Eroberungen in Nordafrika zu genießen.

Die meisten wandalischen Siedler haben sich ab 440 vermutlich in der Umgebung von Karthago niedergelassen, andere in den fruchtbaren Gebieten um Cherchel und Tipasa und in der Ebene um die Felsenburg von Constantine. Römische Besitzungen wurden enteignet, doch blieben auch viele Landeigentümer weitgehend unbehelligt. Teile der römischen Verwaltung wurden beibehalten. Einige Führer der Wandalen wurden sogar zu Nachahmern des leichten Lebens und der Genüsse, die sie bei den römischen Grundbesitzern kennengelernt hatten. Dennoch blieb zwischen der großen Masse der wandalischen Siedler und den Einwohnern der Provinzen eine tiefe Kluft. Ihre Herrschaft in Afrika setzten die Wandalen mit Waffengewalt durch, und wenn sich Gelegenheiten zu Raubzügen boten, dann ließ man diese nicht aus. Im Jahr 455 verwüsteten die Wandalen Spanien und Italien; selbst Rom wurde überfallen und geplündert. Obwohl die im allgemeinen feindselig eingestellten Schriftzeugnisse nur wenig über das Königreich der Wandalen sagen, kann doch als sicher gelten, daß sie nicht gerade ein humanes und fortschrittliches Regime führten. Sein Ende ließ nicht lange auf sich warten. Im Jahr 533 landeten die Byzantiner in Afrika, und in wenigen Monaten war die Herrschaft der Wandalen für alle Zeiten gebrochen.

DIE VÖLKER DES NORDENS

Die Völker, die an den Küsten von Nord- und Ostsee lebten, waren lange vor der um 400 einsetzenden Wanderung von Siedlergruppen nach Gallien und Britannien immer wieder zu Raubzügen dorthin aufgebrochen. Zu diesen Völkern zählten die Friesen aus dem Norden Hollands, die Sachsen aus dem Elb-Weser-Gebiet, die Angeln aus Schleswig und andere Stämme von der Halbinsel Jütland. Als Auslöser für die Auswanderung dieser Völker wird häufig die Verschlechterung der Siedlungsbedingungen in der Küstenregion genannt, der Anstieg des Meeresspiegels und der Verlust von Landwirtschaftsflächen. Dies mag eine Rolle gespielt haben, doch war die Bevölkerungszunahme vermutlich ein ebenso bedeutender Faktor. Sicherlich wußten die Völker des Nordens auch von den wachsenden Schwierigkeiten Roms, seine Verteidigungsstellungen in Niedergermanien und in Britannien zu halten. In den schriftlichen Überlieferungen fällt der Name der Sachsen am häufigsten. Es ist aber anzunehmen, daß dieser Name für alle benutzt wurde, die als Plünderer und Einwanderer über die nördlichen Meere kamen. Über die politische Verfassung dieser Stämme ist nur wenig bekannt. Es gibt keine Anzeichen dafür, daß die Macht in irgendeiner Form zentralisiert war, und die Namen ihrer Anführer haben etwas Schemenhaftes, wenn sie nicht überhaupt mythischen Ursprungs sind. Die Sachsen und die anderen Stämme, die nach Britannien und Gallien zogen, kamen als Heerhaufen und als kleine Siedlergruppen. Nach ihrer Ankunft entwickelten sie nur langsam politische Einheiten. Die Bewegungen dieser Stämme verliefen anders als die Züge der Westgoten, der Wandalen oder später der Langobarden. Es war vielmehr eine Bevölkerungsbewegung, die schrittweise über einen längeren Zeitraum von vielleicht zwei Jahrhunderten hinweg erfolgte. Die nur lockeren Formen gesellschaftlicher Organisation blieben sowohl in Britannien als auch in der norddeutschen Heimat der Sachsen das 5. Jahrhundert hindurch bestehen. In diesem Jahrhundert haben sich in den Küstengebieten beträchtliche Veränderungen abgespielt. Viele Siedlungen wurden endgültig verlassen. Die großen Urnenfriedhöfe, denen wir so viele Informationen über die Kultur dieser Völker verdanken, wurden vor Ende der ersten Hälfte des 5. Jahrhunderts aufgegeben; andere entstanden vor 500 und wurden drei Jahrhunderte lang benutzt. Offenbar waren einschneidende Veränderungen eingetreten, die diese Völker zwangen, sich neu zu organisieren.

Als Kernland der Sachsen gilt gewöhnlich das Gebiet am Unterlauf von Elbe und Weser, wo die am besten erforschten Friedhöfe gefunden wurden. Der Siedlungsbereich der Sachsen erstreckte sich aber bis nach Holland im Westen und in südlicher

Richtung bis nach Ostdeutschland hinein. Sie hatten Verbindungen mit den wichtigsten Nachbarvölkern wie den Franken im Rheinland und den Thüringern im Süden. Das Gräberfeld von Liebenau bei Nienburg im Wesertal enthält sowohl fränkische Metallarbeiten als auch Glas und Fibeln aus Thüringen, die durch Einheirat oder durch Handel dorthin gelangt sein können. Liebenau ist der Friedhof, der in jüngster Zeit am gründlichsten erforscht wurde und der deshalb so interessant ist, weil er vom frühen 5. Jahrhundert bis zur Mitte des 9. Jahrhunderts ununterbrochen benutzt wurde. Bis zum 8. Jahrhundert waren heidnische Bestattungssitten vorherrschend. Dazu gehörte die gesonderte Bestattung von Pferden, vermutlich die Reittiere führender Krieger. Christliche Bestattungen ohne Grabbeigaben gibt es erst seit der Zeit von Widukinds Taufe im Jahr 785, aber auch aus der Zeit danach finden sich noch Gräber mit Beigaben für das Leben im Jenseits.

Die Sachsen auf dem Festland waren das ganze 6. und 7. Jahrhundert hindurch ein mächtiges Volk. Doch wie andere Stämme östlich des Rheins konnten sie sich nicht gegen die Franken behaupten und wurden Ende des 8. Jahrhunderts schließlich von Karl dem Großen unterworfen. Ihre friesischen Nachbarn waren als Krieger weniger bedeutend, aber sie waren tüchtige Seeleute und nutzten dies für die Entwicklung eines Handelsnetzes in der Nordsee, worauf sich für die nächsten Jahrhunderte ihr guter Ruf gründete.

Die Siedlungsgebiete rund um die westliche Ostsee konnten in der Völkerwanderungszeit ihre Macht und ihren Wohlstand erhalten, da sie von größeren Invasionen fremder Völker verschont blieben. Fruchtbares Land gab es reichlich, und die Überschüsse, die hier erzeugt werden konnten, wurden eingetauscht gegen oströmisches Gold. Die Ströme von Gold, die nach Südschweden und auf die Ostseeinseln Gotland und Öland gelangten, waren teilweise wohl Kriegsbeute gewesen oder stammten aus Tributzahlungen der byzantinischen Kaiser an die Völker des Ostens. In Skandinavien wurden daraus Fibeln, Spiralringe, herrliche Halsketten und anderer Schmuck gemacht. Der größte Goldschatz aus dieser Zeit, der in Tureholm im schwedischen Södermanland gefunden wurde, besteht aus zwölf Kilogramm reinem Gold; ein einzelner Ring, der in Trolleberg gefunden wurde, wiegt 1,25 Kilogramm. Es ist also keineswegs verfehlt, von einem goldenen Zeitalter Skandinaviens zu sprechen.

Die Verbindungen zwischen dem westlichen Ostseeraum und den anderen Teilen Europas einschließlich der römischen Welt rissen während der gesamten Völkerwanderungszeit nicht ab. Lange Zeit vermutete man ein wichtiges Handelszentrum auf der Insel Fünen im Gebiet von Gudme. Hier war man im 19. Jahrhundert auf zahlreiche kostbare Metallarbeiten gestoßen, zu denen durch jüngere Grabungen noch weitere hinzukamen. Nach Gudme gelangten auch viele spätrömische Münzen sowie Silberteller, Fibeln und anderer Schmuck. Das Fundareal ist über 200 Hektar groß, mehrere Siedlungen wurden hier bereits lokalisiert. Es ergibt sich hier das Bild eines Machtzentrums, das beweglichen Reichtum in großer Menge an sich zog und über die ganze westliche Ostseeregion weiterverteilte. Dies konnte nur auf dem Seeweg geschehen, und es ist kein Zufall, daß Gudme nur fünf Kilometer von der Küste entfernt liegt. Dort entdeckte man bei Lundeborg eine Hafenanlage, zugleich konnten weitere große Funde von römischen Importen und Metallarbeiten aus der Völkerwanderungszeit gebor-

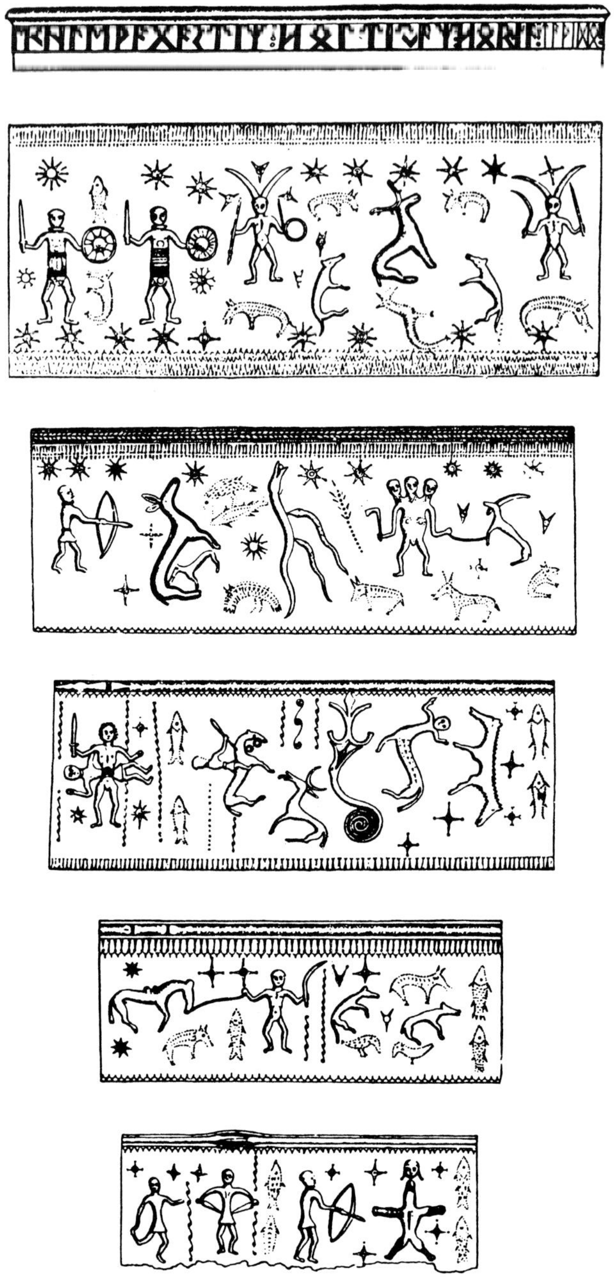

Verzierungen auf einem der goldenen Hörner von Gallehus, Jütland, Dänemark; um 400 n. Chr.

gen werden, darunter einer der größten Goldschätze, die jemals in Dänemark gefunden wurden. Die Anlagen von Gudme und Lundeborg können durchaus Vorläufer der bekannten Handelszentren späterer Jahrhunderte wie Dorestad und Quentovic im Westen und Haithabu und Birka im Norden gewesen sein.

Die Völker Skandinaviens waren den Schriftstellern der mediterranen Welt eher unbekannt, selbst die Namen der bedeutenderen Gruppen sind schlecht belegt. Als die mächtigsten Völker galten die Svear (oder Sviar) aus Uppland in Mittelschweden und die Gotar südlich davon. Südschweden wurde vermutlich von einer Vielzahl kleinerer

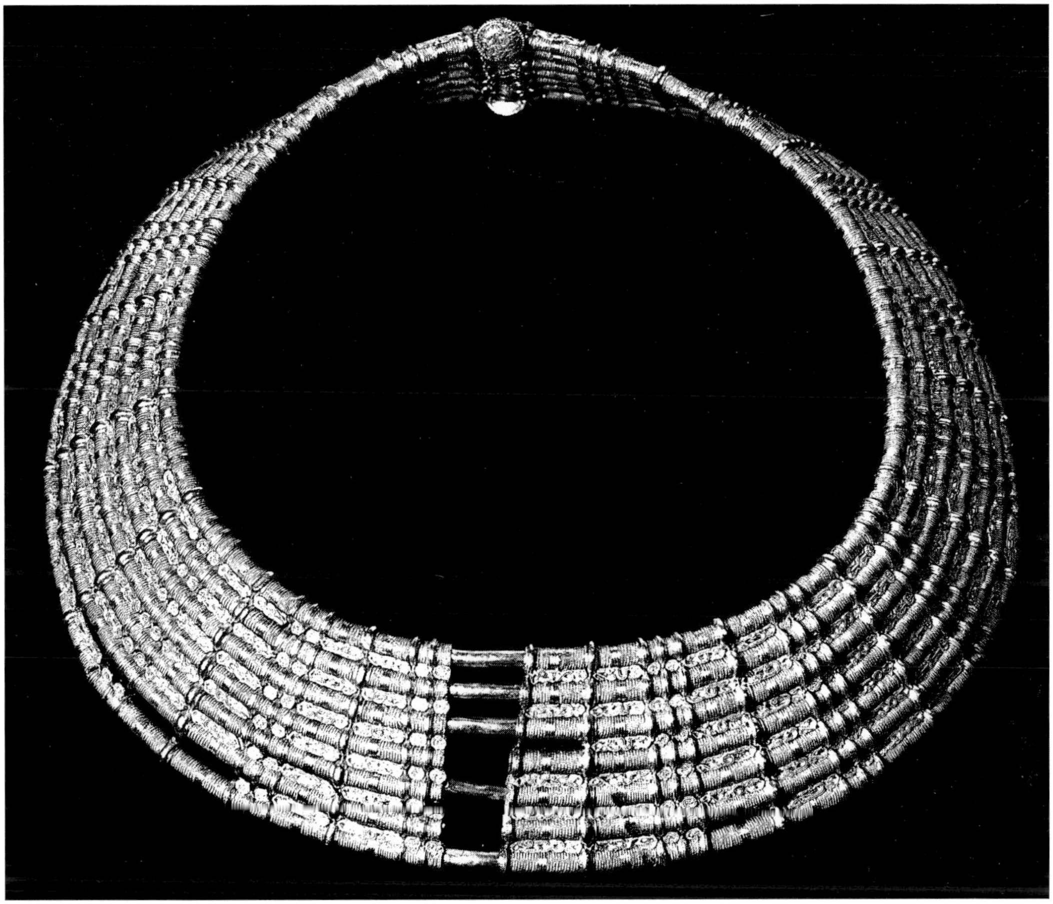

Goldener Halsschmuck von Möne, Schweden; 5. Jahrhundert.

Stämme bewohnt, denn hier finden sich Hunderte von Befestigungen aus der Völkerwanderungszeit und danach. Die meisten waren kleine, von einer einzelnen Steinmauer umgebene Anlagen. Eine der größten von ihnen mit einem Durchmesser von 210 Metern und einer Mauer mit stolzen neun Metern Höhe war Gråborg auf Öland. In Eketorp, ebenfalls auf Öland, wurden großflächige Ausgrabungen durchgeführt. Eketorp war ursprünglich eine Fliehburg aus dem späten 4. Jahrhundert und wurde in der Völkerwanderungszeit in eine sorgfältig geplante und hochorganisierte Siedlung umgewandelt, deren Anlage auf ein örtliches Machtzentrum schließen läßt, das stark genug war, die angrenzenden Gebiete längere Zeit zu beherrschen.

In Südschweden gab es weitaus größere Machtzentren. In Gamla Uppsala (Alt-Uppsala), nicht weit nördlich von der heutigen Stadt Uppsala, finden sich drei riesige und nahe dabei Hunderte von kleineren Hügeln. Die Gräber in zwei der großen Hügel stammen aus der Zeit um 500 bzw. um 550. Es ist mit einiger Sicherheit anzunehmen, daß es sich hier um die Gräber der Herrscherfamilie der Svear, der Ynglinger, handelt, deren Name sowohl aus norwegischen wie aus englischen Überlieferungen bekannt ist. Im mittleren Hügel von Alt-Uppsala, der noch nicht ausgegraben ist, befindet sich vielleicht das Grab des Aun, des Gründers der Dynastie, der im 5. Jahrhundert starb. Einige Kilometer nördlich von Uppsala liegt Vendel, wo sich ein weiterer großer Hügel erhalten hat, der Grabhügel von Ottar, einem Sohn Auns, der in einer Schlacht umkam. Das Alter dieses Grabhügels ist unsicher, allerdings wurde darin eine Goldmünze aus dem 5. Jahrhundert gefunden. Mindestens ein weiteres größeres Machtzentrum in Schweden scheint durch erhaltene Grabmonumente identifizierbar zu sein. In Badelunda am Mälarsee befindet sich eine Gruppe großer, schiffsförmiger Steinmonumente, hinter denen sich ein Hügel von 15 Metern Höhe erhebt. Bis weit ins Mittelalter hinein war dies eine »Thingstätte«, ein Ort für Volks- und Gerichtsversammlungen.

Nach spätrömischen Vorbildern gefertigter Bronzehelm; gefunden in Vendel, Schweden; Anfang 7. Jahrhundert.

Zwei reich ausgestattete Friedhöfe aus dem späten 6. und 7. Jahrhundert bei Vendel und Valsgärde geben einen Eindruck vom Reichtum und den Verbindungen, über die die Herrscherhäuser in diesem Teil des europäischen Nordens verfügten. Auf den Gräberfeldern von Vendel wurden die Toten in Booten bestattet. Sie liegen in einer Gruppe nahe bei der mittelalterlichen Kirche. Reich verzierte Schwerter, Schilde, Helme, Zaumzeug und persönliche Gegenstände begleiteten diese Mitglieder der Herrscherfamilien in die andere Welt, auch ihre Pferde und Hunde, die während der Bestattungszeremonie geopfert wurden.

Die Beziehungen von Skandinavien mit dem Süden sind zwischen 500 und 700 n. Chr. sichtlich intensiviert worden. Münzen aus dem Oströmischen Reich gelangten in großer Zahl auf die Ostseeinseln, vor allem nach Gotland und Öland. Prägungen der Kaiser des späten 5. Jahrhunderts sind besonders häufig auf Öland und Bornholm zu finden, und die späterer Herrscher auf der Insel Gotland. Der größte Teil wurde in den unruhigen Zeiten des 6. Jahrhunderts gehortet und vergraben. Weniger häufig findet man byzantinische Münzen auf dem schwedischen Festland; allerdings gibt es sie zahlreich in Helgö am Mälarsee. Helgö war von der spätrömischen Eisenzeit bis ins Mittelalter bewohnt. Seine Bedeutung schwankte in dieser langen Zeit, auch änderten sich die wirtschaftlichen Grundlagen. Zwischen 500 und 700 war Helgö ein wichtiges Handelszentrum, in das Güter aus vielen Teilen Europas und der außereuropäischen Welt eingeführt wurden: Glas aus dem Reich der Franken; Metallarbeiten aus verschiedenen Teilen Westeuropas; hochwertige Bronzearbeiten aus dem Mittelmeerraum; eine bronzene Buddhastatue aus Nordindien; und ein Bischofsstab aus dem 8. Jahrhundert aus Irland. Wie dieser erstaunlich vielseitige Handel über so riesige Entfernungen zuwege gebracht wurde, ist noch nicht hinreichend geklärt. Es muß eine organisierende Kraft in oder um Helgö gegeben haben, aber bislang wissen wir nichts darüber. Der Ort war nicht nur Tausch- und Lagerplatz für Einfuhren aus fernen Ländern, sondern dort befanden sich auch Werkstätten zur Herstellung von Produkten für den einheimischen Markt, Metallwaren vor allem, aber auch von anderen Produkten, die keine archäologischen Spuren hinterlassen haben. Auch kann hier ein Kultzentrum gewesen sein, und der irische Bischofsstab ist vielleicht die Hinterlassenschaft einer christlichen Mission. Helgö läßt noch viele Fragen offen. Mit Sicherheit kann man nur sagen, daß es vielseitige und komplexe Funktionen zu erfüllen hatte.

DIE WANDERUNGEN DES 6. JAHRHUNDERTS

Im 6. Jahrhundert gab es große Invasionen aus Westrußland und den Steppen weiter im Osten. Um 550 tauchten die als Awaren bekannten nomadischen Reiter im Kaukasus auf, die mit der Billigung des byzantinischen Kaisers die Völker der Schwarzmeerküste angriffen. Sie zogen rasch nach Westen und erreichten um 560 n. Chr. das mittlere Donaugebiet, wo sie die Lücke füllten, die die Gepiden nach ihrer Vertreibung hinterlassen hatten. Als die Langobarden dann nach Italien zogen, konnten die Awaren bald ungehindert die Landschaften am Mittellauf der Donau unter ihre Kontrolle brin-

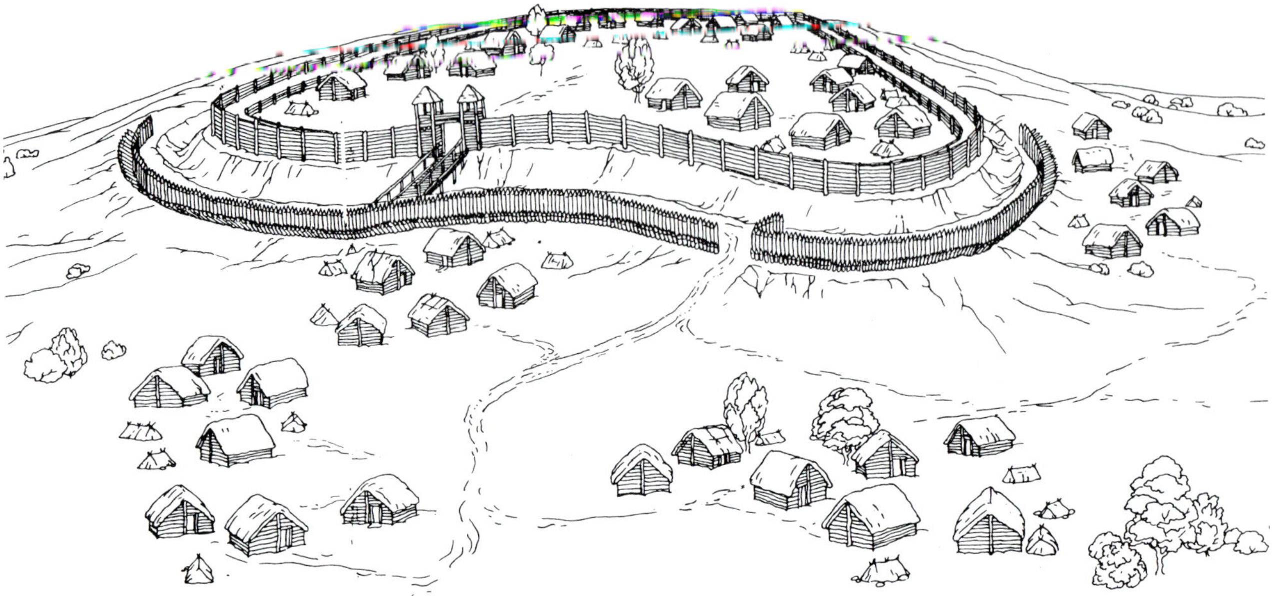

Der slawische Burgwall bei Klučov, Böhmen.

gen und nordwärts sogar bis zur Elbe vordringen. Bis ins frühe 7. Jahrhundert blieben sie die führende Macht, doch dann wurden sie von den Slawen verdrängt, die in Osteuropa die führende Rolle übernahmen.

Der Ursprung der Slawen liegt im dunkeln und dies wird so bleiben, wenn sich moderne Interpretationen mehr durch politische Ideologien leiten lassen als durch kritische Wissenschaft und Forschung. Die frühere Auffassung, wonach die Slawen aus einem einzigen Ursprungsgebiet stammen, wird inzwischen kaum noch vertreten; nur in einigen Darstellungen werden die Slawen als eine geschlossene Gruppe aus den Pripjetsümpfen bezeichnet. Es scheint jedoch plausibler, daß die Slawen, die *Sclaveni* der byzantinischen Schriftquellen, eher ein Gemisch von Gruppen verschiedener Kulturen waren, die während des späten 5. und des frühen 6. Jahrhunderts zwischen Dnjestr und Dnjepr im Osten und Weichsel und Oder im Westen siedelten. Sicher gab es Verbindungen zu den Ostseevölkern im Norden und zu den verschiedenen germanischen Stämmen im Westen. Ihr Zug nach Westen und Süden wurde durch den Vorstoß germanischer Völker in die Donauländer erleichtert.

Nur kurze Zeit nach ihrer ersten schriftlichen Erwähnung hatten sich slawische Siedler bereits in Böhmen niedergelassen, waren von dort in das Elbtal gelangt und breiteten sich schließlich nordwärts nach Polen und Ostdeutschland aus; in südlicher Richtung zogen sie über Bulgarien auf die Balkanhalbinsel. Ein weiteres Vordringen in den Westen Europas schien unvermeidlich, aber dem wurde Einhalt geboten durch den Vormarsch der Franken östlich des Rheins. Die Slawen setzten sich dann im Norden der Balkanhalbinsel fest; aber ihre Besetzung Griechenlands wurde schließlich im 9. Jahrhundert durch die Byzantiner beendet. So weit verstreut wie die slawischen Völkerschaften waren, konnte es nur zur Entstehung zahlreicher slawischer Stammesverbände und nicht zu den vergleichsweise einheitlichen Machtgebilden des germanischen Europa kommen.

Zu den Völkern dieser Zeit, über die wir am wenigsten wissen, gehören die Gepiden, nicht zuletzt deshalb, weil es ihnen weder innerhalb noch außerhalb des Reichs gelang, ein festes Siedlungsgebiet zu begründen. Anfangs standen sie mit den Goten in Verbindung und haben vielleicht eine ähnlich differenzierte Herkunft. Mit ihrem Versuch, Gebiete in Dakien in Besitz zu nehmen, als diese Provinz von Rom aufgegeben wurde, scheiterten sie. Später ließen sie sich nördlich von dieser Provinz nieder, östlich der Theiß, und blieben dort, bis sie im 5. Jahrhundert von den Ostgoten unterworfen wurden. Ihre kriegerische Stärke stellten sie später in die Dienste der Hunnen und wurden enge Verbündete Attilas, als dieser auf den Balkan und nach Gallien vordrang. Nach Attilas Tod übernahmen die Gepiden die Führung bei einem Aufstand gegen dessen Nachfolger, und das Reich der Hunnen zerbrach. Für kurze Zeit gewannen sie die Herrschaft über das Karpatenbecken, wurden aber auch hier wieder von ihren alten Fein-

Slawisch-awarische Gürtelbeschläge aus Pohoreliče und Dolní Dunajovice, Mähren, und Nové Zámky und Prša, Slowakei; Ende des 6. und Anfang des 7. Jahrhunderts.

den, den Ostgoten, vertrieben und fanden nirgendwo einen sicheren Siedlungsraum. Als die Langobarden in Pannonien an die Macht gelangten, war dies der Anfang vom Ende der Gepiden, die nach 540 vertrieben und zerstreut wurden. Die Gruppen, die in Pannonien geblieben waren, wurden zwanzig Jahre später von den einfallenden Awaren unterworfen. Danach blieb nur noch der Name, das Volk war verschwunden.

Die Langobarden oder Lombarden siedelten lange an Unter- und Mittellauf der Elbe, und bei den Angriffen auf die römische Welt spielten sie vor dem 5. Jahrhundert nur eine untergeordnete Rolle. Um und nach 480 zogen sie nach Süden ins nördliche Österreich, und eine Generation später überquerten sie die Donau, um sich in Pannonien niederzulassen, wo sie zu einer ernstzunehmenden Macht wurden. Zu Beginn des 6. Jahrhunderts unterhielten sie unter ihrem König Wacho freundschaftliche Beziehungen zu Byzanz und zu den Franken; dem fränkischen Königshaus verbanden sie sich durch politische Heiraten. Im Jahr 552 nahm ein langobardisches Heer am letzten Feldzug der Byzantiner gegen die Goten in Italien teil. Italien war noch immer ihr eigentliches Ziel; gleichzeitig wurde ihre Heimat in Pannonien mehr und mehr von den Awaren bedrängt. Alboin, der neue König der Langobarden, entschied, daß die Zukunft seines Volkes in Italien liegen müsse. Im Jahr 568 führte er ein großes Heer zur Adria, für das er nicht nur Langobarden, sondern auch Pannonier, Noriker, Sarmaten, Gepiden und sogar Bulgaren zusammengezogen hatte. Hinter ihnen fielen die Awaren in Pannonien und die Slawen in die nördlichen Balkanländer ein. Dem Heerzug der Langobarden war in Norditalien ein rascher Erfolg beschieden. Innerhalb eines Jahres hatten sie die Herrschaft über einen großen Teil der Städte und der fruchtbaren Po-Ebene. Nur mit Mühe konnten die Byzantiner und ihre Verbündeten einige Stellungen halten. Die Langobarden hingegen fühlten sich sicher genug, sie zu verschonen, und setzten ihren Vorstoß in die Toskana und später gegen Rom fort. Italien barg immer

Rekonstruktion von Zaumzeug und Sattel, nach Funden in einem gepidischen Grab in Apahida, Rumänien; Mitte 5. Jahrhundert.

noch große Reichtümer für Eindringlinge. Die Städte waren begehrenswerte Stützpunkte für ihre Führer, und es gab auch noch reiche Landgüter, deren Plünderung lohnte. Die Langobarden waren nicht unter den Bedingungen eines Bündnisses nach Italien gekommen, sondern als Invasoren, und dreißig Jahre lang führten sie sich als solche auf. Das Verwaltungssystem, das sie zerstörten, wurde nicht ersetzt. Die Regierungsgewalt ging, bald nachdem Alboin und sein Nachfolger wenige Jahre nach der Invasion ermordet worden waren, auf eine Reihe von militärischen Führern oder Herzögen über. Die zentrale Macht des Königs wurde erst 584 wiederhergestellt, als Verwaltungstruktur jedoch wurde die militärische Organisation der Eroberer beibehalten und diente als Exekutive des Königs. Die römische Landordnung aber war weitgehend zerstört, und die neuen Herrscher Italiens hatten das Land in Besitz genommen. Dies Königreich war weitaus »germanischer« als das Reich des Theoderich.

Durch die Wiederherstellung der Monarchie konsolidierte sich die Macht der Langobarden im Norden und in den eroberten Gebieten im Süden. Langobardische Hauptsiedlungsgebiete lagen, wie aus den Gräberfeldern und Ortsnamen zu ersehen ist, nördlich des Po zwischen Piemont und Friaul. Südlich der großen Ebene gibt es bisher nur wenige Gräberfelder und hinter den Bergen der Romagna findet man fast überhaupt keine mehr. Einige von ihnen, etwa die großen Friedhöfe von Nocera Umbra und Castel Trosino bei Spoleto, stehen in Zusammenhang mit der Landnahme im 7. Jahrhundert. Beide Fundplätze liegen in der Nähe von strategisch bedeutenden Höhenburgen; in Nocera Umbra fand man die Gräber einiger hochrangiger Krieger, die vermutlich mit der Sicherung der Straße von Ravenna nach Rom betraut waren. Castel Trosino zeigt eher das Bild einer gemischten Einwohnerschaft; der Schmuck der dort bestatteten Frauen war deutlich von der zeitgenössischen römischen und byzantinischen Mode beeinflußt. Auch im 7. Jahrhundert konnten sich die Barbaren dem Einfluß Roms noch nicht ganz entziehen.

Einige alte norditalienische Städte spielten im Königreich der Langobarden eine wichtige Rolle, so etwa Cividale im Nordosten, eine kleine Stadt, in früher Zeit jedoch ein bevorzugtes Zentrum. Ein außerhalb dieser Stadt gelegenes Gräberfeld enthält die Gräber von Männern und Frauen, die ziemlich sicher an der Invasion von 568 teilgenommen haben. Bei der Kirche von San Stefano fanden sich die Gräber einer adligen, langobardischen Familie, die offenbar schon um 600 n. Chr. den christlichen Glauben angenommen hatte. Auch innerhalb der Stadtmauern von Cividale gibt es Adelsgräber, darunter eines in einer Kirche, in dem vermutlich ein führender Krieger bestattet worden ist. Diese Bestattungsform für Adlige darf man sicher auch in Städten wie Mailand, Verona und Brescia erwarten.

Die Beziehungen zwischen den Langobarden und der einheimischen Bevölkerung Italiens sind komplex und heftig umstritten. Die römische Bevölkerung Italiens kommt in den Berichten jener Zeit nur selten zu Wort, aber sie wurde mit Sicherheit weder ausgelöscht noch vertrieben. In den Gebieten, die unter die direkte Herrschaft der Langobarden fielen, scheinen sich die germanische und die römische Bevölkerung gründlich vermischt zu haben. Dies zeigt sich zum Beispiel an bestimmten kunsthandwerklichen Produkten oder auch an Lehnwörtern. Die Lehnwörter des Italienischen aus der Sprache der Langobarden betreffen zumeist Nebensächlichkeiten, und gegen Ende des 7. Jahrhunderts scheinen die Langobarden ihre Sprache aufgegeben zu haben. Offenbar haben sie sich rasch in die überlebende Provinzbevölkerung integriert. Die Adligen, die sich in den alten Städten niederließen, hätten Kontakte zu den verbliebenen römischen Familien kaum verhindern können, selbst wenn sie es gewollt hätten. Wenn die Langobarden in Italien sich überhaupt an das Leben in der Elbniederung erinnert haben, dann wird das wie eine andere Welt erschienen sein.

DER WEG DES VORGESCHICHTLICHEN EUROPA INS MITTELALTER

Die Ursprünge des mittelalterlichen Europa werden gewöhnlich im spätrömischen Reich und in den nachfolgenden Königreichen gesucht. Der Beitrag der barbarischen Völker und Stämme zur Entstehung der späteren europäischen Staaten sollte aber nicht unterschätzt werden. Aus den kleineren Stämmen, die sich östlich des Rheins niedergelassen haben, gingen die Vorfahren der Franken hervor, jenes Volks, das zur größten Macht wurde und in Westeuropa die Nachfolge Roms antrat. Die bunt gemischten Völkerschaften, die aus Norddeutschland und Skandinavien auswanderten, schufen eine germanische Kultur auf den Britischen Inseln, die das europäische Erbe um die Schriften Bedas, das Epos *Beowulf*, die Evangelien von Lindisfarne und die Schätze von Sutton Hoo bereicherte. Bis dahin war es von den kulturellen Anstrengungen, über die die früheren Kapitel dieses Buchs berichten, ein weiter Weg. Doch kann kein Zweifel daran bestehen, daß diese Anstrengungen als eine kontinuierliche Entwicklung aufgefaßt werden müssen. Die Trennungen, mit denen auch die moderne Forschung noch weitgehend arbeitet, verschwimmen im Zusammenfluß der beiden großen Ströme, dem des barbarischen und dem des antiken Europa.

Während des ganzen hier behandelten Zeitraums gab es kaum eine Region im barbarischen Europa, die nicht mit dem spätrömischen Reich in Berührung gekommen war. Die wagemutigeren oder auch die verzweifelteren unter den barbarischen Völkern ließen sich mit unterschiedlichem Erfolg und unterschiedlich lange in den Überresten des Reiches nieder. Die vielfältigen Erfahrungen, die diese Völker auf ihren Wanderungen und in ihren neuen Niederlassungen gemacht haben, sind auf den vorangegangenen Seiten vielleicht deutlich geworden. Einige Völker wie die Wandalen und die Sueben überschritten die Grenze zu den römischen Provinzen als Eindringlinge und Abenteurer. Andere, wie die Westgoten, kamen als Flüchtlinge auf der Suche nach einer neuen Heimat und mußten große Entbehrungen auf sich nehmen, bis sie ein Gebiet fanden, in dem sie sich niederlassen konnten. Wieder andere, wie die frühen Franken und die Alemannen, standen zunächst im Dienst der römischen Grenztruppen. Ihnen folgten andere, die die Tür zu Reichtum und Macht offen sahen. Und es gab ein Volk, nämlich Theoderichs Ostgoten, die als geeintes Volk mit der Billigung eines Kaisers die Macht übernahmen.

Die großen Wanderungen waren komplexe Unternehmen. Die Vorstellung von riesigen Horden, die, unter dem Druck der Hunnen und anderer Völker, nacheinander in die römische Welt einfielen, muß ein für allemal aufgegeben werden. Die Motive waren unterschiedlich, ebenso die Mittel, sich eine neue Heimat zu schaffen. Viele der großen Wanderungen gingen von Völkern aus, die nahe der römischen Grenze gelebt und lange Zeit Erfahrungen mit dem Reich gemacht hatten. Eine Analogie zu den Beziehungen zwischen den fortschrittlichen Staaten des 20. Jahrhunderts und der sogenannten Dritten Welt ist gar nicht so abwegig. Entlang der Grenzlinie von Rhein und Donau hatte der lange Kontakt zwischen Rom und den Barbaren zur Entstehung von Grenzgemeinschaften geführt, die weder ganz römisch noch völlig barbarisch waren. Am deutlichsten wird dies am Niederrhein und am Ober- und Mittellauf der Donau. Die Grenzen des ursprünglichen Imperiums hatten sich bis zum 4. Jahrhundert sehr verändert, und zwar nicht nur im Hinblick auf ihre Befestigung. Am Rhein entstand eine Mischkultur aus Elementen der römischen Provinz und germanischen Sitten, die den Ausgangspunkt für die Kultur der Franken im 5. Jahrhundert bildete. An der mittleren Donau, in einem Gebiet, in dem es mindestens zwei Jahrhunderte lang politische und diplomatische Beziehungen zwischen Römern und Barbaren gegeben hatte, läßt sich anhand der frei zirkulierenden römischen Waren und der Gebäude im römischen Stil bereits ab dem 3. Jahrhundert eine Grenzgemeinschaft feststellen, die bis weit nördlich der Grenze reichte. Weiter donauabwärts fand mit der aufgegebenen Provinz Dakien und den angrenzenden Gebieten ein freier Handels- und Kulturaustausch statt. Auch in anderen Teilen des spätrömischen Reichs, in Nordafrika und Britannien, lassen sich solche Grenzgemeinschaften nachweisen, doch nirgends spielten sie eine so bedeutende historische Rolle bei der Zusammmenführung der barbarischen und der römischen Welt wie an Rhein und Donau. Hinter all dem stand die lange Entwicklung des barbarischen Europa, das kulturelle Neuerungen aus vielen Quellen suchte und nie ganz von den Völkern des Mittelmeerraums und der Steppe abgeschnitten war. Diese Beziehungen wirkten fort und prägten Europa bis weit ins Mittelalter hinein.

Tafel 1 Vereinfachte Zeittafel

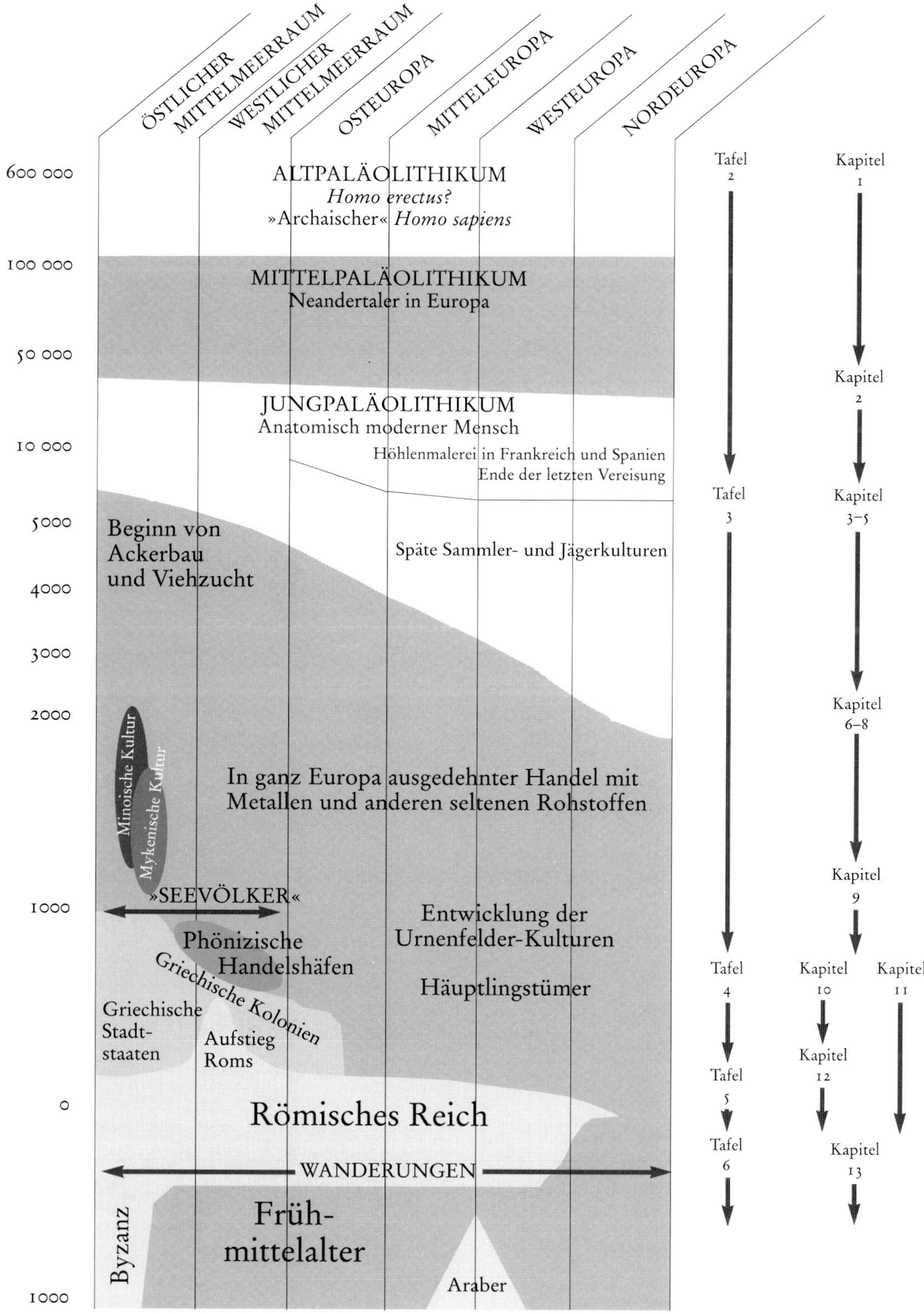

Tafel 2 Paläolithikum

Jahre vor heute	Geologische Periode	Archäolog. Periode	Klima	Technische Entwicklungen
1,6 Mio.	Pliozän			
800 000	Unteres Pleistozän			
700 000	Mittleres Pleistozän	Altpaläolithikum		
600 000				Pebble-Tools/Abschläge von Geröllstein (Clactonien/High Lodge)
500 000				
400 000				Faustkeile/Abschläge/Schaber (Acheuléen/Abbévillien)
300 000				
200 000				
150 000				Schaber/Abschläge/Spitzen (frühes Moustérien, Levalloisien)
100 000	Oberes Pleistozän	Mittelpaläolithikum		
90 000				
80 000				Klingen/kleine Faustkeile/Schaber/Abschläge/Spitzen (Moustérien, Micoquien, spätes Acheuléen)
70 000				
60 000				
50 000				Ausbreitung von jungpaläolithischen Steinbearbeitungstechniken in Europa 43 000 Südosteuropa
40 000				40 000 Nordspanien
		Jungpaläolithikum		35 000 Südwestfrankreich
30 000			Kurze Besiedlung von Großbritannien und Nordeuropa im wärmeren »Arcy/Paudorf«-Interstadial	Gravettien-Techniken in Mittel- und Westeuropa
20 000			Höhepunkt der letzten Vereisung 16–13 000 (»Älteres Dryas«) 13 000 Beginn der späteiszeitlichen Erwärmung 12 500 Während eines späteiszeitlichen Interstadials (Allerød) Besiedlung von Nordfrankreich, der Niederlande und Südengland 11–10 000 »Jüngeres Dryas« Ende der letzten Vereisung: Ausbreitung von Wald	Bifacielle Drucktechnik zur Herstellung von Abschlägen im frühen Solutréen 12 000 Azilien-Technologien
10 000 (= 8 000 v. Chr.)				

Entwicklung des Menschen	Kulturelle Einrichtungen	Jahre vor heute
		1,6 Mio.
		800 000
		700 000
Homo erectus ? Kieferfund von Mauer bei Heidelberg		600 000
»Archaischer« *Homo sapiens*		500 000
Swanscombe Petralona		400 000
Arago Bilzingsleben		300 000
Atapuerca Steinheim		200 000
Europäischer Neandertaler *(Homo sapiens)*		150 000
Pontnewydd Ehringsdorf		100 000
La Chaise Biache St. Vaast		90 000
		80 000
		70 000
		60 000
Le Moustier La Ferrassie Krapina Guattari		50 000
Neandertal Chapelle-aux-Saints Saint-Césaire	Älteste Funde von durchbohrten Tierzähnen sowie von Knochen-, Horn- und Elfenbeinartefakten	40 000
Anatomisch moderne Menschen Mladeč Vogelherd Les Rois Cro-Magnon u. a.	Erste Funde sorgfältig bearbeiteter Perlen und Handel mit Seemuscheln. Erste naturalistische Kunstdarstellungen. Gravierte Knochen, möglicherweise mit Mondphasen oder Strichlisten. Rundhütten in Arcy-sur-Cure	30 000
	Weibliche Venusfiguren, Fundorte in West-, Mittel- und Osteuropa. Auch Tierfiguren aus Knochen, Ton, Stein etc. Häuser aus Mammutknochen in Südost- und Osteuropa	20 000
	Früheste Nähnadeln, Speerschleudern aus Geweih	
	Blütezeit der Höhlenmalerei. Steinlampen in Lascaux. Erste Lanzenspitzen und Harpunen mit Widerhaken im späten Magdalénien	
		10 000 (= 8 000 v. Chr.)
	Erster gesicherter Nachweis von Pfeil und Bogen in Stellmoor, Norddeutschland	

Tafel 3 Früher Ackerbau und Metallurgie

Jahre	Nordeuropa	Westeuropa	Mitteleuropa
8000			
7000	7500 Maglemose-Kultur in Nordeuropa		
6000			
5000	Klingenherstellung verbreitet sich auf dem europäischen Festland		
4500	Erste Gräberfelder und komplexe Sammler-Jäger-Gemeinschaften		
4000	Erste Megalithbauten in Skandinavien	Erste Megalithbauten in Frankreich	Seeufersiedlungen
3500	Sorgfältiger Grabbau und Feuerstein-Bergbau	Sorgfältiger Grabbau	Wagenmodelle, Keramikdekors von Metallbearbeitung beeinflußt
3000	Schnurkeramik, Hügelgräber, Einzelbestattungen	Große Ganggräber, Steinmonumente, Steinreihen	Eindringen der Steppenvölker (Hügelgräber), später Verschmelzung
2500			
2400	Flintdolche imitieren Bronzeformen	Verbreitung der Glockenbecher-Kultur auf den Britischen Inseln	Zinnbronze, Ringbarren aus Kupfer
2300			
2200			
2100			
2000			Befestigungsbauten, Fernhandel bis zur Ostsee
1900			
1800	Aufkommen der nordischen Spiralornamentik	Reich ausgestattete Gräber der Wessex-Kultur	
1700			
1600			Ausbreitung der Bronzetechnologie und Bernsteinhandel
1550			
1500	Bestattungen in Baumsärgen	Feldsysteme	
1450			
1400			
1350			
1300			Beginn der Urnenfelderzeit
1250			
1200			
1150			
1100		Erste befestigte Höhensiedlungen	
1050			
1000			
950		Beginn der Abwanderung aus Seeufersiedlungen in der Schweiz	
900			
850		Seeufersiedlungen endgültig verlassen	
800			
750		Beginn der Hallstattzeit/Eisenzeit	
700			

Mittelmeerraum	Balkan/Ägäis	Steppe	
			8000
Erste seßhafte Agrargesellschaften in Griechenland, auf dem Balkan, in Süditalien Schrittweise Übernahme von Töpferei, Schafzucht, neuen Rohstoffen			7000 6000
Weitere Entwicklung der Gemeinschaften in Griechenland und auf dem Balkan (Tell-Siedlungen, Kupferverhüttung und andere handwerkliche Fähigkeiten). Ausdehnung bis zur Steppenzone. Mittelmeerraum fast vollständig neolithisch. Besiedlung der Inseln, z. B. Malta. Ausdehnung der Agrargemeinschaften in die Lößgebiete Mittel- und Westeuropas			5000 4500
Ausgedehnter Handel mit Obsidian und bemalter Keramik Höhlenbestattungen	Keramikdekors mit Graphit und Mangan Entwicklung der Kupfermetallurgie	Erste Versuche, Pferde zu domestizieren	4000
	Nutzung des Pflugs. Niedergang der Tell-Siedlungen. Ausbreitung von Dorfsiedlungen	Grubengrab-Kultur Verwendung von Wagen	3500
Tempel auf Malta	Silbergewinnung (Ägäis) Erste befestigte Siedlungen	Räucherpfannen aus Ton für Rauschmittel	3000 2500
Glockenbecher auf Sizilien	Erste Einfuhren aus der Levante	Katakombengräber	2400
			2300
			2200
			2100
	~ 2000 Erste Palastbauten auf Kreta		2000
Pithos-Gräber, Silberobjekte		Verbreitung des Streitwagens	1900
			1800
	~ 1700 Linear-A-Schrift auf Kreta		1700
	Neue Palastbauten auf Kreta		1600
Verbindungen zwischen Italien und Mykene	~ 1550 Gräberrund A in Mykene	Vielfältiges Pferdezaumzeug	1550
	Ausbruch des Vulkans Thera		1500
	~ 1450 Erste mykenische Palastbauten		1450
	Zerstörung der meisten minoischen Paläste		
	~ 1400 Zerstörung von Knossos (hohes Datum)		1400
	~ 1350 »Schatzhaus des Atreus«		1350
	Mykenische Keramik in großen Mengen in Tell el-Amarna, Ägypten		1300
	Schiffsfund von Kaş		1250
	~ 1250 Zerstörung von Knossos (niedriges Datum)		1200
	Letzte Befestigung von Mykene und Tiryns		
	~ 1200 Zerstörung der mykenischen Palastbauten		1150
	~ 1190 Angriff der Seevölker auf Ägypten		1100
	1184 Belagerung von Troja, nach Eratosthenes von Kyrene		1050
	~ 1050 Eisen in Griechenland		1000
			950
			900
			850
	~ 800 Keramik aus Euböa und Zypern in der Handelsniederlassung Al-Mina		800
	776 Erste Olympische Spiele		750
			700

Tafel 4 Staaten im Mittelmeerraum und das übrige Europa

	Zentrales Mittelmeer	Westliches Mittelmeer
800	~ 800 Gründung von Karthago	~ 800 Phönizischer Hafen von Gadir (Cádiz) im Bau
	~ 775 Griechische Kolonie Pithekoussai von Euböern auf Ischia gegründet Kurz danach: Gründung von Cumae	
	~ 735 Euböer gründen Naxos auf Sizilien	
	~ 730 Korinther gründen Syrakus	
700	700–600 Orientalisierende Periode in Etrurien	
		~ 630 Kolaios aus Samos erreicht Tartessos in Südspanien
	~ 615 Etrusker in Rom	~ 620–540 Arganthonios König von Tartessos
600		~ 600 Griechen aus Phokäa gründen Massalia
		~ 560 Griechen aus Phokäa gründen Alalia auf Korsika
	~ 537 Etrusker und Karthager im Kampf gegen die Phönizier, Seeschlacht bei Sardinien	~ 550 Aufstieg von Ibiza als phönizische Handelsenklave
	~ 530–520 Gründung von Spina und Adria im Mündungsgebiet des Po	
	525 Etrusker im Krieg mit Cumae	
500		~ 500 Karthager fassen endgültig Fuß in Südspanien
	474 Seeschlacht bei Cumae, Niederlage der Etrusker	
	415–413 Athenischer Feldzug gegen Syrakus	410–339 Iberische Söldner in Sizilien und Griechenland
400		
	~ 390 Einfall der Kelten in Norditalien	
		~ 330 Pytheas aus Massalia erkundet den Seeweg zum Atlantik
	306 3. Vertrag Roms mit Karthago	
300		
	295 Niederlage der Kelten bei Sentinum	
	285–282 Sieg der Römer über die keltischen Sennonen in Norditalien	
	264–241 Erster Punischer Krieg	237 Hamilkar Barkas landet in Spanien
		236–219 Karthagische Eroberung Südostspaniens Zweiter Punischer Krieg
	225 Niederlage der Kelten bei Telamon	
	218–201 Zweiter Punischer Krieg	211–206 Beginn der Eroberung Spaniens durch die Römer
200		
		197–133 Kriege in Spanien
		154 Nicae und Antipolis (Südfrankreich) von Bergstämmen bedroht
	149–146 Dritter Punischer Krieg: Zerstörung Karthagos	
	133 Tiberius Gracchus wird Tribun: Innenpolitische Unruhen in Rom	133 Fall von Numantia
		~ 118 Gründung der römischen Kolonie Narbonne
100		102–101 Marius besiegt die Kimbern und Teutonen
	49 Cäsar überquert den Rubikon: Bürgerkrieg	
	47–44 Alleinherrschaft Cäsars	47–45 Feldzüge Cäsars in Spanien und Afrika gegen den Willen der Republikaner
	27 Beginn des Kaiserreichs. Octavian nimmt den Namen Augustus an	

Westeuropa

~ 730–540 Zunehmende soziale Differenzierung und Wagengräber

~ 540–450 »Fürstengeschlechter« im westlichen Mitteleuropa erhalten in größeren Mengen griechische und etruskische Luxusgüter, »Fürstengräber«

~ 480–430 »Fürstengräber« an Mosel und Marne
Übernahme zweirädriger Kampfwagen
Entwicklung des Latène-Stils

~ 480–250 Keltische Stämme aus dem westlichen Mitteleuropa dringen nach Süden (Italien) und Osten (Ungarn, Rumänien, Griechenland, Türkei) vor

~ 120 Beginn der Wanderungen von Kimbern und Teutonen

58–51 Gallischer Krieg Cäsars
55 Cäsar überquert Rhein und Ärmelkanal

Osteuropa

Kimmerier auf Inschriften des Königreichs von Urartu erwähnt 800
Thrakisch-kimmerisches Zaumzeug in der ungarischen Tiefebene

~ 700 Erste Ferigile-Bîrseşti-Gräberfelder in Rumänien 700
~ 674 Asarhaddon von Assyrien verheiratet seine Tochter an den Skythenkönig: Beginn der skythischen Raubzüge in Kleinasien
~ 656 Vermutlich Gründung der griechischen Kolonie Istros
~ 650 Beginn des griechischen Handels in der Ukraine

~ 600 Griechen aus Milet gründen Pantikapaion an der nördlichen Schwarzmeerküste 600
~ 590 Skythen aus Kleinasien verdrängt
Griechische Handelsgüter erreichen die Waldsteppe

~ 513 Feldzug von Dareios I. gegen das skythische Thrakien

500

492 Kriegszug des persischen Feldherrn Mardonius gegen Griechen in Thrakien
~ 480 Neue Verteidigungswälle in Istros
Niederlage des Xerxes bei Salamis
~ 440 Thrakischer Grabhügel in Duwanli (Bulgarien) enthält perische Trinkbecher
Kelten erreichen Siebenbürgen

400

~ 350 Gründung des Königreichs der Odrysen in Seuthopolis (Bulgarien)
339 Philipp II. besiegt Ateus
335–327 Alexander erobert Land von Thrakien bis Indien

300

279–277 Vorstoß der Kelten nach Makedonien und Griechenland bis Delphi

200–181 Kriegszüge Philipps V. in Thrakien 200

~ 114–113 Keltische Skordisker besiegen C. Cato in Makedonien

100

88 Mithridates V. von Pontos dehnt seine Herrschaft über ganz Kleinasien aus
72 Lucullus besiegt die thrakischen Besser (Bessi) und Dardaner

44 Ermordung des dakischen Königs Burebista
29–11 Erfolgreiche Kriegszüge des Crassus auf dem Balkan

Tafel 5 Römisches Kaiserreich

Die Kaiser

27 v. Chr.–14 n. Chr. Augustus
14–37 Tiberius
37–41 Caligula
41–54 Claudius
54–68 Nero
69–79 Vespasian
79–81 Titus
81–96 Domitian
96–98 Nerva
98–117 Trajan
117–138 Hadrian
138–161 Antoninus Pius
161–180 Mark Aurel
180–192 Commodus
193–211 Septimius Severus
211–217 Caracalla
218–222 Elagabal
222–235 Severus Alexander

Wichtige Ereignisse

15–12 v. Chr. Eroberung der Alpenvölker
12 v. Chr.–5 n. Chr. Eroberung rechtsrheinischer Gebiete
9 n. Chr. Römische Legionen durch Arminius vernichtend geschlagen (Schlacht im Teutoburger Wald)
16 Rückzug der römischen Truppen hinter den Rhein
43 Beginn der Eroberung Britanniens
46 Annektierung Thrakiens durch die Römer
50–85 Wachsende Macht nomadischer Völker im Reich der Parther: Reform des dakischen Staates unter Decebalus, Bedrohung für Moesia
69 Vierkaiserjahr
78–85 Feldzug des Agricola in Britannien
86–92 Feldzüge des Domitian gegen die Daker unter Decebalus
101–106 Trajan erobert Dakien. Decebalus begeht Selbstmord. Versuch, die Grenzen zu sichern
157–158 Daker jenseits der Provinzgrenzen bedrohen die Provinz und werden unterworfen
162 Die Chatten, ein germanischer Stamm, versuchen in römisches Gebiet einzudringen, Vorstöße nach Süden bis zur Adria
167 Markomannen, Quaden, Jazygen überschreiten die Donau
168–180 Feldzüge gegen germanische Stämme

Tafel 6 Das Ende des Römischen Reiches und die Zeit danach

284–305 Reformen des Diokletian
306–337 Herrschaft von Konstantin I. (K. der Große)
312 Konstantin besiegt Maxentius an der Milvischen Brücke, Übertritt Konstantins zum Christentum
324 Gründung von Konstantinopel
~ 370 Fränkische Angriffe auf das Rheinland
357–359 Feldzüge des Julian in Gallien gegen Franken und Alemannen, Schlacht bei Straßburg
361–363 Julian herrscht als Augustus
367–368 Germanenstämme greifen Britannien an
~ 370 Vorstoß der Hunnen bis zum Schwarzen Meer
376 Westgoten auf dem nördlichen Balkan als Föderaten angesiedelt
378 Schlacht bei Hadrianopolis
383–388 Machtergreifung des Magnus Maximus
391 Theodosius schließt die heidnischen Tempel
395–408 Aufstieg des Wandalen Stilicho im Westreich
395–430 Augustinus, Bischof von Hippo
395–410 Alarich, König der Westgoten
406–407 Einfall der Wandalen, Sueben, Alanen in Gallien
407 Rom verläßt Britannien
407–411 Machtergreifung Konstantins III.
408 Westgoten unter Alarich erobern Italien
410 Belagerung Roms durch die Westgoten, Tod des Alarich
418 Westgoten lassen sich im Westen Galliens nieder
429 Angriffe der Wandalen auf die nordafrikanischen Provinzen
430–453 Aufstieg des Aëtius im Westreich
439 Wandalen erobern Karthago
440–446 Kriegszüge der Hunnen auf dem Balkan
440–450 Angelsachsen dringen in Britannien ein
451 Einfall der Hunnen unter Attila in Gallien, Niederlage der Hunnen in der Schlacht auf den Katalaunischen Feldern
453 Tod von Attila
455 Wandalen belagern Rom
476–480 Ende des Weströmischen Reichs
481 Tod des fränkischen Königs Childerich
488 Ostgoten unter Theoderich erobern Italien
490 ff. Sieg der Briten über die Angelsachsen am Mount Badon
486–511 Chlodwig I., König der Franken
493 Theoderich gründet ostgotisches Königreich in Norditalien
507 Franken schlagen die Westgoten bei Vouillé
526 Tod des Theoderich
527–565 Herrschaft des Justinian
533 Wiedereroberung Nordafrikas durch Byzanz
535–553 Wiedereroberung Italiens durch Byzanz
558–561 Fränkisches Königreich unter Chlothar I. geeinigt
550–560 Slawen dringen auf den nördlichen Balkan vor
560 ff. Ansiedlung der Awaren in Pannonien
565 Tod des Justinian
568 Vorstoß der Langobarden nach Italien
569–586 Herrschaft des Westgoten Leovigild in Spanien
590–616 Herrschaft des Langobarden Agilulf in Italien
597 Augustins Reise nach Kent
626 Belagerung Konstantinopels durch die Awaren
681 Vordringen der Bulgaren auf den Balkan
711 Araber erobern Spanien

WEITERFÜHRENDE LITERATUR

Die Literaturhinweise wurden gegenüber der Originalausgabe überarbeitet und erweitert. In der Originalausgabe nicht enthaltene Werke sind mit einem * gekennzeichnet. (Dr. Ulrich Zimmermann)

NACHSCHLAGEWERKE UND EINFÜHRUNGEN*

Aitken, M.J., *Science-based Dating in Archaeology,* London/New York 1990

Champion, S., *DuMont's Lexikon archäologischer Fachbegriffe und Techniken*, Köln 1982*

Eggers, H.J., *Einführung in die Vorgeschichte,* München 1959, 1974*

Eggers, H.J., Methodik der Prähistorie, in: M. Thiel (Hg.), *Enzyklopädie der geisteswissenschaftlichen Arbeitsmethoden,* 10. Lfg.: *Methoden der Geschichtswissenschaft und der Archäologie,* München 1974, S. 145–215*

Ehrich, R.W. (Hg.), *Chronologies in Old World Archaeology,* 3. Aufl., Chicago/London 1992*

Fehring, G.P., *Einführung in die Archäologie des Mittelalters,* Darmstadt 1987*

Filip, J., *Enzyklopädisches Handbuch zur Ur- und Frühgeschichte Europas,* 2 Bde., Stuttgart u.a. 1966*

Greig, J., *Archaeobotany. Handbook for Archaeologists,* Straßburg 1989*

Hodder, I. (Hg.), *Archaeological Theory in Europe. The Last Three Decades,* London/New York 1991*

Jankuhn, H., *Einführung in die Siedlungsarchäologie,* Berlin/New York 1977*

Müller-Karpe, H., *Einführung in die Vorgeschichte,* München 1975*

Reallexikon der Germanischen Altertumskunde, begründet von J. Hoops, 2. neu bearb. und erw. Aufl. hg. von H. Jankuhn u.a., Berlin/New York 1973ff.*

Renfrew, C./Bahn, P., *Archaeology: Theories, Methods and Practice,* London 1991*

Sangmeister, E., Methoden der Urgeschichtswissenschaft, in: *Saeculum* 18, 1967, S. 199–244*

Slotta, R., *Einführung in die Industriearchäologie,* Darmstadt 1982*

Yoffee, N./Sherratt, A. (Hg.), *Archaeological Theory: Who Sets the Agenda?,* Cambridge 1993*

DIE BESIEDLUNG EUROPAS

ÜBERSICHTSWERKE

Bordes, F., *Typologie du Paléolithique ancien et moyen,* Bordeaux 1961*

Bosinski, G., *Der Neandertaler und seine Zeit,* Köln 1985*

Champion, T. u.a., *Prehistoric Europe,* London 1984

Cinque millions d'années l'aventure humaine. Ausstellungskatalog, Brüssel 1990*

Clark, J.D. (Hg.), *Cultural Beginnings: Approaches to Understanding Early Hominid Life-ways in the African Savanna,* Bonn 1991*

Denell, R., *European Economic Prehistory,* London 1984

Fiedler, L., Zur Konzeption des Altpaläolithikums, in: *Ethnographisch-archäologische Zeitschrift* 34, 1993, S. 1–15*

Gamble, C., *The Palaeolithic Settlement of Europe,* Cambridge 1986

Klein, R., *The Human Career,* Chicago 1989

Kuhn, S.L., *Moustérian Lithic Technology. An Ecological Perspective,* 1995*

Mellars, P. (Hg.), *The Emergence of Modern Humans: An Archaeological Perspective,* Edinburgh 1990

Mellars, P./Stringer, C. (Hg.), *The Human Revolution,* Edinburgh 1989

Müller-Karpe, H., *Handbuch der Vorgeschichte,* Bd. 1: *Altsteinzeit,* 2. Aufl., München 1977*

Probst, E., *Deutschland in der Urzeit. Von der Entstehung des Lebens bis zum Ende der Eiszeit,* München 1987*

Richards, G., *Human Evolution,* London 1987

Soffer, O. (Hg.), *The Pleistocene Old World,* New York 1987

Tieu, L.T., *Palaeolithic Pebble Industries in Europe,* Budapest 1991*

FORSCHUNGSGESCHICHTE

Binford, L., *In Persuit of the Past,* London 1983

Bordes, F., *A Tale of Two Caves,* New York 1972

Cohen, C./Hublin, J.-J., *Boucher de Perthes, 1788–1868. Les origines romantiques de la Préhistoire,* Paris 1989*

Friedman, J., *The Monstrous Races in Medieval Art and Thought,* Cambridge, Mass. 1981
Gamble, C., *The Palaeolithic Settlement of Europe,* Cambridge 1986
Grayson, D., *The Establishment of Human Antiquity,* London 1983
Hammond, M., The Expulsion of the Neanderthals from Human Ancestry: Marcellin Boule and the Social Context of Scientific Research, in: *Social Studies Science* 12, 1982, S. 1–36

KLIMA- UND FOSSILGESCHICHTE

Adam, K.D., Der Urmensch von Steinheim an der Murr und seine Umwelt, in: *Jahrbuch des Römisch-Germanischen Zentralmuseums Mainz* 35, 1988 (1991), S. 3–26*
Aitken, M., *Science-based Dating in Archaeology,* London 1990
Brandt, M., *Der Ursprung des aufrechten Ganges. Zur Fortbewegung des plio-pleistozänen Hominiden,* Neuhausen/Stuttgart 1995*
Day, M., *Guide to Fossil Man,* London 1986
Fagan, B., *The Journey from Eden,* London 1991
Gamble, C., *Timewalkers. The Prehistory of Global Colonization,* Harmondsworth 1993
Herrmann, B. u.a., *Prähistorische Anthropologie,* Berlin u.a. 1990*
Homo erectus, seine Kultur und Umwelt. 5. Bilzingsleben Kolloquium. Teil 1 und 2. *Ethnographisch-archäologische Zeitschrift* 34, 1993, S. 549–638 und 35, 1994, S. 1–117*
Imbrie, J. und K., *Ice Ages Solving the Mystery,* London 1979
Jones, S. u.a. (Hg.), *The Cambridge Encyclopedia of Human Evolution,* Cambridge 1992*
Klimaänderungen, Mensch und Lebensraum, Göttingen 1980*
Knussmann, R., *Vergleichende Biologie des Menschen. Lehrbuch der Anthroplogie und Humangenetik,* Stuttgart 1980*
Koenigswald, W. von, *Zur Paläoklimatologie des letzten Interglazials im Nordteil der Oberrheinebene,* Stuttgart/New York 1988*
Stringer, C./Gamble, C., *In Search of the Neanderthals. Solving the Puzzle of Human Origins,* London 1994*
Sutcliffe, A., *On the Track of Ice Age Mammals,* London 1986
Trinkaus, E./Howells, W.W., The Neanderthals, in: *Scientific American* 241, 1979, S. 118–133

REGIONEN UND FUNDPLÄTZE

Barton, C.M., Stone Tools and Palaeolithic Settlement in the Iberian Peninsula, in: *Proceedings of the Prehistoric Society* 56, 1990, S. 15–32*
Callow, P. u.a. (Hg.), *La Cotte de St. Brelade: 1961–1978,* Norwich 1986
Coulson, S.D., *Middle Palaeolithic Industries of Great Britain,* Bonn 1990*
Cremaschi, M./Peretto, C., Les sols d'habitat du site paléolithiques d'Isernia La Pineta (Molise, Italie centrale), in: *L'Anthropologie* 92, 1988, S. 1017–1040*
Fiedler, L., *Alt- und mittelsteinzeitliche Funde in Hessen,* 2. Aufl, Stuttgart 1994*
Hahn J. u.a., *Eiszeithöhlen im Lonetal,* Stuttgart 1985*
Hahn, J., *Die Geißenklösterle-Höhle im Achtal bei Blaubeuren, 1: Fundhorizontbildung und Besiedlung im Mittelpaläolithikum und im Aurignacien,* Stuttgart 1988*
Klees, F./Kuper, R. (Hg.), *New Light on the Northeast African Past,* Köln 1992*
Klein, R., *Ice-Age Hunters of the Ukraine,* Chicago 1973
Lumley, H. de, *La Préhistoire française, 1: Les civilisations paléolithiques et mésolithiques de la France,* Paris 1976*
Mania, D., *Auf den Spuren des Urmenschen. Die Funde von Bilzingsleben,* Stuttgart 1990*
Ranov, V.A. u.a., Kuldara: Earliest Human Occupation in Central Asia in its Afro-Asian Context, in: *Current Anthropology* 36, Nr. 2, 1995, S. 337–346*
Roe, D., *The Lower and Middle Palaeolithic Periods in Britain,* London 1981
Schmitz, R.-W., Die Fundstelle des Neandertalers von 1856, in: *Das Rheinische Landesmuseum Bonn,* Nr. 2, 1994, S. 33–37*
Spencer, F., *Piltdown, a Scientific Forgery,* Oxford 1990
Stiner, M., A Taphonomic Perspective on the Origins of the Faunal Remains of Grotta Guattari (Latium, Italy), in: *Current Anthropology* 32, 1991, S. 103–117
Tode, A., *Der altsteinzeitliche Fundplatz Salzgitter-Lebenstedt, 1: Archäologischer Teil,* Köln u.a.. 1982*
Veil, S., Die Nachbildung der Lanze von Lehringen. Experimente zur Holzbearbeitung im Mittelpaläolithikum, in: *Die Kunde* 41/42, 1990/91, S. 9–22*
Wagner, E., *Eiszeitjäger im Blaubeurener Tal,* Stuttgart 1979*
Wagner, E., Ökonomie und Ökologie in den altpaläolithischen Travertinfundstellen von Bad Cannstatt, in: *Fundberichte aus Baden-Württemberg* 15, 1990, S. 1–15*

EINZELASPEKTE

Allsworth-Jones, Ph., *The Szeletian and the Transition from Middle to Upper Palaeolithic in Central Europe,* Oxford 1986
Binant, P., *Les sépultures du Paléolithique,* Paris 1991*

Chase, P./Dibble, H., Palaeolithic Symbolism: A Review of the Current Evidence and Interpretations, in: *Journal of Anthropological Archaeology* 6, 1987, S. 263–96
Davidson, I./Noble, W., The Archaeology of Perception: Traces of Depiction and Language, in: *Current Anthropology* 30, 1989, S. 125–155
Gargett, R., Grave-Shortcomings. The Evidence for Neanderthal Burial, in: *Current Anthropology* 30, 1989, S. 157–177
Holtkamp, E.-M., *Neandertalbestattungen und Schädeldeponierungen des Alt- und Mittelpaläolithikums,* Münster 1990*
Mellars, P., A New Chronology for the French Moustérian Period, in: *Nature* 322, 1986, S. 410f.
Roebroeks, W. u.a., Planning Depth, Anticipation and Organization of Middle Palaeolithic Technology: The »Archaic Natives« Meet Eve's Descendants, in: *Helinium* 28, 1988, S. 17–34
Schäfer, D., *Grundzüge der technologischen Entwicklung und Klassifikation vor-jungpaläolithischer Steinartefakte in Mitteleuropa,* 74. Bericht der Römisch-Germanischen Kommission, 1993 (1994), S. 49–193*
Simek, J., Spatial Order and Behavioural Change in the French Palaeolithic, in: *Antiquity* 61, 1987, S. 25–40

DIE REVOLUTION IM JUNGPALÄOLITHIKUM

ÜBERSICHTSWERKE

Bailey, G. (Hg.), *Hunter-Gatherer Economy in Prehistory: A European Perspective,* Cambridge 1983
Bar-Yosef, O./Kra, R.S. (Hg.), *Late Quaternary Chronology and Palaeoclimates of the Eastern Mediterranean,* Tucson 1994*
Bordes, F., *The Old Stone Age*, London 1968
Bosinski, G., *Homo Sapiens,* Paris 1990
Butzer, K., *Environment and Archaeology*, Chicago 1972
Coles, J./Higgs, E., *The Archaeology of Early Man,* London 1969
Gamble, C., *The Palaeolithic Settlement of Europe,* Cambridge 1986
Hadingham, E., *Secrets of the Ice-Age,* London 1980
Hoffacker, J.F./Wolf, C.A. (Hg.), *The Early Upper Palaeolithic. Evidence from Europe and the Near East,* Oxford 1988*
Mellars, P./Stringer, Ch. (Hg.), *The Human Revolution,* Edinburgh 1989
Pfeiffer, J., *The Emergence of Man,* London 1972
Price, T.D./Brown, J.A. (Hg.), *Prehistoric Hunter-Gatherers: The Emergence of Cultural Complexity,* Orlando, Fla. 1985
Soffer, O./Gamble, C. (Hg.), *The World at 18 000 BP*, Bd. 1: *High Latitudes,* London 1990
Trinkaus E. (Hg.), *The Emergence of Modern Humans: Biological Adaptations in the Later Pleistocene,* Cambridge 1989

REGIONEN, FUNDPLÄTZE UND EINZELASPEKTE

Allsworth-Jones, Ph., *The Szeletian and the Transition from Middle to Upper Palaeolithic in Central Europe,* Oxford 1986
Binant, P., *La préhistoire de la mort. Les premières sépultures en Europe,* Paris 1991*
Bosinski, G., *Gönnersdorf. Eiszeitjäger am Mittelrhein,* Koblenz 1981*
Butzer, K., *Environment and Archaeology,* Chicago 1972
Campbell, J., *The Upper Palaeolithic of Britain,* Oxford 1977
Eickhoff, S., Zur Analyse der latenten Strukturen und der Siedlungsdynamik der Konzentration II von Gönnersdorf, in: *Jahrbuch des Römisch-Germanischen Zentralmuseums Mainz* 36, 1989 (1992), S. 117–158*
Hahn, J., *Aurignacien,* Köln 1977
Klein, R., *Man and Culture in the Late Pleistocene: A Case Study*, San Francisco 1969
Klein, R., *Ice-Age Hunters of the Ukraine,* Chicago 1973
Klíma, B., Übersicht über die jüngsten paläolithischen Forschungen in Mähren, in: *Quartär* 9, 1957, S. 85–130*
Kozlowski, J.K., *Le paléolithique en Pologne,* Liège 1995*
Larsson, L., Neue Siedlungsfunde der Späteiszeit im südlichen Schweden, in: *Archäologisches Korrespondenzblatt* 23, 1993, S. 275–283*
Laville, H. u.a., *Rock Shelters of the Périgord,* London 1980
Nunez, M., On the Food Resources Available to Man in the Stone Age Finland, in: *Finskt Museum* 97, 1990 (1991), S. 24–54*
Otte, M. (Hg.), *Aurignacien et Gravettien en Europe,* 3 Bde., Liège 1982, 1983
Petersen, P.V./Johannsen, L., Sølbjerg I. An Ahrensburgian Site on an Reindeer Migration Route through Eastern Denmark, in: *Journal of Danish Archaeology* 10, 1991 (1993), S. 20–37*
Seger, T., Ten Thousand Years of Finnish Prehistory: A Tentative Calibration of the Earliest Radiocarbon Dates, in: *Finskt Museum* 97, 1990 (1991), S. 14–23*
Smith, C., *Late Stone Age Hunters of the British Isles,* London/New York 1992*
Soffer, O., *The Upper Palaeolithic of the Central Russian Plain,* Orlando, Fla. 1985
Sonneville-Bordes, D. de, *Le Paléolithique Supérieur en Périgord,* Bordeaux 1960
Stodiek, U., *Zur Technologie der jungpaläolithischen Speerschleuder,* Tübingen 1993*

Street, M., *Jäger und Schamanen. Bedburg-Königshoven, ein Wohnplatz am Niederrhein vor 10 000 Jahren*, Mainz 1989*
Street, M. u.a., Absolute Chronologie des späten Paläolithikums und des Frühmesolithikums im nördlichen Rheinland, in: *Archäologisches Korrespondenzblatt* 24, 1994, S. 1–28*
Veil, S. (Hg.), *Alt- und mittelsteinzeitliche Fundplätze des Rheinlandes*, Köln/Bonn 1978*

KUNST

Abramova, Z., *L'art paléolithique en Europe occidentale et en Sibérie*, Liège 1995*
Angeli, W., *Die Venus von Willendorf*, Wien 1989*
Bahn, P./Vertut, J., *Images of the Ice Age*, London 1988
Biedermann, H., *Höhlenkunst der Eiszeit. Wege zur Sinndeutung der ältesten Kunst Europas*, Köln 1984*
Breuil, A., *Quatre cents siècles d'art pariétal*, Montignac 1952
Bosinski, G. (Hg.), *Grotte Chauvet. Altsteinzeitliche Höhlenkunst im Tal der Ardèche*, Sigmaringen 1995*
Clottes, J./Courtin, J., *Grotte Cosquer. Eine im Meer versunkene Bilderhöhle*, Sigmaringen 1995*
Graziozi, P., *Palaeolithic Art*, London 1960
Leroi-Gourhan, A., *The Art of Prehistoric Man in Western Europe*, London 1968
Leroi-Gourhan, A., *Höhlenkunst in Frankreich*, Bergisch Gladbach 1981*
Leroi-Gourhan, A., *The Dawn of European Art*, Cambridge 1982
Der Löwenmensch. Tier und Mensch in der Kunst der Eiszeit, Sigmaringen 1994*
Marshack, A., Expoloring the Mind of the Ice Man, in: *National geographic*, Jan. 1975, S. 64–89*
Pfeiffer, J., *The Creative Explosion: An Inquiry into the Origins of Art and Religion*, New York 1982
Ucko, P./Rosenfeld, A., *Palaeolithic Cave Art*, London 1967
Vialou, D., *Frühzeit des Menschen*, München 1992*

DAS MESOLITHIKUM

ÜBERSICHTSWERKE

Bonsall, C. (Hg.), *The Mesolithic in Europe*, Edinburgh 1989
Gob, A., *Chronologie du Mésolitique en Europe*, Liège 1990*
Gramsch, B. (Hg.), *Mesolithikum in Europa*, Berlin 1981*
Kozlowski, S.K., *Atlas of the Mesolithic in Europe*, Warschau 1980*
Mellars, P. (Hg.), *The Early Postglacial Settlement of Northern Europe*, London 1978
Rowley-Conwy, P. u.a.. (Hg.), *Mesolithic North-West Europe: Recent Trends*, Sheffield 1987
Vermeersch, P.M./Van Peer, Ph. (Hg.), *Contributions to the Mesolithic in Europe*, Leuven 1990
Zvelebil, M. (Hg.), *Hunters in Transition*, Cambridge 1986

REGIONEN UND FUNDPLÄTZE

Andersen, S.B., Tybrind Vig, in: *Journal of Danish Archaeology* 4, 1985, S. 52–69
Andersen, S.B., Ertebølle Revisited, in: *Journal of Danish Archaeology* 5, 1986, S. 31–86
Clark, J.G.D., *Excavations at Star Carr*, Cambridge 1954
Clark, J.G.D., *The Earlier Stone Age Settlement of Scandinavia*, Cambridge 1975
Cziesla, E., Datenbank und Atlas zum Mesolithikum beiderseits des Rheins, in: *Bulletin de la Société Préhistorique Luxembourgoise* 12, 1990 (1991), S. 13–20*
Gendel, P.A., *Mesolithic Social Territories in Northwest Europe*, Oxford 1984
Grøn, O., Seasonal Variation in Maglemosian Group Size and Structure. A New Model, in: *Current Anthropology* 28, 1987, S. 303–327
Jacobson, T.W. (Hg.), *Excavations at Franchthi Cave, Greece*, mehrere Bde., Bloomington, Ind. 1987ff
Kozlowski, S.K., *Mesolithic in Poland: A New Approach*, Warschau 1989*
Larsson, L., *Agerod V: An Atlantic Bog Site in Central Scania*, Lund 1983
Larsson, L., The Mesolithic of Southern Scandinavia, in: *Journal of World Prehistory* 4, 1990, S. 257–309
Legge, A.J./Rowley-Conwy, P., *Star Carr Revisited*, London 1988
Matiskainen, H., *Studies on the Chronology, Material Culture and Subsistence Economy of the Finnish Mesolithic, 10 000–6 000 BP*, Helsinki 1989*
Mellars, P., Settlement Patterns and Industrial Variability in the British Mesolithic, in: G. de G. Sieveking u.a. (Hg.), *Problems in Economic and Social Archaeology*, London 1976, S. 375–399
Mellars, P., *Excavations on Oronsay*, Edinburgh 1987
Petersen, P.V., Chronological and Regional Variation in the Late Mesolithic of Eastern Denmark, in: *Journal of Danish Archaeology* 3, 1984, S. 7–18
Prangsgård, K., Introduktion af keramik i den yngre Ertebøllekultur i Sydskandinavien, in: *Lag* 3, 1992, S. 29–52*
Price, T.D., Affluent Foragers of Mesolithic Southern Scandinavia, in: T. D. Price/J. A. Brown (Hg.), *Prehistoric Hunter-Gatherers: The Emergence of Cultural Complexity*, New York 1985, S. 341–363
Rozoy, J.-G., *Les derniers chasseurs*, Sondernummer

der Zeitschrift *Bulletin de la Société Archéologique Champenoise,* 1978
Srejovic, D., *Lepenski Vir,* London 1972
Straus, L., Epipalaeolithic and Mesolithic Adaptations in Cantabrian Spain and Pyrenean France, in: *Journal of World Prehistory* 5, 1991, S. 83–104
Thoughtful Foragers, A Study of Prehistoric Decision Making, Cambridge 1990
Wymer, J., *Mesolithic Britain,* Buckinghamshire 1991*

STEINTECHNIK

Clarke, D., Mesolithic Europe: The Economic Basis, in: G. de G. Sieveking u.a. (Hg.), *Problems in Economic and Social Archaeology,* London 1976, S. 449–482
Cziesla, E. u.a. (Hg.), *The Big Puzzle, international Symposium on Refitting Stone Artefacts,* Bonn 1990*
Dumont, J., *A Microwear Analysis of Selected Artefact Types from Mesolithic Sites at Star Carr and Mount Sandel,* Oxford 1988
Fris-Hansen, J., Mesolithic Cutting Arrows: Functional Analysis of Arrows used in the Hunting of Large Game, in: *Antiquity* 64, 1990, S. 494–504
Gräslund, B. (Hg.), *The Interpretative Possibilities of Microwear Analysis,* Uppsala 1990*
Hahn, J., *Erkennen und Bestimmen von Stein- und Knochenartefakten. Einführung in die Artefaktmorphologie,* Tübingen 1991*
Jacobi, R., Britain Inside and Outside the European Mesolithic, in: *Proceedings of the Prehistoric Society* 42, 1976, S. 67–84
Myers, A., Reliable and Maintainable Technological Strategies in the Mesolithic of Mainland Britain, in: R. Torrence (Hg.), *Time, Energy and Stone Tools,* Cambridge 1989, S. 78–91
Pitts, M./Jacobi, R., Some Aspects of Change in the Flaked Stone Industries of the Mesolithic and Neolithic in Southern Britain, in: *Journal of Archaeological Science* 5, 1978, S. 163–177

UMWELT UND SIEDLUNGSWEISE

Andersen, S.H. u.a., Making Cultural Ecology Revelant to Mesolithic Research, Teil 1: A Data Base of 413 Mesolithic Faunal Assemblages, in: P.M.Vermeersch/P.Van Meer (Hg.), *Contributions to the Mesolithic in Europe,* Leuven 1990, S. 23–51
Bjerck, B., Mesolithic Site Types and Settlement Patterns at Vega, Northern Norway, in: *Acta Archaeologica* 60, 1989, S. 1–32
Bokelmann, K., Duvensee, Wohnplatz 9. Ein präborealer Lagerplatz in Schleswig-Holstein, in: *Offa* 48, 1991 (1992), S. 75–114*
Clark, G.A., Site Functional Complementarity in the Mesolithic of Northern Spain, in: C. Bonsall (Hg.), *The Mesolithic in Europe,* Edinburgh 1989, S.589–603
Coles, J., The Early Settlement of Scotland: Excavations at Morton, Fife, in: *Proceedings of the Prehistoric Society* 37, 1971, S. 284–366
Englestad, E., Mesolithic House Sites in Arctic Norway, in: C. Bonsall (Hg.), *The Mesolithic in Europe,* Edinburgh 1989, S. 331–337
Grigson, C., Bird Foraging Patterns in the Mesolithic, in: C. Bonsall (Hg.), *The Mesolithic in Europe,* Edinburgh 1989, S. 60–79
Hansen, J., *The Palaeoethnobotany of Franchthi Cave,* Bloomington, Ind. 1991
Huntley, B./Webb, T. (Hg.), *Vegetation History,* Brentford 1988
Rowley-Conwy, P., Sedentary Hunters: The Ertebølle Example, in: G. Bailey (Hg.), *Hunter-Gatherer Economy in Prehistory,* Cambridge 1983, S. 111–126
Simmons, I./Tooley, M., *The Environment in British Prehistory,* London 1981
Vaquer J. u.a., Mesolithic Exploitation at the Balma Abeurador, France, in: *Oxford Journal of Archaeology* 5, 1986, S. 1–8
Woodman, P., *Excavations at Mount Sandal,* Belfast 1985

BESTATTUNGEN

Clark, G.A./Neeley, M., Social Differentiation in European Mesolithic Burial Data, in: P. Rowley-Conwy u.a. (Hg.), *Mesolithic Northwest Europe: Recent Trends,* Sheffield 1987, S. 121–127
Larsson, L., *The Skateholm Project – A Late Mesolithic Settlement and Cemetary Complex.* Meddelanden fran Lunds Universitets Historiska Museum 1983/84, S. 1–38
Newell, R. u.a., The Skeletal Remains of Mesolithic Man in Western Europe: An Evaluative Catalogue, in: *Journal of Human Evolution* 8, 1976, S. 1–228
O'Shea, J./Zvelebil, M., Oleneostrovski Mogilnik: Reconstructing the Social and Economic Organisation of Prehistoric Foragers in Northern Russia, in: *Journal of Anthropological Archaeology* 3, 1984, S. 1–40
Petersen, E.B. u.a., *Vedbæk, graven midt i byen.* Nationalmuseets Arbejdsmark 1993, S. 61–68*

KUNST

Beltran, A., *Rock Art of the Spanish Levant,* Cambridge 1982
Couaud, C., *L'Art Azilian. Origene-Survivance.* Gallia Préhistoire Suppl. 20, Paris 1985
Larsson, L., *Mesolithic Antler and Bone Artefacts from Central Scania.* Meddelanden fran Lunds Universitets Historiska Museum 1977/78, S. 28–67
Meurers-Balke, J./Hellenkemper, H. (Hg.), *Lepenski Vir. Menschenbilder einer frühen europäischen Kultur,* Mainz 1981*

DIE ERSTEN BAUERN

ÜBERSICHTSWERKE

Anderson, P.C. (Hg.), *Préhistoire de l'agriculture*, Paris 1992*

Bogucki, P., *Forest Farmers and Stockherders*, Cambridge 1988

Cowan, C.W./Watson, P.J. (Hg.), *The Origins of Agriculture*, Washington/London 1992*

Die ersten Bauern, 2 Bde., Zürich 1990*

Hodder, I., *The Domestication of Europe*, London 1990

Kozlowski, J. (Hg.), *Atlas du Néolithique Européen*, Bd.1: *L'Europe orientale*, Liège 1993*

Kreuz, A.M., *Die ersten Bauern Mitteleuropas. Eine archäobotanische Untersuchung zur Umwelt und Landwirtschaft der ältesten Bandkeramik*, Leiden 1990*

Lüning, J., Frühe Bauern in Mitteleuropa im 6. und 5. Jahrtausend vor Christus, in: *Jahrbuch des Römisch-Germanischen Zentralmuseums Mainz* 35, 1988 (1991), S. 27–96*

Müller-Karpe, H., *Handbuch der Vorgeschichte*, Bd. 2: *Jungsteinzeit*, München 1968*

Pavúk, J. (Hg.), *Siedlungen der Kultur mit Linearkeramik in Europa*, Nitra 1982*

Phillips, P., *Early Farmers of West Mediterranean Europe*, London 1975*

Probst, E., *Deutschland in der Steinzeit. Jäger, Fischer, Bauern zwischen Nordseeküste und Alpenraum*, München 1991*

Renfrew, J.M. (Hg.), *New Light on Early Farming: Recent Developments in Palaeoethnobotany*, Edinburgh 1991*

Thomas, J., *Rethinking the Neolithic*, Cambridge 1991*

Whittle, A., *Neolithic Europe: A Survey*, Cambridge 1985

REGIONEN, FUNDORTE UND EINZELASPEKTE

Barker, G., *Landscape and Society: Prehistoric Central Italy*, London 1981

Beier, H.-J. (Hg.), *Der Rössener Horizont in Mitteleuropa*, Wilkau-Hasslau 1994*

Benecke, N., *Archäozoologische Studien zur Entwicklung der Haustierhaltung in Mitteleuropa und Südskandinavien von den Anfängen bis zum ausgehenden Mittelalter*, Berlin 1994*

Boelicke, U. u.a., *Der bandkeramische Siedlungsplatz Langweiler 8, Gde. Aldenhoven, Kr. Düren*, Köln 1988*

Bogucki, P., Animal Traction and Household Economies in Neolithic Europe, in: *Antiquity* 67, Nr. 256, 1993, S. 492–503*

Brøndsted, J., *Nordische Vorzeit*, Bd. 1: *Steinzeit in Dänemark*, Neumünster 1960*

Burenhult, G., *Arkeologi i Sverige*, 1: *Fångstvolk och herdar*, Stockholm 1991*

Chirica, V./Monah, D., *Le paléolithique et le néolithique de la Roumanie en contexte Européenne*, Iasi 1990*

Demoule, J.-P./Guilaine, J. (Hg.), *Le Néolithique de la France*, Paris 1986

Georgiev, G.J., *Die Gemeinsamkeit der Kulturen Südbulgariens und Nordgriechenlands während des Neolithikums, Äneolithikums und der Frühbronzezeit*, Athen 1971*

Gimbutas, M. (Hg.), *Neolithic Macedonia*, Los Angeles 1976

Gimbutas, M., *The Goddesses and Gods of Old Europe*, London 1974

Gimbutas, M., *The Language of the Goddess*, London 1989

Guilaine, J. (Hg.), *Premières communautés paysannes en Méditerranée occidentale*, Paris 1987

Juel-Jensen, H., *Flint Tools and Plant Working: Hidden Traces of Stone Age Technology*, Århus 1994*

Kalicz, N., *Clay Gods: The Neolithic Period and Copper Age in Hungary*, Budapest 1971

Kalicz, N., *Frühneolithische Siedlungsfunde aus Südwestungarn*, Budapest 1990*

Kirsch, E., *Funde des Mittelneolithikums im Land Brandenburg*, Potsdam 1993*

Luley, H., *Urgeschichtlicher Hausbau in Mitteleuropa*, Bonn 1992*

Müller, J., *Das ostadriatische Frühneolithikum. Die Impresso-Kultur und die Neolithisierung des Adriaraumes*, Berlin 1994*

Nieszery, N., *Linearbandkeramische Gräberfelder in Bayern*, Espelkamp 1995*

Renfrew, C. u.a. (Hg.), *Excavations at Sitagroi*, Los Angeles 1986

Rulf, J. (Hg.), *Bylany Seminar 1987*, Prag 1989

Tell Karanovo und das Balkan-Neolithikum, Salzburg 1989*

Theocharis, D., *Neolithic Greece*, Athen 1973

Tinè, S., *Passo di Corvo e la Civilità Neolitica del Tavoliere*, Genua 1983

Tringham, R., *Hunters, Fishers and Farmers in Eastern Europe 6000–3000 BC*, London 1971

Voruz, J.-L., *Le Néolitique suisse*, Genf 1991*

Weinmann, C., *Der Hausbau in Skandinavien vom Neolithikum bis zum Mittelalter*, Berlin/New York 1994*

DAS JUNGNEOLITHIKUM UND DIE KUPFERZEIT

ÜBERSICHTSWERKE

Das Äneolithikum und die früheste Bronzezeit in Mitteleuropa. Kulturelle und chronologische Beziehungen, Prag 1989*

Bogucki, P., *Forest Farmers and Stockherders: Early Agriculture and its Consequences in North-Central Europe*, Cambridge 1988

Craddock, P.T., *Early Metal Mining and Production*, Edinburgh 1995*
Hammond, N. u.a., *Pattern of the Past*, Cambridge 1981
Hodder, I., *The Domestication of Europe*, London 1990
Joussaume, R., *Dolmens for the Dead*, London 1988
Lanting, J.N./Waals, J.D. van der (Hg.), *Glockenbechersymposion in Oberried März 1974*, Bussum 1976*
Lichardus, J. (Hg.), *Die Kupferzeit als historische Epoche*, Bonn 1991*
Mohen, J.-P., *Megalithkultur in Europa. Geheimnis der frühen Zivilisation*, Stuttgart/Zürich 1989*
Mohen, J.-P./Éluère, C. (Hg.), *Découverte du Métal*, Paris 1991*
Müller-Karpe, H., *Handbuch der Vorgeschichte*, Bd. 3: *Kupferzeit*, München 1974
Sangmeister, E. u.a., *Metallanalysen kupferzeitlicher und frühbronzezeitlicher Bodenfunde aus Europa. Studien zu den Anfängen der Metallurgie*, Bd. 1–2, Berlin 1960–1974*
Sherratt, A., Genesis of Megaliths: Monumentality, Ethnicity and Social Complexity in Neolithic North-West Europe, in: *World Archaeology* 22, 1990, S. 147–167
Strahm, C., Die Anfänge der Metallurgie in Mitteleuropa, in: *Helvetia Archaeologica 25*, Nr. 97, 1994, S. 2–39*
Tylecote, R.F., *The Early History of Metallurgy in Europe*, London/New York 1987*
Tringham, R., *Hunters, Fishers and Farmers in Eastern Europe 6 000–3 000 BC*, London 1971
Whittle, A., *Neolithic Europe: A Survey*, Cambridge 1985

REGIONEN UND FUNDPLÄTZE

Bagolini, B./Biagi, P., The Radiocarbon Chronology of the Neolithic and Copper Age of Northern Italy, in: *Oxford Journal of Archaeology 9*, 1990, S. 1–24*
Bakker, J.A., *The Dutch Hunebedden: Megalithic Tombs of the Funnel Beaker Culture*, Ann Arbor, Mich. 1992*
Behrens, H./Schlette, F., *Die neolithischen Becherkulturen im Gebiet der DDR und ihre europäischen Beziehungen*, Halle 1969*
Behrens, H., *Die Jungsteinzeit im Mittelelbe-Saale-Gebiet*, Berlin 1973*
Blance, B., *Die Anfänge der Metallurgie auf der Iberischen Halbinsel*, Berlin 1971*
Blomqvist, L., *Megalitgravarna i Sverige*, Stockholm 1989*
Brodie, N., *The Neolithic-Bronze Age Transition in Britain*, Oxford 1994*
Castleden, R., *The Stonehenge People: An Exploration of Life in Neolithic Britain 4 700–2 000 BC*, London/New York 1990*
Castleden, R., *Neolithic Britain*, London/New York 1992*
Castleden, R., *The Making of Stonehenge*, London/New York 1993*
Cernych, E.N., Die ältesten Bergleute und Metallurgen Europas, in: *Das Altertum* 28, 1982, S. 5–15*
Chernych, E.N., *Ancient Metallurgy in the USSR: The Early Metal Age*, Cambridge 1992*
Clarke, D.V. u.a., *Symbols of Power at the Time of Stonehenge*, London 1985
Ellis, L., *The Cucuteni Tripolje Culture: A Study in Technology and the Origins of Complex Society*, Oxford 1984
Fansa, M., *Großsteingäber zwischen Weser und Ems*, Oldenburg 1992*
Fol, A./Lichardus, J. (Hg.), *Macht, Herrschaft und Gold. Das Gräberfeld von Varna (Bulgarien) und die Anfänge einer neuen Zivilisation*, Saarbrücken 1988*
Freeden, J. von, *Malta und die Baukunst seiner Megalith-Tempel*, Darmstadt 1993*
Gamer-Wallert, I. (Hg.), *Troia. Brücke zwischen Orient und Okzident*, Tübingen 1992*
Hårdh, B., *Patterns of Deposition and Settlements: Studies on the Megalithic Tombs of West Scania*, Stockholm/Lund 1990*
Hein, M., *Untersuchungen zur Kultur der Schnurkeramik in Mitteldeutschland*, Bonn 1990*
Jacobs, J., *Die Einzelgrabkultur in Mecklenburg-Vorpommern*, Schwerin 1991*
Jovanović, B., *Rudna Glava*, Belgrad 1982*
Kruk, J., *Neolithic Settlement of Southern Poland*, Oxford 1980
Manzura, I., Cultural Groups from the Steppes of Eastern Europe in the Eneolithic Period and Early Bronze Age, in: *Oxford Journal of Archaeology 13*, 1994, S. 265–277*
Markotić, V., *The Vinĉa Culture*, Calgary 1984*
Matiskainen, H., Essay über die Ökonomie, die Migration und die Adaption des Einheitshorizontes der Schnurkeramik speziell unter dem Gesichtspunkt des Ost-Baltikums und Finnlands, in: *Suomen Museo* 100, 1993, S. 9–26*
Midgeley, M.S., *TRB-Culture: The First Farmers of the North European Plain*, Edinburgh 1992*
Müller, D.-W., Kupferführende Kulturen im Neolithikum der DDR, in: *Rassegna di Archeologia* 7, 1988, S. 157–174*
Obereder, J. u.a., Die Metallfunde und die Metallurgie der kupferzeitlichen Mondseegruppe. Ein Vorbericht, in: *Archäologie Österreichs* 4, 1993, Heft 2, S. 5–9*
Parzinger, H., *Studien zur Chronologie und Kulturgeschichte der Jungstein-, Kupfer- und Frühbronzezeit zwischen Karpaten und Mittlerem Taurus*, Mainz 1993*
Prescott, C., Late Neolithic and Bronze Age Developments on the Periphery of Southern Scandina-

via, in: *Norwegian Archaeological Review* 24, 1991, S. 35–48*
Roß, J., *Megalithgräber in Schleswig-Holstein,* Hamburg 1992*
Siebler, M., *Troia – Homer – Schliemann. Mythos und Wahrheit,* Mainz 1990*
Siedlungsarchäologie im Alpenvorland, Bd. 1–2, Stuttgart 1990*
Spindler, K. u.a. (Hg.), *Der Mann im Eis,* bisher 2 Bde., Innsbruck 1992, 1995*
Strahl, E., *Das Endneolithikum im Elb-Weser-Dreieck,* Hildesheim 1990*
Struve, K.W., *Die Einzelgrabkultur in Schleswig-Holstein und ihre kontinentalen Beziehungen,* Neumünster 1955*
Studia Troica, bisher 2 Bde., Mainz 1991, 1992*
Telegins, D.Y., *Dereivka: A Settlement and Cemetary of Copper Age Horse Keepers,* Oxford 1986
Todorova, H., *Kupferzeitliche Siedlungen in Bulgarien,* München 1982
Tromnau, G. (Bearb.), *Die große Göttin der Fruchtbarkeit. Die Tempel der Vorzeit auf Malta.* Ausstellungskatalog, Duisburg 1992*
Waldren, W.H./Kennard, R.C., *Bell Beakers of the West Mediterranean,* Oxford 1987
Yakar, J., *Prehistoric Anatolia: The Neolithic Transition and the Early Chalcolithic Period,* Tel Aviv 1991, 1994*

EINZELASPEKTE

Häusler, A., Die Entstehung des Äneolithikums und die nordpontischen Steppenkulturen, in: *Germania* 73, 1995, S. 41–68*
Roman, P.I. u.a., *Beiträge zur Problematik der schnurverzierten Keramik Südosteuropas,* Mainz 1992*
Sherratt, A., Sacred and Profane Substances: the Ritual Use of Narcotics in Later Neolithic Europe, in: P. Garwood u.a. (Hg.), *Sacred and Profane,* Oxford 1991, S. 50–64
Weisgerber, G., *5000 Jahre Feuersteinbergbau,* 2. Aufl., Bochum 1981
Zápotocký, M., *Streitäxte des mitteleuropäischen Äneolithikums,* Weinheim 1992*

DIE PALASTKULTUREN DES MINOISCHEN KRETA UND DES MYKENISCHEN GRIECHENLAND

ÜBERSICHTSWERKE

Christopoulos, G.A. (Hg.), *Prehistory and Protohistory,* Athen 1970
Dickinson, O., *The Origins of Mycenaean Civilization,* Göteborg 1977
Dietz, S., The *Argolid and the Transition to the Mycenaean Age. Studies in the Chronology and Cultural Development in the Shaft Grave Period,* Kopenhagen 1991*
Hood, M.S.F., *The Arts in Prehistoric Greece,* London 1978
Manning, S., *The Absolute Chronology of the Aegean Early Bronze Age. Archaeology, Radiocarbon, History,* London 1995*
Palmer, L.R., *Myceaeans and Minoans,* London 1961, 1965
Treuil, R. u.a., *Les Civilisations Égéennes,* Paris 1989
Wace, A.J.B./Stubbings, F.H. (Hg.), *The Homeric Companion,* London 1962
Warren, P.M., *The Aegean Civilization,* Oxford 1975, 1990
Warren, P.M./Hankey, V., *Aegean Bronze Age Chronology,* Bristol 1989

REGIONEN UND FUNDPLÄTZE

Alexiou, St., *Minoan Civilization,* Heraklion 1973
Bass, G.F., Oldest Known Shipwreck Reveals Splendours of The Bronze Age, in: *National Geographic* 172, H. 6, Dez. 1987, S. 693–733
Blegen, C., *The Palace of Nestor at Pylos,* Princeton, NJ 1966
Cadogan, G., *Palaces of Minoan Crete,* London/New York 1976
Chadwick, J., *Decipherment of Linear B,* Cambridge 1967
Chadwick, J., *Die mykenische Welt,* Stuttgart 1979; engl. Ausg. Cambridge 1976
Doumas, C., *Thera: Pompeji of the Anciant Aegean,* London 1983
Evans, A.J., *Palace of Minos at Knossos,* 5 Bde., London 1921–1936
Hooker, J.T., *Mycenaean Greece,* London 1976
Myers, E.E. u.a., *The Aerial Atlas of Ancient Crete,* London 1992
The Mycenaean World. Ausstellungskatalog, Athen 1988
Mylonas, G., *Mycenae Rich in Gold,* Athen 1983
Pendlebury, J.D.S., *The Archaeology of Crete,* London 1939
Renfrew, C., *The Archaeology of Cult,* Oxford 1985
Sakellarakis, J., Drama of Death in a Minoan Temple, in: *National Geographic* 159, H. 2, Febr. 1981, S. 204–222
Taylor, W.D., *The Mycenaeans,* London 1964, 1983
Ventris, M., Die Entzifferung der minoischen Schrift, in: H. Steuer/U. Zimmermann (Hg.), *Streifzüge durch die frühen Hochkulturen,* München 1994, S. 67–73*
Ventris, M./Chadwick, J., *Documents in Mycenaean Greek,* Cambridge 1973
Wace, A.J.B., *Mycenae: An Archaeological History and Guide,* Princeton, NJ 1949

WIRTSCHAFTSFRAGEN

Halstaed, P., On Redistribution and the Origin of the Minoan-Mycenaean Palatial Economies, in:

E.B. French/K.A. Wardle (Hg.), *Problems in Greek Prehistory,* Bristol 1988, S. 519–530
Heltzer, M./Lipiński, E. (Hg.), *Society and Economy in the Eastern Mediterranean 1500–100 BC,* Leuven 1988*
Killen, J.T., The Wool Industry of Crete in the Late Bronze Age, in: *Annual of the British School of Athens* 59, 1964, S. 1–15
Palaima, Th./Shelmerdine, C. (Hg.), *Pylos Comes Alive, Industry and Administration in a Mycenaean Palace,* New York 1984
Shelmerdine, C., *The Perfume Industry of Mycenaean Pylos,* Göteborg 1985

DIE ERSTEN ELITEN

ÜBERSICHTSWERKE

Beiträge zur Geschichte und Kultur der mitteleuropäischen Bronzezeit, Berlin/Nitra 1990*
Champion, T. (Hg.), *Prehistoric Europe,* London 1983
Coles, J.M./Harding, A.F., *The Bronze Age in Europe,* London 1979
Gerloff, S., Zu Fragen mittelmeerländischer Kontakte und absoluter Chronologie der Frühbronzezeit in Mittel- und Westeuropa, in: *Prähistorische Zeitschrift* 68, 1993, S. 58–102*
Gimbutas, M., *Bronze Age Cultures in Central and Eastern Europe,* Paris u.a. 1965
Harding, A., The Bronze Age in Central and Eastern Europe: Advances and Prospects, in: *Advances in World Archaeology* 2, 1983, S. 1–50
Jockenhövel, A./Kubach, W. (Hg.), *Bronzezeit in Deutschland,* Stuttgart 1994*
Müller-Karpe, H., *Handbuch der Vorgeschichte,* Bd.4: *Bronzezeit,* München 1980
Orientalisch-ägäische Einflüsse in der europäischen Bronzezeit, Bonn 1990*
Piggott, S., *Ancient Europe,* Edinburgh 1965
Steuer, H./Zimmermann, U. (Hg.), *Alter Bergbau in Deutschland,* Stuttgart 1993*

REGIONEN, FUNDPLÄTZE UND EINZELASPEKTE

Aner, E./Kersten, K., *Die Funde der älteren Bronzezeit des nordischen Kreises in Dänemark, Schleswig-Holstein und Niedersachsen,* bisher 11 Bde., Neumünster 1973ff.*
Barber, E.J.W., *Prehistoric Textiles: the Development of Cloth in the Neolithic and Bronze Ages,* Princeton, NJ 1991
Barrett, J.C., *Fragments from Antiquity: An Archaeology of Social Life in Britain, 2900–1200 BC,* Oxford 1994*
Becker, B. u.a., Zur absoluten Chronologie der frühen Bronzezeit, in: *Germania* 67, 1989, S. 421–442*
Becker, C.J., Siedlungen der Bronzezeit und der vorrömischen Eisenzeit in Dänemark, in: *Offa* 39, 1982, S. 53–71*
Bertemes, F., *Das frühbronzezeitliche Gräberfeld von Gemeinlebarn. Kulturhistorische und paläometallurgische Studien,* Bonn 1989*
Bradley, R., *Passages of Arms: An Archaeological Analysis of Prehistoric Hoards and Votive Finds,* Cambridge 1990
Brøndsted, J., *Nordische Vorzeit,* Bd. 2: *Bronzezeit in Dänemark,* Neumünster 1962*
Burenhult, G., *Arkeologi i Sverige,* 2: *Bönder och bronsgjutare,* Stockholm 1991*
Butler, J.J., Bronze Age Metal and Amber in the Netherlands, 1, in: *Palaeohistoria* 32, 1990 (1993), S. 47–109*
Chevillot, C./Coffyn, A. (Hg.), *L'Age du Bronze Atlantique,* Beynac 1991*
Clarke, D.V. u.a., *Symbols of Power at the Time of Stonehenge,* London 1985
Craddock, P.T., A Short Review of the Evidence for Bronze Age Mining in the British Isles, in: H. Steuer/U. Zimmermann (Hg.), *Montanarchäologie in Europa,* Sigmaringen 1993, S. 37–56*
Eibner, C., Der Kupferbergbau in den österreichischen Alpen in der Urzeit, in: *Archäologie Österreichs* 3, 1992, H. 1, S. 12–16*
Gaucher, G., *Peuples du Bronze. Anthropologie de la France à l'Âge du Bronze,* Paris 1988*
Gedl, M., *Die Vorlausitzer Kultur,* Stuttgart 1992*
Georgiev, G.J. u.a., *Ezero. Eine Siedlung der Frühbronzezeit,* Sofia 1979*
Gerloff, S., Zu Fragen mittelmeerländischer Kontakte und absoluter Chronologie der Frühbronzezeit in Mittel- und Westeuropa, in: *Prähistorische Zeitschrift* 68, 1993, S. 58–102*
Glob, P.V., *The Mound People: Danish Bronze-Age Man Preserved,* London 1974
Hänsel, B. (Hg.), *Handel, Tausch und Verkehr im bronze- und eisenzeitlichen Südosteuropa,* München/Berlin 1995*
Harrison, R.J./Wainwright, J., Dating the Bronze Age in Spain, in: *Oxford Journal of Archaeology* 10, 1991, S. 261–268*
Hochuli, S., *Arbon-Bleiche. Die neolithischen und bronzezeitlichen Seeufersiedlungen. Ausgrabungen 1885–1991,* Frauenfeld 1994*
Hochuli, S. u.a., Der absolutchronologische Rahmen der Frühbronzezeit in der Ostschweiz und in Süddeutschland, in: *Archäologisches Korrespondenzblatt* 24, 1994, S. 269–282*
Holste, F., *Die Bronzezeit in Süd- und Westdeutschland,* Berlin 1953*
Kersten, K., *Zur älteren nordischen Bronzezeit,* Neumünster 1936*
Kovaćs, T./Stanczik, I. (Hg.), *Bronze Age Tell Settlements on the Great Hungarian Plain,* Budapest 1988*

Krause, R., *Die endneolithischen und frühbronzezeitlichen Grabfunde auf der Nordterrasse von Singen am Hohentwiel,* Stuttgart 1988*
Kristiansen, K., Krieger und Häuptlinge in der Bronzezeit Dänemarks. Ein Beitrag zur Geschichte des bronzezeitlichen Schwertes, in: *Jahrbuch des Römisch-Germanischen Zentralmuseums Mainz* 31, 1984, S. 187–208*
Kristiansen, K., From Stone to Bronze: The Evolution of Social Complexity in Northern Europe, 2300–1200 BC, in: E.M. Brumfiel/T.K. Earle (Hg.), *Specialisation, Exchange and Complex Societies,* Cambridge 1987, S. 30–51
Kunter, M., *Menschliche Skelettreste aus Siedlungen der El Argar-Kultur,* Mainz 1990*
Kuźmina, E.E., Die urgeschichtliche Metallurgie der Andranovo-Kultur. Bergbau, Metallurgie und Metallberabeitung, in: *Zeitschrift für Archäologie* 25, 1991, S. 29–48*
Laux, F., *Die Bronzezeit der Lüneburger Heide,* Hildesheim 1971*
Machnik, J., *The Earliest Bronze Age in the Carpathian Basin,* Bradford 1987, 1990*
Oldeberg, A., *Die ältere Metallzeit in Schweden,* 2 Bde., Stockholm 1974, 1976*
Pernicka, E. u.a., Eneolithic and Early Bronze Age Copper Artefacts from the Balkans and their Relation to Serbian Copper Ores, in: *Prähistorische Zeitschrift* 68, 1993, S. 1–54*
Peroni, R., *Protostoria dell'Italia continentale. La Penisola Italiana nelle età del bronzo e del ferro,* Rom 1989*
Piggott, S., *The Earliest Wheeled Transport from the Atlantic Coast to the Caspian Sea,* London 1984
Randsborg, K., Chronological Problems? On the Early Bronze Age in Southern Scandinavia, in: *Acta Archaeologica* 58, 1987 (1988), S. 229–233*
Ruiz, I.M., Bronze Age Metallurgy in Southwest Spain, in: *Antiquity* 67, Nr. 254, 1993, S. 46–57*
Sherratt, A., Warriors and Traders: Bronze Age Chiefdoms in Central Europe, in: B.W. Cunliffe (Hg.), *Origins: the Roots of European Civilization,* London 1987
Stjernquist, B., *Beiträge zum Studium von bronzezeitlichen Siedlungen,* Lund 1969*
Urban, T., *Studien zur mittleren Bronzezeit in Norditalien,* Bonn 1993*
Willroth, K.-H., *Die Hortfunde der älteren Bronzezeit in Südschweden und auf den dänischen Inseln,* Neumünster 1985*
Wright, E., *The Ferriby Boats: Seacraft of the Bronze Age,* London/New York 1990*
Wyss, R., Prähistorische Kupfergewinnung in den Schweizer Alpen, in: *Zeitschrift für schweizerische Archäologie und Kunstgeschichte* 50, 1993, S. 195–210*
Zimmermann, U., *Nordeuropa während der älteren Bronzezeit,* Frankfurt u.a. 1988*

DER ZUSAMMENBRUCH DER ÄGÄISCHEN ZIVILISATION AM ENDE DER JUNGBRONZEZEIT

ÜBERSICHTSWERKE UND THEORIEN ZUM ENDE DER MYKENISCHEN KULTUR

Alin, P., *Das Ende der mykenischen Fundstätten auf dem griechischen Festland,* Lund 1962*
Betancourt, P.B., The End of the Greek Bronze Age, in: *Antiquity* 50, 1976, S. 40–47
Bouzek, J., *The Aegean, Anatolia and Europe: Cultural Interrelations in the Second Millennium BC,* Lund 1985
Carpenter, B., *Discontinuity in Greek Civilisation,* New York 1968
Desborough, V.R., *The Last Mycenaeans and their Successors,* Oxford 1964
Desborough, V.R., *The Greek Dark Age,* London 1972
French, B./Wardle, K.A. (Hg.), *Problems in Greek Prehistory,* Bristol 1988
Harding, A., *The Mycenaeans and Europe,* London 1984
Renfrew, C., Systems Collapse as Social Transformation, in: C. Renfrew/K.L. Cooke (Hg.), *Transformations: Mathematical Approaches to Cultural Change,* New York 1979, S. 481–506
Sandars, N.K., *The Sea Peoples,* London 1978
Sandars, N.K., North and South at the End of the Mycenaean Age: Aspects of an Old Problem, in: *Oxford Journal of Archaeology* 2, 1983, S. 43–68
Velikovsky, I., *Die Seevölker,* Frankfurt 1978*
Warren, P./Hankey, V., *Aegean Bronze Age Chronology,* Bristol 1989

REGIONEN, FUNDORTE UND EINZELASPEKTE

Catling, H.W., A New Sword from Cyprus, in: *Antiquity* 35, 1961, S. 115–122
Davies, J.L./Cherry, J.F. (Hg.), *Papers in Cycladic Prehistory,* Los Angles 1979
Furumark, A., *The Chronology of Mycenaean Pottery,* 2 Bde., 1941*
Hallager, E., Aspects of Aegean Long-Distance Trade in the 2nd Millennium, in: *Momenti precoloniali nel Mediterraneo Antico,* Rom 1985, S. 91–101
Harding, A./Hughes-Brock, H., Amber in the Mycenaean World, in: *Annual of the British School at Athens* 69, 1974, S. 145–180
Hughes-Brock, H., Amber and the Mycenaeans, in: *Journal of Baltic Studies* 16, 1985, S. 257–267
Jantzen, U. (Hg.), *Tiryns,* Bd. 5, Mainz 1971
Macdonald, C., Problems of the Twelfth Century BC in the Dodecanese, in: *Annual of the British School at Athens* 81, 1986, S. 125–151
Macgillivray, J.A./Barber, R. (Hg.), *The Prehistoric Cyclades,* Edinburgh 1984
Mee, C., *Rhodes in the Bronze Age,* Warminster 1982

Morricone, L., Coo-Scavi e scoperte nel Serraglio e in localita minori, in: *Annuario della Scuolo Archeologica di Atene* 50,1, 1972/73, S. 139–397
Mountjoy, P., The Bronze Greaves from Athens, a Case for a LH IIIC Date, in: *Opuscula Atheniensia* 15, 1984, S. 135–137
Musgrave, J./Popham, M., The Late Helladic IIIC Intramural Burials at Lefkandi, Euboea, in: *Annual of the British School at Athens* 86, 1991, S. 273–291
Popham, M.R., A Late Minoan Pyxis, in: *Oxford Journal of Archaeology* 5, 1986, S. 157–164
Popham, M.R./Sackett, L.H., *Excavations at Lefkandi, Euboea,* 1964–66, London 1968
Popham, M.R./Milburn, E., The LH IIIC Pottery of Xeropolis (Lefkandi): A Summary, in: *Annual of the British School at Athens* 66, 1971, S. 33–35
Renfrew, C. u.a., *The Archaeology of Cult, the Sanctuary at Phylakopi,* Oxford 1985
Sackett, L.H. u.a., Excavations at Palaikastro, VI, in: *Annual of the British School at Athens* 60, 1965, S. 269–299
Waldbaum, J.C., *From Bronze to Iron: The Transition from the Bronze Age to the Iron Age in the Eastern Mediterranean,* Göteborg 1978*

NEUORDNUNG IN EUROPA NÖRDLICH DES MITTELMEERES

ÜBERSICHTSWERKE

Avant les Celtes: L'Europe à l'age du bronze, 2500–800 avant J-C, Daoulas 1988
Coles, J.M./Harding, A.F., *The Bronze Age in Europe,* London 1979
Collis, J., *The European Iron Age,* London 1984
Gedl, M. (Hg.), *Die Anfänge der Urnenfelderkulturen in Europa,* Warschau 1991*
Hansen, S., *Studien zu den Metalldeponierungen während der älteren Urnenfelderzeit zwischen Rhônetal und Karpatenbecken,* Bonn 1994*
Jockenhövel, A./Kubach, W. (Hg.), *Bronzezeit in Deutschland,* Stuttgart 1994*
Kimmig, W., Seevölkerbewegung und Urnenfelderkultur. Ein archäologisch-historischer Versuch, in: *Studien zu Alteuropa.* Festschrift für K. Tackenberg, Teil 1, Köln 1964, S. 220–283*
Müller-Karpe, H., *Beiträge zur Chronologie der Urnenfelderzeit nördlich und südlich der Alpen,* Berlin 1959*
Schauer, P. (Hg.), *Archäologische Untersuchungen zum Übergang von der Bronze- zur Eisenzeit zwischen Nordsee und Kaukasus,* Regensburg 1994*
Sørensen, M.L.S./Thomas, R. (Hg.), *The Bronze Age-Iron Age Transition in Europe: Aspects of Continuity and Change in European Societies 1200 to 500 BC,* 2 Bde., Oxford 1989*
Wertime, T.A./Muhly, J.D. (Hg.), *The Coming of the Age of Iron,* New York/London 1980*

REGIONEN UND FUNDPLÄTZE

Baudou, E., *Regionale und chronologische Einteilung der jüngeren Bronzezeit im nordischen Kreis,* Stockholm 1960*
Beck, A., *Beiträge zur frühen und älteren Urnenfelderkultur im nordwestlichen Alpenvorland,* München 1980*
Buck, D.-W.R., Zur chronologischen Gliederung der Lausitzer Gruppe, in: *Veröffentlichungen des Museums für Ur- und Frühgeschichte Potsdam* 23, 1989, S. 75–96*
Bukowski, Z. (Hg.), *Forschungen zur Problematik der Lausitzer Kultur,* Wroclaw 1988*
Cierny, J. u.a., Endbronzezeitliche Kupferproduktion im Trentino. Ein Vorbericht, in: *Der Anschnitt* 47, 1995, S. 82–91*
Freudenberg, M., *Studien zu vertikalen sozialen Strukturen. Eine Analyse der Grabfunde der jüngeren Bronzezeit in Dänemark,* Oxford 1989*
Podborský, V., *Mähren in der Spätbronzezeit und an der Schwelle der Eisenzeit,* Bonn 1970*
Rihovský J., *Die Fibeln in Mähren,* Stuttgart 1993*
Ruppel, T., *Die Urnenfelderzeit in der Niederrheinischen Bucht,* Bonn 1990*
Schmidt, J.-P., *Studien zur jüngeren Bronzezeit in Schleswig-Holstein und dem nordelbischen Hamburg,* Bonn 1993*
Schoenfelder, U., *Untersuchungen an Gräberfeldern der späten Bronze- und beginnenden Eisenzeit am Niederrhein,* Bonn 1992*
Sperber, C., *Untersuchungen zur Chronologie der Urnenfelderkultur im nördlichen Alpenvorland von der Schweiz bis Oberösterreich,* Bonn 1987*
Thrane, H., *Europæske forbindelser,* Kopenhagen 1975*

EINZELASPEKTE

Almgren, B., *Die Datierung bronzezeitlicher Felszeichnungen in Westschweden,* Uppsala 1987*
Bradley, R., *The Social Foundations of Prehistoric Britain,* London 1984
Bradley, R., *The Passage of Arms: An Archaeological Analysis of Prehistoric Hoards and Votive Deposits,* Cambridge 1990
Coles, B./Coles, J., *People of The Wetlands: Bogs, Bodies and Lake-Dwellers,* London 1989
Coles, J., *Images of the Past: A Guide to the Rock Carvings and other Ancient Monuments of Northern Bohuslän,* Uddevalla 1990
Fowler, P.J., *The Farming of Prehistoric Britain,* Cambridge 1983
Haefner, H. (Hg.), *Frühes Eisen in Europa,* Schaffhausen 1981*
Henderson, J., Glass Production and Bronze Age Europe, in: *Antiquity* 62, 1988, S. 435–451

Jensen, J., Bernsteinfunde und Bernsteinhandel der jüngeren Bronzezeit Dänemarks, in: *Acta Archaeologica* 36, 1965, S. 43–86*

Kristiansen, K., From Villanova to Seddin: The Reconstruction of an Elite Exchange Network during the 8th Century BC, in: C. Scarre/F. Healy (Hg.), *Trade and Exchange in Prehistoric Europe,* Oxford 1993, S. 143–151*

Silber, Erz und weißes Gold. Bergbau in Tirol. Ausstellungskatalog Tiroler Landesausstellung 1990, Schwaz 1990*

Waterbolk, H.J., Amber on the Coast of the Netherlands, in: H. Thoen (Hg.), *Studia Archaeologica,* Gent 1991, S. 201–209*

Wells, P.S., Iron Age Temperate Europe: Some Current Research Issues, in: *Journal of World Prehistory* 4, 1990, S. 437–476

DIE GESELLSCHAFTEN WESTEUROPAS WÄHREND DER EISENZEIT

ÜBERSICHTSWERKE UND QUELLEN

Aigner-Foresti, L. (Hg.), *Etrusker nördlich von Etrurien. Etruskische Präsenz in Norditalien und nördlich der Alpen sowie ihre Einflüsse auf die einheimischen Kulturen,* 2 Bde., Wien 1992*

Ammianus Marcellinus, *Römische Geschichte,* lat./dt., mit einem Komm. vers. von W. Seyfarth, 4 Bde., Berlin 1983–1986*

Champion, T.C./Megaw, J.V.S. (Hg.), *Settlement and Society: Aspects of West European Prehistory in the First Millennium BC,* Leicester 1985

Chapman, R., *Emerging Complexity: The Later Prehistory of South-East Spain, Iberia and the West Mediterranean,* Cambridge 1990*

Collis, J., *The European Iron Age,* London 1984

Cunliffe, B., *Greeks, Romans, and Barbarians: Spheres of Interaction,* London 1988

Herodot, *Historien,* übers. von A. Horneffer, hg. von H.W. Haussig, 4. Aufl., Stuttgart 1971*

Hill, J.D./Cumberpatch, C.G. (Hg.), *Different Iron Ages: Studies on the Iron Age in Temperate Europe,* Oxford 1995*

Kristiansen, K./Jensen, J. (Hg.), *Europe in the First Millenium BC,* Sheffield 1994*

Livius, *Römische Geschichte seit Gründung der Stadt,* hg. von H. Dittrich, 2 Bde., Berlin/Weimar 1978*

Parzinger, H., *Chronologie der Späthallstatt und Frühlatènezeit,* Weinheim 1989*

Polybios, *Geschichte,* eingel. und übers. von H. Drexler, 2 Bde., Zürich/Stuttgart 1961*

Vergil, *Aeneis,* lat./dt., herausgegeben und übersetzt von M. und J. Götte, 8. Aufl., Düsseldorf/Zürich 1995*

Wells, P.S., *Culture Contact and Culture Change,* Cambridge 1980

KELTEN

Audouze, F./Büchsenschütz, O., *Towns, Villages and Countryside of Celtic Europe,* London 1991*

Brunaux, J.L., *The Celtic Gauls: Gods, Rites and Sanctuaries,* London 1988

Collis, J., *Oppida: Earliest Towns North of the Alps,* Sheffield 1984*

Cunliffe, B., *The Celtic World,* London 1979

Dannheimer, H./Gebhard, R. (Hg.), *Das keltische Jahrtausend.* Ausstellungskatalog, Mainz 1993*

Dobesch, G., *Die Kelten in Österreich,* Wien 1980*

Duval, P.-M., *Die Kelten,* München 1978*

Éluère, C., *Das Gold der Kelten,* München 1987*

Filip, J., *Celtic Civilization and its Heritage* (1962), Northampton 1977

Green, M., *Animals in Celtic Life and Myth,* London/New York 1992*

Kruta, V./Forman, W., *The Celts of the West,* London 1985

Lenerz-De Wilde, M., *Iberica Celtica. Archäologische Zeugnisse keltischer Kultur auf der Pyrenäenhalbinsel,* 2 Bde., Stuttgart 1991*

Megaw, R. und V., *Celtic Art,* London 1989

Mohen, J.-P. u.a., *Les Princes Celtes et la Méditerranée,* Paris 1988

Moscati, S. u.a. (Hg.), *The Celts.* Ausstellungskatalog, Mailand 1991*

Piggott, S., *The Druids,* London 1968

Pleiner, R., *The Celtic Sword,* Oxford 1993*

Powell, T.G.E., *The Celts,* London 1958, 1980

Rankin, H.D., *Celts and the Classical World,* Beckenham 1987

Spindler, K., *Die frühen Kelten,* 2. Aufl., Stuttgart 1991*

Wernicke, I., *Die Kelten in Italien. Die Einwanderung und die frühen Handelsbeziehungen zu den Etruskern,* Stuttgart 1991*

EXPANSIONEN

Aubet, M.E., *The Phoenicians and the West. Politics, Colonies and Trade,* Cambridge 1993*

Boardman, J., *Kolonien und Handel der Griechen. Vom späten 9. bis zum 6. Jahrhundert vor Christus,* München 1981; 2. Aufl. der engl. Ausg. London 1980

Harden, D., *The Phoenicians* (1962), Harmondsworth 1971

Moscati, S. (Hg.), *Die Phönizier,* Hamburg 1988*

Niemeyer, H.G. (Hg.), *Phönizier im Westen,* Madrid 1982*

Parrot, A. u.a., *Die Phönizier,* München 1977*

Ridgway, D., *The First Western Greeks,* Cambridge 1992*

REGIONEN, FUNDORTE UND EINZELASPEKTE

Arribas, A., *The Iberians,* London 1964

Bandinelli, R.B./Guiliano, A., *Etrusker und Italiker vor der römischen Herrschaft,* München 1974*

Becker, C.J., Siedlungen der Bronzezeit und der vorrömischen Eisenzeit in Dänemark, in: *Offa* 39, 1982, S. 53–71*
Biel, J., *Der Keltenfürst von Hochdorf,* Stuttgart 1985*
Biskupin, ein polnisches Pompeji. Ausstellungskatalog, Berlin 1985*
Brand, C., *Zur eisenzeitlichen Besiedlung des Dürrnberges bei Hallein,* Espelkamp 1995*
Bukowski, Z., Critically about the So-called Amber Route in the Odra and Vistula River Basins in the Early Iron Age, in: *Archaeologia Polona* 28, 1990, S. 71–122*
Burenhult, G., *Arkeologi i Sverige.* 3: *Samhällsbyggare och handelsmän,* Stockholm 1991*
Cunliffe, B., *Iron Age Communities in Britain,* 1973, 3. Aufl. London 1991
Dlogović, D., *Studies in the Iron Age of the Northern Adriatic,* Zagreb 1989*
Egg, M., *Hallstattzeitliche Wagen,* Mainz 1989*
Eggert, M.K.H., Riesentumuli und Sozialorganisation: vergleichende Betrachtungen zu den sogenannten »Fürstenhügeln« der späten Hallstattzeit, in: *Archäologisches Korrespondenzblatt* 18, 1988, S. 263–274*
Fischer, F., Gold und Geld. Gedanken zum Schatz von Erstfeld, in: *Helvetia Archaeologica* 23, Nr. 92, 1992, S. 118–138*
Fitzpatrick, A.P./Morris, E.L. (Hg.), *The Iron Age in Wessex: Recent Works,* Salisbury 1994*
Furger, A./Müller F. u.a., *Gold der Helvetier. Keltische Kostbarkeiten aus der Schweiz.* Ausstellungskatalog, Zürich 1991*
Furger-Gunti, A., *Die Helvetier. Kulturgeschichte eines Keltenvolkes,* Zürich 1984*
Gleirscher, P., *Die Räter,* Chur 1991*
Haffner, A., Die keltischen Schnabelkannen von Basse-Yutz in Lothringen, in: *Archaeologia Mosellana* 2, 1993, S. 337–360*
Hald, M., *Ancient Danish Textiles from Bogs and Burials: A Comparative Study of Costume and Iron Age Textiles,* Kopenhagen 1980*
Haffner, A., *Die westliche Hunsrück-Eifel-Kultur,* Berlin 1976*
Harrison, R.J., *Spain at the Dawn of History,* London 1988
Hedeager, L., *Iron Age Societies: From Tribe to State in Northern Europe 500 BC to AD 700,* Oxford 1992*
Heeringen, R.M. van, *The Iron Age in the Western Netherlands,* Amersfoort 1992*
Joffroy, R., *Le trésor de Vix. Histoire et portée d' une grande découverte,* Paris 1962*
Kaenel, G., *Recherches sur la période de La Tène en Suisse occidentale,* Lausanne 1990*
Kimmig, W., *Die Heuneburg an der oberen Donau,* Stuttgart 1983*
Kivikovski, E., *Die Eisenzeit Finnlands,* 2 Bde., Porvoo 1947, 1951*
Maier F. u.a., *Ergebnisse der Ausgrabungen 1984–1987 in Manching,* 2 Bde., Stuttgart 1992*
Megaw, J.V.S., *The Basse-Yutz Find: Masterpieces of Celtic Art. The 1927 Discovery in the British Museum,* London 1990*
Motyková, K. u.a., Die Siedlungsstruktur des Oppidums Závist. Zum heutigen Forschungsstand, in: *Archäologisches Korrespondenzblatt* 20, 1990, S. 415–426*
Müller, R., *Die Grabfunde der Jastorf- und Latènezeit an unterer Saale und Mittelelbe,* Berlin 1985*
Pare, C., *Wagons and Wagon-Graves of the Early Iron Age in Central Europe,* Oxford 1992*
Patek, E., *Westungarn während der Hallstattzeit,* Weinheim 1993*
Pavlu, J./Zápotocká, M., *Bylany. Excavations 1953–1967,* 5 Bde., Prag 1983*
Pechel, K., *Die Billendorfer Kultur westlich der Elbe,* Berlin 1990*
Penninger, E. u.a., *Der Dürrnberg bei Hallein,* 2 Bde., München 1972, 1974*
Räter und Etrusker, in: *Helvetia Archaeologica* 24, Nr. 93/94, 1993*
Rottländer, R.C.A., Zur geographischen Verbreitung der Bernsteinfunde beim Übergang von der älteren zur jüngeren Eisenzeit, in: *Kölner Jahrbuch für Vor- und Frühgeschichte* 16, 1978/79, S. 89–110*
Schubert, F., Zur Maß- und Entwurfslehre keltischer Holzbauten im Oppidum von Manching, in: *Germania* 72, 1994, S. 133–192*
Spindler, K., *Magdalenenberg. Der hallstattzeitliche Fürstengrabhügel bei Villingen im Schwarzwald,* Bd. 1–6, Villingen 1971–1980*
Stary, P.F., *Zur eisenzeitlichen Bewaffnung und Kampfesweise auf der Iberischen Halbinsel,* 2 Bde., Berlin/New York 1994*
Szabó, M., *The Celtic Heritage in Hungary,* Budapest 1971
Wacker, J.G., *Waren und Wege des Fernhandels zwischen Mitteleuropa und dem westlichen Mittelmeer in der späten Eisenzeit,* Regensburg 1992*
Waldhauser, J., Das keltische Gold in »Boiohaemum«. Einführung in die Problematik der Goldgewinnung, -verarbeitung und -benutzung während der Stufen HZ C bis LTZ D1 in Böhmen, in: *Zeitschrift für Schweizerische Archäologie und Kunstgeschichte* 48, 1991, H. 1, S. 12–37*
Wells, P.S., *The Emergence of an Iron Age Economy,* Cambridge, Mass. 1981

THRAKER, SKYTHEN UND DAKER

ÜBERSICHTSWERKE UND QUELLEN

Bergquist, A./Taylor, T., The Origin of the Gundestrup Couldron, in: *Antiquity* 61, 1987, S. 10–24*
Casson, S., *Macedonia, Thrace and Illyria,* Oxford 1926

Hachmann, R., *Gundestrup-Studien. Untersuchungen zu den spätkeltischen Grundlagen frühgermanischer Kunst.* 71. Bericht der Römisch-Germanischen Kommission, 1990 (1991), S. 565–903*
Hartog, F., *The Mirror of Herodotus,* Berkeley 1988
Herodot, *Historien,* übers. von A. Horneffer, hg. von H.W. Haussig, 4. Aufl., Stuttgart 1971*
Hippokrates, *Schriften,* übersetzt und herausgegeben von H. Diller, Reinbek bei Hamburg 1962*
Homer, *Ilias,* übers. von J. H. Voss, München/Zürich 1995*
Melyukova, A.I., The Scythians and Sarmatians, in: D. Sinor (Hg.), *The Cambridge History of Early Inner Asia,* Cambridge 1990, S. 97–117
Minns, E., *Scythians and Greeks,* Cambridge 1913
Pârvan, V., *Dacia: An Outline of the Early Civilizations of the Carpatho-Danubian Countries,* London 1928
Rostovtseff, W., *Iranians and Greeks in South Russia,* Oxford 1922
Shchukin, M., *Rome and The Barbarians in Central and Eastern Europe,* Oxford 1989
Sulimirski, T., *The Sarmatians,* London 1970
Trippett, F., *The First Horsemen,* New York 1974

SKYTHEN

Artamonow, M., *Goldschatz der Skythen in der Eremitage,* Prag 1970*
Frozen Tombs: the Culture and Art of the Ancient Tribes of Siberia, London 1978
Leskov, A.M., Die skythischen Kurgane, in: *Antike Welt* 5, 1974 (Sondernummer)*
Rice, T.T., *The Scythians,* London 1957
Rolle, R., *Totenkult der Skythen,* Berlin 1978*
Rolle, R., *Die Welt der Skythen,* Luzern/Frankfurt 1980; engl. Ausg. London 1989
Rolle, R. u.a (Hg.), *Gold der Steppe. Archäologie der Ukraine,* Schleswig 1991*

THRAKER UND DAKER

Berciu, D., *Daco-Romania,* Genf 1978
Bergquist, A., The Emergence of a pre-Roman State in Dacia: The Archaeological and Historical Sources for Transsylvania. Unpubl. Diss. Universität Cambridge 1989
Bichir, G., *Archaeology and History of the Carpi,* Oxford 1976
Condurachi, E., *Romania,* London 1967
Fol, A./Marazov, I., *Thrace and the Thracians,* New York 1977
Glodariu, I., *Dacian Trade with the Hellenistic and Roman World,* Oxford 1976
Gold der Thraker. Archäologische Schätze aus Bulgarien. Ausstellungskatalog, Mainz 1979*
Hoddinott, R.F., *Bulgaria in Antiquity,* London 1975
Hoddinott, R.F., *The Thracians,* London 1981
Parzinger, H., *Archäologisches zur Frage der Illyrier.* 72. Bericht der Römisch-Germanischen Kommission, 1991, S. 206–261*
Taylor, T., Flying Stags: Icons and Power in Thracian Art, in: I. Hodder (Hg.), *The Archaeology of Contextual Meanings,* Cambridge 1987, S. 117–132
Der thrakische Silberschatz von Rogozen, Bulgarien. Ausstellungskatalog, Bonn 1988/München 1989*

EXPANSIONEN

Boardman, J., *Kolonien und Handel der Griechen. Vom späten 9. bis zum 6. Jahrhundert vor Christus,* München 1981; 2. Aufl. der engl. Ausg. London 1980
Descœudres, J.-P. (Hg.), *Greek Colonists and Native Populations,* Oxford 1990
Kimmig, W., Die griechische Kolonisation im westlichen Mittelmeer und ihre Wirkung auf die Landschaften des westlichen Mitteleuropa, in: *Jahrbuch des Römisch-Germanischen Zentralmuseums Mainz* 30, 1983, S. 5–78*

DER EINFLUSS ROMS AUF DIE BARBARISCHEN GESELLSCHAFTEN

ÜBERSICHTSWERKE UND QUELLEN

Blagg, T./Millett, M. (Hg.), *The Early Roman Empire in the West,* Oxford 1991*
Caesar, *Der gallische Krieg,* lat./dt., hg. von G. Dorminger, München/Zürich 1986*
Cunliffe, B., *Greeks, Romans and Bavarians: Spheres of Interaction,* London 1988
Hartley, B.R./Wacher, J. (Hg.), *Rome and her Northern Provinces,* Gloucester 1983*
Herrmann, J. (Hg.), *Griechische und lateinische Quellen zur Frühgeschichte Mitteleuropas bis zur Mitte des 1. Jahrtausends unserer Zeit,* 4 Bde., Berlin 1988–1991*
Jankuhn, H., Siedlung, Wirtschaft und Gesellschaftsordnung der germanischen Stämme in der Zeit der römischen Angriffskriege, in: H. Temporini (Hg.), *Aufstieg und Niedergang der römischen Welt,* Bd. II, 5, 2. Halbbd., Berlin 1977, S. 65–126*
Jankuhn, H./Wenskus, R. (Hg.), *Geschichtswissenschaft und Archäologie. Untersuchungen zur Siedlungs-, Wirtschafts- und Kirchengeschichte,* Sigmaringen 1979*
Jankuhn, H./Timpe, D. (Hg.), *Beiträge zum Verständnis der Germania des Tacitus,* Göttingen 1989*
Lund, A.A. (Hg.), *P. Cornelius Tacitus: Germania,* Heidelberg 1988*
Randsborg, K., *The First Millenium AD in Europe and the Mediterranean,* Cambridge 1991

Tacitus, *Die historischen Versuche. Agricola – Germania – Dialogus,* übers. und hg. von K. Büchner, Stuttgart 1955*

WIRTSCHAFTSFRAGEN

Domergue, C., *Les mines de la péninsule Ibérique dans l'antiquité romaine,* Rom 1990*

Drexhage, R., *Untersuchungen zum römischen Osthandel,* Bonn 1988*

Duncan-Jones, R., *The Economy of the Roman Empire,* 2. Aufl., Cambridge 1982*

Dušek, S., *Römische Handwerker im germanischen Thüringen. Ergebnisse der Ausgrabungen in Haarhausen, Kr.Arnstadt,* Stuttgart 1992*

Flach, D., *Römische Agrargeschichte,* München 1990*

Garnsey, P. (Hg.), *Trade in the Ancient Economy,* London 1983

Greene, K., *The Archaeology of Roman Economy,* London 1986*

Höckmann, O., *Antike Seefahrt,* München 1985*

Hopkins, K., *Conquerors and Slaves,* Cambridge 1978

Plat Taylor, J. de/Cleere, H. (Hg.), *Roman Shipping and Trade: Britain and the Rhine Provinces,* London 1978*

Reutti, F. (Hg.), *Die römische Villa,* Darmstadt 1990

Wolters, R., Zum Waren- und Dienstleistungsaustausch zwischen dem Römischen Reich und dem Freien Germanien in der Zeit des Prinzipats. Eine Bestandsaufnahme, in: *Münstersche Beiträge zur antiken Handelsgeschichte* 9, 1990, S. 14–44*

PROVINZEN UND PROVINZGRENZEN

Asskamp, R., *Das südliche Oberrheingebiet in frührömischer Zeit,* Stuttgart 1989*

Bakker, L., Raetien unter Postumus. Das Siegesdenkmal einer Juthungenschlacht im Jahr 260 n. Chr. aus Augsburg, in: *Germania* 71, 1993, S. 369–386*

Chrysos, E., Die Römerherrschaft in Britannien und ihr Ende, in: *Bonner Jahrbücher* 191, 1991, S. 247–276*

Corpus der römischen Funde im europäischen Barbaricum. Deutschland, Bd. 1: *Brandenburg und Berlin,* Bonn 1994*

Dyson, S.L., *The Creation of the Roman Frontier,* Princeton 1985

Filtzinger, P. u.a. (Hg.), *Die Römer in Baden-Württemberg,* 3. Aufl., Stuttgart 1986*

Heiligmann, J., *Der »Alb-Limes«. Ein Beitrag zur römischen Besetzungsgeschichte Südwestdeutschlands,* Stuttgart 1990*

Kuhnen, H.-P., *Gestürmt-geräumt-vergessen? Der Limesfall und das Ende der Römerherrschaft in Südwestdeutschland,* Stuttgart 1992*

Planck, D./Beck, W., *Der Limes in Südwestdeutschland,* 2. Aufl., Stuttgart 1987*

Schönberger, H., The Roman Frontier in Germany: An Archaeological Survey, in: *Journal of Roman Studies* 59, 1969, S. 144–197*

Strbrny, K., *Römer rechts des Rheins nach 260 n. Chr.* 70. Bericht der Römisch-Germanischen Kommission, 1989 (1990), S. 351–505*

Studien zu den Militärgrenzen Roms, bisher 3 Bde., Bonn/Stuttgart 1967–1986*

GESELLSCHAFTSSTRUKTUREN

Alföldy, G., *Noricum,* London 1974

Alföldy, G., *Römische Sozialgeschichte,* 3. Aufl., Wiesbaden 1984*

Lepper, F./Frere, S., *Trajan's Column,* Gloucester 1988

Roymans, N., *Tribal Societies in Northern Gaul,* Amsterdam 1990

Thompson, E.A., *The Early Germans,* Oxford 1965

Todd, M., *The Northern Barbarians,* 2. Aufl., Oxford 1987

EINZELASPEKTE

Adler, W., *Studien zur germanischen Bewaffnung. Waffenmitgabe und Kampfesweise im Niederelbegebiet und im übrigen Freien Germanien um Christi Geburt,* Bonn 1993*

Berger, F., *Untersuchungen zu römerzeitlichen Münzfunden in Nordwestdeutschland,* Berlin 1992*

Böhme, H.W., Ausgewählte Funde aus dem germanischen Königsgrab von Muöov (Südmähren) anläßlich der Restaurierung, in: *Archäologisches Korrespondenzblatt* 21, 1991, S. 291–304*

Brabandt, J., *Hausbefunde der römischen Kaiserzeit im freien Germanien,* Halle 1993*

Franzius, G. (Hg.), *Aspekte römisch-germanischer Beziehungen in der frühen Kaiserzeit.* Ausstellung »Kalkriese Römer im Osnabrücker Raum« im Museum Osnabrück, Espelkamp 1995*

Gebühr, M., Zur Definition älterkaiserzeitlicher Fürstengräber vom Lübsow-Typ, in: *Prähistorische Zeitschrift* 49, 1974, S. 82–128*

Gilles, K.-J., *Spätrömische Höhensiedlungen in Eifel und Hunsrück,* Trier 1985*

Haarnagel, W. u.a. (Hg.), *Die Ergebnisse der Ausgrabungen der vorgeschichtlichen Wurt Feddersen Wierde bei Bremerhaven in den Jahren 1955–1963,* Bd. 1–3, Wiesbaden 1967–1981*

Reichstein, H., *Die Fauna des germanischen Dorfes Feddersen Wierde,* Stuttgart 1991*

Römischer Alltag in Bayern. Das Leben vor 2000 Jahren, München 1994*

Schlüter, W., Archäologische Zeugnisse zur Varusschlacht? Die Untersuchungen in der Kalkriese-Niewedder Senke bei Osnabrück, in: *Germania* 70, 1992, S. 307–402*

Schulz, W., *Leuna. Ein germanischer Bestattungsplatz der spätrömischen Kaiserzeit,* Berlin 1953*

Zimmermann, W.H., *Die Siedlungen des 1. bis 6. Jahrhunderts n. Chr. von Flögeln-Eekhöltjen, Niedersachsen: Die Bauformen und ihre Funktionen*, Hildesheim 1992*

DAS EUROPA DER BARBAREN

ÜBERSICHTSWERKE

Affeldt, W. (Hg.), *Frauen in Spätantike und Frühmittelalter*, Sigmaringen 1990*
Angenendt, A., *Das Frühmittelalter. Die abendländische Christenheit von 400 bis 900*, Stuttgart/Berlin/Köln 1990*
Collins, R., *Early Medieval Europe AD 300–1000*, London 1991*
Felgenhauer-Schmiedt, S., *Die Sachkultur des Mittelalters im Lichte der archäologischen Funde*, Frankfurt/M. 1993*
Goffart, W., *Barbarians and Romans, AD 418–584. The Techniques of Accomodation*, Princeton 1980
Hachmann, R. u.a., *Völker zwischen Germanen und Kelten*, Neumünster 1962*
Hachmann, R., *Die Goten und Skandinavien*, Berlin 1970*
Hachmann, R., *Die Germanen*, München 1971; engl. Ausg. London 1974
Jankuhn, H., *Archäologie und Geschichte*, Berlin/New York 1976*
Jones, R.F. u.a. (Hg.), *First Millenium Papers. Western Europe in the 1st Millenium AD*, Oxford 1988*
Kaiser, R., *Das römische Erbe und das Merowingerreich*, München 1993*
Krüger, B. (Hg.), *Die Germanen. Ein Handbuch*, 2 Bde., Berlin 1976/1986
Maczyúska, M., *Die Völkerwanderung*, Zürich 1993*
Martin, J., *Spätantike und Völkerwanderung*, München 1987*
Menghin, W. u.a. (Hg.), *Germanen, Hunnen und Awaren. Schätze der Völkerwanderungszeit*, Nürnberg 1987*
Mildenberger, G., *Sozial- und Kulturgeschichte der Germanen*, Stuttgart 1972*
Nehlsen, H., *Sklavenrecht zwischen Antike und Mittelalter*, Bd. 1: *Ostgoten, Westgoten, Franken, Langobarden*, Göttingen u.a. 1972*
Nuber, H.U. u.a. (Hg.), *Archäologie und Geschichte des ersten Jahrtausends in Südwestdeutschland*, Sigmaringen 1990*
Randsborg, K. (Hg.), *The Birth of Europe. Archaeology and Social Development in the First Millenium AD*, Rom 1989*
Randsborg, K., *The First Millennium AD in Europe and the Mediterranean. An Archaeological Essay*, Cambridge 1991*
Steuer, H., *Frühgeschichtliche Sozialstrukturen in Mitteleuropa*, Göttingen 1982*
Steuer, H., Die Kultur der Germanen von Theoderich dem Großen bis zu Karl dem Großen, in: H. Pirenne, *Mohammed und Karl der Große*, Stuttgart/Zürich 1987, S. 207–301*
Thompson, E.A., *Romans and Barbarians*, Madison 1982
Vallet, F./Kazanski, M. (Hg.), *L'armée romaine et les barbares du IIIe au VIIe siècle*, Paris 1993*
Werner, J./Ewig, E. (Hg.), *Von der Spätantike zum frühen Mittelalter*, Sigmaringen 1979*
Wolfram, H., *Das Reich und die Germanen. Zwischen Antike und Mittelalter*, Berlin 1990*

EINZELNE VÖLKER

Ahrens, C. (Hg.), *Sachsen und Angelsachsen*, Hamburg 1978*
Die Bajuwaren. Katalog der Landesausstellung, München 1988*
Die Balten. Die nördlichen Nachbarn der Slawen, Bregenz 1991*
Bierbrauer, V., Archäologie und Geschichte der Goten vom 1.–7. Jahrhundert. Versuch einer Bilanz, in: *Frühmittelalterliche Studien* 28, 1994, S. 51–171*
Busch, R. (Hg.), *Die Langobarden. Von der Unterelbe nach Italien*, Neumünster 1988*
Campbell, J. (Hg.), *The Anglo-Saxons*, London 1982
Capelle, T., *Archäologie der Angelsachsen. Eigenständigkeit und kontinentale Bindung vom 6. bis 9. Jahrhundert*, Darmstadt 1990*
Chropovsky, B., *Die Slawen*, Prag 1988*
Christlein, R., *Die Alamannen*, Stuttgart 1978
Claude, D., *Geschichte der Westgoten*, Stuttgart 1970*
Courtois, C., *Les Vandales en l'Afrique*, Paris 1955
Daim, F. (Hg.), *Awarenforschungen*, 2 Bde., Wien 1992*
Ennslin, W., *Theoderich der Große*, München 1947
Ewig, E., *Die Merowinger und das Frankenreich*, Stuttgart 1988*
Gimbutas, M., *The Slavs*, London 1971
Herrmann, J. (Hg.), *Wikinger und Slawen*, Berlin 1982*
Herrmann, J. (Hg.), *Die Slawen in Deutschland. Ein Handbuch*, Berlin 1985*
James, E., *The Franks*, Oxford 1988
Jarnut, J., *Geschichte der Langobarden*, Stuttgart 1982*
Koenig, G.G., Wandalische Grabfunde des 5. und 6. Jahrhunderts, in: *Madrider Mitteilungen* 22, 1981, S. 299–360*
Menghin, W., *Die Langobarden*, Stuttgart 1986
Menghin, W., *Frühgeschichte Bayerns*, Stuttgart 1990*
Palol, P. de/Ripoll, G., *Die Goten, Geschichte und Kunst in Westeuropa*, Stuttgart/Zürich 1990*

Perin, P./Feffer, L.-C., *Les Francs,* 2 Bde., Paris 1987
Pohl, W., *Die Awaren. Ein Steppenvolk in Mitteleuropa 567–822 n. Chr.*, München 1988*
Thompson, E.A., *The Goths in Spain,* Oxford 1969
Todd, M., *The Northern Barbarians,* 2. Aufl., Oxford 1987
Vana, Z., *The World of the Ancient Slavs,* London 1983
Weidemann, M., *Kulturgeschichte der Merowingerzeit nach den Werken Gregors von Tours,* Mainz 1982*
Werner, J., *Die Langobarden in Pannonien,* München 1962
Werner, J., Der goldene Armring des Frankenkönigs Childerich und die germanischen Handgelenkringe der jüngeren Kaiserzeit, in: *Frühmittelalterliche Studien* 14, 1980, S. 1–49*
Wolfram, H., *Geschichte der Goten,* München 1979*
Zöllner, E., *Geschichte der Franken bis zur Mitte des 6. Jahrhunderts,* München 1970*

SIEDLUNGEN
Bekker-Nielsen, T., *The Geography of Power. Studies in Urbanization of Roman North-West Europe,* Oxford 1989*
Ennen, E., *Die europäische Stadt des Mittelalters,* 4. Aufl., Göttingen 1987*
Es, W.A. van, *Wijster. A Native Village beyond the Roman Frontier 150–425 AD,* Groningen 1967
Es, W.A. van, Ländliche Siedlungen der Kaiserzeit in den Niederlanden, in: *Offa* 39, 1982, S. 139–154*
Haarnagel, W., *Die Grabung Feddersen Wierde,* Bd. 2, Wiesbaden 1979
Hvass, S., *Vorbasse, eine Dorfsiedlung während des 1. Jahrtausends n. Chr. in Mitteljütland, Dänemark.* 76. Bericht der Römisch-Germanischen Kommission, 1986, S. 529–542*
Jankuhn, H. u.a. (Hg.), *Das Dorf der Eisenzeit und des frühen Mittelalters,* Göttingen 1977*
Jørgensen, L., Schatzfunde und Agraproduktion: Zentrumsbildung auf Bornholm im 5. bis 6. Jahrhundert n. Chr, in: *Studien zur Sachsenforschung* 7, 1991, S. 153–186*
Der Runde Berg bei Urach, Stuttgart 1991*
Stenberger, M., *Vallhagar,* Stockholm 1955
Steuer, H., Standortverschiebungen früher Siedlungen von der vorrömischen Eisenzeit bis zum frühen Mittelalter, in: G. Althoff u.a. (Hg.), *Person und Gemeinschaft im Mittelalter,* Sigmaringen 1988, S. 25–59*
Thomsen, P.O., *Lundeborg – en handelsplads fra Jernalderen,* Svendborg 1993*
Thrane, H., Das Reichtumszentrum Gudme in der Völkerwanderungszeit Fünens, in: K. Hauck (Hg.), *Der historische Horizont der Götterbild-Amulette aus der Übergangsphase von der Spätantike zum Frühmittelalter,* Göttingen 1992, S. 299–380*

WIRTSCHAFTSFRAGEN
Beck, H. u.a. (Hg.), *Untersuchungen zur eisenzeitlichen und frühmittelalterlichen Flur in Mitteleuropa und ihrer Nutzung,* 2 Bde., Göttingen 1980*
Gringmuth-Dallmer, E., Zur Kulturlandschaftsentwicklung in frühgeschichtlicher Zeit im germanischen Gebiet, in: *Zeitschrift für Archäologie* 6, 1972, S. 64–90*
Hodges, R., *Dark Age Economics: The Origins of Towns and Trade AD 600–1000,* 2. Aufl., London 1989*
Jankuhn, H. u.a. (Hg.), *Das Handwerk in vor- und frühgeschichtlicher Zeit,* 2 Bde., Göttingen 1981/1983*
Wolfram, H./Schwarcz, A. (Hg.), *Anerkennung und Integration. Zu den wirtschaftlichen Grundlagen der Völkerwanderungszeit 400–600,* Wien 1988*

HAUSBAU
Binding, G., *Baubetrieb im Mittelalter,* Darmstadt 1993*
Hinz, H., *Ländlicher Hausbau in Skandinavien vom 6. bis 14. Jahrhundert,* Köln 1989*
Trier, B., *Das Haus im Nordwesten der Germania Libera,* Münster 1969

HANDEL, VERKEHR
Benmann, H./Schröder, W., *Die transalpinen Verbindungen der Bayern, Alemannen und Franken bis zum 10. Jahrhundert,* Sigmaringen 1987*
Crumlin-Pedersen, O., Häfen und Schiffahrt in der römischen Kaiserzeit sowie in der Völkerwanderungs- und Merowingerzeit Dänemarks, in: *Frühmittelalterliche Studien* 21, 1987, S. 101–123*
Ellmers, D., *Frühmittelalterliche Handelsschiffahrt in Mittel und Nordeuropa,* Neumünster 1972*
Haywood, J., *Dark Age Naval Power. A Re-Assessment of Frankish and Anglo-Saxon Seafaring Activity,* London/New York 1991*
Henning, J., Gefangenenfesseln im slawischen Siedlungsraum und der europäische Sklavenhandel im 6. bis 12. Jahrhundert, in: *Germania* 70, 1992, S. 403–426*
Jankuhn, H. u.a. (Hg.), *Untersuchungen zu Handel und Verkehr der vor- und frühgeschichtlichen Zeit in Mittel- und Nordeuropa,* 6 Bde., Göttingen 1985–1989*
Kluge, B., *Fernhandel und Geldwirtschaft,* Sigmaringen 1993*
Künzl, E., *Die Alamannenbeute aus dem Rhein bei Neupotz. Plünderungsgut aus dem römischen Gallien,* 4 Bde., Mainz 1993*
Kunow, J., *Negotiatur et vectura. Händler und Transport im freien Germanien,* Marburg 1980*
Kunow, J., *Der römische Import in der Germania Libera bis zu den Markomannenkriegen,* Neumünster 1983*
Leighton, A.C., *Transport and Communication in*

Early Medieval Europe AD 500–1000, Newton Abbot 1972*
Lund Hansen, U., *Römischer Import im Norden,* Kopenhagen 1987
McGrail, S. (Hg.), *Maritime Celts, Frisians and Saxons,* London 1990*
Schauman-Lönnquist, M., Kontinentaler und skandinavischer Import als Indikator sozialer Strukturen der Kaiser- und Völkerwanderungszeit in Finnland, in: *Prähistorische Zeitschrift* 67, 1992, S. 220–239*
Schwärzel, D., *Handel und Verkehr des Merowingerreiches. Nach den schriftlichen Quellen,* Marburg 1983*
Werner, J., Zur Verbreitung frühgeschichtlicher Metallarbeiten. Werkstatt, Wanderhandwerk, Handel, Familienverbindung, in: *Antikvarisk Arkiv* 38, 1970, S. 65–81*

BESTATTUNGEN
Böhme, H.W., *Germanische Grabfunde des 4. bis 5. Jahrhunderts zwischen unterer Elbe und Loire,* München 1974
Carver, M.O.H., *The Age of Sutton Hoo: The 7th Century in Northwestern Europe,* Woodbridge 1992*
Horst, F./Keiling, H. (Hg.), *Bestattungswesen und Totenkult in ur- und frühgeschichtlicher Zeit,* Berlin 1991*
Jankuhn, H. u.a. (Hg.), *Zum Grabfrevel in vor- und frühgeschichtlicher Zeit,* Göttingen 1978*
Pirling, R., *Das römisch-fränkische Gräberfeld von Krefeld-Gellep,* 4 Bde., Berlin/Stuttgart 1966–89
Schultze, E., Zu den Grab- und Bestattungssitten in Mitteleuropa während der ersten Jahrhunderte nach Christus, in: *Prähistorische Zeitschrift* 67, 1992, S. 201–219*

KULT UND FRÜHES CHRISTENTUM
Drescher, H./Hauck, K., Göttertrone des heidnischen Nordens, in: *Frühmittelalterliche Studien* 16, 1982, S. 237–301*
Ellis Davidson, H.R., *Gods and Myths of Northern Europe,* London 1964
Frühe Kirchen in Sachsen. Ergebnisse archäologischer und baugeschichtlicher Untersuchungen, Stuttgart 1994*
Garbsch, J./Overbeck, B., *Spätantike zwischen Heidentum und Christentum.* Ausstellungskatalog, München 1989*
Jankuhn, H. (Hg.), *Vorgeschichtliche Heiligtümer und Opferplätze in Mittel- und Nordeuropa,* Göttingen 1970*
Krüger, K.H., *Königsgrabkirchen der Franken, Angelsachsen und Langobarden bis zur Mitte des 8. Jahrhunderts,* München 1971*
Lønstrup, J., Older and Newer Theories: The Find from Thorsberg in the Light of New Finds, in: *Frühmittelalterliche Studien* 18, 1984, S. 91–101*
Prinz, F., *Frühes Mönchtum im Frankenreich,* 2. Aufl., Darmstadt 1988*
Raddatz, K., *Der Thorsberger Moorfund,* Neumünster 1957*

KUNST
Haseloff, G., *Kunststile des frühen Mittelalters,* Stuttgart 1979*
Haseloff, G., *Die germanische Tierornamentik der Völkerwanderungszeit,* 3 Bde., Berlin 1981*
Holmquist, W., *Kunstprobleme der Völkerwanderungszeit,* Stockholm 1939*
Roth, H. (Hg.), *Kunst der Völkerwanderungszeit.* Propyläen Kunstgeschichte. Suppl. 4, Berlin 1979*
Roth, H., *Kunst und Kunsthandwerk im frühen Mittelalter,* Stuttgart 1986*
Salin, B., *Die altgermanische Thierornamentik,* 2. Aufl., Stockholm 1935
Steuer, H., Zur Herleitung des nordischen Greiftierstils, in: H. Uecker (Hg.), *Studien zum Altgermanischen,* Berlin/New York 1994, S. 648–676*
Weitzmann, K. (Hg.), *The Age of Spirituality. Late Antique and Early Christian Art, Third to Seventh Century,* New York 1979*

STEPPENVÖLKER
Bálint, C., *Archäologie der Steppe. Steppenvölker zwischen Wolga und Donau vom 6. bis zum 10. Jahrhundert,* Wien 1989*
Basilov, V., *Nomads of Eurasia,* Los Angeles 1989*
Bóna, J., *Das Hunnenreich,* Stuttgart 1991*
Maenchen-Helfen, J.O., *The World of the Huns,* Los Angeles 1973
Werner, J., *Beiträge zur Archäologie des Attila-Reiches,* München 1961*

BILDNACHWEIS

Herausgeber und Verlag danken folgenden Personen und Institutionen, die freundlicherweise ihre Erlaubnis für die Wiedergabe der Abbildungen auf den jeweils angegebenen Seiten gegeben haben:

14 British Library, H. Knipe, *Nebula to Man* (J. M. Dent & Sons, 1905)
15 British Library, Add. MS 62925 f57
19 British Library, J. Boucher de Perthes, *Antiquités Celtiques et Antédiluviennes,* 1847
21 Trustees of the British Museum
22 Society for American Archaeology, *American Antiquity* 52,1, 1987
23 (oben) François Bordes, *A Tale of Two Caves,* © 1972 by François Bordes. Abgedruckt mit der Erlaubnis von HarperCollins Publishers
(rechts) Lewis R. Binford, *In Pursuit of the Past* (Thames & Hudson, 1983)
34 Trustees of the British Museum
37 John Wymer, *Palaeolithic Sites of East Anglia* (Geo Books, Elsevier Science Publishers, 1985)
40 u. 41 P. Callow und J. M. Cornford, *La Cotte St Brelade 1961-78* (Elsevier Applied Science Publishers, 1986)
42 G. I. Goretsky und I. K. Ivanova, *Molodova I: Unique Moustercian Settlement on the Middle Dniestr Region* (Nauka, 1982)
44 Trustees of the British Museum
52 The Natural History Museum, London
60 F. Bordes, *The Old Stone Age* (Weidenfeld & Nicolson, 1968)
62 Dr. Paul Mellars nach Leroi-Gourhan und Leroi-Gourhan 1964
64 (oben) Institut für Urgeschichte, Tübingen
(links) Dr. Alexander Marshack
66 Dr. Randall White
68 (links) Prof. B. Vandermeersch, Université de Bordeaux I
(rechts) © Musée de l'Homme, Paris
75 Novosti Press Agency
77 Dr. Paul Mellars nach Farizy 1988
80 (oben links) Novosti Press Agency
(oben rechts) The Natural History Museum, London
(unten) M. Mussi, On the Chronology of the Burials found in the Grimaldi Cave, *Antropologia Contemporanea* 9, 95–104, 1986, mit freundlicher Genehmigung des Museo Archeologia Ligure, Genua-Pegli
82 Dr. Alexander Marshack
90 F. Bordes, *Leçons sur le Paléolitique,* Bd. 2, mit freundlicher Genehmigung von Madam Denis de Sonneville
104 J. G. D. Clark, *Excavations at Star Carr* (Cambridge University Press, 1954)
106 National Board of Antiquities and Historical Monuments, Finnland. Photo von A. Ayräpää
108 J. Jensen, *The Prehistory of Denmark*, 1982, nach E. Brich Petersen 1979
109 P. Vang Petersen, Chronology and Regional Variation in the Late Mesolithic of Eastern Denmark, 1984, *Journal of Danish Archaeology,* gezeichnet von Eva Koch Nielsen
110 u. 111 S. K. Kozlowski, *A Survey of Early Holocene Cultures of the Western Part of the Russian Plain*
114 S. V. Oshibkina, *The Material Culture of the Veretye-type Sites in Region to the East of Lake Onega*
Abb. 1 u. 4 J. G. D. Clark, *Excavations at Star Carr* (Cambridge University Press, 1954)
Abb. 2, 3 u. 5 J. G. D. Clark, *The Earlier Stone Age Settlement of Scandinavia* (Cambridge University Press, 1975)
Abb. 6 u. 8 S.V. Oshibkina, *The Material Culture of the Veretye-type Sities in the Region to the East of Lake Onega*
Abb. 7 G. M. Burov, *Some Mesolithic Wooden Artefacts from the Site of Vis I in the European North East of USSR*
Abb. 9 Brandenburgisches Landesmuseum für Ur- und Frühgeschichte
116 Prof. Lars Larsson
117 Intitute of Prehistoric Archaeology, Moesgard
119 Prof. Peter Woodman
120 (oben) Dr. J. C. Chapman
(rechts) Dragoslav Srejovic, *Lepenski Vir* (Thames & Hudson, 1972)
122 Prof. S. H. Andersen und *Journal of Danish Archaeology* 4, 52–69, Abb. 18 & 20
124 nach Obermaier und Wernert 1919

127 J. Vaquer et al., *Mesolithic Plant Exploitation at the Balma Abeurador,* 1986
140 Prof. Lars Larsson
143 nach John O'Shea und Marek Zvelelblil, *Journal of Anthropological Archaeology* 3, 1, 1–40 (Academic Press, Inc.)
147 Institut de Paléontologie Humaine. Photo von J. P. Kauffmann
149 (oben) S. Hallgren/Institute of Archaeology and the Historical Museum, Lund
(unten links) A. Noll/Institute of Archaeology and the Historical Museum, Lund
(unten rechts) Oleneostrovski Mogilnik, N. Gurina, *Materialyi Issledivaniya po Arkheologgi*, SSSR 47 (Nauka, 1956)
151 A. Beltran, Rock *Art of the Spanish Levant*, 1979
161 Prof. H. Todorova/Vladimir Vitanov Agentur
164 Volos Archaeological Museum/TAP Service
167 Marija Gimbutas, *The Gods and Goddesses of Old Europe* (Thames & Hudson, 1974)
168 Dacia NS VILLI 1963, Institutul de Arheologie, Bukarest
169 Kálmán Kónya
172 Pitt Rivers Museum, Oxford
176 M. Paccard
179 Prof. J. Lüning
181 u. 183 Dr. Rudolph Kuper, Universität Köln
184 Dr. V. Pavúková
197 Trewin Copplestone, *Cambridge Encyclopedia of Archaeology*, 1980, nach Todorova
200 nach V. M. Masson und N. Merpert, *The Eneolithic of the USSR* (Nauka, 1982)
202 Schweizerisches Landesmuseum, Zürich (P14372/13698P)
203 Originalplan von L. Bonneau und Z. le Rouzic 1916, ergänzt von J. L'Helgouac'h 1965
206 Nationalmuseet, Kopenhagen
209 Ashmolean Museum, Oxford
212 Andrew Sherratt nach Panayotov und Dergachov
215 Landesamt für Archäologische Denkmalpflege, Halle
216 Claude Masset
218 Nationalmuseet, Kopenhagen
222 D. L. Swan
225 Ashmolean Museum, Oxford
226 F. Mezzena, Museo Archeologico, Aosta
231 Ashmolean Museum, Oxford
233 K. A. Wardle
234 Hirmer Fotoarchiv, München
238 Ashmolean Museum, Oxford
239 u. 241 Hirmer Fotoarchiv, München
242 Prof. M. Warren, University of Bristol
244, 248 u. 251 Ekdotike Athenon, Athen
252 Hirmer Fotoarchiv, München
253 (oben) Hirmer Fotoarchiv, München
(unten) Ekdotike Athenon, Athen
254 Archäologisches Nationalmuseum, Athen und TAP Service
258 (oben) Ekdotike Athenon, Athen
(links) Prof. Paul Aström
261 Hirmer Fotoarchiv, München
263 (links) Mycenae Archive, University of Birmingham
(unten) Deutsches Archäologisches Institut, Athen
266 (links) Ecole Française d'Athènes, Athen
(rechts) Mycenae Archive, University of Birmingham
267 Diana Wardle
268 Archäologisches Nationalmuseum, Athen und TAP Service
270 u. 271 Trustees of the British Museum
273 Institute of Nautical Archaeology, Texas. Photo von Donald A. Frey
280 (rechts) Antikvarisk-Topografiska Arkivet, Stockholm
(unten) Nationalmuseet, Kopenhagen
281 J. Jensen, *The Prehistory of Denmark* (Methuen, 1982) nach S. W. Andersen, 1981, Nationalmuseet, Kopenhagen
284 Salisbury and South Wiltshire Museum
288 Ashmolean Museum, Oxford
291 Landesamt für Archäologische Denkmalpflege, Halle
292 Dr. F. Moosleitner, Salzburger Musuem, Österreich
296 Ashmolean Museum, Oxford
297 Magyar Nemzeti Múzeum, Budapest
299 u. 300 Dr. Andrew Sherratt
301 Prof. A. F. Harding
304 Ashmolean Museum, Oxford
305 Wiltshire Archaeological and Natural History Society, Devizes
306 Nationalmuseet, Kopenhagen
309 Ashmolean Museum, Oxford
320 (a) und (c) Dr. H. W. Catling Archaioligiki Ephemaris 1904/Ashmolean Museum, Oxford
322 (links) The Cyprus Museum
330 (3 Gegenstände rechts) nach Dr. C. Macdonald
334 (c) The Cyprus Museum
(unten links) Director of Antiquities and the Cyprus Museum
335 (links) Dr. C. Macdonald
336 u. 337 The Syndics of Cambridge University Library, Carl Schuchhardt, *Schliemanns Excavations*, 1891
338 (unten) Princeton University Press
342 Excavation projekt ›Feudvar‹ Vojvodjanski muzej, Novi Sad; Freie Universität, Berlin
345 Dr. P. Medovic, Vojvodjanski Muzeij
346 Schweizerisches Landesmuseum, Zürich

349 (oben) Alinari
(links) Nationalmuseet, Kopenhagen
350 Musée des Antiquités Nationales. Photo R.M.N.
351 © St Edmundsbury Museums Service, Moyse's Hall Museum
354 Royal Commission on the Historical Monuments of England
357 Antikvarisk-Topografiska Arkivet, Stockholm
358 Bayerisches Landesamt für Denkmalpflege. Photo von O. Braasch
360 Museo Civico Archeologico, Bologna
361 (oben) Museum für Ur- und Frühgeschichte, Potsdam
(unten) © The Trustees of the National Museums of Scotland 1994
362 Dr. J. Hrala, Archaeological Institute, Prag
365 National Museum of Wales, Cardiff
368 (oben) Somerset Levels Project
(unten) Francis Pryor, Fenland Archaeological Trust
370 (links) Prähistorische Staatssammlung, München
(unten) Nationalmuseet, Kopenhagen
371 Cambridge University Collection; copyright reserved
372 (oben u. unten links) Alinari
(unten rechts) Dr. J. Hrala, Archaeological Institute, Prag
374 Prof. A. F. Harding
382 (oben) Museos de la Muralla de Sagunto
(unten) *I Kelti* (Gruppo Editoriale Fabbri, Bompiani, Sonzogogno)
386 Landesdenkmalamt Baden-Württemberg. Photo von O. Braasch
387 Stuart Piggot, *Ancient Europe* (Edinburgh University Press, 1965)
388 (oben) Giraudon/Musée Archéologique, Chatillon-sur-Seine
(unten) Lauros-Giraudon/ Musée Archéologique, Chatillon-sur-Seine
389 Württembergisches Landesmuseum, Stuttgart
397 Museo Civico Archeologico, Bologna
402 Alinari
404 National History Museum of SRR, Bukarest
407 The Ancient Art & Architecture Collection
408 (oben) Nationalmuseet, Kopenhagen
(links) Ashmolean Museum, Oxford
410 Musée des Jacobins, Morlaix
411 Trustees of the British Museum
424 Eremitage, St. Petersburg
429 (oben) Vladimir Vitanov Agentur
437 u. 440 Eremitage, St. Petersburg
446 Nationalmuseet, Kopenhagen
448 (i) Trustees of the British Museum
(iii) Society of Antiquaries of London
(v) Nationalmuseet, Kopenhagen
452 C. Cichorius, *Die Reliefs der Trajansäule,* 1896–1900/ Ashmolean Museum, Oxford
462 (links) Musée des Antiquités Nationales. © Photo R.M.N.
(rechts) Erich Lessing/Magnum Photos und Musée Archéologique, Dijon
465 Musée des Antiquités Nationales. © Photo R.M.N.
470 Trustees of the British Museum
472 Ashmolean Museum, Oxford
473 Lonchampt-Delehaye/ CNMHS © DACS 1994
474 Musée Calvet, Avignon
480 © The Trustees of the National Museums of Scotland 1994
483 Alinari
484 (i) Istituto Centrale per il Catalogo e la Documentazione, Rom
(iii) Institutul de Arheologie, Bukarest
498 P. Perin und Laure-Charlotte Feffer, *Les Francs* (Armand Colin, 1987)
502 W. Haarnagel, *Die Grabung Fedderson Wierde* (Franz Steiner Verlag, Stuttgart)
503 Kossack, Behre, Schmid, *Archäologische und naturwissenschaftliche Untersuchungen an Siedlungen im Deutschen Küstengebiet* (VCH Verlagsgesellschaft, Weinheim)
505 Nationalmuseum, Bukarest
507 Archäologisches Landesmuseum der Christian-Albrechts-Universität, Schleswig
513 Musée des Beaux-Arts et d'Archéologie, Troyes, Frankreich. Photo Musée de Troyes
514 P. Perin und Laure-Charlotte Feffer, *Les Francs* (Armand Colin, 1987)
515 Römisch-Germanisches Museum, Köln
517 Magyar Nemzeti Múzeum, Budapest
519 u. 520 R. Christlein, *Die Alamannen* (Theiss Verlag, Stuttgart, 1978)
524 M. Todd, *The Early Germans* (Blackwell, 1992)
525 u. 526 Antikvarisk-Topografiska Arkivet, Stockholm
528 u. 529 Z. Vana, *The World of the Ancient Slavs* (Orbis)
530 M. Todd, *The Early Germans* (Blackwell, 1992)

In einigen Fällen konnten wir den Inhaber der Urheberrechte leider nicht ermitteln. Wenn er uns bekannt wird, dann werden ihn die Autoren in jeder künftigen Ausgabe gerne berücksichtigen.

Bildnachforschungen von Sandra Assersohn

Farbtafeln stehen den aufgeführten Seiten gegenüber

32 (oben) Geologisch-Paläontologisches Institut, Heidelberg
(links) Eva Hochmanová-Burianová
(unten) Dr. Christopher Stringer
33 Dr. Paul Callow
64 (oben links) © Musée de l'Homme, Paris. Photo von J. Osier
(oben rechts u. unten) Musée des Antiquités Nationales. Photo R.M.N.
65 (oben u. unten) (CNMHS/SPADEM)
128 (oben) Dr. J. C. Chapman
(unten) Søllerød Museum, Dänemark
129 (links) National Bank von Griechenland
(unten) Museo de Prehistoria de Valencia, Spanien
160 (links) Dr. Rudolph Kuper, Universität Köln
(unten) Prof. Henrieta Todorova/Vladimir Vitanov Agentur
161 Vladimir Vitanov Agentur
224 Dr. Ivan Ivanov, Archäologisches Museum, Varna, Bulgarien
225 (links) Dr. Andrew Sherratt
(unten) Mit Erlaubnis der Senatsmitglieder der Bibliothek der Universität Cambridge; James Farrer, *Notice of Runic Inscriptions Discovered During Recent Excavations in the Orkney*, 1862
256 Nikos Kontros
257 (oben) J. W. und E. E. Myers, *Aerial Atlas of Ancient Crete*
(unten) Archäologisches Nationalmuseum, Athen
320 (oben) Déri Museum, Ungarn
(unten) Rheinisches Landesmuseum, Bonn
321 (oben u. unten) Mervyn Popham
352 (oben) Photo von D. P. P. Naish
(links) Musée des Antiquités Nationales. Photo R.M.N.
353 (oben) Prof. A. F. Harding
(unten) Schweizerisches Landesmuseum, Zürich
384 (links) Jean Dominique Cesari
(rechts) Museo Arqueológico Nacional, Madrid
385 (links) Schweizerisches Landesmuseum, Zürich
(rechts) Werner Forman Archive/British Museum, London
416 (oben) Prof. B. W. Cunliffe
(unten) Musée National d'Histoire et d'Art, Luxemburg
417 National Museum of History, Sofia, und Vladimir Vitanov Agentur
480 (links u. unten) Eremitage, St. Petersburg
481 (oben) Prof. B. W. Cunliffe
(unten) René Goguey
512 (links) Vladimir Vitanov Agentur
(unten) Nationalmuseet, Kopenhagen
513 (oben links) Rheinisches Landesmuseum, Bonn
(oben rechts) Badisches Landesmuseum, Karlsruhe
(unten) Bibliothèque Nationale, Paris

REGISTER

Kursiv gesetzte Zahlen verweisen auf Abbildungen und Karten bzw. deren Legenden.